Sozialstrukturanalyse

Christoph Weischer

Sozialstrukturanalyse

Grundlagen und Modelle

2. Auflage

 Springer VS

Christoph Weischer
Institut für Soziologie
Universität Münster
Münster, Deutschland

ISBN 978-3-658-34046-9   ISBN 978-3-658-34047-6   (eBook)
https://doi.org/10.1007/978-3-658-34047-6

Die Deutsche Nationalbibliothek verzeichnet diese Publikation in der Deutschen Nationalbiblio-
grafie; detaillierte bibliografische Daten sind im Internet über http://dnb.d-nb.de abrufbar.

Planung/Lektorat: Katrin Emmerich
Springer VS ist ein Imprint der eingetragenen Gesellschaft Springer Fachmedien Wiesbaden GmbH
und ist ein Teil von Springer Nature.
Die Anschrift der Gesellschaft ist: Abraham-Lincoln-Str. 46, 65189 Wiesbaden, Germany

Vorwort zur 2. Auflage

Soziale Ungleichheiten erscheinen in zeitgenössischer Perspektive als ein sich rapide wandelndes Phänomen. Die Folgen der Finanz- bzw. der Eurokrise, das Zusammenspiel von Globalisierungs- und (Re)Nationalisierungsprozessen in Wirtschaft und Politik, eine fortgeschrittene Technisierung und Digitalisierung von Arbeits- und Lebenszusammenhängen, die Prozesse einer ökologisch-orientierten Transformation der Produktions- und Lebensweise und schließlich die Folgen einer weltweiten Pandemie haben die Verhältnisse sozialer Ungleichheit im nationalen Maßstab wie im Weltmaßstab verändert und werden dies weiter tun. Umgekehrt wird insbesondere in historischer Perspektive deutlich, dass soziale Ungleichheiten ein eher träges Phänomen sind; die Ungleichheiten zwischen verschiedenen Nationalstaaten, ungleiche Lagen innerhalb eines Nationalstaates, aber auch die Ungleichheiten zwischen Geschlechtern oder zwischen Autochthonen und Zugewanderten haben sich stets nur graduell verändert. Diese Ambivalenzen stellen die wissenschaftliche Sozialstrukturanalyse vor immer neue Herausforderungen.

Parallel verändert sich der gesellschaftliche Blick auf soziale Ungleichheiten. Noch immer bilden die Nationalstaaten einen wichtigen Referenzrahmen für die Wahrnehmung sozialer Ungleichheiten und fungieren als zentrale Adressaten von politischen Forderungen zur Regulierung von Ungleichheiten. Aber auch in prosperierenden Nationalstaaten wird deutlich, in welchem Maße man mit dem ökologischen, ökonomischen, politischen und sozialen Geschehen auf dieser Erde verbunden ist. Das wird nicht zuletzt über klimatische Veränderungen, über globale Migrationsbewegungen oder über transnationale Lebens- und Konsumweisen erfahrbar. Besonders deutlich wird der veränderte Blick auf Ungleichheiten an sozialen Bewegungen, die die Folgen des Klimawandels thematisieren und Wege seiner Bewältigung diskutieren oder die sich in einer Geschlechter- bzw. einer rassismuskritischen Perspektive mit sozialen Ungleichheiten befassen und die damit verbundenen Kategorisierungen im Sinne queerer oder postmigrantischer Perspektiven hinterfragen. Die gesellschaftliche Bedeutung dieser Bewegungen und ihrer Erfolge sind nicht zuletzt auch an den Gegenbewegungen abzulesen, die diese Veränderungen leugnen und die Rückkehr in eine nationalistische, weiße und patriarchale Welt erträumen. Zugleich sind die klassischen Themen sozialer Ungleichheit nach wie vor bedeutsam, auch wenn diese Kämpfe im öffentlichen Diskurs weitaus weniger Aufmerksamkeit finden.

Schließlich verändert sich auch die wissenschaftliche Perspektive auf soziale Ungleichheiten. Das hängt mit den Veränderungen des Forschungsgegenstandes, mit der Entwicklung von theoretischen Perspektiven und empirischen Zugängen, letztlich aber auch mit den Eigenlogiken des wissenschaftlichen Betriebs zusammen.

All dies macht neben einer Aktualisierung auch eine gründliche Überarbeitung und Erweiterung dieses Lehrbuchs erforderlich. So wurde der konzeptionelle Rahmen dieser Einführung in Sozialstrukturanalyse weiterentwickelt und präzisiert; es wurden zwei neue Kapitel (zu verlaufsbezogenen Ansätzen der Sozialstrukturanalyse und zu globalen bzw. transnationalen Ansätzen) eingefügt und schließlich wurden vorliegende Kapitel neu strukturiert.

Christoph Weischer

Vorwort zur 1. Auflage

Nachdem Fragen der sozialen Ungleichheit in den medienvermittelten öffentlichen Diskursen (in der Bundesrepublik Deutschland) seit den 1960er Jahren keine besondere Bedeutung zugemessen wurde, haben sie in den letzten Jahren erneut an Aufmerksamkeit gewonnen. Bereits in den 1980er und 90er Jahren wurde man der steigenden Massenarbeitslosigkeit gewahr; auch das Problem der (neuen) Armut wurde thematisiert. Nach der Jahrtausendwende entdeckte man die Unterschicht und belegte sie mit ganz unterschiedlichen Begriffen; man sprach vom Prekariat, von den Hartz-IV-Empfängern, von den Überflüssigen, von Ausländern bzw. Migranten oder von bildungsfernen Schichten. Damit korrespondierend gerieten auch andere Differenzierungen in den Blick: Unterschiede in Geschlechterbildern und familiären Beziehungen, in der religiösen Praxis, im Bildungsverhalten, in der Esskultur oder im Medienkonsum. Dabei wurden soziale Differenzierungen als kulturelle oder ethnische Unterschiede markiert. Für die Beschreibung des gesellschaftlichen Ganzen wurde die Desintegrations- oder die Polarisierungsthese bemüht oder man sprach gar von Parallelgesellschaften. Neben einer Reihe neuer Etiketten blieben aber auch alte Bilder des gesellschaftlichen Unten und Oben virulent.

Die Sozialwissenschaft hat dabei als Lieferant von Begriffen und empirischen Befunden fungiert; es finden sich jedoch nur wenige sozialwissenschaftlich fundierte Analysen und Stellungnahmen zu den jüngsten Veränderungen der bundesrepublikanischen Gesellschaft, in denen versucht wird, das Know-how der Sozialstrukturanalyse systematisch für eine differenzierte Analyse der Gegenwartsgesellschaft zu nutzen; viele Sozialwissenschaftler_innen scheuten die Risiken der öffentlichen Stellungnahme. So kommt es, dass wesentliche Potentiale der Sozialstrukturanalyse (theoretische Konzepte, Modelle, systematische empirische Analysen) im öffentlichen Raum ungenutzt bleiben. Auch die vorliegende

Einführung wird diese Lücke nur bedingt schließen. Ihr Ziel ist es vielmehr, die oben skizzierten Potentiale der Sozialstrukturanalyse systematisch zu entfalten und für eine Analyse der Ursachen sozialer Differenzierung zu nutzen.

Damit werden erste Motive erkennbar, der Vielzahl von vorliegenden älteren und neueren Einführungen zur Sozialstrukturanalyse eine weitere hinzuzufügen. Nach meiner Einschätzung bleiben wesentliche Erkenntnisse zu den Ursachen strukturierter sozialer Differenzierung ungenutzt, wenn z. B. die verschiedenen Formen von Arbeit und ihre soziale Einbettung sowie die damit verbundene Produktion gesellschaftlichen Reichtums und seine Verwendung nicht zum Ausgangspunkt der Analyse gemacht werden. Das impliziert, über die Themen einer disziplinär ausdifferenzierten Soziologie hinauszugehen und sich für politisch-ökonomische, sozialpolitische und sozialgeschichtliche Fragen zu interessieren. Zudem sind die theoretischen Innovationen zu erschließen, die mit der Geschlechter- bzw. der Intersektionalitätsforschung, mit kulturtheoretischen und poststrukturalistischen Theorieansätzen verbunden sind.

Einleitung

Dieses Lehrbuch zur Sozialstrukturanalyse möchte zum einen einen Überblick über die Sozialstrukturen von Gegenwartsgesellschaft geben und zum
anderen in die Grundlagen und Ansätze der Sozialstrukturanalyse einführen.
Angesichts der Vielfalt dieser Ansätze und der damit verbundenen Perspektiven auf soziale Ungleichheiten wird ein Ordnungsrahmen vorgeschlagen, der
die Systematisierungs- und Erklärungspotentiale ganz unterschiedlicher Ana-
lyseansätze erschließt. Damit wird die wissenschaftliche Sozialstrukturanalyse
jenseits aller wissenschaftlichen und politischen Abgrenzungsspiele als ein kohärentes und kumulatives Unternehmen begriffen, das über einen Zeitraum von
fast zweihundert Jahren Wissen über die Beschreibung und Analyse sozialer
Ungleichheiten zusammengetragen hat.

In der historischen Perspektive wird deutlich, dass man es zum einen mit
sich verändernden Verhältnissen sozialer Ungleichheit zu tun hat. In einem nationalgesellschaftlichen Rahmen wie Deutschland lassen sich verschiedene Phasen
der industriellen Entwicklung, verschiedene Modi der sozialpolitischen Regulierung von Ungleichheiten, Phasen von Boom und Krise oder Phasen von Krieg
und Frieden unterscheiden, die sich immer auch in der Veränderung von Sozialstrukturen ausdrücken. In globaler Perspektive verändert sich die wirtschaftliche,
politische (und militärische) Ordnung dieser Welt, indem sich Nationalstaaten
herausbilden und verändern und indem sich Zentren und Hegemonialstrukturen verschieben. Zum anderen wird deutlich, dass sich der gesellschaftliche,
wie der wissenschaftliche Blick auf solche Ungleichheitsverhältnisse beständig
verändert. Das hängt mit der Entwicklung sozialer Bewegungen und ihrer Institutionalisierung zusammen; das hängt aber auch mit den Veränderungen in den
verschiedenen Sozialwissenschaften und mit der gesellschaftlichen Verwendung
sozialwissenschaftlichen Wissens zusammen.

Das Verständnis von Sozialstrukturanalysen

In dieser Darstellung wird mit einem spezifischen Verständnis von Sozialstruk-
turanalyse(n) gearbeitet, indem zwei Fragen nachgegangen wird:

1. Welche ursächlichen Momente lassen sich für die unterschiedlichen Lebenslagen (Arbeits- und Lebensbedingungen) in einer Gesellschaft benennen und
   wie kommt es zu einer Stabilisierung ungleicher Lebenslagen? Die Beantwortung dieser Fragen liefert wichtige Grundlagen der Sozialstrukturanalyse, wie
   im Untertitel dieses Buches avisiert.
2. Wie lassen sich die so differenzierten Ungleichheitslagen strukturiert und
   sinnvoll beschreiben? Bezogen auf diese Frage wird im Untertitel von Modellen gesprochen – wohl wissend, dass auch den vermeintlichen Grundlagen
   spezifische Modellvorstellungen unterliegen.

Mit diesen Fragen gelangt man über die Deskription von sozialer Ungleichheit hinaus und interessiert sich für ursächliche Zusammenhänge. Damit wird
die analytische Perspektive der Ungleichheitsforschung etwas verschoben: Vor
die Frage oder den Streit um die sinnvolle Beschreibung von differenten sozialen Lagen bzw. die Bildung von Aggregaten von Personen wird die Frage der
Erklärung der Differenz sozialer Lagen gestellt. Man interessiert sich somit nicht
nur für die Vorderseite der Bühne, auf der uns unterschiedliche soziale Gruppen bzw. Sphären (z. B. Klassen oder Schichten, aber auch geschlechtlich oder
kulturell konstruierte Gruppen) erscheinen, sondern richtet den Blick auch hinter die Kulissen, um Antworten auf die Frage zu bekommen, wie die wie auch
immer abgegrenzten Gruppen zu den Ressourcen kommen, entlang derer man sie
unterscheidet.
   Diese Vorgehensweise geht auf ein spezifisches Unbehagen an der Ungleichheitsforschung zurück. So hatte Reinhard Kreckel bemerkt, er sehe »in der
neueren deutschsprachigen Fachdiskussion gewisse Anzeichen dafür, daß die
Kernthematik der soziologischen Ungleichheitsforschung – also: die systematische gesellschaftliche Produktion und Reproduktion von ungleichen Lebenschancen – zerredet und geradezu vergessen werden könnte« (1998, S. 31).

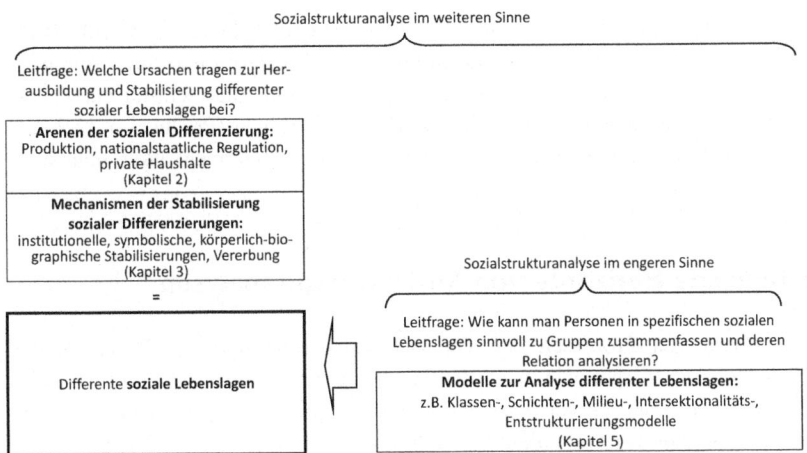

Abb. 1 Perspektiven und Fragestellungen der Sozialstrukturanalyse

Vor diesem Hintergrund lässt sich das Verständnis von Sozialstrukturanalysen präzisieren. Beide Fragen zusammengenommen sollen hier als *Sozialstruktur-analyse im weiteren Sinne* begriffen werden; wenn Analysen nur der zweiten Zielsetzung folgen, wird von *Sozialstrukturanalyse im engeren Sinne* gesprochen.

- *Sozialstrukturanalyse im engeren Sinne* geht der Frage nach, wie man Personen in spezifischen sozialen Lebenslagen sinnvoll zu Gruppen zusammenfassen und deren Relation analysieren kann. Das impliziert, dass es sehr unterschiedliche Möglichkeiten der Strukturierung, d. h. der Zusammenfassung zu sozialen Gruppen geben kann. Damit gehen unterschiedliche Muster der Kohärenz einher: von der kollektiv handelnden bewussten Klasse bis zur Gruppe mit einem zeitweilig ähnlichen Lebensstil. Das impliziert, dass sich die Merkmale zur Beschreibung sozialer Gruppen recht unterschiedlich gestalten können. Sozialstrukturanalyse im engeren Sinne wird als Modellbildung begriffen, die darauf zielt, zu einer sinnvollen Modellierung des Gefüges differenter Soziallagen zu gelangen. Man könnte vor diesem Hintergrund die allgemeine Problemstellung der Sozialstrukturanalyse im engeren Sinne so formulieren: Wie kann man ausgehend von einer bestimmten Fragestellung Personen in dem Gefüge von Soziallagen sinnvoll zu Gruppen zusammenfassen und diese über einzelne Merkmale oder Merkmalskombinationen identifizieren?

- *Sozialstrukturanalyse im weiteren Sinne* geht darüber hinaus und schließt die Frage nach den Ursachen sozial differenter Lebenslagen und ihrer Stabilisierung ein. Zur Beantwortung dieser Fragen wird ein Analyseraster entwickelt, in dem verschiedene differenzierungsrelevante Arenen (Produktion, nationalstaatliche Regulation, private Haushalte) und ihr Zusammenwirken untersucht werden.

Räumliche Horizonte von Sozialstrukturanalysen

Ausgehend von Prozessen der Transnationalisierung und der Globalisierung stellt sich die Frage, wie weit die historisch im nationalstaatlichen Kontext entstandenen Analysen von Sozialstrukturen im Kontext sich verändernder politischer, ökonomischer und kultureller Rahmenbedingungen Bestand haben können. Die in diesem Lehrbuch vorgestellten Beispiele und Daten zu den verschiedenen ungleichheitsrelevanten Arenen beziehen sich vornehmlich auf Deutschland; die zu Grunde liegende analytische Perspektive kann jedoch durchaus auf vergleichbare – durch Marktklassen strukturierte – Gesellschaften angewandt werden, wenn man bedenkt, dass die Gewichtung dieser Arenen von historischen Konstellationen und nationalen Entwicklungspfaden abhängig ist. So zeichnen sich Nationalgesellschaften mit einer weniger prosperierenden Ökonomie, einer anderen Regierungsform oder einem anderen Sozialstaatstyp dadurch aus, dass das Verhältnis der Arenen ein je anderes ist. Auch die Überlegungen zu den verschiedenen Mechanismen der Stabilisierung und Reproduktion von Ungleichheitsstrukturen lassen sich übertragen.

D. h. trotz der Fokussierung auf einen spezifischen Nationalstaat soll es immer auch darum gehen, die transnationalen Einbindungen der verschiedenen Akteure systematisch in den Blick zu nehmen: Unternehmen, die weltweit Produktionsketten und Märkte organisieren bzw. Arbeitskräfte rekrutieren; Nationalstaaten, die nur in weltwirtschaftlichen bzw. weltpolitischen Zusammenhängen verstanden werden können und zunehmend auch in supranationale Strukturen (EU, OECD) und Vertragssysteme eingebunden sind; schließlich Haushalte, die migrieren und transnationale Arbeits- und Lebenszusammenhänge aufbauen.

Auch die in Kap. 5 dargelegten Modelle zur Sozialstrukturanalyse lassen sich in ihrer Logik auch auf andere Gesellschaften anwenden, wenn man berücksichtigt, dass die privilegierte oder marginale Stellung einzelner sozialer Gruppen auf die Verteilung ganz unterschiedlicher Ressourcen zurückgehen kann. Ausführlicher werden diese Fragen zu Beginn des Kap. 5 diskutiert.

Disziplinäre Verortung von Sozialstrukturanalysen

Die hier entwickelten Fragestellungen werden in dem heutigen differenzierten Wissenschaftssystem unterschiedlichen Fachdisziplinen zugerechnet. Leider folgen die Grenzziehungen zwischen den sozialwissenschaftlichen Disziplinen nicht unbedingt wissenschaftslogischen Gesichtspunkten; einige Differenzierungen sind nur aus den Logiken des akademischen Betriebs und der gesellschaftlichen Verwendung des in diesen Disziplinen produzierten Wissens zu begreifen. Somit können viele für Sozialstrukturanalysen bedeutsame Fragen nur disziplinenübergreifend verfolgt werden. So wird im Folgenden auf theoretische Konzepte und Analyseperspektiven auch aus benachbarten Disziplinen zurückgegriffen, z. B. aus der politischen Ökonomie, der Arbeitssoziologie, der Industrie- und Betriebssoziologie, der Sozialpolitik, der Haushaltsökonomie und schließlich aus der Sozialgeschichte.

Ein besonderes Problem für den hier ins Auge gefassten Zugang zur Analyse von Sozialstrukturen stellt die Scheidelinie dar, die sich zwischen der Soziologie und Ökonomie aufgetan hat. Für die Klassiker der Soziologie war es selbstverständlich, sich im Sinne einer ›Politischen Ökonomie‹ der politisch gesellschaftlichen Einbettung ökonomischer Fragen zuzuwenden; Karl Marx setzte sich in kritischer Absicht mit den Vertretern der politischen Ökonomie wie Adam Smith oder David Ricardo auseinander; sein Hauptwerk hieß schließlich ›Das Kapital. Kritik der politischen Ökonomie‹. Auch Max Webers erstmals 1922 herausgegebenes Hauptwerk trägt den Titel ›Wirtschaft und Gesellschaft‹. In den folgenden Jahrzehnten kommt es jedoch zu einer stärkeren Differenzierung zwischen diesen Wissenschaften. In der Ökonomie sind es die mikroökonomisch orientierten neoklassischen Ansätze, die zu einer weitgehenden Entflechtung der typischen Fragestellungen dieser Wissenschaften führen; auf der anderen Seite begründete Talcott Parsons in den 1930er Jahren die Soziologie als eine voluntaristische Handlungswissenschaft, die Handeln in einem mikrosoziologischen Handlungsraum verortet, der von Zielen, Situationen und Normen aufgespannt wird (vgl. Münch 1982, S. 234 f.): »Die Konzentration auf die interpersonalen Beziehungen in der Soziologie blendete die sachliche, materiale Dimension sozialer Verhältnisse aus. Das bedingte eine entmaterialisierte Behandlung des Sozialen, die Reduktion sozialer Beziehungen auf ›Geist‹, Sinn und Kommunikation. Die Konstruktion eines eigenen Erkenntnisobjekts der Soziologie sowie die Kompetenzverteilung zwischen Ökonomie und Soziologie in Bezug auf logisches, zweckrationales Handeln und nicht-logisches, nicht rationales Verhalten führten zu einem wirtschaftslosen Gesellschaftsbild und umgekehrt zu der Konzeption einer Wirtschaft ohne Gesellschaft« (Mikl-Horke 1999, S. 566 f.). Diese

Entwicklungen implizierten, dass die Prozesse der gesellschaftlichen Produktion und Reproduktion bzw. die in diesen Prozessen geleistete Arbeit und die damit verbundenen Erfahrungswelten im Kontext der ›reinen Soziologie‹ keinen systematischen Ort mehr hatten. Die Sozialstrukturanalyse wird mit einer solchen Weltenteilung ihrer Grundlagen beraubt.

Angesichts der zentralen Bedeutung, die Nationalstaaten als ›Organisatoren‹ von weltweiten Ungleichheitsverhältnissen wie von sozialen Binnendifferenzierungen spielen, müssen auch die Grenzlinien von Soziologie und Politik immer wieder gequert werden. Dabei geht es neben den Fragen der globalen Beziehungen vor allem um Fragen der Sozialpolitik und um Fragen der politischen Regulierung von Produktion und Reproduktion. Mit dem Wachstum der Sozialstaaten wird die Frage, welche sozialen Gruppen Zugang zu welchen Leistungen und Infrastrukturen haben, zu einer wichtigen Frage der sozialen Ungleichheit.

Für die Analyse längerfristig stabiler sozialer Differenzierungen und für die Analyse sozialer Praktiken, die sich zu Strukturen verdichten, erhalten wirtschafts- und sozialgeschichtliche Perspektiven einen großen Stellenwert. Erst in der historischen Perspektive wird deutlich, wie heute als gegeben erscheinende Strukturen aus der Verstetigung und Institutionalisierung von sozialem Handeln aber auch aus gesellschaftlichen Auseinandersetzungen entstanden sind; damit wird ein Blick auf die Genese und den Wandel von Sozialstrukturen möglich.

Zielgruppen

Diese Einführung in die Sozialstrukturanalyse richtet sich an verschiedene Zielgruppen: an Studierende sozialwissenschaftlicher Disziplinen, die sich erstmals mit Fragen der Sozialstruktur befassen, an Studierende bzw. Wissenschaftler_innen, die sich auf der Basis von Vorkenntnissen für eine systematische Darstellung der Wissensbestände und -potentiale der Sozialstrukturanalyse interessieren und schließlich an Interessierte jenseits des wissenschaftlichen Feldes.

Für die erste Gruppe – Studierende, die sich erstmals mit Fragen der Sozialstrukturanalyse befassen – ist diese Einführung mit dem Ziel verbunden, einen möglichst systematischen und strukturierten Überblick über die wissenschaftliche Sozialstrukturanalyse zu geben. Dabei wird folgenden Fragen nachgegangen: zum einen der Doppelfrage nach den Ursachen sozialer Differenzierungen und nach den Mechanismen ihrer Verfestigung bzw. der Reproduktion. Zur Bearbeitung der Ursachenfrage werden verschiedene Arenen (Produktion, Staat, private Haushalte) untersucht, in denen soziale Differenzierungen ›entstehen‹, z. B. indem Arbeitseinkommen variieren, indem Einkommen umverteilt werden oder indem sie auf Haushaltsebene gebündelt und in unterschiedlicher Weise verwandt werden. Eine Durchsicht vergleichbarer Einführungen zeigt, dass insbesondere die Frage nach den Ursachen sozialer Differenzierung in den verschiedenen Arenen selten systematisch verfolgt wird. Bei der Analyse der Reproduktion sozialer Differenzierung geht es im weitesten Sinne um Fragen der ›sozialen Vererbung‹; indem Sachwerte, kulturelle Kapitalien, Rollenbilder und Vorurteile, aber auch Privilegien und andere institutionalisierte Ungleichheiten weitergegeben und auf diese Weise reproduziert werden. Zum anderen geht es um die Frage, wie sich Menschen und soziale Gruppen in diesen Differenzierungen organisieren und wie die so entstehenden Strukturen im Lichte verschiedener theoretischer Konzepte (Klassen, soziale Milieus, Lebensstile) sinnvoll analysiert werden können. Dabei werden diese Konzepte nicht gegeneinander ausgespielt, sondern es wird versucht, die jeweils verfolgte Perspektive zu rekonstruieren und die so zu gewinnenden Erkenntnisse zu bündeln.

Für die zweite Gruppe, bei der bereits ein gewisses sozialwissenschaftliches Vorwissen besteht, zielt diese Einführung darauf, vorhandenes Wissen in einen systematischen Zusammenhang bringen; hierzu dienen die oben entwickelten Fragestellungen. Dabei sollen in ganz unterschiedlichen Forschungsfeldern geführte Debatten integriert und entlang des vorgeschlagenen Modells verortet werden: so interessierte sich die Frauen- bzw. die Geschlechterforschung stets für das Zusammenwirken verschiedener Ungleichheitsmomente und entwickelte einen Blick auf gesellschaftliche Arbeit, der weit über die Erwerbsarbeit hinausgeht; die rassismuskritische Forschung hat die Kontinuität von strukturellen Diskriminierungen in postkolonialen Migrationsgesellschaften thematisiert; die Sozialgeschichte hat Strukturen der sozialen Differenzierung in ihrer Beständigkeit aber auch in ihrer Veränderung analysiert; die Armuts- und Reichtumsforschung und die Forschungen zu prekären Lebenslagen interessierten sich insbesondere für gesellschaftliche ›Ränder‹; die kultursoziologisch inspirierte Forschung beleuchtete die Rolle von Lebensstilen für die Stabilisierung und Naturalisierung von Ungleichheitsverhältnissen. Wem andere Einführungen in die Sozialstrukturanalyse vertraut sind, wird manches Neue entdecken, wie z. B. die systematische Analyse von ungleichheitsrelevanten Arenen oder die Analyse der stabilisierenden Momente; manche vertrauten Themen werden in einen anderen Zusammenhang gebracht (z. B. Bevölkerungsentwicklung oder Familienstrukturen).

Die dritte Gruppe – thematisch Interessierte – ist eingeladen, sozialwissenschaftliche Perspektiven auf Themen und soziale Problemlagen kennenzulernen, die in den politischen und medialisierten Diskursen, den Logiken der politischen Auseinandersetzung oder des Feuilletons folgend, stark verkürzt und moralisch

aufgeladen debattiert werden. So können zum einen die Möglichkeiten einer prä-
zisen wissenschaftlichen Analyse erfahren werden; zum anderen werden aber
auch die Grenzen der Sozialwissenschaften deutlich, wenn von ihr gefordert wird,
sie möge Rezeptwissen bereitstellen, das im politischen Raum verwendbar ist.

Gliederung des Lehrbuchs

Ausgehend von den oben formulierten Fragen ergibt sich die Gliederung der
folgenden Argumentation:

- Im *ersten Kapitel* werden die Grundbegriffe und zentralen Konzepte der
  Sozialstrukturanalyse entwickelt.
- Im *zweiten Kapitel* steht die Frage nach den Ursachen sozialer Differenzierungen im Vordergrund: Wie kommt es zu sozialen Differenzen (Ungleichheiten)
  in den Arbeits- und Lebensbedingungen (von Individuen bzw. sozialen
  Gruppen)? Für die Beantwortung dieser Frage sollen verschiedene ungleich-
  heitsgenerierende bzw. -moderierende Arenen untersucht werden: die Arena
  der gesellschaftlichen Produktion und die damit einhergehenden Verhältnisse
  von Arbeitsteilung und Anerkennung, die Arena der nationalstaatlichen Regulierung der gesellschaftlichen Produktion und Reproduktion und schließlich
  die Arena von Haushalten bzw. Individuen, die die Haushaltsproduktion organisieren und wichtige z. B. bildungs- und erwerbsbezogene Entscheidungen
  treffen.
- Daran anschließend werden im *dritten Kapitel* verschiedene Instanzen analysiert, die dazu beitragen, dass sich soziale Differenzierungen stabilisieren und
  relativ beständige Ungleichheitslagen entstehen. Dabei wird die Bedeutung
  von Institutionen und Machtverhältnissen, von Symbolen, von Körpern und
  Lebensläufen und schließlich von Stabilisierungen in der Generationenfolge
  beleuchtet.
- Im *vierten Kapitel* werden in sozialgeschichtlicher Perspektive einige wichtige Etappen sozialstruktureller Entwicklung dargestellt; erst im historischen
  Vergleich lassen sich die Spezifika der sozialen Differenzierungen der Gegenwartsgesellschaft erkennen. In verschiedenen Phasen werden die Entwicklungsschritte von der ständisch-feudalen bis hin zur Gegenwartsgesellschaft
  skizziert.
- Im *fünften Kapitel* werden schließlich verschiedene Ansätze (z. B. Klassen-,
  Schichten bzw. Milieukonzepte oder intersektionale Analysen) dargestellt, die
  auf die Modellierung von sozialstrukturellen Differenzierungen in nationaler

wie transnationaler Perspektive zielen. Die leitende Fragestellung entspricht der oben formulierten zweiten Frage: Wie kann man die Effekte in den verschiedenen ungleichheitsgenerierenden Arenen zusammenfassend so beschreiben, dass damit ein sinnvoller Beitrag zur weiteren wissenschaftlichen Analyse bzw. zur Rationalisierung sozialpolitischer Diskurse geleistet wird? Mit dieser Frage wird der eingangs formulierte Anspruch aufgenommen, Sozialstrukturanalyse müsse Modelle zur Beschreibung des gesellschaftlichen Ganzen liefern. Dabei wird deutlich, dass sich ganz unterschiedliche Modelle konstruieren lassen, die je für sich spezifische Aspekte und Entwicklungen von (National-) Gesellschaften beschreiben.

• Im *sechsten Kapitel* findet sich ein kurzer Ausblick auf den Stand und die aktuellen Probleme der Sozialstrukturanalyse.

Inhaltsverzeichnis

Begriffe und Konzepte der wissenschaftlichen Sozialstrukturanalyse

1

Die wissenschaftliche Sozialstrukturanalyse untersucht die unterschiedlichen Arbeits- und Lebensverhältnisse, in denen die Mitglieder einer gesellschaftlichen Einheit situiert sind. Dabei interessieren die damit verbundenen sozialen Ungleichheiten und die dahinterstehenden Differenzierungsprozesse. Im Folgenden sollen zentrale Begriffe und Konzepte der wissenschaftlichen Sozialstrukturanalyse geklärt werden.

1.1 Zentrale Begriffe

Sozialen Ungleichheit: Der Begriff der sozialen Ungleichheit umschreibt Ungleichheiten zwischen Personen bzw. sozialen Gruppen, die sich vor allem in ökonomischen und kulturellen Kapitalien, in Rechten, in Graden der Anerkennung und Missachtung oder in geronnenen Arbeits- und Lebenserfahrungen ausdrücken. Die Akzentuierung dieser Ungleichheitsaspekte hängt von den jeweiligen Fragestellungen der wissenschaftlichen Analyse ab. Der Begriff soziale Ungleichheit wird in einem deskriptiven Sinne verstanden; er impliziert keine normative Positionierung. Soziale Ungleichheiten werden als ein komplexes Phänomen begriffen, das sich im Zusammenspiel von ganz unterschiedlichen Akteuren (z. B. Unternehmen, Nationalstaaten, Individuen und Haushalte) in verschiedenen Praxisfeldern ergibt. Man könnte sagen, dass sich soziale Ungleichheit nicht selten als eine nicht intendierte Handlungsfolge einstellt; Thomas S. Marshall spricht von einem »Nebenprodukt anderer Institutionen« (2000, S. 65).

Soziale Positionen und soziale Lagen: Für eine differenzierte Analyse von sozialen Ungleichheiten ist es sinnvoll, zwischen sozialen Positionen und sozialen Lagen zu unterscheiden. Beide Begriffe werden in der Sozialstrukturforschung in verschiedener Weise verwandt; hier wird der Begriff der sozialen Position genutzt, um die jeweilige soziale Position einer Person (z. B. eine berufliche Position, eine Position im Haushaltszusammenhang) zu markieren; von sozialen Lagen wird gesprochen, um den weiteren Lebenszusammenhang und die Lebensgeschichte von Personen zu erfassen. Beide Begriffe werden noch genauer geklärt.

Mechanismen und Prozesse sozialer Differenzierung: Die Analyse sozialer Ungleichheiten zielt neben der Konstatierung von sozialen Ungleichheiten auf die Mechanismen und Prozesse sozialer Differenzierung, die solche Ungleichheiten hervorbringen, reproduzieren und modifizieren. Solche Differenzierungsprozesse lassen sich beobachten, wenn die gesellschaftliche Arbeit geteilt wird oder wenn Menschen entlang verschiedener Etiketten markiert werden und diese Markierungen mit der Rechtfertigung der Verteilung von Arbeit oder der Vergabe von Rechten verknüpft werden. Weiter unten werden verschiedene Prozesse sozialer Differenzierung genauer aufgeschlüsselt.

Soziale Gruppen: Der Begriff der sozialen Gruppe und anderer sozialer Aggregate wird in der Sozialstrukturanalyse in verschiedener Weise genutzt, so z. B., um Phänomene der sozialen Ungleichheit entlang von Gruppenunterschieden systematisch beschreiben zu können oder um Prozesse sozialer Differenzierung analysieren zu können. Da soziale Gruppen, z. B. Klassen oder Geschlechter, in politischen wie wissenschaftlichen Diskursen nicht selten als etwas Gegebenes vorausgesetzt werden, muss sich die wissenschaftliche Sozialstrukturanalyse einerseits mit der gesellschaftlichen Verwendung von Gruppenkonstrukten befassen und andererseits die eigene Verwendung von gruppierenden Konzepten reflektieren und begründen.

Sozialstruktur und Sozialstrukturanalyse: Der Begriff Sozialstruktur wird bei der Analyse sozialer Ungleichheiten in verschiedener Weise verwandt, so z. B. um Unterscheidungen in den Arbeits- und Lebenschancen verschiedener sozialer Gruppen (z. B. Menschen unterschiedlicher sozialer Herkunft, unterschiedlichen Geschlechts oder Menschen mit einer Migrationsgeschichte) zu benennen, oder um strukturierende, d. h. soziale differenzierende Prozesse (z. B. Prozesse der Teilung und Bewertung von Arbeit) zu analysieren. Der nicht selten unreflektiert verwandte Strukturbegriff muss daher an späterer Stelle noch genauer geklärt werden. Sozialstrukturanalysen setzten theoretische Überlegungen (z. B. über mögliche ungleichheitsrelevante Mechanismen) und Modellvorstellungen (z. B. Kriterien, nach denen Individuen sinnvoll zu sozialen Gruppen zusammengefasst werden) voraus, die dann zum Ausgangspunkt empirischer Untersuchungen werden. Die Sozialstrukturforschung liefert auf diese Weise summarische Analysen, wie sich die Lebenslagen bestimmter sozialer Gruppen unterscheiden, wie sie sich verändern und welche ursächlichen Faktoren dazu beitragen. Diese Analysen tragen zu einer wissenschaftlich fundierten Komplexitätsreduktion bei, indem sie für zuvor definierte soziale Gruppen Aussagen über spezifische Aspekte der Lebenslage machen. In der Geschichte der Soziologie kam den Analysen sozialer Ungleichheitsverhältnisse eine zentrale Bedeutung zu; sie ist im 19. Jahrhundert entstanden, als viele der damals noch jungen europäischen und nordamerikanischen Nationalstaaten durch die sozialen Verwerfungen der industriellen Revolution mit völlig neuen sozialen Problemen konfrontiert waren. Dabei sind Sozialstrukturanalysen stets in ihrer gesellschaftlichen Einbettung zu begreifen; sie nehmen bestimmte gesellschaftliche Konflikte und Diskurse auf und sie wirken in die Gesellschaft zurück, indem ihre wissenschaftlich fundierten Analysen in den untersuchten Gesellschaften auf verschiedene Weise verwendet werden. Sie werden zum Ausgangspunkt sozialpolitischer Diskurse, in denen die dort beschriebenen Trends und Problemlagen bewertet und sozialpolitische Interventionen entwickelt werden. Auch in anderen Wissenschafts- oder Praxisfeldern wird auf die von der Sozialstrukturanalyse entwickelten Modelle zurückgegriffen, wenn z. B. in der Medizinsoziologie das Gesundheitsverhalten in verschiedenen sozialen Milieus untersucht wird, wenn in der Wahlforschung das Wahlverhalten verschiedener sozialer Gruppen analysiert wird oder wenn beim Produktmarketing potentielle Zielgruppen bestimmt werden; das wird weiter unten noch genauer reflektiert.

Im Folgenden sollen diese Grundbegriffe genauer erläutert werden, indem sie in einen argumentativen Zusammenhang der Analyse von Sozialstrukturen und der dahinterstehenden sozialen Differenzierungsprozesse eingebunden werden.

1.2 Soziale Positionen und soziale Lagen

In dieser Einführung spielt die systematische Unterscheidung von sozialen Positionen und sozialen Lagen eine zentrale Rolle. Beide Begriffe werden in den verschiedenen Ansätzen der Sozialstrukturanalyse häufig verwandt; sie werden in diesem Lehrbuch jedoch schärfer gegeneinander abgegrenzt und so erweitert, dass sie auch im Sinne von transnationalen Sozialstrukturanalyen genutzt werden können. Diese Konzepte sollen es ermöglichen, die verschiedenen Praxisfelder, die die Sozialstrukturanalyse interessieren, und die damit verbundenen theoretischen Ansätze systematisch aufeinander zu beziehen. Sie sollen eine Strukturierung des komplexen Forschungsfeldes unterstützen und Bezüge herstellen (zur Vertiefung vgl. Weischer 2022).

1.2.1 Soziale Positionen

Soziale Positionen sind Positionen, die Menschen im Kontext des gesellschaftlichen Produktions- und Reproduktionsprozesses und seiner Regulierung (s. Abb. 1.3) einnehmen. Es sind berufliche Positionen, Positionen in der schulischen und beruflichen Ausbildung, Positionen, die von öffentlichen Transfers abhängen (Bezug von sozialer Unterstützung bzw. von Renten und Pensionen), und schließlich Positionen im Kontext privater Haushalte (Hausmänner und -frauen, Jugendliche, Kinder), die meist von privaten Transferleistungen abhängen.

Als soziale Positionen im engeren Sinne kann man die Position an sich begreifen, eine abstrakte berufliche Position oder eine Transferposition; es ist eine Leerstelle in einem Organigramm, in einem Sozialgesetz oder in einem Haushaltszusammenhang. Von einer sozialen Position im weiteren Sinne lässt sich sprechen, wenn diese Leerstelle mit einer Person besetzt ist. Soziale Positionen zeichnen sich dadurch aus, dass sie in einer bestimmten Weise gegen andere Positionen abgegrenzt sind. So entstehen berufliche Positionen in Prozessen der gesellschaftlichen Arbeitsteilung, Positionen im Sozialsystem entstehen mit dem Ausbau von Sozialstaaten und haushaltliche Positionen entstehen im Kontext der sich historisch verändernden Zusammensetzung und Funktion von Haushalten.

Soziale Positionen sind mit Einkommen oder Transferansprüchen verknüpft; sie erfordern oft bestimmte Qualifikationen. Sie lassen sich also über die damit verbundenen ökonomischen und kulturellen Kapitalien unterscheiden. Eine wichtige Rolle spielen auch die Rechte und Pflichten und verschiedene Grade der Anerkennung, die mit diesen Positionen verknüpft sind. Schließlich interessieren auch die spezifischen Erfahrungen, die mit einer solchen Position einhergehen, spezifische Arbeitserfahrungen, Belastungen etc. Im Kontext transnationaler Analysen ist es sinnvoll zu berücksichtigen, in welchem Nationalstaat eine Position verortet ist. In diesem Sinne sind auch Staatsbürgerrechte (und die damit verbundenen zivilen, politischen und sozialen Rechte) als Bestandteil einer sozialen Position zu begreifen.

1.2.2 Soziale Lagen

Sozialen Lagen entstehen, indem Personen in ihrem Lebensverlauf eine Kette von sozialen Positionen einnehmen und die mit diesen Positionen verknüpften Merkmale kumulieren und verinnerlichen. Auch im Generationenverlauf kommt es zu solchen Kumulierungen, indem elterliche Kapitalien, Rechte aber auch Erfahrungen weitergegeben werden. Schließlich sind auch die haushaltlichen

Verbindungen, die Personen eingehen, als ein Teil von Kumulierungsprozessen zu begreifen, wenn im Haushaltskontext Umverteilungen von Ressourcen vorgenommen oder wenn Versorgungsansprüche erworben werden.

Indem soziale Lagen auf die Kumulierung von sozialen Positionen zurückgehen, lassen sich soziale Lagen über die Kumulierung der damit verknüpften Eigenschaften (Kapitalien, Rechte, Anerkennungen, Erfahrungen) unterscheiden. Einkommen werden im Sinne von Vermögen (oder Schulden) kumuliert; berufliche Erfahrungen werden in Qualifikationsprofilen kumuliert; gute und schlechte Arbeitserfahrungen (z. B. mehr oder weniger hohe Anerkennung oder Autonomie), Bildungserfahrungen (z. B. Erfolge und Misserfolge) oder Haushaltserfahrungen (z. B. Erfahrungen des Mangels oder des Überflusses, Grade der Solidarität, der Sicherheit, der persönlichen Anerkennung, der Gewaltfreiheit) werden internalisiert und prägen den Habitus, den man als eine Art Sozialvermögen begreifen kann.

1.2.3 Verknüpfung von sozialen Positionen und sozialen Lagen

In der personenbezogenen Perspektive gehen soziale Lagen auf die Kumulierung von sozialen Positionen zurück. Gesellschaftlich betrachtet folgt die Entwicklung sozialer Positionen und sozialer Lagen jedoch ganz unterschiedlichen Logiken. Soziale Positionen entstehen und verändern sich in langfristigen Prozessen der gesellschaftlichen Arbeitsteilung, der Entwicklung von unterschiedlichen National-/Sozialstaaten und der Entwicklung der Haushaltsstrukturen. Sie verändern sich im Kontext der langfristigen Veränderung der Wirtschaftsstruktur oder von kurzfristigen Krisen; sie verändern sich im Kontext von Transformationen des Sozialstaats. So betrachtet kommt es zu einem historisch variierenden Möglichkeitsraum von sozialen Positionen. Indem Menschen nun im Kontext ihres Lebensverlaufs unterschiedliche soziale Positionen einnehmen und indem sie soziale Beziehungen mit anderen eingehen, bilden sich unterschiedliche soziale Lagen heraus.

Der für die folgende Darstellung zentrale Begriff der sozialen Lage kann als ein Synonym zu dem in der Sozialstrukturforschung häufig gebrauchten Begriff der Lebenslage verstanden werden; auch die eingangs angesprochenen Arbeits- und Lebensverhältnisse sind in diesem Sinne zu lesen. Damit sollen wichtige Aspekte der Arbeits- und Lebenssituation von Einzelnen, von Haushalten oder von sozialen Gruppen zusammenfassend beschrieben werden. Der Lebenslagenbegriff wurde u. a. von dem Philosophen und Ökonomen Otto Neurath verwandt. In einem 1931 veröffentlichten Text heißt es: »Lebenslage ist der Inbegriff all der Umstände, die verhältnismäßig unmittelbar die Verhaltungsweise eines Menschen, seinen Schmerz, seine Freude bedingen«. Zur Bestimmung dieser Lebenslage verweist Neurath auf im weiteren Sinne materielle Faktoren: »Wohnung, Nahrung, Kleidung, Gesundheitspflege, Bücher, Theater, freundliche menschliche Umgebung, all das gehört zur Lebenslage, auch die Menge der Malariakeime, die bedrohlich einwirken« (1979, S. 212). Der Soziologe und Sozialpolitiker Gerhard Weisser knüpfte in den 1950er Jahren daran an; er begriff die Lebenslage als einen durch äußere Umstände gesetzten Spielraum von Lebenschancen, innerhalb dessen sich einzelne oder eine Gruppe von Menschen verwirklichen können. Als Synonyme zum Lebenslagenbegriff gelten auch die Begriffe Lebensbedingungen oder Lebensstandard.

Mit der Entscheidung, das Konzept der Lebenslage zum Fixpunkt der Analyse sozialer Differenzen zu machen, sind eine Reihe von Implikationen verbunden, die nicht nur die wissenschaftliche Sozialstrukturanalyse betreffen, sondern auch die sozialpolitischen Debatten, die auf Basis dieser Analysen geführt werden können:

• Wie aus der Bestimmung Neuraths ersichtlich wird, umfasst der Begriff neben menschlichen ›Grundbedürfnissen‹ auch kultur- und zeitspezifische Gesichtspunkte; d. h. die Frage, welche Aspekte der Lebenssituation über die Lebenslage wissenschaftlich erfasst werden, kann nicht letztendlich geklärt werden. Die wissenschaftliche Analyse ist an dieser Stelle nur im Kontext gesellschaftlicher Ungleichheits- und Problematisierungsdiskurse zu begreifen.
• Mit dem Lebenslagenbegriff werden im weiteren Sinne materielle und kulturelle Aspekte der Arbeits- und Lebensverhältnisse in den Fokus des wissenschaftlichen Interesses gerückt. Er geht damit weiter als eine rein ökonomische Perspektive, die sich nur für verfügbare Einkommen oder Humankapitalien interessiert. Das impliziert für den sozialpolitischen Diskurs, dass es nicht nur darum geht, hinreichende Ressourcen zu gewährleisten, um eine gewisse Lebenslage realisieren zu *können,* sondern dass auch die damit realisierte Lebenssituation berücksichtigt wird. Umgekehrt unterscheidet sich der Lebenslagenbegriff aber von weitergehenden Perspektiven, wie sie mit dem Begriff der Lebensqualität oder des Lebensstils verbunden sind. Bei der Frage nach der Lebensqualität geht es darum, inwieweit bestimmte ›objektive‹ Lebensbedingungen dazu beitragen, dass Menschen ›subjektiv‹ zufrieden sind. Mit dem Konzept der Lebenslage werden Fragen des Lebensstils eng mit den sozioökonomischen Rahmenbedingungen verknüpft; so streben die einen nach einem Häuschen im Grünen, einer renovierten Altbauwohnung in

einem attraktiven Stadtviertel oder wählen eine Mietwohnung in einem modernen Wohngebäude; anderen bleiben nur geringe Wahlmöglichkeiten, wenn die Wohnung im Kontext von Gentrifizierungsprozessen nicht mehr bezahlbar ist oder eine Sozialbehörde den Umzug in eine preiswertere Wohnung in einem weniger attraktiven Stadtviertel erzwingt.

• Schließlich zeichnet sich das Lebenslagenkonzept dadurch aus, dass zunächst nicht auf ein spezifisches Ungleichheitsmodell Bezug genommen wird; man spricht also nicht von Klassenlage oder von Milieuzugehörigkeit; somit wird die Analyse sozial differenter Lebenslagen von der Frage der strukturierten Beschreibung und Analyse, z. B. im Rahmen eines Klassen- oder Milieumodells, getrennt.

Über den Begriff soziale Lebenslage soll die Lebenssituation von Menschen mit Hilfe wichtiger Merkmale beschrieben werden. Das können zum einen Merkmale sein, die in einer *Input*-Perspektive die verfügbaren Ressourcen analysieren (z. B. ein Quantum an ökonomischem, kulturellem und sozialem Kapital), die dann im Sinne von Weisser einen Spielraum von Lebenschancen abstecken. Das können auf der anderen Seite in einer *Output*-Perspektive Faktoren sein, die die Lebensbedingungen unmittelbar beschreiben; Neurath hatte hier auf Wohnung, Nahrung, Kleidung, aber auch auf kulturelle Praktiken verwiesen.

Das Konzept »hebt auf Beeinträchtigungen in den materiellen wie immateriellen Lebensbedingungen Einzelner oder von Gruppen ab. Lebenslagen werden maßgeblich bestimmt durch die Beziehung zwischen ›Verhältnissen‹ und ›Verhalten‹. Sie werden dabei ebenso als Ausgangsbedingungen menschlichen Handelns wie auch als Produkt dieses Handelns verstanden, die sich aus den jeweiligen konkreten ökonomischen, sozialen, kulturellen und politischen Lebensbedingungen von Menschen im Ablauf ihres Lebens ergeben. Unter der Lebenslage eines Menschen kann der (Handlungs-)Spielraum verstanden werden, den ein Mensch hat, sich bei einem gegebenen Entwicklungsstand einer Gesellschaft zu entfalten und seine Interessen zu befriedigen. Lebenslagen sind dabei jeweils abhängig von bestimmten historisch gewachsenen wie ökonomischen und sozialen Versorgungs- und Entwicklungsniveaus, die der Einzelne kaum beeinflussen kann. Wichtige Bereiche sind Erwerbstätigkeit, Einkommen, Bildung, Gesundheit und Wohnen« (Bäcker et al. 2020, S. 4).

Der Vorteil des Lebenslagenbegriffs liegt in seiner eher deskriptiven Konstruktion; d. h.

- es werden keine Postulate darüber aufgestellt, wie es zu diesen unterschiedlichen Lebenslagen kommt und wie sich diese individuellen Lebenslagen
sinnvoll zu sozialen Gruppen zusammenfassen lassen;
- es werden keine Aussagen darüber getroffen, was der gemeinsame Nenner
der so konstruierten Gruppen ist (etwa gemeinsame Interessen, Erfahrungen, Solidaritäten, Mentalitäten, Lebensstile, soziale Netzwerke oder eben nur
Ähnlichkeiten in der Ressourcenausstattung);
- es werden, jenseits einer groben Umschreibung, keine spezifischen Aussagen
darüber getroffen, welche Merkmale im Einzelnen in die Beschreibung von
Lebenslagen einzubeziehen sind.

Bereits Theodor Geiger hatte den Begriff ›soziale Lagerung‹ bzw. ›Soziallage‹
als Bezugspunkt der sozialstatistischen Analyse vorgeschlagen, der dann mit
Konzepten der sozialen Schichtung in Beziehung zu setzen sei (1932, S. 15).

1.3   Prozesse sozialer Differenzierung

Mit der Unterscheidung von sozialen Positionen und sozialen Lagen sind implizit schon wesentliche Prozesse sozialer Differenzierung angesprochen worden;
sie sollen nun noch einmal systematisch dargestellt werden. Als Prozesse oder
Mechanismen werden Bündel von Praktiken und Entscheidungen begriffen, die
soziale Ungleichheiten in einer spezifischen Weise beeinflussen. Die Unterscheidung verschiedener Prozesse soll helfen, dass komplexe Geflecht von Faktoren,
die auf soziale Ungleichheiten Einfluss nehmen, zu gliedern; sie können dann
auch ein Ausgangspunkt für die Erklärung von Phänomenen der sozialen Differenzierung sein; sie sollten aber selbst nicht im Sinne von Erklärungen verstanden
werden.

1.3.1   Rankingprozesse

Rankingprozesse sind Prozesse, in denen soziale Positionen gegeneinander abgegrenzt werden und in denen sich die Qualität und Quantität dieser sozialen
Positionen verändert. Eine wesentliche Rolle spielen wie erwähnt Prozesse der
gesellschaftlichen Organisation von Arbeit und Arbeitsteilungen, der Entwicklung
von National- und Sozialstaaten oder der Organisation von Haushalten.
    Am einfachsten lassen sich solche Rankingprozesse am Beispiel der Her-
ausbildung (und Veränderung) von Berufen in Prozessen der gesellschaftlichen

Arbeitsteilung verdeutlichen. Dabei werden Berufe gegeneinander abgegrenzt und sie werden qualitativ unterschieden, indem sie mit unterschiedlichen Einkommen verknüpft werden, indem sie als einfache oder anspruchsvolle Berufe, als ehrbare und angesehene oder als unehrenhafte und wenig angesehene Berufe markiert werden. Diese Abgrenzungen und Etikettierungen von Berufen haben nicht selten eine lange Vorgeschichte und ähneln sich in verschiedenen Weltregionen. Berufe verändern sich aber auch, sie verschwinden, neue Berufe und Berufsfelder entstehen; diese Veränderungen können sich auf die Qualität wie die Quantität beruflicher Positionen beziehen.

Solche Rankingprozesse vollziehen sich in der Gegenwart, indem sich Berufsverbände, Ausbildungseinrichtungen und letztlich die Inhaber_innen dieser beruflichen Positionen in nicht selten konflikthaften Auseinandersetzungen für einen solchen Beruf einsetzen: für die Abgrenzung gegenüber anderen, für die damit verknüpften Einkommen, für die erforderlichen Mindestqualifikationen, für die Regulierung von Zugangsmöglichkeiten oder für die gesellschaftliche Anerkennung des Berufes. Solche Aushandlungen vollziehen sich, wenn um Ausbildungsordnungen, Einstellungskriterien oder (Mantel-)Tarifverträge gestritten wird. Dabei geht es auch um die Rahmenbedingungen abhängiger und selbstständiger Berufstätigkeit. Somit sind auch die Aushandlungen um Bedingungen der unternehmerischen bzw. freiberuflichen Arbeit und um verschiedene Formen der abhängigen Arbeit (Arbeiter bzw. Angestellte und Beamte) als Rankingprozesse zu begreifen. Die Quantität spezifischer beruflicher Positionen hängt eher mit der Entwicklung von Branchen und der Organisation der Produktion im Kontext von technischen Entwicklungen oder von weltweiten Arbeitsteilungen zusammen. D. h. wenn ein Unternehmen Arbeitshierarchien verflacht, wenn es Arbeitsprozesse automatisiert und digitalisiert oder in andere Länder auslagert, verändert sich die Quantität und Qualität von Arbeitsplätzen, die an einem bestimmten Ort verfügbar sind.

Das Ranking von sozialen Positionen, die von öffentlichen Transferleistungen abhängen, erfolgt im Kontext sozialpolitischer Aushandlungsprozesse, indem über die Sicherungsleistungen für Arbeitslose und das Rentensystem gestritten wird. Letztlich finden sich solche Rankingprozesse auch im Kontext einzelner Haushalte, die die Organisation der Arbeitsteilung und die Verteilung von Haushaltseinkommen aushandeln. Dabei sind dann aber auch sozialpolitische Entscheidungen bedeutsam, wie die Sorge- und Pflegearbeit organisiert wird, welche Infrastrukturen und Sozialleistungen hier bereitgestellt werden.

Es mag zunächst verwirren, dass hier sehr unterschiedliche Prozesse unter dem Begriff des Rankings zusammengefasst werden. Das hängt mit dem eingangs erwähnten Phänomen zusammen, dass sich soziale Ungleichheiten im Zusammenspiel ganz unterschiedlicher Praxisbereiche einstellen.

1.3.2 Sortingprozesse

Im Rahmen von Sortingprozessen werden zunächst abstrakte soziale Positionen mit spezifischen Personen besetzt. Am sinnfälligsten ist das sicherlich bei beruflichen Positionen, die nach einer Ausschreibung und einem Bewerbungsverfahren besetzt werden; auch Prozesse des beruflichen Aufstiegs in einer Organisation lassen sich im Sinne solcher Sortingprozesse verstehen. Dementsprechend kommt es zu Prozessen des Sorting-out, wenn Menschen ihre berufliche Position verlieren oder verlassen. Auch bei der Übernahme einer selbstständigen Tätigkeit kann im weiteren Sinne von einem Sortingprozess gesprochen werden, indem Menschen bestimmte Voraussetzungen erfüllen, die für die Ausübung einer selbstständigen Tätigkeit oder die Gründung eines Unternehmens erforderlich sind. Analog kann man aber auch von Sortingprozessen sprechen, wenn Menschen im Kontext der Arbeitslosenversicherung eine Unterstützung erhalten (bzw. diese verweigert wird) oder wenn Menschen eine Rente beziehen.

Das hier skizzierte Verständnis von Sortingprozessen im engeren Sinne kann nun in einer lebensgeschichtlichen Perspektive erweitert werden, indem man Presorting- und Selfsortingprozesse unterscheidet; das ist insbesondere für die Analyse beruflicher Sortingprozesse sinnvoll. Presortingprozesse umfassen jene Prozesse, die dem eigentlichen Sorting vorausgehen; das sind vor allem Prozesse der schulischen und beruflichen Qualifizierung. D. h. Menschen durchlaufen längere Ausbildungsgänge, um sich für bestimmte soziale Positionen zu qualifizieren, andere scheitern in diesem Presortingprozess, indem es ihnen aus verschiedensten Gründen nicht gelingt, einen bestimmten Abschluss zu erwerben. Selfsortingprozesse stehen schließlich für jene Prozesse, in denen sich Personen für (oder gegen) einen bestimmten schulischen und beruflichen Ausbildungsweg entscheiden, oder indem sie einen eingeschlagenen Ausbildungsgang abbrechen. Im übertragenen Sinne lässt sich auch von Selfsorting sprechen, wenn Menschen eine ihnen zustehende soziale Unterstützungsleistung nicht in Anspruch nehmen.

1.3.3 Kumulierungsprozesse

Kumulierungsprozesse beziehen sich auf die Kumulierung von sozialen Positionen und die Kumulierung der mit diesen Positionen verbundenen Eigenschaften (Einkommen, Rechte ...). Der Begriff war bereits oben bei der Einführung des Konzepts der sozialen Lage angesprochen worden. Dabei kann zwischen temporalen und sozialen Kumulierungsprozessen unterschieden werden.

1.3.3.1 Temporale Kumulierungsprozesse

Temporale Kumulierungsprozesse vollziehen sich, indem Menschen im Lebensverlauf eine Kette von sozialen Positionen einnehmen und die mit diesen Positionen verbundenen Merkmale anhäufen. Einkommen können zu einer Kumulierung von Vermögen, fehlende Einkommen aber auch zu einer Kumulierung von Schulden beitragen. Auch die mit diesen Positionen verbundenen Rechte können kumuliert werden, indem sich darüber ein Anspruch auf Leistungen der Renten- oder Arbeitslosenversicherung ergibt. Von großer Bedeutung ist auch die Kumulierung von Erfahrungen im Lebensverlauf, wenn eher positive (berufliche und soziale Anerkennung, Erfolg, Autonomie) oder eher negative Erfahrungen (Misserfolge, Gewalterfahrungen, Erfahrungen der Diskriminierung und Missachtung) kumuliert und internalisiert werden. Insofern lässt sich die Genese von Habitus als ein solcher Kumulierungsprozess begreifen.

Auch in der Generationenperspektive lässt sich der Kumulierungsbegriff sinnvoll nutzen, um Prozesse der Vererbung von ökonomischen und kulturellen Kapitalien, aber auch die Weitergabe von Habitus in Sozialisationsprozessen zu erfassen.

1.3.3.2 Soziale Kumulierungsprozesse

Soziale Kumulierungsprozesses gehen auf soziale Vernetzungen im Lebensverlauf zurück, wenn sich Menschen in Haushalten zusammenschließen und im Rahmen dieses Haushalts Arbeit und Ressourcen teilen. Indem Haushalte typischerweise an einen Ort gebunden sind, tragen auch die mit diesem Ort verbundenen Netzwerke und Infrastrukturen zu sozialen Kumulierungen bei. Wenn sich Haushalte in einem wohlhabenden und angesehenen Stadtviertel mit guten Infrastrukturen ansiedeln können, eröffnen sich ihnen ganz andere Lebensbedingungen als Haushalten, die sich in einer weniger angesehenen und versorgten Vorstadt ansiedeln müssen. Für die Analyse sozialer Kumulierungsprozesse sind auch Verwandtschaftsnetzwerke, Nachbarschaften oder lokale Netzwerke zu berücksichtigen.

1.3.4 Prozesse des Othering

Von Prozessen des Othering, der Veranderung, wird gesprochen, um summarisch die ganz unterschiedlichen Prozesse der Konstruktion von Anderen und der
gesellschaftlichen Verwendung dieser gesellschaftlichen Konstrukte zu umreißen.
So geht es z. B. um die Prozesse der Konstruktion von Geschlechtern und um
die Verwendung dieser Unterscheidungen bei der Organisation von Arbeitsteilungen. In Prozessen der Veranderung werden aus Menschen in geschlechtlicher
Perspektive als divers etikettierte, weibliche und männliche Menschen, in nationaler Perspektive Deutsche und Ausländer_innen, in weltanschaulicher Perspektive
Christ_innen und Muslime, in migrantologischer Perspektive Autochthone und
Zugewanderte.

Diese Prozesse des Othering weisen gewisse Parallelen in ihrer Konstruktion
und in ihrer gesellschaftlichen Verwendung auf; so lassen sich in historischer
Perspektive variierende Merkmale (z. B. Religion, Geschlecht, Herkunft, Kulturen, Nation) und Begründungen (z. B. theologisch, pseudowissenschaftlich,
biologisch bzw. genetisch) von Veranderungen erkennen. Eine Gemeinsamkeit
all dieser Veranderungen ist zunächst, dass Differenz hergestellt wird, wo keine
Differenz ist. Indem diese Veranderungen dann aber gesellschaftlich genutzt
werden, z. B. in Prozessen der Selbst- und Fremdverständigung, in Prozessen
der Arbeitsteilung, oder in sozialen Bewegungen, ›materialisieren‹ sich diese
Konstrukte, indem z. B. Männer und Frauen, Autochthone und Migrant_innen
unterschiedlichen Lebenswegen folgen und in unterschiedlicher Weise Kapitalien
und Erfahrungen kumulieren. Auch die amtliche Dokumentation von Geschlechtern, Staatsangehörigkeiten, Aufenthaltstiteln, Konfessionszugehörigkeiten oder
Bildungstiteln trägt zu solchen Materialisierungen bei. An späterer Stelle werden
Prozesse des Othering noch genauer dargestellt (s. Abschn. 5.4.3).

1.3.5 Prozesse sozialer Differenzierung in transnationaler Perspektive

Bislang wurden soziale Positionen und soziale Lagen bzw. die damit verbundenen sozialen Differenzierungsprozesse eher in einem nationalstaatlichen Horizont
begriffen. Wenn man aber wie oben angedeutet soziale Positionen auch als Positionen begreift, die an einen bestimmten Nationalstaat gebunden sind, so eröffnet
sich eine weitere Perspektive. Damit sind berufliche Position auch dadurch charakterisiert, in welchem Nationalstaat sie verortet sind; so unterscheidet sich die
Position von Ärzt_innen je nachdem, ob diese in einem eher prosperierenden

Land mit einem ausgebauten Gesundheitssystem arbeiten oder ob sie in einem weniger prosperierenden Land mit einer nur rudimentären Gesundheitsversorgung tätig sind. Für die Positionierung in verschiedenen Nationalstaaten spielen dann auch die mit der Staatsbürgerschaft (oder bestimmten Aufenthaltstiteln) verbundenen Rechte eine wichtige Rolle.

Von diesem transnationalen Verständnis von sozialen Positionen und Lagen ausgehend erweitert sich auch das Verständnis von Differenzierungsprozessen. Es ist somit auch von einem *Ranking* der Nationalstaaten auszugehen, indem sich in längerer Perspektive und im Kontext imperialer, kolonialer und postkolonialer Verhältnisse erhebliche ökonomische, politische und soziale Unterschiede zwischen den verschiedenen Nationalstaaten herausbilden. Damit sind dann auch Machtdifferentiale verbunden, die in Kriegen, militärischen Interventionen oder im Kontext internationaler Verträge und Organisationen immer wieder neu bestimmt werden. D. h. mit der Abgrenzung und der Zurechnung zu ganz unterschiedlichen Nationalstaaten entsteht neben der Ordnung von sozialen Gruppen innerhalb eines Nationalstaates auch eine Ordnung der verschiedenen Nationalstaaten. Die Frage, wer in welchem Land geboren wird und wer welche Möglichkeiten der Migration hat, kann dann als ein *Sortingprozess* begriffen werden. Mit der Vererbung von staatsbürgerlichen Rechten an Kinder kommt es zu einem *Kumulierungsprozess*. Prozesse der Migration sind damit auch als Prozesse des sozialen Aufstiegs oder Abstiegs zu begreifen, indem die Migrierenden im Lebenslauf soziale Positionen (und die damit verbundenen Ressourcen, Rechte und Erfahrungen) aus unterschiedlichen Nationalstaaten miteinander verknüpfen. D. h. in transnationaler Perspektive werden die Unterschiede zwischen Nationalstaaten und Fragen der Ermöglichung und Verhinderung von Migrationen zu wichtigen sozialen Fragen.

1.3.6 Soziale Positionen und Lagen im Kontext der verschiedenen Differenzierungsprozesse

Mit der Unterscheidung von sozialen Positionen und Lagen und mit der Abgrenzung verschiedener Differenzierungsprozesse steht ein kategorialer Apparat zur Verfügung, der es ermöglicht, soziale Ungleichheiten in einem nationalen wie in einem transnationalen Sinne zu untersuchen. Entsprechend dem oben angesprochenen Phänomen, dass soziale Ungleichheiten im Zusammenspiel unterschiedlicher Praxisbereiche entstehen, hat man es mit Differenzierungsprozessen zu tun, die in ganz verschiedenen Feldern anzusiedeln sind. Man könnte sagen, dass

Sozialstrukturanalysen die gesellschaftlichen Produktions- und Reproduktionsprozesse und ihre nationalstaatliche Regulierung in einer bestimmten Perspektive (soziale Ungleichheit) untersuchen; ganz ähnlich wie es die Ökonomie tut, wenn sie sich bei der Untersuchung dieser Prozesse auf eine wirtschaftliche Perspektive (z. B. den Vergleich von Sozialprodukten oder Arbeitslosenquoten) konzentriert.

Mit der Unterscheidung von sozialen Positionen und sozialen Lagen werden unterschiedliche Perspektiven auf das Ungleichheitsgeschehen eröffnet (vgl. dazu Abb. 1.1). Die Analyse sozialer Positionen interessiert sich für Entwicklungen, die typischerweise mit der Ökonomie und der Politik (bzw. ihrer Geschichte) verknüpft werden. Mit der Entwicklung von Kapitalismen und Prozessen der Industrialisierung bildet sich ein ganz neues System von sozialen Positionen heraus. Indem die neuen Formen von Erwerbsarbeit (in Betrieben und Verwaltungen) an Bedeutung gewinnen, werden die sozialen Positionen der häuslichen und der außerhäuslichen Arbeit fundamental unterschieden. In den Unternehmen entstehen mit Kapitaleigner_innen und Unternehmensleiter_innen auf der einen und abhängig Beschäftigten auf der anderen Seite systematisch differenzierte Erwerbspositionen. Zudem kommt es in den größer werdenden Unternehmen und Verwaltungen zu hierarchischen Ausdifferenzierungen der Arbeit, der Qualifikationen und der Autonomie der Arbeitenden. Mit der Entwicklung von Nationalstaaten und dem Ausbau ihrer administrativen Strukturen entstehen ganz neue hierarchisch differenzierte soziale Positionen. All dies interessiert bei der Analyse von Rankingprozessen.

Aussehend von der Frage nach Sortingprozessen wird dann untersucht, wie diese neuen Möglichkeitsräume (der sozialen Positionen) besetzt werden: wer nimmt die häuslichen und außerhäuslichen Positionen ein, wer wird Unternehmer_in, wer wird Arbeiter_in. Die Sortingprozesse verknüpfen die eher ökonomisch politische Welt der sozialen Positionen mit der Welt der sozialen Lagen, in der Menschen (mit ganz unterschiedlichen Zuschreibungen und Ressourcen) diese sich verändernden Möglichkeitsräume für sich nutzen, indem sie die guten

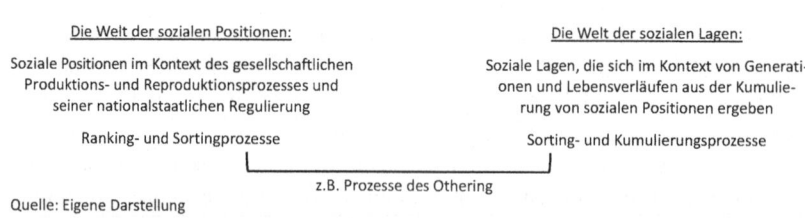

Abb. 1.1   Die Welt der sozialen Positionen und der sozialen Lagen

und die schlechten Positionen besetzen, indem sie sich in Haushalten organisieren und indem sich darüber lebensgeschichtlich und generationell betrachtet eine Kette von Positionen und damit verbundenen Kumulierungseffekten einstellt, die dann die soziale Lage ausmachen.

Die angebotenen Unterscheidungen und Verknüpfungen sind zunächst als ein Ordnungsangebot zu begreifen. Sie liefern keine Erklärungen für soziale Ungleichheiten, aber sie ermöglichen es, verschiedene Fragen an das komplexe Ungleichheitsgeschehen zu stellen. Ausgehend von der Frage nach Rankingprozessen kann untersucht werden, wie sich Nationalgesellschaften und Kapitalismen entwickeln, wie die gesellschaftliche Arbeit geteilt wird, wie sich betriebliche Hierarchien herausbilden etc. Ausgehend von Sortingprozessen kann untersucht werden, wie die Teilung der Arbeit mit Prozessen des Othering oder anderen Faktoren zusammenhängt. Ausgehend von Kumulierungsprozessen kann analysiert werden, wie es den einen gelingt, Reichtum zu mehren, wie sich andere ›recht und schlecht‹ durch das Leben schlagen und wie dritte immer wieder um ihr Überleben ringen müssen.

Diese Konzepte ermöglichen es, an die Ansätze und Theorien verschiedener Disziplinen und Subdisziplinen anzuknüpfen und diese in einen konsistenten begrifflichen Rahmen zu bringen. So wird es möglich, den großen Fundus wissenschaftlichen Wissens zu Fragen der sozialen Ungleichheit, der in den verschiedenen Sozialwissenschaften entstanden ist, in einem additiven Sinne für eine zusammenhängende Erklärung von sozialen Ungleichheiten zu nutzen.

1.4 Sozialstrukturen

Bislang wurde ein spezifisches Verständnis von Sozialstrukturanalyse entwickelt. Um diesen Vorschlag im wissenschaftlichen Diskurs verorten zu können, werden im Folgenden die Begriffe Sozialstruktur und Sozialstrukturanalyse zunächst dem vorherrschenden soziologischen Gebrauch folgend eingeführt, um dann ein systematisches Verständnis von Sozialstrukturen und ihrer Analyse zu entwickeln.

1.4.1 Strukturen

Von Strukturen wird in verschiedensten Wissenschaften gesprochen, wenn es gilt, »den inneren Aufbau eines Phänomens zu analysieren« (Geißler 1996, S. 19). Man spricht z. B. von der Struktur eines Kristalls; dann ist damit die Anordnung von Atomen in einem Kristallgitter gemeint; die Molekülstruktur gibt Auskunft über die Zusammensetzung des Moleküls, über die Anordnung der Atome, über die bestehenden Bindungskräfte etc. Man findet den Strukturbegriff aber auch bezogen auf komplexere Objekte. So wird von der Struktur einer Persönlichkeit gesprochen oder eben von der Struktur einer Gesellschaft, der Sozialstruktur. Allgemein wird von Strukturen gesprochen, wenn die Elemente, aus denen sich ein Objekt oder Phänomen zusammensetzt und deren Zusammenhang bzw. Zusammenwirken benannt werden können. Die Strukturdarstellung liefert eine abstrakte Perspektive auf das zu untersuchende Phänomen. Der Vergleich von Strukturen ermöglicht es, Objekte oder Phänomene als identisch oder verschieden zu charakterisieren.

Die Analyse von Strukturen ist zu einer zentralen Metapher für wissenschaftliches Arbeiten geworden. Mit dem Begriff der Struktur und mit der Kenntnis der Strukturen eines Phänomens sind typischerweise eine Reihe von Konnotationen verknüpft: Zunächst die Vorstellung der relativen Beständigkeit eines Phänomens, für dessen Strukturen man sich interessiert. Mit der Beschreibung der Strukturen eines Phänomens möchte man komplexe Phänomene auf einfachere Weise darstellen; zugleich sollen damit Aussagen über bestimmte Eigenschaften des Objekts ermöglicht werden. Im Idealfall soll die Kenntnis der Struktur eines Phänomens weitergehende Aussagen ermöglichen, z. B. wie sich ein Objekt in Zukunft bei gewissen Veränderungen der Rahmenbedingungen ›verhalten‹ wird (Prognose). Damit verknüpft ist die Vorstellung, dass mit dem Wissen um Strukturen Aussagen über ursächliche Zusammenhänge oder über Wechselwirkungen mit anderen Phänomenen möglich werden. So soll die Kenntnis von Strukturen zur ›Aufklärung‹ über ein Phänomen beitragen.

Mit der sprachlichen Benennung von Objekten sind stets bestimmte Klassifikationsleistungen verknüpft. »Klassifizieren bedeutet trennen, absondern. Es bedeutet zunächst zu postulieren, daß die Welt aus diskreten und unterschiedenen Elementen besteht; dann, zu postulieren, daß jede Einheit eine Gruppe von ähnlichen oder benachbarten Elementen hat, zu denen sie gehört und mit denen – gemeinsam – sie bestimmten anderen Einheiten entgegengesetzt ist; und dann bedeutet es, das Postulierte dadurch zu verwirklichen, daß verschiedene Handlungsstrukturen mit verschiedenen Klassen von Einheiten verknüpft werden (…). Mit anderen Worten, klassifizieren heißt, der Welt eine *Struktur* zu geben« (Bauman 1995, S. 13 f.). Die Rede von ›Strukturen‹ scheint mit einem bestimmten Verständnis von Wissenschaft und Wissenschaftlichkeit zusammenzuhängen. Bauman geht davon aus, dass die Erzeugung von Ordnung, die Reflexion über Ordnung eines der wesentlichen Charakteristika der Moderne ist (S. 30).

In den Überlegungen Baumans wird deutlich, dass Strukturen nicht eine Eigenschaft der untersuchten ›Objekte‹ sind, sondern auf den strukturgebenden Prozess der theoretischen und empirischen Analyse zurückgehen. Dies trifft für natur-, wie für sozialwissenschaftliche Phänomene in gleicher Weise zu. Ein Spezifikum der ›sozialwissenschaftlichen Objekte‹ und damit ein Problem der sozial- bzw. kulturwissenschaftlichen Analyse von Strukturen ist es jedoch, dass diese ›Objekte‹ historisch veränderlich und durch die reflexiven Potentiale menschlicher Wesen geprägt sind.»Immer neu und anders gefärbt bilden sich die Kulturprobleme, welche die Menschen bewegen, flüssig bleibt damit der Umkreis dessen, was aus jenem stets gleich unendlichen Strom des Individuellen Sinn und Bedeutung für uns erhält, ›historisches Individuum‹ wird. Es wechseln die Gedankenzusammenhänge, unter denen es betrachtet und wissenschaftlich erfaßt wird. Die Ausgangspunkte der Kulturwissenschaften bleiben damit wandelbar in die grenzenlose Zukunft hinein (...)« (Weber 1988, S. 184).

Fasst man diese Überlegungen zusammen, so lässt sich in den Zielvorstellungen ein relativer Konsens darüber feststellen, was Strukturbeschreibungen leisten sollen. Am Ende sollen summarische Aussagen über einzelne Elemente und die sie verknüpfenden Beziehungen stehen.

1.4.2 Soziale Differenz in der Handlungs- und Strukturperspektive

Den hier entwickelten Überlegungen zur Konzeptionierung von Sozialstrukturanalysen liegt eine Reihe von begrifflichen und theoretischen Überlegungen zu Grunde, an die mit diesem Ansatz angeknüpft wird. Sie sollen im Folgenden kurz erläutert werden.

1.4.2.1 Handlungen und Strukturen

Für die hier verfolgte Frage nach der Genese von Sozialstrukturen ist es bedeutsam, den dabei verwandten Struktur- und Handlungsbegriff zu explizieren. Dieses theoretische Rüstzeug kann z. B. bei Anthony Giddens und anderen Vertretern einer praxistheoretischen Perspektive gewonnen werden. Die zentrale Frage, der sich Giddens in seiner Theorie der Strukturierung widmet, zielt auf das Verhältnis von Handlung und Struktur. Er erläutert das Spezifikum seines Ansatzes in Abgrenzung zu konkurrierenden theoretischen Konzepten wie folgt:»Das zentrale Forschungsfeld der Sozialwissenschaften besteht – der Theorie der Strukturierung zufolge – weder in der Erfahrung des individuellen Akteurs noch in der Existenz

irgendeiner gesellschaftlichen Totalität, sondern in den über Zeit und Raum geregelten gesellschaftlichen Praktiken. Menschliche soziale Handlungen sind – wie
einige sich selbst reproduzierende Phänomene in der Natur – rekursiv. Das bedeutet, daß sie nicht durch die sozialen Akteure hervorgebracht werden, sondern von
ihnen mit Hilfe ebenjener Mittel fortwährend reproduziert werden, durch die sie
sich *als* Akteure ausdrücken. In und durch ihre Handlungen reproduzieren die
Handelnden die Bedingungen, die ihr Handeln ermöglichen« (1988, S. 52).

Indem man Akteure in das Zentrum der sozialwissenschaftlichen Analyse
rückt, wird, wie die einleitenden Verweise von Giddens zeigen, eine bestimmte
Theorieentscheidung getroffen. Es ist zum einen eine Abgrenzung von den
interpretativen Soziologien, die einen Vorrang des Subjekts postulieren; zum
anderen grenzt er sich von Funktionalismus und Strukturalismus ab, die einen
Imperialismus des gesellschaftlichen Objekts implizieren. Giddens Theorie der
Strukturierung folgt einem mittleren Weg. Er geht von folgendem Handlungsmodell (vgl. Abb. 1.2) aus:»Die reflexive Steuerung des Handelns seitens des
Akteurs ist ein integraler Charakterzug des Alltagshandelns und richtet sich nicht
nur auf das eigene Verhalten des Akteurs, sondern auch auf das anderer Akteure.
Das bedeutet, daß Akteure nicht nur kontinuierlich den Fluß ihrer Aktivitäten
steuern und dasselbe von anderen Akteuren erwarten; sie kontrollieren routinemäßig ebenso die sozialen und physischen Aspekte des Kontextes, in dem sie
sich bewegen. Unter Rationalisierung des Handelns verstehe ich, daß Akteure –
ebenfalls routinemäßig und meistens ohne viel Aufhebens davon zu machen – ein
›theoretisches Verständnis‹ für die Gründe ihres Handelns entwickeln« (S. 55f).

Das bei Giddens aufscheinende Verständnis von Struktur unterscheidet sich
deutlich von einem Strukturbegriff, bei dem Strukturen wie ein Skelett eines
Organismus oder die Tragbalken eines Gebäudes begriffen und als dem Handeln
der Akteure äußerlich vorausgesetzt werden. Umgekehrt sind Strukturen von einzelnen Handelnden nur sehr bedingt veränderbar. Er löst dieses Problem, indem

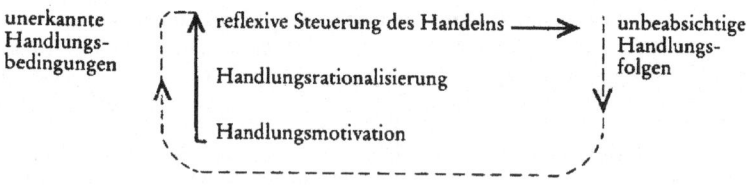

Quelle: Giddens (1988, S.56), Syntaxfehler im Original

Abb. 1.2 Handlungsmodell nach Giddens

er zwischen Strukturen und Strukturierung unterscheidet:»Struktur als rekursiv organisierte Menge von Regeln und Ressourcen ist außerhalb von Raum und Zeit, außer in ihren Realisierungen und ihrer Koordination als Erinnerungsspuren, und ist durch eine ›Abwesenheit des Subjekts‹ charakterisiert. Die sozialen Systeme, in denen Struktur rekursiv einbegriffen ist, umfassen demgegenüber die situierten Aktivitäten handelnder Menschen, die über Raum und Zeit reproduziert werden« (S. 77). Ein zentrales Anliegen seiner ›Theorie der Strukturierung‹ ist die Analyse der Strukturierung sozialer Systeme; es wird untersucht, wie soziale Systeme über Interaktionen produziert und reproduziert werden;»solche Systeme gründen in den bewußt vollzogenen Handlungen situierter Akteure, die sich in den verschiedenen Handlungskontexten jeweils auf Regeln und Ressourcen beziehen« (ebd.).

Die hier angelegte Frage nach den Modi der Produktion und Reproduktion von Strukturen steht im Zentrum des Interesses:»Entscheidend (...) ist das Theorem der Dualität von Struktur (...). Konstitution von Handelnden und Strukturen betrifft nicht zwei unabhängig voneinander gegebene Mengen von Phänomenen – einen Dualismus –, sondern beide Momente stellen eine Dualität dar. Gemäß dem Begriff der Dualität von Struktur sind die Strukturmomente sozialer Systeme sowohl Medium wie Ergebnis der Praktiken, die sie rekursiv organisieren« (ebd.).

Mit diesen Überlegungen gelangt Giddens zu einem veränderten Strukturverständnis: Strukturen sind den Handelnden nicht ›äußerlich‹; sie sind als Erinnerungsspuren und als verwirklichte soziale Praktiken, eher ›inwendig‹.»Struktur darf nicht mit Zwang gleichgesetzt werden: sie schränkt Handeln nicht nur ein, sondern ermöglicht es auch. Dennoch kann man sagen, daß die strukturellen Momente sozialer Systeme so weit in Raum und Zeit ausgreifen, daß sie sich der Kontrolle eines jeden individuellen Akteurs entziehen« (S. 77f).

In diesem Sinne kann man eine zentrale Aufgabe von Sozialstrukturanalysen darin sehen, die (individuellen und kollektiven) Praktiken der Produktion und Reproduktion sozialer Differenzierungen zu ergründen.

1.4.2.2 Organisationen und Institutionen

Eine Schwäche des Giddensschen Theorieentwurfs liegt darin, dass er mit einem Akteurskonzept arbeitet, das diese eher als individuelle betrachtet. Für die Analyse der sozialstrukturellen Veränderungen, die z. B. zur Herausbildung und Entwicklung von großen Unternehmen bzw. Wohlfahrtsstaaten geführt haben, ist es aber unerlässlich, die Rolle kollektiver Akteure und die Formen ihrer Organisierung einzubeziehen. Ähnliche Probleme stellen sich bei der Analyse von

Unternehmen oder bei öffentlichen Körperschaften. Im Folgenden werden Überlegungen zu einem dementsprechenden Organisationsbegriff angeführt, die an die Giddenssche Argumentation anschließen:»Organisationen werden dabei über *organisationale* Praktiken gekennzeichnet, über in Organisationen wiederkehrend praktizierte Formen des Handelns, und nicht allein über formale Strukturen, strukturelle Eigenschaften oder Input-Output-Relationen, auch nicht nur über Kommunikation oder Entscheidung. Organisationale Strukturen existieren überhaupt nur im Handeln der Akteure – und sodann, als eine virtuelle Ordnung, in ihren Erinnerungen und Erwartungen. Organisationen sind für uns diejenigen sozialen Systeme, innerhalb derer das Handeln mittels Reflexion, und zwar mittels *Reflexion auf seine Strukturation,* gesteuert und koordiniert wird. Die Formulierung und Etablierung von Regeln und die Bereitstellung von Ressourcen erfolgt reflektiert, das heißt: die Strukturation ist im Falle von Organisationen – gleichwohl nur partiell intendiertes – Resultat einer um Zweckmäßigkeit bemühten Reflexion« (Ortmann et al. 1997, S. 317). Ein etwas anderes Verständnis von Institutionen und Organisationen findet sich bei Douglass C. North:»Entscheidungsträger *(entrepreneurs)* in Organisationen agieren wie Spieler in einem Spiel; Institutionen sind entsprechend die Spielregeln. Die Spieler werden diejenigen sein, die die Art und Weise verändern werden, wie das Spiel gespielt wird – vorausgesetzt, dass sie Entscheidungsbefugnisse haben und Regeln aufstellen können«. Bei der Analyse von Organisationen sollte neben der formalen Struktur geklärt werden,»wer die Entscheidungsträger in den Organisationen sind und wie sie tatsächlich auf Organisationen einwirken können – ob durch Firmenpolitik oder durch Veränderungen der informellen Verhaltensnormen, die sich im Laufe der Zeit allmählich herausbilden« (2005, S. 139).

Institutionen stellen dem lateinischen Wortsinn nach etwas Aufgestelltes, Eingerichtetes oder Geregeltes dar. Im soziologischen Gebrauch werden damit insbesondere Phänomene bezeichnet, für die sich Ordnungen, Strukturen und Regelmäßigkeiten beobachten lassen, ohne dass diese unbedingt auf formalisierte Organisationsstrukturen zurückgehen; so werden z. B. Familien bzw. Haushalte als Institutionen bezeichnet. Dabei ist die Abgrenzung gegenüber dem Organisationsbegriff nicht immer klar zu treffen; in der politischen Wissenschaft werden auch der Staat oder einzelne Staatsorgane als Institutionen begriffen, obwohl deren Handeln doch in erheblichem Maße über Gesetze und andere Regularien formalisiert ist. So betrachtet könnten Institutionen als soziale Ordnungen verstanden werden, die auf gewisse (mehr oder weniger formalisierte) Regeln zurückgehen.

Die unscharfe Abgrenzung zu Organisationen kann durchaus positiv gewendet werden. Auch formal stark strukturierte und hierarchisierte Organisation können nur funktionieren, wenn sich über die Formalstrukturen hinaus spezifische Verfahrensregeln und Konventionen einstellen und diese von den Beteiligten internalisiert werden. Wenn im Folgenden von Institutionen z. B. des Wohlfahrtsstaats gesprochen wird, so umfasst das gesetzliche Regelungen (z. B. das 1883 vom Reichstag beschlossene ›Gesetz betreffend die Krankenversicherung der Arbeiter‹), Organisationen verschiedener Rechtsform (die z. B. als Versicherungsträger fungieren), schließlich gehören dazu aber auch administrative Praktiken und Konventionen, wie diese Regelsysteme typischerweise gehandhabt werden.

Im Kontext der Sozialstrukturanalyse interessieren z. B. die sich herausbildenden und verändernden Institutionen der Nationalstaaten, die den gesellschaftlichen Produktions- und Reproduktionsprozess in der einen oder anderen Weise regulieren. Durch historische und vergleichende Analysen wird deutlich, dass die institutionellen Lösungen für die Probleme der Reproduktion oder der Regulierung grundsätzlich ganz unterschiedlich verfasst sein können; so finden sich verschiedene Typen von Sozialstaaten; auch die Modi der Regulation des Produktionssystems und der Arbeitsbeziehungen weisen große Unterschiede auf, wenn man z. B. den rheinischen koordinierten Kapitalismus mit dem liberalen Kapitalismus vergleicht.

Diese Unterscheidungen seien an einfachen Überlegungen zur physischen Reproduktion der Arbeitskraft erläutert:

- Die Ernährung von Arbeitskräften kann im Haushaltskontext erfolgen; dazu müssen von einem Haushaltsmitglied (oder einer Angestellten) Waren eingekauft und zubereitet werden.
- Die Ernährung kann durch die Kommune oder durch den Staat bereitgestellt werden, etwa im Sinne öffentlicher Mensen.
- Oder sie kann als Dienstleistung am Markt erworben werden, indem ein *Fast-food-* oder ein Feinschmeckerrestaurant besucht oder ein Lieferdienst beauftragt wird.

Mit den verschiedenen Lösungen des Reproduktionsproblems sind unterschiedliche Handlungslogiken und Bindungen verknüpft. Franz-Xaver Kaufmann (1984) hat in Anlehnung an Adam Smith verschiedene Steuerungsformen zur Koordinierung von Handlungen unterschieden: Markt, Staat und Solidarität. So können z. B. wohlfahrtsstaatliche Leistungen über den Markt eingekauft werden, indem ein kommerzieller Pflegedienst beauftragt wird; Leistungen können kostenfrei vom Staat zur Verfügung gestellt werden; schließlich können sie auch auf Basis solidarischer Beziehungen z. B. innerhalb einer Familie oder eines Unterstützungsnetzwerkes erbracht werden, als unbezahlte (oder über die Pflegeversicherung unterstützte) Arbeit von Hausmännern bzw. -frauen, von Kindern und Jugendlichen oder Arbeitsmigranten_innen. Mit diesen verschiedenen Steuerungsformen ist auch eine Aussage über die Logiken, über die ›Triebkräfte‹ dieser Institutionen gemacht.

Diese institutionelle Vielgestalt findet sich nicht nur im Bereich der Reproduktion der Arbeitskraft. So kann das für die Produktion erforderliche Wissen in materialisierter Form oder als Wissens- oder Beratungsdienstleistung am Markt eingekauft werden; es kann von einem staatlichen Forschungsinstitut oder einer (öffentlichen) Hochschuleinrichtung zur Verfügung gestellt werden; oder das Unternehmen generiert dieses Wissen, indem es in die Qualifizierung der eigenen Beschäftigten investiert bzw. eigene Forschungskapazitäten aufbaut.

Auch die Kontrolle des Produktionsprozesses kann ganz unterschiedlich gelöst werden: Die heute als TÜV bekannte Kontrolleinrichtung (z. B. für Kraftfahrzeuge) wurde in den 1870er Jahren als DÜV (Dampfkesselüberwachungsverein) gegründet, nachdem sich mit der damals neuen Technologie viele schwere Unfälle ereignet hatten. Ausgehend von einer unternehmerischen Initiative, die sich als Verein organisierte, entstand später eine Aktiengesellschaft, die Kontrolldienstleistungen in ganz verschiedenen Bereichen anbietet. Daneben gibt es aber eine staatliche Gewerbeaufsicht, die sich gleichermaßen für bestimmte Rahmenbedingungen der Produktion interessiert. Die Vielfalt möglicher institutioneller Lösungen eines Problems sollte jedoch nicht zu einer Überschätzung von Entscheidungsräumen führen. Zu einem Verständnis dieser Restriktionen können zwei Konzepte herangezogen werden, das Konzept der Pfadabhängigkeit und das Konzept der Konventionen.

Oft stellen sich Handlungszwänge im Sinne einer *Pfadabhängigkeit* ein. D. h. einmal (relativ frei) getroffene Entscheidungen sind in Folge nur noch mit sehr hohen Kosten revidierbar. Pfadabhängigkeiten lassen sich z. B. in der Technikgeschichte beobachten, wo bestimmte eher kontingent getroffene Entscheidungen, z. B. für ein bestimmtes Layout von Tastaturen (z. B. QWERTY), nur noch mit hohen Kosten revidierbar sind, da dieses Tastatur-Layout nicht nur millionenfach materialisiert, sondern auch (in den Köpfen der Beschäftigten) inkorporiert ist. Ähnliches lässt sich für die Herausbildung z. B. von Systemen der sozialen Sicherung zeigen. Hier sind große Institutionen entstanden, die beachtliche bestandserhaltende Eigeninteressen entfalten; aber auch die langen Zeithorizonte z. B. von Rentenversicherungssystemen bedingen eine hohe Abhängigkeit von einmal getroffenen Pfadentscheidungen. So lässt sich ein umlagefinanziertes Verfahren der Deckung von Renten, bei dem diese aus den laufenden Einzahlungen

der Folgegenerationen getragen werden, nicht umstandslos auf ein kapitalgedeck-
tes Verfahren umstellen, da dies lange Ansparzeiten voraussetzt und somit eine
ganze Generation unversorgt bliebe.

Als *Konventionen* werden »sozio-kulturell verankerte Handlungslogik[en]
bezeichnet, die es Akteuren ermöglich[en], sich in Situationen und unter
Bedingungen der Unsicherheit handelnd zu koordinieren und eine gemeinsame
Intention zu realisieren. Konventionen dienen Akteuren in Situationen als kollektiver interpretativer Rahmen für die Evaluation der Angemessenheit und der
Wertigkeit von Handlungen, Personen, Objekten und Zuständen. Konventionen werden (...) als kollektiv verfügbare normative Handlungsordnungen und
Koordinationslogiken aufgefasst« (Diaz-Bone 2011, S. 23). Diese Handlungsordnungen bilden sich in der Entwicklung von Institutionen bzw. Organisationen
heraus, sie weisen einerseits eine relative Stabilität auf, andererseits unterliegen
sie einem fortwährenden Wandel, indem sich die Handlungsrahmen verändern und auf diese Veränderungen reagiert wird. Mit solchen Konventionen
sind schließlich Wahrnehmungsordnungen verbunden; so entwickeln sich neben
institutionellen Strukturen auch darauf bezogene individuelle und kollektive Vorstellungen, z. B. von einer angemessenen oder gerechten Lösung eines (sozialen)
Problems. So gingen mit der Herausbildung verschiedener Typen von Wohlfahrtsstaaten – Esping-Andersen (1990) unterscheidet ein sozialdemokratisches, ein
konservatives und ein liberales Modell – auch spezifische Muster von Staats-
und Gerechtigkeitsvorstellungen einher, die z. B. die Erwartungen an solche
Wohlfahrtssysteme bzw. an ›den Einzelnen‹ regulieren.

Die hier vorgestellten Überlegungen zur Logik institutioneller Entwicklungen
relativieren den Erkenntnisgehalt von linearen Modellen der gesellschaftlichen
Entwicklung (Theorien der Modernisierung, Theorien der kapitalistischen Entwicklung oder der fortschreitenden funktionalen Differenzierung). Solche Theorien liefern allenfalls plausible Trendbeschreibungen; die interessante Frage, wie
sich politische und wirtschaftliche Institutionen herausbilden und verändern,
bleibt unbeantwortet. Zudem lässt sich selten ein singulärer Pfad beobachten, eher
findet sich ein Spektrum von Entwicklungspfaden: das lässt sich an verschiedenen
Strategien der Regulierung, an der Herausbildung verschiedener wohlfahrtsstaatlicher Modelle oder an der Herausbildung verschiedener Bildungssysteme
zeigen.

1.4.2.3 Beispiel: Berufswahl
Man beobachtet, welche Berufswahlen Männer und Frauen nach ihrem Haupt-
schulabschluss treffen. Eine solche Entscheidung wird (idealerweise) auf der
Basis von persönlichen Präferenzen und von Informationen über einen Beruf

getroffen. Mit diesen Berufen sind unterschiedliche Arbeitsinhalte, Einkommen wie auch ein unterschiedliches gesellschaftliches Ansehen verbunden, die sich im Kontext von Ranking- und Sortingprozessen herausgebildet haben. Darüber hinaus werden nicht wenige der Berufe auch als Männer- und Frauenberufe begriffen; solche Etikettierungen gehen zum einen auf Unterschiede in der Verteilung von Männern und Frauen über verschiedene Berufsfelder zurück, zum anderen hängen sie mit spezifischen Eigenschaften zusammen, die Geschlechtern auf der einen Seite und Berufen auf der anderen Seite zugeschrieben werden. Letztlich sind Prozesse der Berufswahl als ein Sortingprozess zu begreifen, die lange Geschichte solcher Sortingprozesse impliziert dann aber auch einen Rankingprozess.

Wenn sich nun ein männlicher Jugendlicher in ›freier Wahl‹ für die Ausbildung zu einem ›Kraftfahrzeug-Mechatroniker‹ entscheidet, so berücksichtigt er dabei auch (bewusst oder unbewusst) die geschlechtsspezifische Etikettierung von Berufen. Über die mehrheitlichen Berufsentscheidungen von männlichen Jugendlichen wird diese Struktur dann reproduziert. D. h. die vorherrschenden Sortingpraktiken beeinflussen auch das Ranking von sozialen Positionen. Daran wird deutlich, wie Strukturen – hier Geschlechterstrukturen – auf der einen Seite dem Handeln vorausgesetzt sind, andererseits aber auch als das Ergebnis von Handlungen zu betrachten sind.

Es ist für die Sozialstrukturanalyse jedoch wichtig, den Grad der Freiheit dieser Entscheidung einzuschätzen und die Wandelbarkeit von geschlechtsspezifischen Zurechnungen zu berücksichtigen. Zunächst ist die Freiheit der Berufswahl in Artikel 12.1 des Grundgesetzes verbrieft:»Alle Deutschen haben das Recht, Beruf, Arbeitsplatz und Ausbildungsstätte frei zu wählen«. Von Interesse wäre nun, inwieweit sich diese gesetzliche Norm in der sozialen Praxis wiederfindet. Statistisch betrachtet waren 2019 ca. 96 % der Jugendlichen, die in diesem Beruf in Industrie und Handwerk eine Ausbildung begonnen haben, männlichen Geschlechts; demgegenüber waren 97 % der ›Zahnmedizinischen Fachangestellten‹ weiblich. Zugleich zeigt aber die historische Berufsforschung (Wetterer 2002) am Beispiel von Sekretariats- oder auch Programmierarbeiten, dass solche geschlechtsspezifischen Konnotationen durchaus variabel sind.

1.4.2.4 Beispiel: Bildungsexpansion
Die Verschränkung von Struktur- und Handlungsperspektive aber auch von Mikro- und Makroperspektive kann exemplarisch am Beispiel des Bildungssystems erläutert werden. Gemeinhin werden die Veränderungen im Bildungs- und Beschäftigungssystem, die sich in vielen Industrieländern vollzogen haben, als ›Bildungsexpansion‹ bezeichnet; in Deutschland lässt sich diese insbesondere in

den 1960er und 70er Jahre verorten. Auf Grund veränderter Nachfrage- (Bedarf an höher qualifizierten Arbeitskräften im Kontext technologischer Veränderungen der Produktion) und Angebotsstrukturen (Versiegen des Zuflusses von qualifizierten Arbeitskräften aus der ehemaligen DDR nach dem Mauerbau) am Markt für qualifizierte Arbeitskräfte werden staatliche Mittel in erheblichem Umfang in den Ausbau z. B. von schulischen, beruflichen und universitären Bildungseinrichtungen investiert. Der strukturbildende Charakter dieser Entscheidungen wird durch die spezifische Form dieser Investitionen (mehr oder weniger langlebige Gebäude, in denen Bildungsangebote von zumeist auf Lebenszeit beamteten Lehrkräften offeriert werden) noch unterstrichen. Diese strukturellen Veränderungen gehen somit auf strategisches Handeln von politisch Verantwortlichen zurück, die angesichts einer bestimmten Interpretation von Problemlagen Entscheidungen über die Vergabe öffentlicher Mittel treffen, die im Kontext des Nachkriegsbooms sehr reichhaltig waren.

Diese so betrachtet strukturellen Veränderungen im Bildungssystem führen jedoch nur dann zu einer steigenden Qualifizierung der Arbeitskräfte, wenn diese Bildungsangebote nachgefragt werden, wenn im Haushaltskontext in die Bildung von Kindern und Jugendlichen investiert wird, weil damit z. B. bestimmte Bildungsaspirationen und Aufstiegshoffnungen verknüpft sind. Die Teilhabe an den erweiterten Möglichkeiten des Bildungssystems setzt voraus, dass Jugendliche über einen relativ langen Zeitraum ganz oder teilweise alimentiert werden und kaum für Erwerbs- wie für Haushaltsarbeiten zur Verfügung stehen. Auch die Konvertierung der erweiterten kulturellen Kapitalien in entsprechend dotierte Stellungen erweist sich mitunter als problematisch, wenn prekäre Phasen des Berufseinstiegs durchgestanden werden müssen.

Aus dieser Perspektive lässt sich die Bildungsexpansion nur im Kontext aller hier vorgestellten Arenen und nur im Zusammenspiel von Handlungs- und Struktureffekten verstehen. Einerseits ist sie im Sinne von Rankingprozessen zu begreifen, indem neue Bildungsgänge und Berufsfelder entstehen. Andererseits kommt es nur über sich verändernde Self-, Pre- und Sortingprozesse zu einer tatsächlichen Bildungsexpansion.

1.4.3 Arenen der sozialen Differenzierung

Vor dem Hintergrund dieser Überlegungen kann das Modell zu den Arenen sozialer Differenzierung weiter spezifiziert werden. Exemplarisch soll das in der Abb. 1.3 skizzierte Zusammenspiel der verschiedenen Arenen und Akteure

Arenen	wichtige Akteure und deren Strategien	Strukturen	
Produktion	*Unternehmen, Banken und deren Interessenverbände:* Gewinnorientiertes Handeln unter sich verändernde Rahmenbedingungen (Märkte, Technologien, politische Regulierungen etc.) *Abhängig Beschäftigte und deren Interessenverbände:* Sicherung/ Verbesserung der Arbeits-/ Beschäftigungsverhältnisse	- Eigentumsstrukturen - Produktionsregime - Strukturen (inter)nationaler Arbeitsteilung - Unternehmensstrukturen - Beschäftigungsstrukturen ...	Regulierte kapitalistische Produktion
Staat	*Regierungen, politische Administration, subsidiäre Organisationen:* Gestaltung/Anpassung der Regulationsleistungen an Veränderungen im Produktionssektor und im Haushaltssektor	- Strukturen der Regulation des Produktionssystems (Regulationsweise)	Wohlfahrts-produktion
	Parteien, Interessengruppen, Wohlfahrtsverbände, weltanschauliche Organisationen, Wähler_innen: Modifizierung der Politik im Sinne der Interessen verschiedener sozialer Gruppen	- Strukturen der Regulation des Reproduktionssystems (Wohlfahrtsregime) im Bereich der sozialen Sicherung, Bildung, Gesundheit ...	
Haushalte	*Haushaltsmitglieder:* Verbesserung der eigenen/ gemeinsamen Lebenssituation; Anpassung der Haushaltsstrategien an sich verändernde Rahmenbedingungen (Produktionssystem, regulierendes System, Strukturen und Ressourcen des Haushalts)	- Größe und generationelle Struktur - Kapitalstruktur der Haushalte - Strukturen der Arbeitsteilung nach Geschlechtern, Generationen	Haushalts-produktion

Quelle: Eigene Darstellung

Abb. 1.3   Arenen der sozialen Differenzierung

an der bundesdeutschen Industriegesellschaft der 1960er und 70er Jahre verdeutlicht werden: Im Produktionsbereich wurden von Unternehmen und Banken insbesondere großbetriebliche Produktionsstrukturen favorisiert, die dann zu Leitsektoren der Wirtschaft (z. B. die Schwerindustrie und der Automobilbau) wurden und ganze Regionen prägten. Auch die Modi der Regulierung der industriellen Beziehungen sind an diese Produktionsstrukturen angepasst; mitgliederstarke Gewerkschaften konnten im Rahmen von Flächentarifverträgen erhebliche Lohnsteigerungen durchsetzen, die insbesondere den männlichen Beschäftigten zugutekamen.

Der (Sozial)-Staat entwickelt orientiert an (patriarchalen) Vorstellungen der Leistungsgerechtigkeit soziale Sicherungsleistungen, die die vorherrschenden großindustriellen Produktions- und Beschäftigungsstrukturen und das vorherrschende geschlechterspezifische Erwerbsverhalten (Modell des männlichen Alleinernährers) unterstützen. Diese sozialpolitischen Entscheidungen gerinnen in Form von Recht, von großen Verwaltungseinheiten, die dieses Recht umsetzen, aber auch in Form der daran angepassten Lebensentwürfe zu sozialstaatlichen Strukturen.

Innerhalb der Haushalte sind es angesichts der so strukturierten Umgebung mehrheitlich die Männer, die die angebotenen Vollzeitstellen einnehmen und als Alleinernährer fungieren, während ein nicht kleiner Teil der Frauen zumindest in der sogenannten Familienphase dem Erwerbsleben fernbleibt. Diese Entscheidungen werden z. B. auch durch die Unterschiede in der Verdiensthöhe, durch die Gesetzgebung, durch das Steuer- und Rentensystem oder durch unzureichende Betreuungsangebote für Kinder gestützt.

Diese Vorgänge in den verschiedenen ungleichheitsrelevanten Arenen resultieren schließlich in *unterschiedlichen Lebenslagen* von Haushalten und sozialen Gruppen in der Industriegesellschaft. So bleiben trotz der im ›Wirtschaftswunder‹ einmaligen Einkommenszuwächse die sozialen Differenzierungen zwischen den verschiedenen Beschäftigtengruppen aber auch zwischen Männern und Frauen bzw. Migrant_innen und Autochthonen erheblich.

Vor diesem Hintergrund dürfte deutlich geworden sein, dass die Sozialstrukturanalyse und Prozesse des sozialen Wandels sinnvollerweise nur in Wechselbeziehung mit den sie produzierenden und reproduzierenden sozialen Praktiken (der Unternehmen, des Staats und der Haushalte) und den damit entstehenden Strukturen begriffen werden können. Ausgehend von der Frage, wie diese ganz verschiedenen Strukturen zum Verständnis sozialer Ungleichheiten beitragen können, soll im Folgenden das Aufgabenfeld der Sozialstrukturanalyse weiter präzisiert werden.

1.4.4 Sozialstrukturenanalyse

Von Sozialstrukturen kann in verschiedenem Sinne gesprochen werden, als Strukturen sozialer Positionen, Strukturen sozialer Lagen und als Strukturen der Veranderung (vgl. Abb. 1.4).

1.4.4.1 Sozialstrukturen im Sinne sozialer Positionen

Aus der Perspektive sozialer Positionen lassen sich Sozialstrukturen als Strukturen differenzierter sozialer Positionen und der sie reproduzierenden strukturierenden Praktiken und Deutungsmuster fassen.

Die Strukturen positionaler Differenzierungen manifestieren sich zum einen in den erheblichen Unterschieden zwischen den Nationalstaaten; das sind relativ stabile Unterschiede in der Situierung innerhalb von politisch-militärischen und ökonomischen Hegemonialstrukturen (im Sinne der internationalen politischen

Strukturen sozialer Positionen:	Strukturen sozialer Lagen:
– Positionen verschiedener Nationalstaaten – Positionen innerhalb von Nationalstaaten – Arbeitspositionen – Lebensverlaufspositionen	Differente und relationale soziale Lagen von Haushalten bzw. Individuen in verschiedenen Nationalstaaten
Praktiken der Organisation von differenzierenden Institutionen, die durch verschiedene Konventionen geprägt sind (Ranking- und Sortingprozesse):	Praktiken des Überlebens/ der Lebensführung, die habituell geprägt sind (Sorting- und Kumulierungsprozesse):

– Praktiken der nationalstaatlichen Differenzierung: politisch-ökonomische Hegemonialstrukturen, (Post)kolonialismus
– Praktiken der Teilung von Arbeit:
  - weltweite Arbeitsteilungen
  - Teilung der selbstständigen und hierarchisierten abhängigen Arbeit (Kapitalismen)
  - Teilung der Erwerbsarbeit und Reproduktionsarbeit (Sozialstaatsmodelle)
– Praktiken der Regulierung des Lebensverlaufs: Sozialisations- und Bildungsinstitutionen, Erwerbs- und Haushaltsarbeit (z.B. Arbeitslosigkeit, Sozialhilfe), Institutionen für Alte
	– Qualifizierungsstrategien
	– Erwerbsstrategien
	– Partnerschaft und Haushaltsstruktur
	– Organisation von Haushalts- und Care-Arbeit
	– Siedlungsstrategien,
	– Anlagestrategien
	– Binnen- und transnationale Migration

Strukturen der Veranderung:
– Klassifikationssysteme (Geschlecht, bürgerliche Rechte)
– Selbstverständigungen
Symbolsysteme
Verandernde Praktiken des Rassismus, Sexismus, Klassismus ...

Quelle: Eigene Darstellung

Abb. 1.4 Strukturen sozialer Positionen und sozialer Lagen

Ökonomie), erhebliche Unterschiede in der Staatlichkeit, in den Infrastrukturen, in der Sozialpolitik und schließlich Unterschiede in den durchschnittlichen Lebensstandards. Zum anderen manifestieren sich diese Strukturen innerhalb der Nationalstaaten; so z. B. in den Erwerbspositionen (Positionen der selbstständigen und hierarchisierten abhängigen Arbeit), in der Teilung von entlohnter und nichtentlohnter Arbeit oder in den sozialstaatlichen Institutionen (ein gegliedertes Sozialisations- und Bildungssystem, gegliederte Arbeitsmarktsegmente, gegliederte Systeme der sozialen Sicherung). Diese Strukturen drücken sich auch in den vorherrschenden Konventionen der verschiedenen Institutionen aus, wenn z. B. Unternehmen auf Konventionen der Teilung und Bewertung von Arbeiten und Personen zurückgreifen, oder wenn im gegliederten Bildungssystem Konventionen der Abgrenzung und Bewertung von Bildungsgängen und Schüler_innen genutzt werden.

Die Strukturen sozialer Positionen entstehen (und reproduzieren sich) über das Handeln von Unternehmen, die unter stets wechselnden Rahmenbedingungen Kapitalien anlegen und Gewinne erzielen und von Nationalstaaten, die sich in internationalen Zusammenhängen behaupten und ihre Binnenordnung gestalten müssen. Dabei müssen sich Unternehmen in den Augen ihrer Finanziers und Regierende in den Augen ihrer Wähler_innen (oder Anhänger_innen) bewähren. Summarisch lassen sich diese Prozesse als Ranking- und Sortingprozesse beschreiben. Im Zusammenspiel von eher ökonomisch und eher politisch agierenden Akteuren entsteht ein strukturierter sich aber stets verändernder Möglichkeitsraum sozialer Positionen. Exemplarisch lassen sich diese Praktiken an folgenden Entscheidungen verdeutlichen: Vertreter_innen der Regierung und der politischen Administration entscheiden über militärische Interventionen oder Sanktionen; Regierungsvertreter_innen und Wirtschaftsverbände schließen mit einem anderen Land einen Pakt über Handelsbeziehungen; ein Unternehmen stellt ausgehend von bestimmten am Weltmarkt bezogenen Vorprodukten mit Hilfe von verschieden bezahlten Arbeitskräften und Maschinen bzw. Energieträgern ein Konsumprodukt für eine spezifische Zielgruppe her; Gewerkschaften und Arbeitgeberverbände verhandeln über einen Mantel- oder einen Entgelttarifvertrag; Parlamentarier_innen entscheiden über eine Neuorganisation der Arbeitslosenversicherung oder über eine Unterstützungsleistung für Familien.

Soziale Strukturen dieser Art entstehen in Bereichen, die typischerweise der Politik bzw. der Wirtschaft zugerechnet und als Makrostrukturen begriffen werden. In der hier favorisierten Perspektive werden Wirtschaft und Politik immer auch als soziale Räume begriffen, in denen wesentliche für die Sozialstruktur relevante Entscheidungen getroffen werden und in denen Menschen Kapitalien und Erfahrungen sammeln; in diesem Sinne ist dann auch die Mikro-Makro-Differenzierung zu reflektieren.

1.4.4.2 Sozialstrukturen im Sinne sozialer Lagen

Aus der Perspektive der sozialen Lagen lassen sich Sozialstrukturen als Strukturen differenzierter sozialer Lagen und der sie reproduzierenden strukturierenden Praktiken und Deutungsmuster fassen. Diese Strukturen manifestieren sich in differenten Soziallagen, die sich in der Einkommens- und Vermögensstruktur, in materiellem Besitz, in kulturellen Kapitalien, in differenten Arbeits- und Lebenserfahrungen und schließlich in Graduierungen der sozialen Anerkennung ausdrücken; sie manifestieren sich auch in sozial differenzierten Wohnquartieren und Öffentlichkeiten. Soziale Strukturen dieser Art werden aber auch interiorisiert, indem sich generationelle und lebensgeschichtliche Erfahrungen zu Habitus verdichten und in Sozialisationsprozessen weitergegeben werden.

Die Strukturen sozialer Lagen entstehen (und reproduzieren sich) über das Handeln von Individuen, Haushalten und sozialen Gruppen, indem diese ausgehend von einer Herkunftslage im Lebensverlauf und angesichts stets wechselnder Rahmenbedingungen (der Möglichkeitsraum sozialer Positionen, Krieg und Frieden, Boom und Krise) habituell geprägt strategisch handeln und damit ihre eigene Lage verändern. Summarisch können diese Prozesse als (temporale und soziale)

Kumulierungsprozesse begriffen werden. Exemplarisch lassen sich diese Praktiken an folgenden Entscheidungen verdeutlichen: Jugendliche bzw. deren Eltern
treffen Entscheidungen über einen bestimmten Schul- und Ausbildungsweg; zwei
Menschen gehen eine Partnerschaft ein, beziehen eine Wohnung und handeln die
haushaltliche Teilung von Arbeit aus; ein Paar entscheidet sich, Kinder groß-
zuziehen und eine Wohnung zu erwerben; eine Familie migriert von Ost- nach
Westdeutschland oder wandert in ein prosperierendes Industrieland aus. All diese
Entscheidungen sind davon geprägt, dass Menschen angesichts wechselnder Möglichkeitsräume und ihres habituellen Potentials versuchen, ›das Beste‹ für sich
und die ihnen Nahestehenden zu erreichen.

Soziale Strukturen dieser Art entstehen in Bereichen, die typischerweise dem
Sozialen (oder dem Privaten) zugerechnet werden. Sie werden im Kontext von
Klassen-, Schichten oder Milieumodellen als Makrostrukturen begriffen; im Kontext des methodologischen Individualismus erscheinen sie eher als Mikrostruk-
turen. In der hier favorisierten Perspektive wird die Frage der Strukturiertheit
sozialer Lagen als eine eher empirische Frage begriffen.

1.4.4.3 Sozialstrukturen im Sinne von Veranderungen

Sowohl die Strukturen der sozialen Positionen wie die Strukturen der sozialen Lagen sind mit Strukturen und Praktiken der Veranderung (z. B. entlang
von phänotypischen Markern oder kulturalisierenden Zuschreibungen) verknüpft.
Strukturen der Veranderung manifestieren sich in Regimen (z. B. Geschlechter-,
Migrations- bzw. Postmigrationsregimen) und in den damit verbundenen Rechts-
und Positionsdifferenzen (z. B. in Geschlechterzuordnungen, in verschiedenen
Graden von Bürgerrechten) bzw. Normalitätskonstrukten (z. B. divers etikettierte,
weibliche und männliche Menschen; People of Color, Schwarze Menschen und
weiße Menschen; Autochthone und Zugewanderte).

Andere entstehen (und reproduzieren sich), indem Personengruppen entlang
beliebiger Merkmale thematisiert und bewertet werden und indem diese Markierungen von verschiedensten Akteuren genutzt werden: für die Selbst- und
Fremdetikettierung, für amtliche Kategorisierungen, für die Begründung von
Arbeitsteilungen oder für Diskriminierungen und Anerkennungen. Exemplarisch lassen sich diese Praktiken an folgenden Entscheidungen verdeutlichen:
Menschen begreifen sich und andere entlang von geschlechtlichen oder kulturalisierenden Kategorisierungen; solche Unterscheidungen werden von verschiedenen Akteuren für die Klassifizierung von Menschen und für die Begründung,
Legitimation und Naturalisierung von Arbeitsteilungen genutzt.

1.4.4.4 Sozialstrukturenanalyse

Summarisch betrachtet entstehen Sozialstrukturen über das Handeln ganz unterschiedlich verfasster und motivierter Akteure: z. B. von national oder transnational agierenden Unternehmen, von Nationalstaaten (und subsidiären Akteuren) oder von Individuen und Haushalten. Diese verfolgen unterschiedliche Ziele; ihr strategisches Handeln hat für die Akteure und für andere intendierte und nicht intendierte Folgen. Alle Akteure handeln im Kontext bestehender Strukturen, die im Sinne der Restriktion und Ermöglichung (von Handlungen bzw. Entscheidungen) fungieren, und sie handeln im Kontext von bewährten Wirklichkeitsdeutungen und geronnenen Erfahrungen, die sich in Konventionen bzw. Habitus ausdrücken. Alle Akteure verfügen über je spezifische und differente Machtpotentiale: ökonomische Macht, politisch-militärische Macht und schließlich die Macht von Arbeitskräften, Konsument_innen und Wähler_innen. Alle Akteure sind in vielfältiger Weise miteinander vernetzt: über Marktbeziehungen, über Arbeitsbeziehungen, über Verträge und wechselseitige Verpflichtungen etc.

Über die Handlungen werden Sozialstrukturen reproduziert und verändert. Einerseits lassen sich soziale Strukturen als Ergebnis des strategischen Handelns einflussreicher Akteure begreifen; andererseits sind soziale Strukturen (angesichts der komplexen Wechselwirkungen der Handelnden und der nicht intendierten Nebenfolgen des Handels) aber auch als Strukturen zu begreifen, die hinter dem Rücken der Akteure entstehen.

Diese Ausführungen legen nahe, Sozialstrukturanalysen als ›Welttheorien‹ zu begreifen. Das ist insofern berechtigt, als sich Sozialstrukturanalysen mit den (letztlich weltweiten) Produktions- und Reproduktionsprozessen und ihrer Regulierung befassen müssen. Das kann jedoch eingeschränkt werden, da sich Sozialstrukturanalysen damit nur in einer ganz bestimmten sozialökonomischen Perspektive beschäftigten. Es geht stets um die Effekte für soziale Ungleichheiten und für die (letztlich weltweite) Differenz von Arbeits- und Lebenslagen. Zudem sind Sozialstrukturanalysen im Kontext anderer Soziologien zu begreifen, die sich mit Phänomenen der Sozialisation, der Bildung, der Arbeit, der Migration oder der Geschlechterbeziehungen befassen; für Sozialstrukturanalysen kann somit auf die Erkenntnisse dieser Soziologien zurückgegriffen werden, indem man auf die sozialstrukturell relevanten Aspekte dieser Soziologien fokussiert.

- In der Bildungssoziologie interessiert man sich u. a. für die Frage, wie die unterschiedlichen Erfolge von Schüler_innen im Ausbildungssystem, z. B. die unterschiedlichen Chancen ein Abitur zu erreichen mit der sozialen Herkunft dieser Schüler bzw. mit den Bildungsabschlüssen ihrer Eltern zusammenhängen.

- In der Migrationsforschung wird unter anderem nach der sozialen Stellung gefragt, die Migrant_innen in der Sozialstruktur eines Landes einnehmen. Man spricht dann z. B. von einem Prozess der Unterschichtung der sozialen Lagen der Aufnahmegesellschaft.
- In der Jugendsoziologie und in der Sozialisationsforschung interessiert man sich unter anderem auch für die schicht- oder milieuspezifischen Unterschiede von Jugendkulturen oder von Sozialisationsprozessen.
- In der Industrie- und Arbeitssoziologie wird die Veränderung von Branchen bzw. von Arbeits- und Beschäftigungsverhältnissen untersucht.

In allen so genannten ›Bindestrichsoziologien‹, die sich mit einzelnen Arbeits- und Lebensbereichen oder einzelnen Lebensphasen befassen, wird sozialstrukturell relevantes Wissen hervorgebracht. Man interessiert sich stets auch für die soziale Strukturiertheit von Phänomenen und es wird dabei sozialstrukturelles Wissen angewandt.

So betrachtet müssten die meisten Teilbereiche der Soziologie der Sozialstrukturanalyse zugerechnet werden. Das Spezifikum der Sozialstrukturanalyse liegt vor allem in der Systematisierung und Verallgemeinerung von Befunden. Sozialstrukturanalyse interessiert sich für das gesellschaftliche Ganze; d. h. es geht um die Frage, wie im Zusammenspiel der verschiedensten gesellschaftlichen Teilbereiche Verhältnisse sozialer Ungleichheit entstehen. D. h. man greift in der Sozialstrukturanalyse auf das kumulierte Wissen zurück, das in den verschiedensten soziologischen Teilbereichen hervorgebracht wird. Man interessiert sich für soziale Differenzierungen, die über einzelne Teilbereiche hinauswirken und für das Zusammenwirken verschiedener Differenzierungsmomente.

Die empirische Analyse von Sozialstrukturen kann sich ausgehend von diesem konzeptionellen Rahmen für ganz unterschiedliche Aspekte dieses komplexen Geschehens (und seiner Geschichte) interessieren: sie kann sich zeitlich und räumlich fokussiert für die Struktur und Dynamik sozialer Lagen in einer Nationalgesellschaft interessieren; sie kann der (historischen) Entwicklung spezifischer Ranking- und Sortingprozesse nachgehen; sie kann sich in der Lebensverlaufsperspektive für Prozesse der Migration und der sozialen Mobilität oder für geschlechtsspezifische Lebenswege interessieren; sie kann im Kontext von Ranking-, Sorting- und Kumulierungsprozessen untersuchen, wie Sexismus und Rassismus funktionieren und wie sich Strukturen der Veranderung modifizieren. Sozialstrukturanalysen sind schließlich nur als ein arbeitsteiliges und additives Unternehmen denkbar; der vorgeschlagene kategoriale Rahmen soll dazu beitragen.

1.5 Soziale Aggregate

Im historischen wie im zeitgenössischen Verständnis von Sozialstrukturanalyse spielen soziale Aggregate eine zentrale oft nicht hinterfragte Rolle. So ging es bei Marx und Weber um die Rolle von Klassen, bei Theodor Geiger um das Konzept der Schichten; dabei wurde ein anderes soziales Aggregat, der Nationalstaat, typischerweise als ein natürlicher Referenzrahmen von Sozialstrukturanalysen begriffen. Beide Setzungen sind kritisch zu hinterfragen. So beklagt Rogers Brubaker einen in den Sozialwissenschaften verbreiteten ›Gruppismus‹, »die Tendenz einzelne abgegrenzte Gruppen als fundamentale Einheiten der Gesellschaftsanalyse zu betrachten« (2007, S. 17). Er bezieht dies auf »ethnische Gruppen, Nationen« aber auch auf Klassen, Geschlechter und kulturalisierende Gruppenkonstrukte. Auch in der Geschlechter- und in der Migrationsforschung wird die unreflektierte Verwendung von Aggregatkonzepten wie Mann und Frau (vgl. Winkel 2018) oder Migrant bzw. Migrantin (vgl. Römhild 2014) hinterfragt, und der methodologische Nationalismus (vgl. Wimmer und Glick Schiller 2003) und das damit verbunden Denken in nationalstaatlichen Containern kritisiert.

1.5.1 Soziale Gruppen

Die oben formulierten Kritiken an der unreflektierten und essenzialisierenden Verwendung von Gruppenkonzepten ist vollauf berechtigt; umgekehrt stehen Sozialstrukturanalysen, die große soziale Einheiten – die Welt oder eine nationalstaatlich verfasste Gesellschaft – beschreiben und analysieren wollen, jedoch vor dem Problem, dass sie dabei auch mit sozialen Aggregaten arbeiten müssen. Das sind zum einen Aggregate, die Individuen bzw. Haushalte hinsichtlich ihrer sozialen Lagerung zusammenfassen und so soziale Großgruppen konstituieren. Zum anderen werden Aggregate gebildet, die Personen hinsichtlich bestimmter Merkmale als Andere markieren; die dahinterstehenden Prozesse des Othering wurden ja bereits erläutert.

Soziale Aggregate werden einerseits in einem eher deskriptiven Sinne genutzt, um gruppenspezifische Differenzen zu beschreiben; andererseits kann mit solchen Aggregaten gearbeitet werden, um im weiteren Sinne handelnde Gruppen zu markieren, die sich als soziale Bewegung oder als Interessengemeinschaft formieren und gemeinsame Ziele durchzusetzen versuchen. In jedem Fall gilt es, die dabei verwendeten Aggregate – z. B. Klassen, Schichten, soziale Milieus oder über geschlechtliche oder kulturalisierende Zuschreibungen konstruierte Gruppen – genau zu bestimmen und zu reflektieren; dies wird im Kap. 5 noch genauer erläutert.

In diesem Sinne steht die wissenschaftliche Sozialstrukturanalyse in einer großen Verantwortung; es gibt keine ›unschuldigen‹ Konzepte zur Beschreibung sozialer Aggregationen. Viele dieser Konzepte entstammen ganz unterschiedlichen Diskurs- und Interessenzusammenhängen und sie wirken als wissenschaftlich geadelte Konzepte wiederum in die Gesellschaft zurück. Die Geschichte von Sozialstrukturanalysen ist immer auch als eine Geschichte der ›interessierten‹ Beschreibungen zu lesen, in denen je nach Perspektive der ›Arbeiterklasse‹, dem ›Mittelstand‹, den ›Armen‹ und ›Reichen‹, den ›Männern‹ und ›Frauen‹ bzw. den ›Migrant_innen‹ besondere Aufmerksamkeit geschenkt wurde.

1.5.2 Der Begriff der Gesellschaft

Wenn von Sozialstruktur gesprochen wird, meint man in der Regel die Sozialstruktur einer Gesellschaft. Wider Erwarten wird der Begriff der Gesellschaft, der für die Soziologie so zentral ist, oft nicht hinreichend reflektiert. Allgemein ist damit die Vorstellung verbunden, dass die Gesellschaft eine »Mehrzahl von Menschen« ist, »die vieles miteinander gemeinsam haben: Sprache, Kultur, Institutionen, Geschichte, ein Wir-Gefühl, also Identifikation, ein Gebiet, das sie gemeinsam bewohnen samt seiner Infrastruktur (…) und deshalb miteinander in Beziehung stehen« (Hamm 1996, S. 27).

Häufig sind, wenn von Gesellschaft gesprochen wird, nationalstaatlich abgegrenzte Gesellschaften gemeint. Das Konzept der Nationalstaaten ist aber historisch betrachtet recht junger Natur; es ist in Europa erst im 19. Jahrhundert vollendet worden. Bei genauerem Hinsehen wird deutlich, wie unscharf ein jedes der von Hamm aufgeführten Kriterien ist. Die gängige Praxis, Gesellschaften ohne weitere Reflexion mit Nationalstaaten gleichzusetzen, wirft viele Fragen auf:

- *Sprache:* Wie sind Menschen zu verorten, die in der Bundesrepublik Deutschland leben, aber eine andere Sprache weitaus besser beherrschen als die deutsche; wie sind Deutschsprachige einzuordnen, die aber nicht über die Staatsbürgerschaft verfügen? Sind nicht die Unterschiede zwischen der Sprache der Bildungsbürger und dem Volksmund weitaus größer als die Unterschiede zwischen Nationalsprachen?

• *Geschichte, Kultur, Identifikation:* Wie geht man mit der Geschichte Ost-
und Westdeutschlands um? Gibt es nicht auch innerhalb eines Landes verschiedenen Kulturen: Hochkulturen, populäre Kulturen, Subkulturen, regionale
Kulturen? Muss nicht auch von den Kulturen gesprochen werden, die Rassismus, Genozid und Holocaust ermöglicht haben? Bilden sich nicht im WWW
oder auf den internationalen Waren- und Dienstleistungsmärkten auch transnationale Kulturen heraus? Kann davon ausgegangen werden, dass sich alle
Bürger eines Landes auch mit diesem identifizieren? Sind nicht auch Bundesländer und Regionen kleine Gesellschaften oder müsste man im Kontext der
europäischen Integration nicht besser von einer europäischen Gesellschaft und
ihrer Sozialstruktur reden?
• *Institutionen:* Haben nicht viele Institutionen (wie z. B. Paarbeziehungen,
Familien) eher länderübergreifende denn nationale Spezifika?

Die Fragen sollen hier nicht weiter vertieft werden; sie sollen jedoch dazu beitragen, den Gesellschaftsbegriff als einen jeweils genau zu spezifizierenden Begriff
zu markieren.

Anthony Giddens begreift es als ein Hauptkennzeichen seiner Theorie,»daß
die Ausdehnung und ›Geschlossenheit‹ von Gesellschaften über Raum und Zeit
hinweg als grundlegend kontingent angesehen wird« (1988, S. 217). »Zusammengefasst handelt es sich also bei ›Gesellschaften‹ um soziale Systeme, die
sich vor dem Hintergrund einer Reihe anderer systemischer Beziehungen, in
die sie eingebettet sind, reliefartig ›herausheben‹. Sie heben sich heraus, weil
ihnen ganz bestimmte Strukturprinzipien dazu dienen, über Raum und Zeit hinweg ein bestimmtes umfassendes ›Gefüge von Institutionen‹ zu konstituieren. Ein
derartiges Institutionengefüge stellt das erste und grundlegendste Identifikations-
merkmal einer Gesellschaft dar, auch wenn noch andere herangezogen werden
müssen«. Darüber hinaus finden sich aber auch bei Giddens nicht unproblemati-
sche Setzungen, wenn er von einer »Verbindung zwischen dem sozialen System
und einem bestimmten Ort oder Territorium«, von der »Existenz normativer Muster, die einen Anspruch auf die legitime Besetzung des Ortes geltend machen«
oder von Gefühlen »gemeinsamer Identität« (S. 217f) ausgeht.

Der Verweis auf die Kontingenz solcher Abgrenzungen sollte davor bewahren,
Gesellschaften als etwas Feststehendes zu begreifen. Man hat es eher mit Wellen
nationalistischen und transnationalen Denkens zu. Zwar lassen sich für einzelne
Nationalgesellschaften durchaus mehr oder weniger kollektive Legitimations- und
Identitätskonstrukte ausmachen; diese werden jedoch oft nur von spezifischen
(dominanten) Gruppen geteilt; sie unterliegen Konjunkturen und es gibt stets
konkurrierende Entwürfe.

Für die Sozialstrukturanalyse spielen Nationalstaaten eine wichtige Rolle; sie waren historisch betrachtet ein wichtiger Adressat für die Diagnose und Problematisierung sozialer Ungleichheiten. Auch gegenwärtig kommt den Nationalstaaten eine wichtige Rolle zu, z. B. indem sie als Regulationsinstanz für ökonomische Aktivitäten wie für das Erwerbsleben fungieren und indem sie soziale Transferleistungen organisieren. Auch die Diskurse um Fragen der sozialen Gerechtigkeit, wie sie sich z. B. an sozialpolitischen Maßnahmen in der Arbeitslosenunterstützung oder im Gesundheitssystem festmachen, beziehen sich auf zumeist nationalstaatliche Regelungen. Eine eingehendere Klärung der sinnvollen ›räumlichen‹ Abgrenzung sozialstruktureller Analysen erfolgt in Kap. 5.

1.6   Die gesellschaftliche Einbettung von Sozialstrukturanalysen

1.6.1   Ziele von Sozialstrukturanalysen

Die wissenschaftliche Analyse sozialstruktureller Phänomene kann ganz verschiedene Ziele verfolgen: Sie kann im Sinne einer Zeitdiagnose darauf zielen, soziale Missstände aufzuzeigen und soziale Probleme zu benennen. Sie kann im Sinne einer Trendaussage beschreiben, wie sich bestimmte soziale Problemlagen entwickelt und verändert haben. Schließlich kann sie an der Analyse und ursächlichen Erklärung von Zusammenhängen interessiert sein. In dieser Darstellung werden insbesondere die beiden letzteren Perspektiven im Vordergrund stehen.

Mit diesen Zielsetzungen ist die Sozialstrukturanalyse in die umgebende Gesellschaft eingebettet; sie kann sich, wie auch andere Kulturwissenschaften, nur bedingt außerhalb des gesellschaftlichen Kontextes stellen. Gesellschaftlich etablierte Problemperspektiven sind auch Referenzpunkt der wissenschaftlichen Analyse; nicht umsonst wird die Klassengesellschaft erst dann zu einem soziologischen Thema, als sie im 19. Jahrhundert zum Gegenstand politischer Auseinandersetzungen wird. Umgekehrt gibt es nicht wenige Beispiele, dass die sozialwissenschaftliche Analyse die blinden Flecken der gesellschaftlich vorherrschenden Selbstthematisierung übernommen hat; so hat die Sozialstrukturforschung – in die patriarchale Gesellschaft der 1950er und 60er Jahre eingebettet – die spezifischen Arbeits- und Lebenswirklichkeiten von Frauen (und anderen sozialen Gruppen) systematisch ausgeblendet: die Schichtungsmodelle orientierten sich an Einkommen, Schulbildung und Beruf; angesichts niedriger Frauenerwerbsquoten wurde insbesondere die Lage der männlichen

Bevölkerung zum Gegenstand der sozialstrukturellen Analysen. Dieser blinde Fleck (und der damit verbundene Sexismus) in der wissenschaftlichen Sozialstrukturforschung wurde erst thematisiert, nachdem sich mit der Frauenbewegung der 1970er und 80er Jahre und den damit verbundenen Auseinandersetzungen die gesellschaftliche Problemwahrnehmung veränderte. Auch die Geschichte der Migrationssoziologie zeigt, wie weitreichend die wissenschaftliche Perspektive von der gesellschaftlichen und politischen Thematisierung von Migrationen und Migrant_innen (und dem damit verbundenen Rassismus) geprägt waren.

Die gesellschaftliche Einbettung der Sozialstrukturanalyse impliziert, dass die umgebende Gesellschaft nicht nur Objekt der wissenschaftlichen Analyse ist, sondern auch als Adressat fungiert. Sozialstrukturelle Analysen sollten über den wissenschaftlichen Selbstzweck hinausgehen und auf eine gesellschaftliche Wirkung zielen.

Die Konstruktion sinnvoller Sozialstrukturmodelle kann dazu dienen,

- Begriffe und Strukturen für die wissenschaftliche Analyse sozialer Differenzierungen zu entwickeln,
- Konzepte für die Rationalisierung sozialpolitischer Diskurse bereitzustellen, z. B. für die gesellschaftliche Dauerbeobachtung, die Sozialberichterstattung oder die differenzierte Beschreibung von gesellschaftlichen Problemen, wie z. B. Armut oder Rassismus.
- Schließlich können Modelle sozialer Differenzierung in anderen Praxisfeldern eingesetzt werden, in der Sozialpolitik, in der Medizinsoziologie, im Marketing, in der Stadt- und Regionalplanung etc.

Die Sozialstrukturanalyse steht hier vor einem gravierenden Problem; sie befasst sich häufig mit Themen, um die im politischen Feld heftig gestritten wird: z. B. Armut und Reichtum, Arbeitslosigkeit, Ungleichverteilung von Einkommen, Vermögen oder Bildungschancen, geschlechtsspezifische Ungleichheiten, Ungleichheiten im Zusammenhang mit Migrationsprozessen. Sozialstrukturanalysen kommen nicht umhin, die in diesen Debatten aufgeworfenen Fragen mitunter auch die Begriffe aufzunehmen; der besondere Ertrag wissenschaftlicher Analysen liegt darin, die dort benannten sozialen Phänomene wissenschaftlich kontrolliert zu untersuchen: der Beobachtungsstandpunkt ist zu reflektieren; Fragestellungen und Begriffe sind zu klären; vorhandenes theoretisches Wissen muss reflektiert, genutzt und weiterentwickelt (oder verworfen) werden; einzelne Phänomene und deren Zusammenhänge sind mit Mitteln der kontrollierten empirischen Forschung möglichst exakt zu analysieren. Nur so kann – nach den Regeln der Kunst hervorgebrachtes – sozialwissenschaftliches Wissen einen gewissen Mehrwert gegenüber den alltagsweltlichen oder tagespolitischen Debatten erlangen, der dann z. B. im Sinne der Exploration sozialer Probleme, einer Trendbeschreibung, der ursächlichen Analyse oder der Anleitung und Evaluierung sozialpolitischer Interventionen genutzt werden kann.

1.6.2 Die Anfänge der Sozialstrukturanalyse in Deutschland

Seit der Mitte des 19. Jahrhunderts setzt in Deutschland eine verdichtete politische und wissenschaftliche Befassung mit Fragen der sozialen Ungleichheit ein. Einerseits werden theoretische Konzepte der Analyse von Ungleichheiten (z. B. Lorenz vom Stein, Karl Marx, Max Weber oder Theodor Geiger) entwickelt; andererseits entstanden empirische Analysen (z. B. Gustav Schmoller, Theodor Geiger, Marie Bernays). Der Begriff der Sozialstruktur wurde verschiedentlich verwandt, fand aber keinen Eingang in den Kanon der Fachbegriffe.

Seit den 1930er Jahren wurde der Begriff in den USA systematisch genutzt und ausgearbeitet. Vor diesem Hintergrund kam ihm dann auch im Prozess der wissenschaftlichen und akademischen Institutionalisierung der Soziologie in den 1950 und 60er Jahren eine wichtige Rolle zu. So überschrieb Fürstenberg seine auf eine Einführungsvorlesung zurückgehende Veröffentlichung im Jahre 1967 ›Die Sozialstruktur der BRD‹. Er hatte zuvor in einem Beitrag für die Kölner Zeitschrift den Sozialstrukturbegriff als Schlüsselbegriff der Gesellschaftsanalyse ausgewiesen. Der eher offene Begriff fungierte dabei als ein kleinster gemeinsamer Nenner für die Zusammenführung von Ansätzen mit ganz unterschiedlicher theoretischer Orientierung.

Mit der Analyse der sozialen Struktur einer Gesellschaft sollte über ein rein deskriptives Forschungsprogramm hinausgegangen werden. »Beim Studium der modernen Gesellschaft wird nur dann das Primärstadium der rein beschreibenden und katalogisierenden Materialanhäufung überwunden, wenn in den sozialen Abläufen wiederkehrende Komponenten und in den Erscheinungen funktionsbestimmende Merkmale in ihrem Zusammenhang nachgewiesen werden. *Dieser erkennbare, sich nur allmählich verändernde Wirkungszusammenhang sozialer Kräfte in der Gesellschaft ist ihre soziale Struktur«* (Fürstenberg 1974, S. 10). Zudem wird die Sozialstrukturanalyse über eine besondere Methodik spezifiziert; dazu heißt es: »Zusammenfassend können wir also vier Voraussetzungen aufzeigen, die erfüllt sein müssen, um bei soziologischen Strukturanalysen einen optimalen Aussagewert zu erhalten: Die Untersuchung muß erstens etwas über wahrnehmbare Tatsachen aussagen. Ihre Ergebnisse müssen zweitens empirisch nachprüfbar sein. Sie müssen drittens soziologisch bedeutsam sein und

viertens den sozialen Wandel berücksichtigen«. Von diesen Überlegungen ausgehend befasst sich Fürstenberg im Folgenden mit der ›sozialen Grundgliederung
der Bevölkerung‹, mit dem ›Ordnungsgefüge und Rollenstrukturen‹ (Familie,
Erziehung und Bildung, Arbeits- und Berufswelt, Freizeit) sowie mit weltanschaulichen und politischen Institutionen. Daran anschließend geht es um soziale
Schichtung und Mobilität sowie um soziale Spannungsfelder. Das bei Fürstenberg
entwickelte Themenspektrum findet sich dann in den Darstellungen von Bolte
(1967) und Hradil (1999) oder bei Schäfers (1976) wieder.

Auch Rainer Geißler knüpft an die Definition Fürstenbergs an: »Auf einer
abstrakt-formalen Ebene umfaßt die Sozialstruktur die *Wirkungszusammenhänge
in einer mehrdimensionalen Gliederung der Gesamtgesellschaft in unterschiedliche
Gruppen nach wichtigen sozial relevanten Merkmalen sowie in den relativ dauerhaften sozialen Beziehungen dieser Gruppen untereinander.* Mit sozial relevanten
Merkmalen sind Wirkfaktoren wie z. B. Beruf, Qualifikation und Geschlecht
gemeint, die das soziale Handeln dieser Gruppen sowie deren Position in gesellschaftlichen Teilbereichen (z. B. Schichtstruktur, Bildungssystem) in Institutionen
(z. B. Familie, Betrieb) und in sozialen Netzwerken beeinflussen« (1996, S. 21).
So fragt Geißler ganz ähnlich wie Fürstenberg nach den Wirkungszusammen-
hängen, die in verschiedenen Sphären der Gesellschaft ›wirksam‹ sind; diese
Wirkfaktoren werden aber auf solche Faktoren begrenzt, die sich relativ leicht,
z. B. mit den Mitteln der amtlichen Statistik beobachten lassen.

Ein etwas komplexeres Verständnis von Sozialstruktur findet sich bei Hans
Paul Bahrdt; er grenzt seine Bestimmungen dessen, was er unter ›sozialen Strukturen‹ versteht, explizit von einem Verständnis von Sozialstruktur ab, das er mit
der Sammlung strukturierter Daten über eine Gesellschaft identifiziert. »Unter
sozialen Strukturen sollen soziale Verhältnisse, d. h. als ›objektiv‹ erlebte Zusammenhänge, die durch soziales Handeln entstehen, verstanden werden, die nicht
nur faktisch die Situation einzelner sozialer Verhaltensweisen bzw. Interaktionen
überdauern, sondern ihre Dauerhaftigkeit spezifischen Stabilisationsmomenten
verdanken. (…) Solche Stabilisationsfaktoren sind z. B. Sanktionsmechanismen,
institutionelle Verfestigungen, Traditionen, die im Sozialisationsprozeß weitergegeben werden (…). ›Soziale Strukturen‹ bezeichnen aufeinander bezogene,
auf Einstellungen beruhende Verhaltensregelmäßigkeiten in einem Ausschnitt
des gesellschaftlichen Geschehens. (…) Die Stabilität einer Struktur darf also
nicht statisch verstanden werden. Sie ist ein Prozeß des Ausbalancierens« (1997,
S. 110 f.).

Gegenüber den bisher entwickelten Vorstellungen finden sich bei Bahrdt zwei
wesentliche Erweiterungen der Perspektive: Zum einen verweist Bahrdt auf die
den zu analysierenden Strukturen zu Grunde liegenden Handlungen und ihre

institutionelle Stabilisierung. D. h. Strukturen gehen auf soziales Handeln, auf soziale Prozesse zurück; man könnte sie auch als geronnene (und sich mittelfristig wandelnde) Ergebnisse sozialer Handlungen begreifen. Zum anderen wird auf die Rolle von Wahrnehmungen und Einstellungen verwiesen. Beide Erweiterungen führen zu einem eher handlungsorientierten, dynamischen und konstruktivistischen Verständnis von sozialen Strukturen.

Wie sich bei Bahrdt bereits andeutet, können Gesellschaften nicht unbedingt als ultrastabile Gefüge begriffen werden. In der soziologischen Theoriebildung lassen sich Theorieansätze unterscheiden, die Gesellschaften eher als beständige Gefüge, als Systeme modellieren, wie dies in manchen der oben vorgestellten Definitionen erscheint; auf der anderen Seite finden sich Ansätze, die stärker die in diesen Gesellschaften vorfindbaren Konflikte als Normalzustand begreifen und sich dafür interessieren, wie diese Konflikte innerhalb von Gesellschaften geregelt werden können oder auch nicht.

Ein früher Vertreter dieses Ansatzes war Karl Marx, der zu der Schlussfolgerung kam, dass die Konflikte, die Interessengegensätze zwischen den Klassen Kapital und Arbeit so stark werden, dass eine soziale Revolution und damit eine grundlegende Transformation dieser Gesellschaft zu erwarten sei. Die konflikttheoretische Perspektive findet sich aber auch bei einem eher liberal orientierten Theoretiker wie Ralph Dahrendorf wieder. »Wo immer es menschliches Leben in Gesellschaft gibt, gibt es auch Konflikt. Gesellschaften unterscheiden sich nicht darin, daß es in einigen Konflikte gibt und in anderen nicht; Gesellschaften und soziale Einheiten unterscheiden sich in der Gewaltsamkeit und der Intensität von Konflikten« (1965, S. 161). Er führt das weiter aus: »Die Rationalität der liberalen Haltung zu Konflikten liegt auch darin, daß nur sie der Fruchtbarkeit gesellschaftlicher Antagonismen als Antriebskräften des Wandels gerecht wird. Konflikte geben dem Wandel sein Tempo, seine Tiefe und seine Richtung. (…) Wo Konflikte unterdrückt werden, weil sie als lästiger Widerstand erscheinen oder ein für allemal beseitigt werden sollen, rächt sich diese Haltung im unerwarteten Rückschlag der unterdrückten Kräfte« (S. 163).

Auch bei Pierre Bourdieu findet sich eine konflikttheoretische Perspektive auf Gesellschaften. Er begreift den sozialen Raum als ein Kampffeld, auf dem verschiedene soziale Gruppen um knappe Ressourcen – ökonomisches, kulturelles und symbolisches Kapital – ringen. Die statistisch abbildbare Verteilung dieser Kapitalien auf verschiedene soziale Gruppen, kann aber immer nur Standbilder dieser sozialen Konflikte wiedergeben. »Als eine Art Bilanz zu einem gegebenen Zeitpunkt des in den vorausgehenden Kämpfen Erworbenen und damit in den künftigen Auseinandersetzungen auch wieder Investierbaren, gibt die Verteilung im statistischen, die Distribution im polit-ökonomischen Wortsinn den jeweiligen Stand des Kräfteverhältnisses zwischen den Klassen wieder, oder präziser, den jeweiligen Stand der Auseinandersetzung um die Aneignung der knappen Güter und um die genuin politische Verfügungsgewalt über die Distribution oder Redistribution der Profite« (1987, S. 380).

Trotz der paradigmatischen Vielfalt der jungen Sozialstrukturanalyse sind aber auch ihre blinden Flecken in den Blick zunehmen; so werden in einer Zeit als das Nachkriegsdeutschland mit einer historisch einmaligen Zuwanderung konfrontiert war und die Arbeits- und Lebenssituation von Frauen in Kriegs- und Nachkriegszeiten bzw. in der Phase des Wiederaufbaus extremen Veränderungen unterlag, die Themen Geschlecht und Migration (und die damit verbundenen Diskriminierungen) nicht in den Problemhorizont der Sozialstrukturanalyse aufgenommen; ähnliches galt für die Armut, die auch in den 1950er Jahren virulent blieb. Nicht zuletzt entsetzt in heutiger Perspektive das Schweigen über die in der nationalsozialistischen Gewaltherrschaft, im Holocaust und im Krieg verlorene und vernichtete Gesellschaft.

1.7 Fazit

Mit den in diesem Kapitel vorgeschlagenen Konzepten soll ein möglichst allgemeiner kategorialer Rahmen für Sozialstrukturanalysen geboten werden. Er soll einerseits die Beschreibung und Analyse sozialer Ungleichheiten in Gegenwartsgesellschaften ermöglichen (Kap. 2, 3 und 4). Er bietet andererseits einen Rahmen für die Darstellung der im Kap. 5 diskutierten Modelle, die sich in je spezifischer Weise der Analyse von sozialen Positionen und sozialen Lagen bzw. den damit verbundenen differenzierenden Prozessen zuwenden. Weitere Begriffe, die im Zusammenhang mit spezifischen Modellen der Sozialstrukturanalyse stehen, werden in den entsprechenden Abschnitten von Kap. 5 noch genauer bestimmt.

Der hier entwickelte kategoriale Rahmen ist als ein Vorschlag zu begreifen; er schließt in verschiedener Weise an vorliegende Begrifflichkeiten an, indem sie aufgegriffen werden (das gilt für den Lebenslagebegriff aber auch für den Begriff der sozialen Position) oder indem sie modifiziert und systematischer abgegrenzt werden (das gilt z. B. für die Unterscheidung von ascribed und achieved status oder von positionalen und allokativen Ungleichheiten). Andere Begrifflichkeiten werden jedoch auch verworfen; so wird nicht selten von verschiedenen Achsen oder Dimensionen sozialer Ungleichheit gesprochen. Diese vielleicht heuristisch sinnvollen Begriffe, tragen kaum zu einem analytischen Verständnis von sozialen Ungleichheiten bei. Auch der Begriff des Status wird angesichts seiner großen Bedeutungsvarianz in verschiedenen Sprachkontexten nicht aufgenommen.

Arenen der sozialen Differenzierung 2

In diesem Kapitel soll zunächst das oben vorgeschlagene Modell zur Analyse der Arenen sozialstruktureller Differenzierung weiterentwickelt werden (2.1). Darauf aufbauend werden drei wichtige Komponenten des Modells genauer ausgeführt: der Prozess der gesellschaftlichen Produktion und die damit einhergehenden Verhältnisse von Arbeitsteilung und Anerkennung (2.2), der Prozess der (i. w. S.) nationalstaatlichen Regulierung (2.3) und das strategische Handeln von Haushalten und Individuen (2.4).

2.1 Soziale Positionen im Kontext des gesellschaftlichen Produktions- und Reproduktionsprozesses

Der bereits verschiedentlich verwendete Begriff des gesellschaftlichen Produktions- und Reproduktionsprozesses soll nun genauer bestimmt werden.

2.1.1 Der gesellschaftliche Produktions- und Reproduktionsprozess und seine Regulation

Viele Gesellschaften können als warenproduzierende Marktgesellschaften begriffen werden; dem Prozess der Warenproduktion ist auch die Produktion von Dienstleistungen zuzurechnen, die am Markt angeboten werden. Im Folgenden soll dieser Prozess der Warenproduktion, die ihm vorausgesetzten Strukturen und die Prozesse der Reproduktion genauer betrachtet werden.

2.1.1.1 Der Produktionsprozess

Im Zentrum der Betrachtung steht der gesellschaftliche Produktionsprozess; zunächst soll jedoch ein einzelner Produktionsprozess näher analysiert werden. Unternehmer bzw. Kapitaleigner investieren eine bestimmte Geldmenge in Materialien bzw. Maschinen und sie stellen Arbeitskräfte an. In dem folgenden Arbeitsprozess werden Waren, d. h. bestimmte Produkte oder Dienstleistungen hergestellt, die dann am Markt veräußert werden. Das Ziel dieser Unternehmung ist die Erzielung von Gewinnen, d. h. eine Vermehrung des eingesetzten Kapitals.

Man kann sich einen solchen Prozess der Warenproduktion an einem einfachen Modell veranschaulichen (vgl. Abb. 2.1). Für die Produktion von Waren werden zunächst Vorprodukte oder Rohmaterialien benötigt, diese werden mit Werkzeugen oder Maschinen bearbeitet. Für die Handhabung dieser Werkzeuge bzw. Maschinen sind Arbeitskräfte erforderlich, am Ende steht dann ein fertiges Produkt. Am Beispiel der Herstellung eines Notebooks lässt sich dieser Prozess veranschaulichen. Man braucht eine Vielzahl von Vorprodukten: ein Gehäuse, ein Motherboard, einen Prozessor, Speichereinheiten, ein Display, eine Tastatur etc.; diese Vorprodukte werden von einer Arbeitskraft mit Hilfe einfacher Werkzeuge (ein ›Schraubenzieher‹, ein ›Lötkolben‹ …) zusammengefügt; am Ende z. B. eines Arbeitstages steht dann ein fertiges Produkt, das von einem Kunden oder einer Kundin erworben werden kann.

Man kann sich mit etwas Phantasie die Produktion einer Dienstleistung in ganz ähnlicher Weise vorstellen, indem etwa ausgehend von den Kundenwünschen mit der Hilfe von informationsspeichernden und -verarbeitenden Maschinen eine Reise gebucht wird. Am Ende des Produktionsprozesses steht einzig das Produkt,

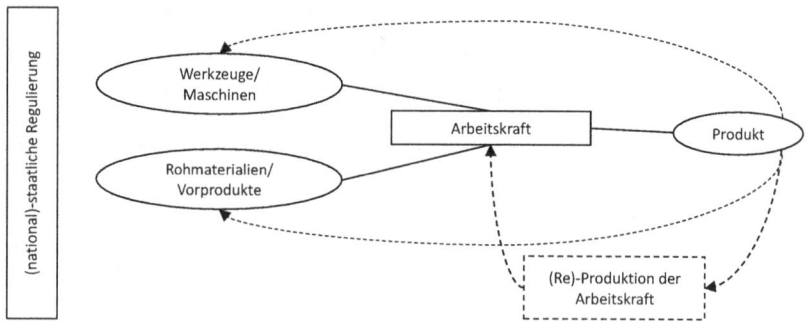

Quelle: Eigene Darstellung

Abb. 2.1 Modell des Produktions- und Reproduktionsprozesses

das am Markt verkauft wird; die Vorprodukte sind verbraucht, die Werkzeuge (ein wenig) verschlissen und die Arbeitskraft ist erschöpft. Die hier singulär dargestellten Produktionsprozesse erfahren eine gewisse Verstetigung, indem im Rahmen von Betrieben an einem bestimmten Ort z. B. Maschinen und Gebäude für eine längere Dauer genutzt werden und indem Arbeitskräfte nicht nur für einen einzelnen Arbeitstag verpflichtet werden. Damit bilden sich Strukturen heraus. Die zeitliche und räumliche Stabilität dieser Strukturen kann jedoch recht unterschiedlich sein: so kann man Maschinen anschaffen und über einen langen Zeitraum abschreiben oder man kann solche Maschinen *leasen* und geht nur sehr kurzfristige Bindungen ein. Auch die Nutzung der menschlichen Arbeitskraft kann ganz unterschiedlich organisiert werden: auf der einen Seite können Arbeitskräfte auf unbestimmte Zeit eingestellt werden; auf der anderen Seite können Arbeitskräfte bei Zeitarbeitsfirmen ›gemietet‹ werden oder man beschäftigt Scheinselbstständige, die ihre Arbeitskraft in eigener Regie verkaufen. Diese betrieblichen Strukturen, werden dann zum Referenzpunkt für Menschen, die ihre Arbeitskraft anbieten oder für andere Unternehmen, die z. B. als Zulieferer fungieren. Somit bilden sich um betriebliche Strukturen umgebende Strukturen (Arbeitsmärkte, Produktionscluster, Wohnquartiere ...) heraus.

Bei der Organisation eines im Sinne der Kapitalverwertung erfolgreichen Produktionsprozess sind vielerlei Entscheidungen zu treffen; neben Entscheidungen über den Ort und den zeitlichen Horizont der Produktion geht es z. B. auch um die Frage, in welchen Kombinationen menschliche Arbeitskraft und Maschinen bzw. Technologien eingesetzt werden. Ein spezifisches Problem entsteht bei der Nutzung der menschlichen Arbeitskraft: wie gelingt es, Arbeitende dazu zu bewegen, dass sie ein Höchstmaß ihres physischen, psychischen oder kreativen Potentials in den Dienst der Produktion stellen. Damit ist auch die Frage verknüpft, wie das Zusammenspiel von Arbeitenden bzw. das Zusammenspiel von menschlicher Arbeitskraft und Maschinen organisiert wird.

2.1.1.2 Der Reproduktionsprozess

Folgt man dem obigen Beispiel der Notebook-Produktion weiter, so müssen, damit die Produktion am nächsten Tag fortgesetzt werden kann, die Voraussetzungen des Prozesses wiederhergestellt d. h. reproduziert werden. So müssen neue Maschinen und Vorprodukte bereitstehen, die aus anderen Produktionsprozessen hervorgegangen sind. Die Arbeitskraft muss ernährt, die Kleidung gereinigt und der Schnupfen muss kuriert werden. Arbeitskräfte müssen sozialisiert und zumindest elementar qualifiziert werden.

Für die Reproduktion von Maschinen und Vorprodukten kann auf die Ergebnisse anderer Produktionsprozesse zurückgegriffen werden, die an Märkten erworben werden können. Die Reproduktion der (lebendigen) Arbeitskraft gestaltet sich erheblich schwieriger und hat sich historisch betrachtet recht weitgehend verändert.

In der handwerklichen Produktion des Mittelalters und der frühen Neuzeit, aber auch im Frühkapitalismus wurden die erforderlichen Reproduktionsleistungen in hohem Maße von den Haushalten erbracht. Im entwickelten und regulierten Kapitalismus der Gegenwart können verschiedenste am Markt erworbene Produkte und Dienstleistungen (z. B. Lebensmittel, ein Fertiggericht oder ein Restaurantbesuch) oder sozialstaatliche Leistungen (z. B. des Bildungssystems oder des Gesundheitssystems) für die Reproduktion der Arbeitskraft genutzt werden. Dennoch verbleiben wichtige Reproduktionsleistungen und Entscheidungen bei den Haushalten.

2.1.1.3 Die Regulation des Produktions- und Reproduktionsprozesses

Die Produktionsprozesse, wie sie in einem entwickelten Industrieland zu beobachten sind, setzen eine Reihe von Institutionen voraus, z. B.:

- Märkte, auf denen Rohstoffe, Vorprodukte, Maschinen oder Kredite gehandelt werden; Arbeitsmärkte, auf denen sich Arbeitskräfte anbieten; Absatzmärkte, auf denen die Ergebnisse des Produktionsprozesses veräußert werden können.
- Regelsysteme, Konventionen, die die vielfältigen Beziehungen der beteiligten Akteure regulieren: so müssen Konflikte, die zwischen den verschiedenen Akteuren entstehen können, moderiert werden; die Qualität der getauschten Waren (inklusive der Arbeitskraft) muss gewährleistet werden etc.
- Produktionswissen, das in Form von entwickelten Technologien bzw. des entwickelten menschlichen Arbeitsvermögens eingekauft wird.

Die Ausgestaltung dieser Institutionen ist im zeitlichen Verlauf oder in unterschiedlichen nationalstaatlichen Kontexten ausgesprochen variabel.

Mit der historischen Entwicklung des gesellschaftlichen Produktions- und Reproduktionsprozesses haben sich regulierende Institutionen herausgebildet und verändert. Diese Institutionen zeichnen sich dadurch aus, dass sie Aufgaben bewältigen, die weder ein einzelnes Unternehmen noch ein einzelner Haushalt leisten können. So ist es einem einzelnen Unternehmen kaum möglich, einen Menschen über viele Jahre zu sozialisieren und zu qualifizieren; aber auch die Haushalte können ihren Mitgliedern nicht jenen Qualifikationsstand vermitteln, der für die Erwerbsarbeit in einer heutigen Gesellschaft erforderlich ist. So bilden sich gesellschaftliche Schul- und Ausbildungseinrichtungen heraus.

Auch die Einhaltung von Sicherheits- und Umweltstandards widerspricht der einzelbetrieblichen Logik der Erzielung eines möglichst hohen Gewinns; erst regulative Vorgaben des Staates schaffen Standards, denen sich alle Unternehmen unterwerfen müssen. Die regulativen Funktionen werden typischerweise von Nationalstaaten wahrgenommen oder organisiert bzw. delegiert.

Die Entwicklung dieser Institutionen liefert einen Schlüssel für das Verständnis ›moderner‹ Gesellschaften. Man kann diese sich herausbildenden Institutionen recht gut entlang ihrer Funktion für den Produktions- und Reproduktionsprozess unterscheiden:

Zum einen sind es Institutionen, die den Produktionsprozess und die damit verbundenen Marktbeziehungen regulieren. Sie zielen darauf, bestimmte Rahmenbedingungen der Produktion und der Zirkulation (Handel, Transport) zu sichern. Die Anfänge der industriellen Produktion waren, verglichen mit der handwerklichen Produktion, die von den Zünften kontrolliert wurde, nur geringen Regularien unterworfen. Die menschliche Arbeitskraft wurde in den Unternehmen intensiv und extensiv genutzt, die Arbeitsbelastungen und das gesundheitliche Risiko (Krankheiten, Unfälle) waren hoch; Kinder und Jugendliche mussten in den Fabriken schwerste Arbeiten leisten. Auch die Belastung der Umwelt war – wie sich heute exemplarisch an vielen Schwellenländern beobachten lässt – erheblich. Erst allmählich wurden den Unternehmen Auflagen gemacht. Die Entwicklung solcher Regularien und die Kontrolle ihrer Einhaltung gingen mit der Herausbildung von Nationalstaaten und einer wachsenden Staatsverwaltung einher. Auch die komplexeren Marktbeziehungen, die mit der sich differenzierenden Produktion entstanden, mussten geregelt und überwacht werden; das erforderte einen Ausbau von Verkehrs- und Kommunikationsinfrastrukturen. Das stets wachsende Finanzvolumen, das mit der Entwicklung der industriellen Produktion erforderlich wurde, führte zur Herausbildung von Kreditsystemen und Banken bzw. Aktiengesellschaften und Börsen; auch für diese Beziehungen galt es, Regeln zu entwickeln und die Einhaltung dieser Regeln zu kontrollieren.

Zum anderen entwickelten sich Institutionen, die auf die Produktion und Reproduktion der Ware Arbeitskraft zielten: sie befassten sich mit der Erhaltung und Wiederherstellung von Gesundheit, mit der Bildung und Sozialisation, mit verschiedensten Aspekte der sozialen Sicherung oder in jüngster Zeit mit der Pflege. So galt es, Versorgungsangebote bereit zu stellen, wenn sich Menschen nicht mehr selbst versorgen können. Dieser Verlust der Selbstversorgungsmöglichkeiten hat historisch bereits recht früh eingesetzt. Wie bei Kaufmann ausgeführt, stellen »nicht erst die Risiken der Industrialisierung, sondern schon der *Verlust der Selbstversorgungsmöglichkeiten* durch originären Zugang zu Grund und Boden im Zuge der privatrechtlichen Aneignung allen Bodens und der

wachsenden Verstädterung einen problemerzeugenden Prozeß dar (...), welcher –
zumeist als Armutspolitik – staatliches Eingreifen provozierte« (2003, S. 45).
Daneben entstand ein öffentliches Schulsystem, das Gesundheitssystem wurde
verbessert. Nach erheblichem Druck der Sozialdemokratie und der Gewerkschaften wurden rudimentäre Sozialversicherungen eingerichtet. So gingen auch in diesem Bereich mit der Entwicklung und Differenzierung von wohlfahrtsstaatlichen
Funktionen eine Ausweitung und Konsolidierung des Staates einher.

Dabei wurden nicht alle hier beschriebenen Regulationsleistungen vom Staat
erbracht; viele Aufgaben wurden auch von bestehenden oder neu entstandenen
subsidiären Organisationen (Gewerkschaften, Kirchen und Wohlfahrtseinrich-
tungen) geleistet. Im Ländervergleich wird deutlich, wie unterschiedlich diese
regulativen Leistungen organisiert werden können. Diese zunehmend komplexeren regulativen Aufgaben brachten neue Beschäftigungsfelder mit sich; der Staat
und andere subsidiäre Organisationen wurden zu einem wichtigen Arbeitgeber.

2.1.1.4 Der Produktions- und Reproduktionsprozess in monetärer Perspektive

Die hier entwickelten Überlegungen zum Produktionsprozess korrespondieren,
was die eingeführten Akteure betrifft, mit Modellen, wie man sie in der Volkswirtschaftlichen Gesamtrechnung verwendet. So werden hier die wirtschaftlichen
Beziehungen in einer Volkswirtschaft als Beziehungen zwischen verschiedenen Sektoren modelliert: Der Unternehmenssektor, der Haushaltssektor und der
Staatssektor. In Abb. 2.2 sind die Beziehungen zwischen diesen Sektoren in
monetärer Perspektive dargestellt.

- Der Unternehmenssektor erhält Zuflüsse aus dem Verkauf von Produkten an
  Haushalte (Konsumausgaben der Haushalte: 9 Geldeinheiten) und an den
  Staat (Staatsnachfrage: 1 Geldeinheit); darüber hinaus fließen auch staatliche
  Subventionen an die Unternehmen (1 Geldeinheit). Diesen Zuflüssen (11 Geld-
  einheiten) stehen gleich hohe Abflüsse gegenüber: Löhne und Zinsen, die an
  die Haushalte fließen (8 Geldeinheiten) und Steuern, die an den Staat entrichtet
  werden (3 Geldeinheiten).
- Der Haushaltssektor erhält aus dem Staats- und dem Unternehmenssektor
  Zuflüsse in Form von Löhnen und Zinsen (11 Geldeinheiten) und sozialstaatliche Unterstützungsleistungen (Transfers: 1 Geldeinheit). Dem Zufluss
  (12 Geldeinheiten) stehen nun Abflüsse in Form von Konsumausgaben und
  Steuern (9 bzw. 2 Geldeinheiten) gegenüber. Es bleibt ein Einnahmeüberschuss
  von 1 Geldeinheit.

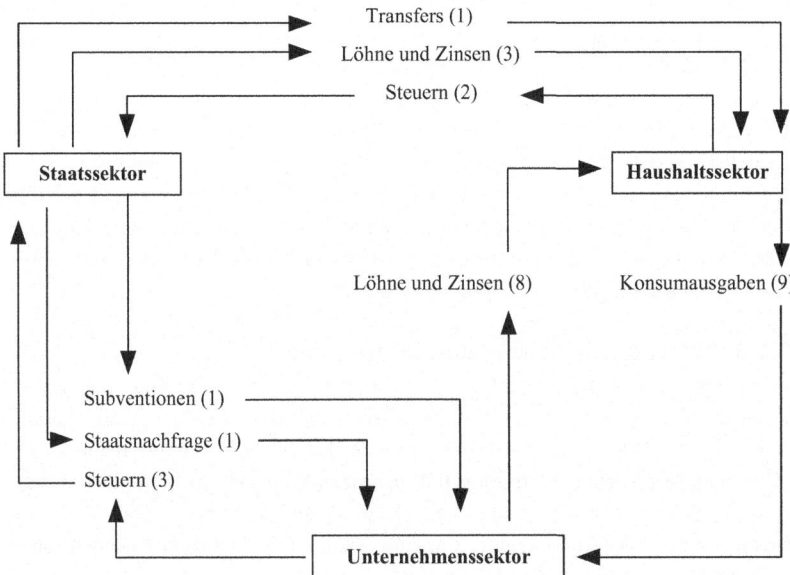

Quelle: Heine/ Herr (2000, S. 305)

Abb. 2.2 Haushalte, Unternehmen und Staat in volkswirtschaftlicher Perspektive

- Der Staatssektor finanziert sich aus Steuereinnahmen (5 Geldeinheiten). Dem stehen Güterkäufe (1 Geldeinheit), Lohnzahlungen (3 Geldeinheiten), Transfers (1 Geldeinheit) und Subventionen (1 Geldeinheit) gegenüber. Hier bleibt ein Ausgabeüberschuss von 1 Geldeinheit.

Die sektoralen Ausgabe- bzw. Einnahmeüberschüsse führen zu Veränderungen in der Vermögensposition der Sektoren; sie werden wechselseitig zu Gläubigern bzw. Schuldnern; weitere Akteure wie z. B. Banken wären einzuführen.

Für die Sozialstrukturanalyse ist an diesem Schema von Interesse, dass mit einer durchaus vergleichbaren Akteurskonstellation gearbeitet wird, um volkswirtschaftliche Prozesse zu modellieren. Des Weiteren kommt die sozialwissenschaftliche Analyse nicht umhin, den Blick über die monetären Relationen hinaus auf die im weiteren Sinne sozialen Aspekte dieser Beziehungen zu legen. So wird deutlich, dass alle Beteiligten in wechselseitigen Abhängigkeiten stehen; z. B. ist

der Haushaltssektor von Einnahmen aus der Arbeitstätigkeit im Unternehmens-
wie im Staatssektor sowie von Transferzahlungen abhängig. Diese in monetärer
Perspektive einfachen Tauschbeziehungen (z. B. Arbeitskraft gegen Lohn) gestalten sich jedoch sozial betrachtet weitaus schwieriger: so stehen Arbeitskräfte
und Unternehmen in wechselseitiger Abhängigkeit; oftmals sind beide Seiten an
längerfristig kalkulierbaren Austauschbeziehungen interessiert; umgekehrt bilden
sich Konkurrenzbeziehungen zwischen den verschiedenen Akteuren eines Sektors
heraus etc. An diesen Überlegungen wird deutlich, dass sich das gesellschaftliche
Funktionieren dieser in ökonomischer Perspektive recht überschaubaren Modelle,
sozial betrachtet ausgesprochen komplex darstellt.

2.1.1.5 Akteure und deren Handlungslogik

In dem Modell des gesellschaftlichen Produktions- und Reproduktionsprozesses lassen sich verschiedene Akteure ausmachen, die sich strukturell durch
spezifische Interessen und spezifische Logiken des Handelns auszeichnen:

Unternehmen organisieren Produktionsprozesse und veräußern die so hergestellten Waren, um das eingesetzte Kapital zu vermehren. Das Ziel, ein
›angemessener‹ oder ›maximaler‹ Gewinn, kann jedoch auf unterschiedlichen
Wegen erreicht werden; z. B.

- indem man ein innovatives Produkt auf den Markt bringt und zu einem überdurchschnittlichen Preis verkauft oder indem man ein Standardprodukt zu
  möglichst niedrigen Kosten herstellt,
- indem man durch gute Arbeitsbedingungen und einen guten Lohn zu hoher
  Arbeitsproduktivität motiviert oder indem man immer wieder neue billige
  Arbeitskräfte verschleißt und mit hohem Druck zu einer gewissen Leistung
  zwingt,
- indem man Umweltauflagen umgeht und so kostengünstiger produziert oder
  indem man mehr als die bestehenden Standards erfüllt und so ein umweltver-
  trägliches Produkt zu einem höheren Preis vermarkten kann,
- indem man Zulieferbetriebe zu Dumpingpreisen zwingt oder indem man
  Vertrauensbeziehungen aufbaut und somit die Kooperation effektiver gestaltet,
- indem man die Produktion in hohem Maße automatisiert oder indem man die
  Produktion in sogenannte ›Billiglohnländer‹ verlagert,
- indem man auf kurzfristige Gewinne setzt oder indem man längerfristige Ziele
  der Gewinnerzielung verfolgt.

Unternehmen agieren gemäß der Logik der Konkurrenz in jedem Falle gewinnorientiert; die dargestellten Variationen der Gewinnerzielung führen dann jedoch
zu ganz unterschiedlichen Unternehmens- und sozialen Strukturen.

Der *Staat* ist nicht unabhängig von diesem gesellschaftlichen Produktions-
und Reproduktionsprozess zu denken; schließlich gehen alle Staatseinnahmen
letztlich auf Abgaben bzw. auf die in den Produktionsprozessen erzielten Über-
schüsse zurück. Verglichen mit den Interessen einzelner Unternehmen aber auch
einzelner Bürger und sozialer Gruppen nimmt der Staat regelgebende und vermittelnde Aufgaben wahr. Bei Engels wird der Staat als ›ideeller Gesamtkapitalist‹
(1962, S. 260) bezeichnet; auch dabei lassen sich vielerlei Gestaltungsoptionen
der Staatstätigkeit ausmachen:

- Die Höhe der Staatsausgaben hängt davon ab, ob die Regulation des Produktionsprozesses minimiert und die soziale Sicherung den Haushalten überlassen
  wird *oder* ob das Niveau der Regulation und der sozialstaatlichen Leistungen
  angehoben wird.
- Regulative und wohlfahrtsstaatliche Leistungen können in hohem Umfang vom
  Staat erbracht werden *oder* sie werden an private Unternehmen oder subsidiäre
  Organisationen delegiert. Auch über die Konstruktion von Pseudomärkten z. B.
  für Emissionszertifikate können regulative Effekte erzielt werden.
- Der Staat kann in einzelnen Sektoren (z. B. Energieversorgung, Verkehrs-
  und Kommunikationsinfrastrukturen) mehr oder weniger als Unternehmer oder
  Dienstleister tätig werden.
- Die regulativen Leistungen können eher auf transnationaler, nationaler, föde-
  raler oder kommunaler Ebene erbracht werden.

Haushalte stellen in dem oben entwickelten Modell die für die Produktion erforderlichen Erwerbspersonen und organisieren deren Reproduktion. Als Arbeit-
nehmerhaushalte sind dies abhängig Beschäftigte, die Einkommen erzielen; als
Unternehmerhaushalte stellen sie Unternehmer_innen, die den Produktionsprozess organisieren und Gewinne entnehmen. Für die Reproduktionsarbeit kaufen
Haushalte am Markt Produkte und Dienstleistungen ein und bereiten sie so auf,
dass sie konsumiert werden können oder erstellen diese im Sinne der Haushaltsproduktion selbst. Haushalte und die darin lebenden Individuen orientieren ihre
Handlungen am Bestandserhalt und am Wohlergehen des Haushalts oder einzelner Haushaltsmitglieder. Diese Ziele können jedoch auf recht unterschiedliche
Weise erreicht werden; dies sei an einigen Beispielen erläutert:

• Das zeitweilig vorherrschende Einernährermodell basierte auf der in der Regel männlichen Erwerbsarbeit; demgegenüber finden sich heute viele Haushalte, die auf die Erwerbsarbeit von mehreren Erwachsenen setzen.

• Die für die Reproduktion erforderlichen Güter und Dienstleistungen können in unterschiedlichen Kombinationen im Haushaltskontext erstellt oder am Markt erworben werden.

• Mit der Entscheidung über die Haushaltsgröße, die Zahl der Kinder und den Lebensstandard kann die für den Haushalt erforderliche Einkommenshöhe beeinflusst werden.

An dieser Stelle soll keine Theorie des Unternehmens, der kapitalistischen Warenproduktion oder der Staatstätigkeit entwickelt werden; dennoch ist für die Analyse von Sozialstrukturen das Feld der gesellschaftlichen Produktion und seine politische Regulierung von zentraler Bedeutung. Wertmäßig betrachtet entstehen in diesen Produktionsprozessen die Einkommen der abhängig Beschäftigten aber auch der Unternehmer_innen. Auch die Finanzierung wohlfahrtsstaatlicher Leistungen geht auf – im Sinne der Kapitalverwertung – erfolgreiche Prozesse der Produktion zurück.

Die Frage, wo, in welchem Maße Arbeitskraft einer bestimmten Qualität seitens der Unternehmen oder des Staates nachgefragt wird, ist gesellschaftlich von großer Bedeutung. Aber auch die Bedingungen, unter denen Arbeit verrichtet wird, die Arbeitszeit, die Belastungen der verschiedenen Arbeiten, die erforderlichen Qualifikationen und Kompetenzen, der Grad der Autonomie bzw. der Anerkennung von Arbeit, die Höhe und die Art der Entlohnung spielen eine zentrale Rolle für soziale Differenzierungen. Die Verhältnisse der Arbeit prägen in hohem Maße die Lebensverhältnisse außerhalb der Arbeit. Wie die eingangs formulierte Frage nach den Arbeits- und Lebensbedingungen andeutet, geht es auch um die Möglichkeiten, innerhalb wie außerhalb der Arbeit ein Leben zu gestalten.

Insbesondere in gesellschaftlichen Krisensituationen wird deutlich, welche weitreichenden auch sozialstrukturellen Konsequenzen ›Störungen‹ im gesellschaftlichen Produktionsprozess haben. Die zentrale Bedeutung, die den Produktions- und Reproduktionsprozessen und den Modi ihrer Regulierung für die Gestalt sozialer Strukturen zukommt, lässt es sinnvoll erscheinen, solche Gesellschaften über die Art und Weise der Produktion und Regulierung zu bezeichnen und sie z. B. als warenproduzierende oder kapitalistische (d. h. durch den Prozess der Kapitalverwertung geprägte), als wohlfahrtsstaatliche oder als fordistische (der Begriff wird später noch erläutert) Gesellschaften zu beschreiben. Dabei ist zu beachten,

- dass sich die Art und Weise der Produktion, auch wenn sie sinnvoll über den Prozess der Kapitalverwertung analysiert werden kann, ganz unterschiedlich gestalten kann. Auch die hier interessierende soziale Strukturierung von Gesellschaften ist über den Produktionsprozess nur bedingt determiniert.

- dass die Art und Weise der gesellschaftlichen Produktion auf gesellschaftlichen Verhältnissen (Eigentumsverhältnissen, bestimmten Formen der Regulation und des Wohlfahrtsstaates, bestimmten sozialen Ordnungen, bestimmten Strukturen von Waren- oder Arbeitsmärkten) ruht. D. h. die dominante Rolle des Verwertungsprozesses sollte nicht dazu verleiten, diesen zum alleinigen Ausgangspunkt von Erklärungen sozialstruktureller Phänomene zu machen. Alle Formen der Warenproduktion und der politischen Regulierung sind in gesellschaftliche Verhältnisse eingebettet.

2.1.2 Drei Arenen sozialer Differenzierung

Nach diesen ersten Analysen des gesellschaftlichen Produktions- und Reproduktionsprozesses und seiner (staatlichen) Regulierung soll die Perspektive im Folgenden auf die Frage zugespitzt werden, wie mit diesen Prozessen Verhältnisse sozialer Differenzierung einhergehen.

Wie in Abb. 2.3 dargestellt, sollen drei gesellschaftliche ›Arenen‹ unterschieden werden, in denen sich soziale Differenzierungsprozesse vollziehen: das Feld

> Erwerbsarbeit im Rahmen des
> gesellschaftlichen Produktionsprozesses
>
> (Sozial-)staatliche Regulation des
> Produktions- und Reproduktionsprozesses
>
> Private Haushalte als Ressourcenpools, als Produktionseinheiten
> und als strategische Akteure
>
> =
> Unterschiedliche Lebenslagen

Quelle: Eigene Darstellung

Abb. 2.3 Drei Arenen der sozialen Differenzierung (einfaches Modell)

der gesellschaftlichen Produktion bzw. die dort verrichtete Arbeit, die Prozesse
der (sozial-)staatlichen Regulierung und schließlich sollen auch die Haushalte
selbst als Arena der Differenzierung begriffen werden.

Die Struktur des Modells korrespondiert mit Darstellungen, wie sie bei anderen Autoren zu finden sind; so spricht Esping-Andersen (1999, S. 35) davon,
dass Wohlfahrtsregime in einer Triade der Wechselbeziehungen zwischen Markt,
Staat und Familie begriffen werden müssten. Ähnliche Überlegungen finden sich
bei Heidenreich (2000, S. 9), der die Beschäftigungsordnungen der Nachkriegszeit im Kontext von institutionellen Ordnungen (nationalstaatlicher Institutionen,
wie Sozialversicherung, Berufsbildungssystem, Flächentarifverträge), Produktionsordnungen (Dominanz industrieller Produktion) und schließlich privaten Ordnungen (geschlechtsspezifische Teilung von Erwerbs- und Hausarbeit) begreift.
Das Spezifikum dieser Darstellung liegt darin, dass diese Arenen systematisch für
sozialstrukturelle Analysen genutzt werden. Grob vereinfacht entstehen differente
Lebenslagen über das Zusammenspiel der verschiedenen differenzierungsrelevanten Arenen. Menschen erzielen im Produktionsbereich Erwerbseinkommen und
Gewinne; diese werden im sozialstaatlichen Rahmen umverteilt oder ergänzt;
schließlich erfolgt auch auf der haushaltlichen Ebene eine Umverteilung und eine
Verwendung der Einkünfte.

Der Begriff Arena steht hier für ein abgrenzbares soziales Feld, in dem gesellschaftliche Auseinandersetzungen ausgetragen werden, mithin für ein gesellschaftliches Kampffeld. Der Feldbegriff wird in Anknüpfung an Pierre Bourdieu
verwandt, der Felder im Sinne von Spielfeldern begriff, auf denen verschiedene
Akteure (Spieler_innen) aufeinandertreffen und nach den feldspezifischen Regeln
agieren; solche Akteure können Personen, Interessengruppen, oder andere kollektive Akteure sein. Das Spiel auf diesen Feldern folgt gewissen ausgewiesenen
oder verborgenen Regeln und die beteiligten Akteure machen – der Metapher
des Wettspiels folgend – ihren Ressourcen bzw. Kapitalien entsprechend spezifische Einsätze in dem Spiel und erwarten gewisse Gewinne (materielle Gewinne,
Machtgewinne, Gewinne an Anerkennung oder Deutungsmacht etc.). Angesichts
ihrer Interessen, der Konstellation der Akteure bzw. der Erfahrungen aus vergangenen Spielen und der vorhandenen Ressourcen entwickeln die beteiligten
Akteure spezifische Spielstrategien. Der Begriff Kampffeld soll verdeutlichen,
dass diese ›Spiele‹ nicht selten den Charakter harter Auseinandersetzungen
annehmen, wenn die Interessen der Beteiligten konträr sind oder wenn die
möglichen Gewinne und Verluste sehr hoch sind.

2.1.2.1 Der gesellschaftliche Produktionsprozess als Arena sozialer Differenzierung

In die Arena der gesellschaftlichen Produktion sind verschiedene Akteure involviert: zunächst Unternehmen und verschiedene Typen von Beschäftigten; hinzukommen die Interessenorganisationen beider Seiten (z. B. Arbeitgeberverbände und Gewerkschaften bzw. politische Parteien) oder der Staat bzw. subsidiäre Organisationen als regulative Instanzen. Ganßmann beschreibt das Zusammenwirken dieser Akteure – er betrachtet zunächst nur die Unternehmen und die lohnabhängig Beschäftigten – so:»Das Spiel läuft auf zwei Ebenen, einerseits geht es um Kooperation für ein gemeinsames Ziel, die Produktion eines Surplus (das ist das Produkt nach Abzug des Ersatzes für verbrauchte Produktionsmittel), andererseits gibt es einen Konflikt um die Verteilung dieses Surplus. Wenn wir davon ausgehen, dass alle Spieler ihr Einkommen maximieren wollen, ist Kooperation bei der Produktion des Surplus angesagt, weil umso mehr zur Verteilung zur Verfügung steht, je größer der Surplus ausfällt« (2009, S. 63). Beide Seiten gründen, sofern der Staat Versammlungsfreiheit gewährt, Organisationen; sie entwickeln und erproben kooperative (z. B. Verhandlungen) oder konfliktorische (z. B. Streik und Aussperrung) Spielstrategien und es bilden sich in den wiederholten Spielen informelle und formelle (z. B. Arbeitsrecht, Tarifrecht) Regeln und Konventionen heraus.

Als ein Effekt der Spiele in diesen Arenen stellen sich soziale Differenzierungen ein. Von zentraler Bedeutung für Differenzierungsprozesse ist es, ob Menschen in unternehmerischer oder abhängiger Tätigkeit oder als nur kurzzeitig Arbeitslose in diesen Produktionsprozess integriert sind, ob sie als Langzeitarbeitslose oder ohne Arbeitserlaubnis von diesem Spiel ausgeschlossen sind, ob sie sich in Schule und Ausbildung auf Erwerbsarbeit vorbereiten oder ob sie als Rentner_innen auf ein Erwerbsleben zurückblicken. Darüber hinaus spielt die ›Lokalisierung‹ innerhalb der Produktionsprozesse eine wichtige Rolle: in verschiedenen Wirtschaftssektoren, auf verschiedenen Hierarchiestufen, in verschiedenen Berufen, in verschiedenen Beschäftigungsverhältnissen, in verschiedenen Entlohnungsformen und -niveaus bzw. unter verschiedenen Arbeitsbedingungen.

Gemeinhin werden Konzepte, die dem gesellschaftlichen Produktionsprozess eine zentrale Stellung in der Ungleichheitsanalyse zumessen, der Marxschen Theorie zugeordnet. Ganz ähnliche Überlegungen finden sich aber auch bei Theoretikern wie Parsons; Parsons macht im Vorspann zu seinen Ausführungen über das moderne industrialisierte Sozialsystem deutlich:»Im großen gesehen organisiert sich in der modernen westlichen Gesellschaft die bei weitem bedeutendste Struktur um die ›Arbeit‹, die die Menschen verrichten, sei es im Bereich der

Wirtschaft, der Regierung und Verwaltung, oder anderer, privater, nicht gewinnorientierter Tätigkeiten, wie etwa der akademischen Berufe«. Die hochgradige Arbeitsteilung impliziert ein entwickeltes Tauschsystem, »in dem die Produkte der Arbeit spezialisierter Gruppen (seien sie materieller oder immaterieller Art) jenen verfügbar gemacht werden, die sie gebrauchen können, und in dem umgekehrt der Spezialist in die Lage versetzt wird, ungezählte Funktionen nicht für sich selbst ausüben zu müssen, weil er Zugang zum Ergebnis der Arbeit vieler anderer hat« (1964b, S. 210). So betrachtet spielt das Produktionssystem für Prozesse der sozialen Differenzierung eine wichtige Rolle; zugleich ist es aber auch für Prozesse der Vernetzung bzw. Vergesellschaftung ganz unterschiedlicher Akteure bedeutsam.

2.1.2.2 Nationalstaatliche Regulierung als Arena sozialer Differenzierung

Die Nationalstaaten sind aus den politisch-ökonomischen Umwälzungen und den sozialen Konflikten insbesondere des 19. und 20. Jahrhunderts hervorgegangen. Es ist eine Arena entstanden, in der verschiedene Akteure – (demokratische legitimierte) Parlamente bzw. Regierungen, Parteien, Interessenorganisationen von Arbeitgebern und -nehmern, weltanschauliche Organisationen, Lobbygruppen, soziale Bewegungen – um politische Macht kämpfen und damit um die Möglichkeit, den gesellschaftlichen Produktions- und Reproduktionsprozess in der einen oder anderen Weise zu regulieren (oder zu deregulieren). Zudem bildet sich mit der Erweiterung der Staatsaufgaben eine wachsende (politische) Administration heraus, die spezifische Eigeninteressen entfaltet.

Nationalstaatliche Regulierungen haben insbesondere mit dem Ausbau sozialstaatlicher Leistungen in den Jahrzehnten nach dem Zweiten Weltkrieg (in den wohlhabenden Ländern) erheblich zur Verringerung sozialer Ungleichheiten beigetragen. Dennoch können die verschiedenen Sphären der Politik stets auch als Differenzierungsmomente fungieren; dazu einige Beispiele:

• Zunächst impliziert die rechtliche Sicherung von Eigentumsansprüchen, dass die über den Produktionsmittelbesitz bedingten Ungleichheiten festgeschrieben werden.
• Über das Bildungssystem erwerben alle Schüler_innen gewisse Basisqualifikationen; darüber hinaus kommt es aber der Aufgabe, Bildungsungleichheiten zu reduzieren, nicht unbedingt nach. Insbesondere für Deutschland haben die PISA-Studien gezeigt, dass unabhängig von schulischen Leistungen Kinder und Jugendliche aus bildungsfernen Elternhäusern geringere Chancen haben, qualifizierte Schulabschlüsse zu erreichen.

- Das Sozialsystem stellt grundlegende soziale Sicherungsleistungen bereit; aber es finden sich jeweils Gruppen, die von Unterstützungsleistungen ausgenommen sind (z. B. wenn diese an vorherige Erwerbstätigkeit gebunden sind); andere waren Lebensrisiken ausgesetzt, die im Unterstützungssystem nicht vorgesehen sind (z. B. Alleinelternschaft, Langzeitarbeitslosigkeit, Flucht, Gewalterfahrungen, unzureichende Kenntnisse der Landessprache, prekäre Übergänge von der Ausbildung in den Beruf).
- Das Gesundheitssystem liefert keinen für alle Bevölkerungsgruppen gleichen Versorgungsstandard.
- Staatliche Infrastrukturen stehen regional oder stadträumlich betrachtet in recht unterschiedlicher Weise zur Verfügung, z. B. Mobilitätsangebote, Beratungs- und Kulturangebote.
- Über das Staatsbürgerrecht und das Grenzregime werden die Zugänge zu den Positionen in einem prosperierenden Nationalstaat für die einen geöffnet; anderen bleiben diese formellen und informellen Grenzen verschlossen.

All diese Faktoren führen dazu, dass mit den sozialen Errungenschaften des Sozialstaats immer auch neue Ungleichheitsmomente verbunden sind.

2.1.2.3 Haushalte als Arena sozialer Differenzierung

Neben dem Produktionssektor und der Sphäre der sozialstaatlichen Regulierung sollen die Haushalte als eine Arena begriffen werden, die für soziale Differenzierungsprozesse bedeutsam ist. Haushalte werden typischerweise eher als Objekte begriffen, die verschiedenen Ungleichheitsmomenten ausgesetzt sind. Sie selbst leisten jedoch einen nicht unerheblichen Beitrag zum Ungleichheitsgeschehen: Sie reduzieren soziale Differenz, indem sie z. B. durch eine hohe Erwerbsbeteiligung, durch weitere Bildungsanstrengungen oder durch Haushaltsproduktion Einkommensdifferenzen, die z. B. auf eine unterdurchschnittliche Qualifizierung zurückgehen, kompensieren; umgekehrt können Haushalte, die z. B. aus gut qualifizierten Arbeitskräften bestehen, (nicht-intendiert) Ungleichheitsverhältnisse verstärken, indem sie sich in hohem Maße am Erwerbsleben beteiligen und auf Kinder verzichten. Auch über die Weitergabe bzw. Nichtweitergabe von kulturellen Kapitalien kommt den Haushalten eine wichtige ungleichheitsrelevante Funktion zu.

Als Akteure in der Haushaltsarena sind zunächst die einzelnen Haushaltsmitglieder zu begreifen, die als Männer und Frauen, Junge und Alte, Verwandte oder Nicht-Verwandte versuchen, ihre Interessen und Bedürfnisse durchzusetzen. Die Größe von Haushalten und ihre Abgrenzung gegenüber verwandtschaftlichen und nachbarschaftlichen Netzwerken ist historisch und sozial variabel;

zudem kann sich ein Haushalt durchaus über mehrere Orte erstrecken. Wenn oben die Arenen als Kampffelder bezeichnet wurden, so kontrastiert das mit den im Haushaltskontext vorherrschenden (harmonisierenden) Familienideologien und mit den (vermeintlichen) Handlungsmotiven (Liebe zwischen Partnern oder zwischen Eltern und Kindern) der Beteiligten. Betrachtet man jedoch die – nicht selten irreversiblen – Folgen (z. B. Bildungsdefizite, Gewalterfahrungen, psychische Erkrankungen, Armut) dieser Haushaltsspiele wird deutlich, dass diese alles andere als harmlos sind; zumal die Folgen stets über den einzelnen Haushalt hinausreichen und auch Generationen übergreifen können. Mittelbar sind der Haushaltsarena aber auch andere Akteure zuzurechnen, die auf kollektiver Ebene z. B. um die Rahmenbedingungen der Haushaltsarena oder um die Arbeitsteilung zwischen Haushalt und Sozialstaat streiten: Regierungen und politische Parteien, Wohlfahrtsverbände, sozialstaatliche Einrichtungen, weltanschauliche Organisationen, Interessengruppen, Lobbygruppen.

Haushalte setzen sich aus Individuen zusammen, die auf mehr oder weniger lange Zeit in enge (nicht marktvermittelte) Wechselbeziehungen treten und dabei verbundene Entscheidungen treffen. In welchen Rechtsverhältnissen (Heirat, Kindschaftsverhältnisse etc.) und verwandtschaftlichen Verhältnissen diese stehen, spielt als solches keine Rolle; von Interesse sind jedoch die verschiedenen Grade von Verpflichtungen, Verhaltenserwartungen und schließlich die Machtverhältnisse, die damit verbunden sind.

Zum einen stellen die Haushalte (selbstständige oder unselbstständige) Arbeitskräfte für den gesellschaftlichen Produktionsprozess; zum anderen organisieren sie die Reproduktion dieser Arbeitskräfte und der übrigen Haushaltsangehörigen. Die Finanzierung der Haushaltsaktivitäten erfolgt aus Arbeits- oder Unternehmenseinkommen sowie aus wohlfahrtsstaatlichen oder privaten Transfers; schließlich spielt auch die Haushaltsproduktion eine wichtige Rolle.

So betrachtet wird in den Haushalten eine Vielzahl an strategischen Entscheidungen getroffen, z. B.:

• über die Einrichtung und Auflösung oder die Größe (Verwandte, Kinder, ältere Menschen) von Haushalten und damit Entscheidungen über den Eintritt oder Austritt aus dem Haushalt,
• über Arbeitsteilungen (zwischen Geschlechtern, Generationen) und damit zusammenhängend Entscheidungen über die Erwerbsbeteiligung (und deren Grad) oder über die Nutzung wohlfahrtsstaatlicher Leistungen,
• über die Qualifizierung der Haushaltsmitglieder und ihre Freistellung von Haushalts- bzw. Erwerbsarbeiten,
• über den Umfang und die Organisation der Haushaltsproduktion,

- über die Verwendung der vorhandenen Ressourcen,
- über die (Binnen-)Migration des Haushalts oder einzelner Haushaltsmitglieder.

Diese Entscheidungen wirken sich wiederum auf die anderen Arenen aus; so gewinnen mit den Veränderungen der geschlechtsspezifischen Arbeitsteilung und der Haushaltsproduktion im Marktsegment neue Produkte und Dienstleistungen (z. B. im Bereich der Ernährung oder der Pflege) an Bedeutung.

In welchem Maße diese Entscheidungen als Entscheidungen des Haushalts, als Entscheidung der im Haushalt organisierten Individuen oder als Entscheidungen übergeordneter Einheiten (Verwandtschaftssysteme) zu begreifen sind, ist jeweils zu klären. Mit diesem Verständnis von Haushalten als ungleichheitsrelevanten Akteuren soll nicht einer individualistischen Ideologisierung (»jeder ist seines Glückes Schmied« oder im Sinne des *american dream* »vom Tellerwäscher zum Millionär«) von Ungleichheitsverhältnissen Vorschub geleistet werden; auch eine Stellungnahme zum sozialpolitischen Neusprech vom »Fordern und Fördern« ist nicht intendiert. Hier geht es zunächst darum, für die Analyse von sozialer Ungleichheit diesen (nicht unerheblichen) Beitrag der Haushalte zu berücksichtigen. Inwieweit verschiedene Haushalte strategiefähig sind und in welchem Maße man diese strategischen Entscheidungen in die Konzeption z. B. von Sozialpolitik einbezieht (mehr Eigenverantwortung), muss Gegenstand wissenschaftlicher Analysen und sozialpolitischer Diskurse bzw. Auseinandersetzungen sein.

Auch diese Differenzierungsarena findet sich im Parsonsschen Konzept wieder, wenn er das Verwandtschaftssystem nach dem instrumentalen Komplex (Arbeit, Tausch und Eigentum) an zweiter Stelle in seiner Relevanz für das industrialisierte Sozialsystem verortet. Er macht deutlich, dass überhaupt erst die Kernfamilie eine Vereinbarkeit mit dem Berufssystem ermöglicht (1964a, S. 212).

2.1.2.4 Das Zusammenwirken der verschiedenen Arenen in unterschiedlichen Lebenslagen

Jede der hier beschriebenen Arenen kann soziale Differenz hervorbringen und verstärken; sie können aber auch zur Minimierung sozialer Differenz beitragen. Das lässt sich am Beispiel von Einkommensdifferenzen sehr gut beschreiben. Das Einkommen, genauer die verfügbaren finanziellen Ressourcen einer Person, lassen sich als das Ergebnis von Entscheidungen in den drei oben erläuterten differenzierungsrelevanten Arenen begreifen.

Abhängig Erwerbstätige erzielen ein Arbeitseinkommen, das je nach Qualifizierung, Geschlecht, Branche und weiteren Faktoren unterschiedlich hoch ausfällt. Dieses Einkommen wird (unterschiedlich hoch) besteuert; es sind Sozialabgaben zu zahlen; oder es ist ein Niedrigeinkommen, das staatlich ›aufgestockt‹

wird. Auf der Haushaltsebene muss dieses Einkommen vielleicht auf mehrere Köpfe verteilt werden, oder es kommen durch weitere Haushaltsmitglieder zusätzliche Einkommen hinzu.

Unternehmer_innen erwirtschaften durch die unternehmerische Tätigkeit in der Regel Gewinne und verwenden diese für Investitionen aber auch für die Sicherung des Lebensunterhalts und für Rücklagen. Die Gewinne werden besteuert; möglicherweise erhalten Unternehmen auch Subventionen, oder es werden ihnen Steuererleichterungen gewährt. Schließlich werden auf der Haushaltsebene ganz ähnliche Entscheidungen getroffen wie bei den abhängig Beschäftigten.

Nicht-Erwerbstätige leben von verschiedenen Formen sozialstaatlicher oder privater Transfers; aber auch hier stellt sich die Frage, welche Abgaben sie zu entrichten haben und wie die erhaltenen Transfers auf der Haushaltsebene verwendet werden.

Die vorgeschlagene Unterscheidung von sozial differenzierenden Arenen ist aber auch für die Analyse anderer Ressourcen sinnvoll anwendbar, z. B. bei der Schulbildung.

• Die Sphäre gesellschaftlicher Produktion fungiert als zentraler Referenzpunkt für den Erwerb schulischer und beruflicher Qualifikationen; hier kann der Ertrag von Bildungsinvestitionen realisiert werden, indem kulturelles Kapital in ökonomisches Kapital transformiert wird. Zudem hängt historisch betrachtet die Herausbildung des Bildungssystems mit den Veränderungen der gesellschaftlichen Produktion zusammen.
• Von zentraler Bedeutung ist schließlich das Bildungssystem selbst als Teil der infrastrukturellen Leistungen des Staates; hier wird eine bestimmte Zahl von Ausbildungsplätzen in den verschiedenen Bereichen der vorschulischen, primären, sekundären und tertiären Bildung bzw. in der Weiterbildung angeboten und hier werden Entscheidungen über Bildungskarrieren (z. B. Besuch weiterführender Schulen) und die Vergabe von (schulischen oder beruflichen) Bildungstiteln getroffen.
• Ohne eine Analyse der Bildungsstrategien der Individuen im Haushaltskontext wäre die Analyse jedoch unzureichend. D. h. in der Regel wird zunächst im Haushaltskontext darüber entschieden, wer welche Bildungsangebote in welchem Umfang wahrnimmt und dazu von Arbeit (i. w. S.) freigestellt wird. Auch die Frage einer materiellen (z. B. Nachhilfe) oder immateriellen (über das kulturelle Kapital der Eltern) Förderung einer Bildungslaufbahn entscheidet sich im Haushaltskontext. Diese nicht immer bewussten strategischen Investitionen werden von den Haushalten nur getätigt, wenn damit bestimmte Vorstellungen von der Nützlichkeit und Verwertbarkeit einer Bildungskarriere verbunden werden können.

An diesen Beispielen wird deutlich, welche Perspektiven und Fragestellungen mit der Analyse dieser drei Arenen und ihrem Zusammenspiel eröffnet werden können. Das Spezifikum dieses Vorschlags liegt darin, dass auch die Haushalte grundsätzlich als strategisch handelnde Akteure begriffen werden, wohl wissend, dass nicht alle Haushalte über dieselben Ressourcen und strategischen Potentiale verfügen.

Die hier beschriebenen Ungleichheitsarenen stehen in engen Wechselbeziehungen. Wenngleich den Unternehmen eine dominante Rolle zukommt, sind sie doch auf sich reproduzierende Arbeitskräfte (einer bestimmten Quantität und Qualität) und auf Konsumenten verwiesen. Auch die regulativen Leistungen des Staates spielen eine wichtige Rolle für die Kalkulierbarkeit von Produktions- und Zirkulationsprozessen. Die Regulations- und Wohlfahrtsleistungen des Staates werden aus den verschiedenen Formen von Abgaben, die auf der Basis von politischen Entscheidungen dem Sozialprodukt entnommen werden, finanziert und müssen an wechselnde Rahmenbedingungen angepasst werden. Zum einen an die sich rapide verändernden Verhältnisse gesellschaftlicher Produktion im Weltzusammenhang; zum anderen an die eigensinnigen Strategien der Haushalte und der dort lebenden Personen. Die Strategien der Haushalte sind eng mit den übrigen Sphären verknüpft. Weite Teile der Lebenstätigkeit richten sich auf die Sphäre gesellschaftlicher Arbeit aus; umgekehrt sind je nach Sozialstaatstyp wichtige wohlfahrtsstaatliche Leistungen mehr oder weniger an Erwerbsarbeit gebunden. Schließlich verfügen die Haushalte aber auch über nicht unerhebliche eigene strategische Potentiale. Die Ausweitung oder Verringerung der Haushaltsproduktion hängt unmittelbar mit den gesellschaftlich zu erbringenden Gütern und Dienstleistungen zusammen.

Mithin sind diese Arenen keineswegs gleichbedeutend; d. h. es ist von einer Dominanz der über die Kapitalverwertungsprozesse induzierten Differenzmomente (Ungleichheits- bzw. Gleichheitsmomente) und Dynamiken auszugehen. Zugleich sollte jedoch der Versuchung widerstanden werden, die komplexen Wechselwirkungen zu einer Seite hin aufzulösen; solche Ansätze finden sich in populären Vorstellungen und Ideologien, wenn eine der drei Arenen zur alles Entscheidenden erklärt wird: im Kontext ökonomistischer, politizistischer oder voluntaristischer Ideologien.

2.1.2.5 Lebenslagen als Resultante und Voraussetzung

Wenn nun im letzten Schritt analysiert wird, wie aus dem Zusammenwirken dieser verschiedenen differenzierenden Arenen Strukturen differenter Arbeits- und Lebenslagen entstehen, so ist das sicherlich nur eine mögliche Betrachtungsweise der Verhältnisse sozialer Differenz. D. h. man betrachtet das Zusammenwirken der verschiedenen Akteure (Unternehmen, Wohlfahrtsstaat und Haushalte) aus der Perspektive der Haushalte und der in ihrem Kontext lebenden Individuen; man interessiert sich dafür, wie sich der Output für Individuen, Haushalte oder soziale Gruppen darstellt. Diese soziologische Perspektive korrespondiert mit den im sozialpolitischen Feld geführten Diskursen um soziale Ungleichheiten und spezifische Ungleichheitslagen (Armut an Einkommen und Bildung) und den dahinterstehenden (Un-)Gleichheits- und Gerechtigkeitsvorstellungen.

Eine gewisse Schwierigkeit im Verständnis dieses Modells rührt daher, dass Individuen und Haushalte in einer Doppelfunktion auftreten. Sie sind zum einen als ungleichheitsrelevante Akteure aufgeführt; sie sind aber zum anderen auch die Bezugseinheiten, an denen im Resultat unterschiedliche Lebenslagen beobachtet werden. Zudem sind die Handlungsmöglichkeiten und Ressourcen, die Haushalte als ungleichheitsrelevante Akteure haben, nicht unerheblich durch deren Lebenslage geprägt. Ein wenig qualifizierter Langzeitarbeitsloser in einer Krisenregion hat weniger Handlungsmöglichkeiten als ein Haushalt mit zwei qualifizierten Erwerbstätigen in einer boomenden Metropole.

2.1.2.6 Historische Entwicklung der Arenen

Die hier skizzierten differenzierungsrelevanten Arenen haben sich in ihrer Gestalt und Abgrenzung in einem langen historischen Prozess herausgebildet und immer wieder verändert; von entscheidender Bedeutung war zum einen die Entwicklung der kapitalistisch organisierten Marktproduktion und zum anderen die Entwicklung der Nationalstaaten zu einem zentralen Organisationsprinzip.

An der sich verändernden Stellung der Haushalte im gesellschaftlichen Produktions- und Reproduktionsprozess kann verdeutlicht werden, wie sich das hier zu Grunde gelegte Modell (Unternehmen, Nationalstaaten und Haushalte als ungleichheitsrelevante Akteure) entwickelt hat. Die Zusammensetzung und die gesellschaftliche Rolle von Haushalten haben sich in verschiedenen Epochen, Kulturen und in verschiedenen sozialen Lagen stets unterschiedlich gestaltet. Verglichen mit der heutigen Situation, in denen Haushalte auf vielfältige Infrastrukturen, Dienstleistungen und Produkte zurückgreifen können, um den ihnen gestellten Anforderungen nachkommen zu können, mussten derartige Leistungen vormals in hohem Maße von den Haushalten selbst oder in haushaltsnahen Netzwerken (Nachbarschaften, Verwandtschaftsnetzwerke, Dorfgemeinschaften) erbracht werden. Haushalte waren in diesem Sinne die zentrale gesellschaftliche Produktionseinheit; dem trägt der Begriff der Ökonomik Rechnung, dem griechischen Ursprung nach die Lehre von der Hauswirtschaft. Wie auf vielen bäuerlichen Höfen oder in den städtischen Handwerksbetrieben waren

Produktions- und Reproduktionsbereich oft eng verknüpft. Mehr oder weniger
große Teile der Produktion fanden im häuslichen Kontext statt; auch die Gesel-
len oder Bediensteten wohnten im Haushalt; schließlich wurde oft auch die
Vermarktung der Produkte von den Haushalten organisiert.

Für die im Mittelalter in verschiedenen Variationen zu findende Haushaltsfa-
milie beschreibt Mitterauer (2003) vier zentrale Funktionen: Kult (religiöse Praxis
im Familienkontext), Schutz, Arbeit und Erziehung. Darüber hinaus übernahmen
die Haushalte eine wichtige Rolle bei der Versorgung von Haushaltsmitgliedern
und Angehörigen. Über die Ehe im engeren Sinne und die damit verbundenen
Regeln wurde das Fortpflanzungsverhalten reguliert. Mitterauer merkt jedoch an,
dass innerhalb dieser Funktionen insbesondere die Organisation von Arbeit im
Vordergrund stand bzw. im Mittelalter stark an Bedeutung gewann. In den Bau-
ernwirtschaften und im städtischen Handwerk ist eine Vielzahl von Arbeiten zu
verrichten. Es ist ein im weiteren Sinne familiärer Kontext, in dem diese Arbeiten organisiert werden.»Die Kooperation des Gattenpaars ist die Voraussetzung
für familienbetriebliche Strukturen. Wo Mann und Frau eng zusammenarbeiten,
sind auch Söhne und Töchter sowie männliche und weibliche Mitarbeiter in die
Familie als Produktionsgemeinschaft einbezogen. Dieser Sachverhalt ist gemeint,
wenn vom ›ganzen Haus‹ als Einheit der Arbeitsorganisation gesprochen wird.
Mit dem Gesindewesen wurde im mittelalterlichen Europa ein einmaliges System
entwickelt, die Zusammensetzung der Familie nach Bedürfnissen der Arbeitsorganisation zu gestalten« (Mitterauer 2003, S. 331). Der Begriff des ›ganzen
Hauses« geht auf Familienforscher wie Wilhelm Riehl zurück, die damit sozi-
alromantische Vorstellungen und ein konservativ patriarchalisches Familienbild
verknüpften. Wenngleich der ideologische Charakter derartiger Familienmodelle
zu kritisieren ist, sind sie doch »als Form der Beschreibung der rechtlichen und
ökonomischen Integration von Personen in einen Haushalt (...) für die bäuerlichen Haushalte mit Gesindewirtschaft sicher sinnvoll« (Mitterauer 2003, S. 421).
Zu beachten sind jedoch die erheblichen regionalen Differenzierungen dieses
Modells.

Die im späten Mittelalter entstehenden Produktionseinheiten – handwerkliche
Betriebe und Bauernhöfe – zeichneten sich durch eine recht geringe Trennung
von Produktions- und Reproduktionsarbeiten aus. Männer, Frauen und Kinder
waren, wenn auch mit gewissen arbeitsteiligen Strukturen in diese Prozesse einbezogen. Sie waren in der Regel räumlich nicht getrennt; die Produktion fand
gewissermaßen im Haushalt statt. Diese Form von städtischen und bäuerlichen
Familienwirtschaften löste die älteren Formen der Fronwirtschaft ab. Frauen
waren in dieser Wirtschaftsform keinesfalls gleichberechtigt; das familiäre wie

das politische Leben waren ausgesprochen patriarchalisch orientiert. Sie nahmen
dennoch in den Familienwirtschaften eine sehr wichtige Rolle ein; die Arbeitsteilung zwischen den Geschlechtern erfolgte entlang einer Zuständigkeit für das
Innere (Haus, Hof und Garten). Die damit verknüpfte Zuständigkeit für Textilpro-
duktion und Kleinhandel konnte jedoch weit über typische Reproduktionsarbeiten
hinausreichen (vgl. Opitz 1993). Obwohl es schon früh Bemühungen gab, Frauen
z. B. aus den von den Zünften regulierten Bereichen zu verdrängen, entwickelte
sich die Frauenerwerbstätigkeit im Bereich des Handels, der Herstellung von
Textilien und Haushaltswaren, in haushaltsbezogenen Dienstleistungen etc. (vgl.
Scott 1994).

In den folgenden Jahrhunderten kommt es nach und nach zu einer Auslagerung von Tätigkeiten bzw. Funktionen aus dem haushaltlichen Kontext. Die
zentralen Einflüsse gehen dabei zum einen von den Veränderungen im Produktionssystem aus. Zum anderen sind es die sich entwickelnden Nationalstaaten und
später die sich herausbildenden wohlfahrtsstaatlichen Institutionen, die in wach-
sendem Maße Aufgaben übernehmen, die im haushaltlichen Kontext nicht mehr
geleistet werden können oder sollen.

Die Fabrikarbeit und ihre verschiedenen protoindustriellen Vorläufer (z. B.
Manufakturen) symbolisieren die zunehmende räumliche Trennung von bezahlter
Erwerbsarbeit in der gesellschaftlichen Produktions- und unbezahlter häuslicher
Arbeit in der Reproduktionssphäre. Die lohnabhängig Beschäftigten verlassen
ihren häuslichen Rahmen und die damit verbundenen Verpflichtungen und gehen
zusammen mit vielen anderen einer räumlich und zeitlich zunehmend klar abgegrenzten Erwerbsarbeit nach. Die Fabrik oder später auch das Büro werden zu
einem ganz eigenen Erfahrungsraum, der nach ganz eigenen Regeln und Gesetzen
funktioniert, die erst mühsam eingeübt werden mussten.

Der zweite Schub der Auslagerung von Funktionen aus dem haushaltlichen
Kontext vollzog sich mit der Herausbildung von National- und später auch Sozialstaaten. Es entstanden Systeme der schulischen und beruflichen Bildung; im
Rahmen der Sozialversicherung wurden die typischen Risiken der abhängigen
Erwerbsarbeit abgesichert. In Abb. 2.4 soll versucht werden, beispielhaft die
große Spannweite von Funktionen aufzuführen, die vormals in der einen oder
anderen Form von den Haushalten erfüllt wurden und die auf dem Weg in sozialstaatliche Industrie- und Dienstleistungsgesellschaften neu verteilt werden. Die
verschiedenen Segmente, in denen diese Leistungen erbracht werden, können
als Haushaltsproduktion, Marktproduktion und Wohlfahrtsproduktion bezeichnet
werden.

In diesem historischen Prozess lassen sich verschiedene Phasen unterscheiden:

	Haushalts-produktion	Wohlfahrts-produktion	Markt-produktion
	durch Haushalte, Familien, Verwandtschaften, Nachbarschaften	durch den Staat bzw. subsidiäre Organisationen	durch private Unternehmen
Arbeitsleistungen, z.B.			
- Produktion von landwirtsch. und handwerklichen Erzeugnissen	o--------------->--------------->		
- Herstellung von Nahrungsmitteln, Kleidung	o---------------->--------------->		
- Hausarbeit (z.B. Reinigung, Essenszubereitung, Instandhaltung)	o---------------->--------------->		
- Schwangerschaft, Sozialisation, Qualifizierung von Kindern/Jugendl.	o---------------->--------------->		
- Pflegearbeit (Alte, Kranke, Menschen mit Behinderungen ...)	o---------------->--------------->		
- Pflege von Netzwerken/ sozialen Beziehungen	o---------------->--------------->		
- Schutzleistungen	o--------------->--------------->		
Finanzielle Leistungen, z.B.	o--------------->--------------->		
- Unterstützung von Nicht-Erwerbstätigen: Kindheit, Ausbildung, Alter, Krankheit, Erwerbslosigkeit, Pflegebedürftigkeit	o--------------->--------------->		
- Bereitstellung von Kapitalien	o--------------->--------------->		
Kulturelle/ symbolische Leistungen, z.B.	o--------------->--------------->		
- religiöse Praxis	o---------------->--------------->		
- Weitergabe kulturellen Kapitals	o--------------->--------------->		

Quelle: Eigene Darstellung

Abb. 2.4 Veränderung der Haushaltsfunktionen im historischen Kontext

- Vor der Industrialisierung wurden die hier umschriebenen Leistungen in hohem Maße im Haushaltskontext erbracht. Auch in dieser Phase zeichnen sich erste Verschiebungen ab, indem z. B. das Backen oder die Herstellung und Reparatur von Schuhen in eigene Handwerke ausgelagert werden (H→M). Die Familien sind zunächst recht groß, da sie eine relativ größere Zahl von Kindern sowie verschiedene Formen von Bediensteten umfassen.

- Mit der Industrialisierung kommt es zunächst zur Auslagerung der Erwerbsarbeit. Mehr oder weniger große Teile der im Haushalt verfügbaren Arbeitskraft (Männer, Frauen, Kinder) werden am Markt angeboten und von dem neu entstehenden Segment industrieller Arbeit absorbiert (H→M). Die Versorgung dieser Haushalte mit Nahrungsmitteln erfolgt lange Zeit noch auf ›traditionelle‹ Weise; d. h. man produziert auch in der Stadt noch Teile der Nahrungsmittel selbst oder bezieht sie direkt aus der bäuerlichen Produktion.

- Die Entstehung von Wohlfahrtsstaaten führt zu einer weiteren Verschiebung zwischen den Leistungen der verschiedenen Produktionsbereiche. Ein Teil der Sozialisations- und Qualifizierungsarbeiten wird über das öffentliche Schulsystem und später die berufliche Bildung erbracht. Mit der Entstehung und

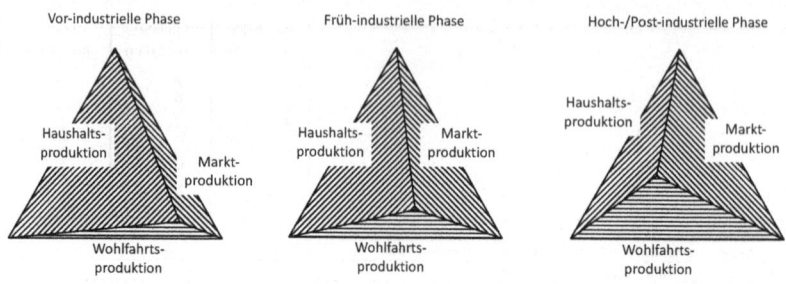

Quelle: Eigene Darstellung in Anlehnung an Burns (1975, S. 79).

Abb. 2.5 Relation von Marktproduktion, Haushaltsproduktion und Wohlfahrtsproduktion

dem Ausbau von Sozialversicherungen werden auch die Sicherungsleistungen verlagert (H→W).

Unabhängig davon kommt es in der hochindustriellen Phase zu einer weiteren Ausdehnung der marktförmig und industriell produzierten Leistungen: die Rationalisierung der Landwirtschaft, die industrielle Weiterverarbeitung von Nahrungsmitteln und die Weiterentwicklung bzw. industrielle Produktion von Haushaltsgeräten bewirken eine weitere Verschiebung zwischen dem Haushalts- und dem Marktsegment (H→M).

Das Schaubild (Abb. 2.5) kann die historische Entwicklung nur schematisch wiedergeben; eingehendere Analysen bringen vielerlei Ungleichzeitigkeiten zu Tage; so setzt z. B. die Verringerung der Familiengrößen relativ früh ein und geht sowohl der Industrialisierung wie der Entwicklung von Wohlfahrtsstaaten voraus (vgl. de Vries 2008, S. 8; Esping-Andersen 1999, S. 52).

2.2 Arbeit im Kontext des gesellschaftlichen Produktionsprozesses

In dem vorangegangenen Abschnitt ist ein erstes Modell vom gesellschaftlichen Produktions- und Reproduktionsprozess (vgl. Abb. 2.1) entwickelt worden; diese Überlegungen sollen nun vertieft und in einen historischen Kontext gestellt werden.

Für die Sozialstrukturanalyse ist es zum einen von Interesse, etwas über die Entwicklung des Produktions- und Reproduktionsprozesses in seiner Gesamtheit zu erfahren, weil mit dessen Entwicklung das Wohl und Wehe ganzer Welt-regionen und Nationalgesellschaften aufs Engste verknüpft ist. D. h. das sich verändernde Gesamtprodukt dieses Prozesses, das von der amtlichen Statistik als Bruttosozialprodukt gemessen wird, gibt Auskunft über wesentliche Rahmen-bedingungen von sozialen Strukturen, wie sie sich z. B. im nationalstaatlichen Rahmen darstellen; in den Strukturen der Verteilung dieses Produkts drücken sich zentrale gesellschaftliche Machtbeziehungen aus (vgl. Abschn. 2.2.1).

Zum anderen interessiert das Innenleben dieses Prozesses – die verschiede-nen Formen der Arbeit und Nicht-Arbeit. Dahinter steht die These, dass mit den ganz unterschiedlichen Formen von Produktions- und Reproduktionsarbei-ten sehr unterschiedliche Lebens- und Arbeitsbedingungen verknüpft sind. Auch die dort (nicht) erzielten Einkommen sind von Interesse, da sich darüber die unterschiedlichen materiellen Ressourcen gesellschaftlicher Gruppen beschreiben lassen. Diese verschiedenen Formen der Arbeit sind schließlich als unterschied-liche Erfahrungsräume zu begreifen; so sind mit den Arbeiten im Produktions-und Reproduktionsprozess und mit der Kombination dieser Arbeiten im zeitlichen Verlauf je spezifische Lebenserfahrungen verknüpft (vgl. Abschn. 2.2.2).

2.2.1 Die Entwicklung des Produktionsprozesses

2.2.1.1 Kapitalismen und Marktwirtschaften – theoretische Perspektiven

Der gesellschaftliche Produktionsprozess ist im Kern als ein Prozess der Kapital-verwertung (s. u.) zu betrachten, aber dieser Verwertungsprozess ist politisch und sozial eingebettet. Die Analyseperspektive geht zunächst auf die Arbeiten von Karl Marx zurück; daran anschließend werden verschiedene Theorie- und Ana-lyseansätze vorgestellt, die im Sinne einer kritischen Auseinandersetzung oder einer Erweiterung über diesen Ansatz hinausgehen.

Der gesellschaftliche Produktions- und Reproduktionsprozess in Marxscher Perspektive

Karl Marx hat in seinem 1859 veröffentlichten Vorwort zur Kritik der politischen Ökonomie einige zentrale Überlegungen zur Dynamik gesellschaftlicher Entwick-lung dargelegt. Er interessierte sich in einer Zeit großer sozialer Umbrüche für die Entwicklung der ihn umgebenden Gesellschaft. Zur Charakterisierung dieser Gesellschaft verwandte er einen Begriff, den er bei dem Philosophen Georg Wil-helm Friedrich Hegel entlehnt hatte: ›Bürgerliche Gesellschaft‹. Damit sollte ein

Spezifikum dieser Gesellschaft benannt werden; das Bürgertum war im ökonomischen Sinne (als Unternehmer) und im politischen Sinne (nach den bürgerlichen Revolutionen in Großbritannien und Frankreich) nach und nach zur herrschenden sozialen Gruppe in den westeuropäischen Gesellschaften geworden.

Marx entwickelt in diesem Vorwort eine Vorstellung von gesellschaftlicher Entwicklung als einer Abfolge von Produktionsweisen: »In großen Umrissen können asiatische, antike, feudale und modern bürgerliche Produktionsweisen als progressive Epochen der ökonomischen Gesellschaftsformation bezeichnet werden« (1971, S. 9). Unter dem (irreführenden) Sammelbegriff der asiatischen Produktionsweise fasste er die frühen Hochkulturen, im nahen (Ägypten, Vorderer Orient) und fernen Osten (Indien und China), aber auch in Mittel- und Südamerika bzw. auf dem afrikanischen Kontinent zusammen. Die antiken Gesellschaften, wie z. B. die griechische und römische ›Hochkultur‹, charakterisiert er insbesondere durch die zentrale Bedeutung von Sklaven und Sklavinnen für die gesellschaftliche Produktion. Die feudale Produktionsweise macht er an den spezifischen Eigentums- und Abhängigkeitsstrukturen fest, die sich in mittelalterlichen Gesellschaften in Europa herausgebildet haben: Grundherrschaft und Leibeigentum. Die bürgerliche Produktionsweise wird für ihn schließlich durch das Privateigentum an Produktionsmitteln und den Prozess der Kapitalverwertung (s. u.) charakterisiert.

Er sieht diese Produktionsweisen zum einen über den jeweiligen Entwicklungsstand der Produktivkräfte bestimmt. Zu den Produktivkräften sind die sich entwickelnden Materialien, Werkzeuge und einfachen oder komplexeren Maschinen und Maschinensysteme zu rechnen. Zum anderen zeichnen sich diese Produktionsweisen durch spezifische Produktionsverhältnisse – er meint damit insbesondere Eigentumsverhältnisse – und durch spezifische politische und juristische Institutionen bzw. damit einhergehende Bewusstseinsformen aus. D. h. er begreift diese Produktivkräfte als sozial, politisch und diskursiv eingebettet. Marx geht von der Vorstellung aus, dass die technologischen und materiellen Faktoren (Produktivkräfte) zusammen mit den Produktions- oder Eigentumsverhältnissen die gesellschaftliche Basis einer solchen Produktionsweise stellen. Der auf dieser Basis sich entwickelnde Überbau umfasst zunächst Institutionen, in der bürgerlichen Gesellschaft z. B. den Staat, der z. B. bestimmte Rahmenbedingungen der Produktion sicherstellt; er rechnet aber auch die Welt der philosophischen und politischen Ideen zu diesem Überbau.

»Die Gesamtheit dieser Produktionsverhältnisse bildet die ökonomische Struktur der Gesellschaft, die reale Basis, worauf sich ein juristischer und politischer Überbau erhebt und welcher bestimmte gesellschaftliche Bewußtseinsformen entsprechen. Die

Produktionsweise des materiellen Lebens bedingt den sozialen, politischen und geistigen Lebensprozeß überhaupt. Es ist nicht das Bewußtsein der Menschen, das ihr Sein,
sondern umgekehrt ihr gesellschaftliches Sein, das ihr Bewußtsein bestimmt« (S. 8 f.).
Etwas später heißt es dann: »Mit der Veränderung der ökonomischen Grundlage wälzt
sich der ganze ungeheure Überbau langsamer oder rascher um. In der Betrachtung
solcher Umwälzungen muß man stets unterscheiden zwischen der materiellen, natur-
wissenschaftlich treu zu konstatierenden Umwälzung in den ökonomischen Produkti-
onsbedingungen und den juristischen, politischen, religiösen, künstlerischen oder philosophischen, kurz, ideologischen Formen, worin sich die Menschen dieses Konflikts
bewußt werden und ihn ausfechten« (S. 9).

In engem Zusammenhang mit diesen Überlegungen zum Verhältnis von ökonomischer Basis und politisch sozialem Überbau entwickelt Marx in der Kurz-
darstellung seines analytischen Leitfadens eine Vorstellung von der Dynamik
gesellschaftlicher Entwicklung; d. h. er möchte Gründe angeben, die zur Entwicklung neuer Produktionsweisen führen. Er steht damit in der geistesgeschichtlichen
Tradition des 19. Jahrhunderts, in dem Bemühen, (wissenschaftliche) Aussagen über gesellschaftliche Entwicklungsprozesse und ihre Gesetzmäßigkeiten zu
machen.
    Der Kerngedanke in Marx Theorie gesellschaftlicher Entwicklung geht auf
das bereits beschriebene Verhältnis von Produktivkräften und Produktionsverhältnissen zurück. Innerhalb einer Produktionsweise konstatiert er ein Ent-
sprechungsverhältnis; etwa in dem Sinne, dass von einer Entsprechung einer
spezifischen landwirtschaftlichen Produktionstechnik mit den Eigentums- und
Rechtsverhältnissen in feudalen Gesellschaften ausgegangen werden kann. Mit
den technologischen Fortschritten also einem Fortschritt von landwirtschaftlichen
Methoden, mit Fortschritten bei Werkzeugen und Maschinen (z. B. beim Weben)
oder in der Antriebstechnik (Wasserkraft, Dampfmaschinen etc.) gerät ein solches Passungsverhältnis aus den Fugen: es entstehen Konflikte – Marx spricht
von Widersprüchen –, wenn diese im weiteren Sinne technologischen Veränderungen im Rahmen der gegebenen Produktionsverhältnisse nicht mehr adäquat
eingesetzt werden können. So setzt der Betrieb einer Dampfmaschine hohe Kapi-
talaufwendungen und große Betriebseinheiten voraus, die mit der handwerklichen
Produktionsweise und ihrer zünftigen Regulierung nicht vereinbar waren. Diese
Widersprüche drängen dann zu gesellschaftlichen Veränderungen. »Auf einer
gewissen Stufe ihrer Entwicklung geraten die materiellen Produktivkräfte der
Gesellschaft in Widerspruch mit den vorhandenen Produktionsverhältnissen oder,
was nur ein juristischer Ausdruck dafür ist, mit den Eigentumsverhältnissen,
innerhalb deren sie sich bisher bewegt hatten. Aus Entwicklungsformen der Produktivkräfte schlagen diese Verhältnisse in Fesseln derselben um. Es tritt dann
eine Epoche sozialer Revolution ein« (S. 9).

Marx hat dann diese Überlegungen zu einer Logik gesellschaftlicher Entwicklung auch dafür genutzt, um prognostische Überlegungen anzustellen. »Die
bürgerlichen Produktionsverhältnisse sind die letzte antagonistische Form des
gesellschaftlichen Produktionsprozesses, antagonistisch nicht im Sinn von individuellem Antagonismus, sondern eines aus den gesellschaftlichen Lebensbedingungen der Individuen hervorwachsenden Antagonismus, aber die im Schoß der
bürgerlichen Gesellschaft sich entwickelnden Produktivkräfte schaffen zugleich
die materiellen Bedingungen zur Lösung dieses Antagonismus. Mit dieser Gesellschaftsformation schließt daher die Vorgeschichte der menschlichen Gesellschaft
ab« (S. 9).

Die Bestimmung derartiger Entwicklungsgesetze des Sozialen erscheint nach
heutigem Erkenntnisstand nicht sinnvoll. Dennoch hat Marx mit seinen Analysen
eine Vielzahl von grundsätzlichen Fragestellungen aufgeworfen, die für die heutigen Sozialwissenschaften in der einen oder anderen Weise von großer Bedeutung
sind; zudem hat er mit dem hier skizzierten Programm eine Reihe möglicher
Antworten entwickelt. Um dem intellektuellen Potential von Marx gerecht zu
werden, ist darauf zu verweisen, dass sich seine Überlegungen keineswegs so
einlinig darstellen, wie es in den hier zitierten Passagen durchscheint und wie sie
dann in vielen Varianten der Marx-Rezeption weiter vereinfacht und umgedeutet
wurden. So wird an anderen Stellen deutlich, dass die hier entwickelten Vorstellungen von Basis und Überbau durchaus differenziert werden (vgl. dazu Kößler
und Wienold 2001, S. 178 f.). In seiner weiteren wissenschaftlichen Arbeit hat
sich Marx insbesondere der politischen Ökonomie zugewandt; d. h. er hat sich für
die Wechselverhältnisse von wirtschaftlicher und gesellschaftlicher Entwicklung
interessiert und wollte dies für eine Analyse der Klassenstruktur nutzen; diese
Arbeit konnte aber nicht mehr fertiggestellt werden.

Wenn man sich für die Entwicklung der Verhältnisse gesellschaftlicher Produktion und Reproduktion interessiert, dann können die Marxschen Überlegungen
zur politischen Ökonomie durchaus hilfreich sein, um eine erste Ordnung des
Feldes zu ermöglichen und die Herausbildung der kapitalistischen Warenproduktion zu analysieren. Man sollte seine Überlegungen jedoch in den Kontext
der Forschungen und Forschungsperspektiven stellen, die uns heute zur Verfügung stehen. Dies soll im Folgenden in zweierlei Hinsicht geschehen: zum einen
wird an Konzepten wie denen Fernand Braudels verdeutlicht, auf welche historischen Voraussetzungen die Entwicklung von Marktwirtschaft und Kapitalismus
zurückgehen; zum anderen werden Theorien skizziert, die sich für die Vielfalt
von Kapitalismen interessieren.

Entstehung von Marktwirtschaft und Kapitalismus
Wie auch in den historischen Analysen bei Marx deutlich wird, ist die Herausbildung der kapitalistischen Warenproduktion nur vor dem Hintergrund von
Entwicklungen zu begreifen, die weit früher zu datieren sind, und die Logik
einer einfachen Abfolge von Produktionsweisen sprengen.

Die Entwicklung von Marktwirtschaften
Der französische Historiker Fernand Braudel hat 1979 ein wichtiges Grundla-
genwerk zur Sozialgeschichte des 15.–18. Jahrhunderts vorgelegt. Er zieht eine
deutliche Trennung zwischen der Entwicklung von Marktwirtschaften und dem
Entstehen des Kapitalismus – er arbeitet dabei jedoch mit einem etwas anderen
Begriff von Kapitalismus. »Historisch betrachtet haben wir es m. E. von dem
Augenblick an mit Marktwirtschaft zu tun, in dem die Märkte einer bestimmten
Zone gemeinsame Preisschwankungen und Preisübereinstimmungen aufweisen,
eine insofern besonders charakteristische Erscheinung, als sie über die verschiedenen Gerichtsbezirke und Herrschaftsbereiche hinausgreift. (...) Die Preise
schwanken seit dem Altertum und weisen bereits seit dem 13. Jahrhundert in
ganz Europa gemeinsame Fluktuationen auf« (1986b, S. 243).
   Braudel beschreibt die Entwicklung der ›Werkzeuge des Tausches‹ als eine
Entwicklung auf verschiedenen Ebenen. Mit Märkten und Jahrmärkten wird an
bereits zuvor existierende Traditionen des Tausches angeknüpft. Insbesondere mit
den vermehrten Stadtgründungen im 12. Jahrhundert und mit den ihnen zugespro-
chenen Marktrechten strukturiert sich dieses Marktgeschehen zunehmend. Den
Märkten werden Plätze zugewiesen, Regeln werden verfeinert, Märkte spezialisie-
ren sich. Im Umfeld der Märkte entstehen weitere Werkzeuge des Gütertausches:
Läden als eine Verstetigung des Marktes und Werkstätten, die Märkte und Ladengeschäfte beliefern. Auch dem Wandergewerbe kommt eine wichtige Bedeutung
zu, zumal es die Möglichkeit bietet, »die eingefahrene sakrosankte Marktord-
nung zu umgehen und den zuständigen Behörden ein Schnippchen zu schlagen«
(1986b, S. 79).
   Über diesem unteren Räderwerk des Tauschverkehrs, wie Braudel sich ausdrückt, entsteht ein mächtiger »Überbau des Güteraustauschs«. Dazu gehören
zunächst Messen und Börsen. Den Messen kommt eine wichtige Rolle im Sinne
des Großhandels zu. Der Großhandel bringt es aber auch mit sich, dass hier Kredite gewährt werden müssen. »Vergleicht man eine Messe mit einer Pyramide, so
bilden selbsterzeugte, gewöhnlich billige und verderbliche Waren die Basis, darüber folgen aus fernen Ländern stammende, teure Luxusgüter und an der Spitze
der Geldhandel, ohne den nichts liefe, jedenfalls nicht im selben Tempo. Wobei

die Entwicklung der großen Messen insgesamt offenbar dazu tendiert, den Kredit über die Ware zu stellen, d. h. der Pyramidenspitze den Vorrang vor der Basis zu geben« (1986b, S. 90). Auch hier bildet sich, vergleichbar mit den Ladengeschäften als einer Verstetigung des Marktes, ein System des Niederlagenhandels heraus, bei dem sich »alle Handelstätigkeit um die Warenniederlage des einzelnen Kaufmanns herumlagert, auf der und über deren Inhalt die Kaufverträge abgeschlossen werden« (Sombart 1924 II, S. 582). Dieses System umfasst Lager, Speicher, Vorratshäuser und Magazine.

Als eine weitere Institution der Werkzeuge des Tausches entwickeln sich Börsen: Im 14. und 15. Jahrhundert im Mittelmeerraum (Pisa, Venedig, Florenz oder Genua.), dann auch im nordeuropäischen Raum (Antwerpen, Brügge, Lyon, Toulouse). Weitere Gründungen folgen im 16. (Amsterdam, London, Rouen, Hamburg, Paris) und im 18. (Berlin, La Rochelle, Wien, New York) Jahrhundert (Braudel 1986b, S. 99). Sie sind zunächst ein Treffpunkt von Personen, die im Waren- und Geldhandel engagiert sind, und siedeln sich insbesondere an größeren Handelsplätzen an. »Letztendlich stellt die Börse eine auf höchster Ebene geführte, ununterbrochene Messeveranstaltung dar, auf der dank der Begegnung einflußreicher Kaufleute und eines ganzen Vermittlerschwarms Handels- und Wechselgeschäfte getätigt, Beteiligungen ausgehandelt und Schiffsversicherungen abgeschlossen werden können, durch die sich die Risiken auf zahlreiche Bürgen verteilen; gleichzeitig dient die Börse aber auch als Geld-, Kapital- und Wertpapiermarkt« (1986b, S. 100 f.).

In der Argumentation Braudels spielte die hier beschriebene Herausbildung der Werkzeuge des Handels eine wichtige Rolle. Diese Werkzeuge werden von Kaufleuten gehandhabt, es entstehen Kooperationsbeziehungen, Handelswege und -netze. Darüber entwickeln sich Märkte, die einen räumlichen Bezug haben und die sich auf spezifische Produkte beziehen: Rohstoffe, Edelmetalle etc., aber auch Sklav_innen. Es entsteht eine Vielzahl von Formen des Güteraustausches, »Märkte aller Größenordnungen (städtische Märkte, Inlandsmärkte) sowie aller erdenklichen Produkte« (S. 237). Dies zusammen genommen begreift Braudel als ein System von Marktwirtschaften, die sich zunächst um städtische Kerne, später um nationalstaatliche Kerne formieren.

»Damit will ich jedoch keineswegs behaupten, daß sich diese wettbewerbsnahe Marktwirtschaft mit der Gesamtwirtschaft deckt. Das schaffte sie gestern und schafft sie heute nur bis zu einem gewissen – unterschiedlichen – Grad, aus jeweils völlig andersgearteten Gründen, und zwar entweder, weil die Selbstversorgung einen breiten Sektor einnimmt oder weil sich die Staatsgewalt einmischt und einen Teil der Produktion vom Handelsverkehr ausnimmt, oder aber auch weil das

Geld die Preisbildung auf tausenderlei Weise künstlich zu beeinflussen vermag« (1986b, S. 243). Dennoch setzt mit der Herausbildung von Marktwirtschaften ein nachhaltiger Transformationsprozess ein, Polanyi (1978) spricht von *The Great Transformation*, in der sich die Beziehungen zwischen Wirtschaftssystem und Gesellschaft verändern: »Die Wirtschaft ist nicht mehr in die sozialen Beziehungen eingebettet, sondern die sozialen Beziehungen sind in das Wirtschaftssystem eingebettet« (S. 88 f.).

Mit der Analyse der entstehenden Marktwirtschaften, die sich in unterschiedlichen Institutionalisierungsformen im Weltmaßstab finden lassen, liefert Braudel sehr differenzierte Beschreibungen von Entwicklungen, die aus Marxscher Perspektive vor allem aber in der orthodoxen Marxrezeption eher der Vorgeschichte des Kapitalismus zuzurechnen wären. Braudel wehrt sich jedoch gegen solche Phasenkonzepte, die z. B. als eine Abfolge von Produktionsweisen gefasst werden. Auch dem bei Marx durchaus zu findenden Verweis auf frühe Formen des Handels- und Finanzkapitalismus setzt Braudel eine andere Einordnung entgegen.

»Sich den Kapitalismus als eine in aufeinander folgenden Phasen oder Sprüngen vom Handelskapitalismus über den Industriekapitalismus zum Finanzkapitalismus verlaufende Entwicklung vorzustellen und einen stetigen Fortschritt von Phase zu Phase anzunehmen, den »wahren« Kapitalismus mithin erst spät, erst mit dem Übergreifen auf den Produktionssektor, anzusetzen und zuvor nur von Handels- oder Frühkapitalismus zu sprechen, wäre ein kapitaler Irrtum: In Wirklichkeit waren (…) die großen ›Kaufleute‹ früherer Zeiten nie spezialisiert, sondern betrieben gleichrangig neben- oder auch nacheinander Handels-, Bank- und Finanzgeschäfte, widmeten sich der Börsenspekulation und im Rahmen des Verlagssystems bzw. gelegentlich auch der Manufakturen der ›industriellen‹ Produktion (...) Der Fächer von Handel, Industrie und Bankwesen, d. h. die Koexistenz mehrerer Formen von Kapitalismus, entfaltet sich in Florenz schon im 13., in Amsterdam im 17. und in London noch vor dem 18. Jahrhundert. Als dann Anfang des 19. Jahrhunderts die Industrieproduktion durch die Mechanisierung hohe Gewinne abwirft, steigt der Kapitalismus massiv auf diesen Sektor ein, ohne sich jedoch auf ihn zu beschränken« (Braudel 1986c, S. 696).

Entgegen den dominanten Lehrmeinungen in der Ökonomie wie in der Kapitalismuskritik kommt Braudel zu einer Abgrenzung von Marktwirtschaften und Kapitalismus. »Der Kapitalismus basiert nach wie vor auf einer Ausbeutung von Ressourcen und Möglichkeiten, mit anderen Worten er existiert im Weltmaßstab, zumindest ist er auf die ganze Welt ausgerichtet (…) Der Kapitalismus stützt sich nach wie vor auf legale oder faktische Monopole – trotz aller Angriffe, die sich deshalb gegen ihn richten. Nach wie vor umgeht die ›*Organisation*‹, wie man heute sagt, den *Markt*« (Braudel 1997, S. 97 f.).

Auch wenn man Braudels Differenzierung von Marktwirtschaft und Kapitalismus nicht folgt, bieten seine Analysen doch wichtige Erweiterungen der Marxschen Perspektive. Man hat es im Kern mit erheblich älteren Praktiken des Wirtschaftens zu tun, die zu dem weitaus enger mit den alltäglichen Praktiken der Haushalte verknüpft sind. Zudem wird deutlich, dass sich das wirtschaftliche Geschehen durchaus heterogener gestaltet, als es in den bei Marx skizzierten Entwicklungstrends, aber auch in den heutigen ökonomischen Theorien der Fall ist. Zunächst soll jedoch die Rolle technologischer Entwicklungen – bei Marx die Produktivkräfte – und damit die Rolle der ›industriellen Revolution‹ für die Entwicklung der Produktions- und Reproduktionsprozesse diskutiert werden.

Die ›industrielle Revolution‹ und der Industriekapitalismus

Insbesondere die so genannte ›industrielle Revolution‹ wird als bevorzugtes Beispiel für die enge Verknüpfung von technologischer und wirtschaftlicher Entwicklung begriffen. Die Vorstellung, dass die Entwicklung von Werkstoffen, Werkzeugen und schließlich Maschinen oder Maschinensystemen die wirtschaftliche und gesellschaftliche Entwicklung prägt, hat sich tief in den Wirklichkeitsvorstellungen verankert. Zu sinnfällig sind doch Bilder einer gewaltigen Dampfmaschine, die andere Kraftquellen ersetzt, Bilder von großen industriellen Fertigungsbetrieben, in denen Maschinen und Maschinensysteme rational eingesetzt werden etc. Diese Veränderungen als Revolution zu bezeichnen, leuchtet ein, erscheinen doch die Innovationen und die damit zu beobachtenden sozialen Entwicklungen (rasch expandierende Städte und Betriebe) so weitreichend, dass der ansonsten für soziale und politische Umwälzungen gebrauchte Begriff angemessen erscheint. Braudel verweist jedoch darauf, dass die englische Baumwoll-Revolution von ›unten‹ gekommen sei, aus der alltäglichen Arbeit:

»Entdeckungen wurden meist von Handwerkern gemacht. Die Industrieunternehmer stammten relativ häufig aus einfachen Verhältnissen. Der Umfang investierten Kapitals, das leicht durch Anleihen zu bekommen war, war zunächst nur gering. Nicht der vorhandene Reichtum, nicht der Londoner Handels- und Finanzkapitalismus haben also den überraschenden Wandel herbeigeführt. Erst in den Jahren nach 1830 übernahm London die Kontrolle über die Industrie. Wir können hier also exemplarisch und in einem größeren Maßstab beobachten, daß der sogenannte *Industriekapitalismus* aus der Kraft und Vitalität der Marktwirtschaft und der einfachen Warenproduktion entsteht, aus einer innovativen Kleinindustrie und ebenso aus dem Gesamtprozeß der Produktion und des Austauschs heraus. Dieser Kapitalismus konnte nur wachsen, Form annehmen und seine Kraft entwickeln, indem er sich auf jene zugrunde liegende Wirtschaft stützte« (1997, S. 96).

In ähnlicher Weise argumentiert Michael Mann; er unterstreicht die große Bedeutung der sich verändernden Produktionsweise; er spricht ihr aber den von Marx zugeschriebenen revolutionären Charakter ab. »Die kapitalistische Produktionsweise setzt nichts voraus als Privateigentum und Marktkonkurrenz. Sie erfordert wenig extensive Organisation jenseits von Gerichten und Märkten und neigt nicht dazu, andere distributive Machtorganisationen zu revolutionieren, sondern paßt sich an sie an« (1998, S. 120). Damit verweist Mann auf ein wesentliches Charakteristikum dieser Produktionsweise; sie ist ausgesprochen flexibel und wenig kontextgebunden. Historisch immer wieder zu findende Argumentationen, die den Kapitalismus mit Krieg, Faschismus oder Umweltzerstörung in einen unmittelbaren Zusammenhang bringen; erweisen sich als unzutreffend. Mann erläutert dies an einem Beispiel aus der jüngeren Zeit: »Wenn z. B. ethnische Unterschiede institutionalisiert sind, wie im Falle der Apartheid, oder wenn das Patriarchat bereits existiert, dann beziehen Kapitalisten sie willig in ihre Marktkalkulationen ein. Umgekehrt berücksichtigen sie unter anderen Gegebenheiten die Postulate ethnischer und geschlechtlicher Gleichheit, indem sie sorgsam um sie herum kalkulieren«. Die Verzahnung von ökonomischen und politischen Veränderungen sind diesen Überlegungen folgend als weitaus lockerer anzusehen als es die Marxsche Orthodoxie nahelegt. »Ihre Manipulationen mögen alte Regime, Apartheid und Patriarchat stärken, verantwortlich für sie sind die Kapitalisten jedoch nicht« (S. 120).

Trotz dieser Wandlungsfähigkeit des Kapitalismus lassen sich spezifische Rahmenbedingungen ausmachen, die seinen Aufschwung in England befördert haben. Braudel analysierte das Phänomen,

»daß der Boom der englischen maschinellen Revolution – der ersten Massenproduktion – gegen Ende des 18. und bis ins 19. Jahrhundert hinein zu einem enormen nationalen Wachstum führen konnte (…), ohne daß es also irgendwo zu Blockierungen kam« (S. 95). Das verweist auf wichtige Kontextfaktoren, die über eine rein technische Rationalität hinausweisen: »Aus der englischen Landwirtschaft wurden so viele Arbeitskräfte abgezogen, wie es möglich war, ohne daß deren Produktionskapazität reduziert wurde; die neuen Industrieunternehmer bekamen so die erforderlichen qualifizierten und unqualifizierten Arbeiter; trotz steigender Preise entwickelte sich der englische Binnenmarkt weiter; die Entwicklung der Technologie folgte rasch und bei Bedarf konnte man ständig ihre Dienste in Anspruch nehmen; die auswärtigen Märkte öffneten sich reihenweise, einer nach dem anderen. Und sogar sinkende Profite wie z. B. der heftige Gewinnsturz in der Baumwollindustrie nach dem ersten Boom führten keine Krise herbei. Das riesige akkumulierte Kapital konnte einfach anderswo eingesetzt werden, und auf die Baumwolle folgte die Eisenbahn« (ebd.).

Während die Vorstellung von einer industriellen Revolution eher technologie-
und angebotsorientiert angelegt ist, findet sich ein ergänzendes Modell, dass sich
eher aus der Nachfrageperspektive für die Veränderungen in den europäischen
Familienwirtschaften interessiert, die überhaupt erst dazu geführt haben, dass die
Produkte der Porzellanmanufakturen, der frühen Textilindustrie, der Möbelindus-
trie etc. einen Markt fanden. Jan de Vries (2008) geht von einer *industrious
revolution* – oft nicht ganz glücklich als Revolution des Fleißes übersetzt – aus,
die er im langen 18. Jahrhundert verortet. Im Rahmen dieser *industrious revolution* wird ein größerer Teil der Haushaltsproduktion am Markt angeboten, z. B.
verschiedene landwirtschaftliche Produkte oder in Heimarbeit hergestellte Waren.
Die Erträge ermöglichten es, dass ein wachsender Teil des Haushaltskonsums
über den Markt bezogen wird; der in Eigenproduktion hergestellte Anteil geht
zurück, so wird das Brot in zunehmendem Maße eingekauft statt selbst geba-
cken. Die Ausweitung des Haushaltseinkommens vollzieht sich auf verschiedenen
Wegen: eine Spezialisierung und Produktivitätssteigerung in der Landwirtschaft,
proto-industrielle Formen der Produktion, kleine Ladengeschäfte, Übernahme von
Lohnarbeit. Durch die marktorientierten Arbeiten kommt es zu einer Spezialisierung und einer Wissensakkumulation in der Haushaltsökonomie. Die Arbeitszeit
weitet sich aus und die Arbeitsproduktivität steigt (vgl. S. 71). Das so erhöhte
Haushaltseinkommen fließt in den erweiterten Konsum; de Vries spricht von der
Herausbildung eines *new consumption regime* (S. 178). Die Zahl und die Vielfalt
der in den Haushalten verfügbaren Güter wachsen;

- der häusliche Komfort erhöhte sich: Verbesserung von Baumaterialien, Ein-
  richtungsgegenständen, privater und öffentlicher Beleuchtung
- die Güter werden feiner und zerbrechlicher: Porzellan, Glas, Papiertapeten,
  verfeinerte Kleidungsstücke
- der Konsum von ›Kolonialwaren‹ (Zucker, Tee, Kaffee Tabak) und klassischen
  Konsumwaren (Alkohol, Weißbrot) steigt.

Später spielen dann auch Textilien eine wichtige Rolle. Die Vermarktung dieser
Güter erfolgt über ein zunehmend dichteres Netz von Einzelhandelsgeschäften
zudem entwickelt sich das Kreditwesen. »The new regime formed the context in
which the Industrial Revolution unfolded rather than being itself a creation of
that sequence of events« (S. 177).
      Christopher Bayly wendet das Konzept der ›Revolution des Fleißes‹ auch
über Europa hinaus an: »Die ›Verdinglichung von Luxus‹ nahm über die Konti-
nente hinweg unterschiedliche Formen an. Dennoch gingen mit den Revolutionen

des Fleißes weitgehend ähnliche soziale Veränderungen einher. Menschen neigen dazu, das ›Exotische‹ zu mögen«. Diese Veränderungen des Geschmacks implizierten eine Ausweitung des Handels.»Händler wurden sich potenzieller Märkte und neuer Produzenten bewusst und begannen, diese zu neuen Netzwerken des Welthandels zu verknüpfen, und zwar bevor in Europa eine bedeutende Industrialisierung stattfand« (2006, S. 72).

Auch Werner Plumpe macht deutlich, welch wichtige Rolle der Massenkonsum z. B. von Baumwolltextilien für die Rentabilität der neuen industriellen Produktionsverfahren spielte; so wird die Textilindustrie zu einem ersten Leitsektor in der frühen Industrialisierung.»Der Aufstieg der Baumwollindustrie in Großbritannien hatte überaus komplexe Folgen auch für den Maschinenbau und dahinterstehend die Eisen- und Stahlindustrie sowie den Bergbau, die die Maschinen, die Werkstoffe und die Energie lieferten, von denen die Mechanisierung der Baumwollherstellung abhing. Der Aufschwung dieser Bereiche schlug sich in einer dauerhaften Änderung der Kapitalbildung und damit der Kapitalverwendung nieder« (2020, S. 187).

Der für die Sozialstrukturanalyse wichtige Ertrag dieser Forschungen liegt darin, dass die für den sozialen Wandel bedeutsamen Faktoren nicht ›externalisiert‹, d. h. der technischen oder ökonomischen Entwicklung zugeschrieben, werden. Sozialer und ökonomischer Wandel vollzieht sich im Zusammenspiel von schrittweisen Veränderungen in ganz unterschiedlichen Gesellschaftsbereichen: in den Haushalten, im Handel, in der Produktion.

Mit der *industrial* und der *industrious revolution* sind nur einige von verschiedenen Entwicklungsmomenten benannt, die für die Entwicklung des Industriekapitalismus und die damit verbundenen sozialen Transformationen bedeutsam waren. Wehler verweist darauf, dass auch der europäische Lehnsfeudalismus bereits als ein »expansions- und entwicklungsfähiges sozialökonomisches und politisches System« (1987, S. 590) zu begreifen ist. So seien schon in der Feudalherrschaft wichtige Zentren des Gewerbe- und Handelskapitalismus entstanden; ähnliche wie Braudel misst er der entstehenden Marktwirtschaft eine zentrale Entwicklungsrolle zu – unterstützt von der Ausplünderung der überseeischen Kolonialreiche. Der Markt stieg zu einer zentralen Institution auf; »allmählich entfaltete er auch gegenüber anderen Realitätsbereichen seine strukturprägende Kraft, indem er z. B. die soziale Hierarchie von Grund auf zu verändern begann, im politische und kulturellen Leben marktförmige Beziehungen und Einrichtungen erzwang« (S. 590 f.). Unterstützt wurde diese Entwicklung durch das europäische Rechtssystem, den Protestantismus, dessen neues Weltverständnis verknüpft mit der rationalen Wissenschaft und Technik einen großen Modernisierungsschub bewirkte, und schließlich den neuzeitlichen Staat, der in enger Verzahnung mit dem Industriekapitalismus entsteht.

Eine Schlüsselrolle misst Wehler dann aber der neu entstehenden Unternehmensform zu: »Vor allem aber hing der Siegeszug des Kapitalismus von der Ausdehnung der erwerbswirtschaftlichen Dauerorganisation mit genauer Kapitalrechnung ab. Diese Unternehmensform gab der neuen Wirtschaftsverfassung eine zuverlässige, belastbare institutionelle Basis, sie verlieh Stetigkeit und generationenübergreifende Kontinuität, sie erwies sich für die Institutionenbildung überdies als unendlich wichtiger, als die ›Windfall Profits‹ des überseeischen Beutekapitalismus es je waren«. In den neu entstehenden Betrieben kommt den privaten Eigentümer_innen, den Unternehmer_innen, eine wichtige strategische Funktionen zu: Er bzw. sie »besorgte die Kapitalausstattung wählte den Produktionszweig, beschaffte die technische Ausrüstung, warb Facharbeiter an und übernahm die zentralen ökonomischen und herrschaftlichen Leitungsaufgaben. (...) Und schließlich erwies sich der formal freie Lohnarbeiter, dessen Leistungskraft auf Arbeitsmärkten gekauft werden konnte, als optimaler ›Produktionsfaktor‹. Erst als diese menschliche Arbeitskraft zu Warenpreisen fest kalkuliert werden konnte, schloß sich vollends der Kreis der innerbetrieblichen Kapitalrechnung« (S. 591 f.). Wehler skizziert den sich herausbildenden Industriekapitalismus über sechs Merkmale (1987, S. 604 ff.):

• Die Marktwirtschaft, die sich über einen langen Zeitraum entwickelt hat, setzt sich relativ schnell als dominantes Ordnungsprinzip durch. Die Märkte für Waren, Boden und Kapital werden durch den Arbeitsmarkt ergänzt. Das kapitalistische Wirtschaftssystem löst sich aus seiner gesellschaftlichen Einbettung und wird ein autonomer Realitätsbereich. Trotz krisenhafter Entwicklungen geht mit der Leistungsfähigkeit der Marktwirtschaft eine enorme Wohlstandssteigerung einher. Aus der ständischen Sozialhierarchie entwickeln sich marktbedingte Klassen.
• Die Entwicklung folgt einem expansiven Prinzip. Die technologische, institutionelle und sozial revolutionierende Wirtschaft wird zur Normalität. Die unkontrollierte und ungleichmäßige Entwicklung erfordert lenkende Interventionen.
• Die Entwicklung verläuft regional und sektoral ungleichmäßig und konjunkturell krisenhaft.
• Innovationen fungieren als der wichtigste Treibstoff des Wachstums. Um den Zufluss an Innovation zu sichern, wurde in zunehmendem Maße technisches und wissenschaftliches Wissens genutzt.

- Innerhalb der wirtschaftlichen Entwicklung bilden sich stets Führungssektoren und -regionen heraus. Die von ihnen ausgehenden Ausstrahlungseffekte spielen eine wichtige innovative Rolle.

- Schließlich spielt der sich herausbildende Interventionsstaat angesichts der ungleichmäßigen und krisenhaften Entwicklung eine wichtige moderierende Rolle, um die damit verbundenen sozialen und politischen Belastungen zu bewältigen. »Der Ausbau des Interventionsstaats ist das Resultat eines schwierigen Lernprozesses, der sowohl ›die Resistenzkraft des Systems‹ und seine oft bezweifelte Lernfähigkeit eindringlich demonstriert, als aber auch seine fatale Krisenanfälligkeit bestätigt« (S. 611).

Auf neuere Debatten um den Stellenwert von Kolonialismus und Sklavenwirtschaft für die Entwicklung des Kapitalismus in Europa wird im Kontext transnationaler Ansätze (s. Abschn. 5.6.2.2) genauer eingegangen.

Kapitalismus und Kapitalismen

Marx Analysen der bürgerlichen Produktionsverhältnisse haben mit dem von Schumpeter und später von Max Weber gebrauchten Begriff des Kapitalismus eine neue Etikettierung erfahren. Wesentliche Merkmale des Kapitalismus lassen sich wie folgt umschreiben: eine Eigentumsordnung, die das Privateigentum an Produktionsmitteln garantiert; ein marktwirtschaftliches Koordinationssystem, indem die Beteiligten und Wettbewerbsbedingungen agieren; Geld und Preise, die als Kommunikationsmedium fungieren; ein Motivationssystem, das auf dem individuellen Gewinn- und Nutzenstreben der Beteiligten aufbaut, und ein Effizienzkriterium, das auf Rentabilitätskalkülen beruht, und schließlich eine Sozialstruktur, die sich durch die Differenzierung von Kapitaleignern und Arbeitskraftbesitzern auszeichnet (vgl. Willke 2006, S. 17). Michael Mann macht in seiner an Marx angelehnten Begriffsbestimmung ähnliche Charakteristika aus: das System der Warenproduktion, das Privateigentum an Produktionsmitteln und schließlich die freie Lohnarbeit (1998, S. 40).

Gewisse Akzentverschiebungen finden sich in den Bestimmungen, die von Braudel wie auch von Immanuel Wallerstein vorgelegt wurden. So macht Wallerstein deutlich, dass sowohl die Prinzipien der Marktproduktion und der Gewinnerzielung wie auch das Phänomen der Lohnarbeit weitaus älterer Natur sind; sie messen einem anderen Aspekt weit größere Bedeutung zu: »We are in a capitalist system only when the system gives priority to the endless accumulation of capital. (...) Endless accumulation is a quite simple concept: it means that people and firms are accumulating capital in order to accumulate still more capital, a process that is continual and endless. If we say that a system ›gives priority‹

to such endless accumulation, it means that there exist structural mechanisms by which those who act with other motivations are penalized in some way, and are eventually eliminated from the social scene, whereas those who act with the appropriate motivations are rewarded and, if successful, enriched« (2004, S. 24). Braudel und Wallerstein richten den Blick auf die Verknüpfung von Kapitalismus und Weltökonomie. Als Weltökonomie bezeichnet Wallerstein in Anlehnung an Braudel jene große geographische Zone, in der sich bestimmte Arbeitsteilungen und damit verknüpft ein intensiver Austausch von Waren herausgebildet haben, ohne dass es eine gemeinsame politische Struktur gibt. Die Weltökonomie besteht aus ganz unterschiedlichen Kulturen, die in Sprache, Religion oder Alltagskultur differieren, die aber dennoch gemeinsame Muster einer Geokultur herausgebildet haben, die diese Austauschprozesse ermöglicht hat bzw. die Ergebnis dieser Austauschprozesse ist. »A world-economy and a capitalist system go together. Since world-economies lack the unifying cement of an overall political structure or a homogeneous culture, what holds them together is the efficacy of the division of labor. And this efficacy is a function of the constantly expanding wealth that a capitalist System provides« (ebd.). Hier sieht Wallerstein den wesentlichen Unterschied zu früheren Weltsystemen, die vornehmlich durch militärische Macht zusammengehalten wurden.

Während die klassischen Kapitalismustheorien – vor allem jene, die einen notwendigen Zusammenbruch des Kapitalismus prophezeiten – von einer Abfolge von Phasen der kapitalistischen Entwicklung ausgingen, zielen neuere Theorieansätze (Regulationstheorie, Varieties of Capitalism-Ansatz) auf eine Modifizierung des bei Marx entwickelten Modells, indem sie die institutionellen Rahmenbedingungen analysieren, die die kapitalistische Weise der Produktion und Reproduktion überhaupt erst ermöglichten. Dabei gerieten neben historisch zu verortenden Entwicklungsphasen auch Variationen des Kapitalismus in den Blick, die sich in vergleichbaren Entwicklungsphasen in verschiedenen Gruppen von Nationalstaaten ganz unterschiedlich gestalten. Ausführlicher wird auf diese Ansätze im folgenden Abschnitt eingegangen; an dieser Stelle wird zunächst die im Rahmen der Regulationstheorie entwickelte historische Analyse von Akkumulationsregimen dargestellt.

Der Ansatz der Regulationstheorie wurde insbesondere in Frankreich u. a. von Alain Lipietz, Michel Aglietta und Robert Boyer entwickelt. Gegenüber den Gleichgewichtstheorien der ökonomischen Neoklassik, die von recht abstrakten und ahistorischen Konzepten ausgehen, zielt der Ansatz auf eine Theorie der vielfältigen Regulierungen, die den gesellschaftlichen Produktionsprozess erst ermöglichen; das ökonomische System soll als Ganzes begriffen werden (Aglietta 1979, S. 15). »We intend to show, therefore, how the regulation of capitalism must be interpreted as a social creation. This theoretical position will enable us to conceive crises as *ruptures* in the continuous reproduction of social relations, to see why periods of crisis are periods of intense social creation, and to understand why the resolution of a crisis always involves an irreversible transformation of the mode of production« (S. 19).

Verglichen mit Ansätzen, die die Entwicklung der kapitalistischen Produktionsweise eher linear begreifen (vom Früh- zum Spätkapitalismus) werden über die Regulationstheorie verschiedene Entwicklungsphasen beschrieben. Diese Entwicklungsphasen können durch spezifische Akkumulationsregimes charakterisiert werden. Ein solches Akkumulationsregime zeichnet sich durch eine bestimmte Organisation der Produktion und der Produktionsvoraussetzungen (z. B. die Organisation von Unternehmen, Bereitstellung von Kapital, Organisation von Absatzmärkten) aus. So unterscheidet Aglietta in der Geschichte der USA die Phase eines vorwiegend extensiven Akkumulationsregimes in der Frühphase des Kapitalismus von einer Phase eines vorwiegend intensiven Regimes. Das extensive Regime zeichnet sich durch eine Ausweitung kapitalistischer Strukturen zu Lasten traditionaler Produktion- und Reproduktionspraktiken aus; die Rekrutierung der Lohnarbeiter erfolgt aus der vormals bäuerlichen Bevölkerung bzw. aus dementsprechenden Arbeitsmigranten. »*The predominantly intensive regime of accumulation creates a new mode of life for the wage-earning class by establishing a logic that operates on the totality of time and space occupied or traversed by its individuals in daily life. A social consumption norm is formed, which no longer depends in any way on communal life, but entirely on an abstract code of utilitarianism. This norm is stratified according to principles that closely correspond to the stratification of social groups within the wage earning class*« (S. 71 f.). Im 20. Jahrhundert gewinnt die Konsumgüterproduktion in den hier betrachteten Ländern einen neuen Stellenwert; die Massenproduktion impliziert einen Massenkonsum (vgl. dazu Abb. 2.6).

Wie in dem Zitat bereits deutlich wird, interessieren sich die Vertreter dieses Ansatzes stets auch für die im weiteren Sinne sozialen und institutionellen Veränderungen, die mit den verschiedenen Akkumulationsregimen einhergehen. In diesem Sinne wird der Komplex von Institutionen und Normen, der das Akkumulationsregime stützt, als Regulationsmodus bezeichnet.

Ein gutes Beispiel für das Zusammenspiel von Akkumulationsregime (Organisation der Produktion und des Kapitalzuflusses) und Regulationsmodus liefert die Entstehung der fordistischen Produktionstechnik in den USA. Die von Henry Ford erstmals in großem Maßstab eingeführte Produktion von Automobilen am Fließband war nicht nur eine technologische Innovation. Mit der Fließbandtechnologie sank der Preis der Produkte; zudem wurden in den Fordschen

		Dominante Form der Akkumulation	
		extensiv	intensiv
Konsum-güter-produktion	gering integriert	Englische Wirtschaft 18.–19. Jahrhundert	Amerikanische Wirtschaft 19. Jahrhundert
	stark integriert	Amerikanische Wirtschaft spätes 20. Jahrhundert	OECD-Ökonomien nach 1945, ›Fordismus‹

Quelle: Boyer (2004, S. 55), Übersetzung nach Simonis (2007, S. 214)

Abb. 2.6 Akkumulationsregime

Unternehmen an die Stammbelegschaft vergleichsweise hohe Löhne gezahlt, so dass auch lohnabhängig Beschäftigte prinzipiell dieses neue Serienprodukt erwerben konnten. Die damit einsetzende Ära der individuellen Massenmobiliät impliziert schließlich eine weitreichende Veränderung der Lebensweise im städtischen und vor allem im ländlichen Raum. Mit der Fließbandproduktion von Automobilen gewinnt die Konsumgüterproduktion gegenüber der bislang vorherrschenden Investitionsgüterproduktion an Bedeutung. Der Erfolg der Fordschen Produktionstechnik ist nur in dieser Gesamtheit zu begreifen, in der Verzahnung von Produktionsweise, Lohniveau und sich verändernden Konsumpraktiken, Lebensstilen und Normen.

Jürgen Kocka beschreibt die Entwicklung des Kapitalismus seit dem 19. Jahrhundert zunächst als eine Fortsetzung bereits bestehender Kapitalismen: ein fortschreitender Agrarkapitalismus, der nach und nach die feudalen Strukturen unterläuft und sich im 20. Jahrhundert zu einem globalen ›Agrobusiness‹ entwickelt; ein Handelskapitalismus, der sich mit den Fortschritten bei Transport- und Kommunikationstechniken und dem Massenkonsum weiterentwickelt; schließlich ein Finanzkapitalismus, der schon früh die Voraussetzungen für die anderen Kapitalismen schafft, der dann aber auch am Ende des 20. und im 21. Jahrhundert ganz eigene Krisendynamiken hervorbringt. Mit dem im 19. Jahrhundert einsetzenden Industriekapitalismus komme es jedoch zu einer umwälzend neuen Entwicklung (2013, S. 79), es sind technisch-organisatorische Neuerungen (z. B. Dampfmaschinen oder Maschinen zur Textilverarbeitung), neue Energiequellen (z. B. Kohle, später Elektrizität aus unterschiedlichen Quellen) und neue Produktionsstätten (vor allem Fabriken als zentrale außerhäusige Produktionseinheiten). Die industrielle Weise des Produzierens impliziert eine Neuordnung von zeitlichen und räumlichen Strukturen und die Entwicklung der im nationalstaatlichen Kontext entstehenden Regulierungen und Infrastrukturen. Gegen Ende des 19.

Jahrhunderts zeichnet sich ein Übergang von einem Eigentümer- zu einem Managerkapitalismus ab, der dann auch mit veränderten Formen der Finanzierung (über Banken oder Börsen) verbunden war. In der zweiten Hälfte des 20. Jahrhunderts komme es schließlich zu einem weiteren Umbruch, einem Prozess der Finanzialisierung, indem im Kontext der Deregulierung und Globalisierung neue Finanzmarktakteure und Geschäftsmodelle entstehen, die schließlich dazu führen, dass sich die Logik der Kapitalmärkte in stärkerem Maße in den Unternehmen des Industriekapitalismus niederschlage.

Der Wirtschaftshistoriker Werner Plumpe folgt den Argumentation, die sich für die Vielfalt von Kapitalismen und institutionellen Rahmungen interessieren, radikalisiert diese jedoch, indem er mit dem im wissenschaftlichen und politischen Raum verbreiteten Dogma vom Kapitalismus als einem System bricht. Er schlägt demgegenüber eine evolutionäre Perspektive vor, wenn er das Zusammenspiel von Prozessen der *Variation,* der *Selektion* und der institutionellen *Stabilisierung* in den Blick rückt. Die möglichen Variationen ökonomischen Handelns erfahren mit der Durchsetzung des Privateigentums und der Gewerbefreiheit einen qualitativen Sprung.»Es gilt also, dass unter kapitalistischen Bedingungen das dezentral organisierte Privateigentum zumindest potenziell über das Ausmaß der ökonomischen Handlungsvarianten entscheidet, da jeder Privateigentümer nach eigenem Kalkül über die Nutzung seines Eigentums verfügen kann und es auch tun wird, soweit und solange er nicht durch kollektiv bindende Regeln daran gehindert wird. (...) Die Geschichte des Kapitalismus ist also auch und zunächst eine Geschichte eigentumskonstituierter Variabilität« (2020, S. 610 f.).

Die über die dezentralen Privateigentumsstrukturen ermöglichten Variationen müssen sich nun an preisbildenden Märkten bewähren. Diese fungieren als Katalysatoren des Markterfolgs.»Der Markterfolg der Handlungsvarianten fällt zugleich ein Urteil darüber, ob diese fortgesetzt werden; er ist mithin ein harter Selektionsmechanismus, der aber die Möglichkeiten der Variationsbildung nicht automatisch beschränkt, sondern eben erst nach der Nutzung der Variationen greift. Ob etwas am Markt Erfolg haben wird, kann sich erst zeigen, wenn es auf dem Markt erscheint. Die Bereitschaft, etwas zu versuchen, kann bestenfalls auf späteren Markterfolg hoffen; garantiert oder vorausgesetzt werden kann der Erfolg im Regelfall nicht« (S. 611). Hatten die ökonomischen Variationen am Markt Bestand, so versuchen die beteiligten Akteure die erfolgreichen Aktionen zu verstetigen, dabei geht es darum,»die Bedingungen der Möglichkeit hoher Varietät und effektiver Selektion über den Markterfolg so in Regeln zu fixieren, dass deren Zusammenspiel prinzipiell gesichert und zugleich deren Nutzbarkeit für öffentliche Zwecke gegeben bleibt. Diese Reinstitutionalisierung ist ein entscheidendes Moment dafür, dass kapitalistische Ordnungen überhaupt entstehen können; sie setzt eine politische Klugheit voraus, die die eigene Existenz an die erfolgreiche Variation und Selektion ökonomischen Handelns bindet, sich diesem Mechanismus also unterordnet. Voraussetzung und Bedingung erfolgreicher kapitalistischer Institutionenbildung ist damit eine einschlägige politische Leitsemantik, die die Autonomie des Privateigentums ebenso respektiert, wie sie die Funktionen des Marktmechanismus garantiert« (S. 611). Ein wesentliches Charakteristikum dieses Ansatzes ist es, dass kein (allmächtiges) Zentrum des Kapitalismus unterstellt wird. Genau die dezentrale Struktur ermöglicht überhaupt erst die hohe Wandlungsfähigkeit dieser Wirtschaftsweise. Es ist »eine ungeplante und dezentrale, von zahllosen unkoordinierten Akteuren getragene, emergente Art des Wirtschaftens, die wiederum an eine hochkomplexe Kombination evolutionärer Mechanismen gebunden ist (…). Die institutionelle Garantie dieser Dynamik machte dann aus dem zufälligen Entstehen kapitalistischer Praktiken deren wahrscheinliche Wiederholbarkeit und faktische Wiederholung, stellte also ein Moment der Dauerhaftigkeit sicher, das aus den Praktiken selbst heraus nicht notwendig gegeben war« (S. 619). Vor diesem Hintergrund kommt Plumpe dann zu einer fundamentalen Kritik jener Perspektiven, die auf einen (gesetzmäßig zu erwartenden) Zusammenbruch des Kapitalismus setzen. Die Risiken liegen der Argumentation Plumpes folgend vor allem in einer Beeinträchtigung der zentralen evolutionären Mechanismen, in einem politischen Beschneiden der Variationsmöglichkeiten oder des Marktmechanismus. Mithin stelle sich die Frage der institutionellen und rechtlichen Rahmung des kapitalistischen Wirtschaftens als eine immer wieder neue Herausforderung, »der man je nach vorherrschenden Auffassungen, politischen Verhältnissen und Rechtstraditionen ganz unterschiedlich begegnete« (S. 177).

Die verschiedenen Kapitalismustheorien sollten als ein Werkzeugkasten verstanden werden, der für die Sozialstrukturanalyse, insbesondere für ein Verständnis der Welt der sozialen Positionen genutzt werden kann. Man sollte der Mahnung Plumpes folgen und den Kapitalismus nicht als ein zusammenhängendes System begreifen. Vielmehr ist die Logik der kapitalistischen Produktion zum einen im Zusammenspiel mit unterschiedlichen Infrastrukturen, Regulierungen und Institutionen zu begreifen; zum anderen ist auch die Verzahnung der Produktionsweise mit den Veränderungen der Lebensweise zu analysieren, da sich damit das Arbeitsangebot und die Konsummuster beständig verändern. Nach diesen eher theoretischen Überlegungen zur Entwicklung der Produktion sollen nun wichtige historische Entwicklungen aufgezeigt werden.

2.2.1.2 Längerfristige Prozesse der sozioökonomischen Transformation

Im Kontext der sozialwissenschaftlichen Analyse der Veränderungen des Produktionssektors seit dem 19. Jahrhundert sind verschiedene Ansätze entstanden, die sich an einer Systematisierung dieser Transformationsprozesse versucht haben. Allen Ansätzen ist gemein, dass sie jeweils aus zeitgenössischer Perspektive entstanden sind, dass sie jenseits der zeitgenössischen Beobachtung auch versuchten, Gesetzmäßigkeiten der Entwicklung herauszuarbeiten und dass sie jenseits der wissenschaftlichen Analyse explizit oder implizit auch den Charakter von Fortschrittserzählungen hatten, seien es technische, ökonomische, nationale oder soziale Fortschritte.

Technisch-organisationale Entwicklungen

Die Entwicklung der industriellen Produktion hängt eng mit den in Produktion eingesetzten Rohmaterialien bzw. Vorprodukten sowie mit den verwandten Werkzeugen, Maschinen und technischen Systeme zusammen. Die Verwendung von Rohstoffen und die Entwicklung von Werkzeugen wurde schon bei der Analyse der Vor- und Frühgeschichte der Menschheit zur Abgrenzung von Entwicklungsphasen genutzt. Dies sollte jedoch nicht im Sinne eines Determinismus begriffen werden; so setzte die industrielle Arbeit in großen Betriebseinheiten nicht nur eine entsprechende Technologie voraus, sondern eben auch eine städtische freie Arbeiterschaft, die gezwungen war, sich in diesen neuen Betrieben zu verdingen. Auch die Formen der Arbeit sind nur bedingt technologisch determiniert; es bieten sich große Spielräume, wie Mensch-Maschine-Beziehungen oder Hierarchien gestaltet werden können.

Von der industriellen zur post-industriellen Produktion

Eingedenk dieser Vorüberlegungen sollen im Folgenden einige Entwicklungslinien der industriellen Arbeit entlang wichtiger technologischer oder organisationaler Innovationen rekonstruiert werden. Dabei wird auf eine bei Deutschmann (2002, S. 88 f.) zu findende Schematisierung zurückgegriffen. Nachdem in den Anfängen der Mechanisierung der Produktion neben der menschlichen Energie auf natürliche Energiequellen (Wasser und Wind, Zugtiere) zurückgegriffen werden musste, bot sich mit der (von fossilen Rohstoffen getriebenen) Dampfmaschine eine völlig neue standort- und witterungsunabhängige Technologie, um Maschinen und Maschinensysteme zu betreiben; später konnte die Technologie auch für den Transport auf Schienen und Wasserstraßen eingesetzt werden (vgl. Abb. 2.7).

1770 – 1830	Frühe Mechanisierung	*Zentrale Technologien:* Wasser-/ Windkraft → Dampfmaschine
		Industrieentwicklung: Baumwoll-, Textil-, Textilchemikalien- und Eisenindustrien, Töpfereien, Maschinen- und Dampfmaschinenbau
		Arbeits-/ Betriebsorganisation: Verlagssystem, handwerklich geprägte Produktionsweise → kleine persönlich geführte Fabrikbetriebe
		Innovative Zentren: Großbritannien

Quellen: Freeman/ Perez (1988), Perez (2010, S. 190), Deutschmann (2002, S. 88f)

Abb. 2.7 Industrielle Entwicklung (1)

Dampfmaschinen waren jedoch ausgesprochen teure und nur in relativ großen Betriebseinheiten rentabel einsetzbare Maschinen; sie setzten sich in England wie in Deutschland nur recht langsam durch. Soweit möglich versuchte man z. B. in der Textilindustrie an der kostenlosen Wasserkraft festzuhalten (vgl. Radkau 1989, S. 13). Erst in der zweiten Hälfte des 19. Jahrhunderts werden sie in breiterem Maßstab eingesetzt. »Die Dampfmaschine war keine Triebkraft des Geschehens, aber auch kein bloßer Reflex eines ökonomischen Bedarfs. Wenn man Technik nur als Spiegel gesellschaftlicher Strukturen und Intentionen begreifen wollte, würde man die Tücke des Objekts und die Tragweite unbeabsichtigter Technikfolgen verkennen. (…) Die Maschine ist kein Motor der Geschichte; aber um bestimmte Technologien kristallisieren sich ökonomische Machtstrukturen, soziale Mentalitäten, technische Communities. Technik ist ein Element, das Querverbindungen, ›Wechselströme‹ (…) und Vernetzungen stiftet« (S. 19).

Ein großes Problem bestand auch darin, die Arbeiterschaft in diese industrielle Produktionsweise einzubinden und an das Fabrikregime zu gewöhnen. Diese Entwicklung ging sowohl auf formellen bzw. informellen Druck als auch auf Momente der Selbstdisziplinierung (vgl. dazu Kößler 1990, S. 211 ff.) zurück. Dieser Anpassungsprozess vollzog sich nur sehr allmählich: die frühen Unternehmen hatten z. B. mit dem ›blauen Montag‹ zu kämpfen, an dem die Arbeiter oftmals nicht erschienen; noch im frühen 20. Jahrhundert stellte sich der häufige Arbeitsplatzwechsel als ein Problem der Unternehmen dar.

Die neuen Formen der industriellen Produktion in den Städten brachten im späten 19. Jahrhundert ein erhebliches Wachstum des Bruttosozialprodukts mit sich. Zugleich war man vor völlig neue Herausforderungen gestellt: »Politiker (…) mussten mit Problemen wie Ernährung, Kontrolle und Versorgung dieser wachsenden Industriearbeiterschaft fertig werden. Sie wurden von den Erzeugnissen wissenschaftlich fundierter Industriezweige abhängig, um Kriege zu führen, und von den Steuern, die sie von der Industrie bekamen, um die Kriege zu

1840 – 1880/90	Epoche der Dampfmaschinen und Eisenbahnen	*Zentrale Technologien:* Verbreitung der Dampfmaschinen, Aufkommen von Eisenbahnen und Dampfschifffahrt, Herstellung synthetischer Farben
		Industrieentwicklung: Werkzeugmaschinenindustrie, Stahlindustrie, Gas- und Elektrizitätswirtschaft
		Arbeits-/ Betriebsorganisation: Entwicklung von Kapital- und Aktiengesellschaften, Entstehung großer Fabrikbetriebe
		Innovative Zentren: Großbritannien, später: Europa, USA

Quellen: Freeman/ Perez (1988), Perez (2010, S. 190), Deutschmann (2002, S. 88f)

Abb. 2.8 Industrielle Entwicklung (2)

finanzieren. Die Auswirkungen der Industrialisierung reichten weit über den kleinen Teil der Weltbevölkerung hinaus, die tatsächlich in der Industrie beschäftigt war. Die Landwirtschaft in den Industrie ansiedelnden Ländern hatte sich durch die großen städtischen Märkte und durch mechanisierte Werkzeuge verwandelt (Abb. 2.8). Die dynamischsten Sektoren der Landwirtschaft waren jene, die Waren für den Export in die sich industrialisierende Welt produzierten« (Bayly 2006, S. 214 f.).

Die zunehmende Größe der Produktionseinheiten erforderte neue Strukturen von Unternehmen: die benötigten Kapitalien führten zu Unternehmen mit ganz neuen Rechtsformen, die Komplexität der Unternehmen verlangte nach neuen Formen der Steuerung und Hierarchisierung.

Die Elektrotechnik und die Verbrennungsmotoren brachten weitreichende Veränderungen in der Antriebstechnik mit sich, die zum einen die Mechanisierung auch kleinerer Betriebseinheiten und einzelner Maschinen ermöglichte und die zum anderen nach und nach auch den Güter- und Personentransport veränderte – verschiedentlich wird diese Entwicklung auch als eine zweite industrielle Revolution begriffen (Abb. 2.9).

Wichtige Entwicklungsschritte waren zum einen die Entwicklung der Fließbandproduktion, verknüpft mit dem Namen Henry Ford und der Ansatz der wissenschaftlichen Betriebsführung Frederick Taylors. Taylor setzte auf ein System hochgradiger Arbeitsteilung bei genauester Planung der einzelnen Arbeitsabläufe und -bewegungen. Beide Konzepte zielten auf den Einsatz von angelernten oder gering qualifizierten Arbeitskräften und eine höhere Betriebsbindung. Dies führte ab dem frühen 20. Jahrhundert zu einer weitgehenden Veränderung der industriellen Produktion, in der bislang noch handwerklich ausgebildete Arbeitskräfte eine wichtige Rolle spielten. Neben den im engeren Sinne arbeitsorganisatorischen Innovationen strebte Ford vor allem Veränderungen des Erwerbsverhaltens und der Lebensstile an; so wurde die vergleichsweise hohe Bezahlung – zunächst

1890 – 1930/40	**Epoche des Elektro- und Schwermaschinenbaus**	*Zentrale Technologien:* Elektro- und Dieselmotoren, die auch die Mechanisierung von Kleinbetrieben ermöglichen, Ausbau von Infrastrukturen (Energieversorgung, Kommunikation, Verkehr), Entwicklung von Kunststoffen, Produktivitätssteigerungen durch elektrische Kräne, schwere Maschinen und Werkzeugmaschinen
		Industrieentwicklung: Elektro-, Stahl- und Schwerindustrie, chemische Industrie
		Arbeits-/ Betriebsorganisation: Bildung großer, vielfach eng mit Banken verknüpfter Konzerne und Trusts mit großer Marktmacht, Entwicklung der modernen differenzierten Unternehmensbürokratie, öffentliche Unternehmen und wirtschaftspolitische Interventionen des Staates
		Innovative Zentren: USA, Deutschland

Quellen: Freeman/ Perez (1988), Perez (2010, S. 190), Deutschmann (2002, S. 88f)

Abb. 2.9   Industrielle Entwicklung (3)

nur für Männer – nur denjenigen zuteil, die seit mindestens sechs Monaten tätig waren; zudem wurden Inspektoren beschäftigt, die sich auch für den Lebens-wandel der Arbeitenden interessierten. »In these and other ways, such as by encouraging adult male workers to buy houses, cars and life insurance, Ford can be seen as promoting the ideal of full-time male workers as ›responsible heads of households‹ (…). For the many immigrant workers among the Ford workforce, English language tuition was provided. Social provision also included a Ford hospital, Ford school, Ford shops selling cut-price goods, and a Ford newspaper« (Edgell 2006, S. 77, s. auch Lewchuk 1995; Doray 1988). Zudem war Ford ein erbitterter Gegner der Gewerkschaften, und es gelang ihm bis zum Beginn der 1940er Jahre, gewerkschaftliches Engagement in seinen Betrieben weitgehend zu unterbinden.

Die Fließbandproduktion der von Ford produzierten Autos führte auch zu einer erheblichen Verbilligung des Produkts; der Preis des Model T ging von 950 $ (1909) auf 240 $ (1924) zurück – und schuf so die Voraussetzungen für einen in den USA bereits relativ früh einsetzenden Massenkonsum. Zugleich wurde damit auch die gesellschaftliche Mobilität erhöht; d. h. die Veränderungen im Produktionsbereich zogen nicht unerhebliche Veränderungen im Lebens- und Konsumstil (standardisierte Massenprodukte) nach sich; all diese Momente sind angesprochen, wenn man vom so genannten Fordismus spricht.

Auch die bereits früher anzusetzende Herausbildung großer Produktions-einheiten mit einer großen Zahl vergleichbarer Arbeitsplätze, hängt mit der fordistischen Produktionsweise zusammen; das war eine wichtige Rahmenbedin-gung für die Herausbildung und den relativen Erfolg der Gewerkschaften (vgl. Abb. 2.10).

1930/40 – 1970/80	Epoche des Öls, des Automobils, der Massenproduktion	*Zentrale Technologien:* Entwicklung des Fließbandes, später: Entwicklung der Computertechnik, der Atomtechnik sowie der NC-Werkzeugmaschinen
		Industrieentwicklung: Produktion von Automobilen und Flugzeugen (zivil und militärisch), Werkzeugmaschinenbau, petrochemische und pharmazeutische Industrien
		Arbeits-/ Betriebsorganisation: Standardisierung der Arbeitsprozesse durch Einführung der ›wissenschaftlichen Arbeitsorganisation‹ (Taylor), Fließbandproduktion, Bildung multinationaler Konzerne
		Innovative Zentren: USA, Deutschland, später: Europa, Asien, andere Schwellenländer

Quellen: Freeman/ Perez (1988), Perez (2010, S. 190), Deutschmann (2002, S. 88f)

Abb. 2.10 Industrielle Entwicklung (4)

Diese als Fordismus bezeichnete Weise der industriellen Produktion setzte sich in den verschiedenen Industrieländern erst nach und nach durch. Sie bestimmte in Deutschland dann aber bis in die 1970er Jahre das Produktionsgeschehen.

Die Krise des Fordismus, die insbesondere in Konkurrenz mit den japanischen Modellen der Produktion deutlich wurde, geht auf verschiedene Faktoren zurück. Die Anforderungen an die Produkte veränderten sich: Gefragt waren zunehmend weniger hochstandardisierte über lange Zeit unveränderte Massenprodukte, sondern, wie am Beispiel der Automobilproduktion erkennbar, häufiger wechselnde Modelle für immer spezialisiertere Zielgruppen. Hier gerieten die starren Fließbandsysteme, mit ihren langen Umrüstzeiten und den hohen Umrüstkosten an ihre Grenzen. Probleme traten aber auch auf Seiten der lebendigen Arbeit auf: das tayloristische und fordistische System basierte auf wenig qualifizierten, hochgradig kontrollierten, sich wiederholenden Arbeitsabläufen. Diese so genannten *low trust-Systeme* führten zu zunehmend unzufriedenen Beschäftigten; was sich z. B. in vergleichsweise hohen Krankenständen aber auch in Qualitätsproblemen ausdrückte. Nicht zuletzt geriet die Fließbandfertigung in Konkurrenz zu neuen Produktionsstandorten insbesondere in industriellen Schwellenländern.

Diese Probleme führten in Verbindung mit der sich entwickelnden Informationstechnologie zu weitreichenden Veränderungen in der Produktion.

- In vielen Bereichen der industriellen Produktion – am deutlichsten sichtbar in der Automobilproduktion – hat sich ein Trend zur flexiblen Fertigung oder zu einer flexiblen Spezialisierung durchgesetzt.
- Die Produktpalette hat sich erweitert und die Innovationszyklen haben sich ganz erheblich reduziert. Zudem hat die Automatisierung nicht nur die Produktion erfasst, sondern alle ihr vor- und nachgelagerten Bereiche sowie die Verwaltung von Unternehmen.

• Nicht nur die Prinzipien der Fließbandfertigung sind in die Kritik geraten, sondern auch die damit eng verknüpften Vorstellungen tayloristischer Arbeitsteilung. In nicht wenigen Bereichen der industriellen Produktion wurde mit verschiedenen Formen der Gruppenarbeit und -fertigung experimentiert; generell ist es zu einer qualitativen Anreicherung von Arbeitsabläufen und zu einer wachsenden Verantwortung von Beschäftigten gekommen, so dass man heute in vielen Bereichen eher von *high-trust-Systemen* spricht. Zuvor arbeitsteilig organisierte Prozesse wie die Qualitätskontrolle werden in die jeweiligen Tätigkeitsbereiche zurückverlagert. Selbst dispositive Aufgaben oder kleinere Reparaturen werden von den Arbeitsgruppen übernommen.

• Stark verändert haben sich auch die Beziehungen zu zuliefernden Unternehmen. Hier haben sich netzwerkartige Strukturen oder das Verfahren der *just-in-time*-Produktion herausgebildet.

Umstritten ist, welche Reichweite die hier beschriebenen Ansätze einer postfordistischen Weise des Produzierens haben. Gerade im Weltmaßstab gibt es auch deutliche Hinweise für einen Fortbestand fordistischer Konzepte oder für einen Neofordismus. So kommt Edgell bei der Untersuchung von japanischen Firmenniederlassungen in Europa bzw. Nordamerika zu dem Schluss: »Thus from a worker's perspective the Japanese System seems to increase the intensity of the assembly line, and is therefore clearly neo-Fordist« (2006, S. 90).

Neben den hier skizzierten Trends, die sich eher auf den Sektor der industriellen Arbeit beziehen, lassen sich in einigen Bereich der Dienstleistungsarbeit Entwicklungen beobachten, die mit dem Begriff ›McDonaldism‹ beschrieben werden. Das von George Ritzer eingeführte Konzept, knüpft an Webers Argumentation an, der in der Entwicklung der Bürokratie ein wesentliches Moment des gesellschaftlichen Rationalisierungsprozesses sieht. »The bureaucracy is still with us, but the fast-food restaurant better exemplifies this type of rationality. (…) There are four dimensions of formal rationality – efficiency, predictability, an emphasis on quantity rather than quality, and Substitution of nonhuman for human technologies (…). Efficiency means the search for the best means to the end (…). Predictability means a world of no surprises (…). Rational Systems tend to emphasize quantity, usually large quantities, rather than quality. (…) Instead of the human qualities of a chef, fast-food restaurants rely on nonhuman technologies like unskilled cooks following detailed directions and assembly-line methods applied to the cooking and serving of food« (1996, S. 443). McDonaldism kann somit zunächst als eine Übertragung fordistischer Prinzipien auf die Dienstleistungsarbeit begriffen werden. Edgell (2006, S. 94 f.) gibt jedoch zu bedenken, dass die Einbindung der Kunden in diesen standardisierten Prozess ein letztlich

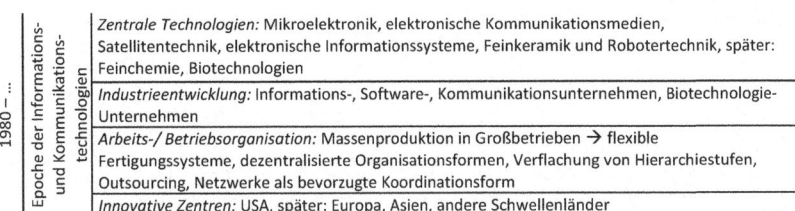

		Zentrale Technologien: Mikroelektronik, elektronische Kommunikationsmedien, Satellitentechnik, elektronische Informationssysteme, Feinkeramik und Robotertechnik, später: Feinchemie, Biotechnologien
1980 – …	Epoche der Informations- und Kommunikations-technologien	*Industrieentwicklung:* Informations-, Software-, Kommunikationsunternehmen, Biotechnologie-Unternehmen
		Arbeits-/ Betriebsorganisation: Massenproduktion in Großbetrieben → flexible Fertigungssysteme, dezentralisierte Organisationsformen, Verflachung von Hierarchiestufen, Outsourcing, Netzwerke als bevorzugte Koordinationsform
		Innovative Zentren: USA, später: Europa, Asien, andere Schwellenländer

Quellen: Freeman/ Perez (1988), Perez (2010, S. 190), Deutschmann (2002, S. 88f)

Abb. 2.11 Industrielle Entwicklung (5)

unkalkulierbares Moment bleibt und seitens der Beschäftigten auch spezifische soziale Kompetenzen erforderlich sind, dass der Grad der Standardisierung der Produkte und die Produktpalette stets an sich verändernde Marktbedingungen angepasst werden muss und dass die letztlich militärische Arbeitsteilung an Grenzen stößt und durch team-building-Konzepte ergänzt werden muss.

Die mit der Entwicklung von Informations- und Kommunikationstechnologien einhergehenden Prozesse der Informatisierung von Arbeits- und Betriebsorganisation (vgl. Abb. 2.11) knüpfen an Entwicklungen im vordigitalen Zeitalter an; bereits in den 1920er Jahren waren in der Massenproduktion abstrakte an Kenndaten orientierte Techniken der Steuerung und Kontrolle des Produktionsprozesses eingesetzt worden. Der Einsatz von Großrechnern seit den 1960er Jahren ermöglichte eine maschinelle Verarbeitung dieser Steuerungs- und Kontrolldaten. Diese nach wie vor an einer tayloristischen Logik orientierte Informatisierung wird dann mit der Flexibilisierung der Produktion durch komplexe Informations- und Kommunikationstechnologien (Intranet, Internet etc.) – Baukrowitz u. a. sprechen von einem ›Informationsraum‹ – abgelöst. »Erst in dieser Konstitution als Informationsraum können sich digitale Informationssysteme als Komplement neuer Produktionskonzepte entfalten. Die neue Idee, die die systemischen Produktionskonzepte gegenüber tayloristischen Produktionsformen auszeichnet, liegt nicht allein in der Form der Differenzierung und Integration der Produktionsstrukturen und Produktivkräfte. Sie liegt vielmehr darin, einmal gefundene Formen und Strukturen nicht einfach festzuschreiben und zu hoffen, daß sie über einen längeren Zeitraum funktionieren, sondern diese Formen und Strukturen permanent zu verändern und den Produktions- und Markterfordernissen anzupassen. (…) Im Informationsraum kann der Produktionsprozeß an die Außenwelt und den Markt unter Berücksichtigung ihrer Kontingenz angeschlossen und die erforderliche Variabilität des Produktionsprozesses selbst realisiert werden« (Baukrowitz

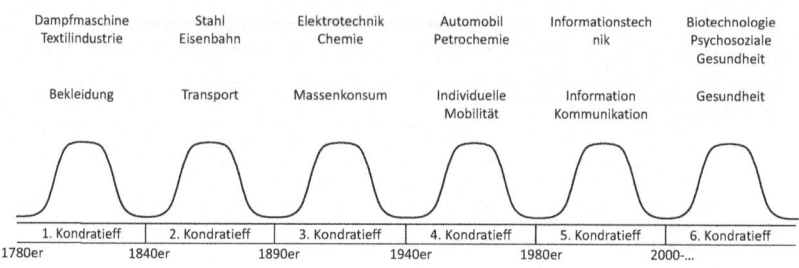

Dampfmaschine Textilindustrie	Stahl Eisenbahn	Elektrotechnik Chemie	Automobil Petrochemie	Informationstech nik	Biotechnologie Psychosoziale Gesundheit
Bekleidung	Transport	Massenkonsum	Individuelle Mobilität	Information Kommunikation	Gesundheit

1. Kondratieff	2. Kondratieff	3. Kondratieff	4. Kondratieff	5. Kondratieff	6. Kondratieff
1780er	1840er	1890er	1940er	1980er	2000-...

Quelle: Nefiodow (2001, S. 133)

Abb. 2.12 Kondratieff-Zyklen

et al. 2000). Für die Arbeitsbedingungen sehen die Autoren die Möglichkeit, das mit der frühen Informatisierung verknüpfte Szenario einer ›Totalkontrolle‹ zu überwinden: »Das Subjekt ist also in Zukunft nicht mehr allein an den Rand und in die Nischen geschlossener Informationssysteme verwiesen, sondern muß sich in seinem Denken und Handeln in die Informationssysteme hineinbegeben, um den Anforderungen flexibler Produktionsprozesse gerecht zu werden« (ebd.).

Lange Wellen und Leitsektoren

Neben den eher kurzfristigen Konjunkturen der Wirtschaft wurde immer auch versucht, längerfristige Bewegungen zu erkennen. Diese ›langen Wellen‹ wurden erstmals von dem Ökonomen Leo Kondratieff mit empirischen Daten beschrieben, der damals erst wenige dieser längerfristigen Zyklen analysieren konnte. Er konstatiert zyklische Entwicklungen mit einer Dauer von 40 bis 60 Jahren. Auch von anderen Ökonomen wie z. B. Schumpeter wurde dieses Konzept aufgegriffen.

Wie in der graphischen Darstellung (Abb. 2.12) suggeriert wird, können diese ›langen Wellen‹ der konjunkturellen Entwicklung mit bestimmten technologischen Basisinnovationen (Schumpeter) in Verbindung gebracht werden. Diese Basistechnologien, die sich im Laufe des Zyklus weiterentwickeln, werden dann zum Ausgangspunkt von neuen Konkurrenzkonstellationen. Schumpeter geht davon aus, »dass neue Produktionsfunktionen (Durchsetzung neuer Kombinationen) durch das Vorgehen neuer, für diesen Zweck gegründeter Unternehmungen in das System eindringen, während die vorhandenen oder alten Unternehmungen eine Zeitlang wie früher weiterarbeiten und dann unter dem Druck der Konkurrenz, mit verschiedenen charakteristischen Verzögerungen und, in verschiedenen charakteristischen Weisen, durch Anpassung an den neuen Stand der Dinge reagieren« (1961, S. 103).

Der empirische Nachweis der langen Wellen gestaltet sich nicht so einfach, wie es solche schematischen Darstellungen vermuten lassen. In Deutschland und vielen an den Weltkriegen beteiligten westeuropäischen Ländern erscheinen die konjunkturellen Verläufe nicht unbedingt so regelmäßig, wie theoretisch postuliert. Wehler konstatiert, dass sich eine solche längerfristige Zyklizität in der deutschen und europäischen Wirtschaftsgeschichte nach 1945 nicht nachweisen lasse (2008, S. 49).

Dessen ungeachtet weist die These von sich verändernden Basistechnologien, die auf weite Teile der übrigen Wirtschaft, aber auch auf Lebensweise und Konsum ausstrahlen, eine gewisse Plausibilität auf. Wehler charakterisiert den Gründerboom im späten 19. Jahrhundert über die Ablösung des »alten Wachstumskerns der Schwerindustrie« durch die »Dynamik neuer Leitsektoren wie der Elektrotechnik, der Großchemie und des Maschinenbaus« (1995, S. 607). Auch der Automobil- und der chemischen Industrie der frühen Bundesrepublik und später den Informations- und Kommunikationstechnologien kann durchaus eine solche Schlüsselrolle in der wirtschaftlichen und gesellschaftlichen Entwicklung zugerechnet werden; inwieweit Biotechnologien, die Gesundheitswirtschaft, fortgeschrittene Techniken der Digitalisierung und schließlich die Technologien der ökologischen Transformation diese Rolle übernehmen werden, liegt im Bereich der Spekulation.

Mit den sich verändernden Leitsektoren kommt es häufig auch zu regionalen Strukturverschiebungen; besonders deutlich wird dies in Deutschland an den ehemaligen Montanregionen, die sich um den Bergbau und die Stahlerzeugung entwickelt hatten und die ganze Landschaften und die dort Beschäftigten auf lange Zeit geprägt haben.

›Industrie 4.0‹

Während die Prozesse des technisch organisationalen Wandels der Produktion meist eher kontinuierlich verlaufen, hinkt die politische und öffentliche Wahrnehmung dieser Prozesse meist hinterher. So ist es zu verstehen, dass sich unter dem Label ›Industrie 4.0‹ in jüngster Zeit ein komplexer Diskurs entwickelt hat, an dem sehr unterschiedliche Akteure aus dem ökonomischen, wissenschaftlichen und politischen Feld beteiligt sind. Besondere Aufmerksamkeit erlangte der Begriff durch ein Projekt der deutschen Bundesregierung, das die Digitalisierung und Vernetzungen klassischer Industrien fördern sollte; mit dem Begriff wird von einer vierten industriellen Revolution ausgegangen. Während die erste industrielle Revolution seit Mitte des 18. Jahrhunderts auf Wasserkraft und Dampf basierend eine Mechanisierung der Arbeit und Zentralisierung von Werkzeugen bzw. Maschinen (und Menschen) in Fabriken in Gang setzte, hängt die zweite industrielle Revolution im frühen 20. Jahrhundert mit dem Einsatz elektrischer Energie und dem Übergang zu Massenproduktion und Fließbandfertigung zusammen. Die dritte industrielle Revolution bildete sich in der zweiten Hälfte des 20. Jahrhunderts aus, als es zu einem verstärkten Einsatz von informationsverarbeitenden Maschinen, aber auch zu neuen Formen der Arbeitsorganisation kam (z. B. Gruppenfertigung) kam. Als die Charakteristika der vierten industriellen Revolution werden »Digitalisierung, Vernetzung und Dematerialisierung« (Neuburger 2019, S. 591) ausgemacht.

> »Sie erlaubt eine neue Dimension an technologischer und organisatorischer Vernetzung, stellt neuartige Produktionstechnologien für die Durchführung von Produktionsprozessen zur Verfügung und verändert etablierte Geschäftsmodelle. (...) Im Unterschied zu den bisherigen industriellen Revolutionen handelt es sich diesmal nicht um einzelne Werkzeuge wie die berühmte Spinning Jenny als erste Spinnmaschine, den Pflug, den Webstuhl oder das Fließband, die die jeweiligen Veränderungen auslösten. Die exponentielle Leistungssteigerung neuer Technologien bei gleichzeitigem Kostenverfall lässt die kontinuierliche Entwicklung neuartiger Instrumente in einer Schnelligkeit zu, die es historisch bisher noch nicht gegeben hat« (S. 591). So wird eine vernetzte Industriewelt 4.0 prognostiziert, »in der mehr und mehr Prozesse, Maschinen, Produktionsmittel, Transportsysteme und Produkte auf der Basis entsprechender Systeme und Komponenten miteinander vernetzt sind. Intelligente Maschinen und Betriebsmittel erfassen Daten, tauschen sie untereinander aus, analysieren sie und steuern auf dieser Basis autonome Fertigungsschritte. Einzelne Produktionsprozesse können intelligent aufeinander reagieren, selbstständig Mitarbeiter informieren und in Entscheidungsprozesse einbeziehen; externe Wertschöpfungspartner und Ressourcen lassen sich problemorientiert integrieren« (S. 593).

Die Reichweite dieser Veränderungen und ihre Konsequenzen für Arbeitskräfte und Arbeitsbedingungen sind bislang kaum abzusehen; auch ist dem immer wieder durchscheinenden technizistischen Denken mit Skepsis zu begegnen. So verweist Hartmut Hirsch Kreinsen (2015, S. 90) darauf, dass es stets um ›soziotechnische Systeme‹ gehe. Auch er sieht aber ganz unterschiedliche Gruppen, deren Arbeitsplätze gefährdet sind bzw. sich fundamental verändern werden. Betroffen seien letztlich »alle direkt und indirekt wertschöpfenden Tätigkeiten in Industriebetrieben«; somit das unmittelbare Fertigungspersonal, das untere und mittlere Managements aber auch die technischen Experten.

Die landläufige Vorstellung, dass die technologischen Entwicklungen als ein wesentliches Moment gesellschaftlicher Veränderungen zu begreifen sind, ist plausibel; sie muss jedoch auch kritisch reflektiert werden. Sie birgt die Gefahr, mit der technischen Vereinfachung wichtige vermittelnde Effekte zu übersehen. So muss zum einen die soziale Einbettung von Techniken (z. B. die Prozesse der

Entwicklung, die Einbindungen in verschiedene Produktions- und Lebensweisen oder die variierenden Vorstellungen von technischer Rationalität) betrachtet
werden – so können das ›Smartphone‹ oder die ›sozialen Medien‹ nur im Zusammenhang mit einem sich veränderten Nutzungsverhalten begriffen werden. Zum
anderen muss der Technikbegriff erheblich erweitert werden. Ein solcher erweiterter Technikbegriff umfasst neben den klassischen Techniken auch Techniken
der Organisation (die Bürokratisierungs- und Rationalisierungsprozesse bei Max
Weber, die Gouvernementalität bei Michel Foucault, die Soziogenese bei Elias,
heute z. B. Techniken des Controllings und Accountings) aber auch die Selbst-
techniken (Disziplinierung bei Foucault, Zivilisierung bei Elias, heute z. B.
Techniken der Selbstoptimierung). Damit gehen auch ein Wandel der Techniken,
die Welt zu konstruieren und sich in diesen Konstruktionen zu verorten, und ein
Wandel der zeitlichen und räumlichen Ordnungen einher. Elias geht davon aus,
dass diese Entwicklungen (Naturkontrolle, soziale Kontrolle und Selbstkontrolle)
in einem überaus engen Zusammenhang stehen.

Entwicklung von Sektoren und Branchen
Mit den wirtschaftlichen, politischen und sozialen Entwicklungen, die sich seit
dem 19. Jahrhundert nach und nach in verschiedensten westeuropäischen Ländern
aber auch in den USA oder Japan durchsetzen, entwickeln sich aus vormaligen
Agrargesellschaften nach und nach industrielle Gesellschaften. Neue Wirtschaftszweige entstehen; andere verschwinden aber auch. In diesem Kontext ist immer
wieder versucht worden, die Entwicklung von Branchen und Wirtschaftssektoren
zu systematisieren.

Industrielle und postindustrielle Gesellschaften
Nach und nach werden in diesen Ländern historisch beispiellose gesellschaftliche
Reichtümer produziert und akkumuliert, die nach langen politischen Kämpfen auch zu einer Verbesserung der Lebenslage der abhängig beschäftigten
Bevölkerungsteile und ihrer Angehörigen führen. Dieser Entwicklungsschub geht
mit weitreichenden Innovationen einher, die über die Sphäre der Produktion
bzw. Arbeit hinaus nach und nach viele Lebensbereiche erfassen: den Konsum,
die Mobilität, die Kommunikation etc. Der Prozess der Industrialisierung der
Arbeits- und Lebenswelt war aber auch mit katastrophalen ökologischen Folgen verbunden. Die unmittelbaren und mittelbaren Effekte dieser neuen Weise
des industriellen Produzierens in ganz verschiedenen gesellschaftlichen Sphären lassen den Begriff der Industriegesellschaft als eine sinnvolle Etikettierung

erscheinen; er sollte jedoch die stärker analytisch fundierten Begriffe wie Kapitalismus und die daran anschließenden Konzepte, z. B. der Regulationstheorie, nicht ersetzen.

Der Begriff der Industriegesellschaft wurde im 19. Jahrhundert von frühen Gesellschaftsanalytikern wie Claude Henri de Saint-Simon, Auguste Comte und später Herbert Spencer verwandt, um die beobachtbaren Veränderungen der Gegenwartsgesellschaft angemessen zu beschreiben. Im Unterschied zu den Analysen von Marx, bei denen eher die Wertperspektive dominiert, wenn er den Prozess der Kapitalverwertung analysiert, macht sich der Begriff der Industriegesellschaft eher an den stofflichen Aspekten dieses Prozesses – der veränderten Weise des gesellschaftlichen Produzierens fest. Eine weitergehende Fundierung erfährt der Begriff über die bereits oben diskutierten Konzepte der ›industriellen Revolution‹, die dann als Ausgangspunkt industrieller Gesellschaften begriffen werden.

Insbesondere in den Nachkriegsgesellschaften in der Mitte des 20. Jahrhunderts wird der Begriff der Industriegesellschaft zu einer dominanten Form der Selbstbeschreibung. Vertreter_innen ganz unterschiedlicher soziologischer Ansätze nutzen den Begriff. So heißt es in einem von René König herausgegeben Lexikon:»Die industrielle Güterproduktion und ihre Organisation im Fabrikbetrieb gehören zu den dominanten Gestaltungskräften der modernen Gesellschaft, die daher häufig als *industrielle Gesellschaft* charakterisiert werden« (1967, S. 129). Der Begriff wird dabei in einem doppelten Sinne gebraucht, als Abgrenzung gegenüber ›vorindustriellen‹ Gesellschaften und als Abgrenzung gegenüber weniger ›entwickelten‹ und weniger ›modernen‹ Gesellschaften.

An der Entwicklung der Betriebsgrößen wird deutlich, dass der von Marx beschriebene Industrialisierung- und Konzentrationsprozess im 20. Jahrhundert zunächst kontinuierlich voranschreitet. Seinen Höhepunkt erreicht diese Entwicklung in den 1970er Jahren; danach geht der Anteil von Beschäftigten in Großbetrieben wieder zurück (vgl. dazu Abb. 2.13).

Hierzu tragen z. B. Prozesse der Technisierung und Informatisierung, des Outsourcing und Offshoring, aber auch veränderte Nachfragestrukturen bei. 2018 sind etwa ein Drittel der Beschäftigten in größeren Betrieben tätig, wenn man die neue Begriffsabgrenzung der Kommission der Europäischen Gemeinschaften zu Grunde legt. Umgekehrt geht das kleinbetriebliche Segment, das zum Jahrhundertbeginn noch fast die Hälfte der Betriebe umfasste, auf weniger als ein Sechstel zurück. So betrachtet lässt sich ein gewisser Konzentrationsprozess beobachten; aber die kleinen und mittleren Unternehmen mit weniger als 250 Beschäftigten dominieren noch immer die Erfahrungs- und Berufswelt der

	1907 [1]	1925 [2]	1950 [3]	1970 [4]	1987 [4]		2008 [5]	2018 [6]
< 9 Beschäftigte	45,0	29,3	36,8	22,8	24,8	< 9 B.	18,0	15,2
10-99 Beschäftigte	26,4	46,9	28,4	23,0	25,5	< 49 B.	22,0	24,1
100-499 Beschäftigte	17,3		17,2	17,0	15,3	< 249 B.	19,0	27,8
> 500 Beschäftigte	11,4	23,8	17,6	37,8	34,3	> 250 B.	41,0	32,9

1) Statist. Jb. f. d. Dt. Reich, Jg. 31 (1910), 63
2) Statist. Reichsamt (Hrsg.), Volks-, Berufs- u. Betriebszählung v. 16.6.1925, Teil I, Berlin 1929,274ff.
3) Statist. Jb. f. d. BR Deutschland, 1953,202f.; eigene Berechnungen
4) Arbeitsstättenzählung v. 25.5.1987, Statist. Bundesamt (Hrsg.), Unternehmen u. Arbeitsstätten, FS. 2, H. 11,114f.; eigene Berechnungen
5) Die Daten für 2008 basieren auf »Unternehmensstrukturstatistiken, die (...) rund 80% aller Unternehmen abdecken« (Klees 2008, Statistisches Bundesamt).
6) DeStatis: Niederlassungen und abhängig Beschäftigte nach Beschäftigtengrößenklassen und Wirtschaftsabschnitten im Berichtsjahr 2019

Quellen: Daheim (1993, S. 47), Klees (2008), Statistisches Bundesamt

Abb. 2.13 Entwicklung der Betriebsgröße

Beschäftigten. Das hängt auch damit zusammen, dass kleinere und mittlere Unternehmen in der industriellen Welt eine durchaus wichtige Rolle spiele: in Phasen rapider Innovation, als Reaktion auf flexible und individuelle Nachfragestrukturen, in der Erschließung von kleineren Märkten und Marktnischen. Schließlich kann Soloselbstständigkeit auch eine Überlebensstrategie sein.

Ausgehend von der Unterscheidung vorindustrieller und industrieller Gesellschaften hatte Daniel Bell dann Anfang der 1970er Jahre von sich abzeichnenden postindustriellen Gesellschaften gesprochen; während sich erstere durch ein »»Spiel gegen die Natur'«« auszeichneten, seien die Industriegesellschaften durch »»das Spiel gegen die technisierte Natur'«« geprägt; demgegenüber komme es in der postindustriellen Phase zu einem »»Spiel zwischen Personen'«« (1979, S. 113). Bell verbindet seine Diagnose zum einen mit dem sektoralen Wandel, der im nächsten Abschnitt genauer besprochen wird; so spricht er neben extraktiven Industrien und Güterproduktion von einem tertiären (z. B. Verkehr Erholung), einem quartären (Banken, Versicherungen) und einem quintären Sektor (Gesundheit, Ausbildung, Regierung Forschung). Dementsprechend werden dann vor allem technische und akademische Berufe zu zentralen Arbeitsfeldern einer postindustriellen Gesellschaft. So sieht er die spezifischen Probleme postindustrieller Gesellschaften im »Verhältnis zwischen Wissenschaft und öffentlicher Politik« (S. 118).

Tertiarisierung

Einen ersten Einblick in die Verschiebungen der produktiven Basis der deutschen Gesellschaft wie auch anderer Industriegesellschaften geben die nach Wirtschaftsbereichen differenzierten Entwicklungsdaten. Diese Sektoren differenzieren sich heute wie in Abb. 2.14 dargestellt nach Wirtschaftsabschnitten.

Primärer Sektor	Sekundärer Sektor	Tertiärer Sektor
Land- und Forstwirtschaft Fischerei und Fischzucht	Bergbau, Gewinnung von Steinen, Erden Verarbeitendes Gewerbe Energie- und Wasserversorgung Baugewerbe	Handel; Reparatur von Kfz und Gebrauchsgütern Gastgewerbe Verkehr/ Nachrichtenübermittlung Kredit- und Versicherungsgewerbe Grundstücksw., Vermietung, Unternehmensdienstl. Öffentl. Verwaltung, Verteidigung, Sozialversich. Erziehung und Unterricht Gesundheits-, Veterinär- und Sozialwesen Sonstige öffentl. und persönl. Dienstleistungen Private Haushalte Exterritoriale Organisationen und Körperschaften

Quelle: Statistisches Bundesamt (2003)

Abb. 2.14 Sektoren und Wirtschaftsabschnitte

Wie schon die Gliederungstiefe nahe legt, ist heute die Mehrheit aller wirtschaftlichen Aktivitäten im tertiären Sektor zu verorten. Noch im Jahre 1882, also lange nach dem Einsetzen der industriellen Revolution, ist die Mehrheit der Beschäftigten im primären Sektor tätig. Nach dem Zweiten Weltkrieg findet sich immerhin noch ein Fünftel der Beschäftigten in diesem Sektor. Der sekundäre Sektor, der am ehesten die industrielle Produktionsweise abbildet, gewinnt erst nach und nach an Bedeutung; über viele Jahrzehnte wird er dann zum dominanten Beschäftigungssegment. Erst ab Mitte der 1970er Jahre verschiebt sich diese Dominanzstruktur zu Gunsten des tertiären Sektors (vgl. Abb. 2.15). Wenn man die Zuordnung der Erwerbstätigen zu den Sektoren nicht auf den Betrieb, sondern auf den Beruf bezieht, dann stellt sich dieser Umbruch bereits in den 1960er Jahren ein; so hatte längerfristig eine ›Tertiarisierung‹ der Arbeit innerhalb der Betriebe stattgefunden.

Die Entwicklung in der Nachkriegsphase, die hier in westdeutscher Perspektive dargestellt wurde, ist in West- und Ostdeutschland recht unterschiedlich verlaufen. Der industrielle Sektor war in der DDR bereits zu Anfang der 1950er Jahre deutlich stärker ausgeprägt – zu einem gewissen Grad kann dies auch dem Interesse geschuldet sein, den politisch proklamierten ›Arbeiter- und Bauernstaat‹ abzubilden. Der im Westen seit den 1960er Jahren einsetzende Rückgang der Beschäftigung im sekundären Sektor findet sich in Ostdeutschland in keiner Weise. Die in der fordistischen Phase entwickelte Produktionsweise wird bis zum Zusammenbruch der ostdeutschen Wirtschaft in den 1980er Jahren ungebrochen fortgeführt; das impliziert, dass der tertiäre Sektor nur in sehr geringem Maße wächst. André Steiner spricht für die DDR von einem wirtschaftlichen

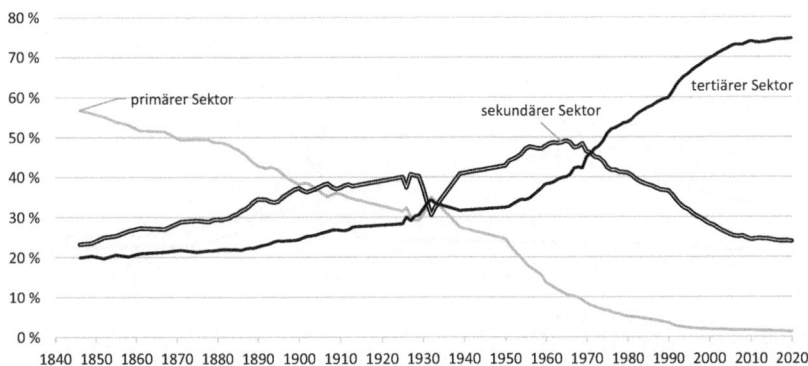

Quelle: Eigene Darstellung mit Daten von Rahlf (2015, Tab. 10.1) und Ergebnissen der Erwerbstätigenrechnung im Rahmen der VGR
1950-1990 früheres Bundesgebiet, 1950 bis 1959 ohne Berlin und Saarland, Daten für 1914-1924, 1934-1938 und 1940-1949 interpoliert

Abb. 2.15   Entwicklung der Erwerbstätigen nach Wirtschaftsbereichen

und politischen Strukturkonservatismus (2016, S. 43). Der Anteil der Beschäftigten in der Landwirtschaft geht wie im Westen zurück, er verbleibt jedoch oberhalb der 10 %-Marke. Hieran wird deutlich, dass mit der sogenannten Wende nicht nur ein politischer und sozioökonomischer Bruch verbunden war; zusätzlich musste der im Westen eher allmählich ablaufende Prozess der Transformation der Industriegesellschaft in kürzester Zeit bewältigt werden (vgl. Abb. 2.16).

Eine systematische Analyse der sektoralen Entwicklung findet sich in den Modellen von Colin Clark und Jean Fourastié. Clark interessierte sich eher in statistischer Perspektive für die Kategorisierung von Wirtschaftsbereichen; er unterscheidet den landwirtschaftlichen (primären), den industriellen (sekundären) und den tertiären Sektor; letzteren begriff er eher als Residualkategorie, die er näherungsweise mit dem Dienstleistungsbegriff assoziiert. Bei Jean Fourastié werden mit der sich verschiebenden Vorherrschaft der einzelnen Sektoren jeweils spezifische Entwicklungsphasen charakterisiert: so löst der industrielle Sektor, den lange vorherrschenden agrarischen Sektor als dominante Struktur ab, bevor dann der Dienstleistungssektor die Oberhand gewinnt – ohne dass seine Argumentation hier genauer erläutert werden kann, sei darauf verwiesen, dass Fourastié eine Erklärung dieses Trends in den unterschiedlichen Einkommens- und Nachfrageelastizitäten der Sektoren und in ihren Rationalisierungspotentialen sucht. Vor dem Hintergrund dieser Konzepte wird für die sektorale Entwicklung von einer ›Tertiarisierung‹ gesprochen.

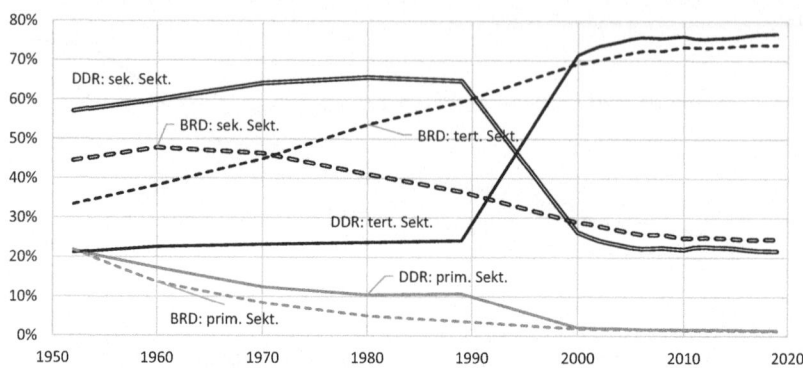

Ostdeutschland bis 1989: ohne Berufstätige in Armee, Polizei, Zoll, Staatssicherheit, Parteien, Massenorganisationen; ein sektoral nicht genau bestimmter Zwischenbereich wurde anteilig dem sekundären und tertiären Sektor zugeschlagen; nach 1989: inkl. Berlin

Quellen: Fritz (2000) und Ergebnisse der Erwerbstätigenrechnung im Rahmen der VGR

Abb. 2.16 Entwicklung der Erwerbstätigen nach Wirtschaftsbereichen in West- und Ostdeutschland

Die vorliegenden Daten zur Entwicklung der drei Sektoren werden gemeinhin als ein Wandel von Industrie- zu Dienstleistungsgesellschaften interpretiert. Noch deutlicher als in der Beschäftigtenstruktur zeigt sich dies in der Entwicklung der Anteile am Bruttoinlandsprodukt. Ähnliche Trends lassen sich, wie aus Abb. 2.17 ersichtlich, in vielen anderen prosperierenden Ländern finden. Zugleich macht diese Übersicht deutlich, dass das Fourastié-Modell im Sinne einer zwangsläufigen Abfolge von dominanten Sektoren empirisch nur in einigen Ländern gestützt wird. Hohls resümiert, das Modell halte »einer historisch empirischen Überprüfung nur eingeschränkt stand, weil es eher für die historischen Sonderfälle der frühen Industriegesellschaften (Großbritannien, Deutschland, Belgien, Schweiz) sowie für Österreich, Schweden und Italien zutrifft« (2005, S. 100). Umgekehrt finden sich nicht wenige Länder, die gewissermaßen einen direkten Weg in die Dienstleistungsgesellschaft genommen haben; allen voran die USA und Japan oder z. B. einige skandinavische (Dänemark, Finnland, Norwegen) wie auch einige südeuropäische Länder (Griechenland, Spanien).

Wenngleich der Vorrang des Dienstleistungssektors in vielen Ländern mit den vorliegenden statistischen Materialien zweifelsfrei nachweisbar ist, sind einige Anmerkungen zu der weithin akzeptierten Praxis, diese Gesellschaften demnach als Dienstleistungsgesellschaften zu bezeichnen, erforderlich.

Land	Zeitraum	Spitzenanteil	Land	Zeitraum	Spitzenanteil
Großbritannien	1821-1959	52,2 (1911)	Rumänien	1976-	43,5 (1980)
Belgien	1880-1965	49,1 (1947)	Portugal	1982-	37,5 (1982)
Schweiz	1888-1970	48,8 (1963/64)	Albanien	nie	25,1 (1980)
Deutschland (BRD)	1907-1975	48,5 (1970)	Dänemark	nie	37,8 (1969/70)
Schweden	1940-1959	42,8 (1965)	Finnland	nie	36,1 (1975)
Deutschland (DDR)	1946-1990	50,2 (1970-74)	Griechenland	nie	30,2 (1980)
Österreich	1951-1966	42,8 (1973)	Irland	nie	32,6 (1974)
Frankreich	1954-1959	39,5 (1973)	Niederlande	nie	41,1 (1965)
Italien	1960-1965	39,7 (1971)	Norwegen	nie	37,5 (1971)
Tschechoslowakei	1961-	49,4 (1980)	Spanien	nie	38,4 (1975)
Ungarn	1963-vor 1988	44,8 (1970)	Japan	nie	37,1 (1973)
Bulgarien	1965-	46,4 (1987)	Mexiko	nie	29,0 (1980)
Sowjetunion/Rußl.	1970(?)-1973	39,0 (1980)	USA	nie	35,8 (1967)
Polen	1974-1991	38,9 (1980)			

Quelle: Therborn (2000, S. 83) Anordnung der Zeilen verändert.

Abb. 2.17   Dominanz industrieller Beschäftigung

Zunächst ist auf verschiedene statistische Probleme aufmerksam zu machen:

• Ein Teil der Zuwächse im Dienstleistungsbereich geht auf Prozesse des *Outsourcings* zurück; d. h. ein großes Industrieunternehmen gliedert Unternehmensteile wie z. B. die EDV-Abteilung oder den Fuhrpark aus und kauft die erforderlichen Dienstleistungen bei den so entstandenen eigenständigen Unternehmungen oder anderswo ein. Die in diesen ausgelagerten Unternehmen beschäftigten Erwerbstätigen und die von ihnen erwirtschafteten Umsätze werden nunmehr dem Dienstleistungssektor zugerechnet. Dies wird auch durch das starke Wachstum der unternehmensbezogenen Dienstleistungen (s. u.) bestätigt (vgl. auch Häußermann und Siebel 1995, S. 13 f.). Zudem wird die überproportional im Dienstleistungsbereich anzusiedelnde Erwerbsarbeit von Frauen überwiegend in Teilzeitarbeitsverhältnissen erbracht, sodass eine personenbezogene Statistik den Dienstleistungsanteil überschätzt.
• Der Dienstleistungssektor wurde von Clarke eher als Restkategorie konzipiert, für die dann eine angemessene Etikettierung zu finden war. D. h. dieser Sektor weist ausgesprochen heterogene Strukturen auf. Auch die Annahmen, die Fourastié zu den geringen Rationalisierungspotentialen in diesem Sektor gemacht hatte, lassen sich allenfalls für einzelne Segmente in diesem Sektor bestätigen. Es sind mithin ganz unterschiedliche Entwicklungen in der Arena der Produktion, in der Arena der Nationalstaaten und schließlich in der

Haushaltsarena deren spezifisches Zusammenspiel ein Wachstum von Dienstleistungen suggeriert. Ein hoher Dienstleistungsanteil ist zudem keinesfalls nur
ein Charakteristikum der ›postindustriellen‹ Konstellation; so findet sich in der
ersten Hälfte des 19. Jahrhunderts eine Dienstleistungsgesellschaft, die u. a.
auf die Dienstboten in den bürgerlichen Haushalten zurückgeht.

• In europäischer bzw. globaler Perspektive ist zu bedenken, dass die klassische industrielle Arbeit nicht verschwunden ist, sie findet sich nur in anderen
Regionen des Kontinents bzw. der Welt wieder. Auch in der Dienstleistungsgesellschaft sind weite Teile des Erwerbs- und des privaten Lebens
durch den Konsum industriell gefertigter Produkte geprägt. So betrachtet
ist die Entwicklung des Dienstleistungssektors in enger Verzahnung mit der
industriellen Entwicklung zu sehen: »Für industrielle Unternehmen führt
der technologische und strukturelle Wandel der Produktion dazu, dass der
eigentliche Produktionsprozess von immer mehr vor-, neben- und nachgelagerten Dienstleistungstätigkeiten begleitet wird. Diese tragen zum Wachstum
›tertiärer‹ Tätigkeiten innerhalb der Industrieunternehmen und in Form von
Dienstleistungen an Unternehmen bei« (Schild und Uterwedde 2006, S. 198).

In diesem Sinne wird hier vorgeschlagen, die gegenwärtige Gesellschaft als eine
transformierte Industriegesellschaft zu bezeichnen. Ungeachtet dieser grundsätzlichen Einwände ist es sinnvoll die Ausweitung der Dienstleistungsarbeit und
die damit verbundenen Veränderungen der Erfahrungswelt der dort Beschäftigten genauer aufzuschlüsseln; sie gehen aber wie erwähnt auf unterschiedliche
Entwicklungen zurück:

• In der Arena der Produktion kommt es zu einem Bedeutungsgewinn bereits
bestehender Dienstleistungen: z. B. Banken, Handel, Verkehr, Versicherungen. Dies hängt mit Veränderungen der Produktionsweise (Technisierung,
Chemisierung, Informatisierung), mit Veränderungen der Finanzmärkte und
mit einer zunehmenden Europäisierung und Globalisierung zusammen. Es ist
neben der oben angesprochenen Ausgliederung von Dienstleistungen auch
die Generierung von neuen Produkten (z. B. im Konsum- und Unterhal-
tungsbereich) und Dienstleistungen (z. B. Kommunikations-, Finanz-, oder
Beratungsdienstleistungen) zu beobachten, die auf ein Zusammenspiel von
technologischen Möglichkeiten mit den Veränderungen der Lebenspraxis und
der Konsumwünsche zurückgehen.

• In der Arena der Nationalstaaten ist es der Ausbau der wohlfahrtsstaatlichen
Leistungen, z. B. des Bildungs-, Gesundheits- und Sozialsystems, der neue
Dienstleistungsarbeit hervorbringt. Auch die auf die Erfolge des Sozialstaats

		Nachfrage durch		
		Einzelpersonen/ private Haushalte		Unternehmen/ Staat
Angebot durch	Private	konsumbezogene Dienstleistungen	distributive Dienstleistungen	produktionsnahe Dienstleistungen
	öffentliche Organisationen	soziale Dienstleistungen	staatliche Dienstleistungen	staatliche Dienstleistungen

Quelle: Reissert/ Schmidt/ Jahn (1989, S. 42)

Abb. 2.18   Gliederung des Dienstleistungssektors nach Angebots- und Nachfragemerkmalen

zurückgehenden Veränderungen der Altersstruktur implizieren wiederum neue Dienstleistungsbedarfe, z. B. im Bereich der gesundheitlichen Versorgung oder der Pflege.

• Schließlich sind es die Veränderungen der Haushaltsstruktur und der Qualifizierung, die neue Dienstleistungen hervorbringen. Die Zunahme des Qualifikationsniveaus und die verlängerten Ausbildungszeiten implizieren zusätzliche Dienstleistungen im Bereich der schulischen und beruflichen Bildung, der Weiterbildung oder auch der Nachhilfe. Auch die steigende Erwerbsbeteiligung von Frauen hinterlässt ihre Spuren. So kommt es zu einer Substitution, indem die unbezahlte meist weibliche Arbeitskraft im häuslichen Bereich durch den Einkauf haushaltsbezogener Dienstleistungen (z. B. im Bereich der Reinigung, der Erziehung oder der Pflege) kompensiert wird.

Die Komplexität dieser Veränderungen wird mit den vorliegenden Branchengliederungen nur bedingt erfasst; für eine differenziertere Analyse des Dienstleistungssektors liegt eine Reihe von Vorschlägen vor; exemplarisch sei hier die häufig verwandte Unterscheidung von Reissert, Schmidt und Jahn skizziert (Abb. 2.18). Sie unterscheiden verschiedene Dienstleistungstypen durch eine jeweils typische Struktur der Anbietenden bzw. Nachfragenden. Die mittlere Spalte soll indizieren, dass diese Dienstleistungen sowohl von Einzelpersonen bzw. privaten Haushalten wie auch von Unternehmen bzw. vom Staat nachgefragt werden.

Die vorgeschlagene Angebots-Nachfrage-Gliederung lässt sich jedoch nur tendenziell mit den angegebenen Dienstleistungstypen zur Deckung bringen; Hartmann verweist auf Inkonsistenzen, die z. B. daraus entstehen, dass »im Zuge der Modernisierung des öffentlichen Dienstes viele staatliche Leistungen von privaten Anbietern übernommen [wurden], ebenso wie viele soziale Dienste (z. B. Pflege) mittlerweile von privater Hand angeboten werden« (2002, S. 21).

	Beschäftigungsanzahl 1999	Anteil an der Gesamtbeschäftigung	Wachstum seit 1980
Produktionsnahe Dienstl.	3.350.907	14,8%	95,2%
Distributive Dienstl.	4.357.871	19,2%	11,5%
Konsumbezogene Dienstl.	1.107.011	4,9%	30,8%
Soziale Dienstleistungen	3.660.417	16,1%	74,7%
Staatliche Dienstleistungen	1.353.396	6,0%	0,7%

Erläuterung der Dienstleistungstypen: *Produktionsorientiert*: Kredit, Versicherungen, Wäscherei, Reinigung, Rechtsberatung u.ä., Architektur-, Ingenieurbüros, Grundstücks-, Wohnungswesen, Werbung und Ausstellung, Vermietung, Leihhäuser, sonstige Dienstleistungen, Organisationen des Wirtschaftslebens – *Distributiv*: Groß-, Einzel- und Versandhandel, Eisenbahnen, Telekommunikation, Straßenverkehr, Schifffahrt, Spedition, Lagerhaltung, Luftfahrt, Reisen - *Konsumbezogen*: Gaststätten, Hotel, Friseure, Körperpflege, Kunst, Theater, Film, Medien, Verlags-, Pressewesen, Fotografie, private Haushalte – *Sozial*: Kinder-, Altenheime, u.ä., Heime, Schulen, Hochschulen, sonstige Bildung, Sport, Gesundheit, Veterinärwesen, hygienische Einrichtungen, Wohlfahrtsverbände, Parteien, Kirchen, religiöse und weltanschauliche Vereinigungen – *Staatlich*: Öffentliche Verwaltung, Sicherheit, Ordnung, Verteidigung, Sozialversicherungen, Botschaften, u.a.
Daten: Regionaldatenbank ›Arbeitsmarkt‹ des WZB; Berechnungen: A. Hartmann

Quelle: Hartmann (2002, S. 22)

Abb. 2.19 Beschäftigungsentwicklung im Dienstleistungssektor

Dennoch liefern die vorgeschlagenen Dienstleistungssegmente, auch wenn ihre systematische Konstruktion an gewisse Grenzen stößt, ein gutes Modell zur Strukturierung der Dienstleistungsarbeit.

Bei der Analyse der Beschäftigungsentwicklung in den verschiedenen Segmenten werden erhebliche Unterschiede erkennbar (vgl. Abb. 2.19). Während bei den staatlichen Dienstleistungen kein und bei den distributiven ein geringes Wachstum erkennbar ist, zeichnen sich die sozialen und die produktionsnahen Dienstleistungen durch sehr hohe Zuwachsraten aus. Somit wird deutlich, dass der Bedeutungsgewinn der Dienstleistungsarbeit auf ganz unterschiedliche Trends zurückgeht.

Die hohen Zuwachsraten in den produktionsnahen Dienstleistungen stützen, wie oben bereits angesprochen, die These, dass es hier auch um veränderte Organisationsmodi von Arbeiten geht, die zuvor im Kontext größerer Unternehmenseinheiten dem Produktionssektor zugerechnet wurden.

Der starke Zuwachs der sozialen Dienstleistungen spiegelt den Bedeutungsgewinn des Bildungs- sowie des Gesundheitsbereichs. In der folgenden Graphik (Abb. 2.20) wird die Entwicklung der verschiedenen Bereiche des Dienstleistungssektors genauer aufgeschlüsselt.

Während das durchschnittliche Wachstum des Dienstleistungsbereiches in diesem Zeitraum bei ca. 140 % liegt, fallen die Wachstumsraten im Bereich der öffentlichen Verwaltung (inkl. Verteidigung und Sozialversicherungen), bei den Finanz- bzw. Versicherungsdienstleistern, in Verkehr bzw. Lagerhaltung und in Handel, Instandhaltung bzw. Kfz-Reparatur eher unterdurchschnittlich aus. Ein

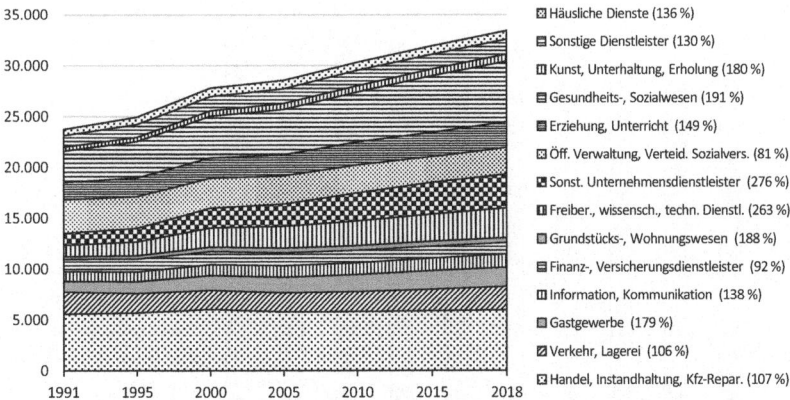

Quelle: Eigene Darstellung nach Daten aus dem Statistischen Jahrbuch 2019 und der Erwerbstätigenrechnung des Bundes und der Länder

Abb. 2.20 Entwicklung der Erwerbstätigen im Dienstleistungsbereich nach Wirtschaftsabschnitten

überdurchschnittliches Wachstum findet sich im Gastgewerbe, in Kunst, Unterhaltung und Erholung, im Grundstücks- und Wohnungswesen, im Gesundheits- und Sozialwesen und schließlich bei den freiberuflichen, wissenschaftlichen und technischen Dienstleistungen. Auch diese Gegenüberstellung zeigt, dass sich die ›Dienstleistungsgesellschaft‹ kaum über einen einheitlichen Entwicklungstrend erklären lässt.

Entwicklung der Branchen

Im Folgenden soll die Entwicklung der Branchen eingehender betrachtet werden, weil sich darüber recht gut auch die längerfristigen Veränderungen der produktiven Basis der kapitalistischen Gesellschaften beschreiben lassen.

Die Entwicklung von Industriegesellschaften verläuft alles andere als gleichförmig. Die verschiedenen Industriezweige und Branchen weisen große Unterschiede auf; wirtschaftliche Auf- und Abstiege stehen nebeneinander. Auch räumlich betrachtet lassen sich weltweit wie national Zentren der Innovation ausmachen und Regionen, die an Bedeutung verlieren oder von der Entwicklung weitgehend abgekoppelt sind. Wehler mahnt, man solle sich angesichts des säkularen Wachstumstrends »der schroff verschiedenartigen Trendperioden, der zahlreichen mittel- und kurzlebigen Oszillationen, der krassen Disparitäten des sektoralen Wachstums, der ungleichmäßigen Konjunkturbewegungen in

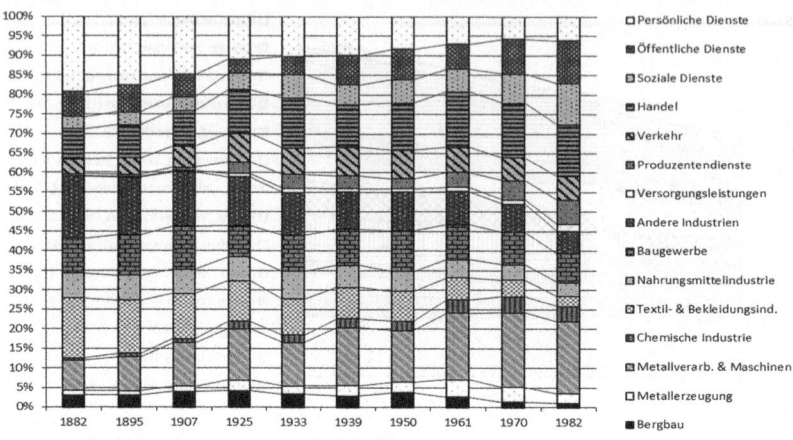

Quelle: Eigene Darstellung nach Daten aus Hohls/ Kaelble (1989, S. 72f)

Abb. 2.21 Entwicklung der Erwerbstätigen nach Branchen (ohne Landwirtschaft: 1882–1982)

Gewerbestädten, Industrierevieren und Agrarprovinzen gerade in Hochkonjunkturzeiten illusionslos bewußt bleiben« (1987, S. 607). All dies erbringt wichtige Hinweise für die Disparitäten der Sozialstruktur, indem sich diese zeitlichen und räumlichen Disparitäten in den unterschiedlichen Kapitalausstattungen und Lebenserfahrungen von Individuen und sozialen Gruppen akkumulieren.

Eine feinere Differenzierung der Branchen zeigt, dass die Veränderungen zwischen dem Industrie- und dem Dienstleistungssegment über 100 Jahre geringer ausfallen als vielfach vermutet – für die Darstellung in Abb. 2.21 wurden die Landwirtschaft und der recht kleine Bereich der sonstigen Erwerbstätigkeit ausgeblendet. Die Grenze zwischen sekundärem und tertiärem Sektor lässt sich unterhalb der Gruppe der Versorgungsleistungen verorten. So betrachtet kommt es zu einer Verschiebung von etwa 15 Prozentpunkten zwischen diesen Sektoren.

Das Schrumpfen des sekundären Sektors hängt insbesondere mit dem Rückgang kleinerer Industriezweige (Leder- und Schuhindustrie, Holzverarbeitung, Papier- und Druckindustrie, Gewinnung und Verarbeitung von Steinen und Erden, Feinkeramik und Glasgewerbe) – im Schaubild als andere Industrien bezeichnet – zusammen. Die Verschiebungen im industriellen Sektor werden durch die rückläufigen Segmente der Textil- und Bekleidungs- bzw. der Nahrungsmittelindustrie und die expandierenden Segmente der chemischen bzw. der Metall-

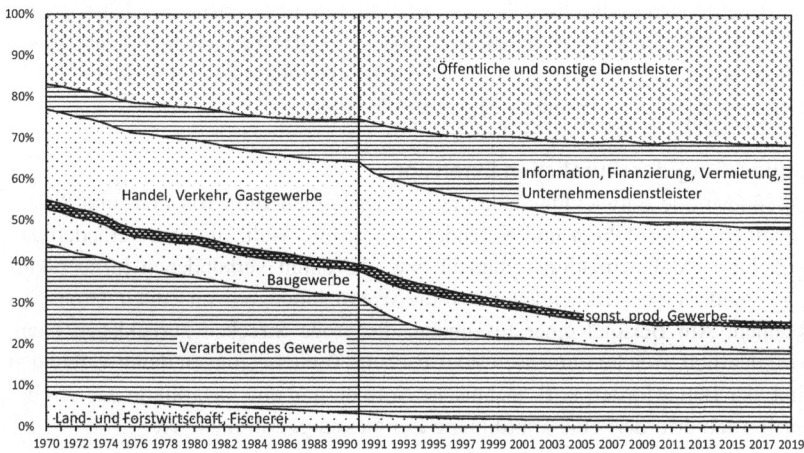

Bis 1991 nur früheres Bundesgebiet
Quelle: Eigene Darstellung nach Daten aus Statistisches Bundesamt, Fachserie 18, Reihe 1.5, 2019, S. 68

Abb. 2.22 Entwicklung der Erwerbstätigen nach Wirtschaftsbereichen (1970–2019)

und Elektroindustrie markiert – hierzu werden neben der metallverarbeitenden Industrie und dem Maschinen- bzw. Apparatebau auch der Fahrzeugbau und die elektrotechnischen Berufe gezählt, die in der Statistik erst seit 1907 getrennt ausgewiesen sind, die Metallerzeugung ist bis 1907 noch dem Bergbau zugerechnet. Das Baugewerbe hat über 100 Jahre einen weitgehend konstanten Anteil am Wirtschaftsgeschehen.

Im Dienstleistungssegment kommt es zu einer Verschiebung zwischen den Diensten: so gehen persönliche Dienste zurück, während öffentliche und soziale Dienste erheblich zunehmen – die drei Segmente zusammengerechnet haben 1982 denselben Anteil wie 1882. Zudem nehmen der Handel und damit verknüpft der Verkehr sowie Produzentendienste (hier insbesondere Finanz- und Beratungsdienstleistungen) an Bedeutung zu.

Die jüngere Entwicklung lässt an Hand der etwas gröberen Aufschlüsselung nach Wirtschaftsbereichen rekonstruieren (vgl. dazu Abb. 2.22).

Die Zahl der in der Landwirtschaft Beschäftigten geht in den letzten 50 Jahren weiter zurück. Der Anteil der im sekundären Sektor Beschäftigten geht von 47 auf 24 % zurück; am stärksten ist dabei der Rückgang im verarbeitenden Gewerbe. Der Anteil der im tertiären Sektor tätigen steigt von 45 auf 75 %; während der Anteil in Handel, Verkehr und Gastgewerbe recht konstant bleibt, kommt es zu deutlichen Zuwächsen bei den öffentlichen und sonstigen Dienstleistern, vor allem aber im Bereich der Informations-, Finanz- und unternehmensbezogenen Dienstleistungen. Die Gesamtzahl der Beschäftigten ist seit 1991 um 16 % angestiegen, von ca. 39 auf 45 Mio. Erwerbstätige.

Entwicklung der räumlichen Extension

Die industrielle Entwicklung geht eng mit der Veränderung von Zeit- und Raumtechniken einher. Uhren und Kalender erobern die Welt; die sich verändernden Verkehrs- und Informationstechniken bzw. die damit verbundenen Infrastrukturen verändern die Wirklichkeiten und die Wahrnehmungen von Zeiten, Orten und Räumen. Am Beispiel einer Eisenbahn, die große Strecken zurücklegen kann, wird deutlich, welche immensen ›logistischen‹ Voraussetzungen damit verbunden sind: der Bau erfordert z. B. technische Normen und eine detaillierte Kartierung; der Betrieb erfordert eine koordinierte Zeitmessung, Fahrpläne etc.

Nationalisierung

Die technischen Entwicklungen gehen zwingend mit politischen und regulativen Entwicklungen einher. Es entsteht nach und nach eine Welt der Nationalstaaten, die als regulative Einheiten Territorien besetzen, gestalten und (z. B. infrastrukturell) erschließen, die Grenzen ziehen bzw. verwalten. Damit verändern sie die Mobilität von Waren und Finanzgütern (z. B. über Zölle und Grenzkontrollen) oder von Menschen (z. B. über Pässe und Staatsbürgerschaften). Sprachen und Sprachräume werden homogenisiert, indem Wörterbücher und Amtssprachen entstehen, indem sie in Schulen vermittelt und in landesweiten Medien genutzt werden. Das Bildungssystem schafft mehr oder weniger einheitliche Standards, nach denen Qualifikationen zertifiziert werden. Über diese Entwicklungen entstehen nationale Märkte für Waren und Arbeitskräfte, es bilden sich Wirtschafts- und Arbeitsräume heraus.

»Die Reformen hinsichtlich der Wirtschafts- und Staatsverfassung in zahlreichen deutschen Staaten und insbesondere in Preußen seit 1808 schufen die Voraussetzung zu einer ungeheuren Mobilisierung der Bevölkerung. ›Bauernbefreiung‹, Gewerbefreiheit und Freizügigkeit ermöglichten es den Menschen, ihre Tätigkeiten und ihren Wohnort frei zu wählen und viele Bürger machten Gebrauch von dieser neuen Freiheit, häufig auch durch die Umstände gezwungen. Sie suchten vor allem in den neu entstehenden Branchen der gewerblichen Wirtschaft nach einem Auskommen und wo dies nicht gelang, wählten viele den Ausweg in die ›Neue Welt‹ jenseits des Atlantiks, um dort ihr Glück zu suchen. Und auch wer in der alten Heimat neue Beschäftigungschancen fand, war häufig gezwungen, seine gewohnte Umgebung zu verlassen und in der Fremde eine noch ungewohnte Tätigkeit anzunehmen. Das Ergebnis war eine außerordentliche beruflich-soziale und regionale Mobilität in der deutschen Gesellschaft des 19. Jahrhunderts« (Pierenkemper 2017, S. 138).

Bereits die Entwicklung des Handels- und des Industriekapitalismus vollzog sich in weltwirtschaftlichen Zusammenhängen. So verweist Bayly auf Prozesse der archaischen und frühneuzeitlichen Globalisierung, in denen Europa nicht unbedingt im Zentrum der Entwicklung stand (2006, S. 59). Auch die expandierende britische Textilwirtschaft des 19. Jahrhunderts produzierte für einen Weltmarkt. Im Bereich des Handels hatten die führenden Industrieländer bereits vor dem Ersten Weltkrieg ein Niveau erreicht, das erst in den 1980er Jahren wiedererlangt wurde (vgl. Rieger und Leibfried 2001, S. 30). Dennoch lässt sich insbesondere zum Ende des 20. Jahrhunderts eine Intensivierung dieser weltwirtschaftlichen Verflechtungen ausmachen: Der Welthandel expandiert, die Direktinvestitionen erhöhen sich und die Transfers an den internationalen Finanzmärkten nehmen rasant zu.

Globalisierungen

Viele dieser Entwicklungen werden unter dem Begriff Globalisierung subsumiert. Giddens definiert den Begriff der Globalisierung »im Sinne einer Intensivierung weltweiter sozialer Beziehungen, durch die entfernte Orte in solcher Weise miteinander verbunden werden, daß Ereignisse am einen Ort durch Vorgänge geprägt werden, die sich an einem viele Kilometer entfernten Ort abspielen, und umgekehrt« (1995, S. 85). Er unterscheidet dabei vier Dimensionen der Globalisierung: die kapitalistische Weltwirtschaft, das System der Nationalstaaten, die internationale Arbeitsteilung und die militärische Weltordnung (S. 93).

Die ersten beiden Dimensionen sieht er in einem engen Zusammenhang; so komme den Unternehmen im weltwirtschaftlichen Kontext eine unerhörte wirtschaftliche Macht zu, die sie befähige, auch an weit entfernten Orten Einfluss auszuüben. Umgekehrt sind diese Unternehmen stets auf Nationalstaaten verwiesen, die territorial begrenzt das Gewaltmonopol ausüben und wichtige Rahmenbedingungen der Produktion, des Handels und des Konsums kontrollieren und Regulierungen unter Umständen auch mit Gewalt durchzusetzen. Zugleich sind die Nationalstaaten auf Steuereinnahmen aus der industriellen Produktion verwiesen. Die militärische Weltordnung ist auf der einen Seite durch einen Weltmarkt für Rüstungstechnologie, auf der anderen Seite durch weitgreifende militärische Bündnissysteme und Allianzen geprägt.

Die globale Arbeitsteilung hat sich seit dem Zweiten Weltkrieg beständig verändert und zu einer Umverteilung im Produktionssystem geführt. Industrielle Zentren verschieben sich, sogenannte Schwellenländer treten auf den Plan. Produktions-,

Kommunikations- und Informationstechnologien finden eine weltweite Verbreitung und tragen damit auch zu einer kulturellen Globalisierung bei.

In letzter Instanz haben diese Entwicklungen auch Konsequenzen für die Sozialstrukturen im nationalen wie im internationalen Maßstab. »Doch selbst in ihren ersten Anfängen war die kapitalistische Welt niemals bloß ein Markt für den Handel mit Gütern und Diensten. Sie beinhaltete – und beinhaltet auch heute noch – die Kommodifizierung der Arbeitskraft unter Klassenverhältnissen, die die Arbeiter von der Kontrolle über ihre Produktionsmittel fernhalten. Dieser Prozeß steckt natürlich voller Implikationen im Hinblick auf globale Ungleichheiten« (S. 94). Mit diesen Bemerkungen von Giddens werden die Grenzen von Sozialstrukturanalysen deutlich, die sich auf den nationalen Rahmen begrenzen. Wenn im Folgenden im Kontext von Sozialstrukturanalysen die Lage sozialer Gruppen in nationalstaatlich begrenzten sozialen Räumen analysiert wird, so ist dem gewissermaßen die Lage dieser nationalstaatlichen Container in der Weltwirtschaft vorausgesetzt. So profitierten die abhängig Beschäftigten in den expandierenden Wohlfahrtsstaaten der 1970er Jahre auch von Strukturen der weltweiten Ungleichverteilung des gesellschaftlichen Reichtums. Beck plädiert vor diesem Hintergrund für einen »systematischen Wechsel zwischen dem nationalen und dem kosmopolitischen Blick« um einem methodologischen Nationalismus zu entgehen. »Erst dann wird nämlich überhaupt sichtbar, dass die ›legitimatorische Leistung‹ des nationalen Wohlfahrtsstaates darin liegt, dass dieser die Aufmerksamkeit ausschließlich nach innen wendet und dadurch transnationale oder globale Ungleichheiten aus dem Gesichtskreis der relativ Privilegierten verbannt« (Beck 2010, S. 31). Diese Themen werden später im Kontext der transnationalen Ansätze der Sozialstrukturanalyse (Abschn. 5.6) noch genauer behandelt.

Räumliche Disparitäten

Trotz der ausgeprägten Nationalisierung und Globalisierung bleiben unterhalb der nationalstaatlichen Ebene erhebliche räumliche Disparitäten bestehen:

Stadt-Land-Disparitäten: Während die feudalen Gesellschaften klar in städtische und ländliche Gesellschaften geteilt waren, kommt es mit der Industrialisierung zu einer weitaus stärkeren Durchmischung dieser Welten; es entsteht eine ländliche und eine städtische Lohnarbeiterschaft, und es kommt zu erheblichen Wanderungsbewegungen, wie am Bevölkerungswachs der Städte abzulesen ist. Dennoch blieben zunächst deutliche Unterschiede zwischen den ländlichen und städtischen Arbeits- und Lebensbedingungen bestehen. Wehler konstatiert für das Kaiserreich: »Nicht zuletzt behielt der Stadt-Land-Unterschied eine ›konstituierende‹ Bedeutung für das Ungleichheitssystem des Kaiserreichs. Sowohl

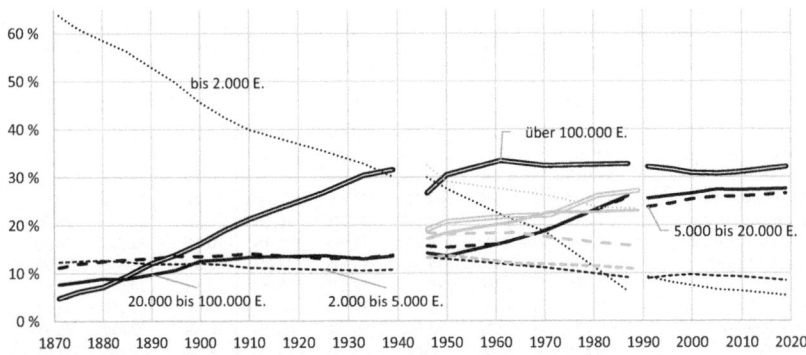

graue Linien: DDR
Quelle: Rahlf (2015, S. 43) und Statistisches Bundesamt, Fachserie 3, Reihe 5.1

Abb. 2.23 Entwicklung der Größe der Siedlungseinheiten

die ländlichen Besitzklassen als auch die ungleich größeren besitzlosen ländlichen Erwerbsklassen blieben von den städtischen Klassen in vielfacher Hinsicht unterschieden. Zwar verwandelten sich die städtischen wie die ländlichen Sozialformationen im Zeichen des siegreichen Industrie- und Agrarkapitalismus in marktbedingte Klassen. Aber in den Städten gab es eine ungleich stärkere Aufstiegs- und Abstiegsmobilität, eine ungleich bewegtere ›Makro- und Mikrodynamik‹ (Geiger) bei der Klassenbildung und inneren Klassenhomogenisierung als auf dem Lande, wo die hohe Barriere des Grundbesitzes (oder des Ausschlusses davon) die Familienverbände, wenn sie nicht dem Sog der Binnenwanderung folgten, in einer Klassenlage dauerhaft festhielt« (1995, S. 702).

Urbane Ballungsräume: Im städtischen wie im ländlichen Bereich ist ein Trend zu größeren Siedlungseinheiten beobachtbar. Während in den Anfängen des industriellen Wachstums noch beinahe zwei Drittel der Bevölkerung in Siedlungseinheiten mit weniger als 2000 Einwohnern lebt, geht dieser Anteil nach und nach – auch bedingt durch Gebietsreformen – auf 20 % zurück (vgl. Abb. 2.23).

Umgekehrt nimmt die städtische und großstädtische Bevölkerung insbesondere bis zum Beginn der 1930er Jahre erheblich zu; sie erhöht sich dann aber – auch verbundenen mit der Angleichung von ländlichen und städtischen Lebensbedingungen – seit den 1950er Jahren nur noch in geringem Maße.

Regionale Disparitäten: Nachdem sich schon im Deutschen Reich mit dem Nebeneinander von großen Montanrevieren (Ruhrgebiet, Saargebiet, Oberschlesien) und agrarischen Regionen (Ostelbien) ausgesprochene Disparitäten finden

	Einkommen	Schulbildung				Erwerbstätigkeit		
	Pro-Kopf-Einkommen	ohne Schulabschluss	Haupt-schulabschluss	mittlerer Abschluss	FH-/ Hoch-schulreife	prim. Sektor	sekund. Sektor	tertiärer Sektor
Bayern	25.309	5,4%	20,2%	45,7%	28,7%	1,7%	27,4%	71,0%
Hamburg	25.029	6,0%	17,8%	22,3%	53,9%	0,2%	12,4%	87,4%
Baden-Württemberg	24.892	5,9%	16,1%	47,7%	30,3%	1,2%	31,0%	67,8%
Hessen	23.943	5,2%	16,1%	46,0%	32,6%	0,7%	21,2%	78,1%
Rheinland-Pfalz	23.197	7,5%	17,2%	38,1%	37,2%	2,0%	25,3%	72,6%
Schleswig-Holstein	22.833	9,2%	17,6%	37,1%	36,1%	2,2%	19,7%	78,0%
Nordrhein-Westfalen	22.294	6,0%	16,0%	38,5%	39,4%	0,8%	22,3%	76,8%
Niedersachsen	21.988	6,8%	14,0%	45,5%	33,8%	2,5%	23,8%	73,7%
Bremen	21.481	9,3%	20,8%	34,0%	35,9%	0,1%	19,0%	80,9%
Berlin	20.972	8,9%	14,5%	32,1%	44,4%	0,0%	11,2%	88,8%
Brandenburg	20.475	7,5%	13,5%	38,9%	40,2%	2,6%	22,2%	75,2%
Sachsen	20.335	8,7%	9,0%	49,2%	33,2%	1,3%	26,8%	71,9%
Saarland	20.277	7,3%	26,7%	31,6%	34,4%	0,4%	26,3%	73,2%
Thüringen	19.793	8,9%	14,4%	44,0%	32,7%	1,8%	29,9%	68,3%
Sachsen-Anhalt	19.528	11,3%	10,3%	48,8%	29,6%	2,1%	25,9%	72,0%
Mecklenburg-Vorp.	19.470	9,2%	12,9%	42,3%	35,5%	3,0%	18,9%	78,1%
Gesamt	22.899	6,6%	16,2%	42,1%	34,9%	1,4%	24,1%	74,5%

Quelle: Eigene Darstellung nach Daten aus ›Regionaldatenbank Deutschland‹, Daten aus 2018 bzw. 2019

Abb. 2.24 Sozioökonomische Strukturdaten der Bundesländer

lassen, setzt sich diese Struktur in modifizierter Form während und nach der Ost-West-Teilung fort.

So erreichte das Pro Kopf Einkommen im Jahr 2018 in Bayern, Hamburg und Baden-Württemberg etwa 110 % des Durchschnitts (vgl. Abb. 2.24); demgegenüber liegt es in Brandenburg, Sachsen, Saarland, Thüringen, Sachsen-Anhalt und Mecklenburg-Vorpommern nur bei 85 bis 90 % des Durchschnitts. Neben der Ost-West-Struktur ist auch eine gewisse Nord-Südstruktur erkennbar. Bei den schulischen Bildungsabschlüssen lassen sich gewisse Spuren der länderspezifischen Politiken erkennen; insgesamt bewegen sich die Unterschiede zwischen den Ländern in einer Spanne von einem (rechnerischen) Bildungsjahr. Die Metropolregionen Hamburg und Berlin weisen die größten Anteile von Hochschulabsolvent_innen aus.

Die Daten zu den Erwerbstätigen verdeutlichen, dass der langfristig beobachtbare Trend einer Tertiarisierung regional (nach Bundesländern differenziert) recht unterschiedlich verläuft.

Prosperierende Flächenstaaten wie Bayern, Baden-Württemberg und Rheinland-Pfalz zeichnen sich durch einen nach wie vor hohen Beschäftigtenanteil im sekundären Sektor aus; aber auch in den meisten neuen Bundesländern liegt der Anteil noch oberhalb der 25 % Marke. Der Prozess der Tertiarisierung gestaltet sich recht unterschiedlich: der Erwerbstätigenanteil

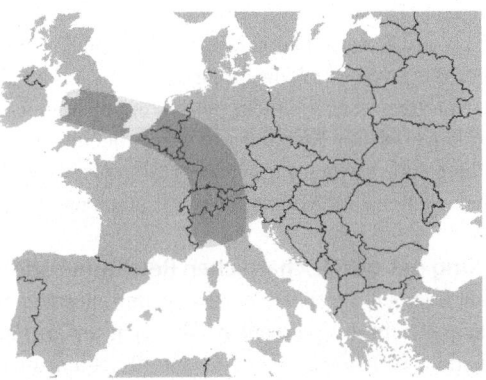

Quelle: http://de.wikipedia.org/wiki/Blaue_Banane (16.9.2010)

Abb. 2.25   Boomregionen in Europa

im tertiären Sektor schwankt zwischen 68 und 89 %. Auch der Stellenwert des Agrarsektors variiert – sieht man von den Stadtstaaten ab – zwischen 3,6 (Mecklenburg-Vorpommern) und 0,6 % (Saarland). In der Ost-West-Struktur wird die Deindustrialisierung in den neuen Bundesländern (inklusive Berlin) sichtbar; der Erwerbstätigenanteil im tertiären Sektor liegt mit 67 % um 7 Prozentpunkte über dem in den alten Bundesländern. Der Vergleich von Stadt- und Flächenstaaten ergibt wichtige Hinweise auf fortbestehende Stadt-Landunterschiede in der sektoralen Struktur; der Erwerbstätigenanteil im tertiären Sektor erreicht in den Stadtstaaten 77 %, in den Flächenstaaten nur 59 %.

Auch im europäischen Maßstab finden sich erhebliche regionale Disparitäten. So lässt sich quer zu den nationalstaatlichen Abgrenzungen eine Boomregion erkennen, die sich nach den Analysen von Roger Brunet (1989) als ›blaue Banane‹ – in der Graphik die dunkle Fläche – von Großbritannien (Manchester, Birmingham, Greater London) über das nördliche Belgien, die südlichen Niederlande (Randstad, Holland), Deutschland (Ruhrgebiet, Rheinachse, Rhein-Main-Gebiet, Metropolregionen Rhein-Neckar und Stuttgart), und die Schweiz (Basel, Zürich) bis Nordwestitalien (Turin, Mailand, Genua) erstreckt (vgl. Abb. 2.25).

In jüngeren Darstellungen wird diese Achse um die Städte an der Mittel-
meerküste – etwa zwischen Valencia und Genua – erweitert. An dieser Stelle
ist weniger die genaue Lokalisierung von ›prosperierenden‹ und ›rückständigen‹
Regionen von Interesse. Vielmehr geht es um die damit verbundenen Disparitäten
und deren längerfristige Stabilität; so wird von einigen Autoren darauf verwiesen,
dass die hier dargestellten regionalen Differenzierungen mit den Strukturen der
Handelsbeziehungen im Mittelalter in Zusammenhang stehen.

Entwicklung des gesellschaftlichen Reichtums und Krisen

In der langfristigen Perspektive werden die enormen Steigerungen des gesellschaftlichen Reichtums erkennbar, die sich in den sich industrialisierenden
Gesellschaften vollziehen. Es wird ein Reichtumsniveau erreicht, das historisch ohne gleichen ist; die Frage der Verteilung dieses Reichtums muss noch
eingehender analysiert werden.

Zugleich wird an diesen Verläufen aber auch deutlich, wie krisenhaft diese
Entwicklung ist. Zum einen werden die gesellschaftlichen Katastrophen des 20.
Jahrhunderts, zwei Weltkriege, erkennbar. Die Phasen der exorbitanten Rüstungsproduktion insbesondere vor dem Zweiten Weltkrieg verdeutlichen, wie
die industrielle Produktion erst die materiellen Voraussetzungen von Weltkriegen
schafft (vgl. Abb. 2.26).

Bereits am Ende der 1940er Jahre setzt dann eine lange und historisch beispiellose Wachstumsphase ein; es kommt in Westdeutschland zu einer Vervielfachung
der durchschnittlichen Einkommen. Auch nach der Wiedervereinigung setzen sich

Quelle: Eigene Berechnungen nach Daten aus Rahlf (2015, S. 148) und Destatis 2021: Volkswirtschaftliche Gesamtrechnungen.
Bruttoinlandsprodukt, Bruttonationaleinkommen, Volkseinkommen. Lange Reihen ab 1925

Abb. 2.26 Entwicklung des realen Bruttoinlandsprodukts pro Kopf in € Preisen von 2005

diese Zuwächse auf einem noch immer hohen Niveau fort. Mit diesen ›Erfolgen‹ gehen aber erhebliche ökologische Belastungen einher; so lag das Kohlendioxid-Äquivalent pro Millionen Euro BIP (ohne Landnutzung und Forstwirtschaft) in Deutschland nach Angaben des Umweltbundesamtes bei 266 t.

Konjunkturelle Zyklen

Neben den großen Krisen insbesondere des 20. Jahrhunderts werden viele kleine Krisen erkennbar, die die Entwicklung der sich industrialisierenden Gesellschaften ausmachen. Die Krisenhaftigkeit bildete ein wichtiges Moment der Marxschen Kritik an der kapitalistischen Produktionsweise: er versuchte nachzuweisen, dass deren Entwicklung notwendig krisenhaft sei.

Bereits die Frühphase der industriellen Entwicklung im Deutschen Reich ist neben der säkularen Aufwärtsbewegung durch eine kurzzeitige Abfolge von Phasen der Konjunktur und der Depression gekennzeichnet; in der Darstellung Wehlers (1995) werden zwischen 1850 und 1914 acht solcher Konjunktur-Krisen-Zyklen beschrieben.

Auch vergangene Gesellschaften waren von Krisen geprägt, insbesondere von Krisen der landwirtschaftlichen Produktion, die dann zu Hungerkrisen wurden. Mit der Herausbildung großer Gruppen von Lohnabhängigen, die alternativer Erwerbsmöglichkeiten und des gutsherrlichen oder dörflichen Schutzes beraubt sind, gestalten sich die Krisen in der industriellen Produktionsweise in anderer Weise. Erst nach und nach bilden sich im späten 19. Jahrhundert rudimentäre neue Formen der sozialen Sicherung heraus.

Diese krisenhafte Entwicklung setzt sich auch jenseits des ›zweiten dreißigjährigen Krieges‹ fort. Während die nominale Entwicklung des Bruttoinlandsprodukts der Bundesrepublik Deutschland als ›Erfolgsgeschichte‹ erscheint, werden bei der Betrachtung der Wachstumsraten neben dem langfristigen Rückgang dieser Raten auch erhebliche Schwankungen deutlich. Nach der langen Phase eines europäischen Wirtschaftswunders (Wehler 2008, S. 48) werden seit 1967 immer wieder Phasen des Nullwachstums und der Rezession durchlebt (vgl. Abb. 2.27).

Die erste Nachkriegsrezession findet sich 1969. Ab den 1980er Jahren haben sich die Zuwächse deutlich abflacht. Besonders markant sind dann die Einbrüche im Kontext der Weltfinanzkrise, die 2007 einsetzt; deutlich erkennbar sind auch die ersten Folgen der Corona-Pandemie 2020.

Krise und Arbeitslosigkeit

Die hier skizzierte alles andere als gleichmäßige wirtschaftliche Entwicklung ist einer der zentralen Faktoren, die das Phänomen der Arbeitslosigkeit und

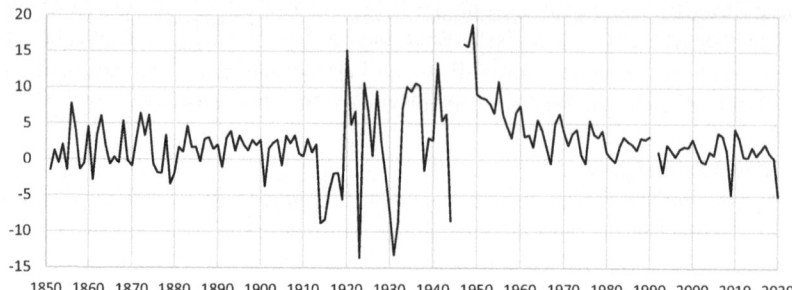

Jährliche Veränderungsraten des realen Sozialprodukts im Deutschen Reich und in der Bundesrepublik Deutschland (jeweilige Grenzen),
Quelle: Eigene Berechnungen nach Daten aus Rahlf (2015, S. 148) und Destatis 2021: Volkswirtschaftliche Gesamtrechnungen.
Bruttoinlandsprodukt, Bruttonationaleinkommen, Volkseinkommen. Lange Reihen ab 1925

Abb. 2.27 Konjunkturzyklen im Deutschen Reich und in der Bundesrepublik Deutschland

insbesondere die starken Schwankungen in den Arbeitslosenquoten hervorbringen. Das historisch neue Phänomen der Lohnabhängigkeit bedingt, dass es
für die Arbeitslosen nur wenige Möglichkeiten gibt, in wirtschaftlichen Krisensituationen ihre Existenz und die ihrer Angehörigen zu sichern. Mit der
allmählichen aber nachhaltigen Durchsetzung der Lohnarbeitsgesellschaft wird
den dort Erwerbstätigen der Rückweg in die traditionale Produktionsweise
(Landwirtschaft, Kleinhandwerk oder Kleinhandel) zunehmend versperrt.

Neben den historisch älteren elementaren Unterstützungssystemen im Bereich
der Armenfürsorge und den berufsspezifischen Sicherungsstrukturen (z. B. durch
die Zünfte und Gilden) entstehen erst nach und nach neue Unterstützungs-
einrichtungen, die der spezifischen Problemkonstellation von Lohnabhängigen
angepasst sind: zunächst übernehmen die Vereine und Organisationen der frühen Arbeiterbewegung solche Unterstützungsleistungen; auch den verschiedenen
Mischformen von Lohnarbeit und städtischer oder ländlicher Subsistenzwirtschaft
(der Arbeiterbauer, die Nutzgärten in den Industriesiedlungen etc.) kommt eine
wichtige Pufferfunktion in Krisenzeiten zu; erst später entsteht ein zunächst nur
rudimentäres sozialstaatliches Sicherungssystem.

Verglichen mit den Systemen zur Kranken-, Unfall-, Invaliditäts- und Altersversicherung wird das Risiko der Arbeitslosigkeit erst vergleichsweise spät
abgesichert. Schon an den Quellen des statistischen Materials wird deutlich, dass
das Problem der Arbeitslosigkeit erst allmählich als sozialpolitisches Problem

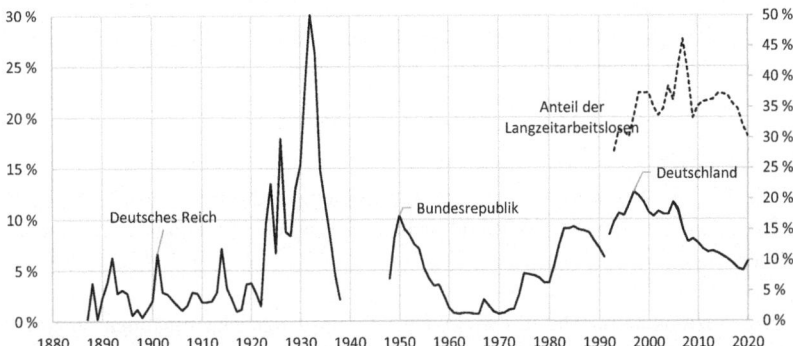

Arbeitslosenquote für das Deutsche Reich, die Bundesrepublik und Deutschland (linke Skala), Anteil der Langzeitarbeitslosen an den Arbeitslosen (rechte Skala)

Quelle: Eigene Berechnungen nach Daten aus Rahlf (2015, S. 145), Destatis (2021) Arbeitslosenquote aller zivilen Erwerbspersonen, Bundesagentur für Arbeit (2021) Analyse Arbeitsmarkt. Zeitreihen (Jahreszahlen)

Abb. 2.28 Entwicklung der Arbeitslosigkeit

anerkannt wird. Ab 1903 existieren erste Daten des Kaiserlichen Statisti-schen Amts zur Arbeitslosigkeit. Sie gehen auf Angaben von Fachverbänden und Gewerkschaften zurück, die diese unter ihren Mitgliedern sammeln; auch bei den Kommunen wurden Daten zur Arbeitslosigkeit zusammengestellt. Erst mit der Einrichtung der Arbeitslosenversicherung werden erstmals regelmäßige reichsweite Erhebungen durchgeführt (vgl. Abb. 2.28).

In der säkularen Perspektive weisen die Arbeitslosenquoten ganz erhebliche Schwankungen auf. Insbesondere die Weimarer Republik zeichnet sich seit der Inflationsphase durch hohe Arbeitslosenquoten aus, die dann im Gefolge der Weltwirtschaftskrise historische Höchststände erreichen. Auch nach dem Zwei-ten Weltkrieg und in der frühen Bundesrepublik sind die Arbeitslosenquoten noch recht hoch; erst mit dem einsetzenden wirtschaftlichen Aufschwung gehen sie allmählich zurück. Seit Mitte der 1970er Jahre wird Massenarbeitslosig-keit – im Kontext der ersten und zweiten Ölpreiskrise – dann wieder zu einer Konstanten der sozialstrukturellen Situation, die auch in Phasen starken wirt-schaftlichen Wachstums oberhalb der 5 % Quote verharrt. Ein weiterer Anstieg der Arbeitslosenquote setzt mit der Umstrukturierung der Wirtschaft in den Neuen Bundesländern ein. Besonders hohe Werte werden kurz vor und nach der Jahrtausendwende erreicht: 2005 steigt die Arbeitslosenquote auf 11 % in Westdeutschland und 21 % in Ostdeutschland. Danach geht die Arbeitslosen-quote deutlich zurück, bis die Corona-Pandemie wieder zu einem Anstieg führt;

so liegen die Jahreszahlen für 2020 bei 6,1 in den alten bzw. 8,1 % in den neuen Bundesländern (inkl. Berlin). Die Ursachen dieses erheblichen Rückgangs sind umstritten neben der konjunkturellen Boomphase sind auch die Effekte der sogenannten Hartz-Reformen zu beobachten.

2.2.1.3 Fazit

Nach diesem Durchgang durch die Entwicklung industrieller Gesellschaften sollen einige für die Sozialstrukturanalyse wesentliche Erkenntnisse resümiert werden.

- Die sozioökonomische Entwicklung ist von Ungleichzeitigkeiten geprägt. Die weitreichende Transformation der produktiven Basis der Gesellschaften beginnt zunächst in wenigen Sektoren und weist national wie regional erhebliche Ungleichgewichte aus. D. h. für eine lange Übergangsphase führt die Frage, ob einzelne Beschäftigungssegmente bereits der neuen Produktionslogik unterworfen wurden oder nicht, zu wichtigen gesellschaftlichen Differenzierungen. In besonderer Weise drücken sich diese Ungleichheiten in Disparitäten zwischen Landesteilen, Nationalstaaten und Weltregionen aus.
- Die Stellung innerhalb des sich industrialisierenden gesellschaftlichen Produktionsprozesses wird zu einem dominanten Faktor für die soziale Lage der verschiedenen Bevölkerungsgruppen. Das gilt für die von Marx vorgeschlagene Trennung nach dem Besitz/Nicht-Besitz von Produktionsmitteln; das gilt darüber hinaus auch für die sich differenzierenden sozialen Lagen der abhängig Beschäftigten, die z. B. am Bedeutungszuwachs der Gruppe der Angestellten oder an den zunehmenden Qualifikationsunterschieden erkennbar wird.
- Da die wirtschaftliche Entwicklung alles andere als gleichmäßig verläuft, prägen die kürzeren oder längeren Zyklen der Konjunktur – zumal die Anpassung von Sicherungssystemen an die neuen Problemlagen viele Jahrzehnte in Anspruch nimmt – in erheblichem Maße die Arbeits- und Lebensbedingungen vor allem der abhängig Beschäftigten.
- Auch die Entwicklungsphasen der industriellen Produktion erfordern erhebliche Anpassungsleistungen von den Beschäftigten. Industriezweige gewinnen oder verlieren an Bedeutung, es kommt zu regionalen Verschiebungen. Zudem verändern sich die Anforderungen an die Arbeitskraft, die erforderlichen Qualifikationen etc. D. h. die Arbeits- und Lebensbedingungen von abhängig Beschäftigten – grundsätzlich aber auch von Unternehmer_innen – hängen in hohem Maße davon ab, ob und wie schnell solche Anpassungen gelingen.

• Schließlich haben der Holocaust, zwei Diktaturen und zwei Weltkriege die (Über)Lebens- und Arbeitsbedingungen massiv geprägt.

Die zu einem gegebenen Zeitpunkt an einem bestimmten Ort vorfindbaren Sozialstrukturen sind vom Zusammenspiel all dieser Prozesse geprägt. So finden sich in den Nationalgesellschaften des 21. Jahrhunderts altersbedingt Bevölkerungsgruppen, deren Sozialisations-, Arbeits- und Lebenserfahrungen eine historische Zeitspanne umfassen, die weit in das 20. Jahrhundert zurückreicht. Prozesse der Binnen- und der grenzüberschreitenden Migration bedingen, dass es neben dieser Gleichzeitigkeit des Ungleichzeitigen auch in räumlicher Perspektive zu starken Diffusionseffekten kommt.

Die über diese Mechanismen hervorgebrachten sozialstrukturellen Disparitäten lassen sich einerseits an sozialen Großgruppen festmachen, wenn man Generationen, Bewohner verschiedener Landesteile oder Migranten verschiedener Herkunft und Nicht-Migranten unterscheidet. Andererseits sind diese Disparitäten auch auf individueller Ebene zu verorten, indem es über einzelne Lebenswege zu je besonderen Kombinationen von raum-, zeit- und sozialspezifischen Erfahrungen kommt.

2.2.2 Die Entwicklung der Arbeit

Während im vorangegangenen Teilkapitel die Entwicklung des gesellschaftlichen Produktionsprozesses im Zentrum stand, geht es nun darum, genauer zu untersuchen, was das für die in diesen Produktionsprozessen geleistete Arbeit und die darauf bezogene Reproduktionsarbeit bedeutet. Es soll genauer bestimmt werden, wie sich die verschiedenen Formen und Verhältnisse, in denen Arbeit verrichtet wird, in sozialen Strukturen niederschlagen. Die folgenden Thesen sollen die weitere Darstellung strukturieren:

• Mit den unterschiedlichen Formen, in denen Betriebe und die Arbeit innerhalb der Betriebe organisiert sind, hängen sehr unterschiedliche Arbeitserfahrungen zusammen: Unterschiede in der physischen und psychischen Belastung, in der Qualifikation, in der Zeitstruktur, in der Autonomie etc. (Abschnitt 1)
• Anthropologisch betrachtet stellen die Arbeit und die verschiedenen Verhältnisse, in denen sie verrichtet wird, ein zentrales Moment von ›Wirklichkeitserfahrung‹, von ›sozialer Erfahrung‹ dar (Abschnitt 2)

• Angesichts des hohen Ungleichheitspotentials, das mit verschiedenen Arbeiten verbunden ist, ist zu untersuchen, wie die institutionelle ›Zuweisung‹ verschiedener sozialer Gruppen zu bestimmten Formen der entlohnten und nicht entlohnten Arbeit erfolgt. (Abschnitt 3).

• Zudem unterscheidet sich die Höhe dieser Entlohnung erheblich; implizit vermitteln sich darüber auch Verhältnisse gesellschaftlicher Anerkennung und Wertschätzung (Abschnitt 4 und 5).

2.2.2.1 Die Organisation der Arbeit

Zunächst werden die Varianten der gesellschaftlichen Organisation von Arbeit eingehender untersucht und in ihrer Bedeutung für Sozialstrukturen abgeschätzt; dabei wird nur auf die Organisation von Erwerbsarbeit im Rahmen der kapitalistischen Waren- und Dienstleistungsproduktion eingegangen – nicht wenige Probleme lassen sich aber auch auf andere Bereiche der Erwerbsarbeit z. B. im öffentlichen Dienst übertragen. Bei der Organisation von komplexen Arbeitsprozessen stellt sich das Problem, in welchem Maße diese Prozesse arbeitsteilig organisiert werden – zwischen bzw. innerhalb verschiedener Wirtschaftseinheiten – und wie dann eine solche Arbeitsteilung koordiniert werden kann; das impliziert die Teilungen zwischen Erwerbs- und verschiedenen Typen von Reproduktionsarbeit.

Die vorindustrielle Produktion war vornehmlich in Handwerken organisiert. Die zwischenbetriebliche Arbeitsteilung war niedrig; es waren relativ kleine Betriebseinheiten, die über die dort verarbeiteten Stoffe und die Art- und Weise ihrer Verwendung gegeneinander abgegrenzt waren. Durch die Eigentumsstruktur und die ständischen bzw. zünftische Ordnungen und schließlich durch die geschlechtsspezifischen Muster der Arbeitsteilung war die Arbeitsteilung innerhalb des Betriebes bzw. die Organisation der Reproduktionsarbeit klar strukturiert. Auch die später entstehenden Manufakturen sind eher als Aggregat einzelner handwerklicher Einheiten zu verstehen.

In den hoch technisierten, hoch arbeitsteiligen, nicht länger ständisch-zünftig strukturierten Marktgesellschaften gestaltet sich die Logik der Arbeitsteilungen komplexer; drei Schlüsselprobleme sind voneinander abzugrenzen.

Das *Koordinationsproblem* lässt sich – in dem hier interessierenden Kontext – entlang der Frage verdeutlichen, wie verschiedene Einheiten des Arbeitsprozesses gegeneinander abgegrenzt und wie die so abgegrenzten Arbeiten miteinander koordiniert werden. Dabei werden zwei bzw. drei Teilungs- und Koordinationstypen unterschieden: zunächst Hierarchie bzw. Organisation und Markt; als eine Sonderform marktförmiger Assoziation oder als ein Zwischentyp von Markt und

Hierarchie fungieren Assoziationen bzw. die so entstehenden Netzwerke als eine dritte Koordinierungsform.

So könnte man sich, um bei dem eingangs eingeführten Beispiel der Herstellung eines Notebooks zu bleiben, vorstellen, dass ein solches Notebook vollständig in den verschiedenen Abteilungen eines Unternehmens hergestellt wird. Das würde Abteilungen für Bergbau zum Abbau verschiedenster Mineralien beinhalten, die für die Herstellung elektronischer Bauelemente erforderlich sind, eine Abteilung Erdölförderung für die Kunststoffe, am Ende dann eine Montageabteilung, die alles zusammenfügt und mit den Produkten der Softwareabteilung verknüpft. Alle Abteilungen wären über die hierarchische Struktur des Unternehmens verknüpft und folgten den Anweisungen der Unternehmensleitung. Ein so strukturiertes Unternehmen könnte als Prototyp der hierarchisch, organisationalen Kooperationsform gelten; es wäre in dieser Form vermutlich wirtschaftlich nicht überlebensfähig. Umgekehrt wäre ein Unternehmen denkbar, das aus einem Büro besteht, indem alle Komponenten eines Notebooks (Motherboard, Gehäuse, Software etc.) am Markt angekauft werden und sie dann einem Montagebetrieb überlassen werden, der daraus das Endprodukt herstellt. Stellt man sich vor, dass auch die Lieferanten der Komponenten ähnlich verfahren, wären damit alle wesentlichen Arbeitsprozesse über Marktbeziehungen koordiniert. Zwischen diesen Extremen sind alle Zwischenformen denkbar. Zudem finden sich Ansätze, innerhalb der hierarchischen Struktur eines Unternehmens Märkte zu simulieren, indem zwischen einzelnen Abteilungen Kaufakte konstruiert werden.

Als Zwischentyp könnte man sich vorstellen, dass die Zusammenarbeit zwischen den verschiedenen Zulieferern bzw. die Zusammenarbeit mit der Endmontage nicht allein marktförmig organisiert ist, sondern dass die daran beteiligten Unternehmen vertrauensvoll in einem Netzwerk assoziiert sind. Hartmut Hirsch-Kreinsen fasst den Netzwerkbegriff wie folgt: »Es umfasst eine begrenzte Zahl von (heterogenen) Partnern. Idealerweise bestehen zwischen den Partnern gleichberechtigte Machtverhältnisse im Rahmen lockerer, aber dauerhafter und intensiver Beziehungen. Der Leistungsaustausch ist durch hohe Unbestimmtheit und Interdependenz gekennzeichnet, auch als ›generalized exchange‹ im Unterschied zum strikten Äquivalenztausch des Marktes bezeichnet. Die Austauschbeziehungen zwischen den Partnern beruhen auf Gegenseitigkeit bzw. Reziprozität. Es existiert keine strikte Relation von Leistung und Gegenleistung« (2005, S. 50).

Die Analyse solcher Koordinationsformen spielte vor allem in den wirtschafts- und politikwissenschaftlichen Debatten um Governance-Konzepte (vgl. Benz et al. 2007, S. 10) und die sogenannte neue institutionelle Ökonomie eine wichtige Rolle, indem sie neben den jeweils dominierenden Koordinationsmustern (Markt in der Ökonomie und Hierarchie in der Politik) den Blick auf die Muster der Netzwerkbildung lenkte. In der wirtschaftswissenschaftlichen Debatte geht es dann auch um die Transaktionskosten, die mit der Koordination verbunden sind. So unterscheidet sich der Anbahnungs- und Kontrollaufwand von Kooperationsbeziehungen zwischen den Abteilungen eines Betriebes erheblich von dem zwischen zwei über den Markt verknüpften Unternehmen.

Die je unterschiedlichen Lösungen des Koordinationsproblems führen gesellschaftlich betrachtet zu ganz unterschiedlichen Unternehmensstrukturen: dominiert die hierarchische Variante finden sich mehrheitlich große Unternehmenseinheiten; die Markt- oder die Netzwerkvariante impliziert eher mittel- und kleinbetriebliche Strukturen, wobei Netzwerkstrukturen häufig auch eine räumliche Verdichtung implizieren. Mittelbar schlägt sich dies auch in den Sozialstrukturen nieder, gehen doch mit Großunternehmen spezifische Arbeitsmarktstrukturen (große betriebsinterne Arbeitsmärkte), eine relativ bessere gewerkschaftliche Vertretung der Beschäftigten, relativ bessere Sozialleistungen, für die Kernbelegschaften auch relativ sichere und besser entlohnte Arbeitsplätze einher.

Das *Transformationsproblem* beschreibt eher Probleme der innerbetrieblichen Organisation von Arbeitsteilungen: Mit den der politischen Ökonomie entlehnten eingangs dargestellten einfachen Produktionsmodellen kann die Rolle der Arbeit im Produktionsprozess aus ökonomischer Perspektive modelliert werden; es kommt zu einem Tausch, indem die Beschäftigten ihre Arbeitskraft zur Verfügung stellen und diese seitens des Unternehmens mit einem bestimmten Lohn entgolten wird. Juristisch betrachtet wird dieser Tausch in vielen Fällen in einem formalen Arbeitsvertrag fixiert. Aus soziologischer Perspektive sind damit aber einige wesentliche Probleme noch ungeklärt: Wie gelingt es sicherzustellen, dass – aus Unternehmensperspektive betrachtet – für den gezahlten Lohn auch eine ›entsprechende‹ Leistung erbracht wird. Diese Frage kann als roter Faden der industriegeschichtlichen Entwicklung begriffen werden, indem unter wechselnden Rahmenbedingungen (technische Entwicklung, sich verändernde Produkte und Märkte, verändertes Arbeitskräfteangebot, veränderte organisationale Leitbilder und schließlich sich verändernde politische und soziale Kontexte) immer wieder neue Antworten erprobt wurden. Einige typische organisationsrelevante Entscheidungen, die dann stets auch eine bestimmte Lösung des Transformationsproblems nahelegen, seien hier skizziert:

- verschiedene Grade der Arbeitsteilung: hochgradige Arbeitsteilung in der tayloristischen Logik vs. Arbeitsanreicherung und Gruppenfertigung

- verschiedene Grade der Qualifikation der Beschäftigten: unqualifizierte Arbeitskräfte, die von wenigen Spezialisten angeleitet und kontrolliert werden vs. allseitig qualifizierte Arbeitskräfte, die in hohem Maße eigenverantwortlich arbeiten
- verschiedene Grade der Kombination von menschlicher Arbeit und Maschinen: die annähernd vollautomatische Fabrik vs. arbeitsintensive Formen der Produktionsorganisation
- unterschiedliche Hierarchiestrukturen: komplexe vielfach gestufte betriebliche Hierarchien vs. flache Hierarchien *(lean management)*
- unterschiedliche Gestaltung von Beschäftigungsverhältnissen: unbefristete Vollzeitbeschäftigung vs. verschiedene Formen der flexiblen, atypischen, prekären oder (schein)selbstständigen Beschäftigung
- unterschiedliche Gestaltung von Qualitätssicherung und Verantwortlichkeiten: Qualitätskontrolle durch zentrale Kontrollinstanzen vs. dezentrale, internalisierte Kontrolle (in Eigenverantwortung der Beschäftigten)

Auch hier wird deutlich, dass mit den verschiedenen Varianten der Lösung des Transformationsproblems auf gesellschaftlicher Ebene ganz unterschiedliche soziale Strukturen einhergehen.

Während das Kooperations- und das Transformationsproblem zu den anerkannten wirtschafts- und arbeitssoziologischen Problemlagen gerechnet werden kann, wird das *Reproduktionsproblem* in den meist auf Erwerbsarbeit und Normalarbeit bezogenen Diskursen typischerweise nicht betrachtet; implizit wird bei allen erwerbsbezogenen Perspektiven vorausgesetzt, dass auf unbezahlte Arbeit im Haushaltszusammenhang zurückgegriffen werden kann. Betrachtet man die Organisation der gesellschaftlichen Arbeit im Ganzen, wird deutlich, dass die Organisation der Reproduktionsarbeit und die Verzahnung der Erwerbsarbeit mit der Reproduktionsarbeit ein gesellschaftlich zu lösendes Problem sind. Während in Deutschland und in Industriestaaten mit einem vergleichbaren Wohlfahrtsmodell lange Zeit das Modell des männlichen Alleinernährers vorherrschte, stellen sich die Probleme mit einer wachsenden Erwerbsbeteiligung von Frauen in neuer Weise.

Im Folgenden sollen verschiedene theoretische Ansätze vorgestellt werden, die sich mit der Organisation der Arbeit befassen. Mit Blick auf die hier interessierenden sozialstrukturellen Fragen werden insbesondere Konzepte vorgestellt, die sich dem Transformationsproblem zuwenden; das Kooperationsproblem weist, wie oben dargelegt, nur mittelbare sozialstrukturelle Implikationen auf. Das Reproduktionsproblem wird im übernächsten Abschnitt eingehender behandelt, wenn es um die Rolle der Haushalte im gesellschaftlichen Reproduktionsprozess geht. Jeder dieser Ansätze verspricht spezifische Erkenntnisse zur Entwicklung der gesellschaftlichen Arbeit, die für die Sozialstrukturanalyse nutzbar gemacht werden können.

Entwicklung von Arbeitsteilung und Qualifikation

Es ist vielfach versucht worden, angesichts der fortschreitenden Subsumtion von Arbeitsverhältnissen unter eine Logik der Kapitalverwertung oder angesichts technologischer Veränderungen längerfristige Trendaussagen über die Entwicklung von Arbeitsbedingungen und Qualifikation zu machen.

Qualifizierung und Dequalifizierung

*   Karl Marx hat neben seiner These von der zunehmenden Verelendung der lohnarbeitenden Klasse – insbesondere in seinen frühen Schriften – einen Prozess der fortschreitenden Entfremdung prognostiziert; dabei unterschied er verschiedene Aspekte: aus der Logik des kapitalistischen Produktionsprozesses folgt, dass die Arbeitenden nicht über das Produkt ihres Arbeitsprozesses verfügen können; diese Entfremdung vom Produkt bedinge, dass auch die Arbeit den dort Tätigen äußerlich wird. Auf gesellschaftlicher Ebene führe diese Entfremdung von der Arbeit dann zur Entfremdung von wesentlichen Merkmalen der menschlichen Gattung und schließlich zur Entfremdung des Menschen vom Menschen. Robert Blauner (1967) hat diese Überlegungen in seinen empirischen Studien genutzt, er entwickelte vier Indikatoren, um Prozesse der Entfremdung beobachtbar zu machen: Machtlosigkeit (Möglichkeiten der Freiheit und Kontrolle), Sinnlosigkeit (Verständnis für die Stellung im arbeitsteiligen Prozess), soziale Entfremdung (Grad der sozialen Isolation) und Selbstentfremdung (Grad der Arbeitsmotivation und beruflichen Identifikation).
*   Harry Braverman knüpfte mit seinen Thesen zur Dequalifizierung an Marx an; er kondensierte seine Analysen der tayloristischen Ansätze und des damit entstehenden modernen Managements in zwei Dimensionen: »Das moderne Management sollte sicherstellen, daß der Arbeiter in gleichem Maße, wie das Handwerk verfiel, auf das Niveau einer allgemeinen, undifferenzierten und leicht an eine große Skala einfacher Arbeiten anpaßbare Arbeitskraft absank, während die Wissenschaft in dem Maße wie sie wuchs, in den Händen des Managements zusammengefaßt wurde« (1977, S. 99). Die hier beschriebenen Trends – Dequalifizierung, Enteignung des Produktionswissens und fortschreitende Kontrolle der Arbeit – charakterisieren nach Braverman die Entwicklungslinien kapitalistischer Produktion.

- Entgegen den Bravermanschen Thesen geht Daniel Bell, der bereits in den 1970er Jahren einen Übergang von industriellen zu postindustriellen Gesellschaften diagnostizierte, eher von Tendenzen der Requalifizierung aus. So impliziere die Verschiebung von der blue-collar- zur white-collar-Arbeit, dass die Mensch-Maschine-Interaktion gegenüber sozialen Interaktionen zurücktrete, dass Hierarchien verflachen und Partizipation an Bedeutung gewinne und dass Arbeit stärker in kleineren Betriebseinheiten verrichtet werde. Im Kontext dieser Veränderungen sieht Bell deutliche Hinweise für eine Requalifizierung von Tätigkeiten.»Industrial society is the coordination of machines and men for the production of goods. Post-industrial society is organized around knowledge, for the purpose of social control and the directing of innovation and change; and this in turn gives rise to new social relationships and new structures which have to be managed politically« (1973, S. 20).
- In der Folge dieser Post-Industrialismus-Diagnose wird seit den 1990er Jahren die wachsende Bedeutung der ›Wissensarbeit‹ herausgestrichen; verschiedentlich wird sogar von einer Wissensgesellschaft gesprochen. Diese These knüpft an die im Kontext der Bildungsexpansion deutlich gestiegene Nachfrage nach qualifizierter Arbeit an; auch die neuen Arbeitsfelder, die im Bereich von Kommunikations- und Informationsdienstleistungen entstanden sind, stützen eine solche These. Dennoch drängt sich der Verdacht auf, dass die Konstruktion dieser neuen Arbeitswelten, die ›klassische Arbeit‹ unterschätzt. Deutschmann geht davon aus, dass die Stilisierung der Wissensarbeit zu einem neuen Paradigma auf einer vereinfachten Wahrnehmung der konventionellen Arbeit beruhe.»Ohne den reflexiven und auf praktische Verwertung orientierten Umgang mit überliefertem Wissen, ohne die kreative Durchbrechung bestehender Produktions- und Vermarktungsroutinen durch den kapitalistischen Unternehmer, seine Ingenieure, Manager, Techniker, Kaufleute, Finanziers usw. hätte der moderne Kapitalismus wohl kaum entstehen können« (2008b, S. 134), das kreative Potential der Beschäftigten bleibe unberücksichtigt.
- Horst Kern und Michael Schumann (1984) beobachten in den 1980er Jahren einen historischen Umbruch in der (industriellen) Nutzung von Arbeitskraft. Die über Jahrzehnte dominante Logik der tayloristischen Arbeitsteilung sei rückläufig; demgegenüber ist ein Trend zu eher ›ganzheitlicheren‹ Aufgabenzuschnitten und zu einer Requalifizierung zu verzeichnen. Michael Piore und Charles Sabel (1985) postulieren zur selben Zeit das Ende der Massenproduktion und machen auf einen Trend zur flexiblen Spezialisierung aufmerksam. Während die Massenproduktion auf der zunehmenden Trennung von Planung und Ausführung basiere, kommt es mit der flexiblen Spezialisierung zu einer

		Personalpolitik	
		betriebsorientiert	berufsorientiert
Arbeitsteilung	hoch	differenziertes System	polarisiertes System
	gering	flexibel differenziertes System	integratives System

Quelle: Hirsch-Kreinsen (2005, S. 65)

Abb. 2.29 Typen von Arbeitssystemen

(Re)Integration.»Das heißt, die Massenproduktion ist ein System mit geringer
Verantwortung, bei dem die Untergebenen nur das machen sollen, was ihnen
gesagt wird, während flexible Spezialisierung ein System mit hoher Verantwortung ist: gerade weil keine Zeit bleibt, die Konstruktion neuer Produkte
in einfache Tätigkeit zu zerlegen, müssen sich die Vorgesetzten darauf verlassen können, dass ihre Untergebenen allgemeine Instruktionen umsetzen und
ausführen können« (Sabel 1986, S. 45 f.).

• Ob diese Analysen im Sinne einer arbeitspolitischen Trendwende verallge-
meinerbar sind, kann in dieser Allgemeinheit nicht geklärt werden; andere
Autoren verweisen auf Indizien für eine Retaylorisierung z. B. im Bereich der
Automobilproduktion. Christoph Deutschmann kommt trotz dieser Befunde
zu dem Ergebnis, dass eine Abkehr von der Logik der »traditionellen
tayloristisch-fordistischen Managementkonzepte« beobachtbar sei, dass Planung und Ausführung zunehmend integriert, Hierarchieebenen abgebaut,
Führungskompetenzen nach unten verlagert werden (2002, S. 25).

• Hartmut Hirsch-Kreinsen verdeutlicht, dass mit den unterschiedlichen Varianten der betrieblichen Arbeitsteilung stets auch spezifische Muster der
Personalrekrutierung verbunden sind (vgl. Abb. 2.29).

Das hierarchisch und funktional *differenzierte System* entspricht in hohem Maße
der Taylorschen Logik der feingliederigen Teilung von Arbeitsabläufen. Neben
der klassischen Anwendung in der fordistischen Massenproduktion werden sie
noch heute bei standardisierten Dienstleistungsarbeiten eingesetzt, Hirsch-Kreisen
verweist hier auf Call-Center. Demgegenüber finden sich *flexibel differenzierte
Arbeitssysteme* »in arbeitsteiligen und hierarchisch verfassten Unternehmen, die
auf Grund ihrer vielfältigen Produkte und schwer antizipierbaren technischen Pro-
zessanforderungen eine relativ flexible Arbeitsorganisation aufweisen müssen«

(S. 66); exemplarisch wird hier auf die chemische Industrie verwiesen. *Polarisierte Arbeitssysteme* herrschen dagegen eher in der fertigenden Industrie vor, wo einerseits die arbeitsvorbereitenden Tätigkeiten zusammengefasst sind und von hoch qualifizierten Beschäftigen ausgeübt werden und andererseits auf der Fertigungsebene ganz unterschiedliche mehr oder weniger qualifizierte Tätigkeiten zu finden sind, wenn z. B. qualifizierte Arbeitskräfte im Rahmen einer Fertigungsinsel zusammenarbeiten und die weniger anspruchsvollen Tätigkeiten von Leiharbeiter_innen ausgeführt werden. *Integrative Arbeitssysteme* finden sich dort, wo ganze Arbeitsbereiche von qualifizierten Beschäftigten in Eigenregie organisiert werden. Typischerweise finden sich solche Strukturen in den Facharbeiterbetrieben des Maschinenbaus.

Flexibilisierung und Subjektivierung der Arbeit

Jüngere Entwicklungstrends in der Verausgabung von Arbeit werden unter den Begriffen Flexibilisierung und Subjektivierung der Arbeit zusammengefasst. Damit werden zum einen Veränderungen in der Arbeitsorganisation und in den Beziehungen von Beschäftigten und Unternehmen (im Sinne einer Vermarktlichung von Arbeit) angesprochen; zum anderen geht es um das Selbstverständnis von Beschäftigten und um die Einbindung von Arbeit in die Qualifizierungs- und Erwerbsstrategien von Haushalten.

Die veränderten Formen des Arbeitskräfteeinsatzes können in Abgrenzung zu dem bei Esping-Andersen verwandten Begriff der Dekommodifizierung von Arbeit – gemeint war damit ein Prozess der zunehmenden (wohlfahrtsstaatlichen) Regulierung von Arbeitsbedingungen und Beschäftigungsverhältnissen, der dazu beitrug, die Bedingungen der Verausgabung der Ware Arbeitskraft zu verbessern – treffend als (Wieder-)Vermarktlichung bezeichnet werden. Typische Risiken unternehmerischen Handelns, z. B. die zeitlichen Schwankungen der erforderlichen Arbeit (nach Tageszeit, im Wochenverlauf, saisonal, im Projektablauf) werden über vielfältige Formen der Flexibilisierung von Arbeitsverhältnissen zu einem Risiko, das den Beschäftigten aufgebürdet wird. Die zumindest für Männer typischen Normalarbeitsverhältnisse differenzieren sich aus; neben den klassischen Mustern der Flexibilisierung des Arbeitseinsatzes (Überstunden, Zusatzschichten etc.) entsteht eine Vielzahl neuer Beschäftigungsformen: Zeit- und Leiharbeit, Arbeitszeitkonten, Projektarbeit, Mini-Jobs, (schein)selbstständige Tätigkeiten, neue Formen der Heimarbeit etc.

Auch die Organisation von Arbeit, die in der Hochphase des Fordismus durch arbeitsteilige Strukturen mit einem hohen Grad der wechselseitigen Abgrenzung bestimmt war, erfährt z. B. in der Gruppen- oder der Projektarbeit eine Subjektivierung; seitens der Unternehmen werden bestimmte Produktionsziele

Merkmale der gesellschaftlichen Organisation von Arbeit im fordistischen Produktions-und Sozialmodell	**Entwicklungstrends** Umbruch des fordistischen Produktions- und Sozialmodells	Merkmale der gesellschaftlichen Organisation von Arbeit im Umbruch
	Institutionelle Regulierung	
De-Kommodifizierung durch wohlfahrtsstaatliche und kollektivvertragliche Regulierung	Schwerpunktverlagerung der Regierungsebene: Verbetrieblichung und Individualisierung Re-Kommodifizierung und ›Ent-Sicherung‹	Privatisierung sozialer Sicherheit; ›Workfare‹-Prinzip
	(Betriebliche) Organisation von Arbeit	
Merkmale des fordistischen Arbeitsmodells: - Betriebsförmigkeit - Standardisierung von Beschäftigung und Arbeitszeit (›Normalarbeitsverhältnis‹, ›Normalarbeitszeit‹, ›Normalbiographie‹) - Arbeitsorganisation nach tayloristischem Muster	Flexibilisierung und Subjektivierung von Arbeit (Beschäftigung, Arbeitszeit, Arbeitsorganisation)	Merkmale des Arbeitsmodells im Umbruch: - Virtualisierte Belegschaften - Plurale und heterogene Erwerbsstrukturen - Gespaltene Zeiten - Individualisierte Arbeitszeitflexibilität - ›Neue Selbständigkeit‹
	Individuelle Ebene	
Ein-Ernährer-Familienmodell. instrumentelle Erwerbsorientierungen	Differenzierung der Haushalts-/ Familien-strukturen, Individualisierung und ›normative Subjektivierung‹	Plurale Haushalts- und Familien-Strukturen, Erwerbsbeteiligung von Frauen, Differenzierte Arbeitsorientierungen

Quelle: Kratzer und Sauer (2005, S. 127)

Abb. 2.30 Flexibilisierung und Subjektivierung der Arbeit

vorgegeben, deren Umsetzung wird in stärkeren Maße den Beschäftigten und ihren (subjektiven) problemlösenden Potentialen überlassen.

Diese Veränderungen korrespondieren zum einem mit einem sich verändernden Selbstverständnis gerade von qualifizierten Arbeitnehmern sowie mit Flexibilisierungswünschen, die sich z. B. bei Männern und Frauen aus dem Problem der Vereinbarkeit von Beruf und haushaltlichen Verpflichtungen ergeben; zum anderen treffen sie in Zeiten erhöhter Arbeitslosigkeit, einer veränderten Arbeitsmarktpolitik (vom *welfare*- zur *workfare*-Modell) oder in einer Migrationsgesellschaft auf Arbeitsuchende, die gezwungen sind, jede Art von Arbeit anzunehmen. Schließlich ist dieser Trend zur Flexibilisierung und Subjektivierung von Arbeit mit sozialkulturellen Veränderungsprozessen verzahnt, die von einigen Soziolog_innen als Individualisierungsprozess bezeichnet werden.

In Abb. 2.30 wird die soziale Einrahmung dieser sich flexibilisierenden und subjektivierenden Arbeitsverhältnisse in ihrem wohlfahrtsstaatlichen wie in ihrem haushaltlichen Kontext dargestellt.

Kratzer und Sauer (2005, S. 128 f.) beschreiben drei unterschiedliche Aspekte dieses Subjektivierungsprozesses:

- eine veränderte Arbeits- und Erwerbsorientierung: hier wird z. B. auf das Interesse jüngerer qualifizierter Arbeitskräfte verwiesen, die Arbeit auch als Instanz der Sinngebung und Selbstverwirklichung zu begreifen.
- eine Subjektivierung von Qualifikations- und Kompetenzanforderungen im Sinne von sozialen Kompetenzen, Bereitschaft zu lebenslangem Lernen, Kreativität, Teamfähigkeit etc.
- eine neue Rolle der Subjekte im Arbeitsprozess: Subjektivität und Kreativität werden vom ›Störfaktor‹ zur produktiven Instanz.

Eine Zuspitzung erfährt dieser Subjektivierungsprozess in dem von Pongratz und Voss (2003) entwickelten Konzept des Arbeitskraftunternehmers. Die Autoren sehen dieses neue Modell als Endpunkt einer Entwicklung vom proletarisierten Lohnarbeiter über den verberuflichten Arbeitnehmer zum verbetrieblichten Arbeitskraftunternehmer. Sie sehen diesen neuen Typus des Arbeitskraftunternehmers über spezifische Qualitäten bestimmt: ein hohes Maß an Selbstkontrolle, Selbstökonomisierung und Selbstrationalisierung.

Mit diesen und anderen Trendaussagen (Verschwinden der körperlichen Arbeit, zunehmende Informatisierung) wird versucht, allgemeine Beziehungen zwischen der wirtschaftlichen bzw. technologischen Entwicklung und spezifischen Formen der Arbeit aufzuzeigen. Aus der kontroversen Diskussion solcher Trendaussagen wird ersichtlich, dass Aussagen auf einem solchen Verallgemeinerungsgrad recht problematisch sind; sie vermögen die Entwicklung in bestimmten Sphären der Arbeit in einem bestimmten Zeitraum, in einer bestimmten Weltregion angemessen zu beschreiben; das Problem tritt mit dem Anspruch auf, daraus allgemeingültige Entwicklungstrends ableiten zu wollen. Zum anderen stößt das Ansinnen, ausgehend von ökonomischen, technologischen oder organisatorischen Veränderungen Aussagen über die Arbeitserfahrung der unter diesen Bedingungen Beschäftigten zu machen, systematisch an Grenzen.

Wir haben es, wenn man die Gesamtheit der Verhältnisse, unter denen im Rahmen einer Nationalgesellschaft oder darüber hinaus Arbeit verrichtet wird, erfassen möchte, weitaus stärker mit branchenbezogenen, mit regionalen letztlich auch mit betrieblichen Spezifika zu tun; zudem spielen Phänomene der Ungleichzeitigkeit eine zentrale Rolle. Als problematisch erweist sich in der (industrie-)soziologischen Forschung auch »die Verengung der Aufmerksamkeit auf die relativ in ihrer Bedeutung immer mehr zurückgehenden Branchen der klassischen Industrieproduktion (Automobilindustrie, Maschinenbau, Chemische

Industrie) und dort wiederum auf den Bereich der direkten Fertigung. Die expandierenden Service- und Verkaufstätigkeiten, die ›Gefühlsarbeit‹ im Rahmen der persönlichen Dienste (…), die mit dem Wachstum der modernen Informations- und Kommunikationssysteme verknüpfte ›Informationsarbeit‹, das Management und die hoch qualifizierten Angestellten blieben nachrangig behandelte Themen« (Deutschmann 2002, S. 26).

Strukturierung von Betrieben und Beschäftigungsverhältnissen

Zu der Frage, wie sich Betriebsstrukturen systematisieren lassen, liegen verschiedene Vorschläge vor.

Arbeits- und Betriebsformen

Eine relativ einfache Strukturierung von Arbeits- und Betriebsformen wird von Daheim und Schönbauer vorgeschlagen (1993, S. 53). Die Differenzierung von *Betriebsformen* erfolgt nach der Größe und der Trägerschaft (erwerbswirtschaftlich, gemeinwirtschaftlich, hoheitlich); wobei die aus dem Genossenschaftswesen hervorgegangenen gemeinwirtschaftlichen Betriebe im heutigen Wirtschaftsgeschehen keine große Rolle mehr spielen. Mit der betrieblichen Differenzierung werden verschiedene Ziele der gesellschaftlichen Produktion unterschieden: zum einen die Erzielung eines unternehmerischen Gewinns in der Erwerbswirtschaft; zum anderen die nicht gewinnorientierte Bereitstellung bestimmter Produkte und Dienstleistungen, im gemeinwirtschaftlichen Kontext (z. B. durch genossenschaftliche Banken, Konsumvereine oder Wohnungsgesellschaften) oder im öffentlichen Dienst. Zudem wird davon ausgegangen, dass die Größe der Betriebe einen wichtigen Einfluss auf die Art und Weise der dort geleisteten Arbeit hat. Am sinnfälligsten ist dies wohl im erwerbswirtschaftlichen Sektor, wenn man die Strukturen eines kleineren Handwerksbetriebes denen eines industriellen Großbetriebs gegenüberstellt.

Die Differenzierung der *Arbeitsformen* (Leitende, Experten, Ausführende) erfolgt nach dem Grad der Qualifizierung bzw. der Ausübung von Leitungsfunktionen. Auch hier wird davon ausgegangen, dass damit ganz spezifische Arbeitserfahrungen verbunden sind (Stellung in der Hierarchie, betriebliche Anerkennung, Grad der Ersetzbarkeit, Stabilität von Beschäftigungsverhältnissen etc.).

Work Structures and Markets

Der von Kalleberg und Berg unterbreitete Ansatz zielt darauf, typische Differenzierungen, wie sie in der Soziologie bzw. in der Ökonomie zur Analyse von Arbeit bzw. ökonomischen Aktivitäten verwandt werden, in Beziehung zu setzen.

Ein zentrales Konzept ihres Ansatzes sind ›Arbeitsstrukturen‹. »By ›work structures‹ we refer to the arrangements, institutions, and patterns used by social actors to deal with the tasks of production and distribution. They represent the hierarchical orderings of persons and clusters of interests, configurations of norms, and the rights and obligations that characterize the relations among economic actors. Work structures describe the ways in which labor is divided, tasks allocated, and authority distributed; they point to reasons why doctors' work is different from teachers' and why executives are able, with wide degrees of freedom, to hire and fire their employees« (1994, S. 3).

Die Bedeutung dieser Arbeitsstrukturen geht darauf zurück, dass mit unterschiedlichen Strukturmomenten wie Unternehmen, Industriezweigen, Berufen, Klassen oder Gewerkschaften wesentliche Ungleichheiten zwischen den Beschäftigten korrelieren; z. B. bei den Beschäftigungsverhältnissen, den Entlohnungsformen oder den Aufstiegsmöglichkeiten.

Bei der soziologischen Untersuchung von Arbeitsstrukturen wird mit unterschiedlichen Konzepten der Differenzierung gearbeitet (vgl. Abb. 2.31). Im Vordergrund stehen dabei Analysen verschiedener:

- Typen der Unternehmensorganisation, die sich nach Größe, Marktmacht oder der Ausbildung interner Arbeitsmärkte unterscheiden,
- Branchen, die sich nach Produkten und Dienstleistungen, Kapitalintensität etc. unterscheiden,
- Berufe, die sich nach Qualifikation, Ressourcen etc. unterscheiden,
- sozialer Klassen oder betrieblicher Positionen (Unternehmer, Manager, Arbeiter)
- Modi der Interessenorganisation (verschiedene Typen von Gewerkschaften, Berufsverbänden und Unternehmerverbänden)
- Nationalstaaten, die sich nach Modi der Staatsverwaltung, nach politischen Konstellationen oder kulturellen Mustern unterscheiden und somit unterschiedliche Markt- und Ungleichheitsstrukturen hervorbringen.

Die Autoren heben hervor, dass diese unterschiedlichen Strukturmomente nicht aufeinander reduziert werden können; jedes Moment nimmt auf eine je spezifische Weise auf die Arbeitsbedingungen und darüber auch auf die Lebensbedingungen Einfluss (S. 7).

In ökonomischen Analysen ist demgegenüber das Interesse an Märkten und ihrer Verfasstheit ausgeprägter. Auch hier lassen sich verschiedene Typen unterscheiden:

		Work Structures					
		State	Class	Occupation	Industry	Business organization	Union
Markets	Product markets						
	Capital markets						
	Resource markets						
	Labor markets						

Quelle: Kalleberg/ Berg (1994, S. 9), modifizierte Darstellung

Abb. 2.31 Work Structures and Markets

- Arbeitsmärkte, auf denen menschliche Arbeitskraft und ihre kreativen Potentiale bzw. verschiedene Formen der Entlohnung oder der Anerkennung zwischen Arbeitgebern und Beschäftigen getauscht werden und die einer mehr oder weniger starken Regulierung seitens der Regierungen oder subsidiärer Instanzen unterliegen,
- Produktmärkte für Güter und Dienstleistungen, auf denen kleine und große Unternehmen, individuelle Konsumenten, Non-Profit-Organisationen aber auch der Staat als Verkäufer bzw. Käufer agieren,
- Kapitalmärkte für verschiedene Finanzprodukte,
- spezifische Faktormärkte für Rohstoffe, Infrastrukturen, Fusionen und Übernahmen, Rechte, Wissen etc.

An der von Kalleberg und Berg vorgeschlagenen Strukturierung wird deutlich, wie komplex sich die gesellschaftliche Einbettung von Arbeit gestaltet; die Unterscheidung von Lohnarbeit und unternehmerischer Arbeit reicht nicht hin, um die Vielfalt der Differenzierung von Arbeitsstrukturen nach Branche, Unternehmensorganisation, Beruf, betrieblicher Stellung und ihre politische Regulation im Kontext unterschiedlicher Regime von industriellen Beziehungen und wohlfahrtsstaatlicher Politik mit ihrem Bezug auf ganz unterschiedliche Marktkonstellationen zu erfassen.

Worlds of Production

Robert Salais und Michael Storper haben ein Modell zur Unterscheidung verschiedener idealtypischer Welten der Produktion entwickelt. Diese Welten sollen unterschiedliche Handlungsrahmen skizzieren, in denen sich Produzenten und Nutzer dieser Produkte bewegen. Ein wichtiges differenzierendes Moment ist das der Ungewissheit: »In the process of producing and exchanging, each person confronts uncertainty with respect to his or her own actions and those of others.

This uncertainty takes radically different forms for each type of product, posing different dilemmas for actors with respect to others, but it must be resolved for production to succeed. This means that, for a given type of product, each actor must have the particular competence and resources needed to get around uncertainty by acting in ways expected and understood by others involved in the same productive effort. The result is a process of economic coordination« (1997, S. 26).

Der Ansatz von Salais und Storper ist der ›Ökonomie der Konvention‹ zuzurechnen; dieser handlungsorientierte Ansatz interessiert sich dafür, wie Akteure in ökonomischen Beziehungen mit spezifischen Ungewissheiten z. B. in den Tauschbeziehungen umgehen. Die Lösung dieser Probleme wird darin gesehen, dass die Akteure auf bestimmte Konventionen, eine Art von ›Handlungsgrammatiken‹, zurückgreifen, die die Koordinierung von Interaktion, die Einschätzung von Objekten und Personen unterstützen und die so Interaktionen ermöglichen. Solche bewährten Übereinkünfte sind erforderlich, um die Beziehungen zwischen den Käufern und Verkäufern einer Ware, zwischen Zulieferern und Einkäufern, zwischen den Beschäftigten oder zwischen Arbeits- und Leitungsebene zu gestalten. Diese Konventionen umfassen bestimmte Handlungsregeln, konstruktive Übereinkünfte zwischen Personen sowie Institutionen, die kollektive Handlungen ermöglichen und koordinieren.

Zur Unterscheidung der Welten der Produktion werden von Salais und Storper zwei Dimensionen herangezogen:

Zum einen analysieren sie Produktionsprozesse hinsichtlich ihres *Grades der Standardisierung bzw. Spezialisierung.* Gemeinhin wird die Entwicklung der kapitalistischen Produktion insbesondere des Fordismus mit einer weitgehenden Standardisierung von Produkten verbunden. Diese Standardisierung reicht über die Produkte hinaus; auch der Arbeitsprozess und der darin eingehende Einsatz lebendiger Arbeitskraft lassen sich gemäß der tayloristisch fordistischen Logik effektivieren. Für die Beziehung zwischen Konsumenten und Produzenten birgt die Standardisierung ein hohes Maß an Kalkulierbarkeit und Vergleichbarkeit. Demgegenüber ist Spezialisierung z. B. bei Arbeitskräften mit einem höheren Grad an Kompetenz und Problemlösungsvermögen verbunden, Produkte können stärker auf spezifische Anwendungen zugeschnitten werden; dies wird aber mit einer hohen Abhängigkeit von einzelnen nur bedingt austauschbaren Personen erkauft. Die Standardisierung von Produkten und Dienstleistungen erbringt Wettbewerbsvorteile, die auf die großen Stückzahlen zurückgehen; die Spezialisierung kann vorteilhaft sein, da sehr unterschiedliche und spezifische Bedürfnisse befriedigt werden können.

Zum anderen kann unterschieden werden, wie Produzenten mit den Risiken und Unsicherheiten des Marktes umgehen. So können sie allgemeine Produkte

	Specialized Products	Standardized Products	
Dedicated Products	The Interpersonal World	The Market World	Uncertainty
Generic Products	The World of Intellectual Resources	The Industrial World	Predictability
	Economies of Variety	Economies of Scale	

Quelle: Storper/ Salais (1997, S. 33), vereinfachte Darstellung

Abb. 2.32 Worlds of production

(generic products) herstellen, die auf einen Durchschnittsbedarf zielen und damit ein gewisses Maß an Vorhersagbarkeit herstellen. Umgekehrt können individualisierte Produkte *(dedicated products)* hergestellt werden, die aber für den Käufer mit der Unsicherheit verbunden sind, ob denn der spezifische Produzent in der Lage ist, auf seine speziellen Bedarfe einzugehen.

Aus diesen beiden Dimensionen ergibt sich eine Matrix von vier idealtypischen Welten der Produktion (vgl. Abb. 2.32).

- Die Welt der industriellen Massenproduktion hat über einen langen Zeitraum das Produktionsgeschehen dominiert, sie ist aber seit den 1970er Jahren mit einer Vielzahl von Problemen konfrontiert.
- Die Marktwelt kann als eine Antwort auf diese Krise begriffen werden, indem man weiterhin an der Standardisierung von Produkten und Dienstleistungen festhält, diese aber weitaus feiner differenziert und auf spezielle Anwendungen zuschneidet. Die unter dem Label der ›flexiblen Spezialisierung‹ zusammengefassten Produktionsformen können am ehesten diesem Segment zugerechnet werden. Historische Vorläufer sehen Salais und Storper in den Handelskaufleuten, die im 19. Jahrhundert auf ein differenziertes Netz von Heimarbeiter_innen zurückgreifen konnten.
- Die interpersonale Welt der Produktion umfasst jene Produkte und Dienstleistungen, die sich durch einen weitgehend individuellen Zuschnitt auszeichnen – das sind z. B. individuell gefertigte handwerkliche Produkte (Mode, Design, Maßanfertigungen) aber auch personen- oder haushaltsbezogene Dienstleistungen. Dementsprechend spielen interpersonale Beziehungen eine zentrale Rolle.
- Die Welt der intellektuellen Ressourcen umfasst spezialisierte Forschungs- und Wissensarbeiten, die für Innovationen, die Entwicklung neuer Produkte, Technologien und Dienstleistungen eingesetzt werden.

	Interpersonal Labor	Intellectual Labor	Market Labor	Industrial Labor
Unknown Factor	Uncertainty as to Quality Demanded	Uncertainty as to the Future	Specific, Local Demand Uncertainty	Predictable Risk
Identity for Others	A Member of a Work Community	The Expert	Available, Autonomous Individual	Occupant of Work Station
Evaluation of Work Quality	Market Price of Product	Scientific and Ethical Standards	Availability	Job Description, Classification of Tasks
Wage	Individual, According to Output	Investment in Persons	By Task, By Time	Hourly Rates by Work Station
The Firm	Deliberate Grouping of Persons into Networks	Small Groups	Collection of Individual Agents	Internal Labor Market
Adjustment to Unknown Factors	Personal Responsibility	Development of Knowledge	Variability of Volume Work	Unemployment

Quelle: Storper/ Salais (1997, S. 59)

Abb. 2.33 Arbeitskonventionen und Welten der Produktion

Im Kontext der Sozialstrukturanalyse interessieren insbesondere die verschiedenen Formen von Arbeits-Konventionen, die mit diesen Produktionswelten verknüpft sind. Wie oben bereits skizziert, liegt ein zentrales Problem aller Arbeitsbeziehungen darin, dass die Leistungen des Arbeitgebers über die vereinbarte Form und Höhe der Entlohnung mehr oder weniger präzise bestimmt sind. Demgegenüber sind die von den Beschäftigten zu erbringenden Gegenleistungen weitaus schwerer zu bestimmen; sie sollen gemäß ihrem Arbeitsvermögen effektiv zur Erstellung eines spezifischen marktgängigen Produkts beitragen.»For workers, this convention resides in work routines, customs and traditions, the development of shared expectations, learning, and the transmission of skills; use of material objects (equipment, tools) and work rules contributes to the convention by encouraging and stabilizing certain behaviors« (S. 58).

Diese Konventionen der Produktivität stellen sich für die verschiedenen im Folgenden unterschiedenen Typen von Beschäftigten – Inhaber eines industriellen Arbeitsplatzes, flexible Individuen in der (unsicheren) Marktwelt, die Mitglieder einer Arbeitsgruppe in der interpersonellen Welt oder technisch bzw. wissenschaftlich qualifizierte Expert_innen – recht unterschiedlich dar (vgl. Abb. 2.33).

Ohne auf alle Dimensionen einzugehen, seien insbesondere die Probleme der Entlohnung und der Qualitätssicherung hervorgehoben.

- Im Kontext der Industriearbeit kann die Mehrheit der Jobs recht klar beschrieben und abgegrenzt werden; auf dieser Basis werden z. B. Stundenlöhne gezahlt. Die Einhaltung von Qualitätsstandards kann durch Kontrollinstanzen geprüft werden.

• Die Arbeit in der Marktwelt ist weitaus unspezifischer. Sie setzt vor allem die Verfügbarkeit von Beschäftigten voraus; ihre Entlohnung erfolgt dann tätigkeits- oder zeitbezogen. Die Qualitätssicherung erfolgt eher in Eigenverantwortung.

• Die interpersonelle Arbeit kann über den Grad der Kundenzufriedenheit, die sich dann in einem Marktpreis ausdrückt, bewertet werden. Die Entlohnung lässt sich kaum zeitabhängig bestimmen; sie ist eher individuell oder erfolgsabhängig. Die Qualität der Leistung ist nur bedingt objektivierbar; eine zentrale Rolle spielt die Zufriedenheit der Auftraggeber.

• Die Expertentätigkeit kann kaum an bestimmten Qualitäten der Arbeit, eher an der Einhaltung spezifischer wissenschaftlicher oder ethischer Standards bewertet werden; Löhne haben eher den Charakter einer mittel- oder langfristigen Investition in die Expert_innen.

Die Vorteile dieses von Salais und Storper entwickelten Modells liegen auf zwei Ebenen; auf der Theorieebene bietet der Ansatz der ›Ökonomie der Konventionen‹ eine wichtige Erweiterung des puristischen ökonomischen Instrumentariums, indem die Rolle von Routinen und Institutionen in die Modellierung wirtschaftlichen Handelns einbezogen wird. Das vor diesem Hintergrund entwickelte Modell verschiedener Produktionswelten bietet eine grundsätzliche Alternative zu Phasenmodellen verschiedener Art – vom traditionellen Handwerk zur modernen Industrie, vom Fordismus zum Postfordismus etc. Es wird deutlich, welche Rahmenbedingungen dazu beitragen, dass ganz unterschiedliche Produktionswelten eine je rationale Lösung gegebener Problemkonstellationen liefern können.

Wandel von Beschäftigungsverhältnissen
Ökonomisch betrachtet stellt sich die Veräußerung der Ware Arbeitskraft als ein Prozess des Kaufens und Verkaufens dar. Die rechtlichen Beziehungen, die Käufer und Verkäufer dabei eingehen, und auch der Grad ihrer institutionellen Absicherung variiert. Zudem können diese Beschäftigungsverhältnisse nur in ihrer Verzahnung mit Bildungssystem und Sozialstaat sowie mit der Organisation der Reproduktionsarbeit begriffen werden.

Vertragsverhältnisse
John Goldthorpe hat sich im Rahmen der von ihm entwickelten Klassenmodelle, auf die später genauer eingegangen wird, für den Zusammenhang zwischen

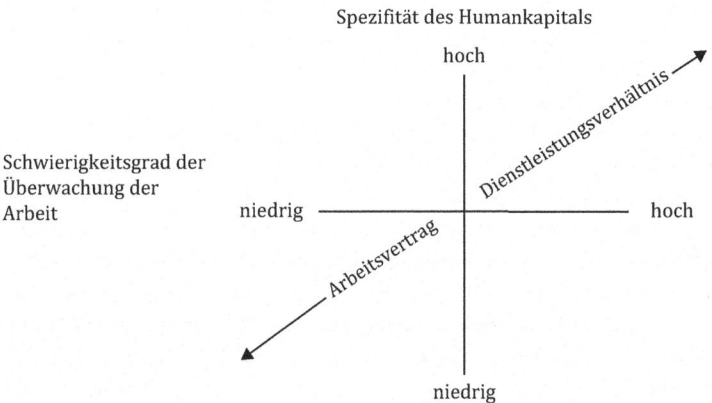

Quelle: Goldthorpe (2007, S. 60), vereinfachte Darstellung

Abb. 2.34 Qualifikation, Überwachung und Beschäftigungsverhältnis

Qualifikationsstrukturen und Beschäftigungsverhältnissen interessiert. Zunächst unterscheidet er Arbeiten in zwei Dimensionen (vgl. Abb. 2.34):

- die Spezifität (oder besser die Ausprägung) des Humankapitals (hoch-niedrig): Damit sind die unterschiedlichen formellen und informellen Qualifikationen von Beschäftigten, das erworbene Produktionswissen etc. gemeint.
- der Schwierigkeitsgrad der Überwachung der Arbeit (hoch-niedrig): Damit wird das Problem des Unternehmens charakterisiert, die als Transformationsproblem skizzierte Entsprechung von Arbeitsleistung und Einkommen zu kontrollieren: während ein in Stückzahlen quantifizierbares Arbeitsergebnis relativ leicht zu überwachen ist, lässt sich die Arbeitsleistung eines Lehrers oder einer Verwaltungsleiterin weitaus schwerer einschätzen.

Goldthorpe geht nun davon aus, dass sich diese Unterscheidungen in unterschiedlichen Vertragstypen zwischen Beschäftigten und Arbeitgebern widerspiegeln.

Arbeitsverträge *(labor contracts)* im Sinne des Goldthorpe-Modells zeichnen sich dadurch aus, dass es zu einem genau bestimmbaren kurzzykligen Austausch von Arbeitsleistung und Entlohnung kommt, der durch die Unternehmer_innen oder Beauftragte kontrolliert wird. Beschäftigte sind eher weniger qualifiziert und verfügen über wenig betriebs- und produktionsspezifisches Wissen; somit sind sie aus Unternehmensperspektive leicht austauschbar und es ist nicht rentabel,

in die Qualifikation dieser Beschäftigten wie auch in ihre Motivation zu investieren. Typische Entlohnungsverhältnisse, die diesem Typ entsprechen, sind zum
einen Stücklöhne (Goldthorpe verweist auf »Früchte- und Gemüseerntearbeiter
und Lader, Füller, Packer und Maschinisten verschiedener Art in der industriellen
Serienproduktion«) und Zeitlöhne (bei Arbeiten mit variierendem »Kunden- oder
Menschenfluss wie im Fall von Kassiererinnen und Kassierern, Kartenverkäufern,
Schalterpersonal«) (2007, S. 50).

Demgegenüber zeichnet sich das Dienstverhältnis *(service relationship)*
dadurch aus, dass die Tauschbeziehung unbestimmter ist, dass es eher um
immaterielle weniger kontrollierbare Leistungen geht, dass es eher längerfristig
angelegt ist und dass sich das Verhältnis von Arbeitgeber_innen und Arbeitneh-
mer_innen symmetrischer gestaltet. Entsprechend wird der Vertrag eher als lang-
denn als kurzfristig betrachtet. »Die Schlüsselverbindung, welche der Vertrag
errichten will, ist die zwischen der Verpflichtung der Arbeitnehmer auf Ziele der
Organisation und deren wirkungsvoller Verfolgung einerseits und ihrem Karrie-
reerfolg und ihrem materiellen Wohlergehen andererseits« (S. 56). Goldthorpe
nutzt dieses Schema schließlich, um systematisch über Berufsgruppen abgegrenzte Klassen zu unterscheiden, die er den vier Quadranten des Diagramms
zuordnet.

Die Spezifika dieses Modells liegen zum einen darin, »kapitalistische Marktwirtschaft[en] (…) zusätzlich zur Differenzierung von Arbeitgebern, Selbstständigen und Arbeitnehmern (…) nach den Beschäftigungsverhältnissen [zu]
differenzieren, in denen sie als Ergebnis einer höchst verallgemeinerten ›Situa-
tionslogik‹ beschäftigt sind, welche (…) auf einen weiten Bereich gesellschaftlicher Zusammenhänge wirken wird« (S. 64). Zum anderen macht Goldthorpe
darauf aufmerksam, dass sich diese Differenzierung nach Vertragsverhältnissen
nicht unbedingt in der Einkommensordnung widerspiegelt.

An dem von Goldthorpe entwickelten Modell wurde kritisiert, dass es eher an
den industriegesellschaftlichen bzw. fordistischen Mustern der Arbeitsorganisation der 1960er und 70er Jahre orientiert sei (vgl. Oesch 2006a, S. 27). Einerseits
gerät das Dienstverhältnis unter Druck, indem Hierarchien verflacht werden
(lean management), andererseits werden ausführende Tätigkeiten zunehmend mit
Kontroll-, Dispositions- oder Kommunikationsfunktionen angereichert.

Beschäftigungsordnungen

Martin Heidenreich hat für den europäischen Vergleich eine Unterscheidung
von Beschäftigungsordnungen vorgeschlagen. Damit »sollen die institutionelle
Regulierung, die Konfliktträchtigkeit und die Pfadabhängigkeit von Arbeits-
marktbeziehungen erfasst werden. Als Beschäftigungsordnung bezeichnen wir

	Hochproduktivitätsordnungen	Hochbeschäftigungsordnungen
Beispiele	Die kontinentaleuropäischen Länder (teilweise auch Südeuropa)	Insbesondere die skandinavischen und angelsächsischen Länder
Arbeitsteilung zwischen den Geschlechtern und Generationen	Selektive Einbeziehung von Frauen, Älteren und Jugendlichen ins Erwerbsleben	Forcierte Einbeziehung von Frauen, Älteren, Jugendlichen ins Erwerbsleben
Art der Beschäftigungsverhältn isse	In der Industrie noch vorwiegend ›Normalarbeitsverhältnisse‹ (unbefristete, stabile Vollzeitstellen vor allem für männliche inländische Facharbeiter). Zunehmende Flexibilitäts-, Leistungs- und Mobilitätsanforderungen bei wissensbasierten Tätigkeiten	Hohe Flexibilitäts- und Qualifikationsanforderungen im industriellen und tertiären Kernsektor; Zunahme irregulärer Arbeitsformen an den ›Rändern‹
Institutionelle Regulierung	Nationalstaatliche Regulierung von Arbeit, Ausbildung, Beruf, Tarifvertragsbeziehungen, sozialer Absicherung; Entwicklung heterogenerer Regulationsstrukturen	Diversifiziertere Regulationsstrukturen auf individueller, betrieblicher, regionaler, staatlicher und suprastaatlicher Ebene
Wirtschaftsstrukturen	Komplementarität von Industrie und produktionsnahen Dienstleistungen	Neben Industrie und produktionsnahen Dienstleistungen Expansion sozialer und personenbezogener Dienstleistungen

Quelle: Heidenreich (2000, S. 9)

Abb. 2.35 Beschäftigungsordnungen in Europa

die Gesamtheit der Institutionen, die Umfang und Art des Arbeitskräfteangebots und der Arbeitskräftenachfrage regeln und damit die Austauschbeziehungen am Arbeitsmarkt vorstrukturieren« (2000, S. 5). Die Beschäftigungsordnungen zeichnen sich zum einen durch die Einbeziehung unterschiedlicher Beschäftigtengruppen und durch die Art des Beschäftigungsverhältnisses aus. Sie unterscheiden sich danach, in welchem Maße und über welche Vertragsverhältnisse Männer und Frauen bzw. unterschiedliche Altersgruppen in den Erwerbsprozess involviert sind (siehe dazu Abb. 2.35).

Die *Hochproduktivitätsordnungen* folgen dem Modell des vorwiegend männlichen relativ gut qualifizierten ›Normalarbeiters‹, der eine Vollzeitstelle bekleidet; die Löhne haben eher den Charakter von Familienlöhnen. Er tritt nach einer ausgedehnten Qualifizierungsphase relativ spät in das Berufsleben ein und scheidet relativ früh wieder aus, da die soziale Absicherung eine lange und finanziell abgesicherte Altersphase ermöglicht. Eingerahmt wird dieses männliche Alleinernährermodell von vergleichsweise weniger gesicherten Arbeitsverhältnissen, in denen eher Frauen oder Jugendliche beschäftigt werden; sie werden aus den attraktivsten Arbeitsmarktsegmenten exkludiert.

Demgegenüber sind die *Hochbeschäftigungsordnungen* durch eine weitreichende Inklusion vieler Beschäftigtengruppen in die Erwerbsarbeit charakterisiert. Diese ist zum einen einer bestimmten Geschlechterpolitik (Skandinavien)

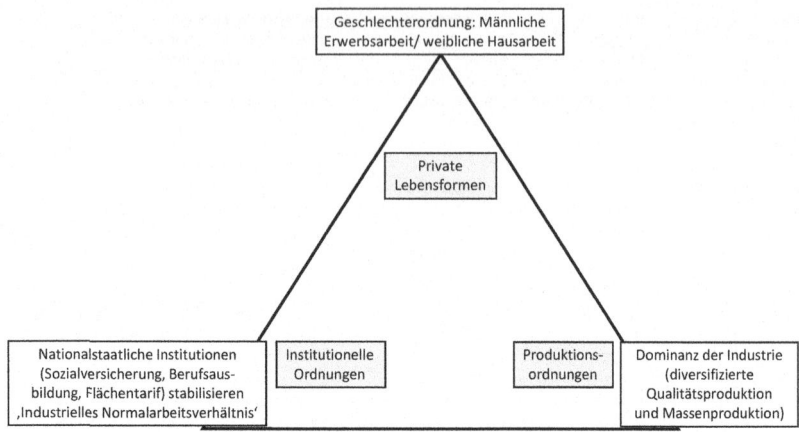

Quelle: Heidenreich (2000, S. 9)

Abb. 2.36 Beschäftigungsordnungen in der Nachkriegszeit

geschuldet; in den angelsächsischen Ländern steht eher das ökonomische Erfordernis im Vordergrund, durch die Kumulation vieler Einkommen die materielle Lage des Haushalts zu verbessern.

Mit diesen unterschiedlichen Beschäftigungsformen korrespondieren zum anderen verschiedene Muster der Regulierung auf der Ebene der industriellen Beziehungen bzw. der Sozialpolitik, die diesen Beschäftigungstypen eine relative Beständigkeit verleihen. So impliziert das Alleinernährermodell andere Qualifikationswege, andere Muster der Tarifgestaltung, andere Betreuungseinrichtungen für Kinder und schließlich andere soziale Sicherungssysteme als die Hochbeschäftigungsordnung. Schließlich gehen mit diesen Ordnungen Unterschiede in der Struktur der Produktion von Gütern und Dienstleistungen einher. So zeichnet sich das Hochbeschäftigungsmodell dadurch aus, dass die im haushaltlichen Kontext erbrachten Leistungen in einem hohen Maße über den Markt bezogen werden, was zu einem großen Segment sozialer und personenbezogener Dienstleistungen führt (vgl. Abb. 2.36).

Das Spezifikum dieses Modells liegt darin, dass deutlich wird, wie diese Beschäftigungsordnungen mit anderen institutionell verfestigten Ordnungen zusammenhängen. Zudem wird systematisch von einem erweiterten Begriff von Arbeit ausgegangen, der auch die Reproduktionsarbeit einschließt. Heidenreich erläutert diese Ordnungen wie folgt:

- »*die Ordnung[en] privater Lebensformen* (insbesondere die Generations- und Geschlechterordnungen) regeln die Beziehungen zwischen den Geschlechtern und zwischen Älteren und Jüngeren; sie sind ein entscheidender Bestimmungsfaktor für die Art und den Umfang des Arbeitskräfteangebots.
- Die *Wirtschafts- und Produktionsordnung* bestimmt die Nachfrage nach Arbeitskräften in quantitativer, räumlicher, fachlicher und zeitlicher Hinsicht.
- *Arbeits- und sozialpolitische Institutionen* wie die Tarifvertragsbeziehungen zwischen Arbeitgeber- und Arbeitnehmerverbänden, das Arbeitsrecht, die beruflichen Ausbildungssysteme und sozialstaatliche Arrangements bestimmen sowohl die Art und den Umfang des Arbeitskräfteangebots (Ausbildung; soziale Absicherung der Arbeitskräfte) als auch die Arbeitskräftenachfrage (etwa durch die Höhe der Lohnnebenkosten) und die Beziehungen zwischen Arbeitnehmern und Arbeitgebern (etwa durch die tarifvertragliche Regulierung von Kooperationschancen und Konflikten)« (S. 8).

Schließlich korrespondieren damit auch biographische Ordnungen und Lebensläufe. Zu erwägen ist, ob die hier in einem länderspezifischen Nebeneinander gruppierten Beschäftigungsordnungen nicht auch für zeitspezifische Trends der Veränderungen stehen; abzulesen z. B. an den in allen Ländern steigenden Frauenerwerbsquoten.

Diese Beschäftigungsordnungen sind insbesondere mit den Veränderungen in der Produktionsstruktur in Bewegung geraten. Esping-Andersen macht darauf aufmerksam, dass der Übergang von industriellen zu postindustriellen Beschäftigungsverhältnissen auch die Veränderung von Hierarchien impliziert. An die Stelle der industriellen Hierarchisierung nach Autorität und nach Fähigkeiten treten verschiedene Grade der Professionalisierung (vgl. Abb. 2.37).

Im Ländervergleich wird deutlich, dass mit dem Übergang zu postindustriellen Beschäftigungsverhältnissen ein Dilemma entsteht. Auf der einen Seite finden sich Länder, in denen ein hoher Grad der Professionalisierung mit einem hohen

The industrial hierarchy	The service hierarchy
Managers and executives	Professionals
Administrators, supervisors	Semi-professionals, technicians
Skilled manuals	Skilled service
Unskilled manuals	Unskilled service

Quelle: Esping-Andersen (1999, S. 107)

Abb. 2.37 Industrielle und postindustrielle berufliche Hierarchien

Grad der Exklusion von Beschäftigtengruppen verbunden ist. Auf der anderen Seite lassen sich Länder ausmachen, die sich dem Vollbeschäftigungsmodell annähern, dieses aber mit einer starken Polarisierung erkaufen – insbesondere durch den Beschäftigungszuwachs in der nicht-qualifizierten Dienstleistungsarbeit.

Prekarisierung von Beschäftigung

Die scharfe Abgrenzung von Erwerbsarbeit (mit einer hohen Zahl von Wochenstunden) und Nicht-Arbeit ist ein Charakteristikum der Arbeit im Kontext des industriell fordistischen Modells. Im Kontext der sich verändernden Muster der Arbeitsorganisation kommt es wie oben bereits angesprochen in jüngerer Zeit zu einer Deregulierung und Flexibilisierung von Arbeitsverhältnissen, die weit über das Muster von Vollzeit- bzw. Teilzeiterwerbsarbeit hinausgeht. Auch die Abgrenzung von Arbeit und Arbeitslosigkeit gerät angesichts von sogenannten 1-Euro-Jobs, von Aufstocker_innen und von verschiedenen Zuverdienstregelungen ins Wanken.

Aus der Perspektive von unbefristeten Vollzeitarbeitsverhältnissen lassen sich etwa die folgenden Beschäftigungsverhältnisse als abweichende und möglicherweise prekäre Beschäftigungsformen ausmachen:

• Leih- oder Zeitarbeit: Dieses Segment hat in den letzten Jahren einen erheblichen Zuwachs erfahren. Leiharbeiter_innen sind in der Regel bei einer Zeitarbeitsfirma angestellt und werden kurz- oder (nach dem Wegfall gesetzlicher Begrenzungen) auch längerfristig an Betriebe entliehen; sie werden nicht den Stammbelegschaften zugerechnet und werden schlechter entlohnt; sie fungieren häufig als Beschäftigungspuffer und werden nur marginal von der betrieblichen Interessenvertretung betreut. Leiharbeit betrifft inzwischen sowohl qualifizierte wie weniger qualifizierte Beschäftigte.
• Befristete Beschäftigungsverhältnisse: Befristungen finden sich in hohem Maße bei Berufseinsteigern, inzwischen aber auch in anderen Altersgruppen. Bei kurzen Beschäftigungsintervallen sind sie von wichtigen sozialen Sicherungsleistungen wie dem Arbeitslosengeld ausgeschlossen.
• Geringfügige Beschäftigung: Sie wird z. B. in Form sogenannter Minijobs (derzeit 450 €) als alleinige Erwerbstätigkeit oder in Ergänzung zu einer Haupterwerbstätigkeit ausgeübt. In nicht wenigen Bereichen haben diese Beschäftigungsformen Normalarbeitsplätze in Voll- und Teilzeit ersetzt.
• Teilzeitarbeit: Der Anteil der Teilzeitbeschäftigten hat sich kontinuierlich erhöht. Während die einen solche Beschäftigungsformen ›freiwillig‹ wählen, um z. B. angesichts eines schlechten Betreuungsangebots für Kinder Beruf

und Haushalt zu vereinbaren, ist es bei anderen Ersatz für eine gewünschte Vollerwerbsarbeit.

- Niedriglohnbeschäftigung: Über ein Fünftel aller Beschäftigten waren im Jahre 2018 Niedriglohnverdiener; das heißt, sie bekamen weniger als zwei Drittel des mittleren Einkommens (Median) aller Erwerbstätigen. Der Niedriglohnsektor bietet überwiegend kurz andauernde Beschäftigungsverhältnisse und ermöglicht nur selten den Aufstieg in besser bezahlte, sichere Jobs.

- Scheinselbstständigkeit: Hierunter werden formal Selbstständige oder freie Mitarbeiter gerechnet, deren Arbeitsverhältnis sich in der Bindung an das auftraggebende Unternehmen nicht von dem eines weisungsgebundenen Arbeitnehmers unterscheidet, die aber umgekehrt den typischen Risiken selbstständiger Beschäftigung ausgesetzt sind.

- Gig Economy: Im Kontext der sogenannten Gig Economy (z. B. Essenslieferdienste) ist ein neues Arbeitsmarktsegment entstanden, in dem Auftraggeber Aufträge an meist selbstständig tätige Auftragnehmer_innen (sogenannte Crowd- oder Clickworker) vergeben.

- Praktika: Während Praktika in vielen Bereichen dazu dienen, berufliche Erfahrungen zu gewinnen, sind sie in nicht wenigen (eher qualifizierten) Berufsfeldern zu einer mehr oder weniger regulären Vorstufe für berufliche Tätigkeiten geworden.

- Segment der Illegalität: Illegale Beschäftigungsverhältnisse bzw. die Beschäftigung von ›illegalen‹ Arbeitskräften findet sich insbesondere in der Haushalts- und Pflegearbeit, in der Landwirtschaft, in der Bauwirtschaft oder im Sexgewerbe.

Der Anteil der Beschäftigten in legalen Nicht-Normalarbeitsverhältnissen wird auf etwa ein Drittel aller Beschäftigten geschätzt. Für eine Bewertung dieser Entwicklung in der Beschäftigungsstruktur ist es bedeutsam, die verschiedenen Beschäftigungsverhältnisse zu kontextualisieren; so ist zu analysieren,

- ob diese auf mehr oder weniger freie Entscheidungen zurückgehen oder ob sie aus verschiedenen Gründen als erzwungen anzusehen sind,
- wie sie in den Haushaltskontext eingebunden sind,
- wie sie im Lebenskontext zu verorten sind.

Arbeitsteilung und Sozialstruktur

Unter sozialstruktureller Perspektive ist zunächst eine enorme Vielfalt an Formen der Arbeitsteilung und an damit verknüpften Arbeitsinhalten und Beschäftigungsverhältnissen zu konstatieren. Dennoch lassen sich einige Faktoren ausmachen, die systematisch für die Gestalt der Sozialstruktur von Bedeutung sind:

- der Anteil der in den Produktionsprozess eingebundenen Bevölkerung und der Grad der Einbindung,
- die geschlechtsspezifische Teilung von Arbeit, zwischen Erwerbsarbeit und Hausarbeit, zwischen verschiedenen Segmenten der gesellschaftlichen Produktion oder auch innerhalb der betrieblichen Hierarchien,
- die mit diesen Arbeiten verbundenen Bewertungen (schmutzig – sauber, leicht – schwer, eintönig – abwechslungsreich, verantwortungsvoll – ausführrend, ehrenhaft – unehrenhaft etc.),
- die unterschiedlichen Grade der Sicherheit von Beschäftigung in den verschiedenen Segmenten bzw. im Kontext verschiedener Beschäftigungsverhältnisse,
- die gesellschaftliche Verteilung von Qualifikationen
- und schließlich die Höhe und die Modi der Entlohnung der Arbeit.

Dies alles spiegelt sich auch in den Arbeits- und Sozialisationserfahrungen wider, die einzelne oder soziale Gruppen im Arbeitsleben oder als vom Arbeitsleben Ausgeschlossene machen. Das Arbeitsleben im weiteren Sinne ist der zentrale Ort, an dem abstrakte gesellschaftliche Ordnungen erfahrbar werden; hier macht der Untergebene Erfahrungen mit seinem Vorgesetzten und umgekehrt; hier ist die (räumliche) Teilung von ausführender, von verwaltender und von leitender Arbeit erfahrbar; hier werden Hierarchien in Titeln und Privilegien (Ausstattung der Arbeitsplätze oder der Kantine, Dienstwagen und Verkehrsmittel etc.) repräsentiert. Auch die ›Produkte‹ menschlicher Arbeit und ihre gesellschaftliche Wertschätzung und die Beziehung zu den Konsumenten dieser Produkte (helfend, beratend, dienend, ausführend etc.) sind für die Erfahrung von Arbeit bedeutsam.

Dieser Kosmos unterschiedlicher Arbeitserfahrungen bildet schließlich die Referenz für Zurechnungs- und Distinktionsverhältnisse, die sich auf der sozialstrukturellen Ebene dann z. B. in unterschiedlichen Sozial-Milieus ausdrücken können.

2.2.2.2 Arbeit in anthropologischer Perspektive

Arbeit ist – wie aus den vorherigen Überlegungen zu ersehen – mit unmittelbaren sinnlichen Erfahrungen am Arbeitsplatz und in Betrieben und Verwaltungen oder im häuslichen Zusammenhang verbunden. Diese Erfahrungen prägen auch die Sphäre der Nichtarbeit, z. B. indem bestimmte Belastungsmomente fortwirken, indem man sich zwischen den Anforderungen der Arbeitswelt und des übrigen Lebens zerrissen fühlt etc. In der zeitlichen Perspektive stellen sich über die Kumulierung dieser täglichen Erfahrungen mittelfristig z. B. Erfahrungen der Monotonie und der Sinnlehre, aber auch der Erfüllung und Anerkennung ein. Längerfristig gerinnen diese Arbeitserfahrungen zu Lebenserfahrungen, indem Beschäftigte Aufstiegs- oder Abstiegserfahrungen machen, indem sie Erfahrungen der Sicherheit oder Unsicherheit akkumulieren oder indem sich ein Lebensweg als mehr oder weniger erfolgreiches Berufsleben, als Patchwork-Biographie oder als Haus(frauen)leben gestaltet.

Was im Alltagsverständnis aber auch in der ökonomischen Perspektive unter dem Begriff ›Arbeit‹ auf einen Nenner gebracht wird, erweist sich als ausgesprochen vielgestaltig. Zunächst sollen – ohne Anspruch auf Vollständigkeit – einige wichtige Erfahrungsdimensionen, die mit menschlicher Arbeit verbunden sind, unterschieden werden.

Bezugspunkte von Arbeiten sind Stoffe bzw. Menschen; dabei weisen diese stofflichen oder sozialen Bezüge unterschiedliche Gerade der Vermitteltheit auf. Ein Metallstück kann mit einem einfachen Werkzeug bearbeitet werden, es kann Rohmaterial für ein komplexes Maschinensystem sein oder es kann Objekt des Handels oder mehr oder weniger fiktiver Finanzprodukte sein. Menschen können als einzelne ›Gegenstand‹ der (häuslichen oder professionellen) Erziehungsarbeit, einer Therapie oder Beratung sein; Arbeit kann sich auf kleine oder große Gruppen von Menschen beziehen oder sie kann sich eher vermittelt für die Handlungsspuren dieser Menschen interessieren, wenn ein Schadensfall zu rekonstruieren oder eine soziologische Theorie zu entwickeln ist.

Diesen Arbeiten stehen in unterschiedlichen Bezügen, sie sind in unterschiedlicher Weise eingebunden:

körperliche Bezüge: Jede Art der Arbeit ist ›körperliche‹ Arbeit. Die Arbeit ist mit spezifischen körperlichen Anforderungen z. B. physischer oder psychischer Art verbunden. Diese Anforderungen können als Belastung oder als Herausforderung, als Über- oder Unterforderung wahrgenommen werden. Mit diesen Erfahrungen sind körperliche Erlebnisse (Erfolg oder Misserfolg) verbunden. Spezifische Erfahrungen gehen darauf zurück, dass der Körper mit Werkzeugen und Maschinen in Wechselwirkung tritt, indem physische und psychische Tätigkeiten durch Maschinen unterstützt, erweitert oder ersetzt werden. Diese Mensch-Maschine-Beziehungen zeichnen sich durch unterschiedliche Grade der Belastung, der Autonomie, der Monotonie etc. aus. Die körperlichen Bezüge von Arbeit reichen weit über die eigentliche Arbeitssituation hinaus, indem die Arbeit in den Körpern Spuren hinterlässt: in Form von physischen und psychischen ›Krankheiten‹ oder ›Deformierungen‹, von physischen und psychischen ›Haltungen‹ etc. Auch viele der im Folgenden angesprochenen Modi der Einbettung von Arbeit wirken stets über den Körper auf die Arbeitenden ein und werden auf die eine oder andere Weise inkorporiert.

räumliche Bezüge: Verschiedene Arbeiten bzw. ihre Bezugsobjekte sind auf unterschiedliche Weise in Räumen verortet. Arbeiten finden an einem bestimmten oder an wechselnden Arbeitsorten, in verschiedenen Arbeitsumgebungen statt; die Arbeitsorte sind mehr oder weniger von Wohnorten getrennt. Auch die Bezugsobjekte der Arbeit weisen mehr oder weniger räumliche Bezüge auf. Durch globale Zusammenhänge oder das World-Wide-Web werden diese räumlichen Ordnungen modifiziert.

zeitliche Einbindungen: Die Arbeitszeit ist mehr oder weniger von der Lebenszeit abgegrenzt. Soweit solche Grenzen formell oder informell fixiert sind, nimmt die Arbeit unterschiedliche Zeitquanten am Tag, in der Woche, im Jahr, im Leben ein. Zudem entstehen über die Fixierung von Arbeitszeiten Zeitrhythmen unterschiedlichster Art oder auch nicht, wenn z. B. die Arbeit nicht über die Zeit, sondern über den Arbeits- oder Problemanfall bestimmt wird. Diese über die Arbeitszeit bestimmten Rhythmen stehen ihrerseits in Wechselwirkung mit körperlichen Zeitrhythmen, mit den Zeitrhythmen anderer Organisationen bzw. Personen (der Schule, des Lebenspartners) etc. Auch innerhalb der äußeren Klammer Arbeitszeit ist Arbeit zeitlich strukturiert: eher kalkulierbar z. B. durch einen Maschinentakt oder eigene Dispositionsspielräume, durch die Abfolge von Arbeitszeiten und Pausen, die Rhythmen eines Besucherstromes; eher weniger kalkulierbar z. B. durch nicht vorgesehene Probleme, durch die Zeitrhythmen von Kolleg_innen, durch eilige Aufträge, die Wünsche von Vorgesetzten etc. Ebenso führen verschiedene Entlohnungssysteme (Stücklohn, Zeitlohn, Erfolgsprämien oder das Fehlen einer Entlohnung) zu unterschiedlichen Zeitstrukturen.

betriebliche und soziale Einbindungen: Betriebe und Verwaltungen verfolgen unterschiedliche Ziele, sie wollen erfolgreich sein: im ökonomischen Sinne als *global player* oder als Kleinbetrieb, im Sinne der Effizienz als kommunale Verwaltung oder im Sinne öffentlicher Reputation und Anerkennung als politische oder weltanschauliche Organisation. Sie zeichnen sich durch mehr oder weniger komplexe Systeme der Organisation und damit auch der vertikalen (Hierarchie) und horizontalen Teilung (Konkurrenz, Kooperation) von Arbeit aus. Diese Teilungsverhältnisse können im horizontalen Sinne unterschiedlich differenziert, gegeneinander abgegrenzt und koordiniert sein, sodass am Ende sehr einfache oder sehr komplexe, mehr oder weniger spezifizierte Arbeitsanforderungen stehen. Auch die vertikalen Teilungsverhältnisse differieren je nach

Gliederungstiefe der Hierarchie, der Verteilung von Verantwortung und Gestaltungsmöglichkeiten etc. Mit diesen Teilungen der Arbeit sind unterschiedliche Stellungen im Sinne formaler Hierarchien oder im Sinne informaler Anerkennungsordnungen verknüpft. Damit sind auch unterschiedliche Möglichkeiten der formellen und informellen Interessenvertretung und Mitbestimmung verbunden. Schließlich spiegeln sich diese Teilungen in verschiedenen Formen und Quanten der Entlohnung wider. Diese Teilungsverhältnisse implizieren jeweils bestimmte soziale Strukturen, bestimmte Muster der Kooperation, der Konkurrenz. Tätigkeiten werden als Einzel- oder Gruppenarbeit verrichtet und sind in verschiedenster Weise mit den Arbeiten anderer verzahnt: z. B. über den Maschinentakt, über formale und informale Regeln, über Quasi-Märkte etc. Darüber entstehen positive (Kollegialität, Solidarität) oder negative Gemeinschaftserfahrungen (Isolation, Mobbing). Auch die Größe von Betrieben spielt eine wichtige Rolle für die betriebliche und soziale Einbindung von Arbeit.

biographische Einbindungen: die Arbeit und die damit verbundenen Möglichkeiten und Anerkennungsverhältnisse (Macht und Reichtum, Sinnerfüllung) bilden einen wichtigen Ankerpunkt von Lebensplänen; diese Erfahrungen verdichten sich im biographischen Verlauf zu Lebenserfahrungen. So werden Aufstiegs- und Abstiegserfahrungen (bezogen auf die elterliche oder die eigene Generation) gemacht; gemessen an spezifischen Lebensplänen, an geschlechtsspezifischen, milieuspezifischen oder berufsspezifischen Normalbiographien werden Erfahrungen des Erfolgs und des Scheiterns, der Kontinuität oder Gebrochenheit gemacht. Arbeitsverhältnisse werden als mehr oder weniger sicher bzw. kalkulierbar empfunden und erfahren.

Arbeit fungiert so als bedeutsame Quelle für Prozesse der Vergemeinschaftung und Vergesellschaftung.

Der Begriff der Arbeit

Begriffsgeschichtlich betrachtet hat sich das gesellschaftliche Verständnis von Arbeit erheblich verändert. Das betrifft zum einen die Frage, inwieweit Arbeitsverrichtungen vom übrigen Leben unterschieden wurden; zum anderen betrifft es das Selbst- und Fremdverständnis von Arbeit bzw. der Arbeitenden und die damit verknüpften Wertaussagen.

Christopher Hann verweist darauf, dass die Vorstellungen von einer – gegenüber anderen Verrichtungen abgrenzbaren – Arbeit eng mit den Wahrnehmungsformen von Zeit verknüpft sind. Mit Bezug auf ostasiatische Gesellschaften macht er deutlich, »dass die meisten landwirtschaftlichen Gesellschaften [zwar] mehrere Begriffe für Plackerei und Schinderei haben. Trotzdem ist der Gegensatz von Arbeit und Freizeit in unserem modernen Sinne eher selten zu finden. Werte sind eher an soziale Aspekte der Arbeit als an deren Nützlichkeit gebunden. Große zusammenarbeitende Gruppen werden zum Beispiel typischerweise bevorzugt« (2000, S. 28). Noch in den hauswirtschaftlichen Produktionszusammenhängen der frühen Neuzeit ist Arbeit in hohem Maße in den Kontext des familiären Lebens eingebunden; Betrieb und Familie (inklusive der Bediensteten) waren kaum getrennt.»Zwar war eine Familie bzw. eine Hausgemeinschaft rund um die Uhr beschäftigt, dennoch bildete sie nur bedingt eine Arbeitsgemeinschaft« (Dülmen 2000, S. 84).

In antiken Gesellschaften, in denen die Arbeit von Sklaven oder von nicht-bzw. unterprivilegierten Bürgern verrichtet wurde, herrscht dementsprechend (unter den Bürgern) die Auffassung vor, dass diese Formen der Arbeit eines freien Bürgers nicht würdig seien.»Wenn eine Tätigkeit mit einer Unterwerfung unter einen fremden Willen verbunden ist, verfällt der Tätige der sozialen Mißachtung; wer sich für seine Arbeit bezahlen lässt, erweckt den Eindruck des Sich-Verkaufens« (Nippel 2000, S. 61). Eine Veränderung dieser Werthaltung deutet sich in den frühchristlichen Gemeinden an, wo sich ansatzweise für alle eine moralische Verpflichtung zur Arbeit abzeichnet. Nippel verweist auf den Satz von Paulus ›Wer nicht arbeitet, soll auch nicht essen‹; die Herausbildung einer Arbeitsethik, die sich später in den Klöstern findet (ora et labora, dt.: bete und arbeite), vollzieht sich jedoch nur allmählich.

Auch in den frühen ständischen Modellen von Gesellschaft erhalten die Arbeitenden nun ihren Platz. Gesellschaft wird als eine funktionale nicht hierarchische Dreiteilung von Klerikern, Rittern und Arbeitenden begriffen, »›Gesellschaft‹ besteht durch die Kooperation der drei Stände. Arbeit wird hier erstmals als gesellschaftsnotwendig gesehen, auch wenn nicht alle Mitglieder der ›Gesellschaft‹ arbeiten. Der Stand derer, die arbeiten, der Stand der laboratores, ist dabei zunächst, im 11. Jahrhundert, durch die Arbeit der Bauern definiert; doch treten alsbald andere hinzu, Kaufleute zum Beispiel und die städtischen Handwerker, schließlich sogar die Professoren und die Intellektuellen an den neuen Universitäten« (Oexle 2000, S. 72 f.). Parallel zu dieser Veränderung von Denkmustern schließen sich diese Arbeitenden in Gilden und Zünften zusammen und entwickeln ein spezifisches Verständnis ihrer Arbeitstätigkeit. Eine weitere Prägung erfährt der Arbeitsbegriff über das Verhältnis von Arbeit und Armut: man unterschied nunmehr die Arbeitenden, die Arbeitswilligen und die Arbeitsunwilligen.

In der Reformation wird das frühchristliche Ideengut wieder aufgenommen. Die christliche Arbeits- und Berufspflicht wurde auf alle sozialen Gruppen bezogen, auch auf Adelige und Geistliche; umgekehrt wurde die Bedeutung der ›vita contemplativa‹ (weltabgewandtes beschauliches Leben) in Frage gestellt. »Reformatorische und staatlich-disziplinierende Interessen kamen hier zusammen. Die Aufforderung zu Arbeit und Fleiß (labor vincit omnia, dt.: ›Arbeit besiegt alles‹) mündete jedoch ein in ein düsteres Zwangsinteresse an der Unterdrückung unchristlichen Verhaltens. Alle Menschen sollten zu strenger Arbeit verpflichtet sein, wenn sie Anrecht auf Nahrung und Lebenssicherung haben wollten. Konsequent führte dies zur Konzeption und Erfindung des ›Arbeitshauses‹« (S. 81). Mit dem Begriff des Berufs (im Sinne von Berufung) erfährt die Arbeit eine religiöse Konnotation. Die Pflichterfüllung wurde zum höchsten Inhalt, »den die sittliche Selbstbetätigung überhaupt annehmen könne. Dies war es, was die Vorstellung von der religiösen Bedeutung der weltlichen Alltagsarbeit zur unvermeidlichen Folge hatte und den Berufsbegriff in diesem Sinn erstmalig erzeugte« (Weber 1920, S. 69). Dülmen macht zurecht darauf aufmerksam, dass solche Begriffsgeschichten eher den Wandel des Begriffs auf der ›oberen‹ theoretischen Ebene abbilden, dass man aber über »konkreten Arbeitsverhältnisse und die Einstellungen zur Arbeit (...) kaum Kunde« (2000, S. 80) habe. Für die frühe Neuzeit listet Dülmen sechs Charakteristika der Arbeit bzw. der Arbeitsorganisation auf (S. 83 f.):

- die Arbeitszeit ist saisonal, witterungsbedingt, familiär und regionalbedingt ausgesprochen ungleichmäßig verteilt
- es findet sich ein eher lockerer Wechsel von Arbeit und Fest
- die Arbeit war nur wenig gleichförmig und messbar
- die Arbeit fand im Wesentlichen im hauswirtschaftlichen Kontext statt, die Frauenwelt war nicht rigide von der der Männer getrennt
- neben denjenigen die lebenslang eine vom Vater vererbten Beruf ausüben, finden sich viele, die wechselnden Arbeiten nachgehen
- im Zentrum steht eher der Stolz auf den Besitz als der Stolz auf die Arbeit.

Die freie Lohnarbeit entwickelte sich zunächst in den europäischen Städten des Mittelalters; erst mit der Gewerbefreiheit und der Bauernbefreiung im 19. Jahrhundert wird sie zu einem massenhaften Phänomen. Mit der sich differenzierenden Lohnarbeit (außerhalb der Hauswirtschaft) und der Herausbildung der neuen sozialen Gruppe der Angestellten bilden sich neue schicht- und geschlechtsspezifische Konnotationen von Arbeit heraus; auch die Unterscheidung von Kopf- und Handarbeiten gewinnt an Bedeutung und wird in den Taylorschen Prinzipien festgeschrieben.

Die Soziologie tut sich mit dem Arbeitsbegriff recht schwer; das wird z. B. in soziologischen Einführungen oder in Lexika deutlich; hier scheint die eingangs dargestellte Scheidung der soziologischen von den ökonomischen Diskursen ihre Spuren hinterlassen zu haben. Am ehesten finden sich Bestimmungen zur Arbeit, die über eine ökonomische Bestimmung hinausgehen und die sozialisatorischen und identitätsstiftenden Momente in den Blick nehmen, im Bereich der Sozialpsychologie. Der Psychoanalytiker Günter Ammon kommt zu dem Schluss, dass sich im Laufe der Menschheitsgeschichte zwei Typen von Stellungnahmen finden lassen: Arbeit ist notwendig und wird nur unter dem Zwang der äußeren Lebensumstände verrichtet; Arbeit dient der Selbstverwirklichung des Menschen. Bourdieu unterscheidet zwischen den Extremen der durch äußeren Druck hervorgebrachten Zwangsarbeit und der scholastischen Arbeit des Künstlers oder Schriftstellers (2001, S. 260).

Arbeit als Zwang und Notwendigkeit

Freud hatte im Rahmen seiner Triebpsychologie die Arbeit dem Realitätsprinzip zugerechnet und ihr das trieborientierte Lustprinzip gegenübergestellt. Er ging davon aus, dass es zu den menschlichen Eigenschaften gehöre, dass diese »spontan nicht arbeitslustig sind« und dass diese Leidenschaft auch argumentativ nicht veränderbar sei. »Es scheint vielmehr, daß sich jede Kultur auf Zwang und Triebverzicht aufbauen muß; es scheint nicht einmal gesichert, daß beim Aufhören des Zwanges die Mehrzahl der menschlichen Individuen bereit sein wird, die Arbeitsleistung auf sich zu nehmen, deren es zur Gewinnung neuer Lebensgüter bedarf« (1927, S. 111). Freud kommt so zu einer scharfen Abgrenzung der Arbeit gegenüber Liebe, Freude und Spiel; er gibt »der Möglichkeit einer genuinen Bedürfnisbefriedigung durch Arbeit keinen Raum. Nur für verhältnismäßig wenige Menschen hat demnach die Arbeit eine besondere Qualität, nämlich in der Freude des Künstlers am Schaffen, in der Verkörperung eigener Phantasiegebilde, und im Erforschen der Lösung von Problemen und Erkennen der Wahrheit« (Ammon 1982).

Ähnliche Bestimmungen finden sich bei Marx: »Und der Arbeiter, der zwölf Stunden webt, spinnt, bohrt, dreht, baut, schaufelt, Steine klopft, trägt usw. – gilt ihm dies zwölfstündige Weben, Spinnen, Bohren, Drehen, Bauen, Schaufeln, Steinklopfen als Äußerung seines Lebens, als Leben? Umgekehrt. Das Leben fängt da für ihn an, wo diese Tätigkeit aufhört, am Tisch, auf der Wirtshausbank, im Bett« (1959, S. 401). Bei Marx findet sich aber auch eine fundamentale Kritik dieser Situation.

Arbeit als Selbstverwirklichung

Während Marx im Rahmen der kapitalistischen Produktionsweise die Entfremdung der Arbeit anprangert, geht er grundsätzlich davon aus, dass »das Individuum

›in seinem normalen Zustand von Gesundheit, Kraft, Tätigkeit, Geschicklichkeit, Gewandtheit‹ auch das Bedürfnis einer normalen Portion von Arbeit hat« (1983, S. 505). In seinen philosophisch-ökonomischen Manuskripten greift Marx auf Hegel zurück:»Das Große an der Hegelschen ›Phänomenologie‹ (…) ist also einmal, daß Hegel die Selbsterzeugung des Menschen als einen Prozess faßt, (…) daß er also das Wesen der Arbeit fasst und den gegenständlichen Menschen (…) als Resultat seiner eigenen Arbeit begreift. (…) Hegel steht auf dem Standpunkt der modernen Nationalökonomen. Er erfasst die Arbeit als das Wesen, als das sich bewährende Wesen des Menschen« (Marx 1968, S. 574).

Axel Honneth interpretiert die Marxsche Argumentation wie folgt:»das menschliche Subjekt, so ist seine Konstruktion zu verstehen, verwirklicht sich im Vollzug des Produzierens nicht nur selber, indem es seine individuellen Fähigkeiten schrittweise vergegenständlicht, sondern vollzieht in eins damit auch eine affektive Anerkennung all seiner Interaktionspartner mit, weil es sie als bedürftige Mitsubjekte antizipiert« (1992, S. 234). Auch Hannah Arendt spricht in ihrer Vita activa von drei menschlichen Grundtätigkeiten: Arbeiten, Herstellen und Handeln. »Sie sind Grundtätigkeiten, weil jede von ihnen einer der Grundbedingungen entspricht, unter denen dem Geschlecht der Menschen das Leben auf der Erde gegeben ist« (1998, S. 16).

Die Bedeutung von Arbeitserfahrungen

Das Verhältnis von Arbeit und Gesellschaft bzw. gesellschaftlichen Strukturen war ein zentrales Thema der Soziologin und Sozialpsychologin Marie Jahoda; sie hatte zu Beginn der 1930er Jahre eine berühmte Studie über Arbeitslose in der österreichischen Kleinstadt Marienthal durchgeführt. Aus der Beobachtung der psychischen Situation der Arbeitslosen zog sie wichtige Schlussfolgerungen: »Gleichgültig, ob man die Arbeit liebt oder hasst, sie ist in modernen Industriestaaten so organisiert, daß sie das tägliche Leben und Erleben der Beschäftigten notwendigerweise zutiefst beeinflusst; und weil die Erwerbstätigkeit in unserer Gesellschaft eine so zentrale Institution ist, geht dieser Einfluss über die in ihr Aktiven hinaus, formt Aspekte des Familienlebens, die Gestaltung der Freizeit und somit die normalen Lebensformen der gesamten Gesellschaft«. Im Anschluss an diese Überlegungen unterscheidet Jahoda fünf Kategorien von Erlebnissen, die mit der Organisation von Arbeit verknüpft sind:

- »Erstens erzwingt sie ein für industrielle Länder charakteristisches Zeiterlebnis. Arbeit muß zu einer bestimmten Zeit geleistet werden; sie teilt den Tag, die Woche, das Jahr und das ganze Leben in regelmäßige Perioden von Arbeit und Freizeit.

- Zweitens erweitert die Erwerbstätigkeit den sozialen Horizont der Menschen über die Familie und den engen Kreis von Nachbarn und selbstgewählten Freunden hinaus. Am Arbeitsplatz ist es unumgänglich, daß man mit anderen Menschen in Kontakt kommt, erfährt, was sie denken und fühlen, was sie erfreut und worunter sie leiden. Gerade weil man sich die Arbeitskollegen nicht selbst aussuchen kann und weil Kontakt mit ihnen weniger emotional ist als in der Familie, bereichert er das Wissen um die Welt.
- Drittens demonstriert die Erwerbstätigkeit täglich, daß die materiellen Bedürfnisse moderner Menschen nicht von einzelnen Individuen befriedigt werden können, sondern Zusammenarbeit von vielen benötigen. Der Arbeitsplatz zwingt die Menschen zu erkennen, daß eine Kollektivität mehr erreichen kann als ein einzelner, ob es sich nun um die Herstellung von komplizierten Produkten handelt oder um Anstrengungen, die Arbeitsbedingungen zu verbessern.
- Viertens bestimmt die Eingliederung der Menschen in den kollektiven Arbeitsprozeß ihren Platz in der weiteren Gesellschaft. Der Arbeitsplatz und die Berufskategorie, zu der man gehört, definieren die soziale Identität.
- Und schließlich, fünftens, erzwingt die Erwerbstätigkeit regelmäßige, systematische Tätigkeit, deren Zweck über persönliche Zwecke hinausgeht und den Arbeitenden an die soziale Realität bindet« (1984, S. 12 f.).

In der Marxschen Perspektive wurden diese Momente der Identifikation über Arbeit stets als eine Verkennung des Ausbeutungscharakters der Lohnarbeit begriffen. Bourdieu folgt dieser Perspektive, wenn er postuliert: »Die affektive Besetzung der Arbeit, also das Verkennen der objektiven Wahrheit der Arbeit als Ausbeutung, das in der Arbeit einen inneren, auf den bloßen Geldgewinn nicht reduzierbaren Gewinn finden läßt, gehört zu den realen Voraussetzungen des Arbeitens und Ausbeutens« (1997, S. 259). Angesichts der zentralen Bedeutung, die der Arbeitsprozess für Identitätskonstruktionen wie für Vergesellschaftungsprozesse hat, greift eine solche objektivistische und ökonomistische Reduktion auf Prozesse der Ausbeutung jedoch zu kurz.

Somatisierung von sozialen Differenzen

In der Lohnarbeitsgesellschaft finden sich bewährte Momente der Differenzierung und Hierarchisierung von Arbeit wieder. All diesen Momenten ist gemein, dass sie die so konstruierten Hierarchien somatisieren, mit dem Körper in Verbindung bringen. »Die soziale Welt behandelt den Körper wie eine Gedächtnisstütze. Sie prägt in ihn, vor allem in Form sozialer Einteilungsprinzipien, die die Umgangssprache in Gegensatzpaare verdichtet, die fundamentalen Kategorien einer Weltsicht (oder, wenn man das vorzieht, eines Wert- oder Präferenzsystems) ein« (Bourdieu 1997, S. 167 f.). Neben der Unterscheidung von männlicher und weiblicher Arbeit sollten hier auch andere »Hauptgegensätze der gesellschaftlichen Arbeitsteilung (Theorie/Praxis, Konzeption/Ausführung, geistig/körperlich usf., d. h. vornehm/vulgär)« berücksichtigt werden.

Bourdieu beschreibt am Beispiel der geschlechtsspezifischen Teilungen den dahinter stehenden Essentialismus, die Vorstellung einer Naturalisierung sozialer Differenz. »Der Sexismus ist ein Essentialismus: wie der ethnische oder der Klassenrassismus will er geschichtlich instituierte gesellschaftliche Unterschiede einer biologischen Natur zurechnen, die als eine Essenz fungiert, aus der unerbittlich alle Daseinsakte sich ableiten. Und unter allen Formen von Essentialismus ist er vermutlich am schwersten zu überwinden. Denn in diesem Fall findet die Transformation eines willkürlichen Produktes der Geschichte in Natur eine scheinbare Grundlage ebenso in den Erscheinungsformen des Körpers wie in den sehr realen Effekten, die, in den Körpern und in den Köpfen, d. h. in der Wirklichkeit und in den Vorstellungen von der Wirklichkeit, die Jahrtausende alte Arbeit an der Vergesellschaftung des Biologischen und der Biologisierung des Gesellschaftlichen erzeugt hat« (S. 169).

Alfred Sohn-Rethel ist der Geschichte dieser Teilungen am Beispiel der Scheidung von körperlicher und geistiger Arbeit nachgegangen. Während er frühe Formen der Teilung bereits in den technologischen Entwicklungen der Bronze-Gesellschaft lokalisieren kann, begreift er insbesondere die Herausbildung der frühen (Natur)-Wissenschaft als einen wesentlichen Faktor, der solche Teilungen verfestigt hat. Am Beispiel der Analysen Galileis zur Beschreibung der Geschosskurve verdeutlicht er, wie beobachtbare Vorgänge in eine abstrakte mathematische Beschreibung übersetzt und experimentell überprüfbar gemacht werden. »Durch dieses von Galilei begründete Verfahren wurde exakte Naturerkenntnis in reine Geistesarbeit verwandelt und von jeder Abhängigkeit von der handwerklichen Einheit von Hand und Kopf, daher auch von aller Mitwirkung der im kapitalistischen Produktionsprozeß beschäftigten manuellen Lohnkräfte emanzipiert« (1972, S. 162).

Umgekehrt sollten jedoch z. B. die Bourdieuschen Diagnosen zur Naturalisierung und Somatisierung sozialer Differenz nicht selbst einer solchen Naturalisierung unterliegen; sie sind – ganz im Sinne Bourdieus – im Kontext gesellschaftlicher Auseinandersetzungen zu begreifen. Soziale Bewegungen wie die Gesellenbewegung (der ehrbare Handwerker), später die Arbeiterbewegungen (der einfache körperlich kräftige männliche Arbeiter), die erste und zweite

Frauenbewegung (die emanzipierte Frau) oder die rassismuskritischen Bewegungen (die postmigrantische Bürgerin) hatten stets auch eine Überwindung dieser Anerkennungsordnungen zum Ziel.

Arbeit, Sozialisation, Identität

Die hier angestellten Überlegungen zur Struktur von Arbeitserfahrungen und zum Zusammenhang von Arbeits- und Lebenserfahrungen verdeutlichen, dass den verschiedenen Formen der Arbeit oder der Antizipation von Arbeit eine wichtige Funktion in Sozialisationsprozessen zukommt. Auch die stets körperliche Vermitteltheit von Arbeitserfahrungen unterstützt diesen Zusammenhang. Die Sozialisationsleistungen schlagen sich schließlich in den so sozialisierten Individuen, in ihrer Persönlichkeit, ihrer Identität, ihrem Weltverständnis nieder.

So geht es in der beruflichen Sozialisationsforschung um die Frage, »wie sich subjektives Arbeitsvermögen mit Berufsvorstellungen, technisch und organisatorisch bestimmten Arbeitsanforderungen vermittelt, zu Persönlichkeitsstrukturen sowie fachlichen Qualifikationen und sozialen Kompetenzen führt, die im Arbeitsprozeß benötigt werden und Berufsbiographien ermöglichen« (Heinz 1995, S. 12). Der angesprochene Vermittlungsprozess wird erläutert: »Berufliche Anforderungen und Arbeitssituationen prägen das Arbeitshandeln nicht direkt; vielmehr erweisen sich berufliche Sozialisationsprozesse als konstitutiv für den Aufbau von Arbeitsverständnis und beruflicher Identität sowie der Kompetenz zur Gestaltung des Erwerbsverlaufs, die ihrerseits auf das berufliche Handeln einwirken« (S. 13).

Leider beziehen sich große Teile der Forschung zu diesen Aspekten von Sozialisationsprozessen auf die vorberufliche oder frühe berufliche Sozialisation; die darüber hinaus gehenden Prägungsprozesse eines Jahrzehnte währenden Arbeitslebens werden selten berücksichtigt.

Die gesellschaftliche Bedeutung der Arbeit

Richard Münch greift zur Charakterisierung moderner Gesellschaften den Begriff der ›Arbeitsgesellschaften‹ auf: Arbeit »dient nicht nur der materiellen, sondern auch der sozialen und kulturellen Reproduktion der Gesellschaft. Der einzelne Mensch sichert durch seine Arbeit nicht nur seinen materiellen Lebensunterhalt, sondern auch seinen sozialen Status, sowohl in seiner Mikrowelt alltäglicher sozialer Beziehungen als auch in der Makrowelt der Gesellschaft im Ganzen. Er braucht die Arbeit aber auch, um seine persönliche Identität zu bilden und sich zu verwirklichen. Die Gesellschaft organisiert mit der Arbeit nicht nur das materielle Überleben, sondern auch ihren sozialen Zusammenhalt und ihren kulturellen Horizont« (2001, S. 78).

Diese bisherigen Analysen haben deutlich gemacht:

- Arbeit wird körperlich und sinnlich erfahren, indem man mit Menschen, Stoffen oder Maschinen umgeht und indem sie mit physischen oder psychischen Belastungen einhergeht.
- Arbeit wird sozial erfahren, indem man mit Menschen Beziehungen eingeht, die sich als hierarchische oder als Machtbeziehungen gestalten, indem man also Erfahrungen der Über- und Unterordnung macht. Sie können sich aber auch mehr oder weniger kooperativ gestalten; man erfährt Zusammengehörigkeit oder Solidarität.
- Schließlich verdichten sich all diese Erfahrungen im Lebenslauf zu Erfahrungen der Sicherheit oder der Unsicherheit, der Macht oder der Ohnmacht, des sozialen Aufstiegs oder Abstiegs, des Erfolgs oder Misserfolgs.

Das Feld der gesellschaftlichen Arbeit ist stets auch ein Feld sozialer Kämpfe gewesen: »es handelt sich dabei um den praktischen Prozeß, in dem individuelle Erfahrungen von Mißachtung in einer Weise als typische Schlüsselerlebnisse einer ganzen Gruppe gedeutet werden, daß sie als handlungsleitende Motive in die kollektive Forderung nach erweiterten Anerkennungsbeziehungen einfließen können« (Honneth 1992, S. 260). Aus diesen Konflikten sind die sozialen Bewegungen hervorgegangen, die einen großen Beitrag zur zivilgesellschaftlichen Einhegung des gesellschaftlichen Produktionsprozesses geleistet haben: das betrifft insbesondere die Arbeiterbewegung; aber auch in den Frauenbewegungen und den rassismuskritischen Bewegungen spielten die Kämpfe um Ausgrenzungen, um gleiche Löhne und Arbeitsbedingungen oder heute auch um die Möglichkeiten des Aufstiegs in Führungspositionen eine zentrale Rolle.

2.2.2.3 Arbeitsteilungen – Mechanismen der Zuweisung von Arbeiten zu Personen

Bislang wurden ganz unterschiedliche Merkmale beschrieben, nach denen sich Arbeiten unterscheiden: nach ihrer Verortung im gesellschaftlichen Produktions- und Reproduktionsprozess, nach typischen Arbeitserfahrungen sowie nach Graden der Anerkennung. Summarisch betrachtet lassen sich diese Prozesse als Rankingprozesses klassifizieren. Von zentraler Bedeutung für die soziale Strukturierung von Gesellschaften ist nun die Frage, nach welchen Mechanismen die Zuweisung von Arbeiten zu bestimmten Personengruppen erfolgt, wie dauerhaft diese Zuweisungen sind und wie solche Zuweisungen legitimiert werden. Zusammenfassend kann hier von Sortingprozessen gesprochen werden.

Das Problem der Organisierung und Legitimation der Zuweisung von Arbeiten zu Personen ist historisch betrachtet ein recht neues Problem: in den hauswirtschaftlichen Produktionsformen dominierten geschlechts- und generationsspezifische Regeln der Zuweisung; in den ständischen Feudalgesellschaften kommen »zwei völlig neue Strukturmomente der Verteilung auf, – und zwar erstens eine klare, rechtlich und politisch fixierte Unterteilung der ganzen Gesellschaft in zwei (später drei) Gruppen oder ›Stände‹ mit klarer Aufgabenteilung, nämlich Feudalherren und Bauern, und zweitens das Element des Vertrags als eines Rechtsinstruments, um Geben und Nehmen, Rechte und Pflichten der wechselseitig aufeinander angewiesenen Stände zu regeln« (Beck et al. 1980, S. 27). Damit werden die Verhältnisse der Teilung von Arbeit erstmals als etwas zu Regelndes begriffen.

Die verschiedenen Mechanismen der Zuordnung von Arbeiten zu spezifischen Personengruppen sollen im Folgenden aufgeschlüsselt werden. Grundsätzlich lassen sich stets zwei Momente aufzeigen. Die zu verrichtenden Arbeiten werden in einer spezifischen Weise etikettiert und damit korrespondierend werden Personengruppen etikettiert, so dass es zu einem Passungsverhältnis kommt und die Zuweisung als legitimiert erscheint. So werden z. B. Frauen bestimmte Eigenschaften zugeschrieben: z. B. geringere physische Kräfte, Feinmotorik, soziale Kompetenzen, emotionale Intelligenz, Interesse an Zuverdienst und flexiblen Arbeitszeiten. Umgekehrt werden Arbeitsplätze so konzipiert und etikettiert, dass es zu Passungen mit diesen Zuweisungen kommt.

Auch das Zuweisungsprinzip Beruf funktioniert auf diese Weise. So werden einerseits potentielle Arbeitskräfte so qualifiziert, dass sie dem Anforderungsprofil eines bestimmten Berufsbildes entsprechen und dass sie über das typische (praktische und theoretische) Wissen, die typische Arbeitsethik etc. verfügen. Umgekehrt werden Betriebe und Verwaltungen so strukturiert, dass die dort entstehenden Arbeitsplätze über bestimmte berufliche Merkmale voneinander unterschieden werden können. Dieses Muster der doppelten Zuweisung findet sich schon in der frühneuzeitlichen Gesellschaft; auf der einen Seite werden bestimmte gesellschaftliche Gruppen – zunächst nur die Patrizier – als ehrbar etikettiert; zugleich werden bestimmte Berufe als ehrbar oder unehrenhaft deklariert, so dass es zu einer Entsprechung kommt.

In der folgenden Darstellung soll zum einen die Rolle von Arbeitsmärkten für die Zuweisung von Personen zu Positionen untersucht werden; zum anderen wird es darüber hinaus um die Zuweisung von Positionen nach geschlechtsspezifischen Momenten gehen.

Arbeitsmärkte und Arbeitsmarktsegmente

Aus ökonomischer Perspektive werden Verhältnisse der Arbeitsteilung über den Arbeitsmarkt vermittelt. Seitens der ökonomischen Theorie finden sich zwei Theorieansätze, die versuchen, Aussagen über die Funktionsweise von Arbeitsmärkten und damit auch über die Höhe von Arbeitseinkommen zu machen: der Ansatz der dominierenden neoklassischen Konzepte und der so genannte Humankapitalansatz.

Das neoklassische Modell

Aus neoklassischer Perspektive dürften längere Arbeitslosigkeitsphasen, die über eine kurzfristige Such-Arbeitslosigkeit hinausgehen, nicht auftreten, da ein rationaler Arbeitskraftanbieter bei längerer Arbeitslosigkeit bereit ist, den Preis der von ihm angebotenen Ware Arbeitskraft soweit zu senken, dass es für Nachfrager von Arbeitskraft rational ist, diese einzukaufen. Damit wäre das zuvor bestehende Marktungleichgewicht, eine Nichtentsprechung zwischen den Lohnvorstellungen der Anbieter und Nachfrager, verschwunden.

Ausgehend von diesen Überlegungen, die im Idealfall zu einer Markträumung führen müssten, wird überlegt, welche Faktoren das dennoch beobachtbare Phänomen längerfristiger Arbeitslosigkeit bedingen. Diese werden in den Markteingriffen gesehen, wie sie durch die Tarifparteien (gesetzlich abgesicherte Flächentarifverträge, die ein ›zu hohes Lohnniveau‹ festschreiben) oder durch den Staat (Kündigungsschutz, hohe Lohnnebenkosten, Mindestlöhne) vorgenommen werden. Dementsprechend werden politische Forderungen nach einer Deregulierung der Arbeitsbeziehungen erhoben.

Die Annahmen, die dem neoklassischen Modell vorausgesetzt werden müssen, sind jedoch ausgesprochen komplex: »(1) Auf dem Arbeitsmarkt handeln rationale, vollständig informierte Akteure mit eindeutig definierten Präferenzen. (…) (2) Betrachtet wird ein perfekter Markt mit ausreichend vielen Anbietern und Nachfragern, so dass die Akteure unter vollständiger Konkurrenz agieren. (…) Ausgeschlossen werden somit beispielsweise Monopolsituationen, in denen der Monopolist den Preis eines Gutes bestimmt. (3) Das hierbei getauschte Gut ›Arbeit‹ ist homogen und beliebig teilbar, d. h. es wird davon ausgegangen, dass alle Arbeitnehmer bezüglich ihrer Fähigkeiten und der geleisteten Arbeit gleich sind (…). (4) (…) Eine Veränderung von Arbeitsnachfrage und -angebot [schlägt sich] unmittelbar in einer Änderung des Lohnniveaus auf dem Arbeitsmarkt nieder (…). (5) Die Akteure haben keine Präferenzen für bestimmte Tauschpartner. (6) Es existieren keine institutionellen oder kulturellen Beschränkungen. (…) Dies bedeutet (…) implizit auch, dass die Arbeitnehmer vollkommen mobil sind« (Abraham und Hinz 2005, S. 21).

An dieser Zusammenstellung der Vorsetzungen wird deutlich, wie groß die Diskrepanz zwischen Modellannahmen und den beobachtbaren Rahmenbedingungen des Arbeitsmarktgeschehens ist, so dass zu fragen ist, ob ein solches Modell einen brauchbaren Analyserahmen abgeben kann.

Humankapitalansatz

Ein anderes analytisches Konzept liegt dem Humankapitalansatz zu Grunde; hier interessiert man sich insbesondere für die ›Qualität‹ der zu tauschenden Ware Arbeitskraft. Im Gegensatz zu der Austauschbarkeitsannahme des neoklassischen Ansatzes wird die angebotene Arbeitskraft in ihrer Spezifik begriffen. Der Arbeitnehmer wird gewissermaßen als Unternehmer seiner eigenen Arbeitskraft begriffen, der versucht, die von ihm angebotene Ware zu optimieren, um sie am Arbeitsmarkt gewinnbringend verkaufen zu können. »Er sucht sein ›Kapital‹ durch Schulabschlüsse, ›on-the-job training‹, Mobilität, Informationen über die besten Arbeitsbedingungen und Einkommenschancen, Vorsorge für die Erhaltung der Gesundheit, Fitness etc. zu erhalten und zu vermehren. Er investiert daher in sein Arbeitsvermögen, um einen Wettbewerbsvorteil auf Grund seiner Qualifikation zu erlangen« (Mikl-Horke 2007, S. 253). Gegenüber dem neoklassischen Ansatz bietet die Humankapitalperspektive erhebliche Vorteile, sie verzichtet jedoch auf den weitreichenden Erklärungsanspruch der Neoklassik. Weitere Ausführungen zum Humankapitalkonzept im Sinne Gary Beckers finden sich im Abschn. 2.4.2.1.

In Auseinandersetzung mit diesen originär ökonomischen Konzepten werden ergänzende bzw. alternative Erklärungsmodelle vorgeschlagen:

- die Differenzierung nach Arbeitsmarktsegmenten, die sich nach unterschiedlichen Zugangsmustern und Binnenlogiken unterscheiden.
- institutionelle Ansätze, die nach verschiedenen Berufsfeldern oder erwerbsstrukturierenden Institutionen differenzieren.

Arbeitsmarktsegmente

Robert Averitt hat mit dem Modell der *Dual-Economy* eine Unterscheidung von Unternehmen nach ihrer Wettbewerbsposition und den damit verbundenen Beschäftigungsstrategien vorgeschlagen: *Core-* und *Periphery-Firms*. Auch Doeringer und Piore (1971) differenzieren zwei Segmente in einem vertikal geteilten Arbeitsmarkt. Der primäre oder auch interne Arbeitsmarkt umfasst zutrittsbeschränkte Arbeitsplätze, die relativ gute Entlohnungen und Arbeitsbedingungen für gut ausgebildete Arbeitskräfte eröffnen. Arbeitsplätze dieser Art finden sich vornehmlich in Großunternehmen und tendenziell eher in den modernen und technologisch fortgeschrittenen Sektoren der Wirtschaft. In diesem Segment bestimmen eher administrative Regeln und Verwaltungsabläufe das Geschehen. In einer Rückschau auf seine damalige Arbeit ergänzt Piore »I would define it more broadly to include not simply administrative rules but also social practices and customs, and I would think of its boundaries as socially defined as well, not necessarily coincident with the boundaries of a formal organization« (2002, S. 272). Die Herausbildung der internen Arbeitsmärkte ist für Piore mit dem hohen Spezialisierungsgrad in der damaligen fordistischen Massenproduktion verknüpft (2002, S. 274).

Der sekundäre oder externe Sektor umfasst demgegenüber eher Arbeitsplätze in kleineren und mittleren Betrieben, in technologisch weniger entwickelten und prosperierenden Branchen. Zudem werden auch die Randbelegschaften in Großbetrieben, die in weniger gesicherten Beschäftigungsverhältnissen tätig sind, diesem Segment zugerechnet. Zudem wird in dem Modell davon ausgegangen, dass beide Segmente deutlich voneinander abgeschottet sind.

In Anknüpfungen an das Zwei-Sektoren-Modell wurde für Deutschland von Lutz und Sengenberger eine Dreiteilung vorgeschlagen. So solle ein betriebsinterner Teilarbeitsmarkt – ähnlich wie im Zwei-Sektorenmodell –, ein berufsfachlicher Arbeitsmarkt und ein unstrukturierter ›Jedermann-Arbeitsmarkt‹ unterschieden werden:

- Der betriebsinterne Markt bietet dem großen Unternehmen eine relative Autonomie von externen Märkten und eine hohe Flexibilität im Einsatz von Arbeitskräften, die Konkurrenz mit anderen Nachfragern von Arbeitskraft wird minimiert. Beschäftigte werden betriebsspezifisch qualifiziert und somit an das Unternehmen gebunden; die Mobilität über die Betriebsgrenzen hinaus wird somit stark eingeschränkt. In späteren Fassungen des Ansatzes verweisen Lutz und Sengenberger noch auf weitere Binnendifferenzierungen innerhalb des betriebsinternen Marktes, indem sie zwischen stärker geschützten Kern- und wenig geschützten Randbelegschaften unterscheiden.
- In den berufsfachlichen Marktsegmenten sind die Beschäftigten weniger an den Betrieb als an einen bestimmten Beruf oder eine andere fachliche Etikettierung gebunden – so betrachtet hat man es nicht mit einem, sondern mit sehr vielen Segmenten zu tun. Der Eintritt in diese Märkte ist an eine Zertifizierung von Fähigkeiten – z. B. ein spezifischer Hochschulabschluss, ein Gesellen- oder ein Facharbeiterbrief – gebunden; darüber wird eine besondere Selektion sichergestellt. Verglichen mit der betriebsinternen und betriebsspezifischen Qualifizierung erfolgt die Qualifizierung hier vornehmlich außerhalb

des Betriebs im System der schulischen und beruflichen Bildung. Diese allgemein anerkannte Qualifizierung ermöglicht es den Beschäftigten dieses Segments, den Betrieb zu verlassen und innerhalb ihres berufsfachlichen Segments in einem anderen Betrieb, der z. B. einen höheren Lohn zahlt, tätig zu werden. Die formalisierten Zugangsvoraussetzungen zu diesem Segment führen insbesondere gegenüber Arbeitsmigrant_innen zu einer sozialen Schließung angesichts der restriktiven Praktiken der Anerkennung von schulischen und beruflichen Abschlüssen, die nicht in Deutschland erworben wurden. Dieses Beschäftigungssegment ist vor allem für Deutschland und andere Länder mit einem differenzierten System der beruflichen Bildung bedeutsam; für den Zutritt zu diesem Segment spielen nicht Fähigkeiten oder Qualifikationen eine Rolle, sondern nur deren (anerkannte) Zertifizierung. Verglichen mit dem betriebsspezifischen Segment, das eher als Amalgam von Markt und Hierarchie zu charakterisieren ist, lassen sich die einzelnen berufsfachlichen Segmente durchaus sinnvoll im Sinne von Märkten beschreiben. Auf die historische wie aktuelle Bedeutung von Berufen zur Strukturierung von Arbeit wird weiter noch gesondert eingegangen (s. Abschn. 5.2.7).

• In den unspezifizierten so genannten Jedermann-Arbeitsmarkt – angesichts der empirischen Befunde besser Jederfrau-Arbeitsmarkt – werden all jene Beschäftigten gezwungen, denen die Voraussetzungen für den Eintritt in die beiden anderen Segmente verwehrt geblieben sind, die also nur über geringe Qualifikationen, über nicht-anerkannte Qualifikationen oder entwertete Qualifikationen (z. B. durch längere Erwerbsunterbrechungen, Qualifikationen in aussterbenden Berufen, veraltete Qualifikationen, Überangebot der spezifischen Qualifikation) verfügen oder die spezifische ›Defizite‹ gegenüber dem Durchschnitt der Beschäftigten aufweisen (unzureichende bzw. nicht angepasste Sprach- oder Sozialkompetenzen, gesundheitliche Einschränkungen etc.). Da das Qualifikationsniveau gering ist und in der Regel keine Möglichkeiten der Weiterqualifizierung bestehen, kann der Arbeitsplatz ohne Qualifikationsverlust gewechselt werden, um z. B. höhere Löhne zu erzielen. D. h. dieses Segment funktioniert eher als ein im Sinne der Neoklassik reiner Markt. In diesem unspezifizierten Segment finden sich z. B. die untersten wenig geschützten Beschäftigungsbereiche von Großunternehmen, Beschäftigte in wenig spezialisierten Zuliefererbetrieben, in einfachen Dienstleistungstätigkeiten etc.

Erwerbsstrukturierende Institutionen

Verschiedene Momente der hier vorgeschlagenen Modelle korrespondieren mit der Unterscheidung von erwerbsstrukturierenden Institutionen, wie sie Ludger

Bestimmungs-dimension / Soziale Institution	Hauptsächliche Handlungsressource	Dominante Handlungsnorm	Hauptsächliches Kommunikationsmedium	Kontext/*setting*
Soziales Netzwerk	Soziales Kapital	Wechselseitige Verpflichtungen und Gunst; generalisierte Reziprozität	Vertrauen, nicht-monetarisierter Tausch; traditioneller *Status*	Nichtstandardisier- und nichtquantifizierbarer Austausch, affektuelles *framing*
Markt	Ökonomisches Kapital	Wettbewerb, Optimierung individ. Gewinns; Interesse	Geld; Äquivalententausch; *Vertrag*	Berechenbare, anonym tauschbare Güter
Beruf	Kulturelles Kapital	Berufsehre, wissenschaftliches Wissen und Ethos	Zertifikate, Ehre/ Reputation, Zünfte traditioneller *Status*	Individuengebundene, standardisierte Ressourcen
Organisation	Organisationales/ positionales Kapital	Organisational gesetzte Regeln, Funktionen, Kompetenzen; Interesse, Loyalität/ begrenzte Reziprozität	Formelle/ informelle Normen Hierarchie, Anordnung, Entscheidung	Rollenübernahme und Funktionsausübung
Öffentliches Regime	Politisches Kapital	Normen- und Regelorientierung, staatl. Zwang	Gesetze, (Tarif-) Verträge, Vereinbarungen; moderner Bürger-*Status*	*contested terrains,* widerstreitende Interessen

Quelle: Pries (2010, S. 32)

Abb. 2.38 Erwerbsstrukturierende Institutionen

Pries entwickelt hat. Pries hat diesen Vorschlag in kritischer Auseinandersetzung mit vorliegenden Arbeitsmarktmodellen entwickelt. Seine Kritik richtet sich gegen die durchgängig ökonomische Orientierung dieser Ansätze sowie gegen die vorherrschende Orientierung an Normalarbeitsverhältnissen, die dazu führen, dass die vorliegenden Modelle nur für bestimmte Industrieländer brauchbar seien (vgl. Abb. 2.38).

Soziale Netzwerke d. h. familiäre und familienähnliche Zusammenhänge rechnen zu den ältesten Institutionen, in denen Arbeit und Arbeitsteilungen organisiert werden. Auch in entwickelten Marktgesellschaften behalten soziale Netzwerke eine wichtige Funktion, z. B. wenn es um den Zugang zu Arbeits- und Ausbildungsplätzen geht, die an die Kinder von Betriebsangehörigen vergeben werden, oder wenn im Rahmen von Familiendynastien ganze Unternehmen organisiert werden. Der sozialen Institution des *Marktes* kam insbesondere mit der Entwicklung des Industriekapitalismus und der freien Lohnarbeit eine wichtige Rolle für die Strukturierung der Erwerbsarbeit zu; es ist jedoch zu beachten, dass auch hier die Arbeitsmärkte stets mehr oder weniger stark staatlich reguliert werden. Verglichen mit den Märkten spielten die *Berufe* und berufliche Zertifizierungen schon weitaus früher eine wichtige Rolle für die Organisation und den Ausweis des menschlichen Arbeitsvermögens. Soziale *Organisationen* spielen insbesondere mit der Herausbildung von Großbetrieben und damit komplexen innerbetrieblichen Arbeitsmärkten eine wichtige Rolle. Schließlich wird auch auf die Bedeutung *öffentlicher Regime* verwiesen, die schon im Mittelalter die Verausgabung von Arbeit regulierten, denen aber dann mit der staatlich geschützten Koalitionsfreiheit eine weitaus größere Bedeutung zukommt, indem durch Gesetze, Tarifverträge oder betriebliche Vereinbarungen Erwerbsarbeit reguliert wird. Über den Verweis auf die mit diesen Institutionen verbundenen Handlungsressourcen bzw. -normen und Kommunikationsmedien werden die Spezifika dieser verschiedenen Regulationsinstanzen erkennbar.

Berufe als soziale Organisationsformen von Arbeitsvermögen

Wie bereits bei Pries angesprochen spielen historisch betrachtet die Berufe eine wichtige Rolle für die Organisation und Abgrenzung von Arbeiten. Ulrich Beck und seine Kollegen interessierten sich in ihrer 1980 erschienenen ›Soziologie der Arbeit und der Berufe‹ für Berufe als eine mögliche »›soziale Organisationsformen von Arbeitsvermögen‹«. Sie werden als eine »dauerhafte, standardisierte, auf einer Spezialisierung der Fähigkeiten beruhende Form der Bereitstellung von Arbeitsvermögen« verstanden. Genauer bestimmen sie den Berufsbegriff wie folgt: »In diesem Sinne können wir Berufe definieren als relativ tätigkeitsunabhängige, gleichwohl tätigkeitsbezogene Zusammensetzungen und Abgrenzungen von spezialisierten, standardisierten und institutionell fixierten Mustern von Arbeitskraft, die u. a. als Ware am Arbeitsmarkt gehandelt und gegen Bezahlung in fremdbestimmten, kooperativ-betrieblich organisierten Arbeits- und Produktionszusammenhängen eingesetzt werden« (Beck et al. 1980, S. 20). In dieser Definition wird deutlich, welche Funktionen Berufe für den Tauschprozess am Arbeitsmarkt haben; sie fungieren wie ein System sprachlicher Codes, das zum einen von ›Arbeitgebern‹ genutzt wird, um ihre Nachfrage nach einem bestimmten Arbeitsvermögen zu spezifizieren; zum anderen wird es von Arbeitssuchenden genutzt, um das in Ausbildungen gewonnene Arbeitsvermögen auszuweisen. Dementsprechend definiert Friedrich Fürstenberg aus der Beschäftigtenperspektive Beruf »als eine spezifische Form der Erwerbstätigkeit, die auf einer relativ dauerhaften Verbindung von systematisch in Lernprozessen erworbenen Qualifikationen mit entsprechenden Tätigkeitskomplexen beruht und ihrem Träger einen gesellschaftlich anerkannten Status sowie Handlungskompetenz im Rahmen sanktionierter Regelbindung vermittelt« (2000, S. 20, im Orig. kursiv).

Schon in vorindustriellen Gesellschaften drückten sich in der Struktur der Berufe wichtige soziale Differenzierungen aus; dies setzt sich in der Phase der Industrialisierung fort.

Es zeigt sich, dass »trotz aller einschneidenden Veränderungen in Qualifikationsbedarf und Berufsstruktur die ›soziale Ungleichheit‹ der Berufe, ihre Bindung an ganz bestimmte soziale Milieubedingungen und Schichthintergründe, eher verstärkt und intensiviert als gelockert wird. Damit aber werden Berufe zu wesentlichen Medien der Reproduktion und Stabilisierung dieser sozialen Ungleichheiten. Aufgrund der mit ihr verbundenen Aufrechterhaltung schichtspezifischer Ausbildungs- und Beschäftigungsmonopole dient die Struktur der Berufsschneidung so indirekt auch der Aufrechterhaltung und Durchsetzbarkeit der betrieblichen Arbeitsplatz- und Bezahlungshierarchie« (Beck et al. 1980, S. 70).

Ohne Frage spielen die Etikettierung von Arbeiten und die Verknüpfung von Personen mit Berufen auch heute noch ganz zentrale Funktionen für die Strukturierung von Arbeitszuweisungen oder von Ausbildungsgängen. Zu fragen ist jedoch, ob es angesichts der großen betriebsbezogenen und unspezifischen Arbeitsmarktsegmente sinnvoll ist, von einer ›Berufsgesellschaft‹ (Fürstenberg 2000) zu sprechen (vgl. dazu Abschn. 5.2.7). Fürstenberg verwendet den Begriff zum einen als Kontrapunkt zur in Deutschland einflussreichen Milieuforschung. Er geht davon aus, dass die Berufsbilder auch im Alltagsleben allgegenwärtig sind. Lebensstile seien nicht frei wählbar, sondern korrespondieren mit Mustern des beruflichen Habitus. Somit wirke berufliches Handeln über den Beruf hinaus. Daran anknüpfend fundiert er sein Konzept der Berufsgesellschaft mit der zentralen Bedeutung von Berufen für Prozesse der gesellschaftlichen Integration: »Aufbauend auf einem kompetenzabhängigen Leistungsbeitrag zur Daseinssicherung integriert eine berufliche Organisation der Arbeitswelt das Individuum durch Statuserwerb und -zuschreibung in den gesellschaftlichen Zusammenhang. Die Berufsorientierung ermöglicht ein auf die Lebenslage bezogenes strategisches Handeln. Beruflicher Habitus kann die statusbildende Vermittlung und Anerkennung berufsbezogener Leistungen symbolisch verdeutlichen. Umgekehrt hat beruflicher Statusverlust weit über seine ökonomischen Folgen hinaus desintegrierende Auswirkungen, deren Kompensation fragwürdig ist« (S. 44 f.).

Die Bedeutung von Berufen für die Strukturierung der Erwerbsarbeit wie für die sozialstrukturelle Analyse ist gegenwärtig umstritten. Die dominante Position erwartet ein Ende der Beruflichkeit. Voß konstatiert, dass das über viele Jahrzehnte in Deutschland dominante Modell der beruflichen Standardisierung von fachbezogenen Qualifikationen für die Ausbildung, das Erwerbsleben und schließlich die Lebensplanung an Bedeutung verliert; er spricht von einer Krise der ›fordistischen Beruflichkeit‹:»Die zunehmende Flexibilität von Arbeits-,

Betriebs- und Berufssituationen macht es immer schwieriger, dass Arbeitskräfte mit einmal erlernten Qualifikationsprofilen auf Dauer zu recht kommen. Zumindest das vieldiskutierte Ende des ›Lebensberufs‹ zeichnet sich eindeutig als strukturelle Entwicklung ab« (2007, S. 105).

Heftigen Widerspruch erntet diese Position bei Karl Ulrich Mayer, der auf Basis von Untersuchungen zu Erwerbsverläufen zu dem Befund kommt, dass die These vom Ende der Beruflichkeit auf die Unterstellung eines vormals lebenslangen Erstberufs zurückgehe. Er kann jedoch auf Basis von Lebensverlaufsdaten der (zwischen 1930 und 1950 geborenen) Kohorten zeigen, dass etwa 60 % der Facharbeiter ihren Beruf wechselten. Auch andere von Mayer angeführten Kohortenstudien (Konietzka und Lempert) sehen keine gravierenden Anzeichen einer Entberuflichung, obwohl der Berufseinstieg für die jüngeren Kohorten instabiler wurde.»Solche lebensverlaufsspezifischen Veränderungen haben jedoch keine starken Auswirkungen auf die Logik der Verknüpfung von Ausbildung und Beruf gehabt. Von einem Ende des ›Lebensberufs‹ kann daher in seiner üblichen Bedeutung im Sinne einer ›Erosion‹ einer ehemals stabilen Basis für soziale Identitätsbildung keine Rede sein – und dies allein schon deshalb, weil für eine knappe Hälfte der Männer der Ausbildungsberuf in keiner Kohorte der Lebensberuf war. Es gibt also wenig Raum für eine begründete Aufrechterhaltung der These vom Ende des lebenslangen Berufs« (Mayer 2000, S. 389).

Auch Deutschmann (2008a) macht deutlich, dass sich die wiederkehrenden Thesen von einem Ende der beruflichen Strukturierung jeweils nur auf einzelne Aspekte der ganz unterschiedlichen latenten Funktionen des Berufs stützen. Im Anschluss an Freidson verweist Deutschmann auf zwei wichtige Charakteristika des Berufskonzepts: Berufe bieten wie bei Max Weber formuliert die Chance zu einer kontinuierlichen Erwerbstätigkeit. Zum anderen versuchen die in einem Beruf Tätigen, die Bedingungen der eigenen Erwerbstätigkeit autonom zu kontrollieren, indem sie einen Korpus reinen und angewandten Wissens, die Modi der Ausbildung und ihrer Zertifizierung, berufliche Normen und eine Berufsethik und schließlich exklusive zu besetzende Arbeitsmarktsegmente definieren und kollektiv Organisation herausbilden. Dies zusammengenommen führt dazu, dass die Logik der Beruflichkeit als eine spezifische Regulierungsform zu begreifen ist, die sich von der Logik des Markts unterscheidet.

Möglichkeiten und Grenzen der Segmentierungskonzepte

Mit den Konzepten zur Segmentierung von Arbeitsmärkten kann das einfache ökonomische Modell sinnvoll erweitert werden. Die Herausbildung dieser Segmente mit unterschiedlichen Logiken der Zuweisung von Arbeit ist plausibel. Zu diskutieren wäre, welche Faktoren die nationalen Spezifika solcher Modelle bedingen und wie sich diese Modelle im zeitlichen Verlauf z. B. angesichts von Globalisierungstendenzen und der Informatisierung von Arbeiten verändern; auch die Einbeziehung regionaler Differenzierungen wäre sinnvoll: wie gestalten sich diese Segmente in ›strukturschwachen‹ wie in ›Boom‹-Regionen. Mit diesen Konzepten ist aber noch keine ausreichende Antwort auf die Frage nach den Modi der Zuordnung bzw. Zuweisung gegeben: wie finden unterschiedlich etikettierte Arbeitskräfte (Männer und Frauen, Qualifizierte und weniger Qualifizierte, Migrant_innen und Autochthone) ihren Platz in der Arbeitswelt?

- Bezogen auf die *berufsfachlichen Märkte* sind wichtige Wahlentscheidungen bereits in der schulischen und beruflichen Ausbildungsphase zu verorten; hier werden Qualifikationen zertifiziert und es fällt die Entscheidung, auf welchen Märkten die Spielfähigkeit erworben wird; die Frage der Zuordnung stellt sich danach eher als Frage der Positionierung innerhalb der Segmente.
- Auch bei den *betriebsinternen Märkten* ist eine zeitversetzte Zuordnung zu beobachten; d. h. zum einen die Entscheidung, ob und in welchen betrieblichen Markt der Eintritt gelingt; zum anderen wie die Einordnung innerhalb dieses betrieblichen Marktes erfolgt. Sowohl das berufsfachliche wie das betriebliche Marktsegment zeichnen sich neben dem biographisch frühen Eintritt dadurch aus, dass die weitere Mitgliedschaft zu diesem Segment kontinuierliche Investitionen (z. B. in die fachliche Qualifizierung und in soziale Netzwerke) erfordern. Unterbrechungen der Erwerbstätigkeit oder Teilzeittätigkeiten bergen ein hohes Risiko des Ausschlusses aus diesen privilegierten Segmenten.
- Vermittelt über die Logik der beiden anderen Märkte stellt sich auch beim *unspezifizierten Markt* eine zeitlich versetze Zuordnung; der ›Eintritt‹ in diesen Markt eröffnet sich jenen, denen der Eintritt in die beiden anderen Märkte, in der Ausbildungs- oder in der frühen Berufsphase, nicht gelungen ist oder die aus verschiedenen Gründen (s. o.) später aus einem dieser Märkte herausgefallen sind. Über diese Negativselektion hinaus stellt sich dann die Frage, welche Positionen innerhalb dieses Marktes eingenommen werden.

Ein Nebeneffekt aller Segmentierungen ist es, dass diese Märkte spezifische – sich selbst stabilisierende – Beschäftigungsstrukturen herausbilden, d. h. sie sind durch hohe oder niedrige Anteile von Beschäftigten des einen oder anderen Geschlechts, mit oder ohne Migrationshintergrund etc. ›geprägt‹. Nicht zuletzt sei darauf verwiesen, dass diese Segmentierungen und deren feine Unterscheidungen einem fortwährenden Wandel unterliegen. Wie die verschiedenen einen

solchen Wandel anstoßende Faktoren sich dann in veränderten Strukturen niederschlagen, muss als Ergebnis fortwährender Auseinandersetzungen – mehr dazu
im Folgenden – verstanden werden.

Machtverhältnisse

Das klassische Marktmodell, wie auch die segmentierten Modelle gehen von
gleichberechtigten oder gleichmächtigen Konstellationen zwischen Anbietern und
Nachfragern bzw. innerhalb dieser Gruppen aus. Abraham und Hinz machen
demgegenüber deutlich, dass der Arbeitsvertrag von zwei Parteien abgeschlossen wird, »die keineswegs über gleiche Macht verfügen müssen. Macht bedeutet
in einer Beziehung, dass die eine Seite die Handlungsmöglichkeiten der anderen
Seite bestimmen oder zumindest einschränken kann; es verbleiben für die andere
Seite im Extremfall keine Alternativen, als im Interesse des mächtigeren Akteurs
zu handeln. Veranschaulichen kann man dies mit der Frage nach dem Arbeitsan-
gebot: Während wir bislang davon ausgingen, dass die Arbeitskraftanbieter – ob
Haushalte oder Individuen – die Entscheidung zu arbeiten in Abhängigkeit von
Lohnhöhe, Opportunitätskosten entgangener Freizeit und der Höhe eventueller
Lohnersatzleistungen treffen, betonen konfliktsoziologische Überlegungen den
Zwangscharakter der Arbeitsmarktteilnahme« (2005, S. 40). Damit wird eine
Kernfigur der Marxschen Argumentation aufgegriffen: Lohnarbeiter_innen, die
nichts zu verkaufen haben außer ihrer Arbeitskraft.

Diese Beschreibung ist auch heute zutreffend; es sind jedoch einige Anmerkungen erforderlich:

- Der Zwang zum Verkauf der Arbeitskraft ist in der Haushaltsperspektive
  zu betrachten; d. h. innerhalb eines Haushalts können – mehr oder weniger freie – Entscheidungen getroffen werden, welche Haushaltsmitglieder
  am Erwerbsleben teilhaben und welche sich von den anderen alimentieren
  lassen müssen, da sie nicht entlohnten Arbeiten nachgehen. Die Freiheit solcher Entscheidungen hängt vom gesellschaftlichen Kontext ab: Wenn das
  Zwei-Ernährermodell zum dominanten Modell wird, birgt das Festhalten am
  Ein-Ernährermodell ein hohes relatives Armutsrisiko. Auch politische Entscheidungen (die steuerliche Bevorteilung des Ein-Ernährer-Modells) oder im
  weiteren Sinne normative Momente nehmen auf die Entscheidungen Einfluss.
- In entwickelten Sozialstaaten besteht grundsätzlich die Möglichkeit, diesem
  Zwang zu entgehen, indem man eine Kombination sozialer Transferleistungen
  zur Unterhaltssicherung auf niedrigem Niveau nutzt; einer solchen Strategie
  werden jedoch politisch/administrativ wie moralisch mehr oder weniger enge
  Grenzen gesetzt.

• Grundsätzlich besteht, wenn hinreichende Ressourcen vorhanden sind, auch eine Wahlmöglichkeit zwischen lohnabhängigen und selbstständigen Tätigkeiten – unterschiedlichster Art; statistisch betrachtet sollte man die rhetorische Figur ›vom Tellerwäscher zum Millionär‹ vielleicht durch ›vom Tellerwäscher zum Imbissbesitzer mit prekärem Status‹ ersetzen. Auch diese Entscheidung hängt neben eigenen Ressourcen in hohem Maße von politischen und ökonomischen Rahmenbedingungen ab (Förderprogramme, Beratungseinrichtungen, Modi der Kreditvergabe etc.).

Eine zentrale Rolle für die Gestaltung der Machtverhältnisse zwischen der Arbeitgeber- und Arbeitnehmer-Seite spielt die bei Marx beschriebene ›Reservearmee‹ (die Gruppe der Arbeitslosen). Eine große Zahl von Arbeitslosen (oder auch von ›legalen‹ oder ›illegalen‹ Arbeitsmigrant_innen) schwächt die Position derer, die um ihre Entlohnung und ihre Arbeitsbedingungen kämpfen und mithin auch die Verhandlungsmacht von Organisationen wie den Gewerkschaften. Indem Arbeitslose bereit sind oder genötigt werden, Arbeit um jeden Preis und an jedem Ort anzunehmen, verschärft sich dieser Druck weiter. Auch die Deregulierung von Beschäftigungsverhältnissen wird zu einem wichtigen Druckmittel; so hält die Anwesenheit von befristet Beschäftigten und von Leiharbeitskräften den Festangestellten fortwährend ihre Ersetzbarkeit vor Augen. Die Quantität und Qualität dieser Reservearmeen, hängt sehr stark von politischen Entscheidungen bzw. den sich darin ausdrückende Machtrelationen ab, über die reguliert wird, wer Zugang zu welchem Arbeitsmarktsegment erhält. So werden neben der Arbeitspolitik auch politische Entscheidungen über Einwanderung, über Arbeitsberechtigung bzw. die Duldung illegaler Arbeitskräfte oder über die soziale Schließung von Marktsegmenten (durch formelle und informelle Bildungsvoraussetzungen, die Nicht-Anerkennung von Zertifikaten oder die Einschränkung von Berufsfreiheiten etc.) getroffen.

Neben dem Machtungleichgewicht zwischen Anbietern und Nachfragern von Arbeitskraft spielen Machtbeziehung zwischen denen, die lohnabhängige Arbeit nachfragen, eine zentrale Rolle. Bereits Marx hatte die Konkurrenz unter den Arbeitenden und ihre Folgen für deren Verhandlungsposition eingehend beschrieben. Die allgemeine bzw. die segmentspezifische Konkurrenzsituation bedingt, dass versucht wird, Teilungsprinzipien der verschiedensten Art zu legitimieren und somit Machtbeziehung zu verschieben. Zu den historisch erfolgreichsten Teilungen zählt die nach geschlechtlichen Zuschreibungen; aber auch ethnisch-kulturelle oder soziale Zuschreibungen spielen eine wichtige Rolle. Auch die Zuschreibungen von Qualifikationen, Fertigkeiten, Leistungen, Begabungen, Arbeitsvermögen etc. sind stets als Machtbeziehungen zu begreifen.

Diese Machtbeziehungen treten in Konkurrenzsituationen unmittelbar zu Tage; sie sind aber auch in Institutionen, in den Habitus, in Deutungsmuster und diskursive Figuren eingeschrieben. Dabei sollten Machtbeziehungen stets als wechselseitige, als mehr oder weniger ausgeprägte und dynamische Ungleichgewichte begriffen werden. Dies soll im Folgenden am Beispiel von geschlechtlichen Zuschreibungen genauer erläutert werden.

Geschlecht als Beispiel naturalisierter bzw. somatisierter Teilungen

Vermittelt über die verschiedenen Arbeitsmarktsegmente bzw. das Segment nicht entlohnter Arbeiten vollziehen sich geschlechterspezifische Teilungen. Die Segmente der bezahlten und der unbezahlten Arbeit sind ausgesprochen ungleich auf Männer und Frauen verteilt. Darüber hinaus sind horizontale und vertikale Segmentierungen zu beobachten. *Horizontale Segmentierungen* in den Arbeitsmärkten ergeben sich daraus, dass sich sehr viele der Teilarbeitsmärkte – zunächst die drei beschriebenen Segmenttypen, dann aber die vielfältigen sich dahinter verbergenden insbesondere betrieblich und beruflich/fachlich spezifizierten Arbeitsfelder – als Männer- oder Frauenberufe etikettieren lassen und dass mit diesen Etikettierungen Ungleichheiten der verschiedensten Art verbunden sind. Damit korrespondiert, dass die Zutrittschancen zu den verschieden attraktiven Märkten ungleich verteilt sind. *Vertikale Segmentierungen* in den Arbeitsmärkten stellen sich dann über die ungleiche Lagerung von Männern und Frauen in diesen Sektoren ein. So ist es in verschiedenen Segmenten zu beobachten, dass mit einem hohen Frauenanteil in einer Branche durchschnittlich schlechtere Arbeitsbedingungen und Entlohnungen einhergehen (horizontale Segmentierung), dass aber die Leistungspositionen innerhalb dieser Branche eher von Männern besetzt sind (vertikale Segmentierung); vgl. dazu Achatz (2004) und Färber et al. (2008).

Diese verschiedenen Typen der geschlechtsspezifischen Segmentierung sollen mit Verweis auf einige empirische Eckdaten genauer erläutert werden:

- Die in Deutschland zu beobachtende steigende Frauenerwerbsquote täuscht darüber hinweg, dass die Arbeitsvolumina von Männern und Frauen – bedingt durch die erheblich höhere Teilzeitquote von Frauen – sehr ungleich verteilt sind. Die Verteilung der nicht entlohnten im weiteren Sinne häuslichen Arbeit fällt mit nur geringen Veränderungen in jüngerer Zeit deutlich zu Lasten der Frauen aus.
- Als summarischer Indikator für die Geschlechtersegmentierung kann die durchschnittliche Höhe der Entlohnung von Frauen dienen. Sie liegt im Durchschnitt deutlich unter der Entlohnung von Männern. Dieser *Gendergap* fällt

in Deutschland verglichen mit anderen EU- bzw. OECD-Ländern besonders deutlich aus (s. u.).

- Die Verteilung über die verschiedenen Teilsegmente des Arbeitsmarktes ist ausgesprochen ungleich: Frauen finden sich trotz qualifizierter Bildungsabschlüsse überproportional in dem unspezifischen Segment wieder.
- Innerhalb der Teilsegmente ist der Anteil von weiblichen und männlichen Beschäftigten sehr ungleich. Branchenspezifisch betrachtet lassen sich z. B. deutliche Frauen- und Männerberufe, aber auch stärker gemischte Bereiche unterscheiden. Historisch betrachtet sind diese Strukturen jedoch variabel, wie am Beispiel von Sekretärinnen oder Grundschullehrerinnen gezeigt werden kann.
- Innerhalb der einzelnen Segmente finden sich Frauen eher in den unteren und mittleren Rängen der Hierarchie; sie sind in Führungspositionen deutlich unterdurchschnittlich vertreten.
- Bei der schulischen Qualifizierung sind die Frauen inzwischen etwas besser positioniert als Männer. Bei der beruflichen Qualifizierung werden jedoch die am Arbeitsmarkt vorherrschenden Strukturmuster der Frauen- und Männerberufe antizipiert.

Die Funktionsweise und die ursächlichen Faktoren dieser Segmentierung können hier nicht systematisch ausgeführt werden; es sollen aber einige zentrale Argumentationen skizziert werden. Geschlechterteilungen sind soziale Teilungen: Wenn hier von Geschlechtern gesprochen wird, geht es um soziale Geschlechter, d. h. um gesellschaftlich konnotierte Zuschreibungen. Das impliziert, dass es bei den Zuordnungsentscheidungen weniger um ›tatsächliche‹ als um ›zugeschriebene‹ Eigenschaften (physischer oder psychischer Art) geht.

Geschlechterteilungen spiegeln Auseinandersetzungen um soziale Macht wider: Die ›Geschlechterkarte‹ – d. h. der Verweis auf die unterschiedlichsten geschlechtskonnotierten Zuweisungen von Eigenschaften zu Personen oder zu Arbeiten – wird von verschiedensten Akteuren (›Arbeitgeber‹, ›Arbeitnehmer‹ und deren Vertretungen in den verschiedenen Verhandlungssystemen) genutzt, um die eigene Position in ganz unterschiedlichen Machtspiele zu verbessern.

Geschlechterteilungen funktionieren rekursiv: Wie oben erläutert ist die Geschlechterteilung der Organisation von Arbeit vorausgesetzt, zugleich spielen diese Teilungen eine entscheidende Rolle für die Konstruktion und Reproduktion von Geschlechtlichkeit.

Geschlechterteilungen sind vielfältig institutionalisiert: in rechtlichen Bestimmungen (wenn auch mit abnehmender Tendenz), in verschiedenen Politikfeldern

(Sozialpolitik, Familienpolitik), in Organisationsstrukturen *(gendered organizations)*, in Arbeitsplatzschneidungen und ihrer Beschreibung oder in Netzwerkstrukturen. Dazu gehört die Institutionalisierung in Rollenstereotypen, Vorbildern, Diskursfiguren, Sprachregelungen etc.

Geschlechterteilungen tendieren zur Inkorporierung: Geschlechterdifferenzen gehen in die Identitätskonstrukte, in den Habitus aber auch in die Körper von Männern und Frauen ein (vgl. dazu Abschn. 3.3). Der Verweis auf solche Inkorporierungen sollte jedoch nicht als Aussage über die (Un-)Veränderbarkeit von Geschlechterteilungen missverstanden werden.

Insbesondere die Verschränkung dieser verschiedenen Effekte ist bedeutsam; so funktioniert die Zuweisung von ›Frauen‹ in ›Frauenberufe‹ nur über diese doppelte Konstruktion. Das Bemühen, diese Teilungen an ›technische‹ oder ›natürliche‹ Phänomene (die Merkmale eines Arbeitsplatzes und die Merkmale einer Gruppe von Personen) zu binden, trägt dazu bei, soziale Differenzen bzw. Machtbeziehungen zu verschleiern; nur so können die blinden Flecken der Soziologie erklärt werden, in der die Geschlechterfrage über viele Jahrzehnte keine Rolle spielte.

2.2.2.4 Arbeit und Entlohnung

Die in Erwerbsarbeitsverhältnissen erzielten Einkommen zählen zu den zentralen Quellen, aus denen Haushalte bzw. die einzelnen Erwerbstätigen ihren Lebensunterhalt bestreiten. Auch der Zugang zu Transferzahlungen, z. B. im Rahmen der Arbeitslosen- oder der Rentenversicherung, ist (insbesondere in Deutschland) an Arbeitseinkommen gekoppelt. In längerfristiger Perspektive wird deutlich, dass der Anteil der Bevölkerung, der sich überwiegend über Erwerbsarbeit finanziert, ausgesprochen konstant geblieben ist; ungeachtet der Änderungen in der Erwerbsbiographie (späterer Berufseintritt, zeitweilig früherer Berufsaustritt), der veränderten geschlechterspezifischen Erwerbsbeteiligung (steigende Frauenerwerbsquoten) und der demographischen Veränderungen (älter werdende Gesellschaft).

Der Unterhalt durch Angehörige, wie er typischerweise im Haushaltskontext stattfindet, verliert erheblich an Bedeutung. Waren es in der Hochphase des Einernährer-Modells beinahe 45 % der Bevölkerung, die vorwiegend durch Angehörige unterhalten wurden, sind es heute nur noch etwa 25 %. Daneben steigt der Anteil der Rentner_innen in einer älter werdenden Gesellschaft deutlich an. Auch der Anteil der Bezieher_innen von Leistungen aus der Arbeitslosenversicherung ist seit den 1990er Jahren und vor allem ab 2005 deutlich angestiegen (vgl. Abb. 2.39).

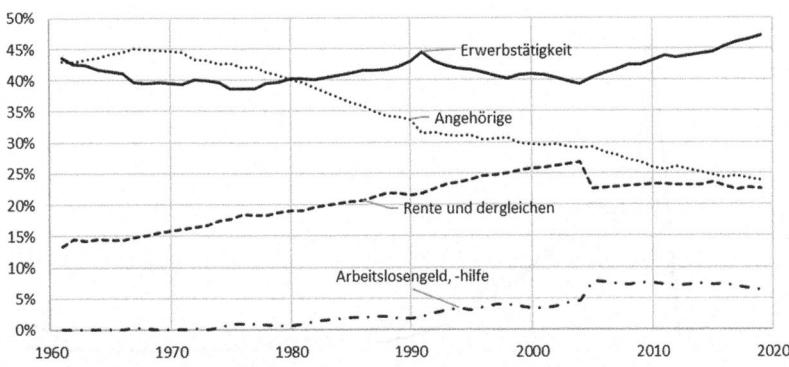

1961: Früheres Bundesgebiet ohne Berlin; 1983, 1984: EG-Arbeitskräftestichprobe; bis 1990:
Früheres Bundesgebiet.Eigene Darstellung nach Daten aus Statistisches Bundesamt, Genesis-Online

Abb. 2.39 Bevölkerung nach überwiegendem Lebensunterhalt

Die für die Haushalte verfügbare Einkommenshöhe hängt neben der Höhe
der jeweiligen Arbeitseinkommen auch vom Umfang der Erwerbsbeteiligung,
der Zahl der (täglich, wöchentlich, monatlich, jährlich) geleisteten Arbeitsstunden der Haushaltsmitglieder und von sozialstaatlich organisierten Umverteilungen
z. B. durch unterschiedliche Steuerlasten ab. An dieser Stelle soll zunächst nur
das Bruttoarbeitseinkommen interessieren, das über die Erwerbsarbeit erzielt
wird; der Bruttostundenverdienst bietet dabei den Vorteil, dass unabhängig von
der Arbeitszeit analysiert werden kann, wie verschiedene Typen von Arbeiten
entgolten werden (vgl. Abb. 2.40). Die Daten der Verdienststrukturerhebung
2018 beziehen sich auf alle abhängig beschäftigten Arbeitnehmer_innen (inkl.
Beamt_innen, leitenden Angestellten, geringfügig Beschäftigten und Auszubildenden); nicht erfasst sind Selbstständige sowie Wehr- und Zivildienstleistende,
1-€-Jobber_innen etc.

Zunächst soll der Blick auf die großen Verdienstspannen gelenkt werden, um
dann die geschlechtsspezifischen Unterschiede in den Blick zu nehmen. Mehr
als die Hälfte aller Beschäftigten hat einen Bruttostundenverdienst zwischen 10
und 20 €. Immerhin 15 % liegen darunter; fast 35 % haben aber auch einen
deutlich höheren Stundenlohn. Bei fast 5 % liegt er höher als 40 und bei fast
2 % höher als 50 €. Daran wird deutlich, dass die Höhe der Entlohnung einer
Arbeitsstunde zu ganz erheblichen sozialen Unterschieden (hier im Sinne von
Einkommensunterschieden) führt. Da sich die über Arbeitseinkommen erzielten

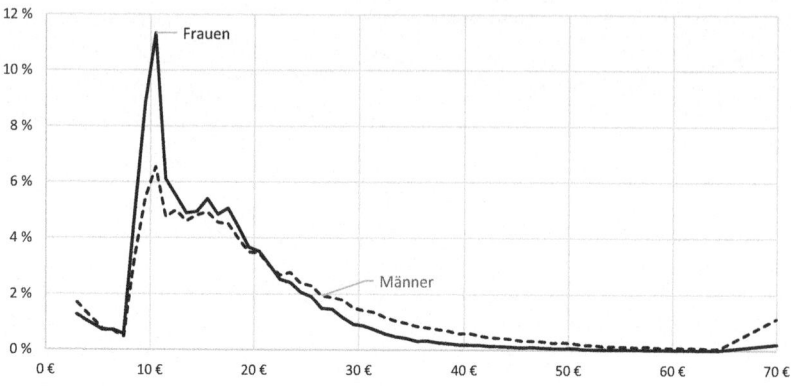

Der unterste Wert repräsentiert einen Stundenverdienst unter 5 €, der oberste Wert einen von mehr 65 €.
Quelle: Eigene Darstellung nach Daten der Verdienststrukturerhebung 2018

Abb. 2.40 Bruttostundenverdienst von abhängig Beschäftigten

monetären Ressourcen auch in andere Güter und Dienstleistungen konvertieren lassen, wird hier eine wesentliche Quelle sozialer Differenzierung erkennbar.

Das arithmetische Mittel des Bruttostundenverdienstes der abhängig beschäftigten Frauen lag 2018 bei 16,79 €; das der Männer bei 20,84 €; der unbereinigte Gender-Pay-Gap beträgt nach diesen Zahlen etwa 20 %. Einen Verdienst von weniger als 10 € haben 17 % der Frauen und 12 % der Männer; in dem am häufigsten besetzen Verdienstsegment von 10–20 € finden sich 56 % der Frauen und 47 % der Männer. Dementsprechend liegt dann in allen höheren Verdienstsegmenten der Anteil der Männer stets höher als der Anteil der Frauen.

Nun ist zu klären, auf welche Faktoren diese gravierenden Unterschiede in den Stundenlöhnen zurückgehen. Im Folgenden sollen drei verschiedene Typen von Einflussfaktoren auf die Differenzierung von Erwerbseinkommen analysiert werden: die Rolle schulischer und beruflicher Qualifizierungen, die Rolle von tätigkeitsspezifischen Unterschieden und schließlich die betriebsspezifischen Unterschiede nach Branchen und Regionen sowie institutionellen Faktoren.

Qualifikationsspezifische Einflüsse

Die Vorstellung, dass die im Erwerbsleben erzielten Einkommen der Qualifizierung der Beschäftigten entsprechen sollten, gehört zu den Eckpfeilern der in Deutschland vorherrschenden Gerechtigkeitsvorstellungen. Offe verweist auf die Faustregel der zufolge man »in den USA für das bezahlt [wird], was man tatsächlich tut, während man in Europa eher für das bezahlt wird, was man aufgrund

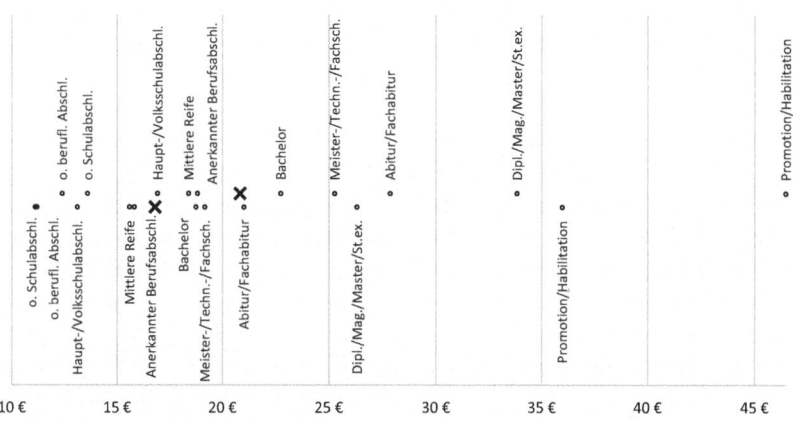

Obere Reihe: Bruttostundenverdienste der Männer; untere Reihe: Bruttostundenverdienste der Frauen; X: arithmetisches Mittel
Quelle: Eigene Darstellung nach Daten der Verdienststrukturerhebung 2018

Abb. 2.41   Bruttostundenverdienste nach schulischen und beruflichen Abschlüssen

eines statusverleihenden und durch formale Ausbildung erworbenen Zertifikats tun kann« (2005, S. 195).

   Betrachtet man vor diesem Hintergrund die ermittelten Arbeitseinkommen pro Stunde für verschiedene Typen von schulischen und beruflichen Abschlüssen, so wird deutlich, dass die Entlohnung der Erwerbsarbeit in hohem Maße qualifikationsspezifisch erfolgt – vorausgesetzt man begreift, die erworbenen schulischen und beruflichen Abschlüsse als einen Nachweis von Qualifikationen (vgl. Abb. 2.41).

   Beschäftigte, die die allgemeinbildende Schule ohne einen Abschluss verlassen haben, haben mit einem Stundenlohn von 12,6 € ein etwa halb so hohes Einkommen wie jene, denen der Abschluss eines Abiturs gelingt. Auch ein Haupt- bzw. Realschulabschluss bringt mit ca. 15–17 € deutlich mehr Arbeitseinkommen als ein fehlender Abschluss. Während diejenigen ohne Schulabschluss lediglich zwei Drittel des Durchschnittslohns verdienen, ist es bei denen mit Abitur das 1,3-fache des Durchschnitts. Die eingangs erwähnten Unterschiede in den geschlechtsspezifischen Einkommen finden sich auch bei Berücksichtigung der schulischen Anschlüsse wieder. So liegt der Unterschied der Bruttostundenverdienste bei den Abschlüssen bis zur mittleren Reife zwischen 2,4 und 3,8 €; bei den Abiturient_innen sind es dann aber 6,8 €.

   Die auf der Basis dieser schulischen Qualifikationen im Bereich der beruflichen Bildung erzielten Abschlüsse führen zu einer weiteren Differenzierung der Arbeitseinkommen. Die Relation zwischen den Einkommen der Gruppen mit den niedrigsten (kein Berufsabschluss) und höchsten (Promotion/Habilitation) Abschlüssen liegt fast bei einem Faktor von 4. Die relativ niedrige Verortung von Bachelor-Abschlüssen hängt vermutlich mit dem noch geringen Alter der Absolvent_innen dieser Studiengänge zusammen; der Masterabschluss wurde mit älteren Abschlüssen zusammengefasst. Bei ähnlichen Abstufungen zwischen den beruflichen Abschlüssen von Männern und Frauen erhöht sich der Abstand zwischen den Bruttostundenlöhnen mit steigender Qualifikation erheblich; liegt der Lohnabstand ohne Berufsabschluss bei 1,3 €, sind es bei Absolvent_innen von Meister-/ Techniker- und Fachschulen schon 6,1 und bei den Promovierten 10,5 €.

In den Arbeitseinkommen spiegeln sich jedoch noch andere Einflussfaktoren wider, die zum einen mit den spezifischen Tätigkeitsbereichen und Berufswegen und zum anderen mit Betriebs- und Branchenspezifischen Faktoren zusammenhängen.

Tätigkeits- und lebensverlaufsbedingte Einflüsse

Ausgehend von bestimmten schulischen und beruflichen Abschlüssen, die typischerweise in einer frühen Phase des Lebensverlaufs erworben werden, geht es dann um die Frage, wie diese Abschlüsse im weiteren Leben ›genutzt‹ werden, indem sie in berufliche Positionierungen konvertiert werden. Dabei gilt es jedoch zu berücksichtigen, dass Menschen ganz unterschiedlichen Präferenzstrukturen folgen; d. h. nicht alle streben eine Maximierung ihres Einkommens an, oft stehen Fragen der Vereinbarkeit mit anderen Aufgaben oder Interessen im Vordergrund, einige streben eher berufliche Sicherheiten an. Nicht selten geraten Menschen auch in Lebenssituationen, in denen sie mehr oder weniger unfreiwillig einen Job annehmen müssen. D. h. diejenigen, die in Abb. 2.42 als Ungelernte auftauchen sind nicht zwingend ›Ungelernte‹, sie haben jedoch eine berufliche Position, für die kein Anlernprozess erforderlich ist.

Dieser Aufstellung nach liegt der Verdienst von Menschen in leitenden Positionen im (arithmetischen) Mittel bei dem dreifachen des Verdienstes der Ungelernten. Diese durchschnittliche Einkommensspanne kann aber für einzelne Teilgruppen weitaus größer ausfallen. Auch die Unterscheidung nach verschiedenen Graden der Spezialisierung von Tätigkeiten liefert ähnliche Befunde. Die Verdienstdifferenzen zwischen Männern und Frauen zeigen eine recht ähnliche Struktur; sie sind bei den ›einfachen‹ Tätigkeiten am geringsten ausgebildet und steigen mit der Stellung in der Hierarchie, der Spezialisierung oder dem Anteil an Aufsichts- und Führungstätigkeiten.

	Insgesamt	Frauen	Männer	Verdienstdiff.	Beschäft.ant.
Leistungsgruppe:					
Ungelernte	12,09	11,88	12,31	0,43	5,3%
Angelernte	13,93	13,02	14,67	1,65	11,5%
Fachkräfte	17,69	16,81	18,55	1,74	40,1%
Herausgehobene Fachkräfte	26,61	24,38	28,23	3,85	16,5%
Leitende Stellung	38,24	32,24	41,42	9,18	8,9%
Ohne Leistungsgruppe	10,02	10,18	9,80	-0,38	17,7%
Anforderungsniveau:					
Helfer_innen	12,45	11,76	13,30	1,54	18,7%
Fachkräfte	16,43	15,52	17,32	1,80	54,4%
Spezialist_innen	24,44	21,48	26,53	5,05	13,6%
Expert_innen	32,19	27,44	35,54	8,10	13,4%
Darunter:					
Aufsichtskräfte	26,60	22,06	28,09	6,03	1,9%
Führungskräfte	37,29	29,72	40,37	10,65	2,4%

Quelle: Eigene Darstellung nach Daten der Verdienststrukturerhebung 2018

Abb. 2.42 Bruttostundenverdienste nach Leistungsgruppen und Anforderungsniveau

Eine zweite wesentliche Unterscheidung eröffnet sich über den Typ der Beschäftigungsverhältnisse. Dies kann in verschiedener Perspektive analysiert werden. Zum einen können entlang der Arbeitszeit verschiedene Gruppen unterschieden werden. Abgesehen von der sehr kleinen Gruppe der Beschäftigten in Altersteilzeit erzielen die (im betriebsüblichen Sinne) Vollzeitbeschäftigten die höchsten Bruttoverdienste (22 €). Deutlich niedriger ist der Lohn bei den Teilzeitbeschäftigten (17 €); liegt das Teilzeitvolumen bei 20 h und weniger sogar nur bei 14 €. Geringfügig entlohnte Beschäftigte üben sogenannte ›Minijobs‹ aus, für die keine Beiträge zur Sozialversicherung anfallen; die Geringfügigkeitsgrenze lag 2018 bei 450 € ohne Begrenzung der Arbeitszeit (vgl. Abb. 2.43).

Zum anderen können sogenannte Normalarbeitsverhältnisse und (im Sinne dieser ›Normalität‹) atypische Arbeitsverhältnisse unterschieden werden. An den Frauenanteilen dieser Gruppen wird deutlich, dass die einen eine eher männliche ›Normalität‹, die anderen eine eher weibliche ›Normalität‹ sind. Innerhalb der atypisch Beschäftigten fällt dann wiederum die Gruppe der Minijobber aus dem Rahmen. Hervorzuheben ist die Situation der Zeitarbeitskräfte, da diese in nicht wenigen Fällen den Vollzeitbeschäftigten ähnliche Arbeiten ausführen aber nur zwei Drittel des Lohns erhalten. Die Verdienstdifferenzen zwischen Männern und Frauen sind innerhalb der Gruppe der atypisch Beschäftigten verglichen mit den Normalarbeitsverhältnissen nur gering; ein bemerkenswerter Befund, weil doch die Normalarbeitsverhältnisse typischerweise stärker reguliert und von Interessenvertretungen kontrolliert werden.

176   2 Arenen der sozialen Differenzierung

	Insgesamt	Frauen	Männer	Verd.differ.	Frauenant.	Beschäft.ant.
Insgesamt	18,89	16,79	20,84	4,05	48,1%	100,0%
Vollzeitbeschäftigte	22,21	19,84	23,27	3,43	30,9%	55,6%
Teilzeitbeschäftigte	17,40	17,35	17,60	0,25	78,6%	26,1%
Altersteilzeitbeschäftigte	39,65	33,43	43,34	9,91	37,2%	0,5%
Geringf. entl. Beschäftigte	11,11	11,01	11,26	0,25	60,4%	14,2%
Auszubildende	5,54	5,68	5,42	-0,26	45,9%	3,5%
Normalarbeitsverhältnisse	22,03	19,51	23,82	4,31	41,6%	61,1%
atyp. Besch. - Gesamt	14,77	14,42	15,33	0,91	61,3%	32,1%
atyp. Besch. - Befristung	15,27	14,54	16,06	1,52	52,2%	14,0%
atyp. Besch. - Teilzeit <= 20h	14,01	14,02	13,99	-0,03	69,8%	21,5%
atyp. Besch. - Geringfügige B.	11,06	10,98	11,20	0,22	63,0%	12,1%
atyp. Besch. - Zeitarbeit	14,32	13,73	14,54	0,81	26,9%	1,7%

Eigene Darstellung nach Daten der Verdienststrukturerhebung 2018

Abb. 2.43 Bruttostundenverdienste nach Beschäftigungsverhältnissen

	Insgesamt	Frauen	Männer	Verd.diff.	Frauenant.	Besch.ant.
Unternehmenszugehörigkeit:						
unter 1 Jahr	14,20	13,19	15,06	1,87	46,3%	7,0%
1 – 2 Jahre	14,69	13,48	15,83	2,35	48,6%	25,2%
3 - 5 Jahre	16,72	14,93	18,40	3,47	48,3%	17,5%
6 - 10 Jahre	19,36	16,98	21,63	4,65	48,8%	15,7%
11 - 15 Jahre	21,32	18,56	23,88	5,32	48,0%	9,3%
16 - 20 Jahre	23,58	20,20	26,80	6,60	48,7%	7,9%
21 - 25 Jahre	24,12	21,19	26,88	5,69	48,6%	5,1%
26 - 30 Jahre	25,41	22,43	27,97	5,54	46,2%	5,0%
31 und mehr Jahre	25,73	22,90	28,26	5,36	47,2%	7,4%
Befristung:						
unbefristet	20,09	17,67	22,29	4,62	47,6%	82,1%
befristet	13,37	12,97	13,77	0,80	50,7%	17,9%

Quelle: Eigene Darstellung nach Daten der Verdienststrukturerhebung 2018

Abb. 2.44 Bruttostundenverdienste nach Unternehmenszugehörigkeit und Befristung

Ein weiteres wichtiges Lohndifferential ergibt sich aus der bisherigen Dauer (und der Befristung) von Arbeitsverhältnissen. So betragen die Löhne derer, die erst seit einem Jahr tätig sind, nur 55 % der Löhne der Stammbelegschaft, die seit mehr als 30 Jahren im Unternehmen ist; dabei kommt es mit wachsender Betriebszugehörigkeit zu einem recht kontinuierlichen Anstieg. Hierbei spielen sehr unterschiedliche Faktoren eine Rolle: neben den gesammelten Erfahrungen und Qualifikationen, die dann entsprechend dotiert werden, sind es vermutlich auch Möglichkeiten der Höhergruppierung oder altersabhängige Entlohnungsstrukturen (vgl. Abb. 2.44).

Lebensalter	Insgesamt	Frauen	Männer	Verdienstdiff.	Frauenanteil	Beschäft.ant.
bis 24	10,36	10,05	10,64	0,59	47,1%	8,8%
25 - 29	15,72	15,05	16,31	1,26	46,8%	9,8%
30 - 34	18,53	17,42	19,39	1,97	43,8%	10,7%
35 - 39	19,85	17,96	21,43	3,47	45,5%	10,4%
40 - 44	20,37	17,97	22,64	4,67	48,7%	10,1%
45 - 49	20,90	18,07	23,76	5,69	50,4%	11,8%
50 - 54	21,15	17,96	24,37	6,41	50,3%	14,3%
55 - 59	20,95	17,68	24,27	6,59	50,3%	12,7%
60 - 64	20,86	17,89	23,87	5,98	50,3%	8,2%
65 und älter	14,85	13,45	15,96	2,51	44,3%	3,3%

Quelle: Eigene Darstellung nach Daten der Verdienststrukturerhebung 2018

Abb. 2.45 Bruttostundenverdienste nach Lebensalter

Die Beschäftigungsdauer von Frauen und Männern unterscheidet sich den Daten der Verdienststrukturerhebung folgend kaum. An der Entwicklung der Verdienstdifferenz wird dann aber deutlich, dass diese bis zu einer Zugehörigkeit von 20 Jahren kontinuierlich ansteigt. Das ist ein deutlicher Hinweis darauf, dass die Verdienstdifferenz zu einem gewissen Teil auch dem unterschiedlichen Verlauf der ›betrieblichen Karrieren‹ geschuldet ist.

Neben der Dauer der bisherigen Unternehmenszugehörigkeit spielt auch das Lebensalter eine wichtige Rolle. Die Entwicklung der Bruttoverdienste im Lebensverlauf beginnt mit einer Phase niedriger Einkommen in einer Lebensphase, in der Erwerbsarbeit oft in einem Ausbildungskontext lokalisiert ist oder zur Finanzierung einer Ausbildung eingegangen wird. Sie ist aber auch dadurch charakterisiert, dass die Löhne bei Berufseinsteiger_innen oder ›Praktikant_innen‹ oft geringer ausfallen (vgl. Abb. 2.45).

Ab dem 35. Lebensjahr wird dann ein gewisses Tableau erreicht, das bis zum 64. Lebensjahr währt; ein Maximum wird in der ersten Hälfte der ›50er‹ Lebensjahre erreicht. Danach fallen die Einkommen wieder deutlich niedriger aus; das hängt vermutlich damit zusammen, dass in dieser Phase manche erwerbstätig sein müssen, um unzureichende Renten aufzubessern. Dieser Lebensarbeitsverlauf gestaltet sich jedoch für Frauen und Männer recht unterschiedlich; bei Frauen wird das Verdienstmaximum früher (45–49 Jahre) erreicht. Die Verdienstdifferenz ist in allen Lebensphase erkennbar; sie nimmt jedoch bis zum Beginn des 60. Lebensjahrs kontinuierlich zu. Zuletzt sind es etwa 6,60 € pro Stunde, weniger als drei Viertel des männlichen Lohns.

Schließlich spielen auch die verschiedenen Berufsbereiche für die Entlohnung eine wichtige Rolle; das hängt zunächst mit den durchschnittlichen Qualifikationsanforderungen in diesen Berufsbereichen zusammen. So werden in den

	Insgesamt	Frauen	Männer	Verd.differ.	Frauenant.	Besch.ant.
Land-, Forst-, Tierwirtschaft, Gartenbau	12,80	11,77	13,27	1,50	31,5%	1,4%
Verkehr, Logistik, Schutz u. Sicherheit	14,08	12,52	15,08	2,56	39,2%	16,2%
Kaufm. Dienstl., Handel, Vertrieb, Tourismus	15,24	13,10	19,00	5,90	63,6%	12,7%
Bau, Architektur, Vermessung,	16,84	17,63	16,78	-0,85	7,3%	5,4%
Militär	18,66	17,06	18,87	1,81	11,5%	0,4%
Gesundheit, Soziales, Lehre u. Erziehung	19,81	18,49	24,54	6,05	78,1%	18,0%
Rohstoffgewinnung, Produktion, Fertigung	19,92	15,55	20,87	5,32	17,8%	18,9%
Unternehmensorganisation, Buchhaltg., Recht, Verwaltg.	22,32	19,04	27,87	8,83	62,9%	21,6%
Geisteswissenschaften, Kultur, Gestaltung	22,84	19,94	25,82	5,88	50,7%	2,2%
Naturwissenschaft, Geografie, Informatik	26,58	23,57	27,43	3,86	22,0%	3,2%

Quelle: Eigene Darstellung nach Daten der Verdienststrukturerhebung 2018

Abb. 2.46 Bruttostundenverdienste nach Berufsbereichen

agrarischen Berufsfeldern nur etwa halb so hohe Löhne gezahlt wie in den technisch wissenschaftlichen Berufen (vgl. Abb. 2.46).

Die verschiedentlich diskutierte These, dass die Verdiensthöhe in einem Berufsfeld oder einer Branche mit dem Anteil der Frauen in diesem Bereich korreliert, trifft für ausgewählte Branchen durchaus zu (vgl. Bäcker et al. 2020, S. 186). In der Gesamtheit der Branchen lässt sich ein solcher Zusammenhang im Jahre 2018 für die Vollzeitbeschäftigten jedoch nicht aufzeigen. Das wird in der obigen Tabelle deutlich, wo die Berufe in den Bereichen Gesundheit, Soziales, Lehre und Erziehung eher im mittleren Einkommensbereich liegen. Im unteren Einkommensbereich finden sich sowohl männlich wie weiblich geprägte Berufsfelder; ähnliches gilt auch für den höheren Einkommensbereich. Auch eine feinere Aufgliederung nach Berufshauptgruppen oder nach Wirtschaftszweigen bringt zumindest für die Gruppe der Vollzeitbeschäftigten keinen Zusammenhang zwischen dem Frauenanteil und der Entlohnungshöhe; anders sieht das aus, wenn man nur die Teilzeitbeschäftigten betrachtet.

Ohne hier eine zusammenhängende Erklärung der eklatanten Verdienstungleichheiten zwischen Männern und Frauen leisten zu können, sollen im folgenden einige Hinweise auf die in den Analysen und Debatten um den Gender-Pay-Gap zu findenden Argumentation gegeben werden (vgl. dazu Lillemeier 2019 oder Bäcker et al. 2020, S. 185 ff.).

- Bereits bei der beruflichen Erstausbildung werden von weiblichen Auszubildenden eher Berufe gewählt, die sich durch ein niedriges Verdienstniveau auszeichnen.

- Verglichen mit einem zur ›Normalität‹ erklärten eher kontinuierlichen Erwerbsleben, wie es angesichts der noch vorherrschenden Rollenverteilung vornehmlich Männer realisieren können, erscheint die Erwerbsbiographie von Frauen ›gebrochener‹; dies scheint sich bei der Höhe der Entlohnung bzw. bei den betrieblichen Aufstiegsmöglichkeiten auszuwirken.

- In der Bewertung verschiedener Leistungsformen werden eher die männertypischen Belastungen belohnt. Umgekehrt kommt es zu einer vergeschlechtlichten Arbeitsbewertungen, »da nicht nur Frauen generell, sondern auch die sozialen Rollen (Berufe inbegriffen) und Qualifikationen, die mit Frauen assoziiert werden, gesellschaftlich abgewertet sind« (Lillemeier 2019, S. 3). Diese Devaluationsthese macht deutlich, dass »die Verdienste in Berufen weniger das Ergebnis eines perfekt funktionierenden Marktes« sind; sie sind »vielmehr historisch gewachsen und vielfach das Ergebnis von Aushandlungsprozessen der Sozialpartner« (S. 4).

- Typischerweise wird die Frauenerwerbsarbeit im Kontext der noch immer dominanten Konstellation des Eineinhalb-Ernährermodells eher als ein ›Zuverdienst‹ interpretiert. Demgegenüber wurde das Vollzeit-Einkommen historisch eher als ›Familienlohn‹ begriffen.

- In Wirtschaftszweigen, die eine Nähe zu den typischen häuslichen ›weiblichen‹ Tätigkeiten aufweisen, liegen die Durchschnittsverdienste eher niedrig; so z. B. in der Gastronomie und Beherbergung, bei der Herstellung von Nahrungs- und Futtermitteln, im Einzelhandel, bei der Herstellung von Textilien und Bekleidung oder im Bereich von Pflege und Sozialwesen. Dieser Zusammenhang ist vermutlich auf die ›Konkurrenz‹ der Frauenerwerbsarbeit mit der unbezahlten Frauenarbeit im häuslichen Kontext bzw. auf die Beschäftigung von ›illegalen‹ Arbeitsmigrant_innen in diesen Tätigkeitsfeldern zurückzuführen.

Für die Erhebung des sozialen Status von Berufsgruppen werden in der empirischen Forschung so genannte Berufsprestigeskalen verwandt. Diese gehen auf repräsentative Befragungen zurück, bei denen eine überschaubare Zahl von ausgewählten Berufen bewertet wird; über statistische Verfahren werden aus diesen Bewertungen schließlich Prestigeskalen (Siops08 im folgenden Beispiel) konstruiert (vgl. Abb. 2.47). Die empirischen Befunde zum Zusammenhang von Berufsprestige und Arbeitseinkommen verdeutlichen entgegen den theoretischen Überlegungen jedoch den recht engen Zusammenhang von Sozialprestige und

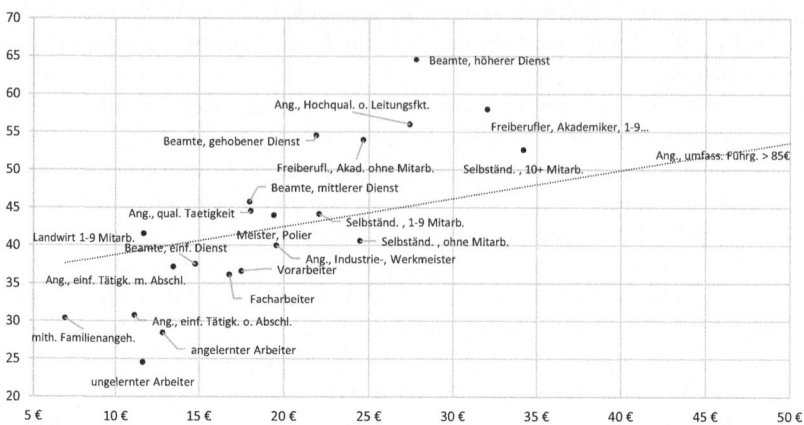

Quelle: Eigene Berechnung mit Daten des SOEP (V35), gewichtet; punktierte Linie entspricht der Regressionsgeraden

Abb. 2.47   Sozialprestige und Arbeitseinkommen pro Stunde

Einkommen. D. h. es ist davon auszugehen, dass die Antwort auf die Frage nach dem Status einer Berufsgruppe nicht unerheblich durch das (vermutete) durchschnittliche Einkommen dieser Gruppe beeinflusst wird. Vor diesem Hintergrund verteilen sich die Berufsgruppen in der folgenden Darstellung vornehmlich entlang der Diagonalen. Es ist zu beachten, dass die ›Stundenlöhne‹ im SOEP auf andere Weise berechnet werden und somit nicht direkt vergleichbar sind; umgekehrt bieten die Daten des SOEP den Vorteil, dass die verschiedenen Gruppen der Selbstständigen adäquat erfasst werden.

In der Darstellung zeigt sich der enge Zusammenhang von Arbeitseinkommen und sozialer Anerkennung; so liegt die erklärte Varianz bei fast 40 %. Unterhalb der Regressionsgerade werden im niedrigen Einkommensbereich jene Gruppen erkennbar, die neben einer geringen Entlohnung auch mit einem geringen Grad gesellschaftlicher Anerkennung konfrontiert sind; dazu rechnen ungelernte und angelernte Arbeiter_innen, einfache Angestellte ohne Ausbildung und mithelfende Familienangehörige. Im mittleren Verdienstbereich finden sich oberhalb der Regressionsgerade Gruppen, die sich durch eine hohe Reputation und eine erhebliche (aber verglichen mit den Spitzengruppen dann auch wieder ›bescheidene‹) Vergütung auszeichnen: Beamt_innen im gehobenen Dienst, hochqualifizierte Angestellte ohne Leitungsfunktionen und Freiberufler_innen ohne Mitarbeiter_innen.

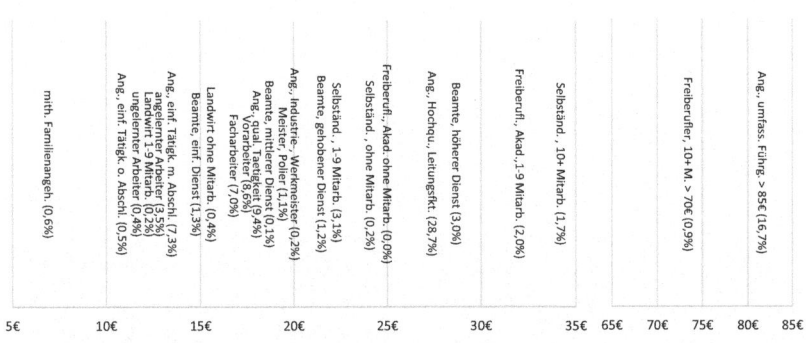

Quelle: Eigene Berechnung mit Daten des SOEP (V35), gewichtet

Abb. 2.48 Arbeitseinkommen pro Stunde nach Stellung im Beruf

In der Verteilung der Berufsgruppen entlang der Horizontalen fallen gewisse Klumpungen auf. Das wird in Abb. 2.48 deutlich; hier wurde ausgehend von den oben skizzierten Gruppenabgrenzungen nur die die horizontale Dimension abgetragen und um Angaben zur Größe der Gruppen ergänzt.

Verglichen mit der Einkommensdifferenzierung nach schulischen und beruflichen Abschlüssen (vgl. Abb. 2.41) weist die Differenzierung nach der Stellung im Beruf eine deutlich höhere Spreizung auf. So liegt das durchschnittliche Arbeitseinkommen der Angestellten mit umfassenden Führungsaufgaben bei dem 7,5-fachen der einfachen Angestellten ohne Abschluss. Es lassen sich verschiedene Verdienstsegmente ausmachen: (neben den Mithelfenden) ein unteres und unteres mittleres Segment mit Stundenlöhnen zwischen 10 und 20 €, das umfasst mehr als zwei Drittel der Beschäftigten; ein gehobenes Segment, wo sich die ›Löhne‹ zwischen 20 und 30 € bewegen; schließlich ein Spitzensegment von etwa 3 %, wo die Löhne zwischen 30 und immerhin 85 € liegen.

Würde man die Spitzengruppe der Freiberufler feiner differenzieren – was die verfügbare Stichprobengröße nicht erlaubt – so würde sich diese Spreizung in den Arbeitseinkommen vermutlich weiter vergrößern. Ähnliches gilt für die Gruppe der Selbstständigen (inkl. der Landwirte); sie ist ausgesprochen inhomogen. Bereits die hier differenzierten Gruppen derer mit und ohne Mitarbeiter weisen große Unterschiede in den Arbeitseinkommen auf. Insbesondere die obere Gruppe der Selbstständigen mit Mitarbeitern zeichnet sich durch erhebliche Binnendifferenzen aus. So wäre die Gruppe der Selbstständigen mit mehr als 10 Mitarbeitern ähnlich wie die der Freiberuflichen mit mehr als einem Mitarbeiter zu verorten.

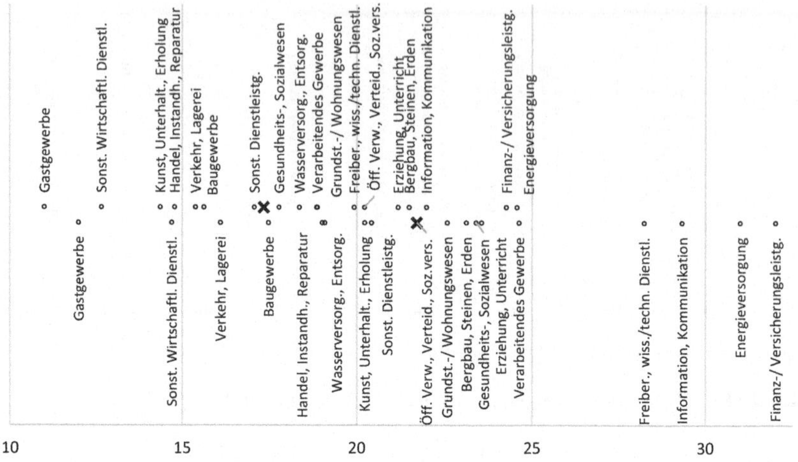

Obere Reihe: Bruttostundenverdienste der Männer; untere Reihe: Bruttostundenverdienste der Frauen; X: arithmetisches Mittel
Quelle: Eigene Darstellung nach Daten der Verdienststrukturerhebung 2018

Abb. 2.49 Bruttostundenverdienste nach Branchen

Branchen- und betriebsspezifische Einflüsse

Auch Branchenunterschiede spielen eine erhebliche Rolle für die Höhe der Arbeitsverdienste. Die Darstellung in Abb. 2.49 macht diese Unterschiede an den Stundenverdiensten von Frauen (oben) und Männern deutlich (unten).

Verglichen mit dem Gastgewerbe betragen die Einkünfte bei den Finanz- und Versicherungsdienstleistungen und bei der Energieversorgung etwa das 2,5-fache. Deutlich mehr als das Doppelte wird auch im Bereich Information und Kommunikation, bzw. bei den freiberuflichen wissenschaftlichen und technischen Dienstleistungen erbracht. Auch das Niveau im verarbeitenden Gewerbe bzw. im Bereich Bergbau, Steine, Erden ist beachtlich; nach den Effekten von Technisierung, Outsourcing und Offshoring, sind in dieser Branche eher die hochdotierten Arbeitsplätze erhalten geblieben; anders sieht das im Baugewerbe aus, wo der Konkurrenzdruck durch Unternehmen und Arbeitskräfte aus anderen europäischen Ländern und die begrenzten Technisierungspotentiale ein doch eher mittleres Niveau erzwingen. In der Mitte finden sich auch die Branchen, die mittelbar oder unmittelbar mit dem Sozialstaat zusammenhängen, in der Verwaltung, im Gesundheits- und Sozialsystem bzw. in Erziehung und Unterricht. Das untere Segment wird durch Branchen gebildet, die das ›Fußvolk‹

	Insgesamt	Frauen	Männer	Verd.diff.	Frauenant.	Besch.ant.
Unternehmensgröße:						
1 – 9 Beschäftigte	13,97	12,91	15,26	2,35	54,7%	14,5%
10 - 49 Beschäftigte	15,80	14,49	16,98	2,49	47,2%	21,8%
50 - 99 Beschäftigte	17,10	15,37	18,52	3,15	45,0%	9,1%
100 - 249 Beschäftigte	18,55	16,25	20,31	4,06	43,5%	12,0%
250 - 499 Beschäftigte	20,47	17,51	22,78	5,27	43,9%	8,1%
500 - 999 Beschäftigte	21,95	18,68	24,57	5,89	44,4%	6,4%
1000 und mehr Beschäft.	23,38	20,65	26,17	5,52	50,5%	28,2%
Öffentlicher Arbeitgeber:						
öffentlich	21,86	20,93	23,08	2,15	56,6%	16,4%
nicht öffentlich	18,30	15,79	20,49	4,70	46,5%	83,6%
Tarifbindung:				0,00		
tarifgebunden	21,79	19,56	23,88	4,32	48,3%	43,3%
nicht tarifgebunden	16,67	14,66	18,53	3,87	48,0%	56,7%
Räumliche Lage:						
Städtische Regionen	19,92	17,21	22,25	5,04	46,2%	44,4%
Regionen mit Verdichtung	17,67	15,37	19,73	4,36	47,2%	27,6%
Ländliche Regionen	16,32	14,57	17,97	3,40	48,6%	17,1%

Quelle: Eigene Darstellung nach Daten der Verdienststrukturerhebung 2018

Abb. 2.50 Bruttostundenverdienste nach Betriebsgröße und Art des Arbeitgebers

der Konsum- und Unterhaltungsgesellschaft bilden. Die geschlechtsspezifischen Verdienstunterschiede finden sich in vergleichbarer Form in allen Branchen.

In diesen branchenspezifischen Verdiensten spiegeln sich neben den angeführten Qualifikationsunterschieden noch eine Reihe weiterer Einflussfaktoren wider:

- die wirtschaftliche Situation der Branche,
- der Organisationsgrad der Beschäftigten und der Erfolg gewerkschaftlicher Tarifpolitik in der Branche,
- schließlich spielen die bereits oben im Kontext der Geschlechterdifferenzierung diskutierten Momente eine Rolle: so bilden z. B. der Handel und das Gastgewerbe auch hier die Schlusslichter auf der Verdienstskala.

Neben der Branche kommt auch der Unternehmensgröße und anderen betriebsspezifischen Faktoren eine wichtige Bedeutung zu; nicht selten hängt beides natürlich zusammen (vgl. Abb. 2.50).

Mit wachsender Betriebsgröße steigt der Stundenverdienst deutlich an; in Großunternehmen wird mehr als zwei Drittel mehr verdient als in Kleinstunternehmen. Das ist vermutlich zum einen den Unterschieden in der Ertragslage der Unternehmen geschuldet, hängt aber auch wesentlich mit der gewerkschaftlichen

	Insgesamt	Frauen	Männer	Verdienstdiff.
Hamburg	22,14	19,39	24,46	5,07
Hessen	21,24	18,58	23,51	4,93
Baden-Württemberg	21,01	17,88	23,63	5,75
Bayern	20,77	17,75	23,36	5,61
Bremen	19,94	17,10	22,32	5,22
Nordrhein-Westfalen	19,64	17,33	21,68	4,35
Rheinland-Pfalz	19,12	17,19	20,89	3,70
Saarland	18,90	16,23	21,16	4,93
Niedersachsen	18,63	16,31	20,69	4,38
Schleswig-Holstein	17,96	16,57	19,27	2,70
Berlin	19,63	18,56	20,66	2,10
Brandenburg	16,47	15,92	17,00	1,08
Sachsen	16,42	15,67	17,10	1,43
Sachsen-Anhalt	16,30	15,64	16,93	1,29
Thüringen	16,16	15,62	16,67	1,05
Mecklenburg-Vorpommern	15,66	15,16	16,20	1,04

Quelle: Eigene Darstellung nach Daten der Verdienststrukturerhebung 2018

Abb. 2.51 Bruttostundenverdienste nach Bundesländern

Organisierung der Beschäftigten und den Mitbestimmungsorganen zusammen. Bei den Männern ist dieser Zusammenhang noch ein wenig ausgeprägter; sie sind typischerweise in Branchen mit einem höheren Organisationsgrad beschäftigt. Dementsprechend ist die Verdienstdifferenz in großen Betrieben mehr als doppelt so hoch wie in kleinen.

Eine wichtige Rolle spielt auch die Frage, ob Betriebe der Tarifbindung unterliegen; das hängt vor allem von der Mitgliedschaft des Unternehmens in einem Arbeitgeberverband ab. Schließlich unterscheiden sich die Stundenverdienste auch danach, ob es sich um einen öffentlichen oder privaten Arbeitgeber handelt.

Bei der Differenzierung von Arbeitseinkommen zeigen sich zudem deutliche Stadt-Land- bzw. regionale Disparitäten. Diese Unterschiede gehen zum einen auf regionale Schwerpunkte bestimmter Branchen zurück, die insbesondere in einigen Stadtstaaten eine wichtige Rolle spielen. Zum anderen sind diese regionalen Unterschiede historischen und institutionellen Faktoren geschuldet, wie am Beispiel der Ost-West-Unterschiede deutlich wird. Verglichen mit den Stadtregionen werden in Verdichtungsregionen nur 89 % und in ländlichen Regionen nur 82 % der Stundenverdienste erzielt (vgl. Abb. 2.51).

Verglichen mit den Verdiensten in Hamburg betragen die Verdienste in Mecklenburg-Vorpommern im Durchschnitt nur wenig mehr als drei Viertel so viel. Neben der West-Ost-Struktur zeigen sich Unterschiede zwischen Stadt- und Flächenstaaten und schließlich in den alten Bundesländern eine gewisse Süd-Nordstruktur. Diese Strukturmomente finden sich bei Männern wie bei Frauen. Es zeigt sich jedoch, dass die Verdienstunterschiede in den alten Bundesländern weitaus stärker ausgeprägt sind als in den neuen Bundesländern. Das hängt vermutlich mit den historisch gewachsenen Unterschieden in der Erwerbstätigkeit von Frauen zusammen.

2.2.2.5 Arbeitserfahrungen

Abschließend soll rekonstruiert werden, wie sich Arbeits- und Lebenserfahrungen mit der sich wandelnden Arbeits- und Betriebsorganisation verändert haben. Die folgende Darstellung (Abb. 2.52) zeigt, wie einzelne Arbeitserfahrungen zusammenwirken; dabei wird deutlich, dass die Lagerungen auf diesen verschiedenen Dimensionen der Arbeitserfahrung über bestimmte Ordnungen miteinander verbunden sind.

Die graphische Darstellung der Ergebnisse der Korrespondenzanalyse geht auf Daten zu den Eigenschaften von Arbeitsplätzen zurück: so wurde z. B. erhoben, ob mit einem Arbeitsplatz ein hohes (ja), mittleres (?) oder niedriges (nein) Einkommen verbunden ist oder ob sich ein Arbeitsplatz durch ein hohes (ja), mittleres (?) oder geringes (nein) Niveau der beruflichen Sicherheit auszeichnet. Diese Informationen wurden für Gruppen – in der Graphik durch Kästen hervorgehoben – von Befragten verglichen, die über das Einkommen (niedrig, mittel, hoch), das Geschlecht, das Bildungsniveau (einfache, mittlere, höhere Bildung) und die Migrationsgeschichte (autochthon, Migration) konstruiert wurden.

Die Korrespondenzanalyse liefert nun zwei übereinander liegende aber aufeinander bezogene Strukturen, die der Arbeitsplatzeigenschaften und die der soziodemographischen Gruppen – die Trägheitswerte für die waagrechte Achse liegen bei 0,65, die für die senkrechte bei 0,16. In der Nähe des Achsenkreuzes finden sich Tätigkeitsmerkmale bzw. soziodemographische Gruppen, die eher den gesellschaftlichen Durchschnitt charakterisieren: das ist die Gruppe der Autochthonen; das sind diejenigen, die ihre Berufe mehrheitlich als interessant und nützlich begreifen; es sind auch – vermutlich im weiteren Sinne verstanden – helfende Berufe. Die berufliche Sicherheit ist hoch und man macht sich wenig Sorgen um den Erhalt des Arbeitsplatzes. Das Verhältnis zu Kolleg_innen und Vorgesetzten ist gut; man verfügt über eine gewisse Autonomie. Vor diesem

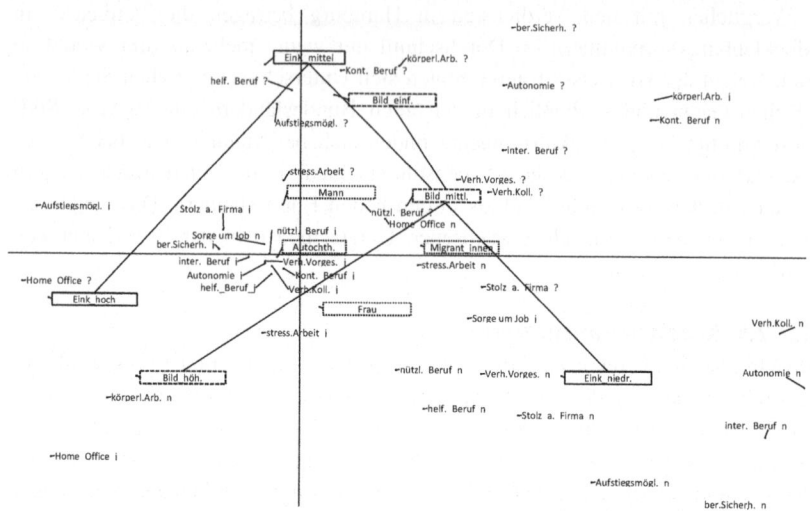

Inertia: 1. Dimension (waagrecht): 0,645; 2. Dimension (senkrecht): 0,162; 3. Dimension (nicht dargestellt): 0,076

Legende:

Aufstiegsmögl	berufliche Aufstiegschancen	körperl.Arb	Schwere Körperliche Arbeit
Autonomie	Möglichkeit der selbstständigen Arbeit	nützl._Beruf	Sozial Nützlicher Beruf
Ber.Foerd.W	Beruf fördert die weitere Qualifizierung	Selbst.Taet	Selbstständige Tätigkeit
ber.Sicherh.	Berufliche Sicherheit	Sich_Stellung	Sichere Stellung
Erschoepft.N.Arb.	erschöpft nach der Arbeit	Sorge um Job	Sorge um Stellenverlust
Gefaehrl.Arb	Gefährliche Arbeit	Stolz_a._Firma	Bin stolz auf meine Firma
helf._Beruf	Helfender Beruf	stress.Arbeit	Stress am Arbeitsplatz
Home_Office	Möglichkeit der Arbeit im Home Office	Verh.Koll.	Verhältnis zu den Kolleg_innen
inter._Beruf	Interessante Tätigkeit	Verh.Vorges	Verhältnis: Vorgesetzte – Mitarb.
Kont._Beruf	Kontakt zu anderen Menschen		

Quelle: Korrespondenzanalyse mit Daten aus der ISSP-Befragung (2015)

Abb. 2.52 Der Raum der Arbeitserfahrungen

Hintergrund ist man dann auch stolz auf die Firma oder die Einrichtung. Wohlgemerkt ist dieses Zentrum ein wenig nach links verschoben; auf der linken Seite
liegen die beiden Quadranten mit den höheren Einkommen und der höheren Bildung. Demgegenüber findet sich rechts oben ein Quadrant, der sich durch eher
einfache und mittlere Bildungsabschlüsse und ein mittleres Einkommen auszeichnet; das ist typischerweise die eher männliche oft auch körperlich belastende
und nicht im Home-Office zu erledigende Arbeit; hinsichtlich der Charakteristika der Arbeit zeichnet sich dieses Segment durch seine Durchschnittlichkeit
aus, fast alle Angaben bewegen sich im mittleren Bereich. Im Segment unten
rechts finden sich die schlecht entlohnten Tätigkeiten, die sich neben der Entlohnung auch durch schlechte Arbeitsbedingungen auszeichnen. Man macht sich

Sorgen um den Job, die Beziehungen zu Kolleg_innen und Vorgesetzten sind nicht besonders gut und die Arbeit wird kaum als interessant, nützlich oder helfend begriffen; dementsprechend ist der Stolz auf die Firma oder die Institution nur gering ausgeprägt.

Während die Segmente über Einkommen und Bildung klar strukturiert sind, weisen sie hinsichtlich der Geschlechterordnung bzw. der Verteilung von Migrant_innen und Autochthone eine weniger klare Struktur aus; hier lassen sich allenfalls gewisse Tendenzen erkennen.

2.2.2.6 Fazit

Der gesellschaftliche Produktionsprozess hat einen starken unmittelbaren und mittelbaren Einfluss auf die Arbeits- und Lebensbedingungen in einer Gesellschaft. Er ist die zentrale Quelle von Einkommen, die als Einkommen aus unternehmerischer Tätigkeit bzw. abhängiger Beschäftigung den Haushalten zufließen; die daraus entspringenden Steuern und Abgaben bilden die finanzielle Basis staatlicher Aktivitäten – und damit auch des Wohlfahrtsstaates. Aus der Perspektive des Lebenslaufes ist ein großer – zeitweilig rückläufiger – Teil des Lebens durch entlohnte Erwerbsarbeit und die darauf bezogene und darüber finanzierte Haushaltsarbeit geprägt. Die Ausbildungsphase ist in hohem Maße auf Erwerbsarbeit ausgerichtet; selbst die Altersphase ist durch die in der Erwerbsphase akkumulierten Ansprüche an Renten und Pensionen bzw. durch die körperlichen und seelischen Spuren der Erwerbsphase geprägt.

Diese Phänomene werden in sozialwissenschaftlichen Analysen zu der Diagnose verdichtet, dass man aus der Perspektive der involvierten Subjekte von Erwerbsgesellschaft, Arbeitsgesellschaft oder Lohnarbeitsgesellschaft spricht. Aus ökonomischer Perspektive wird von Marktwirtschaften und kapitalistischen Gesellschaften gesprochen; mit Blick auf dominante Branchen und Unternehmensformen werden sie als Industriegesellschaften bzw. als postindustrielle Gesellschaften bezeichnet.

Mit diesen Etikettierungen wird die Bedeutung hervorgehoben, die dem ökonomischen Geschehen und der darin geleisteten Arbeit für die Sozialstruktur dieser Gesellschaften zukommt. Die politische und soziale Einbettung dieses gesellschaftlichen Produktionsprozesses – und des damit verknüpften Reproduktionsprozesses kommt in diesen Begrifflichkeiten jedoch nicht angemessen zum Ausdruck. Dies wird tendenziell über theoretische Konzepte erreicht, die sich für die politische (und wohlfahrtsstaatliche) Regulation dieses ökonomischen Prozesses interessieren. So wird aus regulationstheoretischer Perspektive von Postfordismus gesprochen; die kontroverse Debatte um das Konzept macht aber die Grenzen solcher eindimensionalen und historisch-linearen Begriffskonstrukte deutlich.

Bei genauerem Hinsehen wird erkennbar, dass man es mit einem Nebenein-ander ganz unterschiedlicher Produktionsweisen und ihrer Regulierung zu tun hat – in der Logik linearer historischer Entwicklungen würde man von Ungleich-zeitigkeit sprechen. So finden sich durchaus noch Formen der handwerklichen Produktion; die industrielle Produktion spielt nach wie vor eine zentrale Rolle – auch wenn sie vielleicht in anderen Ländern und Erdteilen lokalisiert ist. Auch die Organisation dieser Produktionsprozesse ist durch ein Nebeneinander ganz unterschiedlicher Formen der Arbeits- und Betriebsorganisation charakterisiert – so sind z. B. tayloristische oder fordistische Organisationsmuster noch präsent, in der Dienstleistungsarbeit gewinnen sie sogar an Bedeutung. Auch die Formen der politischen Regulation – das wird Gegenstand des nächsten Kapitels sein – gestalten sich unterschiedlich; das wird im Vergleich von Nationalstaaten aber auch im Vergleich verschiedener Politikfelder deutlich.

Die Logik der Kapitalverwertung führt dazu, dass sich diese Produktions-weise unter veränderten Rahmenbedingungen und im globalen Maßstab stets neu erfindet. Braudel sieht in dieser »Geschmeidigkeit, dieser Verwandlungs- und Anpassungsfähigkeit« die wesentlichste Eigenschaft des Kapitalismus: »Im sogenannten Handels- wie im sogenannten Industriestadium (…) besteht das wesentliche Merkmal des Kapitalismus in der Fähigkeit, bei schweren Krisen oder spürbarem Rückgang der Gewinnsätze fast augenblicklich von einer Form zur anderen und von einem Sektor auf den anderen überzuwechseln« (1986b, S. 474 f.). Braudels Position ist nicht im Sinne eines ökonomischen Determinis-mus zu verstehen; wie im folgenden Kapitel deutlich wird, ist diese Weise des Produzierens auf vielfältigste Mechanismen der politischen und sozialen Regu-lation verwiesen. Dennoch sind diese Variationen des Kapitalismus von großer Bedeutung für die Arbeits- und Lebensbedingungen der Menschen in den mehr oder weniger privilegierten Regionen der Welt; d. h. mit den Metamorphosen der Produktionsweise sind auch die Unternehmenden wie die abhängig Beschäftigten gezwungen, sich neu zu erfinden – das schließt den Sozialstaat ein.

Wenn man nun überlegt, was aus diesen Einsichten für die Sozialstruktur-analyse folgt, wird ein Dilemma erkennbar: wir haben es nach wie vor mit einer Gesellschaft zu tun, in der die Arbeits- und Lebensverhältnisse in hohem Maße durch den gesellschaftlichen Produktionsprozess geprägt sind. Die Beob-achtung, dass es zu einer Ökonomisierung immer neuer Lebensbereiche kommt und dass die Subjekte einem zunehmenden Druck zur Selbstvermarktung aus-gesetzt sind, kann sogar im Sinne einer Zunahme dieser Prägungen interpretiert werden. Umgekehrt haben wir es mit einem Verlust an monokausalen, an eindeutigen Wirkungsbeziehungen zu tun. Wenn man z. B. die Einkommenslage betrachtet, hat man es nicht länger mit Haushalten zu tun, in denen das Schicksal aller Haushaltsangehörigen an den Arbeitsplatz und das Einkommen eines einzigen (männlichen) Lohnabhängigen gebunden ist – auch dieses Vergangenheitsbild ist kritisch zu prüfen. Die Erwerbsarbeit hat sich ausdifferenziert; höhere Löhne ermöglichen vielen auch die Ersparnisbildung. Die Qualifizierung und die Erwerbsbeteiligung von Frauen führen zu einer ›Chancengleichheit‹ innerhalb der Haushalte und erschließen ihnen neue Erwerbsmöglichkeiten. Schließlich fungiert der Sozialstaat im Falle der Standardrisiken als wichtige Instanz, die die Mehrheit der Haushalte vor Armut und sozialer Ausgrenzung schützen kann.

So betrachtet wäre es fahrlässig, wenn man die Sozialstrukturanalyse nicht systematisch auf die Analyse der Erwerbsarbeit bezieht; umgekehrt begeht man einen Fehlschluss, wenn man nicht die Wirkung weiterer ungleichheitserzeugender und -reduzierender Faktoren einbezieht, insbesondere die regulativen Effekte des (Sozial)Staates und die Kombination von Befähigungen und Risiken im Haushalt.

2.3 Regulierung des Produktions- und Reproduktionsprozesses durch Nationalstaaten und andere Institutionen

Die Bedeutung der modernen National-Staaten für die Gestalt von Sozialstrukturen ist komplex; es lassen sich nur wenige Aspekte der Staatstätigkeit finden, die sich nicht mittelbar in den Sozialstrukturen niederschlagen. Mit der Herausbildung der Nationalstaaten haben sich nationale »Semantiken der gesellschaftlichen Ordnung« (Münch 2008, S. 14) stabilisiert, die sich dann z. B. in der unterschiedlichen Verfasstheit von Wohlfahrtssystemen ausdrücken. Vor diesem Hintergrund ist es erstaunlich, dass von Ausnahmen (Schäfers 2004) abgesehen, Fragen nach der Rolle des Staates und der Sozialpolitik in einführenden Darstellungen zur Sozialstruktur und zu Verhältnissen sozialer Ungleichheit oft nur peripher behandelt werden.

Der Begriff der Regulierung wird hier zunächst ohne Bezug auf spezifische theoretische Konzepte genutzt, um die insbesondere auf der nationalstaatlichen Ebene zu beobachtenden Politiken zu umschreiben, die darauf zielen, den gesellschaftlichen Produktions- und Reproduktionsprozess (mit unterschiedlichen Zielsetzungen) zu steuern. Diese Untersuchungsperspektive korrespondiert mit Fragestellungen, die sich im Rahmen der Regulationstheorie, der Debatte um

Varieties of Capitalism, um Governancemodi und um Wohlfahrtsstaatstypologien
finden lassen.

Zunächst soll an wichtigen Regelungsbereichen die Spannweite im weiteren
Sinne staatlicher Interventionen verdeutlicht werden, um dann in historischer
Perspektive darzustellen, wie sich diese Staatsfunktionen mit der Herausbildung warenproduzierender Marktwirtschaften entwickelt und verändert haben.
Den Differenzierungen der wissenschaftlichen Diskurse folgend sollen dabei die
sich verändernden Modi der Regulation im Allgemeinen und die Modi sozialstaatlicher Politik im Besonderen unterschieden werden. Schließlich sollen am
Beispiel einzelner Tätigkeitsfelder genauer die Einflüsse des (Sozial-)Staats auf
die Sozialstruktur beleuchtet werden.

2.3.1 Überblick über wichtige Regulierungsbereiche

Im Folgenden werden einige wichtige Regulierungsbereiche skizziert, die mit der
sozialen Strukturierung von Gesellschaften eng zusammenhängen; die Darstellung soll exemplarisch die Vielfalt von Regulationsfeldern erschließen.

2.3.1.1 Die Abgrenzung der Staatsangehörigen

Über den Prozess der Herausbildung von Nationalstaaten und daran anschließend über das Staatsbürgerrecht und die Regulierung von Migrationsbewegungen
wird gewissermaßen die Grundgesamtheit der Menschen abgegrenzt, die einem
Nationalstaat zugerechnet werden, denen gewisse rechtsstaatliche Gewährleistun-
gen und Sicherheiten geboten werden, für deren Lebenslage man sich im Sinne
der Daseinsvorsorge interessiert, um deren Bildung und Qualifizierung man sich
sorgt und schließlich für deren Lebenslage sich statistische und sozialstrukturelle
Analysen interessieren.

Insbesondere die damit verbundenen Möglichkeiten, Migrationsbewegungen
zu beeinflussen und Migrant_innen einen legalen Aufenthaltsstatus zu verwei-
gern, oder die Option, die Arbeitsaufnahme zu untersagen, Bildungstitel anzuer-
kennen etc., eröffnen dem Staat weitreichende Möglichkeiten der Beeinflussung
von Sozialstrukturen und Arbeitsmärkten. Hierzu gehört auch die Duldung verschiedener Formen der illegalen Arbeitsmigration. Diese Abgrenzungen werden
dann mit ordnungsrechtlichen oder mit polizeilichen Mitteln, im Konfliktfall
sogar mit militärischen Mitteln durchzusetzen versucht.

2.3.1.2 Rahmenbedingungen des gesellschaftlichen Zusammenlebens

Nationalstaaten sichern für die so abgegrenzten Gruppen von Menschen aber auch für die im nationalstaatlichen Rahmen agierenden kollektiven Akteure bestimmte allgemeine Rahmenbedingungen des gesellschaftlichen Zusammenlebens, indem sie ein Rechtssystem ausbilden und den sich verändernden Rahmenbedingungen anpassen. Aus soziologischer Perspektive kommen dem Rechtssystem nach Schäfers ganz unterschiedliche Funktionen zu:

- »Das Recht hat für das Handeln von Personen und Institutionen vorstrukturierende und damit entlastende, die Orientierung erleichternde Funktionen; zugleich werden die Folgen von Handlungen kalkulierbar. (…)
- das Recht sichert (unter der Voraussetzung einer freiheitlich-demokratischen Rechtsentwicklung) die Handlungsspielräume der Individuen (z. B. durch das Eigentumsrecht; die Grund- und Freiheitsrechte usw.);
- das Recht ist ein Ordnungsrahmen, in dem soziale Konflikte ›geregelt‹ ablaufen können;
- das Recht ist ein ›Instrument‹ der sozialen Kontrolle (schon in der jedem Individuum möglichen Androhung des Rechtsweges in bestimmten Streitfällen)« (Schäfers 1997, S. 228).

Wie Schäfers weiter ausführt, wird mit diesen Funktionen auf der Systemebene der Aufbau komplexer sozialer Systeme ermöglicht. Zudem werden mit dem Recht auch vorherrschende Normen und Werte kodifiziert. Neben dem Rechtssystem im Allgemeinen sind insbesondere jene Instanzen von Interesse, die solche Rechtsordnungen – im Sinne der Jurisdiktion wie der Exekutive – hervorbringen bzw. verwirklichen.

Für sozialstrukturelle Fragestellungen ist es bedeutsam, in wie weit über das Recht auch Grundsätze der Wirtschafts- und Sozialordnung einer Gesellschaft spezifiziert sind. Das Grundgesetz beschränkt sich hier auf die Wettbewerbs-, die Vertrags- und die Vereinigungsfreiheit. Zudem wird die Verfügung über das Eigentum geschützt, jedoch mit gewissen sozialen Verpflichtungen (Art. 14 GG) verknüpft.

Die häufig mit dem Etikett ›Soziale Marktwirtschaft‹ versehene Sozialordnung ist nur bedingt rechtlich verankert. Sie ist eher aus der zeitgeschichtlichen Situation der Phase nach dem Zweiten Weltkrieg zu begreifen. »Das Besondere an dieser ordnungspolitischen Idee ist, dass mit der wirtschaftspolitischen Grundsatzentscheidung in Richtung Marktwirtschaft gleichzeitig auch der Entwurf für eine gesellschaftspolitische Ordnung vorgezeichnet war. In diesem Sinne gab das Konzept der Sozialen Marktwirtschaft nach Kriegsende zwar im Wesentlichen eine Orientierungshilfe für die Einrichtung und die Ausgestaltung der Wirtschaftsordnung, beinhaltete aber auch eine Orientierungshilfe für die Entwicklung einer Gesellschaftsordnung, in deren Rahmen nicht nur wirtschaftliche, sondern ausdrücklich auch soziale Aspekte berücksichtigt und Werte wie soziale Gerechtigkeit und Sicherheit verwirklicht werden sollten« (Kruse und Schmidt 1999, S. 131). Somit fungierte die Soziale Marktwirtschaft als Konzept einer Wirtschaftsordnung, sie hatte aber auch den Charakter eines sozialpolitischen Leitbilds. Man strebte eine Synthese von wirtschaftlicher Leistungsfähigkeit, breitem Wohlstand und sozialer Sicherheit an. Das Bundesverfassungsgericht hat 1954 hervorgehoben, dass sich der Gesetzgeber weder für ein bestimmtes Wirtschaftssystem noch für eine bestimmte Sozialordnung entschieden habe (vgl. Schäfers 2004, S. 80).

Implizit finden sich im Grundgesetz viele Bezüge auf das Prinzip des Sozialstaats; sie sind jedoch stets in andere Bestimmungen eingebettet: So wird in Artikel 20 die Bundesrepublik Deutschland als ein »demokratischer und sozialer Bundesstaat« definiert; in Artikel 28 wird gefordert: »Die verfassungsmäßige Ordnung in den Ländern muß den Grundsätzen des republikanischen, demokratischen und sozialen Rechtsstaates im Sinne dieses Grundgesetzes entsprechen«.

Die in Artikel 1 getroffene Verpflichtung der staatlichen Gewalt, die Menschenwürde zu achten und zu schützen, impliziert eine staatliche Sicherung des materiellen Existenzminimums. Die in Artikel 3 gefasste Gleichberechtigung von Männern und Frauen sowie das Verbot der Benachteiligung – auf Grund des Geschlechts, der Abstammung, der ›Rasse‹, der Sprache, der Heimat und Herkunft, des Glaubens, der religiösen bzw. politischen Anschauungen oder einer Behinderung – verpflichten den Staat dazu, derart strukturierte soziale Ungleichheiten z. B. am Arbeitsmarkt oder in anderen gesellschaftlichen Feldern zu unterbinden. Der besondere Schutz von Ehe und Familie (Artikel 6) impliziert spezifische Leistungen für Kinder und für deren Betreuung. Die Koalitionsfreiheit (Artikel 9) garantiert schließlich, dass Arbeitnehmer_innen ihre Verhandlungsposition in sozialen Auseinandersetzungen durch die Gründung von Gewerkschaften verbessern können; entsprechendes gilt für die Verbände der Arbeitgeberseite.

Insbesondere der letzte Aspekt verweist auf die zentrale Bedeutung, die dem Staat (im weiteren Sinne) zukommt, indem er Modi der Konfliktregulierung zwischen gesellschaftlichen Gruppen bereitstellt und überwacht; die seit dem 19. Jahrhundert bedeutsamen Auseinandersetzungen zwischen lohnabhängig Beschäftigten und Unternehmer_innen erfahren eine gewisse Verrechtlichung. »Im Tarifstreit wie in der betrieblichen Auseinandersetzung manifestiert sich als zivilisatorischer Fortschritt eine Rationalisierung des industriellen Konflikts, die der Institutionalisierung von Einflußchancen und Mitwirkungsmöglichkeiten der Arbeitnehmer und ihrer Repräsentanten, mit anderen Worten: der industriellen Demokratie, zu verdanken ist« (Müller-Jentsch 1997, S. 43).

An den industriellen Beziehungen wird recht gut deutlich, welchen Status die hier geltenden rechtlichen Bestimmungen haben. In ihnen drücken sich zunächst spezifische politische Kräfteverhältnisse zum Zeitpunkt der Kodifizierung dieser Regelungen aus. So fanden sich z. B. in der Nachkriegsphase in den Programmen vieler politischer Parteien Forderungen zur demokratischen Kontrolle der Wirtschaft. Die wechselvolle Geschichte der gesetzlichen Regelungen zur Mitbestimmung zeigt dann aber auch, in welchem Maße diese Gesetze und ihre Auslegung von den sich verändernden politischen Kräfteverhältnissen abhängen. Zudem wird an der Mitbestimmung deutlich, dass mit diesen rechtlichen Setzungen nur ein Rahmen vorgegeben ist, den es im Folgenden von durchsetzungsfähigen Organisationen auszugestalten gilt. Nur handlungsfähige und konfliktfähige Gewerkschaften mit einer hinreichenden Mitgliederbasis haben die Möglichkeiten, derartige Regelungen – flankiert von einer funktionierenden Arbeitsgerichtsbarkeit – in der betrieblichen Praxis immer wieder umzusetzen.

2.3.1.3 Regulation des Produktionsprozesses

Über diese Rahmenbedingungen des gesellschaftlichen Zusammenlebens hinaus sind für das Funktionieren des gesellschaftlichen Produktionsprozesses ganz spezifische Institutionen erforderlich; einige seien hier dargestellt.

Im kapitalistischen Produktionsprozess kommt der Sicherung von Eigentumsverhältnissen und Rechten eine zentrale Bedeutung zu. Nach Marx sind die Eigentumsverhältnisse ein zentrales Charakteristikum dieser Produktionsweise: Die Unternehmen verfügen als einzige über die erforderlichen Produktionsmittel, und sie eignen sich am Ende des Produktionsprozesses das Arbeitsprodukt an, um es am Markt zu verkaufen. Die spezifischen Eigentumsverhältnisse, die diesem Prozess vorausgesetzt sind, werden deutlich, wenn man ihn mit einem Produktionsprozess eines selbstständigen Kleinhandwerkers oder Kleinbauern vergleicht. Die Auseinandersetzungen um Produktpiraterie und den Schutz von Urheberrechten lassen erkennen, dass auch an anderen Stellen des Produktions- und Zirkulationsprozesses Eigentumsfragen von großer Bedeutung sind.

Mit der Ausweitung von Handelstransaktionen und später mit der Herausbildung immer größerer Produktionsunternehmen entsteht allseits ein Kapitalbedarf, der ganz neue Größenordnungen annimmt. Unternehmen müssen – über das Bankensystem oder den Aktienmarkt – mit Kapitalien versorgt werden, um Investitionen zu tätigen oder um Konkurrenten zu ›übernehmen‹; die Schulden des

Staates, der z. B. in den Ausbau der Eisenbahnen investiert, müssen finanziert werden; auch Konsumenten möchten Kredite, um teure Produkte wie ein Automobil zu erwerben. Im internationalen Maßstab bedürfen funktionierende zunehmend globale Märkte eines differenzierten und kalkulierbaren Währungssystems. Spätestens mit der Weltwirtschaftskrise von 1929 und ihren langwierigen Folgen wurde der hier bestehende Regelungsbedarf erkennbar. So entwickelt sich das Finanzwesen weiter, und es entsteht ein Netz von kontrollierenden Instanzen – von der betrieblichen bis zur weltwirtschaftlichen Ebene. Die Entwicklung an den Finanzmärkten und die Finanzkrise 2007 zeigen, dass die Entwicklung neuer Finanzdienstleistungen erst durch die Rücknahme von Regulierungen des Finanzmarktes ermöglicht wurde; nach dem drohenden Zusammenbruch des Bankensystems wurde in den letzten Jahren versucht, neue Regularien durchzusetzen.

Mit ihrer Wirtschafts- und Finanzpolitik nehmen Nationalstaaten einen großen Einfluss auf den gesamtgesellschaftlichen Produktionsprozess, indem sie Märkte abschotten oder öffnen, durch versteckte oder offene Subventionen die Konkurrenzverhältnisse verändern, die Entwicklung einzelner Branchen fördern bzw. ihren Bestand sichern, Infrastrukturen bereitstellen etc. Auch über andere Politikfelder, wie z. B. die Bildungs- oder die Wissenschaftspolitik wird die Konkurrenzsituation einzelner Ökonomien oder Wirtschaftszweige beeinflusst.

Die Einbettung der Produktion in die stoffliche Umwelt und die Arbeitsbedingungen der Beschäftigten wurden nach und nach stärker reguliert. So wurde die Verschmutzung von Wasser und Luft reglementiert; in jüngster Zeit gewinnen die Fragen des CO_2-Ausstosses oder der Artenvielfalt eine zentrale Bedeutung. Die Bedingungen, unter denen lohnabhängig Beschäftigte in den Betrieben tätig sind, die physischen Belastungen, die Immissionen und Risiken, denen sie ausgesetzt sind, haben sich verglichen mit der Frühphase der Industrialisierung erheblich verändert. Auch dies geht auf Regeln zurück und auf Institutionen, die die Einhaltungen dieser Regeln mehr oder weniger gut überwachen und Verstöße sanktionieren können. Bei den Regularien zur Verbesserung der Arbeitsbedingungen und der Entlohnung spielen die Kämpfe von sozialen Bewegungen, der Gewerkschaften, der verschiedenen Frauenbewegungen, der LGBTIQ-Bewegung, der antirassistischen Bewegung eine wichtige Rolle; der Schutz der Umwelt wurde bereits früh durch die Naturschutz- und seit den 1970er Jahren durch die Umweltbewegung eingefordert, am Ende der 2010er Jahre gewinnen diese eine neue Qualität, wie sich an der Fridays For Future-Bewegung ablesen lässt.

Die Regulierung der Arbeits- und Beschäftigungsverhältnisse und der industriellen Beziehungen erfolgt mittelbar oder unmittelbar durch die Nationalstaaten;

das betrifft »die Ausgestaltung des Koalitions- und Streikrechts, die Regulierung betrieblicher Arbeitsverhältnisse und den gerichtlichen Arbeitnehmerschutz,
aber auch (...) Mitbestimmungsregelungen sowie Arbeitsmarkt- und Beschäftigungspolitik« (Kaufmann 2003, S. 47 ff.). Diese Regelungen konnten in
langwährenden Auseinandersetzungen von den Gewerkschaften und Arbeiterparteien durchgesetzt werden. In Deutschland kommt es dabei zu einer starken
Verrechtlichung der industriellen Beziehungen; weite Teile dieser Regulierungen obliegen branchenbezogenen (zwischen den Tarifparteien) bzw. betrieblichen
(zwischen Arbeitnehmervertretung und Unternehmensleitung) Verhandlungssystemen und Akteuren. Aber auch hier fällt dem Staat eine wichtige Rolle zu,
indem die Rahmenbedingungen des Tarifsystems kontrolliert und indem bei Sys-
temversagen (z. B. durch Mindestlöhne oder Allgemeinverbindlicherklärungen)
Mindeststandards gesichert werden.

Mit den technologischen Fortschritten in den Produktionsprozessen ist
ein immer differenzierteres Produktionswissen erforderlich; technologische und
andere Innovationen können zudem für neue Produkte und Dienstleistungen
genutzt werden. Die Entwicklung dieses Produktionswissens ist nur sehr bedingt
im Rahmen von Unternehmen möglich; es bedarf gesellschaftlicher Systeme im
Bereich von Bildung und Forschung, die dieses Produktionswissen bereitstellen
und weiterentwickeln und die Beschäftigten in diesem Sinne qualifizieren.

2.3.1.4 Regulation von Märkten

Die Rede vom ›freien Markt‹ und seinen selbstregulierenden Potentialen verstellt
den Blick darauf, dass funktionierende Märkte ausgesprochen voraussetzungsvoll
sind und nicht ohne regulative Instanzen funktionieren können: als ein Beispiel unter vielen sei auf die Arbeit von Kartellbehörden verwiesen, die z. B.
verbotene Preisabsprachen sanktionieren und die Herausbildung von Monopol-
strukturen in Märkten kontrollieren. Auch der einfache Tausch Ware gegen Geld
ist recht voraussetzungsvoll: wer bezahlt 1000,- € für ein technisches Gerät, dessen Funktionsweise er nicht überblicken kann? D. h. hier muss die Qualität von
Waren gesichert werden, Zahlungsverpflichtungen müssen kontrolliert werden,
Garantie-, Gewährleistungs- und Haftungsfragen sind zu regeln.

Die insbesondere in politischen Diskursen zu findende Gegenüberstellung von
Staat und Markt ist konzeptuell falsch. »Märkte werden von Staaten konstituiert,
genauso wie Staaten von den Steuereinnahmen aus der Ökonomie abhängen«
(Beckert 2006, S. 431). Wie in wirtschaftsgeschichtlichen Analysen deutlich
wird, spielte der Staat eine zentrale Rolle für die Herausbildung der nationalen
Märkte in der Phase der Industrialisierung. Der bereits früh einsetzende Prozess
der Internationalisierung von Geld- und Warenbeziehungen wie auch die heute

als Globalisierung bezeichnete Entwicklung setzte die regulierenden Leistungen von Nationalstaaten und internationalen Institutionen voraus, die sich insbesondere nach dem Zweiten Weltkrieg rapide entwickelt haben. Beckert verweist hier auf »die Organisationen des Bretton-Woods-Systems ebenso wie die Welthandelsorganisation und regionale Zusammenschlüsse wie die Europäische Union, NAFTA und ASEAN. Diese Governancestrukturen erfüllen unabdingbare Aufgaben in der Steuerung globaler Märkte, indem sie den Marktzugang regulieren, Konflikte verhandeln, Währungen sichern und Eigentumsrechte schützen« (S. 430). Leibfried und Rieger (2001) vertreten darüber hinaus die These, dass auch die Ausgestaltung der nationalen Wohlfahrtsstaaten eine wichtige Voraussetzung für die Weltmarktintegration bildet, insofern sie auf unterschiedliche Weise Sicherungsstrukturen (für Unternehmen wie für die Beschäftigten) bereitstellen, die überhaupt erst die außenwirtschaftliche Öffnung ermöglichen.

Die Arbeitsmärkte stellen schließlich einen besonderen Markt dar, da der Verkauf der Arbeitskraft die Existenzbasis weiter Bevölkerungsteile bildet. Eine Regulation des Arbeitsmarktes erfolgt zum einen, indem gewisse Mindeststandards von Beschäftigungsverhältnissen gesichert werden (Entlohnung, Lohnfortzahlung, Kündigungsschutz etc.). Zum anderen werden die Zugangsbedingungen zu vielen Berufen durch Kammern und Berufsorganisationen reguliert, deren Zuständigkeiten staatlich legitimiert sind.

2.3.1.5 Regulation des Reproduktionsprozesses

Schließlich entwickeln sich spezifische Institutionen, die sich mit der Produktion und Reproduktion der Ware Arbeitskraft befassen. Bezogen auf die Arbeitskraft haben die Begriffe Produktion und Reproduktion eine etwas andere Bedeutung als in der eingangs verwandten Darstellung des gesellschaftlichen Produktions- und Reproduktionsprozesses (vgl. Abb. 2.1). Der Prozess der *Produktion von Arbeitskräften* umfasst all die Anstrengungen, die unternommen werden müssen, bevor ein Mensch seine Arbeitskraft auf dem Arbeitsmarkt anbietet und erstmals einen Arbeitsvertrag unterschreibt. Das beginnt mit Schwangerschaft bzw. Zeugung und setzt sich mit Ernährung und Sozialisation fort; es schließt sich die vorschulische, schulische Bildung und berufliche Bildung an. Von *Reproduktion der Arbeitskraft* kann man sinnvollerweise sprechen, um die Anstrengungen zu bezeichnen, die erforderlich sind, um am Ende einer Arbeitswoche oder eines Arbeitsjahres den Ausgangszustand wiederherzustellen; d. h. die physische und psychische Leistungsfähigkeit muss regeneriert werden, Erkrankungen müssen behandelt werden, auch die Qualifizierung ist an veränderte Anforderungen anzupassen.

Während anfangs große Teile der Produktion und Reproduktion der Arbeitskraft allein den Haushalten überlassen blieben, haben sich nach und nach Institutionen herausgebildet, durch die die Haushalte bei diesen Arbeiten unterstützt
werden.

- Im Erziehungs- und Bildungswesen werden Kinder und Jugendliche sozialisiert und schulisch oder beruflich qualifiziert.
- Das Gesundheitssystem unterstützt die Haushalte bei schwerwiegenden
  Erkrankungen. Darüber hinaus sollte es präventive Maßnahmen fördern.
- Soziale Sicherungssysteme wie z. B. die Arbeitslosen-, Renten- und Pflegeversicherung leisten (im Wesentlichen finanzielle) Unterstützungen angesichts
  der Standardrisiken des Lebens- und Erwerbsverlaufs.

An diesen Feldern lässt sich exemplarisch verdeutlichen, wie verschiedenste staatliche Institutionen und Körperschaften, aber auch subsidiäre Organisationen oder
Dienstleistungsunternehmen (private Krankenversicherungen, Arbeitsvermittlun-
gen etc.) zentrale Funktionen für die Aufrechterhaltung des gesellschaftlichen
Produktions- und Reproduktionsprozesses erbringen und mittelbar bzw. unmittelbar auf die Sozialstruktur von Nationalgesellschaften Einfluss nehmen.

Die Frage nach der *Regulierung* des gesellschaftlichen Produktions- und
Reproduktionsprozesses greift über die gemeinhin unter dem Begriff *Sozialpolitik* zusammengefassten Politikfelder hinaus, indem sie systematisch die staatliche
Regulierung des Produktionsbereichs, die industriellen Beziehungen und die
Zugangsregeln zu Erwerbsarbeit einbezieht. Zudem zeichnet sich der Begriff
der Sozialpolitik, zumindest im deutschen Verständnis dadurch aus, dass er die
Bildungspolitik nicht einbezieht; das wird mit der hier skizzierten Perspektive ver-
mieden. Sie korrespondiert mit einer von Kaufmann verwandten Unterscheidung,
der ausgehend von einem weiteren Verständnis von Sozialpolitik, Sozialpolitik im
Produktions-, im Verteilungs- und im Reproduktionsbereich unterscheidet (2003,
S. 47 ff.); Bäcker (2008a, S. 64) löst das Problem, indem er die Sozialpolitik
und die darüber hinausgehenden Leistungen des *Sozialstaats* unterscheidet (vgl.
Abb. 2.64).

2.3.2 Die Herausbildung von Regulationsinstanzen

Nationalstaaten, die weite Teile des gesellschaftlichen Produktions- und Reproduktionsprozesses in Regularien fassen und erhebliche Teile des Sozialprodukts
redistribuieren, sind ein historisches Novum. Wie aus Abb. 2.56 zu ersehen,

durchzieht diese Entwicklung weite Teile des 19. und 20. Jahrhunderts. Dabei wird die Herausbildung und Modifizierung der Institutionen moderner Staaten von harten gesellschaftlichen Auseinandersetzungen um die Kriterien der Verteilung des Sozialprodukts, die Möglichkeiten der Steuerung der wirtschaftlichen Entwicklung oder die Aufgabenteilung zwischen Markt, Staat und Haushalten begleitet. »Das Zusammenwachsen zu Nationen mit einem relativ starken Zusammengehörigkeitsgefühl und einer kollektiven Identität hat geholfen, die segmentäre Differenzierung in Familien, Sippen, lokale Gemeinden, Regionen und zum Teil auch Konfessionen und die stratifikatorische Differenzierung in Stände zu überwinden« (Münch 2008, S. 18). D. h. die in diesen konflikthaften Prozessen akkumulierten Erfahrungen, die dabei entstehenden sozialen Bewegungen bzw. Institutionen und die auf sie bezogenen Verhaltenserwartungen und Normalvorstellungen machen den Kern jener Kollektiv- und Identitätskonstrukte aus, die gemeinhin den Nationalstaaten zugeschrieben werden.

Die Herausbildung von modernen Nationalstaaten verschiedenen Typs, die durch ihre entwickelten institutionellen Strukturen in der Lage sind, Gesellschaften zu durchdringen (und zu verändern), schafft erst die Voraussetzungen für die an dieser Stelle geführten Diskurse um Verhältnisse sozialer Ungleichheit und Möglichkeiten ihrer Regulierung. Damit wird deutlich, warum die vorherrschende Perspektive auf Verhältnisse sozialer Ungleichheit eine nationalstaatliche ist. Auch die Entstehung der Soziologie ist eng mit der Herausbildung von Nationalstaaten verknüpft (vgl. Wagner 1990). Ein erster Überblick über die Verschiebungen zwischen den verschiedenen ungleichheitsrelevanten Arenen wurde zuvor bereits mit der Abb. 2.5 gegeben.

2.3.2.1 Nationalstaaten

Das hier entwickelte Staatsverständnis orientiert sich an dem von Michael Mann verwandten Konzept, welches dieser im Kontext sozialhistorischer Forschungen zur Herausbildung von Klassen und Nationalstaaten ausgearbeitet hat. In Anlehnung an das bei Max Weber entwickelte Verständnis des politischen Verbandes und des Staates kommt Mann zu folgender Bestimmung:»1. Der Staat ist ein differenziertes Gefüge von Institutionen und Personen, das 2. insofern Zentralität verkörpert, als die politischen Verhältnisse von einem Zentrum aus- und auf dieses zurückstrahlen; das Ganze innerhalb 3. eines territorial abgegrenzten Gebiets, über das er, der Staat, 4. gestützt auf organisierte physische Gewalt, in einem gewissen Umfang allgemein verbindliche Regeln zu verhängen, die Kompetenz hat« (Mann 1998, S. 73).

D. h. der Staat wird nicht als ein Monolith begriffen, sondern als ein sich wandelndes Gefüge von Institutionen. Auch die regulativen Potentiale werden in ihrer

Reichweite recht vorsichtig beschrieben. Die Möglichkeiten, qua des staatlichen Gewaltmonopols Regeln durchzusetzen, haben Grenzen. Von besonderem Interesse sind die Verfahren, mit denen diese Regeln mehr oder weniger gut umgesetzt werden. Mann orientiert sich hier an den bei Weber entwickelten Charakteristika des modernen Staates:»eine Verwaltungs- und Rechtsordnung, welche durch Satzungen abänderbar ist, an der der Betrieb des Verbandshandelns des (gleichfalls durch Satzung geordneten) Verwaltungsstabes sich orientiert und welche Geltung beansprucht nicht nur für die (...) Verbandsgenossen, sondern in weitem Umfang für alles auf dem beherrschten Gebiet stattfindende Handeln« (Weber 1972, S. 30).

Wenngleich sich bei Weber eine überzogene Vorstellung von der Rationalität bürokratischer Organisation und bürokratischen Handelns findet, beschreibt er doch präzise den Kern moderner Staatsverwaltungen. Über die Webersche Perspektive hinausgehend eröffnet Mann den Blick auf die Wechselwirkungen rationalen Verwaltungshandelns mit der Zivilgesellschaft.»Der moderne Staat durchdringt seine Gebiete mit Recht und Verwaltung« (1998, S. 75). Aus den eher indirekten Herrschaftsformen in früheren Staaten entwickeln sich zunehmend Formen direkter Herrschaft. Umgekehrt kommt es zu einer Transformation, indem»›Bürger‹ und ›Parteien‹ den modernen Staat durchdringen. Der Staat ist zum Nationalstaat geworden, der sowohl das Gemeinschaftsgefühl der Bürger im Innern repräsentiert als auch die Verschiedenheit ihrer nach außen gerichteten Interessen in bezug auf die Bürger anderer Staaten« (Mann 1998, S. 75).

Auch die Vielzahl von Lebensbereichen, auf die der Staat nach und nach Einfluss nimmt, und die exakte Abgrenzung des Territoriums sind ein Novum. Bayly verweist darauf, dass auch frühere Staaten auf ihre Untertanen Einfluss nahmen, aber dies bezog sich oft nur auf wenige Bereiche des Lebens und war örtlich und zeitlich beschränkt.»Der moderne Staat dagegen verlangte monopolistisch die Loyalität seiner Untertanen. Staaten, die sich modernisierten, waren misstrauisch gegen transterritoriale Zugehörigkeiten, ob es sich um religiöse, ethnische oder alte dynastische Verbindungen, wie sie für die alte Ordnung typisch gewesen waren, handelte. Sie versuchten, die Vorrechte oder gelegentlich die Benachteiligungen spezieller Kategorien von Untertanen abzuschaffen, die einen höheren Status beanspruchten oder die durch Gesetz oder Regierung zu einem niedrigeren Status verurteilt waren. Diese Veränderungen gingen insofern mit zunehmender Uniformität einher, als der Staat in sich zusammenhängender wurde« (Bayly 2006, S. 304). Schließlich verändern sich die Modi des Regierens; der »Staat war nun an einen bestimmten Ort gebunden und zog nicht mehr mit dem König umher« (ebd.). Die am Hof vertretenen Interessengruppen entwickelten sich nach und nach zu politischen Parteien. Dabei differenziert sich der Staat weiter aus;

aus einem System von Beratern entstehen voneinander abgegrenzte Ressorts eines Verwaltungsapparates.

Mann hebt die wechselseitige Durchdringung von Staat und Zivilgesellschaft als ein wichtiges Moment in der Entwicklung moderner Staaten hervor: »Der Staat ist kein kleiner, privater, zentraler Ort mehr, keine Elite mit einer eigenen Rationalität. ›Er‹ besteht aus vielerlei Institutionen, die sich mit ihren Tentakeln vom Zentrum aus über sein gesamtes Territorium hin ausbreiten, bisweilen sogar darüber hinaus in den transnationalen Raum. Umgekehrt ist aber auch die Zivilgesellschaft viel stärker politisiert als in der Vergangenheit, ihre Stoßtrupps – Interessenverbände und politische Parteien – tauchen an allen möglichen Stellen des Staats (…) auf« (1998, S. 81). Der moderne Staat ist damit zum einen zentralistisch, zum anderen muss er sich aber auch auf das Territorium beziehen; das bedingt eine Ausdifferenzierung der Macht. Sie liegt nicht länger »bei ›Staatseliten‹, welche Macht über die Gesellschaft ausüben, sondern in einer immer engeren Verknüpfung zwischen Staat und Gesellschaft. Sie sperrt die sozialen Beziehungen in einen nationalen Käfig und nicht etwa in einen lokal-regionalen oder übernationalen Rahmen ein, wodurch das soziale Leben viel stärker politisiert und auf geopolitische Beziehungen ausgerichtet wird, als dies in früheren Staaten jemals der Fall war« (ebd.).

Wesentliche Unterschiede zwischen den Nationalstaaten erwachsen aus der Art und Weise, wie es gelingt, zentrale gesellschaftliche Konflikte, wie sie mit der sozialen Frage des 19. und 20. Jahrhunderts deutlich wurden, politisch einzubinden; heute stellt sich zudem die Frage, wie sich der ökologische Umbauprozess mit den Errungenschaften einer sozialen und offenen Gesellschaft verbinden lässt. So bilden sich z. B. unterschiedliche Formen der Zentralität oder Föderalität, der politischen Repräsentation von Konfliktlinien bzw. Interessengruppen und der Regulierung der industriellen Beziehungen heraus.

Man sollte jedoch nicht vergessen, dass die Geschichte der Nationalstaaten und der Demokratien seit dem 19. Jahrhundert eine keineswegs friedliche und gewaltfreie Geschichte war. Michael Mann (2007) verweist auf ›Die dunkle Seite der Demokratie‹, so der Titel seines Buches, auf die vielgestaltigen Prozesse von ethnischen Säuberungen (vom sanften institutionellen Zwang über ein breites Spektrum an Unterdrückung bis zum geplanten Massenmord, vgl. S. 26), die mit der Welt der Nationalstaaten einhergingen. Mann konstatiert, »dass die mörderische ethnische Säuberung ein zentrales Problem unserer Zivilisation gewesen ist, unserer Moderne, unserer Vorstellungen von Fortschritt und unserer Versuche, die Demokratie einzuführen. Sie ist unsere dunkle Seite« (S. 7).

2.3.2.2 Parteien und Interessenverbände

Nachdem mit den bürgerlichen Revolutionen und mit den gravierenden ökonomischen Transformationen der Einfluss jener Institutionen, die die feudale Gesellschaft geprägt haben (Gilden, Zünfte und Innungen), zurückgedrängt wurde, entstehen nach und nach neue Gruppen (Parteien und Verbände), die Mann als Stoßtrupps – nicht gerade ein ziviler Begriff – der Zivilgesellschaft bezeichnet. Die folgenden Übersichten markieren wichtige Eckpunkte dieser Entwicklung.

Mit dem Prinzip der Gewerbefreiheit (Abb. 2.53) waren zunächst alle marktregelnden Korporationen (z. B. Zünfte) beseitigt worden; später bilden sich mit den Landwirtschafts-, Handwerks- und Handelskammern neue Strukturen des korporativen Interessenausgleichs heraus. Neben den Kammern entstanden so genannte freie Verbände und Dachorganisationen wie der Deutsche Handelstag, der Centralverband deutscher Industrieller oder der Deutsche Landwirtschaftsrat. Abelshauser charakterisiert vor diesem Hintergrund das Wilhelminische Deutschland als eine »kapitalistische Wirtschaftsordnung, die durch die Vielfalt ihrer ›korporativen‹ Träger, von Konzernen, Kartellen, Syndikaten, Wirtschaftsverbänden, Gewerkschaften, Genossenschaften, Kammern, Spitzenverbänden oder Wirtschaftsräten geprägt war« (2005, S. 184).

Bereits seit den 1830er Jahren war es unter den gewerblichen Lohnarbeitern zu mehr oder weniger organisierten Formen des Protests gegen die miserablen Lebens- und Arbeitsbedingungen gekommen; hieraus gingen nach und nach dauerhafte Organisationen hervor. Über branchenspezifische Vereinigungen hinaus entstand 1848 eine ›Arbeiter-Verbrüderung‹, als eine »Verbindung von gewerkschaftlichem Dachverband, pragmatischer Arbeiterpartei und außerparlamentarischer Opposition« (Wehler 1995, S. 152). Die nach 1848 entstehenden

ab 1800	◦ Gewerbefreiheit, napoleonische Verwaltungsmaßnahmen und Stein-Hardenbergsche Reformen in Preußen legen Grundstein für Verselbständigung von Interessen, besonders im Handwerk ◦ 1819: *Deutscher Handels- und Gewerbeverein* ◦ 1825: *Börsenverein des Dt. Buchhandels* ◦ 1828: *Deutscher Zollverein*
1848	◦ dt. Revolution bildet ersten Höhepunkt der Organisierung von Interessen, ihr Scheitern und die intensive monarchische Restauration führen zum Koalitionsverbot ◦ Organisation der Buchdrucker und Zigarrenarbeiter als erste Vorläufer der Gewerkschaften
1850-1900	◦ Modernisierungsdruck und zunehmende sozioökonomische Verflechtung stärken Wirtschaft und Gesellschaft gegenüber dem Staat ◦ Krise des Frühkapitalismus und sich rasch ändernde Produktionsbedingungen bedingen Aufschwung der Interessengruppen ◦ 1863: *Allgemeiner Deutscher Arbeiterverein* (Ferdinand Lassalle) ◦ 1869: Koalitionsfreiheit durch Gewerbeordnung des Norddeutschen Reichstages ◦ 1878: Rückschlag durch Sozialistengesetze und Gewerkschaftsverbot

Quelle: Straßner (2004, S. 87)

Abb. 2.53 Historische Entwicklung des Verbandswesens (I)

1914-1918	◦ 1. Weltkrieg bringt immense staatliche Eingriffe in und Beschneidung der organisierten Interessen[sic] (Kriegsproduktion)
1918-1933	◦ Verankerung der Verbände in der Verfassung der Weimarer Republik, enge Bindung an politische Parteien ◦ erste Erfolge der Gewerkschaften ◦ 1920: Betriebsrätegesetz ◦ aber: rascher Bedeutungsverlust der Gewerkschaften durch Wirtschaftskrisen
1933-1945	◦ Zerschlagung oder Gleichschaltung der organisierten Interessen [sic]◦ Umfunktionierung der Verbände zu Lenkungs- und Kontrollorganen des Staates ◦ 1933: Gründung der *Deutschen Arbeitsfront* (DAF) nach Verhaftung, Internierung oder Ermordung führender Gewerkschaftsvertreter

Quelle: Straßner (2004, S. 87)

Abb. 2.54 Historische Entwicklung des Verbandswesens (II)

ab 1945	◦ Neugründung von Verbänden, Anknüpfung an Traditionen der Weimarer Republik ◦ keine enge Bindung an Parteien mehr ◦ zunächst christlicher Sozialismus und Antikapitalismus ◦ 1946: Gründung erster Arbeitgeberverbände ◦ 1948: *Arbeitsgemeinschaft Eisen- und Metallindustrie* ◦ 1949: *Ausschuss für Wirtschaftsfragen industrieller Verbände* (seit 1950 BDI) ◦ 1949: Gründung *des Deutschen Gewerkschaftsbundes* (DGB)
ab 1960	◦ Pluralisierung und Expansion des Verbandsspektrums mit zunehmender Verfeinerung der Einflussmöglichkeiten von Verbänden ◦ Entwicklung des Lobbyismus als Form ›innerer Beeinflussung‹
ab 1989/90	◦ Einbindung ostdeutscher Interessen durch Eintritt in die westdeutschen Organisationen (›Institutionentransfer‹)

Quelle: Straßner (2004, S. 87)

Abb. 2.55 Historische Entwicklung des Verbandswesens (III)

Organisationen der Handwerker und Arbeiter hatten ganz unterschiedliche Funktionen; sie organisierten für ihre Mitglieder soziale Unterstützungsleistungen, sie fungierten als Bildungsvereine und schließlich als politische Vereine. Insbesondere das sich mit der fortschreitenden industriellen Entwicklung verstetigende und verbreiternde Schicksal der Lohnabhängigkeit brachte eine Bewusstseinslage hervor, die sich in ganz verschiedenen Formen des Konflikts äußerte: von Bittgesuchen über latente Formen der Arbeitsverweigerung (Bummelei) bis hin zum offenen Streik. »Die Entstehung der Gewerkschaften als selbständiger Organisationen zur ›Wahrnehmung der Interessen der Lohnabhängigen‹ ist daher aufs engste mit einer solchen Konflikterfahrung und Konfliktbereitschaft verknüpft. Zugleich gilt aber generell, daß der riskante Grenzfall des Streiks nicht von vornherein ihr Hauptziel bildete. Vielmehr diente das Drohpotential der Gewerkschaft in erster Linie dazu, den offenen sozialen Antagonismus als zu gefährlich wirken zu lassen, ihn regelförmig einzudämmen« (S. 154).

Auch jenseits des Produktionsbereichs entstehen im 19. Jahrhundert in Form der Parteien zentrale zivilgesellschaftliche Organisationen, die neben den Verbänden das politische Feld in den folgenden Jahrhunderten strukturieren. Die politischen Parteien »beruhten auf der freiwilligen Entscheidung für die Zugehörigkeit, nahmen ihre Mitglieder im Prinzip unabhängig von Familienherkunft und Konfession, Besitzstand und Beruf auf, setzten mithin die nachständische Sozialordnung mit einem liberalisierten Vereinsrecht und dem Recht auf Freizügigkeit voraus. (...) Im politischen Alltag übernahmen die Parteien eine Vermittlung zwischen den sozialökonomischen und politischen Interessen wachsender Gesellschaftssegmente einerseits, dem Staatsapparat und Regierungssystem andrerseits« (Wehler 1995, S. 335).

Wichtige Erfolge dieser politischen Mobilisierung zeichnen sich zum Ende des 19. Jahrhunderts ab, als es gelang, elementare Sicherungsleistungen für die lohnabhängig Beschäftigten in Form verschiedener Sozialversicherungen zu verstetigen. Sie stellen den sukzessive erweiterten Grundstock für ein System sozialer Sicherungen dar, das die Risiken der lohnabhängigen Existenz zunächst eher partikular, später nachhaltig verringert hat.

In der Phase (Abb. 2.54), die vom Ersten und Zweiten Weltkrieg umschlossen wird, kommt es einerseits immer wieder zu nachhaltigen Eingriffen in die Strukturen der Interessenvertretung; am Beginn der nationalsozialistischen Herrschaft steht schließlich die Zerschlagung der Gewerkschaften und Arbeiterparteien und die Verfolgung ihrer Funktionär_innen. Andererseits bilden sich erstmals mit der Weimarer Verfassung rechtlich abgesicherte Strukturen der Beteiligung heraus. Selbst unter der nationalsozialistischen Herrschaft entstanden Strukturen, die einen betrieblichen Interessenausgleich ermöglichten (vgl. Aly 2005) und die im weiteren Sinne als Vorläufer für die späteren Modelle der Sozialpartnerschaft fungierten.

In der Nachkriegszeit (Abb. 2.55) konstituieren sich die Gewerkschaften als Einheitsgewerkschaften im Rahmen eines (relativ schwach ausgebildeten) Dachverbandes; neben vielen kleineren standes- und berufsbezogenen Organisationen bilden allein die Angestellten eine eigene Organisation (DAG), die sich jedoch 2001 der im DGB organisierten Dienstleistungsgewerkschaft Verdi anschloss. Den insbesondere in den 1960er bis 1990er Jahren mitgliederstarken Gewerkschaften kam eine wichtige Rolle bei der säkularen Verbesserung des Einkommensniveaus und beim Ausbau des Sozialstaates zu.

Im Bereich der Sozialpolitik sichert das Prinzip der Subsidiarität den so genannten freien Trägern (insbesondere Kirchen und Wohlfahrtsverbänden) eine wichtige Rolle in der Erbringung wohlfahrtsstaatlicher Dienstleistungen. Das Prinzip besagt, dass öffentliche Einrichtungen, z. B. die Kommunen, auf eigene Dienstleistungen verzichten sollen, wenn diese bereits von Kirchen oder Wohlfahrtsverbänden erbracht werden. Es bezieht sich aber auch auf den Vorrang von Selbsthilfe (z. B. der Familien oder anderer sozialer Netzwerke) vor Fremdhilfe.

Nach Althammer und Lampert beinhaltet das Subsidiaritätskonzept, »dass kein Sozialgebilde Aufgaben an sich ziehen soll, die der Einzelne oder kleinere Sozialgebilde aus eigener Kraft und Verantwortung mindestens gleich gut lösen können wie die größere Einheit; andererseits verlangt es, dass die größeren Sozialgebilde den kleineren die Hilfe und Förderung angedeihen lassen, die die kleineren Gebilde brauchen, um ihre Aufgaben erfüllen zu können« (2007, S. 489).

Das Prinzip wird bereits seit der Reformation herangezogen, um die soziale Arbeit der Kirchen gegenüber staatlichen Interventionen abzugrenzen. Im späten 19. Jahrhundert wurde das Subsidiaritätsprinzip insbesondere im liberalen wie im katholischen Lager bemüht, um gegen den Ausbau des Sozialstaates zu argumentieren. In der Bundesrepublik wurde das Prinzip schließlich 1961 im Bundessozialhilfe- und im Jugendwohlfahrtsgesetz rechtlich verankert (vgl. Bäcker et al. 2008b, S. 544). Mit dem Subsidiaritätsprinzip erlangen die Wohlfahrtsverbände eine wichtige Stellung in der Sozialpolitik; Butterwegge spricht daher von einem »Wohlfahrts*verbände*staat« (2006, S. 34).

Seit Beginn der 1980er Jahre kommt es zu Veränderungen in der Trägerstruktur öffentlicher bzw. sozialstaatlicher Dienstleistungen; zum einen vollzieht sich eine Verlagerung von öffentlichen zu freien Trägern, zum anderen werden Aufgaben an private Träger abgetreten. So finden auf kommunaler und auf Landes-Ebene Privatisierungen im Bereich von Immobilien- und Wohnungsbaugesellschaften, der Energieversorgung, der Müllabfuhr bzw. Straßenreinigung, der Wasserwirtschaft, der Gesundheitspflege, des Wohlfahrtswesens, des Verkehrswesens und bei sozialen und kulturellen Einrichtungen statt. Auch im Bildungswesen werden zunehmend private Träger zugelassen. Auf Bundesebene kommt es zur Privatisierung der beiden großen Staatsunternehmen Bahn und Post; bei Radio und Fernsehen erhalten neben den öffentlich-rechtlichen Sendern private Träger Sendelizenzen. Diese Privatisierungen sind politisch heftig umstritten; die einen interpretieren sie als Ausdruck eines voranschreitenden Neoliberalismus, der eine kompromisslose Politik der Deregulierung verfolgt; andere sehen darin eine Möglichkeit, Kosten zu begrenzen, öffentliche Aufwendungen effektiver einzusetzen und den Sozialstaat wieder handlungsfähiger zu machen. Dieser Streit kann an dieser Stelle nicht entschieden werden; es ist jedoch anzumerken, dass hier differenzierte Analysen erforderlich sind und dass die Motive, die Modalitäten und die sozialen Folgen dieser Privatisierungen ausgesprochen unterschiedlich sind. Eine wichtige Rolle spielen die Regularien, unter denen Privatisierungen erfolgen; kommt es tatsächlich zu einem Rückzug des Staates oder behält dieser mehr oder weniger weitreichende Möglichkeiten der Regulierung der neu entstehenden Akteure und Marktsegmente. Unbestritten kommt es zu einer Schwächung der Gewerkschaften, da die verschiedenen Typen von öffentlichen bzw. öffentlich-rechtlichen Unternehmen stets gute Rahmenbedingungen für die Organisation von Beschäftigten und die Durchsetzung kollektiver Forderungen boten.

2.3.2.3 Supranationale Akteure

Die Herausbildung nationaler Regulationsstrukturen ist nicht ohne ihre internationale bzw. globale Einbettung denkbar; so haben sich unter wechselnden Hegemonialstrukturen internationale Instanzen der Konfliktregelung oder auch der Regulierung von Handels und Finanzbeziehungen herausgebildet. Die Weltwirtschaftskrise der 1930er Jahre hatte verdeutlicht, in welchem Maße die Nationalstaaten – und damit deren Sozialstrukturen – in eine Weltökonomie eingebunden sind. Insbesondere in den 1940er Jahren entstehen neben den Hegemonialmächten supranationale Institutionen wie der Internationale Währungsfonds, die Weltbank, das General Agreement on Tariffs and Trade (GATT) oder das Bretton-Woods-System, das die internationalen Währungs- und Finanzbeziehungen bis zum Beginn der 1970er Jahre prägte.

In Europa entwickelt sich aus der in den 1950er Jahren konstituierten Europäischen Gemeinschaft für Kohle und Stahl (EGKS) nach und nach eine supranationale Struktur, die Europäische Union, die wichtige vormals den Nationalstaaten vorbehaltene Regulationsleistungen für den gesellschaftlichen Produktionsprozess wahrnimmt. Wie komplex sich das Zusammenspiel zwischen nationaler und supranationaler Ebene gestaltet lässt sich in den verschiedenen Krisenphasen (z. B. Finanz- bzw. Eurokrise, ›Brexit‹-Verhandlungen oder Corona-Pandemie) beobachten. Weniger ausgeprägt sind diese Regulierungen im Bereich der industriellen Beziehungen und der Sozialpolitik; angesichts der ausgeprägten nationalen Spezifika dieser Systeme aber auch der damit verknüpften Akteure und Erwartungshaltungen gestaltet sich hier der Integrationsprozess weitaus schwieriger. Umgekehrt entstehen im Rahmen der Europäischen Union neue Muster der Regulierung, die jedoch, wie Offe konstatiert, einer anderen Logik folgen; so konzentrieren sich die Diskurse um Gleichheit »nicht auf eine gleiche Ausstattung mit materiellen *Ressourcen,* sondern auf gleiche *Rechte,* wie dem Recht auf gleichen Zugang zum Arbeitsmarkt und nicht-diskriminierende Rekrutierungsverfahren« (2005, S. 202). Umverteilung finde weniger zwischen Klassen, sondern eher innerhalb sozialer Klassen statt (zwischen Generationen, Geschlechtern, verschiedenen Haushaltstypen).

Auch jenseits der europäischen Ebene entstehen neue Akteure und Regelungsstrukturen: Mindeststandards der ILO, Mindestnormen, die durch Selbstverpflichtungen, internationale Rahmenabkommen, Zertifikate etc. durchgesetzt werden;

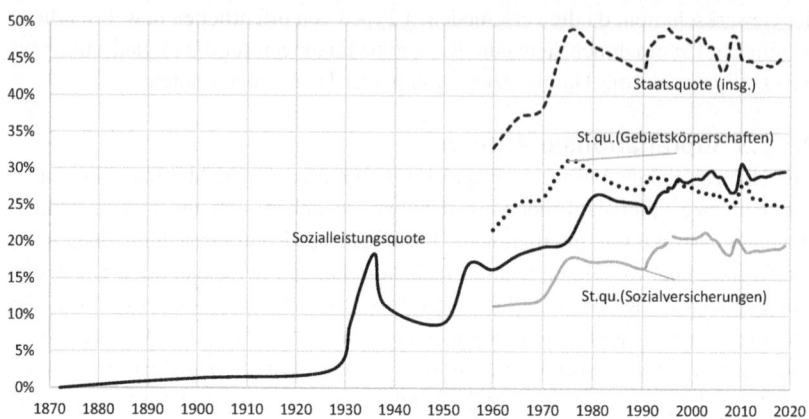

Quelle: Eigene Darstellung nach Daten des Bundesministeriums für Finanzen, aus Zimmermann/ Henke (1994, S. 32), Lampert/ Althammer (2007, S. 510) und sozialpolitik-aktuell.de, Zeitreihenbruch 1995 bei den Staatsquoten

Abb. 2.56 Entwicklung der Staatsquote und der Sozialleistungsquote

Ludger Pries beschreibt sie »als Teilstücke eines emergierenden internationalen Geflechtes von harten Regeln und Normensystemen, ›weichen‹ nachhaltigen
Legitimationserfordernissen, grenzüberschreitenden Kommunikationskanälen und
Interaktionszusammenhängen sowie internationalen Akteursnetzwerken« (2010,
S. 20). Das Spezifikum dieser supranationalen Ebene liegt darin, dass es keinen staatlichen Souverän gibt, »an den Forderungen nach einer Weltsozialpolitik
adressiert werden können« (S. 352).

2.3.2.4 Entwicklung der Staatsquote

Nach und nach ist es zu einer erheblichen Ausweitung der Aufgaben des Staates
gekommen. Die Finanzierung dieser Leistungen erfolgte durch staatliche Entnah-
men aus dem gesellschaftlichen Gesamtprodukt (vgl. dazu auch Abb. 2.2). Weder
die Unternehmen noch die abhängig Beschäftigten können direkt über diese Mittel verfügen; ihre Verwendung obliegt Entscheidungen, die im politischen Raum
ausgehandelt werden.

In Abb. 2.56 wird deutlich, dass die so genannte Staatsquote – das Verhältnis
von Staatsausgaben zum Bruttoinlandsprodukt – sowie die Sozialleistungsquote –
Sozialbudget in Relation zum Bruttoinlandsprodukt – über einen langen Zeitraum
kontinuierlich angestiegen sind.

Nach dem etwa 1975 erreichten Maximalstand verbleiben die Staats- und Sozialleistungsquote mit gewissen Schwankungen auf hohem Niveau. Dem seit den 1980er Jahren beobachtbaren Rückgang beider Quoten wirken die Folgeeffekte des Vereinigungsprozesses entgegen. Anders als es in der Sozialleistungsquote erscheint, kommt es jedoch zu einer Verschiebung in der Zusammensetzung der Staatsquote. Während der den Gebietskörperschaften zuzurechnende Teil rückläufig ist, wächst der der Sozialversicherungen weiter an. Die im politischen Raum nicht selten zu findende These von einem ›Sozialstaatsabbau‹ seit den 1980er Jahren lässt sich mit diesen Daten nicht bestätigen.

Der hier zu beobachtende säkulare Trend, in dem die Nationalstaaten an Bedeutung für die Regulation im Allgemeinen und die soziale Sicherung im Besonderen gewinnen, lässt sich mit Variationen in vielen Industrieländern beobachten. Dahinter verbergen sich aber recht unterschiedliche institutionelle Strukturen und Verteilungsmuster.

2.3.2.5 Staat und Wohlfahrtsverbände als Arbeitgeber

Mit diesen vielfältigen Aktivitäten wird der (Sozial)-Staat direkt oder indirekt (durch Delegation von hoheitsstaatlichen Aufgaben) zu einem wichtigen Arbeitgeber. Die Entwicklung der Staatsquote spiegelt sich in der Zahl der Beschäftigten, die im öffentlichen Dienst tätig sind. Die personelle Entwicklung indiziert, dass es hier nicht nur zu einer Verschiebung von Funktionen zwischen verschiedenen Institutionen kommt; es bilden sich neue Akteure heraus, die neben ihren regulativen Funktionen eine gewisse Eigenlogik, ein gewisses Beharrungsvermögen entwickeln und den einmal eingeschlagenen Regulierungspfad stabilisieren (vgl. Abb. 2.57).

Bei den Beschäftigtenzahlen ist, sieht man einmal von den Effekten der Wiedervereinigung ab, bis zum Beginn der 1980er Jahre ein erheblicher Anstieg zu beobachten. In den alten Bundesländern ist die Zahl der Beschäftigten im öffentlichen Dienst von ca. 2 Mio. im Jahre 1950 auf deutlich mehr als 4 Mio. in den 1980er Jahren gestiegen. Diese Beschäftigungszuwächse sind für viele mit einem sozialen Aufstieg in vergleichsweise gut gesicherte soziale Lagen verbunden. Damit eröffneten sich Möglichkeiten der sozialen Mobilität, die zu erheblichen Verschiebungen in der Sozialstruktur führten. Nach dem vereinigungsbedingten Spitzenwert von mehr als 6 Mio. gehen die Zahlen deutlich zurück; insbesondere bei Arbeitern und Angestellten. Dies hängt mit der Privatisierung von öffentlichen Dienstleistungen zusammen; am deutlichsten wird dieser Prozess im Bereich der Bahn und des Postwesens. Die Gesamtzahl der Beschäftigten im öffentlichen Dienst liegt 2019 bei etwa 4,9 Mio.; d. h. der nach der Jahrtausendwende beobachtbare Rückgang der öffentlichen Beschäftigung konnte wieder kompensiert

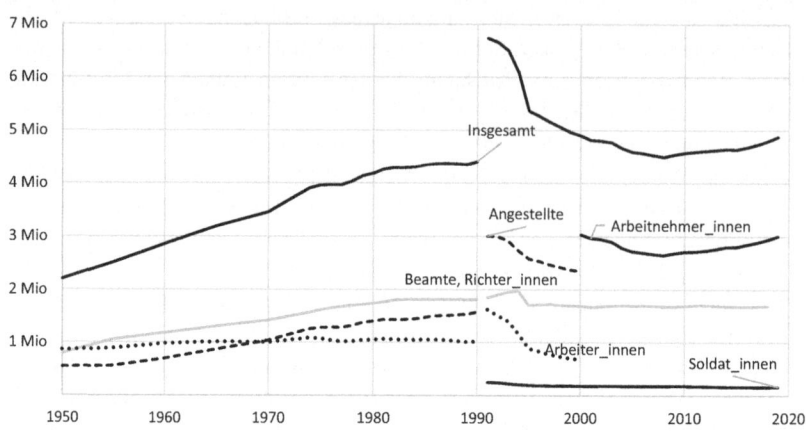

Quelle: Eigene Berechnungen mit Daten der Fachserie 14, Reihe 6 des Statistischen Bundesamt, div. Jahrgänge

Abb. 2.57 Effekte des Sozialstaats: Beschäftigung im öffentlichen Dienst

werden. Es ist jedoch innerhalb der Beschäftigten zu einer deutlichen Höherqualifizierung gekommen; der öffentliche Dienst ist mehr und mehr zu einem
sicheren Hafen für jene geworden, die auch auf dem freien Arbeitsmarkt gute
Chancen hätten.

Neben den Gebietskörperschaften spielen die so genannten freien Wohlfahrtsverbände eine wichtige Rolle für die subsidiäre Erbringung sozialstaatlicher
Leistungen. Die freien Wohlfahrtsverbände (Arbeiterwohlfahrt, Deutscher Cari-
tasverband, Deutscher Paritätischer Wohlfahrtsverband, Deutsches Rotes Kreuz,
Diakonisches Werk der Evangelischen Kirche, Zentralwohlfahrtsstelle der Juden
in Deutschland) beschäftigten 2016 mehr als 1,9 Mio. Mitarbeiter_innen (ca. 800
Tsd. Voll- und 1100 Tsd. Teilzeitbeschäftigte; vgl. Abb. 2.58). Der Aufbau eines
muslimischen Wohlfahrtsverbandes wird derzeit diskutiert.

60 % der Beschäftigten entfallen dabei auf die beiden Verbände der evangelischen und katholischen Kirche. Während seit Mitte der 1980er Jahre der Ausbau
der öffentlichen Dienste stagniert, setzt der Ausbau der Beschäftigten bei den
Wohlfahrtsverbänden insbesondere seit den 1980er Jahren ein; so kommt es zwischen 1981 und 2004 zu einer Verdoppelung der Beschäftigtenzahlen. Dieses
Wachstum hält weiter an. Summiert man die Beschäftigtenzahlen im öffentlichen

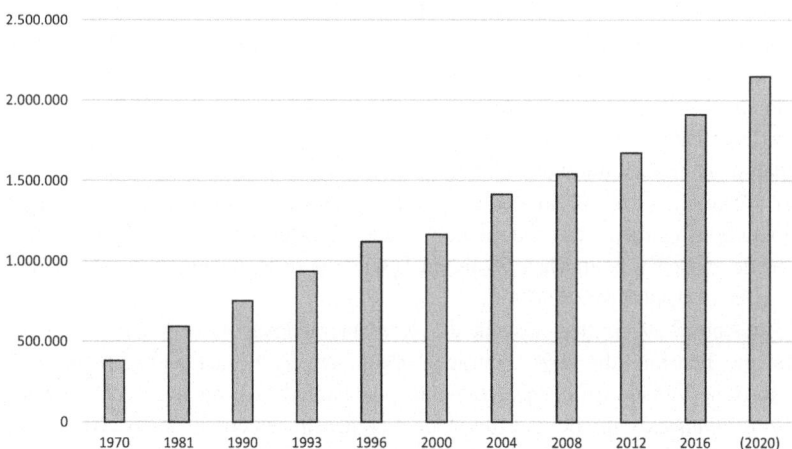

Quelle: Eigene Darstellung nach Bundesarbeitsgemeinschaft der Freien Wohlfahrtspflege, Gesamtstatistik 2016,
S. 10; Schätzung 2020 nach Rauschenbach et al. (2021, S. 377)

Abb. 2.58 Beschäftigte bei den Freien Wohlfahrtsverbänden

Dienst und bei den Wohlfahrtsverbänden, kommt man auf eine Zahl von 6 Mio. Beschäftigten, die mit staatlichen bzw. sozialstaatlichen Aufgaben befasst sind.

2.3.3 Entwicklung der Regulationsmodi

Die langfristig wachsende Staatsquote täuscht darüber hinweg, dass man es in diesem Zeitraum mit variierenden Modi nationalstaatlicher Regulierung zu tun hat. Nachdem der Begriff der Regulierung bislang eher theorieunspezifisch verwandt wurde, soll nun mit Bezug auf einschlägige Theoriekonzepte – den Varieties-of-Capitalism-Ansatz, die Regulationstheorie und im folgenden Abschnitt die Sozialstaatstypologie Esping-Andersens – genauer erläutert werden, wie sich aus der Perspektive der jeweiligen Ansätze die Modi der Regulation verändert haben.

2.3.3.1 Der Varieties-of-Capitalism-Ansatz
Das auf Peter A. Hall und David Soskice (2001) zurückgehende Konzept (›Varieties of Capitalism‹) wurde erstmals zu Beginn der 1990er Jahre vorgestellt; es analysiert die Institutionen, die die politische Ökonomie strukturieren

und fragt nach ihrem Zusammenspiel. Ausgehend von verschiedenen Koordi-
nationsmodi zwischen den am Wirtschaftsgeschehen beteiligten Akteuren bzw.
Institutionen unterscheiden sie liberale Marktwirtschaften (USA, Großbritannien,
Kanada, Irland, Neuseeland und Australien) und koordinierte Marktwirtschaf-
ten (Deutschland, Japan, Südkorea und viele nordeuropäische Wirtschaften). Die
Analyse setzt »institutionelle Unterschiede zwischen politischen Ökonomien auf
der Makroebene in Zusammenhang mit Unterschieden in den Strategien und
Produktionsregimen, die Unternehmen auf der Mikroebene verfolgen. Unter-
schiede zwischen politischen Ökonomien setzt sie in Beziehung zu betrieblichen
Praktiken« (Hall 2006, S. 184).

In Abb. 2.59 werden ausgehend vom Unternehmen wichtige Institutionen-
systeme benannt, die dazu beitragen, dass sich z. B. nationalstaatliche und
historische Variationen des Kapitalismus herausbilden. So zeichnet sich der *liberale Kapitalismus* im Bereich der Unternehmensfinanzierung durch eine starke
Börsenorientierung *(shareholdervalue)* und eine hohe Transparenz der Unternehmen aus; es gibt weitreichende Möglichkeiten für die Fusion aber auch
die (feindliche) Übernahme von Unternehmen. Die industriellen Beziehungen
sind weitgehend dereguliert; es gibt nur geringe Mitbestimmungsmöglichkei-
ten. Sowohl der gewerkschaftliche Organisationsgrad wie auch der Grad der
Zentralisierung von Verhandlungen sind gering. Die Beziehung zwischen Unternehmen und Beschäftigten sind durch eine Politik des *hire and fire* charakterisiert;
dementsprechend ist die Loyalität der Beschäftigten gering.

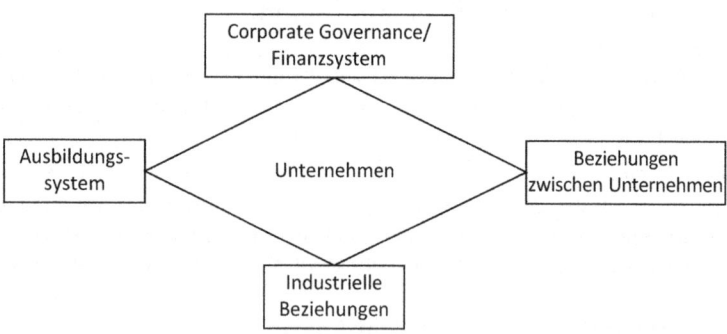

Quelle: Eigene Darstellung in Anlehnung an Hall/ Soskice (2001, S. 28)

Abb. 2.59 Unternehmen in verschiedenen Sphären der Koordination

Das Ausbildungssystem zeichnet sich dadurch aus, dass eher in allgemeine Qualifikationen und Fertigkeiten investiert wird; der Anreiz der Unternehmen, in die Qualifizierung ihrer Beschäftigten zu investieren, ist gering, weil der Ertrag dieser Investitionen angesichts der hohen Fluktuation nicht unbedingt dem jeweiligen Unternehmen zufließt. Die Beziehungen zwischen den Unternehmen gestalten sich im Wesentlichen als Tauschbeziehungen; Kooperationsbeziehungen werden durch *anti trust*-Regelungen erschwert. Auch der Transfer von Technologie erfolgt vornehmlich über den Markt; Formen der Forschungszusammenarbeit spielen keine bedeutende Rolle.»It should be apparent that there are many institutional complementarities across the sub-spheres of a liberal market economy (..). Labor market arrangements that allow companies to cut costs in a down-turn by shedding labor are complementary to financial markets that render a firm's access to funds dependent on current profitability. Educational arrangements that privilege general, rather than firm-specific, skills are complementary to highly fluid labor markets; and the latter render forms of technology transfer that rely on labor mobility more feasible« (Hall und Soskice 2001, S. 32).

Die mit dem Begriff des *koordinierten Kapitalismus* bezeichnete Institutionenstruktur findet sich idealtypisch in Deutschland wieder; daher wird verschiedentlich vom Modell des *rheinischen Kapitalismus* gesprochen. In Deutschland hatte sich schon im Kaiserreich eine korporative Marktwirtschaft entwickelt, die sich deutlich von angloamerikanischen Modellen unterschied. Abelshauser spricht von einem deutschen Produktionsregime, das sich in Großunternehmen insbesondere in den neu entstehenden Aktiengesellschaften durchsetzte. Das Grundprinzip lag nicht in der Konkurrenz, sondern der Kooperation wirtschaftlicher Akteure. Über die Aufsichtsräte der Aktiengesellschaften wurden Informationsströme aus wichtigen Bereichen der Wirtschaft in ihre Organisationen umgelenkt. »Dort verbessern sie die Grundlage für unternehmerische Entscheidungen und akkumuliertes Vertrauenskapital, das dazu beiträgt, das Transaktionskostenniveau innerhalb der jeweiligen Branche niedrig zu halten. Die Berufung von Bankenvertretern in den Aufsichtsrat erleichtert diesen die Kontrolle der Unternehmen, deren langfristige Finanzierung sie als Hausbank oder Mitglied eines Bankenkonsortiums übernommen haben. Aktiengesellschaften bringen ihr Risikokapital zwar an der Börse auf, doch besorgen auch hier die Banken das Emissionsgeschäft, üben für die meisten Aktionäre das Depotstimmrecht aus und tragen so zur langfristigen Stabilität der Finanzierungsbeziehungen bei« (2005, S. 187). Dieses Regime wird durch eine kooperative Gestaltung der industriellen Beziehungen und das duale System der beruflichen Bildung ergänzt.

Die Grundstrukturen dieses Produktionsregimes lassen sich auch nach dem Zweiten Weltkrieg wiederfinden. Die als ›Deutschland AG‹ bezeichnete Variante des koordinierten Kapitalismus zeichnete sich insbesondere durch seinen Finanzierungsmodus aus. Die wichtigste Instanz der Unternehmensfinanzierung sind nicht die Börsen (wie im liberalen Modell), sondern die dementsprechend großen Universalbanken. Der Finanzmarkt ist in hohem Maße reguliert.»Investitionen sind häufiger von einer eher längerfristigen Natur (…). Stabiler Überkreuzbesitz von Aktien (…) förderte strategische Allianzen zwischen Firmen sowie zwischen Firmen und Banken, was bis vor kurzem ›feindliche Firmenübernahmen‹ (…) effektiv verhinderte« (Manow 2005, S. 243). Bei den Privathaushalten ist eine hohe Sparneigung zu verzeichnen; dabei stehen Bankguthaben im Vordergrund; erst in letzter Zeit gewinnt privater Aktienbesitz an Bedeutung. Das Hausbank-Prinzip ermöglichte »den Firmen einen gesicherten Zugang zu relativ geduldigen und ›bescheidenen‹, also moderat verzinsten Spargeldern«, schützte »Manager vor der Kontrolle durch Aktionäre und den in ihrem Interesse agierenden Investmenthäusern und Pensionsfonds« und ermöglichte ihnen,»damit strategisch-langfristig in neue Märkte und neue Technologien zu investieren« (ebd.).

Mit diesem Produktionsregime korrespondiert ein eher kooperatives Modell der industriellen Beziehungen, das sich durch ein hohes Maß an Verrechtlichung auszeichnet. Neben den außerordentlichen Wachstumsraten in Zeiten des ›Wirtschaftswunders‹ bergen die mit dieser Finanzierungsstruktur verbundenen moderaten und langfristig orientierten Gewinnerwartungen einen guten Rahmen für die von den Gewerkschaften verfolgte Umverteilungspolitik. Erste Krisensignale dieses Modells wurden mit der ab Mitte der 1970er Jahre einsetzenden Massenarbeitslosigkeit erkennbar.

Zudem führen insbesondere externe Herausforderungen zu einer weitreichenden Modifizierung des deutschen Finanzierungsmodells. Susanne Lütz (2005, S. 297 ff.) verweist in ihrer Darstellung auf eine Vielzahl von Einflussfaktoren:

- die Verbriefung von Finanzbeziehungen,
- das Auftreten ausländischer institutioneller Investoren,
- die Hinwendung der Großbanken zum Investmentbanking im Kontext einer Globalisierung der Finanzbeziehungen,
- der Druck, einen transparenten und stärker aktionärsorientierten Regulierungsrahmen aufzubauen,
- die marktorientierte Reorganisation der Unternehmensverfassung (neue Regeln der Rechnungslegung, Wirtschaftsprüfung und veränderte Beziehungen zwischen Aktionären und Management).

Sie kommt schließlich zu der Einschätzung, »dass Veränderungen im globalen Finanzgeschäft dazu beitrugen, dass heimische Marktakteure ihre Präferenzen änderten und Reformen entweder initiierten oder zumindest unterstützten. Die europäische Integration hat diese Prozesse eher beschleunigt als verursacht« (S. 312). Auch der Bund und die nationalen Banken hatten ein Interesse an der Modernisierung des Finanzplatzes. Es wird jedoch darauf verwiesen, dass es eher zu einer Rekombination neuer und alter Strukturmomente gekommen sei, als dass sich das deutsche Modell dem angelsächsischen vollends angepasst habe. So seien wichtige Charakteristika wie die Mitbestimmung und das System der betrieblichen Interessenvertretung bislang nicht angetastet worden.

Paul Windolf (2005) spricht angesichts der Entwicklungen im Bereich der Finanzmärkte vom Finanzmarkt-Kapitalismus als einem neuen Produktionsregime, das sich seit den 1970er Jahren allmählich herausgebildet habe. Er charakterisiert dieses neue Regime als ein System von Institutionen:

- Es kommt zu einer Verschiebung bei den Finanzierungsformen, auf die große Unternehmen für Investitionen zurückgreifen. Während insbesondere in Deutschland die Bankfinanzierung im Vordergrund stand, spielt nun die Finanzierung über den Aktienmarkt eine zentrale Rolle. Großbanken hatten zuvor eher ›geduldiges Kapital‹ bereitgestellt und waren an der längerfristigen Rentabilität von Unternehmen interessiert; bedingt durch die verstärkte Finanzierung über den Aktienmarkt setzte sich eine stärkere Orientierung am *shareholder-value* von Unternehmen durch, verknüpft mit eher kurzfristige Renditeerwartungen.
- Der Einfluss der institutionellen Anleger an den Aktienmärkten wächst: Investment-Fonds, Pensionsfonds, Versicherungen und Investmentbanken. Verglichen mit Kleinaktionären können diese institutionellen Anleger als ›professionelle Eigentümer‹ ihre Renditeerwartungen vorgeben und Druck auf das Management von Unternehmen ausüben, der angesichts eines stets begrenzten Aktienanteils kurzfristig mit der Exit-Option untermauert werden kann.
- Die Entstehung von Rating-Agenturen und Analysten bzw. die Durchsetzung von neuen Bilanzierungsvorschriften führt dazu, dass sich ein weltweit verfügbares standardisiertes Wissen über Staaten, Unternehmen und Finanzprodukte herausbildet.
- Feindliche Übernahmen und der daran anschließende Verkauf von Unternehmen oder Unternehmensteilen auf einem Markt für Unternehmenskontrolle stellen die Grundlagen der Managerherrschaft in Frage.

• Aktienoptionen, die Manager_innen gewährt werden, sollen deren Interessen an die der Aktionär_innen koppeln und die Bindung an die eigene Organisation unterminieren; so werden die Anreize für ein kurzfristig opportunistisches Verhalten erhöht.

• Mit der Herausbildung von *venture capital* und speziellen Börsen für wachstumsorientierte Technologieunternehmen entsteht nach Kühl (2005) eine neue Logik der Kapitalanlage. Risikokapitalgeber, Unternehmensgründer und mitunter führende Mitarbeiter setzen auf eine hohe Bewertung am Kapitalmarkt, die nicht auf tatsächlichen Profiten, sondern einem Profitmythos gründet; Ziel ist nicht die Rentabilität des Unternehmens, sondern ein erfolgreicher Verkauf der Unternehmensanteile – Kühl spricht von einem Exit-Kapitalismus.

Windolf kommt zu dem Schluss, dass insbesondere die Fonds zu zentralen Akteuren im Finanzmarktkapitalismus werden: »Die ›neuen‹ Eigentümer können einerseits die Unternehmenspolitik beeinflussen, andererseits sind es instabile Eigentümer, da sie ihre Anteile im Durchschnitt nach 20 Monaten wieder verkaufen«. Feindliche Übernahmen »entfalten ihre Wirkung vor allem als ›glaubhafte Drohung‹«, aber sie haben »das Management in hunderten von US-Firmen diszipliniert und sie auf die Prinzipien des ›shareholder value‹ verpflichtet«. Das Novum des Finanzmarkt-Kapitalismus liegt darin, dass die »Logik der Aktienmärkte unmittelbarer auf die Strategien und internen Kontrollstrukturen der Unternehmen einwirkt. Die Realökonomie ist durch die Eliminierung von Puffern den Schocks der Finanzmärkte stärker ausgesetzt« (2005, S. 52). Zu einer kritischen Einschätzung des Konzepts ›Finanzkapitalismus‹ kommen Michael Faust et al. (2011).

Ein weiteres Merkmal des rheinischen Kapitalismus ist der keynesianische Wohlfahrtsstaat und eine spezifische Ausgestaltung der industriellen Beziehungen, d. h. der Beziehungen zwischen Unternehmen und abhängig Beschäftigten. Müller-Jentsch spricht für diesen Zeitraum von der Herausbildung einer industriellen Demokratie, die dazu beiträgt, dass der anfangs fundamentale Widerspruch zwischen den Interessen von Lohnarbeit und Kapital eingehegt wird; er unterscheidet dabei verschiedene Ebenen: die Ebene der betrieblichen Mitbestimmung und Partizipation, das System der Tarifautonomie und schließlich die korporative Repräsentation in wirtschaftspolitischen Gremien (vgl. Abb. 2.60). Verglichen mit den in der Weimarer Republik entwickelten weitreichenden Konzepten einer Wirtschaftsdemokratie – z. B. in Form von Wirtschafts- und Sozialräten – wird in der Bundesrepublik diese Ebene der Partizipation z. B. durch die Beteiligung von Gewerkschaften und Arbeitgebern an der Arbeitsverwaltung oder an den Sozialversicherungen gestaltet. »Auf der untersten Ebene geht es um die

Beeinflussung und Kontrolle der *Anwendungsbedingungen* der Arbeitskraft im betrieblichen Arbeitsprozess. Auf der mittleren Ebene, der des Arbeitsmarktes, steht die Beeinflussung und Kontrolle der *Verkaufsbedingungen* der Arbeitskraft im Zentrum. Auf der Ebene der Branchen und der Gesamtwirtschaft schließlich geht es vor allem um die Kontrolle und Beeinflussung der sozialen und ökonomischen *Rahmenbedingungen* seitens der Arbeitnehmerschaft und ihrer Organisationen« (S. 45).

Insbesondere in den langen Phasen des wirtschaftlichen Wachstums entwickeln die Tarifparteien vorwiegend kooperative Strategien der Konfliktregulierung, die als Sozialpartnerschaft oder ›Modell Deutschland‹ bezeichnet werden. Das Modell Deutschland – der Begriff entstammt den Wahlkämpfen der 1970er Jahre – steht für einen spezifischen Kompromiss, der die industriellen Beziehungen und darüber hinaus auch die Sozialpolitik geprägt hat. So haben die Gewerkschaften oder auch die SPD harte tarif- und arbeitspolitische Konflikte vermieden und einen wirtschaftlichen Modernisierungskurs (Umbau der Branchenstruktur, Rationalisierung der Produktion, Weltmarktorientierung) mitgetragen, wofür sie durch ein relativ hohes Lohn- und soziales Sicherungsniveau belohnt wurden (vgl. Hertfelder und Rödder 2008).

Die dargestellten Entwicklungen an den Finanzmärkten führen auch zu Veränderungen in den industriellen Beziehungen. Während Dörre und Brinkmann noch für die 1990er Jahre feststellen, dass es trotz eines harten Konkurrenzdrucks,

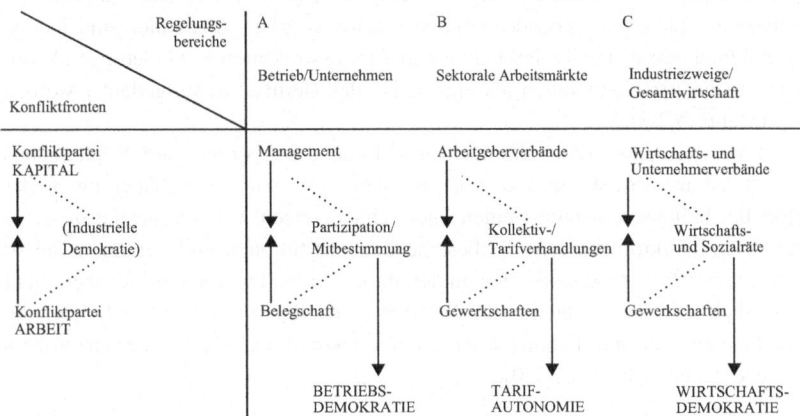

Quelle: Müller-Jentsch (1997, S. 46)

Abb. 2.60 Formen der industriellen Demokratie

»Spielräume für integrative Rationalisierungskompromisse« (2005, S. 102) gebe, stellen sie für die jüngere Zeit fest, dass das Management die ›diffuse Macht‹ des Marktes, ein Begriff Michael Manns, nutzt, um die Beschäftigten und deren Interessenvertretungen zu disziplinieren. »Betriebe und Arbeitskräfte sollen mit der Marktlage ›atmen‹, konjunkturelle Schwankungen und Kriseneinbrüche unter Einsatz eigener Ressourcen abfedern. Entscheidender Hebel zur Erzeugung marktkompatibler Flexibilität ist die Verstetigung der Konkurrenz« (S. 108). Einschränkend merken die Autoren an, dass es keine Mechanismen gebe, um diesen Druck bruchlos nach unten weiterzuleiten. Die ständige Drohung mit der Standortkonkurrenz untergrabe die soziale Kohärenz der Belegschaften und die damit verbundenen produktiven Effekte; so könne »auf Dauer gestellter Wettbewerb leicht zu einem Zerstörungsprogramm mit ungewissem Ausgang« (S. 109) führen.

Neben den hier ausführlich dargestellten Bereichen der Unternehmensfinanzierung, der Unternehmensbeziehungen und der industriellen Beziehungen zeichnet sich der rheinische Kapitalismus auch durch ein spezifisches System der schulischen und insbesondere der beruflichen Bildung aus. Dieses System ist z. B. durch die duale, von Unternehmen und vom Staat getragene, berufliche Ausbildung charakterisiert; daneben finden sich mit den Berufsfachschulen weitere explizit berufsbezogene Ausbildungseinrichtungen. Verglichen mit dem eher allgemein qualifizierenden Ausbildungssystem im liberalen Kapitalismus spielen im koordinierten Modell berufliche Abschlüsse und Berufe eine zentrale Rolle, indem darüber einerseits die Zertifizierung von erworbenen Qualifikation erfolgt und indem sie andererseits am Arbeitsmarkt für die Etikettierung von zu vergebenden Stellen genutzt werden. Auch hier sind jedoch im Rahmen von neuen Technologien und Arbeitsstrukturen Veränderungen beobachtbar, die verschiedentlich als eine Krise des Berufssystems gedeutet werden (s. Abschn. 5.2.7).

In wieweit diese Entwicklungen zum Ende des koordinierten Kapitalismus führen, ist umstritten; unverkennbar ist aber eine gewisse Annäherung beider Modelle. Höpner konstatiert einen eher schleichenden Veränderungsprozess; so »kriechen Marktprozesse in die bestehenden Institutionen und verändern sie so von innen. Der ›gebundene‹ Charakter dieser Veränderungen sollte aber nicht den Blick auf die Richtung des Wandels verstellen und davon abhalten, die zunehmende Vermarktlichung koordinierter Ökonomien als Konvergenzprozess zu bezeichnen« (2003, S. 230).

2.3.3.2 Die regulationstheoretische Perspektive

Auch die Regulationstheorie analysiert die institutionellen Strukturen, die den gesellschaftlichen Produktions- und Reproduktionsprozess ermöglichen. Im Vordergrund stehen dabei vier politisch ökonomische Arenen, in denen sich dem Akkumulationsregime entsprechend passförmige Institutionen herausbilden; dazu gehören die Institutionen des Geld- und Finanzierungssystems, die Institutionen des (beruflichen) Bildungssystems, die eine spezifische Passung von Arbeit und Qualifikation hervorbringen *(skill-labour nexus)* und ein damit verknüpftes Entlohnungssystem *(wage-labour nexus)*, schließlich die den Wettbewerb strukturierenden Institutionen. Die damit umrissenen Forschungsinteressen für den Arbeitsmarkt, die Finanz- und die Wettbewerbspolitik entsprechen durchaus den oben dargestellten Perspektiven des *Varieties of capitalism*-Ansatz (vgl. dazu Boyer 2005, S. 538).

Im Kontext der Regulationstheorie finden sich auf dieser Basis zum einen Forschungsansätze, die im Sinne des *Varieties of capitalism*-Ansatzes nach nationalen Spezifika in der Regulation fragen und somit eher eine Querschnittsperspektive verfolgen; zum anderen richten sich die Fragen der Regulationstheorie – in der Fortsetzung der bereits oben dargestellten Abfolge von Akkumulationsregimen – im Längsschnitt auf die Veränderungen der Regulationsweise in zeitlicher Perspektive.

In der *Querschnittsperspektive* kommen die Forschungsansätze, die sich auf die Regulationstheorie beziehen, zu einer Ausdifferenzierung der vom *varieties of capitalism*-Ansatzes vorgeschlagenen Unterscheidungen; sie machen in der Regel vier verschiedene institutionelle Konfigurationen aus, die sich in den Regulationsmodi verschiedener Länder finden lassen; grundsätzlich wird die Zahl dieser Konfigurationen jedoch offengelassen (vgl. Boyer 2005, S. 529 f.):

- Im marktorientierten Kapitalismus (u. a. USA, England, Australien, Kanada) fungieren Märkte als zentrales Organisationsprinzip für nahezu alle Koordinationsprobleme. Das Entlohnungssystem ist dezentralisiert und individualisiert. Konzentrationsprozesse werden gesetzlich begrenzt; es herrschen jedoch wechselnde oligopolische Strukturen vor. Der Finanzmarkt bildet die zentrale Finanzierungsform; dementsprechend erfolgt die Unternehmenssteuerung nach den Regeln des Finanzmarktes. Der eher schwache Staat ist in eine Vielzahl von Behörden und Kontrollinstanzen segmentiert.
- Im meso-korporatistischen Kapitalismus (Japan) sind neben der Marktlogik Prinzipien der Solidarität bedeutsam. Dementsprechend wird versucht, zwischen den großen Unternehmen und dem Staat Kompromisse, z. B. in der Entlohnung, auszuhandeln. Der Wettbewerb an den Produktmärkten

ist sehr ausgeprägt und wird von Großunternehmen beherrscht. Im Finanzsystem kommt der Zentralbank sowie staatlichen Instanzen eine wichtige
Kontrollfunktion zu. Der Staat spielt eine wichtige Rolle für die Bereitstellung von Leistungen und koordinierenden Regelungen, die von den großen
Unternehmen nicht erbracht werden können.

• Im staats-interventionistischen Kapitalismus (u. a. Deutschland, Frankreich,
Italien, Niederlande) spielen die staatliche Wirtschaftspolitik und staatliche
Steuerungsinstanzen eine zentrale Rolle für die Regulierung der Produktion
und der Nachfrage. Das Entlohnungssystem ist durch Regelungen des Beschäftigungsverhältnisses, der Arbeitszeiten, der Lohnhöhe etc. stark strukturiert.
Der Wettbewerb wird relativ stark reguliert; im Bereich des Finanzsystems übt
der Staat eine strenge Kontrolle aus; die Finanzierung von Unternehmen über
den Finanzmarkt spielt nur eine nachgeordnete Rolle. Der relativ starke Staat
zeichnet sich durch hohe Ausgaben und ein differenziertes Wohlfahrtssystem
aus; einzelne Betriebe befinden sich in staatlicher Hand.

• Im sozialdemokratisch regulierten Kapitalismus (u. a. Finnland, Norwegen,
Schweden) spielt das tripartistische Verhandlungssystem zwischen den Sozi-
alpartnern und dem Staat für Wirtschaft und Gesellschaft eine wichtige Rolle.
Die kollektiven Aushandlungen im Bereich der Entlohnung erfolgen zentral.
Die Wettbewerbssituation ist durch eine kleine Zahl von international vernetz-
ten großen Unternehmen charakterisiert. Die Finanzierung von Unternehmen
erfolgt vornehmlich über den Banksektor; die Geldpolitik zielt vorrangig auf
die Sicherung von Beschäftigung. Der Staat interveniert an vielen Stellen in
Wirtschaft und Gesellschaft, indem er Transfers bereitstellt und regulierend
wirkt.

Wie angedeutet sind Erweiterungen dieses Modells möglich, wenn der analytische
Horizont auf Schwellenländer oder auf einzelne Weltregionen ausgeweitet wird
(vgl. Boyer 2005, S. 522 f.; Amable 2004, 2017; Szelényi und Mihályi 2020).

Die Vielfalt der Modi der institutionellen Regulierung des Kapitalismus hängt
insbesondere damit zusammen, dass die Institutionen aus einer langen Vorgeschichte von sozialen und politischen Konflikten hervorgegangen sind; zudem
handelt es sich zumeist um Mischformen:»The basic institutions that govern a
capitalist economy usually combine a significant variety of coordinating mechanisms: on top of the conventional opposition between state and market, actors
such as communities, networks, associations, and private organizations play a
role in building economic institutions. Once created, these institutions exhibit
large sunk costs and thus display increasing returns. This is an explanation for a
specific form of path dependency« (Boyer 2005, S. 548).

In der *Längsschnittperspektive* sind für sozialstrukturelle Fragestellungen insbesondere die sich verändernden Entsprechungen von Akkumulationsregimen und
wohlfahrtsstaatlichen Modellen von Interesse. Mit der Durchsetzung des Akkumulationsregimes des atlantischen Fordismus korrespondierten die Entwicklung
und der Ausbau von Wohlfahrtsstaaten in der zweiten Hälfte des 20. Jahrhunderts
(vgl. Abb. 2.61).

Unter dem fordistischen Akkumulationsregime haben sich nach der Weltwirtschaftskrise in vielen Ländern keynesianische Muster der Wirtschaftspolitik und
damit verknüpft spezifische Muster wohlfahrtsstaatlicher Institutionen herausgebildet, sodass von keynesianischen Wohlfahrtsstaaten gesprochen werden kann.
So geht mit dem fordistischen Akkumulationsregime nicht nur eine bestimmte
Form der großbetrieblichen Produktion einher; damit sind auch organisations- und
verhandlungsstarke Gewerkschaften, ein spezifisches Lohn- und Qualifikationsniveau, bestimmte männliche und weibliche Normalbiographien, schließlich aber
auch bestimmte Konsummuster verknüpft. Bedingt durch die nur begrenzt international vernetzte Produktion kann sich die Wirtschafts- und Sozialpolitik primär
am nationalen Rahmen orientieren. Über einen nicht unerheblichen öffentlichen
und genossenschaftlichen Sektor werden wichtige Infrastrukturen bereitgestellt

Akkumulations- regime	Atlantischer Fordismus	Postfordistisches, neoliberales Akkumulationsregime
Regulationsweise	Keynesianischer Wohlfahrtsnationalstaat (KWNS)	Schumpeterian Workfare Postnational Regime (SWPR)
Wirtschaftspolitik	Vollbeschäftigungspolitik mit Nachfragesteuerung und Infrastrukturverantwortung zur Unterstützung von Massenproduktion und Massenkonsum.	Sie ist auf Innovation und Wettbewerbsfähigkeit fokussiert und stärkt zur Förderung der wissensbasierten Ökonomie die Angebotsseite.
Sozialpolitik	Über kollektive Verhandlungen und staatliche Maßnahmen werden allgemeingültige Normen des Massenkonsums hergestellt, Erweiterung der sozialen Rechte.	Die Sozialpolitik wird einer erweiterten Konzeption von Wirtschaftspolitik untergeordnet mit steigendem Druck auf den Soziallohn und die sozialen Rechte.
Territorialer Rahmen	Primat des nationalen Raumes in der Wirtschafts- und Sozialpolitik, zentrale wie auch lokale Umsetzung.	Relativierung der Relevanz der räumlichen Dimension von Politik zulasten des Nationalstaates. Wettbewerb zur Herstellung eines neuen Gestaltungsrahmens bei Fortbestand des nationalstaatlich geprägten politischen Raumes.
Maßnahmen zur Kompensation von Marktversagen	Herausbildung einer gemischten Wirtschaft (›mixed economy"), in der vom Staat erwartet wird, Marktversagen auszubalancieren.	Zunehmende Bedeutung heterarchischer Governance, das heißt von Selbstorganisation zur Korrektur von Markt- und Staatsversagen. Der Staat erfährt eine Aufwertung bei der Ausübung von Meta-Governance.

Quelle: Eigene Darstellung nach Jessop (2002)

Abb. 2.61 Entwicklung von Akkumulationsregimen und Regulationsweisen

und Marktversagen, z. B. im Bereich des Wohnungsbaus (durch kommunale und genossenschaftliche Träger) zeitweilig auch in der Konsumgüterversorgung (durch Konsumgenossenschaften), kann kompensiert werden.

Seit den 1970er Jahren modifiziert sich das fordistische Produktionsmodell; parallel verändern sich Qualifikationsmuster (in Folge der Bildungsexpansion), Muster der geschlechtsspezifischen Arbeitsteilung (steigende Frauenerwerbsquote) wie auch Lebensstile bzw. Konsummuster (Ausdifferenzierung des Massenkonsums). Treibende Kräfte der ökonomischen Entwicklung sind neben technologischen Veränderungen insbesondere Prozesse der Internationalisierung und Globalisierung sowie die Expansion des Finanzkapitalismus. Aber auch die veränderten Selbstkonzepte und Strategien von Individuen und Haushalten hinterlassen Spuren. Diese Entwicklungen zusammengenommen führen dazu, dass die vorherrschende Regulationsweise nicht länger angemessen ist. Jessop geht davon aus, dass sich mit dem postfordistischen neoliberalen Akkumulationsregime ein verändertes Wohlfahrtsregime herausbildet. Er charakterisiert es als postnationalistisches und neoschumpeterianisches Regime. Den Begriff schumpeterianisch wählt Jessop in Anknüpfung an Schumpeters Theorie der wirtschaftlichen Entwicklung, in der dieser den fundamentalen Antrieb der wirtschaftlichen Entwicklung im Bereich der Innovationen (von Produkten, Produktions- oder Transportmethoden, Märkten, neuen Formen der industriellen Organisation) verortet. Dieser Innovationsprozess revolutioniere unaufhörlich die alte Wirtschaftsstruktur des Kapitalismus und bedinge einen Prozess der ›schöpferischen Zerstörung‹. Im Bereich der Sozialpolitik gehe damit nach Jessop ein Paradigmenwandel einher: so setzen sich auch hier Marktrhetoriken durch; die (Wieder-)Eingliederung in den Arbeitsmarkt werde zum vorrangigen Ziel.

Die Veränderungen, die Jessop und andere beschreiben, sind weitgehend unumstritten. Weitaus schwieriger ist es, aus zeitgenössischer Perspektive das sich herausbildende neue Akkumulationsregime und die damit verbundene Regulationsweise angemessen zu erfassen. Der Grad der Veränderung ist nicht klar zu bestimmen: Ist es eher ein Transformationsprozess oder hat man es eher mit strukturellen Brüchen zu tun? So lässt sich z. B. im Weltmaßstab kaum vom Ende des Fordismus sprechen; lediglich sein Zentrum hat sich verlagert. Die westeuropäischen und angloamerikanischen Wohlfahrtsmodelle lassen sich in ihrer Grundstruktur nach wie vor erkennen.

2.3.4   Entwicklung der Sozialpolitik

Bäcker u. a. definieren Sozialpolitik als »Maßnahmen, Leistungen und Dienste, die darauf abzielen, dem Entstehen sozialer Risiken und Probleme vorzubeugen, die Voraussetzungen dafür zu schaffen, dass die Bürgerinnen und Bürger befähigt werden, soziale Probleme zu bewältigen, die Wirkungen sozialer Probleme auszugleichen und die Lebenslage einzelner Personen oder Personengruppen zu sichern und zu verbessern« (2008a, S. 43). Entgegen der in vielen Darstellungen zur Sozialpolitik vollzogenen Abgrenzung soll hier auch die Bildungspolitik der Sozialpolitik zugerechnet werden.

Bevor die ›soziale Frage‹ im 19. Jahrhundert virulent wurde, hatten sich ausgehend vom Armutsproblem in Westeuropa unterschiedliche Strategien der ›Sozialpolitik‹ herausgebildet, mit national je spezifischen Problemperspektiven und Lösungsmustern. Metz kommt bei einem Vergleich verschiedener westeuropäischer Staaten zu dem Ergebnis, dass sich dort unterschiedliche Wahrnehmungsweisen sozialer Probleme (vgl. dazu Groenemeyer 1999) herausgebildet haben: »Sprachlich gesehen haben Frankreich, Großbritannien und Deutschland im 19. Jahrhundert ihre spezielle weltanschauliche und politische Rezeption der Sozialen Frage mit jeweils besonderen Begriffen auszudrücken versucht, hinter denen jeweils besondere Wahrnehmungsweisen wirksam gewesen sind. Die ›Solidarität‹ setzte [in Frankreich C.W.] den revolutionären Bruch (...) voraus, sie war eine gesellschaftliche Idee, doch eine, die sich erst mit der Inbesitznahme der politischen Macht entfalten zu können glaubte. Anders die ›Selbsthilfe‹ [in Großbritannien C.W.], die darauf setzte, daß sie durch ihren Zwang zur Selbstständigkeit die innergesellschaftliche Integration förderte und ein Eingreifen des Staates auf die Regelung von Rechtsverhältnissen beschränken half. Von beiden Konzeptbegriffen grenzte sich wiederum die ›Sozialpolitik‹ ab, die ihren Ausgang von der Fortdauer des starken Staates und von der Unfähigkeit der Gesellschaft nahm, sich selbst zu integrieren« (1998, S. 186). Der in Deutschland gebräuchliche Begriff der ›Social-Politik‹ geht nach der Darstellung von Metz auf den bereits erwähnten konservativen Staatswissenschaftler und Kulturhistoriker Wilhelm Riehl zurück.

Wie sich in den Analysen von Metz andeutet, finden sich ganz unterschiedliche Ausgangspunkte wohlfahrtsstaatlicher Politik. Damit korrespondieren unterschiedliche Institutionen, Finanzierungsformen, Leistungsfelder und schließlich unterschiedliche Vorstellungen von Verantwortlichkeiten, von Gerechtigkeit und Ungerechtigkeit.

2.3.4.1 Typologie wohlfahrtsstaatlicher Politik

Gøsta Esping-Andersen hat auf der Basis verschiedener Indikatoren ein Konzept entwickelt, um Wohlfahrtsstaaten nach dem Grad ihrer Dekommodifizierung (Möglichkeiten, den Lebensunterhalt jenseits des (Arbeits-)Marktes zu bestreiten) und ihrer Stratifizierung (Grade der Egalisierung bzw. Differenzierung von Sozialstruktur) zu gruppieren. Auf dieser Basis ordnet er Wohlfahrtsstaaten verschiedenen Regimetypen zu: dem liberalen Typ, dem korporatistischen oder konservativen Typ und dem sozialdemokratischen Typ.

Der liberale Typ des Wohlfahrtsstaates zeichnet sich idealtypisch durch eher eigenverantwortete (private Versicherungen) und eher marktorientierte Sicherungsstrategien (›Workfare‹ statt ›Welfare‹) aus. Sozialleistungen sind knapp bemessen und an Bedarfsprüfungen gebunden. Der Grad der Dekommodifizierung ist gering; die marktbedingten sozialen Stratifizierungen werden nicht ausgeglichen.

Beim konservativen Typ des Wohlfahrtsstaates kommt dem Staat neben der Familie eine wichtige Rolle zu; soziale Leistungen leiten sich aus einkommensbasierten Beiträgen ab. Statusdifferenzen bleiben erhalten; die umverteilende Wirkung ist gering. Nicht zuletzt durch den Einfluss der Kirchen kommt der nach dem traditionellen Geschlechtsrollenmodell organisierten Familie eine wichtige gesellschaftliche und sozialpolitische Rolle zu; entsprechend ist z. B. die außerhäusliche Betreuung von Kindern lange Zeit wenig entwickelt.

Der sozialdemokratische Typ ist in hohem Maß universalistisch orientiert und impliziert hohe Umverteilungseffekte. Das Sicherungsniveau ist recht hoch und weitgehend markt- und statusunabhängig. Anstelle der Familienorientierung wird konsequent die Erwerbsbeteiligung von Frauen unterstützt. Die Ansprüche auf soziale Leistungen begründen sich nicht in erworbenen Ansprüchen, sondern sind bürgerrechtlich legitimiert.

Die Typen lassen sich, wie in Abb. 2.62 zusammengefasst, jeweils durch die Kombination verschiedener Politikmuster beschreiben.

Dem liberalen Modell sind die USA, Kanada und Australien zuzurechnen, dem konservativen Modell Deutschland, Frankreich sowie Italien und dem sozialdemokratischen Modell Schweden, Dänemark, Norwegen und die Niederlande. In anderen Ländern stellt sich die Zuordnung weniger konsistent dar: in Japan und der Schweiz findet sich eine mittlere Dekommodifizierung, aber eine liberale Stratifizierung; in Österreich und Belgien eine hohe Dekommodifizierung, aber eine konservative Stratifizierung und in Finnland geht eine sozialdemokratische Stratifizierung mit einer mittleren Dekommodifizierung einher. Der Modellvorschlag von Esping-Andersen offenbart wichtige Differenzierungslinien

Variablen - Indikatoren	Typus des Wohlfahrtsstaates		
	liberal	konservativ	sozialdemokratisch
Dekommodifizierung: Schutz gegen Marktkräfte und Einkommensausfälle (Einkommensersatzquoten, Anteil individueller Finanzierungsbeiträge (...))	schwach	mittel (?)	stark
Residualismus (Anteil von Fürsorgeleistungen an gesamten Sozialausgaben)	stark	stark	schwach
Privatisierung (Anteil privater Ausgaben für Alter bzw. Gesundheit an jeweiligen Gesamtausgaben)	hoch	niedrig	niedrig
Korporatismus/Etatismus (Anzahl von nach Berufsgruppen differenzierten Sicherungssystemen, Anteil der Ausgaben für Beamtenversorgung)	schwach	stark	schwach
Umverteilungskapazität (Progressionsgrad des Steuersystems Gleichheit der Leistungen)	schwach	schwach	stark
Vollbeschäftigungsgarantie (Ausgaben für aktive Arbeitsmarktpolitik, Arbeitslosenquote, gewichtet mit Erwerbsbeteiligung)	schwach	schwach (?)	stark

Die Fragezeichen indizieren, dass es zu einem differenten (spaltenden) Effekt für verschiedene Bevölkerungsgruppen kommt.

Quelle: Kohl (1999), in Anlehnung an Kohl (1993), Esping-Andersen (1990) und Schmidt (1998)

Abb. 2.62   Typologie wohlfahrtsstaatlicher Politik

wohlfahrtsstaatlicher Politiken. Ergänzungsbedarf besteht insbesondere bei südeuropäischen Staaten wie Griechenland, Spanien und Portugal, die verschiedentlich als ein weiterer Typ (nachholende Wohlfahrtsstaaten) etikettiert werden; auch die Situation in Osteuropa wird nicht angemessen erfasst (vgl. dazu Manow 2019).

Darüber hinaus ist zu berücksichtigen, dass auch wohlfahrtsstaatliche Politiken – begleitet von politischen Auseinandersetzungen – an veränderte Rahmenbedingungen angepasst werden müssen. Das lässt sich an den in Deutschland vollzogenen Reformen recht gut beobachten: die so genannten Hartz-Reformen der 2000er Jahre implizieren zum einen eine stärkere Orientierung am angelsächsischen ›Workfare‹-Modell, die Zusammenlegung von Arbeitslosen- und Sozialhilfe wird von Bäcker (2008a, S. 53) als Bedeutungszuwachs fürsorgeorientierter Leistungen begriffen. Zudem konnten gegen konservative und kirchliche Widerstände Veränderungen in der Betreuung von Kindern durchgesetzt werden, die dem Male-Bread-Winner-Modell von Familien entgegenwirken. Wie von Heidenreich dargelegt (vgl. Abb. 2.35), lassen sich auf diese Wohlfahrtsregime auch spezifische Beschäftigungsordnungen beziehen.

Auch wenn solche Typologien im Einzelnen umstritten sind und Zuordnungen sich verändern können, liegt ihr wesentlicher Erkenntnisgewinn darin, Wohlfahrtpolitiken im Zusammenhang zu begreifen. Die Modi der Regulierung der Erwerbsarbeit, der Leistungsumfang von Wohlfahrtsstaaten und schließlich die von den Haushalten geforderten Leistungen sind eng miteinander verknüpft;

zudem sind sie als Ergebnis gesellschaftlicher Aushandlungsprozesses zu begreifen und unterliegen somit auch einem steten Wandel. D. h. es haben sich bestimmte Kombinationen von Institutionen, Verantwortlichkeiten, Leistungsbereichen und -niveaus entwickelt, und damit sind ganz spezifische Normalitäts-, Gerechtigkeits- und Verantwortungsvorstellungen verbunden. Das Zusammenspiel von bewährten Institutionen und darauf bezogenen Normen und Werten stabilisiert diese Regime (auch im Sinne einer Pfadabhängigkeit) und stellt z. B. Prozesse der europäischen Integration in diesem Politikfeld vor ganz besondere Herausforderungen.

2.3.4.2 Träger, Strukturen und Felder der sozialstaatlichen Politik

Der Entwicklung von Sozialstaaten wohnten immer auch erratische Momente inne; es waren Suchbewegungen und Prozesse der politischen Auseinandersetzung, in denen Sozialpolitik, wie oben dargestellt, stets veränderten ökonomischen, politischen und sozialen Rahmenbedingungen angepasst werden musste. In der folgenden Zusammenstellung Kaufmanns werden für verschiedene sozialpolitische Felder die Akteurskonstellationen und die gesellschaftlichen Nutzenerwartungen benannt. Zudem wird erkennbar, dass sich die jeweils gefundenen sozialpolitischen Lösungen im zeitlichen Verlauf fortentwickeln. In der Zusammenschau dieser Entwicklungen lässt sich ein Trend von eher situativen, reagierenden Mustern der Intervention zu eher antizipierenden Politiken konstatieren (vgl. Abb. 2.63).

Mit der wohlfahrtsstaatlichen Entwicklung entstehen zum einen neue kollektive Akteure; zum anderen werden Akteure wie die Gewerkschaften oder andere soziale Bewegungen stärker in institutionelle Strukturen eingebunden. So kommt es z. B. im Bereich der industriellen Beziehungen in Deutschland zu einer starken Verrechtlichung dieser Beziehungen, die ganz spezifische Formen der Interessendurchsetzung mit sich bringt. Schließlich versucht Kaufmann, in seiner Darstellung deutlich zu machen, dass mit den verschiedenen sozialpolitischen Errungenschaften – auch wenn sie oft nur gegen harte Widerstände durchgesetzt werden konnten – immer ein spezifischer kollektiver Nutzen verbunden ist.

Bäcker et al. (2020) klassifizieren die folgenden Arbeitsfelder der Sozialpolitik; darüber hinaus ordnen sie dem Sozialstaat – in internationalen Kontext wird eher vom Wohlfahrtsstaat gesprochen – weitere Tätigkeitsfelder zu. Weiterhin wird auf die sozialpolitischen Aktivitäten nichtstaatlicher Träger verwiesen, z. B. im Rahmen der betrieblichen Sozialpolitik, der privaten Vorsorge bzw. Versicherung (vgl. Abb. 2.64).

Problem	Frühe institutionelle Lösungen	Typische kollektive Akteure	Kollektive Nutzen	Fortgeschrittene institutionelle Lösungen
Anerkennung der Gleich- berechtigung der Arbeiter	Koalitionsrecht, Tarifverträge, Schlichtung	Gewerkschaften, Arbeitgeber(-ver- bände), Schlichtungs- einrichtungen, Arbeits- gerichte	Pazifierung des Klassen- gegensatzes, Politische Integration	Verhandlungssysteme, Mitwirkung an öffent- lichen Aufgaben, Mitbestimmung
Schutz vor Risiken im Produktions- prozeß	Arbeitsrecht, Gewerbehygiene, Arbeitsschutz, Unfallversicherung	Fabrikinspektion, Sicherheitskommissio- nen, Unfallver- sicherungsträger	Steigerung der Arbeitsproduktivität	Arbeitsmedizin, Unfallprävention, Humanisierung des Arbeitslebens
Schutz vor Armut	Hilfskassen, Sozialver- sicherung, Staatsfinanzierte Grundsicherung	Kassen bzw. Versicherungsträger und ihre Verbände, Aufsichtsbehörden	Entlastung der Armenfürsorge, Stabilisierung d. Familienverhältnisse, Stärkung d. Nachfrage	universalistische soziale Sicherungssysteme
Arbeitslosigkeit	geregelte Arbeitsver- mittlung	Arbeitsverwaltungen, Gewerkschaften, Betroffenenbewegun- gen	hoher Beschäftigungs- grad, Wirtschaftswachs- tum, Reduktion v. Lohnersatzleistungen	(Voll-)beschäftigungs- politik, Arbeitsmarktpolitik
Krankheit, Behinderung	Armenmedizin, Klassenmedizin, öffentliches Gesundheitswesen	Ärzteverbände, Kassen (-verbände), Kliniken (-verbände), sonstige Produzenten- verbände	Erhaltung von Human- vermögen	nationale Krankenver- sorgungssysteme, korporatistische Steue- rungssysteme des Gesundheitswesens
fehlende Handlungskompe tenz	Volksschule, Arbeiterbildung, Berufsausbildung	Schulen (-verbände), Lehrerverbände, Weiterbildungsein- richtungen	Schaffung von Humanvermögen, volkswirtschaftliche Produktivität	differenzierte Bildungssysteme, Professionalisierung
fehlende Erziehung	Familienhilfen, Jugendfürsorge	soziale Dienste, Familienverbände, Jugendverbände	Nachwuchssicherung, Prävention abweichenden Verhaltens	Ganztagsschulen, Verbindung von Schüler- und Jugendarbeit
Wohnungsnot	Obdachlosenunterkün fte, betriebliches Wohnen, Wohnungs- genossenschaften	Mieterverbände, Eigentümerverbände	Erhaltung von Humanvermögen, Stabilisierung der Familienverhältnisse	Mieterschutz, öffentliche Förderung des Wohnungsbaus

Quelle: Kaufmann (2003, S. 48f)

Abb. 2.63 Zentrale soziale Probleme und ihre institutionellen Lösungen

Entsprechend der komplexen Praxisfelder, der sukzessiven Entwicklung der verschiedenen Sicherungssysteme und schließlich auf Grund des Subsidiaritäts- gebots gestaltet sich die Struktur der Träger bzw. der ausführenden Institutionen sozialstaatlicher Leistungen komplex (die folgende Darstellung orientiert sich an Bäcker 2008a, S. 70 f.):

- Die Finanzierung der Sozialversicherungsleistungen erfolgt insbesondere über die Deutsche Rentenversicherung (entstanden aus der Zusammenlegung der Rentenversicherungen für Arbeiter und Angestellte mit ihren regionalen und

	Sozialversicherung:	Kranken-, Renten-, Pflege-, Unfall-, Arbeitslosenversicherung
	Grundsicherung:	Grundsicherung für Arbeitsuchende/SGB II, Grundsicherung im Alter, Sozialhilfe, Asylbewerberleistungen, Wohngeld
	steuerfinanzierte Transfers:	Eltern-, Kinder-, Wohngeld, Ausbildungsförderung
Sozial- politik	berufsständ. Sicherungssysteme:	Beamtenversorgung und andere Sondersysteme der Alterssicherung
	Gesundheitswesen:	ambulante und stationäre medizinische Versorgung, Versorgung mit Arznei-, Heil- und Hilfsmitteln, Rehabilitation
	Sozialwesen/ soziale Dienste:	ambulante, teilstationäre und stationäre Versorgung von Pflegebedürftigen; Hilfen für Menschen mit Behinderungen, Tageseinrichtungen für Kinder
	Kinder-, Jugend- u. Familienpolitik:	z.B. Kinder-, Elterngeld, Ausbildungsförderung, Ehegattensplitting
	Arbeitspolitik (i.w.S.):	Tarifvertragswesen, Betriebsverfassung, Mitbestimmung, Arbeitsrecht, Arbeitsschutz, Arbeitsförderung, Arbeitsmarktpolitik
Sozial- staat	Steuersystem, kommunale Daseinsvorsorge, schulisches und berufliches Bildungssystem, Wohnungsbau und Mietrecht	

Quelle: Eigene Darstellung nach Bäcker u.a. (2020, S. 26)

Abb. 2.64 Felder des Sozialstaats bzw. der Sozialpolitik

berufsbezogenen Gliederungen), Kranken- bzw. Pflegekassen, Berufsgenossenschaften oder die Bundesagentur für Arbeit. Für die Erbringung dieser Leistungen werden in hohem Maße private Anbieter einbezogen.

• Die Erbringung der von Bund und Ländern in Sozialleistungsgesetzen und im Rahmen des staatlichen Fürsorgeauftrags garantierten Leistungen erfolgt durch die Kommunen sowie durch gemeinnützige bzw. erwerbswirtschaftliche Träger. Zu den gemeinnützigen Institutionen gehören insbesondere Träger, die in den sechs Spitzenverbänden der Wohlfahrt organisiert sind.

• Die sozialpolitischen Gesetze und Maßnahmen zur Gestaltung der Arbeitsbedingungen werden von staatlichen Gewerbeaufsichtsämtern und den Berufsgenossenschaften kontrolliert. Die Rechte von Arbeitnehmer_innen werden von Personalabteilungen, den betrieblichen Interessenvertretungsorganen und den Tarifparteien wahrgenommen.

In volkswirtschaftlicher Perspektive kann die Vielgestalt von Finanzierungsformen verdeutlicht werden. Es sind zum einen Beiträge der Arbeitgeber und Arbeitnehmer; zum anderen sind es verschiedene Formen von Steuern, z. B. auf Einkommen und Gewinne oder auf den privaten Verbrauch (vgl. Abb. 2.65).

Wie die Abb. 2.56 gezeigt hat, ist die Sozialleistungsquote über einen langen Zeitraum angestiegen und hat sich auf diesem Niveau stabilisiert. Das besagt noch nichts über die Quellen, aus denen diese Aufwendungen finanziert werden. Eine Zurechnung der Abgaben zu Produktionsfaktoren macht deutlich, dass einer steigenden Lohnsteuer- und Sozialabgabenquote lange Zeit eine eher konstante, seit

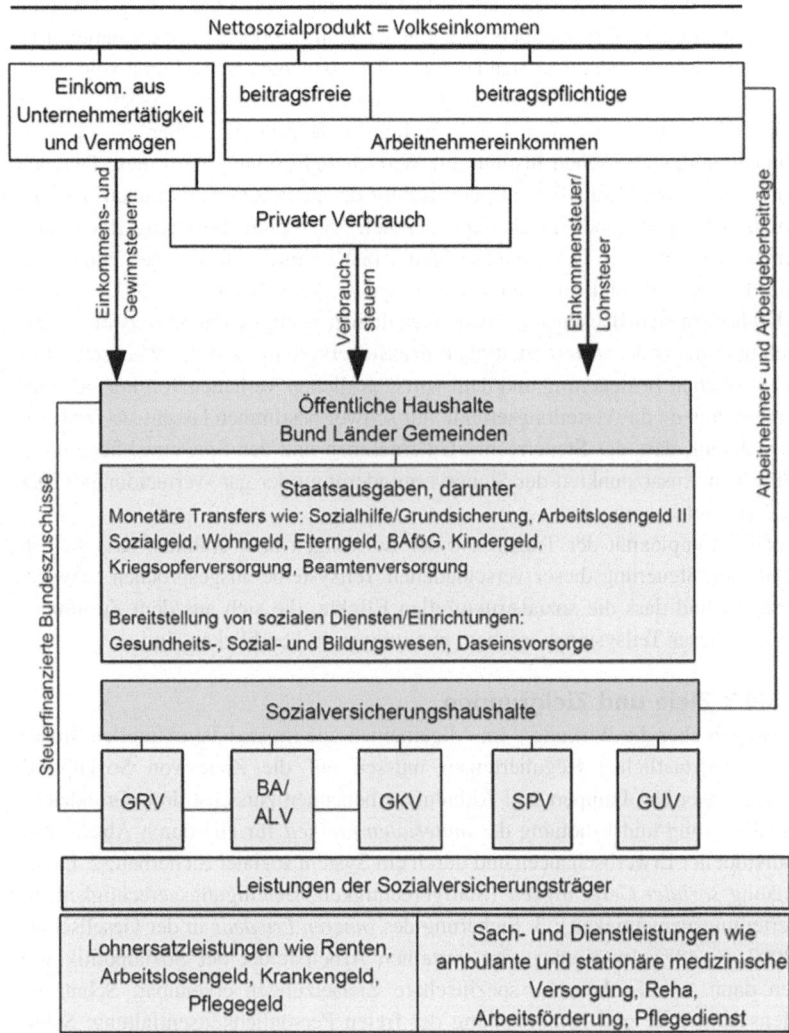

Quelle: Bäcker u.a. (2020, S. 77)

Abb. 2.65 Finanzierung der Sozialpolitik im Wirtschaftskreislauf

Mitte der 1980er Jahre sogar rückläufige Belastung durch Gewinn- und Kapital-
einkommensteuern gegenüberstand. Bäcker et al. (2000, S. 73) konstatieren um
die Jahrtausendwende, dass sich bei einer längerfristigen Betrachtung »die steuerlichen Lasten immer stärker auf die Einkommen aus abhängiger Arbeit beziehen,
während die Gewinnsteuern kontinuierlich an Bedeutung verlieren«. In einem
Gutachten des Deutschen Instituts für Wirtschaftsforschung wird diese Diagnose
noch zugespitzt: »Ein Blick auf die Struktur des gesamten Aufkommens an Steuern und Sozialabgaben macht eine deutlich wachsende Belastung des Faktors
Arbeit deutlich (...). Der deutsche Steuerstaat ist im Laufe der Zeit zunehmend
zum Lohnsteuer- und Sozialabgabenstaat geworden« (Bach et al. 2002). Im Jahr
2020 äußern sich Bäcker u. a. etwas verhaltener, wenn sie darauf verweisen, dass
sich angesichts der »Vielgestaltigkeit des Steuersystems und der Wechselwirkungen zwischen Besteuerung und dem wirtschaftlichen Verhalten von Personen und
Unternehmen« die Verteilungseffekte nur schwer bestimmen lassen; sie verweisen
aber darauf, dass das Steuerrecht »Unternehmen und den Spitzenverdienern eine
Fülle von Ansatzpunkten der Steuerverminderung oder gar -vermeidung« (2020,
S. 206) biete.

Die Komplexität der Träger wie der Leistungen lässt erahnen, dass sich die
politische Steuerung dieser verschiedenen Teilsysteme ausgesprochen schwierig
gestaltet und dass die sozialstrukturellen Effekte, die sich aus dem Zusammenwirken dieser Teilsysteme ergeben, nur schwer zu überblicken sind.

2.3.4.3 Ziele und Zielgruppen

Aussagen über die Wirkung – im Allgemeinen wie im sozialstrukturellen Sinne –
der sozialstaatlichen Regulierungen müssen auf die Ziele von Sozialpolitik
bezogen werden. Lampert und Althammer benennen zunächst drei ›Grundziele‹:
»1. Sicherung und Erhöhung der *materialen Freiheit* für alle durch Absicherung
individueller Erwerbschancen und durch ein System sozialer Sicherheit; 2. Durchsetzung *sozialer Gerechtigkeit* (Startgerechtigkeit, Beteiligungsgerechtigkeit und
Verteilungsgerechtigkeit); 3. Sicherung des *inneren Friedens* in der Gesellschaft«
(2007, S. 487). Im Kontext der einzelnen Arbeitsfelder der Sozialpolitik werden dann, so die Autoren, spezifischere Zielsetzungen erkennbar: Schutz der
Menschenwürde und Ermöglichung der freien Persönlichkeitsentfaltung; Schutz
und Wiederherstellung der Gesundheit; Gewährleistung sozialer Sicherheit durch
Schaffung optimaler Voraussetzungen für den Erwerb von Erwerbseinkommen
(Employability) und durch interpersonelle und intertemporale Einkommensumver-
teilungen für den Fall der Erwerbsunfähigkeit; Ausgleich von Einkommens- und
Vermögensunterschieden bzw. von unterschiedlichen Lasten. Implizit stehen fast

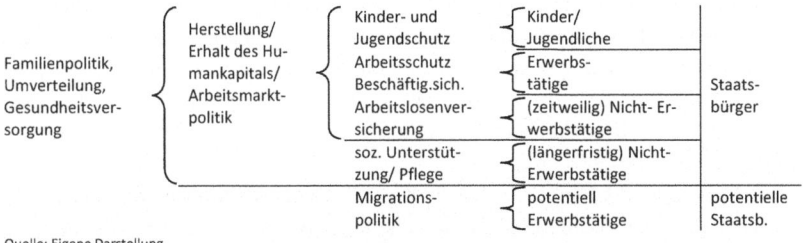

Quelle: Eigene Darstellung

Abb. 2.66 Zielgruppen sozialstaatlicher Interventionen

alle diese Ziele mit Themen in Zusammenhang, die für die Sozialstrukturanalyse von Interesse sind.

Um die sozialstrukturellen Effekte der sozialstaatlichen Interventionen analysieren zu können, ist es sinnvoll, verschiedene Zielgruppen von sozialpolitischen Leistungen und sozialstaatlichen Regulierungen zu unterscheiden (vgl. Abb. 2.66). Der Referenzpunkt der hier getroffenen Unterscheidungen ist die Erwerbstätigkeit. Ausgehend von der großen Gruppe derjenigen, die am Erwerbsprozesse teilnehmen, lassen sich dann jene bestimmen, die im Prozess der Sozialisation und Qualifizierung auf Erwerbsarbeit vorbereitet werden, jene die zeitweilig nicht erwerbstätig sind (wg. Arbeitslosigkeit, Familienarbeit oder Erkrankungen) und jene die längerfristig nicht erwerbstätig sind (wg. Langzeitarbeitslosigkeit, chronischen Erkrankungen, hohem Lebensalter). Schließlich sollten jenseits des klassischen Horizonts der Sozialpolitik auch jene berücksichtigt werden, die über eine entsprechende Migrations- und Integrationspolitik potentiell als Erwerbstätige und/oder Staatsbürger gewonnen werden können.

Ausgehend von einer solchen Zielbestimmung stellt sich die Frage, in welchem Maße es gelingt, diese Ziele zu erreichen; im Besonderen soll es um die Frage nach den sozialstrukturellen Wirkungen gehen.

2.3.4.4 Gesellschaftliche Wirkungen der Sozialpolitik

Lampert und Althammer unterscheiden in ihrer Wirkungsanalyse einzelwirtschaftliche Wirkungen auf Individuen und Privathaushalte bzw. Unternehmen, gesamtwirtschaftliche Wirkungen auf Konjunktur, Wachstum, Wirtschaftsstruktur bzw. Verteilung und schließlich gesellschaftliche Wirkungen, wie sozialer Friede und Gerechtigkeit (vgl. 2007, S. 505). Für die Sozialstrukturanalyse sind zunächst

insbesondere die Wirkungen auf Individuen und private Haushalte, auf die Verteilung zentraler Ressourcen und schließlich auf das soziale Klima von Interesse;
im weiteren Sinne schlagen sich jedoch auch die gesamtwirtschaftlichen Effekte
sozialstrukturell nieder, da es in Phasen der Krise typischerweise zu einer
Zuspitzung von Auseinandersetzungen um die Verteilung des Gesamtprodukts
kommt.

Bei den individuellen bzw. haushaltspezifischen Wirkungen verweisen die
Autoren auf »wirtschaftliche Existenzsicherung, Vergrößerung der persönlichen
Freiheit, freie Entfaltung der Persönlichkeit, Verringerung des Arbeitsangebots-
zwangs, Verbesserung des Gesundheitszustandes, Verringerung der Sterblichkeit,
Erhöhung des Lebensalters, Verkürzung des Arbeitslebens, soziale Integration«;
bei den Verteilungswirkungen werden »intertemporale (personenbezogen und
generationenbezogen) und interpersonale (Versicherte/Nicht-versichert, Arbeit-
nehmer/Selbständige, innerhalb der Gruppe der Versicherten)« (2007, S. 505)
Wirkungen unterschieden.

Sachße und Tennstedt machen deutlich, dass die Sozialpolitik historisch
betrachtet stets zwei Komponenten umfasste; sie fungierte als Subsistenzsicherung und zugleich als Disziplinierung. Mit der Entstehung moderner Formen
öffentlicher Subsistenzsicherung wird eine ›bürgerliche Normalität‹ etabliert, »die
auf der privaten Reproduktion der Gesellschaftsmitglieder (Arbeit und Familie) beruht. Die neuen, rationalen Weisen sozialer Sicherung (…) markieren die
Entwicklungsstufen rationaler gesellschaftlicher Disziplin, die die ›Trennung der
Menschen von den Lebensgütern‹ mit sich bringt und voraussetzt« (1986, S. 13).

Wirkungsanalysen sozialstaatlicher Interventionen erweisen sich als recht
schwierig. Das geht zum einen auf die bislang unzureichenden Forschungsan-
strengungen in diesem Bereich zurück, wie es Lampert und Althammer (2007,
S. 503) beschreiben. Zum anderen sind es systematische Probleme, die sich
einer Wirkungsanalyse sozialstaatlicher Politik stellen. Franz-Xaver Kaufmann
macht darauf aufmerksam, dass sozialpolitische Interventionen sich grundsätzlich
nicht auf einen Teilbereich von Gesellschaft beziehen, sondern stets ›multi-
funktional‹ wirken (1997, S. 46 f.). Über die komplexe Struktur von Trägern,
Finanzierungsformen und Leistungen konnte bereits ein erster Eindruck dieser
Schwierigkeiten gewonnen werden. Stephan Lessenich hat eine Unterscheidung
zwischen verschiedenen Wirkungsbereichen bzw. Funktionen von Sozialpolitik
getroffen; dabei macht er darauf aufmerksam, dass jede wohlfahrtsstaatliche
Intervention sowohl intendierte wie nicht-intendierte Effekte hat – ob dies eine
›dialektische Dynamik‹ ist, sei dahingestellt (vgl. Abb. 2.67).

D. h. wenn es gelingt, durch einkommens- oder bildungspolitische Maßnahmen die Lage einer sozialen Gruppe zu verbessern, kann dies für andere

Wirkungsbereich	Funktion	Dialektische Dynamik von	
		intendierten Effekten	nicht-intendierten Effekten
sozial	Wohlfahrtsproduktion	Gleichheit/Angleichung/ Inklusion	neue Ungleichheiten Exklusion
politisch	Legitimation	Loyalität Berechtigung	Entmündigung Entpflichtung
ökonomisch	Marktregulierung	Effizienz Wettbewerbsfähigkeit	Ineffizienzen Wettbewerbshemmnisse

Quelle: Lessenich (2000, S. 61)

Abb. 2.67 Intendierte und nichtintendierte Wirkungen wohlfahrtsstaatlicher Politik

Gruppen, die von diesen Maßnahmen ausgeschlossen sind, zu einem weiteren sozialen Abstieg führen; so können durch Maßnahmen, die auf den Abbau von Ungleichheit zielen, durchaus neue Ungleichheiten geschaffen werden. Auch wirtschaftspolitische Fördermaßnahmen können für eine Gruppe von Unternehmen vorteilhaft sein, während sie für andere eine Verschlechterung der Wettbewerbssituation implizieren. Zudem sind die legitimativen Effekte zu berücksichtigen; so hat z. B. der Bezug von Arbeitslosenunterstützung neben dem Effekt der sozialen Sicherung einerseits einen Loyalitätseffekt, der den Arbeitslosen ein Gefühl der Einbindung vermittelt und Anreize bietet, sich um die Rückkehr ins Erwerbsleben zu bemühen; andererseits kann damit der Effekt einer Entmündigung und Entpflichtung verbunden sein. Diese Widersprüchlichkeiten sind in den sozialpolitischen Grundsatzdebatten oft ein Ausgangspunkt für radikale Sozialstaatskritik und Marktapologetik; man kann sie aber auch für eine Verbesserung von Sozialpolitik nutzen, wiewohl auch diese nicht-intendierte Folgen haben wird.

Solche nicht-intendierten Folgen könnten nun schlicht dadurch erklärt werden, dass eine sozialpolitische Intervention oder ihre Implementierung im engeren Sinne ›handwerkliche‹ Fehler aufweist; das ist sicherlich ein nicht seltenes Phänomen, auf das in den Auseinandersetzungen um Sozialpolitik häufig rekurriert wird. Damit ist aber nur ein Teil der systematischen Probleme von Sozialpolitik erfasst; die folgenden Überlegungen sollen einige weiterreichende Schwierigkeiten umreißen:

- Soziale Probleme und die darauf bezogenen sozialpolitischen Interventionen sind komplex und das verfügbare sozialwissenschaftliche oder pragmatische Wissen ist grundsätzlich nicht ausreichend. Es sollen verallgemeinerte Lösungen für je individuelle Problemkonstellationen gefunden werden. So kann es sein, dass der Problemanalyse bzw. dem Interventionsansatz unzureichende Daten, inadäquate Modelle zu Grunde liegen oder dass die Instanzen, die die Maßnahmen implementieren, spezifische Eigeninteressen entwickeln. Schließlich stellt sich das systematische Problem, dass sich kurz- und langfristige Effekte unterscheiden können. D. h. zunächst sinnvolle und erfolgreiche Interventionen entfalten unbeabsichtigte Langzeiteffekte.

- Die Diagnose sozialer Probleme, die sozialpolitischen Interventionen und schließlich die Analyse ihrer Wirkungen sind an Werte und Normen gebunden. Diese sind aber stets umstritten, z. B. zwischen verschiedenen sozialen Gruppen oder politisch weltanschaulichen Lagern; darüber hinaus unterliegen sie mittelfristigen Veränderungen, Prozessen des Wertewandels. Das führt dazu, dass zunächst als erfolgreich bewertete Innovationen zu einem späteren Zeitpunkt anders eingeschätzt werden, weil sich Bewertungsmaßstäbe modifiziert oder weil – nach Bourdieuscher Diktion – andere soziale Gruppen die Benennungsmacht erlangt haben.

- Eine wichtige Rolle bei der Benennung, Diagnose und Bewertung sozialer Probleme spielen alte und neue soziale Bewegungen, wie die Arbeiterbewegung und die Gewerkschaften, die verschiedenen Generationen der Frauenbewegung, die LGBTIQ-Bewegung, die antirassische Bewegung und schließlich die verschiedenen Generationen von Umweltbewegungen; nicht zu vergessen sind aber auch nationalistische, rassistische oder antifeministische Bewegungen.

- Schließlich stellt sich aus der Sicht der Sozialplanung das Problem, dass sozialpolitische Interventionen von den Bürger_innen ›kreativ‹ genutzt werden; d. h. auch andere als die ins Auge gefassten Zielgruppen versuchen, in den ›Genuss‹ einer Maßnahme zu kommen, oder es stellen sich durch die Kombination verschiedener sozialstaatlicher Leistungen Effekte ein, die mit den einzelnen Maßnahmen gar nicht intendiert waren. Thomas Marshall hatte ausgehend von Beispielen aus der Bildungs- oder Wohnungspolitik darauf verwiesen, dass der »Staatsbürgerstatus selbst zum Architekten sozialer Ungleichheit wird« (1992, S. 77). Die sozialen Rechte der Staatsbürger haben die Struktur gesellschaftlicher Ungleichheit tendenziell eingeebnet, sie fungieren aber auch als neue Instanzen sozialer Schichtung. Grundsätzlich ist davon auszugehen, dass alle Beteiligten darum bemüht sind, ihre eigene Lebenssituation oder die ihrer Angehörigen zu verbessern; eine Bewertung, ob nun eine solche nicht-intendierte Nutzung von Sozialleistungen illegitim ist, erweist sich als weitaus schwieriger, als es Boulevardmedien vermuten lassen.

2.3.5 Sozialstrukturelle Folgen der Regulierung

Die komplexen Regulierungsleistungen, die (vorwiegend) im nationalstaatlichen Kontext erbracht werden, haben für die Sozialstruktur von Nationalgesellschaften einen doppelten Effekt: Zum einen beeinflussen sie die Lage eines National-staats und einer nationalen Ökonomie bzw. seiner Bürgerinnen und Bürger im Kontext der internationalen Konkurrenz an den Weltmärkten; d. h. die von Natio-nalstaaten (oder auch der Europäischen Union) betriebene Wirtschafts-, Finanz-, Technologie- oder Bildungspolitik hat einen zentralen Einfluss auf Verteilungs-spielräume und damit auf das durchschnittliche Niveau sozialer Lagen in einem Nationalstaat. Zum anderen strukturieren diese Regulierungsleistungen aber auch die Binnenverhältnisse sozialer Ungleichheit. Im Folgenden soll im Sinne des letzteren Aspekts an verschiedenen Politikfeldern exemplarisch untersucht wer-den, welche Rolle die Regulierungsleistungen der Nationalstaaten für die soziale Binnenstruktur von Gegenwartsgesellschaften spielen.

2.3.5.1 Rahmenbedingungen des wirtschaftlichen Handelns
Der Staat sichert wesentliche Rahmenbedingungen der bestehenden Produkti-onsverhältnisse, indem er Eigentumsverhältnisse garantiert und Marktstrukturen reguliert. Historisch gewachsene Strukturen der Vermögensungleichheit wer-den durch das Erbrecht und die geringe Besteuerung von Erbschaften tradiert. Zugleich wird damit das Vermögen der sozialen Aufsteiger oder das bescheidene Vermögen (›das Eigenheim‹) von lohnabhängig Beschäftigten gesichert.

Die marktwirtschaftliche Politik der 1950er und 60er Jahre (›soziale Markt-wirtschaft‹) hatte Marktstrukturen und Eigentumsverhältnisse unterstützt, die sich durch ein hohes Maß an korporativer Verflechtung auszeichneten und die die Her-ausbildung einer eher nationalen Ökonomie beförderten, deren Produkte jedoch vornehmlich auf den Weltmärkten veräußert wurden. Diese Konstellation hat sich seit den 1970er Jahren allmählich verändert. »Eines der herausragenden Merkmale dieser Wandlungsprozesse ist die abnehmende Rolle des Staates in der Steuerung der Wirtschaft. Aufgrund zunehmender Fiskalprobleme, der Pri-vatisierung vormals staatlicher Industrien wie der Telekommunikation und der Eisenbahn, Deregulierung, der Internationalisierung der Güter- und Finanzmärkte sowie des Verlustes der Instrumente keynesianischer Steuerung haben die westli-chen Nationalstaaten heute sehr viel weniger Kontrolle über ihre Ökonomien als vor dreißig Jahren« (Beckert 2006, S. 426).

Für die Einschätzung dieser Entwicklungen ist es jedoch bedeutsam, dass diese häufig als Deregulierung und Globalisierung bezeichneten Veränderungen erst durch politische Entscheidungen (Aufhebung von Handelsbeschränkungen,

Deregulierung der Finanzmärkte, Aufbau internationaler Institutionen) möglich wurden. »In diesem Sinne ist die Globalisierung wirtschaftlicher Beziehungen zweifelsohne ein politisches Projekt, das aus den Vereinbarungen souveräner Nationalstaaten entstand« (ebd.).

2.3.5.2 Bildungs- und Ausbildungssystem

Im System der schulischen und beruflichen Bildung können Qualifikationen und Bildungstitel – Titel sind hier im weiteren Sinne als zertifizierte Abschlüsse zu verstehen – erworben werden, die zu einer wichtigen Voraussetzung für den Zugang zu Erwerbsarbeit geworden sind. Bereits im 19. Jahrhundert haben sich die Grundstrukturen eines im Wesentlichen viergliedrigen allgemeinbildenden Schulsystems herausgebildet. Neben den Volksschulen waren dies Mittelschulen und verschiedene Typen von Gymnasien; darüber hinaus finden sich seit dem Ende des 19. Jahrhunderts so genannte Hilfsschulen. Mit Beginn der Weimarer Republik geht diesen differenzierten Schultypen (mit Ausnahme der Hilfsschule) eine gemeinsame Ausbildung in den ersten vier Schuljahren voraus. Danach erfolgt eine Selektion nach verschiedenen Formen von weiterführenden Schulen, die nach zunächst 8, 10 bzw. 13 (12) Schuljahren abgeschlossen werden. Daneben entsteht nach und nach ein System der beruflichen und der akademischen Bildung. Die berufliche Bildung hat in vielen Bereichen durch die Kombination von schulischer und betrieblicher Ausbildung eine duale Struktur. »Neben der öffentlichen Hand investieren auch die Unternehmen beträchtliche Mittel in ein System, das ihnen erlaubt, die Lehrinhalte (zusammen mit den Gewerkschaften) weitgehend zu bestimmen und auf die technologischen Bedürfnisse ihrer Branche auszurichten. Dies setzt aber langfristige Finanzierungsmodi voraus, weil sich auch der Ertrag dieser Investitionen in *human capital* erst langfristig einstellt« (Abelshauser 2005, S. 188).

Diese Struktur des schulischen und beruflichen Bildungssystems hat nach dem Zweiten Weltkrieg in Westdeutschland Bestand. Zu Beginn der 1950er Jahre stellte die achtklassige Volksschule die dominierende Schulform dar; 1952 besuchten 78 % der Schüler_innen diese Schulform; demgegenüber fungierte das Gymnasium insbesondere bei den männlichen Schülern als Vorbereitung für höherrangige berufliche Positionen. Der Arbeitskräftebedarf der deutschen Wirtschaft zeichnete sich in den ersten Nachkriegszyklen mit einem durch den Wiederaufbau bestimmten vorwiegend extensiven Wachstum kaum durch einen hohen Qualifikationsbedarf aus. Das änderte sich zum Ende der 1950er mit dem Übergang zu einem eher kapitalintensiven Wachstum. »Gerade dieser industrielle Strukturwandel zugunsten neuer Produkte und zukunftsorientierter Technologien stellte hohe Anforderungen an die Qualifikationsstruktur des Arbeitskräftepotenzials. Dabei konnte in erster Linie auf jenes ›immaterielle Kapital‹ zurückgegriffen werden, das sich, ungeachtet aller Störungen der wirtschaftlichen Entwicklung, akkumuliert hatte und im westdeutschen Arbeitskräftepotenzial verkörpert war« (Abelshauser 2004, S. 285). Weiterhin sorgte der Zuzug von Flüchtlingen und Vertriebenen für einen Zuwachs an Arbeitskräften; insbesondere unter den Zugewanderten aus der DDR dominierten junge gut ausgebildete Arbeitskräfte. Der Wert dieses ›Imports‹ wird auf 30 Mrd. DM geschätzt (S. 286). Daher machte sich erst allmählich der strukturelle Rückstand des deutschen Bildungssystems bemerkbar – in den 1950er Jahren wurde mit 2–2,5 % nur ein vergleichsweise geringer Teil des Sozialprodukts in Bildung investiert; 1964 schließlich sprach Georg Picht von einer ›Bildungskatastrophe‹.

Während Picht bei der Diagnose der Bildungskatastrophe eher bildungsökonomisch argumentierte, forderte Ralf Dahrendorf (1965) eine »aktive Bildungspolitik« und begründete sie mit einem »Bürgerrecht auf Bildung«. In Anknüpfung an bildungssoziologische Forschungen der 1960er Jahre brachte er mit dem Begriff des »katholischen Arbeitermädchens vom Lande« (1966) die Kumulierung von Ungleichheitsaspekten auf den Punkt. Die Forderung nach Chancengleichheit wurde im Bildungssystem zu einer zentralen auch im politischen Feld populären Forderung.

An diese und andere Problemdiagnosen anschließend wurden die Bildungsinvestitionen in den 1960er Jahren nach und nach erhöht. Die Mittel wurden in den Ausbau der primären, sekundären und tertiären Bildungseinrichtungen, in die berufliche Bildung und die Weiterbildung investiert. Der Anteil der Bildungsausgaben am BIP hatte nach dem Bildungsfinanzbericht des Statistischen Bundesamtes 1995 bei 4,1 % gelegen. Danach hatte sich der Anteilswert verringert und überschritt erst in den 2010er Jahren wieder das 4 % Niveau; 2019 lag er bei 4,4 %. Der Wert von 4,2 % im Jahr 2017 lag deutlich unter dem OECD-Durchschnitt von 4,9 %; in den skandinavischen Ländern lag die Quote 2017 bei mehr als 5 %, in Großbritannien und den USA oberhalb der 6 % Marke.

Im Rahmen der schulischen Bildungsexpansion verändert sich nach und nach die Verteilung der Schüler auf die verschiedenen Schultypen. Der Anteil der Volks- bzw. Hauptschulbesuche geht bis 1970 auf 56 % zurück; dementsprechend steigt die Zahl der Realschul- und Gymnasialbesuche. 1995 wird das Gymnasium im 8. Schuljahr bereits zur vorherrschenden Schulform. Mit den steigenden Abiturientenzahlen und dem Ausbau der Hochschulen steigt auch der Studierendenanteil erheblich an. Diese rasche Veränderung der schulischen Qualifikation der jungen Erwachsenen sollte jedoch nicht darüber hinwegtäuschen, dass es eines langen Zeitraums bedarf, bis die Impulse der Bildungsexpansion zu einer Veränderung des Bildungsstandes der Gesamtbevölkerung führen.

Zudem wird spätestens mit den seit Ende der 1990er Jahre durchgeführten international vergleichenden Schulleistungsstudien wie PISA deutlich, dass insbesondere in Deutschland der Grad der Reproduktion von Bildungsungleichheit besonders ausgeprägt ist; d. h. die Chance von Kindern und Jugendlichen aus so genannten bildungsfernen Schichten, bei gleicher Leistung eine Hochschulzugangsberechtigung zu erhalten, ist weitaus geringer als in anderen sozialen Gruppen.

Ausgehend von diesen fortbestehenden Ungleichheiten im Bildungssystem ist zu fragen, in welchem Maße der Staat bzw. einflussreiche Interessengruppen daran interessiert sind, soziale Differenzierungen, die sich in unterschiedlichen Graden des im Elternhaus vererbten Bildungskapitals ausdrücken, zu kompensieren und die Reproduktion von Bildungsungleichheit über die Generationen zu verringern. Bourdieu und Boltanski vertreten hier eine eher skeptische Position, indem sie dem Bildungssystem neben der Bereitstellung von einschlägig qualifizierten Arbeitnehmern – sie sprechen von technischer Reproduktion – auch eine soziale Reproduktionsfunktion zusprechen, die Funktion, »die Stellung im System der Arbeitskräfte bzw. ihrer Gruppe innerhalb der Sozialstruktur zu reproduzieren« (S. 91). Im internationalen Vergleich wird aber deutlich, dass es durchaus möglich ist, das Schulsystem im sozialen Sinne gerechter zu gestalten (vgl. dazu PISA-Konsortium 2002, S. 351 ff., 2004, S. 225 ff.). Auch die PISA Studie von 2018 zeigt, dass der Schulerfolg in Deutschland noch immer stärker von der sozialen Herkunft abhängt als im OECD-Durchschnitt.

Das Bildungssystem trägt in sozialstruktureller Perspektive zum einen zum Abbau sozialer Ungleichheiten bei, indem es den Zugang zu Bildungseinrichtungen nicht länger an Standesprivilegien oder Geschlecht bindet und indem es bildungsfernen Gruppen die Möglichkeit eines Bildungsaufstiegs eröffnet. Wie die vergleichenden Schulleistungsstudien jedoch gezeigt haben, sind die Chancen eines Bildungsaufstiegs in Deutschland deutlich geringer ausgeprägt als in vergleichbaren Staaten. Zum anderen fungiert das Bildungssystem als Instanz der Reproduktion sozialer Ungleichheit, indem es dazu beiträgt, dass bildungsnahe Schichten ihr kulturelles Kapital über die Generationen sichern können; akademische Ausbildungen, die einen hohen sozialen Status versprechen, werden nahezu kostenfrei zur Verfügung gestellt. Mit diesen Überlegungen wird deutlich, dass die Bildungspolitik hier in einen Konflikt gerät, die soziale Errungenschaft gleicher Bildungschancen birgt auch die Gefahr, soziale Ungleichheit zu befördern. »In diesem Prozeß der Selektion und Mobilität ist das Recht des Bürgers ein Recht auf Chancengleichheit. Sein Ziel ist die Eliminierung vererbbarer Privilegien. In seinem Kern ist es das für jeden gleiche Recht, Verschiedenartigkeit oder Ungleichheit zu zeigen und zu entwickeln; das für jeden gleiche Recht, als ungleich anerkannt zu werden« (Marshall 1992, S. 80).

Darüber hinaus kommt dem Bildungssystem eine wichtige Legitimationsfunktion für soziale Differenzierungen zu. Die dominante Vorstellung einer ›Leistungsgesellschaft‹, in der die Vergabe der bevorzugten Stellungen nicht vom Stand, sondern von der Leistung – im Sinne von Arbeitsleistungen aber auch von Qualifikation – abhängt, trägt dazu bei, dass soziale Ungleichheit in dem Sinne als gerechtfertigt empfunden wird, wie sie auf Leistungs- und Qualifikationsunterschiede zurückgeführt werden kann. Marshall kommt zu dem Schluss, dass »durch die Bildung (...) Staatsbürgerrechte als Instrument sozialer Schichtung wirken. (...) Der durch die Bildung erlangte Status, der in die Welt hinausgetragen wird, trägt den Stempel der Legitimität, weil er durch eine Institution verliehen wird, die eingerichtet wurde, dem Bürger seine ihm zustehenden Rechte zu erfüllen« (1992, S. 81). Diese Legitimationsfunktion ist eng mit dem in Deutschland immer noch populären Begabungsmythos verknüpft; diese Vorstellung von angeborenen Befähigungen wird genutzt, um frühe Selektionen im Schulbetrieb wie z. B. durch das mehrgliedrige Schulsystem zu legitimieren. Umgekehrt funktioniert dieser Mythos bei denen, denen eine hohe oder mangelnde Begabung bzw. Leistungsfähigkeit zugeschrieben wird, wie eine *self-fulfilling prophecy*. »Die Erfolgreichen und die Gescheiterten glauben gleichermaßen an natürliche Fähigkeiten und individuelle Leistung: Die Ausgeschlossenen halten ihren Ausschluss für legitim, denn sie haben es halt nicht ›gepackt‹, den Privilegierten hilft das Bildungssystem, nicht als Privilegierte zu erscheinen, sondern als solche, die sich den Erfolg selbst verdient haben« (Böttcher 2005, S. 9). So gelingt es im deutschen Bildungssystem nahezu perfekt, »gesellschaftliche Ungleichheit in Bildungsungleichheit zu übersetzen und die Vererbung sozialer Privilegien zu legitimieren, indem Schulerfolg als Resultat individueller Leistung und Begabung erscheint« (S. 7).

2.3.5.3 Arbeitsmarkt und Beschäftigung

Die sozialstrukturelle Bedeutung von Ungleichheiten im schulischen und beruflichen Bildungssystem wird insbesondere in der Verzahnung mit dem Beschäftigungssystem deutlich; nun wird erkennbar, welchen ›Sinn‹ die im Bildungssystem vergebenen Titel haben. Das Bildungs- und Beschäftigungssystem spielt eine wichtige Rolle in den Konflikten zwischen Arbeitgebern und Arbeitnehmern über: »die Definition des Arbeitsplatzes, d. h. der Aufgaben, die die Inhaber dieses Postens erfüllen müssen (...); die Zugangsvoraussetzungen für den Arbeitsplatz (...); die Vergütung der Stelleninhaber und den Rang dieser Vergütung in der ›Gratifikationshierarchie‹; die Bezeichnung des Arbeitsplatzes oder der Stellung«

(Bourdieu und Boltanski 1981, S. 103). Titel, die die erfolgreiche Absolvierung bestimmter schulischer und beruflicher Qualifikationswege attestieren, fungieren somit als wichtige Selektionsinstanzen am Arbeitsmarkt. Bei der Ausschreibung von Stellen werden die erforderlichen Titel spezifiziert, sodass die Zahl der Konkurrenten beschränkt und die Auswahl erleichtert wird. Für die Arbeitgeber wird zudem ein gewisses Bündel an Qualifikationen garantiert.

Angesichts der Analysen zu segmentierten Arbeitsmärkten sind diese Überlegungen jedoch auf jene Arbeitsmarktsegmente einzugrenzen, in denen die Verfügung (berufsfachliche Teilmärkte) oder nicht Verfügung (Jedermannarbeitsmärkte) über berufliche Titel entscheidend ist. Im betriebsspezifischen Segment spielen Titel allenfalls als Begrenzung des Markteintritts eine Rolle; inwieweit sie auch für die Mobilität in diesem Segment bedeutsam sind, wurde bislang wenig untersucht.

Das Nebeneinander von berufs- und betriebsspezifischen Arbeitsmärkten macht deutlich, dass die mit Titeln und Stellen verknüpften Interessenlagen divergieren. Wie Bourdieu und Boltanski betonen, besteht seitens der Unternehmen ein Interesse, das Bildungssystem als autonome Instanz für die Vergabe von Titeln zurückzudrängen. »Sie sind daran interessiert, daß Titel und Stelle vollständig ineinander aufgehen. Praktisch geht ihr Wunsch dahin, die technischen Qualifikationen zu erhalten, die das Instrument der Arbeitskraftproduktion: das Bildungssystem, erzeugt, ohne die entsprechende Gegenleistung, also die Garantien akzeptieren zu müssen, die die Existenz eines relativ autonomen Bildungssystems gewährt, das heißt die Titel« (1981, S. 99). Bei dieser Argumentation wird jedoch nicht berücksichtigt, dass Titel zu einer Reduktion von Transaktionskosten beitragen können, indem sie z. B. Suchkosten minimieren und die zu erwartende Qualifikation spezifizieren. Für die Beschäftigten stellt der Titel umgekehrt eine Sicherheit dar, indem ihnen u. U. lebenslang ein gewisses Bündel von Qualifikationen attestiert wird; der unabhängig erworbene Titel verleiht ihnen ein gewisses Maß an Autonomie gegenüber dem Unternehmen. Auch für die kollektive Aushandlung von Entlohnungen und Arbeitsbedingungen spielen die über Titel attestierten Ausbildungsgänge eine wichtige Rolle als Basis von Lohn- und Gehaltssystemen.

Indem der Staat nun eigene Ausbildungsstätten betreibt und schulische bzw. berufliche Abschlüsse zertifiziert oder indem er es ermöglicht, dass subsidiäre Institutionen wie Tarifparteien, Kammern oder Berufsverbände solche Titel definieren, trägt er dazu bei, die Verhandlungsposition von abhängig Beschäftigten zu verbessern. Dabei ist zu bedenken, dass damit soziale Schließungsprozesse einhergehen, wenn z. B. die Anerkennung von schulischen und beruflichen Abschlüssen von Migrant_innen noch immer restriktiv gehandhabt wird.

Das Beschäftigungssystem trägt dazu bei, dass Bildungsungleichheiten zu einem wichtigen Moment der Genese sozialstruktureller Ungleichheiten werden. Die enge Verzahnung von Bildungs- und Beschäftigungssystem garantiert den einen, dass erworbene Bildungstitel in soziale Stellungen transformiert werden können; für die anderen, die diese Titel nicht besitzen oder deren Titel nicht anerkannt oder entwertet wurden, hat dieses Zusammenspiel in hohem Maße einen ausschließenden Charakter.

2.3.5.4 Umverteilung

Während der Staat über die Bildungspolitik und das Beschäftigungssystem eher mittelbar auf die Höhe der monetären Ressourcen Einfluss nimmt, eröffnen sich bei der Umverteilung von Einkommen eher direktere Möglichkeiten der Einflussnahme. Die vielfältigen sozialstaatlichen Interventionen im Einkommensbereich zielen mehrheitlich auf eine Verstetigung von Einkommen. Ausgehend von der Erwerbsarbeit als Regelform des Unterhalts sollen die damit verbundenen mehr oder weniger kalkulierbaren (eher männlichen) Standardrisiken kompensiert werden. So können durch Arbeitslosigkeit, Krankheit, Berufsunfall oder Invalidität Arbeits- und Lebenskrisen von kürzerer oder mittlerer Dauer entstehen. Daneben lassen sich typische Lebensphasen (Kindheit und Jugend, Alter) ausmachen, in denen Erwerbsarbeit allenfalls eingeschränkt als Unterhaltsquelle fungieren kann. Darüber hinaus erfolgen monetäre Sozialtransfers im Rahmen der Sozialhilfe bzw. der Grundsicherung, durch die Unterstützung von Sozialisations- und Ausbildungskosten (Kindergeld, BAföG) oder durch die Unterstützung von Wohnkosten. Diese sozialstaatlichen Leistungen werden insbesondere aus Steuern und Beiträgen finanziert (vgl. dazu auch Abb. 2.65). So kommt es durch die monetären Leistungen des Sozialstaats und deren Finanzierung zu einer »zweiten Einkommensverteilung«« (Kaufmann 2003, S. 47 ff.).

Summarisch lassen sich die Effekte dieser zweiten Einkommensverteilung abschätzen, indem man im Haushaltskontext die am Markt erzielten Bruttoeinkommen aus abhängiger und selbstständiger Erwerbsarbeit sowie aus Vermögen (Marktäquivalenzeinkommen) mit den Einkommen nach der Saldierung von geleisteten (Steuern und Sozialabgaben) und erhaltenen Transfers (Nettoäquivalenzeinkommen) vergleicht (vgl. Abb. 2.68).

Es wird deutlich, dass die Ungleichheit der Markteinkommen im Laufe von 40 Jahren deutlich angewachsen ist; der GINI-Index, der Werte zwischen 0 (Gleichverteilung) und 100 (maximale Ungleichverteilung) annehmen kann, steigt von 37,9 auf 47,2; dies geht neben der disparaten Entwicklung der Erwerbseinkommen auch auf die Zunahme der Nicht-Erwerbszeiten zurück. Im Vergleich mit den Nettoäquivalenzeinkommen werden die ungleichheitsreduzierenden Effekte

	1973	1978	1983	1988	1993	1998	2003	2008	2013	2018
Gini-Koeffizient der Marktäquivalenzeinkommen	37,9	41,9	42,3	44,4	43,5	44,9	47,2			
Gini-Koeffizient der Nettoäquivalenzeinkommen	24,2	24,2	24,6	25,0	20,2	25,5	27,0	28,0	27,4	28, 6

Äquivalenzgewichtung nach EU-Standard. Angaben 1973 bis 1993 nur Westdeutschland; 1998 und 2003 Gesamtdeutschland. Einbeziehung der in Deutschland lebenden ausländischen Bevölkerung ab 1998. Daten: Hauser/ Becker (2001), Tab. 6.1.7 sowie Becker/ Hauser (2005), Tab. 3.1.3.3, Statistisches Bundesamt, Fachserie 15 Heft 6, EVS 2013, 6. Armuts- und Reichtumsbericht, S. 407

Abb. 2.68 Effekte sozialstaatlicher Transfers auf die Einkommensverteilung

sozialstaatlicher Transfers erkennbar; nach den Daten der Einkommens- und Verbrauchsstichprobe fällt in diesem Zeitraum der Anstieg der Ungleichheit der Nettoeinkommen deutlich geringer aus.

2.3.5.5 Gesundheitswesen

Das Gesundheitssystem kann als ein Beispiel für die ambivalenten sozialstrukturellen Effekte sozialstaatlicher Politik fungieren. Das Angebot an Produkten und Dienstleistungen »erstreckt sich auf den gesamten Komplex der professionellen medizinischen, sozialmedizinischen, psychologischen und sozialen Leistungen des Gesundheitswesens, einschließlich des Angebotes an Arzneimitteln, Heil- und Hilfsmitteln« (Bäcker et al. 2008b, S. 122). So betrachtet werden Haushalte durch die Leistungen des Gesundheitswesens von unkalkulierbaren Risiken entlastet. Zudem trägt der hohe Standard der gesundheitlichen Versorgung dazu bei, dass das Humankapital der Haushalte ohne Prüfung der Bedürftigkeit soweit medizinisch möglich erhalten bzw. wiederhergestellt wird; gewisse Einschränkungen erfährt dieses Prinzip durch die Einführung von (zeitweisen) Praxisgebühren und Zuzahlungen sowie durch die Ausgrenzung bestimmter Leistungen.

Umgekehrt garantieren die marktfernen Strukturen im Gesundheitssystem hohe Einkommen und Renditen, die soziale Disparitäten eher befördern (vgl. dazu auch Bäcker et al. 2020, S. 665f.). Die Gesundheitsleistungen werden abgesehen vom öffentlichen Gesundheitsdienst vor allem privat erbracht. »Es bleibt freien Berufen wie Ärzten, Apothekern, privaten Großunternehmen (wie Pharmaunternehmen) oder privatgemeinnützigen Einrichtungen (wie Krankenhäuser in gemeinnütziger Trägerschaft) sowie in geringem Maße öffentlichen Einrichtungen wie Gesundheitsämtern, städtischen Krankenhäusern und Hochschulkliniken überlassen«. Bei der Erbringung dieser Leistungen sind diese Akteure weitgehend autonom. »Menge, Preis und Qualität der Leistungen liegen ganz wesentlich in ihrem Gestaltungsspielraum. Ökonomische Interessen nach Gewinn- bzw. Einkommenserzielung, Umsatzausweitung oder Marktbeherrschung stellen eine zentrale Rahmenbedingung für die Gesundheitsversorgung dar« (Bäcker et al. 2008b, S. 123).

Die Möglichkeiten der politischen Regulierung dieses Systems sind begrenzt; auch konservativen Bundesregierungen war es nicht gelungen, Richtungsentscheidung durchzusetzen; sie waren »gezwungen, mit den mächtigen organisierten Interessengruppen, die in ihrem Bereich als Gesundheitsdienstleister oftmals Monopolstellungen hatten« (Lindner 2007, S. 314), Kompromisse auszuhandeln und auf Prozesse der Selbstregulierung zu setzen. Die Ärzteschaft, die gleichzeitig als Expertengruppe und als Leistungsanbieter (auf Pseudomärkten) fungiert, kann insbesondere in Deutschland »erheblichen Einfluss auf die Gesundheitspolitik ausüben (...) und Reformen zu ihren Gunsten stark verändern« (S. 323).

2.3.6   Fazit

Im globalen Maßstab kommt den Nationalstaaten eine wichtige Gestaltungsfunktion in den weltweiten Ungleichheitsverhältnissen zu. Sie sind der »wichtigste institutionelle Garant des weltweiten Systems territorialer Ungleichheit« (Kreckel 1991, S. 376). Die Herausbildung von (nationalen) Sozialstaaten hat aber auch – wenngleich sich ihre Verfasstheit, ihre Prinzipien und die Reichweite ihrer Interventionen deutlich unterscheiden – einen weitreichenden Einfluss auf die soziale Binnenstruktur der jeweiligen Gesellschaften. »Die implizit im Konzept der Staatsbürgerrechte enthaltene Gleichheit, selbst wenn sie ihrem Inhalt nach begrenzt war, unterminierte die Ungleichheit des Klassensystems, welche im Prinzip eine totale Ungleichheit darstellte. Eine nationale Gerichtsbarkeit und ein Recht, dem alle gleichermaßen unterworfen sind, schwächen und zerstören letztendlich eine Klassenjustiz, und persönliche Freiheit, als allgemeines Geburtsrecht, bringt die Leibeigenschaft zum Verschwinden« (Marshall 1992, S. 54).

Die oft langwährende Genese der sozialstaatlichen Instrumente und ein beständiger Veränderungsbedarf führen durchgängig zu einer sehr komplexen Struktur sozialstaatlicher Institutionen und ihrer Verzahnung mit Unternehmen und Haushalten. Wenngleich alle Sozialstaaten eher von Gedanken eines sozialen Ausgleichs getragen sind, unterscheiden sich doch deren institutionelle Strukturen und die damit verbundenen Gerechtigkeits- und Freiheitsvorstellungen und die daraus resultierenden Erwartungshaltungen an den Sozialstaat bzw. die übrigen Akteure erheblich. Diese Differenzierungen zeigen sich im Vergleich (unterschiedliche Typen von Sozialstaaten) wie auch innerhalb der Nationalstaaten (unterschiedliche sozialpolitische Konzepte von Parteien und Interessenverbänden).

Langfristig sind mit der Expansion sozialstaatlicher Leistungen neben die Besitz- und Erwerbsklassen (Weber) so genannte Versorgungsklassen getreten. Lepsius, auf den dieser Begriff zurückgeht, versteht darunter nur jene Gruppen, deren Transfereinkommen nicht auf dem vorigen Erwerbseinkommen aufbaut. Versorgungsklassen entstehen dann, »wenn der Zugang zum sozialpolitischen Versicherungssystem *unterschiedlich* (Hervorhebung C.W.) ist, oder eine Disparität zwischen den erbrachten Aufwendungen und den erhaltenen Leistungen typisch gleichartige Bevölkerungsgruppen betrifft (1979, S. 179)«, z. B. wenn bestimmte Lebensrisiken sozialstaatlich nur unzureichend abgesichert sind (z. B. die Trennung bei nicht erwerbstätigen Ehefrauen) oder wenn bestimmte Gruppen bei sozialstaatlichen Leistungen ausgeschlossen oder benachteiligt sind (z. B. Migrant_innen im Bildungssystem). Marshall spricht von sozialen Klassen zweiter Art, die er nicht länger als eine »Institution aus eigenem Recht«, sondern »als das Nebenprodukt anderer Institutionen« (1992, S. 55) begreift.

Die Wirkungen der staatlichen Regulation auf die sozialstrukturelle Lage von Haushalten lassen sich nach unmittelbaren und mittelbaren Wirkungen unterscheiden. Zu *unmittelbaren* Wirkungen kommt es, wenn der Staat Steuern und Abgaben erhebt und direkte soziale Transfers für Haushalte bereitstellt, indem er Arbeitslose und Rentner unterstützt, oder an Haushalte mit geringem Einkommen Wohngeld zahlt.

Mittelbare Wirkungen staatlichen Handelns ergeben sich zum einen aus der Regulierung des gesellschaftlichen Produktionsprozesses bzw. der Regulierung von Märkten, z. B. wenn Mindeststandards an Arbeitsbedingungen, Beschäftigungsverhältnissen und Einkommen durchgesetzt werden. Zum anderen stellen sich mittelbare Effekte für die Sozialstruktur durch die Bereitstellung von sozialen Diensten für die Haushalte ein, die zum Erhalt und zur Verbesserung des Humankapitals durch gesundheitliche Versorgung und Prävention, durch schulische und berufliche Bildungsangebote beitragen oder die die *Employability* von Haushaltsmitgliedern durch die Bereitstellung von Kinderbetreuungs- oder Pflegedienstleistungen verbessern. Mittelbare sozialstrukturelle Effekte ergeben sich zudem, wenn Sozialstaaten dazu beitragen, dass Berufsgruppen wie die freien Berufe im Sinne der Selbstregulierung Berufszugänge, Qualitätsstandards, Wettbewerbsstrukturen etc. kontrollieren können.

Aus den bisherigen Überlegungen wird deutlich, dass die regulativen Interventionen, die im Namen der Nationalstaaten erfolgen, sowohl als ein Gleichheits- wie als ein Ungleichheitsmoment zu begreifen sind. Zunächst nehmen die Nationalstaaten eine Abgrenzung der Spielberechtigten vor, die an den verschiedenen Verteilungs- und Umverteilungsspielen teilhaben dürfen, indem sie z. B. den

Zugang zum Produktionssystem, zum Arbeitsmarkt, die Zertifizierung von Qualifikationen oder den Zugang zu sozialstaatlichen Leistungen regeln. Selbst der Einsatz sozialen Kapitals wird durch Maßnahmen zur Verhinderung von Korruption und Diskriminierung reguliert. Die Wirkungen dieser regulativen Eingriffe sind jedoch vielgestaltig.

So lassen sich diese Interventionen als ein Beitrag zur Herstellung sozialer Gleichheit begreifen, wenn es über die sozial gestaffelte Entrichtung von Steuern und Abgaben zu einer Einkommensumverteilung kommt, wenn es im Bildungssystem gelingt, die Ungleichheit der im Elternhaus erworbenen kulturellen Kapitalien zu verringern, wenn durch Subventionen oder durch Regeln zum Kündigungsschutz Arbeitsplätze gesichert werden oder wenn lebenslaufspezifische Risiken ausgeglichen werden etc. Umgekehrt können diese Interventionen aber auch dazu beitragen, soziale Ungleichheit herzustellen oder zu stabilisieren, wenn ungleiche Eigentumsverhältnisse gesichert und der Eigentumstransfer zwischen Generationen ermöglicht wird, wenn soziale Schließungen ermöglicht oder Privilegien bzw. Zugangsbeschränkungen für Berufsfelder und Märkte gesichert werden, wenn Bildungsungleichheit reproduziert, wenn Diskriminierungen fortgeschrieben und spezifische soziale Gruppen von sozialstaatlichen Leistungen exkludiert werden.

Wie schon beim Vergleich verschiedener Sozialstaatsmodelle erwähnt, finden sich national spezifische Gleichheits- und Ungleichheits-, bzw. Gerechtigkeits- und Ungerechtigkeitsvorstellungen. Auch innerhalb von nationalstaatlichen Diskursen über soziale Gerechtigkeit lassen sich, wie Becker und Hauser (2009, S. 27) darstellen, recht unterschiedliche Teilziele ausmachen: Chancengleichheit, Leistungsgerechtigkeit oder Bedarfsgerechtigkeit; darüber hinaus stellen sich aber auch Fragen der Geschlechter- und der Generationengerechtigkeit.

Es ist kaum möglich, die Effekte von Wohlfahrtsstaaten auf die Sozialstruktur, summarisch zu beschreiben; nur auf Basis von differenzierten – sozialhistorisch angelegten – Analysen zur Situation spezifischer sozialer Gruppen lassen sich die Effekte (sozial)staatlicher Interventionen rekonstruieren. Bourdieu kommt zu dem Schluss, dass der Staat eine »historische Kraft der Rationalisierung« gewesen sei, »die immer erst im Dienst der herrschenden Mächte gestanden hat« (1998a, S. 50). Er macht jedoch darauf aufmerksam, dass die Effekte dieser Rationalisierungen »durchaus zweigesichtig« waren. »Es wäre zu einfach, ihn allein als Werkzeug im Dienste der Herrschenden zu begreifen. Sicher ist der Staat nie ganz neutral völlig unabhängig von den Herrschenden, aber er besitzt doch eine gewisse Autonomie, die umso größer wird, je älter, je mächtiger er ist, je mehr seine Institutionen gesellschaftliche Eroberungen beherbergen. Und er ist ein Ort von Kämpfen (z. B. zwischen dem Finanzministerium und den ›Wohlfahrtsministerien‹)« (S. 43). In diesem Sinne spricht Bourdieu vom Wohlfahrtsstaat als einer sozialen Errungenschaft.

2.4 Haushalte und Individuen als sozialisierte und strategische Akteure

Typischerweise wird in der Sozialstrukturforschung den ungleichheitsrelevanten Handlungen von Haushalten bzw. Familien und den darin lebenden Individuen keine besondere Aufmerksamkeit geschenkt. Sie erscheinen in Form der ›Bevölkerung‹ als etwas dem Ungleichheitsgeschehen Vorausgesetztes; oder sie erscheinen als Betroffene des Ungleichheitsgeschehens. Hier wird davon ausgegangen, dass den Haushalten und den darin lebenden Individuen eine wichtige Rolle als Akteuren im gesellschaftlichen Ungleichheitsgeschehen zukommt.

Haushalten bzw. Individuen kommt (in dieser Darstellung) eine Doppelrolle zu: So erscheinen sie in dem eingangs eingeführten Modell als eine von drei Arenen sozialer Ungleichheit. Zugleich sind sie die typische Beobachtungseinheit für Fragen der Sozialstrukturanalyse und der Ressourcenverteilung; d. h. man interessiert sich für die Einkommensverteilung, für den Reichtum und die Armut von Individuen bzw. Haushalten; man gruppiert sie zu Klassen und sozialen Milieus.

2.4.1 Die Haushaltsperspektive in der Ungleichheitsforschung

Im Rahmen von Haushalten wird eine Vielzahl von Entscheidungen getroffen, die für die Sozialstruktur einer Gesellschaft von großer Bedeutung sind:

* Die Entscheidungen über die Größe, Zusammensetzung und Struktur von Haushalten und der sie umgebenden sozialen Netzwerke sind ungleichheitsrelevant; durch die Partnerwahl werden wertvolle Ressourcen (ökonomisches Kapital, Bildungskapital und Beziehungen) oder auch Risiken gebündelt. Die Zahl der Kinder oder die Größe eines Familiennetzwerkes kann je nach gesellschaftlichem Kontext als soziale Sicherung aber auch als Kostenfaktor fungieren.
* Haushalte sind Einheiten der Haushalts- bzw. Wohlfahrtsproduktion; neben der Produktion von Gütern und Dienstleistungen durch Unternehmen, den Staat oder subsidiäre Organisation, spielen die Haushalte eine zentrale Rolle als

Produzenten, indem hier marktfern Dienstleistungen (Ernährung, Sozialisationsarbeit, Pflege, Instandhaltung, Netzwerkbildung) erbracht oder Produkte (Kleidung, Wohnungen) hergestellt und instandgehalten werden.

- Haushalte und die darin lebenden Personen treffen als strategische Akteure qualifizierungs- und erwerbsbezogene Entscheidungen, die die Arbeits- und Lebensbedingungen der Haushaltsmitglieder nachhaltig prägen. D. h. im Kontext eines Haushaltes werden von den einzelnen Mitgliedern Entscheidungen getroffen, die sich z. B. vermittelt über die knappe verfügbare Zeit oder die Haushaltskasse oft auch auf alle anderen Mitglieder auswirken. Wenn eine Person z. B. einer Vollzeiterwerbsarbeit nachgeht, so steht sie in geringerem Maße für die Haus- und Sozialisationsarbeit zur Verfügung; Heranwachsende, die einer Ausbildung nachgehen, können nicht als Arbeitskraft fungieren.
- Die im Haushalt vorhandenen Ressourcen können ganz unterschiedlich verwandt werden. Das umfasst die Verteilung der Ressourcen zwischen den Haushaltsmitgliedern; in zeitlicher Perspektive geht es aber auch darum, inwieweit Ressourcen zur Bildung von Ersparnissen und Vermögen genutzt werden und damit als Sicherheit für spätere Krisensituationen fungieren können.
- Auch über verschiedene Formen der Migration – oder allgemeiner raumbezogenen Verhaltens (z. B. Wahl eines Wohnquartiers, einer Wohnform) – treffen Haushalte und Individuen ungleichheitsrelevante Entscheidungen, indem sie durch die Arbeitsmigration von einzelnen Haushaltsmitgliedern ihre Einkommenslage verbessern, indem sie durch die Verlagerung des Haushaltes das gesellschaftliche Bezugssystem wechseln oder indem sie sich im Sinne der Transmigration in verschiedenen Gesellschaften einrichten.

Esping-Andersen hebt in seinen Veröffentlichungen die Rolle der Haushaltsökonomie hervor, die er in seinen früheren Arbeiten zu Wohlfahrtssystemen vernachlässigt habe.

»The ›family‹ is a societal institution, the bedrock of society, but it is also an actor, a decision-maker. As an institution, it systematically patterns peoples' behaviour, expectations, and incentives. (...). As decision-maker, the family is a ›player‹ in the daily life of society. What one family decides to do may not make waves throughout society, but if a huge number of families line up behind a certain behaviour they, may very well create institutional change, indeed social revolution. There is always the odd husband who abandons wife and children, but this will hardly have major societal repercussions. Massive repercussions will, however, ensue, when most women decide to transform themselves from housewives into workers. As dual-earner households become the new norm, the family as an institution has changed – indeed, society has changed« (1999, S. 47).

In ähnlicher Weise begreift Hans-Peter Müller den Haushalt als das Gelenkstück von Ungleichheitsstruktur und schichtspezifischem Verhalten und sieht demnach hier eine zentrale Untersuchungseinheit von Ungleichheitsanalysen (1992, S. 49). Allein die Größenordnung der gesellschaftlich aufgewandten Haushaltszeit (z. B. in Relation zur Erwerbszeit) zeigt, dass es fahrlässig wäre, die Rolle der Haushalte zu vernachlässigen.

2.4.1.1 Haushalte und Individuen als Akteure

Blickt man noch einmal auf das Modell der drei Arenen sozialer Differenzierung zurück, so sind Haushalte bzw. Individuen als Akteure zu begreifen. Zum einen treffen sie Entscheidungen, die sich auf das Haushaltssegment beziehen; zum anderen werden Entscheidungen bezogen auf die übrigen ungleichheitsrelevanten Arenen getroffen (vgl. dazu auch Abb. 2.69).

Die Rede von Haushalten und Individuen als Akteuren kann zu einem voluntaristischen Missverständnis führen, im Sinne von ›Jeder ist seiner Glückes Schmied‹. Daher wird im Titel des Kapitels von sozialisierten und strategischen Akteuren gesprochen. Das eine Adjektiv soll indizieren, dass Haushalte und die in ihnen lebenden Individuen sozialisiert, d. h. gesellschaftlich geprägt sind; das andere Adjektiv verweist darauf, dass die Haushalte vor dem Hintergrund und in den Grenzen dieser Prägungen zusammenhängende Entscheidungen treffen und Strategien entwickeln, die darauf zielen, die Lebensbedingungen des Haushalts oder der eigenen Person – gemessen an ganz unterschiedlichen Kriterien – zu verbessern. Diese Argumentationsfigur findet sich auch in der klassischen Wendung wieder: »Die Menschen machen ihre Geschichte nicht aus freien Stücken, aber sie machen sie selbst!«. Sie geht in verschiedenen Variationen und Kolportationen auf Karl Marx, Ferdinand Lassalle und Rosa Luxemburg zurück.

Quelle: Eigene Darstellung

Abb. 2.69 Individuen und Haushalte als sozialisierte und strategische Akteure

Mit diesem Denkmodell soll versucht werden, einigen klassischen Dichotomien (Determinismus vs. Voluntarismus, Handlung vs. Struktur) zu entgehen. Man hat es mit gesellschaftlich strukturierten Individuen und Haushalten zu tun, sie sind von sozialisierenden Institutionen geprägt, sie haben spezifische Ressourcen erhalten bzw. erworben, sie wissen um gesellschaftliche Leitbilder und Normalitätskonstrukte – in diesem Sinne sind sie auch von gesellschaftlichen Machtrelationen geprägt; aber sie treffen individuelle und haushaltliche Entscheidungen z. B. über die Bildungs- und Erwerbsbeteiligung, über Migrationen. Esping-Andersen, hatte dies über die Doppelrolle von Familien als sozialen Institutionen und als Entscheidungsinstanzen beschrieben.

Vielleicht lässt sich diese Betrachtungsweise am Beispiel von Arbeitslosen in einem strukturschwachen Gebiet (z. B. in den neuen Bundesländern) verdeutlichen. Ihre Situation kann als gesellschaftlich geprägt begriffen werden, indem sie z. B. angesichts einer spezifischen historischen Entwicklung in einem Gebiet leben, das als ›strukturschwach‹ bezeichnet wird, indem sie mit bestimmten mehr oder weniger vermarktbaren Ressourcen ausgestattet sind und indem sie im Laufe ihres Lebens mehrheitlich bestimmte Muster der Situationsdeutung und der Verantwortungszuweisung kennen gelernt haben. Umgekehrt können diese so strukturierten Akteure in einem bestimmten Korridor individuelle oder haushaltsbezogene Entscheidungen treffen: indem sie ihre Qualifikationen verändern, indem einzelne Haushaltsmitglieder auch weiter entfernte Arbeitsverhältnisse eingehen oder eine selbstständige Tätigkeit aufnehmen, indem der Haushalt seinen Wohnort verlagert etc. Auch die Entscheidung für eine bestimmte Zahl von Kindern schlägt sich in den Arbeits- und Lebensbedingungen des Haushalts nieder.

Grundsätzlich haben Haushalte bzw. die Haushaltsmitglieder schon immer strategische Entscheidungen getroffen – man denke nur an die Heiratspolitik des Adels. Auch ärmere Haushalte haben versucht, durch Migration ihre Situation zu verbessern, indem sie in fruchtbarere Gebiete, später in die Städte zogen oder ins Ausland gingen. In den vergangenen Jahrzehnten ist es jedoch zu einer Ausweitung der Handlungsmöglichkeiten von Haushalten und Individuen gekommen; noch vor kurzem war eine Existenz außerhalb von Familienverbänden und Dorfgemeinschaften kaum möglich. Insbesondere der Ausbau von Sozialstaaten hat hier wesentliche Voraussetzungen für den erweiterten Handlungsspielraum geschaffen, indem Ressourcen und Dienstleistungen für die Sicherung der Existenz außerhalb von Haushalten verfügbar sind; auch die am Markt zu erwerbenden Güter und Dienstleistungen haben den Entscheidungsspielraum der (zahlungskräftigen) Haushalte erweitert. Parallel haben sich die Verhaltenserwartungen an Haushalte verändert; es wird zunehmend davon ausgegangen, dass diese erweiterten Handlungsspielräume auch strategisch genutzt werden. Wie am Beispiel des Themas Arbeitslosigkeit deutlich wird, werden Individuen und Haushalte zunehmend für ihre Situation verantwortlich gemacht, indem Arbeitslosigkeit nicht länger als Klassenschicksal begriffen wird, sondern auf inadäquate Bemühungen am Arbeitsmarkt oder unzureichende Qualifizierungsanstrengungen zurückgeführt wird.

Bei genauerer Betrachtung wird deutlich, wie seitens verschiedener Instanzen (Kirchen, Nationalstaaten, Arbeitgeber, Ehemänner etc.) versucht wurde und wird, die Familie, Verhältnisse der familialen Arbeitsteilung (zwischen den Geschlechtern und Generationen) aber auch soziale Differenzierungen zu idealisieren und zu naturalisieren:

• Zeit- und kulturübergreifend finden sich Terminologien und Metaphern, die auf eine Mythologisierung von Familien zielen. Man spricht von der ›heiligen Familie‹; soziologisiert wird von der Familie als ›Keimzelle der Gesellschaft‹ oder des Staates‹ gesprochen. ›Familientraditionen‹, das ›Familienerbe‹ oder die ›Familienehre‹ werden beschworen und als etwas zu Wahrendes oder zu Verteidigendes herausgestellt.
• Die Geschlechterrollen werden biologisiert, wie die Rede von der ›gebärenden und sorgenden Frau‹ und dem ›wehrhaften und starken Mann‹ verdeutlicht. In diesem Zusammenhang wird lange Zeit Geburtenregulierung diskreditiert und Fortpflanzung idealisiert; man denke an die Rede vom ›Kindersegen‹ oder an die kirchlichen Verdikte zu Homosexualität, Abtreibung und Empfängnisverhütung. In modernisierter Form wird die kinderlose Karrierefrau oder die Akademikerin angeprangert.
• Generationenrollen und Lebensphasen und damit assoziierte Verhaltens- und Denkmuster wurden und werden festgeschrieben: die Jugend, die Familienphase, das Alter. Das impliziert auch die erwarteten Austauschbeziehungen zwischen den so konstruierten Gruppen.
• Implizit sind mit diesen Idealvorstellungen soziale Differenzierungen konnotiert, wenn von der bäuerlichen Familie, der Arbeiterfamilie oder der bürgerlichen Familie gesprochen wird. Heiratsregeln und -strategien sichern den Erhalt und die Vermehrung dieser Kapitalien. Über die Naturalisierung von Bildung (›Begabung‹, ›Talent‹, ›Genie‹) werden soziale Differenzierungen zwischen Familien aber auch zum Verschwinden gebracht.
• Schließlich gingen mit diesen Familienmythen und -stereotypen auch räumliche Bindungen einher: an die ›Scholle‹, an ›Haus und Hof‹, an die ›Heimat‹.

Diese Diskurse implizierten eine Begrenzung des Handlungsspielraums von Individuen und Haushalten jenseits dieser traditionalen Zuweisungen. Wohlgemerkt wirkt heute keine dieser Festschreibungen ungebrochen fort; vielfach ist es aber auch nur zu einer diskursiven Modernisierung gekommen.

Auch in den wissenschaftlichen und sozialpolitischen Diskursen wurde über einen langen Zeitraum die Bedeutung der Haushalte für soziale Ungleichheitsstrukturen geringgeschätzt. Esping-Andersen (1999, S. 47 f.) macht dafür zum einen Modernisierungstheorien und Theorien der funktionalen Differenzierung ›verantwortlich‹, in denen davon ausgegangen werde, dass die erweiterte Familie auf eine Kernfamilie schrumpft und wichtige Funktionen vom Wohlfahrtsstaat übernommen werden. Somit verschiebe sich die Risikobewältigung von der Mikrosolidarität auf gesellschaftliche Institutionen. Im politökonomischen Paradigma liegt der Fokus auf der Verfasstheit des Produktionssektors bzw. der Rolle des Staates. Haushalte bzw. Individuen wurden auf die Funktion reduziert, ihre (Erwerbs-)Arbeitskraft zu erhalten. Erst mit der feministischen Kritik an diesen Modellen, mit der Krise des Ein-Ernährer-Modells und mit den Debatten um die Krise des Wohlfahrtsstaates sind Haushalte erneut in das Zentrum des Interesses gerückt.

Bevor im Folgenden die Strukturen und Strategien von Haushalten bzw. Individuen genauer analysiert werden, soll zunächst geklärt werden, was unter Individuen und Haushalten zu verstehen ist, und welche Implikationen mit der Wahl der Begriffe bzw. mit Wahl dieser Beobachtungseinheiten einhergehen.

2.4.1.2 Konzepte des Individuums

Individuen sind nicht als etwas der Gesellschaft vorausgesetztes zu begreifen; die verschiedentlich verwendete Entgegensetzung von Individuum und Gesellschaft ist trügerisch. Individuen können nur als gesellschaftlich hervorgebrachte Individuen verstanden werden. In historischer Perspektive wird deutlich, dass die Hervorbringung solcher Individuen ein Novum ist, dem vielerlei ökonomische, juristische, sozialpolitische Entwicklungen, aber auch eine Veränderung von Diskursen vorausgesetzt sind. In lebensgeschichtlicher Perspektive muss ein solches Individuum aufwendig produziert werden; es muss gezeugt, geboren, betreut, sozialisiert, gebildet, gefördert, beraten und therapiert werden. Individuum und Gesellschaft stehen also eher in einem Verhältnis wechselseitiger Steigerung. »Je mehr der Einzelne vergesellschaftet wird, umso mehr individualisiert er sich auch – und umgekehrt« (Bröckling 2007, S. 24).

In der dicht gefügten Struktur feudaler Gesellschaften erregte der Einzelne, der versuchte, sich dieser Struktur zu entziehen eher das Misstrauen der anderen. Erst

mit dem landwirtschaftlichen Wachstum im 12. Jahrhundert und den aufstreben-
den Märkten und Dörfern entsteht wie Georges Duby vermerkt, ein Wunsch nach
Autonomie; es sei ein individueller Unternehmergeist zu beobachten, neue Län-
dereien werden erschlossen, Läden entstehen und die Erträge werden in Truhen
und Börsen deponiert.»Die neue Bedeutung persönlicher Initiative und privaten
Reichtums schärfte die Aufmerksamkeit für den Wert des Individuums« (1990,
S. 476). Kunstwerke erhalten einen individualisierten Ausdruck, biographische
Darstellungen werden populär, auch die Erlösung konnte nur durch bewusste
Arbeit an der eigenen Person erreicht werden.»Auf allen Etagen des gesellschaftlichen Hauses erkennen wir im Feudalzeitalter die Tendenz zur Teilung der
elementaren Zellen des privaten Lebens, deren Zahl in dem Maße stieg, wie ihre
Größe schwand. Das Endergebnis freilich war die Stärkung des Haushalts, nicht
des Individuums. Noch für lange Zeit blieb der Einzelne der Gefangene seiner
Familie« (S. 477). Ranum konstatiert noch für die europäischen Gesellschaften
des 16. bis 18. Jahrhunderts, dass sich diese bei allen Unterschieden darin gli-
chen, dass die Entfaltung des Individuums durch familiäre und dörfliche bzw.
städtische Schranken begrenzt wurde (1991, S. 213). Dessen ungeachtet setzt sich
nach und nach die Idee des Individuums durch. Richard Münch spricht schließlich von einem»europäischen Kult des Individuums«, der auf die Aufklärung
zurückgeht und der sich dann»in kollektiv eingehegter Gestalt in den nationalen
Wohlfahrtsstaaten« (2008, S. 12) wiederfindet. Diesen Zusammenhang zwischen
der Herausbildung von Nationalstaaten und der Individualisierung führt er weiter aus:»Die Befreiung aus partikularistischen Bindungen und die Herausbildung
der Autonomie des Individuums als verbindliches Ideal der Lebensführung gingen Hand in Hand mit dem Entstehen einer übergreifenden Gemeinschaft neuen
Typs: der Nation. Als Träger der Verfassung mit ihrer Garantie der Menschen-
und Bürgerrechte ist die Nation der Hort der Autonomie des Individuums. Sie
ist die Vereinigung der Staatsbürger, die alle gleiche individuelle Rechte besitzen und die sich in ihrer Loyalität zur Nation zugleich auf die gegenseitige
Respektierung ihrer individuellen Rechte verpflichten« (S. 18). Der Standard von
Individuierung, der gegenwärtig in Industrieländern zu beobachten ist, geht auf
verschiedene miteinander zusammenhängende Entwicklungsprozesse zurück:

Karl Marx hat in seinen historischen und politischen Analysen eingehend
den Übergang von der feudalistischen zur kapitalistischen Gesellschaftsformation
beschrieben. Für die hier interessierende Frage nach Individuierungsprozessen
sind insbesondere seine Überlegungen zu den doppelt ›freien‹ Lohnarbeiter_innen
von Interesse: frei von feudalen Abhängigkeitsverhältnissen und frei von Produktionsmitteln bzw. Besitz ist er bzw. sie gezwungen, die einzig verfügbare Ware,
die Arbeitskraft, auf dem Arbeitsmarkt anzubieten. Wie von Castel dargestellt

(2008, S. 283 ff.) wird Lohnarbeit in vielen Industriegesellschaften in der zweiten Hälfte des 20. Jahrhunderts zum Normalzustand.

Die Verbesserung der Ernährungssituation und die beständig wachsenden medizinischen Möglichkeiten haben die durchschnittliche Lebenserwartung deutlich erhöht. Die Erfahrung von Hunger und existenzieller Not wird in Industriegesellschaften zu einem Randphänomen. Lebensgeschichtlich betrachtet haben sich eigenständige Kindheits- bzw. Jugendphasen und eine Altersphase herausgebildet. Seit dem 19. Jahrhundert hat die Versorgung mit verschiedensten immer differenzierteren Konsumgütern zu einer erheblichen Steigerung des materiellen Lebensstandards beigetragen. Trotz aller sozialen Differenzen kann man für die Industriegesellschaften von einem ›Massenkonsum‹ sprechen. Die Erhöhung der Produktivität hat für Viele zu einer erheblichen Verkürzung der Wochen- und Jahresarbeitszeit wie der Lebensarbeitszeit geführt. Technologische Innovationen haben die Mobilitäts- und Kommunikationsmöglichkeiten radikal verändert.

Die hier beschriebenen Entwicklungen waren in vielen Industriestaaten mit einem Zuwachs an politischen Freiheiten und mit Demokratisierungsprozessen verknüpft; natürlich gab es hier auch dramatische Rückschläge, wenn man an die Geschichte des zwanzigsten Jahrhunderts denkt. Von besonderer Bedeutung für Prozesse der Individuierung war die Herausbildung von Wohlfahrtsstaaten. Ganz unterschiedliche Institutionen haben nach und nach Aufgaben übernommen, die vormals im familiären, verwandtschaftlichen oder nachbarschaftlichen Rahmen organisiert waren. Schaut man sich einen heutigen durchschnittlichen Lebenslauf an, wird deutlich, in welchem Maße er durch sozialstaatliche Praktiken strukturiert ist. D. h. man hat es heute in prosperierenden Industriegesellschaften mit biographischen Verläufen, mit typischen Existenzformen von Individuen und sozialen Gruppen zu tun, die in hohem Maße durch wohlfahrtsstaatliche Leistungen geprägt sind. Erst darüber wird es möglich, dass die Familie, wie Elisabeth Beck-Gernsheim es ausdrückte, »von der Notgemeinschaft zur Wahlverwandtschaft« (1994, S. 115) wird.

Max Weber hat die Herausbildung der bürgerlichen Gesellschaft summarisch als einen Prozess der okzidentalen Rationalisierung verstanden. Er diagnostizierte solche Rationalisierungen im Bereich der Ökonomie, bei der Herausbildung von Nationalstaaten und Rechtssystemen oder im Bereich der Wissenschaft. Diese Rationalisierungsprozesse strahlten auf andere Arbeits- und Gesellschaftsbereiche, schließlich auch auf den Bereich der Lebensführung aus. Norbert Elias fasst diese Entwicklungen als die Herausbildung verschiedener Grundkontrollen. »Zu den Universalien der Gesellschaft gehört die *Triade der Grundkontrollen*. Der Entwicklungsstand einer Gesellschaft läßt sich bestimmen 1. nach dem Ausmaß ihrer Kontrollchancen über außermenschliche Geschehenszusammenhänge, also über das, was wir etwas unscharf als ›Naturereignisse‹ bezeichnen; 2. nach dem Ausmaß ihrer Kontrollchancen über zwischenmenschliche Zusammenhänge, also über das, was wir gewöhnlich als »gesellschaftliche Zusammenhänge« bezeichnen; 3. nach dem Ausmaß der Kontrolle jedes einzelnen ihrer Angehörigen über sich selbst als ein Individuum, das, wie abhängig es immer auch von anderen sein mag, von Kindheit an lernt, sich mehr oder weniger selbst zu steuern« (1970, S. 173). Dem letzteren hat sich Elias in seinen Forschungen zum Zivilisationsprozess zugewandt; er hat dort untersucht, wie spontanes und affektgeleitetes Handeln zunehmend durch Formen der Selbststeuerung ersetzt wird (z. B. die Körperdisziplinierung oder die Affektkontrolle). Mit diesem dritten Bereich der Grundkontrollen wird die psychogenetische Entwicklung von Gesellschaften beschrieben. Das spezifische an Elias Ansatz liegt darin, dass er die letzten beiden Entwicklungen, als Sozio- und Psychogenese von Gesellschaften in einem engen Zusammenhang sieht: »Der Kontroll- und Überwachungsstruktur in der Gesellschaft entspricht die Kontrollapparatur, die sich im Seelenhaushalt des Individuums herausbildet« (1976, S. 327 f.). Mit Tagebüchern, Memoiren, Biographien werden Individuen normalisiert und Grenzziehungen von Privatem und Öffentlichem vorgenommen (vgl. Goulemot 1991, S. 371 ff.); Individualisierung ist so auch als ein kognitiver Prozess zu begreifen.

An diesen Überlegungen wird deutlich, dass die ›Existenz‹ von Individuen, die im Alltagsleben als ›gegeben‹ erscheint, das Produkt komplexer sozialer Entwicklungen ist und einem fortwährenden Veränderungsprozess unterliegt.

2.4.1.3 Haushalte und Familien

Um das Zusammenleben von Individuen zu beschreiben wird in sozialwissenschaftlichen Analysen bevorzugt mit dem Familienbegriff gearbeitet. Einem von René König verantworteten soziologischen Lexikon aus den 1950er Jahren ist folgende Bestimmung entnommen: »Unter *Kernfamilie (nuclear family)* oder *Kleinfamilie* verstehen wir das eheliche Zusammenleben von Mann und Frau mit ihrer Nachkommenschaft, wobei in einzelnen Fällen eine oder mehrere andere Personen (Großeltern) mit ihnen leben können. Diese Familie spielt in unseren fortgeschrittenen Industriegesellschaften eine zentrale Rolle« (König 1958, S. 71). In dieser für damalige Verhältnisse eher fortschrittlichen Bestimmung von Familie wird diese zum einen an Ehe und Kinder gebunden, zum anderen werden zwei zusammenlebende Elternteile vorausgesetzt. Später finden sich dann Hinweise auf ›unvollständige Familien‹, ›Mutter- und Vaterverwaisung‹ sowie auf ›Stiefkinder‹.

Ein neuerer Versuch, die Familienbestimmung den gesellschaftlichen Entwicklungen anzupassen, findet sich in einem einführenden Text von Rosemarie Nave-Herz. »Diese konstitutiven Merkmale von Familie sind (…): 1. die
biologisch-soziale Doppelnatur aufgrund der Übernahme der Reproduktions- und
zumindest der Sozialisationsfunktion neben anderen, die kulturell variabel sind,
2. ein besonderes Kooperations- und Solidaritätsverhältnis; denn über die üblichen Gruppenmerkmale hinaus (…) wird in allen Gesellschaften der Familie eine
ganz spezifische Rollenstruktur mit nur für sie geltenden Rollendefinitionen und
Bezeichnungen (z. B. Vater/Mutter/Tochter/Sohn/Schwester usw.) zugewiesen
(…), 3. die Generationsdifferenzierung. Es darf insofern hier nur die Generationsdifferenzierung (also das Eltern- bzw. Mutter- oder Vater-Kind-Verhältnis)
und nicht auch die Geschlechtsdifferenzierung, also nicht das Ehesubsystem, als
essentielles Kriterium gewählt werden, weil es zu allen Zeiten und in allen Kulturen auch Familien gab (und gibt), die nie auf einem Ehesubsystem beruht haben
oder deren Ehesubsystem im Laufe der Familienbiographie durch Rollenausfall,
infolge von Tod, Trennung oder Scheidung, entfallen ist« (1997, S. 6).

Der rasche Wandel, der sich in solchen Definitionen ausdrückt, und der
vielfältige Apparat ergänzender Begriffe, die kreiert werden mussten, um die
Vielgestalt von Formen des Zusammenlebens zu beschreiben, lässt es geboten erscheinen, mit einem robusteren Konzept zu arbeiten. Karl Lenz (2003,
S. 486 ff.) macht auf eine Vielzahl von Problemfeldern aufmerksam, die mit
dem Familienbegriff verbunden sind: Die Gleichsetzung des Familienbegriffs mit
einem historisch gebundenen Modell, insbesondere der bürgerlichen Familie; die
spezifischen Universalitätsannahmen der Familienforschung: die Gleichsetzung
von Familien und Kernfamilie, die Dauerhaftigkeit von Familien, die zentrale
Bedeutung der Mutter-Kind-Dyade; der Biologismus im Familienkonzept; die
Gleichsetzung von Familie und Haushalt; die mangelnde Differenzierung von
Ehe und Familie; die wertende Aufladung des Familienbegriffs. Zu ergänzen
wären die nicht reflektierten Verschränkungen mit rhetorischen Figuren der Kulturkritik, wenn von der ›Krise‹ und dem ›Verfall‹ der Familie gesprochen oder
fortschreitende ›Individualisierung‹ und ›Egoismus‹ beklagt werden.

Im Weiteren wird daher von Haushalten gesprochen. Dem Lexikon zur Soziologie folgend kann der Haushaltsbegriff verstanden werden als »deskriptive
Bezeichnung für die produktiv-reproduktiven Tätigkeiten einer Hausgemeinschaft
von Personen, die nicht notwendig familiär miteinander verbunden sind. (…) Ein
H. kann aus einer einzelnen Person (…) oder aus mehreren Personen oder Gruppen von Personen (…) bestehen. Verbindendes Moment ist i. d. R. zumindest
eine gemeinsame ›Börse‹, die von einem Haushaltsvorstand (Mann/Frau) oder
der Gruppe verwaltet wird« (2007, S. 265).

Dieser Bestimmung entsprechend sollen Haushalte hier als Gruppen von einer oder mehreren Personen verstanden werden, die sich durch gemeinsames Wirtschaften (im weitesten Sinne) auszeichnen. D. h. Personen treffen in einem solchen Haushaltskontext für alle Beteiligten folgenreiche Arrangements von relativer Dauer. Mehrheitlich geht dieses gemeinsame Wirtschaften mit gemeinsamem Wohnen einher. Die Beziehung und die Bindungen zwischen diesen Personen können sich dabei ganz unterschiedlich gestalten: Verwandtschaftsbeziehungen, Generationenbeziehungen, Liebesbeziehungen, Freundschaftsbeziehungen, Zweckbeziehungen, Versorgungsbeziehungen, Abhängigkeitsbeziehungen etc. So können die gemeinsame Ressourcennutzung, die gemeinsame Wohnung, Muster der Arbeitsteilung oder die Versorgung von Kindern und älteren Personen als verschiedene nicht unbedingt hierarchische Stufungen der Vernetzung und Interaktion verstanden werden.

Ein solcher weit gefasster Haushaltsbegriff schließt andere Möglichkeiten, solche Beziehungen zu charakterisieren (Familien, Ehen etc.) ein. Er hat gegenüber anderen Bezeichnungen jedoch den Vorteil, dass sich der Gegenstandsbereich an den interessierenden sozialen Phänomenen orientiert und nicht durch die Fixierung auf politisch/rechtliche (Ehe, Familie, eingetragene Partnerschaft), statistische (die Zahl von Generationen, Haushalte im statistischen Sinne) oder moralische (›Familie‹, heterosexuelle Beziehungen) Konstrukte konfundiert wird. Zudem erspart man sich so viele Folgeprobleme dieser Begriffskonstrukte (nichteheliche Partnerschaften, unvollständige Familien, Patchwork-Familien). Das zunächst recht sparsame Haushaltskonzept erfordert es dann unter Umständen, die in diesem Rahmen vorfindbaren Beziehungen und Beziehungsvorstellungen zwischen den beteiligten Personen exakter zu beschreiben. Dabei können die oben angeführten rechtlichen oder moralischen Konstrukte eine Rolle spielen, sie müssen es aber nicht.

In der weiteren Darstellung soll zunächst die Handlungssituation von Haushalten beleuchtet werden, um dann verschiedene Momente zu untersuchen, die zur sozialen Differenzierung von Haushalten beitragen: die Größe und Zusammensetzung von Haushalten und ihre Einbindung in komplexere soziale Netzwerke, die Kapitalausstattung von Haushalten, die Allokation der Haushaltsarbeit zwischen Erwerbsarbeit und Haushaltsproduktion, die Entscheidungen über verschiedene Formen der Migration bzw. der räumlichen Verortung. Schließlich sollen in der Zusammenschau dieser Entscheidungsfelder die sich dabei einstellenden Geschlechter- und Generationenfigurationen und die damit verknüpften Machtbeziehungen analysiert werden.

2.4.2   Die Handlungssituation von Haushalten

Die folgenden Überlegungen sollen einen analytischen Rahmen zur Rekonstruktion der Handlungssituation von Haushalten liefern.

2.4.2.1 Die Perspektive der neuen Haushaltsökonomie

Die Ansätze der ›neuen Haushaltsökonomie‹ können dazu beitragen, die analytische Perspektive auf Haushalte und Familien zu schärfen; es geht eher um die dort aufgeworfenen Fragestellungen bzw. Konzepte und weniger um die dort gegebenen Antworten. Die auf Gary Becker und andere zurückgehende Haushaltsökonomie hatte die bis dahin vorherrschende Perspektive der Ökonomie auf Individuen und Haushalte als Konsumenten, die von Marktgütern abhängig ihren Nutzen maximieren, radikal verändert. Haushalte wurden auch als Produzenten begriffen, die die Zeit der Haushaltsmitglieder nutzen, um mit Hilfe von am Markt erworbenen Waren unmittelbar nutzenstiftende Güter *(basic commodities)* zu produzieren. So werden unter dem Einsatz von Zeit erworbene Lebensmittel mit einem gleichfalls erworbenen Kochgerät zu einem (hoffentlich) schmackhaften Essen aufbereitet, das in einer angenehmen Umgebung verzehrt wird; erst in diesem Zusammenspiel von Gütern bzw. Dienstleistungen und Haushaltsarbeit entsteht das letztlich nutzenstiftende Gut.

Die Zahl dieser nutzenstiftenden Güter ist weitaus kleiner, als die der darin eingehenden Marktgüter; zu den unmittelbar nutzenstiftenden Gütern rechnet Becker z. B.»children, prestige, esteem, health, altruism, envy, and pleasure of the senses« (1991, S. 9) – er bezieht sich hier auf Bentham. Der im Haushalt zu maximierende Nutzen hängt demnach von den produzierten (unmittelbar) nutzenstiftenden Gütern ab. Wie Becker in seiner Theorie der Allokation der Zeit ausführt, gerät mit diesem Ansatz nicht nur die für die Erwerbsarbeit aufgewandte Zeit in den Blick, sondern die gesamte verfügbare Zeit, also auch die, wie er es nennt, *non-working time.* Angesichts des begrenzten Anteils, den die für Erwerbsarbeit verwandte Zeit am gesamten (täglichen, wöchentlichen und jährlichen) Zeitbudget ausmacht, komme der übrigen Zeit eine mindestens ebenso große Rolle für das Wohlergehen der Haushaltsmitglieder zu. Als Beispiele für die im Haushalt produzierten *basic commodities* führt Becker den Schlaf, den Besuch eines Theaterstücks oder die Zeugung und Sozialisation von Kindern an. Stets wird ein gewisses Zeitquantum investiert und es werden am Markt erworbene oder öffentliche Güter und Dienstleistungen genutzt.

Haushalte als kleine Firmen

Becker begreift Haushalte als ›kleine Firmen‹, die Kapitalgüter (langlebige Haushaltsgeräte), Rohmaterialien und Arbeit (Zeit) kombinieren (vgl. 1965, S. 496), um unmittelbar nutzenstiftende Güter und Dienstleistungen hervorzubringen. D. h. die im Laden erworbene DVD oder der Download eines Hollywood-Films kann so nicht konsumiert werden; sie muss erworben werden, es bedarf eines Abspielgerätes oder einer Software, die bedient werden muss, einer Räumlichkeit etc. In diesem Sinne können Haushalte dann eigensinnig über solche am Markt erworbenen Güter verfügen.

Der Gesamtnutzen eines Haushaltes (U) setzt sich somit aus den Nutzen zusammen, die auf die einzelnen nutzenstiftenden Güter (Z_i) zurückgehen.

$$U = U(Z_1, ..., Z_m) \quad Z_i = f_i(x_i, t_{h\,i}, ; E_i)$$

Jedes dieser nutzenstiftenden Güter wird im Haushalt produziert; in die Produktion gehen Marktgüter (x_i) und Haushaltszeit (t_{hi}) ein. Zudem spielen gewisse Rahmenbedingungen (E_i) eine wichtige Rolle; hier führt er z. B. die im Haushalt verfügbaren Befähigungen, Humankapitalien, das soziale und das physikalische Klima etc. an (vgl. 1991, S. 24).

In dieser Perspektive kommt der im Haushalt verfügbaren Zeit und ihrer Allokation eine große Bedeutung zu; sie kann vereinfacht betrachtet entweder direkt für die Haushaltsproduktion genutzt werden oder sie kann für Erwerbsarbeit eingesetzt werden, deren Einkommen dann für den Kauf von Marktgütern genutzt wird, die wiederum in die Haushaltsproduktion eingehen. So kann das Essen einer Familie durch verschiedene Kombinationen von Erwerbszeit und Haushaltszeit produziert werden. In einem Fall kann viel Zeit in Erwerbsarbeit investiert werden, um mit dem Einkommen ein qualitativ hochwertiges Fertiggericht zu erwerben, das dann unter Einsatz von relativ wenig Haushaltszeit erhitzt wird. In dem anderen Fall wird wenig Erwerbszeit investiert, um rohe bzw. wenig aufbereitete (und damit preisgünstige) Nahrungsmittel zu erwerben, die unter Verwendung von relativ viel Haushaltszeit zu einem Essen bereitet werden. In beiden Fällen hat man es mit unterschiedlichen Zerlegungen der Gesamtzeit zu tun. Die im Haushalt getroffenen Entscheidungen werden jeweils angesichts eines restriktiven Budgets getroffen; aber es können auch Strategien verfolgt werden, dieses Budget zu vergrößern.

Andere Ansätze arbeiten mit noch differenzierteren Zeittypen, indem sie auch Konsumzeit, Such- bzw. Informationszeit und Freizeit unterscheiden. Die wesentlichen Einsichten der Haushaltsökonomie lassen sich aber auch über dieses einfache Modell gewinnen: Haushalte fungieren als Entscheidungsinstanz, die

die begrenzte verfügbare Zeit ihrer Haushaltsmitglieder strategisch in je unterschiedlichen Kombinationen von Erwerbszeit und Haushaltszeit anlegen. Aus der Perspektive der im Haushalt hergestellten Güter lässt sich konstatieren, dass deren *full price* auf den direkten Preis der verwendeten Güter und den indirekten Preis der eingesetzten Haushaltszeit zurückgeht. Analog einem Betrieb wird dann im Haushalt eine Kostenminimierungsregel unterstellt.

Indem nun die Preise der verwendeten Zeit mit dem Humankapital (s. u.), z. B. der Qualifikation der Personen variieren, kommt es zu Substitutionen zwischen dem Güter- und (Haushalts-)Zeiteinsatz.»The substitution towards goods induced by an increase in the relative cost of time would often include a substitution towards more expensive goods. For example, an increase in the value of a mother's time may induce her to enter the labour force and spend less time cooking by using pre-cooked foods and less time on child-care by using nurseries, camps or baby-sitters. Or barbers' shops in wealthier sections of town charge more and provide quicker service than those in poorer sections, because waiting by barbers is substituted for waiting by customers« (Becker 1965, S. 514).

Während in Einpersonenhaushalten die Teilung innerhalb des Zeitbudgets einer Person stattfindet, kann es in Mehrpersonenhaushalten zu personengebundenen Teilungen oder Schwerpunktsetzungen kommen, indem die einen mehr Zeit in Erwerbsarbeit, die anderen mehr Zeit in Hausarbeit allokieren; dies ist bei geschlechts- oder generationenspezifischen Arbeitsteilungen oder bei der Arbeitsteilungen zwischen Nicht-Migranten und Migranten der Fall, wenn z. B. die Hausarbeit an Frauen, Schwiegermütter oder Arbeitsmigrantinnen delegiert wird.

Humankapital

Das Humankapital ist im Gegensatz z. B. zum Finanzkapital, das frei transferierbar ist, an Personen gebunden. Als Humankapital werden alle personengebundenen Kapitalien bezeichnet, die zum gegenwärtigen oder einem zukünftigen Zeitpunkt, das zu erzielende Einkommen beeinflussen. So kann das Humankapital durch Schulbesuch, durch berufliche und andere Erfahrungen, medizinische Versorgung, die Vitaminzufuhr aber auch durch die Information über das Wirtschaftssystem verändert werden (vgl. Becker 1962, S. 9); auch Migration begreift Becker als eine Investition in das Humankapital (S. 42). Dem Interesse für das Humankapital gehen ähnliche Einsichten voraus, wie sie in den sozialstrukturellen Debatten mit der ›Entdeckung‹ des kulturellen Kapitals verbunden waren. So konstatiert Becker:»It has become increasingly evident, however, from studies of income growth that factors other than physical resources play a larger role than formerly believed, thus focusing attention on less tangible resources, like the knowledge possessed. A concern with investment in human capital, therefore, lies in closely with the new emphasis on intangible resources and may be useful in attempts to understand the inequality in income among people« (1962, S. 9). Verglichen mit dem Bourdieuschen Begriff des kulturellen Kapitals werden auch körperliche und gesundheitliche Aspekte einbezogen. Die Verwendung des Kapitalbegriffs soll indizieren, dass mit dem Humankapital ganz ähnliche Eigenschaften und Probleme verbunden sind wie mit anderen Kapitalien:

• Humankapital wird im Lebensverlauf akkumuliert; es unterliegt aber auch einer gewissen Entwertungstendenz, indem Wissen veraltet oder indem Informationen vergessen werden.

• Es wird in den Kapitalstock investiert, d. h. es müssen Zeit und Güter aufgewandt werden, um einen Schulabschluss zu erwerben oder sich weiterzubilden; auch die informelle Weitergabe kulturellen Kapitals im Elternhaus erfordert Zeit.

• Der Ertrag solcher Investitionen ist nicht sicher; so kann sich z. B. herausstellen, dass ein aufwändig erlangter Abschluss am Arbeitsmarkt nicht nachgefragt wird. Die Dauer des weiteren Arbeitslebens, indem das Humankapital genutzt werden kann, ist nicht kalkulierbar. Auch die Höhe der Entlohnung kann bei einer Inflation von Titeln sinken.

Becker geht von der Annahme aus, »that at the beginning everyone is identical; differences in efficiency are not determined by biological or other intrinsic differences. Variations in skill result from different experiences and other investments in human capital« (S. 32). Er unterscheidet zwischen Humankapitalinvestitionen, die auf die Verwertung in Erwerbsarbeit und in häuslicher Arbeit zielen. Hieran zeigt sich, dass das Humankapitalkonzept und das Produktionsmodell zusammenhängen, und zwar in doppelter Weise:

Zum einen beeinflusst das Humankapital die Effizienz, mit der Erwerbs- oder Haushaltsarbeit betrieben wird. Damit erhält die Entscheidung über die Zeitverwendung für Haushaltsarbeit und Erwerbsarbeit einen etwas anderen Charakter. »Das Haushaltsoptimum beinhaltet somit auch die Wahl der effizienten Technologie, d. h. der optimalen Aufteilung der Zeit zwischen Markt- und Hausarbeit, die von den durch die Humankapitalausstattung bestimmten Produktivitäten in beiden Tätigkeiten abhängt« (Ott 1998, S. 66).

Zum anderen sind die Investitionen in Humankapital ein Ergebnis der Haushaltsproduktion; d. h. Haushalte produzieren nicht nur konsumierbare Güter, die das Humankapital erhalten; sie können das Humankapital verändern, indem man die körperliche Fitness oder die Bildung der Kinder verbessert. Hier sind die

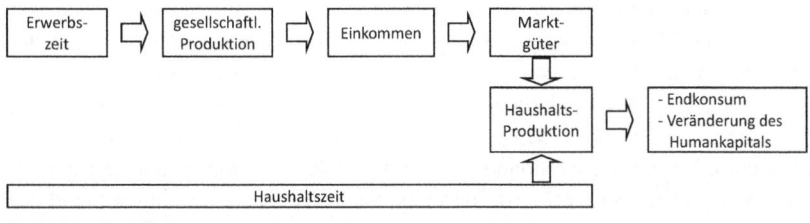

Quelle: Eigene Darstellung

Abb. 2.70 Handlungssituation von Haushalten

Haushalte vor Entscheidungen gestellt, deren mögliche Erträge erst mit einem großen zeitlichen Verzug erkennbar werden, wenn die Arbeitskraft noch in fortgeschrittenem Alter am Arbeitsmarkt verwertet werden kann oder wenn es Kindern gelingt, einen gut dotierten Beruf zu ergreifen. Diese Entscheidungen setzen neben so genannten Bildungsaspirationen auch Erfahrungswissen mit sozialen Aufstiegen sowie einen gewissen Anlage-Sinn voraus.

In Abb. 2.70 wird versucht, die für die Analyse von Sozialstrukturen wesentlichen Gedanken in einem Modell zusammenzuführen.

Mit seinen Überlegungen hat Becker etablierte Grenzziehungen zwischen den wirtschafts- und sozialwissenschaftlichen Disziplinen überschritten: Kritiker werfen ihm ›ökonomischen Imperialismus‹ vor. Er hat das Konzept der Haushaltsproduktion genutzt, um ganz unterschiedliche mit der Tätigkeit von Haushalten verknüpfte Phänomene zu erklären: Muster der geschlechtsspezifischen Arbeitsteilung, die Entwicklung der Kinderzahl und deren Qualifikation etc. Damit hat er zum einen die Erklärungspotentiale des Ansatzes aufzeigen können; an vielen Stellen hat er aber auch die Erklärungsmöglichkeiten überschätzt. Dies ist zu Recht kritisiert worden. Der Begriff des Humankapitals ist im Geiste der Kritik an dem ökonomischen Imperialismus als ›Unwort des Jahres‹ gebrandmarkt worden; damit wird jedoch das wissenschaftliche Potential des Konzepts ignoriert; im Rahmen ganz unterschiedlicher theoretischer Ansätze (z. B. Bourdieu und Coleman) konnten die mit dem Kapitalbegriff verknüpften Begrifflichkeiten (z. B. Bildung, Bewertung, Transfer von Kapitalien) und Logiken (z. B. Transformation, Entwertung von Kapitalien) genutzt werden, um soziale Praktiken sinnvoll zu analysieren.

Auch wenn man die Erklärungen der *new home economics* in dieser Form und mit diesem weitreichenden Anspruch einer Ökonomisierung der Erklärungen sozialer Phänomene nicht teilt, so sind doch die zentralen von Becker und anderen aufgewiesenen Zusammenhänge nicht von der Hand zu weisen, wenngleich die

Erklärungsmodelle erweitert werden müssen. So gehen mit Veränderungen von Erwerbs- oder Transfereinkommen, mit Veränderungen im Humankapital und der Produktivität der Haushaltsmitglieder, mit Veränderungen der Preisstruktur von Gütern immer auch Veränderungen in der Allokation der im Haushalt verfügbaren Zeit einher (vgl. 1965, S. 517). Analog zur Konsum- und Verbrauchsforschung gerät mit der Haushaltsökonomie das ›ganze Leben‹ in seiner Ungleichheitsrelevanz in den Blick. So wird z. B. die Frage einer (nach dem jeweiligen Stand der Wissenschaft) gesunden Lebensweise ungleichheitsrelevant, wenn einzelne Haushaltsmitglieder aufgrund gesundheitlicher Einschränkungen keine Erwerbsarbeit mehr ausüben können.

Mit dem Konzept der *basic commodities* geht eine Perspektivverschiebung einher; nicht der Besitz von Waren, sondern der Gebrauch dieser Waren ist von Interesse, wenn man sich für das Wohlergehen von Menschen interessiert. Das korrespondiert mit dem von Amartya Sen eingeführten Konzept des Lebensstandards, dessen Wert er über eine bestimmte Art zu leben und nicht über den Besitz von Gütern bestimmt (Sen 2000a, S. 49). Sen interessiert sich in seinen Analysen für das Verhältnis von tatsächlichen Möglichkeiten (die Lebensbedingungen) eines Individuums oder Haushalts und den damit verbundenen Fähigkeiten, die er im positiven Sinne mit Freiheiten verbunden sieht, mit den Chancen eines Menschen »das Leben zu führen, das er führen möchte« (S. 64). Auch andere Ansätze, die z. B. Reduktion von Transaktionskosten in Haushalten analysieren (Pollack 1985), können mit den Modellen Beckers verknüpft werden.

Konkurrierende Erklärungsmodelle zur neuen Haushaltsökonomie finden sich im Rahmen von austausch- und verhandlungstheoretischen Ansätzen. Für die Analyse sozialer Ungleichheiten liegt ein wichtiger Beitrag der verhandlungstheoretischen Ansätze (Ott 1992) darin, dass sie sich auch für Machtdifferenzen in Haushalten und damit für die Verhandlungsmacht der verschiedenen Haushaltsmitglieder interessieren; dies wird an späterer Stelle noch eingehender beleuchtet.

2.4.2.2 Haushalte im Kontext der formellen und informellen Ökonomie

Ein etwas anderer Blick auf die Aktivitäten der Haushalte erschließt sich aus der aggregierenden Perspektive, die zur Berechnung von Sozialprodukten genutzt wird. Hier wurde insbesondere in den Debatten der 1990er Jahre kritisiert, dass bei den vorherrschenden Berechnungsweisen wesentliche Teile der ökonomischen Aktivitäten bei der Berechnung von Sozialprodukten unberücksichtigt blieben. In besonderem Maße stellt sich dieses Problem in Gesellschaften, in denen die Marktproduktion nur einen untergeordneten Stellenwert und die Subsistenzproduktion dementsprechend bedeutsamer ist. In der folgenden Darstellung von Joachim Merz wird versucht, den Bereich der Haushaltsproduktion und der Netzwerkhilfe (im Diagramm als ›Soziale Netzwerke‹ bezeichnet) im Kontext anderer Produktionstätigkeiten darzustellen. Haushaltsproduktion und Netzwerkhilfe werden zusammengenommen als Selbstversorgung begriffen; sie zeichnet sich durch ihren nicht-marktförmigen Charakter aus. Daneben besteht das große Segment offizieller Marktaktivitäten in Form von Haupt- und Nebenerwerbstätigkeiten, sowie ein Bereich der illegalen Aktivität in Form von Schwarzarbeit oder kriminellen Tätigkeiten (vgl. Abb. 2.71).

Den kriminellen ökonomischen Aktivitäten wäre die organisierte Schwarzarbeit, die Beschäftigung von ›illegalen‹ Arbeitsmigrant_innen, die Zwangsprostitution, der Drogenhandel etc. zuzurechnen; dazu gehören auch die Folgeprobleme dieser Aktivitäten, Gewaltanwendung, Geldwäsche etc. (vgl. dazu Couvrat und Pless 1993).

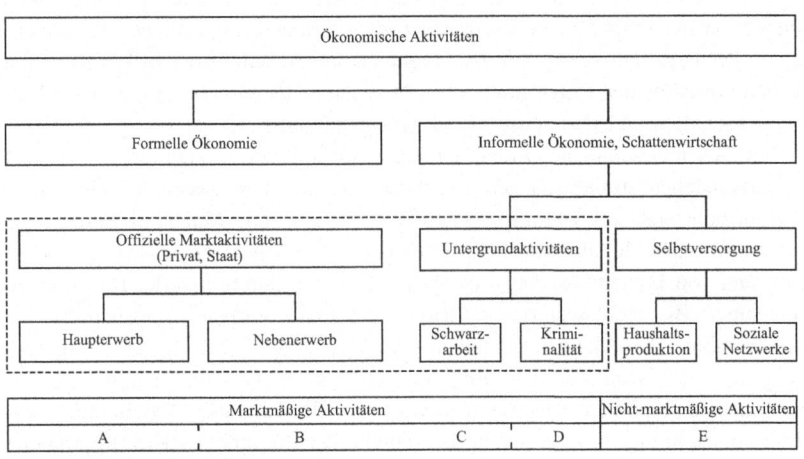

Quelle: Merz (1996, S. 5)

Abb. 2.71 Marktförmige und nicht-marktförmige Aktivitäten in der formellen und informellen Ökonomie

2.4.2.3 Geschlechtsspezifische Arbeitsteilungen

Die Geschichte der Arbeit war immer auch eine Geschichte geschlechtsspezifischer Arbeitsteilungen und eine Geschichte ihrer Legitimierung – häufig im Sinne einer Naturalisierung. Die folgenden Überlegungen sollen verdeutlichen, dass man es bei diesen Teilungsverhältnissen und den darauf abgestimmten Legitimationen mit sozialen Konstrukten zu tun hat, in denen sich gesellschaftliche Machtverhältnisse – hier Machtverhältnisse zwischen Männern und Frauen – ausdrücken.

Es gibt vielfältige biologische Unterschiede zwischen den Menschen; aber die gesellschaftlich beobachtbaren meist binären Vorstellungen von dem, was ›Männer‹ und ›Frauen‹ sind bzw. sein sollen, welche Eigenschaften sie haben, und wo ihre besonderen Fähigkeiten liegen, stehen damit kaum im Zusammenhang. Diese Vorstellungen sind als soziale Konstrukte von Geschlechtern und ihnen zugeschriebenen Eigenschaften zu begreifen. Solche Konstrukte sind nicht das Werk einzelner Männer oder Frauen; es sind gesellschaftliche Konstrukte, die jedoch als solche stets von einzelnen Personen, von sozialen Gruppen produziert und reproduziert werden. Diese Konstrukte und damit korrespondierende Praktiken sind schließlich in vielfältigen Institutionen festgeschrieben: in amtlichen Dokumenten, in der Personalstruktur von Unternehmen, am Arbeitsmarkt, in Familien und Beziehungen, in der Programmatik weltanschaulicher Organisationen (Kirchen, Gewerkschaften und Parteien) oder in der Sozialpolitik.

Mit diesen Geschlechter-Konstruktionen wird in Partnerbeziehungen aber auch im Arbeitsleben strategisch gearbeitet; sie werden in Machtspielen eingesetzt. Man bezieht sich auf Geschlechtsstereotype, um soziale Machtbeziehungen zu naturalisieren, d. h. als natürliche Ordnungen erscheinen zu lassen. Die Ausgrenzung von Frauen aus dem Erwerbsleben wurde durch vielerlei Institutionen unterstützt. Bis 1957 war die Aufnahme der Erwerbsarbeit von Ehefrauen an die Erlaubnis des Mannes gebunden; bis 1978 war es ein Scheidungsgrund, wenn die Erwerbsarbeit nicht mit den Pflichten in Ehe und Familie vereinbar war. Steuerpolitisch wurde und wird das Ein-Ernährer-Modell durch das ›Ehegattensplitting‹ belohnt; auch die Defizite der öffentlichen Kinderbetreuung erschwerten für Frauen (und Männer) die Vereinbarkeit von Beruf und Familie. Mehr oder weniger systematisch wurden Frauen aus bestimmten Berufsgruppen ausgeschlossen.

Die Systeme der Geschlechterdifferenzierung, die damit verbundenen Ungleichheiten und Leiden, sind in den letzten Jahrzehnten ausgehend von der Frauenbewegung und der LGBTIQ-Bewegung auf die gesellschaftliche wie die private Agenda gesetzt worden. So konnten erhebliche Veränderungen in den Geschlechterbeziehungen durchgesetzt werden: viele institutionelle Barrieren und

Diskriminierungen sind gefallen, die Arbeits- und Lebenspraxis bzw. die darauf bezogenen Erwartungshaltungen und Normalvorstellungen von ›diversen‹, ›weiblichen‹ und ›männlichen‹ Menschen veränderten sich. Wenn man aber Statistiken zur Verteilung von Frauen und Männern in bestimmten Branchen, zum Anteil von Frauen in Führungspositionen, zur Arbeitsteilung im Haushalt oder zur sexuellen Gewalt heranzieht, dann wird deutlich, welches Beharrungsvermögen solche Geschlechterordnungen haben. Noch heute werden Frauen im Bereich der Entlohnung diskriminiert. Auch bei der Einstellung und Beförderung kommt es zu Diskriminierungen, wenn Frauen mit der Frage nach Schwangerschaften oder nach der Vereinbarkeit von Familie und Beruf konfrontiert werden, ihre männlichen Kollegen aber nicht. Besonders beharrlich sind die Stereotype, die erwerbstätigen Frauen entgegengebracht werden, wenn sie als ›Rabenmütter‹ oder ›Karrierefrauen‹ tituliert werden.

Notburga Ott hat die Aushandlungsprozesse in Paarbeziehungen eingehender analysiert; sie begreift die traditionelle geschlechtsspezifische Rollenverteilung als einen Vertrag, »bei dem die Frau zugunsten der Kindererziehung die Erwerbsarbeit einschränkt, auf Akkumulation von marktfähigem Humankapital verzichtet und eine Reduzierung ihrer individuellen Einkommenserzielungskapazität und damit Verhandlungsstärke akzeptiert« (2008, S. 6).

Amartya Sen rückt bei der Analyse der Geschlechterbeziehungen die Bedeutung von Freiheitsrechten und ihre wichtige Funktion für wirtschaftliche Entwicklung und Wohlstand in den Vordergrund; zugleich wird Freiheit in seiner konstitutiven Funktion als wichtiges Entwicklungsziel begriffen. Umgekehrt erscheint Armut als ein Mangel an Verwirklichungschancen; dieser kann demnach weitaus gravierender sein, als dies aus der Einkommensperspektive erscheint. Dementsprechend wird der Ausschluss von Erwerbsarbeit aber auch Arbeitslosigkeit als ein Mangel an Verwirklichungschancen begriffen (2000b, S. 119). Bezogen auf die Erwerbsarbeit von Frauen stellt sich für Sen aus dieser Perspektive die Lage wie folgt dar:

»Die Freiheit der Frauen, eine Beschäftigung außerhalb der Familie zu suchen, [ist] in vielen Ländern der Dritten Welt alles andere als garantiert. In vielen Kulturen wird sie ihnen systematisch vorenthalten, und das ist an sich schon eine ernsthafte Verletzung der Freiheit von Frauen und der Gleichheit der Geschlechter. Das Fehlen dieser Freiheit steht einer wirtschaftlichen Stärkung der Frauen im Wege und zeitigt noch viele andere Folgen. Abgesehen davon, daß ein Arbeitsverhältnis die wirtschaftliche Unabhängigkeit der Frau fördert, sorgt eine Arbeitsstelle auch dafür, daß Frauen einen besseren ›Verhandlungsstand‹ haben, wenn es um die innerfamiläre Verteilung der Güter geht« (S. 144).

Das von Heidenreich vorgeschlagene Modell der Beschäftigungsordnung (vgl. Abb. 2.35) analysiert das Zusammenwirken von Generations- und Geschlechterordnungen, Wirtschafts- und Produktionsordnungen sowie arbeits- und sozialpolitischen Institutionen. Er vertritt die These, dass sich in Europa nach der Auflösung einer Beschäftigungsordnung, die durch industrielle Massenproduktion, Normalarbeitsverhältnis und eine männlich dominierte Versorgerehe (inkl. der entsprechenden Unterstützung- und Sozialsysteme) geprägt war, verschiedene Beschäftigungsordnungen bzw. Sozialordnungen etabliert haben: eine Hochbeschäftigungsordnung, die sich durch weitgehende Inklusion aller Teile der erwerbsfähigen Bevölkerung auszeichnet, und eine Hochproduktivitätsordnung, die spezifische Gruppen von Arbeitskräften (Frauen, Jugendliche, ältere Beschäftigte) nur selektiv einbezieht.

Vor dem Hintergrund dieses Modells lässt sich die gegenwärtige bundesdeutsche Situation am ehesten als die frühe Phase einer Transformation von einer Hochproduktivitäts- zu einer Hochbeschäftigungsordnung deuten. Die wesentlichen Institutionen sind (noch) durch das lange Zeit ›erfolgreiche‹ Modell der Hochproduktivitätsordnung geprägt; das betrifft auch die leitenden Vorstellungen und Deutungsrahmen, vor deren Hintergrund die Einschätzung der gegenwärtigen Situation und die Problemanalyse erfolgen. Zugleich drängen aktuelle Probleme wie die lange Zeit hohen Arbeitslosenquoten oder die Finanzierungsprobleme verschiedener Sozialsysteme zu Reformen, die sich eher an den Leitbildern und Regulationskonzepten der verschiedenen Hochbeschäftigungsordnungen orientieren. Das Spezifikum an dem Modell Heidenreichs liegt darin, dass hier eine Brücke geschlagen wird zwischen den Ordnungen der privaten Lebensform und den im wirtschaftlichen und sozialpolitischen Bereich beobachtbaren Ordnungen.

Dieser eher institutionalistisch orientierte Blick auf Beschäftigungsordnungen und ihre Stabilisierung sollte durch die Analyse der Erwerbsstrategien von Haushalten und Individuen ergänzt werden. Diese spielen zum einen eine wichtige Rolle, um – neben der institutionellen Fixierung – die relative Stabilität der Beschäftigungsordnungen zu begreifen. Zum anderen liefern sie aber auch – neben gewichtigen makroökonomischen und makropolitischen Faktoren – einen Beitrag zum Verständnis des Wandels der Beschäftigungsordnungen; z. B. durch veränderte Arrangements zwischen den Geschlechtern und Generationen, durch veränderte Reproduktionsstrategien etc.

Ilse Lenz unterscheidet in den kapitalistischen und (post)industriellen Gesellschaften idealtypisch drei Stufen der Modernisierung der Geschlechterordnung. Zunächst hatte sich in Prozessen der nationalen Modernisierung eine *neopatriarchale Geschlechterordnung* herausgebildet. Sie ruhte »auf der Herrschaft von Männern – insbesondere der Eliten – in Gesellschaft und Politik, die durch ihre familiale Autorität als Gatten und Väter über ihre Frauen und Kinder abgestützt wurde« (2017, S. 203). In der organisierten Moderne bildet sich im frühen 20. Jahrhundert eine *differenzbegründete Geschlechterordnung* heraus. Das implizierte den Zugang zum Wahlrecht und zu Bildungseinrichtungen und die zunehmende Einbindung in den Arbeitsmarkt.»Während die Bedeutung der männlichen Überlegenheit und der väterlichen Autorität gegenüber Frau und Familie zurückging, wurde nun die ›biologische Geschlechterdifferenz‹ zum Strukturierungsprinzip der neuen Geschlechterordnung« (S. 205). In der Phase der reflexiven Modernisierung, zeichne sich so Lenz, der Übergang zu einer *flexibilisierten Geschlechterordnung* ab. Die Diagnose gründet sich auf Flexibilisierungsprozesse, die sich in der Geschlechterkultur (intersektionale, diversitätsorientierte und queere Perspektiven, die Geschlechternormen als gestaltbar erscheinen lassen), an den Arbeitsmärkten, in den Familien und schließlich in geschlechtlichen Machtverhältnissen beobachten lassen.

Will man die Verhältnisse gesellschaftlicher Ungleichheit nicht nur als Zustand beschreiben, sondern als Prozess, will man die sich beständig verändernden Verhältnisse sozialer Ungleichheit adäquat analysieren, sollte man sich für die Folge von erwerbsbezogenen Handlungen und Entscheidungen der Individuen und Haushalte interessieren. Erwerbsstrategien umfassen demnach alle (unmittelbar und mittelbar) erwerbsbezogenen Handlungen und Entscheidungen, die die in einem Haushalt verbundenen Personen treffen bzw. getroffen haben. Das impliziert die Quantität der Erwerbsbeteiligung (Zahl der erwerbstätigen Haushaltsmitglieder, Arbeitszeit etc.) und die Qualität der Erwerbsbeteiligung (abhängige Arbeit – Selbstständigkeit, Qualifikation, Arbeitsbelastungen etc.). Dazu gehört auch die Analyse der im Haushaltskontext zu erbringenden Haushalts-, Betreuungs- und Pflegearbeiten.

Dabei ist die Erwerbsbeteiligung an bestimmte Voraussetzungen gebunden:

- auf individueller Ebene geht es um erwerbsrelevante Bildungstitel und Kompetenzen als Resultate gegenwärtiger und vergangener Bildungsinvestitionen, insbesondere auch um eine Anpassung dieser Kompetenzen an sich verändernde Rahmenbedingungen (Weiterbildung ...). Nicht zuletzt setzt die Erwerbsbeteiligung auch ein hinreichendes physisches und psychisches Arbeitsvermögen – ein spezifisches Humankapital – voraus.
- auf der Haushaltebene müssen mit der Organisation der Reproduktionsarbeit (Betreuung von Kindern bzw. Pflegebedürftigen etc., Reinigung, Ernährung ...) spezifische Voraussetzungen gegeben sein, um einer Erwerbsarbeit nachgehen zu können; zudem muss eine bestimmte räumliche Mobilität gegeben sein.

Die Frage nach den Erwerbsstrategien wendet sich gegen eine Perspektive, die insbesondere das Handeln von lohnabhängig Beschäftigten nur in Kategorien des Zwangs (Verkauf der Ware Arbeitskraft) und der Abhängigkeit begreift. Das Konzept der Erwerbsstrategie suggeriert, dass Individuen und Haushalte als Monaden weitgehend freie Entscheidungen treffen können. Das würde die vielfältigen Restriktionen vernachlässigen, unter denen diese erwerbsbezogenen Entscheidungen getroffen werden. So hat man es z. B. mit langen Entscheidungsketten zu tun, die nur sehr bedingt bzw. mit hohen Kosten revidierbar sind. D. h. es werden mit den gewählten Erwerbsstrategien Pfade eingeschlagen, die nur schwer umkehrbar sind. Diese langen Entscheidungsketten, die unzureichende Kenntnis bzw. die Unvorhersehbarkeit von Handlungsfolgen erschweren es, nach intendierten und nicht-intendierten Folgen zu differenzieren. Eine wesentliche Aufgabe, die sich den Individuen und Haushalten stellt, besteht zudem darin, diese Erwerbsstrategien den sich beständig verändernden Rahmenbedingungen und den sich verändernden eigenen Möglichkeiten (Veränderungen des Humankapitals durch Alter oder Krankheit) anzupassen.

Zu den externen Restriktionen, denen solche Erwerbsstrategien unterworfen sind, zählen die komplexen Verhältnisse manifester und struktureller Gewalt; vor allem die ökonomischen Strukturen und Machtverhältnisse (globale Ungleichheitsverhältnisse, Handelsbeschränkungen, Monopole/Kartelle, Zugang zu Kapital/Krediten), die daraus erwachsenden Anforderungen an die Arbeitskraft (Veränderungen der Branchenstruktur, der Qualifikationserfordernisse, Flexibilität, Mobilität); Krieg und Frieden, Gewaltherrschaft und Demokratie schaffen dabei je unterschiedliche Rahmenbedingungen. Daneben spielen im weiteren Sinne politische Machtverhältnisse und Strukturen eine wichtige Rolle: politisch regulierte Arbeitsmärkte (z. B. öffentliche Dienste), rechtliche Restriktionen, Restriktionen durch Berufsverbände und Interessenorganisationen (z. B. Praktiken der sozialen Schließung).

Innerhalb der Haushalte ergibt sich eine Verknüpfung der strategischen Entscheidungen der Haushaltsmitglieder. So gehen mit dem männlichen Ein-Ernährermodell spezifische Machtbeziehungen einher, es wird von sexistischen Machtverhältnissen und Strukturen affirmiert. Als Legitimation für unterschiedliche Erwerbsstrategien werden eher individuelle Faktoren wie die Ausstattung mit Ressourcen (körperliche/psychische Fähigkeiten und Beeinträchtigungen, ›Begabungen‹, Alter) oder individuelle Prioritätensetzungen (Arbeitsorientierung, Beziehungs-/ Familienorientierung, Freizeit-/ Konsumorientierung) angeführt. Eine wichtige Rolle spielen aber auch im weiteren Sinne ›kulturelle‹ Faktoren (subkulturelle, generationsspezifische, weltanschauliche Leitbilder, Geschlechterrollen etc.). Am Beispiel des Ein- bzw. Eineinhalb-Ernährer-Modells können

diese vielfältigen ideologischen und politischen Legitimierungs- und Affirmie-
rungsstrategien solcher Konstellationen studiert werden.

Wenn man die Erwerbsstrategien und die sie unterstützenden Beschäftigungsordnungen in das Zentrum der Ungleichheitsbetrachtung rückt, verändert sich
der Blick auf die Phänomene sozialer Ungleichheit: Diese hängen so betrachtet
zum einen von eher strukturellen (ökonomischen und politischen) Kräfteverhältnissen und ihrer Institutionalisierung ab; zum anderen sind sie aber auch als
das Resultat sich ungleichzeitig verändernder Erwerbsstrategien zu betrachten.
So hat z. B. die Bildungsexpansion zu einem erheblichen Zuwachs des durchschnittlichen Niveaus der schulischen und beruflichen Qualifizierung geführt;
umgekehrt hat diese Entwicklung aber auch die schlechte Lage der unqualifizierten Arbeitskräfte befördert. Das in Boomzeiten (ökonomisch betrachtet)
praktizierbare Ein-Ernährer-Modell gerät unter sich verändernden Rahmenbedingungen (Ende der Prosperitätsphase, steigende Erwerbsbeteiligung) unter Druck.
Armut und soziale Ungleichheit werden aus dieser Perspektive weniger als ein
Zustand, sondern als ein Prozess begriffen, als eine Folge von (mehr oder weniger
freiwilligen) Handlungen und Entscheidungen.

2.4.2.4 Neue Anforderungen an Haushalte und Individuen

Bereits im vorigen Kapitel war dargestellt worden, wie vormals von den Haushalten erbrachte Leistungen nach und nach über Märkte oder als öffentliche Güter
bereitgestellt werden. Damit verändert sich die Funktion der Haushalte; sie bleiben aber bedeutsam, wie die Überlegungen der Haushaltsökonomie zeigen; sie
bilden nach wie vor den zentralen Ort zur Erzeugung von *basic commodities*.
Entgegen der These vom Funktionsverlust der Haushalte finden sich viele Hinweise darauf, dass die Aufgaben, die den Haushalten und den darin lebenden
Individuen zugewiesen werden, sich erweitert und verändert haben.

Der Zuwachs der über den Markt erworbenen Güter und Dienstleistungen,
aber auch der Zuwachs der sozialstaatlichen Leistungen ist mit nicht unerheblichen Transaktionskosten verbunden. Die jüngeren Entwicklungen im Bereich
der Informations- und Kommunikationstechnologien sind oftmals mit einer veränderten Arbeitsteilung zwischen Dienstleistungsanbietern und Konsumenten
verknüpft; Kunden werden zu ›arbeitenden Kunden‹ (Voß und Rieder 2005), die
das Schaltergeschäft einer Bank, einer Versicherung oder eines Reiseveranstal-
ters rationalisieren, indem sie online Buchungen ausführen, Formulare ausfüllen,
Hotels und Reisen buchen etc. Kunden werden somit zu einem produktiven
Moment in der Wertschöpfungskette, indem sie die Vermarktung in die eigene
Hand nehmen.

Darüber hinaus kommt es insbesondere im Erwerbsleben zu einem Paradigmenwechsel. Während in der Hochphase der Lohnarbeitsgesellschaft (Castel) ein
Arbeitertypus dominierte, der sich pünktlich, ehrlich, folgsam und strebsam in
den betrieblichen Arbeitsablauf einfügte, sind nun Arbeitnehmer_innen gefragt,
die in hohem Maße selbstständig agieren, die Probleme lösen aber auch sich
selbst vermarkten können. Pongratz und Voß sehen – wie bereits oben angesprochen – diesen Typus in einer Folge vom proletarischen Lohnarbeiter des
Frühkapitalismus, über den sozial gesicherten und beruflich qualifizierten Arbeitskraftunternehmer im Fordismus zum verbetrieblichten Arbeitskraftunternehmer
als Leitfigur des Postfordismus, eine neue »stark individualisierte und kaum
mehr (zumindest nicht in den bisherigen Formen) geschützte ›unternehmerische‹
(oder unternehmer-ähnliche) Grundform von Arbeitskraft« (Voß 2007, S. 98).
Sie wird über die Merkmale Selbstkontrolle, Selbstökonomisierung und Selbstrationalisierung beschrieben. Für den Haushaltszusammenhang ist insbesondere
das letztere Moment von Interesse: »Betroffene Arbeitspersonen müssen ihren
gesamten alltäglichen Lebenszusammenhang (und danach auch ihren gesamten
biografischen Lebensrahmen) systematisch aktiv gestalten und dabei auf Basis
ihrer Fähigkeit zu rationalem Handeln effizienzorientiert ausrichten« (S. 99). Das
erfordert eine Rationalisierung der alltäglichen Lebensführung nach den Vorbildern der betrieblichen Organisation; so komme es zu einer ›Verbetrieblichung von
Lebensführung‹. Dem unterliegt auch die Pflege des Humankapitals durch Weiterqualifizierung, aber auch durch Erhalt und stetige Wiederherstellung körperlicher
und psychischer Leistungsfähigkeit. Zudem werden dem Arbeitskraftunternehmer auch bestimmte unternehmerische Risiken aufgebürdet, indem er z. B. seine
Arbeitszeiten der schwankenden Auftragslage anzupassen hat.

Bröckling hat die diesen und anderen Idealtypen zugrunde liegende Figur als
das ›Unternehmerische Selbst‹ beschrieben. Es sei kein Realtyp, sondern ein
»ein höchst wirkmächtiges Als-ob, das einen Prozess kontinuierlicher Modifi-
kation und Selbstmodifikation in Gang setzt und in Gang hält, bewegt von dem
Wunsch, kommunikativ anschlussfähig zu bleiben, und getrieben von der Angst,
ohne diese Anpassungsleistung aus der sich über Marktmechanismen assoziieren-
den gesellschaftlichen Ordnung herauszufallen« (2007, S. 46 f.). Das Ideal der
rationalisierten auf Erwerbsarbeit orientierten Lebensführung strahlt auch auf die
Sozialpolitik aus; die Rede vom ›Fördern und Fordern‹ ist zu einer Landmarke
dieses Trends geworden.

2.4.3   Die Größe und Struktur von Haushalten

In diesem Abschnitt sollen zunächst die Akteure in dem Haushaltssegment genauer beleuchtet werden: die Individuen und die daraus zusammengesetzten Haushalte unterschiedlicher Größe und Struktur. Hierbei sind zu berücksichtigen: die Entwicklung der Geburtenzahlen, die Entwicklung des Lebensalters und die Dynamiken der Gründung und Auflösung von Haushalten. In der Zusammenschau dieser Trends lässt sich dann die Entwicklung von Haushaltsformen und -strukturen analysieren. Um eine Einschätzung der ungleichheitsrelevanten Effekte dieser Entwicklungen zu erlangen, sollen diese Trends immer auch in ihrer sozialen Differenzierung analysiert werden.

2.4.3.1 Exkurs: die ›Bevölkerung‹

In der Demographie bzw. der Bevölkerungswissenschaft wird verschiedentlich mit einem asoziologischen Verständnis dieser Phänomene gearbeitet – dies schlägt sich dann auch in einer wenig angemessenen Begrifflichkeit nieder. Hinzu kommt, dass die Bevölkerungswissenschaft ihre historische Verquickung mit verschiedenen Formen der Eugenik, die als negative Eugenik letztlich zur Legitimation des Holocaust hergehalten hat, lange Zeit nicht systematisch aufgearbeitet hat (vgl. dazu Brocke 1998); erst im 21. Jahrhundert startete das DFG-Schwerpunktprogramm: Ursprünge, Arten und Folgen des Konstrukts ›Bevölkerung‹ vor, im und nach dem ›Dritten Reich‹ (vgl. Ehmer et al. 2007; Gutberger 2006).

Daher sollen in diesem Exkurs zunächst einige mit dem ›Bevölkerungskonstrukt‹ verbundene Theoreme dekonstruiert werden (vgl. dazu Ehmer 2013). Die Beschreibung der Bevölkerung eines Landes ist ein bevorzugter Ausgangspunkt der Darstellung von sozialen Einheiten. In der Gliederung des Jahrbuchs des statistischen Bundesamtes folgte das Bevölkerungskapitel einer Darlegung über Geographie und Klima. Dieses Muster findet sich auch in vielen Darstellungen zur Sozialstruktur wieder, man beginnt mit einer Darstellung der Bevölkerung. Diese Ordnung suggeriert, dass die Bevölkerung ähnlich wie geographische Spezifika der Gesellschaft vorausgesetzt ist; sie erscheint als Determinante gesellschaftlicher Entwicklungen. Dieses Missverständnis drückt sich dann z. B. in Fragen nach den gesellschaftlichen Konsequenzen des demographischen Wandels aus.

Ein Spezifikum der Bevölkerungsentwicklung mag diesen Vorstellungen Vorschub leisten; man hat es, was den Zusammenhang von Geburtenraten und Bevölkerungszahl betrifft, mit erheblichen zeitlichen Verzögerungseffekten zu tun, die zudem jeweils einen exponentiellen Charakter haben. D. h. ein länger währender ›Geburtenüberschuss‹ führt zunächst nur zu einem allmählichen Anstieg der Gesamtbevölkerung, der sich dann aber exponentiell entwickelt, wenn die ersten Generationen ihrerseits wieder Kinder bekommen. Das Gleiche gilt für längere Phasen, in denen die Geburtenraten unter dem so genannten Bestandserhaltungsniveau (s. u.) liegen.

In dieser Darstellung wird die Bevölkerung eines Landes als gesellschaftliches Produkt begriffen. Die Größe der Bevölkerung eines Landes oder einer anderen politisch-räumlich abgegrenzten Einheit geht zurück:

• auf die politische bzw. administrative Abgrenzung dieser Einheit (und die faktische Durchsetzung dieser Grenzen)
• auf reproduktive Handlungen von Männern und Frauen
• auf Migrationshandlungen von Männern und Frauen
• und die gesundheits- und krankheitsbezogenen Handlungen von Männern und Frauen bzw. von Institutionen angesichts eines sich verändernden medizinischen Wissens und medizinischer Technologien.

Diese vielleicht umständlich erscheinenden begrifflichen Wendungen sollen einer Naturalisierung (z. B. Männer und Frauen als mehr oder weniger fruchtbare Zeugungs- und Gebärmaschinen), einer Technisierung (der ›medizinische Fortschritt‹, die ›Pille‹) oder einer Politisierung (›Migrantenströme‹, die mit einem Schieber geregelt werden können) der Perspektive auf die Bevölkerungsentwicklung entgegenwirken. D. h. es ist nicht die ›Pille‹, die den ›Pillenknick‹ – eine Veränderung der zusammengefassten Geburtenziffern in den 1960er und 1970er Jahren – hervorbringt, sondern es sind Veränderungen im reproduktiven Verhalten von Männern und Frauen, für die verfügbare Produkte wie die ›Pille‹ genutzt werden. Auch in der Migrationspolitik finden sich Vorstellungen, man könne durch ›Zuzugsregelungen‹ die komplexen Prozesse der legalen und illegalen Migration erfolgreich steuern; ein Verweis auf das Scheitern von Rotationsmodellen in den 1960er Jahren, auf die nicht-intendierten Folgen des Anwerbungsstopps in den 1970er Jahren, auf die geringen Erfolge des Green-Card-Programms zu Beginn dieses Jahrtausends und auf den ›langen Sommer der Migration‹ 2015 (vgl. Hess et al. 2016) mag eines Besseren belehren. Es geht um komplexe sozial, politisch und kulturell eingebettete Handlungen und Entscheidungen. Veränderungen der Bevölkerungszahl sind dann mehrheitlich eher den nicht intendierten Folgen dieser Handlungen zuzurechnen.

Statistisch betrachtet ist die genaue Bestimmung der Bevölkerungszahl gar nicht so einfach. Während das Lexikon für Soziologie (2007, S. 90) mit einer relativ überschaubaren Definition von Bevölkerung arbeitet – »die Gesamtheit aller Personen in einem bestimmten Gebiet« – finden sich in der amtlichen Statistik recht komplexe Bestimmungen, da es gilt, trotz sich verändernder Abgrenzungen des Bevölkerungsbegriffs Daten auch in einer längeren Zeitreihe verfügbar zu machen (vgl. Statistisches Jahrbuch 2019, S. 77 f.).

In Abb. 2.72 ist die Entwicklung der Bevölkerungszahl für Deutschland – in wechselnden Gebietsabgrenzungen – dargestellt; die Daten für 1938/39 beziehen sich auf den Gebietsstand Ende 1937.

Zwischen 1820 und 1970 kommt es etwa zu einer Verdreifachung der Bevölkerungszahl; die durchschnittliche Wachstumsrate lag bei ca. 0,52 % pro Jahr. Es lassen sich Phasen des Wachstums (bis zum Ersten Weltkrieg, in den 1930er Jahren, in den 1950er Jahren und zu Beginn der 1990er Jahre), Phasen einer gleichbleibenden Bevölkerungsgröße und Phasen des Bevölkerungsrückgangs unterscheiden. Nach dem Zweiten Weltkrieg verläuft die Entwicklung in den beiden Landesteilen recht unterschiedlich, während es in der Bundesrepublik zwischen 1950 und 1989 zu einem Wachstum von 23 % kommt; geht die Bevölkerung in der DDR vor allem durch die Abwanderungen in den ›Westen‹ um 11 % zurück. Dass die ›Bevölkerungszahl‹ als ein statistisches Konstrukt von den Methoden ihrer Erfassung abhängig ist, wird an dem Zeitreihenbruch 2011

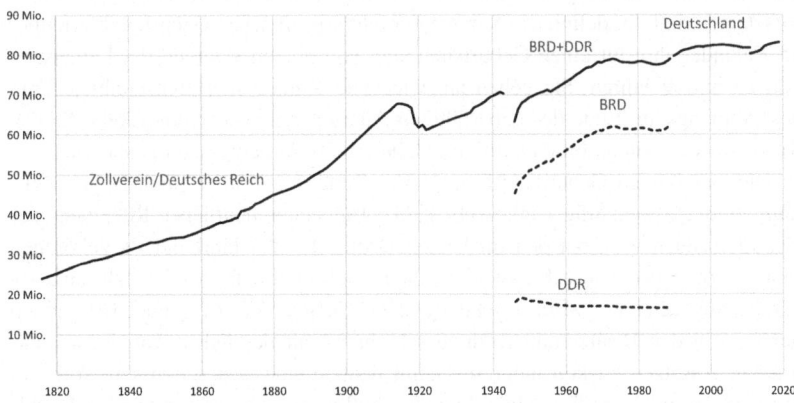

Quelle: Eigene Darstellung nach Daten aus Rahlf (2015) und Daten des Statistischen Bundesamtes

Abb. 2.72 Bevölkerungsentwicklung in Deutschland

deutlich; im Kontext des Registerzensus 2011 wurde festgestellt, dass die (über die Verfahren der Fortschreibung bestimmte) Bevölkerungszahl um fast 1,5 Mio. nach unten korrigiert werden musste.

Diese demographischen Entwicklungen gehen – sieht man einmal von den Veränderungen der Gebietsabgrenzung ab – auf drei sich überlagernde Prozesse zurück: auf die Veränderung des reproduktiven Verhaltens, auf Wanderungs-prozesse über die Außengrenzen und schließlich auf die Veränderungen in der Lebenserwartung von Männern und Frauen.

2.4.3.2 Entwicklung reproduktiven Verhaltens von Männern und Frauen

Die Analyse der Entwicklung des reproduktiven Verhaltens von Männern und Frauen kann zunächst über so genannte Geburtenziffern erfolgen. Die Tatsache, dass Daten über Geburten in der Regel nur mit Informationen über die gebä-rende Frau und nicht über den zeugenden Mann verbunden sind, sollte nicht dazu verleiten, den analytischen Blick einzig auf Frauen zu richten. Für die fol-gende Darstellung werden zum einen die endgültigen Geburtenziffern verwendet, die eher eine generationenspezifische Beschreibung im Längsschnitt liefern. Zum anderen wird auf die zusammengefassten Geburtenziffern zurückgegriffen; sie ermöglichen eine Beschreibung in der Querschnittsperspektive.

Endgültige Kinderzahl, endgültige Geburtenziffer

Der Terminus ›endgültige Kinderzahl‹ wird vom Bundesinstitut für Bevölkerungs-forschung wie folgt definiert:»Summe der altersspezifischen Geburtenziffern über 35 Kalenderjahre für einen Geburtsjahrgang von Frauen während der Lebenszeit von 15 bis 49 Jahren. Sie geben an, wie viele Kinder im Durchschnitt je Frau des Jahrgangs am Ende des gebärfähigen Alters geboren wurden« (2008, S. 77). Synonym wird auch von endgültigen Geburtenziffern oder -raten gesprochen.

Die endgültigen Geburtenziffern sind in Deutschland über einen langen Zeit-raum hinweg rückläufig (vgl. Abb. 2.73). Ein erster deutlicher Rückgang der Geburtenzahlen wird bei den im letzten Drittel des 19. Jahrhunderts geborenen Frauen erkennbar. Diese Entwicklung hatte sich im Laufe des 19. Jahrhunderts bereits abgezeichnet.»Ein Rückgang der Fruchtbarkeit ist [zunächst] jedoch nur (…) in den Besitz- und Bildungsschichten (mit deutlicher Aufstiegsmenta-lität) in Ansätzen zu konstatieren. Damit deutete sich dort schon sehr früh ein Verhaltenswandel an, der schließlich die Auflösung der vorindustriellen Bevöl-kerungsweise einleitete. Diese Tendenzen schlugen jedoch noch nicht auf die Mehrheit der Bevölkerung durch. Die Höhe der Kinderzahl in den Unterschich-ten und vor allem die zahlenmäßige Ausweitung dieser Unterschichten ließen

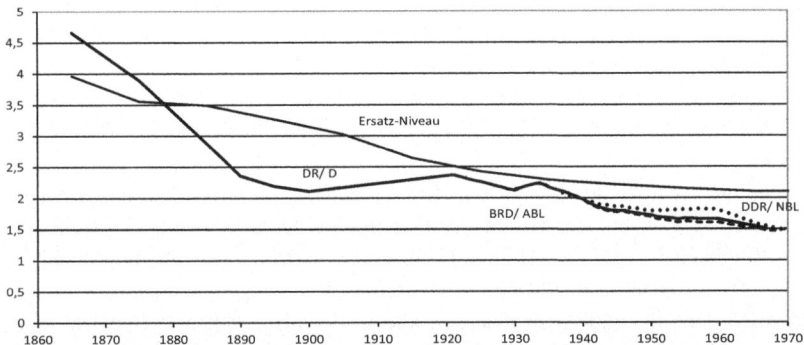

Bis 1900 beziehen sich die Daten zu den Kinderzahlen auf das Gebiet des Deutschen Reiches (DR), ab 1900 wird nach Westdeutschland (spätere alte Bundesländer, ABL) und Ostdeutschland (spätere neue Bundesländer, NBL) unterschieden.
Quelle: Eigene Darstellung nach Daten aus Schwarz (1997, S. 485) und des Statistischen Bundesamtes; Berechnung des Ersatzniveaus nach Imhof (1994) mit Angaben zur Geschlechterrelation des Statistischen Reichsamtes bzw. Bundesamtes

Abb. 2.73 Endgültige Kinderzahlen der Geburtsjahrgänge 1865–1970 in Deutschland und Ersatz-Niveau

die Geborenenziffern nach 1850 sogar noch leicht ansteigen« (Marschalck 1984, S. 40).

Die weitreichende Veränderung im reproduktiven Verhalten bei den am Ende des 19. Jahrhunderts geborenen Jahrgängen von Frauen und Männern wird gemeinhin als ›demographischer Übergang‹ bezeichnet; er wird, wie auch in der Einschätzung von Marschalck deutlich wird, als Übergang von einer vorindustriellen zu einer industriellen ›Bevölkerungsweise‹ begriffen – der Begriff lehnt sich an das Marxsche Konzept der Produktionsweise an. In der eingeschränkten Perspektive der Bevölkerungswissenschaft wird dieser Wandel über den starken Rückgang der Sterblichkeitsziffern und ein daran anschließendes zeitlich verzögertes Absinken der Geburtenziffern beschrieben. Wenngleich ein solcher Zusammenhang nicht von der Hand zu weisen ist, stellt sich, wie bei Marschalck deutlich wurde, ein solcher Übergang soziologisch durchaus differenzierter dar; man hat es bezogen auf verschiedene soziale Gruppen mit sich überlagernden Prozessen des Übergangs zu tun.

Für die Darstellung der Entwicklungen bei der Sterblichkeit werden in der Bevölkerungsforschung so genannte Ersatz- oder Bestandserhaltungsniveaus ermittelt; das sind fiktive Geburtenziffern, die dazu führen würden, dass sich der Bestand einer Bevölkerung, deren Größe allein durch Geburten und Sterbefälle determiniert ist, nicht verändern würde. Dieses Bestandserhaltungs- oder Ersatz-Niveau liegt in Abhängigkeit von der Geschlechterrelation und der Sterblichkeit von Mädchen (bis zum mittleren Gebäralter – hier 25 Jahre) in weiten Teilen des 19. Jahrhunderts noch deutlich über 3,5; erst im 20. Jahrhundert nähert sich dieser Wert mit der sinkenden Säuglings- und Kindersterblichkeit einem Wert von 2,1 an.

Für die Analyse der komplexen Zusammenhänge der Bevölkerungsentwicklung ist das Konzept der ›Bestandserhaltung‹ durchaus sinnvoll; die Wahl der Begrifflichkeit ist jedoch irreführend: Zum einen wird die Bevölkerungsentwicklung auf so genannte ›natürliche Bevölkerungsbewegungen‹ reduziert; d. h. die Prozesse der Ein- und Auswanderung, die in der historischen Perspektive stets eine wichtige Rolle gespielt haben, bleiben oft unberücksichtigt. Zum anderen werden ein Dogma des Bestandserhalts und daran anknüpfend Bilder von ›schrumpfenden‹ oder ›aussterbenden‹ Bevölkerungen konstruiert. Diese vulgär-darwinistischen Begrifflichkeiten haben in wissenschaftlichen Analysen nichts verloren. Auch die Probleme einer umlagefinanzierten Rentenversicherung lassen sich mit der Perspektive des Bestandserhalts nur unzureichend beschreiben, da hier neben den Personenrelationen auch die von der Produktivität abhängenden Wertrelationen zu beachten sind.

Bezieht man eingedenk dieser Kritik die jeweiligen endgültigen Geburtenziffern auf ein solches Bestandserhaltungsniveau so wird deutlich, dass dieses Niveau in Deutschland bereits seit langem unterschritten wird. Im zweiten Zwischenbericht der Enquête-Kommission demographischer Wandel hieß es dazu: »Bereits in den 20er Jahren wurde in Deutschland erstmals das Bestandserhaltungsniveau unterschritten, und es wurde von keiner Frauengeneration fortan wieder erreicht. In Deutschland verlief also der demographische Übergang verhältnismäßig früh und schnell, nämlich vom letzten Viertel des 19. Jahrhunderts bis in die 20er Jahre dieses Jahrhunderts« (1998, S. 31). Auch die Bevölkerungspolitik des nationalsozialistischen Regimes war aus der Lebenslaufperspektive betrachtet wirkungslos; die endgültigen Geburtenziffern der um die Jahrhundertwende geborenen Jahrgänge reihen sich in den langfristigen Trend des Rückgangs ein.

Nach dem säkularen Geburtenrückgang im Kontext des ›demographischen Übergangs‹ kommt es bei den in den frühen 1930er Jahren geborenen Frauen (und Männern) wieder zu einem leichten Anstieg der endgültigen Geburtenziffern. Hier mögen die Rahmenbedingungen des ›Wirtschaftswunders‹ und die konservative Familienpolitik eine gewisse Rolle gespielt haben. Es sind aber auch Folgeeffekte der Kriegs- und Nachkriegszeit; so verweist Schwarz auf die ausgesprochen geringe Quote von ledigen Frauen in der Generation der um 1935 geborenen

Frauen (1997, S. 486). Danach folgt ein weiterer bislang kontinuierlicher leichter Rückgang der endgültigen Geburtenziffern. Setzt man das durchschnittliche Ende der ›Gebärphase‹ bei ca. 45 Jahren an, so lassen sich die letzten zuverlässigen Angaben zu den endgültigen Geburtenziffern für die Jahrgänge um 1975 treffen; für diese Jahrgänge liegen sie bei ca. 1,6 Kindern in West- und 1,5 Kindern in Ostdeutschland.

Aus der Perspektive der endgültigen Kinderzahlen wird erkennbar, dass die Kinderzahlen der verschiedenen Geburtenjahrgänge von Frauen sehr gleichmäßig zurückgehen. Das lässt zum einen darauf schließen, dass man es mit einem Bündel von Einflussfaktoren zu tun hat, die in ihrer Überlagerung einen solchen gleichmäßigen Verlauf hervorbringen. Zum anderen wird erkennbar, dass man es mit einem langfristig wirksamen Prozess des Geburtenrückgangs zu tun hat. D. h. Familien mit geringen Kinderzahlen sind über einen langen Zeitraum zu einer lebensweltlichen Normalität geworden; die Mütter und Väter, die heute eine geringe Kinderzahl haben, stammen bereits aus Familien mit wenigen Kindern.

Mit der Analyse der endgültigen Geburtenziffern können wichtige Entwicklungen im generativen Verhalten von Männern und Frauen zusammenfassend beschrieben werden. Die in vielen Darstellungen verwandten rohen oder auch die zusammengefassten Geburtenziffern bieten demgegenüber noch einige zusätzliche Informationen.

Zusammengefasste Geburtenziffern

Die zusammengefasste Geburtenziffer wird als Summe aller altersspezifischen Geburtenziffern der Frauen in den Altersjahren zwischen 15 bis 49 jeweils für ein Kalenderjahr berechnet (vgl. Abb. 2.74). Sie gibt an, wie viele Kinder je Frau geboren würden, wenn für ihr ganzes Leben die altersspezifischen Geburtenziffern des jeweils betrachteten Jahres gelten würden und es keine Sterblichkeit gäbe. Die zusammengefassten Geburtenziffern beziehen so die Altersstruktur der Frauen (im ›gebärfähigen‹ Alter) ein.

Den Querschnittsdaten kann zum einen entnommen werden, wie das reproduktive Verhalten von Männern und Frauen durch zeitspezifische Faktoren geprägt wird. In Zeiten des Krieges, der wirtschaftlichen Krise oder des gesellschaftlichen Umbruchs (nach dem Ende der DDR) entscheiden sich Frauen und Männer eher gegen Kinder. Umgekehrt können bestimmte familienpolitische Maßnahmen (im Nationalsozialismus, in der frühen Bundesrepublik oder in der DDR) Einfluss auf die Verteilung der Geburten im Lebenslauf nehmen. Wie oben bereits am Beispiel des so genannten ›Pillenknicks‹ angesprochen, sollte jedoch der Versuchung widerstanden werden, diese hoch aggregierten Informationen politisch oder biologisch/technisch eindimensional zu interpretieren.

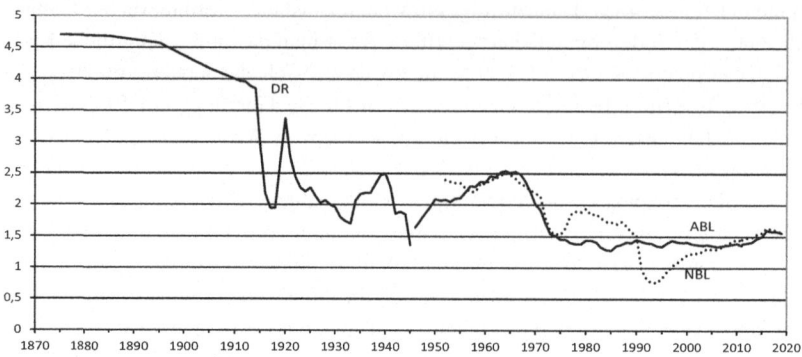

Die Angaben für 1875 bis 1905 repräsentieren jeweils das entsprechende Jahrzehnt.
Quelle: Eigene Darstellung nach Daten aus Schwarz (1997, S. 482) und Statistisches Bundesamt

Abb. 2.74 Zusammengefasste Geburtenziffer 1871–2020

Zum anderen können aus diesen Querschnittsdaten Informationen über die Stärke von Geburtenjahrgängen und Generationen gewonnen werden; so wird dann z. B. angesichts der Entwicklung in den frühen 1960er Jahren von den ›geburtenstarken Jahrgängen‹ oder von der ›Babyboomer-Generation‹ gesprochen. Auf Basis der generationsspezifischen Daten können wichtige Aussagen über die generationenspezifisch unterschiedlichen Chancen in Übergangsphasen des Lebenslaufs (z. B. beim Eintritt in verschiedene Stufen des Schulsystems und beim Übergang in das Berufsleben) gewonnen werden.

Als ein typisches Beispiel für eine Fehlinterpretation dieses Querschnittsmaterials kann die These vom zweiten demographischen Wandel fungieren, die z. B. vom Bundesinstitut für Bevölkerungsforschung (2008, S. 8 f.) propagiert wurde; die These macht sich an den starken Rückgängen der Querschnittsdaten in den späten 1960er und frühen 1970er Jahren fest. Ein Blick auf die endgültige Geburtenziffer zeigt jedoch, dass diese Veränderungen weitgehend einer Verschiebung von Geburten im Lebensverlauf geschuldet sind. Die endgültigen Geburtenziffern zeichnen eine sehr gleichmäßige Entwicklung (vgl. dazu Schwarz 1997, S. 486).

Daten über Geburtenziffern liegen bislang nur für Frauen vor; bei Männern muss man sich mit der zusammengefassten Vaterschaftsziffer (Pötzsch et al. 2020, S. 63) begnügen (vgl. Abb. 2.75).

Bezogen auf das Basisjahr 1991, das sich insbesondere in den neuen Bundesländern durch einen drastischen Einbruch bei den Geburtenzahlen auszeichnete – ein wichtiger Befund zum Verständnis der sozialen Einbettung des

	1991	1995	2000	2005	2011	2015	2019
Zusammengef. Geburtenziffer (Frauen)							
Insgesamt	1,33	1,25	1,38	1,34	1,39	1,50	1,54
Westdeutschland	1,42	1,34	1,41	1,36	1,38	1,50	1,56
Ostdeutschland*	0,98	0,84	1,21	1,30	1,46	1,56	1,56
Frauen mit dt. Staatsang.	1,26	1,16	1,31	1,29	1,34	1,43	1,43
Frauen mit ausl. Staatsang.	2,04	1,80	1,84	1,66	1,82	1,95	2,06
Alter bei der Geburt							
Insgesamt	27,9	28,9	29,7	30,1	30,7	31,0	31,5
Westdeutschland	28,3	29,1	29,9	30,3	30,9	31,2	31,5
Ostdeutschland*	25,2	27,2	28,2	28,5	29,5	30,3	31,1
Mütter mit dt. Staatsang.	–	–	30,0	30,3	30,7	31,3	31,9
Mütter mit ausl. Staatsang.	–	–	28,0	29,0	30,3	30,1	30,2
Zusammengef. Vaterschaftsziffer (Männer)							
Insgesamt	1,23	1,13	1,21	1,20	1,29	1,42	1,45
Westdeutschland	1,38	1,23	1,26	1,22	1,30	1,44	1,48
Ostdeutschland*	0,92	0,75	1,03	1,09	1,25	1,33	1,32
Männer mit dt. Staatsang.	–	–	–	–	–	1,38	1,38
Männer mit ausl. Staatsang.	–	–	–	–	–	1,65	1,71
Durchschn. Alter bei der Geburt							
Insgesamt	31,0	31,9	32,7	33,5	34,1	34,3	34,6
Westdeutschland	31,3	32,1	33,0	33,7	34,3	34,4	34,6
Ostdeutschland*	28,8	30,7	31,6	32,3	33,3	33,6	34,3
Väter mit dt. Staatsang.	–	–	–	–	–	34,5	34,9
Väter mit ausl. Staatsang.	–	–	–	–	–	33,6	33,7

Quelle: Pötzsch u.a. (2020, S. 73f)   *: ab 2005 ohne Berlin

Abb. 2.75 Zusammengefasste Geburten- und Vaterschaftsziffern

reproduktiven Verhaltens –, ergibt sich das Bild eines Anstiegs der Geburtenziffern. Das hängt in Ostdeutschland mit dem geschilderten Einbruch zusammen; in Westdeutschland sind es in den 2010er Jahren vor allem Frauen mit nicht deutscher Staatsbürgerschaft, auf die dieser Anstieg zurückgeht.

Die Unterschiede in den zusammengefassten Geburten- und Vaterschaftsziffern – sie beziehen auf dieselben Daten – hängen neben gewissen Erhebungsproblemen vor allem mit der größeren Zahl von Männern zusammen. »Dabei wirkt sich zum einen eine längere fertile Altersspanne bei den Männern im Vergleich zu den Frauen aus, wodurch mehr Jahrgänge potenzielle Väter stellen. Zum anderen spielen auch die Geschlechterrelationen in den einzelnen Altersjahrgängen eine wichtige Rolle« (Pötzsch et al. 2020, S. 64). Die Verschiebung des durchschnittlichen Alters bei der Geburt von Kindern findet sich in allen Gruppen, weist aber erhebliche Unterschiede auf; so liegt die Differenz zwischen Männern und Frauen, zwischen West- und Ostdeutschen bzw. zwischen deutschen und ausländischen Staatsbürger_innen jeweils recht stabil bei mehr als drei Jahren.

	1 Kind	2 Kinder	3/3 u.m. K.	4 u.m. K.	kein Kind	Ø-Kinder
Deutschland	26,5%	37,4%	11,6%	4,4%	20,1%	1,56
Ohne allgemeinbild. Schulabschluss	12,8%	28,2%	43,6%		15,4%	2,20
Hauptschulabschluss	24,5%	37,6%	20,0%		17,7%	1,69
Mittlerer Abschluss	29,6%	39,5%	13,5%		17,5%	1,55
Fachhochschul-/ Hochschulreife	25,2%	35,4%	13,2%		26,2%	1,42
Ohne beruflichen Bildungsabschluss	20,3%	33,3%	30,0%		16,4%	1,90
Lehre/ Berufsausb. im dualen System	28,1%	38,8%	13,6%		19,4%	1,53
Fachschulabschluss	27,9%	38,6%	14,1%		19,4%	1,54
Bachelor, Master, Diplom, Promotion	25,2%	35,3%	12,6%		26,8%	1,39
Urbane Gemeinden	28,1%	32,5%	14,1%		25,3%	1,42
Semiurbane Gemeinden	26,1%	38,4%	16,5%		19,0%	1,60
Ländliche Gemeinden	24,9%	42,3%	17,5%		15,3%	1,70
Westdeutsche Flächenländer	24,1%	37,7%	12,4%	4,6%	21,2%	1,57
Ostdeutsche Flächenländer	37,5%	38,8%	8,9%	3,3%	11,8%	1,57
Stadtstaaten	30,1%	31,1%	8,2%	4,1%	26,5%	1,35
In Deutschland geboren	27,3%	37,0%	10,5%	3,3%	21,8%	1,48
Im Ausland geboren	21,9%	39,4%	16,9%	10,0%	11,9%	1,96
In Deutschland geboren – niedr. Bild.	23,4%	31,7%	14,1%	8,1%	22,7%	1,65
Im Ausland geboren – niedr. Bild.	15,2%	36,7%	22,5%	17,3%	8,3%	2,34
In Deutschland geboren – mittl. Bild.	27,8%	37,8%	10,0%	2,9%	21,4%	1,47
Im Ausland geboren – mittl. Bild.	25,9%	42,2%	14,1%	5,5%	12,6%	1,77
In Deutschland geboren – hohe Bild.	25,0%	35,7%	9,9%	2,9%	26,3%	1,39
Im Ausland geboren – hohe Bild.	26,8%	40,7%	11,3%	3,0%	18,6%	1,56

Kinderzahlen der Frauen der Jahrgänge 1964-1968 bzw. 1964-1973 (in den letzten 6 Zeilen). Wenn die Spalte ›4 und mehr Kinder‹ leer ist, beziehen sich die Angaben in der dritten Datenspalte auf Frauen mit ›3 und mehr Kindern‹.
Quelle: Eigene Berechnungen nach Daten aus Destatis 2019: Kinderlosigkeit, Geburten und Familien. Ergebnisse des Mikrozensus 2018

Abb. 2.76   Soziodemographische Struktur der Kinderzahlen von Frauen

Soziale Verteilung der Kinderzahlen

Nicht wenige Diskurse über den ›demographischen Übergang‹ und den ›demographischen Wandel‹ suggerieren, dass man es mit ›asozialen‹ Phänomenen zu tun hat, von denen die Gesellschaft einem Naturgesetz gleich ergriffen wird. Bereits bei der Analyse der Bevölkerungsentwicklung im 19. Jahrhundert waren jedoch erhebliche Differenzen zwischen den verschiedenen sozialen Gruppen deutlich geworden. Diese Differenzierungen finden sich in der Gegenwartsgesellschaft wieder, wenngleich die Trends in eine ähnliche Richtung weisen. In Abb. 2.76 werden die Kinderzahl und das Phänomen der ›Kinderlosigkeit‹ nach dem Bildungsstand der Frauen (und Männer) differenziert – insbesondere die (gebildete) ›kinderlose Frau‹ ist in den populärwissenschaftlichen Debatten zu einer rhetorischen Figur geworden, in der sich kulturkritische und sexistische Diskurse treffen.

Die durchschnittliche Zahl von Kindern bzw. das Phänomen der ›Kinderlosigkeit‹ weist eine deutliche soziale Strukturierung auf. Mit einem Anstieg der schulischen und beruflichen Bildung gehen die durchschnittlichen Kinderzahlen kontinuierlich zurück; bei der Kinderlosigkeit ist ein gewisser Sprung

	1 Kind	2 Kinder	3/3 u.m. K.	4 u.m. K.	kein Kind	Ø-Kinder
einfache Bildung	15%	23%	13%	8%	42%	1,36
mittlere Bildung	21%	29%	8%	2%	41%	1,12
hohe Bildung	19%	34%	9%	2%	36%	1,23

Männer zwischen 39 und 43 Jahren nach Zahl der Kinder in der Lebensform
Quelle: Eigene Berechnungen mit Daten aus Pötzsch u.a. (2020, S. 70), Ergebnisse des Mikrozensus 2018

Abb. 2.77 Soziodemographische Struktur der Kinderzahlen von Männern

zwischen den Hochschulausbildungen und den anderen Ausbildungen zu beobachten. Die durchschnittlichen Kinderzahlen variieren zudem erheblich entlang
der Stadt-Land-Differenzierung; der Anteil der kinderlosen Frauen liegt in urba-
nen Gemeinden deutlich höher als in semiurbanen und ländlichen Gebieten. Dabei
ist jedoch zu beachten, dass sich die Angaben zum Wohnort auf den Befragungs-
zeitpunkt (meist im 50. Lebensjahr) beziehen und nicht auf den Zeitpunkt der
Geburt; d. h. hier sieht man vermutlich einerseits einen Effekt der unterschiedlichen Reproduktionsstrategien in städtischen und ländlichen Milieus, andererseits
aber auch einen Lebensverlaufseffekt, indem Menschen mit Kindern im mittleren
Lebensalter in semiurbane und ländliche Gebiete ziehen, wenn sie es sich leisten
können (und wollen).

Mütter, die im Ausland geboren wurden, weisen auf den ersten Blick deutlich höhere Kinderzahlen als die in Deutschland geboren auf. Differenziert man
beide Gruppen jedoch nach dem Bildungsabschluss, schwächt sich dieser Zusammenhang erheblich ab. Während der Unterschied in der Kinderzahl insgesamt bei
etwa 0,5 liegt, beträgt er bei den Frauen mit einer hohen Bildung nur 0,16; bei
einer mittleren bzw. einfachen Bildung sind es 0,30 bzw. 0,69. D. h. die in kulturalisierenden Argumentationen oft der ›Kultur‹ zugerechnete Differenz ist vor
allem dem unterschiedlichen Bildungskapital geschuldet.

Angesichts der vorherrschenden Datenlage stützen sich diese Angaben zur
sozialen Strukturierung der Reproduktionsstrategien vor allem auf Frauen. Während sich eine Reihe von Erkenntnissen angesichts der vorherrschenden Bildungshomogamie in Partnerschaften auch auf Männer übertragen lassen, stellt sich die
Lage der Männer ohne Kind recht anders dar (vgl. Abb. 2.77).

Auch bei den Männern variieren die durchschnittlichen Kinderzahlen mit der
schulischen Bildung, die Struktur ist jedoch komplexer; die Tabelle bezieht nur
Kinder in der jeweiligen Lebensform von Männern zwischen 39 und 43 Jahren,
daher fallen die Durchschnittswerte niedriger aus. Bei Männern mit einfacher
Bildung liegt die Kinderzahl mit 1,36 deutlich über der der höher Gebildeten; an
nächster Stelle folgen die Männer mit hoher Bildung, dann erst die mit mittlerer

Bildung (1,12). Bei der Kinderlosigkeit zeigt sich ein stärker gerichteter Zusammenhang; je geringer die (formale) Bildung ausgeprägt ist, desto höher ist der Anteil der Kinderlosen.

In der historischen Perspektive wird deutlich, dass Kinderlosigkeit und ein hohes Heiratsalter nicht unbedingt ein Novum sind, wenngleich sich die Gründe sicherlich verändert haben. Das *European marriage pattern,* »welches das demographische Verhalten in den nord- und westeuropäischen Ländern seit dem 15. Jahrhundert prägte, war durch ein hohes Alter bei der ersten Heirat und einen relativ großen Anteil von Männern und Frauen, die lebenslang ledig und kinderlos blieben, gekennzeichnet« (Kreyenfeld und Konietzka 2007, S. 13).

2.4.3.3 Ursachen des veränderten reproduktiven Verhaltens von Frauen und Männern

Zunächst kann für die Analyse des reproduktiven Verhaltens von Frauen und Männern das hier vorgeschlagene Modell der Unterscheidung nach verschiedenen Arenen sozialer Differenzierung genutzt werden. Das reproduktive Verhalten hängt zusammen

- mit der gesellschaftlichen Produktion und der darin geleisteten Arbeit: so z. B. mit der Zahl von Arbeitsplätzen, mit der Einbindung von Männern und Frauen in die Erwerbsarbeit und mit den damit verbundenen Karrieremustern, Flexibilitätserfordernissen etc.
- mit der sozialstaatlichen Politik: z. B. mit den Bildungschancen von Männern und Frauen, mit familienpolitischen Unterstützungsleistungen oder mit Betreuungsangeboten für Kinder
- mit den Strategien der Individuen und Haushalte: z. B. indem diese die Muster der geschlechtsspezifischen Arbeitsverteilung variieren oder in wirtschaftlichen Krisen weniger Kinder bekommen.

Darüber hinaus werden in der Forschung zu den Ursachen des veränderten reproduktiven Verhaltens von Männern und Frauen unterschiedliche Perspektiven verfolgt. Mikroökonomische Ansätze modellieren die Geburten als das »Ergebnis eines ökonomischen Kalküls rationaler Individuen« (Rürup und Gruescu 2003, S. 19). Demgegenüber finden sich sozialwissenschaftliche Ansätze, die über ein ökonomisches Kalkül hinaus weitere mikro- bzw. makrosoziologische Einflussfaktoren (z. B. Veränderung von Wertemustern, Rollenbildern, Gelegenheitsstrukturen etc.) berücksichtigen. Diese Ansätze können hinzugezogen werden, um das beobachtbare Reproduktionsverhalten genauer zu erklären (bzw. Erklärungsansätze zu differenzieren) und die Perspektive der beteiligten Männer und Frauen zu rekonstruieren. Jeder dieser Ansätze beleuchtet einzelne Facetten des veränderten reproduktiven Verhaltens.

Kosten und Nutzen von Kindern

Aus ökonomischer Perspektive kann die Realisierung eines Kinderwunsches als Ergebnis einer Kosten-Nutzen-Analyse beschrieben werden. Auf der Kostenseite sind, dem Konzept von Leibenstein (1957, 1974) und Becker (1960) folgend, die direkten Kosten (Ernährung, Kleidung, Konsumbedarf, Aufwendungen für Kinderbetreuung, Ausbildung etc.) und die indirekten Kosten, so genannte Opportunitätskosten, zu berücksichtigen. Diese indirekten Kosten gehen auf den Einkommensverlust des Haushalts zurück, wenn ein Elternteil seine Erwerbsarbeit aufgibt oder einschränkt (Verlust an Einkommen und Rentenansprüchen, Karriereknick, höheres Arbeitslosigkeitsrisiko etc.), um für die Betreuung von Kindern verfügbar zu sein. Mindernd sind auf der Kostenseite finanzielle Transfers (Mutterschaftsgeld, Kindergeld, Steuerersparnisse etc.) zu berücksichtigen. Die pro Kind anfallenden direkten und indirekten Kosten verringern sich in der Regel mit steigender Kinderzahl.

Der Nutzen von Kindern lag historisch betrachtet vor allem in der Absicherung von Lebensrisiken (insbesondere der Alterssicherung) und in ihrer Funktion als billiger bzw. verfügbarer Arbeitskraft. Heute spielt in prosperierenden Ländern eher der soziale bzw. emotionale Nutzen von Kindern eine Rolle: Eltern-Kind-Beziehungen weisen eine hohe emotionale Qualität auf, verglichen mit Partnerschaftsbeziehungen erweisen sie sich oft als stabiler. Kinder oder die Zahl der Kinder können je nach kulturellem bzw. milieuspezifischem Kontext eine Quelle von sozialer Anerkennung (oder von sozialer Abwertung) sein. Langfristig haben sich die Proportionen zwischen diesen verschiedenen Kosten- bzw. Nutzenkomponenten grundlegend verschoben.

Auf der Kostenseite ist ein deutlicher Anstieg zu verzeichnen:

- Die Aufwendungen für die Erziehung und Ausbildung sind angesichts der Professionalisierung dieser Bereiche, der gestiegenen Qualitätserfordernisse und der Ausdehnung der Ausbildungszeiten erheblich gestiegen.
- Die Opportunitätskosten sind mit der besseren schulischen und beruflichen Qualifizierung von Frauen und Männern und mit der höheren Erwerbsbeteiligung von Frauen erheblich gewachsen.
- Kostenmindernd wirken jedoch (z. B. in Deutschland) die gewachsenen familien- und bildungspolitischen Unterstützungsleistungen.

Auf der Nutzenseite sind strukturelle Verschiebungen zu verzeichnen:

- Die Absicherung von Lebensrisiken (Krankheit, Altersversorgung …) durch sozial- und wohlfahrtsstaatliche Systeme und die Erbringung von Unterstützungsleistungen (Unterstützung, Pflege) durch staatliche, gemeinnützige und privatwirtschaftliche Einrichtungen ersetzten Sicherungs- und Unterstützungsstrategien, die auf der Versorgung durch eigene Kinder aufbauten.
- Die Veränderung von Produktionstechnik bzw. -organisation und schließlich veränderte rechtliche Rahmenbedingungen haben dazu geführt, dass Kinder als Arbeitskräfte mehrheitlich bedeutungslos geworden sind.
- Der emotionale Nutzen von Kindern spielt demgegenüber eine hohe und vermutlich weiter wachsende Rolle. Hier ist jedoch zu beachten, dass dieser Nutzen auch bei wenigen Kindern oder einem Kind erreicht werden kann.

Grundsätzlich ist die Zahl der Kinder kalkulierbarer geworden: zum einen ist die Kindersterblichkeit erheblich zurückgegangen; zum anderen haben sich die Möglichkeiten der Geburtenkontrolle (relativ sichere Verhütungsmittel) verändert bzw. sind risikoloser (Schwangerschaftsabbrüche) geworden. Becker (1960) spricht für moderne Gesellschaften von einer Verschiebung von der Quantität zur Qualität von Kindern. Vermutlich kommen bei dieser Verschiebung die mikroökonomischen Erklärungsansätze, die recht gut den ersten demographischen Übergang erklären konnten, an ihre Grenzen. Eine weitergehende Kritik an dem familienökonomischen Ansatz Beckers findet sich z. B. bei Ott (1997) und Wentzel (1997).

Veränderungen von Normen und Werten – Veränderungen der Lebensweise

Der demographische Transformationsprozess ging mit einem tief greifenden Wandel von Normen und Werten einher. Während das Wertesystem über lange Zeit in weiten Gesellschaftsschichten auf eine hohe Kinderzahl und das Einernährermodell orientiert war (soziale Anerkennung der Kinderzahl, Idealisierung der sorgenden Mutter, Sanktionierung von Empfängnisverhütung und Abtreibungen) zeichnet sich ab den 1960er Jahren ein Umbruch in der Beziehungs- und Sexualmoral sowie in den damit verbundenen Geschlechterrollen ab. In diesem Prozess haben sich auch die sozialen Selbst- und Fremdkonstruktionen der Geschlechter und der Beziehungen, die sie eingehen, verändert. Damit verknüpft finden sich veränderte Vorstellungen von Individualität und Lebensplanung. An diesen Veränderungen wird deutlich, dass sich das erhöhte Bildungsniveau von Männern und Frauen nicht allein in den veränderten Opportunitätskosten niederschlägt; die gestiegene Bildungs- und Erwerbsbeteiligung von Frauen ist nicht nur Ausdruck eines ökonomischen Kalküls, sondern wird auch von veränderten

Wertvorstellungen und Selbstbildern begleitet. Die hier beschriebenen Aspekte der demographischen Entwicklung lassen sich sinnvoll unter dem Begriff der ›reproduktiven Kultur‹ zusammenfassen: »Der Begriff ›reproduktive Kultur‹ meint die Deutungen und die sozialen Regeln, die die Wahrnehmung reproduktiver Aspekte und das darauf bezogene Handeln anleiten. Aspekte wie z. B. ›Kinder‹ oder ›Mann und Frau‹ werden nie objektiv wahrgenommen, sondern durch die Brille kollektiv verwurzelter oder individualbiografisch entstandener Deutungen. Die Regeln beinhalten Überzeugungen, welche Gestaltungen des privaten Lebens in welchem Alter und unter welchen Umständen angemessen sind« (Bundeszentrale für gesundheitliche Aufklärung 2000, S. 31). Diese reproduktiven Kulturen sind wiederum im Kontext habituell verankerter Muster der Arbeits- und Lebensweise zu begreifen.

Auch die Normen und Werte, die mit Kindern und den angemessenen Bedingungen ihrer Sozialisation verknüpft sind, haben sich verändert. Kinder werden stärker als Individuen begriffen; sie werden aber auch mit neuen gesellschaftlichen Anforderungen (Sozialverhalten, Zeitmanagement, Selbstmanagement ...) konfrontiert. In diesem Sinne ist eine Vielzahl von Waren- und Dienstleistungsangeboten (medizinische und therapeutische Angebote, Freizeit- und Erlebnisangebote, sportliche und musische Ausbildung, erzieherische Angebote etc.) entstanden. Manches deutet darauf hin, dass ein wachsendes Verantwortungsgefühl gegenüber Kindern bzw. Jugendlichen und die damit veränderten Vorstellungen von einer guten Kindheit und Jugend, in Zusammenhang mit gestiegenen Erwartungen an die Qualität der Lebensgestaltung der Eltern und an die Qualität von Paarbeziehungen dazu beigetragen haben, dass die Entscheidungen für Kinder sehr voraussetzungsvoll werden. Das führt u. a. dazu, dass die Geburtenziffern sinken, obwohl ›Kinder‹ und die ›Gründung einer Familie‹ in den Lebenswünschen von jungen Männern und Frauen hohe Rangplätze einnehmen. Die Zahl der gewünschten Kinder scheint sich jedoch mit zeitlichem Verzug der Entwicklung der beobachtbaren Geburtenziffern anzupassen und umgekehrt (vgl. dazu Goldstein et al. 2003; Bongaarts 1998). Dies kann als ein Indiz für eine kulturelle Normalisierung der niedrigen Geburtenziffern begriffen werden.

Vereinbarkeit von Familie und selbstbestimmter Lebensführung bzw. Beruf

Während das Problem der Vereinbarkeit von Familie und Beruf in den 1950er und 1960er Jahren vornehmlich im Modell der Einernährerehe durch die Erwerbslosigkeit oder die eingeschränkte Erwerbstätigkeit der Frau gelöst wurde, wurde beginnend mit den 1970er Jahren dieses Modell des Ausschlusses der Frauen von einer eigenen Erwerbsbasis und den damit verbundenen Freiheitsmomenten

(Sen 2000b) zunehmend weniger akzeptiert. Es wurden bessere Möglichkeiten der Vereinbarkeit von Familie und Beruf zunächst für die Frauen gefordert, später geriet die Beteiligung der Männer an dem Vereinbarkeitsproblem in den Blick. Dieses Problem stellt sich vordergründig als ein Problem der Kinderbetreuung (in den verschiedenen Altersphasen); allgemeiner stellt sich jedoch die Frage, wie die in Familien und Beziehungen erbrachten Leistungen (z. B. Haushalts- und Erziehungsarbeit, Betreuung im Krankheits- und Pflegefall, Aufbau und Erhalt sozialer Netzwerke, Konfliktbearbeitung, emotionale Stabilisierung) so zu organisieren sind, dass beide Partner am Erwerbsleben teilhaben können. D. h. das ›Vereinbarkeitsproblem‹ stellt sich als ein Problem der Arbeitsteilung inner- halb der Partnerschaft, als ein Problem der Flexibilität und der Entlohnung von Arbeitsverhältnissen und -zeiten sowie als ein Problem von (bezahlbaren) Betreuungsangeboten und Dienstleistungen (in öffentlicher, marktförmiger, inter- generationeller oder nachbarschaftlicher Form) dar. Ein Vergleich europäischer Länder legt einen Zusammenhang zwischen den Möglichkeiten der Vereinbarkeit von Familie und Beruf und spezifischen Geburtenziffern nahe.

Veränderte Gelegenheitsstrukturen
Eine nicht unwesentliche Rolle für die Entwicklung der Geburtenziffern spielen veränderte Gelegenheitsstrukturen für das Eingehen von Partnerschaften, für die Geburt und das Aufwachsen von Kindern. Generell kommt es bedingt durch die gestiegene Frauenerwerbstätigkeit und die höheren Investitionen in Bildung und berufliche Qualifizierung zu einer Verschiebung von Lebensphasen: das Heiratsal- ter und das Alter bei der Geburt des ersten Kindes sind deutlich angestiegen. Die Zunahme berufsbiografischer Unsicherheiten und die wachsenden Anforderungen an die Flexibilität und Mobilität von Arbeitskräften haben die Rahmenbedin- gungen für die Familiengründung verändert. Viele Autoren verweisen in diesem Zusammenhang auf die sinkenden Heiratsziffern bzw. die steigenden Scheidungs- raten; Belege für diese These werden jedoch nicht geliefert. Zudem spielt die regionalspezifische und die bildungsspezifische Verteilung von Männern und Frauen (vgl. Nauck 2001, S. 8 f.) in der für die Familienbildung günstigen Altersphase eine Rolle.

2.4.3.4 Entwicklung der Lebenserwartung
Insbesondere seit dem demographischen Übergang kommt es zu einer bestän- digen Erhöhung der durchschnittlichen Lebenserwartung. Dieser säkulare Anstieg ist dem Zusammenspiel verschiedener Entwicklungen geschuldet: das Ernährungs-, Hygiene- bzw. Gesundheitsverhalten hat sich mit den Wohlstands- zuwächsen aber auch mit dem Anstieg des Bildungsniveaus deutlich verbessert.

Eine wichtige Rolle spielt auch die Entwicklung von gesundheitsfördernden Infrastrukturen und medizinischer Versorgung. Dennoch lassen sich nach wie vor deutliche Unterschiede in der Lebenserwartung von Männern und Frauen feststellen.

Die durchschnittliche Lebenserwartung von Frauen lag in den 1870er Jahren bei 38,5, die der Männer bei 35,6 Jahren. Im Kontext der rapiden Industrialisierung, verbesserter Infrastrukturen und elementarer sozialstaatlicher Institutionen stieg sie bereits in den 1890er Jahren deutlich an. Dieses Wachstum setzt sich im Laufe des 20. Jahrhunderts fort. Noch innerhalb der letzten 50 Jahre kommt es zu einem Anstieg von ca. 11 Jahren bei den Männern und 10 Jahren bei den Frauen. Die Lebenserwartung bei Geburt unterscheidet sich bei Männern und Frauen heute um ca. 5 Jahre; Anfang der 1970er Jahre wird sogar ein Unterschied von 6,5 Jahren erreicht (vgl. Abb. 2.78).

Die Lebenserwartung im Alter von 65 Jahren ist in den letzten 50 Jahren noch um 6 Jahre angestiegen. Auch die weitere Lebenserwartung der bereits 80-Jährigen ist seit den 1970er Jahren um ca. 3 Jahre angestiegen. Am Ende der 2010er Jahre liegt die Lebenserwartung bei Geburt bei 79 bzw. 83 Jahren. Auch in Zukunft ist mit einer weiteren Zunahme der Lebenserwartung von Männern und Frauen zu rechnen. Dieser Anstieg dämpft zunächst den Prozess der rückläufigen Bevölkerungszahl; sie trägt jedoch neben der geringen Geburtenziffer zur Verschiebung der Altersstruktur bei.

2.4.3.5 ›Demographischer Wandel‹

Um die weiterreichenden Folgen dieser gegenwärtig zu beobachtenden demographischen Veränderungen genauer abschätzen zu können, werden auf der Basis

Geburtsjahrgänge	bei Geburt		im Alter von 65 Jahren		im Alter von 80 Jahren	
	Männer	Frauen	Männer	Frauen	Männer	Frauen
1871/81	35,6	38,5	9,6	10,0	4,1	4,2
1891/1900	40,6	44,0	10,1	10,6	4,2	4,5
1910/11	47,4	50,7	10,4	11,0	4,3	4,5
1932/34	59,9	62,8	11,9	12,6	4,8	5,2
1949/51	64,6	68,5	12,8	13,7	5,2	5,6
1960/62	66,9	72,4	12,4	14,6	5,2	5,9
1970/72	67,4	73,8	12,1	15,2	5,4	6,2
1986/88	71,7	78,0	13,8	17,3	5,9	7,3
2010/12	77,7	82,8	17,5	20,7	7,7	9,2
2017/19	78,6	83,4	17,9	21,1	8,1	9,6

Quellen: DeStatis: Natürliche Bevölkerungsbewegung - Fachserie 1 Reihe 1.1, verschiedene Jahre

Abb. 2.78 Entwicklung der Lebenserwartung bei Geburt und im Alter von 65 bzw. 80 Jahren

	2018	2020	2030	2040	2050	2060
Bevölkerungszahl (in Tsd.)	82.902	83.365	83.341	82.091	80.200	78.213
Bevölkerungsentwicklung (bez. auf 2018)		+0,6%	0,0%	-1,5%	-2,3%	-2,5%
Altersstruktur:	in %					
unter 20	18,4	18,4	18,8	18,2	17,6	18,0
20 - 67	62,5	62,2	58,3	55,8	56,1	54,6
67 und mehr	19,1	19,5	22,8	26,0	26,3	27,4
Auf 100 20- bis unter 67-Jährige kommen:	in %					
unter 20-Jährige (Jugendkoeffizient)	29,4	29,5	32,3	32,5	31,3	33,0
67-Jährige und Ältere (Altenkoeffizient.)	30,5	31,3	39,2	46,7	46,8	50,2
Gesamtkoeffizient	60,0	60,9	71,5	79,2	78,1	83,2

Quelle: Statistischen Bundesamtes (2019, S. 54), Daten der mittleren Variante (G2-L2-W2)

Abb. 2.79 Eckdaten der 14. Koordinierten Bevölkerungsprognose

einfacher Modellüberlegungen Prognosen zur Bevölkerungsentwicklung bzw. zu einzelnen Aspekten dieser Entwicklung angestellt.

Nach der 14. koordinierten Bevölkerungsprognose des Statistischen Bundesamtes (2019) wird die Bevölkerungszahl in Deutschland im Jahr 2060 je nach Modellvariante zwischen 74,0 und 83,5 Mio. betragen; in einer mittleren Variante – eine stabile Geburtenziffer von 1,55, ein Anstieg der Lebenserwartung auf 84,4 (Männer) bzw. 88,1 Jahre (Frauen) und ein jährliches Wanderungssaldo von 221.000 Menschen – wird die Bevölkerungszahl zunächst auf 83,7 Mio. steigen und bis 2060 auf 78,2 Mio. zurückgehen. Der Anteil der unter 20-Jährigen sinkt von 18,3 % (2020) auf 18,0 %, der Anteil der über 67-Jährigen steigt von 19,5 % auf 27,4 %; der Anteil der über 80-Jährigen steigt von 7,1 % auf 11,3 %. Bei den Frauen wird der Anteil der über 80-Jährigen von 2020 bis 2060 von 8,6 auf 13,0 % ansteigen; bei den Männern von 5,5 auf 9,6 %. Die Zahl der Menschen im (heute) typischen Erwerbsalter (20- bis unter 67-Jährige) wird sich in der mittleren Variante von 62,2 auf 54,6 % verringern (vgl. Abb. 2.79).

In allen Varianten ist von erheblichen regionalen Ungleichheiten auszugehen; so wird bei der mittleren Variante zwischen 2020 und 2060 die Bevölkerung in den westdeutschen Flächenländern um 5 %, in den ostdeutschen Flächenländern jedoch um 18 % zurückgehen; in den Stadtstaaten wird es demgegenüber einen Zuwachs um 8 % geben. Die jüngste Prognose zeigt, dass sich der (katastrophische und kulturkritische) Diskurs um die Probleme des demografischen Wandels, der in den 1990er und 2000er Jahren geführt wurde, kaum mit den demografischen Tatsachen bzw. den heutigen Prognosen vereinbaren lässt. Daran wird deutlich, dass die zeitgenössischen Diskurse um die Bevölkerungsentwicklung stets auch als politische Diskurse zu begreifen sind; es geht um Fragen der Familienpolitik, der Geschlechterverhältnisse, der Generationenbeziehungen und schließlich der Zuwanderungspolitik bzw. der damit verbundenen Vorstellungen von Nationen und Nationalstaaten. D. h. die oft fundamentale Kritik an den Prognosen bezieht sich zum einen auf die wissenschaftliche Fundierung und die Aussagekraft solcher Langfrist-Prognosen; zum anderen werden die dahinterstehenden Denkmodelle und ihre politische Einbindung historisch (Szreter 1993; Mackensen et al. 2009) wie zeitgenössisch kritisiert (Barlösius und Schiek 2007).

Auch die ökonomischen und sozialen Folgen des demografischen Wandels lassen sich aus den Prognosen zur Bevölkerungsentwicklung und zur Altersstruktur, die auf Basis weniger Eckwerte (Geburtenziffern, Lebenserwartung und Zuwanderung) geschätzt werden, nur bedingt ablesen (Bosbach und Bingler 2009). So ist zwar zu ersehen, dass die bundesdeutsche Gesellschaft im Durchschnitt älter wird und die Bevölkerungszahl zurückgeht. Inwieweit die veränderte Alterszusammensetzung jedoch zu einem Problem der Altersversorgung führen wird, hängt von der Produktivitätsentwicklung und dem Grad bzw. dem Volumen der Erwerbsbeteiligung von Männern und Frauen ab; inwieweit es zu Problemen im Bereich der Pflege kommt, hängt vom Gesundheitszustand der älter werdenden Menschen sowie von den Geschlechterarrangements in der Familien-, Beziehungs-, Pflege- und Hausarbeit ab; inwieweit es im Kontext der technischen Entwicklung zu einem Arbeits- oder Fachkräftemangel kommt, hängt neben der Erwerbsbeteiligung auch von der Zuwanderung und der Qualifizierung der ›Einheimischen‹ und der ›Zugewanderten‹ ab. An diesen Beispielen wird deutlich, dass es wenig sinnvoll ist, mögliche ›demografische Probleme‹ losgelöst von anderen sozialen Problemen einer Migrationsgesellschaft (Geschlechterungleichheit, Bildungsungleichheit, soziale Ungleichheit) zu diskutieren.

Die nach der demographischen Wende am Ende des 19. Jahrhunderts nur allmählich rückläufigen kohortenspezifischen Geburtenziffern lassen wie erwähnt eher auf langfristig wirksame und sich selbst stabilisierende Veränderungsprozesse schließen, in denen eine Vielzahl von Faktoren zusammenwirkt. Eine genauere Gewichtung dieser Einflussfaktoren stößt an die Grenzen sozialwissenschaftlicher Forschung. Es können Aussagen zu den Ursachen der demographischen Veränderungen gemacht werden; man sollte jedoch ihre Fundierung berücksichtigen: es sind mehr oder weniger gut belegte, plausible und inhaltlich begründete Zusammenhangsannahmen, die zumeist auf Ländervergleiche zurückgehen und über die unter einzelnen Wissenschaftlergruppen ein Konsens besteht, für die oft aber auch divergente Interpretationen vorliegen.

Verschiedene Wissenschaften befassen sich mit den Strukturen der Bevölkerungsentwicklung: neben der Bevölkerungswissenschaft, die historische Bevölkerungsforschung und die Sozialwissenschaft. Sie versuchen, die verschiedenen

Faktoren in einen theoretischen Zusammenhang zu bringen, indem sie z. B. ›generative Strukturen‹ oder ›Bevölkerungsweisen‹ (Mackenroth 1953) analysieren. Ein wichtiges Theorem war das der (ersten und zweiten) demografischen Transition, indem angenommen wurde, dass es ausgehend von dauerhaften Zuständen der Balance zwischen Mortalität und Fertilität zu Phasen der Transition komme, indem Rückgänge der Sterblichkeit zeitverzögert zu einem Rückgang der Geburtenzahlen führen; damit wurde der Rückgang von Geburtenzahlen eng mit Prozessen der Modernisierung verknüpft. Ehmer zeigt für die Bevölkerungsgeschichte auf, dass sich dieser theoretische Rahmen für eine »Bevölkerungsgeschichte des 19. und 20. Jahrhunderts […] nicht mehr zu eignen« scheint; so seien »Zweifel an der Annahme eines systematischen Zusammenhangs zwischen den einzelnen demographischen Variablen« durchaus berechtigt; die Einheit der Bevölkerungsgeschichte sei eher als ein wissenschaftliches Konstrukt zu begreifen. Vielmehr müsse die Veränderungen der Bevölkerungsstruktur mit Veränderungen der »wirtschaftlichen, sozialen, kulturellen und oft auch politischen Strukturen« (2013, S. 126) verknüpft werden.

2.4.3.6 Gründung und Auflösung von Haushalten

Da die Gründung bzw. Auflösung eines Haushalts in der Regie der Haushaltsmitglieder erfolgt, ohne dass dies gegenüber einer Behörde angezeigt werden muss, liegen keine belastbaren Daten über die Beständigkeit von Haushaltskonstellationen vor; auch über den Bestand von Paarbeziehungen können keine verlässlichen Angaben gemacht werden. Eine gewisse Annäherung kann über die Analyse von Eheschließungs- bzw. Scheidungsdaten erfolgen. Angesichts eines wachsenden Anteils von nichtehelichen Partnerschaften ist jedoch die Aussagekraft dieses Indikators rückläufig.

Die langfristige Entwicklung der zusammengefassten Scheidungsziffer macht deutlich, dass die Scheidungsquote – der Begriff Scheidungsrisiko ist angesichts der sehr unterschiedlichen Gründe von Scheidungen irreführend – zunächst recht kontinuierlich zugenommen hat, ab 2005 kehrt sich dieser Trend um (vgl. Abb. 2.80).

Der Einbruch in der zweiten Hälfte der 1970er Jahre ist dem 1977 in Kraft getretenen Ersten Gesetz zur Reform des Ehe- und Familienrechts geschuldet. Die Entwicklung in den neuen Bundesländern macht deutlich, welche Rolle externe Faktoren – zumindest temporär – spielen. Bei der Entwicklung der Scheidungsquoten ist auch die wachsende Lebenserwartung zu berücksichtigen.

Die zusammengefassten Scheidungsziffern liefern als Querschnittsmaße einen ersten Überblick über die Stabilität von Eheschließungen. Ein genaueres Bild liefert die durchschnittliche Ehedauer; längerfristige Entwicklungen lassen sich nur

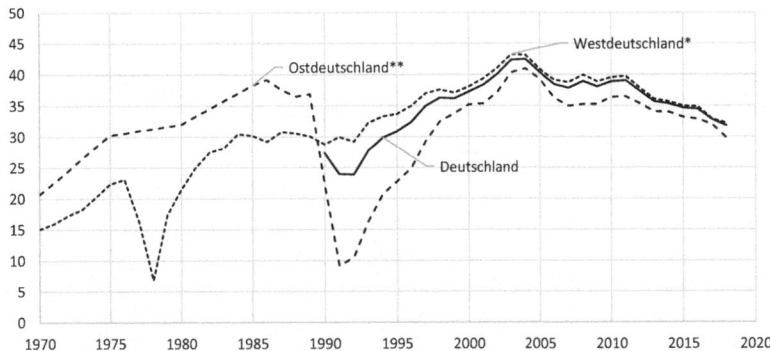

Die über die Ehedauer von 25 Jahren zusammengefasste Scheidungsziffer gibt an, wie viele von 100 Ehen, die eine Ehedauer von 25 Jahren durchlaufen, geschieden würden, wenn während dieser gesamten Zeit die für das Berichtsjahr gemessene Scheidungsintensität gilt.
* ab 1990 ohne Berlin   ** ab 1990 einschließlich Berlin
Datenquelle: Statistisches Bundesamt, Berechnungen: BiB

Abb. 2.80 Zusammengefasste Scheidungsziffer

an den westdeutschen Daten rekonstruieren. Seit den 1950er Jahren hat sich die durchschnittliche Ehedauer von zunächst unter 10 Jahren auf etwa 15 Jahre (2020) erhöht. Nach niedrigen Werten in den 1960er Jahren setzt ein recht kontinuierlicher Anstieg an; dabei liegen die Nachwende-Werte in den neuen Bundesländern noch über den westdeutschen Werten (vgl. Abb. 2.81).

Wider die kulturkritische Rede vom Zerfall der klassischen Familie ist im Übrigen zu konstatieren, dass gegenwärtig etwa 85 % der Kinder in Familien mit verheirateten Eltern aufwachsen. Der häufig zu findende Verweis auf die steigenden Scheidungsraten übersieht zudem die Tatsache, dass die Beziehungsorientierung ungebrochen ist. Die Scheidung bringt allenfalls kurzzeitig zwei Singles hervor; man geht neue Beziehungen mit neuen Bindungsversprechen ein.

Die soziale Differenzierung ist bei den Scheidungsdaten relativ schwach ausgeprägt. Peuckert resümiert die Befunde zur Einkommensdifferenzierung: »Eine Trennung/Scheidung ist umso wahrscheinlicher, je mehr die Frau im Verhältnis zum Mann verdient (...). Verantwortlich hierfür könnte neben der finanziellen Absicherung im Falle einer Trennung auch sein, dass Frauen mit hohem Einkommen hohe Ansprüche an die Qualitäten ihres Mannes stellen und z. B. auf eine ausgeglichene Arbeitsteilung im Haushalt drängen« (2008, S. 175). Bei der schulischen Bildung ist nach Männern und Frauen zu differenzieren, bei den Männern lässt sich kein Einfluss aufzeigen; bei den Frauen finden sich gegenläufige

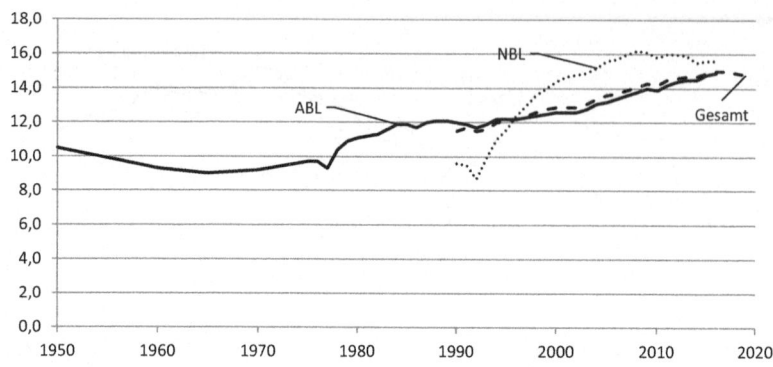

Quelle: Eigene Darstellung nach Daten des Statistischen Bundesamtes Natürliche Bevölkerungsbewegung - Fachserie 1 Reihe 1.1 2007, die
Information für 2008 entstammt einer Pressemitteilung vom 08.07.2009.

Abb. 2.81 Durchschnittliche Ehedauer bis zur Scheidung

Tendenzen: »Das Risiko von Frauen mit mittleren und hohen Bildungsabschlüs-
sen war früher extrem hoch, wurde aber inzwischen von dem Scheidungsrisiko
der Frauen mit niedrigen Bildungsabschlüssen eingeholt (…). Ehen, in denen die
Frau ein höheres Bildungsniveau aufweist als ihr Mann, sind stärker gefährdet als
Ehen, in denen der Mann eine mindestens gleichwertige Bildung vorweisen kann«
(S. 175 f.). Auch die Studien von Böttcher (2006, S. 28) und Esser (2002,
S. 49), die auf den Family and Fertility Survey bzw. die Mannheimer Schei-
dungsstudie zurückgehen, kommen jeweils nur zu einem schwachen Einfluss der
Bildungsvariablen.

2.4.3.7 Haushaltsstruktur

Alle hier benannten Faktoren, die rückläufige Zahl von Kindern, die gestiegene Lebenserwartung und die verkürzte ›Lebensdauer‹ von Haushalten schlagen
sich in Veränderungen der Haushaltsstruktur nieder. Die Haushaltsgröße ist im
20. Jahrhundert rapide zurückgegangen. Zu Beginn des Jahrhunderts lag sie bei
4,5 Personen; bis 2019 ist sie auf 1,99 Personen zurückgegangen (vgl. Abb. 2.82).

   1900 und 1925 stellten die großen Haushalte mit 5 und mehr Personen den
vorherrschenden Haushaltstyp dar. In der Nachkriegszeit wird eine Wende erkennbar: zum einen kam es zu einem erheblichen Anstieg von 1-Personenhaushalten;
der Anteil springt bereits 1950 auf 20 % und verdoppelt sich in den folgenden
Jahrzehnten noch einmal. Auch in den größeren Haushalten geht die Zahl der

Haushaltsmitglieder zurück. Im 21. Jahrhundert wird schließlich der sogenannte Single-Haushalt zum vorherrschenden Haushaltstyp.

Personenbezogen stellt sich das jedoch anders dar; ein Drittel der Bevölkerung lebt 2019 in 2-Personenhaushalten; jeweils ca. ein Fünftel findet sich in 1-Personen- bzw. in 3- und 4-Personenhaushalten. 9 % der Bevölkerung leben in größeren Haushalten.

Für den säkularen Rückgang der Haushaltsgröße sind ganz unterschiedliche Faktoren bedeutsam:

- Die Zahl von Bediensteten ist rückläufig bzw. diese sind nicht mehr Mitglied des Haushalts.
- Die Zahl der Dreigenerationenhaushalte geht zurück; zumindest erscheinen sie in der statistischen Perspektive nicht länger als solche, wenn z. B. die Eltern in eine Einliegerwohnung oder eine nahegelegene Wohnung ziehen.
- Die Heiratsziffern gehen zurück und das Heiratsalter steigt; die Scheidungsziffern steigen zeitweilig.
- Die sozialstaatliche Absicherung bzw. die steigende Frauenerwerbstätigkeit ermöglicht in zunehmendem Maße Haushalte von weiblichen (und männlichen) Alleinerziehenden bzw. Alleinlebenden.
- Die Kinderzahl geht zurück.
- Die steigende Lebenserwartung bedingt eine erhebliche Ausweitung der Lebenszeit nach der ›Familienphase‹; die geschlechtsspezifisch unterschiedlichen Lebenserwartungen bedingen einen Zuwachs von älteren alleinlebenden Frauen.

	1 Pers.	2 Pers.	3 Pers.	4 Pers.	5 u. mehr P.
	Haushaltsbezogen				
1900	7,1%	14,7%	17,0%	16,8%	44,4%
1925	6,7%	17,7%	22,5%	19,7%	33,3%
1950	19,4%	25,3%	23,0%	16,2%	16,1%
1975	27,6%	28,4%	18,3%	15,0%	10,6%
2008	39,4%	34,0%	13,1%	9,9%	3,6%
2019	42,3%	33,2%	11,9%	9,1%	3,5%
	Personenbezogen				
2008	19,2%	33,1%	19,1%	19,3%	9,3%
2019	21,2%	33,3%	17,9%	18,3%	9,3%

Quelle: Datenreport 2004, S. 40, STATIS-Archiv CD, Destatis Ergebnisse des Mikrozensus

Abb. 2.82 Entwicklung der Haushaltsgröße

Die steigende Zahl von Einpersonenhaushalten indiziert, dass es angesichts des entwickelten Wohlfahrtsstaates und angesichts einer Infrastruktur von Gütern und vor allem Dienstleistungen erstmals möglich wird, außerhalb von Familien und Dorfgemeinschaften zu überleben. Das ist eine nicht zu unterschätzende – und in vielen (kulturkritischen) Bilanzen der sozialen Wandlungsprozesse – unterschlagene Errungenschaft. Mit dieser Veränderung der Haushaltsgröße waren weiterreichende Veränderungen verbunden, die häufig als eine Pluralisierung der Familien- bzw. allgemeiner der Lebensformen beschrieben werden. Seit 2005 werden in der amtlichen Statistik die Strukturen von Haushalten bzw. Familien über das Lebensformenkonzept erfasst (vgl. Abb. 2.83).

Etwa 50 % der Bevölkerung leben in verschiedenen Familienformen; knapp 30 % leben in Paarbeziehungen ohne Kinder, weitere 20 % sind alleinstehend bzw. alleinlebend. Die Lebensgemeinschaften umfassen auch Personen in gleichgeschlechtlichen Lebensgemeinschaften. Nach dem Mikrozensus 2019 lebten 0,68 % der in Paargemeinschaften lebenden in gleichgeschlechtlichen Gemeinschaften. Es ist aber davon auszugehen, dass dieser Anteil unterschätzt ist: »Zum einen ist zu erwarten, dass sich bei der direkten Frage, ob es sich bei diesem Haushalt um eine gleichgeschlechtliche Lebensgemeinschaft handelt, ein Teil der Befragten nicht ›outet‹, wodurch der Anteil unterschätzt wird. Zudem steht zu vermuten, dass die Bereitschaft, die sexuelle Orientierung preiszugeben, sich im Zeitablauf bzw. über die Kohorten hinweg verändert haben dürfte, was zu Veränderungen im zeitlichen Verlauf führt. Zum anderen sind die genannten Zahlen Ergebnisse einer Hochrechnung« (Rupp und Haag 2016, S. 329), die dabei verwendeten Verfahren können kleinere Teilgruppen oft nicht angemessen berücksichtigen. In der jüngsten Altersgruppe sind es 1,5 % der Befragten, in der ältesten Gruppe nur 0,2 % (vgl. Abb. 2.84).

Mit dieser Querschnittsperspektive wird jedoch die Verteilung der verschiedenen Lebensformen im Lebenslauf nur unzureichend erfasst. Näherungsweise

	Haushalt		
	Mit Partner/in	Ohne Partner/in	
Ohne Kinder[1]	Ehepaare, Lebensgemeinschaften[2]	Alleinstehende (dar.: Alleinlebende[3])	
Mit Kindern[1]	Ehepaare, Lebensgemeinschaften[2]	Alleinerziehende	Familien
	Paare		

1) Als Kinder zählen ledige Kinder mit mind. einem Elternteil und ohne Lebenspartner/in bzw. eigene ledige Kinder im Haushalt. 2) Nichteheliche (gemischtgeschlechtliche) und gleichgeschlechtliche Lebensgemeinschaften. 3) Einpersonenhaushalte
Quelle: Haushalte und Familien - Ergebnisse des Mikrozensus 2008 - Fachserie 1 Reihe 3

Abb. 2.83 Lebensformenkonzept

kann diese Lebenslaufperspektive durch die altersspezifischen Angaben zu den Lebensformen abgebildet werden.

Die deutliche Mehrheit (88 %) der unter 25-Jährigen lebt in Familien; die übrigen vor allem in Einpersonenhaushalten und Lebenspartnerschaften. Bei den jungen Erwachsenen kommt es zu einer breiten Auffächerung der Lebensformen, während noch 12 % weiterhin bei den Eltern wohnen, leben jeweils etwa ein Viertel in Paarhaushalten ohne Kinder und in Paarhaushalten mit Kindern und mehr als 30 % in Singlehaushalten. Zwischen 35 und 45 Jahren finden sich fast zwei Drittel in Lebensformen mit Kindern; es gibt aber auch weiterhin Alleinlebende und Paare ohne Kinder. Auch in der folgenden Phase steht die Lebensform mit Kindern im Vordergrund (54 %); immerhin 24 % finden sich in Paarhaushalten, in denen keine Kinder (mehr) leben. Diese Größenverhältnisse kehren sich dann bei den 55 bis 65-Jährigen um; es dominieren Paare ohne Kinder im Haushalt; in den beiden ältesten Gruppen steigt dann der Anteil der Alleinstehenden deutlich an, sie machen 40 bzw. 65 % der Befragten aus.

Mit dem 2005 eingeführten Lebenslagenkonzept im Mikrozensus hat sich die bis dahin eher an Rechtsverhältnissen orientierte Analyse der ›sozialen Wirklichkeit‹ dem kreativen Potential der Individuen angenähert. Dennoch verbleiben nicht unerhebliche Erhebungsprobleme. Hans Bertram kommt angesichts dieser Probleme zu der Einschätzung, »daß die Daten der amtlichen Statistik zur Haushaltszusammensetzung, zur Heiratsneigung, zur Scheidungshäufigkeit und zur Familiengröße nicht geeignet sind, Sozialbeziehungen und soziale Netzwerke zur gegenseitigen Unterstützung von Familien und Nachbarschaften zu beschreiben«.

	in Gemeinschaften mit ledigen Kindern					in Paargemeinschaften		Alleinstehende	
	Ehe-partner_in	Lebens partner_in	alleinerz. Väter	alleinerz. Mütter	ledige Kinder	Ehe-partner_in	Lebenspar tner_in	alleinst. Männer	alleinst. Frauen
Insgesamt	19,2%	2,6%	0,5%	2,7%	23,3%	23,6%	5,3%	11,0%	11,8%
unter 25	0,5%	0,3%	-	0,2%	87,7%	0,5%	2,5%	4,5%	3,7%
25 – 35	22,3%	6,3%	0,2%	3,0%	12,2%	9,1%	15,4%	19,6%	11,8%
35 – 45	50,0%	7,9%	0,7%	5,9%	2,9%	7,3%	5,6%	13,6%	6,3%
45 – 55	43,2%	3,8%	1,2%	5,7%	1,5%	18,7%	5,4%	12,4%	8,0%
55 – 65	18,6%	1,0%	0,9%	2,5%	0,7%	47,3%	4,8%	11,8%	12,5%
65 – 75	5,6%	0,2%	0,4%	1,2%	0,1%	61,7%	3,3%	9,6%	17,9%
75 – 85	2,2%	-	0,3%	1,4%	-	53,7%	2,5%	9,9%	30,0%
85 u. älter	0,9%	-	0,4%	2,4%	-	30,1%	1,3%	13,2%	51,6%

Quelle: Eigene Berechnungen nach: Haushalte und Familien - Ergebnisse des Mikrozensus - Fachserie 1 Reihe 3 - 2019

Abb. 2.84 Altersverteilung der Lebensformen

in %	16–30 Jahre		31–45 Jahre		46–60 Jahre		61 Jahre u. älter	
	West	Ost	West	Ost	West	Ost	West	Ost
Kinder Vorhanden	15	17	65	73	79	91	82	89
Im gleichen Haus/ Nachbarschaft	13	17	60	62	48	43	28	30
Innerhalb einer Stunde erreichbar[*]	14	15	64	69	70	73	68	74
Eltern Vorhanden	93	99	93	92	62	68	7	9
Im gleichen Haus/ Nachbarschaft	50	50	20	19	12	17	2	2
Innerhalb einer Stunde erreichbar[1]	76	80	66	68	42	53	5	7

[*] inklusive derjenigen, die im gleichen Haus/ Nachbarschaft wohnen.
Quelle: Datenreport (2008, S. 45), Datenbasis: SOEP 2006.

Abb. 2.85　Soziale Netzwerke zwischen Eltern und Kindern

Schon in früheren Forschungen hatte sich gezeigt, dass Drei-Generationen-Haushalte aus steuerlichen Gründen als eigenständige Haushalte geführt werden. »Die Eltern, die in Fünfzehn-Minuten-Entfernung oder in der unmittelbaren Nachbarschaft leben, werden als eigenständige Haushalte gezählt, selbst wenn enge und intime Sozialbeziehungen zu den Kindern bestehen. Eine Vielzahl von Netzwerkuntersuchungen machen aber deutlich, daß auch intime familiäre Sozialbeziehungen heute nicht notwendigerweise an den Haushalt gebunden sind« (2000, S. 329 f.). Das angeführte Beispiel ließe sich um Unterstützungsleistungen (ALG II, Sozialhilfe) ergänzen, für deren Bezug eine haushaltsbezogene Bedarfsprüfung erfolgt.

Den Überlegungen Bertrams folgend wurde in verschiedenen Surveys der Frage der über die Haushaltsgrenzen hinausreichenden sozialen Netzwerke zwischen Eltern und Kindern genauer nachgegangen (vgl. Abb. 2.85).

In der jüngsten Gruppe, die sich mehrheitlich in der Ausbildung oder im Einstieg in das Berufsleben befindet, ist die Nähe der Jugendlichen und jungen Erwachsenen zu den Eltern noch recht ausgeprägt; in mehr als drei Viertel aller Fälle sind die Eltern relativ kurzfristig erreichbar, falls sie nicht ohnehin im Haus oder der Nachbarschaft wohnen. In den mittleren Lebensphasen geht diese Nähe etwas zurück; ist aber in der Familienphase noch recht ausgeprägt; mehr als Zweidrittel können hier – räumlich betrachtet – auf die Unterstützung von Eltern zurückgreifen. In der älteren Lebensphase kehren sich die Unterstützungsbedarfe meist um; nun können mehr als zwei Drittel der Eltern auf Kinder in räumlicher Nähe zurückgreifen.

Unzureichend erfasst werden neben diesen generationenübergreifenden Netzwerken Paare – eventuell auch mit Kindern –, die aus beruflichen oder privaten Gründen an verschiedenen Wohnorten leben; diese Wohnform wurde inzwischen als ›living apart together‹ etikettiert. Auch die Lebenssituation von vielen

Auszubildenden bzw. Studierenden und die in vielen Branchen prekären Verhältnisse des Berufseinstiegs bringen formal separate Haushalte in enge finanzielle, materielle u. a. Austauschbeziehungen.

Jenseits der Binnenmigration gehen z. B. mit verschiedenen Formen der Pendelmigration oder allgemeiner der Transmigration unter Umständen komplexe Vernetzungen von Haushalten einher; neben verschiedenen Formen der Arbeitsmigration hat die Ruhestandsmigration (in beliebte Urlaubsregionen oder in die Herkunftsländer von Arbeitsmigranten) eine zunehmende Bedeutung (vgl. Mau 2007, S. 123 ff.) gewonnen. Insbesondere wenn sich diese Länder in den Lebenshaltungskosten und den sozialen und gesundheitlichen Sicherungssystemen deutlich unterscheiden, kommt es zu komplexen grenzübergreifenden Arrangements, indem die verfügbare Zeit von Haushaltsmitgliedern, verschiedenste Einkommensquellen und die in den verschiedenen Ländern zugänglichen Waren und Dienstleistungen nutzenoptimierend kombiniert werden. Die Daten des Transnationalisierungssurveys aus dem Jahre 2006 geben Auskunft über grenzüberschreitende Verwandtschaftsnetzwerke; so gaben 12 % bzw. 18 % der in der Bundesrepublik lebenden Befragten an, deutsche bzw. ausländische Verwandte im Ausland zu haben (S. 120f.).

Abschließend sollen die hier zusammengetragenen Momente der Veränderung von Haushaltsgrößen und -strukturen in ihrer Bedeutung für Prozesse und Strukturen der sozialen Ungleichheit analysiert werden. Hierbei lassen sich grundsätzlich keine gerichteten Zusammenhangsmuster ausmachen:

Große Haushalte haben auf der einen Seite ein größeres Umverteilungspotential von Einkommen. Umgekehrt können sich jedoch die Einkommensunterschiede zuspitzen, wenn in den einen Haushalten viele hohe Einkommen und geringe Risiken kumuliert werden und sich in anderen Haushalten eher niedrige Einkommen und hohe Risiken konzentrieren.

Die Zahl der Kinder kann gleichfalls ganz unterschiedliche Effekte haben; Kinder fungierten noch zu Beginn des 20. Jahrhunderts als eine wichtige Quelle der sozialen Sicherung; erst in den 1950er Jahren ist es gelungen, mit der Rentenreform das verbreitete Phänomen der Altersarmut zurückzudrängen. Grundsätzlich haben Kinder als Einkommensquelle erheblich an Bedeutung verloren. Die zunehmenden Kosten für die Versorgung und Sozialisation von Kindern bzw. Jugendlichen werden eher zu einer ökonomischen ›Belastung‹ von Haushalten. Der ›Nutzen‹ von Kindern wird gemeinhin eher im nicht-materiellen Bereich angesiedelt.

Auch die Zahl der Erwachsenen in einem Haushalt lässt kaum Aussagen über die soziale Situation zu. Bei Alleinerziehenden-Haushalten, die über ein überdurchschnittliches Armutsrisiko verfügen, stellt sich dieser Zusammenhang noch am ehesten dar. Hier schlägt sich jede Einschränkung im Humankapital und in dem Grad der Erwerbsbeteiligung unmittelbar im Haushaltsbudget nieder. Bei mehreren Erwachsenenpersonen kommt es auf die jeweiligen Kombinationen von Kapitalien und Erwerbsbeteiligung an; d. h. auch hier kann es sowohl zu einer Kompensierung als auch zu einer Zuspitzung von sozialen Unterschieden kommen.

2.4.4 Erwerbsarbeit und Haushaltsproduktion

In den einführenden Überlegungen zu diesem Kapitel wurde die Handlungslogik von Haushalten in der Begrifflichkeit der *new home economy* rekonstruiert. Eine für Haushalte zentrale Frage stellt die Allokation der im Haushalt verfügbaren Zeit dar. Entsprechend dem Modell in Abb. 2.70 muss insbesondere zwischen der Zeitverwendung in der Erwerbsarbeit und in der Haushaltsarbeit differenziert werden.

Diese Entscheidungen werden unter recht unterschiedlichen Kontextbedingungen getroffen. Die Haushalte bzw. Haushaltsmitglieder

- verfügen über unterschiedliche Ressourcen (insbesondere ökonomisches und kulturelles Kapital)
- haben unterschiedliche Chancen, Erwerbsarbeit aufzunehmen (z. B. strukturschwache Regionen) – das betrifft auch den Zugang zu Teilzeitbeschäftigungen,
- können in unterschiedlichem Maße auf private und öffentliche Transfers zurückgreifen (z. B. nicht abgesicherte Risiken bei Alleinerziehenden),
- können in unterschiedlicher Weise soziale Netzwerke (z. B. Nachbarschaft, Verwandtschaft) nutzen,
- können auf unterschiedliche sozialstaatliche Infrastrukturangebote (z. B. in der Kinderbetreuung) zurückgreifen.

Darüber hinaus spielen gesellschaftliche oder milieuspezifische Bilder von Normalformen der Arbeitsteilung eine nicht unwichtige Rolle; d. h. es finden sich unterschiedliche Skripte, nach denen sich Haushalte strukturieren. Im Folgenden sollen zunächst die vorherrschenden Strukturen der Arbeitsteilung in Haushalten beschrieben werden, um dann mögliche Ursachen dieser Teilungen zu analysieren.

	Gesamt		10 bis 17 J.		18 bis 29 J.		30 bis 44 J.		45 bis 64 J.		65 J. u. älter	
	männl.	weibl.	männl.	weibl.	männl.	weibl.	männl.	weibl.	männl.	weibl.	männl.	weibl.
Erwerbstätigkeit	3:19	2:09	00:21	00:14	3:55	3:12	5:16	3:13	4:20	2:56	00:19	00:11
Haushaltsführung, Familienarbeit	2:24	3:49	0:53	1:15	1:19	2:23	2:31	4:44	2:38	4:00	3:26	4:28
Summe	5:43	5:58	1:14	1:29	5:14	5:35	7:47	7:57	6:58	6:56	3:45	4:39

Quelle: Eigene Berechnung mit Daten aus Destatis: Zeitverwendungserhebung 2012/13

Abb. 2.86 Zeit für Erwerbsarbeit und Haushaltsproduktion nach Altersgruppen

2.4.4.1 Strukturen der Teilung von Erwerbsarbeit und Haushaltsproduktion

Aussagen über die Aufteilung der im Haushalt verfügbaren Zeit auf Erwerbsarbeit und Haushaltsproduktion können auf Basis von Daten zur Zeitverwendung gewonnen werden. Der im Rahmen der *new home economy* verwandte Begriff der Haushaltsproduktion ist jedoch recht weit gefasst. Für die folgenden Untersuchungen soll mit einem etwas engeren Verständnis von Haushaltsproduktion gearbeitet werden; dem Konzept der Zeitbudgetforschung folgend, soll darunter die für die Haushaltsführung und die Betreuung der Familie verwendete Zeit gefasst werden; das umfasst z. B. die Zubereitung von Mahlzeiten, die Instandhaltung von Haus und Wohnung, das Herstellen, Ausbessern und Pflegen von Textilien, Gartenarbeit, Pflanzen- und Tierpflege, Bauen und handwerkliche Tätigkeiten, Einkaufen und Inanspruchnahme von Fremdleistungen, Haushaltsplanung und -organisation, Kinderbetreuung, Unterstützung, Pflege und Betreuung von erwachsenen Haushaltsmitgliedern sowie die Wegezeiten, die für Haushaltsführung und Betreuung der Familie anfallen.

Betrachtet man die Durchschnittswerte wird in Deutschland die Erwerbsarbeit mehrheitlich noch von Männern erbracht, der Bereich der Haushaltsproduktion (im obigen Sinne) fällt durchschnittlich stärker den Frauen zu. Die Summe aus Erwerbszeit und Haushaltszeit liegt im Bevölkerungsdurchschnitt (der über 10-Jährigen) bei etwa 6 h für die Frauen und bei 5 ¾ Stunden für die Männer. Die Summe hat sich für Männer und Frauen seit der letzten Erhebung von 2001/02 nicht verändert. Bei den Männern hat sich der Erwerbsanteil – entgegen der öffentlichen Wahrnehmung sogar noch um wenige Minuten erhöht. Bei den Frauen ist es zu einer deutlichen Veränderung gekommen; so hatte damals die Haushaltsarbeit 4:14 und die Erwerbszeit nur 1:44 ausgemacht (vgl. Abb. 2.86).

In der altersspezifischen Verteilung wird erkennbar, dass die oben ermittelten Durchschnittswerte auf ganz unterschiedliche Belastungen der verschiedenen Altersgruppen zurückgehen. Während die unter 18-Jährigen noch relativ wenig

	Frauen insgesamt 15/16-60 Jahre	Verheiratete deutsche Frauen 30-39 Jahre	40-49 Jahre	Männer 15/16-60 Jahre
1882	37,5	9,1	9,8	95,5
1895	37,4	11,8	12,8	95,0
1907	45,9	25,7	28,9	95,2
1925	48,9	27,9	30,7	95,3
1933	48,0	29,2	31,7	93,9
1939	49,8	35,5	36,8	95,6
1950	44,4	26,0	26,8	93,9
1961	48,9	37,1	36,6	93,5
1970	49,6	39,2	41,6	91,1
1980	52,9	51,0	49,3	86,4
2009*	65,1			81,6
2019*	72,8	71,7/78,2	83,1/85,3	83,5

Bis 1939 Deutsches Reich, ab 1950 Bundesrepublik Deutschland, ab 1990 Gesamtdeutschland
* abweichende Altersgrenzen: 1. Spalte: 15-64 Jahre; 2. Spalte 30-35/35-40 Jahre; 3. Spalte 40-45/45-50 Jahre 4. Spalte 15-64 Jahre
Quelle: Willms (1983, S. 35 und 53), Destatis 2019

Abb. 2.87   Frauen-Erwerbsquoten 1882–2019

mit Erwerbs- wie mit Haushaltsarbeit belastet sind, steigt dieser Wert bei den 18–29-Jährigen etwa auf den Durchschnittswert. Die höchsten Aufwendungen für Haushalts- wie Erwerbsarbeit erbringen die 30–44- und in etwas geringerem Maße die 45–64-Jährigen. In dieser Phase ist die Verteilung des Gesamtvolumens zwischen Männern und Frauen recht gleichmäßig. Erst bei den über 64-Jährigen finden sich wieder deutlichere geschlechtsspezifische Unterschiede in der für Haushalts- und Erwerbsarbeit aufgewandten Gesamtzeit.

2.4.4.2 Erwerbsarbeit

Die Erwerbsstrategien von Männern und Frauen können über unterschiedliche Maßzahlen abgebildet werden: Bei der Erwerbsquote wird der Anteil der Erwerbspersonen (Erwerbstätige und Erwerbslose) an allen Personen im erwerbsfähigen Alter ermittelt; die Altersabgrenzungen variieren jedoch. Angesichts der zunehmenden Variation von Arbeitszeiten, die mit der Gegenüberstellung von Voll- und Zeitstellen nicht adäquat abgebildet werden kann, ist es sinnvoll, sich darüber hinaus für die Arbeitsvolumina (Zahl der geleisteten Arbeitsstunden) von Männern und Frauen zu interessieren.

In der historischen Perspektive wird deutlich, dass Frauen stets einen großen Anteil an der gesellschaftlich geleisteten Erwerbsarbeit hatten; langfristig hat dieser Anteil zugenommen (vgl. Abb. 2.87).

So stieg die Frauenerwerbsquote zu Beginn des 20. Jahrhunderts nach und nach an und erreichte noch vor dem Zweiten Weltkrieg die 50 %-Marke. In der Nachkriegszeit wurden (in Westdeutschland) sehr schnell wieder die Werte der 1930er Jahre erreicht – d. h. das männliche Alleinernährermodell war häufig

Arbeitsvol. (Mio.Std.)		1991	1995	2000	2004	2009	2014	2019
Arbeitsvol. (Mio.Std.)	Gesamt	60.408	58.226	58.595	56.783	57.471	59.827	62.596
Frauenanteil	Gesamt	36,7%	36,8%	37,4%	38,5%	39,6%	39,8%	40,3%
	West*	35,5%	36,2%	36,2%	37,7%			
	Ost*	42,0%	41,3%	42,3%	43,4%			

* Die Differenzierung nach Bundesländern geht auf die ältere Publikation mit geringfügig variierenden Gesamtzahlen zurück.
Quelle: Eigene Darstellung nach Wanger (2006, S. 47) und Wanger (2020, S. 111)

Abb. 2.88 Arbeitsvolumen (Voll-, Teilzeitarbeit und Nebentätigkeiten) aller Erwerbstätigen

durch den ›Zuverdienst‹ von Frauen flankiert. Auch in dem sogenannten ›golden age of marriage‹ waren ca. 40 % der verheirateten Frauen erwerbstätig. Zu einem weiteren Anstieg kommt es in den 1980er Jahren, inzwischen ist die Marke von 70 % überschritten.

In der DDR haben sich die Erwerbsquoten von Frauen und Männern deutlich weniger unterschieden; hatte der Unterschied in den 1960er Jahren noch bei 5–10 Prozentpunkten gelegen, verschwindet er seit den 1970er Jahren fast völlig. Nach der Wende kommt es zunächst zu einer rückläufigen Entwicklung; in den 1990er Jahren ging die Erwerbsquote von Frauen in den neuen Bundesländern bis auf 56 % zurück. Danach steigt sie wieder an und hat in den 2010er Jahren die 70 % Marke überschritten. Im Jahr 2019 lag die Erwerbsquote der 15–64-Jährigen in den neuen Bundesländern bei 78,8 % für die Männer und 74,7 % für die Frauen; in den alten Bundesländern waren es 80,9 und 72,4 %.

Die Erwerbsbeteiligung von Männern liegt im späten 19. und in der ersten Hälfte des 20. Jahrhunderts stets bei mehr als 95 %. Danach ist sie rückläufig und ging um die Jahrtausendwende zeitweilig auf unter 80 % zurück. Die Hintergründe dieser Entwicklung liegen in längeren Ausbildungszeiten und der so genannten ›Frühverrentungspolitik‹, mit der in den 1980er und 90er Jahren der Massenarbeitslosigkeit entgegengewirkt werden sollte. Es kommt jedoch zu einer Trendumkehr im Zusammenhang der Begrenzung von Vorruhestandsregelungen und der Erhöhung des gesetzlichen Renteneintrittsalters.

Die Erwerbsquote gibt darüber Auskunft, in welchem Maße die Arbeits- und Lebensbedingungen von Männern und Frauen von Erwerbsarbeit (oder der Orientierung auf Erwerbsarbeit) geprägt sind, in welchem Maße sie Erwerbseinkommen beziehen und Erfahrungen im Feld der bezahlten Arbeit machen. Bei der Berechnung der Quoten wird jedoch nicht nach dem Grad der Erwerbsbeteiligung unterschieden. Diese Informationen können über eine Analyse der Arbeitsvolumina gewonnen werden (vgl. Abb. 2.88).

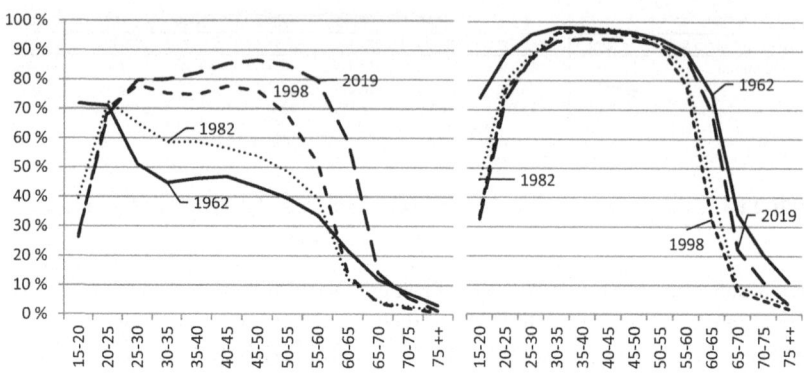

Frauen links, Männer rechts
Quelle: Eigene Darstellung nach Daten aus Schulz (2000) und Destatis 2019

Abb. 2.89 Altersspezifische Erwerbsquoten im zeitlichen Verlauf

Die Arbeitsvolumina aller Erwerbstätigen lagen 2019 in Deutschland bei mehr als 62 Mrd. Stunden; gegenüber 1991 ist ein Zuwachs zu verzeichnen. Der Frauenanteil an der Summe der gesellschaftlich geleisteten Erwerbsarbeit ist in diesem Zeitraum kontinuierlich angestiegen, von 37 % auf über 40 %. Das Auseinanderfallen zwischen der doch weitgehend angenäherten geschlechtsspezifischen Erwerbsquote und den geschlechtsspezifischen Anteilen am Erwerbsvolumen geht auf die ungleiche Verteilung von Vollzeit, Teilzeit und Nebentätigkeiten zurück. Dabei besteht jedoch ein erheblicher Ost-West-Unterschied, der leider nur bis 2004 im Datenmaterial abgebildet wird.

Alle hier angeführten Daten zur Erwerbsbeteiligung unterscheiden sich erheblich nach dem Lebensalter. Dies soll am Beispiel der Erwerbsquoten genauer aufgezeigt werden (vgl. Abb. 2.89).

Am Erwerbsverlauf der Männer wird zum einen erkennbar, wie sich mit den längeren Ausbildungszeiten der Berufseinstieg verschiebt; die Veränderungen sind insbesondere zwischen 1962 und 1982 zu verorten; setzen sich aber auch danach fort. Zum anderen zeigt sich am Ende des Erwerbslebens, dass die Männer 1982 und 1988 weitaus früher aus dem Erwerbsleben ausscheiden als 1962; in der Prognose wird davon ausgegangen, dass die Erwerbsquoten in den jüngeren Jahren wieder etwas zunehmen und das Erwerbsleben wieder länger währt. Die 1962 noch bedeutsamen Erwerbsquoten der über 65-Jährigen (65–70: 15 %; 70–75 5 %; 75 und älter: 2,5 %) werden jedoch 2019 nicht wieder erreicht.

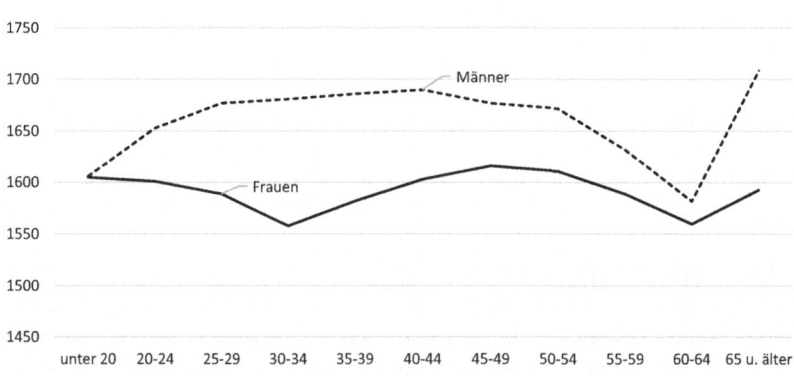

Quelle: Eigene Darstellung mit Daten aus Wanger (2020, S. 81), IAB-Arbeitszeitrechnung

Abb. 2.90 Jahreserwerbsarbeitszeit und Lebensalter

Der Erwerbsverlauf von Frauen zeichnete sich 1962 durch einen frühen Berufseinstieg aus; mehr als 70 % der unter 25-Jährigen sind erwerbstätig; danach fällt die Erwerbsquote stark zurück; zwischen 35 und 45 Jahren gibt es einen gewissen Wiederanstieg; danach geht die Quote kontinuierlich zurück. Ähnlich wie bei den Männern findet sich aber auch im hohen Altersbereich eine nennenswerte Erwerbstätigkeit. 1982 hat sich der Berufseinstieg verschoben; der dann folgende kontinuierliche Rückgang bewegt sich lange auf weit höherem Niveau. 1998 und 2019 hat sich der Verlauf weitgehend verändert; es findet sich nach der Berufseinstiegsphase eine zahlenmäßig relativ stabile Erwerbsphase bis etwa zum 55. Lebensjahr, in der die Erwerbsbeteiligung zwischen 70 und 80 % liegt.

Verglichen mit den Erwerbsquoten zeigt der altersspezifische Verlauf der Jahreserwerbsarbeitszeit eine etwas andere Gestalt (vgl. Abb. 2.90).

Die in männlichen wie in weiblichen Erwerbsverläufen beobachtbare Plateauphase verschwindet; es zeigt sich vielmehr ein zwischen etwa 35 und 49 Jahren ausgeprägtes Maximum, das jedoch bei den Männern ein höheres Volumen beinhaltet; bis zu diesem Maximum steigt das Arbeitsvolumen von Männern und Frauen allmählich an; danach geht es auch bei Männern stark zurück. Während bei Männern Teilzeitbeschäftigung nach wie vor nur eine sehr untergeordnete Rolle spielt, kommt ihr bei Frauen eine größere Bedeutung zu. Zwischen dem 20. und 55. Lebensjahr wird von Frauen ein relativ konstantes Arbeitsvolumen im Rahmen von Vollzeittätigkeiten erbracht; die altersspezifischen Variationen im Arbeitsvolumen der Frauen gehen in dieser Phase fast ausschließlich auf die unterschiedlichen Volumina der Teilzeitbeschäftigung zurück; sie erreichen zwischen 30 und 34 Jahren ein Maximum.

In der Zusammenschau dieser Entwicklungstrends ist festzustellen, dass es, wie die Annäherungen der Erwerbsquote von Männern und Frauen zeigen, zu einer Angleichung der Erwerbsorientierung gekommen ist. Umgekehrt zeugen die nach wie vor differenten Arbeitsvolumina vom Fortbestand geschlechtsspezifischer Ungleichheiten.

2.4.4.3 Haushaltsproduktion

Im Unterschied zu dem eingangs im Kontext der *new home economics* eingeführten weiten Bereich der Haushaltsproduktion soll Haushaltsproduktion hier im engeren Sinne auf die Produkte und Dienstleistungen bezogen werden, die im Haushalt hergestellt werden. Die Haushaltsproduktion ist im Rahmen verschiedener Forschungsrichtungen von Interesse: In der Wohlfahrtsforschung interessiert man sich für die gesellschaftlichen Leistungen, die nicht in den Bilanzen der amtlichen Statistik, z. B. im Bruttoinlandsprodukt enthalten sind. In der Geschlechterforschung geriet die Haushaltsproduktion in den Blick, um jene (insbesondere frauenspezifischen) Arbeitssphären zu analysieren, die jenseits der klassischen Erwerbsarbeit liegen. In Forschungen zur informellen Ökonomie und zur Schattenwirtschaft interessiert die Haushaltsproduktion, neben z. B. der Schwarzarbeit, als legaler Teil der informellen Ökonomie. Zudem fungiert die Haushaltsproduktion als wichtiges Beschäftigungssegment von ›illegalen‹ Arbeitsmigrant_innen. In internationalen Forschungen zur Subsistenzproduktion wird die Haushaltsproduktion zu einem zentralen Forschungsgegenstand. All diesen Forschungsansätzen liegt, soweit sie überhaupt explizit mit diesem Begriff arbeiten, ein je anderes Verständnis von Haushaltsproduktion zu Grunde.

Im Folgenden soll von einer Bestimmung ausgegangen werden, die dem Kontext der Wohlfahrtsforschung entstammt und von Wolfgang Glatzer vorgeschlagen wurde:»Der Begriff der Haushaltsproduktion bezeichnet Leistungen, das sind Güter, Dienste und immaterielle Wohlfahrtserträge, die Privathaushalte und Familien in Eigenarbeit, Selbsthilfe und gegenseitiger Unterstützung erbringen. Beispiele reichen von der alltäglichen Hausarbeit bis zum Hausbau in Selbsthilfe, von der familiären Kinderbetreuung bis zur häuslichen Krankenpflege. Der Begriff der Haushaltsproduktion bezieht sich sowohl auf die Prozesse, in denen diese Leistungen erstellt werden, als auch auf die Ergebnisse dieser Prozesse« (1986, S. 10). Neben der unmittelbaren Haushaltsproduktion verweist Glatzer auch auf die »immateriellen Wohlfahrtserträge (…) durch die Nutzung von Gütern und Diensten, durch die Verfügbarkeit der Güter und Dienste, durch den Eigenwert – die ›process benefits‹ – der Haushaltstätigkeiten und durch die

Zugehörigkeit zu einer sozialen Gruppe, die durch gemeinsames Wohnen und Wirtschaften mehrerer Personen gekennzeichnet ist« (ebd.).

Von Netzwerkhilfe ist auszugehen, wenn die ›Haushaltsproduktion‹ (nicht marktvermittelt) von Personen außerhalb des Haushalts (soziales Netzwerk) geleistet wird oder wenn die Leistungen Personen außerhalb des Haushalts (soziales Netzwerk) zugutekommen. Das ist der Fall, wenn jemand Nachbarn bei der Renovierung des Hauses unterstützt oder umgekehrt von diesen Hilfe erhält.

Der Prozess der Haushaltsproduktion kann analog einem betrieblichen Produktionsprozess modelliert werden (vgl. Abb. 2.91).

Dem Produktionsprozess muss ein gewisses Kapital vorausgesetzt werden, das für die Vorprodukte, die in den Prozess der Haushaltsproduktion eingehen, investiert wird. So müssen z. B. Nahrungsmittel (rohes oder tiefgefrorenes Gemüse) gekauft werden. Zudem müssen einfache oder komplexe Geräte (z. B. ein Herd) vorhanden sein. Schließlich muss eine bestimmte Menge an Zeit zur Verfügung stehen, in denen einzelne Haushaltsmitglieder ihre Arbeitskraft verausgaben können. Je nach Vorprodukten muss mehr oder weniger Arbeitszeit investiert werden. Am Ende steht dann ein Produkt oder eine Dienstleistung. Analog zur gewerblichen Produktion stellt die Haushaltsproduktion eine erhebliche Gefahrenquelle dar; während es im gewerblichen Bereich in einem langwierigen Prozess gelungen ist, das Risiko von Arbeitsunfällen erheblich zurückzudrängen, gilt dies für den Haushaltsbereich weitaus weniger; die Zahl der im Haushalt getöteten Personen übersteigt mittlerweile die Zahl der Verkehrstoten.

Auch die Weitergabe kultureller Kapitalien im Haushalt kann als ein solcher Produktionsprozess begriffen werden, in dem mit Hilfe von Zeit, Vorprodukten (Noten) und Geräten (Klavier) aus einem am Instrument ungeübten Kind ein

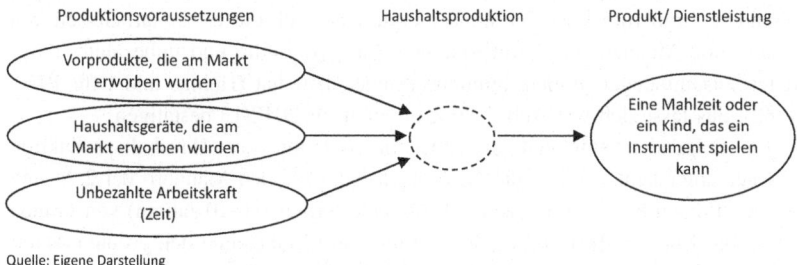

Quelle: Eigene Darstellung

Abb. 2.91 Prozess der Haushaltsproduktion

geübtes Kind wird. Damit wird deutlich, dass die Weitergabe kulturellen Kapitals im Haushalt nicht unbedingt gratis erfolgt. »Das beste Maß für kulturelles Kapital ist zweifellos die Dauer der für seinen Erwerb aufgewendeten Zeit. D. h., die Umwandlung von ökonomischem in kulturelles Kapital setzt einen Aufwand an Zeit voraus, der durch die Verfügung über ökonomisches Kapital ermöglicht wird. Oder, genauer gesagt, das kulturelle Kapital, das in Wirklichkeit ja in der Familie weitergegeben wird, hängt nicht nur von der Bedeutung des in der häuslichen Gemeinschaft verfügbaren kulturellen Kapitals ab, das nur um den Preis der Verausgabung von Zeit akkumuliert werden konnte, es hängt vielmehr auch davon ab, wie viel nutzbare Zeit (vor allem in Form von freier Zeit der Mutter) in der Familie zur Verfügung steht, um die Weitergabe des Kulturkapitals zu ermöglichen und einen verzögerten Eintritt in den Arbeitsmarkt zu gestatten. Das in der Familie verfügbare ökonomische Kapital spielt dabei eine entscheidende Rolle« (Bourdieu 1983, S. 196 f.).

Struktur und Umfang der Haushaltsproduktion

Die unbezahlte Reproduktionsarbeit in Haushalten stellt gesamtwirtschaftlich betrachtet einen wichtigen Wirtschaftssektor dar; Giddens führt Schätzungen an, nach denen 25–40 % der in Industrieländern erwirtschafteten Produkte und Dienstleistungen im Bereich der Hausarbeit erwirtschaftet werden (1997, S. 355). In der Jahresperspektive kumuliert sich die bezahlte Arbeit auf 56 Mrd. (inklusive der Wegezeiten auf 66 Mrd.) Stunden, während die unbezahlte Arbeit 96 Mrd. Stunden ausmacht (Schäfer 2004, S. 259). Je nach Berechnungsweise machte die unbezahlte Arbeit 2001 zwischen 40 und 79 % des Bruttoinlandsprodukts aus (S. 268).

Trotz der wachsenden Erwerbsbeteiligung von Frauen hat sich an der Arbeitsteilung bei der Reproduktionsarbeit in den letzten Jahrzehnten recht wenig verändert. Immerhin lässt sich konstatieren, dass sich die Gesamtarbeitszeit von Frauen und Männern im erwerbsfähigen Alter (bezahlte und unbezahlte Tätigkeiten zusammengenommen) zumindest angenähert hat (Heinze und Offe 1990, S. 30); das lässt sich wie Abb. 2.86 zeigt auch für 2012/13 bestätigen.

Im Folgenden soll nun die Zusammensetzung der Haushaltsproduktion genauer untersucht werden; die Gesamtzeit hatte bei den Männern bei 2:24 und bei den Frauen bei 3:49 h gelegen. Im Lebensverlauf (ab 10 Jahren) von Frauen macht die Küchenarbeit und die Zubereitung von Mahlzeiten den größten Anteil aus; hinzukommen die Zeiten für den Einkauf. Die sind zusammen etwa 1,5 Std.; bei den Männern sind dies weniger als 1 Std. Bezogen auf die gesamte Bevölkerung und die gesamte Lebensspanne entfallen dann ca. 20 Min. bzw. ca. 10 Min. auf die Betreuung und Pflege von Kindern bzw. von erwachsenen

Geschlecht / Tätigkeit	Gesamt		Ausübende		10 bis 17 J.		18 bis 29 J.		30 bis 44 J.		45 bis 64 J.		65 J. u. älter	
	M	F	M	F	M	F	M	F	M	F	M	F	M	F
Zuber v. Mahlz. Küchenarbeit	0:24	0:55	0:46	1:12	0:07	0:12	0:15	0:27	0:23	0:54	0:27	1:00	0:37	1:21
Einkauf, Behördengänge	0:30	0:38	1:08	1:14	0:13	0:19	0:18	0:29	0:25	0:37	0:33	0:42	0:44	0:45
Betreuung/ Pflege von Kindern	0:08	0:18	1:19	1:58	-	-	0:03	0:18	0:27	1:06	0:04	0:05	-	-
Betreuung/ Pflege von Erwachs.	0:01	0:01	0:56	0:51	0:01	-	-	-	-	0:01	0:01	0:02	0:02	0:02
Instandhaltung der Wohnung	0:19	0:35	0:55	1:00	0:08	0:11	0:09	0:18	0:19	0:37	0:20	0:40	0:29	0:45
Wäschepflege/ reparatur	0:03	0:20	0:35	0:57	-	0:01	0:01	0:07	0:04	0:20	0:04	0:26	0:04	0:29
Garten, Pflanzen-Tierpflege	0:20	0:20	1:23	1:07	0:07	0:09	0:06	0:10	0:14	0:18	0:24	0:25	0:35	0:26
Handwerkliche Arbeiten	0:10	0:03	1:25	1:00	0:02	-	0:06	0:04	0:09	0:03	0:13	0:02	0:14	0:02

Quelle: Eigene Berechnungen nach Daten der Zeitverwendungserhebung 2012/13 des Statistischen Bundesamtes

Abb. 2.92 Haushalts- und Familienaktivitäten nach Geschlecht und Altersgruppen

Angehörigen. Für Viele stellen sich diese Aufgaben nur in bestimmten Lebensphasen; in der dritten und vierten Spalte ist zu ersehen, wie sich das für die jeweils betroffenen Männer und Frauen darstellt. Bei der Betreuung von Kindern ist der Geschlechterunterschied deutlich erkennbar; bei der Betreuung von Erwachsenen, oft von Partner_innen, sind die Verhältnisse weitgehend ausgeglichen. Deutliche Unterschiede gibt es beim Putzen und Waschen, während die Gartenarbeit eher ausgeglichen ist. Die Summe der hier aufgeführten Arbeiten erreicht nicht die in Abb. 2.86 angegebenen Werte, da die sonstigen Arbeiten und anteilige Wegezeiten nicht dargestellt wurden.

In der altersspezifischen Aufschlüsselung wird deutlich, wie sich die Haushaltsproduktion genauer differenziert (vgl. Abb. 2.92). Bei den unter 25-Jährigen spielt Haushaltsarbeit keine große Rolle; die Jugendlichen bzw. jungen Erwachsenen wohnen zum Teil noch im elterlichen Haushalt und greifen auf die Hausarbeit z. B. ihrer Väter und vor allem Mütter zurück. In der Verteilung wird jedoch erkennbar, dass diese den Beträgen nach geringe Haushaltsarbeit in weitaus höherem Maße von Frauen als von Männern erbracht wird. Bei der Zubereitung von Mahlzeiten oder bei der Instandhaltung des Haushalts weisen sie doppelt so hohe Zeiten wie die Männer dieser Altersgruppe auf. Auch die Betreuung von Kindern wird weitgehend den Frauen aufgebürdet. In der Altersgruppe von 25–45 Jahren nimmt mit der Gründung eigener Haushalte und mit der Geburt von Kindern

der Umfang der Haushaltsarbeit erheblich zu. Während die Männer 93 min übernehmen, sind es bei den Frauen 250 min. Besonders starke Ungleichgewichte
finden sich in der Kinderbetreuung, der Zubereitung von Mahlzeiten und bei der
Instandhaltung und der Wäschepflege (vgl. Kaufmann 1994).

Auch in der folgenden Altersgruppe (45–65 Jahre) geht das von Frauen aufgewandte Volumen kaum zurück, obwohl die Kinderbetreuungszeiten rückläufig
sind – dieser Effekt wird verschiedentlich als ›Haushaltsparadox‹ bezeichnet, ein
Prozess, bei dem Zeitersparnisse durch die Steigerung von Ansprüchen kompensiert werden. Die Investitionen der Männer nehmen um mehr als 30 % zu
und erreichen die Hälfte der von Frauen aufgewandten Zeit. Auch in der ältesten
Gruppe bleibt das häusliche Arbeitsvolumen der Frauen konstant; das der Männer
steigt weiter an und erreicht etwa zwei Drittel des Volumens der Frauen.

Veränderungen der Haushaltsproduktion

Die gesellschaftliche Reproduktionsarbeit unterlag, wie bereits dargestellt, in den
letzten Jahrhunderten weitreichenden Veränderungen. Auch der bei den Haushalten verbleibende Teil dieser Arbeit hat sich erheblich modifiziert. Wenn man
noch einmal das oben entwickelte Produktionsmodell für die Haushaltsproduktion
(vgl. Abb. 2.91) anschaut, so variieren sowohl die Produktionsvoraussetzungen
wie die herzustellenden Produkte und Dienstleistungen. Wichtige Veränderungen vollzogen sich: bei den Infrastrukturen, so bei der Versorgung der Haushalte
mit fließendem (später auch warmem) Wasser; bei der Versorgung mit Gas und
Elektrizität bzw. mit anderen Brennstoffen; bei den Haushaltsgeräten durch den
Einsatz größerer Haushaltsmaschinen im Bereich des Waschens und Konservie-
rens, später des Spülens oder den Einsatz von Kleingeräten (Staubsauger, Mixer
etc.). Zudem haben sich die Vorprodukte erheblich verändert; man kann auf standardisierte und aufbereitete Nahrungsmittel zurückgreifen, die Haltbarkeitsdauer
hat sich verlängert, es sind Fertigprodukte und Fertiggerichte erhältlich. Diese
Veränderungen setzten jedoch mitunter erst sehr spät ein; so ist für Deutschland
davon auszugehen, dass z. B. die Versorgung mit Nahrungsmitteln erst ab den
1950er Jahren mehrheitlich über die kapitalistische Warenproduktion erfolgte.
Bis dahin war auch im städtischen Bereich die Nahrungsmittelversorgung aus
dem eigenen Garten oder durch Direktbezug von Verwandten bzw. Bauern vorherrschend gewesen (vgl. Lutz 1989). Im hauswirtschaftlichen Bereich geht die
Haushaltsproduktion leicht zurück, während sie im Bereich der Kinderbetreuung
deutlich zunimmt (Fuchs 2005, S. 418).

Viele der oben beschriebenen Veränderungen wurden aus männlicher Perspektive als ›Erleichterung‹ der Reproduktionsarbeit verstanden; zugleich ist mit

der Verfügbarkeit von technischen Apparaten und differenzierten Nahrungsmitteln aber auch der Standard der Reinlichkeit (Wäschewechsel) gestiegen oder
es haben sich – zumindest in einigen sozialen Milieus – die Ansprüche an die
Diversität und Originalität von Mahlzeiten erhöht. Die Anforderungen z. B. an die
Erziehungs- und die Beziehungsarbeit, die mehrheitlich von Frauen geleistet wird,
sind erheblich gewachsen. Auch an die Gestaltung des häuslichen Ambientes werden vielfach höhere Anforderungen gestellt. Schließlich hat die durchschnittlich
erheblich höhere Lebenserwartung – verbunden mit der Einrichtung der Pflegeversicherung – den Bereich der haushaltlichen Pflegetätigkeit ausgeweitet, wobei hier
zunehmend professionelle Pflegekräfte einbezogen werden (Fuchs 2005, S. 427).

Die mit den neuen Technologien und Dienstleistungen verbundenen ›Neben-
kosten‹ im Bereich der Informations- und Sucharbeit oder der Wartung sind nicht
zu unterschätzen. So vollzieht sich in nicht wenigen Bereichen eine Verschiebung von Tätigkeiten aus dem Produktions- und Dienstleistungssektor auf den
›arbeitenden Kunden‹. Durch diese vom Kunden übernommenen Arbeiten entfallen für die beteiligten Unternehmen nicht unerhebliche Kosten, die bislang an
verschiedenen Schnittstellen anfielen. An diesen Beispielen wird deutlich, dass
insbesondere die Flexibilität der in Haushalten verrichteten Arbeiten eine wichtige Eigenschaft der Haushaltsproduktion ist; dem soll im Weiteren nachgegangen
werden.

Die Spezifika der Haushaltsproduktion

Haushaltsproduktion ist – den Darstellungen Glatzers (1986 und 2001) folgend – als Teil der gesellschaftlichen Wohlfahrtsproduktion zu begreifen, indem
hier wohlfahrtsstaatliche Leistungen, marktwirtschaftliche Güter bzw. Leistungen und Leistungen von intermediären Assoziationen (Vereine, Gewerkschaften,
Verbände, Religionsgemeinschaften etc.) kombiniert und durch eigene Haushaltsarbeit ergänzt werden.

Im Gegensatz zu den marktorientierten, den öffentlichen oder den interessen-
bezogenen Leistungen der anderen Akteure zeichnet sich die Haushaltsproduktion
durch ihren Personenbezug aus. Sie wird »nicht für abstrakte Konsumenten
erstellt, sondern jeweils für ganz bestimmte Personen, d. h. Angehörige des eigenen Haushalts oder des informellen Netzwerks. Folglich entscheidet über die
Zugänglichkeit dieser Erzeugnisse nicht die Kaufkraft (wie bei privaten Gütern)
oder etwaige Rechtsansprüche (wie bei öffentlichen Gütern), sondern die Zugehörigkeit zu einem bestimmten Lebenszusammenhang. Aufgrund der sozialen
Beziehung zwischen Herstellern und Verbrauchern haben die personenbezogenen Güter oft einen situativen Stellenwert bzw. eine besondere symbolische

Bedeutung« (Glatzer 2001, S. 297). Haushalte zeichnen sich durch ihre Flexibilität aus; sie stellen »viele ungleiche Produkte in kleiner Menge her« und nehmen dabei eine geringere Produktivität in Kauf (Glatzer 1986, S. 13) – eine Produktionsweise, die insbesondere nach der fordistischen Logik mit einer Gewinnorientierung nicht vereinbar ist. Dabei produziert die Haushaltsarbeit durchaus einen Mehrwert; dieser liegt aber eher im emotionalen und sozialen Bereich. Haushaltsarbeit ist immer auch Beziehungsarbeit, Gefühlsarbeit, Reproduktionsarbeit. Viele Leistungen haben über ihren Gebrauchswert hinaus einen immateriellen Wohlfahrtsertrag; sie ermöglichen die Befriedigung multipler Bedürfnisse – damit wird eine Erklärung des Haushaltsparadoxes möglich. »Die exclusiven Güter der privaten Haushalte haben im Grunde keine natürlichen Knappheitsgrenzen; es gibt mannigfache Möglichkeiten einen Haushaltsführungs- und Lebensstil ›individuell‹ zu gestalten. (…) Man könnte deshalb in den exclusiven Haushaltsgütern eine individuelle Ausweichmöglichkeit sehen, um die Auswirkungen der Knappheit der Positionsgüter zu mildern« (S. 17).

Netzwerkhilfe

Die jenseits der Haushaltsgrenzen erfolgende Netzwerkhilfe lässt sich als eine Arbeitsteilung zwischen Haushalten begreifen. Dabei werden die Beziehungen zwischen den Haushalten durch Verwandtschaften, Nachbarschaften, Freundschaften etc. hergestellt. Sie können aber, wie die Arbeit von Tauschringen oder Repair-Cafés zeigt, auch gezielt vermittelt werden. Die hier benannten Beziehungsformen umfassen ein weites Spektrum; während Verwandtschaftsbeziehungen immer auch einen verpflichtenden mitunter sogar einen Zwangscharakter haben, handelt es sich bei Freundschaftsbeziehungen eher um Beziehungen, die auf freiwilliger Basis eingegangen werden, die aber damit auch der Pflege und der (wechselseitigen) Investition bedürfen.

Die Größe der sozialen Netzwerke ist neben dem Alter insbesondere vom Geschlecht und der Bildung abhängig (Schmitt 2005, S. 444 f.); vor allem Personen ohne Schulabschluss weisen deutlich kleinere Netzwerke auf. Für die Analyse der Sozialstruktur ist insbesondere von Interesse, welcher Einfluss diesen Netzwerken für soziale Differenzierung zukommt; können sie bestehende Ungleichheiten kompensieren oder stellen sich eher umgekehrt verstärkende Effekte ein. Diewald kommt in seinen Untersuchungen zur Netzwerkhilfe zu dem Schluss, dass keine erheblichen Unterschiede nach Schichtungskriterien zu verzeichnen sind. »Entgegen der These, daß informelle Hilfeleistungen einen gewissen Ausgleich für mangelnde Kaufkraft schaffen, erweisen sich vor allem die höher Gebildeten und die einkommensstärkeren Gruppen als die etwas aktiveren. Dies gilt insbesondere für Hilfen für Freunde« (1986, S. 75). Auch die weithin verbreitete These, dass Netzwerkhilfe ein Spezifikum ländlicher Räume sei, läßt sich nicht bestätigen. Mit Ausnahme von Hilfeleistungen im baulichen Bereich kann gezeigt werden,»daß weder die in der Großstadtkritik vielfach behauptete Auflösung sozialer Beziehungen noch die Idealisierung ländlicher Gegenden als Stätte gemeinschaftlicher Beziehungs- und Hilfesysteme mit den vorliegenden Daten nachvollzogen werden können« (S. 76). In späteren Untersuchungen kann der Befund zum Zusammenhang von Bildungsniveau und sozialem Kapital bestätigt werden. Diewald und Lüdicke kommen zu dem Ergebnis, dass Bildung einen starken Einfluss auf das Sozialkapital ausübt, die verschiedenen Kapitalien somit»keineswegs unabhängig voneinander existieren, sondern gerade die erworbenen Beziehungen baut man mit Bildung, Geld und Status leichter auf als ohne. Vor allem aber substituiert das Vorhandensein von Sozialkapital in keinerlei Hinsicht für [sic] das Fehlen anderer Kapitalien« (2007, S. 35).

2.4.5 Raumbezogene Entscheidungen: Lokalisierung, Migration

Im Handlungsspektrum von Haushalten spielen raumbezogene Entscheidungen – z. B. die Verlagerung des Haushaltsmittelpunktes innerhalb oder außerhalb von Landesgrenzen – eine wichtige Rolle. Sozialstrukturell sind diese Entscheidungen zum einen von Interesse, indem damit die Ressourcen der Haushalte modifiziert, indem die Möglichkeiten der Erwerbsarbeit und der Haushaltsproduktion verändert werden. Zum anderen sind diese raumbezogenen Entscheidungen sozialstrukturell bedeutsam, indem ihr Aggregat den Verhältnissen sozialer Ungleichheit einen bestimmten räumlichen Ausdruck gibt; so kumulieren in einem Land, einer Region oder einem Stadtteil bestimmte soziale Problemlagen, während sich in anderen Bereichen Wohlstandseffekte häufen. Dadurch entstehen regional oder lokal erhebliche soziale Disparitäten, die entweder ein Potential sozialer Konflikte sein können, die aber umgekehrt auch zu deren Moderierung beitragen, indem gute und schlechte Soziallagen räumlich separiert werden. Auch jenseits der Entscheidung über den Ort des Haushaltes treffen Haushalte wichtige raumbezogene Entscheidungen, indem sie sich bei der Arbeitssuche und bei der Ausübung von Erwerbsarbeit, bei der Suche nach Partnern, bei der Pflege sozialer Netzwerke, bei der Wahl von Ausbildungsstellen an unterschiedlichen räumlichen Horizonten orientieren und dabei ihre Möglichkeitsräume beeinflussen.

Zwischen dem physikalischen und dem sozialen Raum kommt es zu engen Beziehungen:»So bringt sich die Struktur des Sozialraums in den verschiedensten Kontexten in Gestalt räumlicher Oppositionen zum Ausdruck, wobei der bewohnte (bzw. angeeignete) Raum wie eine Art spontane Symbolisierung des Sozialraums funktioniert. In einer hierarchisierten Gesellschaft gibt es keinen Raum, der nicht hierarchisiert wäre und nicht Hierarchien und soziale Abstände zum Ausdruck brächte. Dies allerdings in mehr oder minder deformierter Weise und durch Naturalisierungseffekte maskiert, die mit der dauerhaften Einschreibung sozialer Wirklichkeiten in die natürliche Welt einhergehen. Von der geschichtlichen Logik erzeugte Differenzen können solcherart als in der Natur der Dinge liegend erscheinen (man denke etwa an die Idee der ›natürlichen Grenzen‹)« (Bourdieu 1997c, S. 160).

Zu den wichtigsten raumbezogenen Entscheidungen ist die Wahl des Wohnortes zu rechnen: im Sinne grenzüberschreitender Migrationsprozesse, im Sinne der Binnenmigration oder im Sinne einer Entscheidung für ein ländliches oder städtisches Wohnumfeld bzw. für unterschiedliche Wohnquartiere in einer Stadt. Jede dieser Entscheidungen hat weitreichende Folgen für die Kapitalien des Haushalts bzw. seiner einzelnen Mitglieder und ihre Reproduktionsmöglichkeiten. Es erscheint sinnvoll, Migration nicht nur auf die Frage der Grenzüberschreitung zu beschränken; Menschen migrieren über kurze oder weite Strecken, um überleben zu können, um Kriegen und Krisen zu entgehen, um Arbeit zu bekommen, um Schutz, bessere Lebensumstände oder mehr Sicherheit etc. zu finden.

Grenzen sind dabei sekundär, sie können stets mit mehr oder weniger großem Aufwand überwunden werden; sie sind eher ein Kostenfaktor. Grenzen sind politische und soziale Konstrukte, damit fungieren sie oft auch als Wahrnehmungsgrenzen und als Ausschluss- oder Stoppregeln in Diskursen. Sie spielen für die Herausbildung von Nationalstaaten eine wichtige Rolle und hängen eng mit (nationalen) politischen Vorstellungswelten zusammen. Man sollte sich jedoch von den oft martialischen Grenzpolitiken nicht blenden lassen; es geht nicht um Grenzsicherung, sondern eher um Selektion. So ist zu beobachten, dass trotz der aufwändigen Überwachung der östlichen wie der südlichen Grenzen der EU manche Migrant_innen diese vergleichsweise umstandslos passieren können; d. h. es gibt immer Migrantengruppen, an denen besondere Interessen bestehen: z. B. Arbeitskräfte im Bereich der Haushaltsdienstleistungen und der Pflege, Saisonarbeitskräfte in der Landwirtschaft etc., aber auch die so genannten *high potentials*. »Angesichts der erheblichen regionalen Disparitäten zwischen Staaten ist die Möglichkeit zur Migration zu einer Ressource geworden, die durch die Grenzregulation von Nationalstaaten massiv in ihrem Wert und ihrer Zugänglichkeit beeinflußt wird« (Weiß 2010, S. 374).

Migration wird über die räumlichen Aspekte nur unzureichend abgebildet; es geht um weitaus mehr als um Ortveränderungen: es geht um soziale Auf- und Abstiege, es geht um kulturelle Veränderungen etc. So betrachtet haben

Migrant_innen, die aus ärmeren ländlichen Räumen in mehr oder weniger reiche städtische Metropolen kommen, viele Ähnlichkeiten mit ›Einheimischen‹, die dieselbe Reise durchmachen. In historischer Perspektive ist von einem Bedeutungsverlust des physikalischen Raums und räumlicher Grenzziehungen ausgehen. Dazu tragen insbesondere technologische und ökonomische Veränderungen bei: Möglichkeit und Kosten des physischen Verkehrs von Personen und Waren, die Entwicklung von Massenmedien und individuellen Kommunikationsmedien etc. Dennoch behalten Räume und Grenzziehungen – und Nationalstaaten – scheinbar hartnäckig ihre Funktion als Wirklichkeitsgeneratoren oder Wirklichkeitsabgrenzer.

2.4.5.1 Grenzüberschreitende Migration

Die Bedeutung grenzüberschreitender Migrationsprozesse für die Haushalte soll hier am Beispiel der Arbeitsmigration der 1960er und 1970er Jahre nachgezeichnet werden. Mit dem Begriff der ›Arbeitsmigration‹ oder mit dem ›Familiennachzug‹ wird nur sehr unzutreffend beschrieben, in welcher Weise Migrationsprozesse die Lebenslage von Haushalten verändern. Die Kategorien des hier verwandten Haushaltsmodells lassen sich nutzen, um zu einer differenzierteren Beschreibung grenzüberschreitender Migrationsprozesse zu kommen. In der Kapitalausstattung des Haushaltes kommt es mit der Migration in einen anderen nationalgesellschaftlichen Rahmen zu einer völligen Neubewertung der Kapitalien aller Haushaltsmitglieder (vgl. zur Raumbezogenheit von Ressourcen Weiß 2010, S. 368):

Kapitalien wie der Besitz von Boden oder eines Hauses sind nicht transferierbar; auch ein Verkauf ist oft nur mit finanziellen Verlusten möglich. Kapitalien in Geldform unterliegen durch Wechselkurse oft einer hohen Entwertung.

Wichtige Bestandteile des kulturellen Kapitals wie Schulausbildungen oder berufliche Qualifikationen sind nicht immer zertifiziert; auch wenn solche Zertifizierungen vorhanden sind, werden diese nicht unbedingt anerkannt. Das ist in Deutschland und vergleichbaren Ländern ein besonderes Problem, da der Zugang zu vielen beruflichen Feldern in hohem Maße an solche Zertifizierungen gebunden ist. Darüber hinaus kommt es oft zu einer radikalen Entwertung dieser berufsbezogenen Qualifikationen, z. B. wenn Arbeitskräfte von der landwirtschaftlichen in die industrielle Produktion wechseln, oder wenn sich der technologische Entwicklungsstand bzw. die Muster der Arbeitsorganisation unterscheiden. Aber auch zertifizierte kulturelle Kapitalien unterliegen der raumbezogenen (nationalen) Bewertung; so sind die Zertifikate einer Ärztin weitaus eher international verwertbar als die eines leitenden Finanzbeamten. Ebenso finden im Bereich des inkorporierten kulturellen Kapitals Entwertungen statt, wenn die ›Muttersprache‹

und das damit verbundene Wissen allenfalls familiär nutzbar ist und am Arbeitsplatz oder für den Verkehr mit Behörden wertlos ist. Diese Entwertung wird in dem Maße folgenreicher, wie im Arbeitsleben zunehmend kommunikative und soziale Kompetenzen erforderlich sind und der ausführende sprachlose ›Arbeitssoldat‹ verschwindet. Aber auch die für die Haushaltsproduktion erforderlichen Kompetenzen erfahren eine radikale Entwertung.

Das soziale Kapital erweist sich als in ähnlicher Weise immobil wie Teile des ökonomischen Kapitals. Dies wird vielfach dadurch kompensiert, dass im Sinne der Kettenmigration Ziele ausgewählt werden, wo man bereits über Netzwerke verfügt oder wo sich diese mit den vorhandenen Kapitalien aufbauen lassen. Dabei stellt sich auch hier ein Problem der Entwertung, indem sich die zu lösenden Probleme und die damit erforderlichen Netzwerke verändern.

Neben den Ressourcen verändern sich die Möglichkeiten der Erwerbsarbeit und der Haushaltsproduktion. Wie der Terminus Arbeitsmigration indiziert, ist die Erschließung von Erwerbsmöglichkeiten ein zentrales Motiv; zu fragen ist jedoch, in welchem Maße dies für alle Erwachsenen und Jugendlichen in dem Haushalt gilt. Zudem gehen mit diesem Zugewinn an Erwerbsmöglichkeiten erhebliche Einschränkungen im Bereich der Haushaltsproduktion einher. Das führt dann – klassische Muster geschlechtsspezifischer Arbeitsteilung vorausgesetzt – auch zu einer Veränderung von Machtverhältnissen zwischen Frauen und Männern.

Vor diesem Hintergrund gestalten sich Entscheidungen über Migrationsprozesse ausgesprochen komplex und sind angesichts begrenzter Informationen aber auch angesichts vieler nicht intendierter oder nicht überschaubarer Handlungsfolgen nur bedingt kalkulierbar. Dennoch erscheint es sinnvoll, von Entscheidungen auszugehen und nicht in ›Migrationsströmen‹ zu denken, die durch ›Push-and Pull-Faktoren‹ induziert werden. Migration ist grundsätzlich ein wichtiges Moment gesellschaftlicher Entwicklung und oft auch individueller Emanzipation. Es ist verbunden mit einem Transfer von Geld und Waren, mit einem Transfer von Arbeitserfahrungen, Qualifikationen, Kompetenzen und schließlich mit ›kulturellen‹ Transfers etc.

Nach dem Ende des Zweiten Weltkriegs war Deutschland mit Migrationsprozessen konfrontiert, die in dieser Quantität historisch ohne gleichen waren. Auf dem Gebiet des ehemaligen Deutschen Reiches fand sich eine Vielzahl so genannter *displaced persons,* die als Überlebende der Vernichtungslager, als Flüchtlinge, als ehemalige Zwangsarbeiter, als entlassene Kriegsgefangene etc. ihre sozialen Wurzeln verloren hatten (ca. 11–12 Mio.). Hinzu kamen in zunehmendem Maße Flüchtlinge und Vertriebene (ca. 14 Mio.), Übersiedler aus der DDR etc. Der Abb. 2.93 ist zu entnehmen, dass auch in den folgenden Jahrzehnten sowohl Zu-

wie Abwanderungen starken Schwankungen unterliegen; der Saldo liegt jedoch nur in drei Jahren im negativen Bereich.

Starke Zuzüge finden sich in der Hochphase der Arbeitsmigration in der zweiten Hälfte der 1960er und der ersten Hälfte der 1970er Jahre. Später setzt die Zuwanderung der so genannten Spätaussiedler ein. Ein weiteres Maximum geht auf Zuwanderungen in den 1990er Jahren zurück, die insbesondere mit den Kriegsereignissen im ehemaligen Jugoslawien und mit den Umbrüchen in Osteuropa in Zusammenhang stehen. Demgegenüber weist die Entwicklung der Fortzüge eine weniger ausgeprägte Dynamik auf. In den 1970er und 80er Jahren schwankt sie zwischen 400.000 und 600.000 Fortzügen pro Jahr; seit den 1990er Jahren liegt dieses Intervall zwischen 600.000 und 800.000 Fortzügen. Im langen Sommer der Migration (Hess et al. 2016) kommt es dann 2015 zu einer deutlichen Zunahme von Zu- aber auch Abwanderungen.

Während sich in den 1950er Jahren bei den Außenwanderungen die Zu- und Fortzüge die Waage hielten, kommt es in der Bundesrepublik seit den 1960er Jahren zu Wanderungsgewinnen, die pro Dekade zwischen 1,5 und 2 Mio. liegen. In den 1990er Jahren steigt dieser Wert dann auf ein Zuwanderungssaldo von 3,4 Mio.; im Jahr 2015 wird kurzzeitig eine 1 Million erreicht; danach gehen die Zahl aber deutlich zurück. Zwischen 1950 und 2000 liegt das Saldo bei über 9 Mio. Zugewanderten. Seit den 1960er Jahren geht die Außenmigration zu mehr als 80 % auf die Zu- und Fortzüge von ausländischen Staatsangehörigen zurück.

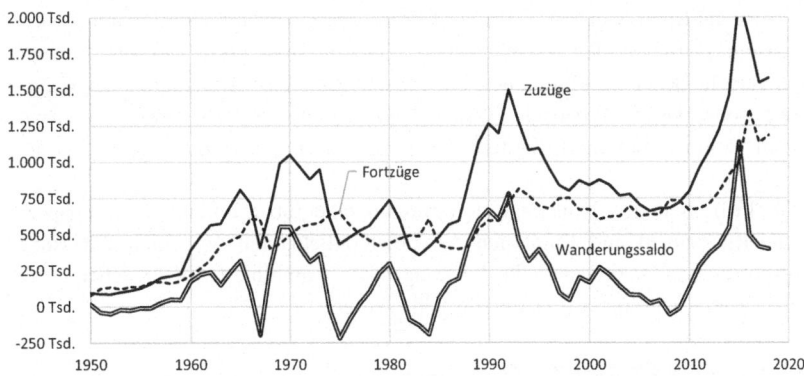

Quelle: Eigene Darstellung nach Daten des Statistischen Bundesamtes, Fachserie 1 Reihe 1.2, Wanderungen

Abb. 2.93 Migrationsbewegungen über die Landesgrenze

Über ›illegal‹ Zugewanderte liegen naturgemäß nur unzureichende Informationen vor. Die Unabhängige Kommission Zuwanderung verweist auf Schätzungen »zwischen 100.000 und einer Million Menschen« (2001, S. 196), macht jedoch den spekulativen Charakter dieser Zahlen deutlich.

Die saldierten Zahlen verstellen den Blick auf die sehr hohe Fluktuation; so sind zwischen 1950 und 2000 mehr als 30 Mio. Zuwanderungen und etwa 21 Mio. Abwanderungen zu verzeichnen. Das vermittelt einen Eindruck von den großen ›Integrationsanforderungen‹ an die bundesrepublikanische Gesellschaft. Wenn man die Unterschiede bei den rassistischen Einstellungen in West- und Ostdeutschland betrachtet, scheint mit dieser Migrationsgeschichte aber auch ein kollektiver Erfahrungsfundus im Umgang mit ›Fremdheit‹ entstanden zu sein. Nur so lässt sich erklären, dass in jenen Regionen die höchsten Quoten von ›Ausländerfeindlichkeit‹ zu konstatieren sind, die die niedrigsten Bevölkerungsanteile von Menschen mit Migrationshintergrund aufweisen.

2.4.5.2 Transmigration

Mit dem Begriff der Transmigration wird der Blick auf Migrationsphänomene gerichtet, die dem üblichen Bild – eine Person oder ein Haushalt wandert von Nationalstaat A nach Nationalstaat B und lässt sich dort dauerhaft nieder – nicht entsprechen. Es zeigt sich, dass über Migrationen Nationalstaaten und Räume in weitaus komplexere Wechselbeziehung geraten. So ist zu beobachten, dass Haushalte von Migranten »über längere Zeiträume und über Ländergrenzen hinweg sehr intensive Beziehungen pflegen« (Pries 2008, S. 13); man kommuniziert auf verschiedenen Kanälen, Geld wird überwiesen, einzelne Familienmitgliedern wechseln zwischen den verschiedenen Ländern, man greift auf die Leistungen verschiedener (traditioneller und sozialstaatlicher) Unterstützungssysteme zurück oder nutzt klimatische Unterschiede etc. Es entsteht trotz der ausgefeilten nationalstaatlichen Regulierungen eine differenzierte nicht-dokumentierte Migration.

In Prozessen der Transmigration werden länderübergreifend personenspezifische Ressourcen und Kapitalien, Erwerbsmöglichkeiten, Potentiale der Haushaltsproduktion, sozialstaatliche Leistungen etc. kombiniert. Es entstehen somit ›Sozialräume jenseits von Nationalgesellschaften‹.

2.4.5.3 Binnenwanderung

Trotz der Versuche der Nationalstaaten, in allen Regionen vergleichbare Arbeits- und Lebensbedingungen sicherzustellen, finden sich bedingt durch die wirtschaftliche und politische Entwicklung mitunter deutliche regionale Disparitäten. Während Westdeutschland eher durch Nord-Süd-Differenzierungen geprägt war (vgl. Bohler und Hildenbrand 2006) spielen heute West-Ost-Differenzierungen erneut eine dominante Rolle. Nach der Schließung der Grenze zwischen Ost- und Westdeutschland war die Binnenwanderung aus der DDR stark zurückgegangen. Seit dem Zerfall der DDR kommt es erneut zu einem erheblichen Zuzug von Ost nach West, der bis zur Mitte der 1990er Jahre absinkt, dann jedoch wieder ansteigt. Dem steht auch eine nicht unerhebliche West-Ost-Wanderung entgegen. Die bis 1997 rückläufigen Wanderungsgewinne der alten Bundesländer steigen in jüngerer Zeit wieder an. Zwischen 1991 bis 2005 haben 949.000 Einwohner (Saldo) die neuen Länder verlassen, um sich in einem der alten Bundesländer anzusiedeln. In den letzten Jahren haben sich die Wanderungssalden weitgehend ausgeglichen.

Auch innerhalb der alten Bundesländer vollziehen sich regionale Verschiebungen; so kommt es seit den 1960er Jahren insbesondere zu Nord-Süd-Wanderungen. Zuwanderungen finden sich insbesondere in Bayern und Baden-Württemberg; zu den Abwanderungsregionen zählen Niedersachsen und (relativ betrachtet) auch Nordrhein-Westfalen (Ehmer 2004, S. 19). Neben den Binnenwanderungen zwischen den Ländern wird die Bevölkerungsrelation zwischen den Bundesländern insbesondere durch die selektive Zuwanderung aus dem Ausland verändert.

2.4.5.4 Lokalisierungen in der städtischen Sozialstruktur

Nach dem Zweiten Weltkrieg war es in den Städten durch die wirtschaftliche Entwicklung aber auch durch sozial- und wohnungsbaupolitische Maßnahmen zu sozialen Angleichungsprozessen gekommen. Der Grad der sozialen Segregation – der ungleichen Verteilung der Wohnstandorte verschiedener sozialer Gruppen im Stadtraum – ging zurück. Mit den ab den 1970er Jahren deutlicher werdenden Krisenerscheinungen kam es erneut zu einer Zunahme von Arbeitslosigkeit und Armut, die sich auch in einer sich verfestigenden räumlichen Konzentration sozial benachteiligter Bevölkerungsgruppen niederschlug. Farwick konstatiert:»Beschleunigt wurde die soziale Segregation durch die seit den 1960er Jahren anhaltende Suburbanisierung. Während die wohlhabenderen Haushalte zu Gunsten eines Eigenheims im Grünen verstärkt aus den innerstädtischen Altbauquartieren sowie den Großwohnanlagen des sozialen Wohnungsbaus fortzogen, blieben die so genannten ›A-Gruppen‹ (Arbeitslose, Arme, Alte, Ausländer) aufgrund ihrer geringeren finanziellen Mittel in diesen Gebieten zurück« (2007, S. 112 f.).

Segregationseffekte lassen sich zum einen über die Angebotsstruktur des Wohnungsmarktes (eine ungleiche räumliche Verteilung des nach Größe, Qualität und

Preisen differenzierten Wohnungsbestandes) und die Nachfragestruktur (spezifische Nachfrage sozialer Gruppen nach Wohnungen in einer bestimmten Relation
von Preis und Qualität) erklären; auch der Bezug sozialstaatlicher Leistungen
kann an einen Umzug in preiswertere Stadtquartiere gebunden werden. Darüber
hinaus sind aber auch Praktiken der Diskriminierung bzw. Distanzierung und spezifische Präferenzstrukturen zu berücksichtigen; Häußermann und Siebel (2001)
zeigen:»Ausländer werden so in jene Bestände gelenkt, die von Haushalten mit
größeren Wahlmöglichkeiten übriggelassen wurden. Indem mobilitätsfähige, d. h.
wohlhabendere (meist deutsche) Haushalte z. B. aus nicht modernisierten Altbau-
ten und aus den Großsiedlungen ausziehen, schaffen sie gleichsam durch negative
Optionen jene Räume, in denen Ausländer überhaupt Platz finden können. Da
deutsche Haushalte auch deshalb aus Quartieren fortziehen, weil dort für ihren
Geschmack zu viele Ausländer wohnen (…), können solche Räume gerade in den
Quartieren mit bereits hoher Ausländerkonzentration entstehen« (S. 34). Darüber
hinaus scheint es den Wunsch zu geben,»mit Seinesgleichen zusammenzuwoh-
nen bzw. räumliche Distanz zu wahren zu jenen, denen man sich sozial und
kulturell fern fühlt« (ebd.). Schließlich unterstützen auch soziale Netzwerke und
kulturell spezifische Infrastrukturen solche Segregationseffekte.

In den Debatten um die ›Integration‹ von Migrant_innen wurden die möglichen Vorteile (Informationsnetzwerke, soziale Unterstützung, ethnische Ökonomien, Kontaktmöglichkeiten, Gefühle von ›Heimat‹ und ›Identität‹ etc.) und
Nachteile (Kumulierung von geringer Ressourcen, Entwertung des Wohnungsbestandes, Verschlechterung der Infrastruktur, soziale und kulturelle Entmischung,
soziale Konflikte etc.) segregierter Stadtviertel vehement diskutiert. Häußermann
und Siebel differenzieren die Argumentation in der zeitlichen Perspektive:»für
die erste Zeit nach der Zuwanderung bietet eine ethnische Kolonie Hilfe und
Orientierung, stabilisiert die eigene Identität und gibt Sicherheit für die ersten
Schritte in der Fremde. Bleiben aber die Verkehrskreise der Individuen langfristig
auf die Kolonie beschränkt, wirkt dies isolierend und ausgrenzend« (S. 89).

2.4.5.5 Sozialstrukturelle Effekte von Migrationen und raumbezogenen Entscheidungen

Migrationsprozesse aber auch die weiteren hier dargestellten raumbezogenen
Entscheidungen sollten im Kontext der alltäglichen sozialstrukturellen Auseinandersetzungen begriffen werden, indem Individuen, Haushalte und soziale Gruppen
versuchen, ihre Arbeits- und Lebensbedingungen zu verbessern. In dieser Perspektive ist Migration (im weiteren Sinne) nichts Besonderes; die Kämpfe, die
Migrant_innen auszufechten haben, sei es bei der Frage der Rechte, bei der Frage
der Entlohnung oder bei der gesellschaftlichen Anerkennung sind im Kontext

der ganz alltäglichen Auseinandersetzungen im sozialen Feld zu begreifen. Wenn man die sozialen Auseinandersetzungen (im nationalstaatlichen Kontext) als ein ›Spiel‹ betrachtet, so heißt das: Mit der grenzüberschreitenden Migration kommen neue Mitspieler_innen hinzu, die um ihren Platz in der Gesellschaft kämpfen. Sie verfügen über bestimmte ökonomische, kulturelle und symbolische Kapitalien, über bestimmte lebensgeschichtliche Erfahrungen etc. und versuchen auf der Basis dieser Ressourcen, sich in den alltäglichen Kämpfen zu behaupten.

Mit der grenzüberschreitenden Migration wechseln Haushalte das sozialstrukturelle Referenzsystem. Damit verändert sich zum einen die Sozialstruktur der ›Herkunftsländer‹, Prozesse der selektiven Migration bedingen, dass oftmals eher besser Gebildete und ökonomisch Aktivere migrieren; das verändert auch die Situation an den Arbeitsmärkten. Die Transferzahlungen der Arbeitsmigrant_innen werden mitunter zu einer volkswirtschaftlich bedeutsamen Einkommensquelle. Rückwanderungsbewegungen oder Prozesse der Transmigration können zu einem nachhaltigen Transfer von ökonomischem und kulturellem Kapital, aber auch von Erfahrungen führen.

Zum anderen kommt es mit den grenzüberschreitenden Migrationen zu nachhaltigen sozialstrukturellen Veränderungen in den Einwanderungsgesellschaften. In der Bundesrepublik haben nach der Definition des statistischen Bundesamtes 2019 26 % der Bevölkerung einen Migrationshintergrund. Schon die Differenzierung nach den verschiedenen Formen von Aufenthaltsstatus und Staatsbürgerschaft macht jedoch deutlich, dass es sozialstrukturell betrachtet nicht sinnvoll erscheint, von Migrant_innen als einer homogenen Gruppe auszugehen. In jüngerer Zeit wurde verschiedentlich diskutiert, ob man in Deutschland von einer Unterschichtung sprechen könne. In Abb. 2.94 wird die Verteilung von Haushalten über verschiedene Einkommensgruppen wiedergegeben.

Haushalte, deren Vorstand einen Migrationshintergrund im Sinne des Statistischen Bundesamtes hat, sind mit 20 % überdurchschnittlich in den beiden unteren Einkommensgruppen vertreten, in der Bevölkerung ohne Migrationshintergrund sind es nur 13 %. Umgekehrt sind sie in der höchsten hier dargestellten Einkommensgruppe mit 10 % gegenüber denen ohne Migrationshintergrund (15 %) unterrepräsentiert. In den vom Statistischen Bundesamt getroffenen Unterscheidungen werden dann aber erhebliche Unterschiede in der Einkommenslage erkennbar. Wenn man dies an den Durchschnittseinkommen festmacht, so variiert dies bei den Migrant_innen zwischen 1780 und 2000 €; die Bevölkerung ohne Migrationshintergrund hat demgegenüber ein persönliches Durchschnittseinkommen von mehr als 2200 €; nimmt man aber den Bevölkerungsquerschnitt als Referenz, wie dies in einer Migrationsgesellschaft naheliegt, schwächt sich der Unterschied ab.

% der Bev.	insgesamt	ohne Migrationshintergrund	mit Migrationshintergrund im weiteren Sinn				
			zusammen	Deutsche mit eigene(r) Migrationserfahrung	Deutsche ohne	Ausländer_innen mit	Ausländer_innen ohne
% der Bev.	100,0%	74,0%	26,0%	6,3%	7,3%	10,5%	1,9%
pers. Nettoeinkommen	Spalten %						
unter 500	5,6%	4,8%	7,9%	6,2%	11,1%	7,9%	8,3%
500 bis 900	8,9%	8,0%	11,7%	9,1%	15,9%	11,8%	13,2%
900 bis 1300	13,8%	13,2%	15,7%	13,9%	13,1%	18,2%	14,0%
1300 bis 1500	8,0%	7,9%	8,5%	7,7%	6,6%	9,9%	8,0%
1500 bis 2000	20,8%	20,8%	20,9%	21,6%	17,8%	21,7%	21,3%
2000 bis 2600	19,1%	19,6%	17,7%	20,9%	16,6%	15,9%	17,8%
2600 bis 3200	9,6%	10,1%	7,9%	9,7%	8,0%	6,5%	8,3%
3200 und mehr	14,0%	15,4%	9,5%	10,9%	11,0%	8,0%	8,9%
Durchschnitt	2.138 €	2.225 €	1.869 €	2.007 €	1.853 €	1.779 €	1.865 €

Quelle: Eigene Berechnungen mit Daten aus: Bevölkerung mit Migrationshintergrund - Ergebnisse des Mikrozensus 2019 - Fachserie 1 Reihe 2.2

Abb. 2.94 Einkommenslage und Migration

Wenn man den Migrationshintergrund auf unterschiedliche Nationalstaaten bezieht, werden im Jahr 2019 erhebliche Unterschiede zwischen den Weltregionen erkennbar. Die größte Gruppe der Migrant_innen mit einem Migrationshintergrund im weiteren Sinne stammt aus europäischen Ländern. Bei den Migrant_innen aus EU-28-Ländern (ca.35 %) liegt das persönliche Nettoeinkommen bei 2001 €; bei Migrant_innen aus dem sonstigen Europa (ca.30 %) sind es 1782 €. Ca. 15 % der Migrant_innen ›stammen‹ aus dem Nahen und Mittleren Osten, hier liegt das Einkommen bei 1700 €; weitere 7 % aus dem sonstigen Asien, das Einkommen liegt hier bei 1832 €. Ca. 5 % kommen aus afrikanischen Ländern; das Einkommen liegt bei dieser Gruppe bei nur 1652 €. Schließlich stammen 2 bzw. 1 % aus Mittel- und Südamerika bzw. Nordamerika; bei den einen liegen die Einkommen bei 1869 €, bei den anderen sind es 2528 €.

2.4.6   Machtstrukturen in Haushalten

In den Modellen der Haushaltsökonomie werden die zentralen Allokationsentscheidungen der Haushalte nach dem Prinzip der Nutzenoptimierung bzw. der Kostenreduktion getroffen. Auch bei der Berechnung von Einkommen und von Armuts- oder Reichtumsquoten wird davon ausgegangen, dass die Einkommen innerhalb des Haushaltes egalitär bzw. den rechnerischen Bedarfen entsprechend verteilt werden. An beiden Annahmen sind Zweifel angebracht. Im Folgenden

werden die Machtbeziehungen zwischen den Generationen und Geschlechtern
beleuchtet.

Die patriarchale Familie stand nicht nur für eine Machtrelation zwischen Ehe-
männern und -frauen, sondern auch für generationsbezogene Machtverhältnisse.
Hier haben sich mit der Herausbildung von ›Kernfamilien‹, mit dem Ausbau von
sozialen Sicherungssystemen und mit den sich verändernden Bildern des Alters
wesentliche Veränderungen vollzogen. »Historisch gesehen ist festzustellen, dass
in Familien, in denen der älteren Generation die traditionelle familienbezogene
Autorität genommen ist, das Verhalten gegenüber der Enkelgeneration zunehmend durch Duldsamkeit, Emotionalität und Rücksichtnahme gekennzeichnet ist.
Nachdem ökonomische Macht- und altersbedingte Autoritätsansprüche aufseiten
der älteren Generation an Bedeutung verloren haben, geht auch der förmliche und
autoritäre Charakter der Beziehungen zwischen Jung und Alt zurück« (Brake und
Büchner 2007, S. 205). Die Generationenbeziehungen sind in jüngster Zeit durch
Ambivalenzen geprägt: die Norm familialer Solidarität ist nach wie vor bedeutsam; umgekehrt wird der Wert individueller Autonomie von beiden Generationen
geschätzt (Kohli 2007, S. 60).

In der frühen Neuzeit wurde die Hierarchie der Geschlechter insbesondere
durch religiöse Ordnungsvorstellungen legitimiert. In der Reformation veränderte
sich das Bild von der Rolle der Frau allmählich, ohne dass sich dies jedoch in
der Beziehungspraxis niederschlug. Mit der Industrialisierung kam es zu weitreichenden Veränderungen in den Mustern des Produzierens wie in den Formen der
Arbeitsteilung zwischen den Geschlechtern; durch die außerhäusliche Arbeit in
Fabriken oder in Kontoren wurde auch räumlich eine Trennung von unbezahlter
häuslicher Arbeit und außerhäuslicher Erwerbsarbeit vollzogen.

»Es entstand jenes bürgerliche Rollen- und Familienkonzept, das die Frau ganz als
Mutter, Gattin und Hausfrau erforderte, ohne dass ihre Tätigkeit als Arbeit verstanden wurde. Hausarbeit stellte eine neue Kategorie der Arbeit dar, die sich durch ihre
angebliche Ausgliederung aus dem eigentlichen ökonomischen Bereich grundsätzlich
von der Frauenarbeit innerhalb der Wirtschaftseinheit des Bauern- oder Handwerker-
haushalts unterschied. Gleichzeitig wurde der Ehemann nun zum Haupternährer der
Familie definiert. Er übte zwar seinen Beruf zunehmend außerhalb des Hauses aus,
den Anspruch auf die Position des Herrn im Haus und die Repräsentation der Familie
in der Öffentlichkeit gab er damit jedoch nicht auf« (Gestrich et al. 2003, S. 531).

Diese Konstellation wurde im 19. und auch noch im 20. Jahrhundert rechtlich
fixiert; die Frau trat mit der Ehe den Namen, den Besitz und ihre Rechte ab. Im
Bürgerlichen Gesetzbuch von 1900 wurde festgelegt, dass die Frau dem Mann
den Haushalt zu führen habe; noch 1957 wird die Erwerbstätigkeit der Frau daran
gebunden, dass sie mit den Pflichten in Familien und Ehe vereinbar sein müsse;

erst 1977 kommt es zur rechtlichen Fixierung, dass die Haushaltsführung im
Einvernehmen zu regeln sei (vgl. S. 532). Dementsprechend war auch die Gewalt
gegenüber Ehefrauen und Kindern über einen langen Zeitraum legitimiert. Das
Züchtigungsrecht des Ehemannes gegenüber der Ehefrau wurde 1900 aufgehoben;
die Vergewaltigung in der Ehe wurde erst 1997 strafbar; das Züchtigungsrecht der
Eltern gegenüber Kindern wurde letztlich erst im Jahr 2000 aus dem Bürgerlichen
Gesetzbuch gestrichen.

Die Machtbeziehungen innerhalb von Partnerschaften scheinen zu einem blinden Flecken der jüngeren empirischen Forschung zu gehören. Auf Basis einer
Studie aus den 1960er Jahren kommen Blood und Wolfe (1960) zu dem Schluss,
dass die Machtbeziehung von den Ressourcen (Beruf und Einkommen, sozialer Statur, Bildung etc.) abhänge, die die Partner in die Beziehung eingebracht
hätten. Rodman (1970) hat diesen Ansatz erweitert, indem er den kulturellen Kontext mit einbezieht und verschiedene Ausprägungen patriarchaler Gesellschaften
unterscheidet. Das Konzept von Waller (1937) postuliert ein *principle of least interest;* demnach verfüge derjenige über die größere Macht, der in geringerem Maße
an der Aufrechterhaltung von Beziehungen interessiert sei, da er über Alternativen zur bestehenden Beziehung verfüge. Die Frage nach Alternativen ist jedoch
nicht ohne Blick auf die Ressourcen zu beantworten.

Jenseits dieser ressourcenorientierten Perspektive sollten für eine Analyse
von Machtbeziehungen die Normalitätsvorstellungen, die mit der Verbindung
von Männern und Frauen verbunden sind, einbezogen werden. Aus historischer Sicht wird deutlich, dass die patriarchalen Konzepte nach und nach von
eher partnerschaftlichen auf Liebe gegründeten Modellen abgelöst wurden. Burkart und Koppetsch weisen aber darauf hin, dass diese Paarnormen, mit den
vorherrschenden Geschlechternormen kollidieren.

»Geschlechtsnormen der privaten Sphäre betonen die Einheit des Paares, während
die Geschlechtsnormen der öffentlichen Sphäre die Differenz hervorheben. Paar-
Normen ›verharmlosen‹ in gewisser Weise die Geschlechterdifferenz, insbesondere
durch die Verknüpfung mit Liebe wird Differenz zu Komplementarität abgeschwächt.
Die Abgrenzung von Männlichkeit und Weiblichkeit orientiert sich in Paarbeziehungen, anders als im öffentlichen Kontext, nicht an hierarchisierbaren Unterschieden
und Leistungskonkurrenz (›Welches ist das bessere Geschlecht?‹), sondern an solidarischer Kooperation. Normgerechte Männlichkeit oder Weiblichkeit zeigt sich nicht
in der konkurrenzbetonten Abgrenzung, sondern in der affektiv stabilisierten Ergänzung« (2001, S. 443).

Als ein Indikator für die Machtbeziehungen zwischen den Geschlechtern können
auch die physischen und psychischen Gewaltverhältnisse zwischen Männern und
Frauen fungieren. Der Polizeilichen Kriminalstatistik (PKS 2019, Bd. 2 und 3)

folgend waren bei Straftaten gegen die sexuelle Selbstbestimmung (z. B. Vergewaltigung und sexuelle Nötigung) 92,4 % der Opfer weiblich; demgegenüber
waren 98,9 % der Tatverdächtigen männlich; diese Daten weisen jedoch mehr
oder weniger hohe Dunkelziffern auf. Auf Basis von umfangreichen repräsentativen Befragungen ist zu konstatieren, dass 25 % der befragten Frauen über
sexuelle oder körperliche Gewalt durch ihren gegenwärtigen oder früheren Partner berichten, bei Frauen aus Osteuropa bzw. der Türkei liegt diese Quote
bei 28 % bzw. 38 % (Heiliger et al. 2005, S. 652). Psychische Gewalt und
Dominanzstreben sowie kontrollierende Verhaltensweisen fungieren offenbar als
Vorläufer massiverer Gewaltformen. Alkohol und andere Drogen, sozioökonomische Benachteiligungen, Arbeitslosigkeit sowie geringe Bildung begünstigen das
Auftreten von Gewalt in engen Beziehungen; »gleichwohl kann Gewalt gegen
Frauen im häuslichen Bereich offenbar nicht allein mit sozialer Marginalisie-
rung und damit verbundenen Belastungen erklärt werden« (Zweiter Periodischer
Sicherheitsbericht 2006, S. 122). Untersuchungen zu Frauenhäusern zeigen, dass
ein Großteil der Frauen und Kinder den unteren sozialen Schichten entstammt
(Bussmann 2007, S. 640); ob dies als ein Hinweis auf soziale Spezifika dieser
Konflikte zu begreifen ist, ist fraglich.

Auch Männer sind Opfer von Gewalt in Partnerschaften; diese sind quantitativ betrachtet nicht unerheblich, sie scheinen sich aber qualitativ von der
Gewalt gegenüber Frauen zu unterscheiden; so heißt es dazu im Zweiten Peri-
odischen Sicherheitsbericht des Justiz- und des Innenministeriums: »Bei einer
solchen nicht nach Intensitätsgraden differenzierten Betrachtung wiederholt sich
also das aus der Literatur bekannte Muster, dass Männer in etwa so hohe Präva-
lenzraten der Viktimisierung durch Gewalt in Partnerbeziehungen aufweisen wie
Frauen. Offenbar unterscheiden sich aber sowohl die Frequenz des Auftretens
als auch die Verletzungsintensität der Handlungen« (2006, S. 125). Manifeste
Gewaltbeziehungen lassen keine unmittelbaren Aussagen über die Machtverteilung in Partnerschaften zu; sie können jedoch durchaus als ein Indikator begriffen
werden.

Über die Verteilung der verwendeten Einkommen auf die Haushaltsmitglieder liegen keine gesicherten Informationen vor; eine präzise Abgrenzung der
Nutzenverteilung steht vor nicht unerheblichen methodischen Problemen. Einen
gewissen Einblick in die Verteilungsprobleme erhält man durch die Analyse der
verschiedenen Strategien des Ressourcenmanagements – das sagt jedoch noch
nichts über die tatsächliche Verteilung.

Nach Aussagen der zusammenlebenden Partner und Partnerinnen werden in
60 % dieser Haushalte die Einkommen in einer Kasse zusammengeführt und
bedarfsorientiert verteilt; umgekehrt finden sich in 23 % getrennte Kassen. In

	Männer	Frauen	Insgesamt
Umgang mit dem Einkommen			
- Jeder verwaltet eigenes Geld	12,6%	30,5%	22,9%
- Verwaltet das Geld, Anteil an Partner	5,2%	4,5%	4,8%
- Partner verwaltet und gibt Anteil ab	7,2%	4,5%	5,6%
- Geld wird zusammengelegt	67,3%	54,5%	59,9%
- Teil des Geldes wird zusammengelegt	7,7%	6,1%	6,8%
Wer hat das letzte Wort bei wichtigen finanziellen Entscheidungen?			
- Ich selbst	15,1%	20,4%	18,1%
- Partnerin	10,4%	9,5%	9,9%
- Beide gleich	74,5%	70,1%	72,0%

Quelle: Eigene Berechnung mit SOEP V35, die Daten stammen aus dem Jahr 2011

Abb. 2.95 Ressourcenmanagement in Partnerschaften

72 % der Haushalte kommt es nach weitgehend übereinstimmenden Angaben zu einer gleichberechtigten Entscheidung über wichtige Ausgaben; in 10–15 % der Haushalte liegt sie letztlich beim Mann; in 10–20 % letztlich bei der Frau (vgl. Abb. 2.95).

2.4.7 Fazit

Die Veränderungen der produktiven Basis der kapitalistischen Gesellschaften gehen mit einer Veränderung von Haushaltsfunktionen und Haushaltsstrukturen einher. Dieses Wechselverhältnis kann nicht zu einer Seite aufgelöst werden, indem man z. B. Haushalte und die darin lebenden Individuen ausschließlich als Abhängige, als Opfer dieser Entwicklungen begreift. So setzt die industrielle Produktionsweise voraus, dass Haushalte angesichts der schlechten ländlichen Lebensverhältnisse in die Städte migrierten; dass sie ihre Arbeitskraft auf dem Markt anbieten. Wenn in ökonomischen Krisen die Arbeitslosigkeit steigt, versuchen Haushalte die Einkommensausfälle zu kompensieren, indem sie private Transfers organisieren, alternative Erwerbsquellen erschließen oder die Haushaltsproduktion erhöhen. Auch Prozesse wie die sogenannte Bildungsexpansion setzten voraus, dass die seitens der Nationalstaaten erweiterten Bildungsangebote auch genutzt werden, dass also Haushalte ihre Qualifizierungs- und Erwerbsstrategien verändern und in die Bildung der Kinder investieren und sie von Erwerbsarbeit freistellen.

In der längerfristigen Perspektive war ersichtlich geworden, dass es zu einer erheblichen Verschiebung zwischen den von Haushalten, Markt und Staat erbrachten Leistungen kommt. Die Überlegungen der Haushaltsökonomie hatten jedoch deutlich gemacht, dass auch die am Markt erworbenen oder von den Sozialstaaten bereitgestellten Leistungen nicht ohne Zutun der Haushalte Nutzen bringen. So betrachtet sind die Haushalte als Akteure anzusehen, deren Handlungsspielraum dann stets auch ungleichheitsrelevante Effekte im Sinne der Reduktion oder des Zuwachses von sozialer Differenz mit sich bringt.

Glatzer (1986, S. 41 ff.) skizziert in seiner Darstellung der Entwicklungsperspektiven der Haushalte drei unterschiedliche Thesen: Die Diagnose einer *Entleerung der Haushalte* verlängert die historisch beobachtbaren Trends der Aufgabenverschiebung zwischen Haushalt, Markt und Sozialstaat und prophezeit einen weiteren Funktionsverlust der Haushalte. Dem steht die These gegenüber, dass die Haushalte nach wie vor eine wichtige *Komplementär- und Pufferfunktion* innehaben. Ohne die reproduktiven Funktionen der Haushalte ist das marktförmige System der Erwerbsarbeit nicht denkbar. Die dritte Diagnose geht gar von einer Renaissance des Privathaushalts aus. Hierfür sprechen die Beispiele zum arbeitenden Kunden aber auch die sich erweiternden Ansprüche an die von Haushalten zu erbringenden Leistungen. Die kompensierende Funktion von Haushalten in wirtschaftlichen Krisen oder bei schrumpfenden oder dysfunktionalen wohlfahrtsstaatlichen Leistungen untermauert diese These. Die eingangs angeführten Überlegungen der *new home economy* sprechen dafür, die Haushalte als eine eigenständige und in dieser Form nicht ersetzbare Instanz der Produktion von letztendlichem Nutzen zu begreifen; demnach wäre die Entwicklung des Haushaltssektors im Sinne der zweiten oder dritten These plausibel. Vor diesem Hintergrund ist es geboten, sich für die Bedeutung von Haushalten für sozialstrukturelle Disparitäten zu interessieren.

Mit den historischen Veränderungen der Haushalte haben sich die Praktiken der Individuen und die an sie gerichteten Anforderungen verändert. Am deutlichsten werden diese Veränderungen an den Lebensentwürfen bzw. Lebensverläufen: Während Lebensverläufe für die Mehrheit der Bevölkerung früher in hohem Maße durch materielle Not, die Abfolge verschiedener Lebensphasen, ein niedriges Bildungsniveau, ein fremdbestimmtes Erwerbsleben etc. weitgehend determiniert waren, hat man es heute mehrheitlich mit Individuen zu tun, die ein vergleichsweise höheres Maß an Freiheiten und Möglichkeiten besitzen. Von denen wird aber auch erwartet, dass sie ihr Leben in die Hand nehmen, dass sie ihre berufliche Karriere planen, dass sie ihre Persönlichkeit entwickeln, dass sie ihre Beziehungen gestalten, dass sie einen Lebensstil ausbilden etc. In einer eher negativen Konnotation wird diese Entwicklung in der Diagnose des »unternehmerischen Selbst« (Bröckling 2007) zusammengefasst; Sen's Konzept der Verwirklichungschancen (Sen 2000b) richtet den Blick demgegenüber auf die Chancen dieser Entwicklung. An anderer Stelle (Weischer 2014) habe ich diesen mit den erweiterten Handlungspotentialen der Haushalte verknüpften Ungleichheitstypus als ›Soziale Ungleichheiten 3.0‹ bezeichnet.

2.5   Verteilung differenter sozialer Lebenslagen

In diesem Abschnitt wird ein erster Versuch unternommen, die Ergebnisse der Differenzierungsprozesse in den verschiedenen Arenen summarisch zu beschreiben. Eingehender wird dies im Kap. 5 erfolgen, wenn verschiedene theoretisch begründete Modelle (Klassen, Milieus etc.) vorgestellt werden, mit denen versucht wird, dieses zunächst amorphe Gebilde ungleicher Lebenslagen zu strukturieren. Um einen Vorgriff zu vermeiden und um dennoch eine erste Zusammenschau der in diesem Kapitel dargelegten Momente sozialer Differenzierung zu ermöglichen, werden an dieser Stelle insbesondere einfache Verteilungsdarstellungen genutzt, die zunächst ohne weitere theoretische Überlegungen zur Abgrenzung von sozialen Gruppen operieren. Es sollen die Ressourcen analysiert werden, die den Haushalten zur Verfügung stehen, um ihren Unterhalt zu bestreiten, um erwerbsstrategische Entscheidungen zu treffen (Ausbildung, abhängige oder selbstständige Erwerbstätigkeit), um mit Unsicherheiten, Lebensrisiken oder Problemsituationen (Arbeitslosigkeit, Erkrankungen, Lebenskrisen etc.) umzugehen. Diese Ressourcen entscheiden darüber, welche Chancen Haushalte haben, als strategische Akteure zu fungieren. Verschiedene Autor_innen sprechen bei der Beschreibung dieser Ressourcen von Kapitalien; neben dem zuvor eingeführten Begriff des Humankapitals ist auf das Bourdieusche Modell zu verweisen, das vor allem zwischen ökonomischem, kulturellem und sozialem Kapital unterscheidet – dieses Modell wird in Abschn. 5.3.3 eingehend erläutert. In dieser Darstellung sollen vor allem das ökonomische und kulturelle Kapital beleuchtet werden; kurz werden aber auch darüber hinausgehende Humankapitalien wie Gesundheit und soziales Kapital angesprochen.

2.5.1   Verteilung des ökonomischen Kapitals

Das Bourdieusche Verständnis von ökonomischem Kapital geht über die Perspektive der Wirtschaftswissenschaften hinaus. Substantiell gehören dazu alle Varianten des materiellen Besitzes, die letztlich in Geld eingetauscht werden können; so z. B. Barvermögen (oder Schulden), Wertpapiere, Aktien, Wohneigentum, Sach- oder Grundbesitz. Hinzu kommen Anwartschaften, z. B. auf eine Rente oder ein Erbe. Es sind aber auch die Ansprüche und Verpflichtungen oder die Anerkennung zu berücksichtigen, die sich z. B. aus Kapitalien ableiten; umgekehrt auch die Verachtung, die die Mittellosen erfahren können. Die komplexen sozialen Beziehungen, die einen Tausch von Kapitalien oder einen Verkauf erst möglich machen, verweisen darauf, dass die gesellschaftliche Bedeutung ökonomischer Kapitalien weit über das ökonomisch Rechenbare hinausweist.

Das Spezifikum ökonomischen Kapitals liegt in seiner hohen Konvertibilität; d. h. es kann gegen viele andere Kapitalsorten getauscht werden. Insofern ist ökonomisches Kapital für die Sozialstrukturanalyse in mehrfacher Weise von Interesse: es fungiert summarisch als Indikator für das erfolgreiche Agieren der Haushalte in den verschiedenen Arenen – so gelingt es einigen, hohe Arbeitseinkommen zu erzielen bzw. eine gute soziale Absicherung zu erlangen oder sie kumulieren als bildungshomogame Haushalte vorhandene Einkommen; es fungiert in der Regel als Ausdruck gesellschaftlicher Anerkennung – so drückt sich in Arbeitseinkommen, in zugestandenen Transferzahlung oder in der Verfügung über ›eigenes Geld‹ (im Haushaltskontext) auch die Anerkennung einer Arbeits- oder einer Lebensleistung aus; es fungiert auch als Indikator für den Handlungsspielraum von Haushalten – so kann es genutzt werden, um eine selbstständige Tätigkeit zu begründen, um die Lebensbedingungen zu verbessern oder um sozialstaatlich nicht abgesicherte Notlagen zu überbrücken. Aus statistischer Perspektive wird das ökonomische Kapital von Haushalten zum einen aus der Perspektive der Einkommens*ströme* zum anderen aus der Perspektive der Vermögens*bestände* analysiert.

2.5.1.1 Methodische Fragen

Obgleich sich Einkommen und Vermögen weitaus eher der empirischen Erfassung erschließen als abstrakte Größen wie Klasse, Milieu oder Lebensstil stellen sich auch hier weitreichende Erhebungs- und Aufbereitungsprobleme:

• Einkommen und Vermögen: Einkommen stellen eine Strömungsgröße dar; sie fließen einer Person im Laufe eines Monats oder eines längeren Zeitintervalls mehr oder weniger kontinuierlich zu. Vermögen verschiedenster Art (Geldvermögen, Finanzanlagen, unterschiedliche Formen von Sachvermögen aber auch Humanvermögen oder kulturelle Vermögen) fungieren demgegenüber als Bestandsgröße; so kann für einen bestimmten Zeitpunkt angegeben werden, wie hoch das Geldvermögen einer Person ist. Vermögen können auch eine Einkommensquelle darstellen, indem Zinsen bezogen, Hauseigentum vermietet und Unternehmensgewinne ausgeschüttet werden. Grundsätzlich können Vermögen auch unmittelbar in das Einkommen eingehen, wenn ein Unternehmen oder ein Gebäude verkauft werden und das daraus erwachsende Geld nach und nach in den Konsum eingeht. Eine weitere Schwierigkeit ergibt sich daraus, dass angesichts unterschiedlicher Systeme der Alterssicherung Vermögen bei Selbstständigen auch alterssichernde Funktionen haben.

Bislang ist es konzeptionell wie methodisch nicht überzeugend geklärt, wie Einkommen und Vermögen sinnvoll in eine gemeinsame Betrachtung eingehen können, um Aussagen über die Wohlstandslage einer Person oder eines Haushalts zu machen – ein Ansatz findet sich in dem Gutachten zur integrierten Analyse der Einkommens- und Vermögensverteilung (Deutsches Institut für Wirtschaftsforschung et al. 2007). Das führt dazu, dass in Darstellungen der Armuts- und Reichtumsberichterstattung häufig beide Größen separat analysiert werden.

- Einkommensquellen von Personen und Haushalten: Während einige Einkommensarten, wie z. B. Arbeitseinkommen personenbezogen sind, fließen andere Einkommen an den Haushalt oder es werden in die personengebundenen Einkommen Haushaltsspezifika einbezogen; zudem werden innerhalb des Haushalts Transfers geleistet. All dies spricht dafür, nicht nur das Individual- sondern auch das Haushaltseinkommen zu analysieren. Dementsprechend wird das Brutto-Einkommen eines Haushaltes als die Summe der Zuflüsse von finanziellen Leistungen bestimmt; nach Abzug aller Zahlungen an den Staat oder an Sozialversicherungen kann dann ein Nettoeinkommen des Haushalts ermittelt werden. Bei der Analyse bzw. beim Vergleich von Haushaltseinkommen stellen sich jedoch einige Probleme: zum einen muss bestimmt werden, wer eigentlich zum Haushalt gehört – z. B. bei privaten Transferzahlungen von Migrant_innen an Familienangehörige oder Verwandte im ›Heimatland‹; zum anderen sind Haushalte unterschiedlich groß, und sie setzen sich aus Menschen unterschiedlichen Alters zusammen.

- Unterschiede der Haushaltsstruktur: Man könnte das Problem der unterschiedlichen Haushaltsgröße über die Berechnung eines Pro-Kopf-Einkommens lösen. Möchte man jedoch zudem berücksichtigen, dass Personen unterschiedliche Einkommensbedarfe haben – die mit dieser Perspektive verbundenen Probleme sollen hier nicht diskutiert werden –, so muss man für die Berechnung so genannte Äquivalenzeinkommen nutzen. In deren Ermittlung geht zum einen ein, dass Erwachsene und Kinder unterschiedliche Einkommensbedarfe haben. Zum anderen soll berücksichtigt werden, dass ein Haushalt mit drei Erwachsenen nicht die dreifache Ausstattung z. B. an langlebigen Konsumgütern benötigt wie ein Ein-Personen-Haushalt; er hat vielleicht zwei Kühlschränke aber nicht drei. Der Mehrpersonenhaushalt hat nach diesen

Überlegungen gewisse Einkommensvorteile, die sich aus der gemeinsamen Nutzung von Gütern und Dienstleistungen ergeben (vgl. Abb. 2.96).

Für die Berechnung von Äquivalenzeinkommen gibt es verschiedene Konzepte, in der obigen Darstellung wird auf den (›älteren‹) Ansatz der OECD zurückgegriffen. Danach erhält der erste Erwachsene in einem Haushalt das Bedarfsgewicht 1; für jeden weiteren Erwachsenen wird ein Bedarfsgewicht von 0,7 hinzugezählt; kommt ein Kind hinzu, erhöht sich das Bedarfsgewicht des Haushalts um 0,5. Somit kommt eine ›Kleinfamilie‹ mit einem Kind auf ein Bedarfsgewicht von 2,2. Das Netto-Einkommen des Haushalts wird nun durch das Bedarfsgewicht dividiert, und man enthält das Nettoäquivalenzeinkommen der Haushaltsmitglieder; bei einem Haushaltsnettoeinkommen von 2500 € wären das dann 1136 €. Verglichen mit einer Division durch die Zahl der Köpfe (2500 €/3 ≈ 833 €) erscheint dieser Haushalt durch die Äquivalenzgewichtung reicher. Wenn man Einkommen, wie hier vorgeschlagen, als bedarfsgewichtete Nettoäquivalenzeinkommen berechnet, macht man Aussagen über Personen unter Berücksichtigung des Haushaltszusammenhangs, in dem sie leben. Die Gewichtung nach der neuen OECD-Skala, geht von größeren Skaleneffekten und Bedarfsunterschieden aus, so dass die Haushalte, gegenüber der Prokopfberechnung noch wohlhabender erscheinen.

Single Haushalt	Nettoeinkommen: 1500,- €	Nettoäquivalenzeinkommen:
Gewichtung:	alte OECD-Skala: 1	1500/1=1500,- €
	neue OECD-Skala: 1	1500/1=1500,- €
Pro-Kopf-Einkommen (zum Vergleich)		1500/1=1500,- €
Paar mit einem Kind	Nettoeinkommen: 2500,- €	Nettoäquivalenzeinkommen:
Gewichtung:	alte OECD-Skala: 1+0,7+0,5=2,2	2500/2,2=1136,- €
	neue OECD-Skala: 1+0,5+0,3=1,8	2500/1,8=1389,- €
Pro-Kopf-Einkommen (zum Vergleich)		2500/3 = 833,- €

Abb. 2.96 Beispiele zur Äquivalenzgewichtung

Die wohl begründete wenngleich nicht unumstrittene Äquivalenzgewichtung (vgl. Ott und Rust 2001) bringt ein Folgeproblem mit sich; die damit berechneten Nettoäquivalenzeinkommen sind nicht ganz einfach zu interpretieren: für einen Einpersonenhaushalt entspricht es dem verfügbaren Einkommen dieses Haushalts; die Nettoäquivalenzeinkommen von Mehrpersonenhaushalten wären dann mit der Situation des Einpersonenhaushalts zu vergleichen. Zudem ist bei der Interpretation zu berücksichtigen, dass eine Veränderung des Äquivalenzeinkommens nicht unbedingt auf eine Veränderung der Einkommensflüsse zurückgeht, sondern auch mit einer Veränderung der Haushaltsstruktur (Geburten, Überschreitung von Altersgrenzen, Aus- und Zuzug von Haushaltsmitgliedern) zu tun haben kann. Sofern sich solche Veränderungen gesellschaftsweit vollziehen – so geht z. B. in Deutschland die Haushaltsgröße kontinuierlich zurück –, sind diese in nicht unerheblichem Maß einkommens- und verteilungsrelevant.

2.5.1.2 Einkommen

Nach dem vereinfachten Modell aus der Volkswirtschaftlichen Gesamtrechnung (vgl. Abb. 2.2) haben Haushalte drei Einkommensquellen: Löhne bzw. Zinseinnahmen aus dem Unternehmenssektor und aus dem Staatssektor sowie Transferzahlungen aus dem Staatssektor. In einem erweiterten Modell wären noch monetäre Leistungen, die zwischen verschiedenen Haushalten fließen und von der volkswirtschaftlichen Gesamtrechnung nicht erfasst werden wie z. B. private Transfers, Unterhaltszahlungen nach Scheidungen, Unterhaltszahlungen für Kinder in der Ausbildung, Transferzahlungen von Migrant_innen an Angehörige etc. zu berücksichtigen. Im weiteren Sinne zählen auch Erbschaften und Schenkungen zu solchen privaten Transfers. Zudem können Einnahmen auf Formen der illegalen Beschäftigung oder andere illegale Tätigkeiten (vgl. Abb. 2.71) zurückgehen. Schließlich wird ein nicht unerheblicher Teil der im Haushalt konsumierten Güter und Dienstleistungen in Eigenarbeit im Haushalt selbst oder von einem umgebenden sozialen Netzwerk (Verwandtschaft, Nachbarschaft) erbracht. Letztlich muss selbst der freiwillige oder unfreiwillige Verzicht implizit als eine Quelle der Unterhaltssicherung begriffen werden; d. h. Haushalte reduzieren in Krisensituationen die für den Unterhalt erforderliche Menge an Gütern und Dienstleistungen, indem sie auf Dinge oder auf Dienstleistungen verzichten.

Der Abb. 2.39 sind die längerfristigen Trends der Veränderung der Unterhaltsquellen zu entnehmen. In Abb. 2.97 wird schließlich dargestellt, wie sich im Jahr 2019 der überwiegende Lebensunterhalt für Frauen und Männer verschiedener Altersgruppen darstellt.

Fast alle Kinder und Jugendlichen unter 18 Jahren leben überwiegend von Einkünften ihrer Angehörigen, meist ihrer Eltern. In der leider nicht genauer

	Eigene Erwerbstätigkeit	Öffentliche Leistungen	Renten, Pensionen	Einkünfte von Angehörigen	Eigenes Vermögen
			in %		
Männer	<u>52,2</u>	6,4	20,4	20,2	0,8
unter 18 Jahre	1,7	4,8	0,2	<u>93,3</u>	-
18 bis unter 65 Jahre	<u>79,9</u>	8,3	4,6	6,4	0,8
65 Jahre oder älter	4,4	1,4	<u>92,1</u>	0,5	1,6
Frauen	<u>42,1</u>	6,5	23,2	27,6	0,7
unter 18 Jahre	1,2	4,6	0,2	<u>94,0</u>	-
18 bis unter 65 Jahre	<u>67,8</u>	8,9	5,2	17,5	0,7
65 Jahre oder älter	1,8	1,3	<u>87,2</u>	8,6	1,1

Quelle: Destatis auf Basis der Ergebnisse des Mikrozensus 2019

Abb. 2.97 Überwiegender Lebensunterhalt im Lebensverlauf

spezifizierten Lebensspanne zwischen 18 und 65 Jahren wird die eigene Erwerbstätigkeit zu einer wesentlichen Einkommensquelle; dies ist jedoch bei den
Männern mit 80 % deutlich ausgeprägter als bei den Frauen mit 68 %. Insbesondere im Vergleich mit der in Abb. 2.39 dargestellten langfristigen Entwicklung
wird deutlich, dass es 2019 nur 17,5 % der Frauen sind, die in dieser Phase vorwiegend von den Einkünften ihrer Lebens- und Ehepartner_innen leben. In der
Altersphase sind es dann vorwiegend Einkünfte aus eigenen Renten und Pensionen bzw. bei Frauen auch Pensionen von Angehörigen. Bei 1,6 % der Männer
und 1,1 % der Frauen spielen aber auch Vermögenseinkommen die zentrale Rolle.

Einkommensentwicklung
Während bisher die Entwicklung der Einkommen nur aus der Perspektive der
einzelnen Beschäftigten betrachtet wurde, kommt es in den Haushalten, sofern es
nicht um Single-Haushalte geht, zu einer Kumulierung von Einkommen; es müssen aber auch private Transfers an Partner_innen oder Kinder bzw. Jugendliche
geleistet werden. Im Haushaltkontext spielt neben der Entwicklung der Löhne
auch die Entwicklung anderer Einkommensquellen und die Zusammensetzung
des Haushalts eine wichtige Rolle (vgl. Abb. 2.98).

In Deutschland kommt es seit 1985 in den alten Bundesländern zu einem
Anstieg der Nettoäquivalenzeinkommen um 40 % (2018). Um die neuen Bundes-
länder einzubeziehen, muss 1995 als Basisjahr gewählt werden; dann liegen die
Zuwächse der Medianeinkommen bei 18 % in den alten und 17 % in den neuen
Bundesländern; das bedeutet dann aber auch, dass sich der Einkommensabstand
zwischen West und Ost nicht verändert.

in €	1985	1990	1995	2000	2005	2010	2015	2018
ABL	16.857	19.355	19.946	21.429	21.257	22.073	21.877	23.583
NBL			16.764	18.177	17.869	18.505	18.213	19.674
Gesamt	16.857	19.355	19.132	20.514	20.601	21.377	21.203	22.906

Median der Vor-Jahres-Einkommen (inklusive Einkommensvorteilen aus selbstgenutztem Wohneigentum) in Preisen von 2016
Quelle: Eigene Berechnung mit SOEP V35

Abb. 2.98 Entwicklung der Nettoäquivalenzeinkommen

Einkommensverteilung

Die Verteilungsperspektive bietet den Vorteil, dass – von methodischen Problemen abgesehen – eine sehr differenzierte Analyse aller ausgewählten Haushalte
möglich ist. In Abb. 2.99 ist die Einkommensverteilung für Gesamtdeutschland
bzw. für die alten Bundesländer (1985) graphisch dargestellt.

Die Verteilungskurve geht auf eine Säulendarstellung zurück, in der die relativen Anteile der einzelnen Einkommensklassen (Klassenbreite 2000 €) abgetragen
sind. Die Klassenmitte ist über die Punkte in der (geglätteten) Verteilungskurve
symbolisiert. Da die vertikale Achse nur in Verbindung mit der Klassenbreite
interpretiert werden kann, wurde sie in der Graphik nicht dargestellt. Für die
Interpretation dieser Verteilung bieten sich verschiedene Möglichkeiten:

- Stellt man sich eine Gesellschaft vor, in der alle Einkommen fast gleich hoch
  wären, ist eine Verteilung zu erwarten, die aus einem sehr hohem Maximum

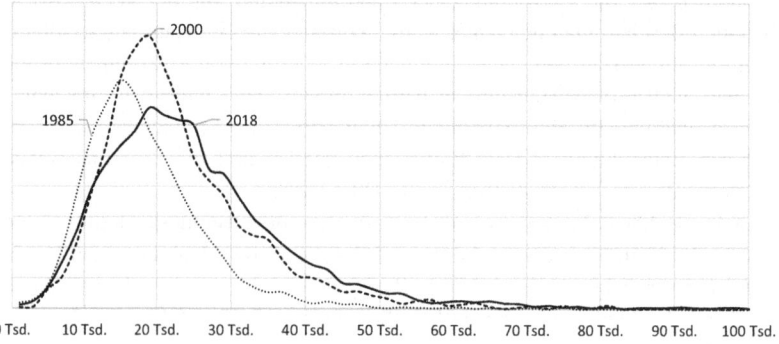

Quelle: Eigene Berechnung mit SOEP V35, Nettoäquivalenzeinkommen, Vorjahresangaben, Klassenbreite 2000 €, in Preisen von 2016

Abb. 2.99 Verteilung des Nettoäquivalenzeinkommens

und extrem steil abfallenden Flanken bestehen würde – einer Nadel gleich. Je flacher diese Flanken abfallen, desto höher ist die Einkommensungleichheit in einer Gesellschaft; die obige Verteilung zeigt insbesondere am rechten Rand relativ flach abfallenden Flanken, vor allem in den alten Bundesländern. Für den Vergleich mit einer egalitären Verteilung kann summarisch auch der weiter unten dargestellte GINI-Index herangezogen werden.

- Verglichen mit der zweigipfeligen Einkommensverteilung einer hypothetischen Zweiklassengesellschaft, in der sich zwei soziale Klassen im Einkommen erheblich unterscheiden, wird deutlich, dass die Einkommensverteilung einer solchen polaren Verteilung mit Reichen und Armen nicht entspricht. Damit kann die in populären (und einigen wissenschaftlichen) Publikationen zu findende These einer Polarisierung der Einkommensverhältnisse in Deutschland, mit einer krassen Spaltung von reich und arm, zurückgewiesen werden; zumindest diese Form der Darstellung liefert keine Hinweise für eine solche Polarisierungsthese.

- Man kann sich auch eine Gesellschaft vorstellen, in der die Höhe des Einkommens einer Person von sehr vielen einzelnen voneinander unabhängigen Faktoren bestimmt ist: von der schulischen und beruflichen Bildung, von den sozialen Kompetenzen, der Dauer der Betriebszugehörigkeit, von den Beziehungen zum Vorgesetzten, vom Grad der gewerkschaftlichen Organisierung in einer Branche, von der konjunkturellen Situation der Branche, von den Fähigkeiten des Managements, vom Steuersystem etc. Eine solche Gesellschaft ließe eine Einkommensverteilung erwarten, die einer Normalverteilung (umgangssprachlich: Glockenkurve) ähnelt. Mit Ausnahme der flachen rechten Flanke hat die hier dargestellte Einkommensverteilung gewisse Ähnlichkeiten mit einer solchen Normalverteilung; die wesentlichen Abweichungen finden sich insbesondere in den alten Bundesländern, wo der Bereich der höheren Einkommen weitaus stärker ausgeprägt ist, als es bei einer Normalverteilung der Fall wäre.

Wenn man nun die Verteilungen der einzelnen Jahre vergleicht, ist zum einen der Zuwachs der durchschnittlichen Einkommen erkennbar; d. h. die Graphen verschieben sich nach rechts. Zum anderen wird deutlich, dass sich die Konzentration im mittleren Bereich, die im Jahr 2000 besonders ausgeprägt ist, abschwächt. Insbesondere die höheren, hohen und sehr hohen Einkommen nehmen zu. Dennoch bleibt das grundlegende Charakteristikum einer eingipfeligen, einer Normalverteilung ähnelnden Verteilung bestehen.

Indem man die Gesamtheit der Äquivalenzeinkommen in zehn gleich große Teile (Dezile) gliedert und betrachtet, wie sich die Mittelwerte der Dezile

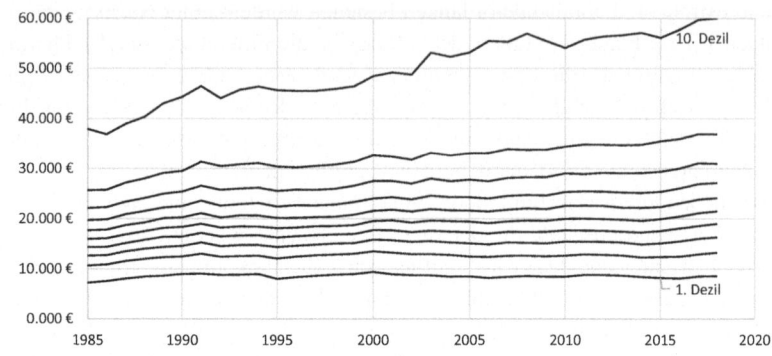

Quelle: Eigene Berechnungen mit Daten des SOEP v35, relative Nettoäquivalenzeinkommen

Abb. 2.100 Entwicklung der Einkommensdezile

entwickeln, lässt sich diese Beobachtung präzisieren (vgl. Abb. 2.100). Das
durchschnittliche Wachstum der Äquivalenzeinkommen von 40 % stellt sich in
den einzelnen Dezilen recht unterschiedlich dar. In den beiden untersten Dezilen
ist es ein Wachstum von ca. 20 %, im dritten und vierten Quintil etwa 30 %,
im fünften bis achten Dezil etwa 40 % und schließlich in den beiden oberen
Quintilen 50 % und mehr. Man hat es also mit einer zunehmenden Auffächerung
der Einkommen zu tun. Man sollte aber nicht von einer Polarisierung der Einkommen oder einer Schere sprechen, weil damit zum einen unterschlagen wird,
dass es neben dem Oben und Unten auch einen mittleren Bereich gibt, in dem
sich viele Gruppen finden, die eher dem reicheren oder dem ärmeren Pol ähnlich
sind. D. h. es gibt in der Gesamtheit keine harten Gegensätze, sondern graduelle
Übergänge. Damit soll nicht gesagt werden, dass die Unterschiede zwischen dem
ersten und zehnten Dezil nicht immens sind und dass es geboten ist, die Spanne
der differenten Einkommenslagen zu verringern. Zum anderen vernachlässigt die
Polarisierungsthese, dass es auch im untersten Dezil zu deutlichen Einkommenszuwächsen kommt. Bei all diesen Verlaufsdarstellungen ist zu bedenken, dass sie
auf eine Folge von Querschnittsinformationen zurückgehen. D. h. es sind nicht
zwingend dieselben Personen, die sich in einem dieser Dezile ›befinden‹.

Mit Hilfe der Daten der Einkommens- und Verbrauchsstichprobe des Statistischen Bundesamtes lassen sich noch längerfristige Aussagen über die Entwicklung der Einkommensverteilung machen. In der folgenden Darstellung werden die
nach Einkommen geordneten Personen in fünf gleich große Gruppen (Quintile)

						5./1. Fünftel	Gini-Koeff.
West							
1962	9,4	13,4	16,7	21,4	39,1	4,2	0,292
1973	10,5	14,3	17,6	22,1	35,5	3,4	0,246
1978	10,5	14,3	17,7	22,2	35,3	3,4	0,247
1988	9,9	14,4	17,9	22,4	35,4	3,6	0,253
1990	9,4	14,0	17,7	22,5	36,4	3,9	0,267
1993	9,5	13,9	17,9	22,5	36,4	3,7	0,267
1998	9,6	14,3	17,6	22,4	36,2	3,8	0,265
2003	9,5	14,1	17,8	22,6	36,1	3,8	0,264
2008	8,7	13,6	17,6	22,7	37,4	4,3	
Ost							
1990	11,8	15,8	19,2	22,9	30,2	2,6	0,185
1993	11,9	15,6	18,7	22,0	32,0	2,7	0,199
1996	11,2	15,3	18,7	22,3	32,5	2,9	0,213
2003	10,9	14,9	18,3	22,6	33,4	3,1	0,223
2008	9,7	14,2	18,0	22,8	35,3	3,6	
Ges.							
2003	9,4	14,0	17,8	22,5	36,3	3,9	0,267
2008	8,7	13,6	17,6	22,7	37,4	4,3	0,280
2013	8,9	13,9	17,9	22,9	36,4	4,1	0,274
2018	8,6	13,7	17,7	22,7	37,3	4,3	0,286

Für das Jahr 2008 wurden die Werte in den alten Bundesländern aus den Gesamtwerten für dieses Jahr geschätzt.
Quelle: Geißler (2006, S. 83), Destatis Ergebnisse der EVS, Entwurf des 6. Armuts- und Reichtumsberichts S. 404

Abb. 2.101 Entwicklung der Einkommensverteilung

geteilt, für die dann ihr Anteil am gesellschaftlich verfügbaren Gesamteinkommen abgetragen ist; eine Gleichverteilung des Einkommens würde implizieren, dass jedes dieser Quintile über 20 % des Gesamteinkommens verfügt (vgl. Abb. 2.101).

Für Westdeutschland ist summarisch zu konstatieren, dass auf das untere Einkommensfünftel etwa 9 % des gesamten Einkommens entfallen, während das obere Fünftel über immerhin 35–40 % verfügt. Diese Verhältnisse sind in den letzten 60 Jahren erstaunlich konstant geblieben; auch im wiedervereinigten Deutschland ist diese Struktur wiederzufinden. In den neuen Bundesländern stellen sich ähnliche Relationen ein, wobei die Einkommensungleichheit dort zunächst geringer ausgeprägt ist, sich dann aber schnell den Relationen in den alten Bundesländern annähert. Bei den Daten der Einkommens- und Verbrauchsstichprobe des Statistischen Bundesamtes ist zum einen zu bedenken, dass sehr hohe Einkommen ab einer bestimmten ›Abschneidegrenze‹ von derzeit 18.000 € pro Monat nicht erfasst werden; eine solche Grenze findet sich aber auch in den älteren Erhebungen. Zum anderen ist zu bedenken, dass von den 1960er bis 80er Jahren nur deutsche Staatsbürger_innen erfasst wurden; d. h. die Einkommensungleichheit wurde in dieser Phase unterschätzt.

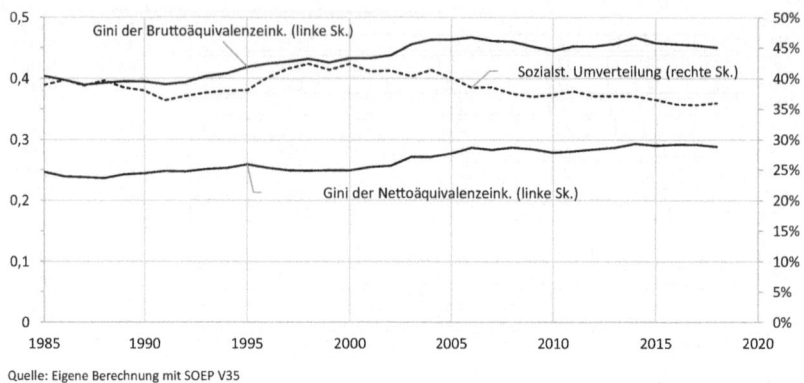

Quelle: Eigene Berechnung mit SOEP V35

Abb. 2.102 Einkommensungleichheit und Redistribution durch den Sozialstaat

Der Graphik (Abb. 2.102) ist zunächst zu entnehmen, dass die Ungleichheit der Bruttoäquivalenzeinkommen zwischen 1985 und 2018 deutlich angestiegen ist, von etwa 0,40 auf 0,45. Durch die sozialstaatliche Umverteilung fällt die Ungleichheit der Nettoäquivalenzeinkommen deutlich geringer aus, aber auch hier wird ein deutlicher Anstieg erkennbar von etwa 0,25 auf fast 0,30. D. h. bei steigenden Ungleichheiten ist der Umverteilungseffekt des Sozialstaates durchaus wirksam und recht stabil.

In einem Gutachten des IZA für die Armuts- und Reichtumsberichterstattung des Bundes war versucht worden, den Gründen für den Anstieg der Ungleichheiten vor allem zwischen 1995 und 2005 nachzugehen. Die Studien kommen zu dem Befund, dass sich der Anstieg der Einkommensungleichheit und Armutsgefährdung bis 2005/06 »zu ca. 20 bis 30 % auf die während dieses Zeitraums stattfindenden Änderungen in Beschäftigung und Arbeitslosigkeit, zu ca. 40 % bis 50 % auf die langfristig gestiegene Spreizung in den Einkommen aus Arbeit und zu ca. 20 bis 30 % auf Änderungen im Steuertarif zurückführen lässt. Änderungen im Transfersystem ((…) Hartz IV (…)) sowie Änderungen in Haushaltsstrukturen und weiterer Haushaltseigenschaften wie Nationalität, Bildung und Alterszusammensetzung spielten dagegen keine wesentliche Rolle« (Pestel und Sommer 2016, S. 92).

Um genauer zu erfassen, welche sozialen Gruppen an diesen durchschnittlichen Einkommenszuwächsen teilhaben und welche nicht, ist es sinnvoll, die relativen Einkommenspositionen verschiedener Gruppen zu untersuchen. Zu beachten ist, dass die Darstellung auf Personenebene erfolgt, das Einkommen

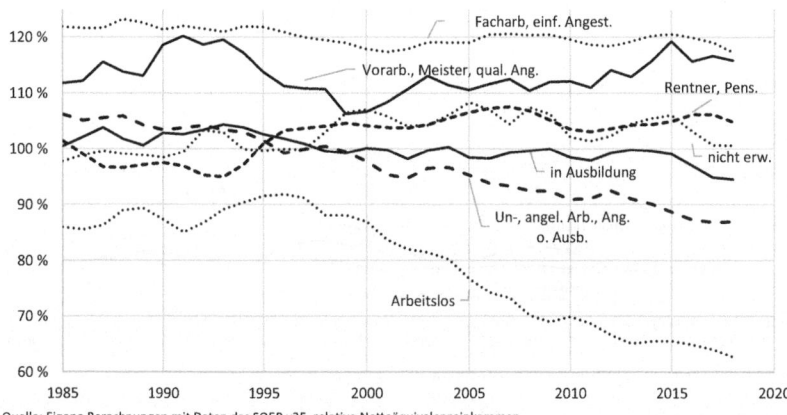

Quelle: Eigene Berechnungen mit Daten des SOEP v35, relative Nettoäquivalenzeinkommen

Abb. 2.103 Entwicklung der relativen Einkommensposition (I)

jedoch über den Haushalt ermittelt wurde; das hat zur Konsequenz, dass in die Darstellung der relativen Einkommensposition der einzelnen Gruppen auch die Einkommen von Partnern oder andere Transfers eingehen. D. h. man erfährt etwas über die relative Einkommenssituation von Haushalten, in denen die jeweiligen Berufsgruppen leben.

In Abb. 2.103 werden zunächst nur die unteren und mittleren Lagen berücksichtigt. Bei allen abhängig Beschäftigten ist mehr oder weniger ausgeprägt ein Trend erkennbar, der symptomatisch für das Ende der Lohnarbeitsgesellschaft steht, wie von Castel dargestellt: die Gering-Qualifizierten erfahren einen erheblichen Abstieg in der Einkommenshierarchie. Wenn man un- und angelernte Arbeiter_innen und Angestellte zusammennimmt, lag ihre Einkommensposition 1985 noch im gesellschaftlichen Durchschnitt; danach verschlechtert sich die Situation schrittweise, so dass 2018 nur noch weniger als 90 % des durchschnittlichen Äquivalenzeinkommens erreicht werden. Wenn man einzelne Teilgruppen wie die ungelernten Arbeiter_innen betrachtet, fällt dieser Abstieg noch deutlicher aus. Sie sind anfangs mit durchschnittlich etwa 90 % des gesellschaftlichen Einkommensmedians 1984 noch vergleichsweise gut ›integriert‹ und rutschen dann unaufhörlich auf eine durchschnittliche Einkommensposition von weniger als 80 % ab; nur noch 20 Prozentpunkte von der EU-Armutsgrenze entfernt. Eine ähnliche Entwicklung findet sich auch bei angelernten Arbeiter_innen, bei Angestellten mit einfachen Tätigkeiten und bei der kleiner werdenden

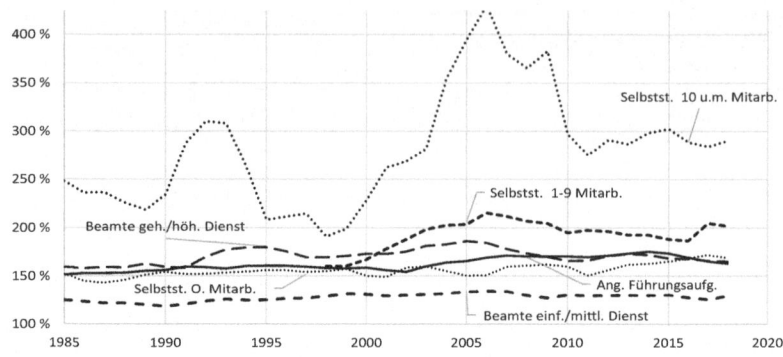

Quelle: Eigene Berechnungen mit Daten des SOEP v35, relative Nettoäquivalenzeinkommen

Abb. 2.104 Entwicklung der relativen Einkommensposition (II)

Gruppe der Beamt_innen im einfachen Dienst. Hier wird eine nicht kleine Beschäftigtengruppe systematisch an den Rand der Gesellschaft gedrängt.

Relativ stabil stellt sich die Situationen für Facharbeiter_innen, Vorarbeiter_innen und Meister_innen sowie für einfache Angestellte mit Ausbildung und qualifizierte Angestellte dar; sie können ihre Position oberhalb des gesellschaftlichen Durchschnitts halten. Auch die durchschnittlichen Äquivalenzeinkommen der Rentner_innen und Pensionär_innen haben sich – entgegen den medienöffentlichen (Selbst)Darstellungen – nicht verändert; wie sich dies in Zukunft entwickeln wird, ist noch offen.

Einen erheblichen sozialen Abstieg erfährt die sehr heterogene Gruppe der Arbeitslosen; hier setzt bereits in den 1990er Jahren, also noch lange vor den Hartz-Reformen, ein sozialer Abstieg an, der sich auch in der zweiten Hälfte der 2010er Jahre fortsetzt. Neben Veränderungen in den Leistungen der Arbeitslosenversicherung sind hier vor allem die strukturellen Veränderungen der Gruppe der Arbeitslosen in einer langen Phase wirtschaftlicher Prosperität zu beobachten. Ganz anders gestaltet sich die Entwicklung der Äquivalenzeinkommen bei den besser gestellten sozialen Gruppen (vgl. Abb. 2.104).

Das gilt vor allem für die verschiedenen Selbstständigengruppen, die jedoch ganz erhebliche Binnendifferenzen aufweisen. Die starken Schwankungen z. B. bei den Selbstständigen mit 10 und mehr Mitarbeiter_innen, sind angesichts der geringen Gruppengröße zum einen als zufällige Variationen zu begreifen, zum anderen spiegeln sie aber auch die Krisen der Wirtschaft bzw. der Finanzmärkte. Auch die Freiberufler_innen und Selbstständigen mit weniger als 10

Mitarbeiter_innen können ihre Einkommensposition deutlich verbessern, ihre Nettoäquivalenzeinkommen liegen seit 2005 doppelt so hoch wie der gesellschaftliche Durchschnitt; die sehr heterogene Gruppe der Soloselbstständigen liegt durchgängig bei mehr als dem 1,5-fachen des Durchschnitts. Die Beamt_innen in den beiden höheren Dienstgruppen und die Angestellten mit Führungsaufgaben bewegen sich zwischen diesen Gruppen.

2.5.1.3 Vermögen

Vermögensbestände können sinnvoll nach Immobilien, Geldvermögen, Betriebsvermögen bzw. land- und forstwirtschaftlichem Vermögen unterschieden werden. Die sozialstrukturelle Analyse dieser Vermögen gestaltet sich nicht einfach. Das liegt zum einen an der Erfassung und Bewertung von Vermögensbeständen in der amtlichen Statistik wie in der Umfrageforschung. Hauser und Stein beklagen: »Es gibt weder genaue Schätzungen über die Gesamtsummen der einzelnen Vermögenskategorien für einzelne Stichjahre seit Gründung der Bundesrepublik, noch über die Verteilung der Brutto- und Nettovermögen auf die Letzteigentümersektoren Haushalte, Staat, Organisationen ohne Erwerbszweck sowie ausländische Eigentümer; ebenso wenig ist die Höhe des im Unternehmenssektors befindlichen Produktivvermögens, das den vier Letzteigentümersektoren zugerechnet werden muss, genau bekannt« (2001, S. 29). Insbesondere sehr große Vermögen sind ausgesprochen schwer zu erfassen und zu bewerten; sie haben aber einen erheblichen Einfluss auf die Vermögensverteilung. Zum zweiten stellt sich das Problem, dass die Vermögensbestände ganz unterschiedliche Funktionen haben. So dienen sie bei Selbstständigen oft als Betriebskapital, dass für die weitere Entwicklung des Unternehmens (und die Schaffung von Arbeitsplätzen) bedeutsam ist; es ist aber auch die zentrale Quelle für die Alterssicherung. Dementsprechend müsste für abhängig Beschäftigte eigentlich auch das Vermögen, das in den gesetzlichen und privaten Alterssicherungen angelegt ist, berücksichtigt werden. Ein drittes Problem liegt in den erheblichen Variationen der Vermögen im Lebensverlauf, das ist den kumulativen Prozessen der Vermögensbildung aber auch den Schenkungen und Vererbungen zwischen den Generationen geschuldet. Schließlich ist auf die erheblichen Unterschiede zwischen Ost- und Westdeutschland zu verweisen, die auf die unterschiedliche politische und ökonomische Entwicklung bis zur Wiedervereinigung und in der Nachwendezeit zurückgehen.

Vermögensbestände

In Abb. 2.105 werden Daten des sozioökonomischen Panels genutzt; in fünfjährigem Abstand werden die dort Befragten um detaillierte Angaben zu ihren Vermögen gebeten; fehlende Angaben werden über Imputationen geschätzt.

	2002	2007	2012	2017
Mittelwert (nominal in Euro)	80.476	82.182	84.319	105.655
Mittelwert (in Preisen von 2015)	97.429	91.721	86.837	103.583
Gini-Koeffizient	0,776	0,799	0,780	0,777
Index der Verbraucherpreise	82,6	89,6	97,1	102,0

Datenbasis: SOEPv35, Personen ab 17 Jahren in Privathaushalten
Quelle: Datenreport 2021, S. 246

Abb. 2.105 Entwicklung des Nettovermögens

Das durchschnittliche nominelle Nettovermögen von Erwachsenen ist zwischen 2002 und 2017 deutlich angestiegen. Für eine Preisbereinigung wurde hier näherungsweise der (für Vermögenswerte nicht optimale) Verbraucherpreisindex genutzt. So wird deutlich, dass sich die durchschnittlichen Vermögensbestände – bei dem durch die Umfrageforschung erreichten Bevölkerungsteil – doch recht stabil gestalten. Das gilt auch für die Gini-Indices, deren Interpretation angesichts der Erhebungsprobleme und vor allem angesichts der hohen Altersabhängigkeit von Vermögen jedoch schwerfällt.

Während das Nettovermögen junger Erwachsener 2017 unter 10.000 € lag, steigt es ist den folgenden Altersgruppen kontinuierlich an. Nicht wenige können sparen oder kommen in den Genuss von kleineren oder größeren Erbschaften bzw. Schenkungen. Das höchste Nettovermögen liegt bei den 71- bis 75-Jährigen (205.000 €). In Westdeutschland liegt der Mittelwert der Vermögen bei ca. 125.000 €, in Ostdeutschland bei etwa 55.000 €.

Die Struktur des Vermögens wird in Abb. 2.106 deutlich. Die Angaben für 2017 enthalten auch Informationen über Kraftfahrzeuge und Studienkredite, sie wurden bei der Darstellung der Vermögensentwicklung nicht berücksichtigt, um die Angaben vergleichbar zu halten.

75 % der Bevölkerung verfügt über kleinere oder größere Vermögensbestände; 33 % haben aber auch Schulden. Der im erwachsenen Bevölkerungsquerschnitt wichtigste Vermögensbestand sind selbstgenutzte Immobilien, über die fast 40 % verfügen; 18 % sind mit Hypotheken belastet. 11 % der Bevölkerung verfügen aber auch über weitere Immobilien. Relativ verbreitet sind darüber hinaus Geldvermögen (45 % der Bevölkerung) und ›automobiles‹ Vermögen (60 % der Bevölkerung). 4 % der Befragten verfügen über Betriebsvermögen; diese haben ein durchschnittlichen (angegebenen) Wert von ca. 270 Tsd. € (vgl. auch Grabka und Halbmeier 2019).

Wenn man auch die in der Alterssicherung gebundenen Vermögensbestandteile berücksichtigt, verändert sich das Bild der Vermögensverteilung. Bei der Darstellung (Abb. 2.107) der Durchschnittswerte für die einzelnen Vermögensdezile wurden neben dem individuellen Nettovermögen auch die Renten- und Pensionsanwartschaften berücksichtigt.

	Anteil der Besitzer /-innen in der erwachsenen in %	Anteil der jeweiligen Vermögens-/ Schuldenkomponente in % des Nettoverm.	Je erwachsener vermögensbesitzender Person Mittelwert in Euro
Bruttovermögen	75	116,0	160.043
Selbst genutztes Wohneigentum	39	58,0	171.997
Sonstige Immobilien	11	19,0	199.600
Geldvermögen	45	14,0	36.805
Betriebsvermögen	4	9,0	266.816
Wertsachen	8	1,0	15.136
Versicherungen	34	6,0	21.691
Bausparvermögen	28	3,0	10.620
Fahrzeuge	60	5,0	9.808
Schulden	33	16,0	54.950
Hypotheken auf selbst genutzte Imm.	18	9,0	60.372
Hypotheken auf sonstige Immobilien	4	4,0	111.422
Konsumentenkredite	14	2,0	18.920
Studienkredite	3	0,2	7.911

Datenbasis: SOEPv35, Personen ab 17 Jahren in Privathaushalten, Quelle: Datenreport 2021, S. 248

Abb. 2.106   Zusammensetzung des Privatvermögens

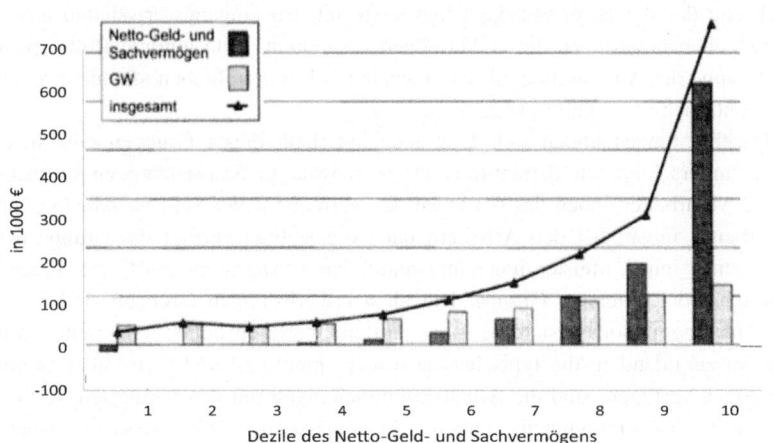

GW: Gegenwert der Alterssicherungsansprüche
Quelle: Frick/ Grabka/ Hauser (2010, S. 167), Daten SOEP 2007

Abb. 2.107   Verteilung des individuellen Vermögens

Es zeigt sich eine extreme Ungleichverteilung zwischen den Vermögensde-
zilen; diese hängt jedoch nicht unerheblich mit der starken Altersabhängigkeit
der Vermögensbestände zusammen. Daher ist diese Darstellung nur sehr bedingt
im Sinne sozialer Ungleichheitstheoreme zu interpretieren. Die Einbeziehung der
Pensions- und Rentenanwartschaften führt tendenziell zu einer Dämpfung der
Vermögensdisparitäten; so liegt der GINI-Index der individuellen Nettovermögen
bei 0,799; unter Einbeziehung der Alterssicherungsansprüche sinkt er auf 0,637
(Frick et al. 2010, S. 166).

Soziale Differenzierung der Vermögen

Für eine differenziertere Aufschlüsselung der Vermögen nach verschiedenen
beruflichen Gruppen werden die Daten des Sozioökonomischen Panels genutzt;
wie erwähnt beinhalten die Angaben für 2017 auch Informationen über Kraftfahrzeuge und Studienkredite; daher liegt der Durchschnittswert über den Angaben
in Abb. 2.105.

Die größten Vermögensunterschiede finden sich zwischen Selbstständigen und
abhängig Beschäftigten. So liegen die durchschnittlichen Vermögen der Selbstständigen beim 3,5-fachen der Arbeiter und Angestellten und etwa doppelt so
hoch wie das der Beamten; das hängt auch mit den eingangs erwähnten unterschiedlichen Funktionen dieser Vermögen zusammen. Eine mittlere Rolle spielt
die Gruppe der Angestellten mit umfassenden Führungsaufgaben, die nicht selten
auch unternehmerische Funktionen ausüben.

Darüber hinaus finden sich aber auch innerhalb dieser Gruppen erhebliche
Binnenunterschiede. So beträgt das Nettovermögen von Selbstständigen mit mehr
als 10 Mitarbeiter_innen das 6,6-fache des Vermögens der Selbstständigen ohne
Mitarbeiter_innen; bei den Arbeitern und Angestellten verfügt die Gruppe der
Vorarbeiter_innen, Meister_innen und qualifizierten Angestellten über das 3-fache
Vermögen der untersten Gruppe. Die nicht erwerbstätigen Gruppen sind meist
recht heterogen, sodass sich hier eher mittlere Werte einstellen. Abgesehen von
den Auszubildenden, die typischerweise recht jung sind und daher über wenig
Vermögen verfügen, sind die Arbeitslosen diejenigen mit den geringsten Vermö-
gen; d. h. dass Einkommens- und Anerkennungsdefizit vieler Arbeitsloser geht
mit einem Defizit an Vermögen – und den damit verbundenen Chancen autonomer
Entscheidungen – einher (vgl. Abb. 2.108).

	Mittelwert	Median	Bev.anteil
In Ausbildung, Praktikant_innen	8.011 €	130 €	6,4%
Un-, angelernte Arbeiter_innen, Angestellte ohne Ausbild.abschluss	44.027 €	9.520 €	11,4%
Gelernte Facharbeiter_innen, Angestellte mit einfacher Tätigkeit	70.243 €	31.000 €	9,5%
Vorarbeiter_innen, Meister_innen, qualifizierte Angestellte	122.966 €	94.840 €	25,9%
Angestellte mit umfassenden Führungsaufgaben	306.891 €	171.668 €	0,8%
Beamt_innen einfacher, mittlerer Dienst	80.801 €	39.590 €	0,8%
Beamt_innen gehobener, höherer Dienst	181.009 €	130.230 €	2,8%
Selbstständige ohne Mitarbeiter_innen	215.538 €	78.370 €	3,4%
Selbstständige mit 1 bis 9 Mitarbeiter_innen	334.814 €	208.700 €	1,7%
Selbstständige mit 10 oder mehr Mitarbeiter_innen	1.431.351 €	998.172 €	0,4%
Nicht erwerbstätig	76.622 €	7.400 €	5,9%
Arbeitslos	14.097 €	0 €	4,6%
Rentner_innen, Pensionär_innen	150.243 €	67.180 €	26,3%
Insgesamt	111.284 €	27.462 €	100,0%

Datenbasis: SOEPv35, Personen ab 17 Jahren in Privathaushalten, mit 0,1 % Top-Coding
Quelle: Datenreport 2021, S. 252

Abb. 2.108   Nettogesamtvermögen nach der beruflichen Stellung

Integrierte Einkommens- und Vermögensverteilung

Aus den bisherigen Ausführungen dürfte deutlich geworden sein, dass für die differenzierte Analyse des ökonomischen Kapitals Einkommens- und Vermögenperspektiven zusammengeführt werden müssen. Das kann rechnerisch z. B. dadurch geschehen, dass man den Vermögensbestand einer Person bzw. eines Haushalts ›auflöst‹ und unter bestimmten Hilfannahmen in jährliche (annualisierte) Einkommen verwandelt (vgl. Calderón et al. 2020, S. 42) und diese fiktiven Einkommen den tatsächlichen Einkommen hinzufügt (vgl. Abb. 2.109).

In der ersten Spalte ist die klassierte Verteilung der Nettoäquivalenzeinkommen dargestellt; jeweils 16,1 % der Befragten liegen unterhalb der Armutsgrenze bzw. in der unteren Mitte; umgekehrt können 16,5 % der oberen Mitte und 3,3 %

	Konventionelle Einkommensdefinition und Schwellenwerte	Erweiterte Einkommen* mit Schwellenwerten aus konventioneller Einkommensverteilung	Erweiterte Einkommen* mit Schwellenwerten aus erweiterter Einkommensverteilung
relativ Reiche: mehr als 250%	3,3	9,2	6,8
obere Mitte: 150 - 250%	16,5	22,3	17,4
Mitte im engeren Sinn: 80 - 150%	47,9	40,0	40,2
untere Mitte: 60 - 80%	16,1	13,2	15,2
relativ Arme: unter 60 %	16,1	15,2	20,4

* Für die Berechnung der erweiterten Einkommen wurden die Nettoäquivalenzeinkommen um annualisierte Vermögenswerte ergänzt.
Datenbasis: SOEPv35, Berechnungen des IW-Köln, Quelle: Calderón et al. (2020, S. 48)

Abb. 2.109   Integration von Einkommen und Vermögen

den relativ Reichen zugerechnet werden – die Gruppenbezeichnungen wurden aus der zitierten Studie übernommen. Wenn man nun an dieser Gruppenstruktur festhält aber auch die fiktiven Einkommen aus den annualisierten Vermögen hinzurechnet, wird deutlich, dass sich in den unteren Gruppen nur wenig verändert. Deutlicher schrumpft der Anteil der mittleren Einkommen, hier finden sich – oft in der mittleren Lebensphase – eher höhere Einkommen aber noch keine erheblichen Vermögen; umgekehrt kommt es im hohen Einkommensbereich zu einer Addition von Einkommens- und Vermögenseffekten. In der dritten Datenspalte wird schließlich dargestellt, wie sich die Verteilung der erweiterten Einkommen darstellt, wenn man die Zuordnung zu den Einkommensgruppen auf Basis der erweiterten Einkommen vornimmt. Während der Gini-Index der konventionellen Nettoäquivalenzeinkommen bei 0,292 liegt, führt die Einbeziehung der Vermögensbestände zu einem deutlichen Anstieg der Ungleichheit; der Gini Wert steigt auf 0,365.

Auch in älteren Studien war an einer integrierten Betrachtung von Einkommens- und Vermögensverteilung gearbeitet worden; hier kommen die Autoren zu dem Fazit:»Angesichts des vielschichtigen Bildes der Ressourcenverteilung in Deutschland sind verallgemeinernde Aussagen über einzelne soziodemografische Gruppen von sehr begrenzter Aussagekraft. Denn zurückliegende Lebensverläufe, Erbschaften und Schenkungen, die aktuelle Lebensphase, die Verteilungsposition hinsichtlich der Markteinkommen und der Haushaltskontext treten in allen Teilgruppen mit heterogenen Ausprägungen und in diversen Konstellationen auf mit dem Ergebnis hoher gruppeninterner Ungleichheiten der verfügbaren Einkommen und Vermögen« (Deutsches Institut für Wirtschaftsforschung et al. 2007:XII). Richard Hauser kommt resümierend zu dem Befund, dass die integrierte Analyse der Einkommens- und Vermögensverteilung auf eine Verstärkung von Ungleichheit hinweist:»Allerdings sind dies aber doch nur kleinere Modifikationen, wie die geringe Zunahme des Gini-Koeffizienten zeigt« (2009, S. 22).

2.5.2 Verteilung des kulturellen Kapitals

Das kulturelle Kapital der Haushalte bzw. Haushaltsmitglieder besteht im Sinne Bourdieus aus objektivierten (z. B. Besitz von materiellen Kulturgütern, wie Büchern oder Kunstwerken), inkorporierten (z. B. Kenntnisse und Fähigkeiten einer Person) und institutionalisierten Kapitalien (z. B. Bildungsabschlüsse). Da die inkorporierten Kapitalien nur schwer zu erheben sind, wird im Folgenden nur auf die objektivierten und die institutionalisierten Kapitalien in den Haushalten Bezug genommen.

	0-10	11-25	26-100	101-200	201-500	500 ++	∅
Bildung der Mutter (ISCED):			in %				Anz.
(0,1) Grundbildung	40,4	26,5	22,6	7,0	2,6	0,9	44,2
(2) Sekundarbereich I	12,5	17,6	34,1	17,6	13,8	4,4	122,5
(3b,c) beruflicher Sekundarbereich II	16,4	13,8	28,4	19,8	14,7	6,9	142,8
(3a,4) allgemeinbild. Sekundarbereich II:	6,6	12,1	31,7	22,2	18,3	9,2	176,3
(5b) z.B. Fachakad., Sch.d.Gesundheitsw.	5,3	11,2	31,0	21,8	21,3	9,4	185,7
(5a,6) Universität, FHS, Promotion	6,0	6,1	15,7	23,1	26,9	22,2	294,3
Bildung des Vaters (ISCED):							
(0,1) Grundbildung	41,3	21,8	24,6	8,4	2,8	1,1	49,0
(2) Sekundarbereich I	13,9	18,2	33,2	19,1	11,5	4,1	114,1
(3b,c) beruflicher Sekundarbereich II	8,7	16,3	30,4	21,7	20,7	2,2	126,3
(3a,4) allgemeinbild. Sekundarbereich II:	7,9	12,1	31,0	23,8	17,3	8,0	164,5
(5b) z.B. Fachakad., Sch.d.Gesundheitsw.	7,3	14,7	28,6	21,8	19,9	7,8	167,0
(5a,6) Universität, FHS, Promotion	5,0	5,0	19,7	20,6	27,6	22,2	296,5
Migrationsstatus:							
Autochthon	7,5	11,4	26,6	21,8	20,5	12,2	202,4
Migr.: zweite Generation	21,8	19,1	35,3	11,6	9,5	2,5	90,4
Migr.: erste Generation	32,1	25,3	23,5	10,2	4,1	4,8	83,3
Beruf der Mutter (ISCO 08):							
Hilfsarbeitskräfte	25,6	21,5	26,8	12,0	8,9	5,3	104,9
Bediener von Anlagen und Maschinen ..	12,9	18,6	48,6	8,6	4,3	7,1	117,8
Handwerks- und verwandte Berufe	13,0	20,4	25,9	24,1	11,1	5,6	124,5
Fachkräfte in Land- und Forstwirtsch.	17,4	8,7	30,4	30,4	8,7	4,3	115,9
Dienstleistungsberufe und Verkäufer	12,4	15,8	33,4	18,7	15,2	4,5	127,9
Bürokräfte und verwandte Berufe	4,7	11,5	27,2	26,5	19,2	11,0	193,7
Techniker, gleichrangige nichttechn. Ber.	5,6	9,8	32,2	22,9	20,8	8,7	180,3
Akademische Berufe	3,0	3,1	14,1	20,1	29,8	29,9	359,9
Führungskräfte	3,3	8,7	18,5	25,0	32,6	12,0	233,5
Beruf des Vaters (ISCO 08):							
Hilfsarbeitskräfte	23,1	20,3	27,9	12,6	9,8	6,3	116,8
Bediener von Anlagen und Maschinen ..	16,8	20,1	30,9	19,7	8,8	3,7	102,2
Handwerks- und verwandte Berufe	13,2	15,9	34,9	19,1	12,2	4,7	122,1
Fachkräfte in Land- und Forstwirtsch.	8,0	13,6	31,8	19,3	18,2	9,1	172,4
Dienstleistungsberufe und Verkäufer	12,8	13,6	32,3	20,8	15,3	5,2	135,0
Bürokräfte und verwandte Berufe	8,8	12,4	32,3	19,8	20,7	6,0	156,0
Techniker, gleichrangige nichttechn. Ber.	3,4	8,6	25,1	26,2	25,5	11,1	211,7
Akademische Berufe	2,9	4,4	16,2	20,5	30,6	25,4	328,4
Führungskräfte	3,2	8,5	24,9	22,1	22,8	18,5	258,2
Angehörige der regulären Streitkräfte	0,0	6,3	37,5	12,5	25,0	18,8	266,1

Quelle: Eigene Berechnungen nach Daten aus PISA 2018, Deutschland, ungewichtet

Abb. 2.110   Zahl der Bücher im Elternhaus

2.5.2.1 Objektiviertes kulturelles Kapital

Als ein Indikator für die objektivierten Kapitalien kann der Besitz von Büchern fungieren. In der folgenden Darstellung wurde auf die deutschen Daten der PISA-Studie 2018 zurückgegriffen; es finden sich mithin Informationen über die Haushalte, in denen die dort befragten 15-jährigen Schüler lebten. In einem Viertel der Haushalte finden sich nur recht wenige (0–25) Bücher; dieser Anteil variiert jedoch erheblich nach der sozialen Lage der Eltern (vgl. Abb. 2.110).

Das im Elternhaus verfügbare kulturelle Kapital – hier indiziert durch die Zahl der Bücher – variiert vor allem mit der Bildung der Eltern. Implizit drückt sich

dies auch in der Verteilung des kulturellen Kapital zwischen Autochthonen und
Migrant_innen aus. So ist die Zahl der Bücher in den Haushalten von Jugendlichen der ersten und zweiten Zuwanderungsgeneration nur halb so groß, wie
bei denen aus autochthonen Haushalten. Schließlich spielt auch die berufliche
Stellung eine wichtige Rolle. Neben der Stellung in der beruflichen Hierarchie
ist dabei dann vor allem eine akademische Tätigkeit der Eltern von besonderem
Einfluss.

2.5.2.2 Institutionalisiertes kulturelles Kapital

Das institutionalisierte – z. B. in Schulabschlüssen zertifizierte – kulturelle Kapital hat sich in den letzten Jahrzehnten erheblich verändert. In den bildungspolitischen Debatten der 1960er Jahre wurde das Problem der Bildungsbenachteiligung
auf den Punkt gebracht, indem man vom ›katholischen Arbeitermädchen vom
Lande‹ sprach. Helbig und Schneider machen jedoch darauf aufmerksam, dass
der oft behauptete intersektionale Effekt sich so nicht finden lasse. So sei nicht
nachzuweisen, »dass sich die damals feststellbaren Benachteiligungsmerkmale –
katholisch, Mädchen, Arbeiterkind und das Leben in kleinen Gemeinden – in
ihrer negativen Wirkung auf den Gymnasialbesuch (…) gegenseitig verstärken«
(2014, S. 160).

Die Verteilung des institutionalisierten kulturellen Kapitals kann nur näherungsweise über die Verteilung von Bildungsabschlüssen abgeschätzt werden. Für
die folgende Darstellung wurde der im sozioökonomischen Panel implementierte
Algorithmus zur Berechnung der Bildungsjahre genutzt. Diese rechnerischen aus
den schulischen und beruflichen Abschlüssen ermittelten Bildungsjahre können
für die jeweilige Person Werte zwischen 7 und 18 annehmen. Sie setzen sich
additiv aus einem Teilwert für die (abgeschlossene) schulische Ausbildung (max.
13) und einem Teilwert für die berufliche bzw. akademische Ausbildung (max. 5)
zusammen. Personen ohne diese Abschlüsse wird der Wert 7 zugewiesen. Da die
Werte 16 und 17 nur durch relativ seltene Kombinationen von schulischen und
beruflichen Abschlüssen erreicht werden können, ergibt sich dort ein Einbruch
(vgl. Abb. 2.111).

Das arithmetische Mittel der Bildungsjahre hat sich seit der Bildungsexpansion
kontinuierlich erhöht. Dieser Prozess setzt sich auch in den letzten Jahrzehnten
fort; so ist die Zahl der Bildungsjahre seit Mitte der 1980er Jahre noch einmal
um 1,3 Jahre angestiegen.

Das Maximum der Bildungsverteilung liegt im Bereich zwischen 10 und 12
Bildungsjahren; das arithmetische Mittel beträgt 2018 12,3 Bildungsjahre. Angesichts der in den letzten Jahren erheblich verbesserten schulischen Ausbildung
von Frauen hat sich der Mittelwert beider Geschlechter erheblich angenähert; er

liegt bei 12,1 für die Frauen und bei 12,4 für die Männer. Die Gestalt der Verteilung ist grundsätzlich zweigipfelig; das hängt aber auch mit der Konstruktion der
Bildungsjahre zusammen. Der zweite Gipfel ist jedoch 1985 recht schwach ausgeprägt und wächst dann bis 2018 kontinuierlich an. Im Folgenden soll entlang der
Problemdiagnose der 1960er Jahre der heutige Stand von Bildungsungleichheiten
rekonstruiert werden.

Geschlecht

Die Erfolge bei der Zurückdrängung geschlechtsspezifischer Bildungsungleichheiten lassen sich abschätzen, wenn man die Daten eines Bevölkerungsquer-
schnitts aus dem Jahr 2019 heranzieht (vgl. Abb. 2.112).

Entlang der altersspezifischen Veränderung der Bildungsabschlüsse bei Männern und Frauen lassen sich Geschichte der Bildungs- und Geschlechterpolitik
und schließlich auch die West-Ost-Geschichte ablesen. Bei den über 65-Jährigen
haben nur 19 % eine Hochschulreife, bei den 20–25-Jährigen sind es 55 % – hier
spiegeln sich die Veränderungen der Bildungspolitik und die veränderten Anforderungen an den Arbeitsmärkten. Bei den Männern sind es 26 % bei den über
65-Jährigen und 52 % in der jungen Gruppe; bei den Frauen ist die Veränderung noch deutlicher ausgeprägt mit 13 % in der älteren und 62 % in der jungen
Gruppe. Die Geschlechterdifferenz hat sich mithin umgedreht. Dementsprechend
wurde die Hauptschule, die in der älteren Gruppe bei den Männern bzw. Frauen
mit 50 % und 58 % die Regelschule war, zu einer Schule, die in der jüngeren
Gruppe nur 14 % der Männer und 8 % der Frauen besucht haben. Dieser lange

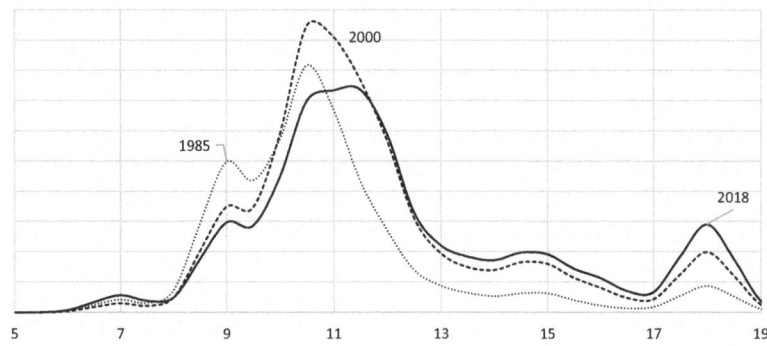

Quelle: Eigene Berechnungen mit Daten des SOEPv35, Kerndichteschätzung (Gaußkern, Bandbreite 0,5)

Abb. 2.111   Verteilung der Bildungsjahre

Alter Geschlecht	Hauptschul- abschluss	Abs. polytechn. Oberschule	Mittlerer Abschluss	Fachhoch- oder Hochschulreife	ohne Abschl. ohne Angabe
Männlich					
20-25	13,6%		28,8%	52,3%	2,8%
25-30	16,2%		29,6%	51,4%	2,3%
30-35	19,1%		31,0%	47,0%	2,5%
35-40	20,7%		31,8%	45,1%	1,9%
40-45	22,4%	0,7%	31,6%	43,1%	1,8%
45-50	23,6%	13,0%	24,0%	37,1%	2,0%
50-55	26,8%	13,4%	22,6%	34,9%	2,1%
55-60	31,0%	15,3%	19,5%	31,6%	2,4%
60-65	34,0%	15,1%	17,2%	31,3%	2,2%
älter als 65	49,9%	8,6%	12,9%	26,3%	2,1%
Zusammen	30,5%	7,7%	22,3%	36,9%	2,2%
Weiblich					
20-25	8,2%		26,0%	61,9%	1,5%
25-30	11,0%		28,9%	58,1%	1,6%
30-35	12,9%		33,8%	51,5%	1,5%
35-40	13,6%		36,5%	48,0%	1,6%
40-45	15,2%	0,7%	37,2%	44,9%	1,8%
45-50	17,3%	12,3%	31,8%	36,6%	1,7%
50-55	20,1%	13,5%	32,6%	31,8%	1,7%
55-60	25,5%	15,0%	29,4%	27,7%	2,1%
60-65	32,7%	15,6%	25,3%	24,3%	1,9%
älter als 65	57,5%	8,8%	17,5%	13,0%	3,1%
Zusammen	30,2%	7,9%	27,1%	32,3%	2,1%

Quelle: Eigene Berechnungen auf Basis der Ergebnisse des Mikrozensus 2019

Abb. 2.112 Entwicklung der schulischen Bildung

Prozess der Verbesserung des Bildungsniveaus impliziert, dass Generationsunterschiede zwangsläufig mit Bildungsunterschieden einhergehen; das setze bereits in den 1960er Jahren ein und währt bis heute.

In der beruflichen Bildung sind bei den Jüngeren nur geringe geschlechtsspezifische Unterschiede zu erkennen. Von den 30–35-jährigen Männern haben 44 % einen Abschluss im dualen System und 9 % einen Fachschulabschluss; bei den Frauen sind dies 41 % bzw. 11 %. Einen Studienabschluss haben 28 % der Männer und 32 % der Frauen dieser Altersgruppe; deutliche Unterschiede bestehen jedoch noch immer bei den Studienfächern.

Nachdem bei den schulischen und beruflichen Bildungsabschlüssen die Differenzierung nach Geschlecht an Bedeutung verloren hat, stellt sich jedoch die Frage, in welchem Maße es gelingt, diese erheblichen Verbesserungen in den Bildungsabschlüssen auch in den verschiedenen Etagen des beruflichen Feldes umzusetzen. Dies sei exemplarisch am wissenschaftlichen Feld illustriert (vgl. Abb. 2.113).

	Studien-anfänger	Studie-rende	Absol-venten	Promo-tionen	Habilitation	Hochschul-pers., insg.	Wissensch. künstl. Pers.	Profes-suren	C4-Profes-suren
1996	47,9	42,6	40,7	31,1		49,2	23,0	8,5	5,1
2001	49,4	46,7	46,0	35,3		51,2	27,0	11,2	7,7
2006	49,4	47,8	50,5	40,9	*24,3	51,3	31,4	15,2	9,9
2019	51,8	49,3	51,7	45,4	31,9	53,6	40,2	25,6	11,7

* Die Angabe bezieht sich auf das Jahr 2007.
Quelle: Datenreport (2008, S. 63) und Daten von Destatis

Abb. 2.113 Frauenanteile auf verschiedenen Stufen der akademischen Laufbahn

Während Frauen 2019 zu Beginn und während des Studiums etwa 50 % ausmachen, fällt der Anteil bei den Promotionen um 5 und beim hauptberuflichen wissenschaftlichen Personal um 10 Prozentpunkte zurück. Zu einer weiteren Ausdünnung kommt es in den gehobenen Positionen der akademischen Laufbahn; unter den C4 Professuren sind sie nur noch mit 10 % vertreten. In der zeitlichen Perspektive hat sich die Situation deutlich verbessert, vor allem, wenn man die wissenschaftlichen Karrieren bis zur Promotion betrachtet. Auch danach sind gewisse Verbesserungen erkennbar, aber die Quote der Habilitationen, der Professuren und der C4-Professuren weist nach wie vor einen deutlichen Geschlechtereffekt auf. Auf der einen Seite kann man die Verbesserungen als einen Hinweis auf Prozesse der langen Dauer begreifen; d. h. es benötigt einen recht langen Zeitraum, in dem sich die Geschlechterstrukturen in einem Arbeitsfeld und in den Karrierestrategien umgestalten. Auf der anderen Seite kann man die Ergebnisse aber auch als Hinweis auf nach wie vor wirksame ›Glasdecken‹ lesen, die dem Aufstieg von Frauen in die höheren Etagen entgegenstehen.

Stadt-Land-Unterschiede und Konfession

Regionale Bildungsunterschiede haben im Nachkriegsdeutschland erheblich an Bedeutung verloren. Die starke Zuwanderung von Flüchtlingen und Vertriebenen und später die Zuwanderung von Arbeitsmigranten und Spätaussiedlern haben die konfessionell homogenen Regionen nachhaltig verändert. Mit den wirtschaftlichen Veränderungen sowie mit Veränderungen der Infrastruktur, der Mobilität und der Kommunikation haben sich die Arbeits- und Lebenssituationen in Stadt und Land tendenziell nivelliert. Dies hat sich grundsätzlich auch im Bildungswesen niedergeschlagen.

Bertram und Hennig (1996) können dennoch nach einem Vergleich von Bildungsabschlüssen in städtischen bzw. ländlichen und katholischen bzw. evangelischen Regionen zeigen, dass im Bevölkerungsquerschnitt die Spuren der geschilderten Disparitäten noch erkennbar sind. »Die südlich-katholischen Regionen, die nördlich-katholischen Regionen und die südlich-protestantischen Regionen, sofern sie ländlich strukturiert sind, zeigen für alle Altersgruppen (…), daß Männer wie Frauen sehr viel seltener weiterführende Schulen besucht haben, als in allen anderen Regionen der Bundesrepublik. Dabei ist der Prozentsatz derjenigen, die weiterführende Bildungseinrichtungen besuchten, in den Dienstleistungszentren Süd-, West- und Norddeutschlands besonders hoch« (o.S.). Verschiedene Faktoren tragen dazu bei, dass regionale Spezifika in abgeschwächter Form fortbestehen; so z. B. Effekte der Reproduktion sozialer Ungleichheit, regionalspezifische Berufsstrukturen, aber auch die Einflüsse der landesspezifischen Bildungspolitik. In multivariaten Analysen können Bertram und Hennig klären, dass z. B. die Bildung des Vaters einen überragenden Einfluss auf die schulische Qualifizierung ausübt, während die regionalen wie die religiösen Effekte wenn überhaupt nur eine geringe Bedeutung haben. Sie kommen zu dem Ergebnis, »daß sich sozialer Wandel und die Auflockerung beispielsweise von tradierten Bildungsmilieus in der Bundesrepublik nicht gleichmäßig vollziehen, (…) so daß möglicherweise in bestimmten regionalen Kontexten der Bundesrepublik tradierte Bildungsmilieus durch neue (…) Bildungsmilieus ersetzt worden sind, wohingegen in bestimmten anderen Regionen ein solcher Prozeß noch nicht oder möglicherweise auch gar nicht zu beobachten ist« (o.S.). Wie Bertram und Henning anmerken, spielen auch bildungspolitische Entscheidungen der Länder eine nicht unerhebliche Rolle für regionale Differenzierungen in den Bildungsabschlüssen. Deutlich wird dies z. B. an den länder- und geschlechtsspezifischen Unterschieden in den Studienberechtigtenquoten.

Nach Daten des Mikrozensus 2019 haben im Bundesdurchschnitt 33,2 % eine Studienberechtigung. In den neuen Bundesländern sind es 27,8 in den alten Bundesländern 34,4 %. Auch entlang der Stadt-Land-Achse lassen sich deutliche Unterschiede erkennen. So liegt die Quote in den Stadtstaaten Bremen, Hamburg und Berlin zwischen 40 und 49 %; in den Flächenländern variiert sie zwischen 23,5 % in Mecklenburg-Vorpommern und 36,7 % in Nordrhein-Westfalen.

In Abb. 2.114 wird ersichtlich, wie sich die Migrations- und Bildungsgeschichte einer Einwanderungsgesellschaft in der Struktur der schulischen Abschlüsse widerspiegelt.

Der Anteil von Migrant_innen ohne Schulabschluss unterscheidet sich auf den ersten Blick deutlich von der Bevölkerung ohne Migrationshintergrund. Betrachtet man dann aber die Gruppe der 20–25-Jährigen liegt dieser Anteil mit 9,4 % bei den Männern und 6,5 % bei den Frauen deutlich darunter. Im Vergleich der Altersgruppen wird deutlich, dass es bei den Älteren eher die Frauen sind, die keinen Schulabschluss haben; dies kehrt sich dann bei den jüngeren Gruppen

Alter Geschlecht	Hauptschul-abschluss	Abs. polytechn. Obersch.	Mittlerer Abschluss	Fachhoch- oder Hochschulreife	ohne Abschl. ohne Angabe
Männlich					
20-25	19,5%	0,0%	23,7%	42,6%	9,4%
25-30	21,1%	0,0%	20,0%	48,7%	8,7%
30-35	23,5%	0,0%	20,3%	45,5%	9,8%
35-40	27,6%	0,0%	20,9%	40,1%	10,6%
40-45	31,4%	0,0%	23,4%	32,9%	11,6%
45-50	31,6%	0,8%	23,0%	30,5%	13,0%
50-55	33,4%	1,2%	22,7%	28,7%	13,4%
55-60	33,7%	1,1%	21,1%	29,7%	13,7%
60-65	36,1%	1,5%	19,2%	27,6%	15,0%
65 u. älter	38,0%	1,0%	13,2%	25,8%	21,1%
Weiblich					
20-25	14,1%	0,0%	23,7%	51,1%	6,5%
25-30	15,4%	0,0%	19,6%	55,2%	8,4%
30-35	17,1%	0,0%	21,5%	50,9%	9,7%
35-40	20,8%	0,0%	24,7%	43,4%	10,4%
40-45	23,6%	0,0%	25,6%	37,8%	12,2%
45-50	24,0%	1,0%	25,1%	34,0%	15,1%
50-55	25,9%	1,0%	24,3%	32,0%	16,2%
55-60	27,3%	1,1%	24,5%	30,7%	15,9%
60-65	30,5%	1,5%	20,9%	29,9%	16,7%
65 u. älter	35,2%	1,3%	14,1%	21,9%	26,9%
Vergleichsdaten (ab 15 J.)					
ohne Migrationshintergrund	29,6	8,2	24,3	33,2	1,6
mit Migrationshintergrund	25,1	0,5	20,7	34,5	13,1

Die zu 100% fehlenden Fälle befinden sich noch in der Ausbildung.
Quelle: Eigene Berechnungen auf Basis der Ergebnisse des Mikrozensus 2019

Abb. 2.114 Entwicklung der schulischen Bildung von Migrant_innen

eher um. In der Gruppe des 20–25-Jährigen haben 51 % der Frauen und 43 % der Männer eine Hochschulreife; das unterscheidet sich nicht erheblich von der Gesamtbevölkerung, wo die Werte bei 62 % bzw. 52 % liegen.

Soziale Herkunft

Die Sozialerhebungen des Deutschen Studentenwerks bieten eine gute Möglichkeit, die Effekte der sozialen Herkunft genauer zu untersuchen. Mit Blick auf das Jahr 2016 werden zunächst die erheblichen Unterschiede zwischen Studierenden an Fachhochschulen und Universitäten bzw. technischen Hochschulen deutlich. Studierende mit einer niedrigen und mittleren ›Bildungsherkunft‹ – so der in der Sozialerhebung genutzte Begriff – finden sich eher an den Fachhochschulen; umgekehrt präferieren Studierende, deren Eltern höhere Bildungsabschlüsse

Bildungs- herkunft	1991	1994	1997	2000	2003	2006	2009	2012	2016	2016 - Uni	2016 - FH
hoch	12%	12%	16%	19%	20%	23%	24%	22%	24%	28%	16%
gehoben	24%	23%	24%	25%	26%	28%	27%	28%	28%	30%	26%
mittel	43%	45%	44%	43%	43%	39%	39%	41%	36%	31%	44%
niedrig	21%	20%	16%	13%	11%	10%	10%	9%	12%	11%	14%

Quelle: 21. Sozialerhebung des Deutschen Studentenwerks, S. 28

Abb. 2.115 Bildungsherkunft der Studierendenschaft

haben, die Universitäten. Damit korrespondieren dann auch Unterschiede in den angestrebten Berufsfeldern.

Bei der Analyse des zeitlichen Verlaufs wird deutlich, dass der Anteil von Studierenden, deren Eltern eher über eine geringere Bildung verfügen, gegenüber den 1990er Jahren zurückgegangen ist; das hängt jedoch auch mit den oben darstellten Veränderungen des Bildungsstandes in der Bevölkerung zusammen. Ungeachtet dessen machen die Daten jedoch deutlich, dass die Hochschulen mehr und mehr zu einem sozial exklusiven Ort werden, an dem die Lebenswirklichkeit und Erfahrungswelt breiter Bevölkerungsgruppen (im transnationalen Maßstab) kaum präsent sind (vgl. Abb. 2.115).

Deutlicher wird der Effekt der sozialen Herkunft, wenn man die Zusammensetzung der Studierenden mit der der Gesamtbevölkerung bzw. der Väter und Mütter zum Zeitpunkt der Untersuchung vergleicht (vgl. Abb. 2.116).

Während im Jahr 2016 unter den Studierenden ca. 22 % der Väter keinen oder einen einfachen Schulabschluss haben, sind es in der männlichen Bevölkerung ca. 39 %; bei den Müttern bzw. der weiblichen Bevölkerung sind es 17 % bzw. 38 %. Umgekehrt hatten 56 % der Studierenden bereits einen Vater mit einer Hochschulreife, in der männlichen Gesamtbevölkerung sind dies aber nur 33 %; bei den Müttern sind es 49 % bzw. 29 %. Auch die berufliche Position

	Abschluss des Vaters		Abschluss der Mutter	
	% Studierende	% Bevölkerung	% Studierende	% Bevölkerung
kein Schulabschluss	1,6%	4,0%	1,6%	4,2%
Hauptschulabschluss	20,0%	34,5%	15,4%	34,2%
Realschulabschluss, mittl. Reife	22,3%	28,5%	34,2%	32,8%
Abitur/ and. Hochschulreife	56,1%	32,9%	48,8%	28,7%

Quelle: 21. Sozialerhebung des Dt. Studentenwerks, Tabellenband, eigene Berechnungen mit den Daten des Mikrozensus. Bezugsjahr 2016

Abb. 2.116 Soziale Herkunft der Studierendenschaft (I)

	Beruf des Vaters		Beruf der Mutter	
	% Studierende	% Bevölkerung	% Studierende	% Bevölkerung
Arbeiter ungelernt oder angelernt	4,2%	11,9%	5,3%	12,2%
Facharbeiter, unselbst. Handwerker	10,5%	15,6%	3,4%	3,3%
Meister, Vorarbeiter, Polier	4,2%	3,3%	0,5%	0,5%
Angest. einfache Tätigkeit	3,2%	10,0%	14,1%	22,2%
Angest. qualifizierte Tätigkeit	12,8%	19,1%	39,0%	35,4%
Angest. verantwortliche Tätigkeit	21,6%	20,3%	11,2%	11,2%
Angest. Führungsaufgaben	8,0%	1,4%	2,1%	0,7%
Beamter/ Soldat einfacher Dienst	0,8%	0,2%	0,7%	0,3%
Beamter/ Soldat mittlerer Dienst	2,9%	1,8%	2,0%	1,1%
Beamter/ Soldat gehobener Dienst	6,4%	2,9%	7,0%	3,4%
Beamter/ Soldat höherer Dienst	3,8%	1,9%	1,9%	1,8%
Selbstständige ohne Mitarb.	6,8%	4,7%	5,8%	3,3%
Selbstständige mit Mitarb.	9,3%	3,4%	3,3%	1,4%
freiber. Akademiker ohne Mitarb.	2,1%	2,2%	2,2%	2,3%
freiber. Akademiker mit Mitarb.	3,4%	1,4%	1,4%	0,8%

Quelle: 21. Sozialerhebung des Deutschen Studentenwerks, Tabellenband, eigene Berechnungen mit dem SOEP

Abb. 2.117 Soziale Herkunft der Studierendenschaft (II)

der Eltern hat einen erheblichen Einfluss auf die Studienwahrscheinlichkeit (vgl. Abb. 2.117).

Im Jahr 2016 hatten 19 % der Studierenden ein Vater aus der Arbeiterschaft, der männliche Bevölkerungsanteil lag jedoch bei 31 %; dabei sinkt die Repräsentationsdifferenz mit der steigenden qualifikatorischen Positionierung des Vaters. Ähnliches gilt für Studierenden aus der Angestelltenschaft. So haben 66 % Mütter aus der Angestelltenschaft; bei einem weiblichen Bevölkerungsanteil von 70 % ist die Repräsentationsdifferenz kaum ausgebildet. Betrachtet man aber die einzelnen Qualifikationsgruppen der Mütter wird deutlich, dass die Söhne und Töchter von einfachen Angestellten an Hochschulen deutlich unterrepräsentiert sind. Deutlich überrepräsentiert sind in der Studierendenschaft demgegenüber die Söhne und Töchter von Selbstständigen, Freiberufler_innen und Beamt_innen; bei den Vätern ist der Studierendenanteil fast doppelt so hoch wie der Bevölkerungsanteil; bei den Müttern ist die Repräsentationsdifferenz etwas schwächer ausgebildet.

All diese Befunde deuten darauf hin, dass die Bildungsexpansion zwar im Sinne einer Ausweitung der schulischen und beruflichen Qualifizierung sehr erfolgreich war. Die Pflichtschulzeit hat sich verlängert, die berufliche Bildung wurde zum Regelfall und höhere Bildungswege wurden erheblich ausgebaut (vgl. Hadjar und Becker 2006, S. 12). Das bedeutet jedoch nicht, dass die in den 1960er Jahren diagnostizierten Chancenungleichheiten abgebaut wurden; ein gewisser Abbau von sozialen Chancenunterschieden ist bei den mittleren Abschlüssen zu beobachten. An der Trennlinie zwischen Gymnasium und Realschule wird nach wie vor ein deutlicher sozialer Selektionseffekt erkennbar.

Hadjar und Becker resümieren: »Während geschlechtsspezifische Ungleichheiten im allgemeinen Schulsystem, aber nicht in der beruflichen Ausbildung und an den Hochschulen, abgebaut werden konnten (...), sind Bildungschancen weiterhin schichtspezifisch verteilt, existieren – wenngleich abgeschwächt – weiterhin Stadt-Land-Unterschiede (...) und bleiben ausländische Jugendliche bzw. Migrantenkinder die am stärksten benachteiligte Gruppe im Bildungssystem« (ebd.). Die Diagnose der Autoren fällt im Jahr 2017 recht ähnlich aus (vgl. Hadjar und Becker 2017, S. 223).

Zu dieser Entwicklung tragen verschiedene Faktoren bei:

• Im internationalen Vergleich wird deutlich, dass insbesondere Länder, die eine sehr frühe Selektion von Bildungslaufbahnen vornehmen, hohe Raten der Reproduktion von Bildungsungleichheit aufweisen.
• Untersuchungen zu den Übergängen zwischen Bildungsphasen, insbesondere zu der nach der Grundschule gegebenen Empfehlung der Lehrenden, geben deutliche Hinweise auf eine soziale Selektion.
• Es scheint im Gefolge der Bildungsexpansion zu nicht-intendierten Handlungsfolgen zu kommen, indem die allgemeine Höherqualifizierung dazu beiträgt, dass soziale Schichten, wie die höhere Mittelschicht, die einen Statusverlust fürchtet, in verstärktem Maße in die Bildung ihrer Kinder investieren. Auf der Basis kohortenspezifischer Analysen kommt Becker zu folgendem Schluss: »Im Zuge der Bildungsexpansion forciert sich in der Kohortenabfolge die intergenerationale Reproduktion von Bildungsungleichheiten verstärkt über das Bildungsniveau statt über den sozioökonomischen Status. Die Bildungsexpansion trug offensichtlich dazu bei, dass Bildung (wieder) zum zentralen ›ständebildenden‹ Element der Erwerbs- und Lebenschancen wurde« (Hadjar und Becker 2006, S. 39).
• Schließlich ist darauf zu verweisen, dass sich mit den Migrationsprozessen der 1970er bis 1990er Jahre die Zusammensetzung der bildungsbenachteiligten Gruppen erheblich verändert hat. Mit dem ›Sprachproblem‹ kommt ein neues Ungleichheitsmoment hinzu, für das im deutschen Bildungssystem bislang keine systematische Lösung gefunden werden konnte, obwohl das Problem spätestens mit Beginn der 1980er Jahre manifest wurde.

Wie am Beispiel geschlechtsspezifischer Ungleichheiten erkennbar wurde, entsteht mit der Bildungsexpansion die Schwierigkeit, verbesserte schulische und berufliche Zertifikate im Beschäftigungssystem adäquat umzusetzen. Generell ist es zu einer erheblichen Anhebung der am Arbeitsmarkt erforderlichen Qualifizierungsniveaus gekommen; in vielen Berufsfeldern fand eine Akademisierung statt; demgegenüber schrumpfte der Arbeitsmarkt für Geringqualifizierte: durch Automation und Standortverlagerung sowie durch die Veränderung der Branchenstruktur sind in diesem Bereich viele Arbeitsplätze verloren gegangen; bei den verbleibenden Arbeitsplätzen hat sich bedingt durch den technischen Wandel das erforderliche Qualifikationsniveau deutlich erhöht. Es kam verschiedentlich zu einem Verdrängungswettbewerb: so verdrängten z. B. Abiturient_innen, die Real- und Hauptschüler_innen beim Zugang zu attraktiven Lehrstellen; akademisch Qualifizierte verdrängten Absolventen des beruflichen Bildungssystems bzw. nicht formal Qualifizierte. Auch der Wettbewerb zwischen Hochqualifizierten verschärft sich und verlagert sich auf extraqualifikatorische (z. B. zusätzliche Sprachen, Auslandserfahrungen) Kompetenzen. Welche längerfristigen Effekte die massive Förderung von ›exzellenten‹ Universitäten und Bildungsgängen hat, bleibt abzuwarten.

Die mit der Bildungsexpansion prognostizierte Entwertung der höheren Bildungstitel hat so nicht stattgefunden; aber die Konvertierung von Bildungstiteln erweist sich in vielen Bereichen als schwierig, wie die mitunter langen Übergangsphasen zwischen Ausbildung und Beruf zeigen. In den 2000er Jahren war verschiedentlich von einer ›Generation Praktikum‹ gesprochen worden; das hat sich mit dem Rückgang der jahrgangsspezifischen Geburtenzahlen verändert.

2.5.2.3 Bildungshomogamie

Neben der Entwicklung der schulischen und beruflichen Abschlüsse der einzelnen Haushaltsmitglieder spielt auch die Frage der Kumulierung dieser kulturellen Kapitalien im Haushalt eine zentrale Rolle. Je nachdem in welchem Maße bildungsspezifische Aspekte für die Partnerwahl eine Rolle spielen, kann es darüber eher zu einer Kompensation von Ungleichheiten in der Verteilung kulturellen Kapitals kommen oder umgekehrt. D. h. wenn jede Chefärztin einen Krankenpfleger als Partner wählt, gestaltet sich die Verteilung kulturellen Kapitals anders als wenn Chefärztinnen nur Chefärzte und Krankenpfleger nur Krankenpflegerinnen heiraten. In der folgenden Tabelle ist dargestellt, wie sich die Bildungshomogamie im Haushaltszusammenhang entwickelt hat; es wurden dabei alle Haushalte berücksichtigt, in denen mehr als eine erwachsene Person lebt; auf Basis der schulischen Bildungsjahre wurde die Bildung der Personen klassifiziert (vgl. Abb. 2.118).

Die Bildungshomogamie bleibt im zeitlichen Verlauf ausgesprochen stabil. Es wird jedoch erkennbar, dass sich das Niveau dieser Homogamien deutlich verschiebt; waren es anfangs nur 5 % der Haushalte, in denen zwei höhere Bildungsabschlüsse zusammentrafen, sind es inzwischen mehr als 20 %. Auch die

nicht bildungshomogamen Paare zeichnen sich in der Regel durch eher geringere Abweichungen in den Bildungsjahren aus, Kombinationen von höherer und
niedriger Bildung machen nur wenige Prozent aus.

Spitzenpfeil und Andreß (2014) zeigen auf, dass der häufig vermutete
Zusammenhang von Bildungshomogamie und Einkommensungleichheit so nicht
bestätigt werden kann. Dennoch ist angesichts der nach wie vor hohen Quote der
Bildungshomogamie davon auszugehen, dass es über die Partnerwahlen zu einer
Konzentration des kulturellen Kapitals kommt.

Die Bedeutung von kulturellen Kapitalien reicht weit über die Funktion als
Platzanweiser für Beruf und Einkommen hinaus. Bildung fungiert als eine Art
universelles Humankapital, das auch jenseits der Erwerbsarbeit in den Haushalten nutzbringend verwandt werden kann; es ist wie oben dargestellt für die
Partnersuche bedeutsam, auch der Aufbau und die Aufrechterhaltung sozialer
Netzwerke wird davon geprägt. Schließlich kann kulturelles Kapital in Problem-
und Krisensituationen (Arbeitslosigkeit, Trennungen, psychische und physische
Erkrankungen), die im Lebensverlauf auftreten, bei der Suche nach Unterstützung
und Problemlösungen helfen.

2.5.3 Verteilung von ökonomischem und kulturellem Kapital

Das Zusammenwirken von ökonomischem und kulturellem Kapital soll hier in
der Verteilungsperspektive dargestellt werden. Für die Darstellung (Abb. 2.119)
wurden zunächst die untersuchten Personen nach ihren relativen Äquivalenzeinkommen und ihren (rechnerischen) Bildungsjahren im Raum verortet; um diese
Punktewolke darstellen zu können, wurde zum einen eine zweidimensionale
Kerndichteschätzung vorgenommen, die ›zufällige‹ Häufungen glättet; zum anderen wurde ein sogenannter Contourplot angefertigt. Die Darstellung lässt sich in

	1985	1995	2005	2015	2018
homogam niedr. Bildung	19,1%	11,1%	3,9%	6,2%	5,6%
homogam mittl. Bildung	35,2%	41,8%	43,1%	37,3%	35,9%
homogam höhere Bildung	4,7%	9,1%	17,7%	18,5%	20,9%
[homogam - gesamt]	58,9%	61,9%	64,7%	62,0%	62,4%
weibl. hypergam	6,5%	11,6%	11,2%	15,2%	15,6%
männl. hypergam	34,6%	26,5%	24,1%	22,7%	22,0%

niedrige Bildung: 7 -10 Bildungsjahre, mittlere Bildung: 10,5-12 Bildungsjahre, höhere Bildung: mehr als 12,5 Bildungsjahre
Quelle: Eigene Berechnungen mit Daten des SOEP V35 (Haushaltsgewichtet, ohne Flüchtlingssample)

Abb. 2.118 Entwicklung der Bildungshomogamie in Haushalten

ihrer Färbung und in den Höhenlinien wie eine Landkarte interpretieren: je dunkler ein Bereich eingefärbt ist, desto stärker häufen sich die Befragten in diesem Segment. Die Höhenlinien lassen dann die Gestalt dieses Gebirges erkennen; statt der Höhenangabe geben sie jedoch den Anteil der Personen an, die sich ausgehend von den höchsten Punkten innerhalb dieser Linie finden. In dem durch die äußerste Linie umschlossenen Bereich (das hellste Rot) der Verteilung finden sich 98 % aller untersuchten Personen; im innersten Segment (das dunkelste Rot) befinden sich die 30 % aller Personen, die am nächsten zum Gipfel der Verteilung liegen. Im weißen Bereich liegen dann die restlichen 2 % ›verstreut‹, Personen mit sehr hohen oder sehr niedrigen Einkommens- oder Bildungswerten.

Die gemeinsame Verteilung weist zwei Gipfel auf, wobei der linke Gipfel, wie an der Färbung zu erkennen, deutlich geringer ausgeprägt ist. Die Gipfel unterscheiden sich insbesondere in der Bildungsdimension (horizontal); in der Einkommensdimension (vertikal) sind sie weitaus geringer unterschieden. Darin spiegelt sich die zuvor gewonnene Erkenntnis wider, dass die Einkommensverteilung eingipfelig ausgeprägt ist, während die Bildungsverteilung eine (nicht sehr stark ausgeprägte) zweigipfelige Struktur aufweist. D. h. mit einer höheren

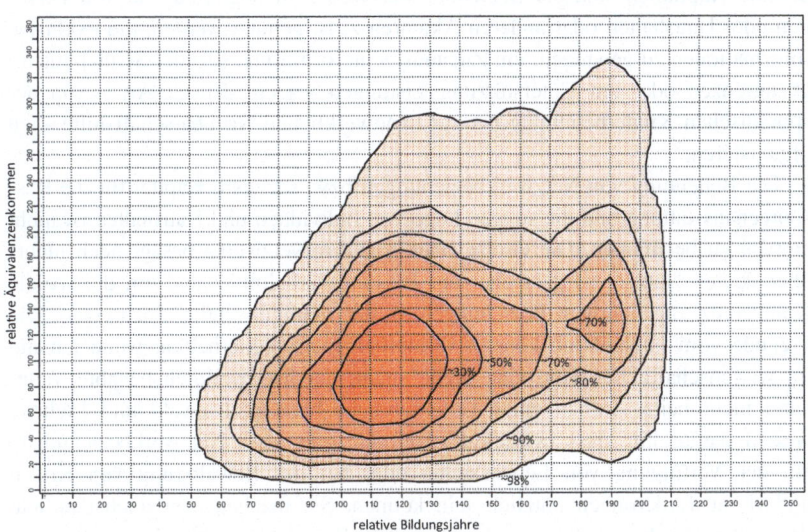

Quelle: Eigene Berechnungen mit Daten des SOEP v35

Abb. 2.119 Kombinierte Verteilung des ökonomischen und kulturellen Kapitals

Anzahl von Bildungsjahren gehen im Durchschnitt nur recht moderate Zuwächse in den Nettoäquivalenzeinkommen einher. Auf der Ebene der Arbeitseinkommen, die in der Produktionsarena beobachtet werden konnten, war noch ein recht deutlicher Zusammenhang von Bildungsjahren und Einkommenshöhe festzustellen; dieser Effekt wird jedoch auf der hier betrachteten Ebene durch verschiedene (mehrheitlich) moderierende Momente in den anderen Arenen ausgeglichen: in der sozialpolitischen Arena werden z. B. Steuern und Sozialabgaben gezahlt, umgekehrt können Löhne unterhalb des Hartz-IV-Niveaus aufgestockt werden; in der Haushaltsarena werden unterschiedliche Einkommen in einem Topf zusammen geführt und zumindest theoretisch gleich auf die Erwachsenen und nach einem gewissen Bedarfsschlüssel auf die Kinder verteilt. All dies führt zu einer erheblichen Dämpfung der Disparitäten. Ohne diese Umverteilungen in der Staats- bzw. in der Haushaltsarena würde der rechte Gipfel weitaus höher in der Vertikalen angesiedelt.

2.5.4 Sozialkapital

Soziale Kapitalien sind als Beziehungsnetzwerke zu begreifen, die von Personen oder Haushalten oder anderen Akteuren z. B. genutzt werden, um exklusive Informationen zu gewinnen, um Zugangsrechte (im Sinne sozialer Schließungen) abzugrenzen oder um Unterstützungsleistungen verschiedenster Art – von der sporadischen Kinderbetreuung bis zur handwerklichen Nachbarschaftshilfe – zu organisieren.

Die Bedeutung von Netzwerkbeziehungen bzw. sozialem Kapital für die Ressourcenausstattung und die soziale Lage von Individuen und Haushalten ist nicht einfach zu bestimmen. Die Größe eines sozialen Netzwerks besagt noch nichts über dessen Nutzen; es geht eher um Passungsverhältnisse und um die soziale Kompetenz, die richtigen Beziehungen an der richtigen Stelle einzusetzen. Die Freunde vom Fußballklub können vermutlich nicht weiterhelfen, wenn jemand im wissenschaftlichen Feld eine Stelle sucht; der handwerklich begabte Vetter kann nicht beim Aufbau eines Unternehmens beraten. Diewald und Lüdicke weisen darauf hin, dass es vielerlei Befunde gibt, dass Netzwerkbeziehungen bei der Verfolgung von Lebenszielen oder bei der Bewältigung von Krisen und Herausforderungen nützlich sein können. Sie machen aber auch deutlich, dass »die gleichen Arten von persönlichen Beziehungen, die in einer Situation nützlich sind, (…) eben dies in einer anderen Situation auch nicht sein [können] (…). Ein oft vergessener Aspekt sind mögliche negative Begleiterscheinungen und Auswirkungen sozialer Netzwerke (…): Beziehungen kosten

generell Zeit und Energie, sie können durchaus auch Belastungen darstellen, kon-
fliktreich sein, Gestaltungsspielräume einengen und die Partizipation in anderen
Lebensbereichen einschränken« (2007, S. 12).

Wie an diesen Anmerkungen deutlich wird, ist soziales Kapital nicht etwas,
was den Akteuren zufliegt, sondern ist es als ein Gut zu begreifen, das mühsam
aufgebaut und gepflegt werden will; wie andere Kapitalien unterliegt es einem
schleichenden oder unerwarteten Wertverlust, wenn Beziehungen vernachlässigt,
wenn der ›Ruf ruiniert‹ oder wenn Erwartungen enttäuscht wird; auch Prozesse
der Migration sind mit komplexen Veränderungen von sozialen Kapitalien und
ihrer Wertigkeit verknüpft. Sozial bedeutsame Werte wie Vertrauen, Freundschaft
oder Ehre hängen immer auch mit sozialen Kapitalien zusammen. Die Bedeutung
des sozialen Kapitals für die Haushaltsproduktion wurde in dem Abschnitt zur
Netzwerkhilfe dargelegt.

2.5.5 Humankapitalien

Folgt man der Bestimmung von Gary Becker, so ist mit den zuvor behandelten
kulturellen und sozialen Kapitalien erst ein Teil der Humankapitalien – d. h.
Kapitalien, die an eine Person gebunden sind – erfasst; bedeutsam ist nach
Becker darüber hinaus vor allem die Gesundheit. Aber auch die im Kontext der Geschlechterforschung bzw. der Diskriminierungsdebatten diskutierten
Ungleichheitsmomente wie Unterschiede in den körperlichen Fähigkeiten (z. B.
›Behinderung‹ oder Alter), in den Kompetenzen (z. B. Sprache bzw. Sprach-
vermögen in der dominanten Verkehrssprache, Sozialkompetenzen) oder im
Aussehen (z. B. wahrgenommene ›Schönheit‹ oder ›Hautfarbe‹) sind als personengebundene Kapitalien zu begreifen, die dann in sozialen Kontexten bewertet
werden.

Im Folgenden soll an einigen Beispielen gezeigt werden, dass der Gesundheitszustand und seine Beurteilung aber auch das gesundheitsrelevante Verhalten
verschiedener sozialer Gruppen erheblich variiert. Das führt schließlich dazu,
dass die Lebenserwartung nicht unerheblich von der sozialen Lage abhängig ist.
Ohne auf die Frage nach den ursächlichen Zusammenhängen einzugehen, sollen
zunächst einzelne Phänomenbereiche jeweils exemplarisch dargestellt werden.

Verlässliche und sozial differenzierte Aussagen über den aktuellen Gesundheitszustand liegen für die gesamte Bevölkerung kaum vor; die Daten der
amtlichen Statistik oder einschlägige Register zu einzelnen Krankheiten erlauben
kaum sozial differenzierte Aussagen; die Daten der Kranken- und Rentenversi-
cherer stehen nur in wenigen Fällen für die sozialwissenschaftliche Analyse zur

Alter	Bildung	Weniger geschafft aufgrund körperlicher Probleme		Weniger geschafft aufgrund seelischer Probleme		Starke körperliche Schmerzen in den letzten vier Wochen	
		Männer	Frauen	Männer	Frauen	Männer	Frauen
18-29	niedrig	4,9	7,0	3,4	7,5	7,8	11
	mittel	3,6	6,1	4,2	7,1	4,3	7,8
	hoch	1,7	3,3	2,8	5,5	1,1	4,1
30-44	niedrig	8,1	12,2	5,1	8,6	16,8	19,5
	mittel	6,8	9,5	4,6	6,9	5,2	10,2
	hoch	4,1	6,3	4,0	5,1	3,6	5,4
45-64	niedrig	17,2	19,5	8,8	11,0	21,3	27,1
	mittel	11,9	15,0	6,4	8,7	13,4	17,0
	hoch	8,1	11,0	4,1	7,3	5,5	9,6
über 65	niedrig	24,3	31,5	10	13,7	20	28,9
	mittel	18,8	26,1	6,8	9,6	12,9	25,0
	hoch	18,0	23,9	6,0	7,6	12,0	19,0

Quelle: Eigene Darstellung mit Daten aus Lampert u.a. (2021, S. 336f), SOEP V35

Abb. 2.120   Gesundheitliche Probleme und Bildung

Verfügung (vgl. Lampert und Ziese 2005, S. 14). Vor diesem Hintergrund müssen
wichtige Informationen aus Bevölkerungsumfragen gewonnen werden – bei allen
hier zu berücksichtigenden Erhebungsproblemen. Dennoch lassen sich mit diesen
Daten exemplarisch wichtige Aspekte der sozialen Disparität gesundheitlicher
Phänomene beleuchten.

Lampert et al. (2021) haben mit Daten des sozioökonomischen Panels ermittelt, mit welchen gesundheitlichen Problemen Männer und Frauen verschiedener
Altersgruppen und Bildungsgrade konfrontiert sind. Die Angaben zur Bildung
bieten sich als Kriterium der sozialen Lage an, da sie anders als z. B. Ein-
kommensangaben über den Lebensverlauf recht stabil sind, und im Allgemeinen
recht gut über Differenzen der Arbeits- und Lebenschancen informieren (vgl.
Abb. 2.120).

Schon in der jüngsten Altersgruppe geben Befragte mit einer eher niedrigen
Bildung weitaus häufiger an, mit körperlichen und seelischen Problemen kon-
frontiert zu sein, die ihr Leistungsvermögen beeinträchtigen. In den mittleren
Lebenslagen sind die sozialen Unterschiede am ausgeprägtesten; aber auch in der
Altersphase wird erkennbar, dass Männer wie Frauen mit einer eher niedrigen
Bildung weitaus häufiger mit körperlichen und seelischen Problemen bzw. mit
starken Schmerzen zu tun haben.

Das spiegelt sich auch in der summarischen Bewertung wider, wenn die
Befragten auf einer 10er-Skala angeben, wie zufrieden sie mit ihrem derzeitigen
Gesundheitszustand sind. Entlang der im Panelverlauf gewonnen sozioökonomischen Informationen wurden die Befragten verschiedenen sozialen Lagegruppen
zugerechnet (vgl. Abb. 2.121).

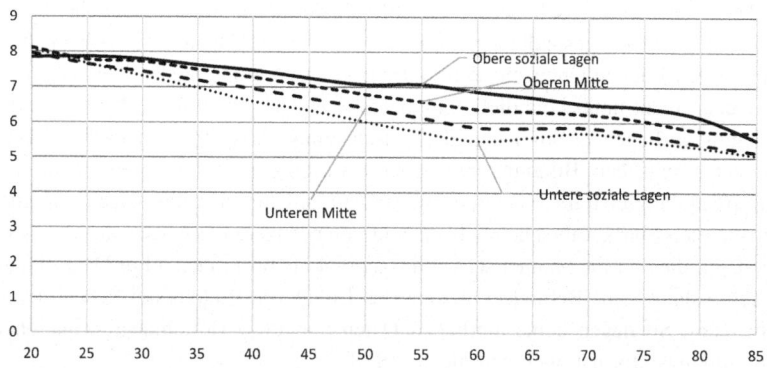

Quelle: Eigene Berechnungen mit Daten des SOEP V35

Abb. 2.121 Zufriedenheit mit der Gesundheit

Im Lebensverlauf sinkt die Zufriedenheit mit der eigenen Gesundheit in allen Gruppen recht kontinuierlich. Während in der jüngsten Gruppe die sozialen Unterschiede noch sehr gering ausfallen, werden bereits im 30. Lebensjahr deutliche Unterschiede im (subjektiven) Gesundheitszustand erkennbar. Am ausgeprägtesten sind die Unterschiede in der mittleren Altersgruppe, während sie in der höheren Altersgruppe wieder etwas zurückgehen. Dies deutet daraufhin, dass gesundheitliche Einschränkungen je nach sozialer Lage im Lebensverlauf deutlich früher erfahrbar werden. So fallen Befragte aus den unteren sozialen Lagen bereits jenseits des 50. Lebensjahres unter einen durchschnittlichen Zufriedenheitswert von 6; in den beiden oberen Gruppen erfolgt dies erst jenseits des 70. Lebensjahrs.

Die sozial ausgeprägten Unterschiede im bekundeten Gesundheitszustand finden sich in Untersuchungen zu verschiedenen Aspekten des gesundheitsrelevanten Verhaltens wieder. So zeigen sich deutliche Differenzen nach Einkommen, Bildungsstand und Beruf z. B. beim Rauchverhalten, bei der sportlichen Aktivität oder beim Übergewicht (vgl. dazu Lampert et al. 2021). Der alltägliche Umgang mit chronischen Krankheiten, wie Diabetes Typ 2, gelingt je nach Bildungsstand mehr oder weniger gut; so geben nur 27 bzw. 20 % der Hauptschüler_innen an, die Behandlung der Krankheit im Alltag sehr gut umsetzen zu können; demgegenüber waren es bei Abiturient_innen 45 bzw. 48 % (Lampert und Ziese 2005, S. 58).

Die hier exemplarisch benannten Differenzierungen in der gesundheitlichen Belastung und im gesundheitsrelevanten Verhalten schlagen sich schließlich in nicht unerheblichen Unterschieden in der Lebenserwartung nieder. Die Datenlage ist jedoch recht unübersichtlich; Günther und Huebener kommen 2018 nach der Sichtung vorliegender Studien zu der Einschätzung, dass der »statistische Zusammenhang zwischen Bildung und Lebenserwartung (…) für Deutschland und Europa umfangreich dokumentiert« sei und ein höheres Bildungsniveau mit einer verringerten Sterbewahrscheinlichkeit und einer längeren Lebenserwartung assoziiert sei; dies sei für Männer stärker ausgeprägt als für Frauen.»Für Deutschland liegen bislang keine Befunde zum kausalen Effekt von Bildung auf Lebenserwartung vor«. So liegen keine amtlichen Daten vor, die »Mortalitätsinformationen mit Bildungsinformationen verbinden« (S. 8).

Trotz dieser Datenlücken wird deutlich, dass die Verfügung über das Humankapital Gesundheit in nicht unerheblichem Maße mit ökonomischen und kulturellen Kapitalien in Beziehung steht; die Zusammenhänge sind jedoch recht komplex (vgl. Richter und Hurrelmann 2007). Im Rahmen der frühen Forschungen zur gesundheitlichen Ungleichheit wurde eher von einem direkten Zusammenhang zwischen sozialer Lage und Gesundheit ausgegangen: so seien Personen mit geringen Ressourcen stärker gesundheitsschädlichen Einflüssen (z. B. bei der Arbeit oder im Wohnbereich) ausgesetzt, zudem seien Unterschiede im gesundheitsbezogenen Risiko- bzw. Präventionsverhalten zu beobachten. In jüngeren Forschungen wurde zudem auf psychosoziale Erklärungen sowie auf Unterschiede in der gesundheitlichen Versorgung verwiesen. Wichtige Erkenntnisse sind aus der Verlaufsperspektive zu gewinnen. Richter und Hurrelmann verweisen darauf, dass viele Krankheiten eine lange Entstehungsgeschichte haben, so sei »eine beeinträchtigte Gesundheit im Erwachsenalter (…) häufig auf die gesundheitliche Lage im Kindesalter zurückzuführen, also damit auf Determinanten, die in früheren Lebensphasen auftraten. Gesundheitliche Ungleichheiten können demnach auf eine Akkumulation von benachteiligenden Lebensbedingungen über den Lebenslauf zurückgeführt werden« (S. 8). Dabei kann diese lange Vorgeschichte von Krankheiten durchaus auch Generationen übergreifen:»Armut und soziale Benachteiligung bedingen in der Regel einen schlechten Start ins Leben, und sie vermindern zudem die Chancen auf eine gute Gesundheit im weiteren Lebenslauf. Kinder aus sozial benachteiligten Haushalten sind dementsprechend häufiger der Gefahr ausgesetzt, später selbst in Arbeitslosigkeit oder Armut zu geraten« (S. 9).

Stabilisierung sozialer Differenzierungen

3

Im vorigen Kapitel wurden drei verschiedene Arenen analysiert, in denen sich soziale Differenzierungen vollziehen, die schließlich zu unterschiedlichen Lebenslagen führen. Menschen gehen im Kontext des gesellschaftlichen Produktions- und Reproduktionsprozesses Tätigkeiten nach, die mit spezifischen Anforderungen, Belohnungen und Belastungen verbunden sind; andere sind nicht (erwerbs-)tätig. Manche erhalten soziale Unterstützungsleistungen oder werden für eine schulische Ausbildung von der Erwerbsarbeit freigestellt. Schließlich werden haushaltsspezifische Entscheidungen getroffen, indem z. B. Kinder sozialisiert oder Hochaltrige gepflegt werden. All diese Tätigkeiten sind mit Einkommen oder ihrer Umverteilung verknüpft, indem Löhne gezahlt, Gewinne entnommen, private oder öffentliche Transfers bezogen werden oder indem auf Einkommen verzichtet wird. Über das Zusammenwirken dieser ungleichheitsrelevanten Arenen entsteht ein Gefüge unterschiedlicher Lebenslagen, die sich z. B. als Unterschiede in der Einkommenssituation darstellen lassen. Die soziale Lage könnte dann aus der Summe der (nicht immer freiwilligen) Wahlentscheidungen, die in den einzelnen Arenen getroffen wurden, abgeleitet werden. Die Frage ist nun, ob mit der Analyse dieser Arenen die Sozialstruktur einer Gesellschaft hinreichend beschrieben ist. Im Folgenden soll an vier Überlegungen gezeigt werden, in welchen Aspekten ein solches Modell erweitert werden muss – implizit sind manche dieser Überlegungen bereits in die bisherige Darstellung eingeflossen:

Die diversen ungleichheitsrelevanten Entscheidungen finden in institutionellen Kontexten (z. B. Betrieben, Schulen, Familien) statt, die als ein System von Regeln und Ressourcen und damit korrespondierenden Normalitätsvorstellungen eine gewisse Stabilität erlangen. Die im Bildungssystem getroffene Entscheidung über den Besuch einer weiterführenden Schule folgt ›bewährten‹ Regeln der Differenzierung des kulturellen Kapitals von Personen; verschiedene weiterführende

Schulformen haben sich über ihre Personalrekrutierung, über einen Lehrkanon, über Baulichkeiten etc. als differente Formen institutionalisiert. Soziale Differenzierungen werden sprachlich etikettiert und bewertet. Mit der Differenzierung nach verschiedenen weiterführenden Schulformen korrespondieren sprachlich vermittelte Bilder von dem ›Gymnasium‹ und der ›Hauptschule‹, von der ›Gymnasiastin‹ und dem ›Hauptschüler‹ bzw. von der ›Gymnasiallehrerin‹ und dem ›Hauptschullehrer‹. Mit diesen Etikettierungen sind schließlich auch Bewertungen verbunden. D. h. die sozialen Differenzierungen erfahren mit diesen Etikettierungen und Bewertungen eine Verdoppelung.

Soziale Differenzierungen machen sich an Personen fest; sie werden verinnerlicht, d. h. in Körper und Geist verankert, so dass sich Menschen im Verlauf ihres Lebens schließlich als männlich, weiblich oder divers bzw. als Gebildete oder Ungebildete empfinden und einen Sinn für ihren Platz in der Gesellschaft entwickeln; d. h. die Unterschiede nach Geschlecht oder Bildungsabschluss sind nur mit hohen Aufwendungen reversibel.

Soziale Differenzierungen können in der Generationenfolge z. B. als ökonomisches und kulturelles Kapital vererbt werden. Die im Lebenslauf akkumulierten Kapitalien können so an die nächste Generation weitergegeben werden und beeinflussen damit deren Lebenschancen.

Angesichts dieser Überlegungen sollen im Folgenden vier Typen von Stabilisierungen sozialer Differenz unterschieden werden:

- institutionelle Stabilisierungen,
- symbolische Stabilisierungen,
- Stabilisierungen in Körpern und Lebensläufen,
- Stabilisierungen in der Generationenfolge.

3.1 Institutionelle Stabilisierungen und Machtverhältnisse

Ungleichheitsrelevante Entscheidungen, die in einem einzelnen Betrieb, in einer einzelnen Schule oder in einem einzelnen Haushalt getroffen werden, erhalten durch ihre institutionelle Einbindung einen strukturbildenden Charakter. Es ist nach Institutionen zu unterscheiden, die

- die sozialen Differenzierungen in der Produktionssphäre und der darin geleisteten Erwerbsarbeit stabilisieren,

- die sozialen Differenzierungen der Bevölkerung bzw. ihres Humankapitals stabilisieren,
- die sozialen Differenzierungen in den Haushalten stabilisieren.

Berger und Luckmann postulieren, dass Institutionalisierung immer dann stattfindet, wenn »habitualisierte Handlungen durch Typen von Handelnden reziprok typisiert werden. Jede Typisierung, die auf diese Weise vorgenommen wird, ist eine Institution. Für ihr Zustandekommen wichtig sind die Reziprozität der Typisierung und die Typik nicht nur der Akte, sondern auch der Akteure. Wenn habitualisierte Handlungen Institutionen begründen, so sind die entsprechenden Typisierungen Allgemeingut. Sie sind für alle Mitglieder der jeweiligen gesellschaftlichen Gruppe erreichbar. Die Institution ihrerseits macht aus individuellen Akteuren und individuellen Akten Typen« (1980, S. 58).

Betriebe entwickeln bestimmte Muster der Betriebs- und Arbeitsorganisation, indem sie sich für bestimmte Kombinationen von menschlicher Arbeit und Maschinen oder Kombinationen von mehr oder weniger qualifizierter Arbeit entscheiden oder Austauschbeziehungen mit anderen Betrieben eingehen. Diese Entscheidungen drücken sich dann in der Qualifikationsstruktur der Beschäftigten, in einer spezifischen Maschinenausstattung, in Baulichkeiten oder auch in der Vernetzung mit anderen Betrieben aus und verleihen den getroffenen Entscheidung eine gewisse Stabilität. Umgekehrt orientieren sich Betriebe in ihren Ansiedlungs- und Investitionsentscheidungen an vorhandenen Strukturen am Arbeitsmarkt, von Zulieferbetrieben etc. So können sich industrielle Zentren herausbilden, die sich durch spezifische Passungen von Produktionsstrukturen, Qualifikationsstrukturen und Infrastrukturen – und darauf abgestimmte Arbeits- und Lebensmodelle – auszeichnen. Exemplarisch kann dies an den Zentren der alten Montanindustrie, den Zentren der Informations- und Kommunikationstechnologie oder an den Zentren der flexiblen Spezialisierung nachvollzogen werden.

Im schulischen Bildungssystem werden Selektionsentscheidungen getroffen und Jugendliche mit bestimmten Bildungstiteln versehen; mit den vergebenen Titeln korrespondieren dann Anschlussmöglichkeiten im System der beruflichen Bildung. Schließlich eröffnen oder verschließen die schulischen und beruflichen Bildungstitel spezifische Zugänge in das Erwerbssystem. Schulische und berufliche Ausbildungsinstitutionen können so betrachtet als Systeme begriffen werden, die auf kulturelles Kapital einwirken und schließlich vermutete Differenzen im kulturellen Kapital in Titeln ausdrücken. Sie können zur Verringerung sozialer Differenzierungen beitragen, wenn sie im Sinne der Chancengleichheit Unterschiede im vererbten kulturellen Kapital kompensieren; sie können soziale Differenzierungen verschärfen, wenn sie im Sinne von Begabungs- oder Exzellenzkonzepten bestehende Ungleichheiten fördern. Auch in den Haushalten finden sich institutionelle Stabilisierungen, wenn z. B. bestimmte Muster der Arbeitsteilung zwischen den Geschlechtern (oder den Generationen) durch regelmäßige Praktiken, Erwartungshaltungen, religiöse Gebote, Vorbilder, rechtliche Bestimmungen oder steuerliche Belohnungen affirmiert werden und sich habituell verdichten.

Durch das Zusammenspiel verschiedener Institutionen kommt es zu weiterreichenden Stabilisierungen, wenn die Differenzierungen des Bildungssystems auf entsprechende Differenzierungen des Erwerbssystems verweisen, wenn geschlechtsspezifische Differenzierungen im Erwerbssystem mit Differenzierungen in der Haushaltsproduktion zusammenwirken, wenn ein an männlichen Normalbiographien orientiertes Erwerbssystem mit dem System der sozialen Sicherung korrespondiert. Diese institutionellen Kopplungen können als Regime beschrieben werden. So stellt sich z. B. über Wohlfahrtsregime ein Zusammenhang von Sozialstaat, Erwerbssystem und Haushalten her. Beschäftigungsordnungen beschreiben Zusammenhänge zwischen geschlechts- und generationenspezifischen Mustern der Arbeitsteilung und Beschäftigungsverhältnissen oder industriellen Beziehungen. Geschlechterregime wie das *male-breadwinner*-Modell drücken sich im Zusammenspiel des Sozialstaats mit der geschlechtsspezifischen Teilung der Erwerbs- bzw. der Haushaltsarbeit aus. Diese Regime können sich verändern, wie am Beispiel der Geschlechterregime erkennbar wird, ihnen wohnt aber stets ein gewisses Trägheitsmoment inne. Das hängt damit zusammen, dass diese Regime durch spezifische Normalitätsvorstellungen, Erwartungshaltungen und Bewertungen aber auch durch Interessenlagen gestützt werden, die sich oftmals weitaus langsamer verändern.

Institutionen entfalten so eine Eigenlogik. In einer nach Qualifikation und Einkommen differenzierten Belegschaft versuchen z. B. die einzelnen Beschäftigtengruppen, ihre privilegierte Stellung zu verteidigen; die weniger Privilegierten werden versuchen, ihre Lage zu verbessern. Indem sich über solche betrieblichen Auseinandersetzungen hinaus Interessenorganisationen herausbilden, die z. B. eher die einfachen Beschäftigten oder eher die leitenden Angestellten organisieren, werden soziale Differenzierungen auf eine neue Stufe gehoben, indem professionelle Fürsprecher auf den Plan treten, die die Interessen bestimmter Klientele vertreten. Auch Bildungsinstitutionen entwickeln eine Eigenlogik, wenn sie die Rationalität und Legitimität der vorgenommenen Selektionen verteidigen und zu Fürsprechern ihrer Absolvent_innen werden. Die am Arbeitsmarkt beobachtbare Konkurrenz z. B. zwischen Fachhochschul- und Universitätsabsolvent_innen verdoppelt sich in der Konkurrenz der Institutionen. Diese Effekte werden dadurch verstärkt, dass sich die gesellschaftliche Wertschätzung der in den jeweiligen Institutionen Gebildeten auch in der Wertschätzung der Institutionen niederschlägt. Die so entstandenen Differenzierungen, die sich auch in Einkommen ausdrücken, werden im Weiteren verteidigt; d. h. der Gymnasiallehrer bzw. ein Verband, der Gymnasiallehrer organisiert, gewinnt ein Eigeninteresse, diese Einkommensunterschiede gegenüber den Hauptschullehrern zu verteidigen.

In solchen Institutionen drücken sich gesellschaftliche Machtverhältnisse aus, indem soziale Differenzierungen formalisiert und legitimiert werden und eine gewisse Regelhaftigkeit erlangen. So bilden sich innerhalb der Institutionen Hierarchien heraus, die sich in Weisungsbefugnissen, Organisationsplänen und Einkommen aber auch in Privilegien und Baulichkeiten ausdrücken und soziale Ordnungen so erfahrbar machen. Auch zwischen Institutionen kommt es zu Machtdifferentialen, man denke an die Beziehungen zwischen ökonomischen und politischen Institutionen oder innerhalb derselben an die Institutionen des Finanzkapitals und des produktiven Kapitals bzw. an Unterschiede zwischen verschiedenen politischen Institutionen. Diese Differentiale lassen sich jedoch kaum in einfachen Hierarchien ausdrücken; es sind eher wechselseitig und historisch variable Konstellationen.

Ein wichtiges Moment der institutionellen Stabilisierung von sozialen Differenzierungen sind Prozesse sozialer Schließung. Max Weber konstatierte, dass im Wettbewerb um ökonomische Chancen das Interesse entsteht, die Zahl der Konkurrenten zu begrenzen. So werden z. B. äußerlich feststellbare Eigenschaften, wie »Rasse, Sprache, Konfession, örtliche oder soziale Herkunft, Abstammung, Wohnsitz usw.« (1972, S. 201) genutzt, um den Ausschluss der so abgegrenzten Gruppen durchzusetzen. Damit wird dann aus den Konkurrenten – bei Fortbestand der Konkurrenz untereinander – eine Interessengemeinschaft, bei erfolgreichem juristisch sanktioniertem Ausschluss sogar eine Rechtsgemeinschaft. So verweist Weber als Beispiel auf einen Verband der Diplomingenieure, der versucht, ein rechtliches oder faktisches Monopol auf die Besetzung bestimmter Stellen durchzusetzen und nicht Diplomierte auszuschließen.

Bader und Benschop fassen soziale Schließung als einen bewussten oder unbewussten »Prozeß der Einschließung wie Ausschließung. Soziale Schließung ist jener Typus strukturell asymmetrischer Macht, welcher es bestimmten Individuen erlaubt, positiv privilegierte Positionen (...) zu monopolisieren und andere mehr oder weniger vollständig davon auszuschließen. (...) Prozesse sozialer Schließung erzeugen oder verstärken Schranken vertikaler Mobilität zwischen Klassenlagen, Elitepositionen, selektiven Interaktionspositionen, Prestigepositionen« (1989, S. 232).

Die Autoren unterscheiden zwischen Zuschreibungen, die auf sozial definierte biologisch-physiologische und phänotypische Merkmale – die Verfasstheit und Gestalt von Körpern – zurückgehen und solchen, die mit sozial-historisch askriptiven – somit nicht körperlichen – Merkmalen verknüpft sind. Zu den historisch ältesten Differenzierungen rechnen Unterscheidungen nach Verwandtschaft bzw. Abstammung, biologischem Geschlecht und Lebensalter. Aus diesen Differenzierungen können sich soziale Ordnungen ergeben; sie können aber auch für den Einschluss bzw. Ausschluss im Wettbewerb um Chancen genutzt werden. Rassistische Ausschließungen z. B. auf Grund von ›Hautfarben‹ sind historisch ein weitaus neueres Phänomen. Auch die verschiedenen Formen von Schließungen, die sich auf sozial-historische askriptive Merkmale beziehen, setzen in der Regel komplexere Gesellschaften voraus. Neben diesen in verschiedenster Weise zugeschriebenen Differenzmerkmalen sind nach Bader und Benschop die erworbenen Merkmale zu unterscheiden, die sich auf Leistungen oder Leistungspotentiale beziehen (vgl. Abb. 3.1).

Von besonderer Bedeutung für die Funktionsweise sozialer Schließungen sind die mit diesen Schließungen verbundenen Legitimationslegenden, mit denen versucht wird, den Prozess der Schließung legitim erscheinen zu lassen und die Schließung somit zu verschleiern. Bourdieu beschreibt die Logik naturalistischer bzw. biologistischer Legitimationslegenden: »Denn in diesem Fall findet die Transformation eines willkürlichen Produktes der Geschichte in Natur eine scheinbare Grundlage ebenso in den Erscheinungsformen des Körpers wie in den sehr realen Effekten, die, in den Körpern und in den Köpfen, d. h. in der Wirklichkeit und in den Vorstellungen von der Wirklichkeit, die jahrtausendealte Arbeit an der Vergesellschaftung des Biologischen und der Biologisierung des Gesellschaftlichen erzeugt hat. Diese Arbeit läßt, indem sie die Beziehung zwischen Ursache und Wirkung umkehrt, eine naturalisierte gesellschaftliche Konstruktion (die unterschiedlichen Habitus, produziert durch die gesellschaftlich konstruierten unterschiedlichen gesellschaftlichen Bedingungen) als die natürliche Rechtfertigung der willkürlichen Vorstellung von der Natur erscheinen, die sowohl der Realität wie der Vorstellung von der Realität zugrunde liegt« (1997b, S. 169).

Sofern solche Naturalisierungen erfolgreich sind, können sie dazu beitragen, dass soziale Differenzen und damit verbundene Zuweisungen von Arbeit oder Ressourcen als ›gegeben‹, als ›natürlich‹ verstanden werden. Die Geschichte der weitgehenden Nicht-Thematisierung von Geschlechterungleichheiten auch in den entwickelten Nationalstaaten gibt ein beredtes Beispiel für diesen Effekt; auch in den Sozialwissenschaften hat sich dieser blinde Fleck über eine lange Zeit fortgesetzt. »Diese Übereinstimmung zwischen den objektiven und den kognitiven Strukturen macht jene Beziehung zur Welt möglich, die Husserl unter

		Kriterien der Schließung	Praxen der Schließung	Legitimationslegenden	
Askriptive Merkmale	Sozial definierte biologisch-physiologische und phänotypische Merkmale	Verwandtschaft, Abstammung	Verwandtschaftliche Schließung	Verwandtschaftsideologien	Biologistische Legenden
		Geschlecht (Sex)	Ausschließung, Diskriminierung, Unterdrückung von Frauen	Sexistische Ideologien	
		Lebensalter	Generationelle Schließung, Diskriminierung, Unterdrückung von Jugendlichen, Alten	Generationsideologien	
		Hautfarbe usw.	Rassistische Ausschließung, Diskriminierung, Unterdrückung	Rassistische Ideologien	
	Sozial-historische askriptive Merkmale	Gemeinsamkeit der/des:	Ausschließung, Diskriminierung, Unterdrückung von (wegen Zugehörigkeit zu):		Ethnozentrische Legenden
		Territorialen Raums	Stadt(-teilen), Regionen	Urbanistische, regionalistische Ideologien	
		Sprache, Dialekte	Sprachgruppen	Linguistische Ideol.	
		Habitus, Kultur, Lebensstile, ›gender‹	Kulturelle ›Minderheiten‹	Kulturalistische Ideologien	
		Religion	Religionsgruppen	Religiöse Ideologien	
		Nation	Nationen	Nationalistische Ideol.	
		Soziale Herkunft	›niederen‹, ›arbeitenden‹ sozialen Klassen	Klassenideologien	
		(Zwangs-)Mitgliedschaft von:			
		Kirchen, Sekten	Kirchenmitgliedern	Klerikale Ideologien	
		Politischen Verbänden: Staatsbürgerschaft	›fremden‹ Staaten und Staatsbürgern	Etatistische, imperialistische Ideologien	
		Politischen Organisationen	Partei- & Gewerkschaftsmitgliedern	Politische (...) Legitimationen	
Strikt individuelle Merkmale		Individuelle, faktische Leistungsqualifikationen und Leistungen	Meritokratische, expertokratische Schließung, Diskriminierung, Unterdrückung	Meritokratische & expertokratische Ideologien	Meritokratische Leg.

Quelle: Bader/ Benschop (1989, S. 234)

Abb. 3.1 Soziale Schließungen und deren Legitimation

der Bezeichnung der ›natürlichen Einstellung‹ oder der doxischen Erfahrung beschrieb (…). Dieser Einklang zwischen der Verfassung des Seins und den Formen des Erkennens, zwischen den inneren Erwartungen und dem äußeren Lauf der Welt begründet die doxische Erfahrung. Jeder häretischen Infragestellung enthoben, ist diese Erfahrung die uneingeschränkteste Form von Anerkennung der Legitimität: sie faßt die soziale Welt und ihre willkürlichen Einteilungen, angefangen bei der gesellschaftlich konstruierten Einteilung der Geschlechter, als natürlich gegeben, evident und unabwendbar auf« (Bourdieu 1997b, S. 159).

3.2   Symbolische Stabilisierungen

Wie bereits an den Legenden zur Legitimation sozialer Schließungen deutlich wurde, gehen mit der Institutionalisierung sozialer Differenzierungen (z. B. von Erwerbsarbeiten oder von Humankapitalien) Prozesse der Etikettierung bzw. der Bewertung einher. Soziale Differenzierungen werden auf der symbolischen Ebene verdoppelt.

Eine körperlich einseitig belastende Arbeit führt nicht nur dazu, dass der oder die Betreffende mit gesundheitlichen Problemen zu kämpfen hat; parallel erfährt die Arbeit auch eine bestimmte Bewertung. Die Tatsache, dass der eine seine Arbeit mit Staub bedeckt verlässt, die andere allenfalls eine zerknitterte Bluse hat, erfährt eine Bewertung, indem z. B. Arbeiten als mehr oder weniger sauber etikettiert und bewertet werden. In historischer Perspektive zeigt sich, dass sich diese Bewertungen durchaus verändern; auch zu einem gegebenen Zeitpunkt, finden sich unterschiedliche Einschätzungen über die Wertigkeit verschiedener Tätigkeiten. So wird z. B. von ›einfachen Arbeitern‹, vom ›Malochern‹ oder von den ›Helden der Arbeit‹ gesprochen; Frauen werden als ›Tippse‹, als ›Vorzimmerdame‹ oder als ›Perle des Büros‹ bezeichnet.

Die historischen wie aktuellen Kämpfe um Arbeitsbedingungen und Entlohnungen sind immer auch als Kämpfe um Anerkennung zu begreifen. Axel Honneth hat mit Bezug auf den frühen Hegel die zentrale Bedeutung dieser Kämpfe für Prozesse der Vergesellschaftung und des sozialen Fortschritts hervorgehoben: »Es ist der Anspruch der Individuen auf die intersubjektive Anerkennung ihrer Identität, der dem gesellschaftlichen Leben von Anfang an als eine moralische Spannung innewohnt, über das jeweils institutionalisierte Maß an sozialem Fortschritt wieder hinaustreibt und so auf dem negativen Weg eines sich stufenweise wiederholenden Konfliktes allmählich zu einem Zustand kommunikativ gelebter Freiheit führt« (1992, S. 11). In analoger Form unterliegen die verschiedenen Formen der Nicht-Erwerbstätigkeit (s. die Bilder von der Jugend, den Hausfrauen und -männern, den Arbeitslosen oder den Rentnern) wechselnden sozialen Etikettierungen.

Aber auch andere Differenzierungen erfahren eine Bewertung: die ärztliche bzw. verwaltungsrechtliche Entscheidung über das Geschlecht, über die Staatsbürgerschaft oder einen Aufenthaltsstatus wird davon begleitet, dass den verschiedenen Geschlechtern oder der autochthonen bzw. der nicht-autochthonen Bevölkerung bestimmte Eigenschaften zugeschrieben und dass positive und negative Bewertungen vorgenommen werden (vom ›Asylanten‹ bis zum ›Mitbürger mit Migrationshintergrund‹). Diese Bewertungssysteme oder Anerkennungsordnungen sind grundsätzlich mehrdimensional, sie verdichten sich aber auch zu eindimensionalen Mustern der Über- und Unterordnung sexistischer oder rassistischer Art.

Symbole sind zunächst einmal unabhängig von den hier interessierenden Fragen nach sozialen Differenzierungen als ein originär gesellschaftliches Phänomen zu begreifen: »Alles, was uns in der gesellschaftlich-geschichtlichen Welt begegnet, ist untrennbar mit dem Symbolischen verwoben. Nicht daß es darin aufginge. Die realen, individuellen oder kollektiven Handlungen – Arbeit, Konsum, Krieg, Liebe, Gebären – und die zahllosen materiellen Produkte, ohne die eine Gesellschaft auch nicht einen Augenblick lang lebensfähig wäre, sind keine Symbole (...). Aber beides, die Handlungen und die Produkte, wären außerhalb eines symbolischen Netzes unmöglich« (Castoriadis 1990, S. 199 f.). Diese Symbolsysteme bieten obligatorische Verknüpfungen zwischen Symbolen (Signifikanten) und Bedeutungen, Vorstellungen, Ordnungen oder Geboten (Signifikaten).

Neben der zentralen Bedeutung der Sprache interessiert sich Castoriadis insbesondere für die Bedeutung von Symbolsystemen für Institutionen: »Die Institutionen lassen sich nicht auf das Symbolische zurückführen, doch können sie nur im Symbolischen existieren; außerhalb eines Symbolischen zweiten Grades wären sie unmöglich, jede von ihnen bildet ein symbolisches Netz. Eine bestimmte Organisation der Ökonomie, ein juridisches System, eine instituierte Macht oder eine Religion existieren als gesellschaftlich anerkannte Symbolsysteme« (S. 200). So fungiert ein Eigentumstitel oder ein Verkaufsakt als Symbol für das ›Recht‹ des Eigentümers, über ein Objekt zu verfügen; die Lohnabrechnung fungiert als Symbol für den Rechtsanspruch auf ein bestimmtes Einkommen etc.

Bourdieu thematisiert die Bedeutung der Symbolwelten ausgehend vom Wahrnehmungsprozess: »Die gesellschaftlichen Subjekte begreifen die soziale Welt, die sie umgreift. Das heißt, daß zu ihrer Bestimmung die materiellen Eigenschaften und Merkmale nicht ausreichen (...). Denn kein Merkmal und keine Eigenschaft, die nicht zugleich auch symbolischen Charakter trüge – Größe und Umfang des Körpers so gut wie des Grundbesitzes: sie unterliegen immer der Wahrnehmung und Bewertung von Akteuren mit den entsprechenden, gesellschaftlich ausgebildeten Schemata« (1987a, S. 752). Er stellt damit die Symbolproduktion in den Zusammenhang der Herausbildung von (kollektiven) Denk-, Wahrnehmungs- und Handlungsschemata (Habitus). Darüber hinaus verweist er auf die distinktiven Funktionen von Symboliken für Prozesse der sozialen Ordnung. »Man braucht sich nur einmal zu vergegenwärtigen, daß Güter sich in distinktive Zeichen verwandeln, die – einmal in Beziehung zu anderen gesehen – Zeichen von Distinktion, aber auch von Vulgarität sein können, um zu erkennen, daß die Vorstellung, die Individuen und Gruppen durch ihre Eigenschaften und Praktiken unvermeidlich vermitteln, integraler Bestandteil ihrer sozialen Realität ist. Eine Klasse definiert sich durch ihr Wahrgenommen-Sein ebenso wie durch ihr Sein, durch ihren Konsum (...) ebenso wie durch ihre Stellung innerhalb der Produktionsverhältnisse (selbst wenn diese jenen bedingt)« (1987a, S. 754). Wie in Abschn. 2.2.2 entwickelt ist bei der Analyse sozialer Differenzierungen zum einen die sprachliche bzw. symbolische Etikettierung von Tätigkeiten von Interesse; sie werden als qualifiziert oder weniger qualifiziert, als schmutzig oder sauber, als schwer oder leicht, ehrenhaft oder unehrenhaft, anspruchsvoll oder stupide, als typisch männlich oder typisch weiblich deklariert. Zum anderen erfolgt eine Etikettierung von Personen und ihren Befähigungen, sie werden als männlich oder weiblich wahrgenommen, man schreibt ihnen mehr oder weniger Bildung, Qualifikation, soziale Kompetenzen, manuelle Geschicklichkeit, Körperkraft, Emotionalität, Einfühlungsvermögen etc. zu; darüber hinaus erfolgt eine Zuschreibung von ›kulturellen‹, ›ethnischen‹ oder ›rassischen‹ Spezifika. Erfolgreiche Legitimationslegenden zeichnen sich nun dadurch aus, dass sie die Allokation von Menschen zu Positionen und Ressourcen plausibilisieren, indem die symbolischen Konnotationen von Tätigkeiten und Personen(gruppen) zur Deckung kommen. ›Weibliche‹ Menschen gehen ›weiblichen‹ Tätigkeiten nach, ›schwere‹ Arbeit erfordert ›starke‹ Männer und die ›unehrenhaften‹ Arbeiten werden von den ›unehrenhaften‹ (z. B. illegalen) Migrant_innen erledigt.

In diesen Etikettierungen von Tätigkeiten und sozialen Gruppen deuten sich historisch variable Gerechtigkeitsvorstellungen aus. So wird die hohe Entlohnung von Tätigkeiten bzw. Personen, die als ›qualifiziert‹ und ›leistungsfähig‹ erachtet werden, als gerecht empfunden. Die unterschiedliche Entlohnung von Männern und Frauen mit vergleichbarer schulischer und beruflicher Qualifikation, die noch in den 1950er und 60er Jahren als ›normal‹ erachtet wurde – so waren von den Tarifparteien mit den so genannten Leichtlohngruppen, jenseits des (männlichen) Entlohnungssystems spezifische niedrig dotierte Lohngruppen für die ›leichte‹ Frauenarbeit eingerichtet worden –, wird inzwischen mehrheitlich als ungerecht betrachtet. Demgegenüber erhebt sich kaum Widerspruch, wenn Menschen mit Migrationshintergrund relativ unabhängig von ihrer Qualifizierung Tätigkeiten zugewiesen werden, die sich am unteren Rand der Anerkennungsordnung befinden.

Betrachtet man die sich verändernden Bewertungen geschlechtsspezifischer Einkommensdifferenzen, so wird deutlich, dass eine egalitäre Belohnung jedoch an eine Bedingung gebunden wird: die Frauen müssen in mindestens gleicher Weise qualifiziert sein, sie müssen das gleiche leisten, wie die Männer, mit denen sie verglichen werden. Hier wird eine zweite Differenzierung hinzugezogen, die jedoch gänzlich anders bewertet wird: so wird es gemeinhin als legitim erachtet, dass Menschen, die ›mehr leisten‹, die ›qualifizierter‹ sind, besser honoriert werden. Dieses Bewertungsschema drückt sich in dem seit den 1960er Jahren popularisierten Begriff der Leistungsgesellschaft *(achieving society)* aus. Dahinter steht die Idee einer Gesellschaft, deren Differenzierung sich einzig auf ein (gemeinhin akzeptiertes) Leistungsprinzip stützt. Auch bei der Bewertung von ›Managergehältern‹ zeigt sich diese Struktur: es wird mehrheitlich akzeptiert, dass sich diese deutlich vom Durchschnitt anderer Gehälter unterscheiden; gestritten wird allenfalls um den Grad dieser Unterscheidung. In der Debatte um die Gehälter von Bankmanagern wurde oftmals nicht die Höhe dieser Gehälter skandalisiert, sondern ihre unzureichende Bindung an Leistungs- und Erfolgskriterien. Die Leistungsgesellschaft steht somit in historischer Folge der Stände- und Klassengesellschaft für eine Gesellschaft, in der individuelle Leistung zum alleinigen Maßstab von Belohnung und Anerkennung wird.

So wird die Vererbung von Kapitalien (s. u.), insbesondere von kulturellen Kapitalien, eher als ungerecht wahrgenommen, wie in den Diskursen um Chancengleichheit und die Reproduktion von Bildungsungleichheit deutlich wird. Demgegenüber wird die Weitergabe von ökonomischem Kapital den öffentlichen Debatten folgend weitaus weniger als ungerecht empfunden, sieht man von der sporadischen Forderung nach einer höheren Besteuerung von Erbschaften ab. Ähnliches gilt für die Weitergabe von Rechtstiteln wie der Staatsbürgerschaft.

All diese Bewertungssysteme und die sich damit einstellenden symbolischen Ordnungen sind nur in historischer Perspektive zu begreifen. Sie haben sich über lange Zeiträume herausgebildet und verändert. Verglichen mit dem Wechsel von Gesellschaftsformationen und dem damit verbundenen Wechsel von Rechtsordnungen, in denen solche Wertigkeiten institutionalisiert werden, erweisen sich solche Bewertungsordnungen als das trägere Moment. Deutlich wird das z. B. an den Wertungen und Ehrvorstellungen, die mit verschiedenen Berufen einhergehen: dem Arzt, dem Kaufmann, dem Arbeiter. Die heute vorfindbaren Ordnungen sind nur über ihre lange Vorgeschichte zu begreifen.

Für die Analyse sozialer Differenzierung ist es wichtig, die symbolische Verdoppelung sozialer Ordnungen systematisch in die Analyse einzubeziehen: Soziale Ordnungen, wie sie sich in unterschiedlichen Lebenslagen ausdrücken, decken sich häufig mit korrespondierenden Anerkennungsordnungen. Wie für die Auseinandersetzungen um soziale Differenzierungen hat sich die Sozialstrukturanalyse auch für die Logik der symbolischen Welt, die Kämpfe um Symbolsysteme und Deutungsmacht zu interessieren. Die verschiedenen sozialen Gruppen organisieren sich z. B. in Arbeitgeberverbänden oder Gewerkschaften, in Berufsorganisationen, in Wohlfahrtsverbänden, in Frauengruppen oder in rassismuskritischen Bewegungen. Diese Interessenorganisationen und deren Widerparte (z. B. rassistische oder rechtspopulistische Organisationen) agieren als

Fürsprecher der von ihnen repräsentierten Gruppen und versuchen, die von diesen Gruppen vertretenen Deutungen und symbolischen Ordnungen als legitime – gesellschaftlich anerkannte Ordnung durchzusetzen; sie fungieren gewissermaßen als Deutungsagenturen.»Im Kampf um die Produktion des *common sense* oder, genauer, um das Monopol auf legitime *Benennung* als offizielle – das heißt explizite und öffentliche – Durchsetzung einer legitimen Sicht von sozialer Welt, setzen die Akteure jeweils das in den vorausgegangenen Kämpfen erworbene Kapital ein, nicht zuletzt ihre Verfügungsmacht über die in den Köpfen der Menschen bzw. in der Objektivität festgeschriebenen, institutionalisierten Taxinomien, wie etwa Titel« (Bourdieu 1985, S. 23).

Eine herausgehobene Rolle in diesen symbolischen Auseinandersetzungen spielen die Akteure, die sich auf den Staat und damit auf amtliche Klassifizierungen und Rangordnungen beziehen können. So spielen z. B. die statistischen Klassifikationen, mit denen soziale Gruppen oder Berufsgruppen benannt werden, eine wichtige Rolle für die Konstitution und Abgrenzung dieser Gruppen.»Gruppenbezeichnungen, und zumal die von Berufsgruppen, protokollieren gleichsam einen jeweiligen Stand der Auseinandersetzungen und Verhandlungen um offizielle Bezeichnungen und die damit verbundenen symbolischen wie materiellen Vorteile. Eine Berufsbezeichnung, ein Titel bildet (wie Lohn oder Gehalt) eine positive oder negative Vergütung, im Sinne einer Unterscheidungsmarke (Emblem oder Stigma), deren Wert sich nach der Stellung innerhalb eines hierarchisch gestaffelten Systems von Titeln richtet und die auf diese Weise zur Festlegung der jeweiligen Positionen von Akteuren und Gruppen beiträgt« (S. 25). Man findet in Deutschland z. B. eine nunmehr 100-jährige Geschichte der Abgrenzung von Arbeitern und Angestellten; auch nach der Einebnung der wesentlichen Differenzen leben die Begriffe und damit verbundene Symbolsysteme fort.

3.3   Stabilisierungen in Körpern und Lebensläufen

Körper (und Geist) werden im Lebenslauf zu einem Speicher der vorgenommenen Differenzierungen nach Geschlecht, Qualifizierung oder nach kulturellen bzw. ethnischen Kategorien und der damit verbundenen Bewertungen. Die sich in diesen sozialen Differenzierungen ausdrückenden Machtbeziehungen müssen »von den Beherrschten eine Form von Zustimmung erhalten, die nicht auf der freiwilligen Entscheidung eines aufgeklärten Bewußtseins beruht, sondern auf der unmittelbaren und vorreflexiven Unterwerfung der sozialisierten Körper. Die Beherrschten wenden auf jeden Sachverhalt der Welt, insbesondere aber auf die

Machtverhältnisse, denen sie unterliegen, und auf die Personen, die deren Träger sind, mithin auch auf sich selbst, nicht reflektierte Denkschemata an, die das Produkt der Inkorporierung dieser Machtbeziehungen sind« (Bourdieu 1997b, S. 165).

Bourdieu geht davon aus, dass der Körper für die soziale Welt »wie eine Gedächtnisstütze« (S. 167) fungiert. Diese Inkorporierung sozialer Strukturen ist in einem doppelten Sinne zu verstehen; zum einen geht es in einem physischen Sinne um die Spuren, die verschiedene Formen von Arbeit in den Körpern oder in Körperhaltungen hinterlassen. Bourdieu verweist hier auf seine Untersuchungen in der Kabylei, wo er zeigen kann, dass sich die Teilung der Arbeit in Körperhaltungen – z. B. die gebückte Arbeit des Sammelns vs. die aufrechte Arbeit des Abschneidens – oder im Verhalten im öffentlichen Raum – z. B. die zur Schau gestellten Gesten der Unterwerfung und der Überlegenheit – ausdrücken. Man denke an Bilder einer Bäuerin oder eines Industriearbeiters, in deren Körpern und Körperkonzepten sich lebensgeschichtlich die Spuren schwerer Arbeit eingeschrieben haben; man denke an Bilder des typischen Beamten oder einer Intellektuellen. Dabei gilt es zu beachten, dass diese Einschreibungen auch im Sinne einer *self-fulfilling prophecy* funktionieren; d. h. die einmal getroffene ›Entscheidung‹ z. B. für oder gegen körperliche Arbeit zeitigt dann im Lebenslauf ihre Spuren.

Zum anderen geht es um die Inkorporierung von Kognitionen, wenn sich die Strukturen der sozialen Welt in Form sozialer Klassifizierungsprinzipien oder Wirklichkeitsbilder in Wertsystemen oder im Geschmack körperlich verankern. Diese Muster des Habitus sind gesellschaftlich strukturiert. »Die von den sozialen Akteuren im praktischen Erkennen der sozialen Welt eingesetzten kognitiven Strukturen sind inkorporierte soziale Strukturen. Wer sich in dieser Welt ›vernünftig‹ verhalten will, muß über ein praktisches Wissen von dieser verfügen, damit über Klassifikationsschemata (…), mit anderen Worten über geschichtlich ausgebildete Wahrnehmungs- und Bewertungsschemata, die aus der objektiven Trennung von ›Klassen‹ hervorgegangen (Alters-, Geschlechts-, Gesellschaftsklassen), jenseits von Bewußtsein und diskursivem Denken arbeiten. Resultat der Inkorporierung der Grundstrukturen einer Gesellschaft und allen Mitgliedern derselben gemeinsam, ermöglichen diese Teilungs- und Gliederungsprinzipien den Aufbau einer gemeinsamen sinnhaften Welt, einer Welt des *sensus communis*« (1987a, S. 730).

Für den Prozess der Inkorporierung spielt zum einen die Sozialisation, zum anderen der Lebenslauf eine zentrale Rolle. In der Sozialisationsphase spielen die Eltern für Kinder und Jugendliche eine zentrale Rolle; sie fungieren – mit einem spezifischen Habitus ausgestattet – als erste Anschauungsobjekte und

Welterklärer. Somit kommt es hier zur Weitergabe von Habitusmustern und kulturellen Kapitalien: »Das inkorporierte kulturelle Kapital der vorausgegangenen Generationen fungiert als eine Art Vorschuß und Vorsprung: indem es dem Neuankömmling ohne weiteres das Beispiel einer in familiären Mustern realisierten Kultur und Bildung gewährleistet, wird diesem von Anbeginn an und von Grund auf, d. h. auf völlig unbewußte und unmerkliche Weise der Erwerb der Grundelemente der legitimen Kultur ermöglicht (…)« (Bourdieu 1992, S. 129). Die Habitualisierung kann auch als ein Prozess der Gewöhnung begriffen werden, wie Berger und Luckmann es vorschlagen: »Jede Handlung, die man häufig wiederholt, verfestigt sich zu einem Modell, welches unter Einsparung von Kraft reproduziert werden kann und dabei vom Handelnden als Modell aufgefaßt wird. Habitualisierung in diesem Sinne bedeutet, daß die betreffende Handlung auch in Zukunft ebenso und mit eben der Einsparung von Kraft ausgeführt werden kann« (1980, S. 56).

Im weiteren Lebensverlauf kommt es zu kumulativen Effekten, sodass frühe Selektionen (nach Geschlecht oder nach Qualifikation) durch korrespondierende institutionelle Differenzierungen und kumulative Effekte auf Dauer gestellt werden: der gemachte Mann und die gemachte Frau, aber auch der gemachte Gebildete und der gemachte Ungebildete. Insbesondere die Verzahnung verschiedener Institutionen trägt dazu bei, dass sich im Lebenslauf eine hohe Pfadabhängigkeit einstellt. Die vor allem in Deutschland sehr frühen Selektionsentscheidungen zwischen verschiedenen Schullaufbahnen bzw. -abschlüssen bedingen weitreichende Folgewirkungen für die berufliche Bildung und die Übergänge in das Erwerbssystem bzw. die dort zu erzielenden Einkommen.

Die Entscheidungen, die Akteure treffen, sind folgenreich und binden die Akteure über eine mehr oder weniger lange Zeit. Aus der einmal getroffenen Entscheidung erwachsen Konsequenzen, die den weiteren Entscheidungsspielraum beschneiden: Beschäftigte binden sich durchschnittlich über viele Jahre an einen Betrieb; bezieht man noch die Phasen der Ausbildung ein, die in vielen Bereichen der beruflichen Tätigkeit vorausgesetzt sind, so ergeben sich noch weitaus längere Zeithorizonte. Die Wahl eines Lebenspartners bindet die Beteiligten, trotz hoher Scheidungsraten, für einen durchaus längeren Zeitraum; auch die Geburt von Kindern ist folgenreich, da diese über viele Jahre betreut, sozialisiert und gebildet werden müssen. Diese längeren zeitlichen Bindungen implizieren, dass mit den jeweils getroffenen Entscheidungen über viele Jahre Entscheidungsmöglichkeiten begrenzt sind und dementsprechend situationsspezifisch Erfahrungen akkumuliert werden. Es kommt im Lebensverlauf zu einer pfadabhängigen Kumulation von Erfahrungen und möglicherweise auch von Kapitalien. Dabei ist zu beachten, dass historische, biographische oder technologische Brüche aber auch zu einer

Entwertung insbesondere von ökonomischen, kulturellen, sozialen und symbolischen Kapitalien führen können, wenn man an den Zusammenbruch der DDR,
an Migrationsprozesse oder an technologische ›Revolutionen‹ denkt.

In diesem Sinne ist die Vorstellung, dass relativ freie Entscheidungen getrof-
fen werden können, zu differenzieren: auf der einen Seite zeichnen sich ›moderne
Gesellschaften‹ dadurch aus, dass Menschen bei der Berufswahl, bei der Partnerwahl oder bei der Entscheidung über Kinder frei sind; die Vorbestimmtheit der
Berufswahl, die arrangierte Ehe oder die ökonomische Notwendigkeit einer hohen
Kinderzahl sind Charakteristika ›vormoderner‹ Gesellschaften. Zugleich ist die
Berufswahl oft an vielfältige Voraussetzungen gebunden (z. B. Qualifikationen,
die durch schulische und berufliche Abschlüsse zertifiziert sind), eine unternehmerische Tätigkeit setzt ein bestimmtes Kapital voraus. Auch die Partnerwahl ist
eine alles andere als freie Entscheidung, wenn man z. B. die hohe Zahl von bildungshomogamen Partnerschaften betrachtet; auch die Kinderzahl variiert nicht
unerheblich z. B. in Abhängigkeit von Bildungsmerkmalen.

Gesellschaftliche Verhältnisse schreiben sich auf diese Weise den Individuen
und sozialen Gruppen ein, so dass Gesellschaft nicht länger etwas äußerliches ist;
dementsprechend entwickeln diese einen Sinn für gesellschaftliche Ordnungen
und für ihren Platz in diesen gesellschaftlichen Ordnungen.

3.4 Stabilisierungen in der Generationenfolge

In der Generationenfolge können im Lebenslauf akkumulierte Kapitalien weitergegeben werden. So kann ökonomisches Kapital, z. B. als Produktivvermögen, als
Haus- oder Grundbesitz oder als Geldvermögen in einem materiellen Sinne vererbt werden; rechtlich kann das z. B. die Form von Schenkungen oder Erbschaften
haben. Die Weitergabe kulturellen Kapitals kann nur in nicht-zertifizierter Form
erfolgen, indem z. B. im familiären Sozialisationsprozess das kulturelle Kapital
der Eltern auf das der Kinder ausstrahlt oder indem durch finanzielle bzw. zeitliche Investitionen z. B. musische Fähigkeiten gefördert werden. Im Bereich des
sozialen Kapitals oder des symbolischen Kapitals vollziehen sich solche Übertra-
gungen, indem Kinder und Jugendliche die sozialen Netzwerke ihrer Eltern für
ihren eigenen Lebensweg nutzen können oder indem das gesellschaftliche Ansehen oder die gesellschaftliche Geringschätzung, die den Eltern entgegengebracht
wird, auch den Kindern zufällt. Auch bei den Humankapitalien, die nicht dem
kulturellen Kapital zuzurechnen sind, sind Generationentransfers zu beobachten,
wenn z. B. ein spezifisches Ernährungs- oder Gesundheitsverhalten und die damit
verbundenen Risiken ›vererbt‹ werden.

In historischer Perspektive scheint die Vererbung sozialer Positionen ein Spezifikum ständischer Gesellschaften zu sein; am deutlichsten wird dies bei den
sogenannten Geburtsständen. Umgekehrt ist mit dem Selbstverständnis von Leis-
tungsgesellschaften die Vorstellung verbunden, dass soziale Positionierungen und
Belohnungen unabhängig von Geburt und sozialer Herkunft einzig und allein auf
erworbene individuell zurechenbare Merkmale zurückgehen; die Vererbung z. B.
von Vermögen ist mit dieser Ideologie kaum vereinbar. Interessanterweise sind
die Fragen der Vererbung und insbesondere auch die sozialstrukturelle Bedeutung von Vererbungsprozessen nicht systematisch zum Gegenstand soziologischer
Theoriebildung und Forschung geworden; Lettke (2006, S. 96) verweist darauf,
dass sich entsprechende Stichworte kaum in soziologischen Lehrbüchern finden.
Etwas anders stellte sich die Situation zu Beginn des 20. Jahrhunderts dar. So
macht Beckert (2004, S. 317) deutlich, dass um die Wende zum 20. Jahrhundert
die Frage der Vererbung ein vieldiskutiertes Problem war, da die Vererbung von
Vermögen zwischen den Generationen im Gegensatz zu dem sich herausbildenden
Selbstverständnis einer Leistungsgesellschaft stand.

Eine spezifische Situation stellte sich in der bundesdeutschen Nachkriegsgesellschaft ein; auch hier ist zu beobachten, wie der Gedanke der Leistungsgesellschaft in Abgrenzung zur Klassengesellschaft der Weimarer Zeit an Bedeutung
gewinnt. Der nach dem Krieg populäre Mythos einer ›Stunde Null‹ hatte neben
einer politischen und moralischen Konnotation immer auch eine ökonomische
Bedeutung; diese machte sich insbesondere an der Währungsreform fest: »Intern
war die Währungsreform vom 20. Juni 1948 ein ›Akt der Liquidierung der finanziellen Kriegsfolgen durch eine massenhafte Enteignung‹. Insofern verkörperte
sie einen von oben angeordneten ›quasirevolutionären Gründungsakt‹ für den
entstehenden westdeutschen Neustart. Indem sie in einer pseudoegalitären Form
alle Lohn- und Gehaltsempfänger mit derselben geringen 40-DM-Ausstattung
gleichstellte, alle Sparguthaben 10:1 abwertete, die Unternehmen und Sachwert-
besitzer aber begünstigte, gewann sie den Glorienschein eines imponierenden
Neuanfangs« (Wehler 2003, S. 971). Eine wissenschaftliche wie gesellschaftliche Debatte um die Bedeutung der Vererbung ökonomischer Vermögen setzte
erst in den 1980er und 90er Jahren ein. Angestoßen wurden diese Debatten vor
allem durch eine Welle von Vererbungen, die auf die Vermögensakkumulation in
der Zeit des Wirtschaftswunders zurückgingen.

Etwas anders verliefen die wissenschaftlichen wie gesellschaftlichen Diskurse
über die Vererbung kultureller Kapitalien. Hier wurden sowohl in der Weimarer
Republik wie auch in den 1960er Jahren, erinnert sei an die Arbeiten von Picht
(1964) und Dahrendorf (1965), eingehende Debatten um das Problem der Chancengleichheit verschiedener sozialer Gruppen im Bildungssystem geführt. Im

Folgenden wird insbesondere die Vererbung ökonomischen Kapitals analysiert; die Vererbung kulturellen Kapitals war bereits zuvor dargestellt worden.

3.4.1 Vererbung ökonomischen Kapitals

Lauterbach fasst Erbschaften als eine »objektivierbare Form des über den Lebensverlauf akkumulierten Individual- oder Familieneigentums einer Generation (…). Das Familieneigentum stellt grundsätzlich Verfügungsrechte über Grundstücke, Häuser, Betriebe oder variables Vermögen dar, die änderbar sind und an andere Personen weitergegeben werden können. Der Transfer einer Erbschaft kann insofern als ein über die Familie vermittelter Allokationsmechanismus angesehen werden, der die Vermögensverhältnisse der Erben stark beeinflusst« (2009, S. 129). Szydlik verweist darauf, dass neben den Erbschaften auch Schenkungen zu beachten seien. Schenkungen sind auch dadurch von besonderer sozialstruktureller Relevanz, dass sie zu einem früheren Zeitpunkt im Lebenslauf der nachwachsenden Generation erfolgen können und damit »weitaus länger im Leben ›genossen‹ werden können« (2009, S. 137). Schenkungen sind jedoch verglichen mit Erbschaften eher seltener; zudem handelt es sich meist um vergleichsweise geringere Summen.

Aus sozialstruktureller Perspektive sind Erbschaften und Schenkungen schon immer bedeutsam gewesen: Vermögenstransfers zwischen den Generationen spielten für den Erhalt des sozialen und materiellen Status stets eine zentrale Rolle. Vermögen konnten als Existenzgrundlage für nachwachsende Generationen dienen, wenn Grundbesitz oder Produktivvermögen vererbt wurden oder wenn Vermögenstransfers die Gründung und den Ausbau von Unternehmen ermöglichten. Auch als Alterssicherung kam Vermögensbeständen eine wichtige Rolle zu. »Die Lebenschancen wurden direkt vererbt, zum einen durch die Zugehörigkeit zu einem Stand und die entsprechende Reihe von möglichen Berufspositionen und Heiratspartnern, zum anderen durch die Vererbung von Produktivkapital etwa in Form von Hof oder Werkstatt. Familiale und wirtschaftliche Autorität waren miteinander verbunden. Der pater familias entschied (innerhalb der gegebenen Erbschaftsregeln), wer wie viel erbte« (Kohli und Künemund 2001, S. 514).

Die Bedeutung von Vermögen und Vermögenstransfers unterliegt dabei gesellschaftlichen Veränderungen; so verweist Lettke (2007, S. 104 f.) darauf, dass im Kontext einer allgemeinen Wohlstandssteigerung erstmals weitere Kreise von Erbschaften profitieren – auch die im Kontext der Eigenheimpolitik entstandenen Immobilien werden vererbt –, dass aber mit dieser Wohlstandssteigerung auch die Bedeutung von Erbschaften für die Wohlstandssicherung nachwachsender

Generationen an Bedeutung verliert. Zudem entlastet der Sozialstaat z. B. durch
das System der Altersversicherung oder auch der Pflegeversicherung die Gene-
rationenbeziehung tendenziell von Versorgungsverpflichtungen; die spezifische
Reziprozität dieser Beziehungen (die Weitergabe von Status und Kapital war mit
Versorgungsansprüchen der Eltern verbunden) verliert für Viele an Bedeutung.
Die demographischen Veränderungen bedingen, dass sich der biographische Zeitpunkt von Erbschaften verschiebt. Schließlich tragen Veränderungen im Erbrecht
dazu bei, dass durch rechtliche Gleichstellungen (z. B. von Söhnen und Töchtern
oder von ehelichen und nicht-ehelichen Kindern) ein größerer Personenkreis von
den jeweiligen Erbschaften profitiert.

Die Befunde der empirischen Vererbungsforschung unterstreichen die Bedeutung dieser Transfers für Verhältnisse sozialer Ungleichheit. Szydlik weist nach,
dass von Schenkungen insbesondere jene profitieren, »die ohnehin günstigere
Positionen im Gefüge sozialer Ungleichheit einnehmen« (2009, S. 137). Zudem
zeigen sich historisch bedingt deutliche Unterschiede in den Vermögensüber-
tragungen von West- und Ostdeutschen, sowie zwischen »Aus- und Inländern«
(ebd.). Die geschlechtsspezifischen Unterschiede fallen nur gering aus (Frick
et al. 2010, S. 98 f.); weitaus größere Differenzen zeigen sich bei der Unterscheidung nach Bildungsschichten: »Akademiker berichten deutlich häufiger
von Schenkungen als Haupt- und Realschulabgänger. Vermögende Eltern können ihre (erwachsenen) Kinder lebenslang unterstützen« (Lettke 2007, S. 137).
D. h. die Ungleichheiten weisen über die im Rahmen der Debatte um die
Reproduktion von Bildungsungleichheit beleuchteten Aspekte hinaus; so können
Vermögende z. B. auch in Phasen des prekären Berufseinstiegs wesentlich besser
Unterstützungsleistungen erbringen.

Die empirischen Befunde zu Schenkungen können strukturell auf Vererbungen übertragen werden. Auch hier sind die geschlechtsspezifischen Unterschiede
nur gering ausgeprägt; umgekehrt zeigen sich sehr deutliche Unterschiede zwischen West- und Ostdeutschen und zwischen In- und Ausländern; auch die großen
Ungleichheiten zwischen den Bildungsschichten finden sich wieder: »Nur jeder
siebte Hauptschulabgänger mit verstorbenen Eltern hat bereits eine größere Erbschaft erhalten. Dies gilt jedoch für drei von zehn Abiturienten. Hauptursache
dürften die wesentlich größeren Vermögen der höheren Sozialschichten sein.
Kinder schichthöherer Eltern besuchen nicht nur höhere Schulen und erwerben
infolgedessen bessere Bildungsabschlüsse (...). Sie sind – neben vielen anderen
Bereichen – zudem auch bei Erbschaften bevorteilt« (S. 139). Die Differenzen in
der sozialen Absicherung werden durch Erbschaften eher vergrößert. »Erbschaften kommen vor allem solchen Personen zugute, die bereits über eine bessere

gesetzliche Alterssicherung verfügen: Wer hat, dem wird gegeben« (Szydlik und Schupp 2004, S. 626).

Neben dem Transfer von Vermögenswerten, wie er sich zu Lebzeiten beider Generationen in Form von Schenkungen vollzieht, spielen auch Transfers von Dienstleistungen und Hilfen eine nicht unerhebliche Rolle. Kohli und Künemund (2001, S. 525) verweisen auf Basis einer Auswertung des Alterssurveys auf die beträchtlichen Transfers zwischen den erwachsenen Generationen in der Familie; diese Transfers fließen ganz überwiegend von der älteren an die jüngere Generation; in der Altersphase wendet sich die Richtung dieser Transfers häufig.

3.4.2 Die Rolle des Sozialstaats

Der Sozialstaat kann bei der Vererbung von ökonomischen wie von kulturellen Kapitalien mittelbar oder unmittelbar eine wichtige regulierende Rolle spielen, indem er im Rahmen des Erbrechts und der Besteuerung von Erbschaften Regeln für die Weitergabe ökonomischen Kapitals zwischen den Generationen setzt. Beckert zeigt in einem Ländervergleich, dass sich hier je spezifische Begründungsordnungen und Regeln des Erbrechts eingestellt haben. »Die hohe Progression der amerikanischen Nachlasssteuern, die in Übereinstimmung mit der kritischen Position gegen dynastische Vermögensperpetuierung steht; die lange Zeit bestehende Befreiung naher Familienangehöriger in der deutschen Erbanfallsteuer und deren bis heute im internationalen Vergleich niedrige Besteuerung, die mit dem Zusammenhang von Erbschaften und Familie im rechtspolitischen Diskurs korrespondiert; die Beschränkung der Testierfreiheit in Frankreich, die eine Entsprechung in der herausragenden Bedeutung des Gleichheitsprinzips im französischen Erbschaftsdiskurs seit der Revolution hat; die Steuerentlastungen für kinderreiche Erblasser im Erbschaftssteuerrecht in Frankreich, die sich im politischen Diskurs in der Verkettung von Erbrecht und demographischer Entwicklung wiedererkennen lassen« (2004, S. 327).

Auch bei der Weitergabe kulturellen Kapitals kommt dem Sozialstaat eine wichtige regulierende Rolle zu, wenn er im Rahmen des Bildungssystems gewährleistet, dass die Unterschiede im ererbten kulturellen Kapital sich nicht auf die Bildungschancen der Kinder und Jugendlichen auswirken. Die aus den PISA-Studien gewonnenen internationalen Vergleichsdaten zeigen; dass diese Effekte zwar nicht vollständig zu kompensieren sind; es zeigen sich aber deutliche länderspezifische Unterschiede in den Graden der Reproduktion von Bildungsungleichheit. Aber auch bei der Konvertierung von Bildungskapitalien in entsprechende Stellen bieten sich Interventionsmöglichkeiten, wenn z. B. bei den

Zugangsregeln zu beruflichen Positionen gesichert wird, dass der Einfluss (vererb-
ter) sozialer Kapitalien minimiert wird, oder wenn staatlicherseits Regeln gegen
die Diskriminierung sozialer Gruppen im Bildungssystem und am Arbeitsmarkt
durchsetzt werden.

3.5   Fazit

Betrachtet man die hier angesprochenen Momente der Stabilisierung sozialer Differenzierungen im Zusammenhang, so lässt sich konstatieren, dass ein
wesentliches Problem der Sozialstrukturanalyse darin liegt, dass die zu einem
gegebenen Zeitpunkt beobachtbaren Differenzierungsmechanismen die Vorgeschichte sozialer Differenzierungen und ihre Stabilisierung über Institutionen,
Deutungssysteme, Inkorporationen und Vererbungen voraussetzen. D. h. es gibt
keinen Nullpunkt sozialer Differenz. Die sozialen Unterscheidungen der entstehenden bürgerlichen Gesellschaft greifen auf Differenzlinien der feudalen
Gesellschaft zurück. Dieses Problem stellt sich nicht nur der wissenschaftlichen
Analyse; auch in der sozialen Praxis wird jede ungleichheitsrelevante Handlung
mit den selbst erfahrenen und den überlieferten Ungleichheitsstrukturen – und
den damit verbundenen Wertigkeiten in Bezug gesetzt.

So betrachtet erscheint sozialer Wandel eher unwahrscheinlich; die dennoch
beobachtbaren mitunter rasanten Wandlungsprozesse gemahnen, auch die Gegen-
kräfte im Auge zu behalten. Einzelne Menschen, soziale Gruppen, Organisationen
entfalten eine große Kreativität, um ihre Lage zu verändern und zu verbessern,
was auch immer sie darunter verstehen.

Entwicklung der Sozialstruktur 4

Wie im vergangenen Kapitel deutlich wurde, ist es für ein Verständnis der sozialstrukturellen Differenzierungen industrieller und postindustrieller Gesellschaften unabdingbar, sie in ihrem historischen Kontext zu begreifen; auch die zuvor dargestellten stabilisierenden Instanzen bilden sich in Prozessen der *longue durée* heraus. Idealtypische Vorstellungen von sozialer Schichtung sind z. B. an Vorstellungen von klar abgrenzbaren sozialen Einheiten gebunden, wie sie in der Feudalgesellschaft oder in frühindustriellen Gesellschaften zu finden sind. Den im Folgenden zu analysierenden Sozialstrukturen ›moderner Gesellschaften‹ ging in Westeuropa eine mehr als »tausendjährige Epoche des Feudalismus und des Ständewesens« (Wehler 1987, S. 43) voraus, deren Ende sich zwischen 1800 und 1850 datieren lässt.

4.1 Feudalismus und Ständegesellschaft

Das zentrale Moment dieser gesellschaftlichen Formation ist zunächst im Boden- bzw. Landrecht und einem davon abhängigen Personenrecht zu finden. »Die anfänglich vorherrschenden königlichen, kirchlichen, gräflichen Großgrundherrschaften der fränkischen Epoche wurden unaufhaltsam in kleinere Lehenseinheiten zerlegt, bis sie um die Jahrtausendwende durch ein System von Kleingrundherrschaften abgelöst wurden; an die Stelle des zuerst den Großbesitz vom Fronhof aus dirigierenden herrschaftlichen Verwaltungs-›Beamten‹, des Villicus, trat der ritterliche Lehnsmann, dem durchweg das Interesse an Eigenbewirtschaftung abging, dem jedoch durch die abhängigen Bauern seiner Grundherrschaft ein arbeitsfreies, dem Kriegshandwerk, der Jagd und dem ritterlichen Vergnügen gewidmetes Leben ermöglicht wurde« (S. 36).

© Der/die Autor(en), exklusiv lizenziert durch Springer Fachmedien Wiesbaden GmbH, ein Teil von Springer Nature 2022
C. Weischer, *Sozialstrukturanalyse*,
https://doi.org/10.1007/978-3-658-34047-6_4

Mit der Differenzierung des Grundbesitzes und den damit verbundenen Abhängigkeitsbeziehungen kommt es zu einer Dezentralisierung von Macht. Lokale und regionale Strukturen erhalten ein weitaus größeres Gewicht.

4.1.1 Lehnswesen

Mit der Vergabe von Land in Form von Lehen – geliehenem Gut, lateinisch feudum – wurden bestimmte Nutzungsrechte verliehen. Dem standen Treuepflichten, militärische und andere Dienstleistungen, auch Natural- oder Geldabgaben gegenüber. Indem diese Beziehungen auf jeweils untergeordneten Ebenen fortgeschrieben wurden, entsteht jene Pyramidenstruktur, die vielfach für die Darstellung des Feudalismus genutzt wird. Neben den komplexen Rechtsbeziehungen zeichnet sich das feudale System auch durch die damit verbundenen Legitimitätsvorstellungen aus.

Sowohl die Ausgestaltung der Nutzungsrechte wie auch die entsprechenden Gegenleistungen waren ausgesprochen vielgestaltig. Sie unterlagen insbesondere im westlichen Europa fortwährenden Veränderungen; so wurden in Südwestdeutschland die Rechte der Feudalherrschaft auf Naturalabgaben in Rentenzahlungen verwandelt; in Nordwestdeutschland entstanden sogar Erbpachtrechte. Demgegenüber blieben in Mittel- und Osteuropa die älteren Herrschaftsformen vorherrschend (S. 40).

4.1.2 Ständeformierung

Neben die feudalen Strukturen treten nach und nach ständische Strukturen.»Seit dem 12. Jahrhundert begann sich die soziopolitische Grundstruktur der lehnsfeudalistischen Verfassung zu verwandeln. Durch den Prozeß der Ständeformierung, aber auch durch die Entstehung neuer Herrschaftsbeziehungen und die allmählich einsetzende Staatsbildung wurde das System schrittweise umgeformt oder schließlich aufgelöst. (...) [D]er Ritteradel des Lehnsfeudalismus [verwandelte sich] in einen Elitenverband landsässiger Edelleute, in einen Herrschaftsstand (...). Analog und parallel dazu bildeten sich die Kleriker, die Bauern, die Stadtbürger als Stände heraus bzw. wurden sie in der Perzeption der zeitgenössischen Juristen oder gesellschaftsanalytisch interessierten Beobachter als solche definiert« (S. 40 f.).

In einer solchen Ständegesellschaft lassen sich soziale Großgruppen benennen, die in einer klar gestuften Ordnung stehen und die durch eine Vielzahl von Regeln und Normen gegeneinander abgegrenzt sind. Die damit verknüpfte Ordnungsvorstellung geht, wie sich an Texten aus dem 17. Jahrhundert zeigen lässt, von einer Dreiteilung in Klerus, Adel und dritten Stand aus. Der höchste Stand »Himmel gewandt, die beiden anderen zur Erde, alle drei darum bemüht, den Staat zu unterstützen, wobei die mittlere Ordnung für Sicherheit sorgt, während die untere die beiden anderen ernährt. Drei sich ergänzende Funktionen also. Eine trianguläre Solidarität« (Duby 1981, S. 11). Im Vergleich von Texten macht Duby deutlich, dass sich ganz ähnliche Vorstellungen einer gesellschaftlichen Dreiteilung bereits vor der Jahrtausendwende finden, wenn z. B. von der Dreiteilung des Hauses Gottes in Betende, Kämpfende und Arbeitende ausgegangen wird. Diese ›dreiteilige Ideologie‹ (Dumézil) konstituiert ein Wertesystem und fungiert als Ideologie, die der Affirmierung gesellschaftlicher Machtstrukturen dient.

In dieser hierarchischen Ordnung kommen Frauen nicht als Betende, Kämpfende und Arbeitende vor; es sind diejenigen, die mit den Betenden, Kämpfenden und Arbeitenden verheiratet sind und ihnen dienen müssen (vgl. L´Hermite-Leclercq 1993, S. 241). Das impliziert jedoch, dass sich Frauen als ›Dienende‹ in ganz unterschiedlichen sozialen Gruppen finden. In der Aristokratie waren angesichts der männlichen Erbfolge Jungen besonders erwünscht. »Es scheint so, als sei das Ungleichgewicht zwischen den Geschlechtern in den niederen Schichten weniger ausgeprägt gewesen. Vom Krieg als Aufgabe des Adels waren zwar die Frauen ausgeschlossen, aber nicht unbedingt von anderen ökonomischen Aktivitäten, wenngleich auch der Ackerbau und viele handwerkliche Berufe ebenfalls die Muskelkraft aufwerten. Überdies ist die geschlechtsspezifische Arbeitsteilung sehr geeignet, eine männliche Wertehierarchie zu vermitteln, die die spezifisch weiblichen Tätigkeiten abwertet« (S. 219).

Unter Bezug auf einen 1610 veröffentlichten Text von Charles Loyseau ›Traité des Ordres et Simples Dignitez‹ betont Duby, dass diese Ordnung jedoch weitaus komplexer strukturiert ist; so ist der dritte Stand, das »Volk (...) wiederum in mehrere Ordnungen oder Ränge geteilt, auf daß es in denselben jeweils Übergeordnete gibt, die den Magistraten Rechenschaft ablegen über ihre Ordnung, und desgleichen die Magistraten den Herren der Obrigkeit. Mittels dieser vielzähligen Teilungen und Unterteilungen entsteht aus mehreren Ordnungen eine Generalordnung (...) und, aus mehreren Ständen ein wohlgeordneter Staat, in dem gute Harmonie herrscht, Gleichklang und eine Korrespondenz der Beziehungen von ganz unten bis ganz oben, so daß durch den Befehl schließlich eine mannigfaltige Ordnung zur Einheit gereicht« (Loyseau zit. nach Duby 1981, S. 13). Die übrigen

Gruppen wie der Adel oder der Klerus weisen gleichfalls in sich weitere Differenzierung auf. Hinzu kommt eine Ordnung der Geschlechter. Die Verteilung von Privilegien brachte eine weitere Differenzierung mit sich. Man findet also auch in der ständisch feudalen Gesellschaft, die aus Gegenwartsgesellschaften vertraute Pluralität von Ordnungen, die auf einer Verkettung binärer Abhängigkeits- und Weisungsstrukturen beruht.

Das Spezifikum dieser Gesellschaften liegt nicht unbedingt darin, dass ihre Sozialstruktur klarer gegliedert ist; es sind eher die Muster der Differenzierung, die Art und Weise ihrer Stabilisierung und Legitimierung, die die ständische Gesellschaft auszeichnen. Wehler definiert diesen Gesellschaftstyp wie folgt: »Derartige nach Herrschaftsdifferentialen und Berufsfeldern, soziopolitischen Privilegien und soziokulturellen Prestigerängen bis hin zu den öffentlichen Kleiderordnungen scharf getrennte, im Personen-, Berufs-, Boden-, Gewerbe- und Heiratsrecht streng differenzierte Funktions- und Rechtsverbände werden, auch von den Zeitgenossen, Stände genannt. Da Geburt und Familienherkunft über den Eintritt in die ständisch ausgegrenzten Lebensbereiche entschied, spricht man auch von Geburtsständen« (1987, S. 133 f.). Im Universallexicon von 1744 heißt es: »Die Stände derer Menschen sind (...) sehr unterschiedlich und kann eine richtige Eintheilung von denen selben, ihrer Vielheit wegen, nicht wohl gegeben werden. Indessen werden gemeiniglich alle Stände bekanntermaßen in drey Haupt-Stände getheilet, in den Lehr- oder Geistlichen, Wehr- oder Obrigkeitlichen und Nähr- oder Bürgerlichen und Bauernstand« (Zedler 1744).

Die Transformationen, die mit der Herausbildung einer ständischen Ordnung in der feudalen Struktur verbunden sind, macht Wehler am Beispiel der Landadeligen deutlich: »Die ursprünglich autonomen Herrschaftsträger des frühen Mittelalters etwa verwandelten sich in einen Herrschaftsstand von Landadligen, die aus der von abhängigen Bauern getragenen Grundherrschaft gewöhnlich ein arbeitsloses Renteneinkommen bezogen. In der Form einer ziemlich geschlossenen ›Zwangsgenossenschaft‹ organisiert und von so genannten Landständen schließlich korporativ vertreten, haben sie, wenn auch in dem allmählich schrumpfenden Ausmaß, das ihnen der neuzeitliche Staatsbildungsprozeß ließ, bis weit ins 19. Jahrhundert hinein an ›öffentlicher‹ Herrschaft teilgehabt. Ihr Spitzenplatz in der Privilegienstruktur hing in erster Linie von vielseitigen Herrschaftsrechten, erst an zweiter Stelle von der Verfügung über Landbesitz ab, denn dieser war ursprünglich eine Folge, nicht aber die Ursache ihrer Machtposition« (Wehler 1987, S. 134).

Insbesondere der Verweis Wehlers auf die Bedeutung der zeitgenössischen Perzeption sozialer Ordnungen soll deutlich machen, dass solche Ordnungssysteme – die sich ja dann für eine Darstellung von Sozialstrukturen vorzüglich eignen – insbesondere als vorgestellte Ordnungen wirksam sind. Es entsprach eher einem »normative[n] Weltbild der Ständetheoretiker« (S. 41). In der sozialen Praxis stellten sich die Abstufungen weitaus offener dar. »Das gesamtgesellschaftliche Herrschaftssystem mochte der Rechtsfiktion nach als ›Lehnsstaat‹ noch weiterbestehen, tatsächlich aber bildete sich nunmehr ein Dualismus von monokratischen Herrschaftsträgern und Herrschaftsständen, häufig ›Ständestaat‹ genannt, heraus. Dieser Dualismus beruhte lange Zeit (...) auf zahllosen Kompromissen und Konflikten zwischen der Herrschaftsspitze und den Adelskorporationen nicht nur als Mitherrschern des Territoriums, sondern als den Regenten des flachen Landes überhaupt. Darunter gab es eine weitere Ebene, auf der Monarch und Herrschaftsstände zusammen erneut in einem dualistischen Verhältnis den beherrschten Ständen gegenüberstanden« (ebd.).

Mit der Städtebewegung war es im 11. und 12. Jahrhundert zu einem Wendepunkt der Entwicklung gekommen. Es entstehen Immunitätsbezirke mit Freiheitsrechten, die für die wirtschaftliche, politische und soziale Entwicklung von großer Bedeutung werden. Vor diesem Hintergrund muss die Sozialstruktur einer ständischen Gesellschaft nach städtischen und ländlichen Strukturen differenziert werden. »Von dem Zeitpunkt ab, da die Sonderrolle und der Eigenrechtsbezirk der Städte immer deutlicher hervortraten, so daß der Herrschaftsanspruch der städtischen Obrigkeiten unvermeidbar berücksichtigt werden mußte, kann man in weiten Gebieten des deutschsprachigen Mitteleuropa eher von einem fürstlich-adlig-patrizischen Trialismus der Herrschaftszentren sprechen« (S. 41).

4.1.3 Struktur der ständischen Gesellschaft

Die Sozialstruktur ständischer Gesellschaften weist eine Reihe von Charakteristika auf, die sie mehr oder weniger systematisch von Gegenwartsgesellschaften unterscheiden: Die Arbeits- und Lebenschancen werden in hohem Maße durch die Geburt, also die soziale Herkunft geprägt; das heißt nicht, dass es nicht auch soziale Auf- und Abstiege gibt. Die gesellschaftliche Ordnung im ländlichen Bereich und in den Städten bleibt über längere Zeiträume vergleichsweise wenig verändert; d. h. man hat es mit starken bewahrenden Kräften zu tun. Die ständische Ordnung wird zum einen durch »magisch-geblütsrechtliche Vorstellungen« (Wehler 1987, S. 133) legitimiert, zum anderen wird sie als göttliche Ordnung begriffen. Rechtlich betrachtet ist sie »erbfest eingefroren« (ebd.). Eine wichtige stabilisierende Rolle spielt die Kategorie der persönlichen und der ständischen Ehre. Zudem haben neben den Herrschenden und dem Klerus z. B. auch die städtischen Gilden und Zünfte ein großes Interesse am Bestandserhalt.

Zu der relativen Beständigkeit haben auch die nur allmählichen technologischen Veränderungen an der produktiven Basis dieser Gesellschaften beigetragen. Im Überblick lassen sich verschiedene Stände unterscheiden:

• Adel (Hochadel, Reichsadel, landsässiger Adel etc.), max. 1 % der Bevölkerung,
• Klerus (Bischöfe, Domherren, Äbte, Priester, Ordensleute),
• Bürger (Patriziat, Kaufleute, Zunftbürger, Beamte etc.),
• Bauern (in unterschiedlichen Abhängigkeitsformen)
• sowie verschiedene unterständische und Randgruppen.

Diese Gruppen können auf unterschiedliche Formen von Abgaben, Transfers oder Einkommen bzw. auf die Subsistenzproduktion zurückgreifen: sie beziehen ohne eigene Arbeit ein Renteneinkommen (Adel), sie bearbeiten Grund und Boden (Bauern), sie produzieren handwerklich (Zunftbürgertum), sie bekleiden Ämter (Klerus, Beamte), gehen einer akademischen Profession nach (Ärzte, Advokaten etc.) oder beziehen Pfründe (Klerus). Die unterbäuerlichen bzw. unterständischen Schichten verdingen sich als Tagelöhner, Söldner etc. oder gehen ›unehrlichen‹ oder ›illegalen‹ Tätigkeiten nach. Der letzteren Gruppe gehört im Deutschland der Frühen Neuzeit der überwiegende Teil der Bevölkerung an; sie besaß »keine ständischen Herrschaftsrechte und zählte weder zu den ratsfähigen Familien des städtischen Bürgertums und des zünftigen Handwerks noch zum Hofbauerntum, welches seinerseits, wenn auch nur sehr vereinzelt, Zugang zu landständischer Repräsentation finden konnte« (Friedeburg 2002, S. 1).

4.1.3.1 Struktur der ländlichen Stände-Gesellschaft

Die Mehrheit der Menschen in der feudalen Gesellschaft, die sich in dieser Form etwa ab Mitte des 8. Jahrhunderts (Karolingerherrschaft) in Mitteleuropa herausgebildet hatte, war im ländlichen Bereich angesiedelt. Noch im ausgehenden 18. Jahrhundert waren dies mehr als 80 % der Bevölkerung (vgl. Abb. 4.1).

Zu den herrschenden Gruppen zählte zum einen der Hochadel, dessen Macht sich auf Landbesitz und daraus abgeleitet auf verschiedene Formen von Leibeigenschaft und Hörigkeit gründete. Seit dem 11. Jahrhundert hat sich der Hochadel als neuer Geburtsstand neben dem »Niederadel des sich aus freien Berufskriegern und Ministerialen rekrutierenden Rittertum« (Wehler 1987, S. 140) durchgesetzt. Insbesondere mit der Zeit der Kreuzzüge (etwa 1096–1270) entstand innerhalb des Adelsstandes die Gruppe der Ritter. Der Adel gliederte sich in den Hochadel (Reichsfürstenstand, reichsunmittelbare Ritterschaft) und in den Niederadel (Geschlechter mit/ohne Sitz und Stimme in den Landtagen).

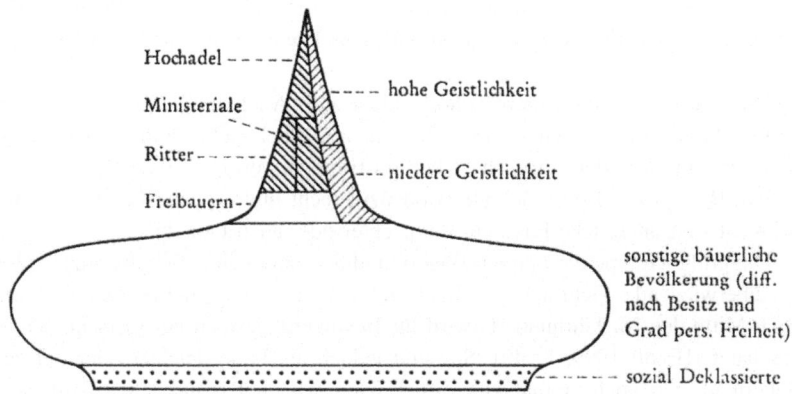

Abb. 4.1 Hauptgruppen im Statusaufbau der ländlichen Feudalgesellschaft

Die gesellschaftliche Stellung des Adels ging auf spezifische Ressourcen und Rechte zurück; sie erhielten Naturalabgaben, Rentenzahlungen und es mussten Zwangsgesindedienste (Vormietrecht für die Kinder der Bauern) erbracht werden; mit wachsender Eigenwirtschaft nahmen sie auch die Arbeitsleistungen erbuntertäniger Bauern in Anspruch. Zudem waren sie auf lokaler Ebene die juristische Instanz. Die Verbindung von adeligem Grundbesitz und lokalen Herrschaftsfunktionen bildete den Kern der agrarisch ständischen Gesellschaft. Die Ausübung von handwerklichen, künstlerischen oder Handelstätigkeiten gefährdete den Erhalt der Standesrechte und des Adelsprädikats; eine Ausnahme bildete der Großhandel (S. 144). Als Strategie der Sicherung von Status und Exklusivität spielte die standesgemäße Ehe eine zentrale Rolle. Mit dem Vordringen des Kapitalismus kam es zu einer zunehmenden Statuskonkurrenz mit dem Bürgertum; man wehrte sich mit Kleidungs- und Konsumvorschriften, verschärften Ebenbürtigkeitsvorschriften und Ahnenproben.

Der hohe Klerus verfügte, obwohl er sich von der weltlichen Ordnung distanzierte, gleichfalls über Landbesitz und vergab Lehen; demgegenüber kam den Mönchen, also dem niederen Klerus eine wichtige verbindende Rolle zu, da sie des Schreibens mächtig waren; sie übten auch Funktionen als Lehrer und Ärzte aus. Zum hohen Klerus gehörten Bischöfe, Domherren und Äbte; dem niederen Klerus sind Diakone, Priester und Ordensleute zuzurechnen.

Die Ministerialen waren im (kaiserlichen) Dienst stehende Beamte. Sie übernahmen wichtige Verwaltungsaufgaben und wurden oft in den Adelsstand erhoben.

Die Gruppe der Freibauern gehörte nicht zum Adelsstand, war aber oft auf Grund ihres großen Landbesitzes dem unteren Adel recht ähnlich. Sie unterschieden sich nach dem Erbrecht. Über ein Erbrecht verfügten freie Besitzer von Höfen, Bauern mit Erbpacht- oder Bodenzinsrecht und erbliche Lassiten. Ohne Erbrecht sind unerbliche Lassiten, Zeitpächter oder auch Leibeigene.

Die große Gruppe der übrigen Bauern und der bäuerlichen Bevölkerung stellte die überwiegende Mehrheit der durchgängig agrarisch geprägten Gesellschaft; noch Mitte des 18. Jahrhunderts wird ihr Bevölkerungsanteil auf mehr als 85 % geschätzt (Hradil 1999, S. 49). Sie sind jedoch als Freie, Pächter oder unfreie Bauern in sich noch einmal klar differenziert. Die unterbäuerlichen Schichten machen etwa 60–70 % der Gesellschaft aus; dazu gehören z. B. Kleinstellenbesitzer, Landlose und die große Gruppe des Gesindes (das freie Gesinde auf den Bauernhöfen und das unfreie Gesinde auf den Herrengütern); auch die Dorfhandwerker und die Heimgewerbetreibenden im Verlagswesen sind hier einzuordnen. »Bei aller Heterogenität lassen sich diese Gruppen nicht zuletzt aufgrund der Abgrenzung zu den eigentlichen Bauern zusammenfassen. Aufgrund der geringfügigen oder fehlenden Ausstattung mit Land stand dieser Gruppe die wichtigste Form der Altersfürsorge auf dem Lande, nämlich durch die Zuweisung einer kleinen Parzelle durch die den Hof übernehmenden Erben, nicht zur Verfügung« (Friedeburg 2002, S. 11).

Zu den sozial Deklassierten sind sehr unterschiedliche Gruppen zu rechnen, ihr Bevölkerungsanteil wird im 18. Jahrhundert auf mehr als 10 % geschätzt. Zu den ›unehrlichen‹ Beschäftigungen zählen Scharfrichter und Abdecker, mancherorts aber auch Chirurgen. »›Unehrlichkeit‹ traf jedoch auch die delinquent Gewordenen, Vagierende ohne Haus, Bettler und die unehelich Geborenen. Die Gefährdung für die Unterschicht, ›unehrlich‹ zu werden, war daher besonders groß. Gewerbe, welche eine ›herumtreibende Lebensart‹ mit sich führen, wie Hausierer und Schausteller, wurden am Rande der Unehrlichkeit betrieben. Schaustellerei und Schauspielerei waren häufig Ersatzbeschäftigungen und zählten ebenfalls in der Regel zu den ›unehrlichen‹ Tätigkeiten. Unter den Schaustellern waren Bettler, Ungelernte und Handwerker ohne Stelle. Die Grenze zwischen Schaustellern und bloß ›Vagierenden‹ und als solchen Aufgegriffenen war mithin fließend« (S. 23). Wie die Anführungszeichen indizieren, ist die Etikettierung von Unehrenhaften stets auch eine Strategie der Deklassierung und Diskriminierung. Differenziertere Analysen finden sich in den Arbeiten des

Sonderforschungsbereichs ›Fremdheit und Armut‹ (z. B. Gestrich und Raphael 2008).

4.1.3.2 Struktur der städtischen Stände-Gesellschaft

Nach den frühen römischen Stadtgründungen setzt erst im 12. Jahrhundert ein wahrer Gründungsboom von Städten ein. Die Mehrheit dieser Gründungen blieb jedoch recht klein; nur wenige Städte kamen über eine Einwohnerschaft von 10.000 hinaus. Dennoch spielten sie eine zentrale Rolle für die gesellschaftliche Entwicklung.

Die Städte sind als eine relativ autonome Gebietskörperschaft zu begreifen, die sich um das Marktgeschehen und die kleine Warenproduktion zentrieren und in der die Bürger ihre politischen und wirtschaftlichen Angelegenheiten selbst verwalten. Die Städte boten spezifische Freiheitsräume im Geflecht feudalrechtlicher Abhängigkeiten. Der Boom der Stadtgründungen ging auf die Renaissance des Fernhandels und des Exportgewerbes, auf wachsende Absatzmärkte, eine verbesserte Geldwirtschaft und nicht zuletzt das Bevölkerungswachstum zurück. Dies wurde jedoch erst durch eine Intensivierung der Landwirtschaft und umgekehrt die Entwicklung eines Marktes für städtische Gewerbeerzeugnisse ermöglicht.

Gemeinhin werden vier Stadttypen unterschieden: die ausfuhrorientierte Gewerbestadt, die auf Fernhandel, Transit und Messen ausgerichtete Handelsstadt, der städtische Marktflecken für den lokalen Austausch und schließlich die Residenzstadt als Konsumschwerpunkt (Wehler 1987, S. 177).

Die Stadtbewohner verfügten über fein differenzierte Rechte. Die Vollbürger (Patrizier, Honoratioren und ein Großteil des Kleinbürgertums) konnten Meistertitel erhalten, sie konnten Geschäfts-, Haus- und Landbesitz erwerben und verfügten über das Wahlrecht. Die Schutzverwandten, Bei- oder Hintersassen waren als Einwohner minderen Rechts in ihren wirtschaftlichen und politischen Rechten erheblich eingeschränkt; sie waren auf Zeit in einigen Bereichen des Handels und des Handwerks tätig; diese Gruppe machte in größeren Städten oft mehr als 50 % der Einwohnerschaft aus. Zu den Rechtlosen gehörten Angehörige der Unterschichten, die jederzeit ausgewiesen werden konnten (vgl. Abb. 4.2).

Zur Oberschicht (nach Wehler etwa 1–10 %) zählten die adeligen und geistigen Stadtherren, auf deren Grundbesitz die Stadt zurückging. Die Patrizier (Stadtadel) rekrutierten sich aus Fernhändlern, altfreien Grundbesitzern, Ministerialen, Salzwerkbesitzern und Großkaufleuten (S. 185). Sie wurden zu einer städtischen Elite, die zunächst zu einem Berufs-, Besitz und Herrschaftsstand, schließlich auch einem Geburtsstand wurden. Durch den Kauf von Land und durch Heiratspolitik kam es zu einer Verschmelzung von Stadt- und Landadel.

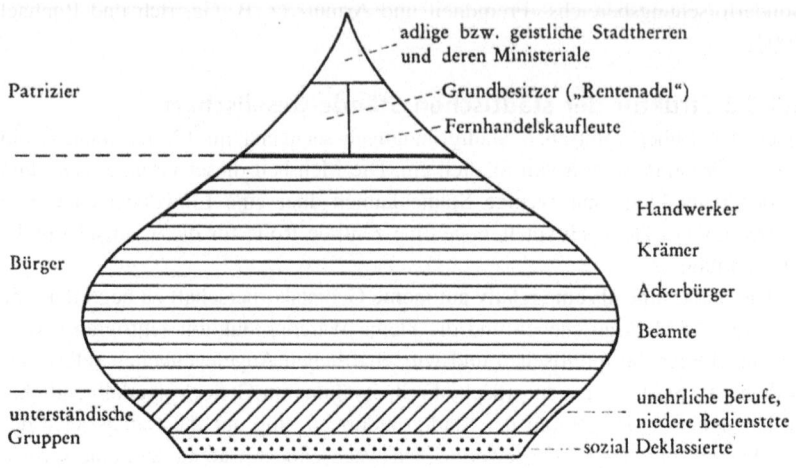

Quelle: Bolte (1967, S. 270)

Abb. 4.2 Hauptgruppen im Statusaufbau der mittelalterlichen Stadt

Dieses Patriziat aus reichen Bürgern und in die Bürgerschaft aufgenommenen Rittern und Amtsleuten stellte den Rat und besetzte wichtige Ämter. Eine
einflussreiche Rolle spielten auch Kaufleute, die über die Stadtgrenzen hinaus Handelsgeschäfte betrieben; sowie eine sich herausbildende Gruppe von
städtischen Grundbesitzern.

Innerhalb der Bürgerschaft, die den größten Teil der Stadtbevölkerung ausmachte, finden sich Handwerker, Einzelhändler und Beamte. Ackerbürger waren
Bürger, die neben einem handwerklichen Beruf auch Nahrungs- und Futtermittelanbau auf ihrem Land in der Feldmark betrieben. Zu dieser städtischen
Mittelschicht rechnet Wehler (1987, S. 189) zwischen 10 und 35 % der städtischen Bevölkerung. Ein Teil der Handwerker war in Zünften organisiert; diese
hatten eine wichtige ökonomische Funktion, indem sie Konkurrenz regulierten,
Qualität sicherten, Ausbildung sicherstellten etc.; sie spielten aber auch für die
soziale Ordnung eine wichtige Rolle, indem sie eine bestimmte Lebensform,
einen Ehrenkodex entwickelten, soziale Sicherungsleistungen erbrachten etc.
Nach Wehler war das neuzeitliche Arbeitsethos in dieser Schicht fest verwurzelt
(S. 192). Zudem hatten sie eine eigene Gerichtsbarkeit. Hinzu kamen Kaufleute,
Krämer und Gastwirte sowie die städtischen Angestellten und Beamten.

Im 18. Jahrhundert entwickelte sich im Bürgertum eine neue Aufsteiger-schicht, die außerhalb der altständischen Sozialordnung stand: Verwaltungsbe-amte, Theologen, Professoren, Hauslehrer, Gelehrte und Hofmeister, Syndici und Magistratsjuristen, Richter und Landschaftskonsulenten, Anwälte und Notare, Ärzte und Apotheker, Ingenieure, Schriftsteller und Journalisten, Offiziere, Leiter der städtischen Unternehmen und schließlich Unternehmer, die Verlage, Manufak-turen, Protofabriken oder Banken betrieben. Diese Aufsteigergruppe entwickelte sich eher im städtischen durchaus aber auch im ländlichen Bereich. So ent-steht ein Bildungsbürgertum aus akademisch Ausgebildeten, die Karrieren im Staats- oder Stadtdienst anstrebten. Sie spielten für gesellschaftliche Moderni-sierungsprozesse eine wichtige Rolle und wurden zu einer neuen Funktionelite. Charakteristika waren ihre Fachgeschultheit, ihre auf Expertenwissen gegründete Problemlösungskapazität und ihre Teilnahme an wichtigen Entscheidungsprozes-sen, in höheren Rängen auch ihre soziale Exklusivität und ihr eher ständisch geprägter Lebensstil. Allmählich verwandelte sich das Bildungsbürgertum dann in eine Reihe von Berufsklassen.

Wie im ländlichen Bereich findet sich auch in den Städten eine große Gruppe von Deklassierten, die außerhalb der Zünfte standen und als mehr oder weniger qualifizierte Dienstboten, Mägde und Knechte, Tagelöhner, Handlanger, Fuhr-leute, Karrenschieber oder Heimarbeiter tätig waren. Dazu gehörten auch jene, die sozial diskriminierte Berufe ausübten (Abdecker, Henker), unehelich Gebo-rene und schließlich Arbeitslose, Invaliden und Bettler etc. Daneben finden sich Gruppen wie die Juden, die auf Grund ihres Religionsbekenntnisses und darauf gründender Vorurteilsstrukturen sozial diskriminiert und immer wieder Opfer von Pogromen wurden. Ihre Stellung im städtischen Kontext war ambivalent, zuweilen hatten sie über ihre Tätigkeit im Handel eine wichtige soziale Stellung.

In der Darstellung Boltes wird der Anteil der Mittel- und Oberklassen vermut-lich überschätzt; Wehler geht bei den Oberklassen von einer Spannweite zwischen 1–10 % (1987, S. 189); für die Mittelklassen von 10–35 % der Einwohnerschaft aus. Somit stellen die Unterklassen die deutliche Mehrheit der Einwohnerschaft. Gegen Ende der Feudalgesellschaft kommt es dann zur allmählichen Heraus-bildung von Lohnarbeit, als Verlagsarbeit eher im ländlichen Bereich und als Manufakturarbeit eher im städtischen Bereich; hier findet sich dann ein hoher Anteil von Frauen- und Kinderarbeit.

Nach Max Weber soll von einer ständischen Gesellschaft gesprochen werden, wenn deren Gliederung vorzugsweise auf ständische Differenzierungen zurück-geht.»›Stand‹ soll eine Vielheit von Menschen heißen, die innerhalb eines Verbandes wirksam a) eine ständische Sonderschätzung, – eventuell also auch b) ständische Sondermonopole in Anspruch nehmen. Stände können entstehen

a) primär, durch eigene ständische Lebensführung, darunter insbesondere durch
die Art des Berufs (Lebensführungs- bzw.

Berufsstände), b) sekundär, erbcha-
rismatisch, durch erfolgreiche Prestigeansprüche kraft ständischer Abstammung
(Geburtsstände), c) durch ständische Appropriation von politischen oder hierokra-
tischen Herrengewalten [Priesterherrschaft C.W.] als Monopole (politische bzw.
hierokratische Stände). (...) Während Erwerbsklassen auf dem Boden der marktorientierten Wirtschaft wachsen, entstehen und bestehen Stände vorzugsweise auf
dem Boden der monopolistisch leiturgischen oder der feudalen oder der ständisch
patrimonialen Bedarfsdeckung von Verbänden« (1972, S. 180).

Entgegen landläufigen Vorstellungen ist zu konstatieren, dass sich ständische
Gesellschaften durchaus durch soziale Mobilität auszeichneten, ohne dass es aber
Begriffe z. B. für sozialen Aufstieg oder Abstieg gab. So kam es im Adel zu
Auf- und Abstiegsprozessen, es gab Möglichkeiten in den Adel aufzusteigen,
es entstanden neue soziale Positionen, z. B. für Juristen; allgemein bot auch
die Amtstätigkeit Möglichkeiten des Aufstiegs. Winfried Schulze (1988, S. 15)
verweist auf die 1515 entstandenen Darlegungen eines französischen Bischofs,
der neben der selbstverständlichen Dreigliederung auch Möglichkeiten aufzeigt,
seinen Stand zu verlassen und in einen höheren Stand einzutreten. Schulze
verweist jedoch darauf, dass das vorherrschende Normensystem einer ›Gesellschaft mit begrenzten Ressourcen‹ angepasst war. Dementsprechend spricht er
von der Überlagerung zweier Grundprinzipien:»Wir haben seit dem späten Mittelalter eine Phase beachtlicher Mobilität, die gewiß als Ersatzmobilität beginnt,
weitergetragen wird durch den Wachstumsschub des ›langen 16. Jahrhunderts‹
und sich regional verschieden bricht an der Regression des 17. Jahrhunderts.
Daneben haben wir als weiterhin bestimmenden Grundzug ein noch gültiges
statisches Normensystem, das Aufstiegsmobilität scharf reglementiert, hohe Voraussetzungen erfordert und damit kontrollierbar macht. Dadurch war es möglich,
in Phasen ökonomischen Wachstums größere Mobilität zuzulassen und in Phasen
zurückgehender Ressourcen Mobilität zu verhindern« (S. 16).

Auch die Geschlechterverhältnisse sind alles andere als statisch; zwar besteht
die ausgeprägte männliche Hegemonie in vielen Lebensbereichen fort:»Dennoch
erweist sich das späte Mittelalter, wenngleich es eine Zeit voller Katastrophen
und Konflikte war (...), auch als eine Zeit des Aufbruchs und der Neuerungen,
nicht zuletzt für die Angehörigen des weiblichen Geschlechts. Sie haben nicht
nur unter Wirtschaftskrisen und Epidemien gelitten, sondern auch von den Möglichkeiten erhöhter sozialer Mobilität profitiert, haben teilgehabt an technischen
Neuerungen auf dem Land wie in der Stadt und schließlich auch an kulturellen
und religiösen Umbrüchen« (Opitz 1993, S. 284); zugleich wird jedoch auf die

Hexenverfolgungen verwiesen, die die Umstrukturierung der europäischen Welt am Ende des Mittelalters begleiteten.

Rebekka Habermas und Heide Wunder verweisen mit Blick auf die Frühe Neuzeit darauf, dass sich die Lage der Frauen erheblich nach städtischen oder ländlichen Gesellschaften, bzw. nach adeligen, bürgerlichen oder dörflichen Lebensformen unterschied. Dennoch finden sich in weiten Teilen Europas Gemeinsamkeiten in der »generellen rechtlichen und sozialen Ungleichheit von Männern und Frauen, die nicht nur die Ungleichheit in einer ständischen Gesellschaft darstellten (…), sondern auf einer Anthropologie der Ungleichheit von Mann und Frau beruhten, in der sich griechische, spätantike und christliche Vorstellungen miteinander verbanden. Die wissenschaftlichen Entwürfe ›der Frau‹ durch Theologen, Philosophen, Juristen und Mediziner kannten keine Grenzen: Der gelehrte Diskurs wurde über das Universitätsstudium und die gelehrte Literatur in ganz Europa verbreitet, spielte aber auch in der Berufspraxis von Juristen und Medizinern eine nicht zu unterschätzende Rolle. Seine Differenzierungen folgten weniger politischen als konfessionellen Grenzen« (1994, S. 545). Insbesondere die Ehenormen gingen zwischen den Konfessionen weit auseinander.

4.1.4 Von der ständischen zur früh-industriellen Gesellschaft

Im Laufe des 18. Jahrhunderts geriet die feudale Gesellschaftsstruktur nachhaltig in Bewegung. Es kommt zu weitreichenden Umwälzungen, die von den bürgerlichen Revolutionen markiert werden; für die sozialstrukturelle Analyse sind vor allem folgende Entwicklungen bedeutsam:

- die Befreiung der Bauern aus feudalen Abhängigkeitsverhältnissen,
- die Gewerbefreiheit, die die Regulierung durch Zünfte und Gilden zurückdrängte
- die merkantilistische Handelspolitik, die zur Erschließung überregionaler Märkte führte
- die Entstehung des Verlagswesens und der Manufakturen als Vorläufer der Fabriken.

Schließlich kann sich das Bürgertum – genauer Bürger, Handwerker und Bauern – in den ›bürgerlichen‹ Revolutionen (z. B. in England und Frankreich) neben Adel und Geistlichkeit als dritter Stand etablieren. Diese Entwicklungen verdeutlichen, dass sich die westeuropäischen Gesellschaften bereits vor der industriellen Revolution deutlich verändert hatten. Im Laufe des 18. und 19. Jahrhunderts setzte sich die Industrialisierung zunehmend durch; es kam zur Entwicklung immer größerer betrieblicher Einheiten und damit verknüpft zu einer starken Land-Stadt-Wanderung; zudem gab es ein rapides Bevölkerungswachstum. So entwickelte sich mit dem allmählich wachsenden (insbesondere städtischen) Proletariat – der Begriff wird ab 1840 gebräuchlich – eine völlig neue gesellschaftliche Gruppe. Die Geschlechterbeziehungen werden mit der Erosion der haushaltsnahen Produktion und mit der Herausbildung der außerhäuslichen Erwerbsarbeit auf eine neue Grundlage gestellt.

4.2   Industrielle Entwicklung und Sozialstruktur

Ein zentrales Charakteristikum der Sozialstruktur industrieller Gesellschaften ist die Lohnabhängigkeit. An dem eingangs erläuterten Modell der gesellschaftlichen Produktion sind bereits wichtige Merkmale der Lohnarbeit erkennbar. Neben Maschinen und Vorprodukten wird das verfügbare Kapital in lebendige Arbeitskraft investiert. D. h. für den Produktionsprozess werden Lohnarbeiter_innen verdingt, die ihre Arbeitskraft für einen festen Zeitraum dem Unternehmen zur Verfügung stellen. Das Produkt des Arbeitsprozesses wird schließlich auf dem Markt veräußert.

Bei Marx wird das Spezifikum der Lohnarbeit über die doppelte Freiheit der Lohnarbeiter_innen bestimmt. Im Gegensatz etwa zu einem Kleinhandwerker, der mit eigenen Werkzeugen ein Produkt herstellt und veräußert, fungiert der Lohnarbeiter einer Maschine ähnlich, wie ein Objekt im Produktionssystem. Mit dieser Doppelbestimmung – politische Freiheit aber auch Freiheit von Erwerbsmöglichkeiten und sozialer Sicherung – verweist Marx auf wichtige historische Voraussetzungen der kapitalistischen Produktion: »Die ökonomische Struktur der kapitalistischen Gesellschaft ist hervorgegangen aus der ökonomischen Struktur der feudalen Gesellschaft. Die Auflösung dieser hat die Elemente jener freigesetzt. Der unmittelbare Produzent, der Arbeiter, konnte erst dann über seine Person verfügen, nachdem er aufgehört hatte, an die Scholle gefesselt und einer anderen Person leibeigen oder hörig zu sein. Um freier Verkäufer von Arbeitskraft zu werden, der seine Ware überall hinträgt, wo sie einen Markt findet, musste er ferner der Herrschaft der Zünfte, ihren Lehrlings- und Gesellenordnungen und hemmenden Arbeitsvorschriften entronnen sein« (1972, S. 743).

Lohnabhängigkeit heißt im sozialstrukturellen Sinne, dass große soziale Gruppen entstehen, deren Existenz und deren Arbeits- und Lebensbedingungen weitgehend auf dem Vorhandensein oder Nicht-Vorhandensein von Lohnarbeit und auf der Höhe von Lohneinkommen gründen. D. h. jede wirtschaftliche Krise schlägt sich zunächst unmittelbar in der Lebenslage der abhängig Beschäftigten nieder. Auch andere hier angesprochene Disparitäten der wirtschaftlichen und regionalen Entwicklung – der Auf- und Abstieg von Branchen, die sich verändernden Formen der Arbeit – werden für die Gruppen der abhängig Beschäftigten zum Strukturmoment ihrer Existenz. Aus ständisch abgegrenzten Gruppen werden der Weberschen Bestimmung folgend »›marktbedingte‹ Klassen, die auf ungleicher Güter- und Leistungsverwertung auf Märkten beruhen, d. h. auf einer vielfältig variierenden Angebotskapazität, die u. a. über Marktmacht oder -ohnmacht entscheidet. Klassenlage ist hier weithin Marktlage« (Wehler 1986, S. 195).

Lohnabhängigkeit ist sozialgeschichtlich betrachtet kein Novum. Robert Castel beschreibt in seiner Geschichte der Lohnarbeit, wie auch lange vor der Etablierung einer Lohnarbeitsgesellschaft immer wieder auf Lohnarbeit zurückgegriffen werden musste, insbesondere in Krisenphasen, wenn die soziale Lage formell selbstständiger Produzenten, Händler und Dienstleistender in der Stadt und auf dem Lande nur noch als elend beschrieben werden kann. »Der Hintersasse, der gezwungen ist, einen Teil seiner Zeit an einen reicheren Bauern zu vermieten oder für einen städtischen Händler zu weben, der abgerutschte Handwerker, der bei einem anderen Handwerker oder einem Kaufmann in Dienst steht, der Geselle, der nicht mehr Meister werden kann und zeitlebens Lohnarbeiter bleibt« (2008, S. 100). Das Novum der Entwicklung des 19. und 20. Jahrhunderts liegt darin, dass aus dieser »fragilen, elenden und verachteten Lohnarbeit« nach und nach eine ›Lohnarbeitsgesellschaft‹ entsteht, »in die die große Mehrzahl der Gesellschaftssubjekte gerade über ihre Zugehörigkeit zu dieser Lage ihre Garantien und ihre Rechte bezieht« (ebd.).

Ein blinder Fleck sowohl in dem Konzept der marktbedingten Klassen wie der Lohnarbeitsgesellschaft liegt bei den Geschlechterverhältnissen. Wie in Abschn. 2.2.2 eingehend dargestellt, lebten auch in der Lohnarbeitsgesellschaft geschlechtsspezifische Ungleichheitsstrukturen z. B. im Bereich der Arbeit, der Bildung und der sozialen Sicherung fort. Auch die Arbeitsteilung innerhalb des Haushalts hatte sich in der von Castel dargestellten Lohnarbeitsgesellschaft eher zu Gunsten des männlichen Alleinernährermodells verfestigt; das relativ hohe Lohnniveau machte es möglich, dass sich dieses Modell erstmals in weiten sozialen Kreisen durchsetzte.

Marx hatte in seinen Bemerkungen zur geschichtlichen Tendenz der kapitalistischen Akkumulation folgendes Szenario entworfen: »Hand in Hand mit dieser Zentralisation oder der Enteignung vieler Kapitalisten durch wenige entwickelt sich die kooperative Form des Arbeitsprozesses auf stets wachsender Stufenleiter, die bewusste technische Anwendung der Wissenschaft, die planmäßige Ausbeutung der Erde, die Verwandlung der Arbeitsmittel in nur gemeinsam verwendbare Arbeitsmittel, die Ökonomisierung aller Produktionsmittel durch ihren Gebrauch als Produktionsmittel kombinierter, gesellschaftlicher Arbeit, die Verschlingung aller Völker in das Netz des Weltmarkts und damit der internationale Charakter des kapitalistischen Regimes« (1972, S. 790). Während mit dieser Diagnose wichtige säkulare Trends der Entwicklung der Produktion und der ›äußeren Landnahme‹ der kapitalistischen Produktionsweise sehr treffend beschrieben werden, sind bei der inneren Landnahme einige Differenzierungen erforderlich.

So postulierte Marx: »Das selbsterarbeitete, sozusagen auf Verwachsung des einzelnen, unabhängigen Arbeitsindividuums mit seinen Arbeitsbedingungen beruhende Privateigentum wird verdrängt durch das kapitalistische Privateigentum, welches auf Exploitation fremder, aber formell freier Arbeit beruht« (ebd.). Das so beschriebene Verschwinden aller traditionalen, vorkapitalistischen Formen der Produktion ist zwar der Tendenz nach zu beobachten; dennoch findet sich auch heute noch eine Vielfalt von Produktions- und Eigentumsformen, z. B. in Form von Alleinunternehmern, handwerklicher Produktion, Heimarbeit, Subsistenzproduktion etc. Immer neue Lebensbereiche wurden im 19. und 20. Jahrhundert marktwirtschaftlich erschlossen, umgekehrt finden sich stets auch Segmente, die für das nach Verwertungsmöglichkeiten suchende Kapital unprofitabel erscheinen und somit anderen Akteuren überlassen werden. Braudel vertritt die These, dass gerade diese Selektivität ein Spezifikum der kapitalistischen Entwicklung sei. So habe sich der Aktionsbereich des Kapitalismus erheblich erweitert, aber er habe nicht die ganze Handelswirtschaft erfasst, »so überläßt er auch heute bedeutende Bereiche der gut eingespielten Marktwirtschaft, der Initiative von Kleinbetrieben, dem Einsatz der Handwerker- und Arbeiterschaft, den Heimwerkern und Schwarzarbeitern und beschränkt sich selbst auf seine Vorzugsreviere: die Immobilien- und Börsenspekulation großen Stils, das Großbankwesen, die industrielle Großproduktion, die aufgrund ihres Gewichts und ihrer Organisation über wirkliche Freiheit in der Preisfestsetzung verfügt, den internationalen Handel; und in Sonderfällen auf die landwirtschaftliche Produktion oder sogar den Transport – man denke an die Schifffahrtsgesellschaften, die unter fremder Flagge segeln und, da sie auf diese Weise jeder Besteuerung entgehen, z. T. phantastische Vermögen aufbauen konnten« (Braudel 1986c, S. 697).

Auch im internationalen Maßstab vollziehen sich diese Landnahmen des Kapitalismus; dennoch sind Phänomene der Ungleichzeitigkeit das hervorstechendste Moment. So konsumieren die Lohnarbeiter_innen Europas Kaffee, Tee oder

Zucker und kleiden sich in Baumwolle, die von Sklav_innen auf den Plantagen in den Amérikas gewonnen werden. D. h. freie Lohnarbeit ist keineswegs als ein Automatismus oder zwingendes Merkmal des entwickelten Kapitalismus zu begreifen. Die Herausbildung der Lohnarbeit vollzieht sich ganz allmählich. 1882 können aber immerhin schon fast 60 % der Erwerbsbevölkerung dieser Gruppe zugerechnet werden. Zunächst macht die Industriearbeiterschaft jedoch nur den kleineren Teil dieser sozialen Gruppe aus. In seinem Bericht über eine vom Verein für Sozialpolitik durchgeführte Erhebung zur Lage der Landarbeiter macht Max Weber (1993, S. 123) deutlich, dass die Existenz eines Arbeiterstandes keineswegs eine Eigentümlichkeit des gewerblichen Lebens in den Städten sei. Aus den Daten des Jahres 1882 wird deutlich, dass die Landarbeiter – »landwirtschaftliche Tagelöhner und ihre nicht selbstständig erwerbenden Angehörigen« – mehr als sechs Millionen Köpfe, also etwa ein Siebtel der damaligen Gesamtbevölkerung ausmachen; hinzu komme noch das ländliche Gesinde. Auch die Heimarbeiter_innen machten noch einen erheblichen Beschäftigungsanteil aus. Die weitere Entwicklung fällt jedoch insbesondere zu Gunsten der industriellen Arbeit aus (vgl. Abb. 4.3).

1907 macht die Industriearbeiterschaft schon 32 % aller Erwerbstätigen aus; das waren unter Einbeziehung der Familienangehörigen rund zwanzig Millionen

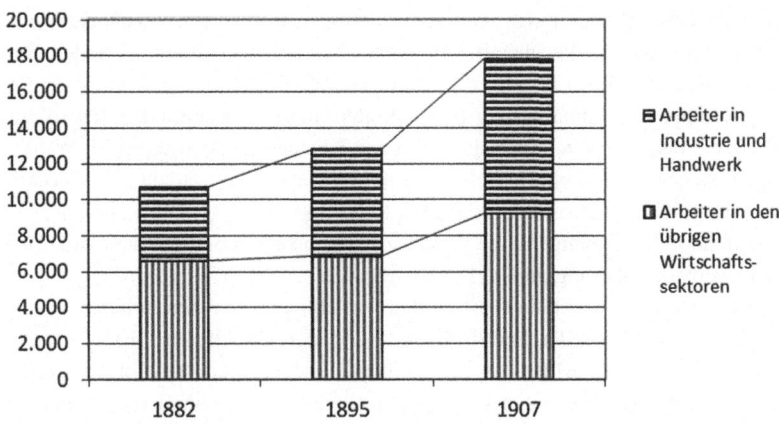

Quelle: Eigene Darstellung nach Daten aus Wehler (1995, S. 774), Angaben in Tsd.

Abb. 4.3 Entwicklung der Arbeiterschaft (1882–1907)

Menschen, ein Drittel der Reichsbevölkerung (Wehler 1995, S. 774). Verglichen mit den relativ trägeren Veränderungen der Sozialstrukturen der vergangenen Jahrhunderte ist das Wachstum rasant. Der Lohnarbeit kommt eine Schlüsselrolle in der sozialstrukturellen Entwicklung zu:»Sie expandierte seit Jahrzehnten kontinuierlich, trat aber in zahlreichen distinkten marktbedingten Erwerbsklassen in der Stadt und auf dem Lande auf. Nur im Sonderfall der städtischen Industriearbeiterschaft, die als eine Formation dieser besitzlosen Lohnabhängigen besonders rasch anwuchs, entstand der Kern einer sozialen Klasse mit gemeinsamen – erst latenten, dann manifesten – strukturellen Interessen, mit gemeinsamer Konfliktbereitschaft und -erfahrung, gemeinsamen Organisationen, gemeinsamer Integrations- und Kampfideologie, gemeinsamer Sozialmentalität, gemeinsamer Kulturbewegung, gemeinsamem Weltbild« (S. 772 f.). Zugleich muss jedoch die erhebliche Binnendifferenzierung dieser Gruppe beachtet werden, sie reicht von der so genannten Arbeiteraristokratie und den Facharbeitern über die Angelernten und Ungelernten bis hin zu einem Subproletariat aus oft ausländischen Tagelöhnern.

Die Sozialstruktur um die Wende zum 20. Jahrhundert kann recht gut im Sinne der von Marx prognostizierten Tendenz einer sozialen Polarisierung gedeutet werden. Es schälen sich zwei große soziale Gruppen heraus; auf der einen Seite – in Begriffen der amtlichen Statistik – die Selbstständigen. Sie entsprechen jedoch nur bedingt jener neuen Gruppe von Kapitalisten, die sich über ihre spezifische Stellung im Prozess der kapitalistischen Warenproduktion auszeichnen. In dieser Gruppe finden sich auch nicht geringe Teile von Selbstständigen und Alleinunternehmern, die eher der in Marxscher Perspektive traditionellen Produktionsweise z. B. im Handwerk zuzurechnen sind. Auf der anderen Seite eine große Gruppe von lohnabhängig Beschäftigten, die in der amtlichen Statistik als Arbeiter erfasst werden. Auch diese Gruppe ist, wie die Ausführungen Wehlers zeigen, sicherlich erheblich heterogener als in Marx Analysen zur sozialstrukturellen Entwicklung postuliert. Alle übrigen Gruppen – Angestellte, Beamte und mithelfende Familienangehörige – machen zusammengenommen nur etwa 15 % der Erwerbsbevölkerung aus (vgl. Abb. 4.4).

Die weitere Entwicklung führt zu einer erheblichen sozialen Differenzierung. Während die Gruppe der Selbstständigen und der mithelfenden Familienangehörigen bis etwa zur Mitte des 20. Jahrhunderts relativ konstant bleibt, kommt es zu allmählichen aber langfristig recht weitreichenden Veränderungen bei den abhängig Beschäftigten. Die Gruppe der Angestellten und Beamten nimmt zu, der Anteil der Arbeiter_innen geht zurück.

Seit dem Ende des 19. Jahrhunderts war mit den Angestellten insbesondere im städtischen Raum eine neue soziale Gruppe entstanden, die als industrielle,

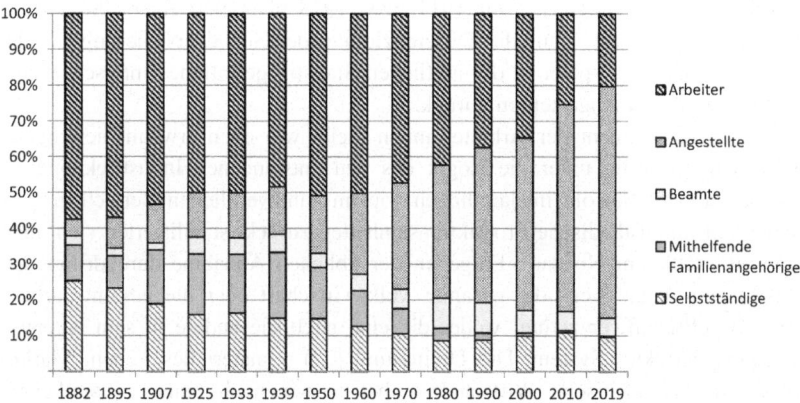

1939-1990 früheres Bundesgebiet
Quelle: Eigene Darstellung nach den Daten in Hradil (1999, S. 85), Statistisches Bundesamt: Genesis online, Abruf 28.05.2021

Abb. 4.4   Entwicklung der Stellung im Beruf

kaufmännische und administrative Angestellte tätig war. Zunächst wurde diese
Gruppe auch mit dem Begriff Privatbeamte belegt, was Hinweise auf die gesellschaftliche Wahrnehmung ihrer Rolle gibt. Sie nahmen »arbeitsvorbereitende,
kontrollierende, koordinierende, kaufmännische, verwaltungsmäßige Funktionen
wahr, die von den Aufgaben des frühen Unternehmers und gehobenen Bürokra-
ten, vor allem des Arbeitspersonals im Produktionsprozeß abgespalten wurden.
(…) Räumlich wurden die Angestellten von den manuell Arbeitenden strikt
separiert: in den Büroabteilungen von Industriebetrieben, von Handels-, Banken-
und Versicherungsunternehmen, von staatlichen und städtischen Verwaltungssta-
ben. Dort leisteten sie nichtkörperliche Arbeit mit geringer physischer Belastung
in sauberer, geheizter Umgebung; oft besaßen sie einen höheren Ausbildungs-
grad« (Wehler 1995, S. 757 f.). Diese seitens der Unternehmen betriebene
strategische Differenzierung war ausgesprochen erfolgreich. Die Angestellten bildeten recht schnell ein gegenüber der Arbeiterschaft elitäres Selbstverständnis
heraus. Ein solches Selbstverständnis gründete sich auf eine materielle Besserstellung gegenüber den Arbeiter_innen: sie hatten ein durchweg höheres, mit dem
Lebensalter steigendes Einkommen, das als Monatsgehalt gezahlt wurde, anstelle
der wochen- oder tageweisen Entlohnung der Arbeiter_innen; hinzu kamen spezifische Urlaubsansprüche. Auch der Grad der sozialen Sicherung unterschied
sich. Die Angestellten konnten von einer durchweg höheren Arbeitsplatzsicherheit

ausgehen; zudem waren sie seit 1911 bzw. 1913 über eine eigene Sozialversicherung abgesichert – auf die Differenzierung der Sozialversicherungen geht
schließlich auch die später in der amtlichen Statistik getroffene Unterscheidung
von Arbeitern und Angestellten zurück.

Das große Segment der Arbeiter_innen bleibt wie oben erwähnt heterogen;
es wird nicht völlig unter die Logik des neu entstandenen Industriekapitalismus subsumiert. Sowohl im ländlichen wie im handwerklichen Bereich gingen
kleine und mittelständische Produktionseinheiten zurück, stabilisierten sich aber
dann auf mittlerem Niveau. »Entgegen der üblichen Annahme durchdringt der
Kapitalismus keineswegs die gesamte Volkswirtschaft oder die gesamte arbeitende Gesellschaft; er zwingt weder die eine noch die andere in sein eigenes,
angeblich perfektes System. Die Dreiteilung (…) – materielles Leben, Marktwirtschaft, kapitalistische Wirtschaft – hat immer noch einen erstaunlichen
Erklärungs- und Unterscheidungswert, obwohl die kapitalistische Wirtschaft sich
enorm ausgeweitet hat« (Braudel 1997, S. 98).

4.3   Weimarer Republik und Nationalsozialismus

Die Sozialstruktur der Weimarer Republik zeichnet sich nach wie vor durch
ein Nebeneinander von alten und neuen Herrschaftsgruppen aus. Das bereits im
19. Jahrhundert etablierte Bündnis von »Junkertum und Bourgeoisie« (Machtan
und Milles 1980) setzt sich fort, obwohl der Adel nach Wehlers (2003, S. 284 f.)
Schätzungen je nach Region nur 0,3 bzw. 1 % der Bevölkerung ausmacht,
während das obere Wirtschaftsbürgertum auf etwa 5 % geschätzt wird. Das
Bildungsbürgertum hat durch den Krieg und die Krisenjahre ökonomische Einbrüche erfahren. Es macht nur etwa 0,8 % der Erwerbsbevölkerung aus, behielt
aber »einen erheblichen politischen Einfluß dank seiner Dominanz in der oberen
Bürokratie der Staaten und Gemeinden, ebenso aber auch seinen Einfluß als ›Mei-
nungsmacher‹ dank seiner Stellung als noch immer respektierte normsetzende
Elite« (S. 285).

Der alte (Handwerk, Kleinhandel) und neue Mittelstand (Angestellte, Techniker, Lehrer, Ingenieure, Betriebswirte und andere Dienstleistungsberufe) machen
etwa 20 % der Erwerbstätigen aus; die Groß- und Mittelbauern stellen schließlich
2 %. Das Gros der Erwerbstätigen bilden schließlich mit etwa 70 % die Arbei-
terklassen. Die verschiedenen Krisen der Weimarer Jahre führten dazu, dass die
Deprivation dieser Gruppe voranschritt; sie wurde auf ein Proletarisierungsniveau
gestoßen, »das zuletzt auf dem Tiefpunkt der vormärzlichen Pauperisierungskrise
ungleich weniger Menschen zugemutet worden war. Deshalb ist es alles andere

als verwunderlich, daß die Arbeitslosigkeit mit ihren bitteren Folgen während der bisher schlimmsten Krise des westlichen Kapitalismus zur prägenden Grunderfahrung einer ganzen politischen Generation von lohnabhängigen Arbeitnehmern geworden ist« (S. 322). Summarisch betrachtet zeichnet sich die Sozialstruktur durch eine Kontinuität in den Grundmustern sozialer Ungleichheit aus, auch die Größenordnungen der Klassen bzw. ihrer Sozialmilieus blieben erhalten.

Lepsius (1973) spricht angesichts der spezifischen Verschränkung von sozialen Lagen und weltanschaulich-kulturellen Milieus in der Weimarer Republik von vier sozialmoralischen Milieus: das ostelbisch-konservative (eher protestantische), das katholische, das liberal-bürgerliche und das sozialdemokratisch-sozialistische Milieu. Darüber hinaus bildeten auch die nationalen Minderheiten (z. B. Dänen, Elsass-Lothringer, Sorben, Masuren) spezifische kulturelle Milieus aus. So waren z. B. große Teile der Arbeiterschaft »in diese alltagsweltlich stabilisierten Gesinnungsgemeinschaften integriert, die sich durch den jeweils spezifischen Zusammenfall von Religion, regionaler Tradition, wirtschaftlicher Lage, kultureller Orientierung und schichtspezifischer Zusammensetzung der führenden sozialen Gruppen auszeichneten« (Mooser 1983, S. 178). Mooser verweist darauf, dass diese Milieus mit Ausnahme des sozialdemokratischen bereits vor der Reichsgründung existierten und durch eher vorindustrielle Leitbilder geprägt waren.

Nach der Machtergreifung der Nationalsozialisten bestand die kapitalistische Marktgesellschaft fort; Eigentumsstrukturen und die private Verfügungsgewalt über die Produktionsmittel wurden nicht angetastet, die politischen Interventionen in diese Struktur nehmen jedoch in der Phase der Aufrüstung und in der Kriegswirtschaft zu. Auch die Diskriminierung, Vertreibung und Vernichtung insbesondere der jüdischen Bevölkerung geht mit der Enteignung von Vermögen und Produktionsmitteln einher.

Die Lage der Arbeiterschaft verbesserte sich mit der zurückgehenden Arbeitslosigkeit; die Einkommen bleiben aber gering. Eine gewisse Kompensation erfolgte durch den Ausbau sozialer Leistungen, die die Einkommensstagnation kompensierten (vgl. Aly 2005); diese Sozialleistungen fungierten aber auch als Repressionsinstrument. Durch die nationalsozialistische Ideologie (›Arbeiter der Faust‹ und ›Arbeiter der Stirn‹) erfuhr die Arbeiterschaft eine gewisse Statusaufwertung. Trotz des nationalsozialistischen Terrors gegen die Arbeiterbewegung und ihre Funktionäre hatte die NSDAP einen nicht geringen Arbeiteranteil an den Wählern; die Machtübernahme wurde mehrheitlich passiv hingenommen. Zudem eröffneten sich Möglichkeiten der Aufstiegsmobilität (Wehler 2003, S. 737); umgekehrt blieben wichtige soziale Barrieren, insbesondere im Bildungssystem bestehen. In den 1930er Jahren erfuhren die Sozialmilieus der Arbeiter eine weitreichende Transformation: Mit der Zerschlagung der Organisationen der Arbeiterschaft wurden auch wichtige kulturelle Einrichtungen (z. B. das Zeitungswesen und die Arbeiterkulturvereinigungen) zerstört; die politische Heterogenität der Arbeiterschaft vergrößerte sich, die Gesinnungskontrolle im Betrieb wie im Wohnquartier zeigte ihre Wirkungen. Die Einbindung in das Leistungsprinzip und dessen Akzeptanz erodierten die Grundlagen dieses Milieus. Die Lohnunterschiede nahmen zu, parallel kam es zu einer Annäherung der Lage von Arbeitern und Angestellten.»Nach 1945 stand daher die ehemals klassenbewußte Arbeiterschaft in einer von Grund auf veränderten neuartigen Verfassung da. Der Triumph des Individualismus, der ungeschminkte Vorrang der Leistungs- und Konsumorientierung – sie sollten sich als sozial- und mentalitätsgeschichtliche Schlüsselphänomene der Bundesrepublik erweisen« (S. 741).

Die Geschlechterbeziehungen gestalten sich im ›Dritten Reich‹ recht widersprüchlich: einerseits werden mit der Ideologie der Mutterschaft – sowie dem damit korrespondierenden Ernährer- und Heldenkult – und dem Versuch der Verdrängung von Frauen vom Arbeitsmarkt patriarchale Strukturen erhalten bzw. restauriert; andererseits steigt bereits vor Beginn des Krieges die Frauenerwerbsquote, das komplexe System der NS-Organisationen bietet neue Erfahrungsräume und mitunter Aufstiegsmöglichkeiten, auch die Einbeziehung in die Kriegswirtschaft und in die Unterstützung des Angriffskrieges stellt Frauen vor neue Herausforderungen.

Mit der Rüstungsproduktion waren insbesondere zu Kriegszeiten weitreichende sozialstrukturelle Veränderungen verbunden. 1944 waren elf Millionen Männer kriegsbedingt nicht erwerbstätig, die Zahl der weiblichen Erwerbstätigen war gegenüber 1939 nur noch geringfügig auf 14,9 Mio. gestiegen. Diese Lücke wurde mit Zwangsarbeiterinnen und Zwangsarbeitern sowie mit Kriegsgefangenen gefüllt; deren Anzahl stieg schließlich auf mindestens 7,7 Mio. Menschen, das waren etwa 20 % der Arbeitskräfte (S. 769). Wehler beschreibt neben den humanitären auch die sozialstrukturellen Effekte der Zwangsarbeit: »Die Vielzahl von Fremdarbeitern veränderte auf eine durchschlagende Weise die innere Betriebsstruktur. Denn das neue Subproletariat schuf Aufstiegschancen für zahlreiche deutsche Arbeiter, die oft nur mehr als Aufseher oder Kontrolleure ihre Fremdarbeiterkolonne dirigierten. (…) Auf eine teils sehr direkt im Befehls- und Gehorsamsverhältnis, teils subtiler in einem sozialpsychischen Anpassungsprozeß zutage tretende Weise stellte sich die Gewöhnung an die krasse Ungleichheit in einer modernen Sklavenhaltergesellschaft ein, die über das Elendsheer von nahezu acht Millionen verschleppter Heloten gebot. Auf diese Weise entstand eine quasikoloniale Herrschaftsordnung im Betrieb: rassistische Politik im Kleinen, doch überall praktiziert« (S. 771).

4.4   Nachkriegsgesellschaften

Die Sozialstruktur der Nachkriegsgesellschaften ist durch die Folgen der nationalsozialistischen Verfolgungs- und Vernichtungspolitik sowie durch die Folgen
des Krieges gezeichnet. 160.000 bis 165.000 der im deutschen Reich lebenden
jüdischen Bevölkerung von etwa 500.000 bis 525.000 wurde ermordet (Zahlen
nach Wehler 2003 und Deutsches Historisches Museum). Mehr als 250.000 war
es gelungen, bis 1941 das Land zu verlassen (Herzig 2005, S. 239). Viele der
in Deutschland lebenden Sinti und Roma wurden Opfer der Vernichtungspolitik;
die Zahl der Ermordeten aus Deutschland und Österreich liegt nach Angaben des
Deutschen Historischen Museums bei mehr als 25.000. Die in Deutschland vor
1938 lebende Bevölkerung war durch den Holocaust, die Kriegstoten und die
Opfer der Kriegsfolgen um etwa ein Sechstel dezimiert worden (Wehler 2003,
S. 944). Umgekehrt wuchs die Zahl der Flüchtlinge und Vertriebenen; sie machten 1950 – bei großen regionalen Unterschieden – etwa 18 % der Bevölkerung
aus. Diese Zahl erhöhte sich bis 1961 insbesondere durch die DDR-Flüchtlinge
weiter. Der Anteil der Flüchtlinge und Vertriebenen an den Erwerbstätigen stieg
bis 1961 von unter 20 auf 22 % (Wehler 2008, S. 36).

Im Kontext der weltpolitischen und weltökonomischen Entwicklungen in der
ersten Hälfte des 20. Jahrhunderts, im Kontext der nationalsozialistischen Gewaltherrschaft und ihres inneren wie äußeren Vernichtungsfeldzuges sind in den
Nachkriegsjahren zwei deutsche Gesellschaften entstanden, die jedoch politisch,
ökonomisch und sozial ausgesprochen eng zusammenhingen. In diesem Sinne
plädiert Frank Wolf für eine »integrierte Zeitgeschichte Deutschlands« und spricht
von einer ›Mauergesellschaft‹: »Fortwährend musste ausgehandelt werden, was
die Präsenz der Mauer für die Politik, die Kultur und das Leben bedeutete« (2019,
S. 13); sie rahmte auf beiden Seiten den politischen, ökonomischen und sozialen
Möglichkeitsraum.

In Ostdeutschland kommt es zu massiven politischen (polizeilichen und militärischen) Interventionen in die Grundlagen der Sozialstruktur. Die DDR war
nicht nur eine ›Planwirtschaft‹ und eine moderne politische Diktatur; sie trug
auch die Züge einer ›Plangesellschaft‹, in der wichtige Bereiche des sozialen
Lebens – z. B. der Zugang zu Bildung, Berufen und Arbeitsplätzen, das zivilgesellschaftliche und private Leben – rigide reguliert wurden. Neben der politischen
(und militärischen) Machtübernahme waren es vor allem die Eingriffe in die
Wirtschaft und die Eigentumsrechte, die die Strukturen dieser Gesellschaft prägten. Die Skizze Wehlers trifft die Grundkonstellation der DDR-Gesellschaft recht
präzise:

»Während Webers klassische marktbedingte ›Besitzklassen‹ in Ostdeutschland ent-
machtet wurden – die adlige Großgrundbesitzerschaft z.B. wurde liquidiert, das Wirtschaftsbürgertum weithin vernichtet –, wurde eine neue, durch und durch politisch
konstituierte Machtbesitzerklasse installiert. Unter ihr gab es weiter ›Erwerbs‹- und
Berufsklassen, die wiederum nicht mehr von den Marktkräften, sondern von der
Herrschaftsklasse im Anschluß an strukturell vorgegebene Sozialformationen politisch konstruiert wurden. Umfassende ›soziale Klassen‹ bildeten sich, auch wenn sie
nicht so genannt werden durften, ebenfalls heraus, etwa mit der herrschenden Klasse
der Monopolelite auf den obersten Rängen der Nomenklatur, mit der administrativen Dienstklasse oder mit der Arbeiterschaft im Industrie- oder Agrarsektor. Sie
zeigten oft die typische Neigung, ihre Binnenhomogenität gegenüber anderen Klassen mit Hilfe durchaus traditioneller Exklusionsmechanismen durchzusetzen« (2008,
S. 226 f.).

Diese relativ kleine Machtbesitzerklasse herrschte im politischen und ökonomischen Sinne, sie griff aber auch weit in andere Lebensbereich ein. Kocka macht
deutlich, dass die DDR eine »durchherrschte Gesellschaft«, eine »neue politisch
gesteuerte Gesellschaft« (1994, S. 547) gewesen sei, deren Sozialgeschichte sich
nicht ohne die steten Eingriffe politischer Instanzen zu analysieren sei.

   Steffen Mau stellt in seiner Darstellung der Sozialstruktur der DDR-
Gesellschaft den Momenten der materiellen und diskursiven Egalisierung die
Momente der rigiden sozialen Hierarchisierung gegenüber. So sei zwar keine
›klassenlose Gesellschaft‹ entstanden, es wurde aber auf wesentliche Faktoren
sozialer Ungleichheit massiv Einfluss genommen: durch die Politik der Ver-
staatlichung bzw. Vergenossenschaftlichung von Besitz, durch eine moderate
Einkommensspreizung, durch eine Politik der Subventionierung von Gütern des
täglichen Bedarfs. »Aufgrund dieser Preisgestaltung und wegen des Rechts und
der Pflicht zur Erwerbstätigkeit gab es in der DDR kaum absolute Armut,
selbst wenn viele Rentner und Frauen in schlecht bezahlten Berufen ein eher
kümmerliches Dasein fristeten. Am oberen Ende der Sozialstruktur waren die
Distinktionsmöglichkeiten im Hinblick auf die materiellen Lebensbedingungen
überschaubar. Auch kulturell kam es zu einer Nivellierung, weil die Machteliten
und die aufgestiegenen Dienstklassen recht einfache, aus ihren Herkunftsmilieus stammende Lebensstile pflegten« (2019, S. 44). Diesem sozialstrukturellen
Egalitarismus standen jedoch neben der politischen Machtverteilung auch eine
gewisse Leistungsdifferenzierung entgegen. In diesem Sinne bezieht sich Mau
aus eine Diagnose Artur Meyers, der von einer sozialistischen Ständegesellschaft
gesprochen hatte. »An der Spitze der Pyramide habe die Funktionselite von Partei und Staat gestanden, ein sozialistischer Adelsstand sozusagen, darunter die
Bediensteten der Bürokratie und der vielfältigen ›Apparate‹. Gemeinsam hätten

diese beiden Gruppen Herrschaftsinteressen durchgesetzt und das gesamte soziale Leben einheitlichen Regeln unterworfen« (S. 46 f.).

Auf der wirtschaftlichen Ebene stellten sich der nach und nach entstehenden Planwirtschaft (jenseits der Grundprobleme von Planwirtschaften) in der Situation der Nachkriegsphase und der Teilung ganz erhebliche Probleme. Entlang der Frage, wie das wirtschaftliche System mehr als 40 Jahre bestehen konnte, gibt André Steiner in seiner Wirtschaftsgeschichte der DDR drei Antworten:

»Erstens verfügte trotz aller systemimmanenten Defekte auch die Planwirtschaft über Anpassungselastizitäten wie etwa den Grauen Markt. Sie resultierten vor allem aus der Unvollkommenheit und den Lücken der Planung: Selbst im stark zentralistischen System der DDR war es nicht möglich, den ›totalen‹ Plan aufzustellen.
Zweitens verfügte die DDR – trotz gravierender Defizite in einigen Bereichen und bei den Rohstoffen – über ein hochentwickeltes Wirtschaftspotential, das durch die Ineffizienzen erst nach und nach aufgezehrt wurde. Der planwirtschaftliche Lenkungsmechanismus war relativ gut in der Lage, die nach dem Krieg zunächst brachliegenden extensiven Wachstumsquellen zu erschließen. Erst als diese Ende der 50er Jahre erschöpft waren, zeigten sich zunehmend die Grenzen des Systems. Von dem weltweiten Boom der 50er und 60er Jahre profitierte mittelbar selbst die DDR, wenn auch bei weitem nicht in dem Maße wie marktorientierte Wirtschaften.
Drittens flossen spätestens seit Ende der 50er und mindestens bis in die beginnenden 80er Jahre direkt und indirekt erhebliche Mittel aus der Sowjetunion zu. Ab den 70er Jahren kamen politisch bedingte Zuflüsse aus der Bundesrepublik dazu, die über das ein oder andere Wirtschaftsproblem hinweghalfen« (2004, S. 15).

Im Westdeutschland der Nachkriegszeit schufen die wirtschaftliche Entwicklung, die erfolgreichen Kämpfe der Gewerkschaften und schließlich die Weiterentwicklung des Sozialstaats die Basis für eine nachhaltige Verbesserung der Arbeits- und Lebenslage, an der breite Bevölkerungsgruppen teilhatten. Für die Arbeiterschaft resümiert Mooser: »Der Anstieg und die Verbesserung der Lebenshaltung der Arbeiter nach 1950 ist spektakulär, umfassend und sozialgeschichtlich revolutionär, da mit ihm große Ungleichheiten der Lebensformen abgebaut wurden, während diese selbst sich in wichtigen Hinsichten änderten. Von den 1880er Jahren bis 1970 hat sich der durchschnittliche Reallohn der Industriearbeiter mehr als verdreifacht, wobei der größte Sprung in die Zeit nach 1950 fiel. Er stieg nicht nur absolut, sondern auch in relativ kurzer Zeit auf eine vorher unbekannte Höhe« (1983, S. 162). Aus sozialstruktureller Perspektive konstatiert Mooser eine starke Homogenisierung der Arbeiterschaft. Der Rückgang der Beschäftigung im agrarischen Sektor führt dazu, dass sich abhängige Arbeiter in Industrie und Handwerk konzentrieren. Die Stadt-Land-Unterschiede verringern sich mit dem Ausbau der Verkehrs- und Kommunikationsinfrastrukturen und mit der wachsenden Mobilität (vgl. Dorn 2018). Pendler_innen symbolisieren eine neue Form der Wanderungsmobilität; damit können die ländlichen Arbeitnehmer aus den alten Milieus ausbrechen. Die Arbeiterbauern und Nebenerwerbslandwirte verlieren an Bedeutung. Die lange vorherrschende Reproduktion aus dem traditionellen Sektor verschwindet: Lohnarbeit wird zur einzigen Einkommensquelle und es werden großbetrieblich bzw. industriell hergestellte Nahrungsmittel und Konsumgüter über den Markt erworben (vgl. Lutz 1989, S. 213). Erst damit stellt sich eigentlich der bei Marx beschriebene freie Lohnarbeiter ein.

Das Wirtschaftswunder, von dem fast alle Länder Europas erfasst (Ambrosius und Kaelble 1992, S. 12) werden, und die Einkommenszuwächse lassen eine Wohlstandsgesellschaft entstehen, in der für größere Bevölkerungsgruppen ein Konsum jenseits der Notwendigkeit möglich wird, es folgt eine Periode des industriellen Massenkonsums. Die Anfänge der Konsumgesellschaft gehen ins 18. und 19. Jahrhundert zurück; es war aber zunächst ein Konsum der Wenigen bzw. ein Konsum, der sich auf wenige Güter (z. B. Textilen oder Genussmittel) beschränkte und immer wieder durch Phasen der massiven Versorgungsgefährdung (zuletzt 1944–1949) unterbrochen war (vgl. dazu Trentmann 2017; Haupt und Torp 2009). Mit dem Wiederaufbau geht eine deutliche Verbesserung der Wohnstandards einher; es entstehen neue Märkte für langlebige Konsumgüter, für differenzierte Produkte (z. B. für Kinder und Jugendliche) oder für Mode. Man investiert in soziale Sicherheit, Versicherungen und erwirbt Wohneigentum. Damit verändert sich auch die Ausgabenstruktur der Haushalte. Der Anteil von Nahrungsmittelausgaben ist rückläufig. Diese Entwicklungen tragen dazu bei, dass sich die im Nationalsozialismus zerschlagene Arbeiterbewegung und die damit verknüpften Milieus der traditionellen Arbeiterkultur in dieser Form nicht wieder erneuern; wo sie noch bestehen, kommt es zu einer allmählichen Erosion dieser Milieus.

Die wirtschaftliche Entwicklung führt dazu, dass das Phänomen der Massenarbeitslosigkeit verschwindet; zeitweilig wird – trotz erheblicher Verschiebungen in der Branchenstruktur (Rückgang der Landwirtschaft, Krise der Textilindustrie und des Bergbaus) – sogar Vollbeschäftigung erreicht und der mit dem Mauerbau versiegende Zufluss von Arbeitskräften muss durch die Anwerbung von Arbeitsmigrant_innen kompensiert werden. Für einen Teil der abhängig Beschäftigten ermöglicht diese Konstellation soziale Aufstiege; auch die allmählich einsetzende Bildungsexpansion fördert die Aufwärtsmobilität. Die vakanten Positionen werden zunächst von den Flüchtlingen und insbesondere den Vertriebenen, später von den Arbeitsmigrant_innen eingenommen.

Paul Lüttinger kann in seinen Untersuchungen zu Flüchtlingen und Vertriebenen zeigen, dass es zu einer Unterschichtung der westdeutschen Sozialstruktur kommt; es findet eine »Übertragung überwiegend unqualifizierter Tätigkeiten auf die Vertriebenen« (1986, S. 29) statt. Etwas anders stellt sich die Situation für die Flüchtlinge dar. In der Zusammenschau wird aber deutlich, dass für beide Gruppen der ›Mythos der schnellen Integration‹ zurückgewiesen werden kann. Lüttinger verweist darauf,»daß sich innerhalb der Zuwanderer vielfältige Differenzierungslinien ergeben, die ebenfalls unterschiedliche Integrationsverläufe implizieren« (S. 35). Die soziale Lage der Arbeitsmigrant_innen gestaltet sich zu Hochzeiten der Industriegesellschaft noch vergleichsweise gut; es sind zwar mehrheitlich Beschäftigte mit eher geringeren Qualifikationen, diese werden aber in den vorherrschenden fordistischen Produktionsstrukturen durchaus nachgefragt; zudem wird dieses Defizit durch eine hohe Erwerbsbeteiligung von Männern und Frauen kompensiert. Diese Situation ändert sich mit den wirtschaftlichen Krisen und den Umbrüchen in der Produktionsstruktur ab den 1980er Jahren; es kommt vermehrt zu sozialen Abstiegen.

Die geschlechtsspezifischen Differenzierungen der Sozialstruktur werden zunächst ungebrochen fortgeschrieben; gegenüber der Kriegs- und Nachkriegszeit kommt es sogar zu einer Restauration patriarchaler Strukturen. Diese Versuche sind jedoch nur bedingt erfolgreich, was z. B. an den Frauenerwerbsquoten abzulesen ist. Mit der Bildungsexpansion und der weiter wachsenden Frauenerwerbstätigkeit verlieren manche Differenzierungen zwischen Männern und Frauen an Schärfe; die Muster der Arbeitsteilung, im Beruf wie im Haushalt, verändern sich jedoch nur weitaus langsamer. Insbesondere in der Entlohnung und bei der Konvertierung von Bildungstiteln in berufliche Stellungen (insbesondere in den höheren Bereichen der Hierarchie) bleiben eklatante Unterschiede bestehen.

Im wirtschaftlichen Bereich setzt sich in führenden Sektoren die standardisierte Massenproduktion durch; in der Industrie wie anderen Sphären der Wirtschaft kommt es durch die Technisierung und Rationalisierung aber auch durch die konfliktbereiten Gewerkschaften zu einer erheblichen Verbesserung der Arbeitsbedingungen; die Scheidelinien zwischen handwerklicher und industrieller aber auch zwischen manueller und nicht-manueller Arbeit schwächen sich ab. Auch die vormals erheblichen Unterschiede zwischen Arbeitern und Angestellten treten etwas zurück, es bleiben jedoch erhebliche Differenzierungen insbesondere in der schulischen und beruflichen Ausbildung beider Gruppen (vgl. Kocka 1981).

Robert Castel beschreibt vor dem Hintergrund seiner Analysen zur Geschichte der Lohnarbeit die z. B. in Westeuropa im Kontext der Nachkriegsprosperität zu beobachtenden Entwicklungen als die Herausbildung einer neuartigen Lohnarbeitsgesellschaft: Die »jahrhundertealte Konzeption der Lohnarbeit verblasst in den fünfziger und sechziger Jahren und hat die Auflösung der historischen Rolle der Arbeiterklasse im Gefolge. Der allmähliche Aufstieg einer bürgerlichen Form

von Lohnabhängigkeit hat dem den Weg bereitet. Er mündet in ein Gesellschafts-
modell, das nicht mehr von einem zentralen Konflikt zwischen Lohnabhängigen
und Nicht-Lohnabhängigen, also zwischen Proletariern und Bourgeois, Arbeit und
Kapital durchzogen ist. Die ›neue Gesellschaft‹ (...) ist viel mehr um die Konkurrenz zwischen verschiedenen Polen lohnabhängiger Tätigkeiten organisiert.
Eine Gesellschaft, die weder homogen, noch pazifiziert ist, deren Antagonismen
jedoch eher die Form von Plazierungs- (sic!) und Klassifizierungskämpfen als
die des Klassenkampfes annehmen. Eine Gesellschaft, in der die Lohnarbeit von
der abschreckenden Kontrastfigur zum bevorzugten Identifikationsmodell wird«
(2008, S. 317). Weder die Stellung im System der Arbeit oder Nicht-Arbeit,
noch die verschiedenen Formen der selbstständigen und abhängigen Arbeit sind
länger das zentrale Charakteristikum der gesellschaftlichen Ordnung.

Wie aus Abb. 4.4 ersichtlich, kommt es in Deutschland seit den 1950er
Jahren zu einem deutlichen Abschmelzen der Gruppe der Selbstständigen und
der mithelfenden Familienangehörigen. 1970 können 84 %, 1990 sogar 89 %
der Erwerbspersonen dem lohnabhängigen Segment zugerechnet werden. »Es
gibt zwar keine Osmose zwischen den verschiedenen die Lohnarbeitsgesellschaft
zusammensetzenden Blöcken, auf der anderen Seite jedoch auch kein absolu-
tes Anderssein« (S. 320), wenngleich Unterschiede in den Besitzverhältnissen
nicht zu vernachlässigen sind. »Die Lohnabhängigkeit auf hohem Niveau hat
die Rolle des Magneten gespielt, und das auch für die traditionell herrschenden Gruppierungen, deren dynamischsten Fraktionen ihr Aggiornamento dadurch
gelungen ist, daß sie sich, ohne auf ihre früheren Vorrechte verzichten zu müssen, die neuen Attribute des Erfolgs und des Ansehens, etwa über den Besuch
von Elitehochschulen und den Besitz der besten Bildungstitel, verschaffen konnten. Dadurch hat sich ein Teil der traditionell herrschenden Klassen auch auf
dem Arbeitsmarkt, und zwar auf Top-Niveau, plazieren können« (ebd.). An die
Stelle von Auseinandersetzungen zwischen per se disparaten – z. B. durch die
soziale Herkunft getrennten – Gruppen treten Auseinandersetzungen um die Stellungen innerhalb des Lohnarbeitsgefüges. Lohnarbeit eint und trennt zugleich.
Die Frage der Qualifikation – insbesondere in Form zertifizierter Bildungsabschlüsse – und der Leistung werden zu einem wirksamen und gesellschaftlich
anerkannten Moment sozialer Differenzierung.

In seiner zusammenfassenden Darstellung der Sozialhierarchie der alten
Bundesrepublik hebt Wehler (2008, S. 210 ff.) folgende Charakteristika hervor:

• Es handelt sich um eine Marktgesellschaft, in der etwa die Hälfte der Menschen abhängig oder selbstständig erwerbstätig sind; die übrigen werden

zu jeweils einem Viertel im familialen Kontext oder über soziale Transfers alimentiert.

- Soziale Klassen sind im Alltagsbewusstsein wie im Alltagsleben durchaus noch vorhanden, was sich an fortbestehenden Einkommensdifferenzen, an der Reproduktion von Bildungsungleichheit aber auch am schichtspezifischen Heiratsverhalten zeigt; es ist zu Angleichungen ohne Gleichheit gekommen. Der vormals zentrale Klassengegensatz ist in den Kontext anderer Konfliktlinien getreten; die grobkörnigen Klassendifferenzen wurden durch ein System der ›feinen Unterschiede‹ ersetzt. Aber die vielbeschworene Entstrukturierung hat sich nicht eingestellt.

- Einkommens- und Vermögensunterschiede und damit verbundene Macht- und Herrschaftsdifferentiale sind weiterhin klar vertikal strukturiert. Trotz der beobachtbaren Auf- und Abstiegsmobilität ist eine erstaunliche Stabilität in der Verteilung und bei der Vererbung von ökonomischem und kulturellem Kapital zu beobachten, was eine Monopolisierung von Ressourcen bei den Besitz- und den Intelligenzklassen bewirkt. Die familiäre Sozialisation hat trotz des entwickelten Sozialstaats eine nicht unerhebliche Prägekraft.

- Leistungs- und Konkurrenzdenken wurden zur zentralen Disposition in der Phase des wirtschaftlichen Aufstiegs. Die Vergrößerung von Einkommens- und Vermögensunterschieden geht mit Tendenzen der sozialen Schließung einher.

Vor diesem Hintergrund bezeichnet Wehler die Rede vom Abschied von den Klassen als irreführend. Es habe sich »eine dynamische Sozialstruktur herausgebildet, die pluralistischere Züge als zuvor trägt, im Kern aber aus den marktbedingten Klassen der deutschen Marktgesellschaft und den ererbten Charakterzügen der sozialstrukturellen und -kulturellen Vergangenheit besteht. Jede Hoffnung auf eine egalitäre Nivellierung oder gar Aufhebung der sozialen Ungleichheit erscheint als trügerische Fata Morgana. Die Fahrstuhlmetapher läßt die Chancenverbesserung größer erscheinen als die Aufstiegsbewegung tatsächlich ist. Denn zum einen sind durchaus mehrere Fahrstühle mit denkbar unterschiedlicher Geschwindigkeit unterwegs, und zum andern erreichen nicht wenige selbst den gemächlichsten Fahrstuhl überhaupt nicht« (S. 215).

Wehlers Darstellung der Sozialhierarchie sollte jedoch an zwei Punkten erweitert werden:

• Die geschlechtsspezifischen Ungleichheitsstrukturen haben sich nachhaltig verändert – summarisch betrachtet ist sogar eine Verringerung der Ungleichheiten zu verzeichnen. Fortschritten in der Ausbildung und in der Erwerbsbeteiligung stehen weiterhin erhebliche Unterschiede in der Berufswahl, den Ein- und Aufstiegschancen und in der Entlohnung gegenüber.

• Arbeitsmigrant_innen – diese Gruppe ist in Wehlers Darstellungen zur Gesellschaftsgeschichte systematisch vernachlässigt worden – nehmen durchschnittlich betrachtet eher die unteren Ränge in der sozialen Hierarchie ein und es kommt auf der diskursiven Ebene zu einer eigentümlichen Überlagerung der Diskurse über soziale Differenz durch Diskurse um ›ethnische‹, ›kulturelle‹ oder ›religiöse‹ Differenzen.

Modelle zur Analyse differenter Lebenslagen

5

Mit diesem Kapitel wird ein Perspektivwechsel vollzogen. Zunächst wurde der Frage nachgegangen, wie differente soziale Lebenslagen im Kontext verschiedener Arenen der sozialen Differenzierung ›entstehen‹ (Kap. 2). Im Zentrum des Interesses standen dabei zum einen Akteure, die den gesellschaftlichen Produktionsprozess gestalten (z. B. Unternehmen) bzw. regulieren (staatliche oder subsidiäre Instanzen); zum anderen ging es darum, wie Haushalte angesichts dieser Rahmenbedingungen strategisch agieren oder eigenständig im Rahmen der Haushaltsproduktion Güter erstellen bzw. Dienstleistungen erbringen. Daran schloss sich die Frage an, über welche Mechanismen sich die (als Ergebnis einzelner Entscheidungen) herausgebildeten Soziallagen institutionell, symbolisch, körperlich und über Vererbungen stabilisieren (Kap. 3). In der historischen Perspektive wurde untersucht, wie sich Sozialstrukturen modifiziert haben (Kap. 4).

Als Resultante all dieser Prozesse erscheint dann ein Gemenge unterschiedlicher Lebenslagen, die auf die komplexe Wechselwirkung der (gegenwärtigen und vergangenen) Handlungen und (intendierten wie nicht intendierten) Handlungsfolgen verschiedener Akteure zurückgehen. Diese Soziallagen lassen sich, individuell betrachtet, z. B. über die Kombination verschiedenster Ressourcen beschreiben (vgl. Abb. 5.1).

In diesem Kapitel geht es um die Frage, wie sich ein solcher ›Output‹ (differente soziale Lebenslagen) der verschiedenen ungleichheitsrelevanten Arenen mit Hilfe verschiedener Modellkonzepte zusammenfassend beschreiben und analysieren lässt. Derartige Fragestellungen sind historisch betrachtet entstanden, als mit den bürgerlichen Revolutionen die Frage der gesellschaftlichen Gleichheit und Ungleichheit oder die Frage der Solidarität (›Brüderlichkeit‹) der nunmehr Freien in einer neuen Weise aufgeworfen wurden. Vermittelt über das Gleichheitsgebot wird nun in vergleichender und bewertender Perspektive nach der sozialen Lebenslage aller Bürger und (nach und nach auch der) Bürgerinnen eines

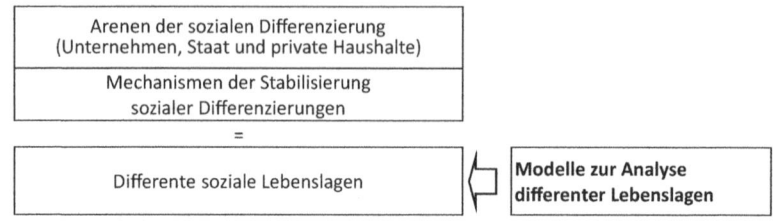

Quelle: Eigene Darstellung

Abb. 5.1 Sozialstrukturanalyse

Nationalstaats gefragt: exemplarisch wird dies an der ›sozialen Frage‹, die zum
Ende des 19. Jahrhunderts thematisiert wird, deutlich. Auch für die sich entwickelnden Sozialstaaten wird dieser Typ von Fragen bedeutsam; so wird der
Erfolg sozialstaatlichen Handelns z. B. daran gemessen, in welchem Maße es
gelingt, Einkommensungleichheiten zu verringern oder den Zugang zu bestimmten Segmenten des Bildungssystems ›gerecht‹ zu gestalten. Später wird die in
diesem Kontext entwickelte Frageperspektive zu einem wichtigen Gegenstand
der sich akademisch etablierenden Sozialwissenschaften. All diesen Fragen liegt
eine normative Perspektive zu Grunde: Maßstab sind allgemeine Gleichheits- und
Gerechtigkeitsvorstellungen bzw. daraus abgeleitete Normen: Geschlechtergerechtigkeit, Leistungsgerechtigkeit, Bildungsgerechtigkeit. Die lange Geschichte
rassistischer Ausgrenzung und Gewalt macht dann aber auch den selektiven
Charakter dieser Normen deutlich.

Diese Perspektivverschiebung impliziert nicht selten, dass wesentliche Differenz generierende Kollektivakteure als solche verschwinden und nur in ihrer
individuellen staatsbürgerlichen Rolle begriffen werden: der Vorstandsvorsitzende
eines großen Unternehmens erscheint dann nicht als jemand, der an der Verlagerung einer Vielzahl von Arbeitsplätzen beteiligt ist, sondern als Bezieher eines
(relativ hohen) Einkommens oder als Angehöriger einer sozialen Gruppe, die als
wirtschaftliche Elite bezeichnet wird.

Wenn zur Konstruktion sozialstruktureller Modelle Personen zu sozialen Gruppen zusammengefasst und diese Gruppen in einem ein- oder zweidimensionalen
Raum abgebildet werden, so wird damit eine Darstellung konstruiert, die die
Ursachen sozialer Differenzierungen allenfalls in abgeleiteter Weise erkennen
lässt: die spezifischen Handlungslogiken in den verschiedenen Arenen und die
damit verbundenen Machtdifferenzen treten unter dieser Perspektive oft in den
Hintergrund; auch die Rolle kollektiver Akteure – Unternehmen und Betriebe,

verschiedene Typen von formal verfassten Organisationen (eine Partei, eine Gewerkschaft, ein Interessenverband, eine Glaubensgemeinschaft etc.) – wird nicht systematisch analysiert. Umgekehrt sollte jedoch der ›revolutionäre‹ Charakter dieser Perspektive nicht vergessen werden; erstmals werden Herrschende und Beherrschte, mehr oder weniger Mächtige mit einem Maßstab gemessen, in ein Ordnungsmodell integriert; Politik wird danach bewertet, ob sie allen den Zugang zum Arbeitsmarkt oder zum Bildungssystem eröffnen kann, ob die Einkommensungleichheit zunimmt oder die Gruppe der Armen wächst.

Vor dem Hintergrund dieser Überlegungen kann die leitende Frage dieses Kapitel wie folgt formuliert werden: Wie werden sozial differente Lebenslagen wissenschaftlich beobachtet (modelliert) und wo liegen Vor- und Nachteile der dabei verwandten Modelle bzw. Perspektiven?

5.1 Wissenschaftliche Diskurse und Modelle zur Analyse sozialer Gruppen

5.1.1 Entwicklung der wissenschaftlichen Sozialstrukturanalyse

Die Herausbildung einer wissenschaftlichen Sozialstrukturanalyse lässt sich im 19. und 20. Jahrhundert beobachten; sie korrespondiert aufs engste mit den sich in dieser Zeit vollziehenden Transformationsprozessen:

Mit der Industrialisierung, mit dem Prozess der Verstädterung und mit den sich herausbildenden nationalstaatlichen Strukturen stellt sich die Frage des Umgangs mit sozialen Notlagen in einer neuen Weise. War die Armenfürsorge bislang eher eine Angelegenheit der Kirchen oder der Kommunen, oblag die soziale Sicherung eher den Familien oder den Zünften, geraten diese Systeme angesichts der Größenordnung der sozialen Probleme an ihre Grenzen. Die Frage der sozialen Ungleichheit stellt sich nunmehr im nationalen Maßstab – das ist auch die ›Geburtsstunde‹ der Sozialstrukturanalyse.

Die Herausbildung von Nationalstaaten ist eng mit den sich verändernden Klassenkonstellationen und ihren politischen Einbindungen verknüpft. Aus den vormals isolierten sozialen Gruppen der Gesellschaft früherer Jahrhunderte entstanden zunächst »Ein-Klassen-Nationen«, die nach und nach immer weitere soziale Gruppen inkorporierten. »Die Politisierung der Gesellschaft und die damit einhergehende Organisierung von Gruppeninteressen waren Resultat und Reflex der politisch-administrativen Durchdringung der sozialen Räume, die ja selbst wiederum durch die militärisch-politische Konfliktdynamik im europäischen

Mächtesystem ausgelöst worden war. Diese administrative Durchdringung ermöglichte erst die Herausbildung ›nationaler Gemeinschaften‹, weil das Handeln der vormals zerstreuten sozialen Gruppen und Akteure vereinheitlicht und zugleich auf die zentralen politischen Institutionen hin ausgerichtet wurde« (Haferkamp und Knöbl 2001, S. 323). Haferkamp und Knöbl verweisen hier auf Michael Mann, der verdeutlicht hatte, dass erst diese modernen Gesellschaften eine solche soziale Dichte erreicht hätten, dass man von einer Gesellschaft sprechen könne, die herrschende und beherrschte Gruppen umfasse. Erst jetzt, also relativ spät im Modernisierungsprozess und erst als Resultat staatlich-administrativer Durchdringungsprozesse, wurde die Isoliertheit von Klassen durchbrochen, wurde der Kampf zwischen Klassen möglich.

Die Normen, entlang derer soziale Differenzen bewertet werden, verändern sich; mit den bürgerlichen Revolutionen beginnen sich ein Gleichheitsgebot und spezifische Gerechtigkeitsvorstellungen durchzusetzen. Mit dem sich herausbildenden Sozialstaat entsteht ein neuer Referenzpunkt für sozialstrukturelle Analysen. Sie werden auf der einen Seite genutzt, um sozialpolitische Interventionen zu konzipieren; sie werden auf der anderen Seite von verschiedenen Interessengruppen verwandt, um sozialpolitische Forderungen zu begründen. In den sozialen Auseinandersetzungen des späten 19. und frühen 20. Jahrhunderts agieren politische Gruppierungen im Interesse oder als Fürsprecher einzelner Klassen. So begreifen sich sozialistische Parteien und Gewerkschaften als Klassenorganisationen – Bourdieu (1985, S. 40) spricht von einer »repräsentierten Arbeiterklasse«. Ein zentrales Thema dieser Repräsentationsarbeit ist die ›soziale Frage‹. Die Organisationen der Frauenbewegung thematisieren die Frage des Wahlrechts und des Zugangs zu Bildungseinrichtungen und Berufen.

Der sich durchsetzende Nationalstaatsgedanke impliziert, dass transnationale und globale Ungleichheitsverhältnisse aus dem Blick gerieten. »Erst wenn das Nationalstaats-Prinzip der zwischennationalen Unvergleichbarkeit sozialer Ungleichheiten sowohl für soziale und politische Akteure als auch für die sozialwissenschaftliche Beobachter- und Forschungsperspektive durchgesetzt ist, können sich in einer unreflektierten Koalition Politik und Soziologie weitgehend auf den nationalen Binnenraum sozialer Klassen und deren Regulierung konzentrieren. Die ›funktionale Leistung‹ des Nationalstaates globale Ungleichheiten zu ›legitimieren‹ beruht nicht zuletzt darauf, dass die politisierenden Vergleiche nur *intra*-national, nie *inter*national ausgespielt werden können« (Beck 2010, S. 31 f.).

Die mit den Nationalstaaten entstehende amtliche Statistik ermöglicht erstmals einen quantifizierenden Blick auf alle Staatsbürger_innen. Mit der sich durchsetzenden Lohnabhängigkeit entsteht ein Maßstab zum Vergleich von Einkommen;

Berufsangaben werden vereinheitlicht. So wird, wie Analysen von Schmoller (1897) und Geiger (1932) zeigen, erstmals eine Quantifizierung sozialstruktureller Darstellungen möglich. In der frühen amtlichen Statistik spielt die Sozialstatistik neben dem wirtschaftsstatistischen Segment eine wichtige Rolle. Später ermöglicht die Umfrageforschung eine Differenzierung sozialstruktureller Fragestellungen. Gesellschaft wird in diesen Darstellungen als ›Umfragegesellschaft‹ abgebildet.

Schließlich fungiert die Sozialstrukturanalyse als zentrales Thema der sich entwickelnden und akademisch institutionalisierenden Soziologie (sie liefert ihren Gründungsmythos, ihr zentrales Paradigma). In diesem Prozess der akademischen Verankerung vollzieht sich auch die (für die Sozialstrukturanalyse problematische) Differenzierung soziologischer und ökonomischer Forschungsperspektiven. Das sozialstrukturelle Wissen führt in verschiedenen Wissenschaftsfeldern zu einer Versozialwissenschaftlichung der Perspektive; auch im sozialpolitischen Feld wird zunehmend auf wissenschaftliche Befunde zur Politikbegründung zurückgegriffen. In den prosperierenden Sozialstaaten soll sozialwissenschaftliches Wissen im Sinne eines Frühwarnsystems zur Antizipation gesellschaftlicher Konflikte genutzt werden. Sozialstrukturelles Wissen wird zunehmend auch in anderen Praxisfeldern angewandt, so z. B. in der Konsumforschung oder der Parteienforschung.

Vor diesem Hintergrund wird deutlich, dass man die Herausbildung der Sozialstrukturanalyse nur im Rahmen sich verändernder Modi der gesellschaftlichen Selbstbeobachtung verstehen kann. Die Modelle, die die Sozialstatistik und später die Sozialstrukturanalyse liefern, tragen indirekt auch zu einer Zivilisierung und Einhegung sozialer Auseinandersetzungen bei.

5.1.2 Perspektiven der wissenschaftlichen Sozialstrukturanalyse – Überblick

Grundsätzlich sind bei der Entwicklung von Modellen zur Analyse differenter Lebenslagen eine Reihe von Fragen zu klären:

- Auf welche Grundgesamtheit bzw. welche Untersuchungseinheit soll sich die Analyse beziehen?
- Wie werden soziale Gruppen konstruiert und wie stabil sind die so gebildeten Gruppen?
- Mit welchen Merkmalen werden die soziale Lage dieser Gruppen und ihre Beziehungen beschrieben?

• Wie werden die Ergebnisse dieser Modellierung bewertet?

Ein Beispiel: Interessiert man sich für Fragen der Geschlechtergerechtigkeit (im nationalgesellschaftlichen Rahmen), so lassen sich über das standesamtlich eingetragene Merkmal Geschlecht zwei bzw. drei Gruppen unterscheiden. In einem einfachen Modell könnte man nun das Durchschnittseinkommen (pro Stunde) aller erwerbstätigen Männer und Frauen vergleichen; aussagekräftiger würde das Modell, wenn man die schulische und berufliche Qualifizierung mitberücksichtigt. Die Bewertung der Ergebnisse könnte dann z. B. unter Bezug auf Art. 3.2 des Grundgesetzes erfolgen.

Rein formal betrachtet ließen sich nun unendlich viele Modelle konstruieren, indem unterschiedliche Untersuchungseinheiten und Grundgesamtheiten abgegrenzt, indem verschiedene Merkmale für die Konstruktion sozialer Gruppen genutzt werden und indem die soziale Lage der so konstruierten Gruppen in unterschiedlicher Perspektive beschrieben und schließlich bewertet wird. Eine Unterscheidung von sinnvolleren von weniger sinnvollen Modellierungen kann nur über ein externes Kriterium erfolgen; ein spezifisches sozialpolitisches Problem oder eine spezifische theoriegeleitete Fragestellung. Zudem sind Modellierungen danach zu unterscheiden, wie gut es gelingt, die jeweilige Forschungsfrage zu operationalisieren.

So könnte man das obige einfache Modell für sinnvoll befinden, weil es Antworten auf die Frage zulässt, in welchem Maße in der gesellschaftlichen Praxis dem grundgesetzlich verankerten Gleichheitsgebot entsprochen wird; es können aber auch theoretische Überlegungen – wie z. B. Marx Theorie über die Stellung im gesellschaftlichen Produktionsprozess – sein, die die Modellkonstruktion anleiten.

Ausgehend von diesen Überlegungen lässt sich das Vorgehen einer wissenschaftlichen Sozialstrukturanalyse wie in Abb. 5.2 schematisch darstellen.

Ausgehend von einer Forschungsfrage bzw. von theoretischen Überlegungen werden Entscheidungen darüber getroffen, wie die ausgewählten Untersuchungseinheiten zu gruppieren und diese Gruppierung zu beschreiben und die Befunde

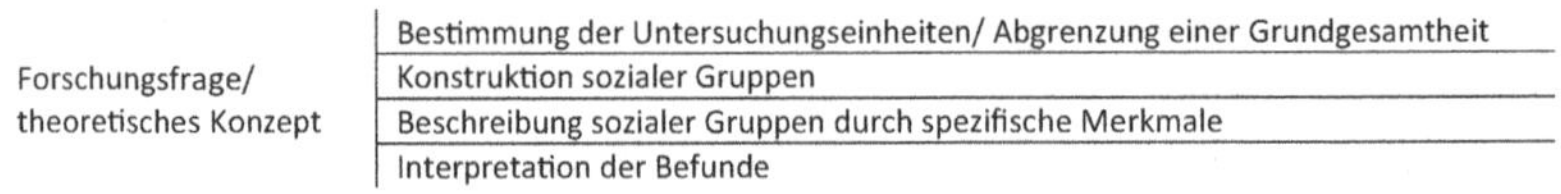

Forschungsfrage/ theoretisches Konzept	Bestimmung der Untersuchungseinheiten/ Abgrenzung einer Grundgesamtheit
	Konstruktion sozialer Gruppen
	Beschreibung sozialer Gruppen durch spezifische Merkmale
	Interpretation der Befunde

Quelle: Eigene Darstellung

Abb. 5.2 Wissenschaftliche Sozialstrukturanalyse

zu interpretieren sind. Eine detailliertere Auseinandersetzung mit diesen Grundfragen erfolgt in Abschn. 5.1.4.

5.1.3 Sozialstruktur als wissenschaftliche und gesellschaftliche Konstruktion

Wenn Sozialwissenschaftler_innen von der Sozialstruktur der bundesdeutschen Gesellschaft z. B. von ›Klassen‹ oder ›sozialen Milieus‹ sprechen, so sind das wissenschaftliche *Konstruktionen*. Man könnte auch sagen, es werden bestimmte *Modellvorstellungen* von der Sozialstruktur einer Gesellschaft entwickelt. Solche Modelle sind Ergebnis gedanklicher Arbeit; man versucht, sie jedoch so zu konstruieren, dass sie bestimmte beobachtbare Phänomene und Entwicklungen möglichst gut beschreiben oder erklären können. Ob man durch empirische Untersuchungen die ›Richtigkeit‹ solcher Modelle prüfen kann, ist eine umstrittene Frage.

Man kann jedoch Aussagen darüber treffen, ob ein Modell einem in Daten ›abgebildeten‹ Sachverhalt mehr oder weniger angemessen ist. So könnte z. B. der (fiktive) Befund, dass in einer Nationalgesellschaft die Verteilung der Erwerbseinkommen einer bimodalen Verteilung folgt und dass die Einkommenslage der Befragten in hohem Maße von der Einkommenslage der Eltern abhängt, angemessen über ein Zweiklassenmodell beschrieben werden. In diesem Falle könnte man davon sprechen, dass eine vorgefundene Struktur – eine stabile Einkommensdifferenz – mit dem wissenschaftlichen Konstrukt einer Zweiklassengesellschaft korrespondiert.

Am Modellbegriff, der hier bislang noch nicht systematisch eingeführt worden ist, lässt sich die typische Arbeitsweise der Sozialwissenschaft und der Sozialstrukturanalyse im Besonderen recht gut erläutern. Ausgehend von einer wissenschaftlichen Fragestellung werden Modelle der sozialen Welt konstruiert, die es ermöglichen, die zuvor entwickelten Fragen zu beantworten oder doch wenigstens in einer sinnvollen Weise zu diskutieren. Im Lexikon zur Soziologie werden Modelle als wissenschaftliche Erkenntnismittel begriffen, die unter bestimmten Gesichtspunkten eine symbolische bzw. grafische Darstellung der Struktur von Phänomenen ermöglichen. »Die Konstruktion eines M[odells] erfolgt unter vereinfachenden Annahmen. Das M[odell] abstrahiert vom Einzelfall, es soll i. d. R. die Gemeinsamkeiten in den Beziehungsstrukturen und Prozessen einer größeren Klasse von Sachverhalten wiedergeben. Die Ergebnisse, die durch verschiedene Operationen im M[odell] – je nach Art des M[odells]etwa Simulation, Benutzung mathematischer Kalküle – gewonnen werden, werden durch Analogieschluss auf den im M[odell] abgebildeten Bereich der Realität übertragen. Sie besitzen einen hypothetischen, häufig auch rein heuristischen Charakter« (Fuchs-Heinritz et al. 2007, S. 439).

Das Wesen der Modellbildung liegt in der Abstraktion; d. h. Modelle, die soziale Phänomene maßstabsgetreu abbilden, ohne Informationen zu reduzieren, bringen keinen analytischen Ertrag. Zugleich sollten wesentliche, für die Struktur eines Phänomens oder für eine Fragestellung relevante Informationen in dem Modell enthalten sein. Wenn man die Arbeitseinkommen von Männern und Frauen vergleicht, kann man sinnvollere Aussagen über die Einkommensverhältnisse in einem Land machen, als wenn man die Einkommen von Menschen vergleicht, die in Häusern mit geraden und ungeraden Hausnummern wohnen.

Modelle müssen nicht zwangsläufig graphisch darstellbar sein; wie die Wissenschaftsgeschichte von Modellen zeigt, scheint jedoch die visuelle Aufbereitung die Anschaulichkeit und Kommunizierbarkeit dieser Modelle zu erhöhen und damit die Rezeption zu fördern. So wird von dem Zwiebelmodell Boltes, den Sinus-Kartoffeln oder von den Dimensionen des Bourdieuschen Sozialraumes gesprochen.

Im Untertitel dieses Buches wird von ›Grundlagen‹ und ›Modellen‹ der Sozialstrukturanalyse gesprochen. Das wirft die berechtigte Frage auf, ob nicht in diesen vermeintlichen Grundlagen stets auch Modellvorstellungen stecken; diese Frage ist umstandslos zu bejahen. So ist der Vorschlag nach verschiedenen Arenen zu unterscheiden, in denen sich soziale Differenzierungen vollziehen, auch als ein Modellvorschlag zu begreifen; auch innerhalb der Arenen werden Modelle herangezogen, wenn es z. B. um die Segmentierung von Arbeitsmärkten geht. Wenn dennoch von Grundlagen gesprochen und so eine Differenzierung von Modelltypen vorgenommen wird, stützt sich das auf zwei Argumentationen:

• Im Kap. 2 und 3 wird die Frage nach den Ursachen und den stabilisierenden Instanzen sozialer Differenzierungen verfolgt; es werden keine Aussagen darüber getroffen, wie sich die so entstandenen und stabilisierten Lebenslagen – hier wurde mit Bedacht ein eher deskriptiver Begriff gewählt – strukturieren. Auf der Grundlage der zu konstatierenden sozial differenten Lebenslagen wird dann gefragt, welche Modellvorstellungen genutzt werden können, um dieses Gemenge sozialer Lagen zu analysieren und zu strukturieren.
• Es wird davon ausgegangen, dass die in Kap. 2, 3 und auch 4 dargelegten Grundlagen von keinem Ansatz der Sozialstrukturanalyse grundsätzlich in Frage gestellt werden; der Streit geht dann eher um die Frage, welches Gewicht diese verschiedenen Arenen oder die stabilisierenden Instanzen

haben, wie sich diese Gewichte verschoben haben, unter welcher Perspektive sie zu beleuchten sind und schließlich um die in diesem Kapitel verfolgte Frage nach dem angemessenen Modell zur Strukturierung oder Nicht-Strukturierung sozial differenter Lebenslagen.

Sozialwissenschaftler_innen stehen bei der Benennung und Deutung von Sozialstrukturen und bei der Konstruktion von Modellen nicht allein; man untersucht Gesellschaften, deren Individuen und soziale Gruppen je eigene Vorstellungen von der sozialen Welt, von ihrer eigenen Lage und der Lage anderer gesellschaftlicher Gruppen haben (›ihr da oben, wir da unten‹, ›die oberen 10.000‹) und diese werden zu universellen Deutungsmustern verdichtet (›der kleine Mann ist immer der Dumme‹). Es finden sich Bilder von *den* ›Angestellten‹, *den* ›Arbeitern‹, von einzelnen Berufsgruppen (die ›Ärzte‹ oder die ›Sozialarbeiter‹) oder von ›Hartz IV-Empfänger_innen‹. Dabei geht es um Selbststilisierungen, Einheitsbekundungen, Abgrenzungen, Ausgrenzungen etc.

Auch die administrative Praxis von staatlichen oder subsidiären Instanzen generiert und reproduziert Etikettierungen, Situationsdeutungen und damit Strukturierungen der sozialen Welt. Ähnliches gilt für Interessenverbände, die ihre politischen Forderungen mit einer spezifischen sozialstrukturellen Modellierung begründen, indem z. B. die Einkommensentwicklung von abhängig Beschäftigten und Managern verglichen wird. Die folgende Skizze (Abb. 5.3) unterscheidet soziale Praktiken und verschiedenen Ebenen der sozialen Deutung.

Dieser Darstellung liegt ein gewisser Kunstgriff zu Grunde, indem soziale Praktiken von ihren Deutungen geschieden wurden; so wurde das nach Weber stets ›sinnhafte Handeln‹ dekomponiert. Damit soll herausgestrichen werden, dass ein und dieselbe soziale Praxis im Kontext ganz unterschiedlicher Deutungssysteme begriffen werden kann. Der wissenschaftlichen Analyse von

Deutungsebene 2	(sozial-)wissenschaftliche Deutung: z.B. Klassengesellschaft, Mittelstandsgesellschaft, individualisierte Gesellschaft, soziale Milieus ...
Deutungsebene 1	Deutung der sozialen Praxis im Alltagsleben, durch staatliche oder subsidiäre Instanzen (z.B. durch Verwaltungsakte) oder durch Interessenverbände (z.B. durch gewerkschaftliche Fürsprecher)
(nicht gedeutete) soziale Praxis	Praktiken der Arbeitsteilung im Kontext der verschiedenen Arenen und die daraus resultierende Verteilung von Ressourcen ...

Quelle: Eigene Darstellung

Abb. 5.3 Soziale Praxis und gesellschaftliche Deutung

Sozialstrukturen auf der Deutungsebene 2 gehen bereits sozialweltliche Klassifizierungsentscheidungen (Begriffe, Gruppenkonstrukte, Wertmaßstäbe) auf der Deutungsebene 1 voraus. Aber auch innerhalb der Deutungsebene 1 finden sich Wechselbeziehungen, wenn z. B. die in der administrativen oder repräsentativen Praxis verwendeten Deutungen in die alltagsweltlichen Deutungen eingehen und umgekehrt. Wenn in der amtlichen Statistik gemäß dem Sozialversicherungsstatus nach Arbeitern, Angestellten und Beamten unterschieden wird, so hat diese Kategorisierung längst Eingang in die Alltagsdiskurse über Sozialstruktur gefunden. Auch der Begriff des Sozialhilfeempfängers oder des Asylsuchenden geht zunächst auf eine amtliche Begrifflichkeit zurück und entfaltet dann im gesellschaftlichen Alltag ein Eigenleben.

Für die sozialwissenschaftliche Analyse ergibt sich daraus eine Reihe von methodologischen Problemen:

- Problem der Involviertheit: Die Sozialwissenschaftler_innen sind als Analytiker_innen der sozialen Welt selbst Teil dieser sozialen Welt. Sie wurden in spezifischen Deutungshorizonten sozialisiert, nehmen als Wissenschaftler_innen einen bestimmten Platz im sozialen Raum ein; auch die Forschungseinrichtungen sind in spezifischer Weise gesellschaftlich eingebunden. Daher besteht die Gefahr, dass wissenschaftliche Perspektiven oft unreflektiert von alltagsweltlichen und politischen Vorverständnissen geprägt werden; dieses Problem ist nur qua Reflexion lösbar; Bourdieu hat in Analogie zur Psychoanalyse die Forderung aufgestellt, dass der Analyse der sozialen Welt eine Sozioanalyse der Analysierenden, der Soziolog_innen, vorausgehen müsse, um zu vermeiden, dass ihre eigene gesellschaftliche Positionierung unreflektiert in die wissenschaftliche Analyse eingeht.
- Begriffs- und Kommunikationsproblem: Eine wissenschaftliche Sozialstrukturanalyse, die sich auf gesellschaftliche Diskurse und Problemstellungen beziehen will, muss an vorgefundene Klassifizierungen anknüpfen; auch die Kommunikation von Forschungsergebnissen setzt Begrifflichkeiten voraus, die jenseits der wissenschaftlichen Welt verstanden werden können.
- Rückkoppelungsproblem: Die Begrifflichkeiten und Konstrukte der wissenschaftlichen Sozialstrukturanalyse (z. B. Randgruppe, Individualisierung, Risikogesellschaft) gehen ihrerseits in die gesellschaftliche Praxis ein, indem sie von der Administration, von Expertensystemen oder in Medien verwendet werden, und verändern diese Praxis.

5.1.4 Grundfragen der wissenschaftlichen Sozialstrukturanalyse

Nun sollen die zuvor entwickelten Grundfragen, die mit der Entwicklung von Modellen zur Sozialstruktur einhergehen, genauer dargestellt werden. Die Gliederung leitet sich aus der schematischen Darstellung in Abb. 5.2 ab.

5.1.4.1 Bestimmung der Untersuchungseinheiten und der Grundgesamtheit

Bei der Darstellung des historischen Kontextes, in dem die wissenschaftliche Sozialstrukturanalyse entstanden ist, wurde deutlich, dass damit ein spezifisches Verständnis von den typischen Untersuchungseinheiten und ihrer (räumlichen) Abgrenzung verbunden war. Man interessierte sich dafür, wie sich die Lebenslagen der Bürger_innen eines Nationalstaats, einer Nationalgesellschaft, gestaltete. Trotz dieser vermeintlich gegebenen Bestimmungen, sei auf eine Reihe von Implikationen und Problemen verwiesen, die damit einhergehen. Für die wissenschaftliche Analyse von Sozialstrukturen bieten sich sowohl Individuen wie auch Haushalte als Untersuchungseinheiten an.

Individuen im sozialen Sinne, d. h. Personen, die sich z. B. außerhalb eines Haushaltskontexts oder einer dörflichen Gemeinschaft ein Leben lang versorgen können, sind historisch betrachtet ausgesprochen voraussetzungsvoll (vgl. dazu Abschn. 2.4.1). Sie setzen die Freisetzung aus feudalen, aber auch aus verwandtschaftlichen oder familiären Abhängigkeiten voraus und sie bedürfen eines entwickelten Sozialstaats und vielfältiger Infrastrukturangebote (z. B. im Bereich der Ernährung oder sozialen Sicherung). Auch in der Eigenwahrnehmung ist die eigene Person etwas, das in sich verändernden diskursiven Umgebungen mühsam hergestellt werden muss (vgl. Bröckling 2007, S. 19 ff.). Dennoch spielen Individuen für die Analyse sozialer Phänomene eine zentrale Rolle; das hat zum einen mit dominanten Praktiken der Selbst- und Fremdwahrnehmung, aber auch mit diskursiven Praktiken zu tun: Wenn über ›Arme‹ gesprochen wird, dann sind damit Individuen gemeint, die sich z. B. durch eine bestimmte Einkommenslage auszeichnen. In sozialpolitischen Diskursen werden Individuen angesprochen, die es zu ›fördern‹ und zu ›fordern‹ gilt. Auch die vorherrschende Praxis der Sozialforschung arbeitet mit Individuen als Merkmalsträgern.

Mit dem Begriff des Individuums ist eine Vielzahl von Konnotationen verbunden: In den medienöffentlichen Diskursen werden Individuen häufig als eigenverantwortlich dargestellt; sie erscheinen aber auch in bestimmten Funktionen (z. B. als Bürger oder als Konsument) oder sie werden als Leidtragende, als Opfer hingestellt. Die sozialwissenschaftliche Theoriebildung offeriert ein breites Spektrum von Konzepten des Individuums; sie werden als kalkulierende Akteure (Rational-Choice-Theorien), als Rollenträger oder als habituell geleitete Akteure (Bourdieu) begriffen; in der Systemtheorie kommt es umgekehrt zu einer weitgehenden Dekonstruktion von Akteuren.

Auch in der zeitlichen Perspektive ist die Frage zu klären, was ein Individuum ist: man kann Individuen im ›hier und jetzt‹ begreifen; man kann sie im Kontext einer Lebensphase oder eines ganzen Lebenslaufs verstehen. Die Bedeutung dieser Frage wird z. B. in der Armutsforschung deutlich: wie ist die Einkommensarmut eines Studierenden zu analysieren und zu bewerten, von dem man weiß, dass er im durchschnittlichen Lebenslauf auf eine erfolgreiche akademische Karriere zusteuert.

Haushalte spielen, wie in Abschn. 2.4 verdeutlicht wurde, eine zentrale Rolle für die Lebenslage, indem Arbeitsteilungen ausgehandelt, Ressourcen und Risiken kombiniert und schließlich Transfers geleistet werden. Aber auch hier ist die Frage zu klären, wie diese Aggregate konstruiert werden: sind es Verwandtschaftsbeziehungen, Rechtsbeziehungen, gefühlte Beziehungen oder Beziehungen, die sich in der sozialen Praxis einstellen. Insbesondere für die Fragen nach der Strategie von Akteuren spielt neben individuell zurechenbaren Strategien die Perspektive eines wie auch immer konstruierten Haushaltes eine wichtige Rolle; so ist z. B. die Bildungsbeteiligung von Haushaltsmitgliedern nur möglich, wenn diese im Haushaltskontext von bestimmten Aufgaben freigestellt werden. Verglichen mit Individuen, haben Haushalte eine geringere ›Halbwertszeit‹; sie verändern sich in ihrer Zusammensetzung, werden neu gegründet oder aufgelöst. Dennoch bleiben Vernetzungen bestehen, wenn Beziehungen aufrechterhalten oder Kinder oder Ehepartner alimentiert werden.

In welchem Verhältnis die Individual- und die Haushaltsperspektive sinnvollerweise stehen sollten, kann in dieser Abstraktion nicht geklärt werden; es dürfte jedoch deutlich geworden sein, dass weder die eine noch die andere Perspektive für sich betrachtet werden kann.

Neben der Bestimmung der Untersuchungseinheiten, muss die *Grundgesamtheit* abgegrenzt werden, auf die die Sozialstrukturanalysen bezogen werden. Die historisch bedingte Nähe der Sozialwissenschaft zu einer Staatswissenschaft ließ die jungen Nationalstaaten als ›natürliche‹ Bezugsgröße erscheinen. Es sollte nicht vergessen werden, dass bereits Marx und Weber in ihren Analysen weit über diesen Rahmen hinausgingen und sich in internationaler oder kulturvergleichender Perspektive für gesellschaftliche Entwicklungen interessierten. Die jüngeren Europäisierungs- und Globalisierungsprozesse lassen eine solche Perspektive aktueller denn je erscheinen; so ist zu klären, in wieweit es sinnvoll ist, Sozialstrukturanalysen, d. h. die Analyse und Beschreibung von systematisch differenten Arbeits- und Lebenslagen, auf den Kontext eines Nationalstaats zu beziehen, oder trifft man eher Aussagen über die Weltgesellschaft oder transnationale Einheiten in einer solchen Weltgesellschaft; oder sollte man sich eher umgekehrt für Sozialstrukturen in ihrem regionalen (Regionen unterschiedlicher Prosperität) und lokalen Kontext (eine Stadt oder eine ländliche Gemeinde) interessieren. Die in vielen Ländern zu findenden regionalen Disparitäten verdeutlichen, dass Nationalstaaten keinesfalls als homogene Sozialräume zu begreifen sind. Umgekehrt wird deutlich, dass sich ähnlich strukturierte Wirtschafts- und Sozialräume häufig grenzüberschreitend entwickelt haben. Migrationsbewegungen und die damit oftmals verbundenen transnationalen Orientierungen und Beziehungen tun ein Übriges zur Konfundierung von Grenzziehungen.

Zu fragen ist auch, ob die häufig unterstellten eher geographischen Raummodelle sinnvoll sind; geht es nicht eher um politische (durch Staatsbürgerschaft oder Rechtsansprüche konstituierte) Räume, um soziale (z. B. durch Interaktionen, Beziehungen oder Migrationen hergestellte) Räume oder um Wirtschaftsräume, die sich über Arbeitsmobilität oder Unternehmensbeziehungen einstellen.

Dass Sozialstrukturanalysen oftmals unhinterfragt in einen nationalstaatlichen Rahmen eingebunden wurden, hängt mit einer dominanten Vorstellung von Gesellschaften als Nationalgesellschaften zusammen. Der politische Horizont, in dem z. B. über Fragen der Verteilung oder über Fragen der Gerechtigkeit debattiert und in dem sozialpolitische Handlungsmöglichkeiten entwickelt werden, ist bislang oftmals nationalstaatlich begrenzt – Beck spricht von einer »Vielfalt nationaler Ungleichheitskulturen« (2010, S. 40). Dem entspricht die Verfasstheit vieler politischer Akteure; neben dem Sozialstaat sind vor allem Berufs- und Interessenverbände oder Gewerkschaften in erster Linie national organisiert.

Bezogen auf die hier untersuchten drei Arenen, in denen sich soziale Differenzierung herausbilden und stabilisieren, lässt sich die Frage des sinnvollen räumlichen Bezuges recht gut diskutieren. Die inzwischen weithin akzeptierte rhetorische Figur von der globalisierten Welt beschreibt die Sphäre der Produktion von Waren und Dienstleistungen nur unzureichend. Am ehesten kann damit der Finanzsektor beschrieben werden. Die Produktion vieler Waren erfolgt zwar in Unternehmen, die international oder gar weltweit operieren; dennoch ist jeder einzelne Produktionsstandort national eingebunden; es wird nach gesetzlichen Bestimmungen (z. B. Umweltauflagen, Arbeitsschutz- und Sicherheitsstandards) und Regeln (z. B. industrielle Beziehungen, Unternehmenskulturen) produziert, die viele nationale Spezifika aufweisen; auch Produkte und Gewährleistungsregeln unterliegen neben internationalen Normierungen immer auch nationalen Regulierungen. Unternehmen haben zwar die Möglichkeit, den Standort zu

wechseln, aber sie sind u. U. an Arbeitskräfte mit bestimmten Qualifizierungen und Erfahrungen gebunden; unterschiedliche Modi des Produzierens
stehen mit dementsprechenden ›Arbeitsmoralen‹ in Zusammenhang. Viele Märkte
für Produkte und Dienstleistungen sind – auch bedingt durch die Entwicklung von Logistik und Transport – Weltmärkte; aber es gibt jeweils nationale
Spezifizierungen.

Auch für die Regulation von Produktionsprozessen spielt der nationalstaatliche Rahmen derzeit noch eine sehr wichtige Rolle. Insbesondere in jüngerer Zeit
finden sich jedoch auch gegenläufige Bewegungen; im Kontext internationaler
Organisationen (z. B. der EU, GATT) werden supranationale oder weltweite Standards entwickelt. Auch die Frage von ethischen Standards und Menschenrechten
wird zunehmend in einer globaleren Perspektive diskutiert. Trotz dieser Entwicklungen erfolgen die zentralen sozialpolitischen Interventionen nach wie vor im
nationalen Kontext. Ungleichheitsdiskurse zielen in erster Linie auf nationalstaatliche Sozialpolitik, sie sind daher in hohem Maße an Nationalstaaten gebunden.
Damit korrespondieren oftmals nationale oder an das spezifische Sozialstaats-
modell gebundene Gerechtigkeitsvorstellungen. Umgekehrt gibt es aber durchaus
Solidarisierungen, die über den nationalen Maßstab hinausreichen.

Arbeitskräfte sind grundsätzlich mobil; umgekehrt findet ihre Reproduktion
aber in sozial und räumlich gebundenen Kontexten von Beziehungen, Familien
und sozialen Netzwerken statt. Man hat es vermutlich abhängig von der sozialen
Stellung mit variablen räumlichen Referenzrahmen zu tun: von den transnational
oder national agierenden Eliten bis zu den sozial Benachteiligten, für die lokale
und regionale Netzwerke eine weitaus größere Rolle spielen.

An diesen Überlegungen wird das Dilemma von Sozialstrukturanalysen
erkennbar. Nach wie vor ist eine Darstellung im nationalstaatlichen Rahmen
sinnvoll, wenn sie z. B. zur Vorbereitung sozialpolitischer Interventionen dienen
soll. Auch eine Vielzahl sozialwissenschaftlicher Daten, die für die Berechnung
von Sozialstrukturmodellen erforderlich sind, liegt nur nationalspezifisch vor.
Umgekehrt ist die soziale Welt zunehmend von Plurilokalität und von einer Transnationalität von Erfahrungen, Beziehungen, Wertvorstellungen etc. (vgl. Mau
2007) geprägt. Man kommt nicht umhin, ausgehend von spezifischen Fragestellungen zu klären, welches der angemessene räumliche Bezugsrahmen zur Klärung
einer solchen Frage ist; das kann dann ein regionaler, ein nationalstaatlicher, ein
supranationaler oder ein globaler Rahmen sein.

5.1.4.2 Gruppenkonstruktion

Die Frage, nach welchen Kriterien einzelne Untersuchungseinheiten (z. B. Individuen oder Haushalte) zu größeren Einheiten gruppiert werden, um sie dann

als Aggregat (als Klasse, Schicht, Milieu oder eben Nationalstaat) zu analysieren oder ihre Beziehungen zu bestimmen, gehört zu den Schlüsselfragen
der Sozialstrukturanalyse. Angesichts der in Abb. 5.3 dargestellten Vielfalt
von (konkurrierenden) Deutungsangeboten ist es für die sozialwissenschaftliche
Analyse eine entscheidende Frage, wie und ob sie auf die verschiedenen gesellschaftlich etablierten Gruppierungspraktiken Bezug nimmt: Sollen vorliegende
Gruppierungspraktiken aufgegriffen und abgebildet oder sollen eigenständige
Klassifizierungen vorgenommen werden und was bewirken diese? Zur Verdeut-
lichung sollen diese Varianten der Konstitution sozialer Gruppen an einer Reihe
von Beispielen erläutert werden:

Von *vorgefundenen Gruppen* ist zu sprechen, wenn diese unabhängig von der
wissenschaftlichen Analyse in der gesellschaftlichen Praxis, z. B. im alltäglichen
oder administrativen Handeln bzw. im Handeln von Organisationen, konstruiert
werden.

In der alltagsweltlichen Interaktion konstruierte Gruppen: Beziehungen, Verwandtschaften, soziale Netzwerke, Nachbarschaften, Betriebsgemeinschaften,
gemeinsam politisch Handelnde, Generationen. Diese Gruppen gehen letztlich auf
mehr oder weniger freie Wahlentscheidungen zurück, indem sich Menschen entscheiden, mit anderen zu kommunizieren, zu interagieren, zu kooperieren, oder
auch nicht. Sie sind historisch betrachtet sicherlich die älteste Form der Gruppenbildung. Auch Praktiken der Solidarisierung oder der Ausgrenzung tragen zur
Gruppenbildung bei.

In der administrativen Praxis konstruierte Gruppen: Personenstandsmerkmale
wie Geschlecht, Staatsangehörigkeit, Aufenthaltsstatus, Religionszugehörigkeit,
Heirat, Eltern- und Kindschaftsverhältnisse, Wohnort (Stadtteil, Stadt, Region,
Land ...); wohlfahrtsstaatliche Merkmale wie sozialversicherungsrechtlicher Status (Arbeiter Angestellte, Beamte, Selbstständige), Erwerbsstatus (Erwerbstätige,
Arbeitslose ...), Bildungsabschlüsse. Die über die administrative Praxis generierten Gruppen zeichnen sich zum einen durch sehr nachhaltige Differenzierungsmechanismen aus; zum anderen entstehen durch einzelne administrative Akte
systematisch abgegrenzte meist recht große Gruppen. So werden Menschen über
ihr Geschlecht, ihre Staatsangehörigkeit oder über Bildungszertifikate für eine
Lebensphase, ein ganzes Leben oder gar generationsübergreifend (Migrationshintergrund) klassifiziert.

Durch private Organisationen konstruierte Gruppen: Gewerkschaftsmitglieder,
Parteimitglieder, Mitglieder von Glaubensgemeinschaften bzw. Kirchen, soziale
Problemgruppen, Betriebsangehörige, Käufergruppen (Konsumstile), Zielgruppen
einer Kampagne. Diese Gruppen zeichnen sich dadurch aus, dass der Bestand dieser Organisationen oftmals existenziell an die (erfolgreiche) Konstruktion dieser

Gruppen geknüpft ist. Am deutlichsten wird dies bei den im weiteren Sinnen weltanschaulichen Organisationen. So ist eine Kirche oder eine Partei, die ihren Fortbestand nicht gefährden will, daran interessiert, distinkte Gruppen zu produzieren, indem man z. B. gegen Häretiker, Ungläubige, Abweichler oder abstrakt gegen organisationsschädigendes Verhalten vorgeht oder gottlose bzw. unpolitische Haltungen anprangert. Dies gilt auch für Wohlfahrtsverbände und Interessenorganisationen, die als Fürsprecher der Armen, der Alleinerziehenden oder spezifischer Migrantengruppen auftreten. Mittelbar lassen sich diese Überlegungen auch auf Unternehmen übertragen, die Belegschaften mit einer *corporate identity* oder Käufergruppen mit einer bestimmten Markenbindung konstruieren.

In der diskursiv symbolischen Praxis konstruierte Gruppen: Nationen, ethnische Zurechnungen, Oben-Unten-Schemata (die kleinen Leute, die da Oben), Statushierarchien, arbeits- und berufsbezogene Merkmale (die arbeitende Bevölkerung oder Bilder einzelner Berufsgruppen), ›Fremde‹, Klassen, Geschlechter, Familien, Generationen (die Kriegsgeneration, die 1968er, die Generation Y), Problemgruppendiskurse (Migranten, Alleinerziehende, Straftäter). Die diskursiv symbolische Praxis ist gewissermaßen als Verdopplung der übrigen Praxistypen zu begreifen; sie drückt sich in Meinungen, Gerüchten, Bildern oder in symbolischen Praktiken aus und wird neben der alltagsweltlichen Kommunikation medienvermittelt kommuniziert. Die diskursiv symbolischen Gruppenkonstrukte zeichnen sich durch ihre (vermeintliche) Korrespondenz mit körperlich/sinnlichen Erfahrungen aus: so geben Menschen vor, sich als Mann oder Frau zu fühlen. Sie empfinden Familienangehörige, Gleichgesinnte, ›Gleichkulturelle‹ als vertraut; andere werden als fremd oder bedrohlich empfunden. Auch die wahrgenommenen Variationen der Sprache bzw. des Sprachvermögens und anderer äußerer Merkmale spielen eine wichtige Rolle für Klassifizierungen.

Am Beispiel von Familien wird deutlich, wie groß die Überschneidungen zwischen den hier unterschiedenen gruppenbildenden Mechanismen sind, so können diese als alltagsweltlich interagierende Gruppe, als Verwandtschaftsgruppe, als Rechtsform oder auch als diskursives Produkt (Instanz der Selbstverständigung oder der Appellation) begriffen werden. Vermutlich liegt genau in diesen Überlagerungen ein zentraler Mechanismus, der es plausibel erscheinen lässt, eine Vielheit von Personen als soziale Gruppe zu benennen.

So zeichnete sich die Arbeiterschaft in den industriellen Ballungsgebieten zu Zeiten der Hochindustrialisierung durch eine bestimmte Arbeits- (Großbetriebe) und Lebenspraxis (geschlossene Wohnquartiere), durch einen spezifischen sozialrechtlichen Status (Sozialversicherungen, Arbeitsrecht, Entlohnung), durch Ähnlichkeiten der kulturellen Praxis (Sprache, Medien, Freizeitverhalten, Vereine) und durch ihre Repräsentation in Parteien und Gewerkschaften aus; all dies spiegelt sich dann auch in der symbolisch diskursiven Praxis wider: der (vorwiegend männliche) Arbeiter und die Klasse werden zu einem Topos, auf den in der Selbst- und Fremddeutung Bezug genommen wird.

Die Differenzierung nach Geschlechtern ist oft ein zentrales Moment der Selbstwahrnehmung (Identitätskonstruktion) und der Fremdwahrnehmung (Konstruktion des Anderen); durch die ärztliche bzw. standesamtliche Praxis aber auch durch die lebensweltliche Etikettierungspraxis werden Menschen, die sich ›biologisch‹ betrachtet eher durch ein Kontinuum verschiedener Gen- und Hormonausstattungen und Körpermerkmale auszeichnen, in einer zwei- oder dreigliedrigen Struktur klassifiziert.

Es ist zu beobachten, dass solche Gruppenkonstrukte ein hohes Trägheitsmoment aufweisen; so leben die differenten Bilder von Arbeitern und Angestellten fort, wenngleich sich die arbeits- und sozialrechtlichen wie auch die arbeitspraktischen Unterschiede erheblich verringert haben. Elias und Scotson (1990, S. 249) haben in einer Fallstudie sehr anschaulich gezeigt, wie angesichts fehlender ›sozialer‹ und ›ethnischer‹ Differenzen neue Faktoren herangezogen werden, um Etablierte und Außenseiter unterscheiden zu können.

Als *wissenschaftlich konstruierte Gruppen* sind Gruppen von Untersuchungseinheiten zu bezeichnen, die über die wissenschaftliche Praxis hervorgebracht werden; so z. B. als

theoretisch begründete Gruppen: Klassen (über Produktionsmittelbesitz, Berufe bzw. Ressourcen oder über die politische Praxis abgegrenzt), soziale Milieus, Generationen, Einkommensgruppen, Habitusgruppen, Menschen in bestimmten Risikolagen. Ausgehend von theoretischen Überlegungen werden so Gruppen konstruiert, von denen man annimmt, dass sie sich in der sozialen Welt durch eine überproportionale Interaktionsdichte, durch ähnliche Wirklichkeitsperspektiven, durch ein spezifisches Zusammengehörigkeitsgefühl oder durch ähnliche Handlungsweisen auszeichnen. Bourdieu hat dieses Konzept mit dem Begriff der ›wahrscheinlichen Klasse‹ auf den Punkt gebracht.

oder empirisch begründete Gruppen: Verfahren wie Cluster- bzw. Korrespondenzanalysen, Typologien und Indices lassen sich für die Konstruktion von Gruppen nutzen. Diese Konstrukte gehen von beobachteten Ähnlichkeiten aus, die mit Hilfe statistischer oder interpretativer Verfahren identifiziert werden. Dabei zielen Clusteranalysen darauf, entlang spezifischer Merkmale Gruppen zu konstruieren, die sich durch eine möglichst große Binnenhomogenität einerseits und eine maximale Verschiedenheit andererseits auszeichnen. Die in der Auswertung von qualitativen Interviews gewonnenen Erkenntnisse werden nicht selten zu Typologien verdichtet.

Der Bezug auf vorgefundene sozialweltliche oder administrative Gruppenkonstrukte wie auch die eigenständige wissenschaftlich begründete Konstruktion
bergen jeweils spezifische Vor- und Nachteile. Der Bezug auf vorgefundene in den
gesellschaftlichen Diskursen etablierte Gruppen führt dazu, dass die Ergebnisse
der wissenschaftlichen Analyse im politischen und alltagsweltlichen Raum gut
kommunizierbar sind. So kann eine Analyse der ›Armen‹ oder der ›Oberschicht‹
an eingeführte Vorstellungen von diesen Gruppen anknüpfen und sie bestätigen,
modifizieren oder widerlegen; im politischen Feld finden sich Adressaten, die sich
als Fürsprecher dieser Gruppen begreifen etc. Umgekehrt birgt ein solcher Bezug
ein Risiko für die Qualität der sozialwissenschaftlicher Analysen wie für die
Qualität der daran anschließenden sozialpolitischen Diskurse: die Orientierung
an gesellschaftlich anerkannten ›Problemgruppen‹ (die ›Armen‹, die ›Migranten‹) und ›Problemdimensionen‹ (finanzielle Ressourcen) kann dazu führen, dass
andere Perspektiven auf soziale Differenzierungen (z. B. nach sozialen Kriterien)
oder andere Ungleichheitsdimensionen (z. B. Geschlecht oder Bildung) vernachlässigt werden. Die wissenschaftlichen Gruppenkonstrukte stehen wiederum vor
dem Problem, dass es ausgesprochen schwer ist, solche aus Daten abgeleiteten Gruppierungen zu kommunizieren; so finden sich in der Milieuforschung
häufig phantasievolle – an alltagsweltliche Differenzierungen angelehnte – Etikettierungen und ausgiebige Erläuterungen, um zu beschreiben, welche Gruppe
von Personen über die jeweiligen statistischen Techniken nun generiert wurde.

5.1.4.3 Merkmale zur Analyse von Lebenslagen

In den klassischen Arbeiten der Sozialstrukturforschung kam der Analyse
materieller Indikatoren für ungleiche Lebenslagen eine zentrale Rolle zu, um
Sozialstrukturen oder die Lebenslage einzelner gesellschaftlicher Gruppen zu
beschreiben und zu analysieren; das lag angesichts der vielerorts elenden Lebensbedingungen insbesondere in den Industriestädten auf der Hand. So interessierte
man sich für Arbeitsverhältnisse und Arbeitsbedingungen sowie für die Entlohnung der Arbeitenden; auch die Wohnverhältnisse waren von besonderem
Interesse. Dementsprechend finden sich auch in der amtlichen Statistik flächen-
deckend Erhebungen zu Berufen, zum Einkommen und zu Wohnbedingungen;
auch Fragen zur sozialen Herkunft werden gestellt. Darüber hinaus wurde aber
in einzelnen Studien ein weitaus größeres Spektrum an Informationen zur Analyse von Soziallagen genutzt. Exemplarisch sei hier auf die Untersuchungen von
Engels zur Lage der arbeitenden Klasse in England, auf die Untersuchungen
der britischen statistischen Gesellschaften oder die Untersuchungen von Charles
Booth *Life and Labour of the People in London* verwiesen. Auch in Deutschland lag mit den Enqueten des Vereins für Socialpolitik, den Untersuchungen

der Gewerkschaften, den Untersuchungen des Evangelisch-Sozialen Kongresses oder mit den Forschungen über Arbeiterbiographien ein analytisches Material vor, das ein breites Spektrum von Lebensaspekten für die sozialstrukturelle Analyse verfügbar machte – diese Untersuchungen erschlossen jedoch keinen Bevölkerungsquerschnitt, wie es die amtliche Statistik vermochte.

Mit der akademischen Verankerung und Institutionalisierung der Soziologie und dem starken Einfluss der amerikanischen Sozialforschung veränderte sich die Situation. Obwohl es die nunmehr verfügbaren Methoden der Umfrageforschung ermöglichten, auch jenseits des Themenkanons der amtlichen Statistik, die sich zur damaligen Zeit stärker wirtschaftsstatistisch ausrichtete, eigenständig und damit erkenntnis- oder theoriegeleitet die zu erhebenden Merkmale zu bestimmen, kommt es eher zu einer Verengung bei der wissenschaftlichen Modellierung von Soziallagen. Es setzt sich die Trias der Sozialstrukturforschung durch: Einkommen, Bildung und Beruf werden zu den zentralen Merkmalen; darüber hinaus werden aus den Berufsangaben Prestigewerte ermittelt. Diese Forschungspraxis wurde im Kontext einer Renaissance des Marxschen Theorieprogramms in den 1970er Jahren scharf kritisiert und es wurden Untersuchungen zur Klassenstruktur der Bundesrepublik Deutschland vorgelegt. In den 1980er Jahren kommt es zu einer Revision beider Programme; mit den so genannten horizontalen Disparitäten rückten das Geschlecht, ›ethnische‹ Differenzierungen, regionale Differenzierungen, Unterschiede der sozialen Sicherung etc. in den Blick der Ungleichheitsforschung. Parallel kam es zu einer Kulturalisierung der Sozialstrukturforschung, indem diese sich zunehmend für die kulturellen Praktiken und Lebensstile, die mit spezifischen sozialen Lagen verbunden waren, interessierte. Mit der so genannten Wohlfahrtsforschung erwuchs darüber hinaus das Interesse, auch Aussagen über die ›Wirkung‹ der allgemein beobachtbaren Wohlstandszuwächse zu machen; daraus entstanden Fragen, die sich für die Lebenszufriedenheit im Allgemeinen wie in bestimmten Lebensbereichen interessierten. Schließlich wurde durch die Lebensverlaufsforschung die Frage der Zeitlichkeit von Ungleichheitsverhältnissen aufgeworfen.

Vor dem Hintergrund dieser Debatten steht die empirische Sozialstrukturanalyse vor dem Problem, begründete Auswahlentscheidungen zu treffen, über welche Merkmale verschiedene Lebenslagen (im weiteren Sinne) zu analysieren sind. Hier bieten sich ganz unterschiedliche Kriterien an; so kann die Auswahl von ungleichheitsrelevanten Merkmalen

- theoriegeleitet erfolgen; d. h. ausgehend von einer Theorie der Sozialstruktur wird die Relevanz von Merkmalen bestimmt (Theorie Kriterium).

- relevanzgeleitet erfolgen, indem Merkmale ausgewählt werden, denen eine möglichst große Erklärungskraft zukommt; d. h. man interessiert sich für solche Informationen, die Rückschlüsse auf möglichst viele andere relevante Aspekte der Lebens- und Arbeitssituation ermöglichen (Kriterium der Erklärungskraft).
- normgeleitet erfolgen; d. h. Sozialstrukturanalyse befasst sich mit Daten, die im Sinne gesellschaftlicher Normen bzw. gesellschaftlicher Diskurse von besonderem Wert sind: soziale Gerechtigkeit, Vermeidung von Armut, Chancengleichheit, Vermeidung von Diskriminierung, der größte Wohlstand der größten Zahl, Reichtum für alle, politische Teilhabe (normatives Kriterium).
- entlang der sozialpolitischen Handlungsmöglichkeiten erfolgen; d. h. Sozialpolitik kann die Menschen ›nicht zu ihrem Glück zwingen‹ (Output Perspektive), aber sie kann auf die verfügbaren Ressourcen (Input-Perspektive) Einfluss nehmen bzw. Bedingungen zu ihrer Verbesserung schaffen (Gestaltungskriterium).

Darüber hinaus kann die Analyse sozialer Differenzierungen eher im Querschnitt oder eher im Lebenslauf bzw. generationenübergreifend erfolgen.

5.1.4.4 Fragestellungen der Sozialstrukturanalyse

Die in diesem Kapitel vorgestellten Konzepte zur Analyse von Sozialstrukturen werden unter dem Gesichtspunkt verglichen, was sie zu einer Strukturierung differenter Lebenslagen und darüber hinausgehend zu einer (wissenschaftlichen) Analyse der sozialen Welt beitragen. Eine solche enzyklopädische Perspektive wird jedoch den ganz unterschiedlichen Fragestellungen und Zielsetzungen solcher Analysen nur bedingt gerecht.

Ohne Anspruch auf Vollständigkeit sei hier auf einige typische Fragestellungen, die Sozialstrukturanalysen (im engeren Sinne) anleiten können, verwiesen:

- Gerechtigkeitsfragen, die ausgehend von normativen Diskursen, sozialen Problemen oder sozialen Bewegungen formuliert werden: die soziale Frage des späten 19. Jahrhunderts, Fragen zur Geschlechtergerechtigkeit, Fragen zur Chancengleichheit (angesichts der ›Bildungskatastrophe‹ der 1960er Jahre oder angesichts der PISA-Befunde zur Reproduktion von Bildungsungleichheit). Als eine spezielle Gerechtigkeitsfrage ist auch die Analyse von Machtverhältnissen zu begreifen.
- Sozialpolitische Fragen, die darauf zielen, Interventionen zu konzipieren, zu evaluieren oder zu modifizieren.
- Fragen zur Handlungs- bzw. Verhaltensprognose, die auf ganz unterschiedliche Aspekte zielen: z. B. politisches Handeln (Klassenhandeln, Konfliktverhalten,

Wahlentscheidungen), Umwelthandeln oder Konsumverhalten. Auch die Analyse von Gesellschaftsbildern oder von ›politischem Bewusstsein‹ soll dazu
dienen, Trends und Konfliktpotentiale zu analysieren.

• Fragen nach längerfristigen Prozessen der Transformation von Gesellschaften und Sozialstrukturen, nach Prozessen der Integration und Desintegration,
nach sozialen Auf- und Abstiegen, die im Kontext von wirtschafts- und
sozialgeschichtliche Analysen untersucht werden.

Neben den Sozialwissenschaften im engeren Sinne sind auch viele benach-
barte Wissenschaften, die sich in unterschiedlichen Perspektiven mit der sozialen
Welt und mit individuellem oder sozialem Handeln befassen, an Modellierungen
interessiert, um Aussagen über sozialpädagogische, sozialpsychologische oder
sozialökonomische Phänomene machen zu können.

Damit sind je verschiedene Zielsetzungen und Verwendungsbezüge verbunden;
man möchte im Sinne der Zeitdiagnose, der Zeit- oder Kulturkritik auf Probleme
der Gegenwartsgesellschaft aufmerksam machen (›Individualisierung‹, ›Polarisierung‹). Im prognostischen Sinne sollen Aussagen über soziale Klassen und
ihre politische Mobilisierung getroffen werden (Marx Analysen zum Proletariat,
Untersuchungen zu Wählergruppen und -potentialen). Im Sinne der Rationalisierung politischer Diskurse und der sozialpolitischen Intervention werden
Analysen sozialer Probleme geliefert und künftige Problemlagen antizipiert. Man
will den unternehmerischen Erfolg optimieren (z. B. durch arbeitssoziologische
Erkenntnisse oder durch Marktforschung). Nicht zuletzt seien die Eigeninteressen von Sozialwissenschaftler_innen und sozialwissenschaftlichen Institutionen
erwähnt, für die Theorieentwicklung, Sozialforschung und die Verwertungen
dieses Wissens (Expertise, Beratung) zur Profession geworden ist.

5.1.5 Ansätze der Sozialstrukturanalyse im Überblick

Die Frage, wie man die im Folgenden darzustellenden Ansätze der wissenschaftlichen Sozialstrukturanalyse gliedert, ist nicht trivial. In vielen einführenden
Darstellungen zur Sozialstrukturanalyse werden *zentrale Begrifflichkeiten,* wie
Klasse, Schicht, Milieu oder Lebensstil genutzt, um verschiedene Ansätze zu
unterscheiden. Das mag für eine erste Differenzierung sinnvoll erscheinen, einer
vertiefenden Auseinandersetzung mit den Ansätzen steht ein solches Vorgehen
eher im Wege; so wird z. B. mit dem Klassenbegriff innerhalb der verschiedenen theoretischen Konzepte (z. B. Marx, Weber, Bourdieu) und in verschiedenen

Sprachkontexten (Klasse, social class) ausgesprochen Unterschiedliches bezeichnet. Eine ganz ähnliche Spannweite findet sich bei dem Lebensstilbegriff, er wird zum einen eher im Kontext der Konsumforschung verwandt; zum anderen wird er bei Bourdieu genutzt, um Aussagen über die Stabilität von Sozialstrukturen zu machen. Auch der Milieubegriff wird für die historische Analyse sozialer Bewegungen (Thompson, Vester) bzw. sozialmoralischer Lager (Lepsius) genutzt oder er wird für die Analyse der ›Erlebnisgesellschaft‹ (Schulze) bzw. die Konsumforschung (Sinus) verwandt.

Eine *wissenschaftshistorische Reihung* von Konzepten erweist sich als problematisch, insbesondere dann, wenn damit eine Geschichte wissenschaftlicher Fortschritte verknüpft wird. So können z. B. die ›Innovationen‹ der 1980er Jahre (Lebensstile, horizontale Disparitäten) allenfalls als Wiederentdeckungen begriffen werden, bereits in den Analysen Webers und Geigers finden sich ausgesprochen vielfaltige Perspektiven auf soziale Differenzierungen.

Auch die Rekonstruktion von *theoretischen Genealogien* (z. B. durch die Rückführung von Ansätzen auf die Marxsche oder Webersche Tradition) erweist sich als problematisch; dies wird zum Beispiel bei Bourdieu deutlich, der Bezüge zu beiden Theorieansätzen aufweist. Auch die Rezeption z. B. der Weberschen Ansätze in den verschiedenen wissenschaftlichen Sprachgemeinden führt zu nicht unerheblichen Zuordnungsproblemen.

Ein weiteres Darstellungsproblem erwächst aus der Tatsache, dass die Gleichstellung von Ansätzen im Rahmen der hier abgegrenzten Sozialstrukturanalyse im engeren Sinne in Gefahr gerät, die spezifischen *Kontexte,* in denen diese Ansätze stehen, und die damit verbundenen theoretischen Zusammenhänge aus dem Blick zu verlieren: Marx hatte sich nur bedingt für eine soziale Klassifizierung interessiert; er wollte politisch handelnde Gruppen in einem sich verändernden politisch-ökonomischen Kontext analysieren. Bourdieu interessierte sich insbesondere für die Frage der Reproduktion von sozialen Ungleichheiten, das Klassenmodell ist nur ein Nebenprodukt dieser Analyse, wie an der Gewichtung der Kapitel in den ›Feinen Unterschieden‹ deutlich wird. Weite Teile der Schichtungsforschung lassen sich nur im Kontext der Vorstellung von einer leistungsgerechten Gesellschaft begreifen.

In der folgenden Darstellung (Abb. 5.4) werden die verschiedenen Modelle nach ihrem zentralen Untersuchungsgegenstand und den darauf bezogenen Fragestellungen unterschieden. So werden sechs Typen von Modellen zur Sozialstrukturanalyse differenziert; die darunter subsumierten Ansätze werden dann entweder konzeptionell oder personell (durch wichtige Vertreter_innen) etikettiert:

- sozioökonomische Konzepte

- sozioökonomisch-kulturelle Konzepte
- intersektionale Konzepte
- verlaufsbezogene Konzepte
- globale und transnationale Konzepte
- Konzepte der sozialen Entstrukturierung

Mit dieser Strukturierung wird quer zu begrifflichen und theoretischen Bezügen eher danach unterschieden, unter welchen Aspekten und Fragestellungen soziale Lagerungen in welchen Horizonten untersucht werden.

Um einen Überblick über die wissenschaftsgeschichtliche Verortung der Beiträge zu den verschiedenen Modelltypen und ihre Verzahnung mit politischen, ökonomischen und sozialen Veränderungen zu ermöglichen, wird in Abb. 5.4 eine zumindest grobe zeitliche Verortung vorgenommen.

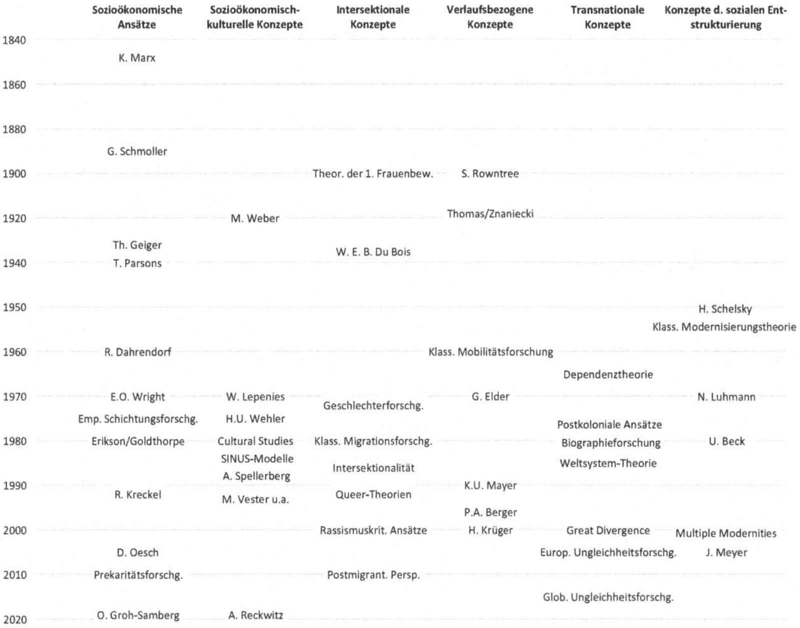

Jahr	Sozioökonomische Ansätze	Sozioökonomisch-kulturelle Konzepte	Intersektionale Konzepte	Verlaufsbezogene Konzepte	Transnationale Konzepte	Konzepte d. sozialen Entstrukturierung
1840						
	K. Marx					
1860						
1880						
	G. Schmoller					
1900			Theor. der 1. Frauenbew.	S. Rowntree		
1920		M. Weber			Thomas/Znaniecki	
	Th. Geiger		W. E. B. Du Bois			
1940	T. Parsons					
1950						H. Schelsky
						Klass. Modernisierungstheorie
1960	R. Dahrendorf			Klass. Mobilitätsforschung		
					Dependenztheorie	
1970	E.O. Wright	W. Lepenies	Geschlechterforsch.	G. Elder		N. Luhmann
	Emp. Schichtungsforsch.	H.U. Wehler				
1980	Erikson/Goldthorpe	Cultural Studies	Klass. Migrationsforsch.		Postkoloniale Ansätze	U. Beck
		SINUS-Modelle	Intersektionalität		Biographieforschung	
		A. Spellberg			Weltsystem-Theorie	
1990	R. Kreckel	M. Vester u.a.	Queer-Theorien	K.U. Mayer		
				P.A. Berger		
2000			Rassismuskrit. Ansätze	H. Krüger	Great Divergence	Multiple Modernities
	D. Oesch				Europ. Ungleichheitsforsch.	J. Meyer
2010	Prekaritätsforschg.		Postmigrant. Persp.			
					Glob. Ungleichheitsforsch.	
2020	O. Groh-Samberg	A. Reckwitz				

Quelle: Eigene Darstellung

Abb. 5.4 Modelle der Sozialstrukturanalyse im Zeitraster

Bei nicht wenigen Ansätzen bereitet eine exakte Datierung Probleme: sie gehen auf die Beiträge unterschiedlicher Autor_innen zurück; häufig werden Ansätze über einen längeren Zeitraum entwickelt und modifiziert; die verzögerte oder nicht erfolgte Übersetzung bedingt Zeitverschiebungen zwischen länderspezifischen Diskursen. Die weitaus größte Schwierigkeit einer solchen Darstellung liegt darin, dass einzelne Ansätze erst mit großem zeitlichem Verzug ›entdeckt‹ oder ›wiederentdeckt‹ werden.

5.2 Sozioökonomische Ansätze

Der gemeinsame Nenner der sozioökonomischen Ansätze der Sozialstrukturanalyse liegt darin, dass die soziale Strukturierung von Gesellschaften in einem engen Zusammenhang mit ökonomischen Praktiken und Institutionen und der in diesem Kontext geleisteten Arbeit begriffen wird.

5.2.1 Zentrale Begriffe

Bei den sozioökonomischen Modellen spielen die Begriffe Klasse und Schicht eine zentrale Rolle. Beide Begriffe weisen jedoch im wissenschaftlichen wie im politischen und alltagsweltlichen Raum eine große Bedeutungsvielfalt auf.

5.2.1.1 Klassenbegriffe
Der Klassenbegriff zählt seit dem 19. Jahrhundert zu den zentralen Begriffen der Sozialstrukturanalyse. Sowohl Marx wie Weber weisen dem Klassenbegriff eine wichtige Funktion in ihren Analysen zu: bei Marx erfolgt die Abgrenzung sozialer Klassen über ihre Stellung im gesellschaftlichen Produktionsprozess; bei Weber werden Klassen über ihre Stellung am Markt abgegrenzt – eine genauere Bestimmung beider Konzepte erfolgt im Rahmen der jeweiligen Modelle. Das Klassenkonzept hat darüber hinaus für die Sozialstrukturanalyse eine paradigmatische Funktion; so hat sich die Idee, soziale Phänomene systematisch beschreiben und erklären zu können, in Zusammenhang und in Auseinandersetzung mit dem Klassenkonzept herausgebildet.

Stefan Hradil versucht, einen Klassenbegriff abzugrenzen, der sowohl die Marxsche wie die Webersche Fassung des Begriffs abdeckt. »›Klassen‹ werden in den Sozialwissenschaften jene Gruppierungen innerhalb von Gefügen sozialer Ungleichheit genannt, die aufgrund ihrer Stellung innerhalb des Wirtschaftsprozesses anderen Gruppierungen über- oder unterlegen sind (z. B. wegen ihres Besitzes oder Nichtbesitzes von Produktionsmitteln oder wegen ihrer Machtposition auf dem Arbeitsmarkt), woraus ihnen bessere bzw. schlechtere Lebensbedingungen erwachsen« (1999, S. 34 f.).

Während im deutschen Sprachraum der Klassen-Begriff sowohl in analytischer wie in deskriptiver Weise gebraucht wird, entspricht die im angloamerikanischen Sprachraum vorherrschende Rede von social class eher einem beschreibenden Klassenmodell. Aber auch hier ist die Variation des Klassenbegriffs nicht unerheblich. John H. Goldthorpe, für den der Klassenbegriff im Zentrum seines Forschungsprogramms steht, umreißt sein Konzept wie folgt: »Die grundlegende Idee (…) ist die, dass Klassenpositionen (…) als Positionen verstanden werden können, die durch Beschäftigungsverhältnisse definiert werden. Schrittweise wurde ein ›Klassenschema‹ erarbeitet, das Klassenkategorien in Bezug auf Beschäftigungsverhältnisse unterscheidet und das in der Forschung mit Hilfe von Informationen hinsichtlich Beschäftigungsform und Arbeit durchgeführt werden kann« (2007, S. 39).

Gegenüber diesem auf Erwerbsarbeit bezogenen Konzept findet sich bei Anthony Giddens ein weiteres Verständnis, das sich insbesondere durch die Abgrenzung in historischer (Stände) und kultureller (Kasten, Apartheidsystem) Perspektive auszeichnet: »We can define a class as a large-scale grouping of people who share common economic resources, which strongly influence the type life-style they are able to lead. Ownership of wealth, together with occupation are the chief bases of class differences« (2006, S. 300). Die Abgrenzung des Klassenkonzepts von früheren Formen sozialer Stratifizierung macht Giddens an vier Merkmalen fest:

»1. Class systems are fluid. Unlike the other types of strata, classes are not established by legal or religious provisions. The boundaries between classes are never clear-cut. There are no formal restrictions on intermarriage between people from different classes. 2. Class positions are in some part achieved. An individual's class is not simply given at birth, as is the case in other types of stratification systems. Social mobility – movement upward and downward in the class structure – is more common than in the other types. 3. Class is economically based. Classes depend on economic differences between groups of individuals – inequalities in the possession of material resources. (...) 4. Class systems are large scale and impersonal. (...) For instance, one major basis of class differences is in inequalities of pay and working conditions« (ebd.).

Talcott Parsons definiert den Begriff der sozialen Klasse im Hinblick auf die Verknüpfung zweier »Grundzusammenhänge, nämlich des instrumentalen Komplexes [gemeint sind Arbeit, Tausch und Eigentum C.W.] und der Verwandtschaft. Eine soziale Klasse ist dann zu definieren als eine Vielzahl von Verwandtschaftseinheiten, deren Mitglieder, was ihren Status in einem hierarchischen Zusammenhang betrifft, annähernd statusgleich sind. (…) Wir haben also nur insofern ein Klassensystem, als die in unserer Berufsstruktur inhärenten Differenzierungen, sowie ihre differentiellen Beziehungen zum Tauschsystem, zum Eigentum, zum Einkommen etc. sich in ein System von Schichten verzweigt haben, die durch z. T. vom Einkommen bedingte Differenzierungen im Familienleben, Lebensstandard und Lebensstil gekennzeichnet sind, unterschiedlichen Formen des sozialen Drucks ausgesetzt sind und der jüngeren Generation natürlich auch unterschiedliche Ausgangsmöglichkeiten bieten. Es steht außer Zweifel, daß ein Klassensystem in diesem Sinne überall bestanden hat, wo eine moderne Industriegesellschaft bestand« (1964b, S. 213 f.).

Aus all diesen Bestimmungen wird deutlich, dass der Klassenbegriff nicht nur den hier vorgestellten sozioökonomischen Ansätzen eigen ist; er findet sich auch im Rahmen der sozioökonomisch-kulturellen Ansätze von Weber, Bourdieu oder Vester. Daher finden sich weitere Spezifizierungen zum Klassenkonzept auch in dem folgenden Abschnitt zu den sozioökonomisch-kulturellen Ansätzen der Sozialstrukturanalyse.

5.2.1.2 Soziale Schichtung

Mit dem Begriff der sozialen Schicht sind typischerweise eine Reihe von Implikationen verknüpft:

- Man grenzt sich kritisch von einer an Klassen orientierten Sozialstrukturanalyse ab. Der Klassenbegriff ist häufig mit einer Konflikttheorie von Gesellschaft verknüpft, beschreibt gesellschaftliche Widersprüche oder Gegensätze. Auch das bei manchen Autoren zu findende Verständnis von Klassen als kollektiven Akteuren findet sich im Schichtungskonzept nicht wieder.
- Während der Klassenbegriff eher Unterschiede qualitativer Natur herausarbeitet, wird mit dem Schichtbegriff eher von Differenzierungen gradueller Natur ausgegangen. Peter A. Berger (1989, S. 56 f.) spricht von einem Übergang von kategorial-exklusiven zu graduell-quantitativen Ungleichheitssemantiken.

• Damit verknüpft ist eine wissenschaftslogische Verschiebung von der theorie-geleiteten Analyse sozialer Strukturen zur eher empirischen Bestimmung bzw. Beschreibung sozialer Lagen.

Soziale Schichtung bei Geiger

An den theoretischen wie den empirischen Arbeiten Theodor Geigers wird deut-lich, welche Spannweite von Verständnissen auch mit dem Schichtungsbegriff verbunden ist. Während der Schichtungsbegriff, mit dem Geiger in den frühen 1930er Jahren arbeitet, noch in Abgrenzung und Auseinandersetzung mit der Klassenanalyse formuliert wird, geht dieser Bezug in den späteren Bestimmungen Geigers verloren.

Der frühe Geiger (1932) verwandte den Schichtungsbegriff, um ›soziale Blöcke‹ zu beschrieben, die sich durch gemeinsame Wirtschaftsinteressen und Mentalitäten auszeichnen: »Die Wirtschaftssoziologie (…) beobachtet, daß bestimmte Wirtschaftsinteressen oder *Mentalitäten als bewegende Kräfte* in der Entwicklung des Wirtschaftslebens wirksam sind. Die Gesamtheit derer, die einen solchen Mentalitätstypus repräsentieren, ein solches Interesse verfechten, ist nicht auszählbar (…). Gleichwohl sind sie als ›sozialer Block‹ kollektiv wirksam, vor allem als Substrat und Resonanzboden öffentlicher Meinungen. Diese sozialen Blocks sollen ökonomisch-soziale Schichten heißen. (…) [M]annigfach wie die widerstreitenden Bestrebungen und Interessen sind die entsprechenden Schich-tungen; sie überkreuzen, durchdringen und überdecken einander«. Diese eher über Mentalitäten abgegrenzten Schichten sollen dann über die sozialstatisti-sche Analyse mit »bestimmten Bevölkerungsteilen« in Bezug gesetzt werden. Geiger begreift Klassen als einen Sonderfall von Schichtung; demnach postu-liert er: »›Klasse‹ heißt eine Schicht dann, wenn das kennzeichnende Merkmal des Bevölkerungsteiles, der ihr als Rekrutierungsfeld entspricht, das spezifische Verhältnis der Menschen zu den Produktionsmitteln ist (Produktionsverhältnis)« (1932, S. 4 f.). Mentalität begreift Geiger als eine »geistig-seelische Disposition« als eine »unmittelbare Prägung des Menschen durch seine soziale Lebenswelt und die von ihr ausstrahlenden und an ihr gemachten Lebenserfahrungen« (S. 77). Bedeutsam ist bei der Geigerschen Bestimmung, dass das Klassen- wie auch das Schichtenkonzept systematisch an empirische Analysen gebunden werden (s. u.). Auch die 1949 erschienene Arbeit ›Die Klassengesellschaft im Schmelztiegel‹ korrespondiert mit diesem Schichtungsmodell.

Der Schichtungsbegriff des ›späten‹ Geiger (1955) lehnt sich eng an die Ter-minologie der amerikanischen Schichtungsforschung (s. u.) an; der Bezug auf

das Klassenkonzept ist vollständig verschwunden; umgekehrt wird der Status-
begriff in das Modell eingeführt. »Die Gesellschaft ist in – mindestens zwei,
zumeist mehrere – Schichten gegliedert. Jede *Schicht* besteht aus vielen Personen (Familien), die irgendein erkennbares Merkmal eines gewissen Status in der
Gesellschaft und im Verhältnis zu anderen Schichten einnehmen. Der Begriff des
Status umfaßt Lebensstandard, Chancen und Risiken, Glücksmöglichkeiten, aber
auch Privilegien und Diskriminationen, Rang und öffentliches Ansehen. Diejе-
nigen Merkmale, um derentwillen man Personen (Familien) dieser oder jener
Schicht zurechnet, heißen *Schichtdeterminanten*« (Geiger 1955, S. 186). Mit
diesem Konzept wird die Schichtungsforschung systematisch von der wirtschafts-
soziologischen Perspektive, die in der ersten Fassung eine wichtige Rolle spielte,
entkoppelt; als Differenzierungsmoment können ganz verschiedene soziale Merkmale fungieren; auch der Bezug auf Mentalitäten spielt keine zentrale Rolle
mehr.

Soziale Schichtung bei Parsons

Parsons arbeitet mit einem relativ weit gefassten Schichtungsbegriff; er versteht
unter sozialer Schichtung eine differentielle Rangordnung, »nach der die Individuen in einem gegebenen sozialen System eingestuft werden und die es bedingt,
daß sie in bestimmten, sozial bedeutsamen Zusammenhängen als einander über-
und untergeordnet behandelt werden« (1964a, S. 180). Parsons geht davon aus,
dass jedes soziale System ein auf moralischer Wertung beruhendes Rangord-
nungssystem besitze. Solche Wertungen gehen auf verschiedene Faktoren zurück:
die Mitgliedschaft in Verwandtschaftsgruppen, persönliche Eigenschaften, Leistungen, Eigentum, Autorität und Macht. »Der Status eines jeden Individuums im
Schichtungssystem einer Gesellschaft kann als Resultante der gemeinsamen Wertungen betrachtet werden, nach denen ihm sein Status in diesen sechs Punkten
zuerkannt wird« (S. 189). Parsons sieht die amerikanische Schichtungsskala der
1940er Jahre durch zwei Grundelemente gekennzeichnet: Der Status ist einerseits
durch die Leistungen im Berufssystem determiniert; andererseits spielt die Verwandtschaftsgruppe eine zentrale Rolle; insbesondere für die diejenigen, die nicht
in das Erwerbssystem einbezogen sind.

Die sich auf den Parsonsschen Funktionalismus berufende Schichtungstheorie
postulierte (vgl. dazu Münch 1982, S. 173; Müller 2002), dass Strukturen der
sozialen Ungleichheit, z. B. in Form von Schichten, für Gesellschaften funktional
seien. Davis und Moore arbeiten in ihrem in Deutschland viel rezipierten Aufsatz
über Prinzipien der sozialen Schichtung heraus, dass der sozialen Schichtung von

Gesellschaften eine funktionale Notwendigkeit zukomme. »Seltsamerweise liegt die eigentliche funktionale Erklärung für die Allgegenwart der sozialen Schichtung genau darin, daß jede Gesellschaft die Individuen in ihre Sozialstruktur einordnen und sie mit Motivationen versehen muß. Als funktionierender Mechanismus muß eine Gesellschaft ihre Mitglieder irgendwie auf soziale Positionen verteilen und sie veranlassen, die damit verbundenen Pflichten zu erfüllen. Sie muß sich also auf zwei verschiedenen Ebenen um Motivierung kümmern. Sie hat in den geeigneten Individuen zunächst einmal den Wunsch zu wecken, bestimmte Positionen einzunehmen; und dann muß sie diese Individuen dazu bringen, die mit den Positionen verbundenen Pflichten zu erfüllen« (1967, S. 348). In der Logik der Parsonsschen Theorie sind derartige differentielle Rangordnungen als eine »Grunderscheinung sozialer Systeme« (1964a, S. 180) zu begreifen; sie basieren auf moralischen Wertungen.

Diese theoretischen Bezüge führten dazu, dass die Schichtungsforschung in den 1960er Jahren – in einer Zeit als die Parsonssche Theorie zu einem zentralen Paradigma der westdeutschen Soziologie wurde – als Inbegriff dieses Theorieimports verstanden wurde. Die Auseinandersetzung um den Klassen- und Schichtenbegriff wurde so stellvertretend geführt für Debatten um theoretische Konzepte (Strukturfunktionalismus vs. Konflikttheorie bzw. Kritische Theorie) und darüber hinausgehend für Debatten um das Selbstverständnis der Soziologie (Soziologie als Sozialtechnologie vs. Soziologie als Gesellschaftskritik).

In der Schichtungsforschung wird typischerweise zwischen den Positionen in der Ungleichheitsstruktur und den Zuweisungsmechanismen von Personen zu diesen Positionen unterschieden: »Inequality is produced by two types of matching processes: The social roles in society are first matched to ›reward packages‹ of unequal value, and individual members of society are then allocated to the positions so defined and rewarded. In all societies, there is a constant flux of occupational incumbents as newcomers enter the labor force and replace dying, retiring, or out-migrating workers, yet the positions themselves and the reward packages attached to them typically change only gradually« (Grusky und Ku 2008, S. 5). Das Zuweisungsmodell – in Abschn. 1.3.2 war von Sortingprozessen gesprochen worden – ist insofern von Vorteil als es zwei Fragestellungen generiert; die nach den ungleichen Positionen in einer Gesellschaft und die nach den Regeln der Zuweisung. Dieses Modell wird in Abb. 5.5 skizziert.

Das Ergebnis des ersten Passungsprozesses ist in der hierarchischen Struktur sozialer Positionen auf der linken Seite dargestellt; der Zuweisungsprozess zweiter Art vollzieht sich, indem Menschen mit unterschiedlichen Ressourcen, die sie

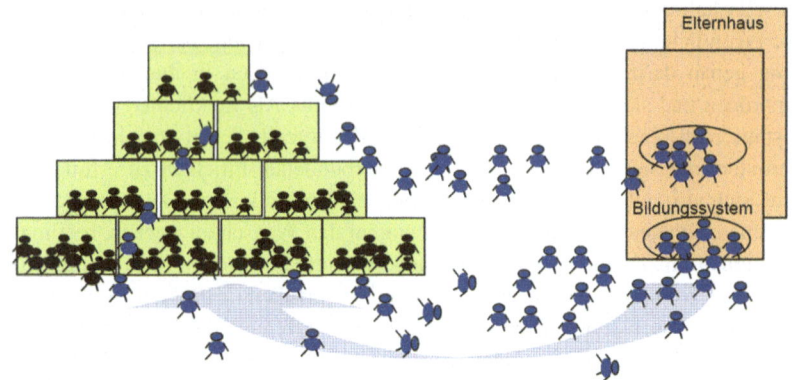

Quelle: Eigene Darstellung

Abb. 5.5 Sortingprozesse

z. B. im Elternhaus oder in der Ausbildung erworben haben, in diese Struktur sozialer Positionen eingeordnet werden.

Die Bedeutung der Unterscheidung dieser Prozesse sei an einem Beispiel erläutert. Man stelle sich eine Gesellschaft vor, in der morgens per Würfel bestimmt wird, wer an diesem Tag welche Arbeit erledigt. Es wäre eine völlig andere Gesellschaft als eine, in der die eine Gruppe lebenslang oder generationenübergreifend die ›guten‹ und die andere die ›schlechten‹ Arbeiten zu übernehmen hat. Die Zuweisungsregel ›Zufall‹ hätte zur Konsequenz, dass die Gesellschaft zwar als eine Gesellschaft mit ungleichen Positionen beschrieben werden könnte, aber es käme durch das Zufallsprinzip nicht zu einer (strukturellen, längerfristig stabilen) Verteilung von guten und schlechten Lebenslagen. Derjenige der heute unten ist, könnte morgen ganz oben stehen und umgekehrt. In dem obigen Zitat finden sich bereits erste Hinweis darauf, dass die Besetzungsregeln doch weitaus längerfristiger fungieren als in der Würfelgesellschaft angenommen.

Diese Perspektive auf die Analyse sozialer Ungleichheiten eröffnet dann das Feld für die Fragen der soziologischen Mobilitätsforschung (s. Abschn. 5.5.4). Über die Analyse der intergenerationalen oder intragenerationalen Mobilität lassen sich dann z. B. Gesellschaften unterscheiden, die sich bei einer gleichen

Struktur ungleicher Positionen durch eine hohe oder niedrige soziale Mobilität auszeichnen und somit eher als offene oder geschlossene Gesellschaften bezeichnet werden können.

In wieweit es sinnvoll ist, diese Fragen voneinander zu trennen, ist jedoch nicht unumstritten. So argumentiert Kreckel:»Die dieser Trennung entsprechende herkömmliche Kombination von soziologischer Schichtungsforschung, die sich mit der gesellschaftlichen Positions- oder Statusstruktur befaßte, und soziologischer Mobilitätsforschung, die die Prozesse der Statuszuweisung bzw. Allokation untersuchte, hatte zwar den Vorteil größerer Übersichtlichkeit: Strukturanalyse und Verhaltensanalyse konnten dabei säuberlich auseinandergehalten werden. Der Nachteil dieser Vorgehensweise war freilich, daß mit ihr etwas begrifflich entflochten wurde, was in der Realität zusammengehört – der Sachverhalt nämlich, daß die strategischen Ressourcen, die die Lebenschancen der Menschen prägen, sowohl positions- als auch personengebundene Eigenschaften aufweisen« (1992, S. 21).

5.2.1.3 Politische Implikationen der Begrifflichkeit

Die Klassentheorie in der Marxschen Tradition war stets mehr als eine sozialwissenschaftliche Analyse; sie ist seit dem 19. Jahrhundert im politischen Feld von ganz unterschiedlichen Gruppen im Sinne einer kritischen Gesellschaftsdiagnose und einer ›wissenschaftlichen‹ Politikbegründung verwandt worden. Die Spuren dieser Diskurse finden sich nach den Weltkriegen wieder. Die bundesdeutsche Nachkriegsgesellschaft stand zum einen in der ›Systemkonkurrenz‹ mit der damaligen Deutschen Demokratischen Republik, die sich auch in der Strukturierung des westdeutschen politischen Feldes niederschlug. Mit dem Godesberger-Programm hatte die SPD 1959 eine programmatische Wende von der ›Klassenpartei‹ zur ›Volkspartei‹ vollzogen.»Die Klassenspaltung wird als überwindbar angesehen, nicht wie im klassischen Marxismus durch die Aufhebung der bürgerlichen Gesellschaft vermittels des Befreiungskampfes der unterdrückten Klasse, des Proletariats, sondern durch paritätische Partizipation aller gesellschaftlichen Kräfte am Gemeinwesen. Die Klassengesellschaft wird zu einer offenen Gesellschaft und der Proletarier zum ›Arbeiterbürger‹. Eine entscheidende Bedeutung für die Öffnung (und Überwindung) der Klassengesellschaft kommt der Bildung und Erziehung zu« (Grebing 2005, S. 442 f.).

Diesem Paradigmenwechsel entsprechend wird die Gegenwartsgesellschaft im politischen Raum nicht länger als eine nach (antagonistischen) Klassen strukturierte Gesellschaft begriffen; alternativ wird oftmals das Konzept der Leistungsgesellschaft verwandt. Dahrendorf sieht in der Durchsetzung des Leistungsprinzips einen »Strukturzug industrieller Gesellschaften. (…) Das Leistungsprinzip in seiner sozialen Anwendung besagt, daß nur die meßbare Leistung über den Platz entscheidet, den der Einzelne in der Rollenstruktur der Gesellschaft einnimmt. Das erworbene Kriterium der Leistung löst zugeschriebene Kriterien wie die der Herkunft, des Alters, des Geschlechtes ab«. Mit dem Leistungsgedanken verändern sich auch die Möglichkeiten und Mechanismen sozialer Mobilität: »der Auf- und Abstieg innerhalb von und zwischen Generationen wird zunehmend institutionalisiert. Der Einzelne ist prinzipiell in seinen Entfaltungsmöglichkeiten nicht durch Familie, Alter, Geschlecht und andere zugeschriebene Kriterien gebunden. Seine Chancen bestimmt allein seine persönliche Leistung. (…) Die Institutionen der Erziehung wachsen als Meß- und Steuerungsinstanz der sozialen Mobilität in eine zentrale gesellschaftliche Funktion hinein« (1957, S. 39).

Die im politischen Feld vorherrschende Einschätzung, man habe die Klassengesellschaft überwunden, korrespondierte mit einer Schichtungstheorie, die soziale Differenzierung eher im Kontinuum begriff und ihr einen funktionalen Charakter zuschrieb.

5.2.2 Klassenmodelle bei Marx

Marx, der sein Klassenkonzept eigentlich immer nur implizit entwickelt hat, plädierte für eine Bestimmung der Klassenlage sozialer Gruppen über deren Stellung im gesellschaftlichen Produktions- und Reproduktionsprozess; zentral ist dabei die Frage des Eigentums an den Produktionsmitteln. Dem entspricht dann ein Modell, nach dem Gesellschaften in Kapitaleigner und Lohnarbeiter differenziert sind. Dahinter stand die Vorstellung, dass es mit der Durchsetzung der kapitalistischen Produktionsweise zu einem Polarisierungsprozess kommt, indem ältere Formen der Produktion z. B. im handwerklichen Bereich verschwinden und indem die sich durchsetzende Maschinenarbeit zu einer Entwertung von Qualifikationen führt. Zudem ist mit diesem Modell die Vorstellung von einem quasi-objektiven Interessengegensatz dieser beiden Hauptklassen verknüpft. Dieser Klassenantagonismus und die daraus erwachsenden sozialen Konflikte werden als ein wichtiger Motor des gesellschaftlichen Fortschritts begriffen.

Die Marxschen Vorstellungen sind – bedingt durch die verschiedenen apologetischen Bezugnahmen bzw. Abgrenzungen von seiner Theorie – oft eher stereotyp rezipiert worden. Dazu griff man z. B. auf das kommunistische Manifest – eine politische Kampfschrift aus dem Jahre 1848 – zurück. »Die Geschichte aller bisherigen Gesellschaft ist die Geschichte von Klassenkämpfen, Freier und Sklave, Patrizier und Plebejer, Baron und Leibeigener, Zunftbürger und Gesell, kurz

Unterdrücker und Unterdrückte standen in stetem Gegensatz zueinander, führten einen ununterbrochenen, bald versteckten, bald offenen Kampf, einen Kampf, der jedes Mal mit einer revolutionären Umgestaltung der ganzen Gesellschaft endete oder mit dem gemeinsamen Untergang der kämpfenden Klassen. (…) Unsere Epoche, die Epoche der Bourgeoisie, zeichnet sich jedoch dadurch aus, dass sie die Klassengegensätze vereinfacht hat. Die ganze Gesellschaft spaltet sich mehr und mehr in zwei große feindliche Lager, in zwei große, einander direkt gegenüberstehende Klassen: Bourgeoisie und Proletariat« (Marx und Engels 1974, S. 463).

Diese hochverdichtete Analyse der von ihm erfahrenen Gegenwartsgesellschaft führt Marx im Sinne seiner Theorie des sozialen und politischen Wandels weiter:»Aber mit der Entwicklung der Industrie vermehrt sich das Proletariat; es wird in größeren Massen zusammengedrängt, seine Kraft wächst, und es fühlt sie mehr. (…) Immer mehr nehmen die Kollisionen zwischen dem einzelnen Arbeiter und dem einzelnen Bourgeois den Charakter von Kollisionen zweier Klassen an (…). Indem wir die allgemeinsten Phasen der Entwicklung des Proletariats zeichneten, verfolgten wir den mehr oder minder versteckten Bürgerkrieg innerhalb der bestehenden Gesellschaft bis zu dem Punkt, wo er in eine offene Revolution ausbricht und durch den gewaltsamen Sturz der Bourgeoisie das Proletariat seine Herrschaft begründet« (S. 473).

Soweit seine populäre Fassung des Klassenmodells; damit ist jedoch das bei Marx zu findende Bedeutungsspektrum des Konzepts nur unzureichend beleuchtet; bei näherer Betrachtung lassen sich bei Marx mindestens vier verschiedene Verwendungsweisen unterscheiden.

Klasse als geschichtsphilosophisches Konzept: In den obigen Ausführungen entwickelt Marx eine Theorie der historischen Entwicklung als ›Geschichte von Klassenkämpfen‹. Die dabei verfolgten Fragestellungen sind recht typisch für die Wissenschaft im 18. und 19. Jahrhundert, als versucht wurde, sehr allgemeine Bewegungsgesetze gesellschaftlicher Entwicklung zu benennen: so z. B. Schillers 1789 gehaltene Antrittsvorlesung zur Universalgeschichte oder auch Comtes Theorie von den drei Stadien der wissenschaftlichen Entwicklung. Den Motor der historischen Entwicklung sieht Marx zum einen in der kontinuierlichen Weiterentwicklung der Produktivkräfte (z. B. Antriebsmittel, Werkstoffe, Werkzeuge, Maschinen) und zum anderen in den Widersprüchen, die zwischen den sich verändernden Produktivkräften und den eher verharrenden Produktions- bzw. Besitzverhältnissen entstehen.

Klasse als sozial-ökonomisches Konzept: Dieses Kernstück der Marxschen Analyse rückt die Stellung im kapitalistischen Produktionsprozess in das Zentrum der Analyse sozialer Differenzierungen. Er geht in historischer Perspektive davon

aus, dass die vorkapitalistischen Produktionsformen und die damit einhergehenden Produktionsverhältnisse verschwinden und es zu einer Polarisierung zweier
Klassen kommt, die durch den Besitz und Nicht-Besitz von Produktionsmitteln
unterschieden werden können: die Klasse der Lohnarbeitenden auf der einen Seite
und die Klasse der Kapitalisten (Eigner von produktivem Kapital, Finanzkapital
und Grundbesitz) auf der anderen Seite. Da der Gewinn der einen mit der Ausbeutung der anderen Gruppen einhergehe, bezeichnete Marx den Gegensatz zwischen
beiden Gruppen als antagonistisch. Marx erwartete angesichts dieser Analysen der
kapitalistischen Produktionsweise einen gesellschaftlichen Polarisierungsprozess
und einen Prozess der wachsenden Verelendung des Proletariats. Die Klasse der
Lohnabhängigen begriff Marx der ökonomischen Bestimmung folgend als eine
›Klasse an sich‹. Die Stellung im gesellschaftlichen Produktionsprozess bringt
nicht automatisch eine Klasse hervor, die sich ihrer gesellschaftlichen Stellung
bewusst ist (s. u.).

   Klasse als politisches Konzept: Ausgehend von der ökonomischen Bestimmung der Klassenstruktur interessierte sich Marx für die Wahrnehmung der
gesellschaftlichen Verhältnisse durch die lohnabhängig Beschäftigten. Er konnte
als Zeitgenosse Prozesse der politischen Mobilisierung und der sozialen und politischen Auseinandersetzung beobachten und analysieren, und er nahm in diesen
Konflikten Stellung. So ›erlebte‹ er den Bürgerkrieg in Frankreich, die Revolution
von 1848 und den Aufstand der Pariser Commune, schließlich auch die Gründung
von Arbeiterparteien und Gewerkschaften. Ausgehend von seiner politökonomischen Analyse, mit der er die Herausbildung einer ›Klasse an sich‹ aufzeigen
konnte, erwartete und beobachtete er die Herausbildung eines klassenbewussten,
politisch handelnden Proletariats im Sinne einer ›Klasse für sich‹. Marx setzte auf
einen politischen Prozess, indem sich Lohnabhängige ihrer Klassenlage bewusst
und zu einer politisch handelnden Klasse werden. Bei seinen Analysen zum Kapitalverhältnis und zum kapitalistischen Produktionsprozess interessierte er sich
immer auch dafür, wie sich der Produktionsprozess und die damit verknüpften
Tauschbeziehungen für die Arbeiter darstellen.

   Klassen in der Analyse von Gegenwartsgesellschaften: Wenn man Marx zeitgenössische Analysen wie z. B. die Schrift ›Die Klassenkämpfe in Frankreich
1848–1850‹ betrachtet, wird deutlich, dass er als Analytiker historischer Prozesse
mit fein differenzierten sozialstrukturellen Kategorien arbeitet; so unterscheidet er
verschiedene Gruppen der Bourgeoisie (Finanzaristokratie, industrielle Bourgeoisie, Klein-Bourgeoisie), die Großgrundeigentümer, Parzellenbauern, Lumpenpro-
letariat etc. Man sollte nicht vergessen, dass das Marxsche Modell einer um die
Frage des Produktionsmittelbesitzes sich polarisierenden Gesellschaft als Projek-
tion eines Trends begriffen wurde. In seinen Gegenwartsanalysen erweist sich

Marx als präziser Analytiker z. B. der französischen Gesellschaft. Hier wird ein weitaus komplexeres Bild von Sozialstrukturen (vgl. Kößler und Wienold 2001, S. 205) erkennbar, als es beim ›Lehrbuch-Marx‹ erscheint. Wenngleich die Vorstellung einer gesetzmäßigen Entwicklung des Sozialen den historisch und aktuell beobachtbaren Veränderungen der ökonomischen, politischen und sozialen Verhältnisse sicherlich nicht gerecht wird, haben Marx wie auch andere Nationalökonomen vor ihm mit der Fokussierung auf die ökonomisch politische Entwicklungsdynamik eine wichtige Rahmung für sozialstrukturelle Analysen geschaffen. Die Einsicht, »daß Rechtsverhältnisse wie Staatsformen weder aus sich selbst zu begreifen sind noch aus der sogenannten allgemeinen Entwicklung des menschlichen Geistes, sondern vielmehr in den materiellen Lebensverhältnissen wurzeln, deren Gesamtheit Hegel (…) unter dem Namen ›bürgerliche Gesellschaft‹ zusammenfaßt, daß aber die Anatomie der bürgerlichen Gesellschaft in der politischen Ökonomie zu suchen sei« (Marx 1971, S. 7), ist für die Analyse sozialer Strukturen fundamental. Auch die von Marx geleisteten Analysen zu Eigentums- und Verfügungsrechten (über Boden, Produktionsmittel und Arbeit) sind für die Genese und Reproduktion gesellschaftlicher Strukturen sehr bedeutsam.

Die ökonomischen Analysen, die man bei Marx findet, waren zum Teil recht weitsichtig; der bei ihm an verschiedenen Stellen beschriebene Prozess der fortschreitenden Subsumierung immer neuer Lebensbereiche unter die Markt- bzw. Kapitallogik setzt sich noch heute fort. Was diese Trends jedoch für die soziale Entwicklung bedeuten, wird in den Marxschen Analysen nicht angemessen erfasst; insbesondere die Herausbildung von Sozialstaaten (in einigen Weltregionen) haben zu einer (mehr oder weniger ausgeprägten) Dekommodifizierung der Erwerbsarbeit beigetragen.

Durch die Einbettung der Analyse sozialer Strukturen in eine Analyse sozialer Auseinandersetzungen und der damit verbundenen Kräfteverhältnisse geraten zwangsläufig auch gesellschaftliche Machtverhältnisse in den Blick. Auch wenn das Konzept des ›Klassenkampfes‹ durch seine apologetische Rezeption diskreditiert ist, beschreibt es doch die Dynamik und Dramatik sozialer Auseinandersetzungen weitaus treffender als z. B. Modelle der funktionalen Differenzierung oder der Statuszuweisung. Eine Analyse sozialer Differenzierungen ist ohne eine Analyse betrieblicher und gesellschaftlicher Macht- und Herrschaftsbeziehungen nicht denkbar; indem Marx diese Beziehungen in ihrer Abstraktion und ihrer Funktionalität beschreibt, liefert er einen wichtigen Beitrag zur soziologischen Theoriebildung.

Eric Olin Wright (2005, S. 28 f.) sieht jenseits der normativen Agenda die spezifischen Vorteile des Marxschen Modells darin, dass die Beziehungen zwischen verschiedenen sozialen Gruppen nicht nur über ihre Stellung am Markt (wie in der Weberschen Konzeption), sondern auch über ihre Stellung im Produktionsprozess begriffen werden, dass die betriebliche und gesellschaftliche Konfliktkonstellation und die damit verbundenen Machtressourcen analysiert werden, dass die industriellen Beziehungen sowohl als Zwangs- wie als Konsensbeziehungen begriffen werden und dass die Marxsche Theorie als eine historische und vergleichende Theorie angelegt sei.

Michael Mann kritisiert ausgehend von seinen Analysen zur Geschichte der Macht an dem Marxschen Konzept, dass er neben den ökonomischen Entwicklungen die politisch militärischen und die ideologischen Machtbeziehungen vernachlässige; dennoch konstatiert er, dass Marx mit der ›Entdeckung‹ der Klassen auf eine tiefe Wahrheit gestoßen sei: »Der Kapitalismus hatte potentiell extensive, politische und (gelegentlich) symmetrische und dialektische Klassen entstehen lassen. In früheren Gesellschaften eine seltene Erscheinung, sind diese Klassen seither allgegenwärtig« (1998, S. 42). In seinen weiteren Ausführungen macht Mann jedoch deutlich, dass die Stellung im Produktionsprozess nicht nur ein Moment der Genese von Klassen, sondern auch ein Moment ihrer Differenzierung ist: so bedinge die ökonomische Entwicklung, dass sich das Kapital wie die Arbeiterschaft beständig neu organisieren müsse. Die Unterschiede zwischen den Industrien, die Entstehung neuer Sektoren wie die öffentlichen und privaten Dienstleistungen fragmentieren diese Klassenstruktur. Auch die Organisation der Produktion in Industriezweigen, in Unternehmen bzw. Betrieben und die Differenzierung der Beschäftigten nach Berufen, nach Qualifikationen, nach Arbeitsmarktsegmenten steht einer Klassenbildung entgegen; zumal sich diese Differenzierungen oftmals durch spezifische Berufsorganisationen und Gewerkschaften verschiedenen Typs (organisiert nach Berufen, Branchen oder politischen Orientierungen) eine Eigenlogik gewinnen. Nicht zuletzt verweist Mann auf die Segmentierung durch die entstehenden Nationalstaaten. »Rein ökonomische Handlungseinheiten sind in der Regel kleiner, spezifischer und aufgrund eines inneren Sektionalismus und eines klassenübergreifenden Segmentalismus in sich stärker gespalten als Marx´ Großklassen« (S. 46). Dass diesen Klassen dennoch eine bedeutsame Rolle zukommt, führt Mann eher auf die nicht-ökonomischen Faktoren zurück, »die diese ökonomisch heterogenen Fraktionen, Schichten und Segmente zu solidarischen Gemeinschaften zusammenschweißten. Der Klassenkampf entstand in Gesellschaften mit ideologischen, militärischen und politischen Machtbeziehungen; welche Formen er annahm, hing von diesen Machtbeziehungen ab«. Marx »sah offensichtlich nicht, daß ideologische, militärische und politische Organisationen an der Verwandlung disparater ökonomischer Akteure in relativ kohäsive Klassen heftig beteiligt waren« (ebd.).

Die von Marx vorgelegten sozialstrukturellen Analysen sind in der Folgezeit im politischen aber auch im wissenschaftlichen Feld eingehend rezipiert worden. Es finden sich darüber hinaus Ansätze, die sich im Sinne einer Weiterentwicklung des Modells verstehen.

5.2.3 Klassenmodell nach Wright

Die verschiedenen von Wright vorgelegten Modelle zur Klassenanalyse setzen an der Marxschen Differenzierung nach dem Produktionsmittelbesitz an. Zwischen den so konstruierten Polen lokalisiert er verschiedene Gruppen, die den sogenannten Mittelklassen zugerechnet werden können (Abb. 5.6). Die binäre Struktur wird zum einen unter dem Aspekt der Kontrolle bzw. Autorität differenziert. Damit führt er eine intermediäre – in zwei Untergruppen differenzierte – Klasse in das Modell ein: die Manager, die im Sinne der Kapitaleigner wichtige Entscheidungen treffen und die Rahmenbedingungen der Produktion strukturieren; daneben die Vorarbeiter und Meister, die für den unmittelbaren Arbeitsprozess wichtige Entscheidungen treffen. Die so entstandene Drei-Gruppen-Struktur zeichnet sich dadurch aus, dass jeder Gruppe ein spezifischer Typ von Kontrolle entspricht: Kontrolle über die Produktionsmittel (Bourgeoisie), über die Art und Weise des Produzierens (Manager, Vorarbeiter) und schließlich über die Verausgabung der Arbeit selbst (Proletariat). Zum anderen erfolgt eine Erweiterung des Marxschen Modells, indem Wright soziale Klassen einbezieht, deren Genese auf die ›vorkapitalistische‹ die so genannten ›einfache Warenproduktion zurückgeht: die Kleinbourgeoisie, d. h. Selbstständige z. B. im Handwerk, im Handel oder in der Gastronomie, die nur wenige Mitarbeiter_innen beschäftigten. Auch hier werden zwei Zwischenklassen eingefügt: Selbstständige mit sehr wenigen Beschäftigten und teilautonome Beschäftigte, die sich durch spezifische Qualifikationen auszeichnen (z. B. Techniker, Ingenieure, Lehrer etc.)

Wie in der Abb. 5.6 dargestellt, charakterisiert Wright die Lage dieser Zwischenklassen als widersprüchlich:

- Die Gruppe der Manager und Vorarbeiter besteht zum einen aus (in verschiedenen Graden) abhängig Beschäftigten, die nicht in letzter Instanz über die Produktionsmittel verfügen; zum anderen sind sie diejenigen, die auf betrieblicher Ebene entscheiden, wie produziert wird, und wie unternehmerische oder eigene Entscheidungen exekutiert werden. Auch in der Binnenstruktur finden

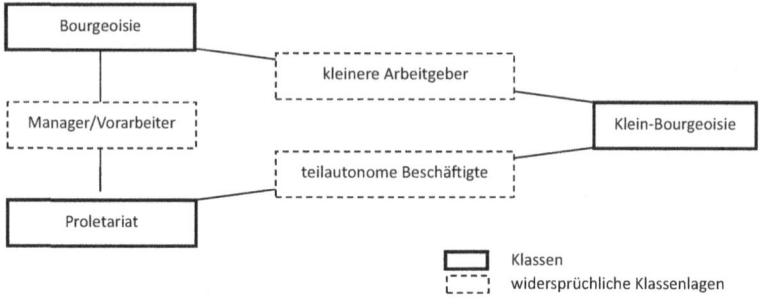

Quelle: Wright et al. (1982, S. 711), eigene Übersetzung

Abb. 5.6 Klassenmodell nach Wright (I)

Klassen	Schweden	Norwegen	Finnland	Deutschld.-West	Gr. Britannien	USA	Kanada	Australien	N. Seeland
Bourgeoisie	0,7	1,0	0,7	0,6	2,0	1,8	1,0	0,4	2,9
Klein-Bourgeoisie	5,3	7,4	18,0	2,8	6,0	6,9	12,3	9,2	9,0
Proletariat	50,7	45,2	46,2	52,4	49,6	46,3	43,2	41,6	34,7
kleinere Arbeitgeber	4,8	5,0	2,5	7,3	4,5	6,0	4,3	3,8	8,0
Manager/ Vorarbeiter	21,0	25,3	22,5	16,3	26,3	29,6	24,7	35,1	39,2
teilautonome Beschäftigte	17,4	16,4	10,4	20,5	11,6	9,5	14,4	9,9	6,2

Quelle: Holtmann/ Strasser (1989, S. 12)

Abb. 5.7 Klassengrößen (Wright) im internationalen Vergleich

sich erhebliche Unterschiede: im einen Extrem geht es um hochbezahlte Top-Manager, im anderen um Vorarbeiter, die aus dem Proletariat aufgestiegen sind und nur über recht eingeschränkte Weisungsbefugnisse verfügen; dazwischen finden sich Meister, mittlere und leitende Angestellte.

- Die Unternehmer mit wenigen Beschäftigten fungieren zum einen gegenüber ihren Beschäftigten als Produktionsmittelbesitzer und können dementsprechend weitreichende Entscheidungen treffen; zum anderen verfügen sie jedoch verglichen mit größeren Unternehmen über ein weitaus geringeres Kapitalvolumen und haben einen geringeren Entscheidungsspielraum; u. U. sind sie von größeren Unternehmen z. B. im Rahmen von Zulieferbeziehungen abhängig.

- Die teilautonomen Beschäftigten sind dadurch charakterisiert, dass sie grundsätzlich abhängig beschäftigt sind; umgekehrt verfügen sie durch ihre hochspezialisierte Qualifikation über eine größere Verhandlungsmacht gegenüber ihren Vorgesetzten als Beschäftigte mit einer geringen Qualifikation. Zudem eröffnet

Quelle: Wright (2000, S. 22), eigene Übersetzung

Abb. 5.8 Klassenmodell nach Wright (II)

ihnen der Grad ihrer Spezialisierung eine gewisse Autonomie in der Gestaltung ihrer Arbeit; nicht zu vergleichen mit der weisungsgebundenen Arbeit von gering Qualifizierten.

Da Wright in dem 6-Klassenmodell (Abb. 5.7) sehr viele Beschäftigtengruppen unter dem Label Proletariat zusammenfasst kommt er – gemäß der Marxschen Proletarisierungsthese – zu einem sehr hohen Beschäftigtenanteil in dieser Kategorie; wie aus der obigen Tabelle hervorgeht, sind es (mit einer Ausnahme) je nach Land zwischen 40 und 50 %.

Eine Revision dieses Modell erfolgte in den 1980er Jahren (Abb. 5.8). Auch hier lehnt sich Wright an die Marxsche Differenzierung nach dem Produktionsmittelbesitz an, er erweitert das Modell jedoch, indem er zum einen die Gruppe der Produktionsmittelbesitzer differenziert und indem er zum anderen die Qualifizierung von Beschäftigten und deren Stellung in der hierarchischen Struktur von Betrieben und Verwaltungen einbezieht. Damit entsteht ein Modell, das zur Klassifizierung von sozialen Gruppen drei bzw. vier Dimensionen einbezieht:

- den Besitz bzw. Nicht-Besitz von Produktionsmitteln (bzw. die Zahl der Beschäftigten)
- das Qualifikationsniveau
- die Stellung in der betrieblichen Hierarchie.

Neben einer noch zu leistenden systematischen Kritik an diesen erwerbszentrierten Modellen erweist sich bei dem älteren Sechs-Klassen-Modell insbesondere die fehlende Unterscheidung zwischen blue- und white-collar-Tätigkeiten sowie zwischen qualifizierten und nicht-qualifizierten Beschäftigten als problematisch.

Die erstere Unterscheidung verliert in der Gegenwart zwar an Bedeutung, spielte jedoch in der Hochphase der Industrialisierung eine wichtige Rolle; auch im Zwölf-Klassen-Modell wird diese Unterscheidung nicht vorgenommen. Der Zusammenhang von Qualifikation und betrieblicher Stellung führt in dem 12-Klassenmodell dazu, dass die Gruppe der weniger qualifizierten Beschäftigten mit Aufsichts- und Managementfunktionen nicht sinnvoll interpretiert werden kann; umgekehrt rangiert die Gruppe der Experten in der hierarchischen Dimension auf einer Stufe mit den unqualifizierten Beschäftigten; das wird der betrieblichen Stellung dieser Gruppe und ihrer Verhandlungsmacht nicht gerecht.

5.2.4 Klassengesellschaften ohne Klassen

Verschiedene Vertreter der Sozialstrukturanalyse sahen sich in dem Dilemma, dass auf der einen Seite das Spannungsverhältnis zwischen Lohnarbeit und Kapital bzw. die Stellung im Produktionsprozess noch immer eine wichtige gesellschaftsstrukturierende Rolle spielt, dass auf der anderen Seite aber abgrenzbare soziale Klassen (für sich wie an sich) kaum zu beobachten sind. In dieser Situation erschien ein Terminus angemessen, der auf den britischen Sozialhistoriker Edward P. Thompson zurückgeht. Thompson sprach für die englische Gesellschaft des 18. Jahrhunderts von einem ›Class Struggle without Class‹: »Classes do not exist as separate entities, look around, find an enemy class, and then start to struggle. On the contrary, people find themselves in a society structured in determined ways (crucially, but not exclusively, in productive relations), they experience exploitation (or the need to maintain power over those whom they exploit), they identify points of antagonistic interest, they commence to struggle around these issues, and in the process of struggling they discover themselves as classes, they come to know this discovery as class-consciousness. Class and class-consciousness are always the last, not the first, stage in a real historical process« (1978, S. 149). Auf diese Formel Thompsons nehmen verschiedene Autoren explizit oder implizit Bezug, ohne jedoch seiner spezifischen historischen Argumentation zu folgen.

So schlägt Michael Vester in seinem Beitrag ›Klassengesellschaft ohne Klassen‹ vor, die Gegenwartsgesellschaften als ›Klassengesellschaften‹ zu bezeichnen; er begründet dies zum einen mit dem lebensweltlichen Alltag, der die Gesellschaft nach ungleichen – mit der kapitalistischen Grundverfassung und deren politischer Abfederung korrespondierenden – Lagern teilt und mit der Existenz ungleicher Milieus, die sich in Geschmack, Lebensführung und Habitus unterscheiden. »Erst in Konflikten und verstärkten Verteilungskämpfen, wie etwa der heutigen Transformationskrise des Kapitalismus, entstehen die Konfrontationen, in denen sich heterogene Gruppen zu kämpfenden Lagern koalieren und strukturieren. (…) Heterogenität ist der historische Normalfall – Strukturierung entsteht durch Kampf« (1998, S. 110).

Etwas anders argumentiert Reinhard Kreckel, der, ohne auf Thompsons populäre Wendung Bezug zu nehmen, einen Abschnitt seiner Politischen Soziologie sozialer Ungleichheit mit ›Klassenverhältnis ohne Klassen‹ überschreibt (1992, S. 141 ff.). Kreckel misst dem Spannungsverhältnis von Lohnarbeit und Kapital als »primärem Machtgefälle innerhalb und außerhalb des kapitalistischen Arbeitsmarktes noch immer ein überragendes Gewicht [zu]. Der strukturelle Zwang zur Profitorientierung, gekoppelt mit der privaten Verfügung über Produktionsmittel und der Tendenz zur Kapitalkonzentration, fungiert weiterhin als wirksamer Hebel« (S. 148). Es lassen sich jedoch keine sozialen Großgruppen ausmachen, die diesem Klassenverhältnis entsprechen. »Alle Versuche, konkrete soziale Klassen direkt aus dem abstrakten Klassenverhältnis ›ableiten‹ zu wollen, müssen als gescheitert gelten« (S. 149). Trotz dieser Einsicht wendet sich Kreckel jedoch gegen Vorschläge zur ›Verabschiedung‹ des Klassenbegriffs, weil »das kritische Potential nicht aufgegeben werden sollte, das in der strukturtheoretischen Vorstellung von dem ungleichheitsbegründenden Klassengegensatz, zwischen Lohnarbeit und Kapital aufbewahrt ist« (ebd.).

Vor diesem Hintergrund schlägt er vor, zum einen der Frage nachzugehen, inwieweit die beobachtbaren ›objektiven‹ Ungleichheiten in der Verfügung über Reichtum, symbolisches Wissen, hierarchische Organisation und selektiver Assoziation zur Bildung von ›realen‹ sozialen Klassen geführt haben. Zum anderen sollen die gesellschaftlichen Kräfteverhältnisse untersucht werden, die das jeweils gegebene System sozialer Ungleichheit hervorgebracht haben. Er weist die Überlegung zurück, dass die Klassen selbst als Akteure an der Aufrechterhaltung dieser Klassenverhältnisse beteiligt sind. Er geht vielmehr davon aus, dass mit dem »Kräftedreieck von Kapital, Arbeit und Staat das zentrale ungleichheitsbegründende Machtverhältnis in fortgeschrittenen kapitalistischen Staatsgesellschaften abgesteckt ist« (S. 154). In diesem korporatistischen Dreieck agieren Akteure wie große Unternehmen, Arbeitgeberverbände, Kammern, Gewerkschaften verschiedener Art, Parteien, die im Arbeitnehmerinteresse sprechen und schließlich die Organe von Bund, Ländern und Gemeinden. Darüber hinaus seien aber auch andere kollektive Akteure wie etwa Kirchen oder Wohlfahrtsverbände und neue soziale Bewegungen zu berücksichtigen.

Er gruppiert diese Akteure nach dem Grad ihrer Organisiertheit und Konfliktfähigkeit in konzentrischen Kreisen (vgl. Abb. 5.9).

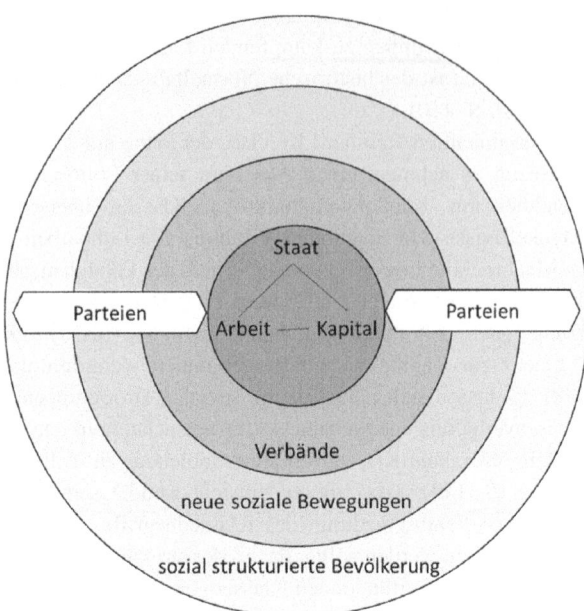

Quelle: Kreckel (1992, S. 164)

Abb. 5.9 Modell des ungleichheitsbegründenden Kräftefeldes

Quer zu diesen konzentrischen Strukturen liegen die politischen Parteien, die – obwohl auf das Machtzentrum orientiert – als institutionelle Vermittlungsinstanzen fungieren. Die für die Bundesrepublik Deutschland spezifischen korporatistischen Konfliktstrukturen begrenzen den Geltungsbereich dieses Modells auf den nationalen Rahmen; demnach sind für andere westliche Staatsgesellschaften je eigene Varianten der Strukturierung dieses Kräftefeldes zu entwickeln.

Kreckels Ansatz zeichnet sich dadurch aus, dass er wie im Marxschen Modell von einer primären Machtasymmetrie zwischen Kapital und Arbeit ausgeht. Diese Asymmetrie geht zurück auf (vgl. S. 166 ff.)

• eine Asymmetrie der Zahl bzw. der Zusammensetzung: vielen individuellen Anbietern von Arbeitskraft steht eine viel kleinere Zahl von organisierten Arbeitgebern gegenüber

- eine Asymmetrie der materiellen Ressourcen: Produktionsmittel, Finanzreserven
- eine Asymmetrie der symbolischen Ressourcen bzw. des Wissens: insbesondere große Unternehmen verfügen mit ihrer rationalen und differenzierten Betriebsorganisation über ein komplexes Wissen über den Produktionsprozess, über Märkte aber auch über die Beschäftigten selbst.
- eine Asymmetrie der ›selektiven Assoziation‹: Möglichkeiten der informellen Interessendurchsetzung im korporatistischen Dreieck
- eine Asymmetrie der Interessenlagen: trotz der Konkurrenz zwischen Unternehmen ermöglicht es die gemeinsame Gewinnorientierung weitaus besser, Interessen zu organisieren und zu bündeln als dies auf Seiten der sehr heterogenen Arbeitnehmerseite möglich ist.
- und eine Asymmetrie der Optionen: während die Arbeitnehmer einzig über ihre kollektive Organisation wirken können, bieten sich der Arbeitgeberseite darüber hinaus noch andere Möglichkeiten der Interessendurchsetzung, z. B. durch die Unternehmensgröße, durch die Bildung von Kartellen und Monopolen oder durch formelle und informelle Kooperationen.

So kommt er zu dem Fazit, dass die Arbeitgeberseite »aufgrund ihrer überlegenen Organisationsfähigkeit, ihrer besseren Ressourcenausstattung, ihrer homogeneren Interessenlage, ihrer höheren Flexibilität und ihrer größeren Konfliktfähigkeit« (S. 173) über klare strategische Vorteile verfügt. Dieser Vorteil wird »gezügelt durch die Intervention des Dritten im korporatistischen Bunde, durch den Staat. Er hat sich in fortgeschrittenen kapitalistischen Staatsgesellschaften zum ›Wohlfahrts- bzw. Sozialstaat‹ entwickelt, der in den Dauerkonflikt zwischen Lohnarbeit und Kapital regulierend und korrigierend eingreift. Ein wichtiges Resultat dieses sozialstaatlichen Eingriffes ist bekanntlich das sogenannte ›soziale Netz‹, ein staatlich garantiertes Transfersystem, das all denen, die über kein eigenes Erwerbs- oder Renteneinkommen und auch über keine private Versorgung verfügen, zumindest ein Existenzminimum gewährleistet.

Um zu klären, wie verschiedene Bevölkerungsgruppen von dieser primären Machtasymmetrie betroffen sind, unterscheidet Kreckel sieben Bereiche der Gesellschaft: zum einen Erwerbstätige, die in erfolgreichen kapitalistischen Großunternehmen (1), in mittelständischen Betrieben (2) in hoch subventionierten Branchen (3) und schließlich im öffentlichen Sektor (4) beschäftigt sind und Selbstständige (5); zum anderen die Bezieher direkter Transfereinkommen (6) und die Bezieher_innen privaten Unterhalts (7).

Neben der primären Machtasymmetrie von Arbeit und Kapital analysiert Kreckel sekundäre Machtasymmetrien, die sich sowohl auf der Arbeitgeber- wie der

Arbeitnehmerseite finden. Bei den Asymmetrien der Arbeitgeberseite verweist er pauschal auf die Unterschiede zwischen den oben aufgeführten Bereichen 1–4. Die Asymmetrien der Arbeitnehmerseite werden aus der Segmentierung des Arbeitsmarktes und aus Prozessen der sozialen Schließung abgeleitet. So unterscheidet er im privatwirtschaftlichen Segment des Arbeitsmarktes ausgehend vom Zentrum:

- abhängige Erwerbspositionen mit Leitungs- und Managementfunktionen
- akademische Fachqualifikationen
- aufgewertete, marktgängige und bedrohte Fachqualifikationen
- angelernte Spezialarbeiter und einfache Angestellte
- un- oder dequalifizierte Normalarbeitskräfte
- marginalisierte Gruppen mit geringem Verhandlungspotential – der »schwächste Teil des nur gering strukturierten ›Jedermann-Arbeitsmarktes‹« (S. 204): gering qualifizierte weibliche, ältere und behinderte Arbeitskräfte, Jugendliche ohne Bildungsabschlüsse, gering qualifizierte Migrant_innen, Arbeitnehmer_innen in befristeten Beschäftigungsverhältnissen
- rechtlose Arbeitskräfte: illegale Einwanderer_innen, Schwarzarbeiter_innen.

Neben der Analyse primärer und sekundärer Machtasymmetrien untersucht Kreckel die Bedeutung askriptiver Merkmale wie ›Rasse‹ und vor allem ›Geschlecht‹. Das Verhältnis von Klasse und Geschlecht bestimmt er im gesamtgesellschaftlichen Kräftefeld wie folgt: »Das Geschlechterverhältnis ist in der kapitalistischen Gesellschaft in Abhängigkeit vom Klassenverhältnis geraten. Die Produktionssphäre hat das Übergewicht über die Reproduktionssphäre gewonnen«. So seien in der Produktionssphäre die primäre Machtasymmetrie und die sekundären Machtasymmetrien des Arbeitsmarktes angesiedelt. »Dort wird Einkommen geschaffen und (ungleich) verteilt, und dort ist auch die offizielle Hierarchie der gesellschaftlichen Positionen verankert. Die zweite, inoffizielle Hierarchie, die sich vor allem zum Nachteil von Frauen auswirkt, hat ihre Grundlage in der Scheidung von bezahlter Produktions- und unbezahlter Reproduktionsarbeit. Denn in der Geldwirtschaft gilt die doppelte Faustregel: Arbeit, die nicht bezahlt wird, zählt nicht; Arbeit, die nicht zählt, wird nicht bezahlt« (S. 270 f.).

5.2.5 Soziale Schichtung nach Schmoller und Geiger

Eine erste empirisch fundierte Darstellung zur sozialen Schichtung im Deutschen Reich wurde von Gustav Schmoller vorgelegt. Schmoller verwendet dabei

Soziale Schicht		Familien-haushalte in Mio.	in % der Familienhaushalte
obere Schicht	aristokratische/ vermögende Gruppe, größere Grundbesitzer/ Unternehmer, höhere Beamte, Ärzte, Künstler, Rentiers	0,25	2,08
oberer Mittelstand	mittlere Grundbesitzer und Unternehmer, die meisten höheren Beamte, viele Glieder der liberalen Berufe	2,75	22,92
unterer Mittelstand	Kleinbauern, Handwerker, Subalternbeamte, Werkmeister, besser bezahlte Arbeiter	3,75	31,25
untere Klassen	hauptsächlich Lohnarbeiter, aber auch viele untere Beamte, ärmere Handwerker und Kleinbauern	5,25	43,75
Zusammen		12,0	100,00

Quelle: Schmoller (1897)

Abb. 5.10 Soziale Schichtung

zur Bezeichnung sozialer Gruppen sowohl den Standes- wie auch den Klassen-
und Schichtbegriff. Die Daten gehen auf die Berufszählung des Kaiserlichen
Statistischen Amtes von 1895 zurück (vgl. Abb. 5.10).

Der Oberschicht werden sowohl jene Gruppen zugerechnet, deren Macht und
Einfluss noch auf die alte Gesellschaftsordnung zurückgeht (Adel und Großgrund-
besitz), als auch die, die mit dem Kapitalismus und dem sich ausdifferenzierenden
Staat bedeutsam geworden sind (Unternehmer aber auch höhere Beamte und
Ärzte). Die letztere Gruppe findet sich auch im oberen Mittelstand eher in den
oberen als den unteren Lagen; hinzu kommen die übrigen freien Berufe. Der
untere Mittelstand setzt sich neben den Gruppen des alten Mittelstandes auch aus
den im industriellen System Aufgestiegenen (Werkmeister, besser bezahlte Arbeiter) zusammen. In der unteren Klasse finden sich schließlich die Lohnarbeiter,
aber auch gering verdienende aus den anderen gesellschaftlichen Gruppen.

Ein stärker theoriegeleiteter Beitrag zur empirischen Schichtungsforschung
geht auf Theodor Geiger zurück. In seiner 1932 vorgelegten Analyse ›Die soziale
Schichtung des deutschen Volkes‹ grenzt er verschiedene Bevölkerungsteile oder
-blöcke ab; er konstruiert diese fünf ›Hauptmassen‹ ähnlich wie Schmoller auf
Basis von Berufs- und Branchengliederungen in der amtlichen Statistik. Er unterschied: Kapitalisten (0,9 %), den Mittelstand (35,8 %) – differenziert nach dem
alten (mittlere und kleinere Unternehmer) und neuen Mittelstand (Lohn- und
Gehaltsbezieher höherer Qualifikation) – und proletarische Lagen (63,4 %) – differenziert nach Proletaroiden (Tagewerker für eigene Rechnung) und Proletariat
(Lohn- und Gehaltsbezieher minderer Qualifikation). In Abb. 5.11 wird die Klassenstruktur summarisch und nach Branchen differenziert dargestellt; so wird
deutlich, dass sich die verschiedenen sozialen Gruppen branchenspezifisch recht
unterschiedlich verteilen.

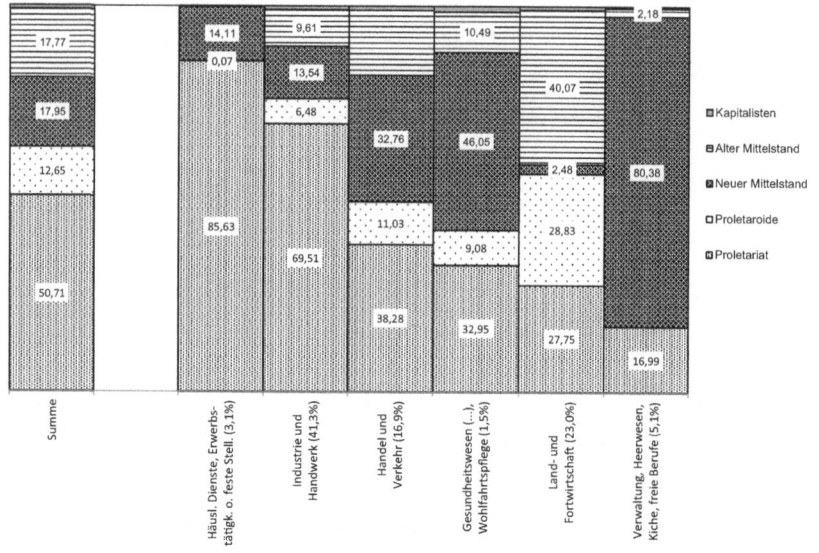

Quelle: Eigene Berechnungen nach Daten aus Geiger (1932, S. 73)

Abb. 5.11 Soziale Lagerung der deutschen Bevölkerung

In Geigers Analyse wird dann die Soziallage dieser Blöcke mit anderweitig gewonnenen Erkenntnissen über deren Mentalität – dies war nach seinen Überlegungen bedeutsam, um Aussagen über soziale Schichten treffen zu können – verknüpft.

Die kapitalistische Schicht schildert Geiger so: »Die Krisis des Spätkapitalismus hat die schichtsichere Haltung so sehr erschüttert, daß der Schichtkern erheblich geschrumpft ist. Die Großagrarier, ein erheblicher Teil der Industriellen, eine geringere Zahl großer Kaufleute werden der Mentalität nach dem mittleren Unternehmertum nahestehen, wie natürlich auch umgekehrt die Spitzengruppe der Mittellage, insbesondere in Handel und Industrie, großenteils ausgesprochen hochkapitalistischer Denkungsart zuneigen wird« (S. 84). Weiterhin versucht er, Bezüge zur parteipolitischen Orientierung dieser Schicht herzustellen.

Den alten Mittelstand charakterisiert er im Zusammenhang der sozialgeschichtlichen Verwerfungen im Übergang vom Früh- zum Hochkapitalismus. »Strukturen, die im sozialgeschichtlichen Nacheinander auftreten, finden sich im gesellschaftlichen Jetzt bei verschiedenen Bevölkerungsteilen im Nebeneinander. So wirken im alten Mittelstand die ständischen Schichtungen der

frühkapitalistischen Epoche als Querdifferenzierungen nach; ständische Sitte und
Lebensauffassung haben sich bewahrt und leisten der Durchsetzung des hoch-
kapitalistischen Klassenprinzips zähen Widerstand. Das gilt vom Bauern und
Handwerker in höherem Grade, als vom Händler« (S. 85).

Zum neuen Mittelstand rechnet Geiger Beamte, freiberuflich Tätige, Akademiker und insbesondere die neue Gruppe der Angestellten im Büro und im Handel.
Dieser Bevölkerungsblock erweist sich in der Mentalitätenperspektive als ausgesprochen heterogen:»Wenn ›neuer Mittelstand‹ ein typischer Sozialstandort
ist, so ist seinen Zugehörigen erst noch aufgegeben, sich an diesem Standort
zurechtzufinden, sich dort einzuheimaten. (…) Bevölkerungselemente sozial-
standortlich verschiedenster Herkunft werden an einen im Gesellschaftsgefüge
neu bezeichneten Standort verpflanzt – seien es einzelne Umgeschichtete oder
ganze Teilblocks (freie Berufe, altkaufmännische Angestellte usw.). Sie bringen
die Ideologien und den Lebensduktus mit ein, die an ihrem früheren Sozialstandort gewachsen sind, hier aber ›inadäquat‹ werden«. Geiger sieht diese soziale
Lage als besonders empfänglich für ›falsche Ideologien‹.»Dazu gehört der Aka-
demikerhochmut, dem keine bevorzugte soziale Ranggeltung des Akademikers
mehr entspricht, dazu gehört das ständische Geltungsbedürfnis, das der Sohn des
Besitzbürgers mitbringt, wenn er Büroangestellter wird; dazu gehören (…) [die]
falschen Bildungsambitionen des Angestellten« (S. 105). Exemplarisch macht
Geiger diese diffuse Mentalitätslage an der Aufgliederung von Gewerkschaften und Interessenverbänden deutlich, die sich als Fürsprecher dieser Gruppen
verstehen.

Den Proletaroiden ordnet Geiger jene ›Selbstständigen‹ zu, deren Produktions-
basis so klein ist, dass»nur ein normaler Arbeitslohn erwirtschaftet« (S. 30 f.)
werden kann. Nach heutigem Verständnis liegt der Begriff des Scheinselbststän-
digen nahe.»Der Proletaroide ist zwar rechtlich und arbeitsorganisatorisch ›Herr
seines Arbeitslebens‹, d. h. er disponiert selbst über seine berufliche Leistung,
ist nicht den Arbeitsanweisungen eines Patrons unterworfen. Das unterscheidet
ihn vom Lohnproletariat. Aber der Proletaroide teilt mit dem Lohnproletar das
Schicksal, daß er ›unter Angebot-Druck steht‹, d. h. von Tag zu Tag zur Reproduktion seiner Arbeitsleistung gezwungen, von der Hand in den Mund lebt. Der
Betrieb steht auf seinen zwei Augen und liegt brach, wenn der Inhaber auch
nur für Tage seine Tätigkeit unterbricht. Er arbeitet zwar für eigne Rechnung,
aber auch er lebt, wie der Lohnarbeiter, wesentlich von der Veräußerung seiner
Arbeitskraft« (S. 32). Auch die Gruppe der Heimarbeiter wird hier eingeordnet. Die Mentalität der Proletaroiden, die zu einem großen Teil aus dem alten
Mittelstand abgestiegen sind, beschreibt Geiger als resignativ (S. 90); mit dem

Verfall der Existenz sei auch die berufsständische Tradition weitgehend ausgelöscht. Im ländlichen Bereich sei ihre Mentalität den Landarbeitern näher als den Kleinbauern.

Die unter dem Begriff Proletariat zusammengefassten Lohn- und Gehaltsbezieher minderer Qualifikation sind etwa zur Hälfte der Industriearbeiterschaft zuzurechnen; ganz ähnlichen Bedingungen unterliegen die Lohneinkommensbezieher in Handel und Verkehr. Eine weitere große Gruppe sind die Landarbeiter (etwa zur Hälfte Knechte und Mägde im bäuerlichen Haushalt) und die Hausangestellten. Im Angestelltenbereich gehören die so genannten Büroarbeiter zu diesem Block. Geiger verweist jedoch auf die erheblichen Unterschiede und Abstufungen zwischen den Gruppen, die sich auch in den Mentalitäten niederschlagen: »Gelernte und ungelernte Arbeit schafft weder die einzigen noch die gegenwärtig wichtigsten [Unterschiede]. Wesentlicher ist z. B. vielfach der Unterschied zwischen Industriearbeitern, gleich welchen Qualifikationsranges, und den Handwerksgesellen, die in Kleinbetrieben handwerklicher Wirtschaftsstruktur tätig sind. Bei ihnen finden sich oft erhebliche Reste berufsständischer Haltung; die hat sich übrigens auch in ganzen gewerkschaftlichen Organisationen erhalten (…). Es ist bekannt, welch hohen Wert der Maurer noch heute darauf legt, nicht mit einem Bauarbeiter verwechselt zu werden, und mit welchem zähen Stolz der Hamburger Zimmermann Glockenhose und Schlapphut oder Zylinder trägt« (S. 92).

Die Angaben zur Größe der verschiedenen Gruppen gehen auf die Daten der Volkszählung von 1925 zurück. Sie basieren auf dem Konzept der Berufszugehörigkeit; d. h. den Erwerbstätigen werden auch diejenigen Angehörigen zugerechnet, die keiner oder nur einer Nebentätigkeit nachgehen; Arbeitslose wurden der letzten hauptberuflichen Tätigkeit zugeordnet – die Arbeits- und Lebenswirklichkeit von nicht erwerbstätigen Frauen oder von Arbeitslosen liegt somit jenseits des Horizonts dieser Untersuchung. Die Gesamtzahl der so kategorisierten Personen entspricht der gesamten bei der Volkszählung erfassten Bevölkerung.

Wie in der Darstellung zu den Mentalitäten der verschiedenen Gruppen deutlich wird, findet sich ein Bruch in der empirischen Fundierung der Darstellung: während die sozialstatistischen Berechnungen – von vielerlei Zuordnungsproblemen einmal abgesehen – zu einer recht guten Annäherung an die Größe der jeweiligen Gruppe führen, ist Geiger bei der Darstellung zu den Mentalitäten dieser Gruppen auf Sekundärinformationen angewiesen. Er greift auf Forschungen des Vereins für Socialpolitik, auf Erhebungen der Gewerkschaften und anderer Interessenorganisationen, auf sozialhistorische oder journalistische Darstellungen zurück.

5.2.6 Soziale Schichtung nach Dahrendorf

Als sich Ralf Dahrendorf in den 1950er Jahren mit dem Thema ›Soziale Klassen und Klassenkonflikt‹ befasste, hatten sich wichtige Rahmenbedingungen der Sozialstruktur verändert. Während Geigers Arbeit von 1932 auf dem Höhepunkt der Weltwirtschaftskrise entstanden war, sah sich Dahrendorf mit den katastrophalen Hinterlassenschaften des Nationalsozialismus konfrontiert; es waren aber auch die Anfänge des Nachkriegsbooms erkennbar, der in Deutschland nach einem 1950 erschienenen Artikel der London Times als ›Wirtschaftswunder‹ bezeichnet wurde. Im sozialwissenschaftlichen Feld ›boomte‹ der Parsonssche Strukturfunktionalismus. Dahrendorf verstand sich verglichen mit dieser »Integrationstheorie der Sozialstruktur« eher in der Tradition einer »Herrschaftstheorie der Sozialstruktur« (1957, S. 159) und vertrat einen konflikttheoretischen Ansatz.

Dahrendorf fasst den von ihm vorgeschlagenen Ansatz in einer Reihe von Postulaten zusammen:

»a) In jedem Herrschaftsverband lassen sich die beiden Aggregate der Positionen, deren Rollen die Erwartung der Herrschaft einschließen und derer, deren Rollen diese Erwartung ausschließen, unterscheiden.
b) Diese Aggregate lassen sich durch gemeinsame latente Interessen kennzeichnen; sie sind Quasi-Gruppen. Wir nennen sie latente Interessen bzw. Quasi-Gruppen im Sinne der Klassentheorie (…).
c) Aus den latenten Interessen (…) bzw. Quasi-Gruppen (…) entstehen manifeste Interessen bzw. Interessengruppen im Sinne der Klassentheorie (…), wenn nicht gewisse angebbare variable Bedingungen (…) dazwischentreten.
d) Interessengruppen (…) stehen in einer Gegensatzbeziehung des sozialen Konfliktes im Sinne der Klassentheorie oder Klassenkonfliktes (…), deren besondere Form und Intensität durch gewisse variable Bedingungen (…) bestimmt ist.
e) Klassenkonflikte bewirken Strukturwandlungen im Sinne der Klassentheorie« (S. 204).

Eine zentrale Rolle spielen die von ihm systematisch eingeführten Rahmenbedingungen für die Organisation von Interessengruppen, für die Regulierung des Konflikts und für den damit einhergehenden Strukturwandel. Ausgehend von diesen theoretischen Überlegungen geht Dahrendorf dann der von vielen seiner Zeitgenossen im politischen wie im wissenschaftlichen Feld gestellten Frage nach, ob es derzeit noch Klassen gebe.

Dahrendorf macht darauf aufmerksam, dass eine zentrale Instanz, der Industriebetrieb mit seiner spezifischen Autoritätsstruktur, fortbesteht. Er macht deutlich, dass jenseits der Frage, wer die Herrschaft im Betrieb ausübe – ein als Eigentümer fungierender Kapitalist oder eigentumslose Funktionäre oder

Manager – der Klassenkonflikt fortbesteht.»Unabhängig davon, wer die Herr-
schaftspositionen einnimmt, bleiben Industriebetriebe Herrschaftsverbände, deren
Strukturen Quasi-Gruppen und konfligierende latente Interessen erzeugen« (S.
222). Es sei jedoch mit der Entfaltung einer ›industriellen Demokratie‹ zur ›Institutionalisierung des Klassenkonflikts‹ gekommen. Dem Konflikt wurde in vielen
Industriegesellschaften die Spitze genommen: die Konfliktparteien sind wohl
organisiert und sie begegnen sich in »quasi-parlamentarischen Verhandlungskör-
perschaften« (S. 224) mit einem Schlichtungssystem. In Deutschland gibt es
betriebliche Personalvertretungen sowie institutionell verankerte Möglichkeiten
der Mitbestimmung. Diese institutionelle Isolierung des industriellen Klassenkonflikts bedingt, dass zwischen industrieller Autorität und politischer Autorität,
zwischen industriellen und politischen Klassen und dementsprechenden Herrschaftsbeziehungen zu differenzieren ist. Die Frage nach der herrschenden Klasse
sei somit nicht mehr so einfach zu beantworten.»Der Konflikt organisierter Interessengruppen ist vom Klassenkampf zum quasi-demokratischen Streitgespräch
geworden. Er ist darum nicht minder ein Klassenkonflikt. (…) Auf dem Markt-
platz der politischen Interessen besetzen die industriellen Interessengruppen nur
einen Stand, oder besser: zwei Stände; in aussichtsreicher Position zwar und
mit erheblichen Verkaufschancen, aber doch in Konkurrenz mit anderen Interessengruppen der Klasse, die an politischer Herrschaft keinen Anteil hat« (S.
257).

Die folgende Darstellung der ›sozialen Schichtung des Deutschen Volkes‹
geht auf ein Modell Dahrendorfs zurück, das er Ende der 1960er Jahre entwickelte (vgl. Abb. 5.12). Die Sozialstruktur wird als ein Haus dargestellt, in das
verschiedene soziale Gruppen eingezeichnet werden; die Anordnung in der vertikalen Dimension soll gesellschaftliche Herrschaftsverhältnisse ausdrücken. Die
Form des Hauses hat keine inhaltliche Bedeutung; sie soll vermutlich die Verdichtung von Herrschaftsfunktionen bei den oberen Gruppen versinnbildlichen.
Im Einzelnen unterscheidet Dahrendorf sieben verschiedene Schichten:

Eliten: Sie bilden nach Dahrendorf die Spitze der Gesellschaft; es sind die
›oberen Zehntausend‹, die gesellschaftliche Aufgaben der Führung übernehmen.
Er differenziert die Elite in die Juristen (eine Dienstklasse, die zur ›Machtelite‹
geworden ist), die Verwaltungselite, Beamte in Spitzenpositionen, die militärische
Elite, kirchliche Eliten, kulturelle bzw. Kommunikationseliten und schließlich die
wirtschaftliche und die politische Elite. Zum Verhältnis der letzten beiden Gruppen bemerkt Dahrendorf »Das politische Gewicht der Wirtschaft soll (…) nicht
geleugnet werden. Es ist in der Bundesrepublik wahrscheinlich größer als zu
irgendeiner anderen Zeit in der deutschen Geschichte. Die wirtschaftliche Elite

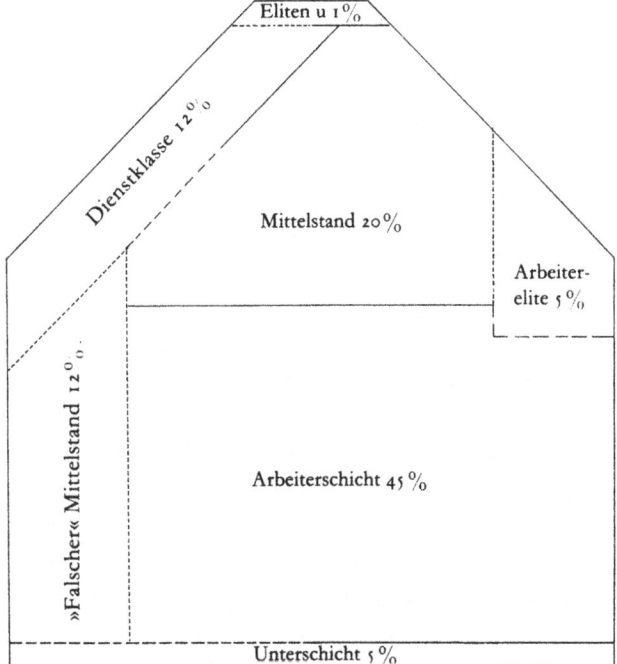

Quelle: Dahrendorf (1968a, S. 97)

Abb. 5.12 Die soziale Schichtung des deutschen Volkes

ist vielleicht zum ersten Mal ein ernsthafter Konkurrent auf dem Markt der politischen Entscheidungen geworden. Er wehrt sich jedoch gegen die Einschätzung Hartmanns (1959, S. 217), es gebe in der deutschen Gesellschaft einen »strategischen Kampf zwischen Wirtschaft und Staat um die relative Vorherrschaft des einen über den anderen«.

Dienstklasse: Zur Dienstklasse – der Begriff ist bei Karl Renner (1953, S. 211 ff.) entlehnt, daher die Bezeichnung Klasse – wird jener Teil des neuen Mittelstandes gerechnet, »der kraft beruflicher Stellung im eigentlichen Sinne bürokratisch tätig ist, also insbesondere nichttechnische Beamte und Verwaltungsangestellte aller Ränge. (…) Der Ursprung der Dienstklasse liegt also in jenem Prozeß der Arbeitsteilung der Herrschaft, der in neuerer Zeit (…) nicht nur die öffentliche Verwaltung, sondern auch die anderen Institutionen erfaßt hat. Das bedeutet aber, daß jedes Mitglied der Dienstklasse einen zwar zuweilen bis zur Unkenntlichkeit geringen, aber darum nicht minder selbstbewußt zur Schau getragenen Anteil an der Ausübung von Herrschaft hat« (Dahrendorf 1968a, S. 98).

Mittelstand: Dahrendorf fasst darunter den alten Mittelstand (von den Freien Berufen bis zu den Kleinbauern und Einzelhändlern) sowie die selbstständigen Unternehmer der Industrie, soweit sie nicht als Großunternehmer den Eliten zuzurechnen sind.

Arbeiterelite: Zur Arbeiterelite werden z. B. unselbstständige Handwerker, gelernte Arbeiter, Steiger und Meister, Buchdrucker und Schlosser gerechnet. Der Begriff Arbeiterelite geht darauf zurück, dass diese Gruppen häufig führende Kräfte in der Arbeiterbewegung stellten.

›Falscher‹ Mittelstand: In dieser Gruppe werden nominelle Angestellte zusammengefasst, deren besondere Stellung und Haltung mit dem Begriff ›neuer Mittelstand‹ nur unzureichend charakterisiert ist. Dazu gehören z. B. die ausführenden Arbeiter in den wachsenden Dienstleistungsgewerben: Kellner, Verkäuferinnen, Schaffner, Postboten, Chauffeure oder Tankstellenwarte.

Arbeiterschicht: Bei der Darstellung der Arbeiterschicht verweist Dahrendorf auf die heterogene Struktur dieser Gruppe, differenziert nach Betriebsgrößen, Wirtschaftssektoren und Branchen, Entlohnungsformen, Alter etc.

Unterschicht: »Sie besteht aus jenen, die zuweilen als ›Bodensatz‹ der Gesellschaft bezeichnet werden, aus Dauererwerbslosen, Unsteten, Rückfallkriminellen, Halbalphabeten und anderen« (S. 105). Sie fallen der sozialen Verachtung anheim.

Die Abgrenzung dieser Gruppen erfolgt, wie aus diesen Ausführungen ersichtlich, insbesondere entlang der beruflichen Position; nur bei der Unterschicht werden andere Merkmale herangezogen. Die Angaben zur Größenordnung entstammen vermutlich der amtlichen Statistik; bei den Eliten wie bei den Unterschichten wird auf andere Quellen sowie auf Schätzungen zurückgegriffen. Das Spezifikum an Dahrendorfs Modell liegt darin, dass er sich im Gegensatz zur zeitgenössischen Schichtungsforschung auf die Marxsche Tradition bezieht; er stellt das konflikthafte Zusammenspiel sozialer Gruppen heraus und begreift soziale Strukturen auch als Machtdifferentiale.

In einem Lehrbuch zur Sozialstruktur Deutschlands nimmt Geißler (2014) das Modell Dahrendorfs wieder auf; er aktualisiert die Angaben zur Verteilung der Gruppen und differenziert die Darstellung, indem die Nationalität der Befragten einbezogen wird (Abb. 5.13). Arbeitsmigrant_innen aus den fünf wichtigsten Anwerbestaaten werden als ›Ausländer‹ klassifiziert. Für die Etikettierung der Unterschicht wird auf die Ergebnisse der Armutsforschung zurückgegriffen, wobei jedoch zu vermuten ist, dass die bei Dahrendorf benannten Gruppen eher zu jenen gehören, die mit einem Datensatz dieser Art nicht erfasst werden können.

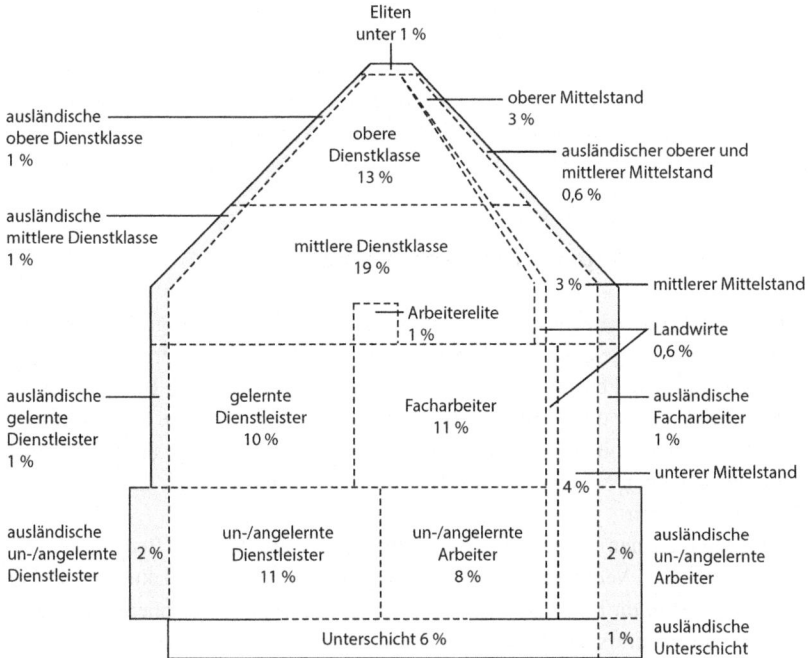

Quelle: Geißler (2014, S. 101), Datenbasis: Mikrozensus 2009, berechnet von Sonja Weber-Menges

Abb. 5.13 Soziale Schichtung der westdeutschen Bevölkerung 2009

Zudem stellen sich Geißler bzw. Weber-Menges einem Problem, das bei Dahrendorf nicht einmal diskutiert wird: »Die Personen wurden nach dem Status ihrer Familie den Schichten zugeordnet. Ausschlaggebend für den Familienstatus war der Status des Haushaltsvorstandes. Haushaltsvorstände, die nicht mehr erwerbstätig waren, wurden nach ihrem früheren Berufsstatus klassifiziert« (S. 101).

Im Vergleich der Modelle wird deutlich, dass die unteren Schichten, die bei Dahrendorf noch 62 % ausmachen, auf etwa 57 % zurückgehen; dementsprechend gewinnen die mittleren Bevölkerungsgruppen an Gewicht – eine Entwicklung, die mit Schelskys Nivellierungsthese korrespondiert. Indem ausländische Beschäftigte in zunehmendem Maße die Un- und Angelerntenpositionen einnehmen und auch einen großen Teil der Armutspopulation stellen, deutet sich eine Unterschichtung der ›deutschen Gesellschaft‹ an.

Ein gewisser Vorteil dieser Darstellung liegt darin, dass die für die Sozialstruktur bedeutsamen Prozesse der Zuwanderung anerkannt werden. Umgekehrt legen die Kategorien jedoch eine Essentialisierung von Migrant_innen nahe, die einem sozialstrukturellen Verständnis von Migrationsprozessen nicht gerecht wird.

5.2.7 Berufsbezogene Klassenmodelle

Berufe hatten im Rahmen der Schichtungsforschung eine wichtige Rolle für die Schichtzuordnung gespielt. Auch das von Erikson und Goldthorpe vorgeschlagene Klassenmodell basiert primär auf einer Zuordnung nach den Berufsangaben. Umgekehrt ist mit der Kritik an der Erwerbszentriertheit von Sozialstrukturmodellen – und mit der damit einhergehenden Orientierung an männlichen Normalbiographien – der Beruf als zentrales Kriterium der Zuordnung in Misskredit geraten.

In verschiedenen Diskussionsbeiträgen wird versucht, die Bedeutung von Berufen für das Verständnis sozialer Strukturierungen zu reflektieren. Dabei lassen sich strukturtheoretische Konzepte wie das von Fürstenberg vertretene Konzept einer Berufsgesellschaft und systemisch funktionale Ansätze wie z. B. Kurtz´ Konzept der Berufsform von Gesellschaft unterscheiden.

5.2.7.1 Berufsgesellschaft

Beck, Brater und Daheim gehen in ihrer Soziologie der Arbeit und der Berufe von einem Berufskonzept aus, das sich insbesondere für gesellschaftliche Logiken von Arbeitsteilungen interessiert. Sie definieren Berufe über ihre Zusammensetzung und Abgrenzung von spezifischen Mustern von Arbeitskraft; auf der Basis dieser beruflichen Abgrenzung wird es überhaupt erst möglich, dass diese Ware am Arbeitsmarkt gehandelt und betrieblich eingesetzt werden kann (vgl. 1980, S. 20). Fürstenberg hebt demgegenüber stärker auf sozioökonomische und soziokulturelle Aspekte ab. Er definiert Beruf »als eine spezifische Form der Erwerbstätigkeit, die auf einer relativ dauerhaften Verbindung von systematisch in Lernprozessen erworbenen Qualifikationen mit entsprechenden Tätigkeitskomplexen beruht und ihrem Träger einen gesellschaftlich anerkannten Status sowie Handlungskompetenz im Rahmen sanktionierter Regelbindung vermittelt« (2000, S. 20). Dementsprechend führt er als Charakteristika der herkömmlichen Berufsgesellschaft an:

- eine durch Berufsbildung gekennzeichnete Arbeitsteilung,
- die Institutionalisierung von Berufsleitbildern, die dann in Prozessen der beruflichen Sozialisation verinnerlicht werden,
- die Zuweisung von Handlungskompetenz aufgrund beruflicher Qualifikationen,
- eine funktionale Leistungsorganisation, in der ›Fachlichkeit‹ als Differenzierungsmoment fungiert,
- eine berufsorientierte Statusverteilung, die an berufsqualifikatorische Merkmale gebunden ist.

Fürstenberg sieht die Berufsgesellschaft nach Bildungsklassen strukturiert; sie versteht sich zwar als Leistungsgesellschaft, diese Leistungen gehen aber vor allem auf Berufsleistungen zurück (S. 22). Dementsprechend kommt dem Erwerb beruflicher Qualifikationen im dualen System der Berufsausbildung bzw. an weiterführenden Schulen und Hochschulen eine zentrale Rolle zu; die Berufswahl, die Wahl von Ausbildungsstätten und daran anschließend der Übergang in den Beruf werden zur entscheidenden Instanz der gesellschaftlichen Statuszuweisung.

Zu den die Berufswahl bedingenden Faktoren zählen die über das Herkunftsmilieu geprägten Primärerfahrungen mit verschiedenen Berufsfeldern, geschlechtsspezifische Berufsvorstellungen, Bildungs- und Ausbildungschancen (Schulabschlüsse) und schließlich deren Verwertbarkeit am Arbeitsmarkt. Berufsbezogene Handlungsstrategien werden zu einem wichtigen gesellschaftlichen Strukturmoment. Insbesondere in dem berufsfachlichen Teilsegment des Arbeitsmarktes spielt die Beruflichkeit eine zentrale Rolle, aber auch in den betriebsbezogenen Arbeitsmärkten sind berufliche Merkmale bedeutsam.

Berufe fungieren als eine wichtige sekundäre Sozialisationsinstanz. »So wird die Berufsgesellschaft auch durch einen spezifischen Habitus der Berufsträger charakterisiert, die sich durch Haltung und Mentalität identifizieren lassen. ›Beruf‹ im allgemeinsten Sinn wird zu einem Erkennungsmerkmal im sozialen Kommunikationsprozeß. Er wird mit Erwartungshaltungen verbunden und damit zur Voraussetzung vor allem leistungsbezogener Interaktionen. Die Habitualisierung beruflicher Haltungen und Mentalitäten läßt darüber hinaus den Beruf zum Teil der Lebensform seines Trägers werden« (S. 42).

Damit wird das Berufssystem zu einem wichtigen Moment gesellschaftlicher Integration: »Aufbauend auf einem kompetenzabhängigen Leistungsbeitrag zur Daseinssicherung integriert eine berufliche Organisation der Arbeitswelt das Individuum durch Statuserwerb und -zuschreibung in den gesellschaftlichen Zusammenhang. Die Berufsorientierung ermöglicht ein auf die Lebenslage bezogenes strategisches Handeln. Beruflicher Habitus kann die statusbildende

Vermittlung und Anerkennung berufsbezogener Leistungen symbolisch verdeutlichen. Umgekehrt hat beruflicher Statusverlust weit über seine ökonomischen Folgen hinaus desintegrierende Auswirkungen« (S. 44 f.). Angesichts dieser großen Bedeutung von Berufen für die Sozialstruktur ist den Transformationen dieser Berufsgesellschaft – Fürstenberg spricht von einer Krise der Berufsgesellschaft – besondere Aufmerksamkeit zu schenken. Wichtige Trends der Veränderung des beruflichen bzw. betrieblichen Arbeitens (in Deutschland) lassen sich einer Darstellung Daheims folgend so zusammenfassen:

• Der Beruf im Sinne von »relativ dauerhaften Arbeitskraftmustern« (2001, S. 33) verliert für die Schneidung von Arbeitspositionen im Betrieb wie im Bewusstsein der Arbeitenden an Bedeutung; zudem werden diese Arbeitskraftmuster rascher obsolet.
• Neue differenzierte Formen der Erwerbsarbeit gewinnen an Bedeutung, exemplarisch wird auf die diversen Formen von selbstständigen und unselbstständigen Tätigkeiten in der Informationswirtschaft verwiesen.
• Der Anteil der Selbstständigen nimmt weiter zu. Bei den anderen kommt es zu einer Entgrenzung der Arbeit, zu Proletarisierung und Deprofessionalisierung. Die Nachhaltigkeit des Erwerbs, die Höhe der Einkommen und die Arbeitsbedingungen verschlechtern sich, »die Bedeutung der Erwerbsarbeit für soziale Integration geht zurück« (S. 34).
• Die überkommenen Klassenmilieus und das tradierte Geschlechterverhältnis lösen sich allmählich auf, es werden jedoch »weiterhin Leistungswerte propagiert, um wachsende Unterschiede in den Arbeits- und Entlohnungsverhältnissen zu legitimieren« (ebd.).
• Diese Umbrüche vollziehen sich kaum beeinflusst ›hinter dem Rücken‹ der politischen Akteure.

Im Fazit kommt Daheim zu dem Schluss, dass eine Fortschreibung dieser Trends dazu führt, dass sich der Charakter einer ›Berufsgesellschaft‹ verliert, »während der der ›Arbeitnehmergesellschaft‹, ›Leistungsgesellschaft‹, ›Erwerbsgesellschaft‹ und ›Arbeitsgesellschaft‹ beibehalten wird, aber in neuen zuungunsten vieler Arbeitender veränderten Formen« (ebd.).

Angesichts dieser Trends wird es auch jenseits der Kritik an den erwerbsorientierten Ansätzen der Sozialstrukturanalyse problematisch, von Berufsgesellschaften zu sprechen; dennoch sollte berücksichtigt werden, dass nicht unbedeutende gesellschaftliche Teilsegmente nach wie vor beruflich strukturiert sind: die Ausbildung und die Schneidung des Wissens und der zu erwerbenden Kompetenzen erfolgt berufsbezogen, am Arbeitsmarkt werden Stellen oft beruflich ausgewiesen und auch für die Abgrenzung von Tätigkeiten in Betrieben spielen Berufe eine wichtige Rolle. Nicht zu vergessen sind auch die vielfältigen Institutionen – Gewerkschaften, Kammern, Interessen- und Berufsverbände –, die sich auf berufliche Differenzierung beziehen. Auch die angesprochenen neuen Berufe z. B. in der Informationswirtschaft tragen Spuren der Beruflichkeit, indem sich ein bestimmter exklusiver Fundus von Wissen und Kompetenzen, bestimmte Muster der Arbeitsorganisation und der Arbeitsethik herausbilden. Hier wird erkennbar, dass fachlich berufliche Sozialisationen und daran anschließende fachlich beruflich etikettierte Tätigkeiten für Prozesse der sekundären Sozialisation, der Herausbildung und Stabilisierung bestimmter Habitusmuster auch weiterhin eine wichtige Rolle spielen werden.

5.2.7.2 Berufssystem und Berufsform

Talcott Parsons hatte sich 1946 dem Berufssystem ausgehend von der Frage zugewandt, wie Aggressivität in der Sozialstruktur – seiner theoretischen Perspektive folgend das Pendant zum Konfliktparadigma – zu erklären sei. Hier führt er neben dem Berufssystem das Verwandtschaftssystem und die Struktur der Gruppenfeindschaft an. Anzumerken ist, dass bei Parsons von einem anderen Berufskonzept ausgegangen wird als bislang dargelegt. Das ist auf der einen Seite den Bedeutungsvarianzen geschuldet, die auf Unterschiede in der beruflichen Praxis und in den berufsbezogenen Deutungsmustern z. B. in Deutschland und den USA zurückgehen; zum anderen wird mit der strukturfunktionalen Perspektive der Akzent auf das Berufssystem und seine Bedeutung für andere gesellschaftliche Teilsysteme gelegt. Parsons charakterisiert dieses System über den »Primat des funktionalen Leistungserfolgs« (1964, S. 241); d. h. die Befähigung zur Erfüllung einer Aufgabe tritt als zentrale Selektionsinstanz an die Stelle z. B. ständischer und anderer statusgebundener Regeln. Die fachliche Rolle wird von der Person, der Arbeitsplatz wird von der Wohnung getrennt.

Mit dem Berufssystem entwickelt sich ein eigenes Beziehungssystem, das sich durch besondere Formen einer der fachlichen Aufgabe untergeordneten Disziplin auszeichnet. Das Berufssystem korrespondiert mit einem Wettbewerbssystem, indem wiederholt Selektionsentscheidungen getroffen werden, die dann auch zu einer ausgeprägten Prestigehierarchie führen. Darüber hinaus zeichnet sich das Berufssystem dadurch aus, dass Menschen »in soziale Beziehungssysteme von größter Komplexität einbezogen werden, die ihrer Neuheit und ihres schnell wechselnden Charakters wegen nicht mehr von anerkannten und zur Tradition gewordenen Normen angemessen gesteuert werden können« (S. 242) und dass sie dort verantwortlich agieren müssen. Unter sozialisatorischen Aspekten begreift

Parsons das Berufssystem als Ort einer »primären Wirklichkeitsprüfung«, bei der die »Angemessenheit«, »Fähigkeit zu guten Leistungen und die Fähigkeit, sich im Wettbewerb zu behaupten und hervorzutun« geprüft wird. Das Berufssystem habe aber auch erleichternden Charakter da »beruflicher Erfolg viel zur Verringerung des Bedürfnisses nach zwanghafter Männlichkeit beitragen kann« (S. 245) – angemerkt sei, dass diese Äußerungen Parsons als ein Musterbeispiel der wissenschaftlichen Affirmierung der androzentrisch organisierten sozialen Praxis fungieren können.

Aus einer systemtheoretischen Perspektive reduziert Thomas Kurtz die Frage nach der Bedeutung von Berufen. Die *Form* Beruf wird als Muster der Kommunikation über gesellschaftliche Arbeit begriffen, die auf Ausgangsunterscheidungen im System der Erziehung und der Wirtschaft zurückgreift. Daran anknüpfend kann »in jedem Kontext der Gesellschaft (…) auf diese Ausgangsunterscheidung mit der jeweiligen Verzweigungsoption anders (systemspezifisch) zugegriffen und über diese Kommunikation kommuniziert werden«. Die Form Beruf ist »Teil des kulturellen Sinnvorrates der Gesellschaft, ein universalisiertes Sinnverarbeitungsschema, das uns hier als Selbstbeschreibungsfolie der modernen Gesellschaft begegnet« (Kurtz 2005, S. 133 f.).

5.2.7.3 Klassenmodell nach Erikson und Goldthorpe

Das so genannte EGP-Modell geht auf John H. Goldthorpe und Robert Erikson zurück; an früheren Publikationen war auch Lucienne Portocarero beteiligt. Das Modell basiert auf der internationalen Standard-Klassifikation der Berufe (ISCO 88) durch das International Labor Office. Es versteht sich in Abgrenzung zu theoriegeleiteten Modellen z. B. in der Marxschen Tradition, die von bestimmten Prämissen zur Interessenlage der beteiligten Akteure und zu Herrschaftsbeziehungen ausgehen. Umgekehrt soll auf einen erklärenden Anspruch nicht verzichtet werden; so möchte Goldthorpe eine Antwort auf die Frage bieten, warum soziale Klassen existieren (2007, S. 39). Diese Klassenpositionen sieht Goldthorpe durch spezifische Beschäftigungsverhältnisse unterschieden; das Ziel ist es demnach, ein empirisch erfolgreiches Modell zu entwickeln, das eine angemessene Abgrenzung von Berufsgruppen ermöglichen soll. In dem Modell wird nach der Intention der Autoren auf eine hierarchische Struktur von sozialen Klassen verzichtet. Erikson und Goldthorpe rechnen ihr Modell einer »liberal theory of the industrial society« (1992, S. 8) zu, in der insbesondere das Moment der sozialen Mobilität eine zentrale Rolle spielt. Umgekehrt verzichten sie aber nicht darauf, im Produktionsprozess bzw. in den damit verknüpften Beschäftigungsverhältnissen eine wesentliche Quelle sozialer Differenzierung zu sehen.

Der Ausgangspunkt der Überlegungen von Goldthorpe und Erikson ist das Problem der Unbestimmtheit von Arbeitsverträgen. Arbeitgeber und Arbeitnehmer treten in eine soziale Beziehung ein. Die Arbeitnehmer begeben sich unter die Autorität eines Arbeitgebers und erhalten einen spezifischen Lohn; welche Quantität und Qualität die erbrachte Arbeitsleistung hat, ist in der Regel jedoch unbestimmt. Offen bleibt z. B., »was Arbeitgeber von Arbeitnehmern verlangen können, und was wiederum die Pflichten von Arbeitnehmern sind. Arbeitgeber kaufen das Recht, Arbeitnehmern vorzuschreiben, was sie bei der Arbeit tun sollen, und Mindestpflichten werden vielleicht formal niedergelegt, welche z. B. die Arbeitszeiten, die Arbeitsweisen und -verfahren betreffen. Aber Verträge versuchen nur selten, wenn überhaupt, festzulegen, wie hart Arbeitnehmer arbeiten sollen (…) und schon gar nicht, welchen Grad an Verantwortung, Anpassungsfähigkeit oder Initiative sie im Interesse ihres Arbeitgebers zeigen sollen« (2007, S. 46).

Antworten auf die Frage nach der betrieblichen Lösung dieses Unbestimmtheitsproblems sucht Goldthorpe nicht im Ausbeutungs- oder Kontrollparadigma; er beurteilt die verschiedenen Lösungen des Unbestimmtheitsproblems eher im Sinne ihrer Effektivität für das Unternehmen. Diese Lösungen lassen sich nach Goldthorpe und Erikson nur unter Einbeziehungen verschiedener Spezifika der Arbeitskraft analysieren. Hier unterscheiden die Autoren zum einen nach der Qualifikation und dem Wissen von Arbeitskräften – sie sprechen von der Spezifität des Humankapitals – und nach den Möglichkeiten, eine Arbeitsleistung bzw. einen Arbeitsertrag überwachen und bewerten zu können (difficulty of monitoring).

Für Arbeitskräfte, deren Humankapital eher niedrig und deren Arbeit relativ gut zu überwachen ist, wird das Unbestimmtheitsproblem durch Beschäftigungsverhältnisse gelöst, die dem Typ des Arbeitsvertrages *(labour contract)* folgen. Im Ideal würde dort ein Stücklohn vereinbart. Es erfolgt ein möglichst unmittelbarer Austausch von Geld gegen Arbeit. Die Arbeitsinhalte und die geforderten -leistungen sind relativ klar umrissen und können mit einfachen Mitteln in ihrer Qualität und Quantität überwacht werden. In diesen Arbeitsverhältnissen erfolgt – wie auch bei Marx dargelegt – eine recht weitgehende Kommodifizierung der Arbeit. Arbeitskräfte können auf dem Arbeitsmarktsegment der Geringqualifizierten relativ einfach rekrutiert und damit auch ausgetauscht werden. Die seitens der Unternehmen erforderlichen Investitionen in die Einarbeitung sind gering; dementsprechend gibt es keine Anreize für eine betriebliche Qualifizierung.

Eine andere Lösung des Unbestimmtheitsproblems bietet sich für Arbeitskräfte, deren Humankapital recht hoch und deren Arbeit in ihrer Qualität und Quantität kurzfristig kaum zu überwachen ist. Hier finden sich vornehmlich

Arbeitsbeziehungen, die Erikson und Goldthorpe als Dienstverhältnis *(service relationship)* bezeichnen (Abb. 5.4). Diese Verhältnisse sind eher von längerer Dauer.»Beschäftigte leisten der sie beschäftigenden Organisation Dienste gegen eine ›Vergütung‹, die nicht nur die Form der Entlohnung für Arbeit annimmt (...), sondern die auch wichtige, in Aussicht gestellte Elemente umfasst – zum Beispiel Gehaltserhöhungen nach einem gängigen Maßstab, die Gewissheit einer Sicherheit sowohl in der Beschäftigung als auch – durch Rentenansprüche – nach Eintritt in den Ruhestand, und vor allem durch klar bestimmte Karrieremöglichkeiten« (Erikson und Goldthorpe 1992, S. 41). Dazu gehören auch Aufsichtsfunktionen. Damit die so Beschäftigten im Interesse des Unternehmens handeln, ist es wichtig, sie an das Unternehmen und an die Interessen des Unternehmens zu binden; bei gewinnorientierten Unternehmen könnte dies z. B. über verschiedene Formen der Gewinnbeteiligung erfolgen; auch im öffentlichen Dienst finden sich in jüngster Zeit Modelle einer erfolgsabhängigen Entlohnung. Damit dieser eher diffuse Austausch von Diensten und Bezahlung zu den gewünschten Zielen führt, ist eine längere Beschäftigungsperspektive erforderlich.

Beide Beschäftigungsverhältnisse strahlen über die unmittelbare Arbeitssituation in erheblichem Maße auf die Lebenssituation der so Beschäftigten aus: das

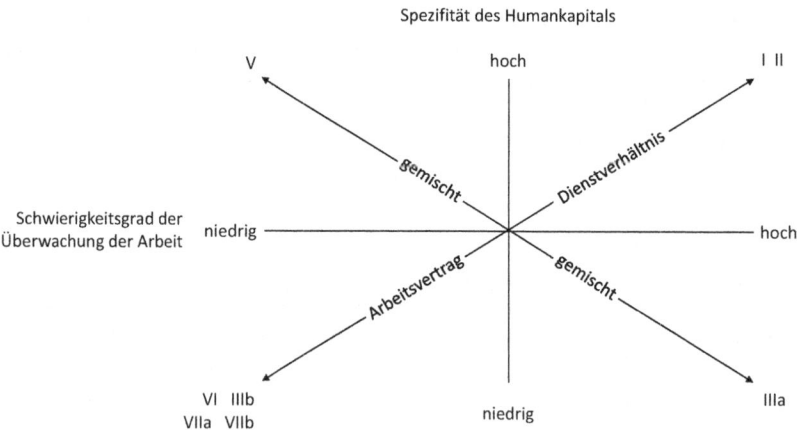

Quelle: Goldthorpe (2007, S. 60), Übersetzung modifiziert

Abb. 5.14 EGP-Klassen (abhängig Beschäftigte)

betrifft die Einkommenssituation, die Kalkulierbarkeit von Beschäftigungsverhältnissen, die Arbeitsbedingungen, die Verortung in Hierarchien, aber auch die
unterschiedliche Einbindung in die Unternehmenslogik.
Neben diesen idealtypischen Beschäftigungsverhältnissen, die in Abb. 5.14
eher links unten bzw. rechts oben zu verorten sind, finden sich auch Mischformen.
Weniger qualifizierte Beschäftigte, die schwierig zu überwachende Tätigkeiten
ausführen (im Schema unten rechts verortet), finden sich z. B. an den Rändern
bürokratischer Strukturen, wo in Handel und Verwaltung eher ausführende Tätigkeiten wahrgenommen werden. Zu den höher qualifizierten Beschäftigten, die
aber eher im Rahmen von Arbeitsverträgen angestellt sind, gehören Vorarbeiter
oder niedrigrangige Techniker.

In diesem so konstruierten Sozialraum werden nun Personen entsprechend den
Charakteristika ihres Berufes verortet. Dies erfolgt jedoch nicht auf Basis einzelner Berufe, sondern es werden Berufsgruppen gebildet; damit kommen weitere
Dimensionen ins Spiel. Für die Gruppierung von Berufen wird auf ›bewährte‹
Unterscheidungen zurückgegriffen. So werden die Berufe nach der Art der Tätigkeit (manuell, nicht-manuell, landwirtschaftlich) und den zur Berufsausübung
erforderlichen Qualifikationen (niedrige, hohe) unterschieden.

Bezieht man nun noch die Unterscheidung zwischen Unternehmern (mit
mehreren Beschäftigten), Kleinunternehmern (ohne Beschäftigte) und abhängig
Tätigen ein, so ergibt sich das im Folgenden dargestellte Modell mit 13 Gruppen, die zu 11 Klassen (römische Zahlen und Kleinbuchstaben) aggregiert sind;
die Einordnung der Gruppe IIIb variiert zwischen beiden Darstellungen (vgl.
Abb. 5.15).

Ausgehend von dieser komplexen Version werden dann verschiedene Aggre-
gationsmöglichkeiten angeboten. In der 11-Klassen-Version umfasst die Klasse
I sowohl Unternehmer (mit mehreren Beschäftigten) als auch hochqualifizierte Beschäftigte, die in einem Dienstverhältnis stehen. Zudem wird bei
den Selbstständigen im Agrarsektor (IVc) auf die Differenzierung nach der
Beschäftigtenzahl verzichtet (vgl. Abb. 5.16).

In der 7-Klassen-Version erfolgen weitere Zusammenfassungen; so entfällt die
Landwirtschaft-Industrie-Differenzierung (VIIa und b), die Qualifikationsdiffe-
renzierung (III a und b) und die Differenzierung nach der Beschäftigtenzahl bzw.
nach Landwirtschaft und Industrie (IV a-c).

Die 4-Klassen-Version pointiert schließlich die Differenzierung nach den
Beschäftigungsbeziehungen (Arbeitsvertrag vs. Dienstverhältnis, sowie eine Zwi-
schenklasse); hinzu kommt die Gruppe des ›Kleinbürgertums‹. Die in dem
Diagramm von Breen verwandte Bezeichnung ›Manual Class‹ ist jedoch irreführend, da diese Gruppe sowohl Beschäftigte mit manuellen (VI, VII) wie mit

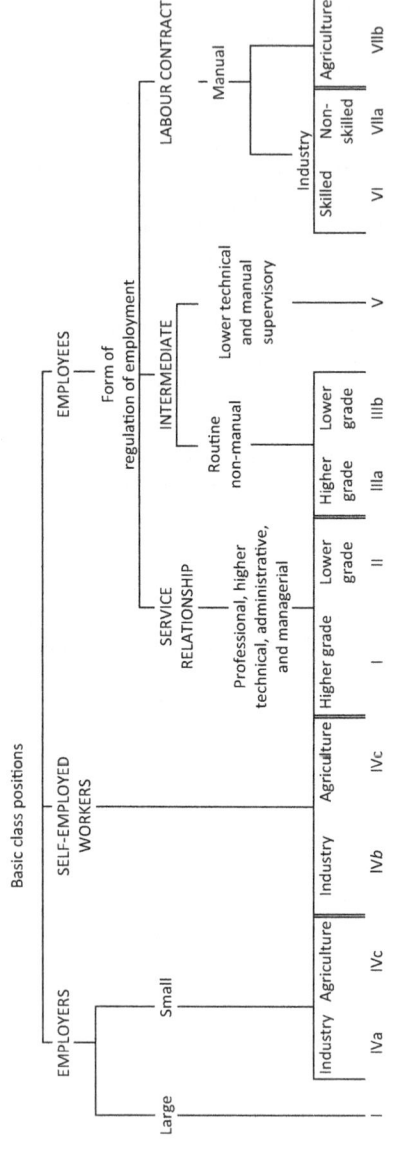

Quelle: Erikson/ Goldthorpe (1992, S. 36)

Abb. 5.15 Ableitung des EGP-Schemas

11-class version		7-class version		4-class version
I	Upper service class	I	Upper service class	Service class (I+II)
II	Lower service class	II	Lower service class	
IIIa	Routine non-manual employees, higher grade	III	Routine non-manual E.	Intermediate class (IIIa+V)
IIIb	Routine non-manual employees, lower grade			Manual class (IIIb+VI+VII)
IVa	Small proprietors with employees			
IVb	Small proprietors without employees	IV	Petty-bourgeoisie	Petty-bourgeoisie (IV)
IVc	Farmers and other self-employed workers in primary production			
V	Lower grade technicians and supervisors of manual workers	V	Technicians and supervisors	Intermediate class (IIIa+V)
VI	Skilled manual workers	VI	Skilled manual	
VIIa	Semi- and unskilled manual workers (not in agriculture)	VII	Non-skilled manual W.	Manual class (IIIb+VI+VII)
VIIb	Semi- and unskilled manual workers in agriculture			

Quelle: Eigene Darstellung in Anlehnung an Breen (2005, S. 41)

Abb. 5.16 EGP-Klassen als 11-, 7- und 4-Klassen-Version

nicht-manuellen Tätigkeiten (IIIb) umfasst. In einer anderen Fassung des Artikels wird die Klasse IIIb der ›Intermediate Class‹ zugerechnet. Eine deutsche Fassung (Abb. 5.17) findet sich bei Baumert und Maaz charakterisieren die sieben (bzw. elf) EGP-Klassen wie folgt:

Das EGP-Modell wird derzeit in der empirischen Forschung relativ häufig eingesetzt. So wurde z. B. in den PISA-Studien mit diesem Modell gearbeitet;

»I *Obere Dienstklasse:* Zur oberen Dienstklasse gehören die Angehörigen von freien akademischen Berufen, führende Angestellte und höhere Beamte, selbstständige Unternehmer mit mehr als zehn Mitarbeitern und alle Hochschul- und Gymnasiallehrer. (...)

II *Untere Dienstklasse:* (...) Zu dieser Klasse gehören Angehörige von Semiprofessionen, Angehörige des mittleren Managements, Beamte im mittleren und gehobenen Dienst und technische Angestellte mit nichtmanueller Tätigkeit.

III a–b *Routinedienstleistungen in Handel und Verwaltung:* Zur Klasse III a zählen klassische Büro- und Verwaltungsberufe mir Routinetätigkeiten; der Klasse III b werden Berufe mit niedrig qualifizierten, nichtmanuellen Tätigkeiten wie zum Beispiel Verkaufs- und Servicetätigkeiten zugeordnet. (...)

IV a–c *Selbstständige (›Kleinbürgertum‹) und selbstständige Landwirte:* Zur Klasse der Selbstständigen zählen alle Selbstständigen aus manuellen Berufen mit und ohne Mitarbeiter. Freiberufler werden dieser Klasse zugeordnet, wenn sie keinen hoch qualifizierten Beruf ausüben. (...) Die Klasse wird (...) dreifach unterteilt in Selbstständige mit Mitarbeitern, Selbstständige ohne Mitarbeiter und selbstständige Landwirte.

V–VI *Facharbeiter und Arbeiter mit Leitungsfunktionen sowie Angestellte in manuellen Berufen:* (...) Dazu gehören Vorarbeiter, Meister, Techniker, die in manuelle Arbeitsprozesse eingebunden sind, sowie Aufsichtskräfte im manuellen Bereich. Zur EGP-Klasse VI zählen abhängig Beschäftigte mit manueller Tätigkeit und abgeschlossener Berufsausbildung oder vergleichbarer Qualifikationen.

VII a-b *Un- und angelernte Arbeiter sowie Landarbeiter:* Der Klasse VII a werden alle un- und angelernten Berufe aus dem manuellen Bereich sowie einige Dienstleistungsberufe mit weitgehend manuellem Charakter und geringem Anforderungsniveau zugeordnet. Zur Klasse VII b zählen alle Arbeiter, gelernt oder ungelernt, in der Land-, Forst- und Fischwirtschaft sowie der Jagd«.

Quelle: Baumert/ Schümer (2001, S. 339), zit. nach Baumert/ Maaz (2006)

Abb. 5.17 Erläuterung der EGP-Klassen

auch in der amtlichen Statistik Großbritanniens wird dieses Modell mit leichten Modifikationen (UK National Statistics Socio-economic Classification) genutzt. Es gibt jedoch eine Reihe von Kritikpunkten. So verzichten die Autoren auf eine explizite Unterscheidung nach der Frage des Produktionsmittelbesitzes. Demnach finden sich in der höheren Dienstklasse neben führenden Angestellte und Beamten auch selbstständige Unternehmer mit größeren Betrieben. Diese Zuordnung folgt eher einer Eliten- als einer ökonomischen Logik. Im Gegensatz zu Klassen- und Schichtmodellen, die mit einer hierarchischen Strukturierung arbeiten, bietet das EGP-Modell keine eindimensionale Ordnungsstruktur.

Neben diesen Kritikpunkten, die sich jeweils auf konkurrierende Erklärungs-modelle beziehen, erscheinen die Kritikpunkte gravierender, die in der Logik des Modells die Frage stellen, ob die von Erikson und Goldthorpe angebotenen Differenzierungen der sich wandelnden Branchenstruktur, den sich wandelnden Mustern der Organisation und Teilung von Arbeit und schließlich den sich wandelnden Beschäftigten- und Beschäftigungsstrukturen angemessen sind.

- Die Konzentrationsprozesse, die Produktivitätssteigerungen und die Techni-sierung im landwirtschaftlichen Bereich stellen die Ausdifferenzierung des Agrarsektors in Frage.
- Sowohl gegenüber dem EGP-Schema wie auch dem Modell Wrights wird ein-gewandt, es entspreche eher dem *Golden Age* des Industrie-Kapitalismus in den 1970er Jahren (vgl. Oesch 2006); das Modell spiegele somit den Fordis-mus und das Male-Bread-Winner Modell wider. Demgegenüber würden das Wachstum des Dienstleistungssektors, der Ausbau des Wohlfahrtsstaates, die Bildungsexpansion und schließlich die wachsende Frauenerwerbsbeteiligung nicht adäquat berücksichtigt.
- Die mit der Informatisierung von Arbeiten einhergehenden technologischen Veränderungen bedingen, dass die Unterschiede von manueller und nicht-manueller Arbeit an Bedeutung verlieren. So sind in vielen Bereichen die hochgradig belastenden körperlichen Arbeiten verschwunden oder haben sich modifiziert; zudem wurden sie oftmals mit dispositiven Tätigkeiten verknüpft. Mit der so genannten ›Bildschirmarbeit‹ findet sich inzwischen ein neuer gemeinsamer Nenner dieser vormals auch auf der Deutungsebene deutlich differenzierten Arbeitssphären.
- Schließlich wird auf die Verflachung von Hierarchien verwiesen, die eine Modifizierung der Dienstverhältnisse bedingen. Diese Kritik kann Goldthorpe recht plausibel zurückweisen; er räumt jedoch ein, dass es gegenwärtig zu einer Neuformulierung dieses ›Deals‹ komme (2007, S. 63). Es bleibt jedoch das Problem bestehen, dass mit dem Rückgang tayloristischer Arbeitsmuster die Gegenüberstellung von Dienstverhältnis und Arbeitsvertrag aufweicht.

5.2.7.4 Klassenmodell nach Oesch

Das Modell, das Daniel Oesch vorschlägt, nimmt eine Reihe der oben formulierten Kritiken auf, es berücksichtigt die folgenden Dimensionen: die Stellung zu den Produktionsmitteln, also die Selbstständigkeit bzw. Unselbstständigkeit von Tätigkeiten; die Qualifikationsniveaus und schließlich die so genannte Arbeitslogik. Bei der Arbeitslogik differenziert Oesch in eine technische, eine organisationale und eine interpersonale Arbeitslogik; auch die selbstständige Tätigkeit begreift er als eine spezifische Arbeitslogik. Diese Logiken werden näher spezifiziert, indem die Arbeitssituation, die Form der (Nicht-)Einbindung in hierarchische Strukturen, wesentliche Orientierungsmuster im Arbeitsprozess und schließlich die erforderlichen Kompetenzen und Qualifikationen analysiert werden (vgl. Abb. 5.18).

Die Differenzierung nach verschiedenen Formen der Arbeitslogik stellt ein Novum in der Klassifizierung von Berufen dar. Es wird versucht, unterschiedliche Arbeitserfahrungen abzubilden, die mit der vorrangigen Einbindung von Arbeiten verknüpft sind: Einbindung in technische Systeme, in organisationale Systeme oder in interpersonelle Zusammenhänge. Die Unterscheidung der Arbeitslogiken liefert zudem eine gute Möglichkeit, die geschlechtsspezifischen Berufswahlen abzubilden; so finden sich in Deutschland im Segment der interpersonalen wie auch der organisationalen Arbeitslogik erheblich mehr weibliche als männliche Beschäftigte; umgekehrt haben Frauen im Segment der selbstständigen und insbesondere der technischen Arbeitslogik einen weitaus geringeren Beschäftigungsanteil.

	Technical Work Logic	Organizational Work Logic	Interpersonal Work Logic
1. Setting of work process	Work process determined by technical production parameters	Bureaucratic division of labour face	Service setting based on face-to-exchange
2. Relations of authority	Working outside the lines of command for higher grades, working within a clear-cut command structure for lower grades	Working within a bureaucratic command structure that corresponds command to a career sequence	Working largely outside the lines of command
3. Primary orientation	Orientation towards the professional community or group of trades (Berufsgruppe)	Primary orientation towards the employing organization	Orientation towards the client, student, patient or petitioner
4. Skill requirements	Scientific expertise for higher grades, crafts and manual skills for lower grades	Coordination and control skills for higher grades, clerical skills for lower grades	Expertise and communicative skills for higher grades, social skills for lower grades

Quelle: Oesch (2006a, S. 64)

Abb. 5.18 Dimensionen des Klassenmodells nach Oesch

Self-employed		Employees		
Independent work logic		Technical work logic	Organizational work logic	Interpersonal service work logic
Large employers (>9) Firm owners Salesmen	Self-employed professionals Lawyers Accountants	Technical experts Mechanical engineers Computing professionals	Higher-grade managers and administrators Business administrators Financial managers	Sociocultural professionals University teachers journalists
Petite bourgeoisie with employees (<9) Restaurant owners Farmers		Technicians Electrical technicians Safety inspectors	Associate managers and administrators Managers in small firms Tax officials	Sociocultural semi-professionals Primary school teachers Social workers
Petite bourgeoisie without employees Shopkeepers Hairdressers		Skilled crafts Machinery mechanics Carpenters	Skilled office Secretaries Bank tellers	Skilled service Children's nurses Cooks
		Routine operatives Assemblers Machine operators	Routine agriculture Farm hands Loggers	Routine office Mail sorting clerks Call centre employees	Routineservice Shop assistants Home helpers

Quelle: Oesch (2006b, S. 269)

Abb. 5.19 Klassenmodell nach Oesch

Vor dem Hintergrund der vorgeschlagenen Differenzierungen entwirft Oesch ein zwei- bzw. dreidimensionales Klassenmodell, das in der umfassenden Form 17 Kategorien umfasst (vgl. Abb. 5.19).

Wie die gestrichelten Linien andeuten, kann eine vereinfachte Version des Schemas mit 8 Klassifizierungen generiert werden.

5.2.8 Klassenlagen in der DDR

Heike Solga hat in ihrer Studie zu Klassenlagen und sozialer Mobilität in der DDR ein spezifisches Modell zur Klassenstruktur in der DDR vorgeschlagen (Abb. 5.20). Ausgangspunkt sind ganz im Sinne des Marxschen Klassenkonzeptes die historischen Veränderungen der Eigentumsverhältnisse; sie spezifiziert diese Klassenlagen aber auch entlang der damit verbundenen Verfügungsgewalten.

Die Verfügungsgewalt ist in der Parteielite bzw. den Dienstklassen der sozialistischen Produktion konzentriert. Während die Parteielite über die politische, ökonomische und technokratische Verfügungsgewalt verfügt, ist es in der administrativen und operativen Dienstklasse vor allem die technokratische Verfügungsgewalt; in der administrativen Dienstklasse ist es aber auch die politische und ökonomische Gewalt. Im genossenschaftlichen Eigentumssegment

Dominante Produktionsweise		Untergeordnete Produktionsweisen	
Sozialistische Warenproduktion		Einfache Waren- produktion	Kapitalistische Warenproduktion
Staatliches Eigentum	Genossenschaft- liches Eigentum (ab 1952)	Kleines Privateigentum	Kapitalistisches Privateigentum
Parteielite			
Administrative Dienstklasse *Operative Dienstklasse*	*Dienstklasse des genossenschaftlichen Privateigentums*		Betriebs- eigentümer
	PGH-Handwerksmeister	Selbständige	*Bürgerliche Dienstklasse*
Sozialistische Arbeiterklasse	Genossenschafts- bauern	Selbständige Kleinbauern	

kursiv: widersprüchliche Klassenlagen
Quelle: Solga (1995, S. 66)

Abb. 5.20 Klassenlagen in der DDR-Gesellschaft

verfügt man eingeschränkt über ökonomische und technokratische Verfügungsgewalt. Bei den untergeordneten Produktionsweisen lässt sich durchaus die volle
ökonomische und technokratische Verfügungsgewalt zu beobachten.

Nicht zu unterschätzen sind jedoch die erheblichen Veränderungen innerhalb
der vierzigjährigen Geschichte der DDR. So unterscheidet Solga eine Phase der
Schaffung der Grundlagen des Sozialismus (1945–1961), eine Phase der Stabilisierung (1961–1979) und schließlich eine Phase der sozialen Redifferenzierung
(1980–1989). Wichtige Veränderungen vollziehen neben der Gründungsphase
auch in den 1960er Jahren. Im Prozess der Kollektivierung in der Landwirtschaft
waren die selbstständigen Klein- und Mittelbauern weitgehend verschwunden. Es
entsteht die neue Klasse der Genossenschaftsbauern. »Ähnliche Auflösungspro-
zesse sind für die ›alte‹ bürgerliche Dienstklasse zu konstatieren. Ihre ehemaligen
Angehörigen haben entweder bis 1961 die DDR verlassen oder in eine der anderen Klassenlagen bzw. widersprüchlichen Klassenpositionen der sozialistischen
Planwirtschaft Zugang gefunden. Die privaten Warenproduzenten als Selbstständige (mit höchstens zehn Beschäftigten) oder als Eigentümer von halbstaatlichen
Betrieben konnten im Gegensatz dazu ihre selbstständige Existenz gegenüber
dem staatlichen Eigentum, wenn auch zahlenmäßig stark reduziert, behaupten.
Damit ergibt sich für die DDR-Gesellschaft in der Phase der wirtschaftlichen
Reformversuche unter der Ulbricht-Regierung eine Klassenstruktur, die aus einer
zeitweise gleichzeitigen Existenz von vier Produktionsweisen resultierte« (Solga
1995, S. 115). Zu einer weiteren Verschiebung der Eigentumsverhältnisse kommt

es in den 1970er Jahren. Die Auflösung der Klasse der Privateigentümer_innen
setzt sich fort, indem die halbstaatlichen in volkseigene Betriebe umgewandelt
werden.

In den hier skizzierten Perioden der sozialstrukturellen Entwicklung wird
deutlich,»daß es sich bei der Klassenstruktur der DDR-Gesellschaft um ein historisches Entwicklungsprodukt handelt, das aus einem Spannungsverhältnis von
politischer Intervention, wirtschaftlichen Entwicklungserfordernissen und sozialem Wandel entstanden ist«. Das führt Solga zu der These,»daß die gesamte
Entwicklung der DDR-Gesellschaft den Lebensabschnitten, Bedürfnissen und
Interessen einer Generation folgte, nämlich denen der ›alten Garde‹. Gleichzeitig wurde versucht, die Interessenartikulation der anderen Gruppen sowohl
mittels Befriedungsstrategien als auch durch politische Zwangsmaßnahmen bzw.
Kontrollmechanismen zu verhindern« (S. 123).

Neben diesen politisch ökonomischen Umwälzungen und den daraus resultierenden Klassenlagen bildet sich in der DDR auch ein spezifischer Sozialstaat
heraus, der sich aber in vielen Gesichtspunkten von der westlichen Variante
unterscheidet; von besonderer Bedeutung sind spezifische Sozialleistungen, die
umgangssprachlich als zweite Lohntüte bezeichnet wurden, das umfasst z. B. die
erheblichen Subventionen für Mieten und Güter des Grundbedarfs (Brot etc.)
sowie betriebliche Zusatzleistungen (z. B. Kinderbetreuung, Freizeitangebote,
Ferienheime). Neben diesen staatlichen Unterstützungsleistungen spielen dann
aber private Netzwerke und Transfers innerhalb der DDR und mit der Bundesrepublik (Westkontakte, Westwaren und -geld) eine wichtige Rolle für die soziale
Verortung.

5.2.9 Empirische Schichtungsforschung

Die bislang angeführten sozioökonomisch orientierten Klassifizierungskonzepte
wiesen dem ›Beruf‹ (im weiteren Sinne) eine zentrale Bedeutung für die Klassifizierung von Personen zu. Die dabei verwandten Logiken der Unterscheidung
konnten angesichts verschiedener theoretischer Bezüge – Marxsche Theorie
und Konflikttheorie auf der einen und methodologischer Individualismus (vgl.
Goldthorpe 2000) auf der anderen Seite – durchaus unterschiedlich sein. Gemeinsam ist diesen Überlegungen, dass davon ausgegangen wird, dass die nach
›Berufen‹ differenzierten Arbeits- und Beschäftigungserfahrungen von zentraler
Bedeutung für die Lebenslage sind. Auch die frühen Arbeiten Geigers (1932,
1949), der eher den Schichten- als den Klassenbegriff favorisierte, können hier
eingeordnet werden.

Demgegenüber wurde die empirische Schichtungsforschung insbesondere durch die amerikanischen Forschungsansätze und ihre Rezeption im Nachkriegseuropa beeinflusst. Hradil versteht unter Schichten »Gruppierungen von Menschen mit ähnlich hohem Status innerhalb einer oder mehrerer berufsnaher Ungleichheitsdimensionen (…). Dementsprechend finden sich Einkommensschichten, Berufsprestigeschichten und Bildungsschichten. Werden Statusgruppierungen im Hinblick auf mehrere berufsnahe Dimensionen sozialer Ungleichheit zugleich angeordnet, so wird von ›sozialen‹ Schichten gesprochen« (1999, S. 36).

Berufe sind nach wie vor ein wichtiger Ankerpunkt; aber sie werden in unterschiedlichen Perspektiven (Einkommen, erforderliche Qualifikationen, gesellschaftliches Ansehen) begriffen. Indem beim Schichtbegriff auf eine im engeren Sinne ökonomische Bestimmung verzichtet wird, kommen andere Ordnungen in den Blick; z. B. der gesellschaftliche Status (Stand).

Das Statuskonzept erläutert Hradil so: »Die bessere oder schlechtere Stellung eines Menschen im Oben und Unten einer Dimension sozialer Ungleichheit wird üblicherweise als ›Status‹ bezeichnet. In der neueren Literatur zur Ungleichheitssoziologie wird dieser Begriff auf alle Dimensionen sozialer Ungleichheit angewendet. Hiernach läßt sich u. a. ein Wohlstandsstatus, ein Machtstatus und ein Prestigestatus erkennen. Im älteren schichtungssoziologischen Schrifttum bezieht sich der Begriff ›Status‹ dagegen allein auf die Stellung im Prestigegefüge« (1999, S. 29). Ein großes Problem des Statusbegriffs liegt darin, dass er auf eine (Rück)Übersetzung des Weberschen Begriffs ›Stand‹ zurückgeht – so wird der Webersche Beitrag über ›Klassen, Stände, Parteien‹ in dem viel rezipierten Reader von Reinhard Bendix und Seymour Martin Lipset (1967, S. 21) mit ›Class, Status and Party‹ übersetzt; zur Begriffsgeschichte vgl. Kreckel (1992, S. 65).

Ein wichtiger Effekt der mehrdimensionalen Klassifizierung – Hradil spricht in der obigen Bestimmung von Einkommens-, von Bildungs- oder von Prestigeschichten – ist, dass in der Regel von fließenden Übergängen zwischen verschiedenen Schichten ausgegangen wird. Annahmen zum Zusammenhang zwischen Soziallage und Bewusstsein oder Mentalität, wie sie bei Marx oder Geiger verwendet werden, spielen in der Schichtungsforschung keine besondere Rolle. Zudem zeichnen sich Schichtkonzepte durch ein eher deskriptives Herangehen aus; man möchte Gruppen abgrenzen, die gewisse Ähnlichkeiten (in ihren Einstellungen oder ihrem Handeln) aufweisen. Ein darüberhinausgehender Erklärungsanspruch, wie er z. B. mit dem Marxschen aber auch mit dem Goldthorpeschen Modell verknüpft ist, findet sich nicht.

Die Rezeption der amerikanischen Schichtungsforschung fiel in der Bundesrepublik Deutschland mit einem Bedeutungszuwachs der empirischen Sozialforschung zusammen; angesichts der insbesondere in den USA entwickelten standardisierten Umfrageforschung sprach man in den 1950er Jahren häufig von den ›neuen amerikanischen Methoden‹ (vgl. Weischer 2004, S. 206 ff.). Damit wurden neue Interessen an die Sozialstrukturanalyse herangetragen. Die sozialstrukturelle Verortung von Personen, ihre soziale Lage, sollte mit dem neuen Instrumentarium der Umfrageforschung möglichst einfach bestimmbar sein. Nach der durch Geiger eingeleiteten ersten empirischen Wende, die auf die Nutzung der amtlichen Statistik zurückging, fand nun eine zweite derartige Wende statt, indem es das Instrumentarium der Umfrageforschung ermöglichte, unabhängig von den Kategorisierungen der amtlichen Statistik eigene Kategorisierungen zu entwerfen und für Befragungen zu nutzen. Das setzte Werkzeuge voraus, die es ermöglichten, sozialstrukturelle Phänomene in verschiedener Perspektive zu messen.

5.2.9.1 Klassifikation von Berufen

Die zentrale Bedeutung, die den Berufen in der Schichtungsforschung zukommt, erfordert deren eindeutige und auch zeitlich relativ stabile Klassifizierung. 1957 wurde am International Labour Office eine erste Version einer Internationalen Standardklassifikation von Berufen (ISCO) vorgelegt. Dieses Schema wurde in den folgenden Jahrzehnten den sozioökonomischen Veränderungen angepasst; so entstanden 1968, 1988 und 2008 jeweils neue Versionen. Bei der Entwicklung dieser Klassifikationssysteme stellt sich das Problem, dass man einerseits möglichst wenige Veränderungen vornehmen möchte, um längerfristige Entwicklungen der Berufsstruktur bruchlos rekonstruieren zu können; andererseits ergibt sich aus den Veränderungen des gesellschaftlichen Produktions- und Reproduktionsprozesses zwangsläufig ein Anpassungsbedarf, um neue Berufsfelder aber auch Veränderungen in der Abgrenzung von Berufen beschreiben zu können (vgl. Abb. 5.21).

Systeme der Berufsklassifikation arbeiten mit hierarchischen Ordnungen, die es ermöglichen, Berufskategorien unterschiedlich differenziert abzugrenzen. Im ISCO-08-Kode werden die einzelnen Berufe auf der untersten Ebene 436 Berufsgattungen zugeordnet; diese werden über einen vierstelligen Kode bezeichnet. Auf der nächsten Stufe werden diese Berufsgattungen zu 130 Berufsuntergruppen zusammengefasst; deren Kode ergibt sich aus den ersten drei Stellen der jeweiligen Gattungsbezeichnungen. Die Berufsuntergruppen werden schließlich

	ISCO-Kode	Berufe
Berufshauptgruppe	2	Akademische Berufe
Berufsgruppe	21	Naturwissenschaftler, Mathematiker und Ingenieure
Berufsuntergruppe	211	Physiker, Chemiker, Geologen und verwandte Berufe
	2111	Physiker und Astronomen
Berufsgattungen	2112	Meteorologen
	2113	Chemiker
	2114	Geologen und Geophysiker
Berufsuntergruppe	212	Mathematiker, Versicherungsmathematiker und Statistiker
Berufsuntergruppe	213	Biowissenschaftler
	2131	Biologen, Botaniker, Zoologen und verwandte Berufe
Berufsgattungen	2132	Agrar-, Forst- und Fischereiwissenschaftler und -berater
	2133	Umweltwissenschaftler

Quelle: Eigene Darstellung nach Angaben aus Züll (2015)

Abb. 5.21 Struktur der ISCO-Kodierung (ISCO-08)

zu 43 Berufsgruppen zusammengefasst, die der Logik folgend mit einem zwei-stelligen Kode bezeichnet werden. Auf der obersten Ebene werden daraus dann 10 Berufshauptgruppen gebildet (s. Abb. 5.22).

Mit diesen Berufshauptgruppen sind seit dem ISCO-08 Kode auch Qua-lifikationsstufen *(Skill levels)* verknüpft, die ihrerseits mit dem ISCED-Kode *(International Standard Classification of Education)* kompatibel sind.

Die Berufssystematiken stellen neben den immanenten Klassifikations- und Gruppierungsmöglichkeiten auch eine wichtige Brücke zu anderen berufsbezoge-nen Klassifizierungen dar; so beziehen sich z. B. die Modelle von Erikson und Goldthorpe bzw. Oesch auf die ISCO-Kodes. Nach dem mit den ISCO-Kodes eine präzise Klassifizierung von Berufen möglich wurde, stellte sich jedoch für

ISCO Berufshauptgruppen	Skill-Level	ISCED Stufe (ISCED-97)
Hilfsarbeitskräfte: 9. Hilfsarbeitskräfte	1	1 (Primarstufe)
Fachkräfte: 4. Bürokräfte und verwandte Berufe; 5. Dienstleistungsberufe, und Verkäufer; 6. Fachkräfte in der Land-/Forstwirtschaft und Fischerei; 7. Handwerks- u. verwandte Berufe; 8. Bediener von Anlagen, Maschinen, Montageberufe	2	2 und 3 (untere und obere Sekundarstufe)
Gehobene Fachkräfte: 3. Techniker und gleichrangige nichttechnische Berufe	3	4 und 5B (postsekundär, aber nicht tertiär; tertiär, aber kein Abschluss)
Akademische Berufe: 2. Akademische Berufe/ Wissenschaftler	4	5A und 6 (Universitätsabschluss bzw. post-graduate)
0. Soldaten; 1. Angehörige gesetzgeb. Körperschaften, leitende Verwaltungsbedienstete u. Führungskräfte in der Privatwirtschaft	nicht zugeordnet	

Quelle: Eigene Zusammenstellung aus verschiedenen Quellen

Abb. 5.22 Qualifikationsmerkmale in der ISCO-Kodierung

die quantifizierende Schichtungsforschung das Problem, wie die Berufe in eine Ordnung und mehr noch wie ihre Stellung in einer Statushierarchie gemessen werden kann.

5.2.9.2 Status-Messung

Die Messung des sozialen Status von Berufsgruppen zielt darauf, eine kontinuierliche Skala von Berufen zu konstruieren. Dazu ist anzumerken, dass sich Parsons stets dagegen verwahrt hat, die verschiedenen Rangstufen in einem geschichteten System »auf eine Reihe von Punkten entlang eines einzigen, quantitativen Kriteriums [zu] reduzieren« (1964a, S. 180, Fn 1).

Der Typisierung von Christoph (2005, S. 83) folgend lassen sich vier Wege der Skalierung unterscheiden:

• Reputationsskalierung (Berufsprestige),
• Indexskalierung (sozioökonomische Indices),
• Interaktionsskalierung (Ermittlung der Beziehung zwischen Gruppen durch Heiratsverhalten, Freundschaftswahlen etc.)
• Strukturskalierung (z. B. durch die Analyse sozialer Schließungsprozesse).

Im Folgenden sollen die ersten beiden Varianten genauer vorgestellt werden, da ihnen in der sozialstrukturellen Forschung die größte Bedeutung zukommt. Zum einen wird versucht, auf der Grundlage von Befragungen Angaben über Rangordnungen zu gewinnen, die dann zu einem Prestigewert für einen spezifischen Beruf aufbereitet werden. Zum anderen werden verschiedene Spezifika von Berufen, z. B. die erforderliche Qualifikation und das Einkommen zu einem berufsspezifischen (sozioökonomischen) Index zusammengefasst. Darüber hinaus ist es auch möglich, ohne den Umweg über die Berufe direkt einen Schichtindex zu ermitteln. Alle drei Verfahrensweisen sollen an Beispielen erläutert werden.

Konstruktion von Prestigeskalen: Der Begriff Prestige oder Sozialprestige steht für das Ansehen einer Person oder einer Gruppe. Häufig wird mit dem Konzept des Berufsprestiges – der Begriff geht auf Max Weber zurück – gearbeitet; d. h., der Beruf wird als Ankerpunkt genutzt, um die Stellung in einem Statusgefüge zu beschreiben. Die Berufsprestigewerte werden durch Befragungen gewonnen. So bittet man die Befragten, ausgewählte Berufe auf einer Skala von 1 bis 9 zu verorten; die Werte 1, 5 und 9 werden dabei mit Unten, Mitte und Oben bezeichnet. Aus diesen Rangplätzen kann dann durch weitere statistische Aufbereitungen eine Skala mit einem spezifischen Wertebereich gewonnen werden, so dass am Ende jeder Berufsgruppe ein Prestigewert zugeordnet werden kann. Während auf diese

Weise eher nationale Skalen gewonnen werden können; gestaltet sich die Konstruktion einer international vergleichbaren Skala aufwendiger. Die von Treiman 1977 entwickelte und inzwischen aktualisierte *Standard International Occupational Prestige Scale* (SIOPS) geht auf Befunde aus 85 Prestigestudien zurück, die in 51 Ländern durchgeführt wurden.

Konstruktion von sozioökonomischen Indices: Für die Konstruktion von Indices, die den sozioökonomischen Status von Personen bzw. Berufen indizieren sollen, wird auf Merkmale zurückgegriffen, die als Indikatoren für die latente Größe sozialer Status fungieren können; so z. B. Merkmale, die als »Vorbedingung für die Besetzung einer Position« oder als »Belohnung« (Christoph 2005, S. 85) interpretiert werden können. Die häufigsten Statusindikatoren sind das Einkommen und die erforderliche Qualifizierung, die mit einem Beruf verbunden sind. Für die Verknüpfung dieser Informationen zu einem Indexwert werden dann mehr oder weniger komplexe Verfahren genutzt, die diese Informationen gewichten und zusammenführen. Ein eher komplexes Konstruktionsverfahren liegt dem ISEI-Index (International Socio-Economic Index of Occupational Status), zugrunde; er wurde von Ganzeboom und Treiman entwickelt. Ausgangspunkt ist eine Berufsklassifizierung nach dem ISCO-Kode. In die Konstruktion des Index gehen dann Informationen zum Einkommen, zur Bildung und zu Eigenschaften des Berufs ein; zusätzlich werden mögliche Alterseffekte im Skalierungsmodell kontrolliert. Die Datenbasis für diese Analysen bestand aus 31 Umfragen aus 16 Ländern. Der Wertebereich des ISEI-Indexes liegt zwischen 16 und 90. Eine wichtige Möglichkeit zur Validierung solcher Messungen des sozialen Status liegt im Vergleich verschiedener Maße. In Abb. 5.23 wird deutlich, dass selbst so unterschiedlich konstruierte Maße wie Prestigeskalen und Indices zu einer recht hohen Kongruenz kommen.

Dies geht vermutlich darauf zurück, dass die Befragten bei ihren Statusurteilen genau auf die Informationen zurückgreifen, die auch in den sozioökonomischen Index eingehen.

Konstruktion von Schichtindices: Die bisherigen Konzepte gingen darauf zurück, dass die Statusinformation den Berufen zugeordnet wird. Bei der direkten Konstruktion von Schichtindices wird dagegen unmittelbar auf verschiedene schichtrelevante Indikatoren zurückgegriffen. Die Schichtungsforschung war ja angetreten, um soziale Differenzierung als ein mehrdimensionales Phänomen zu begreifen. Daher war es nur folgerichtig, verschiedene operationalisierbare Faktoren in die Modellbildung einzubeziehen. Dies waren neben dem Beruf das Einkommen und die schulische bzw. berufliche Bildung der Befragten.

Ein einfacher additiver Index zur Messung der sozialen Schicht wurde von Erwin Scheuch zu Beginn der 1960er Jahre vorgelegt (vgl. Scheuch und

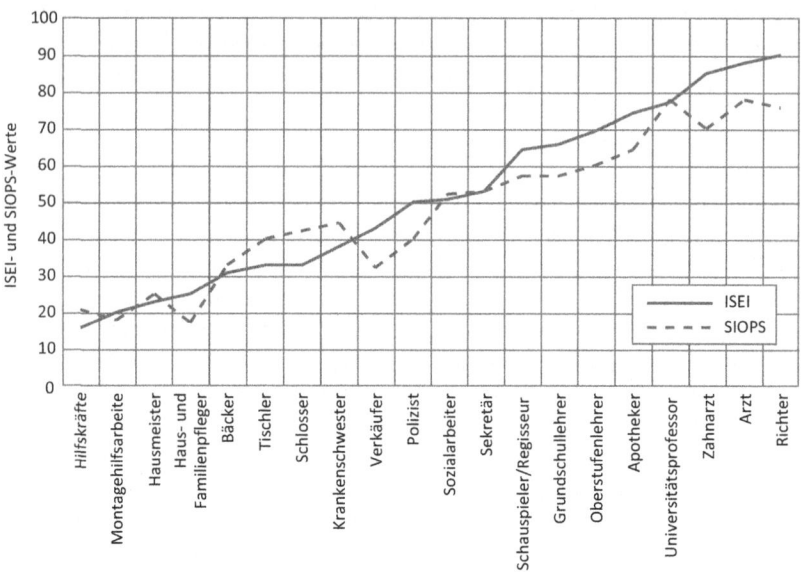

Quelle: Baumert/ Maaz (2006, S. 16)

Abb. 5.23 Sozioökonomischer Status (ISEI) und Berufsprestige (SIOPS) für ausgewählte Berufe

Daheim 1961): Jeder Ausprägung in den drei Dimensionen Beruf, Bildung und Einkommen wird ein Punktwert zugeordnet (vgl. Abb. 5.24).

Einem angelernten Arbeiter mit einer Volkschulausbildung und einem Einkommen von 350 DM sind somit 4 + 2 + 5 = 11 Punkte zuzurechnen. Dieser Punktzahl entsprechend wäre dieser angelernte Arbeiter, wie die folgende Klassifikation zeigt, der unteren Unterschicht zurechnen (vgl. Abb. 5.25).

Sowohl die Zuordnung der beruflichen Stellung, der Bildungsabschlüsse bzw. der Einkommensgruppen zu einer Punktzahl als auch die Gruppierung bestimmter Punktzahlen zu einzelnen Schichten lässt sich jedoch nicht systematisch begründen. Ein weiteres Problem der additiven Indexbildung liegt darin, dass insbesondere im mittleren Punktbereich ein- und dieselbe Punktzahl durch ganz unterschiedliche Merkmalskombinationen erreicht werden kann.

Analog zu diesem Beispiel finden sich vielfältige Vorschläge, wie sich aus unterschiedlichen sozialstrukturell relevanten Informationen für einzelne Personen, aber auch für Haushalte bzw. Familien zusammenfassende sozioökonomische Indices konstruieren lassen.

	Beruf	Bildung	Einkommen
0		Volksschule ohne Abschluss	
1	ungelernter Arbeiter		unter 149 DM
2		Volksschule	
3			150 - 299 DM
4	angelernter Arbeiter	Volksschule und Lehre	
5		Handelsschule/ Mittelschule ohne Abschl.	300 - 399 DM
6			400 - 499 DM
7		höhere Schule bis Obertertia	
8			500 - 599 DM
9	gewöhnlicher Facharbeiter	mittlere Reife	600 - 699 DM
10	ausführende Angest. untere Beamte		700 - 799 DM
11		höhere Schule (> Obersekunda) ohne Abitur	
12		höhere Fachschule mit Abschluss	
13	höchstqualifizierter Facharbeiter		800 - 999 DM
14		Abitur	
15	qual. Angest./ kleine Selbst,/ Landw.		
16	mittlere Beamte		1000 -1499 DM
18		Hochschule ohne Abschluss	
19			1500 -1999 DM
20	mittlere Selbstständige mittl. Landw.	Hochschule mit Abschluss	2000 DM und mehr
23	leitende Beamte große Landwirte		
25	freie Berufe, intellektuelle Berufe		
27	leitende Angestellte		
30	führende Selbstständige		

Quelle: Scheuch/ Daheim (1961)

Abb. 5.24 Konstruktion eines Schichtindex (1)

Schicht	Punktzahlen	%
Oberschicht	50 und mehr Punkte	2,5
Obere Mittelschicht	40-49 Punkte	6,1
Mittlere Mittelschicht	30-39 Punkte	14,6
Untere Mittelschicht	23-29 Punkte	20,7
Obere Unterschicht	15-22 Punkte	36,6
Untere Unterschicht	0-14 Punkte	19,5

Quelle: Scheuch/ Daheim (1961)

Abb. 5.25 Konstruktion eines Schichtindex (2)

5.2.10 Armuts- und Reichtumsforschung

Mit dem Boom nach dem Zweiten Weltkrieg war das Thema der Armut aus den politischen Diskursen aber auch aus der wissenschaftlichen Sozialstrukturanalyse weitgehend verschwunden. Auch prekäre Beschäftigungsverhältnisse waren

in Zeiten von (männlicher und weißer) Vollbeschäftigung, Vollzeitarbeitsverhältnissen und Familienlöhnen kein Thema. Seit den 1990er Jahren haben sich die
Arbeits- und Lebenssituation und die daran anschließenden politischen und wissenschaftlichen Debatten verändert. Es bildete sich ein neues Forschungsfeld, die
Armuts- und Reichtumsforschung, heraus. Ausgehend von den Befunden dieser Forschungen sollen im Folgenden zunächst zwei Gruppen genauer dargestellt
werden: die Gruppe der ›Armen‹ und der ›Prekären‹. Auf die Gruppe der ›Reichen‹ wird schließlich im Kontext eines in der Armuts- und Reichtumsforschung
entwickelten Schichtenmodells genauer eingegangen.

5.2.10.1 Armut

Einkommen können in einer entwickelten Marktgesellschaft wichtige Hinweise
auf die bei der Analyse von Sozialstrukturen interessierenden Arbeits- und
Lebensbedingungen von Menschen geben. Für diejenigen, die über diese Einkommen verfügen, ist damit die Freiheit verbunden, ganz unterschiedliche Produkte
und Dienstleistungen zu erwerben, Rücklagen zu bilden, in Alterssicherung zu
investieren, Kredite aufnehmen und zurückzahlen, soziale Transfers zu leisten
oder die Ausbildung von Kindern zu finanzieren. Umgekehrt gibt es auch in
einer Marktgesellschaft Dinge und Dienste, die nicht käuflich zu erwerben sind;
auch der Gemütszustand, der sich mit dem Konsum dieser Produkte und Dienstleistungen (Glück, Zufriedenheit, Spannung …) einstellt, ist nicht unbedingt
kalkulierbar. Es ist jedoch zu konstatieren, dass Einkommen größere oder kleinere
Möglichkeitsräume eröffnen. Bei Arbeitseinkommen gibt die Höhe von Einkommen oft auch mittelbar oder unmittelbar über die gesellschaftliche Wertschätzung
Auskunft, die mit diesen Arbeiten verbunden ist.

Das Interesse an Fragen des Einkommens und der Armut war trotz der großen
Bedeutung der sozialen Frage im 19. und frühen 20. Jahrhundert und trotz
einer vorherrschend sozialkritischen Perspektive in der neuen Disziplin ›Soziologie‹ recht verhalten. Leibfried und Voges (1992) suchen die Gründe dieser
soziologischen Nichtthematisierung zum einen im Bereich gesellschaftlicher Entwicklungen; so werde in Deutschland davon ausgegangen, dass die soziale Frage
mit der Entwicklung und dem Ausbau des Sozialstaats und mit der Regulierung der industriellen Beziehungen beantwortet sei. Die Nachkriegsgesellschaft
erscheint, auch wenn das Schelskysche Paradigma nicht von allen geteilt wird, als
eine vergleichsweise homogene Gesellschaft, in der viele an den Einkommenszuwächsen teilhaben. Auch sei die Armutsfrage verglichen mit der Arbeiterfrage
weitaus weniger durch einflussreiche Interessenverbände vertreten worden. Zum

anderen verweisen sie auf das Wissenschaftssystem; lange Zeit habe es neben
dem Monopol der amtlichen Statistik keine unabhängigen Einkommenserhebun-
gen gegeben. Im Zentrum der Schichtungs- wie der Klassenforschung stand
der ökonomisch aktive Bevölkerungsteil; zudem dominierten in der sich entwickelnden akademischen Disziplin eher theoretische Kontroversen. Auch die
Konkurrenz zwischen verschiedenen universitären Disziplinen spielte eine Rolle;
so wurde es der Ökonomie überlassen, die Ursachen von Armut zu bestimmen; für deren Auswirkungen war wiederum die Sozialpädagogik zuständig.
Zudem besteht bereits seit den Anfängen der Soziologie ein Abgrenzungspro-
blem gegenüber der Sozialpolitik. Erst in den 1970er und 80er Jahren wurde
nach den ›Randgruppen‹ auch die ›neue Armut‹ zum Gegenstand soziologischer
Forschung.

Das neue Interesse für Fragen der Armut geht aus den sozialpolitischen
Debatten der 1980er Jahre hervor – bereits Mitte der 1970er Jahre hatte der
CDU-Politiker Heiner Geißler von einer ›neuen sozialen Frage‹ gesprochen; der
Begriff der ›neuen Armut‹ sollte ausdrücken, dass in der Wohlstandsgesellschaft
die klassischen Armutsgruppen wie z. B. Alte, Obdachlose oder Behinderte an
Bedeutung verlieren. Zu den neuen Gruppen rechnen Arbeitslose, Alleinlebende
(nach Scheidungen), Alleinerziehende, ›Ausländer‹ oder Kinder; Armut sei somit
von den Rändern in die Mitte der Gesellschaft zurückgekehrt. Zudem wurde es
als Spezifikum der neuen Armut ausgemacht, dass sie kaum durch organisierte
Interessengruppen wie z. B. die Gewerkschaften vertreten sei. Parallel findet sich
in den späten 1980er und den 1990er Jahren die These von gesellschaftlichen
Polarisierungsprozessen; so wird von einer Zwei-Drittel-Gesellschaft oder Vier-
Fünftel-Gesellschaft gesprochen oder es werden Prozesse der gesellschaftlichen
Ausgrenzung, der Desintegration und Spaltung konstatiert.

Vor diesem Hintergrund entstanden in den 1990er Jahren erste Armutsberichte;
zwei Berichte gingen aus der Kooperation des Paritätischen Wohlfahrtverban-
des mit dem Deutschen Gewerkschaftsbund hervor; andere Berichte wurden von
der Caritas vorgelegt. Ende der 1990er Jahre gelang es schließlich, die Berichterstattung über Armut (und Reichtum) in die laufenden Sozialberichterstattung
des Bundes zu integrieren. So erschienen bislang sechs Armuts- und Reich-
tumsberichte der Bundesregierung. Auch auf Landesebene, mitunter auch auf
kommunaler Ebene, erschienen vergleichbare Berichte.

Aussagen über Armut sind, wie oben dargestellt, Aussagen über die Einkommenspositionen von Haushalten. Sie sind für die Analyse von Sozialstrukturen
von Interesse, weil so der ›untere Rand‹ der Gesellschaften genauer quantifiziert

und im Trend beschrieben werden kann. Zudem vermag die Analyse von sozialen
Gruppen mit hohem Armutsrisiko dieses Segment des sozialen Raums genauer
aufzuschlüsseln.

Wenn Erhebungen zum Einkommen genutzt werden sollen, um Aussagen über
den Reichtum oder die Armut von Personen oder Haushalten zu machen, stellt
sich das Problem der Abgrenzung. Man kann *absolute* Einkommensgrenzen setzen; so bezeichnen z. B. die UNO und die Weltbank Menschen als arm, die
weniger als den Gegenwert von 1,9 US$ am Tag zur Verfügung haben. Für die
Armutsmessung in Industrie- und Schwellenländern hat sich die *relative* Bestimmung von Armutsgrenzen durchgesetzt, indem man Personen oder Haushalte
als arm deklariert, die über weniger als einen bestimmten Anteil am durchschnittlichen Einkommen eines Landes verfügen. Mit den Laeken-Indikatoren
(benannt nach dem Konferenzort in den Niederlanden) wurde die Grenze von
60 % des Medians des Äquivalenzeinkommens (zur Berechnung vgl. Abschn.
2.5.1) – gewichtet nach der neuen OECD-Skala – zum EU-Standard erhoben. Der
Vor- bzw. Nachteil der medianbasierten Maße liegt darin, dass sie – gegenüber
den am arithmetischen Mittel orientierten Maßen – unempfindlicher gegenüber
Ausreißerwerten im hohen Einkommensbereich sind. Für differenzierte Darstellungen kann dann die 60 % Grenze variiert werden; so wird z. B. die 40 %
Grenze genutzt, um ›strenge‹ Armut abzugrenzen.

Auch die Frage, auf welche räumlichen Einheiten sich die Quote bzw. der
Durchschnitt bezieht, ist von großer Bedeutung. In der folgenden Darstellung
(Abb. 5.26) basiert die Berechnung der Armutsrisikoquote in verschiedenen
Bundesländern zum einen auf dem Bundesmedianeinkommen (links) und zum
anderen auf dem jeweiligen Landesmedianeinkommen (rechts). Auch im Ost-
West-Vergleich stellen sich weitgehend andere Risikoquoten ein.

Für den Bezug auf das Bundesniveau sprechen normative Überlegungen zur
sozialen Gerechtigkeit, die es als erstrebenswert erscheinen lassen, ausgeprägten
regionalen Differenzierungen in der sozialen Lage (innerhalb eines Nationalstaats) entgegenzuwirken. Umgekehrt stellt sich die Frage, inwieweit sich die
Wahrnehmung der eigenen Einkommenslage eher auf den weiteren Horizont
des Nationalstaates oder eher auf den räumlich näheren Horizont z. B. eines
Bundeslandes bezieht. Die obige Tabelle verdeutlicht, dass diese Entscheidung
für die Größe der Armutsquote in den Bundesländern und deren Reihung von
weitreichender Bedeutung ist.

In der folgenden Darstellung (Abb. 5.27) wird die Armutsquote für Ost- und
Westdeutschland mit Daten des SOEP ermittelt. Demnach ist die gesamtdeutsche
Armutsrisikoquote von 11,1 % (1995) auf 16,1 % (2017) angestiegen. Der größte

gemessen am Bundesmedian		gemessen am jeweiligen Landesmedian/ regionalen Med.	
Bremen	24,9	Bremen	18,5
Sachsen-Anhalt	19,5	Hamburg	17,9
Mecklenburg-Vorpommern	19,4	Berlin	17,8
Berlin	19,3	Saarland	17,1
Nordrhein-Westfalen	18,5	Hessen	17,0
Sachsen	17,2	Nordrhein-Westfalen	17,0
Niedersachsen	17,1	Rheinland-Pfalz	16,5
Saarland	17,0	Niedersachsen	16,0
Thüringen	17,0	Schleswig-Holstein	15,9
Hessen	16,1	Baden-Württemberg	15,6
Rheinland-Pfalz	15,6	Sachsen-Anhalt	14,8
Brandenburg	15,2	Bayern	14,7
Hamburg	15,0	Mecklenburg-Vorpommern	13,4
Schleswig-Holstein	14,5	Brandenburg	13,3
Baden-Württemberg	12,3	Sachsen	12,5
Bayern	11,9	Thüringen	12,4
Deutschland	15,9	Deutschland	15,9
Früheres Bundesgebiet (ohne Berlin)	15,4	Früheres Bundesgebiet (ohne Berlin)	16,4
Neue Bundesländer (einschl. Berlin)	17,9	Neue Bundesländer (einschl. Berlin)	13,8

Daten: Mikrozensus 2019, Bevölkerung in Privathaushalten, Armutsrisikoquote nach neuer OECD-Skala
Quelle: Statistische Ämter des Bundes und der Länder, Arbeitsgruppe Sozialberichterstattung der amtlichen Statistik (Abruf 22.6.2021)

Abb. 5.26 Regionale Verteilung von Armutsrisikoquoten bei unterschiedlichen Referenzeinkommen

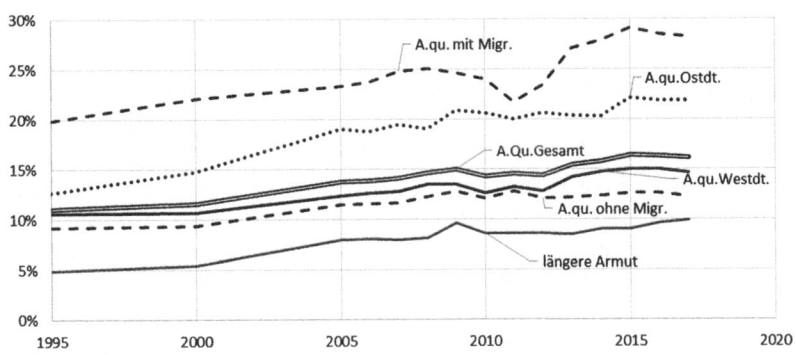

Quelle: Eigene Darstellung nach Indikatorendatensatz zum 6. Armuts- und Reichtumsbericht

Abb. 5.27 Entwicklung der Armutsrisikoquote (West-Ost nach SOEP)

Teil des Anstiegs entfällt auf die Jahre bis 2009, als erstmals die 15 % Marke erreicht wird. Danach flacht sich der Anstieg ab. Die genaue Höhe der jährlichen Armutsquote variiert leicht nach den zur Berechnung genutzten Datensätzen: der

Mikrozensus des Statistischen Bundesamts, das SOEP des DIW und die EU-SILC Erhebung, die von der EU organisiert wird. In einigen Jahren liegt die Abweichung bei etwa 1 Prozentpunkt, 2017 waren es nur 0,3 Prozentpunkte. Die Daten des Mikrozensus liefern für 2019 eine Armutsrisikoquote von 15,9 %.

Bei grundsätzlich ähnlichen Trends lassen sich jedoch erhebliche Unterschiede in der Höhe der Quoten beobachten. In der Ost-West-Dimension wird die fundamental unterschiedliche politische, wirtschaftliche und schließlich auch soziale Geschichte des westlichen und des östlichen Deutschland erkennbar. Damit geht schließlich auch eine grundsätzlich andere Geschichte der Zuwanderung einher. Die Armutsquote von Zugewanderten liegt fast durchgängig mehr als doppelt zu hoch als die der Autochthonen.

Von großer Bedeutung für die sozialpolitische und sozialstrukturelle Interpretation von Armut ist die Dauer von Armutsphasen; sind es eher kurze Episoden, die nach dem Arbeitsplatzverlust, in der Ausbildung oder nach einer Trennung eintreten; oder kommt es zu Verfestigungen im Sinne einer längerfristigen Armut. Die hier dargestellte Gruppe der längerfristig Armen zeichnet sich dadurch aus, dass sie im aktuellen Jahr und in zwei der drei Vorjahre armutsgefährdet war. Auch hier kommt es zu einer Verdoppelung der Quote bis 2009; danach bleibt sie relativ stabil (vgl. Grabka 2021).

Eine genauere Analyse der Armutsrisikoquoten einzelner Gruppen zeigt, dass Armutsrisiken zum einen mit der regionalen Positionierung in Deutschland zusammenhängen; zum zweiten sind die im Bildungs- und Erwerbssystem erlangten sozialen Positionierungen einflussreich; zum dritten hängen sie mit spezifischen sozialen Lagen zusammen, die sich aus den Kumulierungseffekten des Lebens- und des Generationenverlaufs (z. B. spezifische Haushaltskonstellationen und Lebensphasen oder eine Migrationsgeschichte) ergeben. Die folgenden Angaben beziehen sich auf die gemittelten gesamtdeutschen Armutswerte der Periode 2015–2016, die im Datenreport 2021 (238 ff.) aufgeführt werden.

Während die Armutsrisikoquote in diesem Zeitraum im Durchschnitt bei 15,3 % (Bevölkerung ab 18 Jahren) bzw. 16 % (Gesamtbevölkerung) liegt, finden sich Armutsrisikoquoten von mehr als 20 %:

• entlang regionaler Effekte: in den Stadtstaaten (20,3 %) bzw. in der Region Ost (21,9 %); leicht erhöhte Quoten finden sich aber auch im Nordwesten Deutschlands (16,4 %)
• entlang von Bildungs- und Erwerbseffekten: bei Hauptschüler_innen ohne beruflichen Abschluss (34,7 %), bei Arbeitslosen (66,8 %) und bei an- bzw. ungelernten Arbeiter_innen (22,0 %)

- entlang von Lebens- und Generationenverlaufseffekten: bei unter 17-Jährigen (19,5 %), bei 16–34-Jährigen (24,8 %) bzw. bei Menschen in Ausbildung (29,6 %); in sehr kleinen (1 Person) bzw. in sehr großen (5 und mehr Personen) Haushalten (22,8 bzw. 30,4 %), in Ein-Eltern-Haushalten mit Kindern unter 18 Jahren (40,7 %) und schließlich bei Menschen mit indirektem bzw. direktem Migrationshintergrund (26,1 bzw. 29,2 %).

Entgegen den medienöffentlichen Darstellungen weisen diesen Daten zufolge die Armutsrisikoquoten von Älteren derzeit noch keine überdurchschnittlichen Werte auf.

Bereits in Abschn. 2.5 war die pauschale These einer sozialen Polarisierung zurückgewiesen worden; dennoch zeigt sich in der Entwicklung der relativen Einkommensposition, dass insbesondere die unteren Einkommenslagen bei den Erwerbstätigen verlieren, während die mittleren und oberen Lagen Zuwächse aufweisen. Es gibt – diesen Daten zu Folge – kein allgemeines Armutsproblem; es sind ganz spezifische sich überschneidende Gruppen, die hohe Armutsrisiken aufweisen: Jugendliche und Erwachsene in Ausbildungen, Menschen ohne Schulabschluss, Menschen mit Migrationshintergrund, Alleinerziehende und schließlich Arbeitslose (insbesondere SGB-II-Empfänger).

Armut scheint somit einerseits ein Problem der jüngeren wirtschaftlichen und politischen Veränderungen in den global eingebundenen Nationalstaaten und andererseits ein Problem der Ungleichzeitigkeit und damit ein politisches, soziales und letztlich individuelles ›Anpassungsproblem‹ zu sein:

- So sind die hohen Armuts- und die (zeitweilig hohen) Arbeitslosigkeitsquoten in den neuen Bundesländern als ein Problem des Strukturwandels nach dem Zusammenbruch der sozialistischen Länder zu begreifen.
- Bildungspolitisch ist eine unzureichende ›Anpassung‹ von Qualifikationsniveaus an die Veränderungen am Arbeitsmarkt zu verzeichnen. D. h. formal wenig qualifizierte Migrant_innen, die in den 1970er Jahren erfolgreich am Erwerbsleben partizipieren konnten, sind heute häufiger erwerbslos. Das Arbeitssegment für Gering-Qualifizierte ist erheblich geschrumpft; neu entstandene Jobs für gering Qualifizierte erfordern vielfach spezifische sprachliche bzw. soziale Kapitalien, über die ein Teil der Migrant_innen aber auch ein Teil der Autochthonen nur in geringem Maße verfügt, für deren Vermittlung aber auch das Ausbildungssystem kein hinreichendes Angebot bereitstellt. Die jüngsten Anstiege der Armutsquote stehen vermutlich auch im Zusammenhang der starken Zuwanderung im Jahr 2015.

- Die Situation von Alleinerziehenden lässt sich gleichfalls als ein Ungleichzeitigkeitsphänomen begreifen: zum einen wird deutlich, dass ein in den 1960er und 70er Jahren propagiertes und mit hohen Aufwendungen unterstütztes Familienmodell heute zu einem Armutsrisiko wird. Zum anderen lässt sich konstatieren, dass das Trennungs- bzw. Scheidungsrisiko und vor allem die Allleinelternschaft zu den sozialpolitisch schlecht abgefederten Risiken gehört; das verweist auf eine unzureichende Anpassung sozialstaatlicher Instrumente an das veränderte Beziehungsverhalten.
- Auch die prekäre Situation von Menschen ohne Bildungsabschluss oder von einfachen Arbeiter_innen und Angestellten stellt sich als ein Problem der Ungleichzeitigkeit, indem es tarifvertraglich bzw. sozialpolitisch bislang nur unzureichend gelungen ist, den Entwicklungen zu Niedriglöhnen und zu ungesicherten bzw. illegalen Arbeits- und Beschäftigungsverhältnissen entgegenzuwirken.
- Bei den Hartz-IV-Empfänger_innen kommt noch ein weiteres Moment hinzu: Der hohe Anteil von Armen unter den SGB-II-Empfänger_innen ist politisch gewollt. Das Kalkül war, dass der längere Aufenthalt in Arbeitslosigkeit ›unbequem‹ gestaltet werden sollte. Man wollte Menschen zwingen, auch ›schlechte‹ Arbeit anzunehmen; dahinter steht ein paradigmatischer Wandel in diesem Feld der Sozialpolitik: vom ›Welfare zum Workfare‹ lautete die insbesondere in Krisenjahren zynische Devise.

So betrachtet gibt es auch nicht ›die‹ Lösung des Armutsproblems; vielmehr müssen für verschiedene Gruppen ganz unterschiedliche Lösungen gefunden werden; dabei sind auch die Dauer der Betroffenheit von Armut und die daraus erwachsenden Folgeeffekte zu beachten. Von wenigen Ausnahmen abgesehen (vgl. Andreß 1999; Groh-Samberg 2004, 2009; Keck 2021) fehlt eine sozialstrukturelle Unterfütterung der Armutsforschung. Die Frage, welche sozialen Gruppen wie von Armut betroffen sind, ist bislang nur rudimentär geklärt. Das setzt insbesondere eine präzisere Differenzierung von Armutsgruppen voraus, vor allem ihre Verortung in biographischen Verläufen.

5.2.10.2 Prekarität

Seit den 1980er Jahren hatte sich in der Bundesrepublik Deutschland ein Wandel der Beschäftigungsformen vollzogen. Vollzeitarbeitsstellen, die aus männlicher Perspektive als ›Normalarbeitsverhältnisse‹ begriffen wurden, gingen zurück; demgegenüber entstanden eine Vielzahl so genannter atypischer Beschäftigungsformen (z. B. Teilzeitarbeit, Minijobs, Leiharbeit, befristete Beschäftigung etc.; vgl. dazu Abschn. 2.2.2). Das Interesse der Arbeitgeber an kostengünstigen und flexibel zu handhabenden Beschäftigungsverhältnissen und das Interesse der Sozialpolitik an einer Senkung der hohen Arbeitslosenquoten fand in einer Deregulierungskoalition zusammen, an der konservative wie rotgrüne Regierungen mitwirkten. Diese Deregulierungen, die sich nur sehr bedingt mit dem Interesse von Beschäftigten nach flexiblen Beschäftigungsmöglichkeiten trafen, führten zu einer Zunahme von prekären – d. h. gering entlohnten, sozial unzureichend abgesicherten und unsicheren – Arbeitsverhältnissen. Materielle und sozialrechtliche Standards werden systematisch unterschritten; innerhalb der Belegschaften bildet sich eine neue Beschäftigtengruppe heraus, nur selten gelingt ihre Integration. Die sozialstrukturellen Konsequenzen dieser Entwicklung wurden insbesondere nach der Jahrtausendwende zum Gegenstand sozialwissenschaftlicher Forschung; in den sozialpolitischen Diskursen wurde diese Gruppe schließlich als ›Prekariat‹ etikettiert.

Wie bereits im Abschn. 2.2.2 dargestellt, sind mit dem Etikett ›prekäre‹ oder ›atypische‹ Beschäftigung sehr unterschiedliche Beschäftigungsverhältnisse verbunden. Die präzise statistische Erfassung dieser Gruppen wurde erst nach und nach möglich; lange Zeit waren die mit der Deregulierung von Beschäftigungsverhältnissen verbundenen Problemlagen nicht beachtet bzw. als ein Problem der ›zuverdienenden‹ Frauen begriffen worden.

Das Statistische Bundesamt arbeitet mit dem Begriff der atypischen Beschäftigung; darunter fallen in Abgrenzung zum dauerhaften, sozial abgesicherten Normalarbeitsverhältnis folgende Beschäftigungsverhältnisse: Befristungen, Teilzeitbeschäftigungen mit 20 oder weniger Stunden, Zeitarbeitsverhältnisse und geringfügige Beschäftigungen. Darüber hinaus werden Soloselbstständige untersucht, darunter interessieren insbesondere Selbstständige in prekären Lagen und sogenannte ›Scheinselbstständige‹. Im Sinne der amtlichen Statistik ist prekäre Beschäftigung »keine Erwerbsform im oben genannten Sinn. Sie kann mit atypischer Beschäftigung oder Solo-Selbstständigkeit einhergehen, ist mit diesen aber nicht gleichzusetzen. Beschäftigungsverhältnisse werden als prekär bezeichnet, wenn sie nicht geeignet sind, auf Dauer den Lebensunterhalt einer Person sicherzustellen und/oder deren soziale Sicherung zu gewährleisten. Bei der Einstufung einer Erwerbstätigkeit als prekär sind auch persönliche Lebensumstände des Erwerbstätigen, wie der bisherige Verlauf des Arbeitslebens und der Haushaltskontext, zu beachten« (Statistisches Bundesamt 2009, S. 5).

An den Daten wird eine deutliche Zunahme der so bestimmten atypischen Beschäftigungsverhältnisse erkennbar; ihr Anteil an der Gesamtzahl der Beschäftigten steigt von 12,8 % auf ca. 20 %. Die größten Anstiege finden sich bei

den Teilzeitbeschäftigten und den geringfügig Beschäftigten. Die Zeitarbeitneh-
mer_innen (Leiharbeit) werden erst seit 2006 erfasst. Die Gruppe der Soloselbstständigen wird vom Statistischen Bundesamt in dieser Zusammenstellung
aufgeführt, weil sie trotz ihrer großen Heterogenität ein überdurchschnittliches
Potential auch für prekäre Arbeitsverhältnisse birgt. Nach einem Boom zu Beginn
der 2000er Jahre (Förderung von sogenannten Ich-AG´s) geht die Zahl wieder
leicht zurück.

Der Frauenanteil an den atypisch Beschäftigten liegt 2019 mit 69,0 % deutlich
über ihrem Anteil an allen Beschäftigten (46,9 %). Auch die Gruppen der EU-
bzw. Nicht-EU-Ausländer_innen liegen mit 12,8 bzw. 13,9 % bei fast dem Doppelten ihres Beschäftigtenanteils (6,8 bzw. 6,0 %). Wenn man diese Daten mit
den zuvor dargestellten Armutsquoten in Beziehung setzt, so wird deutlich, dass
der Zugang zu den regulierten und zumindest durchschnittlich entlohnten Teilen
des Arbeitsmarkts zu einer wichtigen Frage der sozialen Positionierung geworden
ist (vgl. Abb. 5.28).

Verglichen mit der amtlichen Statistik wird in der soziologischen Prekaritätsforschung mit einem erweiterten Begriff von Prekarität gearbeitet; so heißt es
bei Dörre et al. (2006, S. 17):»Als prekär kann ein Erwerbsverhältnis bezeichnet werden, wenn die Beschäftigten aufgrund ihrer Tätigkeit deutlich unter ein
Einkommens-, Schutz- und soziales Integrationsniveau sinken, das in der Gegenwartsgesellschaft als Standard definiert und mehrheitlich anerkannt wird. Und
prekär ist Erwerbsarbeit auch, sofern sie subjektiv mit Sinnverlusten, Anerken-
nungsdefiziten und Planungsunsicherheit in einem Ausmaß verbunden ist, das

	Alle Be-schäftigten	Solo-Selbst-ständige	Atpyisch Besch. (insg.)	Befristet Beschäftigte*	Teilzeitbe-schäftigte*	Geringf. Be-schäftigte*	Zeitarbeit-nehmer*
1991		3,7%	12,8%	5,7%	7,4%	1,9%	
1995		4,2%	14,4%	5,9%	9,0%	2,2%	
2000		5,1%	17,9%	6,8%	11,8%	5,2%	
2005		6,4%	20,7%	7,5%	14,1%	7,3%	
2010		6,2%	22,6%	8,1%	14,1%	7,2%	2,1%
2015		5,5%	20,8%	7,0%	13,4%	6,5%	1,8%
2019		4,8%	19,5%	6,1%	12,3%	5,3%	2,3%
Anteil von Frauen 2019	46,9%	40,7%	69,0%	48,6%	85,0%	74,9%	34,0%
Anteil Deutsche 2019	87,2%	85,7%	80,0%	73,3%	83,4%	77,9%	66,2%
Anteil EU28-Ausl. 2019	6,8%	8,3%	9,4%	12,8%	7,1%	8,7%	17,6%
Ant. Nicht-EU-Ausl. 2019	6,0%	6,0%	10,6%	13,9%	9,5%	13,4%	16,1%

Daten des Mikrozensus für Erwerbstätige im Alter von 15 bis 64 Jahren.
* Die verschiedenen atypischen Beschäftigungsformen können sich überschneiden.
Quelle: Statistisches Bundesamt, verschiedene Darstellungen

Abb. 5.28   Erwerbstätige in unterschiedlichen Erwerbsformen

gesellschaftliche Standards deutlich zuungunsten der Beschäftigten korrigiert«.
Die Autoren betonen, dass Prekarität nicht unbedingt mit einer Ausgrenzung aus
dem Erwerbssystem, mit Armut und Isolation einhergehe; es sei als ein relatives
Konzept zu begreifen, dass sich auf herrschende Normalitätsstandards beziehe.
»Prekarisierung bringt nicht nur eine ›Zone‹ mit Arbeitsverhältnissen hervor, die
jederzeit verwundbar sind, sie wirkt (…) trotz ihrer unbestreitbaren Desintegrati-
onspotenziale auch restrukturierend auf die gesamte Arbeitsgesellschaft zurück«
(ebd.). Damit verweisen die Autoren auf das Problem, dass die Präsenz von prekär
Beschäftigten in einem Betrieb sich auch auf die anderen Beschäftigten auswirkt;
ihnen wird ihre Ersetzbarkeit vor Augen geführt.

Eine Operationalisierung des Prekaritätskonzepts ist nicht ganz einfach und
geht weit über die Datensammlung der Arbeitsmarkt- bzw. Beschäftigungssta-
tistik hinaus. Der folgende Ansatz geht auf eine Typologie zurück, die aus
der Auswertung teilstrukturierter qualitativer Interviews gewonnen wurde; diese
Typologie wurde dann näherungsweise mit den Daten einer standardisierten
Befragung rekonstruiert, um die Größe der verschiedenen Gruppen bzw. Zonen
abschätzen zu können (vgl. Abb. 5.29).

Diesen Berechnungen folgend befinden sich in der Zone der Integration etwa
84 %, in der Zone der Prekarität etwa 14 % und in der Zone der Entkoppelung
etwa 2 % der Befragten.

Das Konzept der Prekarität wurde in den politischen und den medienöffentlichen Diskursen schnell aufgegriffen. Besondere Aufmerksamkeit hat ein daraus
abgeleitetes Begriffskonstrukt erfahren: das (abgehängte) Prekariat. Dieses Etikett wurde im Rahmen einer von der Friedrich Ebert Stiftung beauftragten Studie
zu politischen Milieus zur Etikettierung eines spezifischen Milieus vergeben; die
Milieubeschreibung (vgl. Neugebauer 2007, S. 82) zeigt jedoch, dass nur ein eher
metaphorischer Bezug zu den Konzepten der Prekaritätsforschung besteht.

Die Prekaritätsforschung bietet gegenüber der ausschließlichen Einkommensperspektive der Armutsforschung den Vorteil, dass die Einbindung bzw. Nicht-
Einbindung in den Arbeitsmarkt und die Sicherheit bzw. Kontinuität dieser
Einbindung systematisch in die Analyseperspektive einbezogen wird. Dieser
komplexe Untersuchungsansatz birgt jedoch nicht unerhebliche Operationalisierungsprobleme, die aber, wie die Studie von Dörre u. a. zeigt, näherungsweise
durchaus lösbar sind.

Darüber hinaus stellt sich das Problem, dass für eine Diagnose von Pre-
karitätslagen Daten über die gegenwärtige individuelle Beschäftigungs- und
Entlohnungssituation nicht hinreichend sind. Wie in der obigen Bestimmung des
Statistischen Bundesamtes zu Recht angemerkt, ist es erforderlich, diese Befunde,
in den Haushalts- und in den biographischen Lebenszusammenhang einzubinden.

(Des-)Integrationspotenziale von Erwerbsarbeit – eine Typologie Basis: Rund 70 halbstrukturierte Interviews (Dörre u.a. 2005)	Verbreitung von (Des-)Integrationspotenzialen in der Erwerbsarbeit Basis: Repräsentative Befragung ›Was ist gute Arbeit?‹ – Anforderungen aus der Sicht von Erwerbstätigen‹ (Tatjana Fuchs) Angaben in %	
Zone der Integration		
1. Gesicherte Integration (›Die Gesicherten‹)	Unbefristet Beschäftigte (VZ/TZ); Bruttomonatseinkommen 2.000 € und mehr; kaum belastende Beschäftigungsunsicherheit	31,5
2. Atypische Integration (›Die Unkonventionellen‹/ ›Selbstmanager‹)	Atypisch Beschäftigte; Bruttomonatseinkommen 2.000 € und mehr; Positives Arbeitserleben, Einfluss-/Entwicklungsmöglichkeiten bei der Arbeit.	3,1
3. Unsichere Integration (›Die Verunsicherten‹)	Unbefristet Beschäftigte (VZ/TZ); Bruttomonatseinkommen 2.000 € und mehr; stark belastende Beschäftigungsunsicherheit; Atypisch Beschäftigte; Bruttomonatseinkommen 2.000 € und mehr; stark belastende Beschäftigungsunsicherheit, Positives Arbeitserleben, Einfluss-/Entwicklungsmöglichkeiten bei der Arbeit.	12,9
4. Gefährdete Integration (›Die Abstiegsbedrohten‹)	Unbefristet Beschäftigte (VZ/TZ); Bruttomonatseinkommen bis 2.000 €	33,1
Zone der Prekarität		
5. Prekäre Beschäftigung als Chance/ temporäre Integration (›Die Hoffenden‹)	Atypisch Beschäftigte; Bruttomonatseinkommen bis 2.000 €; positives Arbeitserleben, keine anhaltenden Frustrationsgefühle.	3,1
6. Prekäre Beschäftigung als dauerhaftes Arrangement (›Die Realistischen‹)	Atypisch Beschäftigte; Bruttomonatseinkommen bis 2.000 €; längere Arbeitslosigkeitsphasen oder/und Phasen prekärer Beschäftigung, Frustrationsgefühle	4,8
7. Entschärfte Prekarität (›Die Zufriedenen‹)	Atypisch Beschäftigte; Bruttomonatseinkommen bis 2.000 €; hauptsächliche Statusbeschreibung: Hausfrau/mann, in Erziehungsurlaub, Rentner/in; positives Arbeitserleben, keine anhaltenden Frustrationsgefühle	5,9
Zone der Entkoppelung		
8. Überwindbare Ausgrenzung (›Die Veränderungswilligen‹) 9. Kontrollierte Ausgrenzung/ inszenierte Integration (›Die Abgehängten‹)	Erwerbstätige, längere Arbeitslosigkeitsphasen oder/und Phasen prekärer Beschäftigung, hauptsächliche Statusbeschreibung: arbeitslos	1,7
	Nicht zuzuordnen (fehlende Angaben)	3,9
	Alle Erwerbstätigen (ohne Azubis und ohne Selbständige mit weiteren Beschäftigten)	100,0

Quelle: Dörre u.a. (2006, S. 57)

Abb. 5.29 Verbreitung von (Des-)Integrationspotenzialen in der Erwerbsarbeit

So kann ein Mini-Job innerhalb einer Partnerschaft auch als Zuverdienst des Ehemannes zum Gehalt der im sicheren Segment beschäftigten Ehefrau dienen; der Student in einem Mini- oder Midi-Job finanziert damit ein Studium und kann durchschnittlich mit einer gut dotierten Anstellung rechnen. Bei anderen kumulieren sich die Ungleichheitseffekte aber auch, wenn beide Partner prekär beschäftigt sind, oder wenn im Lebenslauf einer Person Phasen der Arbeitslosigkeit und der prekären Beschäftigung einander ablösen.

Weitgehend unerforscht ist, welche längerfristigen sozialstrukturellen Folgen Phänomene der Armut und der Prekarität haben.

5.2.10.3 Schichtenmodell im Kontext der Armuts- und Reichtumsforschung

Die Forschungsgruppe um Olaf Groh-Samberg hat für den Sechsten Armuts- und Reichtumsbericht der Bundesregierung ein multidimensionales Lagemodell entwickelt, das auf Quer- wie Längsschnittdaten aus einer Haushaltsbefragung (SOEP) aufbaut. Die theoretischen Überlegungen zielen auf eine Verknüpfung verschiedener Ansätze der Lebenslagenforschung. In Abgrenzung zu einem rein monetären Verständnis von Armut und Reichtum begreifen die Autor_innen soziale Lagen als ein haushaltliches Zusammenspiel von Einkommen und Lebenslagen (Vermögen, Wohnsituation, Erwerbssituation). Gegenüber weitergehenden Ansätzen der Bestimmung von Lebenslagen fokussieren die Autor_innen auf materielle Lebenslagen; das begründen sie u. a. auch damit, dass diese Faktoren am ehesten durch sozialpolitische Interventionen beeinflussbar seien. Daneben spielen jedoch auch die stets begrenzten Datenbestände eine wichtige Rolle, wenn über die detaillierte sozioökonomische Situation von Haushalten in einer Panelperspektive informiert werden soll.

Informationen zur Erwerbsintegration von Haushalten werden in Paarhaushalten aus der Zusammenführung von Daten zu Erwerbslosigkeit, Nicht-Erwerbstätigkeit, Befristung von Arbeitsverhältnissen und Höhe des Arbeitseinkommens der Partner_innen gewonnen. Die Wohnsituation wird aus der (relativen) Größe der Wohnung, der Zahl der Zimmer und der Zahl der Bewohner_innen jeweils für einzelne Gemeindegrößenklassen ermittelt. Die Ermittlung der Vermögenssituation erfolgt durch einen Vermögensproxy, in den sowohl Informationen aus den fünfjährig vorliegenden Vermögenserhebungen wie aus den laufenden Angaben zu den Einkommen aus diesen Vermögensbeständen eingehen. Für die Konstruktion der Lebenslage werden dann Informationen zu den einzelnen Indikatoren summiert (vgl. Abb. 5.30).

Die sich daraus ergebenden Lebenslagenwerte zwischen -6 und + 6 werden dann in fünf Gruppen von depriviert bis privilegiert klassifiziert und mit den

Score Indikator	-2	-1	0	+1	+2
Erwerbsintegration	erwerbsarm	prekär	gemischt/ NEW-HH	gesichert	erwerbsreich
Wohnen	sehr beengt	beengt	mittl. Wohnraum	geräumig	sehr geräumig
Vermögen	kein Vermögen	geringes Vermögen	mittl. Vermögen	großes Vermögen	sehr großes Verm.

NEW-HH: Nicht-Erwerbstätigen-Haushalt
Quelle: Groh-Samberg u.a. (2020, S. 47)

Abb. 5.30 Konstruktion der Lebenslage

Einkommenslagen	Lebenslagen						
	depriviert -6 bis -4	prekär -3 bis -2	mittel -1 bis 1	gehoben 2 bis 3	privilegiert 4 bis 6	Total (Querschnitt)	Total * (Längsschnitt)
arm <60%	3,7	4,7	4,1	0,3	0,0	12,8	9,4
prekär 60-80%	1,2	4,7	10,2	1,3	0,0	17,3	17,3
mittel 80-120%	0,6	3,8	22,4	8,6	0,9	36,3	39,3
gehoben 120-200%	0,1	0,7	10,5	12,3	3,5	27,1	28,2
reich >200%	0,0	0,0	0,9	2,7	2,9	6,5	5,8
Total (Querschnitt)	5,5	14,0	48,2	25,0	7,3	100,0	100,0
Total (Längsschnitt)*	3,8	12,6	52,1	25,9	5,6	100,0	

Quelle: Groh-Samberg u.a. (2020, S. 47), gepoolte und gewichtete Querschnitte 1984-2018 Daten des SOEP V35
*Die unterste Zeile bzw. die Spalte ganzrechts (Längsschnitt) gehen zurück auf: Groh-Samberg u.a. (2020, S. 57), Daten des SOEP V34,
Fünfjahresperioden, gepoolt und gewichtet 1984-2017

Abb. 5.31 Multidimensionale Lagen

gleichfalls klassifizierten relativen Einkommenslagen in Beziehung gesetzt (vgl.
Abb. 5.31).

Die sich daraus ergebenden Kombinationen von Einkommens- und Lebenslagen werden schließlich sieben verschiedenen multidimensionalen Lagen zugeordnet: multiple Armut (rot), prekärer Wohlstand (orange), unterer Bereich der
Mittelschicht (hellblau), breite Mittelschicht (blau), gehobene/obere Mittelschicht
im saturierten Wohlstand (hellgrün), Wohlhabenheit (dunkelgrün) und schließlich
inkonsistente Lagen (grau). So befinden sich in den Jahren zwischen 1984 und
2018 12,8 % in armen Einkommenslagen und 5,5 % in deprivierten Lebenslagen.
Der multidimensionalen Lage multiple Armut sind 9,6 % (3,7 + 4,7 + 1,2) der
Bevölkerung zuzurechnen. Demgegenüber befinden sich 9,1 % (3,5 + 2,7 + 2,9)
in der multidimensionalen Lage der Wohlhabenheit.

Für die unterste Zeile und die rechte Spalte der Tabelle wurden nicht wie in der
übrigen Tabelle Querschnitts- sondern Längsschnittinformationen über Fünfjahresperioden genutzt. In dieser 5 Jahresperspektive fällt die arme Einkommenslage
(9,4 %) und die deprivierte Lebenslage (3,8 %) geringer aus, da sich die Situation einzelner verbessert hat. Auch die multidimensionale Lage multiple Armut
liegt – in der Tabelle nicht dargestellt – nur bei 8,6 %.

Betrachtet man nun anstelle der über den gesamten Zeitraum aggregierten
Daten die Entwicklung der einzelnen Quer- bzw. Längsschnitte, lassen sich
Trendinformationen über die Entwicklung der multidimensionalen Lagegruppen
gewinnen (vgl. Abb. 5.32).

Die Lagegruppen am ärmeren wie am reicheren Pol nehmen mehr oder weniger deutlich zu. Demgegenüber nimmt die Gruppe ›Mitte‹ deutlich ab. Vor diesem
Hintergrund konstatieren die Autoren eine »deutlichen Polarisierung materieller

Lagegruppe Bev.anteil	Armut	Preka-rität	Armut-Mitte	untere Mitte	Mitte	Wohlh. Mitte	Wohl-stand	Wohlhab enheit	Total
1998/2002	5,4%	4,9%	9,8%	11,4%	43,7%	4,5%	13,1%	7,3%	100%
2013/2017	11,0%	5,9%	9,9%	10,5%	37,0%	3,4%	13,2%	9,1%	100%

Quelle: Groh-Samberg u.a. (2020, S. 68), Daten des SOEPV34, Fünfjahresperioden

Abb. 5.32 Entwicklung der multidimensionalen Lagegruppen

Ungleichheiten im Sinne multidimensionaler Kumulationen und zeitlicher Verfestigungen, die sich besonders an den Randlagen der Armut und der Wohlhabenheit zeigen. Es handelt sich dabei nicht um sprunghafte Veränderungen, sondern um tektonische Strukturverschiebungen in der sozialen Schichtung materieller Lebensbedingungen« (Groh-Samberg et al. 2020, S. 84).

5.2.11 Beitrag sozioökonomischer Modelle zur Sozialstrukturanalyse

Das wesentliche Charakteristikum der sozioökonomischen Modelle liegt darin, dass der Ausgangspunkt der Sozialstrukturanalyse in der Sphäre der gesellschaftlichen Produktion bzw. in der in diesem Kontext geleisteten Erwerbsarbeit (und der Erwerbseinkommen) gesehen wird.

Bezug der Modelle auf das analytische Raster
Gemessen an den im Kap. 2 und 3 entwickelten Analyserastern befassen sich diese Ansätze vorrangig mit den in der *Produktionsarena* hervorgebrachten sozialen Differenzierungen. Große Unterschiede werden dann aber in der analytischen Perspektive deutlich, während diese Analysen bei Marx Teil einer umfassenderen ökonomischen, sozialen und politischen Gesellschaftsanalyse sind, interessiert bei Goldthorpe und Erikson und den daran angelehnten Ansätzen die Arbeit eher als ein (gesellschaftlich bedeutsames) Erfahrungsfeld. Bei Marx und auch bei Dahrendorf oder Wright geht es systematisch um eine Analyse gesellschaftlicher Machtstrukturen; dieser Aspekt tritt in den eher beschreibenden Ansätzen in den Hintergrund. In der (berufsorientierten) empirischen Schichtungsforschung nehmen zunächst theoretische Überlegungen, z. B. bei Geiger, einen gewichtigen Raum ein, die auf Basis der amtlichen Statistik vorgelegte Quantifizierung dieser Schichtstruktur hat eine eher nachrangige Bedeutung; im Kontext der Umfrageforschung und der zunehmend elaborierteren statischen Analysen interessiert die soziale Lage eher als eine erklärende (möglichst metrische) Variable, deren Konstruktion mehr

einer Plausibilitäts- denn einer theoretischen Argumentation folgt. Auch die in der Armuts- und Reichtumsforschung verwandten Modelle zielen auf komplex angelegte empirisch fundierte Beschreibungen, sie werden kaum mit einer theoretischen, ursächlich orientierten Argumentation verknüpft.

Die *Rolle des Staates* wird nur im Marxschen Ansatz und den darauf beruhenden Modellen systematisch erschlossen, wenn er diesen als einen ›ideellen Gesamtkapitalisten‹ analysiert. Die sozialstrukturellen Spuren der regulativen Interventionen der Nationalstaaten erscheinen in anderen Ansätzen allenfalls implizit in der Verbesserung der Einkommen oder in der Entstehung neuer Beschäftigungssegmente. Gruppen, die außerhalb des Produktionsprozesses stehen und von sozialstaatlichen Transfers abhängen, werden meist nicht berücksichtigt.

Die Bedeutung der *Haushalte* bleibt in allen Modellen im Hintergrund. Bei Marx wird der Reproduktionsprozess zwar benannt aber nicht systematisch analysiert; die Reduktion gesellschaftlicher Arbeit auf entlohnte Erwerbsarbeit bringt weite Teile der gesellschaftlichen (insbesondere von Frauen) geleisteten Arbeit zum Verschwinden; diese werden dann soziostrukturell nach dem Beruf des ›Haushaltsvorstands‹ oder des ›Hauptern ährers‹ z. B. als ›Berufszugehörige‹ verortet.

Die *stabilisierenden Instanzen* sozialer Differenzierungen werden in den sozialökonomischen Modellen regelmäßig nicht erschlossen. Implizit werden Effekte der symbolischen Stabilisierung thematisiert, wenn sich Marx für das Bewusstsein der Lohnabhängigen interessiert oder wenn Geiger spezifische soziale Milieus beschreibt.

Diskussion der Modelle in der Sozialstrukturanalyse

Insbesondere die Klassenmodelle wurden zum bevorzugten Sozialstrukturmodell der frühen Soziologie. Angesichts der großen sozialen Ungleichheiten und der mitunter scharfen Abgrenzung verschiedener sozialer Gruppen und der anfangs nur geringen Regulationseffekte der staatlichen Interventionen lag eine solche Analyse auf der Hand und war in den alltagsweltlichen wie in den politischen Diskursen jener Zeit sehr verbreitet. Schon früh lagen aber mit den Ansätzen Webers, der im nächsten Abschnitt behandelt wird, Vorschläge vor, die sozioökonomische Perspektive um die kulturelle Dimension zu erweitern.

Nachdem die ›Volksgemeinschaftsideologie‹ der Nationalsozialisten die alltagsweltliche Wahrnehmung sozialer Differenzierung nachhaltig verändert hatte und nachdem der Nachkriegsboom die materielle Situation breiter Schichten verbessert hatte, trat insbesondere in den 1960er und 70er Jahren die alltagsweltliche und politische Klassenrhetorik in den Hintergrund; so wurde der Klassenbegriff in Deutschland zu einem Politikum. Mit der Wohlstandssteigerung und mit der Bildungsexpansion hatten sich die Muster zur Deutung der sozialen Welt verändert.

Bereits zu Beginn der 1960er Jahre war die Klassenmetaphorik aus der Programmatik wichtiger politischer Organisationen verschwunden; die Schelskysche These von einer nivellierten Mittelstandsgesellschaft oder die Ideologie der Leistungsgesellschaft war auf breite Zustimmung gestoßen; damit verknüpft war die weitere Erosion der klassischen sozialen bzw. sozialmoralischen Milieus im städtischen und ländlichen Raum. Die Deutung sozialer Ungleichheit verschob sich, indem Konzepte wie Leistungsgerechtigkeit oder Chancengleichheit eine Neuinterpretation sozialer Differenzierungen nahelegten. Neben dem materiellen Wohlstand wurde den kulturellen Praktiken und deren Differenzierung eine erhöhte Aufmerksamkeit geschenkt. Es kommt zu einer ›Entzauberung‹ von Traditionen und leitenden Vorstellungen (Geschlechterbilder, Lebensziele), zu einer zunehmenden Reflexion von Entscheidungen im biographischen Verlauf (Berufsweg, Familie, Kinder). Diese Veränderungen drückten sich auch in den neuen sozialen Bewegungen der 1970er und 80er Jahre aus; eine wichtige Rolle spielte dabei die Frauenbewegung.

In den (politisierten) wissenschaftlichen Debatten der 1960er und 70 Jahre wurden zunächst Klassen- und Schichtenmodelle als Gegensätze begriffen; später unterlagen beide Modelle einer gemeinsamen Kritik. Die Veränderungen der wissenschaftlichen und gesellschaftlichen Deutungspraxis z. B. durch die zweite Frauenbewegung führten dazu, dass gewisse blinde Flecken der Sozialstrukturforschung nicht länger akzeptiert wurden. So bedingte die Erwerbszentriertheit des Modells, dass die Lebensverhältnisse von Frauen nur unzureichend abgebildet wurden. Auch die spezifische Lebenslage von Migrant_innen wurde allein über die Erwerbsarbeit nicht angemessen erfasst.

Seit der Jahrtausendwende lässt sich in den medienöffentlichen und bedingt auch in den wissenschaftlichen Debatten eine Renaissance dieser Modelle beobachten, wenn z. B. von neuen Unterschichten oder analog dem Proletariat von einem Prekariat gesprochen wird.

In einer 2016 erschienenen Überblicksdarstellung zu den neuen Verwerfungen im Verhältnis von Kapitalismus und Ungleichheit konstatieren Bude und Staab, dass »mit dem Ungleichheitsthema (…) die Gesellschaft zurückgekehrt« sei. »Die Soziologie der Ungleichheit ist, womöglich anders als die Organisations-, Netzwerk- oder Mediensoziologie, darauf angewiesen, die Erfahrungstatsachen von Privilegierung und Benachteiligung, von Teilhabe und Exklusion, Macht und Ohnmacht so abzubilden, wie sie sich den Betroffenen darstellen. Es geht, wie Husserl seinerzeit gefordert hatte, um die ›Rückkehr zu den Sachen selbst‹« (2016, S. 9). Auch im Kontext der sozioökonomisch-kulturellen Ansätze lässt sich eine Renaissance des Interesses für sozioökonomische Ungleichheiten und ›Klassen‹ beobachten.

Verwendung der Modelle in der Sozialstrukturanalyse
Zumindest in rudimentärer Form sind die Grundgedanken der sozioökonomischen
Modelle schon im 19. Jahrhundert in die amtliche Statistik eingegangen; sie gibt
über Fragen des Berufs, der beruflichen Stellung, des Arbeitseinkommens oder
auch der Arbeitsverhältnisse Auskunft. Informationen zur sozialen Herkunft (Beruf
und Bildung des Vaters(!)) finden sich im Deutschen Reich noch systematisch in
der amtlichen Bildungsstatistik; in der Bundesrepublik verschwinden sie schnell
aus dem Erhebungsprogramm. Auch in der Umfrageforschung, die in den 1950er
und 60er Jahren an Bedeutung gewann, werden systematisch mehr oder weniger
detailliert berufsbezogene Informationen aufgenommen. Darüber hinaus werden
die Befragten oftmals gebeten, sich sozialen Schichten zuzuordnen; Fragen zur
sozialen Herkunft sind jedoch eher die Ausnahme. Ob diese Daten in den darauf
aufbauenden wissenschaftlichen Analysen jedoch für die Konstruktion von Klassen-
oder Schichtmodellen genutzt werden, scheint oftmals eher dem Zeitgeist denn einer
wissenschaftlichen Begründung geschuldet. War es, wie das Zwiebelmodell Boltes, das Hausmodell Dahrendorfs oder die Schichtenmodelle Scheuchs zeigen, in
den 1960er und 70er Jahren noch üblich, solche Modelle zu nutzen und Visuali-
sierungen anzubieten, hat sich dies in den 1980er und 90er Jahren in Deutschland
eher zugunsten von Milieumodellen verschoben. Erst mit international konzipierten Untersuchungen wie z. B. den PISA- Studien, wo die EGP-Klassifikationen
und der ISEI-Index für die Analyse der sozialen Herkunft genutzt werden, deutet
sich eine gewisse Trendwende an. Interessanterweise sind aber die breit rezipierten Befunde der Armuts- und Reichtumsforschung nur von wenigen Autoren mit
sozioökonomischen Modellen der Sozialstruktur in Bezug gesetzt worden.

In einigen Forschungsfeldern ist zu konstatieren, dass die Erklärungskraft
der sozioökonomischen Modelle schwindet; so führte die Eindimensionalität der
Modelle dazu, dass die beobachtbaren Differenzierungen von kulturellen Praktiken
und Lebensstilen durch die Klassen- und Schichtkonzepte nicht adäquat dargestellt
werden konnten. Das zeigt sich in der Wahl- oder in der Konsumforschung z. B. an
der rückläufigen Erklärungskraft von sozioökonomischen Parametern; mit der Erosion der klassischen sozialmoralischen Milieus war es zu einer Lösung von einfachen
Partei-Milieubindungen gekommen; auch in der Konsumforschung haben die einfachen schichtbezogenen Modelle mit dem Ende des ›Notwendigkeitsgeschmacks‹
und der Ausdifferenzierung von Distinktionsmerkmalen an Erklärungspotential
verloren.

5.3   Sozioökonomisch-kulturelle Ansätze

Die sozioökonomisch-kulturellen Ansätze greifen über die bislang entwickelte sozioökonomische Perspektive hinaus, indem sie sich in stärkerem Maße für soziale Differenzierungen interessieren, die mit der kulturellen Praxis von Individuen und sozialen Gruppen einhergehen. Zusammenfassend lässt sich die Herausbildung bzw. die erneute Rezeption der hier dargestellten Ansätze im Kontext eines *cultural turns* begreifen; kollektiven Sinnsystemen wird »ein neuer, zentraler Stellenwert beigemessen: Die Sozialwelt erscheint selbst konstituiert durch kollektive Sinnsysteme (…), die dann bevorzugter Gegenstand empirischer Studien werden (…). Die Wissenschaft stellt sich schließlich gleichfalls als eine sozial hergestellte, symbolische Ordnung dar (…), deren methodisches Problem darin besteht, die Sinnmuster der Sozialwelt angemessen zu rekonstruieren (…)« (Reckwitz 2006, S. 22).

5.3.1 Zentrale Begriffe

Zur Einbeziehung kultureller Praktiken in die Sozialstrukturanalyse wurde zum einen an bewährte Begrifflichkeiten, wie den von Weber eingeführten Klassenbegriff, angeknüpft; zum anderen wurden theoretische Konzepte wie das des Milieus bzw. des Lebensstils wiederentdeckt oder modifiziert.

5.3.1.1 Soziale Milieus

Der Begriff des (sozialen) Milieus wurde seit dem späten 19. Jahrhundert zusammen mit verwandten Begriffen wie Umwelt, Sozialökologie oder Lebenswelt in der sich herausbildenden Soziologie und in benachbarten Wissenschaften verwendet, um verschiedene Typen von natürlichen oder sozialen Rahmenbedingungen des Handelns von Einzelnen oder Gruppen zu charakterisieren; auch in der Sozialisationsforschung wurde der Begriff häufig verwandt. Bei Durkheim wird zwischen den gesellschaftsexternen Rahmenbedingungen sozialen Handelns (äußeres soziales Milieu) und dem inneren Milieu unterschieden, das aus den materiellen Objekten, den Produkten früherer sozialer Tätigkeit (»das gesatzte Recht, die geltende Moral, literarische und künstlerische Monumente«) und schließlich den handelnden Personen besteht. »Das Hauptbestreben des Soziologen muß also dahin gerichtet sein, die verschiedenen Eigentümlichkeiten dieses Milieus, die auf den Ablauf der sozialen Phänomene einzuwirken vermögen,

zu entdecken« (1984, S. 195). Des Weiteren spricht Durkheim von Sonder-
milieus, die jeweils spezifische gesellschaftliche Gruppen (eine Familie, eine
Berufsgruppe) umschließen.
Durkheim verallgemeinert die Prozesse der Milieubildung:

>»Sobald im Schoß einer politischen Gesellschaft eine bestimmte Anzahl von Indivi-
duen Ideen, Interessen, Gefühle und Beschäftigungen gemeinsam haben, die der Rest
der Bevölkerung nicht mit ihnen teilt, ist es unvermeidlich, daß sie sich unter dem
Einfluß dieser Gleichartigkeit wechselseitig angezogen fühlen, daß sie (…) nach und
nach eine engere Gruppe bilden (…). Sobald aber die Gruppe gebildet ist, entsteht
in ihr ein moralisches Leben, das auf natürliche Weise den Stempel der besonderen
Bedingungen trägt, in denen es entstanden ist. Denn es ist unmöglich, daß Menschen
zusammenleben und regelmäßig miteinander verkehren, ohne schließlich ein Gefühl
für das Ganze zu entwickeln, das sie mit ihrer Vereinigung bilden, ohne sich an dieses
Ganze zu binden, sich um dessen Interessen zu sorgen und es in ihr Verhalten einzubeziehen. Nun ist aber diese Bindung an etwas, was das Individuum überschreitet, diese
Unterordnung der Einzelinteressen unter ein Gesamtinteresse, die eigentliche Quelle
jeder moralischen Tätigkeit. Damit sich nun dieses Gefühl präzisieren und bestimmen
und auf die gewöhnlichsten oder bedeutsamsten Umstände auswirken kann, überträgt
es sich in bestimmte Formeln; und infolgedessen entsteht ein Korpus moralischer
Regeln« (S. 55 f.).

Im Kontext der Sozialphilosophie interessieren sich Autoren wie Scheler und Gur-
witsch oder Vertreter der Sozialphänomenologie für Lebenswelten und soziale
Milieus (vgl. dazu Grathoff 1992). In diesem Kontext gilt das Milieu »als das
unmittelbar Gegebene, das seiner Struktur nach Invariante, indem das Individuum
erst durch Distanzierungsleistungen sich als spezifische soziale Einheit ausson-
dert« (Hitzler und Honer 1984, S. 62). Das Milieu wird identifiziert mit einer
Sphäre der Bekanntheit des habituellen Handelns; »die Milieuwelt ist das Insgesamt der Alltagssphären, in denen Menschen fraglos, undistanziert handeln, die
sie unmittelbar und langfristig beleben« (ebd.).
       Auch in der Stadtsoziologie, die an der Universität von Chicago in den 1920er
und 30er Jahren betrieben wurde, arbeitete man systematisch mit dem Milieukonzept. Man übernahm damals den Begriff aus der Zoologie bzw. der Pflanzenwelt.
Dort interessierte man sich für die natürlichen Umwelten, in denen bestimmte
Arten existieren; man kann dann die Milieus über bestimmte geologische bzw.
klimatische Spezifika beschreiben oder man kann sich für typische Nachbarschaften von Organismen interessieren. Neben diesem Milieubegriff übernahm
die so genannte Chicagoer Schule auch den Ökologiebegriff und nutzte ihn, um
bestimmte Stadträume zu beschreiben. Man interessierte sich für die Lage und

die Ausstattung solcher Stadträume, für deren Bewohner und ihre Wanderungsbewegungen. So wurde z. B. untersucht, wie sich verschiedene Migrantengruppen im Stadtraum verteilen.

Diese recht vielgestaltigen Milieukonzepte finden auf Umwegen schließlich auch in die Sozialstrukturforschung Eingang; in der westdeutschen Nachkriegssoziologie nutzte Lepsius den Begriff Mitte der 1960er Jahre, um für die Weimarer Republik verschiedene sozialmoralische Milieus zu analysieren. Hradil kommt angesichts einer Renaissance der Milieuforschung in den 1980er Jahren zu folgender Bestimmung: »Unter ›Milieu‹ wird (…) eine Gruppe von Menschen verstanden, die solche äußeren Lebensbedingungen und/oder inneren Haltungen aufweisen, aus denen sich gemeinsame Lebensstile herausbilden« (1987, S. 165). Als Makromilieus versteht Hradil »alle Menschen mit ›ähnlichem‹ Lebensstil (…), auch wenn sie ganz unterschiedlichen Kontaktkreisen angehören und sich niemals begegnen. Da Lebensstile nach verschiedenen Gesichtspunkten als ›ähnlich‹ bezeichnet werden können, lassen sich auch sehr verschiedenartige Gliederungen von Makromilieus herausarbeiten: Landsmannschaften, Konfessionen, berufliche Milieus, politische Milieus, Freizeitmilieus, Generationsmilieus etc.« (S. 168).

Hradil begreift das Milieukonzept nicht als Ersatz, sondern als Erweiterung z. B. von Schichtmodellen; so gebe es »typische Unterschicht-, Mittelschicht- und Oberschichtmilieus. Welche Werthaltungen und Lebenseinstellungen ein Mensch aufweist, ist also durchaus mitbestimmt von seiner Einkommenshöhe, seinem Bildungsgrad und seiner Berufsstellung. Aber diese schichtungsrelevanten Lebensbedingungen geben keineswegs zureichend über die Milieuzugehörigkeit Auskunft. Innerhalb einzelner Schichten finden sich in aller Regel mehrere Milieus ›nebeneinander‹. Zum Teil erstrecken sich soziale Milieus auch ›senkrecht‹ über Schichtgrenzen hinweg« (2001, S. 426 f.). Er beschreibt an anderer Stelle soziale Milieus als Gruppen von Gleichgesinnten, »die gemeinsame Werthaltungen und Mentalitäten aufweisen und auch die Art gemeinsam haben, ihre Beziehungen zu Mitmenschen einzurichten und ihre Umwelt in ähnlicher Weise zu sehen und zu gestalten« (1999, S. 41).

Bei Hradil bleibt unbestimmt, welche Rolle klassische soziale Differenzierungslinien für die Abgrenzung sozialer Milieus spielen. Hierzu trifft Vester eine Aussage, indem er spezifische Entsprechungen von Mentalitäten und sozialen Lagen zum Charakteristikum von sozialen Milieus erhebt; er begreift Milieus als »soziale Gruppen mit einer in Grundzügen gemeinsamen Mentalität und mit für sie ›passenden‹ sozialen Lagen« (1998, S. 113).

5.3.1.2 Lebensstile

Im Vergleich zum Milieukonzept, mit dem Aussagen über die kulturellen Praktiken und kollektiven Deutungsmuster sozialer Gruppen gemacht werden, ist der Lebensstil eher enger gefasst: »Die Art und Weise, wie die einzelnen ihr Alltagsleben organisieren, bezeichnet man als ›Lebensstil‹ (...). Ein Lebensstil ist demnach der regelmäßig wiederkehrende Gesamtzusammenhang der Verhaltensweisen, Interaktionen, Meinungen, Wissensbestände und bewertenden Einstellungen eines Menschen (...). Aber nicht jeder Mensch hat einen anderen Lebensstil. Gemeinsamkeiten und damit Lebensstilgruppierungen ergeben sich u. a. deshalb, weil Menschen ähnliche Sinnvorstellungen haben und sich bei der Gestaltung ihres Lebens an Vorbilder anlehnen« (Hradil 1999, S. 42). Insbesondere die bei Hradil angesprochenen Überlegungen zur Genese von Lebensstilen machen deutlich, wie diesen vermeintlich individuellen Merkmalen ein kollektives Moment innewohnt – Lebensstile orientieren sich an spezifischen Sinnkonstruktionen, auch Vorbilder spielen eine wichtige Rolle. Vermittelt über diese Faktoren sind Lebensstile stärker als soziale Milieus von Generationslagen geprägt.

Man spricht in der Sozialstrukturanalyse häufig von der Milieu- und Lebensstilforschung. Eine solche zusammenfassende Etikettierung wird dadurch gerechtfertigt, dass alle hier subsumierten Analysen über vertikale Differenzmodelle hinausgehen und sich dezidiert für kulturelle Praktiken interessieren. In den Konzepten wird dementsprechend mit den Begriffen des Milieus bzw. des Lebensstils gearbeitet. Zudem sind diese Konzepte in einem bestimmten Zeitraum, insbesondere zwischen den 1970er und 1990er Jahren, ›wiederendeckt‹ worden. Über diese Gemeinsamkeiten hinaus offenbaren sich jedoch erhebliche Unterschiede; so ist die Analyse von sozialen Milieus in ganz unterschiedliche Fragestellungen eingebettet und mit ganz unterschiedlichen theoretischen Überlegungen verknüpft. Auch das Lebensstilkonzept wird recht unterschiedlich theoretisch kontextualisiert.

5.3.2 Klassen und Stände bei Max Weber

Max Weber folgt bei der Analyse von Sozialstrukturen im Vergleich zu Marx einem anderen Paradigma: während bei Marx der gesellschaftliche Produktionsprozess und die Stellung in diesem Prozess im Zentrum stehen, sind es bei Weber eher Marktbeziehungen. Verglichen mit der antagonistischen Konzeption sozialer Klassen bei Marx steht in der Weberschen Perspektive eher die vergemeinschaftende Funktion des Markttausches im Vordergrund; das nicht vollendete Kapitel in Wirtschaft und Gesellschaft hatte Weber mit dem Titel ›Marktvergesellschaftung‹ (1972, S. 382) überschrieben. Dennoch finden sich wichtige Elemente des Marxschen Konzeptes bei Weber wieder; ihnen kommt jedoch nicht jene Ausschließlichkeit zu. Kaesler (2003, S. 195) weist darauf hin, dass der Webersche Ansatz keinesfalls als Gegenentwurf zum Marxschen Ansatz zu lesen ist. Im Weberschen Theoriezusammenhang erscheint das Marxsche Konzept vielmehr »als eine von vielen theoretischen Möglichkeiten« (Kreckel 1992, S. 57). Ein Ausgangspunkt der Weberschen Analyse ist die Klassenlage. »›Klassenlage‹ soll die typische Chance 1. der Güterversorgung, 2. der äußeren Lebensstellung, 3. des inneren Lebensschicksals heißen, welche aus Maß und Art der Verfügungsgewalt (oder des Fehlens solcher) über Güter oder Leistungsqualifikationen und aus der gegebenen Art ihrer Verwertbarkeit für die Erzielung von Einkommen oder Einkünften innerhalb einer gegebenen Wirtschaftsordnung folgt« (1972, S. 177). Im Zentrum des Interesses stehen somit die materielle Situation einer Gruppe, aber auch ihre gesellschaftliche Stellung und schließlich ihre spezifische Lebenssituation. Dementsprechend wird die Klasse als eine Gruppe begriffen, die sich durch eine gleiche Klassenlage auszeichnet.

Der Webersche Klassenbegriff umfasst mehrere Dimensionen: Besitzverhältnisse, Erwerbsbeziehungen und schließlich soziale Beziehungen. Während die Konzepte der Besitz- bzw. der Erwerbsklasse eher Konstruktionsprinzipien markieren, zielt das Konzept der sozialen Klasse auf empirisch vorfindbare Klassen und deren Interaktion und Zusammenhalt (vgl. Abb. 5.33).

»a) Besitzklasse soll eine Klasse insoweit heißen, als Besitzunterschiede die Klassenlage primär bestimmen.«	Positiv-privilegiert: Besitzer von Boden Menschen (Sklaven), Arbeitsanlagen, Gläubiger etc.	Negativ-privilegiert: Nicht-Besitzende: Arme, Deklassierte, Unfreie, Verschuldete etc.
»b) Erwerbsklasse soll eine Klasse insoweit heißen, als die Chancen der Marktverwertung von Gütern oder Leistungen die Klassenlage primär bestimmen.«	Positiv-privilegiert: Unternehmer (Händler, Reeder, gewerbliche und landwirtschaftl. Unternehmer, Bankiers), freie Berufe, Arbeiter mit monopolistischen Qualitäten	Negativ-privilegiert: Arbeiter (gelernte, angelernte, ungelernte) Dazwischen: Mittelklassen (selbst. Bauern und Handwerker, Beamte und Angestellte)
»c) Soziale Klasse soll die Gesamtheit derjenigen Klassenlagen heißen, zwischen denen ein Wechsel a. persönlich, b. in der Generationenfolge leicht möglich ist und typisch stattzufinden pflegt.«	»Soziale Klassen sind a. die Arbeiterschaft als Ganzes, je automatisierter der Arbeitsprozeß wird, b. das Kleinbürgertum und c. die besitzlose Intelligenz und Fachschultheit (Techniker, kommerzielle und andere ›Angestellte‹, das Beamtentum, untereinander eventuell sozial sehr geschieden, je nach den Schulungskosten), d. die Klassen der Besitzenden und durch Bildung Privilegierten.«	

Quelle: Weber (1972, S. 177f)

Abb. 5.33 Klassenmodell nach Weber

Die Erwerbsklasse findet sich typischerweise vor allem in marktorientierten Wirtschaften, während die Besitzklasse eher ein Charakteristikum feudaler oder ständischer Gesellschaften ist. Er geht hier jedoch nicht von einer Ausschließlichkeit aus. Wehler (1987, S. 128) macht darauf aufmerksam, dass das Konzept der sozialen Klasse bedeutsam war, um angesichts der komplexen Differenzierungen nach Erwerbs- und Besitzstrukturen die Möglichkeit zu haben, dennoch Aussagen über beobachtbare gesellschaftliche Großgruppen machen zu können.

Das Novum der modernen Gesellschaften liegt in der Webersche Perspektive darin, dass aus der ständischen Gesellschaft eine Markt-Gesellschaft hervorgegangen ist. So spricht Weber für die kapitalistische Gesellschaft von Marktklassen: die Zurechnung geht auf die Stellung an Waren- und Arbeitsmärkten zurück. D. h. nicht, dass diese nicht durch Machtbeziehungen etc. strukturiert sind. Aber das Marktgeschehen und die am Markt erfahrbaren sozialen Ungleichheiten werden zu einem zentralen Moment der Vergesellschaftung und der Legitimation sozialer Differenzen – auch die Idee der Chancengleichheit knüpft an solche Vorstellungen an. Wie oben bereits angedeutet geht Weber durchaus von Mischformen zwischen ständischen und marktgesellschaftlichen Klassenfigurationen aus. So werde z. B. in der Vorstellungswelt von Berufsgruppen häufig auf ständische Momente rekurriert.

Neben dem Begriff der ›Klassenlage‹ wird bei Weber systematisch auch der Begriff der ›Ständischen Lage‹ (1972, S. 179 f.) entwickelt; in dieser drückt sich die positive oder negative Wertschätzung aus, die einer Gruppe entgegengebracht wird. Als Determinanten dieser ständischen Lage führt Weber die Lebensführung, Erziehung oder das Abstammungs- bzw. Berufsprestige einer Gruppe an. Die ständische Lage kann auf Merkmalen der Klassenlage beruhen, sie kann aber auch darüber hinausgehen; er verweist hier auf Beamte oder Offiziere, die sich nicht nur durch ein bestimmtes Vermögen auszeichnen, sondern auch durch ihre ständische Lage. Von zentraler Bedeutung zur Charakterisierung ständischer Lagen ist das Konzept der ›Ehre‹ (S. 534) und eine damit verbundene Lebensführung (S. 535).

Auch bei der Analyse von Machtverteilungen führt Weber neben der Klasse die Bedeutung von Ständen (und auch Parteien) an.»Man könnte also, mit etwas zu starker Vereinfachung, sagen: ›Klassen‹ gliedern sich nach den Beziehungen zur Produktion und zum Erwerb der Güter, ›Stände‹ nach den Prinzipien ihres Güter*konsums* in Gestalt spezifischer Arten von ›Lebensführung‹. Auch ein ›Berufsstand‹ ist ›Stand‹, d. h. prätendiert mit Erfolg soziale ›Ehre‹, normalerweise erst kraft der, eventuell durch den Beruf bedingten, spezifischen ›Lebensführung‹« (S. 538). Einen wichtigen Effekt haben ständische Strukturen oftmals in

der Hemmung der freien Marktentwicklung. Neben einem ausschließlich sozioökonomischen Verständnis von Macht eröffnen diese Überlegungen, den Blick
für Machtverteilungen, die sich als symbolische Ordnungen (z. B. gestützt auf
Ehre oder Prestige) darstellen.

Dieses Nach- und Nebeneinander verschiedener strukturierender Konzepte
macht den Weberschen Ansatz nicht ganz übersichtlich; dennoch erwächst gerade
daraus auch ein gewisses kreatives Potential insbesondere für die Analyse der
nicht seltenen Phänomene von Ungleichzeitigkeiten in der sozialstrukturellen
Entwicklung. Die Marxsche Proklamation, dass mit der neuen industriellen Produktionsweise »alles Ständische und Stehende verdampft« (Marx und Engels
1974, S. 465), erweist sich für die Sozialstrukturforschung als irreführend. Wehler weist darauf hin, dass auch nach dem Untergang der ständischen Gesellschaft
ständische Elemente ihre soziale Prägekraft behalten; so heften sie sich z. B.
»an privilegierte Berufs- und Besitzklassen, die Elemente eines ständischen
Lebensstils hartnäckig erstreben und dezidiert verteidigen« (1987, S. 132).

Giddens hebt in seiner Rekonstruktion des Weberschen Ansatzes hervor, dass
Standeszugehörigkeiten quer durch die auf dem Markt entstehenden Beziehungen
verlaufen können, »da die Zugehörigkeit zu einem Stand gewöhnlich verschiedene Arten monopolistischer Privilegien mit sich bringt. Dennoch sind Klassen
und Stände (…) in einer Hinsicht eng verbunden: durch Eigentum. Verfügung
über Eigentum ist sowohl eine wichtige Determinante der Klassenlage wie auch
die Basis, auf die eine bestimmte ›Lebensführung‹ verfolgt werden kann. Der
springende Punkt der Weberschen Analyse ist nicht, daß Klasse und Stand zwei
›Schichtungsdimensionen‹ bilden, sondern daß Klassen und Standesgemeinschaf-
ten zwei mögliche und konkurrierende Weisen von Gruppenbildung im Verhältnis
zur gesellschaftlichen Machtverteilung darstellen« (1979, S. 49).

In einer Gegenüberstellung der Marxschen und Weberschen Konzeption wird
deutlich, dass auch bei Weber herrschaftliche und ökonomische Interessenlagen eine bedeutsame Rolle spielen; darüber hinaus wird aber Lebenspraktiken,
Weltbildern und religiösen Vorstellungen eine wichtige Bedeutung zugemessen.

Adaption des Weberschen Modells bei Wehler
In seinem gesellschaftsgeschichtlichen Forschungsansatz greift Hans-Ulrich Wehler auf zentrale Überlegungen Webers zurück. Er differenziert in seinen Analysen
systematisch drei Dimensionen sozialer Ungleichheit, um Aussagen über deren
Ursachen, Strukturen und Deutungen zu machen:

- Macht und Herrschaft als ungleiche Verteilungen gesellschaftlicher Einfluss- und
  Durchsetzungschancen,

- ökonomische Lagen und die darin angelegten Modi der ›Subsistenzbegründung‹,
- kulturelle Deutungsmuster des Ungleichheitssystems im Ganzen wie spezifischer sozialer Gruppen (Prestige).

Für die Analyse von Macht- und Herrschaftsstrukturen bietet Webers Ansatz den Vorteil, dass sowohl der »Kampf um die ›Aufrechterhaltung oder Veränderung einer Herrschaftsstruktur und ihrer Legitimationsbasis‹« als auch »die eine Herrschaftsordnung jeweils charakterisierende Appropriation von Herrschaftsmitteln und -rechten« (Wehler 1987, S. 126) analysiert wird. Zudem bildet die Herrschaftsperspektive eine wichtige Voraussetzung für die Analyse der ökonomischen Aspekte von Klassenlagen. »In einem streng systematischen Sinn besitzt diese Dimension der Herrschaft den Vorrang, denn von der Verfügung über Herrschaftskapazität werden zahlreiche andere Ungleichheitsdimensionen abgeleitet oder letztlich determiniert« (1995, S. 700). Wehler misst dem Weberschen Konzept der Marktklassen eine besondere Bedeutung zu: »Das Charakteristikum der neuzeitlichen ›klassengegliederten‹ Marktgesellschaft bestand für ihn darin, daß sich moderne Klassen aufgrund typischer Gemeinsamkeiten der Besitz- und Leistungsverwertung auf Märkten bildeten, insofern ist die ›Klassenlage letztlich Marktlage‹« (1987, S. 128).

In Abgrenzung zur Verabsolutierung von Status und Prestige in der amerikanischen Soziologie verweist Wehler auf die Breite kultureller Deutungsmuster, die für die Sozialstrukturanalyse bedeutsam sind. So sei es für die Einschätzung sozialer Strukturen ausgesprochen wichtig, ob diese im Sinne magischer oder göttlicher Ordnungen oder als ›Verletzung von Gleichheitsideen‹ begriffen werden. Darüber hinaus ist es dann von Interesse, wie sich aus den Bildern sozialer Gruppen, die z. B. als ehrenhaft oder unehrenhaft bezeichnet werden, Ordnungen im Sinne der Bevor- und Benachteiligung oder der Diskriminierung ergeben. Diese Ordnungen sind nicht unbedingt aus den anderen Dimensionen wie Macht oder Besitz ableitbar: »Es existiert auch die umgekehrte Beziehung, daß nämlich ein magisch oder religiös motiviertes, auf speziellem Wissen oder Erfüllung wichtiger gesellschaftlicher Bedürfnisse beruhendes Prestige zu Reichtum oder Macht oder zu beidem führt. (...) Deshalb ist es nicht nur für vorindustrielle, sondern auch für industrielle Gesellschaften nachweisbar, daß Macht, Reichtum und Prestige zur ›Kristallisation‹ tendieren, das heißt: Sie bilden einen sich wechselseitig bedingenden Komplex, wobei jeder einzelne Faktor die beiden anderen nach sich ziehen kann« (S. 129).

Jenseits dieser grundsätzlichen Überlegungen arbeitet Wehler dann in seiner Darstellung von Prozessen der Klassenformierung und -entwicklung mit einem etwas modifizierten Modell, indem er Prozesse der sozialen Strukturierung in ihrer ökonomischen, sozialen, politischen und kulturell-ideologischen Dimension unterscheidet

(S. 132). In ökonomischer Perspektive interessieren die Lage verschiedener Klassen im Kontext der Marktgesellschaft und die damit einhergehende Verteilung von Lebenschancen, aber auch von kulturellen und symbolischen Kapitalien. In der sozialen Dimension wird nach der Zusammensetzung von Klassen und nach Prozessen der sozialen Mobilität gefragt. In der politischen Dimension geht es um die Konflikte zwischen Klassen und Klassenorganisationen oder um Konflikte mit dem Staat. Auf der kulturell-ideologischen Ebene werden schließlich die Weltbilder und Ideologien der verschiedenen sozialen Gruppen untersucht.

5.3.3 Relationen im sozialen Raum bei Bourdieu

Der Soziologe Pierre Bourdieu hat sich im engeren und weiteren Sinne in vielen seiner Arbeiten mit dem Thema Sozialstruktur beschäftigt, so dass es nicht ganz leicht – und seinem Verständnis nach auch nicht unbedingt sinnvoll – ist, die Sozialstrukturanalyse aus seinem Werk herauszuschälen. So hat er sich in seinen ethnologischen Forschungen in Algerien zunächst mit der ›traditionellen‹ algerischen Gesellschaft beschäftigt. In den 1960er Jahren entstanden der ›Entwurf einer Theorie der Praxis auf der ethnologischen Grundlage der kabylischen Gesellschaft‹ (1979) und die erst spät ins Deutsche übertragene Schrift ›Die zwei Gesichter der Arbeit‹ (2000). In den Ende der 1970er Jahre veröffentlichten ›Feinen Unterschieden‹ (1987a) wird dann die Sozialstruktur der französischen Gegenwartsgesellschaft zum zentralen Gegenstand. Wichtige begriffliche Klärungen finden sich schließlich in der 1984 gehaltenen Vorlesung ›Sozialer Raum und Klassen‹ (1985) sowie in verschiedenen Aufsätzen zu den Kapitalformen (1983, 1998b). Auch die Fallstudien zum ›Elend der Welt‹ (1997a) sind als Beitrag zur Sozialstrukturanalyse zu verstehen.

Trotz der umfangreichen analytischen Arbeiten, die Bourdieu vorgelegt hat, kann man seine Theorie nicht als eine in sich geschlossene begrifflich und logisch strukturierte bzw. geglättete Großtheorie begreifen; es ist eher ein Werkzeugkasten und diese Werkzeuge sollen dazu dienen, Sozialstrukturanalysen anzuleiten. Der rote Faden seiner Konzepte lässt sich systematisch am ehesten rekonstruieren, wenn man sich seine zentrale Fragestellung vergegenwärtigt. Im Unterschied zu der hier eingangs formulierten Frage ›Woher kommt soziale Ungleichheit?‹, geht es bei Bourdieu eher um die Frage ›Wie funktioniert soziale Ungleichheit?‹ bzw. ›Wie wird sie praktiziert?‹. Ihn interessiert, wie soziale Strukturen über das Handeln von Akteuren wiederhergestellt und modifiziert werden. So geht es um die Frage, wie sich Verhältnisse sozialer Ungleichheit – gewissermaßen hinter

dem Rücken der Akteure reproduzieren, wie sie wahrgenommen werden und sich stabilisieren.
Ausgehend von dieser Frage lassen sich wichtige Momente des Bourdieuschen Konzepts systematisieren:

• Es geht von einem bestimmten Verständnis von Akteuren und ihren Kapitalien bzw. Ressourcen aus.
• Es wird ein spezifisches Handlungskonzept vorgelegt: habituell geleitetes strategisches Handeln.
• Es wird ein differenziertes Modell des sozialen Raumes als einem relationalen Raum der sozialen Positionen und einem Raum der Lebensstile entwickelt.
• Ein besonderes Augenmerk gilt dabei den Dynamiken im sozialen Raum.

5.3.3.1 Akteure und Kapitalien

In der Soziologie Bourdieus wird von Akteuren ausgegangen, d. h. im Vergleich zu einer bei Parsons und insbesondere Luhmann angelegten Perspektive, sich eher für Systeme und Funktionen zu interessieren, steht Bourdieu für eine akteursbezogene Perspektive. Er interessiert sich dafür, wie Akteure oder das Handeln von Akteuren durch Strukturen bedingt ist; zugleich wird aber auch danach gefragt, wie Akteure diese Strukturen über ihr Handeln reproduzieren und verändern. Individuen spielen in der Perspektive Bourdieus keine besondere Rolle; auch die Entgegensetzung Individuum und Gesellschaft wäre ihm fremd. Er interessiert sich eher für soziale Gruppen oder für Klassen im weiteren Sinne.

Um Akteure und soziale Gruppen in ihren Handlungsmöglichkeiten beschreiben zu können, wird der wirtschaftswissenschaftliche Kapitalbegriff erweitert: so geht es um die ökonomischen, kulturellen, sozialen und anderen Kapitalien, über die Personen, soziale Gruppen oder Organisationen verfügen. Das Interesse an den verschiedenen Kapitalien hängt mit seiner Analyse von Machtbeziehungen zusammen. Mit den Theorien von Marx liegt ein Konzept vor, in dem die ökonomischen Faktoren, insbesondere die Verfügung über Produktionsmittel eine zentrale Rolle spielen. Damit konnten wichtige soziale Differenzen beschrieben werden. Es gibt aber über diese ökonomischen Faktoren hinaus andere Momente, die über die Arbeits- und Lebenschancen von Menschen entscheiden. In den rudimentären Bestimmungen von Marx wäre sowohl ein leitender Ingenieur als auch ein Bandarbeiter über den Status der Lohnabhängigkeit klassifiziert worden. Auch die gesellschaftliche Stellung eines Arztes oder eines Künstlers kann über diese Bestimmungen kaum geklärt werden.

Daher differenziert Bourdieu verschiedene Kapitalformen. Dahinter steckt die These, dass die Verteilung dieser Kapitalien von Interesse ist, wenn Ungleichheiten in den Arbeits- und Lebenschancen sozialer Gruppen analysiert werden sollen. Er unterscheidet verschiedene Kapitalformen:

Ökonomisches Kapital: »Das *ökonomische Kapital* ist unmittelbar und direkt in Geld konvertierbar und eignet sich besonders zur Institutionalisierung in der Form des Eigentumsrechts« (Bourdieu 1983, S. 185). Hierzu rechnen verschiedene Formen von Vermögensbeständen (z. B. Produktivvermögen, Geldvermögen, Sachvermögen, Grundbesitz) wie von Einkommen (z. B. Lohneinkommen, Gewinnentnahmen, Zinsen, Mieteinnahmen).

Kulturelles Kapital: »Das *kulturelle Kapital* ist unter bestimmten Voraussetzungen in ökonomisches Kapital konvertierbar und eignet sich besonders zur Institutionalisierung in Form von schulischen Titeln« (ebd.). Verglichen mit dem ökonomischen Kapital, das sich im Substrat des Geldes ausdrückt, geht es beim kulturellen Kapital um ein abstrakteres Substrat: Wissen. Kulturelles Kapital wird im Prozess der Sozialisation im Elternhaus, in der Schule oder anderswo erworben. Bildungstitel stellen die institutionalisierte Form dieses Kapitals dar; bedeutsam ist kulturelles Kapital aber auch in seiner inkorporierten Form als Bildung, als Geschmack oder als Distinktionsmoment. Der objektivierte Besitz kulturellen Kapitals (z. B. eines Kunstwerks) ist bedeutungslos, wenn man nicht den Wert eines solchen Objekts erkennen kann. Kulturelles Kapital existiert somit in drei Formen: »in verinnerlichtem, inkorporiertem Zustand, in Form von dauerhaften Dispositionen des Organismus, (...) in objektiviertem Zustand, in Form von kulturellen Gütern, Bildern, Büchern, Lexika, Instrumenten oder Maschinen (...) und schließlich (...) in institutionalisiertem Zustand, einer Form von Objektivation, die (...) – wie man beim schulischen Titel sieht – dem kulturellen Kapital (...) ganz einmalige Eigenschaften verleiht« (ebd.). Bedeutsam ist auch, auf welchem Wege dieses kulturelle Kapital vermittelt wird: wird es mit ›der Muttermilch‹ eingesogen, wird es in der Schule vermittelt oder ist es das Ergebnis autodidaktischer Anstrengungen.

Soziales Kapital: »Das Sozialkapital ist die Gesamtheit der aktuellen und potentiellen Ressourcen, die mit dem Besitz eines dauerhaften Netzes von mehr oder weniger institutionalisierten *Beziehungen* gegenseitigen Kennens oder Anerkennens verbunden sind; oder, anders ausgedrückt, es handelt sich dabei um Ressourcen, die auf der *Zugehörigkeit zu einer Gruppe* beruhen« (S. 190 f.). Umgangssprachlich heißt es, man brauche Beziehungen, z. B. um eine Stelle zu bekommen oder in eine bestimmte Position aufzusteigen; es müssen nur jeweils die ›richtigen Beziehungen‹ sein; d. h. das Sozialkapital z. B. in Form

Kapitalien	Beispiele
ökonomisches Kapital	Geld, Besitz
kulturelles Kapital: inkorporiert	Bildung, Geschmack
objektiviert	Kulturgüter (Bücher, Kunstwerke)
institutionalisiert	Berechtigungen, Abschlüsse
soziales Kapital	soziale Netze, Beziehungen, ›Seilschaften‹
symbolisches Kapital	Anerkennung, Ehre, Deutungsmacht

Quelle: Eigene Darstellung

Abb. 5.34 Kapitalformen bei Bourdieu

eines Beziehungsnetzwerks muss an das jeweilige Feld angepasst sein: ein Nach-
barschaftsnetzwerk ist hilfreich, um Hilfeleistungen zu organisieren, es nützt
aber nicht, um sich im wissenschaftlichen Feld zu profilieren. Damit wird eine
abstrakte Bestimmung des sozialen Kapitals unmöglich.

Symbolisches Kapital: In verschiedenen Analysen Bourdieus spielt auch das
Konzept des symbolischen Kapitals eine wichtige Rolle; der Begriff wird jedoch
unterschiedlich gefasst. (vgl. Fröhlich/Rehbein 2014, S. 138). Feldspezifisch vari-
ierend geht es um Anerkennung, Ehre, Reputation, Status, Glaubwürdigkeit oder
Definitionsmacht (vgl. Abb. 5.34).

5.3.3.2 Habituell geleitetes strategisches Handeln

Der Bourdieuschen Theorie liegt ein spezifisches Akteurs- und Handlungskonzept
zu Grunde, das auf ein relationales Denken zielt, antagonistische Dichotomien
von Subjektivismus und Objektivismus, von Individuum und Gesellschaft bzw.
von Handlung und Struktur sollen aufgebrochen werden. Strukturen werden
als die geronnenen Ergebnisse von vergangenen Handlungen begriffen. Bourdieu interessiert sich für vermeintlich objektive Strukturen, wie sie sich in der
Verteilung von Kapitalien darstellen; er interessiert sich aber auch für das vermeintlich subjektive, die Denk- Wahrnehmungs- und Handlungsweisen, die das
Handeln von Individuen und sozialen Gruppen prägen. Die Ausgangsfrage, die
zur Entwicklung des Habituskonzepts führte, lautete: Wie kommt es zu geregelten
Verhaltensweisen ohne Regeln?

In einer ersten Bestimmung kann der Habitus als eine ›Wahrnehmungs-,
Denk und Handlungsmatrix‹ begriffen werden: Die Wahrnehmungs- und Denkmatrix befähigt Menschen soziale Situationen wahrzunehmen, einzuschätzen
und zu verarbeiten; d. h. die Wahrnehmung erfolgt alles andere als ›unvor-
eingenommen‹; vielmehr werden Situationen mit anderen Situationen und den
dort gewonnenen Erfahrungen in Beziehung gesetzt und schließlich erfolgt eine

Bewertung der Situation. Die zu einem Fundus verdichtete Struktur einer solchen Wahrnehmungs- und Denkmatrix ermöglicht es, auch sehr kurzfristig zu
Einschätzungen oder Bewertungen zu kommen. Auch die Handlungsmatrix lässt
sich als ein solcher Fundus begreifen, der kurzfristig den Zugriff auf mehr
oder weniger bewährte Handlungen ermöglicht. Wenn bei der oben dargestellten Einschätzung der Situation deutlich wird, dass bewährte Handlungen nicht
angemessen sind, müssen neue oder variierte Handlungen erprobt werden. Dieser Fundus von Mustern zur Verarbeitung und Einschätzung von Situationen und
von Handlungsmustern ermöglicht überhaupt erst soziales Handeln. »Der Habitus
ist Produkt und Produzent von Praktiken, unter anderem ein ›System dauerhafter
und übertragbarer Dispositionen zu praktischem Handeln‹, ›Prinzip beschränk-
ter Erfindung‹, ›Erzeugungsgrundlage für Praktiken‹, ›kohärentes System von
Handlungsschemata‹« (Fröhlich 1994, S. 38).

Eine zweite zentrale Bestimmung charakterisiert den Habitus als ›strukturierte Struktur die strukturierend‹ wirkt. Der Term ›strukturierte Struktur‹ soll
ausdrücken, dass der Habitus geprägt ist durch gesellschaftliche Kräfteverhältnisse und Ressourcenverteilungen, die z. B. über den Sozialisationsprozess auf
Menschen einwirken. So wird davon ausgegangen, dass die Sozialisation in
einem Haushalt der unteren Mittelschicht einen anderen Habitus, d. h. einen
anderen Fundus von bewährten Denk- Wahrnehmungs- und Handlungsmustern,
hervorbringt als eine Sozialisation im Bildungsbürgertum. Mit dem Term ›die
strukturierend wirkt‹ wird auf die zuvor erläuterten Aspekte des Habitus insbesondere als Wahrnehmungs- und Denkmatrix Bezug genommen. Es wird also
angenommen, dass der in der unteren Mittelschicht sozialisierte Mensch durch
den Habitus zu einer ganz anderen Wahrnehmung und Ordnung der sozialen
Welt kommt als der im Bildungsbürgertum sozialisierte. Die zweite Überlegung
impliziert eine gewisse Wiederholung, eine Reproduktion von sozialen Strukturen; d. h. Menschen deuten die soziale Welt und handeln in einer Weise, die sie
selbst im Prozess der Sozialisation erfahren haben. So betrachtet wäre von einer
eher statischen sozialen Welt auszugehen. Eine solche Vorstellung einer sozialisierten Determinierung unterschätzt jedoch die Lernfähigkeit von Menschen und
die Variabilität des Habitus, wenn es z. B. gilt, völlig neue Situationen zu interpretieren und neue Handlungen zu erproben. Dem Habitus wohnt zwar eine gewisse
Trägheit inne, er ist aber alles andere als invariant.

Eine dritte wichtige Bestimmung des Habitusmodells macht sich an dem
Begriff der Inkorporierung fest. Das beinhaltet, dass die sozialen Verhältnisse
den Menschen nicht nur äußerlich sind; sie haben wesentliche Strukturen verinnerlicht: im Sinne der Denk-, Wahrnehmungs- und Handlungsmatrix aber auch im

körperlichen Sinne (Körperhaltungen, Gesten, physische und psychische Krankheiten etc.). Die gesellschaftlichen Strukturen, unter denen eine Gruppe lebt, finden sich so zum einen als objektive Struktur z. B. in der Ausstattung mit verschiedenen Kapitalien wieder und zum anderen als inkorporierte Struktur. Marx ging auf Basis seiner Analysen zur ökonomischen Lage der Lohnabhängigen davon aus, dass diese auch über das Potential zur Überwindung dieser Produktionsweise verfügen. Im historischen Verlauf wurde aber deutlich, dass diese Verhältnisse gesellschaftlicher Ungleichheit dennoch ausgesprochen stabil blieben, dass sich Menschen in ihr Schicksal fügen, dass sich Prozesse des sozialen Aufstiegs sehr schwierig gestalten. Hier können die Überlegungen zum Habitus und zu den Prozessen der Inkorporierung weiterhelfen. Individuen und soziale Gruppen entwickeln ein Gespür für ihren Platz in der Gesellschaft – ein Begriff Goffmans. »Die Beherrschten wenden auf jeden Sachverhalt der Welt, insbesondere aber auf die Machtverhältnisse, denen sie unterliegen, und auf die Personen, die deren Träger sind, mithin auch auf sich selbst, nicht reflektierte Denkschemata an, die das Produkt der Inkorporierung dieser Machtbeziehungen sind« (Bourdieu 1997b, S. 165).

Das Habitusmodell wird in vielen Veröffentlichungen im Sinne eines klassenspezifischen Habitus begriffen; es kann aber auch im Sinne eines geschlechtsspezifischen Habitus verstanden werden: »Der Habitus erzeugt gesellschaftlich vergeschlechtlichte Konstruktionen der Welt und des Körpers (...). Durch eine permanente Formierungs-, eine *Bildungs*arbeit, konstruiert die soziale Welt den Körper als vergeschlechtlichte Wirklichkeit und in eins als Speicher von vergeschlechtlichenden Wahrnehmungs- und Bewertungskategorien, die wiederum auf den Körper in seiner biologischen Realität angewendet werden« (S. 167). Das Habituskonzept bietet die Möglichkeit, einige typische von der Soziologie aufgeworfene Probleme zu lösen: so z. B. die dichotomische Vorstellung von Handlung und Struktur oder von Mikro- und Makrostrukturen.

Am Beispiel der algerischen Studien wird deutlich, wie das Habitusmodell insbesondere für Phänomene der Ungleichzeitigkeit von Bedeutung ist: »Trotz der Modernisierung und Ausbreitung des Kapitalismus blieben Handlungsmuster erhalten, die einer Logik der Ehre gehorchten und weder Lohnarbeit noch Kapitalakkumulation verstanden« (Rehbein 2006, S. 88). Der Habitus bringt tendenziell ähnliche Handlungsmuster hervor; er »ist eine Art psychosomatisches Gedächtnis. In ihm sind frühere Handlungsweisen gespeichert, die in ähnlichen Situationen abgerufen werden. Das heißt, der Habitus ist eine Tendenz, so zu handeln, wie man es einmal – insbesondere beim ersten Mal – gelernt hat. Beim Lernen orientiert man sich (...) an Handlungen anderer Menschen (...). Mit dem Lernen übernimmt man ein Muster, das für die Wiederholung parat bleibt (...)

Durch mehrfache Wiederholung prägt sich das Muster ein, es wird habitualisiert« (S. 90).

Der Habitus fungiert aber nicht nur als Problemlöser, sondern hat auch auf die Auswahl von Aufgaben, denen sich Menschen typischerweise stellen, Einfluss; er »tendiert nicht nur zur Reproduktion früheren Verhaltens, sondern er sucht auch nach Bedingungen, die denen seiner Erzeugung entsprechen – eben weil er für sie gerüstet ist« (S. 94). D. h. Menschen wenden sich bevorzugt den Dingen, Problemen und Situationen zu, die sie besonders gut zu beherrschen meinen.

Die verschiedenen hier entwickelten Überlegungen finden sich in verdichteter Form in der folgenden Bestimmung Bourdieus: »Die Konditionierungen, die mit einer bestimmten Klasse von Existenzbedingungen verbunden sind, erzeugen die Habitusformen als Systeme dauerhafter und übertragbarer Dispositionen, als strukturierte Strukturen, die wie geschaffen sind, als strukturierende Strukturen zu fungieren (…), die objektiv ›geregelt‹ und ›regelmäßig‹ sind, ohne irgendwie das Ergebnis der Einhaltung von Regeln zu sein, und genau deswegen kollektiv aufeinander abgestimmt sind« (Bourdieu 1987a, S. 98). Hier wird deutlich, dass das Modell des habituell geleiteten Handelns ein Gegenentwurf zu Handlungsmodellen ist, die Handeln als norm- oder regelgeleitetes Handeln, als wert- oder zweckorientiertes Handeln, als intendiertes oder Interesse geleitetes Handeln begreifen.

Auch Rational-Choice-Modelle sind mit dem Habituskonzept nicht vereinbar, obwohl sich auch bei Bourdieu die Idee eines strategischen Handelns findet. »Alle Handlungen, auch interesselos und zweckfrei erscheinende, sind ›auf die Maximierung materiellen oder symbolischen Gewinns ausgerichtet‹ (…). Der Gewinn wird akkumuliert und hat für die Gesellschaft den Stellenwert, den die Energie für die Physik hat. Die ›Energie‹ umfasst alle Formen von Gütern, auf die Strategien ausgerichtet sind, neben ökonomischen Gütern und Ehre auch Wissen, soziale Beziehungen, Kulturgegenstände usw.« (Rehbein 2006, S. 86). Diese Überlegungen mögen noch mit einem weiteren Verständnis von rationalen Wahlhandlungen vereinbar sein; die Unterschiede werden deutlicher, wenn es um die Art und Weise geht, wie ›Entscheidungen‹ getroffen werden. »Mit ›Strategie‹ meint Bourdieu kein bewusstes Kalkül (…). Sie ist vielmehr die Verfolgung von Interessen, die mit dem Habitus erworben werden. Man macht nicht nur das, was man gelernt hat, sondern man verfolgt damit auch die Ziele, die man als verfolgenswert zu betrachten gelernt hat« (S. 101).

5.3.3.3 Feine Unterschiede

Die 1979 erschienene Arbeit ›La Distinction‹, im Deutschen seit 1982 als die ›Feinen Unterschiede‹ zugänglich, zielt auf eine Ethnographie der französischen

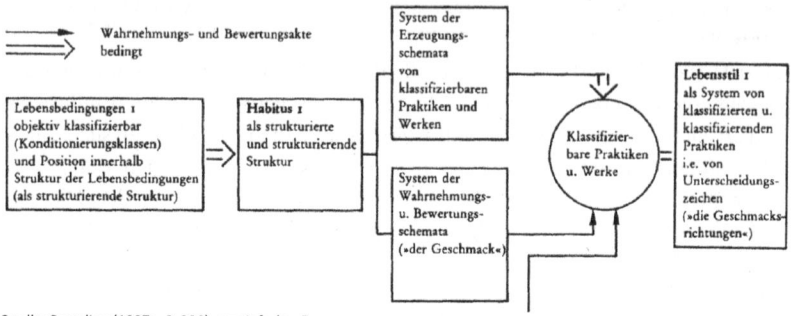

Quelle: Bourdieu (1987a, S. 280), vereinfachte Form

Abb. 5.35 Habitus und Lebensstil

Gesellschaft der 1960er bzw. 70er Jahre. Sie nimmt für sich in Anspruch, wichtige Strukturen der Verteilung gesellschaftlicher Macht zu beschreiben. Dem deutschen Titel folgend sind die ›groben Unterschiede‹, die sich z. B. aus der ökonomischen Lage ergeben, gewissermaßen vorausgesetzt. Die Analyse soll durch eine Bestimmung der ›feinen Unterschiede‹ differenziert werden; es geht darum zu zeigen, wie die großen sozialen Unterschiede auf diesen feinen Unterscheidungen aufruhen, wie von den feinen Unterscheidungen eine stabilisierende Wirkung ausgeht (vgl. Abb. 5.35).

Sich im Rahmen der wissenschaftlichen Sozialstrukturanalyse mit Fragen des Geschmacks zu beschäftigen, liegt nicht unbedingt nahe: bekanntlich lässt sich ›über Geschmack nicht streiten‹. Wie in der Abbildung skizziert, geht Bourdieu davon aus, dass der Habitus als über die Lebensbedingungen strukturierte Struktur strukturierend wirkt. Er fungiert als Handlungsmatrix, die kulturelle Praktiken (und den sich darin ausdrückenden Geschmack) hervorbringt, und als Denk- und Wahrnehmungsmatrix, die Bewertungen solcher Praktiken vornimmt. Das System der so hervorgebrachten kulturellen Praktiken kann als Lebensstil begriffen werden. Somit ist von einem Zusammenhang von ästhetischer Einstellung und sozialer Lagerung auszugehen; das lässt sich exemplarisch an der Bewertung von Photomotiven zeigen (vgl. Abb. 5.36).

Es lassen sich deutliche geschmackliche Differenzen zwischen den verschiedenen sozialen Gruppen aufzeigen. In ähnlicher Weise wurden Personen befragt, wo sie ihre Möbel erwerben, welchen Stil diese haben, bzw. welchen Stil man bevorzugen würde; es wurde nach Hobbys, Musik-, Film- und Literaturgeschmack, nach Medienkonsum, Malern etc. gefragt. Ergänzt wurde dieses Material durch eine Vielzahl von qualitativen Interviews, durch Fotos etc.

	Sonnen-untergang	Erst-kommunion	Folkl. Tanz	Mädchen m. Katze	Stillende	Baumrinde	Stahlgerüst	Schwangere	Kohlköpfe	Autounfall
Ø Untere Klassen	90	50	63	56	44	17	6	11	7	-
Selbst. Handwerker, Kleinkaufleute	91	43	59	58	57	23	9	14	2	1
Angestellte, Mittl. Führungskräfte	86	35	57	60	46	25	6	9	8	2
Techniker, Volksschullehrer	88	19	51	74	75	49	25	30	13	4
Neues Kleinbürgertum	72	10	36	54	61	45	22	24	24	2
Ø Mittelklassen	84	31	52	60	55	32	12	16	11	1
Handels- u. Industrieunternehmer	80	27	38	47	40	30	10	15	4	2
Höhere Führungskräfte, Dipl.-Ingen.	59	12	41	50	57	53	20	10	17	1
Freie Berufe	73	17	36	61	58	54	23	33	19	6
Lehrer an höher. Schulen/Hochschulen	53	22	23	48	53	54	49	41	37	17
Ø Obere Klassen	64	18	37	50	53	48	23	19	18	4

Die Zahlen geben z.B. den Prozentsatz der Mitglieder einer sozialen Gruppe wieder, die angeben, die entsprechenden Motive eigneten sich zu einem ›schönen Photo‹.
Quelle: Bourdieu (1987a: Anhang)

Abb. 5.36 Ästhetische Einstellung und soziale Herkunft

Neben der gegenwärtigen sozialen Position oder dem jeweiligen Bildungsabschluss scheint aber für die kulturelle Praxis auch die soziale Herkunft bedeutsam zu sein (vgl. Abb. 5.37).

In der Tabelle sind die Prozentzahlen derjenigen wiedergegeben, die an den erwähnten Orten ihre Möbel gekauft haben. Wenn man die Unterschiede zwischen den Gruppen mit vergleichbarem Abschluss aber anderer sozialer Herkunft (Uni-Diplom, aber Herkunft aus unteren oder oberen Klassen) betrachtet, wird die soziale Brisanz der feinen Unterschiede erkennbar; d. h. die über das Bildungssystem Aufgestiegenen sind trotz des gleichen Bildungstitels tendenziell über ihren Geschmack erkennbar. Nun bleibt zu klären, welche Bedeutung diese feinen Unterschiede für die Sozialstrukturanalyse haben.

Bildungsabschluss	Soziale Herkunft	Kaufhaus (%)	Fachgeschäft (%)	..	Antiquitätenhandel (%)
Unter Abitur	Untere u. Mittelklassen	25,5	41,5	..	33,5
	Obere Klassen	11,5	23,5	..	43,5
Petite école	Untere u. Mittelklassen	13,5	36,5	..	4,5
	Obere Klassen	6,0	24,5	..	65,5
Universitäts-diplom	Untere u. Mittelklassen	11,0	28,5	..	21,5
	Obere Klassen	4,5	21,5	..	49,0
Agrégation Grande école	Untere u. Mittelklassen	21,5	46,5	..	43,0
	Obere Klassen	18,0	29,0	..	60,5

Quelle: Bourdieu (1987a: Anhang)

Abb. 5.37 Möbelkauf nach sozialer Herkunft und Bildungsabschluss

5.3.3.4 Raum der Positionen – Raum der Lebensstile

Die feinen Unterschiede zeichnen sich dadurch aus, dass sie gesellschaftlich kaum thematisiert werden; daher eignen sie sich bevorzugt zur Legitimation gesellschaftlicher Ungleichheitsverhältnisse.»Vermittelt über die entsprechenden sozialen und ökonomischen Bedingungen, stehen die verschiedenen (…) Arten, sich zu den Realitäten und den Fiktionen [z. B. Kunstwerke C.W.] zu stellen (…), in engem Zusammenhang mit den diversen möglichen sozialen Positionen und sind dadurch auch weitgehend in die charakteristischen Dispositionssysteme (Habitus) der verschiedenen Klassen und Klassenfraktionen eingebunden. Geschmack klassifiziert nicht zuletzt den, der die Klassifikationen vornimmt. Die sozialen Subjekte, Klassifizierende, die sich durch ihre Klassifizierungen selbst klassifizieren, unterscheiden sich voneinander durch die Unterschiede, die sie zwischen schön und hässlich, fein und vulgär machen und in denen sich ihre Position in den objektiven Klassifizierungen ausdrückt oder verrät« (Bourdieu 1987a, S. 25). Soziale Unterschiede, die auf die unterschiedliche Ausstattung mit wichtigen Kapitalien zurückgehen, erscheinen so als Unterschiede im Geschmack, in Anschauungsweisen, in der ›Bildung‹. Diese Verschiebung in der Wahrnehmung sozialer Differenzen, die soziale Unterschiede kulturalisiert und naturalisiert, trägt erheblich dazu bei, soziale Differenzen zu normalisieren.

Man hat es beim sozialen Raum zum einen mit einem Raum zu tun, der durch die Verteilung der verschiedenen Kapitalformen strukturiert ist; zum anderen ist dieser soziale Raum als ein Raum von Lebensstilen zu begreifen (vgl. Abb. 5.38).

Die Daten, die von der Forschungsgruppe um Bourdieu für die Analyse des sozialen Raums genutzt wurden, gehen – nach Voruntersuchungen mit Hilfe von Intensivinterviews und ethnographischen Beobachtungen – auf zwei standardisierte Befragungen zu Geschmacksurteilen und kulturellen Praktiken zurück, die 1963 und 1967/68 durchgeführt wurden. Darüber hinaus wurden Sekundärdaten des INSEE zu Einkommen, Ausbildung und beruflicher Qualifizierung, Lebensbedingungen und Verbrauch, Freizeitverhalten und zu kulturellen

Raum der sozioökonomischen Positionen	Raum der Lebensstile/ kulturelle Praktiken
Ökonomisches Kapital	Vorliebe für Musikstücke
Soziale Herkunftsklassen	ästhetische Urteile (Photos)
Bildungskapital (Schulabschlüsse)	kulturelle Kompetenz (Kenntnis von
Erwerb des kulturellen Kapitals (Familie/	Komponisten und Werken)
Schule/ Autodidaktik)	Erwerb von Möbeln

Quelle: Eigene Darstellung

Abb. 5.38 Indikatoren zur Konstruktion des Raums der Positionen bzw. der Lebensstile

Praktiken genutzt sowie Untersuchungen des CESP/SOFRES zu Geschäftsleuten und Führungskräften und zur Presselektüre. Weitere Sekundärmaterialien wurden aus Studien zu Kino, Theater, Rundfunk/Fernsehen, Lektüre, Theater- und Musikfestspielen, Innenausstattung/Möblierung, Nahrung/Kleidung, Sport, Presse, Repräsentationsausgaben und Moralvorstellungen gewonnen. Mit Hilfe eines einfachen statistischen Verfahrens (Korrespondenzanalyse) zur Visualisierung von Zusammenhängen lassen sich aus diesen komplexen Daten zwei- oder mehrdimensionale räumliche Darstellungen gewinnen, deren Dimensionen zu interpretieren sind. Ausgehend von diesen Korrespondenzanalysen wurden dann mehr (s. Abb. 5.39) oder weniger (s. Abb. 5.40) vereinfachte Darstellungen des sozialen Raums entwickelt.

Die Lage einer Gruppe in dem zweidimensionalen sozialen Raum wird der Interpretation Bourdieus folgend bestimmt durch das Volumen ihres Kapitals (vertikal) – die Summe des kulturellen und ökonomischen Kapitals – und durch seine Zusammensetzung nach ökonomischen und kulturellen Bestandteilen (horizontal). In der vereinfachten Darstellung zeichnet sich z. B. die Gruppe der Hochschullehrer_innen durch ein relativ hohes Gesamtvolumen aus. Im Vergleich zur Gruppe der Unternehmer_innen in Handel und Industrie, die in der Vertikalen ähnlich gelagert ist, geht das hohe Kapitalvolumen der Hochschullehrer_innen jedoch auf höhere Anteile des kulturellen, das der Unternehmer_innen auf höhere Anteile des ökonomischen Kapitals zurück. Die Darstellung eines Gesamtvolumens lässt sich mit Bourdieus Überlegungen zur Konvertierbarkeit von Kapitalien rechtfertigen (1987a, S. 209).

Die Lage der Gruppen in der Vertikalen impliziert Aussagen über gesellschaftliche Herrschaftsverhältnisse; so spricht Bourdieu bezüglich der oben eingetragenen Gruppen von herrschenden Gruppen, darunter finden sich verschiedene Typen von Mittelklassen und schließlich die Unterklassen. Er geht dabei nicht von scharfen Abgrenzungen zwischen diesen Klassen aus; zudem wird an vielen Stellen auf die Fraktionierung dieser Klassen verwiesen (S. 404).

Die herrschende Klasse weist eine chiastische Struktur (Kreuzstruktur) auf, die auf die oben angesprochene unterschiedliche Zusammensetzung von ökonomischen und kulturellen Kapitalanteilen zurückgeht. Das Machtzentrum sieht Bourdieu ohne Zweifel im Bereich des ökonomischen Kapitals (Industrie- und Handelsunternehmer sowie freiberuflich Tätige); die Gruppe, die eher dem kulturellen Pol der herrschenden Klasse zuzurechnen ist, hat er in einem Interview als »Beherrschte unter Herrschenden« (1993, S. 69) bezeichnet (z. B. Hochschullehrer, Kulturproduzenten oder Sekundarstufenlehrer). In einer Zwischenlage findet sich die Gruppe der Ingenieure. Darüber hinaus wird eine

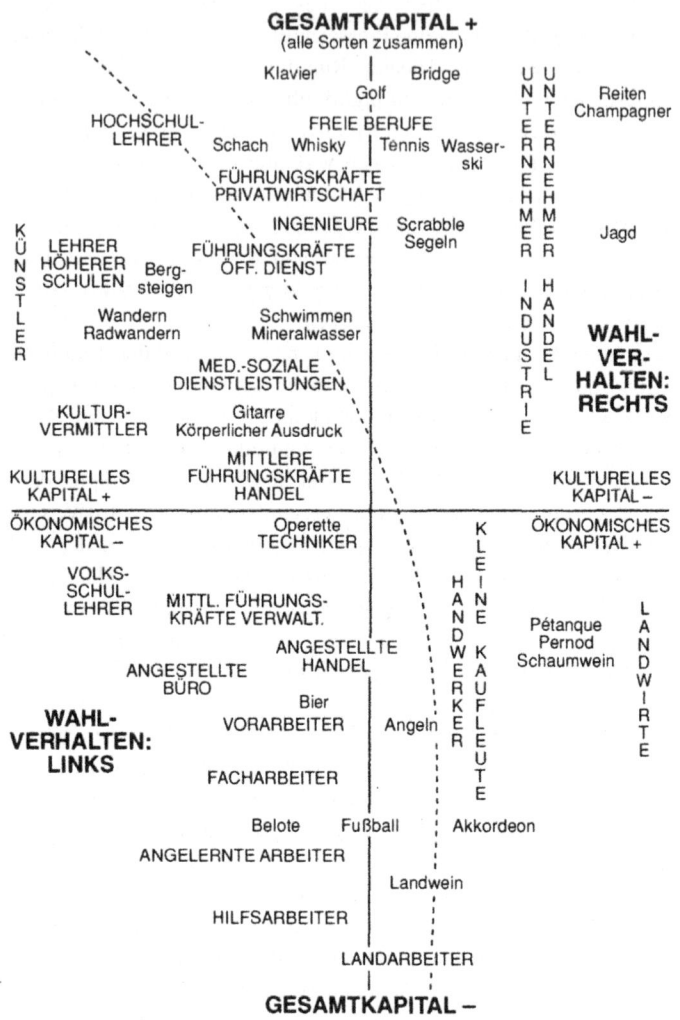

Quelle: Bourdieu (1998b, S. 19)

Abb. 5.39 Vereinfachte Darstellung des sozialen Raums

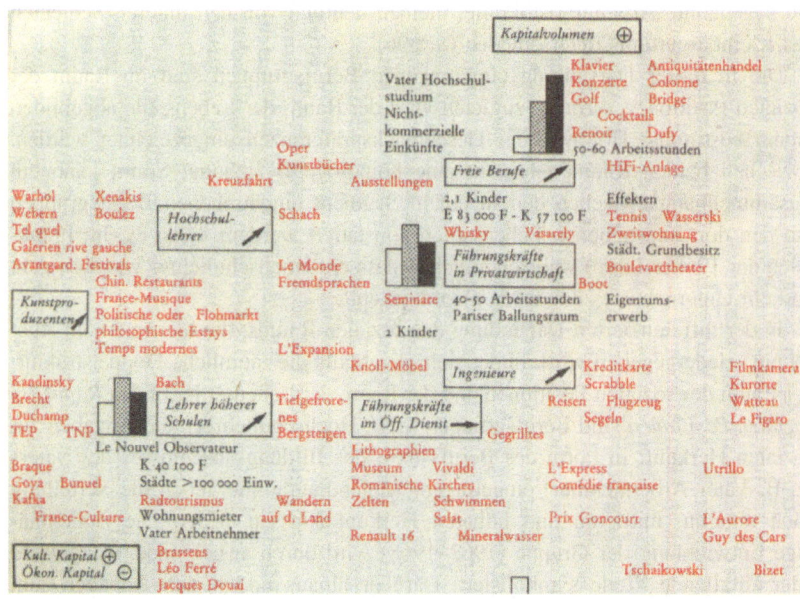

Quelle: Bourdieu (1987a, S. 212)

Abb. 5.40 Differenzierte Darstellung des sozialen Raums (Ausschnitt oben links)

Unterscheidung zwischen der alten und der neuen Bourgeoisie (1987a, S. 489 ff.) herausgearbeitet.

Innerhalb des Kleinbürgertums zeichnet sich das absteigende Kleinbürgertum (z. B. Handwerker und Kleinhändler) dadurch aus, dass es quantitativ rückläufig ist und zugleich einen ökonomischen Abstieg hinnehmen musste. Das exekutive Kleinbürgertum (z. B. mittlere Führungskräfte und Büroangestellte, Volksschullehrer, Techniker, mittlerer und gehobener öffentlicher Dienst) findet sich eher in stabilen oder sogar aufsteigenden Positionen und hat auch in seiner Größe zugenommen. Das neue Kleinbürgertum (Kulturvermittler im weiteren Sinne, medizinisch soziale Dienste) nimmt in den ökonomischen und sozialen Veränderungsprozessen jener Zeit eine völlig neue Position ein; seine »Zukunft ist relativ *offen*, d. h. zugleich ungewiß und weit gefächert« (S. 539).

Die Unterklasse bzw. Arbeiterklasse ist durch das allgemeinbildende bzw. das technische Ausbildungsniveau unterschieden: vom ungelernten Arbeiter, über den Facharbeiter bis zum Werkmeister. Darüber hinaus spielt die Dauer der Betriebszugehörigkeit eine Rolle. Auch die gehobenen Positionen in der Arbeiterklasse, die sogenannte Arbeiteraristokratie, bleiben deutlich von den unteren Schichten des Kleinbürgertums unterschieden (S. 606).

Die in dieser Darstellung eingetragenen Berufsgruppen sind im Raum der sozialen Positionen verortet; zugleich wird der Raum der Lebensstile abgebildet, indem bestimmte Hobbys oder Geschmackspräferenzen eingezeichnet wurden. Zwischen beiden Räumen besteht eine homologe Beziehung. Somit kann ein Zusammenhang zwischen den in einem Segment eingetragenen Berufsgruppen mit den dort angegebenen Lebensstilen konstatiert werden; so ist es (im Frankreich der 1960er Jahre) wahrscheinlicher, dass ein Hochschullehrer wandern geht und ein Unternehmer zum Jagen als umgekehrt.

In der differenzierten Darstellung des sozialen Raums, die hier in einem Ausschnitt wiedergegeben wird, findet sich gleichfalls die räumliche Doppelstruktur: der Raum der sozialen Positionen und der Raum der Lebensstile. In den *Raum der sozialen Positionen* sind Berufsgruppen (z. B. Hochschullehrer) und Angaben zur sozialen Herkunft in Form des Berufs bzw. des Bildungsabschlusses des Vaters (z. B. Vater Arbeitnehmer) eingetragen. Säulendiagramme geben die Verteilung nach unteren, mittleren und höheren Herkunftsklassen wider. Die zahlenmäßige Entwicklung der Gruppe (1962–1968) wird durch ansteigende, waagrechte oder abfallende Pfeile symbolisiert. Darüber hinaus finden sich Angaben zum [E]inkommen und [K]onsum in Franc, zu Einkommensarten, zur Arbeitszeit, zur Wohnortgröße, zur Wohnform und zur Kinderzahl. In den *Raum der Lebensstile* sind kulturelle Vorlieben und Praktiken eingetragen, die den oben angeführten Studien entnommen wurden.

5.3.3.5 Die Dynamik des sozialen Raums

Der soziale Raum ist kein Museum; er ist ein Ort von Kämpfen um Klassifizierungen, um Auf- und Abstiege, ein Ort der Distinktion und der Zurechnung. Bourdieu begreift den sozialen Raum zudem als einen relationalen Raum; die Lage von Gruppen im Raum der sozialen Positionen wie im Raum der Lebensstile ist stets in Beziehung zu anderen Gruppen zu verstehen. Diese Relationen stellen sich her, wenn soziale Gruppen im Kampf um knappe Ressourcen konkurrieren oder wenn sie sich durch spezifische Lebensstile und Wertungen voneinander abgrenzen. Im Gegensatz zu kultursoziologischen Studien aus der Lebensstilforschung geht es bei Bourdieu stets darum, die Verschränkung von sozialen Positionen und Lebensstilen zu analysieren. Diese relationierenden Auseinandersetzungen finden in verschiedenen gesellschaftlichen Feldern statt, die eine jeweils eigene Struktur aufweisen. So agieren Lehrer und Handelsunternehmer in ganz unterschiedlichen Feldern; im sozialen Raum können dann in synthetischer Perspektive die Erträge (Gesamtvolumen und Verteilung des Kapitals) beobachtet werden. D. h. wenn es den Gymnasiallehrer_innen im Feld der Bildung gelingt, ihren privilegierten Status gegenüber den Hauptschullehrer_innen zu verteidigen, so spiegelt sich das auch in den Positionen im sozialen Raum wider. Hierin liegt der weiterreichende Ertrag der Analysen Bourdieus. Während die spezifischen Befunde zu einzelnen Lebensstilen doch recht stark an Zeit und Raum, also an das Frankreich der 1960er und 70er Jahre, gebunden sind, haben die Analysen zu den Logiken und Dynamiken des sozialen Raums weit darüber hinaus Bestand und haben der Sozialstrukturforschung wichtige Impulse gegeben; das soll an einigen Beispielen dargestellt werden:

Titel und Stelle
In den Analysen Bourdieus spielt das Verhältnis von Bildungsabschlüssen und den zu erwartenden Stellen bzw. Positionierungen im sozialen Raum eine wichtige Rolle. Noch in den 1950er und 60er Jahren gab es einen recht engen Zusammenhang; höhere Bildungsabschlüsse prädestinierten die Wenigen, die darüber verfügten, für hoch dotierte Stellungen im privaten und vor allem im öffentlichen Sektor. Demgegenüber gab es herrschende Gruppen mit geringerem kulturellen Kapitalbesitz (Handelsunternehmer aber auch Handwerker und Kaufleute); hier spielten schulische Abschlüsse nur eine nachgeordnete Rolle. Mit der Bildungsexpansion der 1960er und 70er verändern sich diese Verhältnisse grundsätzlich. In nahezu allen gesellschaftlichen Gruppen erhält die schulische Bildung eine zentrale Bedeutung für die Reproduktion der eigenen sozialen Position.

Die verstärkte Orientierung auf schulische Bildung führt nach Bourdieus Analysen zu einer Inflation der Bildungsprädikate. Das impliziert in Analogie zum ökonomischen Prozess eine Entwertung dieser Bildungstitel. Diese Entwicklung ist recht folgenreich: Sie bedingt am unteren Ende der sozialen Stufenleiter, also bei denen, die das Bildungssystem ohne Abschluss verlassen, ein hohes Risiko der sozialen Ausgrenzung, der Exklusion. Der vormals relativ enge Zusammenhang von Bildungstitel und gesellschaftlicher Stellung schwächt sich ab. Dennoch hält man weiterhin an der hohen Wertschätzung der Bildungstitel fest; man klammert sich an die nominelle Geltung der Titel, ohne die Entwertung zu beachten. Auf die Inflation der Bildungstitel wird nun ganz unterschiedlich reagiert; und dabei spielt nach Bourdieu das ererbte kulturelle Kapital, also die soziale Herkunft, eine wichtige Rolle. Die Einen verfügen über einen ›Anlagesinn‹, auch unter diesen schwierigen Bedingungen ihre schulischen Titel am Arbeitsmarkt zu verwerten. Die Anderen, eher die sozialen Aufsteiger, stehen der Entwertung der Bildungstitel oft hilflos gegenüber; sie klammern sich an den Nominalwert. Er beschreibt diese Gruppe als eine geprellte Generation.

Der Kampf der Klassifikationssysteme

Die Analyse der verschiedenen Kapitalformen lässt schnell den Eindruck aufkommen, als gehe die Positionierung im sozialen Raum auf quasi objektive Faktoren zurück; demgegenüber macht Bourdieu deutlich, dass es immer auch einen Kampf um diese Klassifikationssysteme gibt. Bei der Herausbildung sozialer Ordnungen spielen Mechanismen der Distinktion, der gegenseitigen Abgrenzung eine wichtige Rolle. Alle Ordnungen haben einen relationalen Charakter, es sind Beziehungen. Man findet diesen Kampf um Klassifikationssysteme z. B. im Bereich der schulischen und beruflichen Abschlüsse, wenn um den Stellenwert von Fachhochschul- und Universitätsabschlüssen gestritten wird. Ähnliche Kämpfe sind aber auch im Bereich der Lebensstile zu beobachten. Zeitweilig war der Tennis- oder der Golfsport eher die Freizeitbeschäftigung einer kleinen wohlhabenden Minderheit; d. h. der Sport hatte exklusiven Charakter. Die ihn Ausübenden konnten sich darüber von anderen gesellschaftlichen Gruppen abgrenzen; das Klubheim fungierte als Ort, wo soziales Kapital akkumuliert werden konnte etc. In dem Maß, wie dieser Sport populärer wurde und einen breiteren Zulauf erfuhr, schrumpften diese Distinktionsgewinne dahin. Man musste nach neuen Möglichkeiten der Distinktion Ausschau halten.

Kollektive Auf- und Abstiege

Die Probleme des gesellschaftlichen Auf- und Abstiegs stellen sich nicht nur in individueller Perspektive. Die Untersuchung Bourdieus interessiert sich auch für das kollektive Schicksal einzelner Berufsgruppen – man erkennt in diesen Untersuchungen auch die Analysen Theodor Geigers wieder. So skizziert Bourdieu die Situation von kleinen Handwerkern, die dem Konkurrenzkampf größerer Betriebe nicht standhalten können; von Einzelhändlern, die angesichts von Supermarktketten ihre Existenz verlieren, oder von Kleinbauern, die ihren Betrieb aufgeben müssen. Umgekehrt werden Gruppen ausgemacht, die in neuen Arbeitsfeldern wie der Kulturproduktion oder der Informationstechnik sozial aufsteigen können. Die dynamische Perspektive auf soziale Gruppen spiegelt sich auch in dem Begriff der ›Laufbahnklasse‹ wider.

Diese Beispiele verdeutlichen, dass es bei dem sozialen Raum nicht um ein festes Gefüge von sozialen Positionen und ihnen zugeordnet verschiedenen Lebensstilen geht; es ist ein Raum der fortwährenden Auseinandersetzungen. Das unterscheidet die Darstellung grundsätzlich von den eher beschreibenden Schichtmodellen, die ein geordnetes Neben- oder Übereinander implizieren. Und hier liegt der besondere Gewinn der Bourdieuschen Analysen: die von ihm beschriebenen sozialen Gruppen und auch die Lebensstile haben sich verändert, relativ unverändert sind aber die von ihm analysierten Grundstrukturen und Mechanismen geblieben, nach denen sich der soziale Raum organisiert.

5.3.3.6 Klassen

In den Arbeiten Bourdieus finden sich ganz unterschiedliche Klassenbegriffe, die allesamt eher in der Weberschen oder in der anglo-amerikanischen Tradition der *Social Class* zu verstehen sind. Er nimmt aber auch auf die Marxsche Unterscheidung der ›Klasse an sich‹ und der ›Klasse für sich‹ Bezug.

Ausgehend von einer ähnlichen Lage im sozialen Raum spricht Bourdieu von »theoretischen Klassen« (1985, S. 9), die er von »realen Klassen« im Sinne von politisch agierenden Klassen abgrenzt – ob solche ›realen Klassen‹ jemals existiert haben, bleibt offen (1985, S. 25). Theoretische Klassen sind »Ensembles von Akteuren mit ähnlichen Stellungen, (...) die, da ähnlichen Konditionen und ähnlichen Konditionierungen unterworfen, aller Voraussicht nach ähnliche Dispositionen und Interessen aufweisen, folglich auch ähnliche Praktiken und politisch-ideologische Positionen«. Sie bilden »keine reale, effektive Klasse im Sinne einer kampfbereiten Gruppe (...), lediglich eine *wahrscheinliche Klasse,* das heißt eine Gesamtheit von Akteuren, deren Mobilisierung im Verhältnis zu jeder anderen nur weniger objektive Schwierigkeiten bereitet« (1985, S. 12). Die theoretische Klasse soll, wie die Klassifikationen von Zoologen oder Botanikern, »Erklärung und Prognose der Praktiken und Eigenschaften der klassifizierten Dinge – und unter anderem auch der auf Gruppenzusammenschluß basierenden Verhaltensweisen« (ebd.) ermöglichen. »Was existiert, ist ein sozialer Raum, ein Raum von Unterschieden, in denen die Klassen gewissermaßen virtuell existieren, unterschwellig, nicht als gegebene, sondern als herzustellende. (...) Die Position, die jemand im sozialen Raum einnimmt, das heißt in der Distributionsstruktur der verschiedenen Kapitalsorten, die auch Waffen sind, bestimmt auch seine Vorstellungen von diesem Raum und die Positionen, die er in den Kämpfen um dessen Erhalt oder Veränderung bezieht« (1998b, S. 26).

Darüber hinaus grenzt Bourdieu die möglichen ›realen Klassen‹ von der »repräsentierten Klasse« (1985, S. 40), frei nach Schopenhauer der »Klasse als Wille und Vorstellung« (S. 37), ab. Damit sind die ›Klassen‹ gemeint, an die Arbeiterparteien und Gewerkschaften im 19. und 20. Jahrhundert appellierten und als deren Fürsprecher sie sich als ›Klassenorganisationen‹ verstanden.

Mit diesen Bestimmungen distanziert sich Bourdieu von einfachen Schlüssen von sozialen Positionen auf Interessen und politisches Handeln; dennoch hält er an der Grundfigur der bei Marx entwickelten Überlegung fest, dass ein

Bezug zwischen der sozialen Lage und dem ›Bewusstsein‹ und ›Handeln‹ wahrscheinlich ist. An anderer Stelle drückte er diese Beziehung in dem Sprachspiel aus, dass es einen Zusammenhang zwischen den sozialen Stellungen und den Stellungnahmen von Akteuren gebe.

Analog zu dem auch für diese Darstellung zentralen Postulat, die Analyse ›realer‹ Lebenslagen von den Modellkonstruktionen der Sozialstrukturanalyse zu unterscheiden, heißt es bei Bourdieu:»Die Sozialwissenschaft muss nicht Klassen konstruieren, sondern soziale Räume, in denen sich Klassen abgrenzen lassen, die allerdings nur auf dem Papier bestehen. Sie muß in jedem einzelnen Fall (...) das Differenzierungsprinzip konstruieren und aufdecken, mit dem sich der empirisch beobachtete soziale Raum theoretisch nacherzeugen läßt«. Als generatives Prinzip fungiert »die Distributionsstruktur der Machtformen oder Kapitalsorten, die in dem betrachteten sozialen Universum wirksam sind – und also nach Ort und Zeit variieren« (1998b, S. 49).

Wie eingangs dargelegt sind die verschiedenen Kapitalformen und ihre Verteilung von Interesse, um gesellschaftliche Machtbeziehungen zu analysieren. Entlang des ökonomischen und kulturellen Kapitals lassen sich verschiedene Machttypen differenzieren: die Macht eines Unternehmers, Beschäftigte zu entlassen und einen Betrieb zu verlagern oder die Macht eines Lehrers, Schülern einen Bildungsabschluss zu versagen. Darüber hinaus sind für die Verteilung von Macht aber auch symbolische Machtunterschiede bedeutsam, die sich z. B. ausdrücken in der Macht eines ausgebildeten autochthonen Facharbeiters gegenüber einem ungelernten Arbeiter mit Migrationshintergrund (1997a, S. 87 ff.) oder in der Macht eines Mannes gegenüber einer Frau (vgl. 1997b).

Für die Analyse von Machtbeziehungen im symbolischen Bereich ist das Konzept der Deutungsmacht bedeutsam. Damit wird analysiert, in welchem Maße es einzelnen sozialen Gruppen gelingt, z. B. in medienöffentlichen Diskursen bestimmte Etikettierungen durchzusetzen; das lässt sich an der Benennung von Langzeitarbeitslosen verdeutlichen: Sind es die ›Drückeberger‹, die in der ›sozialen Hängematte‹ liegen? Sind sie Opfer einer Ökonomie, die nur an der Verwertung von Kapital interessiert ist? Sind sie eine notwendige Begleiterscheinung eines ökonomischen Transformationsprozesses? Von großer Bedeutung ist es dabei, welcher Gruppe es gelingt, ihre Deutung als eine allgemein anerkannte – eine legitime – Deutung durchsetzen und institutionell zu stabilisieren. Wenn man die Diskurse um Arbeitslosigkeit analysiert, wird deutlich, dass dieser Kampf um Deutungsmacht durchaus entscheidend für das Arbeits- und Lebensschicksal einzelner Gruppen sein kann.

Die von Bourdieu entwickelten Konzepte des sozialen Raums und die Überlegungen zu verschiedenen Kapitalformen stellen ein flexibles Instrumentarium dar, das sich zur Darstellung und Analyse sozialer Strukturen und sozialstruktureller Entwicklungen eignet. Das Konzept des Habitus und der Blick auf die Mechanismen der Reproduktion sozialer Strukturen können viele der von anderen Theorieansätzen konstruierten Vermittlungsprobleme – zwischen Handlung und Struktur, zwischen Mikro- und Makroperspektive, oder zwischen Individuum und Gesellschaft – auflösen. Die vorgelegte Studie zum ›Elend der Welt‹ (Bourdieu 1997c) bietet ein gutes Beispiel für die Leistungsfähigkeit dieses Ansatzes.

Gewisse Schwächen des Bourdieuschen Modells liegen darin, dass die zentrale Bedeutung von Arbeit und Arbeitserfahrungen, wie sie z. B. in den Studien zu Algerien (Bourdieu 2000) herausgestellt wird, bei der sozialstrukturellen Analyse nicht systematisch genutzt wird. Auch die Differenzierungen nach Geschlecht oder nach Migrationshintergrund, die in vielen anderen Arbeiten Bourdieus eine Rolle spielt, werden sozialräumlich nicht dargestellt.

Das Bourdieusche Modell, das soziale Gruppen nach ihrem Gesamtkapital und der Kapitalzusammensetzung ordnet, liefert eine gute Darstellung sozialer Differenzierungen; aber das Konzept des sozialen Raums bietet keine Möglichkeiten der ursächlichen Analyse dieser Ungleichheitsverhältnisse. So ist im Sinne Bourdieus zu fragen, ob es sich bei dem sozialen Raum um ein Feld handelt; für Bourdieu ist das unumstritten, wenn er z. B. von dem sozialen Raum als einem Kampffeld spricht. Finden diese sozialen Kämpfe aber nicht in ganz anderen Feldern statt: im Erwerbssystem, am Arbeitsmarkt, im Bildungssystem etc. Das, was dann im sozialen Raum dargestellt wird, ist doch eher als Resultat der Auseinandersetzungen in diesen verschiedenen ungleichheitsrelevanten Feldern zu begreifen – vgl. hierzu die Überlegungen Kreckels (1992, S. 151). Zudem ist zu konstatieren, dass der soziale Raum keine kollektiven Akteure, keine Organisationen berücksichtigt. Besitzer oder Manager eines Unternehmens und die dort beschäftigten Arbeitnehmer_innen erscheinen in dem Bourdieuschen Raum als nach verschiedenen Kapitalien differenzierte; sie erscheinen nicht in den spezifischen Abhängigkeitsverhältnissen, in denen sie stehen. Die sozialräumliche Darstellung von Individuen bzw. sozialen Gruppen bedingt, dass die Rolle von Institutionen und darüber vermittelt von Verhältnissen der ›organisierten Ungleichheit‹ nicht systematisch beleuchtet wird.

5.3.4 Soziale Milieus

Für die empirische Analyse sozialer Milieus liegen verschiedene Forschungsansätze vor; exemplarisch sollen hier die Konzepte des SINUS-Instituts, die

Analysen der Hannoveraner Forschungsgruppe um Michael Vester, das Konzept der Erlebnisgesellschaft und das von Annette Spellerberg entwickelte Lebensstilkonzept vorgestellt werden.

5.3.4.1 Sinus-Milieus

Die Sinus-Milieus sind seit den 1980er Jahren zu einem wichtigen Standard in der politischen Meinungs- und in der Konsumforschung geworden. Verschiedentlich wurde dieses Milieukonstrukt auch in sozialwissenschaftlichen Untersuchungen verwendet; so in den hier angeführten Studien von Vester und anderen. Das Marktforschungsinstitut ›Sinus‹ nutzte zur Entwicklung des Modells – nach eigenen Angaben – eine große Zahl von qualitativen Interviews; das so generierte Modell soll es dann ermöglichen, befragte Personen auf Basis von standardisierten Fragen zu Lebensbereichen und Wertorientierungen in sozialen Milieus zu verorten.

Flaig und Barth geben zur Generierung der Modelle an, dass die Ausgangsbasis in narrativen Interviews zu »bedeutsamen Erlebnisbereichen (Arbeit, Familie, Freizeit etc.) und gelebten Alltagskontexten« sowie zu »Einstellungen, Werthaltungen, Wünschen, Ängsten und Träumen« liege. Die aus dem Erzählmaterial abgeleiteten fallübergreifenden Kategorien werden zu einem hypothetischen Milieumodell zusammengeführt. Dann erfolge eine quantitative Prüfung und Verallgemeinerung des Modells: »Das hypothetische Ausgangsmodell wird quantitativ nachmodelliert. Inkonsistenzen zwischen Theorie und Empirie führen zu einer Überarbeitung des hypothetischen Modells. Das überarbeitete Modell wird wieder quantitativ nachmodelliert usw. Dieser iterative Prozess wird so lange durchgeführt, bis sich das theoretische Modell in ausreichendem Maß quantitativ verifizieren lässt« (2018, S. 5). Auf diesem Wege wird eine jeweils neue Statementbatterie entwickelt. »Der Item-Pool wird wegen des Bedeutungswandels der Statements immer wieder aktualisiert: Statements, die an Differenzierungskraft verlieren, werden neu gewichtet oder durch besser trennende Statements ersetzt. Die Milieuzuordnung wird auf Basis eines Wahrscheinlichkeitsmodells mit Hilfe einer speziell adaptierten Form der Clusteranalyse durchgeführt. Für jede Milieugruppe wird eine spezifische Verteilung von Antwortwahrscheinlichkeiten über alle Indikator-Items bestimmt (Normprofile), die Klassifikation erfolgt dann nach Ähnlichkeit der individuellen Antwortmuster mit dem Wahrscheinlichkeitsmodell (Logik des Profilvergleichs)« (S. 6).

Exemplarisch seien hier einige der mehr als 40 Statements dokumentiert, die in der von Vester u. a. genutzten Untersuchung verwendet wurden (vgl. Abb. 5.41). Zu diesen Statements sollen die Befragten zustimmend oder ablehnend (vier

- Ich habe oft den Drang, etwas Starkes und Neues zu erleben.
- Obwohl mir meine Arbeit Spaß macht, ist mir mein Privatleben wichtiger.
- Ich träume davon, einmal nicht mehr für andere die Dreckarbeit machen zu müssen.
- Der Sinn des Lebens besteht für mich darin, Spaß zu haben und mir einiges leisten zu können, was mir gefällt.
- Ich habe großes Verständnis für Leute, die nur tun, wozu sie gerade Lust haben.
- Im Grunde ist das Leben ganz einfach, man kann sich immer irgendwie arrangieren.
- Durch Weiterbildung kann man seine berufliche Zukunft heute auch nicht mehr sichern.
- In meinem Leben spielen christliche Wertvorstellungen keine Rolle.
- Immer, wenn ich Zeit dazu finde, beschäftige ich mich mit Kultur und Kunst.
- Ich arbeite gern mehr, um mir einiges leisten zu können.
- Für unsereins gibt es wenig Chancen, es zu etwas zu bringen.
- Lebenserfüllung ist nur durch Pflichterfüllung möglich.
- Ideal ist ein Beruf, in dem man politisches und soziales Engagement verwirklichen kann.
- Es ist mir ganz wichtig, daß nichts nach außen dringt, wenn es in meiner Familie Probleme gibt.

Quelle: Vester u.a. (2001, S. 546f)

Abb. 5.41 Fragen zur Konstruktion der Sinus-Milieus (Auszug)

Antwortkategorien) Stellung nehmen. In den Fragen geht es um Einstellungs-muster in verschiedenen Bereichen der alltäglichen Lebensführung:»Arbeits- und Freizeitmotive, Genuß- und Askesepräferenzen, Einstellungen zum Geschlechter-verhältnis und zur Familie, Einstellungen zum technischen Fortschritt und zur Politik« (Vester et al. 2001, S. 232).

Die SINUS-Milieumodelle wurden seit den 1980er Jahren häufig variiert und für verschiedenste Bereiche der Marktforschung und der anwendungsbe-zogenen Sozialforschung genutzt: politische Parteien lassen sich Milieu-Bilder ihrer Wählerschaft erstellen; Kirchen interessieren sich dafür, welche Milieus sie derzeit ansprechen oder welche sie potentiell ansprechen können. Das Gros der Anwendungen findet sich vermutlich bei Unternehmen, die das Wissen um Milieustrukturen nutzen, um neue Produkte und Dienstleistungen zu entwickeln bzw. existierende besser zu vermarkten. Inzwischen liegen auch Milieuzurech-nungen vor, die anstelle standardisierter Befragungen kleinräumig vorliegende Sozialdaten verwenden: Nach Plöger et al. (2005, S. 21) werden dazu z. B. Daten des Verbandes ›Creditreform‹ oder Daten zum PKW-Bestand genutzt. Diese Informationen werden zu kleinräumigen Milieuinformationen zusammengefügt, so dass letztlich einzelne Straßenzüge in ihrem nachbarschaftlichen Kontext beschrieben werden können.

Die so konstruierten Milieus, die sich als Gruppen mit einer ähnlichen Lebenslage und einem ähnlichen Lebensstil begreifen lassen, werden dann in Kurzbeschreibungen über ihre soziale Lage, ihre Lebensziele und ihren Lebens-stil charakterisiert; hier ist exemplarisch eine Beschreibung des Milieus der ›Konservativ-Etablierten‹ angefügt (vgl. Abb. 5.42).

»Konservativ-Etablierte (KET):
Bei dieser Gruppe handelt es sich um das typische Establishment. Abgeschottet von anderen Milieus sieht man sich selbst als Führungselite. Man legt Wert auf Etikette und Ordnung. Dieses Milieu zeichnet sich durch hohes Einkommen beziehungsweise durch Besitz aus. Menschen dieser Gruppe sind meist Teil der Oberschicht – einige aber auch der mittleren Mittelschicht. Sie orientieren sich an traditionellen Werten, sind trotzdem bereit zur Modernisierung, legen dabei aber Wert auf Lebensstandard und Status. Ein beispielhafter Lebenslauf einer Person im KET-Milieu: geboren in eine wohlhabende Familie, Besuch einer Privatschule und anschließend folgt ein Studium an einer angesehen Universität – schließlich eine Anstellung im Familienunternehmen.«

Quelle: https://www.ionos.de/startupguide/produktivitaet/sinus-milieus, Abruf am 21.6.2021

Abb. 5.42 Kurzbeschreibung eines Sinus-Milieus

Neben der Charakterisierung einzelner Milieus wird eine zusammenhängende Darstellung angeboten, indem die Milieus in einem zweidimensionalen Sozialraum positioniert und gemäß ihrer Größe dargestellt werden. In der hier abgebildeten Fassung von 2021 wird die vertikale Dimension als soziale Lage – nach drei Schichten differenziert – bezeichnet. Die Lagedimension wird auch als »passive Dimension« ausgewiesen. Die horizontale Dimension soll die Grundorientierung der Milieus abbilden – gemeint sind, so die Darstellungen des Instituts, Alltagsbewusstsein, Lebensstil und Lebensziele. Diese wird auch als »aktive Dimension« (Plöger et al. 2005, S. 7) bezeichnet. Die Grundorientierung wird über drei Leitbegriffe markiert: Tradition, Modernisierung und Neuorientierung; diese werden dann noch einmal durch spezifische normative Ansprüche (z. B. Pflichterfüllung, Ordnung) illustriert (vgl. Abb. 5.43).

Während die jüngeren Milieumodelle mit Milieubezeichnungen arbeiten, die eher an Charakteristika von Lebensstilen erinnern, findet sich in älteren Darstellungen eine Terminologie, die auch Begriffe der Klassen- und Schichtungsforschung zur Milieubeschreibung nutzt. So wurde das Arbeitnehmermilieu in ein traditionelles (d. h. an Arbeiterpartei und Gewerkschaft orientiertes), ein traditionsloses und ein neues Arbeitnehmermilieu differenziert. Die Benennung der Dimension erfolgt bei den älteren Modellen in der Vertikalen nicht über die Schichtzugehörigkeit, sondern über deren Habitus; in der Horizontalen findet sich wiederum die Skalierung von traditionellen zu modernen Orientierungen.

In den Beschreibungen zu den Sinus-Milieus wird deutlich, dass die Lage auf der als Grundorientierung bezeichneten Achse in nicht unerheblichem Maße mit dem Alter der Befragten zusammenhängt; das wird auch in den Milieubeschreibungen deutlich, in denen die Begriffe ›jung‹ und ›alt‹ sowie Generationszuordnungen (›Kriegsgeneration‹, ›68er‹) verwandt werden. Auch

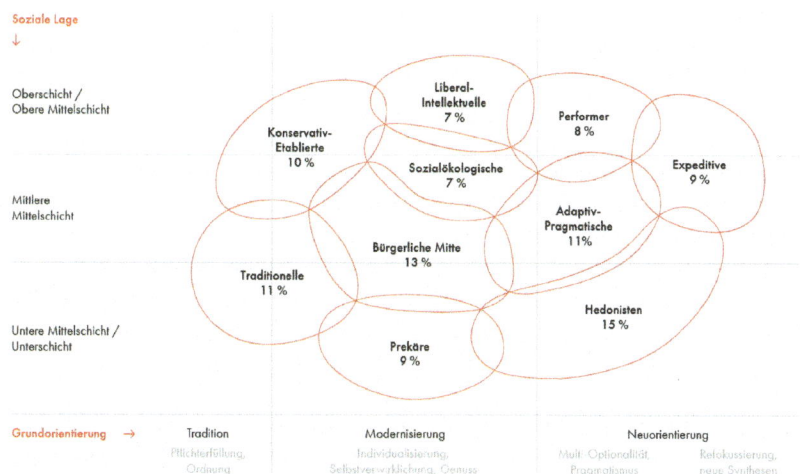

Quelle: https://www.sinus-institut.de/sinus-milieus/sinus-milieus-deutschland, (Abruf am 21.6.2021)

Abb. 5.43 Räumliche Darstellung der Sinus-Milieus

die Begriffe ›spaßorientiert‹ und ›Lifestyle-Avantgarde‹ deuten nicht unbedingt auf ältere Menschen hin. Damit zeigt sich ein Effekt, der auch in anderen Lebensstilanalysen deutlich wird. Die Erhebung von Daten zu Lebensstilen impliziert – zumindest in ihrer gegenwärtigen Operationalisierung – einen deutlichen Alterseffekt. Dies wird auch an den Daten bzw. den Modellen erkennbar, die Gerhard Schulze (1992) für die Konstruktion der ›Erlebnisgesellschaft‹ nutzt.

Hieran wird ein Problem der Lebensstilforschung deutlich; die Modelle sind in erheblichem Maß von den eingesetzten Erhebungsinstrumenten und den dort formulierten Fragen abhängig. D. h. wenn man sich im Rahmen der Lebensstilforschung für Phänomene interessiert, von denen man im Vorhinein weiß, dass sie in hohem Maße mit dem Alter konnotiert sind – z. B. bestimmte Musikstile, aber auch Konsum- oder Freizeitpraktiken – dann ist zu erwarten, dass am Ende Ähnlichkeitsgruppen entstehen, die sich in hohem Maße entlang der Altersachse unterscheiden. Ein Nebeneffekt der starken Altersorientierung ist, dass die Milieuabgrenzungen und -etikettierungen – zumindest bei den Sinus-Modellen – häufig verändert werden. Zu fragen ist, ob ein solcher Effekt erwünscht ist: Für die *Markt- und Meinungsforschung* ist dieser Effekt sehr interessant, wenn sich verschiedene Konsumentengruppen sehr deutlich nach Alters- und Generationslagen unterscheiden lassen. Für die *wissenschaftliche Sozialstrukturforschung* gestaltet sich die Antwort nicht so einfach. Wenn im Rahmen einer Strukturanalyse die Gesamtheit von Arbeits- und Lebenslagen beschrieben werden soll, die sich im Lebenslauf von Personen einstellen und wenn es darum geht, soziale Lagen als Phänomene längerer Dauer zu beschreiben – wie der Strukturbegriff suggeriert –, dann sind die häufig verwendeten Lebensstilfragen völlig unzureichend; im Sinne der klassischen Messtheorie kann man sagen, dass das Validitätskriterium nicht erfüllt ist, weil nicht das gemessen wird, was gemessen werden soll. Die daraus entstehenden altersabhängigen Milieumodelle bereiten dementsprechend große Interpretationsprobleme, weil unterstellt werden muss, dass Menschen mit der Überschreitung bestimmter Altersgrenzen gewissermaßen das Milieu wechseln. Anders sieht es aus, wenn man wie Kreckel (1998, S. 37) das Alter als konstitutives Moment von Sozialstrukturanalysen begreift.

5.3.4.2 Milieuforschungen der Hannoveraner Forschungsgruppe

Der von Michael Vester, Peter von Oertzen und anderen verfolgte Ansatz zur Erforschung sozialer Milieus orientiert sich insbesondere an den von Pierre Bourdieu in seinen Untersuchungen zu den ›Feinen Unterschieden‹ entwickelten theoretischen Konzepten. Zudem ist der Forschungsansatz auch durch Vesters intensive Beschäftigung mit den Arbeiten des britischen Sozialhistorikers Edward P. Thompson geprägt, der sich mit dem Prozess der Herausbildung der englischen Arbeiterklasse in den sozialen Auseinandersetzungen an der Wende vom 18. zum 19. Jahrhundert befasst hatte. Thompson begriff eine Klasse als soziokulturelle Formation, die nur über ihre Beziehungen zu anderen Klassen und nur in zeitlicher Perspektive analysiert werden kann. »Wenn wir von einer Klasse sprechen, dann denken wir an einen sehr lose definierten Zusammenhang von Menschen, die dieselbe Anhäufung aus Interessen, sozialen Erfahrungen, Traditionen und Wertsystemen teilen, die dazu neigen, wie eine Klasse zu handeln, sich selbst in ihren Handlungen und ihrem Bewußtsein im Verhältnis zu anderen Gruppen klassenmäßig zu bestimmen. Aber Klasse selbst ist kein Ding, sondern ein Geschehen« (1987b, S. 963) und dieses Geschehen wird »kulturell interpretiert und vermittelt: verkörpert in Traditionen, Wertsystemen, Ideen und institutionellen Formen« (1987a, S. 8). Wenngleich Thompson hier nicht auf den Milieubegriff rekurriert, umreißen seine Überlegungen auch eine spezifische Lesart des Milieukonzepts.

Im Folgenden soll am Beispiel einer zu Beginn der 1990er Jahre durchgeführten Forschungsarbeit zur Entstehung neuer gesellschaftlich-politischer Milieus in der sich wandelnden Sozialstruktur der Bundesrepublik Deutschland der Forschungsansatz genauer vorgestellt werden. Eine spezifische Fragestellung erhält diese Untersuchung durch das Interesse an Politikstilen; d. h. es geht immer auch um die Frage, wie mit den Veränderungen des sozialen Raums veränderte politische Orientierungen und Praktiken der Beteiligten einhergehen. Die Untersuchung gründet sich auf Analysen zur Entwicklung des sozialen Raums und zu einzelnen Berufsgruppen in der Bundesrepublik 1950–1987 (auf Basis von Materialien des Statistischen Bundesamtes), auf Analysen zu den Politik- und Gesellungsstilen der Westdeutschen (auf Basis einer Repräsentativ-Umfrage Westdeutschland), auf Analysen zur Veränderung von Mentalitäten im Generationenwechsel (auf Basis von offenen Zwei-Generationen-Interviews mit Personen aus dem Umfeld der neuen sozialen Bewegungen), auf Analysen von Mentalitäten neuer sozialer Milieus (auf Basis offener Interviews mit Personen aus den neuen sozialen Milieus) und auf Analysen von regionalen Strukturen sozialer Milieus am Beispiel dreier Städte.

Entwicklung des sozialen Raums 1950–1987

Mit Hilfe von Daten der amtlichen Statistik wurde zunächst die Entwicklung von Berufsgruppen im Zeitraum von 1950–1987 nachgezeichnet. Von besonderem Interesse ist wie bei Bourdieu die Entwicklung neuer Berufe, die mit den Veränderungen der Industriegesellschaft und mit dem sich differenzierenden Sozialstaat einhergehen. Ein wichtiges Charakteristikum dieser neuen Berufe ist die große Bedeutung kulturellen Kapitals; es handelt sich um Bildungsberufe, Wissenschaftsberufe, Kulturvermittlungs- und künstlerische Berufe, sozialpflegerische Berufe, medizinisch-soziale Dienstleistungsberufe, freie Berufe, technische Intelligenzberufe sowie qualifizierte Verwaltungsberufe (vgl. Vester et al. 2001, S. 408 f.).

Unter Verwendung des von Bourdieu entwickelten Modells werden diese Berufe im sozialen Raum lokalisiert, wie Abb. 5.44 (rechte Seite) exemplarisch zeigt.

Ein Charakteristikum der neuen Berufe liegt darin, dass sie seit den 1950er Jahren überproportionale Zuwächse verzeichnen; 1987 machen sie fast ein Viertel aller westdeutschen Erwerbstätigen aus; zudem weisen sie einen überdurchschnittlich steigenden Frauenanteil auf. Auf der rechten Seite der Abbildung werden jene Teilräume markiert, in denen sich der Anteil erwerbstätiger Frauen überdurchschnittlich verringert (unten rechts) bzw. erhöht (mitte und oben links) hat.

Milieus im sozialen Raum

In Anlehnung an Bourdieu arbeitet die Forschungsgruppe um Vester mit einem Sozialraummodell, das durch eine Hierarchie- und eine Differenzierungsachse strukturiert wird. Die vertikale Strukturierung in führende gesellschaftliche

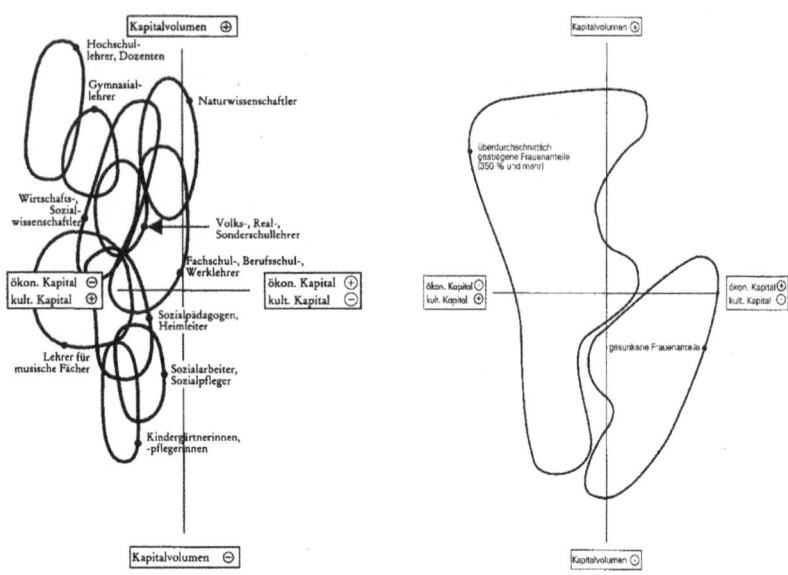

Quelle: Vester u.a. (2001, S. 416, 420)

Abb. 5.44 Neue Berufe im Bildungs- und Erziehungssystem (l.), Soziale Aufstiege von Frauenberufen (r.)

Milieus (Verfügung über Bildung, Macht und Besitz), mittlere/respektable Volksmilieus (Arbeiter, Angestellte und Dienstleistende, kleine Selbstständige) und unterprivilegierte Volksmilieus (gering Qualifizierte) erfolgt durch zwei kulturelle Schranken: die Grenze der Distinktion trennt obere und mittlere Milieus, die Grenze der Respektabilität bzw. der Statussicherheit differenziert mittlere und untere Milieus (vgl. Abb. 5.45).

Die horizontale Differenzierungsachse wird über verschiedene Grade der Autoritätsbindung bzw. der Eigenverantwortung charakterisiert. So werden Milieus unterschieden, die sich in der Vertikalen durch eine gleiche Lage (Einkommen, sozialer Status) auszeichnen, aber unterschiedliche Lebensstile und Mentalitäten aufweisen.»Für die einen ist eher *Hierarchiebindung,* für die anderen eher *Eigenverantwortung* der leitende Wert. Dem entspricht jeweils ein bestimmter innerer Habitus, aber auch eine reale äußere Autoritätsstruktur. (…) An den äußeren Rändern dieses Spektrums finden wir extreme Ausprägungen,

avantgar- distisch	eigenverant- wortlich	hierarchie- gebunden	autoritär
	<── Differenzierungsachse ──>		

^ Herrschaftsachse v	Avantgarde (früher: Schöne Künste)	jugendkulturelle Avantgarde	humanistische und dienstleistende Elite-Milieus (früher: Bildungsbürger	wirtschaftliche und hoheitliche Elite-Milieus (früher: Besitzbürger)
			›respektable‹ Volksmilieus: Traditionslinie der Facharbeit und der praktischen Intelligenz	›respektable‹ Volksmilieus: ständisch- kleinbürgerliche Traditions- linie
			unterprivilegierte Volksmilieus (gering Qualifizierte)	

Quelle: Vester u.a. (2001, S. 31)

Abb. 5.45 Vertikale und horizontale Struktur des sozialen Raums

und zwar rechts einen entschiedenen *Autoritarismus,* links einen *Avantgardismus,* der jede Konvention zurückzuweisen scheint« (Vester et al. 2001, S. 29).

Das vormals besitzbürgerliche Milieu zeichnet sich durch Besitz und hoheitliche Macht aus, verfügt über exklusive Formen des Lebensstils und hat ein dementsprechendes Macht- bzw. Elitebewusstsein. Soziale Aufstiege in dieses Milieu bilden eher die Ausnahme.

Demgegenüber grenzt sich das in der oberen Mitte angeordnete ehemals bildungsbürgerliche Milieu der akademischen Intelligenz ab. Als Grenze fungiert die Differenzierung nach Geist und Macht. Diese humanistischen und dienstleistenden Eliten verfügen über einen hochkulturellen Habitus.»Hinzu kommen ein humanistisches und karitatives Ethos und die Überzeugung, eine idealistische Aufklärungsmission gegenüber den anderen Milieus erfüllen zu müssen. Der strebenden Grundhaltung entspricht auch das Prinzip, daß sozialer Aufstieg durch Leistung (statt durch ererbte Positionen) möglich sein soll« (S. 29).

Am oberen linken Pol sind die Gruppen der kulturellen Avantgarden lokalisiert, die sich durch spezifische ästhetische, moralische oder politische Lebensentwürfe auszeichnen.

Die ›respektablen‹ Volksmilieus werden zum einen durch das Milieu der Facharbeit bzw. der praktischen Intelligenz gebildet. Hier spielt eigenverantwortliches und gleichberechtigtes Handeln und ein damit verbundenes Arbeits-, Bildungs- und Gemeinschaftsethos eine wichtige Rolle. Dieses Milieu ist das Produkt des Industrialisierungsprozesses, kann aber auf vorindustrielle bäuerliche und handwerkliche Traditionen zurückgreifen.

Der andere Typ des ›respektablen‹ Milieus wird durch kleinbürgerlich-ständische Gruppen gebildet, die sich durch hierarchische, obrigkeitsgebundene Weltbilder auszeichnen. »Es entspricht der Herkunft aus Traditionen, wie sie sich über lange Zeit in den ›subalternen‹ Milieus von stadtbürgerlichen, staatsbürokratischen oder dorfgesellschaftlichen Hierarchien herausgebildet und konserviert haben. Väter, Chefs, Honoratioren und Politiker gelten noch als Vorbilder. Ihnen ist zu folgen, sie haben aber auch eindeutige Fürsorgepflichten gegenüber ihren Untergebenen« (S. 30).

Die links angeordneten Milieus der Jugendkultur sind insbesondere durch ihre Abgrenzung von der Erwachsenenwelt charakterisiert.

Die ›unterprivilegierten‹ Volksmilieus können über die Erfahrung der Ohnmacht charakterisiert werden; sie lehnen sich an die Strategien der Mitte an. »Die Perspektive der Ohnmacht entspricht den ›unterständischen‹ Schichten vorindustrieller Gesellschaften, die nicht an der traditionellen ständischen Sicherheit und Ehre teilhatten (…). In einer solchen unsicheren und unkalkulierbaren Lebenslage schien es wenig Sinn zu haben, die für eine planmäßige Lebensführung notwendige ›innengeleitete‹ Selbstdisziplinierung zu erwerben. Es kam vielmehr darauf an, flexibel und spontan auf gebotene Gelegenheiten zu reagieren, rasch dazuzulernen und Stärkere zu finden, an die man sich anlehnen konnte« (S. 32). Die Binnendifferenzierung dieser Milieus ergibt sich aus unterschiedlichen Orientierungen: so lehnen sich die einen an die kleinbürgerlich-patriarchalischen Formen der Wohlanständigkeit an, andere orientieren sich an der arbeitnehmerische Selbstdisziplin der qualifizierten Arbeiter und Angestellten, wieder andere beziehen sich auf das jugendkulturelle Milieu der Mittelschicht (vgl. Abb. 5.46).

Mit Hilfe der Milieustudien des Sinus-Instituts kann auch eine Quantifizierung dieser Milieus geliefert werden. Die Bezeichnungen der Milieus entsprechen den variierenden Benennungen des Sinus-Instituts.

Soziale Milieus und Politikstile

Die so entwickelte Milieustruktur wird schließlich in einem weiteren Untersuchungsschritt mit der Untersuchung verschiedener Politikstile verbunden. Auf Basis einer eigenen Befragung zu verschiedenen Facetten politischen Verhaltens

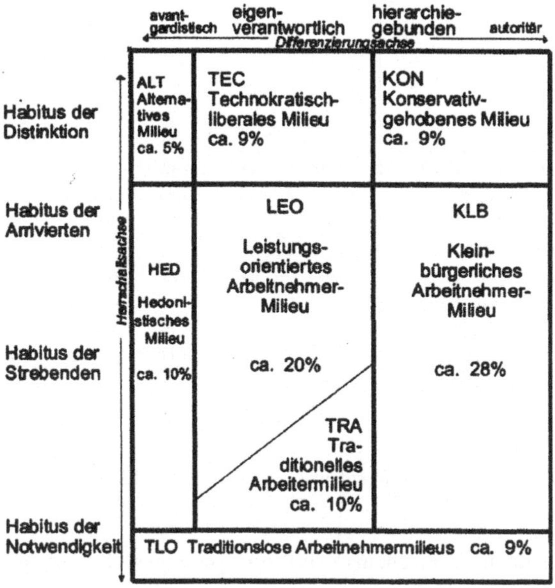

	avant- gardistisch	eigen- verantwortlich	hierarchie- gebunden	autoritär
		Differenzierungsachse		
Habitus der Distinktion	**ALT** Alterna- tives Milieu ca. 5%	**TEC** Technokratisch- liberales Milieu ca. 9%	**KON** Konservativ- gehobenes Milieu ca. 9%	
Habitus der Arrivierten		**LEO** Leistungs- orientiertes Arbeitnehmer- Milieu	**KLB** Klein- bürgerliches Arbeitnehmer- Milieu	
Habitus der Strebenden	**HED** Hedoni- stisches Milieu ca. 10%	ca. 20%	ca. 28%	
		TRA Tra- ditionelles Arbeitermilieu ca. 10%		
Habitus der Notwendigkeit	**TLO** Traditionslose Arbeitnehmermilieus ca. 9%			

(left vertical axis label: *Herrschaftsachse*)

Quelle: Vester u.a. (2001, S. 49)

Abb. 5.46 Milieus der alltäglichen Lebensführung 1995

und politischer Orientierung wurden mit Hilfe einer Clusteranalyse sieben verschiedene Politikstile konstruiert. Diese werden als Sozialintegrative (12,8 %),
Radikaldemokraten (10,8 %), Skeptisch-Distanzierte (17,7 %), Gemäßigt- bzw.
traditionell-Konservative (17,6 % bzw. 13,8 %) und schließlich als Enttäuscht-
Apathische (13,4 %) bzw. Enttäuscht-Aggressive (13,8 %) charakterisiert – die
beiden letzteren Milieus machen deutlich, dass das in den 2010er Jahren politisch hervortretende Phänomen des Rechtspopulismus bzw. -autoritarismus einen
durchaus längeren Vorlauf hat. In Verbindung mit den Milieudaten kann dann die
sozialräumliche und die politische Perspektive integriert werden (vgl. Abb. 5.47).

Eine Analyse der überproportional besetzten (grau unterlegten) Tabellenfel-
der zeigt, dass ein Zusammenhang zwischen sozialen Milieus und Politikstilen
besteht. Besonders deutlich wird dies bei der Beziehung von konservativ geho-
benem Milieu und traditionell konservativem Politikstil, von traditionellem Arbeiter-
milieu und enttäuscht-apathischem Politikstil, von technokratisch-liberalen Milieu

Typen Sinus-Milieus	Sozialintegrative (12,8%)	Radikaldemokraten (10,8%)	Skeptisch-Distanzierte (17,7%)	Gemäßigt-Konservative (17,7%)	Traditionell-Konservative (13.8%)	Enttäuscht-Apathische (13,4%)	Enttäuscht-Aggressive (13,8%)
Neues Arbeitnehmerm. (5,1%)	7,4%	12,2%	2,3%	4,3%	4,0%	3,6%	4,4%
Hedonistisches M. (12,3%)	24,3%	15,7%	20,0%	8,5%	2,6%	10,4%	4,8%
Alternatives M. (2,2%)	2,9%	6,6%	3,5%	0,9%	0,2%	1,3%	0,6%
Technokratisch-lib. M. (8,2%)	9,5%	19,3%	13,1%	7,5%	5,2%	2,5%	1,5%
Aufstiegsorientiertes M. (23,2%)	22,8%	17,0%	16,2%	33,2%	22,4%	19,4%	29,5%
Traditionslos. Arbeiterm. (12,3%)	11,0%	2,5%	19,5%	11,2%	4,2%	16,5%	17,1%
Konservatives geh. M. (7,2%)	5,7%	9,6%	3,3%	4,4%	24,9%	1,1%	3,4%
Kleinbürgerliches M. (24,0%)	13,1%	15,4%	18,9%	24,2%	34,1%	31,2%	30,0%
Traditionelles Arbeiterm. (5,6%)	3,3%	1,6%	3,2%	5,7%	2,4%	14,0%	8,7%

Quelle: Vester u.a. (2001, S. 470)

Abb. 5.47 Politikstile der Westdeutschen und soziale Milieus (1991)

und radikaldemokratischem Politikstil sowie von hedonistischem Milieu und sozialintegrativem Politikstil.

In einer späteren Untersuchung ist die Forschungsgruppe um Michael Vester u. a. den Veränderungen im Bereich der Arbeitnehmermilieus nachgegangen. In so genannten Gruppenwerkstätten, in denen mit strukturierten Diskussionsrunden aber auch mit assoziativen und kreativen Arbeitstechniken gearbeitet wurde, konnten insgesamt 56 Personen aus ausgewählten Betrieben und Ausbildungseinrichtungen untersucht werden (vgl. Abb. 5.48).

Die Befunde der Untersuchung wurden genutzt, um die Teilnehmer_innen der Gruppenwerkstätten zu typologisieren. Die auch im Diagramm dargestellten Gruppen wurden als gebremste technische Experten, als Autodidakten der IT-Branche, als Organisierer und Problemlöser, als spezialisierte Facharbeiter und schließlich als Aufstiegs- und Karriereorientierte bezeichnet. Eine genauere Darstellung der Gruppen erfolgte durch sozialstatistische Angaben, durch eine Analyse der betrieblichen Arbeitsbedingungen und der alltäglichen Lebensführung; sehr detailliert werden dann das Berufsethos und die daraus erwachsenden Widersprüche im Betrieb analysiert. Schließlich wird auch – die IG Metall gehörte zu den Unterstützern des Projekts – die Haltung zur Gewerkschaft und zur betrieblichen Interessenvertretung dargestellt, um daraus Anknüpfungspunkte für die Gewerkschaftspolitik abzuleiten.

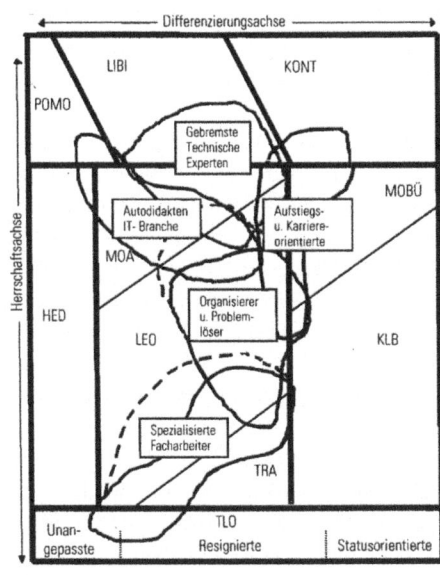

LIBI: Liberal-intellektuelles Milieu (ca. 8%)
KONT: Konservativ-technokratisches Milieu (ca. 7%)
POMO: Postmodernes Milieu (ca. 6%)
HED: Hedonistisches Milieu (ca. 9%)
MOBÜ: Modernes kleinbürgerliches Arbeitnehmermilieu (ca. 12%)
KLB: Traditionelles kleinbürgerliches Arbeitnehmermilieu (ca. 13%)
MOA: Modernes Arbeitnehmermilieu (ca. 11%)
LEO: Leistungsorientiertes Arbeitnehmermilieu (ca. 18%)
TRA: Traditionelles Arbeitnehmermilieu (ca. 6%)
TLO: Traditionsloses Arbeitnehmermilieu (ca. 11 %)

Die gestrichelten Linien in der Abbildung geben die hypothetische Ausdehnung des Typus an, die durch die Stichprobe der Pilotstudie bislang noch nicht abgedeckt wurde.

Quelle Vester u.a. (2007, S. 87)

Abb. 5.48 Moderne Arbeitnehmer im sozialen Raum Westdeutschland 2005

5.3.4.3 Erlebnisgesellschaft

Unter dem Titel ›Erlebnisgesellschaft‹ wurde zu Beginn der 1990er Jahre eine von Gerhard Schulze durchgeführte Studie über kulturelle Alltagspraktiken und soziale Milieus publiziert. Im Kontext der Sozialstrukturanalyse ist vor allem der Milieuansatz Schulzes von Interesse. Es soll keine Auseinandersetzung mit seinen Zeitdiagnosen (›Erlebnisgesellschaft‹) erfolgen; die folgende Darstellung stellt eher den Versuch dar, zentrale Erkenntnisse der Analyse gegen die vom Autor präferierte Lesart zu verteidigen.

Die Untersuchung geht auf eine standardisierte Befragung in der Stadt Nürnberg zurück; für die Konstruktion des Fragebogens wurde eine Vielzahl von Skalen zu kulturellen Praktiken sowie zu sozialpsychologischen Merkmalen genutzt. Ausgangspunkt der Analyse sind Fragen zur kulturellen Alltagspraxis; diese werden zu drei alltagsästhetischen Schemata verdichtet. »Mit dem Begriff alltagsästhetischer Schemata ist eine kollektive Kodierung des Erlebens gemeint, ein ästhetisches Programm, das die unendliche Menge der Möglichkeiten, die Welt zum Gegenstand des Erlebens zu machen, auf eine übersichtliche Zahl von Routinen reduziert« (1992, S. 128). Diese Routinen sind als Verbindung zweier

Ebenen zu begreifen: »Die eine Ebene ist die der ästhetischen Zeichen – sinnlich erfahrbare Ereignisse, die im Kollektiv primär als Gegenstand des Erlebens definiert sind: Gemälde, Schmuckstücke, Musik, Luxusgegenstände usw. Auf dieser Ebene werden alltagsästhetische Schemata empirisch sichtbar: als gewählte oder gemiedene Kollektion von Gegenständen, Situationen, Veranstaltungen, Handlungen, Personen (...). Die andere Ebene enthält die Bedeutungen, die den Zeichen zugeordnet werden. Anders als die Zeichen sind die Bedeutungen nicht mit standardisierten Forschungsverfahren erreichbar« (ebd.). Alltagsästhetische Schemata werden konstituiert, indem eine Zuordnung von Bedeutungen zu Zeichengruppen erfolgt. »Das Verhältnis einzelner Menschen zu alltagsästhetischen Schemata läßt sich begreifen als eine Beziehung von Nähe oder Distanz: Der eine sucht das Schema, der andere meidet es« (S. 129).

Auf Basis der untersuchten kulturellen Praktiken und Urteile werden drei alltagsästhetische Schemata konstruiert: das Hochkultur-, das Trivial- und das Spannungsschema. Diese Schemata können zum einen über die sie konstituierenden kulturellen Praktiken charakterisiert werden. So korrespondiert das Hochkulturschema z. B. mit dem Konsum klassischer Musik, mit Museumsbesuchen und mit der Lektüre ›guter Literatur‹. Das Trivialschema wird über den Konsum von deutschen Schlagern, Fernsehquizsendungen und Arztromanen charakterisiert. Das Spannungsschema schließlich ist mit dem Konsum von Rockmusik und Thrillern sowie mit regelmäßigem Ausgehen in Kneipen, Discos oder Kinos verknüpft.

Darüber hinaus werden diese Schemata aber auch, wie in der oben angesprochenen zweiten Ebene entwickelt, hinsichtlich ihrer Bedeutungsgehalte unterschieden; diese subjektiven Bedeutungsgehalte werden auf drei Bedeutungsebenen entwickelt: *Genuß* wird als ein »psychophysischer Zustand positiver Valenz aufgefaßt. Körperliche Reaktionen und kognitive Repräsentationen werden dabei zu einer Einheit, die der Erlebende als angenehm empfindet. Der Akzent kann dabei mehr auf der körperlichen oder mehr auf der kognitiven Komponente liegen« (S. 105). *Distinktionen* spielten historisch betrachtet eine wichtige Rolle für die Konstitution sozialer Ordnungen. Auch für die gegenwärtige Sozialstruktur ist »wechselseitige Distinktion in der Alltagsästhetik ein unerläßlicher Baustein. Nur noch in Spurenelementen finden wir Distinktionsformen der bürgerlichen oder aristokratischen Tradition; trotzdem hat die Definition des Schönen und des Häßlichen auch in sozialen Milieus der Gegenwart eine distinktive Komponente. Gewandelt hat sich die Semantik der Distinktion, geblieben ist die Bedeutungsebene der Distinktion schlechthin. Orientiert an einer fundamentalen Semantik des Denkens und Handelns, die näher bestimmt ist durch die Polaritäten von Einfachheit und Komplexität sowie von Ordnung und Freiheit (...), definieren die Menschen Ähnlichkeit und Unähnlichkeit« (S. 111). *Lebensphilosophie* steht für eine Bedeutungsebene persönlicher Stile, »auf der grundlegende Wertvorstellungen, zentrale Problemdefinitionen, handlungsleitende Wissensmuster über Natur und Jenseits, Mensch und Gesellschaft angesiedelt sind« (S. 112).

Wie aus Abb. 5.49 (unten) ersichtlich, werden diese subjektiven Bedeutungsebenen Genuss, Distinktion und Lebensphilosophie im Rahmen der verschiedenen alltagsästhetischen Schemata je unterschiedlich gefüllt. Vor diesem Hintergrund kann die Beschreibung der alltagsästhetischen Schemata zum einen über die sie charakterisierenden kulturellen Praktiken, zum anderen über deren Genussschemata, Distinktionsmuster und Lebensphilosophien erfolgen.

In einem zweiten Schritt werden auf der Basis der alltagsästhetischen Schemata verschiedene milieuspezifische Stiltypen (nicht zu verwechseln mit den Milieus) generiert. Stiltypen ermöglichen nach Schulze eine vereinfachte Orientierung im Universum der Stile; sie sind in hohem Maße milieuspezifisch.

Stiltypen der Milieus	Alltagsästhetische Schemata			Milieuspezifische existentielle Anschauungsweisen				soziale Milieus	
	Hochkulturschema	Trivialschema	Spannungsschema	Normale existentielle Problemdefini- tion/ Variante der Erlebnisorientierung	primäre Perspektive	Ich-Welt-Bezug		Alter	Bildung
Stiltyp Unter- haltungsmilieu	-	-	+	Streben nach Stimulation	Bedürfnisse	Ichverankert		<40	-	Unterhal- tungsmil.
St. Selbstverwirk- lichungsmilieu	+	-	+	Streben nach Se- lbstverwirklichung	innerer Kern	Ichverankert		<40	+	Selbstver- wirkl.mil.
Stiltyp Harmonie- milieu	- (-	+ +	- + -)	Streben nach Geborgenheit	Gefahr	Weltverankert		>40	-	Harmonie- milieu
Stiltyp Integrati- onsmilieu	+ (+	+ +	- +)	Streben nach Konformität	soziale Erwartungen	Weltverankert		>40	+-	Integrati- onsmilieu
Stiltyp Niveaumilieu	+	-	-	Streben nach Rang	Hierarchie	Weltverankert		>40	+	Niveau- milieu

subjektive Bedeutungsebenen der Stile:			
Genuß	Kontem- plation	Gemüt- lichkeit	Action
Distinktion	anti- barba- risch	anti- exzent- risch	antikon- ventio- nell
Lebens- philosophie	Perfek- tion	Harmo- nie	Narziß- mus

Reguliert- heit d. Handlungs- stile:	Differen- ziertheit d. Denk- stile:
Spontanei- tät ↓↑ Ord- nung	Komple- xität ↓↑ Einfach- heit

Quelle: Eigene Darstellung nach Schulze (1992)

Abb. 5.49 Analytisches Modell der ›Erlebnisgesellschaft‹

Wie der Abb. 5.49 zu entnehmen ist, zeichnen sich die fünf verschiedenen Stiltypen jeweils durch die Dominanz einzelner alltagsästhetischer Schemata oder durch deren Kombination aus; so dominiert (+) beim Stiltyp des Unterhaltungsmilieus das Spannungsschema, beim Stiltyp des Niveaumilieus das Hochkulturschema und beim Stiltyp des Harmoniemilieus das Trivialschema; die Minuszeichen sind demgegenüber als Distanzierung zu interpretieren. Der Stiltyp des Selbstverwirklichungsmilieus ist durch eine Kombination von Hochkultur- und Spannungsschema, der Stiltyp des Integrationsmilieus durch eine Kombination aus Hochkultur- und Trivialschema charakterisiert. Die in Klammern gesetzten Symbole verweisen auf die Zuordnungen weiterer weniger typischer Merkmalskombinationen von ästhetischen Schemata zu den Stiltypen.

Diese Stiltypen werden neben einem charakteristischen Bezug zu den alltagsästhetischen Schemata zudem durch milieuspezifische existentielle Anschauungsweisen markiert. Diese existentiellen Anschauungsweisen fungieren als eine Art Wirklichkeitsmodell. »Sie sind eine stark verdichtete Quintessenz all der konkreten Normalitätsvorstellungen, mit denen sich Subjekte in ihrem Ambiente orientieren, übergreifende Ordnungsprinzipien in der Vielgestaltigkeit der vorgestellten Welt. (…) Wahrnehmungspsychologisch haben sie apriorischen Charakter, da sie nicht ständig neu an die Wirklichkeit angepaßt werden, sondern umgekehrt die Wirklichkeit den Kategorien des Subjekts anpassen«. Im Prozess der Sozialisation stellt sich diese existentielle Anschauungsweise »als stabilisierender Kristallisationspunkt des Subjekts heraus« (S. 231 f.). Schulze charakterisiert diese Anschauungsweisen über die damit einhergehende normale existentielle Problemdefinition, den Ich-Welt-Bezug und die primäre Perspektive.

Ein für den gesamten Argumentationsgang zentraler Vermittlungsschritt erfolgt, indem die alltagsästhetisch generierten Stiltypen von Milieus (linke Seite der Abb. 5.49) den über Alter und Bildung konstruierten Milieus (rechte Seite der Abbildung) gegenübergestellt werden. Hier kann gezeigt werden, dass die beobachtbare Struktur der Stiltypen in hohem Maße durch das einfache auf Bildung und Alter fußende Milieumodell (vgl. Abb. 5.50) erklärt werden kann. So werden 63 % der Zuordnungen zu den Stilmilieus durch das Milieumodell determiniert; bezieht man noch eine Reihe von Unschärfefaktoren ein, so können sogar 88 % der Zuordnungen erklärt werden. Die Bezeichnung der Milieus geht auf die für die Milieukonstruktion genutzten Fragen insbesondere zu den kulturellen Praktiken zurück.

Die Korrespondenz von milieuspezifischen Stiltypen, alltagsästhetischen Schemata und konstruierten Milieus (Alter und schulische Bildung) lässt sich auch an den von Schulze vorgelegten Korrespondenzanalysen verdeutlichen. In Abb. 5.51

12	Abitur und Uni- Ausbildung
11	Abitur und Fachhochschule/Lehre
10	Abitur ohne Zusatzausbildung
9	Fachabitur und Fachhochschule
8	Fachabitur und Lehre
7	Mittlere Reife und berufsbildende Schule
6	Mittlere Reife und Lehre
5	Mittlere Reife ohne Zusatzausbildung
4	Hauptschule und berufsbildende Schule
3	Qualifizierter Hauptschulabschluß und Lehre
2	Einfacher Hauptschulabschluß und Lehre
1	Hauptschule ohne Lehre/ohne Schulabschluß

Selbstverwirk- lichungsmilieu	Niveaumilieu	12
		11
		10
		9
		8
	Integrationsmilieu	7
		6
Unterhaltungs- milieu		5
	Harmoniemilieu	4
		3
		2
		1

18   30   40   50   60   70 Jahre

Quelle: Schulze (1992, S. 670)

Abb. 5.50   Konstruktion von Milieus auf der Basis von Alter und Bildungsabschluss

wird deutlich, dass sich die Stiltypen der jeweiligen Milieus jeweils in enger Nachbarschaft zu den über Alter und Bildung konstruierten Milieus befinden. Die Lagerung der alltagsästhetischen Schemata zwischen den verschiedenen Stiltypen verweist auf ihre Rolle bei der Konstruktion dieser Typen. Die vertikale Achse des Diagramms kann als Bildungsachse, die horizontale Achse als Altersachse interpretiert werden.

In der Interpretation seiner Befunde verweist Schulze darauf, dass »eine moderne, fast ausschließlich erlebnisorientierte Altersschichtung die traditionelle ressourcenorientierte Bildungs- und Berufsschichtung [überlagere], deren soziale Interpretation als hierarchische Ungleichheit dadurch immer mehr verdrängt wird. In der Struktur gespaltener Vertikalität existieren Milieus als deutlich abgegrenzte Großgruppen nebeneinander, die sich nicht in eine klare Rangordnung nach dem Kriterienbündel sozialer Ungleichheit bringen lassen« (S. 401).

Die Abb. 5.52 verdeutlicht jedoch, dass Schulze bei der Interpretation der vertikalen Achse als Bildungsachse unberücksichtigt lässt, dass entlang der Bildungsdimension auch klassische Merkmale sozialer Ungleichheit gelagert sind. Es wäre durchaus möglich, die von Schulze konstruierten Milieus nach klassischen sozialstrukturellen Merkmalen zu interpretieren; d. h. die von ihm favorisierte Bildungsachse korrespondiert in hohem Maße mit Ungleichheitsmerkmalen wie der Schichtzugehörigkeit oder der sozialen Herkunft. Schulze hat an dieser Stelle eine zur Untermauerung seiner Argumentation – er wendet sich z. B. explizit gegen den Bourdieuschen Ansatz – günstige Lesart der Befunde gewählt. Die Altersachse ist wie oben erläutert der Konstruktion der Lebensstilfragen geschuldet.

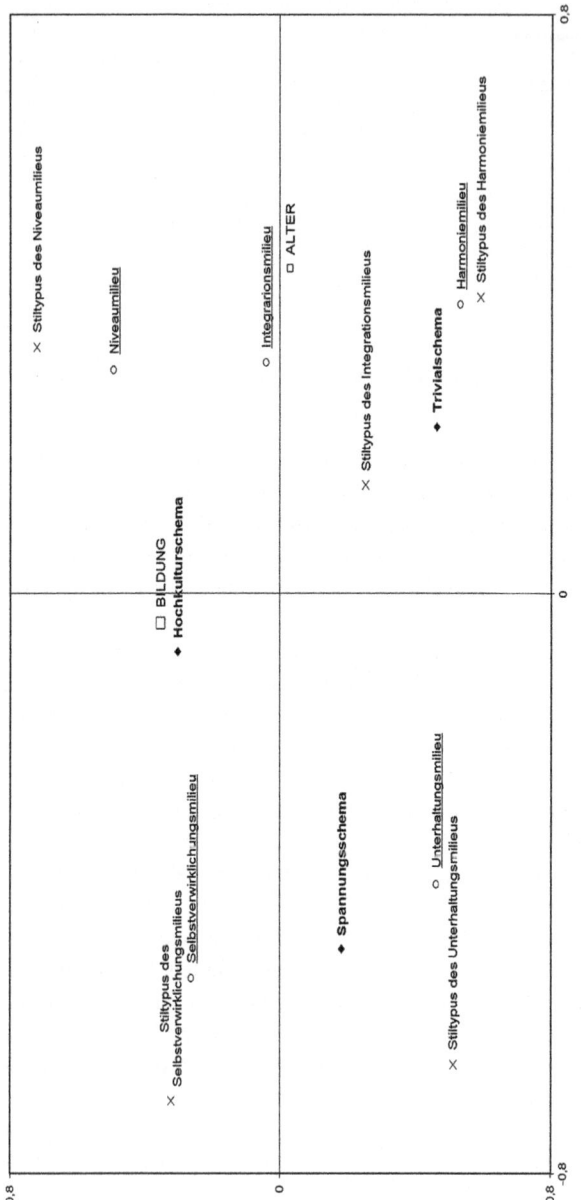

Quelle: Eigene Darstellung nach den Daten Schulzes

Abb. 5.51 Stiltypen, Milieus und alltagsästhetische Schemata

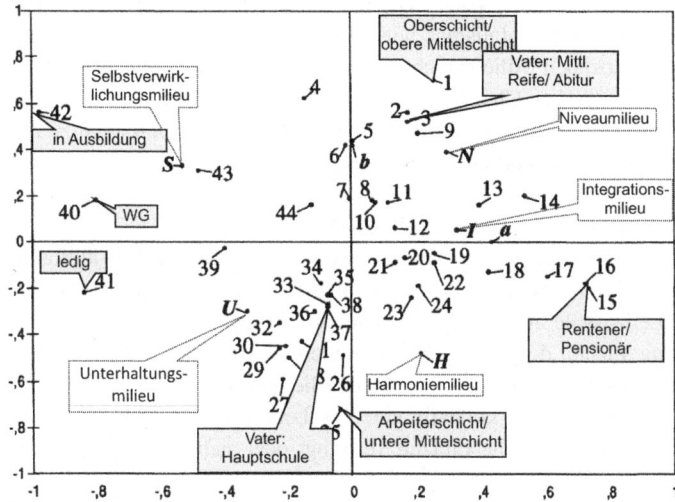

Quelle: Schulze (1992, S. 685), mit eigenen Hervorhebungen

Abb. 5.52 Milieu, soziale Lage, soziale Herkunft

Eine wichtige für die Sozialstrukturanalyse bedeutsame Facette der Analysen Schulzes geht auf die Einbeziehung von psychosozialen Merkmalen in seinen Fragekatalog zurück. Wie aus Abb. 5.53 ersichtlich wird, nutzt er eine Vielzahl von Skalen zur Charakterisierung von Personen.

Skala	Unterhaltungs-milieu	Selbstverwirk-lichungsmilieu	Harmonie-milieu	Integrations-milieu	Niveau-milieu
Paranoide Tendenzen	60%	45%	60%	42%	56%
Dominanz	54%	71%	47%	55%	70%
Offenheit	49%	54%	30%	31%	40%
Egoismus	48%	31%	58%	37%	34%
Fatalismus	35%	17%	53%	45%	33%
Reflexivität	19%	46%	18%	39%	54%
Hyperdim. ›Vertrauen‹	43%	68%	25%	50%	48%
Anomie	44%	25%	64%	41%	40%
Rigidität	39%	20%	66%	48%	48%

Quelle: Schulze (1992, S. 661)

Abb. 5.53 Milieu und ausgewählte psychosoziale Persönlichkeitsmerkmale

Insbesondere bei den Skalen zur Rigidität, zum Vertrauen, zur Anomie, zur Reflexivität und zum Fatalismus wird deutlich, in welch hohem Maße die Zugehörigkeit zu sozialen Milieus nicht nur mit sozioökonomischen, sondern auch mit sozialpsychologischen Charakteristika einhergeht. So sind z. B. rigide Persönlichkeitsmerkmale im Harmoniemilieu bei zwei Dritteln aller Befragten zu finden, im Selbstverwirklichungsmilieu nur bei einem Fünftel.

5.3.4.4 Lebensstile im sozialen Raum

Auch die Untersuchung von Annette Spellerberg zielte darauf, kulturelle Praktiken dem Bourdieuschen Konzept folgend sozialräumlich darzustellen. Sie begreift Lebensstile als »gruppenspezifische Formen der Alltagsorganisation und -gestaltung, die auf der Ebene des kulturellen Geschmacks und der Freizeitaktivitäten symbolisch zum Ausdruck kommen. Sie dienen (…) der aktiven Zuordnung zu und Abgrenzung von kollektiv geteilten Lebensweisen. Mit der Art, wie man sich kleidet, einrichtet, die Freizeit verbringt oder sich gibt, ordnet man sich zu und andere ein« (1996, S. 57).

Für die Analyse von Lebensstilen und die Abgrenzung von Lebensstilgruppen wurde im Rahmen des Wohlfahrtssurveys von 1993 eine standardisierte Befragung eingesetzt; die Befragten sollten zu einzelnen Aspekten von Lebensstilen Stellung nehmen. Es wurden drei Dimensionen erfasst:

- interaktive Dimension: Dabei ging es um das Freizeitverhalten der Befragten, die Mediennutzung und die Zeitungslektüre.
- expressive Dimension: Hier interessierten der Musikgeschmack, die Fernsehinteressen, die Lektüregewohnheiten und der Kleidungs- bzw. Einrichtungsstil.
- evaluative Dimension: Dazu wurden die Lebensziele und die Wahrnehmung des persönlichen Alltags erfragt.

Auf Basis dieser Befragungsdaten wurden in einem zweistufigen Prozess Lebensstilgruppen ermittelt. Zunächst wurden für die 10 Themenkomplexe Faktorenanalysen durchgeführt, um die Vielzahl der erhobenen Merkmale zu wenigen voneinander unabhängigen Faktoren zusammenzufassen; nur das Mediennutzungsverhalten wurde auf anderem Wege aufbereitet. Daran schloss sich eine Clusteranalyse an, die die befragten Personen an Hand der sie charakterisierenden Faktoren zu Gruppen zusammenfasst: Clusteranalysen zielen darauf, Gruppen zu konstituieren, deren Mitglieder hinsichtlich der erfragten Merkmalen recht ähnlich sind; umgekehrt sollen die Unterschiede zwischen den Gruppen möglichst groß sein, um zu einer klaren Interpretation kommen zu können. Man sollte jedoch Clusteranalysen nicht im Sinne eines Klassifizierungsautomaten begreifen, der ausgehend von einem bestimmten Rohmaterial zu stets den gleichen Ergebnissen kommt: Die Zahl der zu bildenden Gruppen muss in der Regel vorab oder bei der Interpretation der Befunde bestimmt werden; die Größe bzw. die Größenverteilung der gebildeten Gruppen hängt von dem verwendeten Clusteralgorithmus ab; auch das Kriterium der Ähnlichkeit kann in ganz verschiedener Weise statistisch modelliert werden.

Auf dieser Basis wurden für Westdeutschland neun Lebensstilgruppen ermittelt:

- Ganzheitlich, kulturell interessierte Familienorientierte
- Etablierte Berufsorientierte und kulturell Interessierte
- Postmateriell, aktive Vielseitige mit hohem Lebensstandard
- Häusliche Unterhaltungssuchende
- Sport- und Berufsorientierte, kaum kulturelle Interessen
- Expressiv Vielseitige
- Freizeitorientierte Gesellige
- Sicherheitsorientierte mit wenig Kontakten, kaum Interessen und volkstümlichem Geschmack
- Freizeitaktive (Hobbys, Garten), pragmatisch Sachorientierte.

Diese Lebensstilgruppen wurden dann über ihre Größe und die Lebensstil-Merkmale der Gruppenmitglieder beschrieben; schließlich wurden auch soziodemographische Merkmale, wie das Einkommen, die schulische Bildung oder der Beruf einbezogen. In Abb. 5.54 werden die Lebensstilgruppen nach inhaltlichen Überlegungen (nicht nach statistischen Berechnungen) in einem Diagramm angeordnet; nur die Größe der Kreise ist statistisch begründet.

Zur Dimensionierung des Diagramms wurden der ›Aktionsradius‹ der Gruppen und ihre ›kulturellen Vorlieben‹ gewählt; der Darstellung Spellerbergs wurden noch die der Studie entnommenen Angaben zum Durchschnittalter und zum Frauenanteil in den Milieus hinzugefügt.

Nimmt man zur Charakterisierung der Milieus noch externe sozialstrukturell relevante Daten, wie die (schulische) Bildung und das Einkommen, hinzu, so lassen sich die Lebensstilgruppen in einem über die relative Einkommens- und die relative Bildungsposition konstruierten sozialen Raum darstellen. Für die Einkommensdimension wurde ein »bedarfsgewichtetes Pro-Kopf-Einkommen« (S. 182) berechnet, vermutlich ein Nettoäquivalenzeinkommen, die Bedarfsgewichte wurden aber nur nach der Haushaltsgröße bestimmt (S. 176). Für die Bildungsdimension wurden die Schulabschlüsse in regulär zu durchlaufende Bildungsjahre konvertiert. Auch hier wurden der Darstellung Spellerbergs noch die Angaben

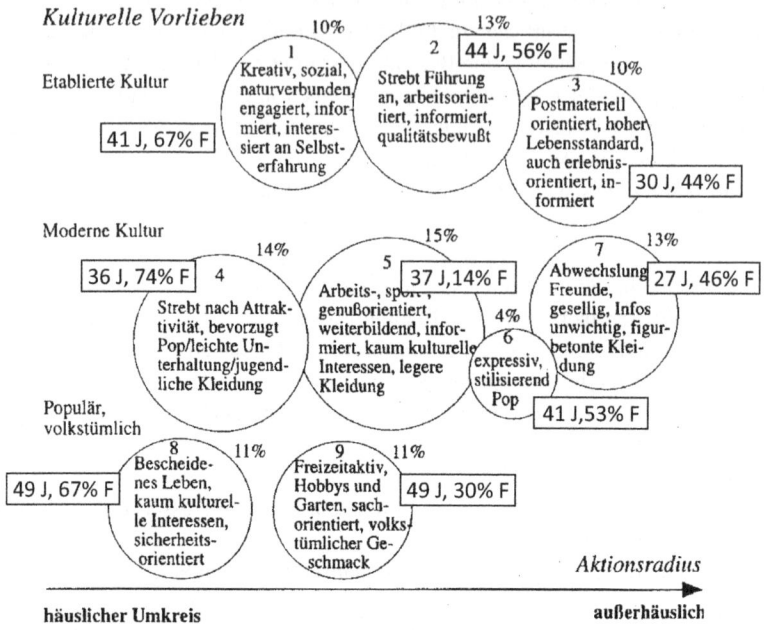

Wohlfahrtssurvey 1993, Zusatzfragebogen Lebensstile (Befragte bis zu 61 Jahren)

Quelle: Spellerberg (1996, S. 122), ergänzt um Angaben zum Durchschnittsalter und zum Frauenanteil

Abb. 5.54 Lebensstile (Westdeutschland)

zum Durchschnittsalter und zum Frauenanteil der Lebensstilgruppen hinzugefügt
(vgl. Abb. 5.55).

Zunächst einmal wird an der graphischen Darstellung der enge Zusammenhang von Schulbildung und Einkommen erkennbar. Die Gruppen finden sich wie
an einer Perlenschnur aufgereiht auf der Diagonalen wieder; einzig die Gruppe
der ›Ganzheitlich Familienorientierten‹ fällt durch ein niedrigeres Durchschnittseinkommen ein wenig aus diesem Rahmen. Diese Reihung ist jedoch in nicht
unerheblichem Maße der Durchschnittsbildung geschuldet; die Kreise sagen nur
etwas über die Gruppengröße nicht aber über die Streuung innerhalb der Gruppe
aus. Den Tabellendaten ist zu entnehmen, dass die Gruppen 1, 5, 6 und 7 in der
Einkommens- und die Gruppen 5 und 6 in der Bildungsdimension recht heterogen
sind.

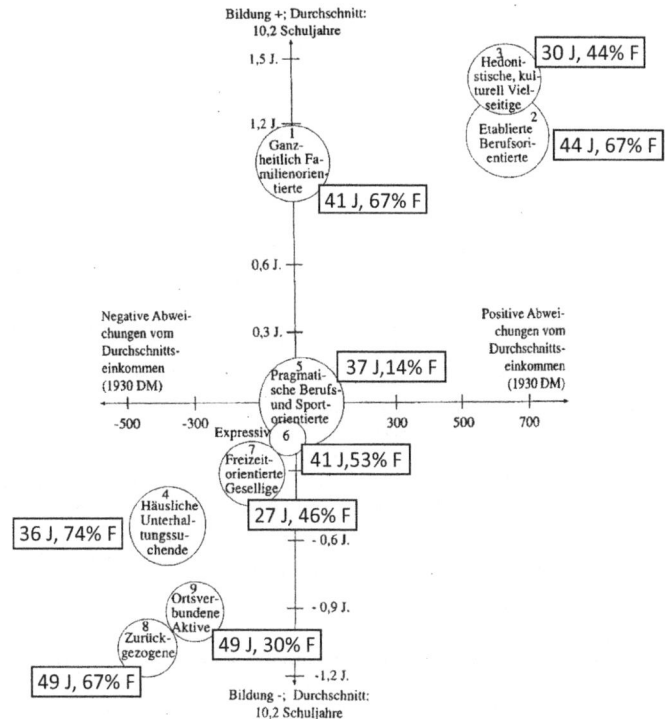

Quelle: Spellerberg (1996, S. 183), ergänzt um Angaben zum Durchschnittsalter und zum Frauenanteil

Abb. 5.55 Lebensstile, Einkommen, Bildung (Westdeutschland)

Betrachtet man die statistischen Zusammenhänge der Lebensstilgruppen mit soziodemographischen Faktoren, so zeigen sich starke Zusammenhänge mit dem Alter, der Bildung, dem Geschlecht und der Lebensphase; niedriger fallen die Zusammenhänge mit dem beruflichen Status und dem Einkommen aus. D. h. bei der Zuordnung zu den Lebensstilgruppen schlagen sich in hohem Maße Bildungs- und Alterseffekte nieder, wobei beide Variable durch die Bildungsexpansion der 1960er und 1970er Jahre eng miteinander korrelieren (vgl. Abb. 5.56).

Aus der Darstellung wird ersichtlich, dass die Differenz der Lebensstile in hohem Maße durch die Variablen Bildung und Alter erklärt werden kann. Weitere

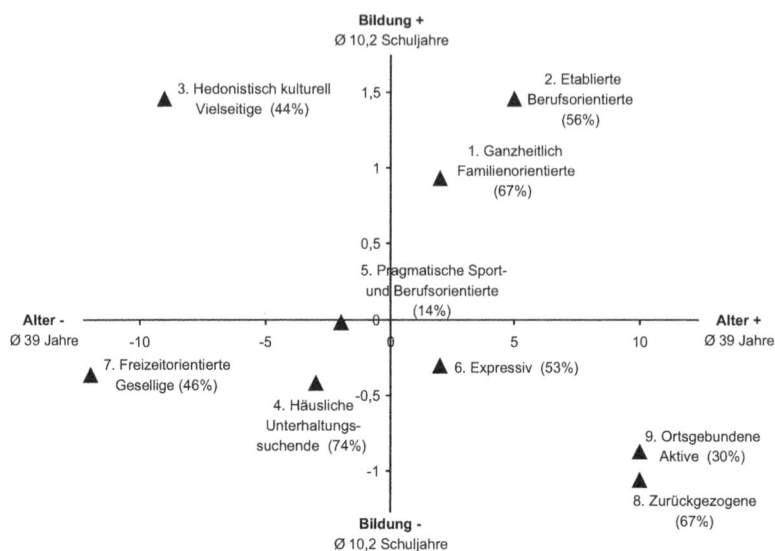

Quelle: Eigene Berechnung und Darstellung auf Basis der Daten in Spellerberg (1996)

Abb. 5.56 Lebensstile, Bildung, Alter, Geschlecht (Westdeutschland)

Unterschiede insbesondere bei den älteren wenig Gebildeten (Gruppe 8 und 9) bzw. bei den durchschnittlich Gebildeten mittleren Alters (Gruppe 4 und 5) lassen sich über das Geschlecht erklären. Bei den höher Gebildeten und bei den jungen Befragten spielt der Geschlechtereffekt keine besondere Rolle für die Lebensstilpräferenzen.

Damit wird ein großes Problem der Lebensstilforschung deutlich; es erweist sich als ausgesprochen schwierig, ein Befragungsinstrument zu entwickeln, das Fragen der Milieuzugehörigkeit oder des Lebensstils unabhängig von sozioökonomischen (z. B. Einkommen, Bildung) und soziodemographischen (z. B. Geschlecht, Alter) Merkmalen erhebt und so eine neue Dimension sozialer Differenzierung erschließt. Werden solche Daten für die Konsumforschung genutzt, ist dieser Effekt unproblematisch oder durchaus intendiert; für das Verständnis von Sozialstrukturen und sozialen Milieus ist dieser Effekt eher irreführend.

5.3.5 Die Renaissance der ›Klassen‹-Diskurse

Verglichen mit der wissenschaftlichen und vor allem politischen Dethematisierung von strukturellen sozialen Ungleichheiten im letzten Viertel des 20. Jahrhunderts sind soziale Ungleichheiten im 21. Jahrhundert wieder zu einem bedeutenden Thema der sozialwissenschaftlichen, der politischen und der medienöffentlichen Diskurse geworden; dabei spielte die Rede von ›Klassen‹ auf allen Ebenen als Marker strukturierter sozialer Ungleichheiten eine zentrale Rolle. Zudem ist eine Vielzahl von Publikationen entstanden, die sich im Kontext sozialer Bewegungen oder literarischer Aufarbeitungen mit dem Thema ›Klassismus‹ befassen; exemplarisch sei hier auf die Bücher von Seeck und Theißl (2020) und Eribon (2016) verwiesen. Auch die neue Aufmerksamkeit für die Geschichte und Gegenwart von Rassismus hat mittelbar das Interesse für Klassismus und Sexismus befördert. Im Kontext dieser Einführung sind vor allem Ansätze von Interesse, die diese Debatten zu Analysen der Sozialstruktur verdichten. Dies soll am Beispiel der Arbeiten des Kultursoziologen Andreas Reckwitz (2017 und vor allem 2019) geschehen.

Reckwitz verortet das von ihm favorisierte Modell einer Drei- bzw. Vier-Klassen-Gesellschaft zum einen im Kontext globaler Entwicklungen von sozialen Ungleichheiten und bezieht sich hier auf Ansätze wie die von Milanović (2016), der die weltsozialen Konsequenzen des sozialen Aufstiegs wichtiger asiatischer Länder analysiert (vgl. Abschn. 5.6.1.2). Zum anderen verweist er auf Entwicklungen in der deutschen bzw. anderen ›westlichen‹ Gesellschaften; hier markiert er die Veränderungen durch eine postindustrielle Ökonomie, die langfristigen Effekte der Bildungsexpansion und schließlich den sogenannten Wertewandel (vgl. Abb. 5.57).

Er verortet die vier von ihm unterschiedenen Klassen in einem an Bourdieu angelehnten Sozialraum, indem er das durchschnittliche ökonomische wie kulturelle Kapital der einzelnen Klassen für die räumliche Verortung nutzt. Die Größe der Kästen soll dann Hinweise auf die Größe der vier Klassen geben. Die Bezeichnungen der Gruppen sind zum einen den zeitgenössischen politischen Diskursen entlehnt (die neue Unterklasse bzw. prekäre Klasse und die Oberklasse ›der Superreichen‹); die Begriffe der alten und neuen Mittelklasse beziehen sich auf die z. B. in der Sozialgeschichte genutzten Termini vom alten und neuen Mittelstand, werden von Reckwitz jedoch eher kulturalistisch umgedeutet; so bezeichnet er die neue Mittelklasse auch als Akademikerklasse. Wie aus der Darstellung ersichtlich wird, begreift Reckwitz dieses Modell durchaus in einem länderübergreifenden Sinne.

Reckwitz charakterisiert die verschiedenen Gruppen wie folgt:

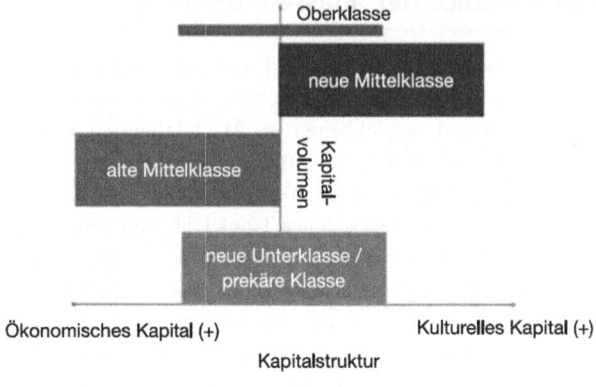

Quelle: Reckwitz (2019, S. 86)

Abb. 5.57 Die Drei-Klassen-Struktur der spätmodernen Gesellschaft

- neue Unterklasse: diese Klasse wird als eine seit den 1980er Jahren beobachtbare Gruppe skizziert, die sich durch prekäre und strukturell unsichere Lebensbedingungen auszeichnet. Die Einkommen bewegen sich in der Nähe des Mindestlohns, eine Vermögensbildung ist damit nicht möglich. Der ökonomische Strukturwandel und die Bildungsexpansion haben diese Klasse auf die Verliererseite geworfen. Während diese Gruppe in der nivellierten Mittelstandsgesellschaft durchaus integriert war, wird sie in der Spätmoderne wieder ausgestoßen. In der prekären Klasse herrsche ein negatives Klassenbewusstsein vor: »Man nimmt sich als ›sozial abgehängt‹ wahr. Die Strategien, um mit dieser Situation umzugehen, sind unterschiedlich: Politische Indifferenz und soziale Isolation sind ein Weg, die Hoffnung des Einzelnen auf den singulären Aufstieg qua Talent (…) ein anderer« (2019, S. 106).
- alte Mittelklasse: die alte Mittelklasse wird von Reckwitz ihrer ökonomischen Situierung enthoben – nur am Rande werden selbstständige Handwerker erwähnt – und eher als über Kultur- und Bildung (mittlere Abschlüsse) konstruierte Klasse gefasst, zu ihr gehören Facharbeiter, qualifizierte Angestellte, Beamt_innen im mittleren Dienst. Sie werden als kultureller Kontrapunkt zur neuen Mittelklasse konstruiert. »Für die traditionelle Mittelklasse sind somit ein Ethos der Arbeit, der Familie und der Region zentral. Seine Arbeit zu tun gibt dem Individuum eine moralische Qualität. Die Arbeit hat hier wenig

mit Selbstentfaltung und Kreativität zu tun, sondern folgt eher einem Notwendigkeitsethos« (S. 99). Der kontrastierenden Logik folgend in ländlichen und kleinstädtischen Regionen lokalisiert, fungieren sie als Bollwerk gegen das Urbane und Kosmopolitische.

- neue Mittelklasse: die Klasse wird als die ökonomisch und politisch einflussreichste Gruppe skizziert, die insbesondere mit den Effekten der Bildungsexpansion an Bedeutung gewonnen hat und vorrangig in Metropolregionen verortet ist. »Die zentrale Lebensmaxime lautet hier, individuelle Wünsche und Begabungen zu entfalten, ein Leben zu führen, das man als befriedigend, sinnvoll und reichhaltig empfindet. Zugleich soll es sich um ein erfolgreiches Leben handeln, das mit hohem sozialen Status und sozialer Anerkennung einhergeht« (2019, S. 92). Eine wichtige Rolle spielen dann Prozesse der Singularisierung; dieses Konzept hatte Reckwitz 2017 in seiner ›Gesellschaft der Singularitäten‹ genauer ausgeführt.
- Oberklasse: die Oberklasse wird als Klasse der Vermögenden und Superreichen, die über den Dingen schweben, begriffen. Sie bewege sich »in den Vorstandsetagen oder Aufsichtsräten von Spitzenunternehmen ebenso wie im obersten Stratum der Bereiche Recht oder Finance; zur neuen Oberklasse gehören auch die öffentlichkeitswirksamen Stars der Medien, des Films, des Sports, der Kunst und der Architektur sowie (…) der Digitalökonomie« (S. 108). Kulturell sei man eher an den Idealen der neuen Mittelklasse orientiert; von den alten vermögenden Oberklassen unterscheide man sich dadurch, dass man trotz des Reichtums arbeite. Als ein zentrales Moment der Lebensführung wird die Distanzierung beschrieben.

Im Anschluss an den Durchgang durch die verschiedenen Etagen dieser Vier-Klassengesellschaft werden dann in einzelnen Abschnitten noch die ›Querschnittseigenschaften‹ wie Geschlecht, Migration, Region oder Milieu abgehandelt und mit den skizzierten Klassen in Beziehung gesetzt.

Reckwitz liefert mit diesem Model eine gute Zusammenstellung von zeitgenössischen Diskursen und sozialwissenschaftlichen Studien, die er dann im Sinne eines sozialstrukturell inspirierten Sittenbildes verdichtet. Auch wenn an verschiedenen Stellen auf die Ökonomie verwiesen wird, erscheint diese eher als postindustrielle denn als kapitalistische; es ist eben eher eine Kultursoziologie. Dass er die Sozialstruktur als Struktur von ›Klassen‹ analysiert, rechtfertigt Reckwitz damit, dass es in der gegenwärtigen Gesellschaft neben ökonomischen Konflikten vor allem um »Konflikte um Hegemonie, um Aufwertung und Abwertung« gehe (S. 67). Dementsprechend begreift er Klassen nicht nur als »sozialstatische Einkommensschichten und (…) als alltägliche Lebensstile.

Klassen sind kulturelle, ökonomische und politische Gebilde zugleich« (ebd.).
Leider bleiben die komplexen Debatten um das Klassenkonzept bzw. den damit
verbundene Gruppismus unberücksichtigt. Das gilt auch für die Debatten um
Transnationalisierung und Migration, um Intersektionalität, um die Verzeitlichung
von Ungleichheiten (vgl. die Abschn. 5.4–5.6 in diesem Buch).

5.3.6 Beitrag sozioökonomisch-kultureller Modelle zur Sozialstrukturanalyse

Das Interesse für Lebensstile und soziale Milieus hat zu wesentlichen Erkennt-
niszuwächsen in der Sozialstrukturforschung beigetragen. Das Spektrum der
Untersuchungen ist jedoch recht groß; auf der einen Seite stehen die Arbeiten von Bourdieu bzw. Vester für eine systematische Integration des Lebensstil-
bzw. Milieukonzepts in die klassischen Fragestellungen der Sozialstrukturanalyse;
umgekehrt finden sich Arbeiten, die sich eher aus einer kulturwissenschaftlichen
Perspektive für Lebensstile und Milieus interessieren.

Bezug der Modelle auf das analytische Raster
Misst man die hier vorgestellten Ansätze an dem oben entwickelten analytischen
Raster (Kap. 2 und 3) wird deutlich, dass sich die sozioökonomisch-kulturellen
Modelle dadurch auszeichnen, dass sie den auf die *Produktionsarena* zurückgehen-
den Differenzierungen eine (nach wie vor) große Bedeutung zumessen. Anders sieht
das bei begrifflich verwandten Modellen wie dem der Erlebnisgesellschaft oder dem
Sinus-Modell aus. Bei Bourdieu und Vester werden z. B. Berufe genutzt, um soziale
Gruppen zu markieren oder um Transformationen des Sozialraums zu analysieren;
in beiden Ansätzen wird neben der Modellierung von Lebensstilen und Milieus mit
Klassenmodellen gearbeitet.

  Die Einbeziehung der *Regulationsleistungen des Staates* erfolgt nicht explizit;
vor allem bei Bourdieu wird jedoch dem Sozialstaat und insbesondere dem Bildungssystem eine besondere Aufmerksamkeit geschenkt, z. B. wenn es darum geht,
die Reproduktion sozialer Ungleichheit über die Weitergabe kulturellen Kapitals zu
untersuchen.

  Die *Haushaltsarena* wird im Rahmen der sozioökonomisch-kultureller Modelle
nur implizit angesprochen. So beinhaltet das Modell des Lebensstils bzw. des
Milieus, dass diese weniger auf der individuellen, sondern eher auf einer
haushaltlich-familiären Ebene anzusiedeln sind; die Erhebung der Lebensstildaten
erfolgt jedoch in der Regel individuell.

Die systematische Einbeziehung kultureller Praktiken in die Analyse von
Sozialstrukturen beinhaltet, dass die sozioökonomisch-kulturellen Modelle sich
insbesondere für die *stabilisierenden Momente,* wie Körper und Symbolsysteme,
interessieren. Das Bourdieusche Konzept der Deutungsmacht oder des symbolischen Kapitals aber auch seine Überlegungen zur Inkorporierung und Habitualisierung sozialer Strukturen haben die sozialstrukturelle Debatte – wie auch diese
Darstellung – beflügelt. Andere stabilisierende Momente wie die Bedeutung von
Institutionen werden im Rahmen dieser Modelle nicht systematisch berücksichtigt.

Diskussion der Modelle in der Sozialstrukturanalyse
In den in Deutschland geführten sozialwissenschaftlichen Debatten ging die ›Entdeckung‹ von Lebensstilen und Milieus mit einer Ausgrenzung klassentheoretischer
Perspektiven, die zuvor in den 1970er Jahren eine Renaissance erfahren hatten,
einher. In medienöffentlichen Darstellungen wie in weiten Teilen der wissenschaftlichen Debatte wurde das neue Interesse für kulturelle Differenzierungen
in engem Zusammenhang mit Becks Individualisierungsthese gesehen. Dass das
Interesse für Lebensstile bei Bourdieu wie Vester explizit mit einer klassentheoreti-
schen Perspektive verknüpft war, wurde in den öffentlichen Debatten aber auch
in weiten Teilen der Wissenschaft (geflissentlich) übersehen. Erst später wurde
die Verdrängung klassentheoretischer oder allgemeiner sozioökonomischer Konzepte der Sozialstrukturforschung als ›Kulturalisierung‹ kritisiert. Diese Kritik
wurde interessanterweise eher von Sprechern außerhalb der Disziplin vorgebracht;
Wehler diagnostiziert eine »kulturalistische Wende« (2008, S. 113). So sei es zu
einer »meinungsstarken Ablehnung jeder Klassen- oder Hierarchietheorie« gekommen, »wobei im allgemeinen ein ökonomistisch verengter Klassenbegriff aus der
marxistischen Tradition als Feindbild fungierte, die Flexibilität der Weberschen
Klassentheorie ignoriert und hinter abgeschotteten Fächergrenzen die Ergebnisse
der sozialhistorischen Ungleichheitsforschung nicht zur Kenntnis genommen wurden« (S. 115 f.). Diese Kritik richtet sich eher gegen die von Schulze und
Beck propagierten Modelle; sie macht aber ein wesentliches Problem dieser
sozioökonomisch-kulturellen Modelle deutlich: Wie kann es gelingen, das Erklärungspotential sozioökonomischer und soziokultureller Differenzierungen sinnvoll
in Bezug zu setzen?

Verwendung der Modelle
Das Interesse für Lebensstile und Milieus reicht über die Soziologie bzw. die wissenschaftliche Sozialforschung hinaus; so entwickelte das Marktforschungsinstitut
›Sinus‹ in den frühen 1980er Jahren ein Modell zur Analyse von Milieustrukturen
und wurde damit auch zu einem Impulsgeber für wissenschaftliche Forschungen.

Ein nicht unerhebliches Problem stellt sich bei der Erhebung von Milieu- und Lebensstildaten in standardisierten Befragungen, wenn versucht wird, Milieus über das Freizeitverhalten oder Konsumpraktiken zu erheben. Dieser Typ von Fragen führt in der Regel dazu, dass die Daten zur kulturellen Praxis starke Alters- und Kohorteneffekte aufweisen; dem Anliegen, stabile vom Lebensalter unabhängige sozialmoralische Milieus zu rekonstruieren, wird ein solches Vorgehen nicht gerecht.

Ein weiteres Problem stellt sich durch den relativ hohen Aufwand für die Bestimmung der Milieuzugehörigkeit ein. Die mehr als 40 Fragen, die z. B. das Sinus-Institut verwendet, binden sehr viel Befragungszeit, so dass es kaum möglich ist, Milieumodelle z. B. in bildungssoziologischen oder medizinsoziologischen Studien einzusetzen. Auch für die international vergleichende Forschung erweist sich das komplexe Instrumentarium als problematisch.

Diese Probleme mögen dazu beigetragen haben, dass bislang relativ wenige Studien vorliegen, mit denen demonstriert werden kann, dass Milieudifferenzierungen über den Selbstzweck hinaus auch dazu dienen können, wichtige soziale Phänomene in einer neuen Weise zu beleuchten: wie gehen z. B. Angehörige verschiedener sozialer Milieus mit Armutsphasen um, wie gestaltet sich der Umgang mit Lebenskrisen, mit Krankheiten etc.?

5.4   Intersektionale Ansätze

Die Frauen- und Geschlechterforschung hat sich über das Interesse an der sozialen Differenzierung nach Geschlechtern hinaus stets auch mit der gesellschaftlichen Einbettung dieser und anderer Differenzierungen z. B. in den Mustern und Legitimationen von Arbeitsteilungen in Haushalten und Betrieben befasst. Die rassismuskritische Forschung hat sich immer auch für die soziale Lage der rassistisch etikettierten Gruppen und die damit verbundenen ›Begründungen‹ von sozialen Hierarchisierungen und Gewaltverhältnissen interessiert. Auf diese Weise entstand ein Forschungsprogramm, das lange Zeit durch die Benennung von (zumeist drei) Ungleichheitsdimensionen charakterisiert wurde: im angloamerikanischen Diskurs *class, gender, race;* im deutschsprachigen Diskurs zumeist Klasse, Geschlecht, Ethnizität. Zur Darstellung dieses Forschungsprogramms wird hier der neuere und etwas allgemeinere Begriff der Intersektionalität genutzt, der die Überschneidung verschiedener Ungleichheitsdimensionen (s. u.) beschreiben soll. Das bedeutet nicht, dass sich alle hier angeführten Autor_innen diesem *Label* zurechnen würden; zur Karriere des ›Modeworts‹ Intersektionalität vgl.

Davis (2010). Auch die rassismuskritische Forschung ist nicht immer intersektional angelegt. Der gemeinsame Nenner der im Folgenden zusammengefassten Ansätze liegt darin, dass sich diese Ungleichheitsmomente an den Körpern und kulturellen Praktiken von Menschen festmachen und dass diese Ungleichheitsmomente dann in spezifischer Weise für die Begründung und Legitimation von Teilungen genutzt werden: weltregionale und nationalstaatliche Teilungen, hierarchische Teilungen, Teilungen der entlohnten wie der nicht entlohnten Arbeit, Teilungen von Wohngebieten und Öffentlichkeiten etc.

Zunächst werden das Konzept der Intersektionalität, seine Entwicklung und seine zentralen Bestandteile umrissen; dann werden exemplarisch einige Forschungsfelder der intersektionalen Analyse vorgestellt; schließlich wird der Ansatz im Kontext der Sozialstrukturanalyse verortet.

5.4.1 Konzept der Intersektionalität

Das Konzept der Intersektionalität hat sich Anfang der 1990er Jahre in den USA herausgebildet. Es steht in engem Zusammenhang mit Debatten und theoretischen Konzepten in den amerikanischen wie den britischen sozialen Bewegungen, die sich um feministische und rassismuskritische Themen formiert hatten. Gutiérrez Rodríguez macht deutlich, dass der politische Kontext dieser Debatten nicht selten ausgeblendet werde. So galt das Interesse der Urheber_innen »weniger der Durchkreuzung von Kategorien wie Geschlecht, Klasse, ›race‹ und so weiter, sondern sie setzten sich eher mit deren gesellschaftlichen Herstellung durch Technologien und Mechanismen des Regierens, der sozialen Klassifikation und Kontrolle auseinander. Diese kritische Auseinandersetzung mit Politiken der Repräsentation war daher weniger an einer offiziellen Anerkennung multipler Identitäten interessiert, als eher an den gewaltvollen Effekten, denen Subjekte ausgesetzt sind, die im Rahmen der noch bestehenden kolonialen Logik der Differenz durch unterschiedliche Mechanismen des Regierens, Verwaltens und der wissenschaftlichen Erfassung als ›ethnisierte, rassifizierte, sexualisierte und vergeschlechtlichte inferiore Andere‹ erschaffen werden« (2011, S. 77 f.). Gutiérrez Rodríguez verweist auf den historischen Prozess der Rassifizierung der *Amérikas,* der jenseits von Annexion, Vernichtung und Ausplünderung als ein Prozess der Entwertung zu verstehen sei. Es komme zu einer Subalternierung »hervorgerufen nicht nur durch ein patriarchales misogynes System, das Weiblichkeit mit Minderwertigkeit gleichsetzt, sondern auch durch die koloniale Erfindung von ›Rasse‹ als Kategorie eines sozialen Klassifikationssystems« (S. 90).

Strukturkategorien	Differenzierungen	Herrschaftsverhältnisse
Klasse	soziale Herkunft, Bildung, Beruf, Einkommen	Klassismus
Geschlecht	biologische Geschlecht (sex), Geschlechtsidentität (gender), sexuelle Orientierung	Sexismus, Heteronormativismus, Lesben-/ Schwulenfeindlichkeit
›Rasse‹*	Nationalität, Ethnie, Religion, Weltanschauung	Rassismus, Antisemitismus, Antiislamismus
Körper	Alter, Behinderung, Erscheinungsbild	Bodyismen, Altersdiskriminierung, Behindertenfeindlichkeit, ableism, lookism

* Im Text von Degele und Winker wird auf die Anführungszeichen bewusst verzichtet.
Quelle: Eigene Darstellung nach Winker/ Degele (2009, S. 37ff)

Abb. 5.58 Strukturkategorien der intersektionalen Analyse

Die im deutschsprachigen Raum vorherrschenden Ansätze der Intersektionalität zielen darauf, soziale Strukturen aus der Überschneidung (*intersection*), der Interdependenz verschiedener Ungleichheitsdimensionen, zu begreifen. Zunächst wurde von der Trias Klasse, Geschlecht und Ethnie ausgegangen; diese wird jedoch häufig erweitert und differenziert. So schlagen Degele und Winker (2009) in einer einführenden Darstellung vor, vier Strukturkategorien zu unterscheiden, die sie jeweils durch Unterkategorien weiter differenzieren; zudem verknüpfen sie damit bestimmte Herrschaftsverhältnisse (vgl. Abb. 5.58).

Im Gegensatz zu einem eher additiven (und auch gewichtenden) Verständnis von vertikalen und horizontalen Disparitäten geht es darum, theoretisch wie empirisch zu einer Integration dieser Ungleichheitsdimensionen, dieser »Strukturgeber von Ungleichheit« (Klinger et al. 2007a, S. 9) zu kommen. Der Begriff der Überschneidung soll indizieren, dass häufig verschiedene Ungleichheitskategorien zusammenwirken: z. B. bei der Positionierung einer weiblichen Reinigungskraft mit Migrationsbiographie. Zudem wird davon ausgegangen, dass diese ›Intersektionen‹ feldspezifisch je unterschiedlich wirken: so ist die Situation dieser Frau am Arbeitsplatz in anderer Weise zu analysieren als ihre Situation im Familienzusammenhang. Die Intersektionalitätsforschung geht darüber hinaus systematisch der Frage nach, wie diese Strukturen auf der Handlungs- und auf der Repräsentationsebene produziert und reproduziert werden.

5.4.2 Entwicklung der intersektionalen Perspektive

Für das Verständnis des Intersektionalitätsansatzes ist es notwendig, sich für den Zusammenhang zwischen sozialstrukturellen Forschungen und sozialen Bewegungen zu interessieren; eine solche Verschränkung ist in der Geschichte der Sozialstrukturforschung kein Novum. Wie eingangs verdeutlicht wurde, war die Entwicklung einer wissenschaftlichen Sozialstrukturanalyse eng mit der Herausbildung einer bestimmten Perspektive auf Gesellschaft, auf gesellschaftliche Konflikte und ihre Regulierung im nationalstaatlichen Kontext verbunden. Die soziale Frage des 19. Jahrhunderts bzw. die Arbeiterfrage, die darum gruppierten gesellschaftlichen Auseinandersetzungen und deren Akteure (insbesondere die entstehende Arbeiterbewegung) bildeten einen wichtigen Bezugsrahmen für die sich entwickelnde Soziologie und damit auch für die Konzeption sozialer Differenzierungen. Die Unterscheidung nach sozialen Klassen bzw. Schichten wurde zu einem genuinen Paradigma der Soziologie. Die Stellung im gesellschaftlichen Produktionsprozess, später der Beruf und die darüber erzielten Einkommen wurden zum zentralen Merkmal der sozialen Verortung. Auch die Vorstellungen von sozialer Ungleichheit bezogen sich auf die Gleichheits- und Gerechtigkeitsvorstellungen der zeitgenössischen sozialen Bewegungen. Wie die enge Verknüpfung von wissenschaftlich begründeter Sozialreform und Sozialwissenschaft im Verein für Socialpolitik verdeutlicht, spielte auch die sozialpolitische Regulation dieser Konflikte in den noch jungen Nationalstaaten Westeuropas eine wichtige Rolle für die sich ausdifferenzierenden Sozialwissenschaften.

Die bürgerliche wie die proletarische Frauenbewegung des 19. und frühen 20. Jahrhunderts thematisierten die soziale und institutionelle Diskriminierung von Frauen in vielen Lebensbereichen; so gelang es, den Zugang zu Universitäten und zu bestimmten Berufsfeldern zu öffnen, das Wahlrecht wurde erstritten. All dies hat jedoch in der Soziologie bzw. der Sozialforschung nur einen begrenzten Niederschlag gefunden; die Konzeptionen der Sozialstrukturanalyse blieben davon gänzlich unberührt. Die im Kontext der Arbeiterbewegung populäre Unterscheidung zwischen dem Hauptwiderspruch (zwischen Lohnarbeit und Kapital) und dem Nebenwiderspruch (zwischen Männern und Frauen) schien sich in den männlich dominierten Sozialwissenschaften fortzusetzen. Auch nach dem Zweiten Weltkrieg hatte diese Konstellation weiterhin Bestand. Wenngleich die Verdrängung der Frauen aus der Erwerbsarbeit nie jene Hegemonie erlangte wie in den Leitbildern, in der Sozialstrukturforschung blieb die Geschlechterperspektive – von wenigen Ausnahmen abgesehen – ein blinder Fleck; so wurden Frauen in nicht wenigen Untersuchungen, soweit sie nicht selbst einen Beruf ausübten, nach dem Beruf des Mannes (des Haushaltsvorstandes) sozial verortet.

Die koloniale Vergangenheit und die rassistisch legitimierte Gewalt und Vernichtungspolitik des 20. Jahrhunderts spiegelten sich in den sozialstrukturellen Konzepten nicht wider. Auch die Migrationsbewegungen, die die Zusammensetzung der Bevölkerung seit dem Zweiten Weltkrieg nachhaltig veränderten, fanden in der Sozialstrukturforschung nur geringe Beachtung. In der amtlichen Statistik wurden zunächst Flüchtlinge und Vertriebene erfasst; die Arbeitsmigration wurde ausschließlich über die Differenzierung nach Nationalitäten abgebildet. Trotz der in den 1960er Jahren vorherrschenden Orientierung der Sozialstrukturanalyse an der nordamerikanischen Schichtungsforschung blieb die rassismuskritische Perspektive unbeachtet. Der Alltag einer Einwanderungsgesellschaft konnte damit nur unzureichend dargestellt werden. Viele Befragungen der amtlichen und nichtamtlichen Statistik richteten sich oftmals nur an deutsche oder deutschsprachige Befragte.

Bezogen auf die mit der Geschlechterfrage verbundenen blinden Flecken der Sozialstrukturforschung leitete die Herausbildung der neuen Frauenbewegung seit den 1970er Jahren einen allmählichen Veränderungsprozess ein (vgl. Lenz 2008). Wie auch bei der sozialen Frage des 19. Jahrhunderts kommt es hier zu einer charakteristischen Verschränkung von sozialer Bewegung, gesellschaftlichen Diskursen, gesetzlichen bzw. sozialpolitischen Reformen und sozialwissenschaftlichen Innovationen. Die Ressentiments und Widerstände, die der entstehenden Frauenforschung im wissenschaftlichen Feld entgegenschlugen, zeichnen ein unrühmliches Bild vom Entwicklungs- und Reflexionsstand jener noch jungen Sozialwissenschaften bzw. benachbarter Disziplinen. Insbesondere die mitunter enge Verknüpfung von Identitätsarbeit, sozialkritischer Bewegung und wissenschaftlicher Arbeit sorgte für Irritation. In vielen gesellschaftlichen Feldern war diese soziale Bewegung ausgesprochen erfolgreich – so konnten vor allem im rechtlichen und administrativen Bereich viele ausschließende und diskriminierende Regelungen abgeschafft werden; in den biographischen Leitvorstellungen von Frauen und Männern sind gewisse Umbrüche zu konstatieren; in der alltäglichen Arbeits- und Lebenspraxis vollzogen sich die Veränderungen jedoch weitaus langsamer.

Auch die langjährige Einwanderungspraxis und die koloniale Vergangenheit konnten seit den 1980er Jahren nicht länger ausgeblendet werden. Eigenständige soziale Bewegungen spielten in Deutschland (im Gegensatz zu den USA, wo sie historisch vor der neuen Frauenbewegung zu datieren sind) in dieser Sphäre nur eine nachgeordnete Rolle. Die Migrant_innen organisierten sich zumeist in bestehenden Bewegungen (Gewerkschaften, aber auch Frauenbewegungen) oder gründeten eigene Zusammenschlüsse (vgl. dazu Bojadžijev 2008). Erst in den 1990er und 2000er Jahren bilden sich in Deutschland ausgehend von

Diskriminierungs- und Gewalterfahrungen dezidiert antirassistische Bewegungen heraus – maßgeblich initiiert durch Migrant_innen, Schwarze Deutsche und Personen of Color. Zudem waren es spezifische Problemlagen am Arbeitsmarkt oder im Bildungssystem oder die medienöffentlich verstärkten ›Überfremdungsdiskurse‹, die das Thema Migration und Rassismus ins Licht der gesellschaftlichen Aufmerksamkeit und schließlich auch in das Licht sozialwissenschaftlichen Interesses brachten. Nach und nach wurden Migrant_innen nicht länger aus den Grundgesamtheiten ausgeschlossen; aber erst 2005 gelang es, differenzierte Fragen zum Migrationshintergrund periodisch im Mikrozensus zu verankern. Heute finden sich Debatten (s. u.), wie sich das inzwischen als problematisch wahrgenommene Label ›Migrationshintergrund‹ ersetzen lässt.

Damit stand und steht die Sozialstrukturforschung vor dem Problem, wie diese ›neuen‹ Dimensionen sozialer Differenzierung angemessen theoretisch und empirisch zu erfassen seien. Diese Aufgabe wurde im Rahmen der wissenschaftlichen Geschlechterforschung, der antirassistischen Forschung und der postmigrantischen Forschung systematisch bearbeitet. Mit der akademischen Institutionalisierung werden die Verbindungen zu den sozialen Bewegungen lockerer; dennoch spiegeln sich deren Diskurse und Perspektivwechsel in den wissenschaftlichen Debatten wider. Wesentlich beeinflusst wurde die deutsche Debatte durch Staaten, die schon länger mit ihrer Kolonial- und Einwanderungsgeschichte konfrontiert waren. In vielen Ländern kam es zu einer Ausdifferenzierung der sozialen Bewegungen, indem z. B. lesbische Frauen, Schwarze Feministinnen, afrodeutsche Frauen oder ›Krüppelfrauen‹ – so die Selbstbenennung – sich ihrer spezifischen Identitäten bewusstwerden und sich für ihre besondere Verschränkung von Interessen einsetzen; das geht dann mit Absetzungsprozessen von der jeweiligen Main-Stream-Bewegung einher. Migrant_innen thematisieren ihre ›Herkunftskultur‹ und Schwarze Deutsche wehren sich gegen dominante ›weiße‹ Mehrheitskulturen. Lenz beschrieb diese Entwicklung kritisch: »Im Rahmen der Bewegungen unterdrückter Minderheiten vor allem in den USA entstand eine spezifische Verbindung von Identitätspolitik und Bezug auf die eigene ›Kultur‹. (…) In der Folge nahm auch die feministische Theorie der dreifachen Unterdrückung eine kulturalistische Wendung. Schwarze, lateinamerikanische und asiatische Frauen in den USA definierten sich gemeinsam als *women of colour* und kritisierten von diesem – neu geschaffenen – Standpunkt her die Mehrheitsgesellschaft und rassistische Verhältnisse in der amerikanischen Frauenbewegung« (1996, S. 205 f.). Diese Entwicklungen und die damit verbundenen Diskurse spielen für die Herausbildung des Intersektionalitätsansatzes eine wichtige Rolle. Auch heute reichen die in den sozialen Bewegungen geführten Debatten, z. B. um das Verhältnis von ›Klassenpolitik‹ und ›Identitätspolitik‹ (vgl. exemplarisch Bundeszentrale für politische Bildung 2019), nicht selten unreflektiert in den wissenschaftlichen Diskurs hinein.

Eine andere Quelle des Interesses an Konzepten der Intersektionalität findet sich in den Debatten um die Bedeutung ›horizontaler Disparitäten‹ in der Sozialstrukturanalyse. Der in den 1980er Jahren wiederentdeckte Begriff der horizontalen (in Abgrenzung zu vertikalen) Disparitäten geht auf eine bereits in den 1920er und 30er Jahren getroffene Unterscheidung zurück; vgl. Sorokin (1927) und Geiger (1932). In der Debatte der 1980er Jahre wurden die vorherrschenden ausschließlich an vertikalen Disparitäten (Einkommen, Vermögen, Bildung, Beruf, gesellschaftliche Macht) orientierten Ungleichheitsmodelle kritisiert; sie seien nicht länger in der Lage, wesentliche soziale Differenzierung horizontaler Natur zu erfassen; damit waren insbesondere geschlechtsspezifische Ungleichheiten, Unterschiede zwischen Migranten und Nicht-Migranten, regionale Differenzen, Unterschiede, die aus dem Bezug von wohlfahrtsstaatlichen Leistungen erwachsen, sowie altersbedingte bzw. durch körperliche Einschränkungen bedingte Ungleichheitsverhältnisse gemeint.

Leslie McCall (2005) schlägt vor, drei Varianten der Intersektionalitätsforschung zu unterscheiden: in der interkategorialen Variante finden sich eher quantitativ arbeitende Forschungsansätze, die sich mit einer begrenzten Anzahl von fixen Differenzachsen befassen, die nicht selten auch essentialistisch begriffen werden. Demgegenüber wird die intrakategoriale Variante meist von qualitativ Forschenden genutzt. Im Zentrum steht dabei die gesellschaftliche Hervorbringung verschiedener Achsen der Differenz. Der antikategoriale Ansatz befasst sich ausgehend von der These der gesellschaftlichen Hervorbringung mit der Denaturalisierung von Differenz bzw. umgekehrt mit Prozessen, die solche Essentialisierungen und Naturalisierungen befördern.

Das Konzept der Intersektionalität und daraus abgeleitete Forschungen können mit recht unterschiedlichen Theorieansätzen verknüpft werden. Verglichen mit dem dominanten Kanon der Sozialstrukturanalyse, der sich in den 1960er Jahren herausgebildet hatte, konnten in den 1980er Jahren vielfältige theoretische Innovationen in den Ansatz einbezogen werden. Neben der systematischen Integration konstruktivistischer bzw. dekonstruktivistischer Konzepte findet sich eine breite Palette von theoretischen Bezügen: zu Theorien des Patriarchats/Matriarchats, zur kritischen Theorie, zur Praxistheorie Bourdieus, zu ethnomethodologischen Ansätzen, zur Regulationstheorie und schließlich zu poststrukturalistischen und -kolonialen Konzepten. Darüber hinaus wurden aber auch spezifische Theoriekonzepte entwickelt, wie z. B. der Ansatz der doppelten Vergesellschaftung, der Ansatz des doing difference oder der Bielefelder Subsistenzansatz.

5.4.3 Paradigmen und Begriffe

Wie auch bei anderen Forschungsansätzen in der Sozialstrukturanalyse ist es bei den Intersektionalitätsansätzen nicht ganz einfach, einen gemeinsamen Kanon von Paradigmen zu formulieren; hinzukommt, dass es sich in dieser Form um einen relativ jungen Ansatz handelt, so dass sich manche Überlegungen am ehesten als Forschungsperspektiven fassen lassen. Im Folgenden werden einige zentrale Konzepte des Intersektionalitätsparadigmas dargestellt.

Race – Class – Gender

›Geschlecht‹, ›Klasse‹ und ›Ethnie‹ bzw. ›Rasse‹ – die Begriffe werden am Ende dieses Abschnitts genauer reflektiert – werden als zentrale Achsen begriffen, in deren Verschränkung sich spezifische Konstellationen sozialer Ungleichheit einstellen. Die klassische sozialstrukturelle Perspektive auf soziale Gruppen, die sich z. B. als Klassen in ihrer Stellung im Produktionsprozess oder in weiteren Merkmalen unterscheiden, die aber in der geschlechtlichen oder ethnischen Dimension nicht weiter differenziert werden, wird radikal kritisiert. Zum einen wird analog einer Klassenhierarchie auch von Hierarchien ausgegangen, die ›Geschlechter‹, ›ethnische Gruppen‹, Menschen verschieden gelesener ›Hautfarbe‹ oder Menschen mit verschiedenem sexuellen Begehren in eine Rangfolge bringen. Zum anderen wird in der häufig zu findenden Verschränkung dieser Dimensionen ein Spezifikum sozialer Strukturierung gesehen. So gibt es in einer Nationalgesellschaft soziale Gruppen, die über mehr oder weniger Einkommen verfügen, die im politischen oder ökonomischen Feld mehr oder weniger Macht und Einfluss haben, die höhere und niedrigere Bildungsabschlüsse besitzen, die mehr oder weniger anerkannte Arbeiten ausüben, die arbeitslos sind oder nicht; diese in der Regel mit der Klassendimension assoziierten sozialen Ungleichheitsverhältnissen zeichnen sich aber auch dadurch aus, dass sich die so Privilegierten und weniger Privilegierten tendenziell auch nach ›Geschlecht‹, ›Ethnie‹ oder ›Hautfarbe‹ unterscheiden: so sind Frauen, Migrant_innen und Menschen of Color in Deutschland in den Führungsetagen von Unternehmen und öffentlichen Verwaltungen oder in der Politik durchschnittlich unterrepräsentiert; sie erzielen bei gleicher Qualifikation geringere Einkommen; in der Erwerbsarbeit wie im Haushaltskontext führen sie durchschnittlich eher die weniger anerkannten Arbeiten aus, was sich u. a. an der Bezahlung oder Nicht-Bezahlung oder an deren Höhe festmacht. In ähnlicher Weise korrespondieren Ungleichheitslagen mit Unterscheidungen, die an ›ethnischen‹ Merkmalen festgemacht werden: so finden sich in Deutschland Bürger_innen mit einer (eigenen oder familiären) türkischen Migrationsgeschichte durchschnittlich eher in den unteren Rängen der Einkommensskala wieder, sie sind in höherem

Maße arbeitslos, sie erlangen bei gleichen ›kognitiven Fähigkeiten‹ die schlechteren Bildungsabschlüsse. Das impliziert, dass auch die Arbeits- und Lebenswelten bzw. die Biographien dieser Menschen ausgeblendet wurden; so wurde z. B. in der Arbeitswelt der männliche, deutsche, weiße Facharbeiter zum ›Normaltypus‹ erklärt.

Mit der Erweiterung von Ungleichheitsdimensionen geht eine Erweiterung der für Ungleichheitsanalysen relevanten Forschungsfelder einher. Die in der Marxschen Tradition noch theoretisch begründete Präferenz für die im Feld der gesellschaftlichen Produktion angelegten Ungleichheiten wurde in der Schichtungsforschung der 1960er Jahre zu einer unreflektierten (an der Biographie von Männern orientierten) Normalitätskonstruktion; alle Arbeiten jenseits der bezahlten Erwerbsarbeit (so z. B. die verschiedensten Felder häuslicher oder ehrenamtlicher Arbeit) blieben unberücksichtigt. Auch hier geht es nicht nur um die additive Hinzufügung neuer Felder ungleichheitssoziologischen Interesses, sondern um deren Verschränkung. D. h. Ungleichheitsverhältnisse, die sich in Haushalten oder Paarbeziehungen entlang der Geschlechterdifferenz finden, korrespondieren mit Ungleichheitsbeziehungen z. B. in der Arbeitswelt. Bündnisse von weißen Männern, wie sie beim Militär oder am (virtuellen wie materiellen) Stammtisch affirmiert werden, setzen sich in der Arbeitswelt fort. Mit den verschiedenen Ungleichheitsdimensionen sind auch spezifische Macht- und Herrschaftsdifferentiale verknüpft.

Mit den Intersektionalitätsansätzen ist stets eine historische Perspektive auf vergangene wie gegenwärtige sozialstrukturelle Konstellationen von Klasse, Geschlecht und ›Ethnizität‹/›Rasse‹ verbunden. So ist davon auszugehen, dass Geschlechterteilungen aber auch rassifizierende bzw. ethnisierende Zurechnungen und darauf basierte Bevor- oder Benachteiligungen weitaus älter als das Kapitalverhältnis und die Normen sozialer Gleichheit sind. Den Intersektionalitätskonzepten liegt die gesellschaftstheoretische Annahme zu Grunde, »dass die Trias Klasse, ›Rasse‹/ Ethnizität und Geschlecht Verhältnisse bezeichnet, die auf ebenso unterschiedliche wie nachhaltige Weise die Ungleichheitsstruktur nahezu aller Gesellschaften prägen. Damit verweist sie einerseits auf ältere Ursprünge und historisch im Sinne einer *longue durée* weiterwirkende Wurzeln sozialer Ungleichheit; sie gewinnt anderseits aber erst unter den Voraussetzungen und im Kontext moderner westlicher Industriegesellschaften eine spezifische Kontur« (Klinger et al. 2007b, S. 20). Schließlich verpflichtet das Interesse für die in vergangenen gesellschaftlichen Konstellationen entstandenen ungleichheitsrelevanten Institutionen zu einer sozialhistorischen Blickweise.

Attribuierung und Allokation

Regina Becker-Schmidt unterscheidet zwei Mechanismen sozialer Diskriminierung: zum einen Mechanismen, über die soziale Merkmale (»positive Anlagen und Defizite, Fähigkeiten und Unfähigkeiten, Handlungspotentiale und Inkompetenzen«) konstruiert und sozialen Gruppen zugewiesen werden (Attribuierung) und als »Markierungen von Ungleichwertigkeit« (2007, S. 61) fungieren; zum anderen Mechanismen, nach denen soziale Gruppen auf unterschiedlichen Stufen einer gesellschaftlichen Rangordnung positioniert werden (Allokation). Mechanismen der ersten Art gehen zunächst von alltagsweltlichen Interaktionen aus, in denen Mentalitäten, Dispositionen, Eigenschaften oder Handlungsmuster entstehen, werden aber »von Institutionen für die Legitimation von Ungleichbehandlungen aufgegriffen und wirken wie Spiegel, in denen die Alltagsakteure ihre Sinngebungen bestätigt sehen können« (ebd.). Diskriminierende Mechanismen der zweiten Art siedelt Becker-Schmidt eher auf der Makroebene an: »gesellschaftliche Prozesse, in denen sich soziale Verhältnisse der Über- und Unterordnung – d. h. asymmetrische Geschlechterverhältnisse, antagonistische Klassengegensätze, hegemoniale Beziehungen zwischen einer Mehrheitsgesellschaft und den in ihr lebenden Minderheiten – ausbilden« (ebd.). Von besonderer Bedeutung sind die Wechselbeziehungen zwischen beiden Ebenen: Attribuierungen fungieren als ein Mittel, um Allokationen als plausibel oder natürlich gegeben erscheinen zu lassen, so werden z. B. Frauen bestimmte Eigenschaften (Fingerfertigkeiten oder Fürsorgeinstinkte) zugeschrieben, die sie als besonders geeignet für Arbeiten in der teilautomatisierten Fertigung oder in Haushalten bzw. Pflegeberufen erscheinen lassen. Zugleich dient eine eher abschätzige Bewertung dieser Fähigkeiten dazu, ihre unterdurchschnittliche oder fehlende Entlohnung zu legitimieren. Umgekehrt stabilisiert das Vorherrschen von Frauen in diesen Tätigkeitsfeldern wiederum die getroffenen Zuschreibungen. Ähnliche Konstrukte finden sich, um bestimmte Migrantengruppen als ›Andere‹ für Tätigkeiten prädestiniert erscheinen zu lassen, die auf Grund ihrer Belastungsmomente, ihres Ansehens oder ihrer Entlohnung ›kein Deutscher mehr machen will‹. Auch hier gilt die zuvor beschriebene Rekursivität dieser Zuschreibungen.

Die in spezifischen historischen Kontexten herausgebildeten Mechanismen der Diskriminierung sozialer Gruppen materialisieren sich in sozialen Objektivationen: »gesellschaftliche Einrichtungen, Verwaltungsapparate, Regelsysteme, Machtkartelle, Wirtschaftsordnungen« (Becker-Schmidt 2007, S. 63). So werden Geschlechterordnungen z. B. in der Tarifstruktur (Bewertung verschiedener Fähigkeiten und Belastungen), im Steuersystem, in medienvermittelten Geschlechtsstereotypen über ihren Entstehungskontext hinaus festgeschrieben und tragen neben den alltagsweltlich verankerten Attribuierungen zur Reproduktion von Geschlechterordnungen bei. Ähnliche Objektivationen lassen sich im Kontext ethnischer Differenzierungen

aufzeigen, wenn diese z. B. in rechtlichen Bestimmungen (Arbeitsrecht, Staatsbür-
gerschaftsrecht, Wahlrecht, Asylrecht) fixiert werden. Mit der Einbeziehung dieser
Objektivationen sozialer Differenzierungen werden die etikettierenden gesellschaftlichen Institutionen systematisch in die Sozialstrukturanalyse einbezogen. Auch
die wechselseitigen Verweisungsverhältnisse zwischen diesen Institutionen sind
von Interesse: exemplarisch sei auf die Beziehungen zwischen (männlichem) Normalarbeitsverhältnis (mit weiblichem Zuverdienst), Kleinfamilie (mit unbezahlter
weiblicher Hausarbeit) und konservativem Wohlfahrtsstaat in den 1950er bis 70er
Jahren verwiesen. Sozialstrukturell lässt sich im 20. und 21. Jahrhundert eine lange
Geschichte der immer auch rassistisch konnotierten Unterschichtung der deutschen
Gesellschaft durch Arbeitsmigrant_innen, Zwangsarbeiter_innen und Flüchtlinge
konstatieren. Ferree konstatiert, dass »all jene Prozesse, die systematisch Familien, Ökonomien und Nationen organisieren, parallel zu den Bedeutungen von
Geschlecht, ›Rasse‹ und Klasse konstruiert [werden], die diese Institutionen jeweils
für sich und auch gemeinsam präsentieren und verstärken« (2010, S. 70).

Doing difference
Die historische wie auch die institutionelle Perspektive der Intersektionalitätsforschung impliziert ein spezifisches Interesse an der sozial eingebetteten Hervorbringung sozialer Differenzierungen; man interessierte sich für *doing gender* (West
und Zimmermann 1987) oder allgemeiner für *doing difference* (Fenstermaker und
West 2001, S. 238). D. h. man analysiert nicht nur die vorliegenden Strukturen
der Differenz, sondern fragt nach den Handlungen, den dahinterstehenden sozialen Praktiken – z. B. in der Sozialisation, im Bildungs- und Erwerbssystem oder
in den alltäglichen Arbeitsteilungen –, die zur Hervorbringung und Reproduktion
von Differenzierungen und ihrer Legitimation beitragen. Ferree verdeutlicht, am
Beispiel von Geschlecht und ›Rasse‹, dass diese Intersektion nicht an konkreten
Orten erfolgt, »die von Individuen oder Gruppen eingenommen werden (wie etwa
Schwarzen Frauen); vielmehr ist sie ein Prozess, durch den der Begriff ›Rasse‹
für konkrete Frauen und Männer (und für jene, die sich weder der einen noch der
anderen Kategorie sauber zuordnen lassen) vielfältige, vergeschlechtlichte Bedeutungen annimmt – je nachdem, ob, wie und von wem die Kombination ›Rasse‹ und
Geschlecht als relevant für Sexualität, Reproduktion, politische Autorität, Beschäftigung oder Wohnsituation betrachtet wird. Diese (und andere) Bereiche sind als
organisatorische Felder zu verstehen, in denen multidimensionale Formen von
Ungleichheit auf jeweils historisch kontingente Weise erfahren, in Frage gestellt
und reproduziert werden« (2010, S. 70).

Hirschauer und Boll heben hervor, dass die Rede von doing differences zunächst auf eine mikroperspektivische Handlungsebene verweise, »kulturelle Differenzierungen werden aber natürlich erst dadurch sozial aufgebaut, dass sie über die Grenzen von Situationen hinaus stabilisiert und institutionalisiert werden. Aber auch dann erscheinen Humandifferenzen als prozesshaft, gleichgültig, ob man sie mikrologisch in der situativen Zeit von Handlungssequenzen, in der biografischen Zeit von Narrationen oder makrologisch in folgenreichen administrativen Setzungen und historischen Entwicklungen untersucht« (Hirschauer und Boll 2017, S. 12). Neben der Perspektive der Herausbildung von Differenzen, solle man sich, so der Vorschlag der beiden Autoren auch für Prozesse des undoing interessieren: »Differenzen können nicht nur situativ und aktiv konterkariert werden, sie können auch historisch langfristig an Kontur verlieren und schließlich in Vergessenheit geraten« (S. 12).

Kategorisierungen

Als Kategorisierungen werden mit unterschiedlichen Nuancierungen jene Prozesse begriffen, in denen Personen bzw. Personengruppen etikettiert werden, in denen aus Gleichen Andere werden. Die in diesem Abschnitt vorgestellten Ansätze zeichnen sich dadurch aus, dass sie darauf zielen, diese Prozesse der Kategorisierung zu systematisieren.

Die Vielzahl von Anführungszeichen in den bisherigen Ausführungen indiziert, dass die zentralen Kategorien des Intersektionalitätskonzepts ›Geschlecht‹, ›Klasse‹, ›Ethnie‹ und ›Rasse‹ nicht ganz unproblematisch sind: zum einen stellt sich die Gefahr einer ›Versämtlichung‹, indem z. B. Geschlechterdifferenz bipolar gedacht und jede Seite als eine Einheit begriffen wird. Solche »Mechanismen der Vereinheitlichung erleichtern Distinktion und Kontrolle«; die Gliederung in Teilpopulationen konstruiert Entitäten, »deren Merkmale scheinen darüber zu entscheiden, welcher Status ihnen in der Gesellschaft zuzubilligen ist« (Becker-Schmidt 2007, S. 64). Umgekehrt steht Wissenschaft dann in der Gefahr, solche alltagsweltlich und institutionell abgesicherten Klassifizierungen und Versämtlichungen fortzuschreiben.

Der dem Englischen entlehnte Gender-Begriff bietet zunächst den Vorteil, dass mit *gender* eher das soziale Geschlecht (im Gegensatz zu *sex* als dem ›biologischen‹ Geschlecht) bezeichnet wird. Geschlecht wird so als etwas gesellschaftlich Konstruiertes, als etwas in Sozialisationsprozessen aber auch in der gesellschaftlichen Symbolproduktion Hervorgebrachtes begriffen. Es wurde jedoch kritisch angemerkt, dass auch der Bezugsbegriff *sex* weder essentialistisch noch binär zu begreifen ist; auch der (heteronormative) Schluss auf Fragen des Begehrens wurde zurecht problematisiert. Judith Butler bemerkt dazu. »So sehr auch die radikale

Unterscheidung zwischen biologischem und sozialem Geschlecht für den Feminismus Beauvoirscher Prägung von zentraler Bedeutung war, ist sie doch in den letzten Jahren kritisiert worden, weil sie das Natürliche zu dem herabstuft, was ›vor‹ der Intelligibilität liegt (…). Dies läßt außer acht, daß Natur eine Geschichte und nicht nur eine soziale Geschichte hat, und übersieht auch, daß das biologische Geschlecht in bezug auf jenes Konzept und dessen Geschichte nicht eindeutig einzuordnen ist. Geformt durch eine Reihe von Auseinandersetzungen darüber, was in biologischer Hinsicht das entscheidende Kriterium für die Unterscheidung zwischen den beiden Geschlechtern sein soll, ist das Konzept des ›biologischen Geschlechts‹ selbst ein bewegtes Terrain; das Konzept des biologischen Geschlechts hat eine Geschichte« (1995, S. 25).

Der im Angloamerikanischen geläufige Begriff *race* ist zunächst in ganz ähnlicher Weise mit dem Schluss von biologischen Merkmalen (z. B. von Hautpigmenten) auf Persönlichkeits- oder Verhaltensmerkmale verknüpft. Die Konstruktion von ›Rassen‹ hatte darüber hinaus für die Legitimation von Sklaverei, Kolonialismus und Imperialismus eine wichtige Bedeutung. Wenn nun dieser auch in der amtlichen Statistik der USA gebräuchliche Begriff für die sozialwissenschaftliche Etikettierung sozialer Gruppen genutzt wird, ist das nicht unproblematisch; zur Verwendung der Kategorien ›Rasse‹ und ›Ethnizität‹ in der amerikanischen Soziologie vgl. Bös (2004). Eine besondere Schwierigkeit erwächst daraus, dass Rassenideologien, wie sie im Europa des späten 19. und frühen 20. Jahrhunderts einflussreich wurden, als Rechtfertigung der nationalsozialistischen Diskriminierungs- und Gewaltpolitik, die in Vertreibung und im Holocaust endete, fungierten.

Der ausgehend von diesen Problemen favorisierte Begriff der Ethnie oder der Ethnizität soll gegenüber dem biologistisch angelegten Rassebegriff eher Momente kultureller Differenz hervorheben. Es ist jedoch zu konstatieren, dass damit letztlich die »fatalen Charakteristika des ›Rasse‹-Konzepts (…) auf eine neue Ebene transformiert werden: nun erscheinen Angehörige ethnischer Gruppen überhistorisch als *fundamental* verschieden und es wird konstatiert, dass diese angeblich nicht ohne Konflikte zusammen an einem Ort leben können« (Dietze et al. 2007a, S. 17). So spricht z. B. Max Weber (1972, S. 235) systematisch nicht von Ethnie, sondern von ethnischem Gemeinsamkeitsglauben. Weitere Komplikationen ergeben sich, wenn Entscheidungen über staatsbürgerschaftliche Rechte eher nach nationalen denn nach ethnischen Zurechnungen getroffen werden oder wenn es wie im Falle der Asylpolitik zu einer Überlagerung ganz unterschiedlicher Distinktionsmerkmale (Nationalität, ethnische Zurechnungen, Religion) kommt. Auch die soziale Gruppe der ›Spätaussiedler‹, denen das Merkmal ethnische Differenz häufig verweigert wird, weil sie ja ›Deutsche‹ seien, verweist auf Probleme des Ethnizitätskonzepts.

Die in Deutschland gebräuchliche Praxis, eine bestimmte soziale Gruppe als Menschen mit Migrationshintergrund zu etikettieren, erbringt zunächst den Vorteil, statt ethnischer, kultureller oder religiöser Zurechnungen auf soziale Handlungen (Migration) und deren mögliche Folgen zu rekurrieren. Damit werden jedoch wichtige Differenzierungen, wie z. B. das Herkunftsland, die Herkunftsregion, die soziale Lage, Migrationsmotive etc. ausgeblendet. Zudem ist nach der Halbwertszeit dieser Etikettierung zu fragen, will man nicht immer größeren Teilen der Bevölkerung einen Migrationshintergrund attestieren. Vor diesem Hintergrund wird derzeit diskutiert, welche Alternativen sich bieten (vgl. z. B. Fachkommission Integrationsfähigkeit 2020).

Rogers Brubaker beschreibt Kategorisierungen als einen doppelten Prozess. »Processes (…) generate forms of difference – in selfunderstandings, aspirations, and commitments – that channel different categories of people (men and women, most obviously, but also members of different racial, ethnic, or religious groups) in different directions (toward different educational choices and occupational aspirations, for example, or into different networks). This differential channeling and social separation may then generate inequality as a secondary result, even in the absence of initial inequalities in skills or levels of education. On the other hand, the social production of persons directly generates between-group inequalities in skills, education, and other aspects of human capital. These in turn generate inequalities in access to positions, even in the absence of any categorical exclusion or discrimination« (2015, S. 38). In den Überlegungen Brubakers geht es um das Zusammenspiel von kategorialen Differenzen und Ungleichheiten, die sich an der unterschiedlichen Ausstattung mit Kapitalien (im Bourdieuschen Sinne) ablesen lassen. Brubakers Ausgangspunkt ist zum einen eine Kritik an einem Phänomen, das er als ›Gruppismus‹ bezeichnet, einer im wissenschaftlichen wie im politischen Raum beobachtbaren Tendenz, soziale Gruppen, die z. B. ›ethnisch‹, ›rassisch‹, kulturell oder national abgegrenzt werden, zu essenzialisieren und als Konstituenten, als Akteure in der sozialen Welt zu begreifen. Auf der anderen Seite wendet es sich jedoch gegen einen vereinfachenden und schematischen Konstruktivismus. Er zielt nicht darauf, derartige Gruppenkonstrukte gänzlich zu verbannen; vielmehr fragt er nach der Wirkungsweise von Konstrukten wie z. B. Ethnizität. »Abgegrenzte, solidarische Gruppen sind eine Modalität der Ethnizität (und ganz allgemein der gesellschaftlichen Organisation). Aber sie sind nur eine unter mehreren. Das ›Zusammengehörigkeitsgefühl‹ (…) ist eine Variable, keine Konstante; sie kann nicht als gegeben vorausgesetzt werden. Sie variiert nicht nur unter, sondern auch innerhalb vermeintlicher Gruppen, sie kann im Lauf der Zeit zu- und wieder abnehmen« (2007, S. 12).

Einen ähnlichen Ansatz verfolgt Andreas Wimmer, der mit einem breiten Verständnis von Ethnizität arbeitet, um einen integrierten Blick auf Konzepte der Ethnizität, der ›Rasse‹ und der Nationalität zu gewinnen.»In this broad understanding of ethnicity, ›race‹ is treated as a subtype of ethnicity, as is nationhood: if phenotypical features are used as indicators of group membership, we speak of ethnosomatic groups; if members of an ethnic community have developed nationalist aspirations and demand (or control) a state of their own, we describe such categories and groups as nations (…). Further subtypes of ethnicity can be distinguished depending on the type of markers that are used to substantiate the belief in shared culture and ancestry, most importantly ethnoreligious, ethnoregional, and ethnolinguistic categories and groups« (2013, S. 7 f.). Ausgehend von diesen Überlegungen fragt er dann nach Prozessen des boundary making. Die sieht er zum einen auf einer kategorialen und zum anderen auf einer sozialen (handlungspraktischen) Ebene; erst wenn beide Aspekte zusammenwirken, komme es zu sozialen Grenzziehungen. Wimmer unterscheidet dabei drei Elemente, die in diesen Prozessen des boundary making bedeutsam sind: Institutionen (z. B. Arbeitsmärkte, Institutionen des Wohlfahrtsstaates), Unterschiede in der Kapitalausstattung von sozialen Gruppen und schließlich soziale Netzwerke.

Stefan Hirschauer spricht von Humandifferenzierungen; diese seien »grundsätzlich kontingent, deshalb aber keineswegs flüchtig oder beliebig. Sie verfügen über unterschiedliche Grade von Stabilität, mit denen sie sozial mehr oder weniger ausgestattet werden. Ein erster zentraler Umstand ist dabei, dass Differenzierungen gesellschaftlich durch die ontologische Leitunterscheidung von *Natur* und *Kultur* beobachtet werden. Eine Differenz in einem dieser beiden primären Rahmen *(…)* zu verorten, kann beispielsweise Leistung als angelegte *Begabung* oder aber als Effekt von *Lernanstrengung* deuten, Geschlecht als *sex* oder *gender* vorstellen oder körperliche Phänotypen als *race* oder *ethnicity*. Solche Rahmungen können sich mit der Zeit verändern – so wurden ›Rasse‹ und Geschlecht im 19. Jahrhundert massiv naturalisiert, seit dem 20. Jahrhundert zunehmend rekulturalisiert« (2017, S. 14). Zum zweiten finden sich die Humandifferenzierungen in unterschiedlichen Aggregatzuständen des Kulturellen: in sprachlichen Strukturen, in diskursiven Repräsentationen, in kognitiven Schemata, »in situierten Praktiken (der Kommunikation, der Arbeit, des Konsums etc.) und in dauerhaften institutionellen Infrastrukturen (von sozialen Beziehungen über Organisationen bis zur Sozialstruktur)« (S. 15). Hirschauer begreift diese Humandifferenzierungen als eine spezifische Form der sozialen Ungleichheit. »Es sind beobachterrelative, unbalancierte wir/die-Unterscheidungen, die auf Basis einer selbstverständlich vorausgesetzten Homophilie das jeweils andere als ›ungleich‹ markieren. Wir/die-Unterscheidungen können sich daher leicht als Differenzen von Identität und

Modus der Zugehörigkeit	Dominanter Entstehungsmodus	Soziale Figur
Kategoriale Zugehörigkeit	zugeschrieben	Exemplar
	reklamiert	Statusinhaber
Relationale Zugehörigkeit	gewählt	Mitglied
	erzwungen	Insasse
	gewachsen	Angehöriger
	gesucht	Anhänger

Quelle: Hirschauer (2017, S. 44)

Abb. 5.59 Modi der sozialen Zugehörigkeit

Alterität aufladen. Und Alterisierung in diesem elementaren Sinne von Veranderung ist der Entstehungsgrund des ›Othering‹, der abwertenden Exotisierung« (S. 39 f.). Zudem können diese Differenzierungen zur Selbst- wie zur Fremdkategorisierungen genutzt werden; nicht selten sind die Übergänge fließend.

Hirschauer unterscheidet sechs verschiedene Modi der sozialen Zugehörigkeit, die jedoch keineswegs als überschneidungsfrei zu begreifen seien (vgl. Abb. 5.59). Die Analyse von Prozessen der Konstruktion und Verwendung von Kategorisierungen erschließt wichtige Werkzeuge der sozialstrukturellen Analyse von Ungleichheitsverhältnissen. Sie birgt jedoch die oben von Gutiérrez Rodríguez skizzierte Gefahr einer Entpolitisierung und Enthistorisierung des Intersektionalitätskonzepts. Als Kontrapunkt sei im Folgenden auf den Ansatz Stuart Halls verwiesen.

›Rasse‹, Ethnie und Nation

Hall interessiert sich im Kontext der cultural studies für die Frage, wie ›Rasse‹, Ethnie und Nation im Sinne eines ›verhängnisvollen Dreiecks‹, so der Titel einer posthum erschienenen Zusammenstellung von Vorlesungen, zusammenwirken. Er begreift ›Rasse‹ als eine kulturelle und historische Tatsache, selbstverständlich nicht als eine biologische. Ohne die »furchtbaren menschlichen und historischen Konsequenzen (…), die sich aus der Anwendung dieses rassifizierten Klassifikationssystems auf das gesellschaftliche Leben sowie auf einzelne Männer und Frauen ergeben haben« herunterzuspielen, macht Hall deutlich, dass es beim Rassekonzept um ein spezifisches Bedeutungssystem gehe, »eine Art und Weise, die Welt zu strukturieren und bedeutungsvoll zu klassifizieren« (2018, S. 57). Die Geschichte rassischer Klassifikationssysteme geht auf den imperialistischen Expansionsprozess Mitteleuropas zurück. Im Sinne der zunächst vorherrschenden religiösen Weltdeutungen wurden die Völker und Kulturen der neuen Welt als Ausgeburt einer anderen Schöpfung begriffen (S. 76). Mit der Aufklärung wird die Differenz zu einer Unterscheidung zwischen ›Zivilisation‹ und ›Barbarei‹. Es entsteht »ein neuer Typus binärer Repräsentationsstrukturen, zwischen dem Westen und seinen Anderen, der eine differenziertere und kontinuierlich aufrechterhaltene Kennzeichnung verschiedener Stufen, Grade und Niveaus innerhalb eines übergreifenden Systems menschlicher Differenz erforderlich macht« (S. 77). Später wird diese Differenz dann vermeintlich biologisch fundiert.

Ausgehend von der Einsicht, »dass Rasse als Erklärungsmechanismus für soziale, kulturelle, wirtschaftliche und kognitive Differenzen zwischen rassisch definierten Gruppen über keine wissenschaftliche Grundlage verfügt« (S. 66) stellt sich dann jedoch die Frage, wie mit den rassistischen Klassifikationssystemen umzugehen sei. Hall vertritt die These, dass es weiterhin erforderlich ist, zu klären, »warum diese rassischen Klassifikationssysteme fortleben, warum ein so großer Teil der Geschichte im Schatten ihrer existentiellen binären Codes ablief, und vor allem, warum das Handeln sowie die Sprache und das Denken im Alltag – ebenso wie die größeren strukturellen Machtsysteme, die die Wohlstands-, Ressourcen- und Wissensverteilung über Gesellschaften hinweg und zwischen Gruppen differenziell organisieren – allesamt weiterhin mit dieser offensichtlich schwachen, unbegründeten, unvertretbaren und fast, aber eben nur fast gänzlich ausradierten ›biologischen‹ Spur operieren« (S. 66). Dabei gelte es auch zu klären, welche Faktoren die Intelligibilität des Rasse-Konzepts bedingt haben. Das Rassekonzept fungiere historisch und gesellschaftlich betrachtet wie eine Sprache, die jedoch nicht auf »genetisch verbürgte Tatsachen« verweise, sondern auf Bedeutungssysteme, »die in den Klassifikationen der Kultur fixiert worden sind« (S. 68). Diese Bedeutungen werden dann genutzt, um die »Praktiken und Operationen von Machtbeziehungen zwischen Gruppen« (S. 69) zu organisieren.

»Obgleich Rasse (…) nur einer unter vielen Diskursen über kulturelle Differenz in unserer modernen Geschichte ist, besitzt sie eine Eigenart (…), weil sie der Diskurs ist, der, wie unwissenschaftlich er auch sei, konsequent so verfährt, dass er die physischen Markierungen von Differenz am Körper als vorrangige Signifikanten seines Wahrheitsregimes gebraucht« (S. 90). So betrachtet sei es der »Diskurs über Differenz, der dem über sexuelle Differenz am nächsten ist, welcher seine Evidenzen ebenfalls diskursiv vom Körper ›abliest‹, soziale und kulturelle Bedeutungen auf biologische Weise zu fixieren sucht« (S. 90). Diese »Pathologisierung und Fetischisierung des Anderen mit Blick auf dessen Körper« mache den Rassediskurs zu einer »historisch spezifische[n], besonders bösartige[n] und ansteckende[n] Manifestation innerhalb jener größeren diskursiven Formation kultureller Differenz, die wir Euro- oder Westzentrismus nennen« (S. 103). Obwohl der Rassediskurs mit der »Diskreditierung wissenschaftlicher Rassedefinitionen nach dem Zweiten Weltkrieg radikal geschwächt wurde« (S. 81) geht Hall davon aus, dass die biologische Spur kaum aus der Argumentation verschwinden werde. Im Kontext der Migrationsbewegungen des 19. und 20. Jahrhunderts hat dann der Begriff der Ethnizität an Bedeutung gewonnen; er wurde z. B. zu einem Gründungsmythos der USA als einem ethnischen Schmelztiegel. Er wurde aber auch in den Migrationsgesellschaften des 20. und 21. Jahrhunderts als Selbstzuschreibung wie als Fremdzuschreibung immer wieder aktualisiert. Grundsätzlich ist dieser Begriff ähnlich problematisch und umstritten wie der Rassebegriff. Während das Rassekonzept zunächst zivilisatorisch, dann biologisch und genetisch und später auch kulturell fixiert wurde, fungiert das ganz ähnlich arbeitende Konzept der Ethnizität ausschließlich auf Basis von kulturellen Begründungen: Gemeinsamkeiten der Sprache, der kulturellen Praktiken, der Überzeugungen. Diese »gleiten aber trotzdem ständig (…) in Richtung einer transkulturellen und sogar transzendentalen Fixierung im gemeinsamen Blut, gemeinsamen Erbe und einer gemeinsamen Abstammung« ab, und verleihen der Ethnizität eine natürliche Grundlage, »die sie außerhalb des Zugriffs der Geschichte verortet« (S. 126 f.). Während Konzepte der Ethnizität ursprünglich mit einer spezifischen Lokalisierung zusammenfielen, sind sie heute weitaus stärker vom Raum gelöst. So sei im Kontext der ökonomischen, sozialen und kulturellen Globalisierungsprozesse zu beobachten, dass sich moderne Identitäten wandeln. So gebe es »Belege für ein Aufweichen der Identifikation mit der nationalen Kultur«; umgekehrt komme es zu einer »Stärkung kultureller Strömungen und kollektiver Bindungen (…), die ›oberhalb‹ und ›unterhalb‹ der Ebene des Nationalstaats operieren und auf sich gegenseitig durchdringenden Skalen wirksam sind, die unsere normalen Unterscheidungen von Örtlichkeit, Nachbarschaft und Region sprengen« (S. 129).

Insbesondere im 19. und 20. Jahrhundert werden Nationalstaaten zu einem dominanten politischen Organisationsprinzip. Sie werden »um den nationalen Signifikanten herum organisiert, dessen Funktion darin besteht, Differenz-als-Einheit zu repräsentieren, um all ihre konstitutiven Elemente als Identität zu vergegenwärtigen«, und haben »komplexe Geschichten, die stets von inneren Differenzen durchschnitten werden, welche allein durch die Ausübung kultureller Macht vereint werden können«. Ziel ist es, »das Politische und das Kulturelle vollständig deckungsgleich zu machen« (S. 157). Der wissenschaftlich bzw. ethnologisch fundierte Rassismus beflügelt am Ende des 19. Jahrhunderts die maßlose »Intensivierung des imperialen Abenteuers, das im sogenannten Wettlauf um Afrika gipfelte, der auf die Zerstückelung des Kontinents auf der Berliner Konferenz von 1885 folgte« (S. 159).

In der postkolonialen Konstellation kommt es dann in den Kolonialstaaten, wie z. B. Großbritannien und Frankreich, aber auch in vielen anderen prosperierenden Ländern zu starken Zuwanderungen meist aus dem globalen Süden. Auch die Wanderungsprozesse aus dem östlichen Europa nach dem Ende des Zweiten Weltkriegs bzw. nach dem Zusammenbruch der sozialistischen Staatenwelt lassen sich im weiteren Kontext der deutschen Ostkolonisation und der nationalsozialistischen Kolonisierung Osteuropas im Zweiten Weltkrieg begreifen (vgl. dazu Gosewinkel 2016, S. 329). In diesem Zusammenhang konstatiert Hall »neue globale Machtbeziehungen, die die Peripherie letztendlich ins Zentrum führen und die symbolischen Grenzen zwischen dem kulturellen ›Innen‹ und seinem konstitutiven ›Außen‹ erodieren lassen – ein Vorgang, der die abgeschlossenen, homogenen Entwürfe nationaler kultureller Identität multikulturalisiert und hybridisiert und in der Folge das empfindliche Gleichgewicht von Unterordnungen, auf deren Grundlage ihre angebliche Reinheit und ursprüngliche Genialität konstruiert worden sind, für alle Zeiten aushebelt« (S. 162 f.).

Queer-Theorie
Der englische Begriff *queer* (schräg oder seltsam) wurde zunächst abwertend für Homosexuelle genutzt; dann aber wurde der Begriff gewendet und für die nunmehr positiv zu verstehende Selbstbeschreibung diverser sexueller Orientierungen eingesetzt. »Queere Interventionen stehen somit für die Aufdeckung multipler Begehrenskonstellationen jenseits der Binarismen homo/hetero und Mann/Frau« (Dietze et al. 2007a, S. 18). Im Rahmen der Queer-Theorie wird nach Hark (2004) davon ausgegangen, dass Geschlecht(skörper) und Sexualität der Kultur nicht vorausliegen, sondern »gleichursprünglich« mit ihr sind. Zudem wird darauf verwiesen, »dass die Zwei-Geschlechter-Ordnung und das Regime der Heterosexualität in komplexer Weise koexistieren, sich bedingen und wechselseitig stabilisieren. (…). Damit lenkt die Queer Theorie die theoretische Aufmerksamkeit darauf, dass die – im Sinne eines expressiven, mimetischen oder gar kausalen Verhältnisses gedacht – Kohärenz von sex, gender, Begehren und Identität sozial gestiftet ist« (S. 106).

Zum Verständnis des politischen bzw. zeitgeschichtlichen Hintergrundes der Queer-Theorie ist auf die bereits oben angesprochene Ausdifferenzierung sozialer Bewegungen zu verweisen, die sich mit gewissen Variationen in den USA wie in Europa vollzogen: es entstehen schwule und lesbische Gruppen; auch sexuelle Orientierungen jenseits dieser hetero- und homosexuellen Normalität werden zum Kristallisationspunkt von Gruppierungen und Bewegungen. Dieser Ausdifferenzierungsprozess und die damit einhergehenden komplexen Intersektionen werden im thematischen Spektrum der queeren Theorien verarbeitet. So geht es zum einen um eine Erweiterung des ungleichheitsrelevanten Spektrums von Dimensionen, indem z. B. sexuelle Orientierungen aber auch spezifische Befähigungen bzw. Behinderungen, einbezogen werden. Zum anderen geht es um die damit verbundenen neuen Muster der Überlagerung von Ungleichheitsdimensionen. Neben diesen thematischen Innovationen spielen im weiteren Sinne methodologische Aspekte in den Queer-Theorien eine wichtige Rolle: So wird an den Intersektionalitätskonzepten kritisiert, dass sie mit eindeutigen, geschlossenen, häufig auch mit binären Kategorisierungen arbeiten und dass ein fixes Identitätsmodell suggeriert werde. Demgegenüber werden Momente der Uneindeutigkeit, der multiplen Identität hervorgehoben; man spricht von einem postidentitären Zeitalter, produktiven Instabilitäten. Im Gegensatz zu Selbstdefinitionen wie schwul, lesbisch oder bisexuell zielt Queer-Theorie letztlich darauf, diesen Kategorien »gleichsam den ontologischen Boden unter den Füßen wegzureißen« (Hark 2004, S. 107). Der Vorstellung von gesellschaftsweiten Hegemonie-Strukturen wird die Idee von *scattered hegemonies* entgegengesetzt.

5.4.4 Intersektionale Sozialstrukturforschung

Im Folgenden soll an einigen Beispielen aufgezeigt werden, wie intersektionale Konzepte im Kontext verschiedener Forschungsfelder der Sozialstrukturanalyse genutzt werden können.

5.4.4.1 Analysen zur Verschränkung von Klasse und Geschlecht

Becker-Schmidt (2007) zeigt am Beispiel des frühen Kapitalismus exemplarisch, wie sich die Achsen ›class‹ und ›gender‹ überlagern. Die Klassenkonstruktion folgt der Struktur der kapitalistischen Produktionsweise und den damit verankerten Eigentumsverhältnissen. Kapital und Lohnarbeit bilden sich als neue soziale Gruppen heraus, die sich in ihrer ökonomischen Stellung, ihrem Machtpotential und ihren Interessen unterscheiden. Demgegenüber entspringt die soziale Differenzierung der Geschlechter eher der Logik patriarchaler Rechts- und Eigentumsordnungen. »Sie richten sich an männerbündischen Privilegienstrukturen und androzentrischen Weltbildern aus und beruhen auf dem Ausschluss von Frauen aus zentralen Bereichen politischer, ökonomischer und gesellschaftlicher Entwicklungsplanung« (S. 72). Diese Differenzierungen manifestieren sich insbesondere in der Verteilung von Haus- und Erwerbsarbeit; symbolisch entsprechen dem Differenzierungen in der sozialen Anerkennung. Von besonderem Interesse

sind nun die Überformungen von androzentrischer und kapitalistischer Differenzsetzung, die sich mit dem entstehenden Kapitalismus herausbilden. Es kommt zu
einer Hierarchisierung von Arbeitsformen und ihrer Anerkennung: dirigierende
und organisatorische Arbeit rangiert vor weisungsgebundener und ausführender Arbeit, produktive Arbeit vor reproduktiver Arbeit und marktvermittelte vor
haushaltlich-organisierter Arbeit. Mit diesen Hierarchisierungen wird zum einen
die Differenzierung von marktvermittelter, entlohnter, produktiver, öffentlicher
männlicher Erwerbsarbeit und unentgeltlicher, privater, reproduktiver Hausarbeit
von Frauen strukturiert; diese Hierarchisierung hinterlässt aber auch innerhalb des
Erwerbslebens ihre Spuren, indem dirigierende männliche Arbeit besser entlohnt
wird als ausführende weibliche Arbeit; derselben Logik entspricht die Lohndif-
ferenz zwischen produktiver männlicher Arbeit und weiblicher Fürsorgearbeit.
Damit verbunden sind verschiedene Grade der gesellschaftlichen Wertschätzung,
so geht die entlohnte männliche Arbeit in die Berechnung von Sozialprodukten
ein, während die nicht entlohnte Arbeit im Haushaltskontext bei der Ermittlung
des gesellschaftlichen Reichtums unberücksichtigt bleibt. Für die Unternehmen
bieten diese Differenzierungen den Vorteil, dass sozialisierte und immer wieder neu reproduzierte Arbeitskräfte als Gratisleistung der Haushalte verfügbar
sind. Eine Affirmierung erfährt dieses Modell mit der Erfindung der ›modernen
Hausfrau‹.

Ein wichtiger Effekt dieser Überlagerung liegt darin, dass die Verdoppelung
von Teilungslogiken in der Hausarbeit und im Erwerbsleben diesen Teilungsverhältnissen einen universellen, einen natürlichen Anstrich verleiht. Mit der
zunehmenden Verrechtlichung sozialer Beziehungen wurden solche Teilungsverhältnisse nach der Auflösung feudaler Strukturen in den bürgerlichen Gesetzbü-
chern fixiert. »Die patriarchale Familienform konnte somit in allen Schichten und
Klassen Fuß fassen. Bis in die Zeit der Aufklärung, in der die Menschenrechte
unter Ausschluss von Frauen proklamiert wurden, lässt sich zurückverfolgen, welche Denkmuster hier am Werk sind: die Unterordnung alles Natürlichen unter
das Geistige, des Körpers unter die Vernunft. Diese Wertehierarchie wurde auf
die Geschlechter projiziert. Die von den intellektuellen Vätern der Französischen
Revolution formulierten Begründungen, warum Frauen der Status von Bürgerinnen nicht zu gewähren sei, haben lange die Konstruktionen von Weiblichkeit
bestimmt, und in Relation dazu auch die von ›Männlichkeit‹. Ihr Fundament sind
naturrechtlich konzipierte Anthropologie, Biologie und Sexismus« (S. 74 f.).

Umgekehrt gerieten diese ständisch patriarchalischen Teilungsprinzipien
jedoch in Widerspruch zur politischen Entwicklung in den bürgerlichen Nationalstaaten. So konnte das Frauenwahlrecht erkämpft werden und die Begrenzungen
der weiblichen Erwerbsarbeit durch die Unterordnung unter den männlichen

Haushaltsvorstand oder durch andere Zugangsbarrieren wurden nach und nach abgebaut. Trotz der gestiegenen Frauenerwerbsquote blieben Lohndifferenzen, charakteristische Differenzen in den Berufsfeldern und die ungleiche Verteilung der unbezahlten Haus- und Sorgearbeit bestehen; auch das soziale Sicherungssystem orientierte sich weiterhin am erwerbsbezogenen Modell.

In dieser knappen Zusammenschau wird deutlich, dass die Logik der Intersektion, der Verschränkung, alles andere als eindeutig und historisch invariant ist. Man ist »mit einem Paradox konfrontiert: Einerseits hat sich im Zuge der Industrialisierung die Benachteiligung von Frauen durch die Verflechtung von häuslicher und beruflicher Arbeitsteilung verschärft. Andererseits stößt Frauendiskriminierung sowohl auf der Ebene sexuierter Zuschreibungen als auch auf der Ebene struktureller Benachteiligung heute im privaten und öffentlichen Bewusstsein eher auf Schranken als früher« (S. 79).

In differenzierten Analysen wurde der geschlechtsspezifischen Konnotierung verschiedener Berufe nachgegangen. So kann für den Bereich der Medizin gezeigt werden, dass dieses vormals von Frauen dominierte Feld (Naturheilkunde, Geburtshilfe) mit der Verwissenschaftlichung und Professionalisierung zunehmend in männliche Regie gerät. Die lange Geschichte des Konflikts zwischen Hebammen und Ärzten steht exemplarisch für diesen Umbruch im Feld der Medizin. »Das Ergebnis dieses sozialen Prozesses ist bekannt: am Ende stand das exklusive Monopol der akademisch ausgebildeten Ärzte zur Definition und Behandlung von Krankheit (und Gesundheit), die Verquickung von Fachkompetenz im Bereich der sich gerade erst herausbildenden technisierten Medizin mit Attributen von Männlichkeit, und die Frauen finden wir in den untergeordneten Positionen der Hebamme und Krankenschwester und später der Arzthelferin und der medizinisch-technischen Assistentin wieder, für die sie sich aufgrund ihrer natürlichen Eigenschaften und Fähigkeiten ja, wie wir wissen, so gut eignen« (Wetterer 1992, S. 25).

Ferree verweist resümierend darauf, dass die Bedeutung von Geschlechterungleichheit nicht nur nach Land und Kontext verschieden ist; »sie ist auch jeweils in einer Geschichte verankert, in der die Grenzen und Vorrechte eines ethnisierten Verständnisses von Nationalität, die Staatsmacht organisierter Klasseninteressen und die Intersektion von beidem mit der Definition von Frauen als Reproduzentinnen der Nation, seit jeher Teil der Politik sind« (2010, S. 78).

Verglichen mit den im deutschsprachigen Kontext vielfältigen Analysen zur Verschränkung von Klasse und Geschlecht findet das Verhältnis von Klasse und Ethnie bzw. von Ethnie und Geschlecht im deutschsprachigen Diskurs geringere Aufmerksamkeit. In ihrer Bestandsaufnahme der Debatten und Forschungen zum Verhältnis von Geschlecht und Ethnie bzw. Migration konstatieren Iris

Bednarz-Braun und Ulrike Heß-Meining: »Bis in die Gegenwart hinein lässt
sich konstatieren, dass eine *integrierte* geschlechter- und ethniebezogene Forschungsperspektive bei der Analyse des gesellschaftlichen Wandels und der
Entwicklung von Lebensbedingungen innerhalb der inzwischen multi-kulturell
gestalteten deutschen Gesellschaft noch keinen Eingang in den Mainstream der
sozialwissenschaftlichen Forschung gefunden hat. Erst seit kurzem bahnt sich
eine zunehmende Befassung mit diesem Gegenstand an« (2004, S. 245). Die
neueren Debatten zu den Verschränkungen von Rassismus und Sexismus werden
bei Hark und Villa (2017) aufgeschlüsselt.

5.4.4.2 Analysen zur Verschränkung von Migration und Geschlecht

Anna Amelina (2017) befasst sich mit den Intersektionen von Migration und
Geschlecht. Sie erweitert die Forschungsperspektive des doing gender um eine
Analyse von Prozessen des doing migration. Amelina folgt einem sozialkon-
struktivistischen Blick auf Migration und Mobilität und fragt nach den Prozessen
ihrer sozialen Herstellung. »Landesinterne als auch internationale Wanderungen werden als Ergebnis spezifischer (routinisierter) Praktiken betrachtet, die
vor dem Hintergrund historisch-spezifischer Wissens- und Machtkomplexe sowie
institutioneller Konfigurationen (…) stattfinden. Soziale Praktiken der Wanderung werden zwar durch spezifische politische Regulierungen kanalisiert, doch
zeichnen sie sich auch durch eine gewisse Autonomie aus (…), die ein aktives
Navigieren der mobilen Individuen im Netz politischer Vorgaben und Regelungen
voraussetzt. Beides, Praktiken der Wanderung und ihre politische Regulierung,
sind in (umkämpfte) gesellschaftliche Diskurse (…) eingebettet, die die Wanderungen in einen spezifischen symbolischen Horizont einordnen und sie positiv
oder negativ, solidarisch oder skandalisierend konnotieren« (S. 69).

Dieses Vorhaben impliziert auch eine Dekonstruktion von essentialistischen
bzw. statischen Raummodellen. Räume sind als sozialräumliche Gebilde zu
begreifen, die über soziale Praktiken (und vermittelnde materielle Artefakte)
hergestellt werden. Dabei entstehen grenzübergreifende Räume sozialer Beziehungen. Diese Praktiken sind »in spezifische Deutungsmuster und Klassifikationssysteme eingebettet«; sie verweist hier auf Forschungen zu multilokalen Familien:
»Deren grenzüberschreitende Care-Praktiken, Telefongespräche, Geldüberwei-
sungen sind in spezifische Deutungsmuster eingelassen, die Räume zwischen
den Emigrations- und Immigrationsländern als Landschaften zwischen einem
Hier und einem Dort imaginieren und die grenzüberschreitende Praktiken häufig
dramatisieren« (S. 74). Schließlich werden bei diesen Raumkonstrukten lokale,

regionale, nationale und globale Ebenen neu komponiert. »Aus dieser Perspektive können wir Transnationalität als eine durch Deutungsmuster, Klassifikationen und soziale Praktiken hervorgebrachte Raumebene (neben anderen) definieren. Diese wird durch die spezifische multilokal organisierte Praxis der Migration und durch die darin eingebetteten Interpretationsmuster (z. B. von der sozialen Distanz/Nähe, Familiensolidarität oder Fremdheitserfahrungen) erbracht« (S. 75).

Für die Analyse des Zusammenhangs von Migration und Geschlecht schlägt Amelina vor, »Raum zu de-essentialisieren und somit als eine (potentielle) Dimension von Ungleichheit zu analysieren, und zwar sowohl separat als auch in ihrem Zusammenspiel mit Geschlecht, Klasse, Ethnizität/Race und anderen Dimensionen sozialer Ungleichheit« (S. 82). Trotz dieser grundsätzlichen Überlegungen schlägt Amelina vor, die Differenzachsen und ihre Beziehungen nicht a priori, sondern empirisch zu bestimmen. »Beispielsweise ließe sich mit Blick auf die (...) Analyse ausbeuterischer Beziehungen im Kontext der von Migrantinnen verrichteten häuslichen Care-Arbeit sagen, dass die einzelnen Dimensionen sozialer Ungleichheit nicht a priori als dominant, oder als gleichwertig wichtig zu definieren sind. Beide, die Ungleichheitsachsen und die Verbindungen zwischen ihnen müssen vorerst auf der Grundlage empirischer Forschung betrachtet werden« (S. 83).

Schließlich schlägt Amelina drei Prinzipien der empirischen Analyse von intersektionalen Beziehungen vor: »Das erste besagt, dass die einzelnen Klassifikationen (wie etwa männlich/weiblich), die hierarchisierende Effekte produzieren, eben weil sie gesellschaftlich hervorgebracht werden, als historisch spezifische und kontingente gesehen werden sollten, auch wenn sie, trotz ihrer Fluidität, in die Routinen von Organisationen und Institutionen (vorläufig) sedimentiert sind. Das zweite Prinzip besagt, dass es sich bei dem Zusammenspiel der Ungleichheitsachsen wie Geschlecht, Ethnizität/Race, Klasse u. v. m. nicht um einen naturgegebenen Prozess handelt, sondern dass er sich in Abhängigkeit vom jeweiligen gesellschaftlichen und historischen Kontext vollzieht. (...) Das dritte Prinzip wiederum betont, dass die einzelnen Ungleichheitsdimensionen sich nicht analytisch aufeinander reduzieren lassen, obwohl sie sich gegenseitig beeinflussen und prägen« (S. 83).

5.4.4.3 Intersektionale Analyse von Arbeitsmärkten

Degele und Winker (2009, S. 51) zeigen exemplarisch auf, wie die Strukturkategorien Klasse, Geschlecht, ›Rasse‹ und Körper den Zugang zum entlohnten Arbeitsmarkt steuern, wie sie die Höhe von Lohneinkommen beeinflussen und wie sie die gesellschaftliche Organisation der Reproduktionsarbeit unterstützen.

Somit tragen sie auf je unterschiedliche Art zu einer Verbilligung der Ware Arbeitskraft bei (vgl. Abb. 5.60).

Alle Strukturkategorien bergen das Potential, den Zugang zu Arbeitsmärkten zu regulieren und das Erwerbspersonenpotential zu flexibilisieren: indem Erwerbslose im Sinne der Marxschen Reservearmee als Ausgleich für Nachfrageschwankungen fungieren und indem sie implizit als ein Druckmittel auf die Beschäftigten wirken; indem Frauen als eine stille Reserve fungieren, die bei saisonalen, bei konjunkturellen oder bei demographischen Schwankungen von Angebot und Nachfrage an den Arbeitsmärkten genutzt werden kann; indem rassistisch markierte und mitunter ›illegal‹ beschäftigte Arbeitskräfte das Erwerbspersonenpotential erweitern bzw. verringern; indem Menschen wegen ihres Alters oder ihrer eingeschränkten Höchstleistungsfähigkeit vom Arbeitsmarkt exkludiert oder inkludiert werden.

Diese Strukturmerkmale können im Sinne der Lohndifferenzierung bzw. Lohnminderung fungieren: indem Erwerbslose oder prekär Beschäftigte den regulär Beschäftigten vor Augen führen, welche Möglichkeiten der Kostenreduktion sich einem Unternehmen bieten; indem entlang der Geschlechterachse differenzierte Arbeitsbewertungsmaßstäbe bzw. differenzierte Abgaben (Steuern und Sozialabgaben) gerechtfertigt (z. B. bei atypischen Arbeitsverhältnissen) werden; indem diskriminierte oder ›illegale‹ Arbeitskräfte bereit sind, auch schlecht entlohnte Jobs zu übernehmen oder nicht ›legale‹ Beschäftigungsverhältnisse einzugehen; indem altersbedingte Entwertungen von Kompetenzen oder eingeschränkte Leistungspotentiale zur Legitimierung geringer Entlohnung genutzt werden.

	Flexibilisierter Zugang und Zugangsbarrieren zum Arbeitsmarkt	Lohndifferenzierungen	Kostenlose bzw. kostengünstige Reproduktionsarbeit
Klasse	Erwerbslose als Ausgleich für Nachfrageschwankungen auf dem Arbeitsmarkt	Normalbeschäftigte versus Prekariat, Erwerbslose als LohndrückerInnen	Inanspruchnahme von Dienstleistungen zur Erziehung, globale Betreuungsketten
Geschlecht	Frauen als stille Reserve	Differenzierte Arbeitsbewertungsmaßstäbe, Steuern und Sozialabgaben	Zusätzliche und unbezahlte Haus- und Pflegearbeit von Frauen
›Rasse‹	Arbeitserlaubnis als Flexibilisierungspotenzial	Bad jobs als Einstieg in den Arbeitsmarkt	Migrantinnen als günstige ›Dienstmädchen‹
Körper	Alter und Krankheit als Ausgrenzungsmöglichkeit	Abwertung der Kompetenz von älteren und nicht vollständig fitten Menschen	Individualisierte Krankheitsprävention, Pflicht zur Gesundheits- und Altersvorsorge

Quelle: Winker/ Degele (2009, S. 52)

Abb. 5.60 Intersektionale Analyse von Arbeitsmärkten

Schließlich werden die Strukturkategorien auch für die kostenlose bzw. -günstige Organisation der Reproduktionsarbeit genutzt: indem Erziehungs-, Sozialisations- und Pflegearbeit gering bezahlt wird; indem sie durch Hausfrauen unentgeltlich oder durch migrantische Frauen zu Niedriglöhnen geleistet wird; indem Migrant_innen als flexibel einsetzbares und gering entlohntes bzw. unentgeltliches Dienstpersonal fungieren.

Degele und Winker betonen, dass sie keinem dieser Herrschaftsverhältnisse eine per se dominante Stellung zuweisen und dass ihre Gewichte einem historischen Wandel unterliegen. In jedem Fall dient dieses Repertoire an Ein- bzw. Ausschlüssen (und ihren Begründungen) zur Stabilisierung sozioökonomischer Ungleichheiten.»Zusammenfassend können wir festhalten, dass sich anhand der vier Differenzierungslinien Klasse, Geschlecht, Rasse, Körper die gesellschaftliche Stellung der Subjekte zum Arbeitsmarkt bestimmen lässt. Ein- und Ausschlüsse entlang dieser Kategorien halten die ungleiche Ressourcenverteilung aufrecht. Abgesichert werden diese Prozesse durch handlungsorientierende und strukturbildende Normen und Ideologien, die wir mit der Analyse symbolischer Repräsentationen berücksichtigen« (Winker und Degele 2007, S. 52).

5.4.5 Beitrag der intersektionalen Ansätze zur Sozialstrukturanalyse

Mit den Intersektionalitätskonzepten geht eine fundamentale Ausweitung der Ungleichheitsperspektive einher, indem weitere ungleichheitsrelevante Dimensionen (Geschlecht, Migration und Postmigration, ›Ethnie‹, Alter, sexuelle Orientierung, Behinderung) und spezifische Untersuchungsfelder (Haushaltskontexte, Paarbeziehungen, Sozialisationsprozesse, gesellschaftliche Anerkennungsverhältnisse) einbezogen werden. Zudem zeichnen sich diese Konzepte – auch bedingt durch ihre wissenschaftsgeschichtlich späte Implementierung – dadurch aus, dass wichtige Innovationen im Bereich der soziologischen Theorie, der Methodologie und der Forschungspraxis einbezogen werden.

Bezug der Modelle auf das analytische Raster
Die Intersektionalitätsansätze unterscheiden sich von dem in diesem Buch vorgeschlagenen Raster (vgl. Kap. 2 und 3), indem sie von spezifischen in Prozessen des Othering historisch gewachsenen Ungleichheitsverhältnissen ausgehen und untersuchen, wie und in welchem Zusammenspiel diese kategorialen Ungleichheitsverhältnisse in verschiedenen gesellschaftlichen Feldern wirksam werden. Entlang

der typischen Forschungsfelder der Intersektionalitätsforschung lässt sich jedoch ein Bezug zu dem hier verwandten Analyseraster herstellen.

Die *Arena der gesellschaftlichen Produktion* wird in der Intersektionalitätsforschung systematisch thematisiert; gerade die Verschränkungen von Klasse und Geschlecht bzw. Klasse und Ethnie, sowie das Zusammenspiel aller drei Dimensionen stellte für die sich entwickelnde Geschlechterforschung ein wichtiges Untersuchungsfeld dar, indem die Muster der Verteilung von Männern und Frauen auf die verschiedenen Sphären gesellschaftlicher Arbeit, auf verschiedene Berufe, auf verschiedenen Hierarchie- und Einkommensstufen untersucht wurde. Die Analyse ethnischer Differenzierungen lenkte den Blick auch auf die Grenzen und Graubereiche der nationalstaatlichen Perspektive. Eine internationale bzw. transnationale Perspektive war bedeutsam, um auf gleichsinnige wie variierende Logiken der Differenzierung in verschiedenen Ländern oder ›Kulturen‹ aufmerksam zu machen.

Es geht um Rankingprozesse, indem bestimmte Typen von Arbeiten systematisch mit bestimmten Beschäftigtengruppen verknüpft werden. Das findet sich bei den good jobs (in den oberen Ebenen der Hierarchie von Unternehmen und öffentlichen Verwaltungen oder in besonders innovativen bzw. lukrativen Branchen und Berufen) wie bei den bad jobs (auf der Plantage, in der Erntearbeit, im Billiglohnsegment, in aussterbenden Berufen und Branchen, aber auch im Haushalt). Damit sind Sortingprozesse verbunden, in denen es zu Prozessen der Naturalisierung von sozialer Differenz kommt. Die Etikettierungen, die mit der Kategorisierung von Personengruppen inkorporiert werden, gehen mit der Etikettierung von Tätigkeiten und Tätigkeitsfeldern einher.

Mit dem Blick auf das Ganze der gesellschaftlichen Arbeit wurde die *Haushaltsarena* und die damit verknüpften privaten Teilungsverhältnisse systematisch zum Gegenstand der Ungleichheitsforschung; hier liegt ein wesentliches Verdienst der frühen Frauen- und Geschlechterforschung. Für die Analyse der gesellschaftlichen Verteilung der Arbeit (in der Arena der Produktion wie der privaten Haushalte) und der dabei wirksamen Sortingprozesse liefert die intersektionale Perspektive einen unabdingbaren Ausgangspunkt. Am Beispiel von care chains wird deutlich, wie mit der Vollerwerbstätigkeit von Frauen (und Männern) diese geschlechtlich markierten Arbeitsteilungen nicht verschwinden, sondern in andere Weltregionen verschoben werden. Zugleich wird in der intersektionalen Perspektive deutlich, wie mit diesen Zuweisungen von Arbeit entlang von kategorialen Zuschreibungen (z. B. geschlechtliche oder ethnische Zurechnungen) dann im Lebensverlauf ganz spezifische Kumulierungsprozesse einhergehen; die Zuschreibungen ›materialisieren‹ sich in Einkommen, Sicherungsansprüchen (z. B. Renten), kumulierten Arbeitsbelastungen und schließlich in Erfahrungen von Anerkennung bzw. Diskriminierung.

In vielen Studien der Geschlechterforschung wurden auch die *staatlichen Regulationen und Infrastrukturen,* insbesondere die Bildungs- und die Sozialpolitik, untersucht, um zu zeigen, wie über den Sozialisationsprozess hinaus im Bildungssystem Geschlechter hergestellt werden und wie Geschlechterdifferenzen z. B. über die Steuerpolitik oder das Sozialversicherungssystem affirmiert werden. Studien zur Lebenslage von Migrant_innen zeigen die mehrschichtige Deprivation von einzelnen Gruppen von Migrant_innen auf. Die Nationalstaaten sind zentrale Instanzen, die Grenzen und damit Differenzen fixieren und die Modi der Grenzüberschreitung regulieren und legitimieren – und dabei immer auch auf rassistische Differenzmuster zurückgreifen.

Das Interesse für die *Instanzen, die soziale Ungleichheiten stabilisieren,* gehörte zu den genuinen Motiven der Geschlechterforschung; das umfasste die Analyse von Symbolsystemen und Körperkonzepten, aber auch von Institutionen und Mustern der ›Vererbung‹ von Geschlechterdifferenzen. Darüber entstand auch ein spezifisches sozialhistorisches Interesse, weil nur so die Genese jener Mechanismen untersucht werden konnte, die die verschiedenen Achsen der Differenz und die damit verbundenen Differenzmuster stabilisieren und reproduzieren. Auch die lange Vorgeschichte des Rassismus und die wechselnden Begründungen rassistischer Argumentationen und Praktiken haben ein System der Etikettierung und Legitimierung von Differenz entstehen lassen, das bis in die Gegenwart in vielfältiger Weise genutzt wird. Dieses Wissen um die lange Dauer vieler Differenzierungsmuster trug dazu bei, einer kurzschlüssigen Ökonomisierung z. B. in der Beziehung von Kapitalismus und Sexismus bzw. Rassismus zu entgehen.

Für die hier verfolgte Frage nach der Entstehung und Reproduktion sozialer Differenzierungen sind die Ansätze der Geschlechter-, der rassismuskritischen bzw. der Intersektionalitätsforschung essentiell, indem untersucht wird, wie die Differenzmechanismen (soziale Herkunft, Geschlecht, ethnisierende und rassifizierende Zurechnungen etc.) in den verschiedenen Arenen funktionieren und wie vorgefundene Muster der Differenzierung von sozialen Gruppen genutzt oder neue konstruiert werden. Zu beachten ist, dass die verschiedenen Ungleichheitsachsen in jeder Arena anders wirken, obwohl den einzelnen Differenzierungen häufig gemeinsame Metaphoriken, Legitimationen etc. zu Grunde liegen. So ist die Nutzung von geschlechtsspezifischen Differenzierungen in der Logik eines gewinnorientiert agierenden Unternehmens zu unterscheiden von der Nutzung dieser Differenzierungen im privaten Bereich, wiewohl es naheliegt, dass beides in einem engen Zusammenhang steht. Während das biologische Geschlecht nicht vererbt wird, kann dies für körperliche Merkmale, die als Ankerpunkte rassistischer Zuschreibungen

genutzt werden, durchaus zutreffen. Trotz der oft langen Vorgeschichte kategorialer Differenzierungen und Metaphoriken sollten diese nicht als ein *apriori* der
Sozialstrukturforschung begriffen werden; nur so bleibt die Analyse offen für die
variierende Nutzung von Differenzierungen, aber auch für die Entstehung neuer
Differenzierungslinien wie für Prozesse der Entdifferenzierung.

Diskussion der Modelle in der Sozialstrukturanalyse
Im sozialwissenschaftlichen Feld ist zu beobachten, dass die Diskurse der
Geschlechter-, der rassismuskritischen bzw. der Intersektionalitätsforschung und die
Diskurse der Sozialstrukturanalyse nach wie vor nur sehr bedingt zueinander finden.
Mit der Geschlechterforschung und später mit der rassismuskritischen Forschung
war ein eigenes Forschungsparadigma entstanden, das sich im Genderbereich
bereits erfolgreich und im rassismuskritischen Feld in Ansätzen institutionalisieren
konnte. Darüber hinaus bedingte die anfangs enge Verknüpfung von sozialwissenschaftlicher Innovation und sozialer Bewegung, wie sie im Kontext der zweiten
Frauenbewegung und später bei den Queer-Ansätzen bzw. der rassismuskritischen
Bewegung zu beobachten war, dass die wissenschaftlich etablierte – eher männlich dominierte und weiße – Sozialstrukturforschung auf Distanz blieb. Auch
der eher disziplinenübergreifende Ansatz der Geschlechter- und der rassismuskritischen Forschung war mit dem Verständnis einer disziplinär eingebundenen
Sozialstrukturanalyse nicht unbedingt vereinbar.

Die dekonstruktive Perspektive, die für die Mehrheit der intersektionalen Ansätze
charakteristisch, wenn nicht sogar grundlegend ist, hat in der Sozialstrukturanalyse
an Boden gewonnen; umgekehrt findet sich insbesondere im Kontext von soziooöko-
nomischen Ansätzen der Sozialstrukturforschung noch immer ein recht hartnäckiger
Essenzialismus. Die eigentümliche – und wenige Jahre nach der rassistisch
legitimierten Gewaltherrschaft und Vernichtungspolitik des Nationalsozialismus
unfassbare – Blindheit für rassistisch und sexistisch kodierte Ungleichheiten, die
die Phase der Konstituierung der Sozialstrukturanalyse im deutschsprachigen Raum
auszeichnete, hat sich abgeschwächt, ist aber keinesfalls verschwunden.

Verwendung der Modelle
In einem *weiteren Sinne* waren die Frauen- und Geschlechterforschung und die
damit verbundenen Perspektivwechsel ausgesprochen erfolgreich. So ist z. B. die
amtliche Statistik gehalten, im Rahmen des *Gender Mainstreaming* geschlechter-
differenzierte Statistiken vorzulegen – auch wenn die Umsetzung in nicht wenigen
Bereichen noch aussteht. In der Sozialstrukturforschung ist die Notwendigkeit einer
geschlechterdifferenzierenden Perspektive weitgehend anerkannt – ein großer Fortschritt gegenüber den frühen Debatten, die die Frauenforschung auszufechten hatte.

Umgekehrt ist jedoch zu konstatieren, dass nur wenige Vorschläge vorliegen, um die Gender-Perspektive oder nicht-binäre Ansätze systematisch in die Konstruktion von Sozialstrukturmodellen einzubeziehen.

Im Bereich der Differenzierung nach ethnischen Zurechnungen sind die Fortschritte weitaus geringer. Während die Frage nach der Staatsangehörigkeit in amtlichen Erhebungen seit langem obligatorisch ist, konnte nach der Jahrtausendwende erreicht werden, dass der Migrationshintergrund zumindest im Mikrozensus systematisch erfasst wird. Bei anderen amtlichen Erhebungen steht dies noch aus; auch in der Umfrageforschung wurde diese Ungleichheitsdimension lange Zeit nur unzureichend berücksichtigt, u. a. auch, weil dies mehrsprachige Erhebungsbögen und dementsprechend geschulte Interviewer_innen erfordert hätte. Seit einiger Zeit wird reflektiert, ob das Konzept des Migrationshintergrundes die Komplexität von Migrationsprozessen und postmigrantischen bzw. transnationalen Lebenspraktiken angemessen abbilden kann (vgl. dazu Fachkommission Integrationsfähigkeit 2020). Auch die mit rassistischen und sexistischen Diskriminierungen verbundenen Ausgrenzungs- und Gewalterfahrungen sind in der (standardisierten) Sozialforschung bislang kaum ein Thema (vgl. dazu Baumann et al. 2018).

Interessiert man sich jedoch für die Verwendung der Konzepte der Intersektionalitätsforschung in *engerem Sinne* – insbesondere für die Analyse der feldspezifischen Intersektionen verschiedener Ungleichheitsmomente –, so wird wie oben bereits angedeutet deutlich, dass hier unterschiedliche Diskurs- und Forschungswelten (Sozialstrukturanalyse, Geschlechterforschung, Migrationsforschung und rassismuskritische Forschung) existieren, die zwar nicht mehr gegen-, aber immer noch nebeneinanderstehen.

5.5 Verlaufsbezogene Ansätze

Der gemeinsame Nenner der verlaufsbezogenen Ansätze der Sozialstrukturanalyse liegt darin, dass sie die Analyse von Sozialstrukturen systematisch mit einer zeitbezogenen Perspektive verknüpfen. Auch in vielen anderen hier dargestellten Ansätzen spielen Zeitbezüge und Zeitverläufe eine wichtige Rolle. Bei Marx ging es um die Entwicklung von Produktionsweisen und die damit verknüpften gesellschaftlichen Formationen; in den Diskursen um die Industriegesellschaft wurde diese gegenüber traditionalen oder agrarischen Gesellschaften abgegrenzt bzw. es wurden postindustrielle Formationen analysiert. In der Schichtungsforschung wurden soziale Mobilität untersucht und mit sozialem Wandel bzw. Prozessen der

Modernisierung in Beziehung gesetzt. Bei Bourdieu ging es um die Dynamiken des sozialen Raums und um Prozesse der individuellen und kollektiven Mobilität. Das Potential der verlaufsbezogenen Ansätze liegt zum ersten in einer Systematisierung und Spezifizierung von zeitbezogenen Forschungsperspektiven, zum zweiten in einer Vielzahl exemplarischer Studien und zum dritten in der Bereitstellung von spezifischen Verlaufsdaten und Methoden.

Verglichen mit anderen hier dargestellten Ansätzen ist es vielleicht auch als ein Spezifikum – ein Vor- wie ein Nachteil – zu begreifen, dass die verlaufsbezogenen Ansätze mehrheitlich in einem sozialwissenschaftlichen Kontext entstanden und kaum durch die Verschränkungen von Wissenschaften und sozialen Bewegungen geprägt sind, wie sich dies insbesondere bei den sozioökonomischen und den intersektionalen Ansätzen findet.

5.5.1 Entwicklung der verlaufsbezogenen Sozialstrukturforschung

Die Prozesse der Industrialisierung und Verstädterung hatten im 19. Jahrhundert neue Formen der Armut und des Elends hervorgebracht. In Großbritannien setzt mit Charles Booth eine philanthropische aber auch wissenschaftliche Armutsforschung ein, als er in den 1880er Jahren beginnt, die Arbeits- und Lebensbedingungen in London zu untersuchen; die zweibändige Studie ›Life and Labour of the People in London‹ erscheint 1889 und 1891. Inspiriert von den Forschungen Booths setzt Seebohm Rowntree diese Forschungen 1899–1901 in York fort. Er versucht systematisch, Armutskonstellationen zu analysieren und benennt wesentliche Faktoren, warum Menschen in Armut geraten. In diesem Zusammenhang entwickelt er auch das Modell von Armutsperioden, die sich im Lebensverlauf von Arbeiterfamilien einstellen.

»The life of a labourer is marked by five alternating periods of want and comparative plenty. During early childhood, unless his father is a skilled worker, he probably will be in poverty; this will last until he, or some of his brothers or sisters, begin to earn money (…). Then follows the period during which he is earning money and living under his parents' roof; for some portion of this period he will be earning more money than is required for lodging, food, and clothes. This is his chance to save money. If he has saved enough to pay for furnishing a cottage, this period of comparative prosperity may continue after marriage until he has two or three children, when poverty will again overtake him. This period of poverty will last perhaps for ten years, i.e. until the first child is fourteen years old and begins to earn wages; but if there are more than three children it may last longer. While the children are earning, and before they leave the home to marry, the man enjoys another period of prosperity – possibly, however,

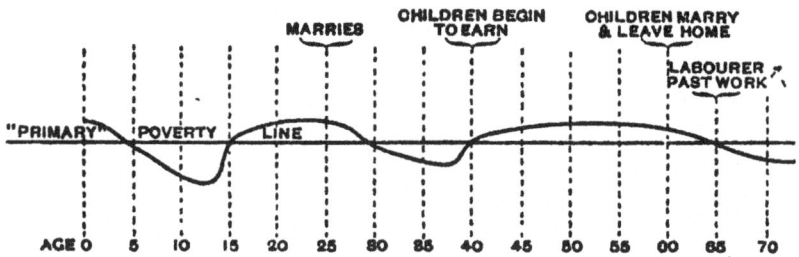

Quelle: Rowntree (1902, S. 137)

Abb. 5.61 Poverty Periods

only to sink back again into poverty when his children have married and left him, and
he himself is too old to work, for his income has never permitted his saving enough
for him and his wife to live upon for more than a very short time« (Rowntree 1902,
S. 136 f.).

Ausgehend von diesen Beobachtungen macht er dann drei Lebensphasen aus, die
sich durch ein hohes Armutsrisiko auszeichnen: die frühe Kindheit, die Anfänge
der mittleren Lebensphase und schließlich die Phase des Alters; dementsprechend entwickelt er mit der Poverty Line ein Modell des Lebensverlaufs von
Arbeiter_innen (vgl. Abb. 5.61).

Für die hier interessierenden Fragestellungen ist das Konzept von Booth in
verschiedener Hinsicht von Interesse. Er begreift die soziale Lage von Personen
im Kontext des Lebensverlaufs; er interessiert sich in der Sprache des eingangs
vorgestellten Modells sozialer Differenzierung für temporale Kumulierungsprozesse; er analysiert systematisch die sozialen Kumulierungsprozesse, die sich im
Haushaltszusammenhang einstellen, und er fragt nach den Verknüpfungen der
Lebensgeschichte der Beteiligten.

Auch in anderen Kontexten wird die Analyse von Lebensverläufen zu einer
wichtigen Methode bzw. Perspektive der sozialwissenschaftlichen Forschung. Die
Ende der 1910er Jahre vorgelegte Studie ›The Polish Peasant in Europe and
America‹ von Florian Znaniecki und William Isaac Thomas (1927) befasst sich
mit den Arbeits- und Lebensverläufen von polnischen Migrant_innen in den
USA und nutzt dazu öffentliche und private Dokumente, wie Briefe, Pressearti-
kel, Leserbriefe sowie eine umfangreiche (im Auftrag der Forschenden erstellte)
Lebensgeschichte. Die Forschung wird inzwischen als ein Prototyp des an der
Universität von Chicago entstehenden qualitativen Forschungsansatzes begriffen.

Auch in Deutschland werden zu jener Zeit Arbeiterbiographien als eine wissenschaftliche Quelle wie als Mittel der politischen Auseinandersetzung genutzt (vgl. dazu Klein und Schnicke 2009, S. 254 f.).

Nach und nach lässt sich eine Ausdifferenzierung von Ansätzen, die eine verlaufsorientierte Perspektive auf soziale Phänomene entwickeln, beobachten. Es kommt jedoch zunächst zu keiner Konsolidierung dieser Konzepte. Damit verbunden ist, dass die verlaufsorientierten Ansätze in ganz unterschiedlichen wissenschaftlichen Disziplinen – in der Medizin, in der Sozialpsychologie, in der Pädagogik, aber auch in der historischen Forschung – genutzt werden. Erst in den 1970er Jahren ist eine gewisse Etablierung des Forschungsfeldes zu erkennen. Allein im Kontext der soziologischen Lebensverlaufsforschung konstatiert Wingens (2020, S. 29) vier recht unterschiedliche Ansätze: das age-stratification-Modell von Mathilda Riley et al. (1972), den auf Norman Ryder (1965) zurückgehenden Kohortenansatz, die von Glen Elder und Tamara Hareven vorangetriebene Lebenslaufforschung und schließlich die Biographieforschung.

Obwohl Lebenslauf- und Biographieforschung viele Überschneidungen aufweisen, haben sie sich in der Logik des sozialwissenschaftlichen Feldes insbesondere in Deutschland oft eher voneinander abgegrenzt; nicht selten war damit auch ein Zugriff auf eher quantitative bzw. eher qualitative Methoden verbunden. Das habe nach Wingens dazu geführt, dass »Lebenslaufforschung häufig nur als (quantitative) Lebensverlaufsforschung, d. h. im Sinn einer analytischen Fokussierung allein auf die ›äußeren‹ Ereignis- und Positionskonfigurationen in Lebensläufen verstanden wird. Ein solches Verständnis, das die Analyse auch der ›inneren‹ biographischen Orientierungen der Individuen in den Zuständigkeitsbereich der (qualitativen) Biographieforschung verabschiedet, wurde in Deutschland vor allem durch die groß angelegte, von Anfang der 1980er Jahre bis 2010 durchgeführte ›Deutsche Lebensverlaufsstudie‹ (…) geprägt«. Wingens plädiert demgegenüber für ein Verständnis von Lebenslaufforschung, »dem zufolge dieses Forschungsfeld sowohl die quantitative Analyse der ›äußeren‹ Verlaufsgestalt individueller Lebensläufe (Verlaufs-Dimension) als auch die qualitative Analyse der ›inneren‹ Lebensentwürfe der Individuen (Biographie-Dimension) einschließt« (2020, S. 40). Dieses methodische Schisma wird bereits bei Karl Mannheim (1978) im Kontext der Generationenforschung beschrieben, wenn er eher positivistische quantitativ vorgehende und eher historisch qualitativ angelegte Ansätze unterscheidet.

5.5.2 Zentrale Begriffe und Konzepte

Im Folgenden sollen einige zentrale Konzepte der verlaufsbezogenen Sozialforschung dargestellt werden.

5.5.2.1 Lebenslauf

In den verschiedenen Fassungen des Lebenslaufbegriffs wird recht gut die unterschiedliche disziplinäre und paradigmatische Einbettung der Lebenslaufforschung erkennbar. In der Definition von Giele und Elder werden die Bezüge zu Konzepten der Rollentheorie noch recht deutlich; sie sprechen von »a sequence of socially defined events and roles that the individual enacts over time« (1998, S. 22). Demgegenüber wird insbesondere im deutschsprachigen Kontext immer wieder die institutionelle Einbettung und Prägung von Lebensverläufen akzentuiert.

Karl Ulrich Mayer (1990, S. 9) bezeichnet zunächst den »individuellen Lebenslauf als eine Abfolge von Aktivitäten und Ereignissen in verschiedenen Lebensbereichen und verschiedenen institutionalisierten Handlungsfeldern«. Er verweist dann aber auf eine dezidiert makrosoziologische Perspektive, wenn er sagt: »Der Beobachtungsrahmen bezieht sich auf den Durchstrom von Gesamt- oder Teilbevölkerungen durch institutionell definierte Ereignisse (wie etwa Ausbildungsabschluß, Heirat, Geburt der Kinder, Beginn und Ende von Erwerbstätigkeiten) beziehungsweise auf die relative Verweildauer in bestimmten Aktivitäten und kollektiven Mitgliedschaften (Partnerschaften, Haushalte, Familien, Firmen, regionale Zugehörigkeiten und Kontexte)« (S. 9 f.). Als Ziel der Lebensverlaufsforschung bezeichnet Mayer »die Abbildung und Erklärung individueller Lebenslagen und Lebensereignisse sowie gesamtgesellschaftlicher Prozesse in einem einheitlichen formalen, kategorialen und empirischen Bezugsrahmen« (S. 9). Dabei werden »soziale Prozesse, die sich über den gesamten Lebensverlauf oder wesentliche Teile davon erstrecken (…) im Kontext institutionellen Wandels und historischer Sonderbedingungen betrachtet« (S. 9).

Heinz definiert den Lebenslauf als eine »flexible, time-dependent social configuration that is co-constructed by individuals and institutions, a configuration that evolves in a loosely coupled relationship between social structure and the outcomes of individual decisions. At the same time, life courses are still path dependent because they are related to a society's institutional fabric« (2003:XIII). Das Konzept der Kokonstruktion markiert recht deutlich die Unterschiede zu einer klassischen sozioökonomisch oder institutionell geprägten Perspektive, in der Haushalte und Individuen kaum als Akteure konzipiert werden. Wingens (2020,

S. 35) schließt sich der Definitionen von Heinz an; ergänzt diese aber, indem er im Sinne Kohlis auch den Lebensverlauf selbst als eine Institution begreift (s. u.).

5.5.2.2 Kohorten und Generationen

Das der demographischen Forschung entstammende und von Ryder für die sozialwissenschaftliche Forschung spezifizierte Konzept der Kohorte wurde wie folgt gefasst:»A cohort may be defined as the aggregate of individuals (within some population definition) who experienced the same event within the same time interval. In almost all cohort research to date the defining event has been birth, but this is only a special case of the more general approach« (1965, S. 845). Wingens (2020, S. 72) macht jedoch deutlich, dass sich wesentliche Überlegungen bereits im 19. Jahrhundert bei August Comte finden lassen. Zudem wird bei den Ausführungen Ryders deutlich, dass er Kohorten in einem engen Zusammenhang mit standardisierten Daten begreift; so heißt es im Anschluss an die obige Definition:»Cohort data are ordinarily assembled sequentially from observations of the time of occurrence of the behavior being studied, and the interval since occurrence of the cohort-defining« (1965, S. 844 f.). Ryder verdeutlicht, dass der Kohortenansatz über eine mikrosoziologische Perspektive hinausgeht.»The cohort record is not merely a summation of a set of individual histories. Each cohort has a distinctive composition and character reflecting the circumstances of its unique origination and history. The lifetime data for one cohort may be analyzed and compared with those for other cohorts by all the procedures developed for a population in temporal cross-section. The movement of the cohort, within the politico-spatial boundaries defining the society, is a flow of person-years from time of birth to the death of the last survivor. This differs from a synthetic cross-section because time and age change pari passu for any cohort« (ebd.).

Michael Wagner entwickelt ausgehend von der Unterscheidung von individuellen bzw. lebensgeschichtlichen und historischen bzw. gesellschaftlichen Ereignissen Kohorten als spezifische Formen der Verknüpfung von Ereignis und Zeitachse.»Erstens werden Kohorten durch bestimmte individuelle Ereignisse gebildet, die in dasselbe historische Zeitintervall fallen. So werden Kohorten oft durch das Ereignis der Geburt und einem (sic!) historischen Zeitintervall definiert, so dass mit ›Kohorte‹ häufig ›Geburtskohorte‹ gemeint ist. Je nach Untersuchungsinteresse grenzt man Kohorten aber auch nach anderen Lebensereignissen ab (…). Bei diesen Kohorten erleben die Individuen das betreffende Ereignis nicht immer in demselben Alter, aber in demselben historischen Zeitraum« (2001, S. 3).»Zweitens werden Kohorten durch historische Ereignisse konstituiert, die eine Bevölkerungsgruppe in demselben Alter erlebt. So könnte man alle Personen zu einer Kohorte zusammenfassen, die im Alter zwischen 15 und 20 Jahren die Wende in Ostdeutschland erlebt haben. Werden Kohorten auf diese Art konstruiert, wird häufig auch der Begriff der Generation verwendet. Dieser meint dann in der Tradition von Karl Mannheim eine etwa gleichaltrige Bevölkerungsgruppe, die in der Jugend durch bestimmte historische Umstände geprägt wurde und insofern dauerhaft ähnliche Lebenschancen, Werte, Einstellungen und Verhaltensweisen aufweist« (S.4).

In der sozialwissenschaftlichen Forschung werden dann typischerweise Interkohortenanalysen und Intrakohortenanalysen unterschieden. Im ersten Fall werden zwei oder mehr Kohorten miteinander verglichen; es geht also um einen Vergleich *zwischen* verschiedenen Kohorten. Im zweiten Fall geht es um Entwicklungen *innerhalb* einer Kohorte. Wie in der Bestimmung Wagners deutlich wurde, liegen der Kohorten- und der Generationenbegriff eng beieinander; der Generationenbegriff ist der eher ältere Begriff. Er lässt sich am besten an der bereits angesprochenen mittlerweile klassischen Arbeit Karl Mannheims aus dem Jahr 1928 ›Das Problem der Generationen‹ verdeutlichen.

Mannheim grenzt Generationen zunächst von konkreten Gruppen, wie Zweckverbänden, Gesinnungsgemeinschaften oder Familien, ab. Demgegenüber schlägt er vor, Generationen und den Generationszusammenhang in Analogie zum Konzept der Klassenlage zu begreifen; man wird in diesen Zusammenhang gewissermaßen geboren und man kann den Zusammenhang kaum verlassen. Klassenlage und Generationslage implizieren eine ›inhärierende Tendenz‹. »Eine jede Lagerung schaltet also primär eine große Zahl der möglichen Arten und Weisen des Erlebens, Denkens, Fühlens und Handelns überhaupt aus und beschränkt den Spielraum des sich Auswirkens der Individualität auf bestimmte umgrenzte Möglichkeiten. Aber mit dieser Fixierung der negativen Beschränkung ist noch nicht alles erfaßt. Es inhäriert einer jeden Lagerung im positiven Sinne eine Tendenz auf bestimmte Verhaltungs-, Gefühls- und Denkweisen, die aus dem eigenen Schwergewicht der Lagerung heraus vom Soziologen aus verstehend erfaßbar ist« (Mannheim 1978, S. 41 f.). Dementsprechend begreift er den Generationszusammenhang »als eine besondere Art der gleichen Lagerung verwandter ›Jahrgänge‹ im historisch-sozialen Raume« (S. 42). Der Analogie zur Klassenlage folgend postuliert Mannheim dann, dass eine Generationslagerung erst dann zu einem Generationszusammenhang wird, wenn man an gemeinsamen Schicksalen dieser historisch sozialen Einheit teilhat und wenn sich eine weitgehende Verwandtschaft der Bewusstseinsgehalte einstellt.

5.5.2.3 Prinzipien der Lebensverlaufsforschung

Elder, Johnson und Crosnoe (2003, S. 11 ff.) haben fünf zentrale Prinzipien formuliert, denen eine wissenschaftliche Analyse von Lebensverläufen folgen sollte:

- Lebensverläufe sollten stets in einer langfristigen Perspektive, die möglichst die gesamte Lebensspanne umfassen sollte, analysiert werden. Dabei gehe es insbesondere um das Zusammenspiel von gesellschaftlichem Wandel und individuellen Entwicklungsprozessen.
- Individuen sollten als Akteure des Lebensverlaufs begriffen werden; angesichts variierender Möglichkeiten und Restriktionen, treffen sie Wahlentscheidungen und handeln in den je gegebenen Kontexten.
- Lebensverläufe sind in ihrer zeitgeschichtlichen und räumlichen Einbettung zu verstehen. Ein und dasselbe zeitgeschichtliche Ereignis kann sich in ganz spezifischer Weise national, regional und lokal ausformen.
- Besonderes Interesse sollte dem Timing von Ereignissen in Lebensverläufen gewidmet werden; wann werden gewisse Schlüsselentscheidungen, Verlassen des Elternhauses, Berufseintritt, Aufnahme festerer Beziehungen etc., getroffen.
- Schließlich sollte sich die Lebensverlaufsforschung für Verknüpfungen zwischen Lebensverläufen (linked lives) interessieren. Das impliziert Verknüpfungen zwischen Lebenspartner_innen oder Verknüpfungen zwischen den Generationen.

Im Kontext dieser allgemeinen Prinzipien skizzieren die Autoren eine Reihe von theoretischen Konzepten, die sie für die Analyse von Lebensverläufen nutzen. So begreifen sie Lebensverläufe als ›Karrieren‹, die sich über die Abfolge von sozialen Positionierungen auszeichnen. Über einfache Modelle der Abfolge von Rollen hinaus, geht es vor allem um die zeitgeschichtliche und biographische Einbettung dieser Karrieren. Es bilden sich Entwicklungspfade und Laufbahnen heraus; umgekehrt lassen sich aber oft auch Wendepunkte ausmachen: »*Social pathways* are the trajectories of education and work, family and residences that are followed by Individuals and groups through society. These pathways are shaped by historical forces and are often structured by social instructions. Individuals generally work out their own life course and trajectories in relation to institutionalized pathways and normative patterns. (...). Large-scale social forces can alter these pathways through planned interventions (e.g., funding for tertiary education) and unplanned changes (e.g., economic cycles and war). (...) *Trajectories*

(...) are themselves made up of transitions, or changes in state or role. (...) Transitions often involve changes in status or identity, both personally and socially, and thus open up opportunities for behavioral change. (...) *Turning points* involve a substantial change in the direction of one's life, whether subjective or objective. (...) Most of these turning points specifically involve work issues, including job changes and job insecurity, rather than family transitions that might be thought to alter the direction of one´s work life« (S. 8).

5.5.2.4 Institutionalisierung des Lebenslaufs

Die industrielle Entwicklung und insbesondere das sich mit dem Fordismus durchsetzende Beschäftigungs- (lange Betriebsbindung) und Entlohnungsmuster (Familienlohn) haben im Wechselspiel mit korrespondierenden Mustern der geschlechtsspezifischen Arbeitsteilung dazu geführt, dass sich die fordistische Ära durch spezifische Formen des weiblichen und männlichen Lebenslaufs auszeichnete. Diese Entwicklung wurde durch den Ausbau der Wohlfahrtsstaaten unterstützt; lebensgeschichtlich betrachtet führten sie zu einer längeren Jugend- und Bildungsphase sowie zu einer – angesichts der medizinischen und sozialen Versorgung – längeren, gesünderen und sozial gesicherten Altersphase.

Auf der Ebene des Lebenslaufs bestand das fordistische Modell in einer ›Normalarbeitsbiographie‹ mit dauerhafter voller Beschäftigung und hoher Arbeitsplatz- und Firmentreue für den größten Teil der männlichen Bevölkerung, während die meisten Frauen vor allem in der Familienphase in der Abhängigkeit von ihren männlichen Ernährern standen. Dieses Modell des männlichen Alleinernährers implizierte dann auch eine ›Normalfamilienbiographie‹ mit früher und fast durchgängig verbreiteter Ehe und Elternschaft.

Diese Entwicklungen hat Martin Kohli zu einer Theorie des institutionalisierten Lebenslaufs verdichtet. Man sprach dementsprechend von einem Lebenslaufregime; das implizierte, dass der institutionalisierte Lebenslauf als ein ganzheitliches Muster (statt nur als eine Addition von Einzelinstitutionen) gefasst werden kann. Die Rede von einer Institutionalisierung geht zum einen darauf zurück, dass wesentliche Etappen dieses Lebenslaufs von regulierenden Institutionen geprägt sind, dem Bildungssystem, dem Arbeitsmarkt, einem spezifischen Familienmodell oder schließlich der Rentenversicherung. Auch die Übergänge sind institutionalisiert (das Ende der Ausbildung, der erste und letzte Arbeitstag, die Geburt des ersten Kindes, der Wiedereintritt in den Beruf etc.) und mit spezifischen Altersregeln verbunden. Zum anderen waren damit bestimmte frauen- und männerspezifische Leitvorstellungen verbunden, die zeitweilig zu einem dominanten Muster wurden. Der Lebenslauf war individuell betrachtet biographisiert und gesellschaftlich betrachtet chronologisiert.

Kohli sieht das Erwerbssystem als den »entscheidenden Strukturgeber« des Lebenslaufregimes. Mit Verweis auf neoinstitutionalistische Forschungsansätze, regulationstheoretische Überlegungen und den Varieties of capitalism-Ansatz resümiert er: »Diese Ansätze sind sich darin einig, den Wohlfahrtsstaat als eine Form der politisch-gesellschaftlichen Regulierung der wirtschaftlichen Modernisierung zu begreifen. Sie führen zum Schluss, dass es durchaus einen Handlungsspielraum für staatliche Steuerung gibt, diese sich jedoch auf eine überwiegend ökonomische Dynamik bezieht, die durch die Prozesse der Globalisierung heute noch verstärkt wird. Die ökonomische Dynamik erzeugt eine Konvergenz der Anforderungen, von denen sich die nationalen politischen Systeme zunehmend weniger abschotten können, die allerdings auf Grund der bestehenden institutionellen und kulturellen Voraussetzungen in den verschiedenen Nationalstaaten zu unterschiedlichen Folgen (im Sinne einer Pfadabhängigkeit) führen können« (2003, S. 530).

Mit dem Ende des Fordismus wurde zunehmend auch von einem Ende der Normalbiographie gesprochen; es finden sich jedoch verschiedene Deutungen dieses Veränderungsprozesses. Kohli wendet sich gegen die Vorstellung eines Epochenbruchs, den Begriffe wie ›Postfordismus‹ oder ›Postmoderne‹ nahelegen. Auch die These, dass es sich bei den Normalbiographien der Nachkriegszeit um einen historischen ›Ausreißer‹ gehandelt habe – und es nun zu einer Rückkehr zur historischen Komplexität der (europäischen) Familie komme – , weist er zurück. Er favorisiert eine dritte Variante, »nämlich das Festhalten am Konzept eines irreversiblen Modernisierungsprozesses, dessen Grundzüge trotz mancher Abschwächungen und Veränderungen seit den 1960er Jahren nach wie vor Geltung haben. (…) Die Möglichkeit einer Umstellung des Institutionalisierungsmodus vom äußeren Ablauf des Lebens auf seine individuelle Gestaltung selbst – also einer Biographisierung des Handelns – kann dabei ausdrücklich mitgedacht werden« (2003, S. 529 f.). Kohli räumt jedoch ein, dass sich gewisse Tendenzen zu einer Destandardisierung des Lebenslaufs erkennen lassen; insgesamt deuten aber nur wenige empirische Befunde auf einen Umbruch des Stellenwerts der Arbeit im Lebenslauf (2000, S. 382). Dass die Normalerwerbsbiographie in Auflösung begriffen ist, sei daraus nicht abzuleiten.

5.5.2.5 Zeitebenen

Wie eingangs angesprochen gehört es zu den wesentlichen Erträgen der verlaufsbezogenen Konzepte und Forschungsansätze, dass sie versuchen, Phänomene der Zeitlichkeit in verschiedener Weise zu differenzieren bzw. zu analysieren. Ausgangspunkt ist dabei stets der Bruch mit einem technisch chronologischen Verständnis von Zeit. Abbott hatte proklamiert, man müsse das Modell einer

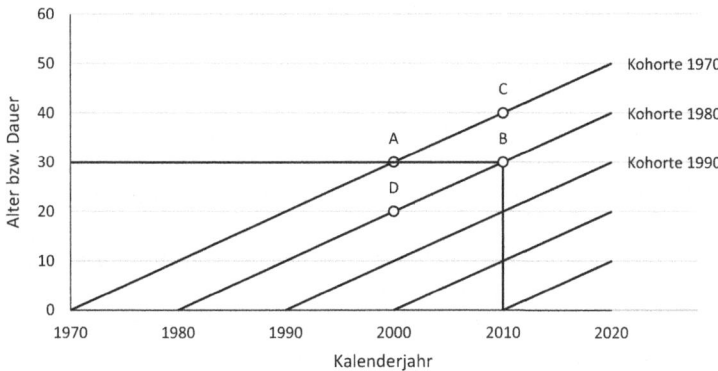

Quelle: Eigene Darstellung

Abb. 5.62 Lexis-Diagramm

›General Linear Reality‹ überwinden (2001, S. 37). Bei den verschiedenen Ansätzen, die hier entwickelt wurden, wird dann aber auch deutlich, dass mit der Reflexion von Temporalitäten auch andere Grundprobleme soziologischer Konzepte und Analysen auf den Tisch kommen: Bezüge zwischen Mikro- und Makroperspektiven, zwischen Handlung und Struktur, zwischen Individuum und Gesellschaft.

Alters-, Perioden- und Kohorteneffekte

Das auf den Nationalökonomen und Statistiker Wilhelm Lexis zurückgehende Diagramm wird typischerweise in der demographischen Forschung genutzt; es kann aber auch in der der Lebensverlaufsforschung verwandt werden, um in ursächlicher Perspektive Alters-, Perioden- und Kohorteneffekte zu unterscheiden (vgl. Abb. 5.62).

Im diesem Lexis-Diagramm sind verschiedene Geburtskohorten (1970 bis 2010) im Kontext ihrer biographischen Zeit (Alter) und der chronologischen Zeit (Kalenderjahr) abgebildet. Die Personen A und C bzw. D und B gehören derselben Geburtskohorte an; sie unterschieden sich jedoch durch ihr Lebensalter. Die Personen A und B befinden sich im gleichen Lebensalter, sie gehören jedoch zu unterschiedlichen Geburtskohorten. D. h. in der Horizontalen finden sich Personen im gleichen Lebensalter (also Altersgenoss_innen), in der Vertikalen finden wir Personen, die in derselben Kalenderzeit leben (also Zeitgenoss_innen) und in der Diagonalen finden sich Personen, die derselben Geburtskohorte angehören (also Generationsgenoss_innen). Anstelle von alternden Geburtskohorten kann in der Vertikalen auch eine Zeitspanne (Dauer) nach einer Krise oder einem Umbruch abgetragen werden.

Diese kategorialen Unterscheidungen können nun genutzt werden, um verschiedene Formen von Zeiteffekten zu differenzieren. Wenn sich die Personen A und B z. B. in ihrem Einkommen unterscheiden, so ist ein Alterseffekt ausgeschlossen, da sich beide im selben Lebensalter befinden. Die Einkommensdifferenz kann dann entweder auf einen Kohorteneffekt zurückgeführt werden, indem sich z. B. zwei Kohorten in ihrem durchschnittlichen Qualifikationsniveau oder in bestimmten biographischen Erfahrungen unterscheiden. Es kann aber auch ein Periodeneffekt wirksam sein, indem sich die wirtschaftlichen Rahmenbedingungen im Jahr 2000 deutlich von denen im Jahr 2010 kurz nach der globalen Finanzkrise unterscheiden.

Auch die Frage, wie bestimmte zeitgeschichtliche Brüche, so z. B. der Zusammenbruch der DDR-Wirtschaft in den frühen 1990er Jahren, wirken, kann mit Hilfe des Lexis-Diagramms präzisiert werden. Für die Kohorte, die 1990 geboren wurde, ist der direkte Effekt auf die Bildungs- und Berufsbiographie gleich Null; die Kohorte der 1980 Geborenen erfährt die Wende am Ende der Primarbildung; sie ist von der DDR geprägt, kann sich aber auch im jugendlichen Alter neu orientieren. Die 1970 Geborenen trifft es typischerweise in der Phase des Übergangs zwischen Ausbildung und Beruf. Die hier nicht dargestellte Kohorte der 1940 Geborenen trifft es im fortgeschrittenen Berufsleben; das ist die Generation, die typischerweise eine lange Phase der Arbeitslosigkeit durchleben musste. Die 1920 Geborenen trifft es eher in der Rentenphase; sie haben oft von dem deutlichen Zuwachs der Renten profitiert.

In vielen Untersuchungen wird mit Querschnittsdaten gearbeitet; d. h., wenn man im Jahre 2020 eine Einkommenserhebung macht, hat es mit einen Querschnitt durch verschiedene Geburtskohorten bzw. Altersgruppen zu tun.

Individuelle und gesellschaftliche Zeit

Die mit der Frage nach Alters-, Perioden- und Kohorteneffekte getroffene Unterscheidung lässt sich noch in anderer Weise betrachten. Wingens schlägt hier zum einen die Unterscheidung von individueller und gesellschaftlicher Zeitdimension vor; zum anderen differenziert er innerhalb dieser Dimensionen nochmals zwei unterschiedliche Zeitebenen (vgl. Abb. 5.63).

Die alterspositionale Zeitebene ergibt sich, wenn Individuen in ihrem Lebensverlauf unterschiedliche soziale Positionen einnehmen und mit unterschiedlichen altersbezogenen Ereignissen konfrontiert sind. Dabei gehe es um »zeitliche Binnenstrukturen, d. h. Fragen nach dem Zeitpunkt des Eintretens von Ereignissen,

individuelle Zeitdimension:	alterspositionale Zeitebene
	biographische Zeitebene
gesellschaftliche Zeitdimension:	soziale (institutionelle) Zeitebene
	historische Zeitebene

Quelle: Wingens (2020, S. 44)

Abb. 5.63 Dimension Zeit in der Lebenslaufforschung

der Verweildauer in Positionen, der Abfolge von Positionswechseln und der Dynamik solcher Statusübergänge« (Wingens 2020, S. 45).

Auf der biographischen Zeitebene geht es um die innere, die lebensgeschichtliche Erfahrung dieser äußeren Ereignisse, aber auch um Fragen der Lebensplanung und der Gestaltung. »Auch bei einem prinzipiellen Bedeutungsprimat des Gegenwartsbezugs bleibt die Frage, in welcher Relation Gegenwarts-, Vergangenheits- und Zukunftsbezug biographisch zueinanderstehen, eine empirisch offene (wobei das Lebensalter eine wichtige Bestimmungsgröße sein dürfte)« (ebd.).

Mit der sozialen bzw. institutionellen Zeitebene werden die strukturell, politisch oder normativ verankerten Ordnungen des Lebensverlaufs in einer Gesellschaft analysiert, so z. B. spezifische Vorstellungen von verschiedenen Altersphasen. Dabei müssen die biographische Ebene und die sozial institutionelle Ebene nicht unbedingt korrespondieren. Umgekehrt können die sozialen Normen jedoch auch als Entlastung fungieren.

Auf der historischen Ebene geht es schließlich um die Verortung in unterschiedlichen Epochen der Gesellschafts- bzw. der Zeitgeschichte. So können zeitgeschichtliche Ereignisse wichtige Rahmenbedingungen setzen. Dabei wirken diese Epochen jedoch nicht unmittelbar auf die individuellen Verläufe ein; von zentraler Bedeutung ist das Lebensalter, in dem Menschen z. B. mit einer Krise oder einem fundamentalen Umbruch konfrontiert werden.

Auf allen Ebene sollte die Zeit nicht chronologisch gedacht werden; sie vergeht mit unterschiedlicher Geschwindigkeit. Zudem verweist Wingens auf die zeitstrukturellen Inkongruenzen, die sich aus der Überlagerung der verschiedenen Zeitebenen ergeben. »Solche Asynchronitäten stellen sich in der Akteursperspektive als Synchronisierungsproblem dar, mit dem das Individuum konfrontiert wird und das es zu ›lösen‹ hat. Die Lebenslaufforschung interessieren hier vor allem die Asynchronitäten bzw. Synchronisierungsprobleme zwischen der gesellschaftlichen und der individuellen Zeitdimension« (S. 47).

Gesellschaftliche Zeit, Lebenszeit und Familienzeit

In den Forschungen der Historikerin Tamara Hareven stehen die (Überlebens-) Strategien von Familien in Krisen bzw. in Zeiten des rapiden Wandels im Zentrum. Ausgehend davon thematisiert sie die Verhältnisse von Familienzeit und historischer Zeit. Sie setzt sich kritisch mit modernisierungstheoretischen Ansätzen auseinander, die Prozesse des familiären Wandels in einen engen Zusammenhang mit gesellschaftlichen Modernisierungsprozessen bringen. So gehöre die »Synchronisierung der verschiedenen ›Uhren‹, die sowohl die individuellen und familialen Lebenswege als auch den übergreifenden gesellschaftlichen Wandel regeln« zu den faszinierendsten Fragen der Forschung. »Die geschichtliche Zeit wird im allgemeinen als eine Chronologie von Wandlungsprozessen in der Gesellschaft über Jahrzehnte oder Jahrhunderte hinweg definiert, während die Lebenszeit des einzelnen Menschen nach seinem Alter gemessen wird. Doch sowohl das individuelle Lebensalter wie auch die historische Chronologie gewinnen erst in einem sozialen Kontext Sinn« (1999, S. 30). Das zunächst eher individuell gedachte Konzept der Lebenszeit wird schließlich um das der Familienzeit erweitert; dabei geht es um »die zeitliche Festlegung von Ereignissen wie der Heirat, der Geburt eines Kindes, dem Verlassen des Elternhauses und der Übernahme verschiedener Verhaltensmuster durch die einzelnen im Entwicklungsprozeß der Familie. Dieses Timing war häufig eine entscheidende Ursache von Konflikten und Pressionen in der Familie, denn die ›Zeit des einzelnen‹ und die ›Zeit der Familie‹ befanden sich nicht immer im Einklang« (S. 30 f.).

Entscheidende Veränderungen erfahren diese Beziehungen dann im Kontext der Industrialisierung und der entstehenden Wohlfahrtsstaaten. So mussten Familien ihre Aktivitäten mit der zeitlich und räumlich oft völlig neu strukturierten Industriearbeit in Einklang bringen. Mit den entstehenden Sozialstaaten werden wichtige Aufgaben an staatliche Einrichtungen delegiert; das impliziert aber, die familiäre Organisation an diese Verschiebungen anzupassen. Daneben waren es auch Kriege und wirtschaftliche Krisen oder eine Fabrikschließung, die zur Anpassung zwangen. Umgekehrt verweist Hareven aber auch auf die aktive Rolle von Familien in diesen Prozessen. So haben Forschungsergebnisse »einige grundsätzliche Vorstellungen über die Anpassung sozialer Gruppen an wechselnde gesellschaftliche Bedingungen modifiziert und dazu beigetragen, die Wandlungsprozesse auf verschiedenen Ebenen der Gesellschaft zu erklären. Besonders wichtig war die Erkenntnis, daß innerfamiliale Verhaltensmuster in verschiedenen sozialen Gruppen durch Ungleichzeitigkeit geprägt waren – Menschen konnten bei der Arbeit ›modern‹ und zuhause ›traditionell‹ sein-, und daß letztlich die Familie darüber entschied, welche neuen Lebensweisen angenommen wurden und

		Bewegungen von Strukturen	
		langsam	schnell
Bewegungen in Strukturen	langsam	›traditional-statischer Zustand‹	›Funktions- und Bedeutungswandel‹
	schnell	›partielle Dynamisierung‹	›doppelte Dynamisierung‹

Quelle: Berger 1996, S. 46

Abb. 5.64 Bewegung in Strukturen – Bewegung von Strukturen

in welcher Form. Auch in der Industriegesellschaft lebten traditionelle Verhaltensmuster bei Familien verschiedener kultureller und ethnischer Gruppen fort« (S. 29).

Bewegung in Strukturen – Bewegung von Strukturen

Peter A. Berger hat sich im späten 20. Jahrhundert in einer ganz ähnlichen Weise mit historischen Wandlungsprozessen, nunmehr eher am Ende der klassischen Phase der Industriegesellschaften, befasst. Eine besondere Rolle spielte dabei der Ost-West-Vergleich in Deutschland. Er macht deutlich, dass bei solchen Transformationsprozessen Fragen der Veränderungsgeschwindigkeit eine zentrale Rolle spielen. Er unterscheidet zwei Bewegungsformen und -geschwindigkeiten, die auch tabellarisch illustriert werden (vgl. Abb. 5.64).

Es geht zum einen um den Wandel von sozialen Positionssystemen (Bewegung von Strukturen) und die Orientierung von Personen in diesem Positionssystem (Bewegung in Strukturen). Zum anderen interessiert die Geschwindigkeit solcher Transformationsprozesse; hier wird die Geschichte der alten Bundesländer (langsamer Wandel zur Dienstleistungsgesellschaft) mit der der neuen Bundesländer verglichen. Die Frage nach der Bewegung in Strukturen führt ihn dann zu den Konzepten der Lebensverlaufsforschung: Sequenzen, Phasen, Statuspassagen, Verläufe und Karrieren. Daran anschließend erörtert Berger Konzepte, wie sich die Veränderungen der Lebensführung einordnen lassen. Hier geht es um den Wandel von einem eher kollektivistischen zu einem eher individualistischen Lebensverlaufsregime: von einem Eisenbahnmodell mit vorgegebenen Gleisen und einer Lokführerin zu einem Autofahrermodell, in dem jeder in einem feingegliederten Straßennetz seinen Weg macht.

5.5.3 Exemplarische Studien der Lebensverlaufs- bzw. Biographieforschung

Im Folgenden sollen die empirischen Erträge und Potentiale der Lebensverlaufs-bzw. Biographieforschung an einigen exemplarischen Studien vorgestellt werden. Aus dem weiten Forschungsfeld der verlaufsbezogenen Forschungsansätze wurden eher solche Studien ausgewählt, bei denen ein deutlicher Bezug zu den klassischen Themen der Sozialstrukturanalyse erkennbar wird. Die für das Verständnis der Binnenstruktur des Forschungsfeldes durchaus relevante Unterscheidung zwischen eher quantifizierenden Studien, die typischerweise der Lebensverlaufsforschung zugerechnet werden, und eher qualitativen Studien, die eher der Biographieforschung zugeordnet werden, wird dabei zurückgestellt. Bei einem Typ von Studien steht eher eine Generationenperspektive im Vordergrund; ein zweiter Typ fokussiert auf Prozesse des (beschleunigten) sozialen Wandels in Umbruchs- und Krisensituationen; ein dritter Typ interessiert sich in einer eher kausalen Perspektive für die Bedeutung verschiedener Institutionen bei der Entwicklung und Strukturierung von Lebensverläufen – diese Studien kommen den klassischen Fragen der Sozialstrukturanalyse am nächsten.

5.5.3.1 Lebensverläufe im Kontext von Krisen und sozialem Wandel

Die Beschäftigung mit Lebensverläufen im Kontext von Krisen und Phasen des rapiden gesellschaftlichen Wandels ist stets ein zentrales Thema der Lebensverlaufsforschung gewesen.

Children of the Great Depression

Der Klassiker von Glen Elder (1974) ›Children of the Great Depression‹ befasst sich mit den Lebensverläufen von Kindern, die in den USA mit den gravierenden und langwährenden Folgen der Weltwirtschaftskrise von 1929 konfrontiert sind, in den USA wird von der Great Depression gesprochen. Elder hatte Zugang zu standardisierten Längsschnittdatensätzen aus der Entwicklungspsychologie, die von den 1930er bis in die 1980er Jahre erhoben wurden. Den ersten Veröffentlichungen der Studie lagen Auswertungen bis 1960 zugrunde. Einige der zentralen Fragestellungen der Studie lassen sich an dem folgenden Diagramm verdeutlichen (Abb. 5.65). Es wird danach gefragt, wie sich die enormen Einkommensverluste im Kontext verschiedener Socioeconomic status (SES) auf die Lebens- und Arbeitssituation von Kindern auswirken.

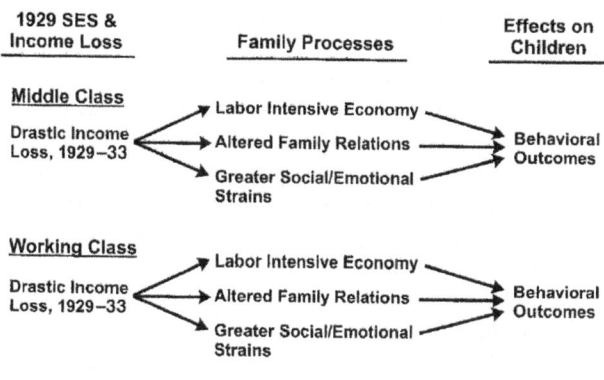

Quelle: Elder (1974, S. 314)

Abb. 5.65 Familiäre Strategien als vermittelnde Instanz

Als eine zentrale vermittelnde Instanz fungieren dabei die von den Familien in verschiedenen sozialen Lagen eingeschlagen Strategien. Diese veränderten Strategien lassen in drei Bereichen erkennen: So verschob sich Haushaltsökonomie »toward more labor-intensive operations. These included entry of the mother and children into productive roles as earners; involvement of children in household duties, from food preparation to laundry; and the reduction of expenditures«. Zweitens kommt es zu Machtverschiebungen bei den Eltern: »the father's income loss and resulting adaptations in family support increased the relative power of the mother, reduced the level and effectiveness of parental control, and diminished the attractiveness of the father as a model. The mother became a more central figure in the family on matters of affection, authority, and the completion of basic tasks«. Schließlich erhöht sich die Wahrscheinlichkeit von »family discord, disorganization, and demoralization. Discord refers to tension, conflict, and even violence in marital and intergenerational relations. Discord contributes to family disorganization, to the loss of control over member behavior, and to erratic, unpredictable actions, such as arbitrary discipline« (1974, S. 315). In späteren Kohorten geht es dann auch um die Auswirkungen des 2. Weltkriegs bzw. des Korea-Krieges.

Auf der einen Seite wird deutlich, wie sich die Veränderungen der ökonomischen und politischen Rahmenbedingungen in das Leben der Familien einschreiben, Krise und Kontrollverlust hervorbringen. Umgekehrt wird aber auch deutlich, dass sich die Familien aktiv gegen diese Entwicklungen stemmen:»Under the mounting economic pressures of their households, mothers sought and found jobs amidst scarce options, while their children assumed responsibilities in the home and community. When hard-pressed parents moved their residence to cheaper quarters and sought alternative forms of income, they were involved in the process of ›building a new life course‹. As expressed in this manner, the principle of human agency states: Individuals construct their own life course through the choices and actions they take within the opportunities and constraints of history and social circumstances« (S. 308).

Auch die Historikerin Hareven befasst sich mit der Sozialgeschichte der USA; in verschiedenen Studien wurden die Arbeiter_innen der Amoskeag Company – zeitweilig das größte Textilwerk der Welt – bzw. die Einwohner_innen der um die Fabrik entstandenen Stadt Manchester (New Hampshire) untersucht. Eine der Studien basiert auf Längsschnittdaten, die aus den Personalakten des Unternehmens, aus amtlichen und kirchlichen Registern und schließlich aus Versicherungsakten generiert wurden. Daneben wurden auch andere Akten und mündliche Interviews genutzt. Der Fokus der Studie lag auf der Bedeutung von Verwandtschaftsnetzen von franco-kanadischen Migrant_innen in der Gemeinde bzw. im Betrieb.

Diese Verwandtschaftsstrukturen wurden im Prozess der Migration aus den ländlichen Regionen in Quebec mitgebracht; sie mussten aber dann an die Erfordernisse der industriellen Produktion angepasst werden. Das erforderte eine »Vertrautheit mit bürokratischen Strukturen und Organisationen, die Übernahme moderner Arbeitsabläufe, eine Planung, die den Rhythmen industrieller Arbeitsabläufe entsprach, Spezialisierung auf bestimmte Aufgaben und technische Fertigkeiten. Die Rollen, die Verwandte bei der Organisation des Arbeitsprozesses wahrnahmen, bei der Einstellung junger Angehöriger, dem Aushandeln des Fertigungstakts und der Produktqualität erforderten die Beherrschung fortgeschrittener, ›moderner‹ Tätigkeiten«. Auch bei der Orientierung auf dem Wohnungsmarkt spielten verwandtschaftliche Beziehungen eine wichtige Rolle. »Der Einsatz verwandtschaftlicher Beziehungen durch die Arbeiter von Manchester bildete deshalb einen bedeutenden Schritt zur Modernisierung, doch zugleich auch eine wichtige Übernahme von Traditionen aus der Vergangenheit« (Hareven 1999, S. 117).

Lebensgeschichte und Sozialkultur 1930–1960

Das Forschungsprojekt ›Lebensgeschichte und Sozialkultur im Ruhrgebiet 1930–1960‹ fokussiert auf einen Zeitraum, der in zeitgeschichtlicher Perspektive als eine Phase fundamentaler Brüche und gesellschaftlicher Katastrophen – Gewaltherrschaft, Holocaust und Weltkrieg – erscheint; aus biographischer Perspektive

hat man es aber immer auch mit zusammenhängenden Prozessen der Kumulie-
rung von Arbeits- und Lebenserfahrungen zu tun. Methodologisch orientiert sich das Projekt, das auf eine Forschungsgruppe um den Historiker Lutz Niethammer zurückging, am Konzept der oral history. Nach Aufrufen in der Lokalpresse und damit verbundenen Schneeballeffekten konnten nach und nach fast 200 Interviewpartner_innen gewonnen werden, die in mehrstündigen Gesprächen, oft über mehrere Termine verteilt, zu ihren Arbeits- und Lebenserfahrungen befragt wurden. Dabei sollten neben der Erwerbssphäre auch der Reproduktionsbereich und Prozesse der Sozialisation thematisiert werden. Die erfahrungsbezogene Perspektive impliziert bei den Forschenden typischerweise einen »Enttypisierungsschock. Ihre konventionellen Annahmen und strukturierenden Begriffe scheinen in der Alltagserfahrung zu zerbröseln. Kommt noch (…) hinzu, daß Frauen und Männer, Angehörige unterschiedlicher Herkunftsgruppen innerhalb der Arbeiter- und unteren Angestelltenschaft sowie Repräsentanten verschiedener Generationen, auf deren Sozialisation die gesamtgesellschaftlichen Brüche der deutschen Zeitgeschichte in unterschiedlichen Stadien und Intensitätsweisen eingewirkt haben, in der Untersuchung gleichgewichtig berücksichtigt werden sollen, so erweisen sich konventionelle Kriterien, seien sie nun von der Stellung zu den Produktionsmitteln abgeleitet oder aus Schichtungsmodellen gewonnen, nicht länger als sonderlich hilfreich« (Niethammer 1983, S. 11).

Die Erträge des Projekts für die Sozialstrukturanalyse können hier nur exemplarisch dargestellt werden. Ulrich Herbert hat versucht, wesentliche Befunde für die Geschichte der Ruhrarbeiterschaft aus erfahrungsgeschichtlicher Perspektive zu resümieren. Für die 1950er Jahre konstatiert er: »Die Arbeit wird zum unübersehbaren Schwerpunkt des Lebens nicht nur der Männer, sondern auch der Frauen, für die der Aufbau eines Familienlebens auf einigermaßen gesicherter Grundlage eine jahrelange, mühselige Aufgabe darstellte. (…) Fester Arbeitsplatz und gute Löhne sind aber nur die eine Seite dieser Erfahrung, die nicht gleichgesetzt werden kann mit ›Aufstieg‹ oder gar ›Verbürgerlichung‹. Die Lebensgeschichten der Arbeiter machen vielmehr deutlich, daß sie Arbeiter blieben, die Subalternität und Ausbeutung als prägende Erfahrungen erlebten, die sich über die Gewerkschaften höhere Löhne und bessere Sozialleistungen erkämpfen mußten und die Gesellschaft als in ›wir und die‹ dichotomisch gespalten erlebten« (Herbert 1985, S. 43). Entgegen der in der Sozialstrukturanalyse nicht selten zu finden Fokussierung auf die Erwerbsarbeit wurde in dem Projekt systematisch auch die Reproduktionssphäre in den Blick genommen.

»Neben der Arbeit war der zweite Schwerpunkt des Lebens in den 50er Jahren die Familie – die Kleinfamilie, abgegrenzt von Verwandtschaft und Nachbarschaft, aber durch neue Erfahrungen verändert. Vor allem die Rolle der Frauen war hier neu. Die Hausfrauenarbeit wuchs über die Meisterung elementarer Not hinaus und eröffnete eigene Dispositionsspielräume; die Erfahrungen von Jugenderziehung im Dritten Reich, in den ›Diensten‹ und im Beruf hatten sie Effizienz, Arbeitsorganisation, Nutzung von Hilfsmitteln auch als wesentliche Prinzipien häuslicher Arbeit schätzen gelehrt. Gleichzeitig gewannen ›Familienleben‹ und Kindererziehung an eigenem, von der Hausarbeit stärker getrenntem Profil. (…) Insofern wäre eine Reduktion weiblicher Erfahrungen in den 50er Jahren auf die Funktion von Frauen als Reservearmee des Krieges und der Konjunktur blind für die Nutzung des Erfahrungspotentials außerhäuslicher Tätigkeit für die Arbeit in der Familie und im Haushalt« (Herbert 1985, S. 44).

Die Situation nach dem Zweiten Weltkrieg und der Auflösung der Lager (Konzentrationslager, Zwangsarbeitslager etc.) war durch komplexe Migrationsprozesse geprägt, die mit den Daten der amtlichen Statistik nur rudimentär abgebildet werden können. Die in der zeitgenössischen Wahrnehmung oft zu findende Einschätzung der schnellen Integration der Flüchtlinge und Vertriebenen stellt sich aus der erfahrungsgeschichtlichen Perspektive etwas anders dar; so resümiert von Plato seine Analysen, indem er von einer »allgemeinen Integration aller in eine neue Zeit« spricht.

Die Analysen »legen nahe, daß sich die Flüchtlinge nach anfänglichen starken Fremdheitserfahrungen im Ruhrgebiet relativ schnell (…) assimiliert hatten, und zwar zunächst durch die Arbeit und die allgemeine wirtschaftliche Expansion mit ihrer Reduktion der Arbeitslosigkeit von Flüchtlingen, die in den ländlichen Flüchtlingsregionen besonders hoch gewesen war. Außerdem trug der gewachsene Lebensstandard ebenso zur relativ spannungslosen Eingliederung bei wie die Privilegien und Sonderzulagen im Bergbau mit einer günstigen Versorgung; weitere Faktoren, die den Willen zur Assimilation beförderten, waren der beruflichen Besserstellungen, der Wohnungsbau, die Zusammenführung oder Neugründung von Familien, die Kinder, durch die der Kontakt zu hiesigen Eltern erleichtert wurde, die – cum grano salis – Toleranz der Einheimischen, und last not least die Erkenntnis, daß die politischen Bedingungen keine baldige Rückkehr in die alte Heimat erlauben würden« (1985, S. 210).

Wie die einleitende These einer ›Integration aller‹ signalisiert, hatten aber auch die vermeintlich ›Einheimischen‹ ganz spezifische Erfahrungen gemacht: Entwurzelungserfahrungen oder Phasen der Familientrennung. »Besonders Frauen, Kinder und alte Menschen wurden aus ihrer Heimat evakuiert oder verschickt und kehrten teilweise unter abenteuerlichen Umständen in einer ›Quasi-Flucht‹ zurück. Auch bei den Vertriebenen und Flüchtlingen waren es vor allem Frauen, Kinder und alte Menschen, die die Fluchterfahrung hatten durchmachen müssen, während die 20- bis 45jährigen Männer zumeist Rückzug und Gefangenschaft erlebt hatten. Und Mann und Frau trafen glücklich, aber verändert und durch

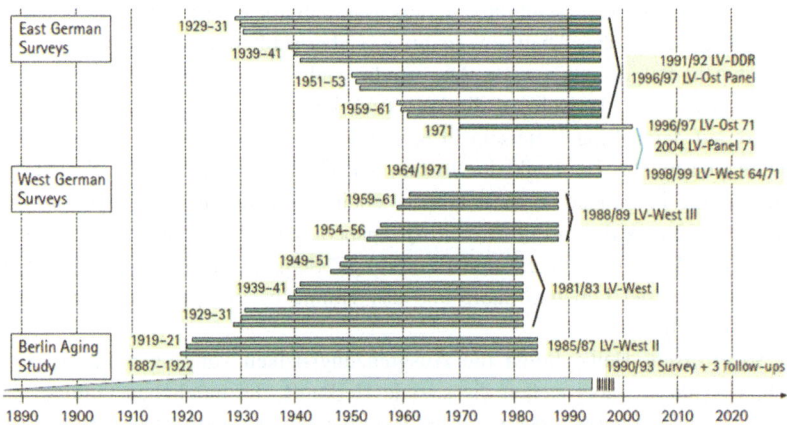

Quelle: Center for Sociology and the Study of the Life Course: Research Report 2003-2004, S. 253

Abb. 5.66 Erhebungen der Deutschen Lebensverlaufsstudie

Erfahrungsunterschiede fremd geworden in einer Familie zusammen, die häufig Gemeinsamkeiten verloren hatte und die nach dem Zusammenbruch staatlicher Sicherungsorgane von vielen Aufgaben überfrachtet wurde. In diesen Bereichen waren die Flüchtlingserfahrungen zwar extremer, aber nicht so verschieden von denen der Einheimischen, wie man vermuten könnte« (S. 212).

5.5.3.2 Lebensverläufe im Kontext von Generationen
Ein anderer Typ von Studien der Lebensverlaufsforschung fokussierte auf Generationen und Generationenbeziehungen.

Generationenstudien im Kontext der deutschen Lebensverlaufsstudie
Am Forschungsbereich Bildung, Arbeit und gesellschaftliche Entwicklung am Max-Planck-Institut für Bildungsforschung entstand zwischen 1983 und 2005 die Deutsche Lebensverlaufsstudie. Das Forschungsprogramm interessierte sich für die Entwicklung von Lebensverläufen im Kontext sich wandelnder institutioneller und sozioökonomischer Rahmenbedingungen. Die empirische Arbeit umfasste neun repräsentative Befragungen von insgesamt über 12.000 Frauen und Männern der Geburtsjahrgänge 1919–71 in West- und Ostdeutschland sowie die Berliner Alternsstudie (vgl. Abb. 5.66).

Die Potentiale der quantitativen Lebensverlaufsforschung dieses Typs sollen exemplarisch an den Analysen zu einer Geburtskohorte, die 1964 und 1971 Geborenen, aufgezeigt werden. Die Studie zielt »sowohl auf die individuelle Lebensgeschichte als auch auf die kollektive Lebensform einzelner Geburtsjahrgänge, auf deren Eingebettetsein in historische Randbedingungen sowie auf die innere ursächliche Dynamik der Lebensgeschichte« (Mayer 2004a, S. 13). Es ging um die Prägungen der kollektiven Lebensgeschichte durch die spezifischen Zeitumstände, um die spezifischen Ausgangsbedingungen der Lebensverläufe und die Dynamik ihrer Bildungs- und Berufswege. Schließlich interessierte die zeitliche Struktur der Lebensverläufe und das Timing bestimmter Lebensereignisse und Übergänge.

So erforscht Heike Solga die Ausgrenzungsrisiken von Jugendlichen ohne Schulabschluss. Dabei stehen die soziale Herkunft, die möglichen Gründe und institutionellen Kontexte des geringen Bildungserfolges und schließlich die Verknüpfung von Bildungs- und Erwerbsverlauf im Zentrum des Interesses. Die Untersuchungen zur sozialen Lage der Jugendlichen zeigen, dass diese überproportional aus ›sozial schwachen‹ Familien stammen; sie sind nicht nur durch die fehlenden Schulschlüsse benachteiligt; auch das »soziale und kulturelle Unterstützungspotenzial ihrer Familien« (2004, S. 49) unterscheidet sie von anderen Jugendlichen. Zudem weisen die Jugendlichen ohne Abschluss eher lange Schulzeiten auf. Das ist »zum einen Ausdruck der (…) erhöhten gesellschaftlichen Bildungsnorm und der sich daraus auch für sie ergebenden Pflicht, es wenigstens mehrfach versucht zu haben, den Abschluss doch noch zu schaffen«. »Zum anderen resultieren sie aus den geringen Chancen dieser Jugendlichen auf dem Ausbildungsmarkt, die sie mangels anderer Alternativen länger auf der Schule verbleiben lassen« (S. 50). Die verlaufsbezogenen Analysen zeigen, dass ein Teil der Jugendlichen die fehlenden Abschlüsse nachholen kann. Die Jugendlichen werden schließlich fast vollständig in die berufliche Bildung integriert; gelangen hier aber eher in die einfachen ausbildungs- und berufsvorbereitenden Maßnahmen. Ein Vergleich von Jugendlichen mit und ohne Abschluss zeigt, dass der Ausbildungsabschluss und nicht der Schulabschluss das entscheidende Kriterium für den späteren Erwerbsverlauf ist.

Einerseits profitieren die Jugendliche ohne Schulabschluss von den linear konzipierten und hochgradig institutionalisierten Bildungs- und Qualifizierungslaufbahnen.

»Doch das Risiko, in dem – an der *Normalbiografie* ausgerichteten – ›Parallelsystem‹ beruflicher Maßnahmen zu landen, war für Jugendliche ohne Schulabschluss sehr hoch. Insbesondere für Jugendliche, denen der Erwerb eines Hauptschulabschlusses auch ›nachträglich‹ nicht gelang, hat diese Institutionalisierung von *Maßnahme-Karrieren* (seit Mitte der 1970er Jahre) ein institutionelles Korsett geschaffen, das kaum ein Entweichen zulässt«. Ihre Konkurrenzfähigkeit konnte kaum gesteigert werden. »Ihre Integration in das berufliche Bildungssystem stellte für viele dieser Jugendliche daher eine Verlängerung ihrer institutionellen Aussonderung in der Schule dar. (…) Von daher bleibt trotz ihrer Integration in das berufliche Bildungssystem eine Polarität von Normalität und Abweichung erhalten und wird – im Vergleich zu früheren Generationen – mit ›zusätzlichen Abweichungen‹ genährt« (S. 60 f.).

Solga macht zusammenfassend deutlich, »dass das individuelle Bildungsversagen wesentlich ein institutionell definiertes und entsprechend dem jeweiligen Bildungsstandard ein sozial konstituiertes Merkmal ist«. Erst die Bildungseinrichtungen konstruieren ›Ungelernte‹ und ›Qualifizierte‹ und markieren Jugendliche dementsprechend. »Betrachtet man geringe Bildung in dieser Weise (…) wird deutlich, dass die Integration dieser Jugendlichen ins Berufsbildungssystem und die dadurch definierten Normalisierungspflichten letztlich eine Individualisierung struktureller Probleme darstellen und unter den angespannten Arbeitsmarktbedingungen die Exklusivität derer absichern sollen« (S. 61), die ohnehin im Schul- und Erwerbssystem bestens integriert sind.

Drei Generationen Arbeiterleben

Die von Wilfried Deppe (1982) verfasste Studie ›Drei Generationen Arbeiterleben‹ ist am Soziologischen Forschungsinstitut Göttingen entstanden. Sie versteht sich als ›soziobiographische‹ Darstellung; damit wird – in einer Zeit als in Deutschland die Renaissance der qualitativen Sozialforschung kaum erst eingesetzt hatte – ein Forschungsansatz verstanden, der ausgehend von strukturierten biographischen Interviews auf die Rekonstruktion ›lebensgeschichtlicher Gesamtverläufe‹ verschiedener Generationen von männlichen Industriearbeitern zielte. Mit der Verwendung der ›biographischen Methode‹ in der soziologischen Forschung wurde (disziplinär und national gedacht) »wissenschaftliches Neuland« (S. 23) betreten. Befragt wurden 161 männliche Industriearbeiter; das Sample setzt sich aus drei Geburtsjahrgängen von Arbeitern bzw. Angestellten in klassischen Industriebranchen (Metall- und Chemieindustrie) in zwei industriellen Ballungsräumen zusammen; die Auswahl von Männern wird nicht weiter begründet. Die Befragten sind jeweils verheiratet, meist haben sie Kinder. Jeweils etwas mehr als ein Viertel der Befragten waren als »unqualifizierte Band- und Maschinenarbeiter«, als »qualifizierte Facharbeiter« und als »technische Angestellte« tätig; die verbleibende Gruppe war als »angelernte Meßwartenarbeiter« beschäftigt (S. 31).

Generationen \ Lebensphasen	biographische Ausgangs- situation	Berufsausbildung Eingliederung in d. Arbeitsprozess	Jungarbeiterzeit	Heirat und Haushaltsaufbau	Lebens- und Berufswege nach der Heirat
Vorkriegsgeneration					
Kriegsgeneration					
Nachkriegsgeneration					

Quelle: Eigene Darstellung nach Deppe (1982, S. 60f)

Abb. 5.67 Lebensphasen

Die Darstellung der Ergebnisse erfolgt entlang der generationellen Struktur und rekonstruiert die biographische Ausgangssituation und dann nach Berufsgruppen differenziert die Phase der Berufsausbildung und der Eingliederung in den Arbeitsprozess, die Jungarbeiterzeit, die Heirats- und Haushaltsaufbauphase und schließlich die Lebens- und Berufswege nach der Heirat (vgl. Abb. 5.67). Es werden drei Generationen abgegrenzt: eine Vorkriegsgeneration (Geburtsjahrgänge bis 1929), eine Kriegsgeneration (1930 bis 1939) und schließlich eine Nachkriegsgeneration (ab 1940). Die Generationen zeichnen sich somit dadurch aus, dass entscheidende Entwicklungsphasen, in der wichtige Entscheidungen für den Lebensweg und Arbeitsweg getroffen werden, in ganz unterschiedliche zeitgeschichtliche Perioden fallen: die Zwischenkriegszeit, die Zeit des Zweiten Weltkriegs und der unmittelbaren Nachkriegsjahre und schließlich die Zeit nach der Währungsreform.

Bei der Rekonstruktion der biographischen Ausgangssituation geht es neben der zeitgeschichtlichen Einordnung insbesondere um die regionale (eher städtische oder eher ländliche) und soziale Umwelt, in der die Sozialisation stattfand. »Wie sehr den jeweiligen Lebensbedingungen der ›Stempel der Zeit‹ aufgedrückt wurde, zeigt sich besonders eindringlich in den Schilderungen der Altersgruppen, die während der langjährigen Massenarbeitslosigkeit der Jahre zwischen 1928 und 1934 oder während der letzten Kriegs- und frühen Nachkriegsjahre aufgewachsen sind. In Flucht, Vertreibung und langen Jahren einer Trennung der Väter von den Familien manifestieren sich [die] historischen Einflüsse auf die Herkunftsbedingungen in sinnfälliger Weise« (Deppe 1982, S. 39 f.).

Auch der Eintritt in das Arbeitsleben erfolgt unter höchst unterschiedlichen Rahmenbedingungen. Während für die ältere Generation zwischen 1945 bis 1953 eher Arbeitslosigkeit und ›Berufsnot‹ den Wahlprozess dominierte, ist die folgende Generation zwischen 1954 und 1958 mit einem aufnahmefähigen Lehrstellenmarkt konfrontiert. Am günstigsten ist dann die Situation nach 1958 als sich den Jugendlichen eine breite Palette von beruflichen Wahlmöglichkeiten bietet. Diese zeitgeschichtlichen Prägungen setzten sich in den weiteren

Arbeits- und Lebenssphären	Arbeit und Beruf	Freizeit und Familie	Einkommen und Lebensstandard
biographische Knotenpunkte	- Arbeitsplatzwechsel - Betriebswechsel - Berufswechsel - Eintritt in die Industrie - Weiterbildung - Arbeitslosigkeit	- Verlassen des Elternhauses - Ortswechsel - Heirat - Kinder - Freizeitveränderungen	- Veränderung im Einkommen - Schulden - Kauf kostspiel. Konsumgüter - Hausbau - Bezug der ersten eigenen Wohnung

Quelle: Eigene Darstellung nach Deppe (1982, S. 60f)

Abb. 5.68 Biographische Knotenpunkte

Lebensphasen fort. Dabei werden verschiedene biographische Knotenpunkte analysiert; sie beziehen sich auf unterschiedliche Arbeits- und Lebenssphären (vgl. Abb. 5.68).

In den Anfängen der Industrialisierung rekrutiert sich die Industriearbeiterschaft aus ganz unterschiedlichen Regionen und Berufsfeldern. Erst über »verschiedene Zwischenstufen und häufige Orts- und Betriebswechsel« bilden sich »›richtige‹ Industriearbeiter« (S. 359) heraus. Diese Konstellation trifft aber nicht nur für die ersten Generationen der industriellen Arbeiter_innen zu. »Bedingt durch bestimmte historische Entwicklungen (Zweiter Weltkrieg und seine Folgen, Flucht, Vertreibung, die große Ost-West-Wanderung bis weit in die 50er Jahre, die in der Nachkriegszeit anhaltende Abwanderung von Berufstätigen aus der Landwirtschaft, dem Bergbau und den verschiedenen Bereichen des Handwerks) sind der Industriearbeiterschaft weiterhin unterschiedlichste Berufs- und Bevölkerungsgruppen zugeströmt. Sie sind somit in der ersten Generation als Industriearbeiter tätig, kommen aus anderen sozialen, regionalen und beruflichen Herkunftsmilieus und haben in ihrer Kindheit und Jugend entsprechend andere Lebensformen, Sozialisationsbedingungen und Erwartungshaltungen kennengelernt. Erst allmählich müssen sie sich mit den besonderen Anforderungen und Arbeits- und Lebensbedingungen einer Industriearbeiterexistenz vertraut machen. Auch von ihnen sehen viele darin nur eine Zwischenstation und nicht ein endgültiges Schicksal« (S. 360).

Im Nachkriegsboom ist vielen industriellen Arbeiter_innen ein Übergang in andere Berufsgruppen gelungen. »Zwar bedeuten solche Wechsel im eigenen Selbstverständnis und bezogen auf ihre objektiven Lebens- und Arbeitsbedingungen nicht immer einen sozialen Aufstieg. Jedoch haben sie meist in Lebensumstände und ein soziales Milieu geführt, das kein sogenanntes ›typisches Industriearbeitermilieu‹ mehr ist. Der Wechsel in eine Arbeitertätigkeit im öffentlichen Dienst und eine Rückkehr in eher handwerkliche Tätigkeitsbereiche oder kleinbetriebliche Arbeitszusammenhänge gehört hierzu ebenso wie der Übergang

in eine untere Angestellten- oder Beamtenposition. (…) Auch heute leben viele
Arbeiter industrieller Großbetriebe in dörflichen Gemeinden, halten an halba-
grarischen Existenzformen oder kleinen Nebenerwerbslandwirtschaften fest und
nehmen lange Pendlerwege in Kauf, um an ihren Arbeitsplatz zu kommen« (S.
360 f.).

In Abgrenzung zu der in den zeitgenössischen politischen wie auch wissenschaftlichen Diskursen zu findenden Idealisierung der Industriearbeit wird
in Anlehnung an Hans Paul Bahrdt eher die Transitorität der Arbeiterexistenz
betont: »Das einzig ›Typische‹ am modernen Industriearbeiter scheint – etwas
überspitzt formuliert – zu sein, daß er weder nach Herkunft, noch eigener Lebensgeschichte, noch nach den Wünschen und Perspektiven für sich oder seine Kinder
dem Bild des sogenannten traditionellen Industriearbeiters entspricht: einem Bild,
das bis heute in Bevölkerung und sozialwissenschaftlicher Diskussion unhinterfragt vorzuherrschen scheint und wohl eher Schaden als Nutzen bewirkt hat. Die
Existenz als Industriearbeiter ist zwar nicht durchweg als transitorische Existenz
zu beschreiben, ist jedoch eine Existenz, ›welche die Möglichkeit von Veränderungen der Lebenslage ständig zum Bewußtsein bringt‹ (Bahrdt unveröffentlichtes
Manuskript)« (S. 368). In der Konsequenz wird gefordert, die Arbeiter weitaus
stärker als Individuen mit recht differenzierten Lebensgeschichten zu begreifen.

5.5.3.3 Lebensverläufe im Kontext von Institutionen und Regimen

Insbesondere in der deutschsprachigen Forschung spielte die Frage nach der
Bedeutung von gesellschaftlichen bzw. sozialstaatlichen Institutionen für die Prägung von Lebensverläufen eine zentrale Rolle. Dabei werden insbesondere das
Bildungssystem, das Erwerbssystem und die sozialstaatlichen Sicherungssysteme
als wesentliche Taktgeber von Lebensverläufen begriffen. Eine wichtige Rolle
spielen aber auch Familien und die Möglichkeiten der Verzahnung von Familien-
und Erwerbsarbeit. Über die Kombination der verschiedenen Institutionen und
regulierenden Strukturen entstehen dann spezifische Lebenslaufregime.

In einer vergleichenden Studie hat Karl Ulrich Mayer lebenslaufrelevante
institutionelle Konfiguration in verschiedenen Ländern (USA, Deutschland,
Schweden) untersucht; sie stehen exemplarisch für verschiedene Typen von
Wohlfahrtsstaaten. Zunächst werden jedoch die fundamentalen historischen Veränderungen in den Lebensverlaufsregimen westlicher Industriestaaten skizziert
(vgl. Abb. 5.69).

Mayer unterscheidet ausgehend von den Konzepten der Industrialisierung bzw.
des Fordismus vier Entwicklungsphasen, für die er dann wesentliche Institutionen

Life Course Regimes	Traditional	Early Industrial	›Fordist‹	›Post-Fordist‹
Unit	Family Farm/ Family Firm	Wage Earner	Male Breadwinner, Nuclear family	Individual
Temporal Organization	Unstable, Unpredictable Discontinuity	Life cycle of poverty, Discontinuity	Stand. , Stabilized, Continuity, Progression	De-standardized Discontinuity
Education	Minimal Elementary	Medium Compulsory	Expansion of Second., Tertiary Education and Vocational Training	Prolonged, Interrupted, Lifelong learning
Work	Personal dependency; Family division of labor	Wage relationship; Firm paternalism, Unemployment	Full lifelong employment; Upward mobility; Income progression	Delayed entry, High between firm/between occupation mobility; Flat income trajectories, Unemployment
Family	Partial and delayed marriage; Instability due to death; Property centered, High fertility; Early death	Delayed universal; Fertility decline	Early universal marriage, Early childbearing, Medium fertility	Delayed and partial marriage, pluralized family forms, Low fertility, High divorce rate, Sequ. promiscuity
Retirement/ Old Age	With physical disability, Old age dependency, Early death	Regulatory or by disability, Low pensions	Regulatory: Medium pensions	Early retirement; De-creasing pensions; In-creasing longevity; In-creasing chronic illness

Quelle: Mayer (2004b, S. 31)

Abb. 5.69 Historical Changes in Life Course Regimes

und Trägergruppen charakterisiert. In einem zweiten Schritt ist dann von Interesse, wie sich im Kontext verschiedener Wohlfahrtsstaaten die den Lebensverlauf prägenden Institutionen gestalten. Das sind die Institutionen des allgemeinen und des beruflichen Bildungssystems, die Institutionen des Übergangs Schule Beruf bzw. die Institutionen, die das Erwerbsleben und die industriellen Beziehungen strukturieren; schließlich spielen aber auch die sozialstaatlichen Institutionen und Politiken (z. B. Arbeitsmarktregulierung, Alterssicherung, Steuersystem, Familienpolitik) eine wichtige prägende Rolle für die Lebensverläufe.

In einem dritten Schritt wird untersucht, wie sich die institutionellen Einflüsse schließlich in den Eckdaten der Lebensverläufe in den verschiedenen Ländern niederschlagen: Verlassen des Elternhauses, Schulabschluss, Arbeitseintritt, Familiengründung, Berufswechsel, Erwerbslosigkeit, geschlechtsspezifische Erwerbs- und Familienstrategien und schließlich der Eintritt in den Ruhestand.

Abschließend macht Mayer deutlich, dass die doch recht grobe Strukturierung nach Wohlfahrtsregimen bei einer differenzierten Analyse der Lebensverläufe an seine Grenzen stößt. »Nationally varying institutional arrangements need to be disaggregated and matched to specific life course outcomes. However, both on the side of institutions as bodies of rules and as incentive structures and on the side of life course outcomes, one can observe non-random, systematic patterns of association. This allows us to retain the idea of country-specific life course regimes at least as a fruitful heuristic in further studies« (2004b, S. 22).

5.5.4 Soziale Mobilität

Für die Analyse und Bewertung von Sozialstrukturen kommt der Frage der sozialen Mobilität eine zentrale Bedeutung zu. Querschnittsuntersuchungen über die Verteilung sozialer Lagen können jeweils nur eine Momentaufnahme sozialer Ungleichheit erbringen; bedeutsam sind die Chancen, die jeweilige Lage zu verbessern oder das Risiko eines sozialen Abstiegs. D. h. auch wenn durch den Vergleich sozialer Positionen und der damit einhergehenden materiellen und symbolischen Belohnungen gezeigt werden kann, dass erhebliche soziale Ungleichheiten vorliegen, gilt es im nächsten Schritt zu klären, wie sich die Chancen verteilen, im Lebenslauf oder in der Generationenfolge in die günstigen oder ungünstigen Positionen zu gelangen. In der folgenden Darstellung werden idealtypisch zwei Gesellschaften gegenübergestellt, die sich nicht durch die Verteilung von Ungleichheitslagen, sondern den Grad der sozialen Mobilität – indiziert durch dickere bzw. dünnere Pfeile – unterscheiden (vgl. Abb. 5.70).

Ein- und dieselbe Konstellation ungleicher sozialer Lagen kann so betrachtet in Abhängigkeit von den Mobilitätschancen zu ganz unterschiedlich zu bewertenden Ungleichheitsphänomenen führen; dies wird deutlich, wenn man idealtypisch eine ständische Gesellschaft mit einer nach Schichten differenzierten aber sehr ›durchlässigen‹ Gesellschaft vergleicht.

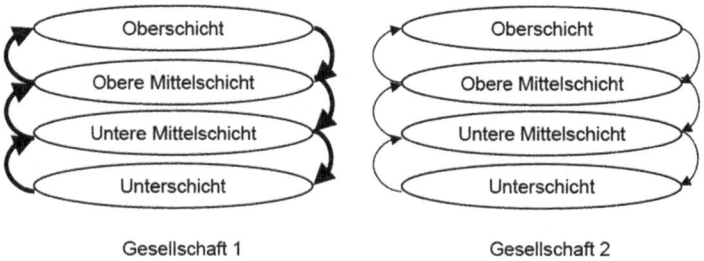

Abb. 5.70 Schichtung und soziale Mobilität

5.5.4.1 Formen der Mobilität

Soziale Mobilität steht im Unterschied z. B. zu räumlicher Mobilität für Positionsveränderungen in einem sozialen Raum. Solche Positionsveränderungen können
sich im Sinne von Auf- oder Abstiegen zwischen hierarchisch zu unterscheiden-
den Positionen vollziehen – dann spricht man von *vertikaler Mobilität*, z. B.
wenn jemand von der Facharbeiterin zur Vorarbeiterin aufsteigt; sie können sich aber
auch hierarchieneutral als *horizontale* oder *laterale Mobilität* vollziehen, wenn
z. B. ein Berufswechsel nicht mit einer Status- oder Einkommensverbesserung
einhergeht.

Hinsichtlich der betrachteten Zeithorizonte wird unterschieden zwischen *Inter-
generationenmobilität,* die sich von einer Generation zur nächsten vollzieht, und
Intragenerationenmobilität (Karrieremobilität), die im Lebenslauf einer Generation stattfindet; im ersten Fall interessiert man sich für die Berufe von Töchtern
und ihren Müttern (z. B. jeweils im Alter von 25 Jahren); im zweiten Fall
interessiert man sich für biographische Veränderungen beruflicher Positionen in
verschiedenen Phasen des Lebenslaufs.

Zudem ist zu unterscheiden, ob sich ein sozialer Auf- oder Abstieg *individuell*
oder *kollektiv* vollzieht; das ist z. B. für die Deutung von Mobilitätserfahrungen
relevant: individuelle Abstiege werden vermutlich eher im Sinne individuellen
Versagens gedeutet, kollektive Abstiege lassen sich eher externen Faktoren, z. B.
(soziologisch aufgeklärt) dem ›sozialen Wandel‹ oder (verschwörungstheoretisch)
irgendwelchen ›Sündenböcken‹ zuschreiben.

Schließlich lassen sich auch die *Kriterien* unterscheiden, an denen vertikale
und horizontale Veränderungen festgemacht werden; das ist insbesondere für die
Operationalisierung von sozialer Mobilität bedeutsam. Man kann soziale Mobilität an Berufen, an Einkommen, an schulischen und beruflichen Abschlüssen etc.
oder an daraus zusammengesetzten Indices festmachen. Insbesondere im intergenerationalen Vergleich stellt sich dann aber das Problem, dass sich die Maßstäbe,
die für einen Vergleich angelegt werden, verändern können. In diesem Kontext
kann idealtypisch von *struktureller Mobilität* gesprochen werden, wenn es z. B.
um grundlegende Veränderungen im Bildungssystem, in der Branchen- bzw. Qualifikationsstruktur oder in der geschlechtsspezifischen Erwerbsbeteiligung geht.
Demgegenüber lässt sich zumindest idealtypisch *Austauschmobilität* (Lipset und
Zetterberg 1966, S. 565) oder *freiwillige Mobilität* abgrenzen.

Die Abgrenzung von sozialer und räumlicher Mobilität ist zwar analytisch
exakt möglich, sie ist aber irreführend, weil beide Formen von Mobilität nicht
selten miteinander verknüpft sind. D. h. der Wanderungsprozess von einem
Agrarland oder einem Transformationsland in ein prosperierendes Industrieland ist stets auch ein Prozess der sozialen Mobilität, der jedoch geflissentlich

zum Verschwinden gebracht wird, wenn Migration nur als Mobilität zwischen Regionen oder Nationalstaaten und nicht auch als soziale Mobilität begriffen wird. Ähnliches gilt für die sogenannte Binnenmigration z. B. von einer ländlichen Region in eine Metropole; auch hier geht es um weit mehr als um einen Ortswechsel. Die häufig zu beobachtenden an räumlichen Merkmalen festgemachten Auseinandersetzungen zwischen Nicht-Mobilen und Mobilen, z. B. zwischen Inländer und Ausländern, zwischen Städtern und Zugezogenen oder allgemein zwischen Alt- und Neubürgern haben oftmals auch den Charakter sozialer Auseinandersetzungen.

Der hier entwickelte Apparat begrifflicher Differenzierungen, auf den sich die Mobilitätsforschung verständigt hat, täuscht darüber hinweg, dass diese Analysen sozialer Mobilität in ganz unterschiedliche theoretische Konzeptionen der Sozialstrukturanalyse eingebettet sind.

5.5.4.2 Säkulare Trends der sozialen Mobilität

Wesentliche Veränderungen in der sozialen Mobilität lassen sich im Vergleich der ständischen mit den frühindustriellen Gesellschaften festmachen, in denen nach den politischen, ökonomischen und sozialen Revolutionen nach und nach wichtige Mobilitätsbarrieren fielen. Man sollte sich jedoch die ständischen Gesellschaften nicht als einen Hort der Immobilität vorstellen; es finden sich jenseits der strukturell zutreffenden Beschreibung einer sozial eher statischen Gesellschaft viele Analysen zu Möglichkeiten des sozialen Aufstiegs. Wie Winfried Schulze hervorhebt, scheint ein wesentlicher Unterschied zu heutigen Gesellschaften darin zu liegen, »daß die Mobilität der ständischen Gesellschaft sich gegen das geltende Normensystem für soziales Verhalten durchsetzen mußte. Alle Verhaltensvorschriften verpflichteten den einzelnen auf die Bewahrung seines durch Geburt oder jedenfalls legitim erhaltenen Status, verdammten das Streben nach Aufstieg, sahen das Funktionieren von Gesellschaft nur dann gewährleistet, wenn jeder ›an seinem Ort‹ die ihm zugewiesene Aufgabe erfüllte« (1988b, S. 13).

Innerhalb der industriellen Gesellschaften vollziehen sich wesentliche Transformationen mit der Logik der industriellen Produktion, mit der Veränderung der sektoralen Struktur, mit der Entwicklung und Ausdifferenzierung von Wohlfahrtsstaaten, mit den säkularen Verbesserungen der Einkommen, mit der Bildungsexpansion und mit der wachsenden Erwerbsbeteiligung von Frauen. Auch mit den verschiedenen Phasen der Emigration und Immigration sind spezifische Prozesse sozialer Mobilität verbunden. In Deutschland führen darüber hinaus die Teilung und die spätere Wiedervereinigung der alten und neuen Bundesländer zu spezifischen Mobilitätsprozessen. Mit diesen säkularen Veränderungen gehen – nicht immer systematisch gegeneinander abzugrenzende Prozesse der kollektiven und individuellen Mobilität einher.

5.5.4.3 Soziale Mobilität im Lichte der angloamerikanischen Mobilitätsforschung

Der *Mainstream* der standardisierten Forschungen zur sozialen Mobilität geht von einfachen Klassen- und Schichtungsmodellen aus und analysiert Mobilität mit mehr oder weniger komplexen statistischen Modellen – Ganzeboom unterscheidet drei Generationen der Modellierung von der Tabellenanalyse bzw. der Berechnung von Assoziationsindices über die Verwendung von pfadanalytischen Verfahren bis hin zu loglinearen Modellen. Martin Groß merkt in seiner Einführung zur Sozialstruktur- und Mobilitätsanalyse an:»Das Untersuchungsfeld der intergenerationalen Mobilität ist ein Feld, das seit jeher weniger von theoretischen Entwicklungen als vielmehr von methodischen Neuerungen geprägt worden ist. In mancher Hinsicht muss man gar konstatieren, dass – ganz im Sinne herrschender ›Paradigmen‹ (Kuhn 1976) – theoretische Konzepte die Wahl bestimmter Methoden nahelegen, die wiederum in mancher Hinsicht die gefundenen Resultate präjudizieren« (2008, S. 118). Darüber hinaus lassen sich unterschiedliche theoretische Bezüge ausmachen:

Zunächst spielten die theoretischen Konzepte der amerikanischen Mobilitätsforschung der 1950 und 60er Jahre eine zentrale Rolle. Erikson und Goldthorpe charakterisierten 1991 diese auf Kerr, Dunlop und Parsons zurückgehenden Ansätze als ›liberale Theorie‹ des Industrialismus:»This theory is a functionalist one which aims at establishing the distinctive properties of industrial societies in terms of the essential prerequisites for, or necessary consequences of, the technical and economic rationality that is seen as their defining characteristic« (2008, S. 437). Insbesondere die von Kerr et al. (1966) entwickelte Industrialisierungsthese, nach der sich im Prozess der Industrialisierung Lebensbedingungen angleichen und die Chancen der sozialen Mobilität erhöhen, konnte bestätigt werden. Lipset und Bendix kommen angesichts ihrer vergleichenden Untersuchungen zur sozialen Mobilität in verschiedenen Industriegesellschaften zu dem Schluss, »that *the overall pattern of social mobility appears to be much the same in the industrial societies of various Western countries.* (…). Further, (…), it is at least doubtful that the rates of mobility and of expansion are correlated. Since a number of the countries for which we have data have had different rates of economic expansion but show comparable rates of social mobility, our tentative interpretation is that the social mobility of societies becomes relatively high once their industrialization, and hence their economic expansion, reaches a certain level« (1963, S. 13).

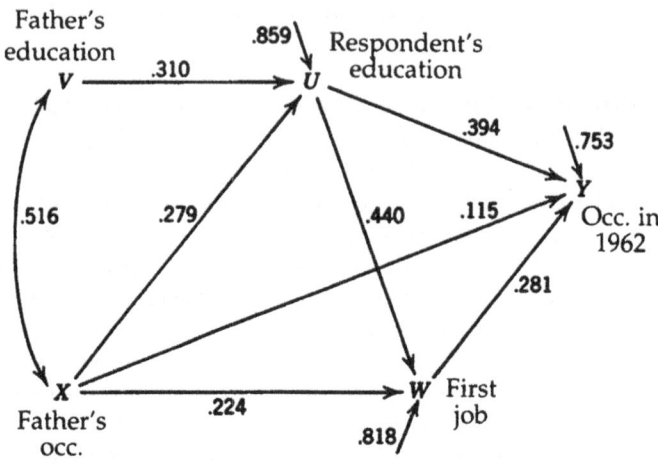

Quelle: Blau/ Duncan (2008, S. 490)

Abb. 5.71 Das basale Status-Zuweisungsmodell

Wenig später gewannen dann sogenannte Statuszuweisungsmodelle in der amerikanischen Mobilitätsforschung an Bedeutung; sie gingen, wie bereits in der Einschätzung von Groß deutlich wurde, insbesondere mit methodischen Innovationen einher (vgl. Abb. 5.71). Mit der Pfadanalyse wurde es möglich, mehrdimensionale Modelle der ›kausalen‹ Analyse zu berechnen. Dementsprechend konnte auf der Basis von retrospektiv erhobenen Individualdaten das Zusammenspiel von Herkunftsfaktoren (Bildung und Beruf des Vaters), Bildungsabschluss (der Befragten), Einstiegsberuf und Beruf im Erhebungsjahr modelliert werden. Dahinter stand bei Blau und Duncan zum einen die Frage, wie und in welchem Umfang die soziale Herkunft den beruflichen Status beeinflusst und wie der zunächst erreichte Status im Erstberuf auf die weitere Entwicklung des Status einwirkt (2008, S. 487).

Der gebogene bidirektionale Pfeil steht für eine Korrelationsbeziehung, die durch den Korrelationskoeffizienten quantifiziert wird; die geraden unidirektionalen Pfeile stehen für gerichtete Kausaleffekte, die durch Pfadkoeffizienten quantifiziert werden; die von außen wirkenden Pfeile zeigen den Effekt der Residualvariablen auf die abhängigen Variablen. Die Pfadkoeffizienten können vergleichend interpretiert werden; die quadrierten Residualpfadkoeffizienten können im Sinne der nicht-erklärten Varianzen interpretiert werden.

Die stärksten Effekte finden sich zwischen der Bildung der Befragten und ihrem ersten (0,440) bzw. aktuellen Beruf (0,394). Ein deutlicher Einfluss liegt auch zwischen den Herkunftsvariablen (Bildung und Beruf des Vaters) und der Bildung bzw. dem Erstberuf vor. Demgegenüber ist der Einfluss zwischen dem aktuellen Beruf und den Herkunftsvariablen recht schwach bzw. nicht signifikant. Die durch das vorliegende Modell erklärte Varianz des aktuellen Berufs liegt bei 43 %; 57 % (=0,7532) der Varianz können nicht erklärt werden. Nach und nach wurden komplexere Modelle zum Statuserwerb entwickelt, wie z. B. das Wisconsin-Modell, das den Einfluss von Bildungs- und Berufsaspirationen, den Einfluss der ›Intelligenz‹ und anderer Faktoren mit einbezieht.

Mit den Status-Zuweisungsmodellen wird der Fokus der Mobilitätsforschung auf die Mikroebene verlagert. Über den starken Einfluss der Bildung der Befragten kann gezeigt werden, dass es zu einer Verschiebung von Status-Zuschreibung zum Status-Erwerb kommt. Groß resümiert.»So impliziert der Statusattainment-Ansatz eine affirmative Haltung zur sozialen Ungleichheit: Industriegesellschaften mögen ungleich sein, doch bieten sie allen Individuen die gleichen Chancen, begehrte Positionen zu erreichen. Mehr noch: da die Allokationsmechanismen der Industriegesellschaft Qualifikation und Leistung belohnen, erscheint die Ungleichheit legitim« (2008, S. 131). Zudem ist das Modell von Blau und Duncan ein klassisches Beispiel für eine Variablensoziologie, die komplexe soziale Vorgänge auf wenige (individuell) erhobene Variable reduziert, und deren soziale und institutionelle Einbettung systematisch ausblendet (vgl. dazu die Kritik von Jansen 2008, S. 239). Mit der Kritik an den Status-Erwerbsmodellen differenzierte sich die Mobilitätsforschung.

Ein Forschungszweig konzentrierte sich auf den Zusammenhang von Bildungserwerb und sozialer Herkunft; ohne auf diese Ansätze im Einzelnen einzugehen sei hier auf einen wichtigen Befund dieser Forschungen verwiesen, wie er mit den international vergleichenden Schulleistungsstudien wie PISA vorliegt. Wenngleich hier der Fokus auf eine einzige Altersgruppe reduziert wird, können doch wichtige strukturelle Aussagen über die Reproduktion von Bildungsungleichheit getroffen werden (Abb. 5.72).

Im internationalen Vergleich der Bildungsdisparitäten wird deutlich, dass in allen Ländern ein Zusammenhang von sozialer Herkunft und schulischem Kompetenzniveau festzustellen ist; die nationalen Variationen sind jedoch hoch.»Die geringste Kopplung bei gleichzeitig hohem Kompetenzniveau in den Naturwissenschaften zeigt sich in Japan, Korea, Finnland und Kanada. Ein enger Zusammenhang zwischen Herkunft und Kompetenzniveau bei gleichzeitig niedrigen Kompetenzmittelwerten wurde am deutlichsten in Luxemburg und Frankreich festgestellt. Für die Fünfzehnjährigen in Deutschland liegt sowohl die Steigung

EGP	Sozialschicht	Hauptschule	Realschule	Gymnasium	Andere
I	Obere Dienstklasse	9%	26%	52%	13%
II	Untere Dienstklasse	13%	25%	41%	20%
III	Routinedienstleistungen in Handel und Verwaltung	20%	24%	30%	26%
IV	Selbstständige	23%	31%	23%	23%
V,VI	Facharbeiter und Arbeiter mit Leitungsfunktion	24%	25%	21%	29%
VII	An- und ungelernte Arbeiter, Landarbeiter	28%	22%	14%	36%
	Gesamt	19%	25%	31%	25%

Quelle: Eigene Darstellung nach Ehmke/ Baumert (2007, S. 329), Daten PISA 2006

Abb. 5.72 EGP-Klasse und Schulbesuch

des sozialen Gradienten als auch die Stärke des Zusammenhangs in PISA 2006 im Bereich des OECD-Durchschnitts« (Ehmke und Baumert 2007, S. 331).

Ein anderer Forschungszweig wandte sich erneut der international vergleichenden Mobilitätsforschung zu; ein gemeinsamer Nenner lag dabei in der Präferenz einer methodologisch individualistischen Perspektive und der Orientierung an Rational-Choice-Modellen. Erikson und Goldthorpe, deren Konzept hier vorgestellt wird, indizierten soziale Mobilität über die selektive Mobilität zwischen Klassen, die nach dem EGP-Modell konstruiert wurden. Die multivariate Perspektive, die mit den Status-Erwerbsmodellen erreicht worden war, wurde zurückgestellt zugunsten einer elaborierten Analyse von tabellierten Mobilitätsdaten mit Hilfe loglinearer Modelle. Auf der Mikroebene arbeiten Erikson und Goldthorpe mit entscheidungstheoretischen Modellen, so weisen sie den folgenden Faktoren eine wichtige Bedeutung für Mobilitätsentscheidungen zu:

- »the relative desirability of different class positions, considered as destinations;
- the relative advantages afforded to individuals by different class origins – in the form of economic, cultural, and social resources;
- the relative barriers that face individuals in gaining access to different class positions – which may be thought of in terms of requirements corresponding to the resources indicated under (2): for example, requirements for capital, qualifications, ›knowing people‹, etc.« (1992, S. 122)

Auf der Makroebene interessieren sich Erikson und Goldthorpe vor allem für die Analyse von Mobilitätsregimes, »that can be associated with differences in desirability, advantages, and barriers within a structure of class positions (…). We distinguish four such effects, which we label as those of hierarchy, inheritance, sector, and affinity« (1992, S. 123). Hierarchieeffekte stehen für einen Aufstiegssog von den unteren zu den oberen Klassen; Vererbungseffekte verweisen auf ganz unterschiedlich motivierte Prozesse der Vererbung sozialer Positionen; Sektoreffekte verweisen auf die besondere Bedeutung mancher Sektorabgrenzungen, so z. B. zwischen dem primären agrarischen und den übrigen Sektoren; Affinitätseffekte stellen sich zwischen Klassen ein, zwischen denen auf Grund ähnlicher Charakteristika leichte Übergänge möglich sind.

Als Ergebnis der Untersuchungen von Erikson und Goldthorpe lässt sich festhalten: Die soziale Mobilität in den untersuchten europäischen Ländern nimmt nicht fortwährend zu; besondere Zuwächse sind, wie z. B. an Irland und Polen zu beobachten, mit beschleunigten Industrialisierungsprozessen verbunden. Es gibt weder eine Konvergenz der absoluten Mobilitätsraten noch eine fortwährende Aufwärtsmobilität. Eine Dominanz der Aufwärtsmobilität findet sich eher in den am wenigsten entwickelten Ländern wie Ungarn, Irland und Polen. Die relativen Mobilitätschancen, die oft auch als Indikator für die Durchlässigkeit und Offenheit von Gesellschaften begriffen werden, weisen eine hohe zeitliche Stabilität auf (S. 367). Die Analyse der relativen Mobilitätsraten bestärken die – auf Featherman/Jones/Hauser bzw. Lipset/Zetterberg zurückgehende – Hypothese (S. 376 f.) von einem relativ stabilen Mobilitätsmuster industrialisierter Gesellschaften (›constant flux‹); trotz gewisser nationaler Besonderheiten (z. B. Schweden) überrascht im internationalen Vergleich die weitgehende Ähnlichkeit. Die soziale Mobilität von Frauen ist insbesondere davon abhängig, ob man ihre Klassenposition haushaltsbezogen oder individuell ermittelt. Während die haushaltsbezogene Verortung keine auffälligen Unterschiede zur Mobilität von Männern erkennen lässt, führt die Verortung über die eigene Erwerbstätigkeit zu recht anderen Ergebnissen: »From this standpoint, women´s absolute – though not relative – rates of class mobility will be seen to diverge appreciably from those of men: in particular, women will appear more likely to experience downward mobility from their class origins into the lower levels of both non-manual and manual employment« (Erikson und Goldthorpe 1992, S. 275). Dies hängt – die vorherrschenden Muster häuslicher Arbeitsteilung und die Verzahnung von weiblicher Flexibilität und männlicher Karriere vorausgesetzt – auch mit den Tätigkeitsfeldern zusammen, in denen bevorzugt Teilzeit- und andere flexible Tätigkeiten angeboten werden.

Jenseits der Modellierungsfragen stellen sich all diesen Forschungsansätzen nicht zu unterschätzende Operationalisierungsprobleme. So ist nach den Indikatoren für soziale Mobilität (berufliche Tätigkeit, Einkommen, Klassen/ Schichtindices) und ihrer Messung und Berechnung zu fragen; bei nicht ordinalen Größen wie dem Beruf stellt sich zudem das Problem einer begründeten (zeitübergreifenden) Hierarchisierung. Auch der Lebenszeitpunkt, zu dem intergenerationale Vergleiche angestellt werden, ist angesichts des Wissens um intragenerationale Mobilitätsprozesse zu bedenken. Die kurze historische Phase, in der das männliche Alleinernährermodell zum Normalfall wurde, darf nicht darüber hinwegtäuschen, dass die soziale Herkunft nur über die soziale Position der Väter und Mütter modelliert werden kann. In dem Maße wie Normalbiographien erodieren und sich die männlichen Biographien den vermeintlich ›gebrochenen‹ Biographien der Frauen annähern, geraten viele Hintergrundannahmen der generationsvergleichenden Mobilitätsforschung ins Wanken. Eine Mobilitätsforschung, die (bezahlte und unbezahlte, weibliche und männliche) gesellschaftliche Arbeit nicht in ihrer Gänze in den Blick nimmt, kann nur ein recht einseitiges Bild des sozialen Geschehens liefern.

5.5.4.4 Mobilität im sozialen Raum

Bourdieu interessiert sich in seinen Analysen zum sozialen Raum der 1970er Jahre für die mit Prozessen sozialer Mobilität verbundenen Veränderungen in Habitus und Lebensstil. Einen Prototyp kollektiver sozialer Abstiege macht er im ›absteigenden Kleinbürgertum‹ aus; dazu rechnet er z. B. Handwerker und Kleinhändler, deren absoluter und relativer Anteil an den Erwerbstätigen erheblich zurückgeht. Ausgehend von den Daten zum Raum der Positionen und der Lebensstile konstatiert er, dass es hier um Personen gehe, »die in ihren objektiven Merkmalen wie in ihren Verhaltensweisen und Meinungen an eine überholte Vergangenheit gebunden erscheinen. Die (...) durchschnittlich relativ alten und mit Bildungskapital wenig ausgestatteten Handwerker und kleinen Händler (...) zeigen in allen ihren Präferenzen regressive Einstellungen, die gewiß am Ursprung ihrer repressiven Neigungen stehen, wie sie in ihren Reaktionen auf alle Symptome des Bruchs mit dem Althergebrachten (...) besonders deutlich werden. Neigungen zum modernen Lebensstil oder zu Bequemlichkeit scheinen ihnen lasche Selbstaufgabe; jenen zum Trotz halten sie in ihrem Alltag an Einstellungen fest, die regressiv genannt werden dürfen, weil sie denen der Arbeiter sehr verwandt sind, ohne jedoch im selben Maße vom Mangel an Möglichkeiten diktiert zu sein« (1987a, S. 541).

Indem Bourdieu den sozialen Raum als einen Raum der Distinktionen und des Kampfes um Positionen begreift, geraten neben den Aufsteigern auch diejenigen in den Blick, die sich gegen diese neuen Konkurrenten zu wehren haben. Neben Prozessen der sozialen Schließung finden solche Kämpfe auch im Raum der Lebensstile statt. Die in einer sozialen Position Alteingesessenen nutzen die Möglichkeit, diese »Anciennität in der Klasse zum Maßstab der Hierarchie innerhalb der Klasse zu erheben«; so verfügen z. B. die »statusmäßigen Eigner der

›legitimen Manier‹« willkürlich über die »Macht zur Anerkennung wie zum Ausschluß« der Aufgestiegenen. Die ›Emporkömmlinge‹ verfangen sich »in ihrem Bestreben, sich der Gruppe der legitimen, d. h. hereditären Eigner des guten ›Stils‹ einzugliedern, ohne doch aus denselben sozialen Verhältnissen zu kommen, was immer sie tun, in der Wahl zwischen Überanpassung aus Angst und einer Protesthaltung, die schon im Aufbegehren ihr Scheitern einbekennt – in die Alternative zwischen einem konformistisch ›abgeschauten‹ Benehmen, das gerade in seiner Korrektheit oder Überkorrektheit lebhaft daran erinnert, daß und was es nachäfft, und der ostentativen Abweichung, die doch nur als Eingeständnis der Unfähigkeit zur Anpassung wirken kann« (S. 166 f.).

Auch die Forschungsgruppe um Vester u. a. interessierte sich für Prozesse der sozialen Mobilität; sie führten offene Zweigenerationeninterviews durch, um Metamorphosen des Habitus rekonstruieren zu können. Die mit dem Habituskonzept verbundenen Überlegungen zur relativen Trägheit des Habitus lassen vermuten, dass mit Prozessen der sozialen Mobilität nicht automatisch auch Metamorphosen des Habitus korrespondieren. Die Untersuchungen zeigen »sowohl persistente als auch veränderte Muster von Werten, Einstellungen und Verhaltensweisen. Dabei hat es den Anschein, daß Persistenzen eher die vertikalen Mentalitätsunterschiede (Distinktionsverhalten), Veränderungen eher die horizontalen Mentalitätsunterschiede (selbstbestimmtes Verhalten) betreffen« (Vester et al. 2001, S. 324). Beharrende Tendenzen finden sich bei geschmacklichen Präferenzen, im Umgang mit Kulturgütern und in den Gesellungsformen. Auch in der Wahrnehmung sozialer Ungleichheit finden sich viele Hinweise auf kollektive und tradierte Lebenserfahrungen, in denen sich gesellschaftliche Machtverhältnisse spiegeln. Demgegenüber lassen sich Wandlungsprozesse konstatieren, wenn es um leistungs- und normorientierte Werte und Verhaltensmuster geht. Die Autonomiebestrebungen der jüngeren Generation schlagen sich in erweiterten Selbstverwirklichungsansprüchen im Beruf, in hedonistischen Freizeitpraktiken und in neuen Modellen partnerschaftlicher Rollenteilung nieder. »Auffällig ist auch ihre höhere Selbstreflexivität, die bewußte Distanzierungen von den ›inkorporierten‹ Schemata des Habitus ermöglicht. Diese Veränderungen sind das Resultat einer aktiven Auseinandersetzung mit den erweiterten Möglichkeiten der Öffnung des sozialen Raums und den erfahrenen strukturellen Zwängen. In den generationsspezifischen Erinnerungen werden unterschiedliche Erfahrungen der Öffnung des sozialen Raums deutlich« (ebd.).

5.5.4.5 Intergenerationenmobilität in Deutschland

Im Folgenden sollen eher deskriptiv Prozesse sozialer Mobilität skizziert werden, wie sie für die Sozialstruktur der Gegenwartsgesellschaft charakteristisch sind.

In der Tabelle sind zum einen die Selbstrekrutierungsraten aufgeführt; sie geben (aus Perspektive der nachwachsenden Generation) an, zu welchem Prozentsatz die Befragten einen Vater hatten, der derselben Sozialgruppe entstammt. Hohe Raten der Selbstrekrutierung finden sich sowohl am oberen Rand der sozialen Lagen bei der oberen Dienstklasse wie am unteren Rand bei den gelernten und ungelernten Arbeiter_innen. Die Unterschiede zwischen Männern und Frauen sind für die meisten Gruppen nicht besonders stark ausgeprägt. Eine Sonderrolle spielen die Landwirte, die noch bis in die 1980er Jahre sehr hohe Selbstrekrutierungsrate hatten (bei den Männern über 90 % und 76 % bei den Frauen); diese Raten sind heute deutlich zurückgegangen, bei den Männern auf 58 %, bei den Frauen (im Zeitraum 2000–2009) auf 59 %. Im West-Ost-Vergleich, fällt in den neuen Bundesländern eine etwas höhere Rate der Selbstrekrutierung ins Auge (vgl. Abb. 5.73).

Die Vererbungsrate gibt (aus Perspektive der Elterngeneration) an, wieviel Prozent ihren Beruf an die Nachwachsenden vererben konnten. Relativ hohe Raten der beruflichen Vererbung finden sich in Ost und West bei den Männern in der oberen und unteren Dienstklasse sowie bei den Facharbeitern. Bei den Frauen kommt es im Westen zu relativ hohen Vererbungsquoten in den beiden Dienstklassen, bei den Büroberufen und in den ungelernten Arbeiter- und Angestelltenpositionen. Im Osten sind es vor allem die Positionen der unteren Dienstklasse und der Ungelernten, bei denen sich hohe Vererbungsquoten finden.

| | Selbstrekrutierungsraten 2010–2018 | | Vererbungsraten 2010–2018 | |
	Westdeutschland	Ostdeutschland	Westdeutschland	Ostdeutschland
Männer:				
Obere Dienstklasse	30%	37%	46%	35%
Untere Dienstklasse	18%	18%	31%	23%
Qualifizierte Büroberufe	11%	-	14%	-
Selbstständige	19%	-	18%	-
Landwirte	58%	-	23%	-
Facharbeiter, Meister	53%	59%	39%	51%
Ungelernte Arbeiter, Angestellte	37%	30%	24%	25%
Frauen:				
Obere Dienstklasse	36%	38%	32%	28%
Untere Dienstklasse	15%	18%	37%	46%
Qualifizierte Büroberufe	11%	6%	36%	28%
Selbstständige	15%	-	10%	-
Landwirtinnen	-	-	-	-
Facharbeiter, Meisterinnen	45%	58%	7%	13%
Ungel. Arbeiterinnen, Angestellte	31%	27%	36%	32%

Für die mit - markierten Felder liegen keine ausreichenden Fallzahlen vor.
Quelle: Datenreport 2021, S. 307 u. 309

Abb. 5.73 Raten der Selbstrekrutierung und Vererbung

	Westdeutschland					Ostdeutschland		
	1976-1980	1981-1990	1991-1999	2000-2009	2010-2018	1991-1999	2000-2009	2010-2018
Männer:								
Gesamtmobilität (%)	66	66	64	68	67	60	62	62
Gesamtmobilität umfasst:								
- vertikale Mobilität (%)	51	50	51	54	55	51	50	52
- horizontale Mobilität (%)	15	16	13	13	12	10	12	10
- Verhältnis vert./ horiz.Mob.	3,3	3,1	4	4	4,6	5,2	4	5,2
Vertikale Mobilität umfasst:								
- Aufwärtsmobilität (%)	36	35	35	36	38	31	25	27
- Abwärtsmobilität (%)	15	15	16	18	18	20	24	25
- Verhältnis Auf- / Abstiege	2,4	2,4	2,2	2	2,2	1,5	1,1	1,1
Frauen:								
Gesamtmobilität (%)	77	77	78	77	78	74	77	77
Gesamtmobilität umfasst:								
- vertikale Mobilität (%)	59	55	58	59	61	63	59	61
- horizontale Mobilität (%)	18	22	19	19	17	11	18	16
- Verhältnis vert./ horiz.Mob.	3,3	2,5	3	3,2	3,6	5,8	3,3	3,9
Vertikale Mobilität umfasst:								
- Aufwärtsmobilität (%)	26	26	31	31	34	36	30	33
- Abwärtsmobilität (%)	33	28	27	27	27	28	29	28
- Verhältnis Auf- / Abstiege	0,8	0,9	1,2	1,1	1,3	1,3	1	1,2

Quelle: Datenreport 2021, S. 311

Abb. 5.74 Gesamtmobilität

Eine summarische Darstellung der Entwicklung von Mobilitäten und Immobilitäten in der deutschen Gesellschaft gibt Abb. 5.74.

Die Gesamtmobilität, d. h. der Anteil derer, die eine andere Position einnehmen als ihre Väter, liegt bei den Männern im Westen zwischen 64 und 68 %; die Werte für die Männer in Ostdeutschland sind etwas geringer. Die Gesamtmobilitätsraten der Frauen in West und Ost sind durchgängig deutlich höher.

Diese Gesamtmobilität lässt sich in horizontale (Veränderung der Position auf gleicher Hierarchieebene) und vertikale (Auf- und Abstiege) Mobilität zerlegen. Die Analyse der vertikalen Mobilität zeigt, dass in Westdeutschland bei den Männern die Aufwärts- die Abwärtsmobilität deutlich übersteigt; bei den Frauen liegen die Werte weitaus enger beieinander. In den 1970er und 80er Jahren hatte noch die Abwärtsmobilität überwogen; das kehrt sich ab den 1990er Jahren um, die Quote der Abstiege liegt aber immer noch deutlich höher als bei den Männern. In Ostdeutschland finden sich bei den Männern deutlich höhere Werte der Abwärts- und geringere Werte der Aufwärtsmobilität als im Westen. Bei den Frauen fallen die Ost-West-Unterschiede geringer aus, aber auch hier liegen die Abstiegswerte bei den Frauen höher als bei den Männern.

5.5.5 Beitrag der verlaufsbezogenen Ansätze zur Sozialstrukturanalyse

Wissenschaftliche Sozialstrukturanalyse ist ohne den systematischen Einbezug von zeitlichen bzw. verlaufsbezogenen Perspektiven kaum denkbar. D. h. die verlaufsbezogenen Ansätze bieten sich als eine perfekte Ergänzung der eher erwerbsbezogenen sozioökonomischen Ansätze, aber auch der oft eher strukturbezogenen Ansätze der Intersektionalitätsforschung an. Schließlich sollte man sich vergegenwärtigen, dass die verlaufsbezogene Perspektive auf Sozialstrukturen einen idealen Ausgangspunkt für die Analyse von Migrationen und postmigrantischen Strategien darstellt. Leider stehen diese Ansätze von wenigen Ausnahmen abgesehen oft eher unvermittelt nebeneinander.

Die verlaufsbezogenen Forschungsansätze haben die Sozialstrukturanalyse um wesentliche Perspektiven aber auch um wesentliche Datenbestände bereichert. Das umfasst sowohl die qualitativen Ansätze aus der Biographieforschung wie auch die eher standardisierten Verlaufsdaten, wie sie im Kontext von Panelstudien oder retrospektiven Studien gewonnen wurden. Ein Blick auf die Verwendungsweisen der Daten des sozioökonomischen Panels zeigt dann aber auch, dass der Längsschnittcharakter dieser Daten und damit die Potentiale einer verlaufsbezogenen Analyse eher seltener genutzt werden.

Bezug der Modelle auf das analytische Raster
Die Lebensverlaufsforschung interessiert sich systematisch für Prozesse der temporalen und sozialen Kumulierung im Kontext von Lebens- oder Generationenverläufen. Sie birgt das Potential, die ungleichheitsrelevanten Prozesse in den verschiedenen Arenen in einen Zusammenhang zu bringen. Über den Lebensverlauf werden soziale Positionen zunächst im elterlichen Haushalt, später im Bildungssystem schließlich im Erwerbssystem bzw. in privaten Haushalten in eine temporale Ordnung gebracht.

D. h. die verlaufsbezogenen Ansätze können darüber informieren, wie der zeitgeschichtlich und räumlich variierende Möglichkeitsraum von sozialen Positionen von verschiedenen Akteuren bzw. Gruppen ausgehend von unterschiedlichen sozialen Startpunkten im Lebensverlauf genutzt wird.

Diskussion der Modelle in der Sozialstrukturanalyse
Wie eingangs bemerkt wurden die Ansätze der Lebensverlaufsforschung oftmals unabhängig von den Debatten der Sozialstrukturanalyse und der intersektionalen Forschung diskutiert. Das liegt vermutlich auch daran, dass die verlaufsbezogene Perspektive, die meist eher strukturell gesetzten Ordnungen von Großgruppen wie

Klassen, Schichten oder Milieus oder von Strukturdimension wie Geschlecht oder ethnischer Zurechnung konterkariert. Zudem ist zu konstatieren, dass das methodische Nebeneinander von Biographie- und Lebensverlaufsforschung eher distinkte Forschungswelten hervorgebracht hat. Huinink und Hollstein resümieren die jüngere Entwicklung: »Such integration of quantitative and qualitative analysis in the study of life courses (…) came to a standstill sometime during the last decade. (…). And even though life-course research today accounts for large portions of empirical research in German sociology, it remains separated into two ›camps‹ namely, a quantitative and qualitative one. (…) Institutional and cognitive hurdles to productive exchange seem to be higher than ever« (2021, S. 20 f.).

Für die Mobilitätsforschung ist unabhängig von den recht unterschiedlichen Paradigmen, mit denen gearbeitet wird, zu konstatieren, dass Aussagen über soziale Mobilität und ihre Folgen eine wichtige Ergänzung zur vorherrschenden Querschnittsperspektive auf die Sozialstruktur liefern. In der amerikanischen Sozialstrukturforschung der 1960er Jahre sollte die Überlegenheit der amerikanischen Gesellschaft im historischen Vergleich, im Vergleich mit dem alten Europa und im Vergleich mit den Sozialistischen Ländern herausgestellt werden. Auch wenn nur wenige dieser Hypothesen haltbar waren; zeichnen sich die ›entwickelten‹ Gegenwartsgesellschaften mehrheitlich durch hohe und recht ähnliche Mobilitätsraten aus. Dieses Bild bricht jedoch zusammen, wenn man die soziale Mobilität von Frauen einbezieht, und deren soziale Position nicht an der des Haushalts, sondern an der eigenen Erwerbsposition festmacht. Auch die Einbeziehung von Migrationsprozessen irritiert die Containermodelle von sozialer Mobilität. Die mit den klassischen Ansätzen der Mobilitätsforschung verbundene Ideologie der freien und offenen Gesellschaft scheint sich nur auf männliche und weiße Freiheiten zu beziehen.

Die Untersuchungen zum sozialen Raum machen deutlich, dass die beruflichen Positionen noch wenig darüber aussagen, wie sich mit sozialen Auf- und Abstiegen Habitusmuster verändern. Auch die im Raum der Lebensstile ausgetragenen Positionskämpfe werden über eine positionsbezogene Mobilitätsforschung nicht erfasst. Schließlich ist zu bedenken, dass die durchgängig positive Wertigkeit von sozialer Mobilität differenzierter zu betrachten ist:

- So sind in der Geschlechterperspektive die Wechselbeziehungen zwischen männlicher und weiblicher Mobilität zu berücksichtigen.
- Wenn die soziale Mobilität von gut qualifizierten Männern und Frauen mit einem Anstieg illegaler Arbeitsmigration (z. B. Reinigungs- und Pflegekräfte) einhergeht, ist auch dies zu berücksichtigen.
- Peter A. Berger (2001, S. 603) macht am Beispiel des Individualisierungstheorems auf die ambivalenten Konsequenzen von Mobilität aufmerksam; so könne

mit der Herauslösung aus Sozialmilieus auch eine Entwertung von Berufs- und
Lebenserfahrungen oder sich häufende Statusunsicherheiten einhergehen.

• Die ökonomisch begründete Forderung nach höherer Mobilität und Flexibilität
  ist stets mit Mobilitätskosten verbunden; umgekehrt können das Kennenlernen
  unterschiedlicher Berufsfelder und Milieus auch den Abbau von Vorurteilen und
  Prozesse sozialer Integration fördern.

Verwendung der Modelle
Angesichts der unzureichenden Integration insbesondere der klassischen Fragen der
Sozialstrukturanalyse mit den verlaufsbezogenen Forschungsansätzen spielen letztere im Kontext der Sozialstrukturanalyse leider eine eher marginale Rolle. Das ist
auch daran abzulesen, dass sie oftmals nicht in den über einführende Darstellungen
zur Sozialstrukturanalyse etablierten Kanon von Ansätzen aufgenommen wurden.

5.6   Globale und transnationale Ansätze

Die Ansätze und Modelle der Sozialstrukturanalyse sind, wie auch die Soziologie als Ganzes, in der Phase der Herausbildung und des Bedeutungszuwachses
der Nationalstaaten entstanden. In diesem Sinne war der nationalstaatlich abgegrenzte Rahmen oftmals auch der für selbstverständlich erachtete Referenzrahmen
für Sozialstrukturanalysen. Zugleich war die mit den Nationalstaaten entstandene
amtliche Statistik ein wichtiger Datenlieferant für quantifizierende Sozialstrukturanalysen; schließlich waren national- bzw. sozialstaatliche Instanzen auch
wichtige Adressaten von Sozialstrukturanalysen, das beginnt mit den Enqueten
des Vereins für Socialpolitik Ende des 19. Jahrhunderts und reicht bis zur Armuts-
und Reichtumsforschung heutiger Zeit. Auch wenn Theoretiker wie Karl Marx
bei ihren Analysen stets einen internationalen Bezug im Auge hatten, auch wenn
in den politischen Diskursen immer auch die Frage von Klasse und nationaler
Zugehörigkeit thematisiert wurde, setzt erst in den 1970er und 80er Jahren eine
systematische Reflexion dieses nationalen Bezugsrahmens ein.
   Diese kritische Reflexion des bislang gesetzten nationalstaatlichen Bezugsrahmens sozialwissenschaftlicher Forschung (methodologischer Nationalismus)
findet sich in allen sozialwissenschaftlichen Disziplinen – in Soziologie, Politik-
wissenschaften und Ökonomie, aber auch in der Geschichtswissenschaft. Das hat
dazu geführt, dass man es mit einem verwirrenden Geflecht von neuen und alten

Begriffen und mit einem breiten Spektrum von empirischen Zugängen und theoretischen Ansätzen zu tun hat. Eine Komplizierung geht schließlich mit der politischen bzw. normativen Verwendung dieser Begrifflichkeiten einher; so wurde insbesondere der Begriff der Globalisierung auch zu einem politisch aufgeladenen Begriff, in dem sich ›Globalisierungseuphorie‹ und ›Globalisierungskritik‹ trafen.

Pries hat eine Typologisierung von Untersuchungsperspektiven und Begrifflichkeiten vorgeschlagen. Dabei unterscheidet er absolutistische und relativistische Raumkonzepte (vgl. Abb. 5.75). Erstere charakterisiert er über die »wechselseitige Inklusion und Exklusion von Flächen- und Sozialraum. Jeder Flächenraum entspricht genau einem Sozialraum und umgekehrt«. Letztere konzipierten »Sozialräume als dauerhafte und dichte Interaktionsbeziehungen in unterschiedlichen

	Konfigurationstyp	Charakterisierung	Beispiele
Absolutistisches Raumkonzept	Inter-Nationalisierung	(wahrgenommene) Dominanz der Aufrechterhaltung/Stärkung der Beziehungen zwischen souveränen Nationalstaaten und Nationalgesellschaften	Europäische Gemeinschaft für Kohle und Stahl (EGKS); NATO; NAFTA; WTO
	Re-Nationalisierung	(Wieder-)Erstarken nationaler Container-Staaten bzw. -Gesellschaften; Stärkung bestehender Territorialgrenzen oder Aufteilung ehemals homogener bzw. homogen wahrgenommener Flächen-Sozialräume in neue kleinere ›Container‹ bzw. ›Container-Sozialräume‹	Auflösung der UdSSR oder Jugoslawiens; wirtschaftlicher Protektionismus (Agrarzölle EU und USA) und politische Abschottung (Migration)
	Supra-Nationalisierung	Ausdehnung des Konzepts und Gebildes souveräner Container-Staaten und -Gesellschaften über die Flächenraumebene der Nation hinaus auf die supranationale Ebene	Europäische Kommission; Europäischer Gerichtshof; Europäische Soziologische Vereinigung (ESA)
	Globalisierung	Stärkung der (Wahrnehmung von) weltweiten gesellschaftlichen Verflechtungsbeziehungen, Kommunikationen, sozialen Praktiken, Symbole, Ereignisse, Risiken, Rechte	Finanzströme; Erderwärmung; globale Diffusion von Informationen (CNN) und Technologien (Internet); ›McDonaldization‹
Relativistisches Raumkonzept	Glokalisierung	Produktion oder Stärkung des (wahrgenommenen) Zusammenhangs zwischen globalen und lokalen Phänomenen, Ereignissen, sozialen Praktiken etc.	Lokale Ursachen oder Folgen globaler Erwärmung, des globalen Internets oder globaler Symbolpräsenz (Hollywood)
	Diaspora -Internationalisierung	Produktion oder Stärkung plurilokaler Sozialräume mit klar fixiertem/wahrgenommenem Zentrum bzw. Heimat	Jüdische u. andere Diasporas; diplomatische Korps; globale oder fokale Unternehmen oder NGOs
	Trans-nationalisierung	Starke und dauerhafte gesellschaftliche Verflechtungen, die in mehreren Flächenräumen verankert sind und kein klares Zentrum-Peripherie-Verhältnis aufweisen	Transnationale Familien; multi-nationale oder transnationale Unternehmen oder NGOs

Quelle: Pries (2019, S. 193f)

Abb. 5.75   Idealtypen der Internationalisierung

Raumfigurationen. Ein Sozialraum kann unterschiedliche Flächenräume über-/ umspannen, umgekehrt können sich in einem Flächenraum unterschiedliche Sozialräume ›aufstapeln‹« (2019, S. 193 f.).

Für die im Kontext der Sozialstrukturanalyse verfolgten Fragestellungen kann das begriffliche Spektrum deutlich eingegrenzt werden. Der Begriff transnational sollte hier als ein Sammelbegriff für all jene Ansätze verstanden werden, die die Setzung von nationalstaatlichen Analysehorizonten systematisch hinterfragen. Es ist damit eine eher offene Frage, welche Rolle Nationalstaaten in einer transnationalen Perspektive spielen; das hängt auch von den je verfolgten Fragestellungen ab. Dabei sollte bedacht werden, dass die Reflexion der nationalstaatlichen Ebene auch implizieren kann, die Homogenität dieser Einheiten zu hinterfragen und die Bedeutung regionaler Disparitäten zu beleuchten. Der Begriff global wird dann genutzt, wenn es wie bei Pries ausgedrückt um weltumspannende Beziehungen und Phänomene geht.

Die transnationale Erweiterung des Analysehorizonts stellt die im nationalstaatlichen Kontext konzipierten Sozialstrukturanalysen vor neue theoretisch konzeptionelle Herausforderungen. Der nationalstaatliche Rahmen hatte nicht nur in einem räumlichen Sinne als Komplexitätsbegrenzer fungiert, er reduzierte auch das Feld der Akteure im Ungleichheitsgeschehen und den Horizont der ungleichheitsgenerierenden Praktiken. Schließlich formierte er auch die Kernfrage, an welchen Merkmalen sich soziale Ungleichheiten festmachen lassen.

Soziale Ungleichheiten wurden zunächst vor allem an der Frage der elementaren Lebens- und Arbeitsbedingungen (in einem Land) festgemacht. Es ging um die Möglichkeiten des Überlebens und um die Versorgung mit wichtigen materiellen Gütern. Eine weitere Perspektive auf Ungleichheiten eröffnet sich mit der Bourdieuschen Frage nach verschiedenen – ökonomischen, kulturellen, sozialen und symbolischen – Kapitalien. Wenn nun der nationalstaatliche Rahmen als eine zunächst nicht hinterfragte Setzung in die Analyse einbezogen wird, muss das Verständnis von Ungleichheiten erweitert werden. In transnationaler Perspektive werden alle Faktoren, die sich für die Staatsbürger_innen eines Landes relativ ähnlich darstellen mögen, zu ungleichheitsrelevanten Fragen; das betrifft z. B. materielle aber auch immaterielle Infrastrukturen oder die bürgerlichen, politischen und sozialen Rechte, die in nationalstaatlicher Perspektive allen Bürger_innen in einer (mehr oder weniger) gleichen Weise zur Verfügung stehen. Das betrifft aber auch die Verhältnisse zwischen den Nationalstaaten, Verhältnisse von Krieg und Frieden, die globalen Handelsbeziehungen oder Möglichkeiten der Migration. Somit wird die Frage, wer in welchem Nationalstaat geboren wird, zu einer zentralen Frage sozialer Ungleichheit. Ayelet Shachar (2009) hatte dies pointiert, als sie von einer ›Birthright Lottery‹ sprach. Auch die Fragen der Transmigration, der Teilhabe und der Erlangung staatsbürgerlicher Rechte werden zu Fragen der sozialen Ungleichheit.

Die hier vorzustellenden Ansätze, die einer transnationalen Perspektive verpflichtet sind, haben zunächst nur die Hinterfragung dieses lange für selbstverständlich erachteten Bezugsrahmens gemein. Ausgehend von dieser Kritik an einem ›Container-Denken‹ wurden dann unterschiedliche Wege der theoretischen und empirischen Analyse eingeschlagen. Im Folgenden wird von vier Typen von transnationalen Ansätzen ausgegangen; sie unterscheiden sich vor allem entlang der Konzeption verschiedener Gegenstandsbereiche der empirischen Forschung: Zum einen Ansätze, die sich in einer vergleichenden Forschungstradition mit den Sozialstrukturen verschiedener Länder beschäftigten; zum zweiten Ansätze, die über den Vergleich hinaus nach Interdependenzen und Machtbeziehungen fragen, die sich in globalen oder weltregionalen Zusammenhängen einstellen; zum dritten Ansätze, die sich für die Analyse transnationaler Mobilität und die sich daraus ergebenden Verflechtungen interessieren; schließlich Ansätze, die danach fragen, wie weit sich die in nationalstaatlichen Zusammenhängen beobachtbaren Strukturen sozialer Großgruppen auch im globalen Maßstab finden lassen. Angesichts der eingangs skizzierten Vielschichtigkeit des Forschungsfeldes ist eine ›saubere‹ Abgrenzung der Ansätze nicht immer möglich.

5.6.1 Europäisch und global vergleichende Forschungen

Ländervergleichende Forschungen waren schon immer ein wichtiges Instrument der Wissenschaften von der sozialen Welt. Sie wurden stets auch im politischen Feld genutzt, um im nationalistischen oder chauvinistischen Sinne, im Sinne von Fortschrittsgeschichten (Modernisierung, Tertiarisierung) oder im Sinne der Kritik Differenzen zu instrumentalisieren. Das gilt auch für die seit den 1980er Jahren beobachtbaren Forschungen und Diskurse.

5.6.1.1 Europäische Vergleiche

Mit dem Ende des Kalten Krieges und der damit verbundenen Blockkonstellationen (in der Welt wie in Europa) und mit der verstärkten Integration bzw. der Erweiterung der EU entwickelten sich neue Fragen und Perspektiven auf die Rolle der Nationalstaaten und auf alte und neue soziale Ungleichheiten im europäischen Kontext. Vor allem in den 2000er Jahren erschien eine große Zahl von Publikationen, die sich mit europäischen Nationalgesellschaften und mit Prozessen der Europäisierung befassten. Exemplarisch sei auf das Sonderheft ›Europäisierung

nationaler Gesellschaften‹ der Kölner Zeitschrift für Soziologie und Sozialpsychologie verwiesen (Bach 2000); ihm folgten viele weitere Publikationen. Sie
fokussierten auf eine eher konzeptionelle Perspektive, z. B. Beck (1997) bzw.
Beck und Grande (2004), Hettlage und Müller (2006) oder Münch (2008), waren
stärker an empirischen Analysen orientiert, z. B. Heidenreich (2006), Hradil
(2006) oder Mau und Verwiebe (2008), oder folgten eher einer sozialhistorischen
Perspektive, z. B. Crouch (1999), Therborn (2000) oder Kaelble (2007).

Mau und Verwiebe machen deutlich, dass die europäisch vergleichende Forschung vor allem darauf zielte, Prozesse der langfristigen Konvergenz aufzeigen
zu können. »Allerdings hat sich diese Erwartung nur unvollständig erfüllt.
Trotz erheblicher regionalpolitischer Investitionen gelang allenfalls, das Wohl-
standsgefälle in Europa langsam zu verringern. Im globalen Vergleich stellt
sich Europa zwar als Wohlstandsinsel dar, aber die internen Disparitäten sind
noch immer beträchtlich« (2018, S. 267). Das zeigt sich bereits an wichtigen
sozioökonomischen Eckdaten der EU-Länder bzw. wichtiger Bezugsländer (vgl.
Abb. 5.76).

Einen genaueren Einblick in die Ungleichheitsstrukturen der europäischen
Gesellschaft(en) gibt die Untersuchung von Blanchet, Chancel und Gethin (2019).
Für die Analysen werden Daten aus Befragungen, die typischerweise das sehr
reiche Bevölkerungssegment unzureichend repräsentieren, und Daten aus der
Steuerstatistik, die typischerweise die geringer verdienende Bevölkerung schlechter erfassen, zusammengeführt. Der Zugriff auf Mikrodaten ermöglicht drei
unterschiedliche Perspektiven auf Einkommensungleichheiten in Europa: Einkommensungleichheiten zwischen europäischen Ländern (und Ländergruppen),
Einkommensungleichheiten innerhalb europäischer Länder (und Ländergruppen)
und schließlich Einkommensungleichheiten innerhalb Europas (unabhängig von
der Länderzugehörigkeit). Dadurch, dass die Untersuchung auch Daten aus der
Zeit vor dem Zusammenbruch der sozialistischen Länder einbezieht, kommt eine
weitere Erkenntnisebene hinzu. Es wurden alle europäischen Länder, für die
Daten verfügbar waren, einbezogen.

Wenn man als erstes die Einkommenspositionen – die Daten beziehen sich
zunächst auf Vorsteuer-Einkommen – der einzelnen Länder betrachtet, die ja
auch in der obigen Tabelle an den BIP pro Kopf erkennbar werden, wird deutlich, dass sich die Länder, wie an einer Perlenschnur aufreihen; d. h. es gibt
deutliche aber fein graduierte Unterschiede zwischen den Ländern. Am unteren
Ende der Verteilung finden sich neben Moldawien die Länder des ehemaligen
Jugoslawien sowie Bulgarien und Rumänien. An der Einkommensspitze liegen
Norwegen und Schweden, Luxemburg und Island sowie die Schweiz. Wenn man

	Arbeitsmarkt			Bildung	Einkommen	
	Erwerbstätigen quote (20-64 J.) Männer	Erwerbstätigen quote (20-64 J.) Frauen	Arbeitslosen- quote (15-74 J.)	Höchster Abschluss Sek. I (25-64 J.)	Reales BIP pro Kopf	Gini des Äquivalenzein- kommens
EU - 28	79,6	68,2	6,3	21,3	28.610	30,7
Luxemburg	77,2	68,1	5,6	20,7	83.640	32,3
Norwegen	82,0	76,8	3,7	16,8	69.560	25,4
Schweiz	87,3	78,6	4,4	11,0	62.780	30,6
Irland	81,4	69,0	5,0	16,3	60.170	28,3
Dänemark	81,9	74,7	5,0	18,4	49.720	27,5
Schweden	84,4	79,7	6,8	13,9	43.920	27,6
Niederlande	84,8	75,5	3,4	20,4	41.870	26,8
Island	88,6	83,0	3,5	21,4	39.150	23,2*
Österreich	81,2	72,4	4,5	14,4	38.170	27,5
Finnland	78,5	75,8	6,7	9,9	37.230	26,2
Belgien	74,5	66,5	5,4	21,3	35.950	25,1
Deutschland	84,6	76,6	3,1	13,4	35.840	29,7
Frankreich	75,3	68,1	8,1	19,5	33.270	29,2
Verein. Königreich	84,0	74,6	3,8	18,9	32.910	33,5*
Italien	73,4	53,8	10,0	37,8	26.910	32,8
Spanien	74,0	62,1	14,1	38,7	25.200	33,0
Zypern	81,7	70,1	7,1	17,5	24.530	31,1
Malta	86,5	65,8	3,6	44,2	21.960	28,0
Slowenien	79,7	72,9	4,5	11,2	20.700	23,9
Portugal	79,9	72,7	6,5	47,8	18.630	31,9
Tschechien	87,7	72,7	2,0	6,2	18.330	24,0
Griechenland	71,3	51,3	17,3	23,2	17.750	31,0
Slowakei	79,9	66,9	5,8	8,6	15.860	22,8
Estland	84,0	76,3	4,4	9,8	15.760	30,5
Litauen	79,0	77,4	6,3	5,0	14.010	35,4
Ungarn	83,1	67,6	3,4	15,0	13.270	28,0
Polen	80,7	65,3	3,3	7,4	13.020	28,5
Lettland	79,3	75,5	6,3	8,8	12.510	35,2
Kroatien	72,0	61,5	6,6	14,2	12.450	29,2
Türkei	73,2	34,4	13,7	61,1	11.500	41,7
Rumänien	80,3	61,3	3,9	21,0	9.110	34,8
Bulgarien	79,3	70,7	4,2	17,5	6.840	40,8

* Daten aus 2018
Quelle: Eurostat – Datenbank

Abb. 5.76 Sozioökonomische Eckdaten der EU-Länder 2019

die Extreme betrachtet, wird deutlich, dass die Abstände zwischen den reichsten und ärmsten Ländern recht groß sind; zwischen den Extremen finden sich dann jedoch eher feine Abstufungen. In etwas abgeschwächter Formen finden sich diese Länderdifferenzen wieder, wenn man die Länder zu geographischen Regionen zusammenfasst; dann lässt sich auch die zeitliche Entwicklung einfacher beobachten (vgl. Abb. 5.77).

Auf den ersten Blick werden relativ stabile Positionierungen der europäischen Regionen in der Verteilungsstruktur deutlich; so verfügen die westlichen Länder durchgängig über 120 bis 125 % des durchschnittlichen Einkommens; die

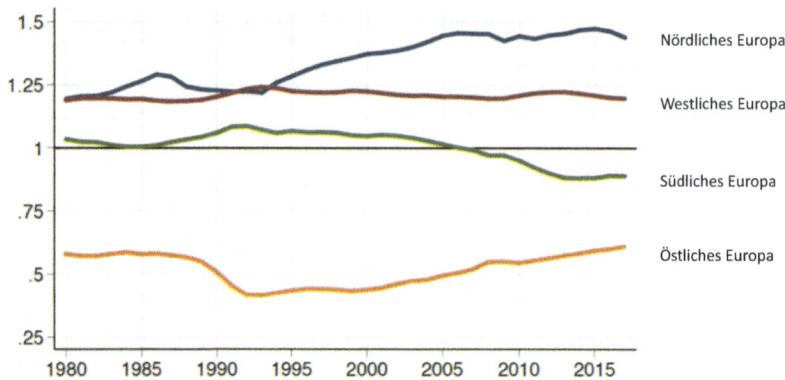

Regionales Pro-Kopf-Einkommen bezogen auf das europäische Pro-Kopf-Einkommen
Quelle: Blanchet/ Chancel/ Gethin (2019, S. 26)

Abb. 5.77   Entwicklung der relativen Einkommensposition europäischer Regionen

nördlichen Länder können ihren Anteil dabei deutlich ausbauen. Im südlichen
Europa zeigt sich, dass die mittlere Position seit Mitte der 2000er Jahre nicht
mehr gehalten werden kann. Insbesondere Spanien, Portugal, Griechenland und
Italien waren von der Weltfinanzkrise bzw. der Eurokrise in besonderem Maße
betroffen. Für die östlichen Länder zeigt sich zunächst der ökonomische Niedergang nach dem Zusammenbruch der alten Wirtschaftssysteme; dann setzt ein
beständiges Aufholen ein, das zum einen der wirtschaftlichen Entwicklung aber
auch den Transferleistungen der EU geschuldet ist. So liegen die Wachstumsraten der östlichen Länder in den beiden 2000er Dekaden bei 2,9 %, während
die der übrigen Länder bei 0,4 bzw. 0,8 % lagen. Summarisch betrachtet lassen
sich in der Entwicklung der Ungleichheiten zwischen den Ländern keine klaren
Trends ausmachen; erstaunlich ist die doch eher stabile Konstellation, ungeachtet
der sich stark verändernden politisch ökonomischen Rahmenbedingungen.

Die Einkommensunterschiede innerhalb der Länder haben sich zwischen 1980
und 2017 erhöht. Exemplarisch lässt sich dies an der Entwicklung des Einkom-
mensanteils der wohlhabendsten 10 % der Bevölkerung aufzeigen. Die Verläufe
sind jedoch regional aber auch periodenspezifisch sehr unterschiedlich (vgl.
Abb. 5.78).

Bis 2005 kommt es in allen Regionen zu einem deutlichen Anstieg der Einkommensungleichheiten in den Ländern. Am ausgeprägtesten ist dies in den
osteuropäischen Ländern, wo der politisch-ökonomische Systemwechsel und die

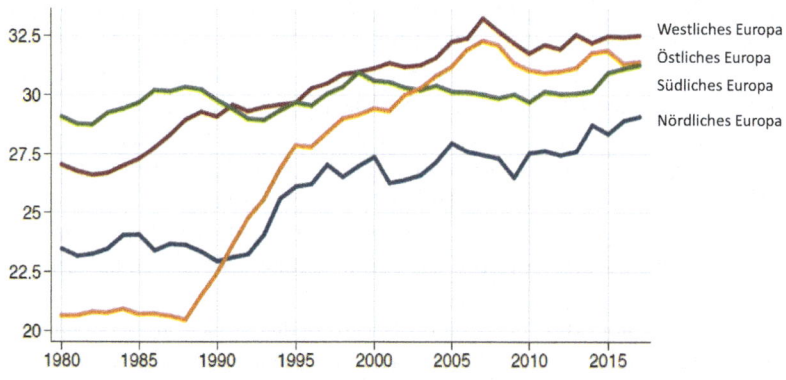

Einkommensanteil des reichsten Einkommensdezils in %
Quelle: Blanchet/ Chancel/ Gethin (2019, S. 31)

Abb. 5.78 Entwicklung der Einkommensungleichheit in europäischen Regionen

mit den wirtschaftlichen (und politischen) Transformationen und der Finanzialisierung zusammenhängenden Ungleichheitszuwächse zusammenfallen; hier betragen die Veränderungen mehr als 10 Prozentpunkte. Etwas mehr als 5 Prozentpunkte sind es bei unterschiedlichen Ausgangsniveaus in den Ländern des westlichen und nördlichen Europa. Vergleichsweise gering sind die Zuwächse in den südlichen Ländern Europas; hier geht also ein Abfall in der durchschnittlichen Einkommensposition mit einem deutlich stabileren Ungleichheitsgeschehen als in den anderen Regionen einher. Gehörten die südlichen Länder 1980 zu den Ländern mit der höchsten Ungleichheit, liegen sie 2017 im Mittelfeld. Mit den Einkommenszuwächsen der obersten 10 % gehen Verluste der anderen Gruppen einher; bei den unteren 50 % der Verteilung ist in dem beobachteten Zeitraum ein Verlust von etwa 7,7 Prozentpunkten zu beobachten. Im Westen sind es 3,7, im Süden und im Norden sind es nur etwas mehr als 2 Prozentpunkte. Die Zuwächse der Ungleichheiten fallen vor allem in die Jahre zwischen 1990 und 2005; danach kommt es über alle Regionen betrachtet zu einer Stabilisierung.

Die Ungleichheiten zwischen den Staatsbürger_innen der hier untersuchten europäischen Länder nehmen zu. Das betrifft insbesondere die Zuwächse bei den obersten 10 %; ihr Anteil wächst recht kontinuierlich von 29 auf 34 %. Bei den unteren 50 % kommt es bis 1990 zu einem Rückgang von 24 auf 20 %; danach bleibt dieser Anteil doch recht stabil (Blanchet et al. 2019, S. 36). Das spiegelt sich in der jährlichen Wachstumsrate des Einkommens; sie liegt für die

unteren 50 % bei 0,8 %, für die oberen 10 % bei 1,6 % und für das oberste
Promille bei 2,6 % (S. 38). Der Theil-Index, der Einkommensverteilungen summarisch beschreibt, steigt von mehr als 0,4 im Jahr 1980 auf fast 0,6 im Jahr
2005; danach geht er leicht zurück. Der Theil-Index ermöglicht es, die Effekte
der Ungleichheiten innerhalb der Länder und zwischen den Ländern zu unterscheiden. Das Gros der Einkommensungleichheiten und auch des Anstiegs geht
auf die Ungleichheiten innerhalb der Länder zurück; sie steigen von 0,3 auf etwa
0,45. Der Beitrag der Ungleichheit zwischen den Ländern verharrt recht stabil
bei etwas mehr als 0,1. (Angaben aus einem Vortrag der Autoren aus dem Jahr
2021).

Die Armutsquote (60 % des europäischen Medians) ist von 20 % auf 22 %
angestiegen; hatte aber in den 1990er Jahren bei mehr als 25 % gelegen.

In Abb. 5.79 wird gezeigt, wie sich die europäischen Perzentilgruppen auf
einzelne Länder bzw. Regionen verteilen. So leben die unteren 10 % der europäischen Verteilung zu 40 % in den Ländern des östlichen Europa. Von den oberen
90 % leben etwa 25 % in Deutschland.

Bei den bislang betrachteten Einkommen wurden die staatlichen Umverteilungen nicht berücksichtigt. Bezieht man diese ein, steigen die Einkommen im
untersten Bereich im Durchschnitt um ca. 25 %, am 40 %-Perzentil sind es
noch 10 %; ab dem 80 %-Perzentil kommt es zu Einkommensverlusten, die im
obersten Bereich etwa 20 % ausmachen. Dieses Umverteilungsmuster gestaltet
sich jedoch regional recht unterschiedlich; es ist in West- und (bei geringeren

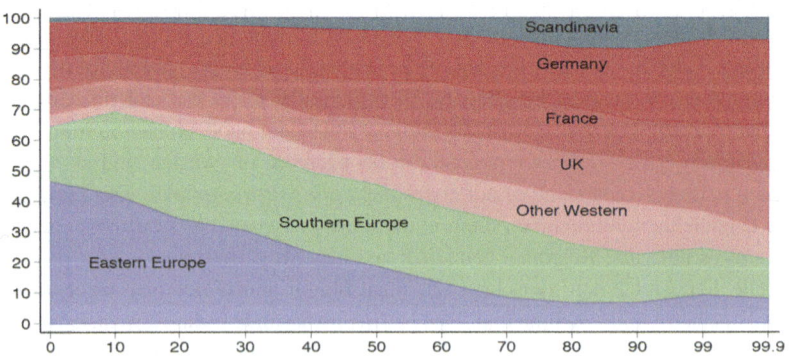

Quelle: Blanchet/ Chancel/ Gethin (2019, S. 26)

Abb. 5.79 Verteilung der europäischen Perzentilgruppen auf einzelne Länder (2017)

Ausgangswerten) in Nordeuropa am ausgeprägtesten. In Osteuropa am geringsten. Die südlichen Länder bewegen sich dazwischen; die stärkste Umverteilung findet hier bei den hohen Einkommen statt, die unteren profitieren kaum von Umverteilungen.

5.6.1.2 Globale Vergleiche

In den wissenschaftlichen und politischen Debatten um Prozesse der Transnationalisierung spielte neben der europäischen vor allem die globale Perspektive eine wesentliche Rolle. Wenngleich weiter zurückreichende Daten zur Einkommensverteilung im Weltmaßstab nicht besonders zuverlässig sind, kann davon ausgegangen werden, »dass um 1500 die Unterschiede im Wohlstand zwischen den Ländern gering waren«. Das änderte sich in der frühen Phase des Welthandels, des Sklavenhandels, der Kolonisierung und der Plantagenwirtschaft. »Zwischen 1500 und 1800 erarbeiteten sich die heutzutage reichen Länder einen kleinen Vorsprung« (Allen 2015, S. 9). 1820 liegen die Niederlande und Großbritannien an der Spitze der Prokopf-Einkommen (BIP), sie verfügen über das mehr als 2,5-fache des Weltdurchschnitts; am unteren Ende finden sich die Subsahara-Länder, die nur das 0,6-fache des Durchschnitts erzielen. Das Verhältnis der ärmsten zu den reichsten Regionen liegt bei 1:4. Dann wird ein Prozess erkennbar, der von Kenneth Pomeranz (2000) als ›Great Divergence‹ bezeichnet wird (vgl. Abb. 5.80).

Die 1820 reichen Länder können ihre relative Einkommensposition ausbauen; viele asiatische, einige südamerikanische, die nordafrikanischen und vor allem die Subsahara-Länder fallen relativ betrachtet gegenüber der weltdurchschnittlichen Entwicklung deutlich zurück. Am deutlichsten wird diese relative Entwicklung am Beispiel Chinas, das in weiten Teilen des 20. Jahrhunderts nur ein Drittel des Weltdurchschnitts erreicht. »Die asiatischen Staaten wurden im 19. Jahrhundert vom Weltzentrum der Güterproduktion zu klassischen unterentwickelten Ländern, die sich auf die Produktion und den Export von landwirtschaftlichen Gütern spezialisierten« (Allen 2015, S. 12). Absolut betrachtet sehen die Entwicklungen jedoch oft anders aus; auch im Subsahara Afrika kommt es zu einem leichten Wachstum; dieses bleibt aber gegenüber der weltwirtschaftlichen Entwicklung zurück. Seit der zweiten Hälfte des 20. Jahrhunderts setzen vor allem in verschiedenen Regionen Asiens Aufholprozesse ein, deren Timing variiert.

Andere Regionen bleiben aber zurück. Während sich die nordafrikanischen Länder auf einem gewissen Anteil stabilisieren, fallen die Länder südlich der Sahara relativ betrachtet weiter zurück. Dementsprechend weitete sich das Verhältnis zwischen reichsten und ärmsten Weltregionen und liegt 2008 bei 1:22; Pomeranz (2018, S. 65) gibt sogar ein Verhältnis von 1:40 an. Auf mögliche

	1820		1913		1940		1989		2008	
	abs.	rel.	abs.	rel.	abs.	rel.	abs.	rel.	abs.	rel.
Großbritannien	1706	2,56	4921	3,23	6856	3,50	16414	3,20	23742	3,12
Niederlande	1838	2,76	4049	2,66	4832	2,47	16695	3,25	24695	3,24
übriges Westeuropa	1101	1,65	3608	2,37	4837	2,47	16880	3,29	21190	2,78
europäischer Mittelmeerraum	945	1,42	1824	1,20	2018	1,03	11129	2,17	18218	2,39
Nordeuropa	898	1,35	2935	1,93	4534	2,32	17750	3,46	25221	3,31
USA, Kanada, Neuseel., Austral.	1202	1,80	5233	3,43	6838	3,49	21255	4,14	30152	3,96
Osteuropa	683	1,03	1695	1,11	1969	1,01	5905	1,15	8569	1,13
UdSSR	688	1,03	1488	0,98	2144	1,09	7112	1,39	7904	1,04
Argentinien, Uruguay, Chile	712	1,07	3524	2,31	3894	1,99	6453	1,26	8885	1,17
übrig. Lateinamerika	636	0,95	1132	0,74	1551	0,79	4965	0,97	6851	0,90
Japan	669	1,00	1387	0,91	2874	1,47	17943	3,50	22816	3,00
Taiwan und Südkorea	591	0,89	835	0,55	1473	0,75	8510	1,66	20036	2,63
China	600	0,90	552	0,36	562	0,29	1834	0,36	6725	0,88
Indischer Subkontinent	533	0,80	673	0,44	686	0,35	1232	0,24	2698	0,35
übriges Ostasien	562	0,84	830	0,54	840	0,43	2419	0,47	4521	0,59
Naher Osten, Nordafrika	561	0,84	994	0,65	1600	0,82	3879	0,76	5779	0,76
Afrika südlich der Sahara	415	0,62	568	0,37	754	0,39	1166	0,23	1387	0,18
Welt	666	1,00	1524	1,00	1958	1,00	5130	1,00	7614	1,00
weltweites Wachstum	100%		229%		294%		770%		1143%	
Relation ärmste : reichste Reg.	1:4		1:9		1:12		1:18		1:22	

Eigene Berechnungen nach Daten aus Allen (2015, S. 10)

Abb. 5.80 Entwicklung der absoluten und relativen Bruttoinlandsprodukte pro Kopf im Weltmaßstab

Erklärungen dieser global betrachtet doch recht unterschiedlichen Entwicklungen wird weiter unten noch eingegangen.

Zu den zentralen Punkten der von Branco Milanović und anderen vertretenen Argumentation gehört der Befund, dass in den letzten Jahrzehnten die weltweite Ungleichheit zwischen den Ländern eher abgenommen habe; demgegenüber haben die Ungleichheiten innerhalb der Länder eher zugenommen. Die Entwicklung der Ungleichheit zwischen den Ländern hatte sich in den 1960er und 70er Jahren kaum verändert. Betrachtet man zunächst die ungewichteten Daten so kommt es dann in den 1980er und 90er Jahren zu einem Zuwachs der Ungleichheit,»weil Lateinamerika und Osteuropa (Weltregionen, die in der internationalen Verteilung des Pro-Kopf-BIP im Mittelfeld liegen) in dieser Zeit lange Rezessionen oder Wirtschaftskrisen durchmachten. (…) In Afrika kam das Wachstum in den neunziger Jahren praktisch zum Stillstand (…). In den reichen Ländern setzte sich das Wirtschaftswachstum in dieser Zeit fort, wenn die Zuwächse auch nicht spektakulär ausfielen« (2016, S. 175). Nach 2000 kommt »das Wachstum jedoch in allen drei Regionen (Lateinamerika, Osteuropa und Afrika) in Gang, und als die reichen Länder von der Finanzkrise erfasst wurden, näherten sich die Einkommen tatsächlich an« (S. 176). Immer bedeutsamer werden schließlich

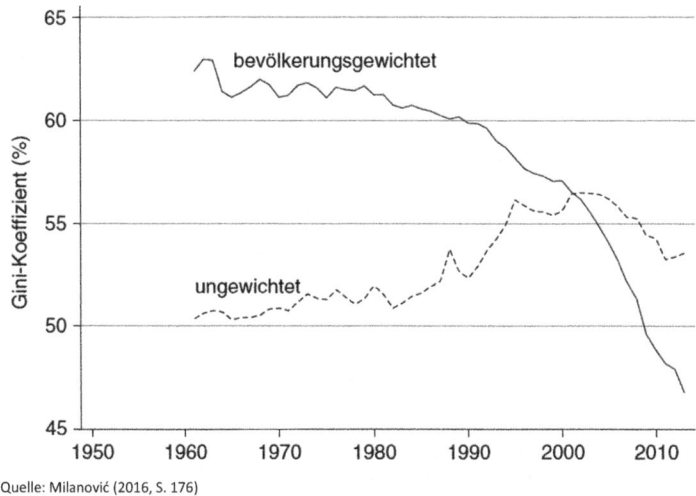

Quelle: Milanović (2016, S. 176)

Abb. 5.81   Einkommensungleichheit zwischen Ländern, 1960–2014

Wachstumsprozesse in China, Indien und anderen Schwellenländern insbesondere Asiens.

Berücksichtigt man bei der Berechnung der Gini-Indices zwischen den Ländern die Größe der Bevölkerung verändert sich das Bild (vgl. Abb. 5.81). Seit den 1980er Jahren kommt es zu einem deutlichen Rückgang der Ungleichheiten zwischen den Ländern. Auch wenn man China aus der Berechnung herausnimmt, lässt sich der Trend noch beobachten. Dennoch wirkt sich »das Pro-Kopf-Wachstum in China und Indien sowie die Entwicklung in den Vereinigten Staaten erheblich auf die globale Einkommenskonvergenz aus (…). Es gibt allerdings noch weitere bevölkerungsreiche Länder, die an Bedeutung für diesen Prozess gewinnen« (S. 177). Das sind z. B. Brasilien, Südafrika, Indonesien oder Vietnam.

Während die Ungleichheiten zwischen den Ländern in den letzten Jahrzehnten zurückgehen, kommt es innerhalb der Länder fast durchgängig zu einem Zuwachs von Einkommensungleichheit. In der Abb. 5.82 wurde für ausgewählte Länder die Entwicklung der Gini-Indices zwischen 1990 und 2015 verglichen. Die Größe der Punkte steht für deren Bevölkerungszahl; damit wird deutlich, welche Rolle die von Milanović vorgenommene Bevölkerungsgewichtung spielt.

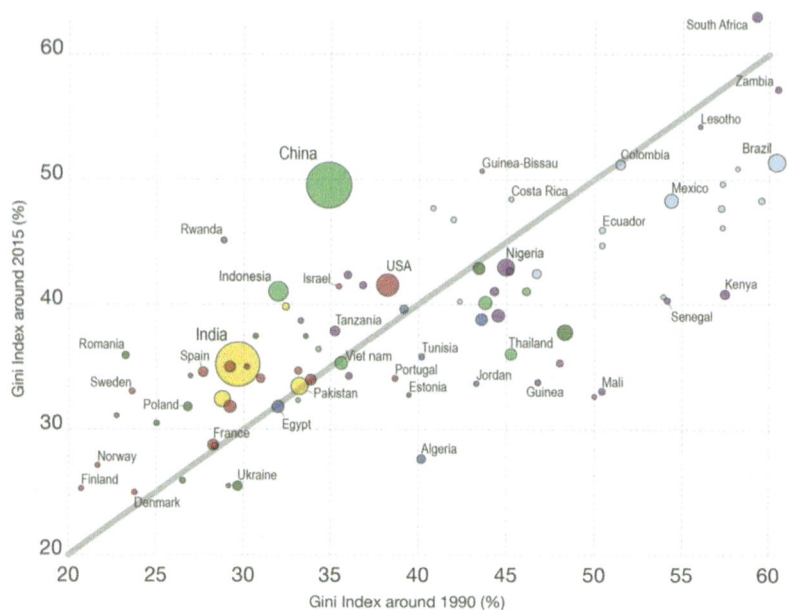

Quelle: Hasell/ Morelli/ Roser (2019, S. 209)

Abb. 5.82   Entwicklung der Gini-Indices ausgewählter Länder

Bei allen Ländern unterhalb der Diagonalen verringern sich in dieser Zeitspanne die Gini-Indices; oberhalb der Diagonalen sind bei verschiedenen Ausgangsniveaus Zuwächse der Einkommensungleichheit zu verzeichnen. Dabei wird deutlich, dass das durchschnittliche Einkommenswachstum in China mit einem erheblichen Zuwachs der Ungleichheiten – sie hatte 1975 bei etwa 0,25 gelegen (Milanović 2016, S. 188) – einhergeht; das zeigt sich auf etwas geringerem Niveau auch für Indien. Wie bereits dargestellt kommt es auch in vielen Ländern mit einer eher unterdurchschnittlichen Ungleichheit zu Zuwächsen, wie sich an den skandinavischen Ländern aber auch an Deutschland zeigt. Der Datenpunkt für Deutschland ist in der Graphik nicht beschriftet und liegt oberhalb von Frankreich; für Russland liegen für diese Zeitspanne keine verlässlichen Angaben vor.

Entlang der unterschiedlichen Niveaus von Einkommensungleichheiten, hier gemessen am Anteil des Nationaleinkommens, den das reichste Dezil (die obersten 10 %) der Bevölkerung auf sich vereinen kann, lassen sich doch recht unterschiedliche Ungleichheitsregime unterscheiden. Der von Piketty vorgeschlagene Begriff des Ungleichheitsregimes verknüpft den des politischen Regimes und den des »Eigentumsregimes (und weiterhin des Bildungs- und Steuersystems)« und soll ihre Zusammengehörigkeit verdeutlichen. (…) Das entscheidende Faktum ist, dass die zeitgenössische Ungleichheit zutiefst durch das System von Grenzen und Nationalitäten und die mit ihm verknüpften politischen wie sozialen Rechte strukturiert wird« (2020, S. 20). Während in der eurozentrischen Perspektive typischerweise ein koordiniertes (zentrale europäische Länder) und ein liberales (angloamerikanische Länder) Modell unterschieden wird, zeigt sich in den BRICS-Staaten (Brasilien, Russland, Indien, China und Südafrika) ein gemischtes Bild (vgl. Abb. 5.83).

China und Russland sind zwischen den USA und Europa positioniert; Indien und Brasilien weisen ein deutlich höheres Ungleichheitslevel auf als die USA. Südafrika erreicht schließlich das Ungleichheitsniveau der Erdölstaaten im Nahen Osten; die Ursachen der Ungleichheit sind jedoch andere. Piketty bemerkt dazu: »Die größten Ungleichheiten weisen zu Beginn des 21. Jahrhunderts die Länder auf, in denen es früher Diskriminierung von Gesetz wegen oder wegen

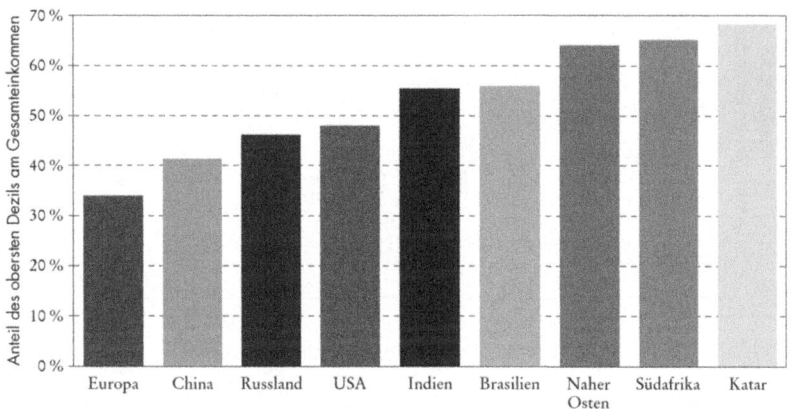

Quelle: Piketty (2020, S. 816)

Abb. 5.83 Ungleichheitsregime ausgewählter Weltregionen 2018

der Hautfarbe gab oder weil sie in der Vergangenheit Kolonien oder Sklaven-
haltergesellschaften waren. Das trifft für Südafrika zu (…) oder für Brasilien
(…). Rassendiskriminierung und ihre Vergangenheit als Sklavenhaltergesellschaft
sind auch Teile der Erklärung, warum die Vereinigten Staaten inegalitärer sind
als Europa und mehr Schwierigkeiten haben, sozialdemokratische Institutionen zu errichten« (2020, S. 819). Für die Erdölstaaten verweist er auf die
»Konzentration von Ölvorkommen in kleinen Gebieten mit einer im Vergleich
zur gesamten Region geringen Bevölkerungszahl. Das Öl (…) verändert den
Reichtum der Finanzmittel auf Dauer; die Finanzmärkte und das internationale
Rechtssystem spielen dabei eine vermittelnde Rolle. Diese ausgeklügelten Mechanismen machen das außerordentlich hohe Niveau der Ungleichheit in der Region
verständlich« (S. 819 f.).

In Abb. 5.84 wird erkennbar, welche Rolle die ganz unterschiedlichen
Umverteilungspolitiken der Nationalstaaten für eine Reduktion der Einkommensungleichheiten in ausgewählten Ländern spielen.

Wenn man die am weitesten rechts angeordneten Länder vergleicht, wird deutlich, wie ausgehend von recht ähnlichen Ungleichheiten der Markteinkommen

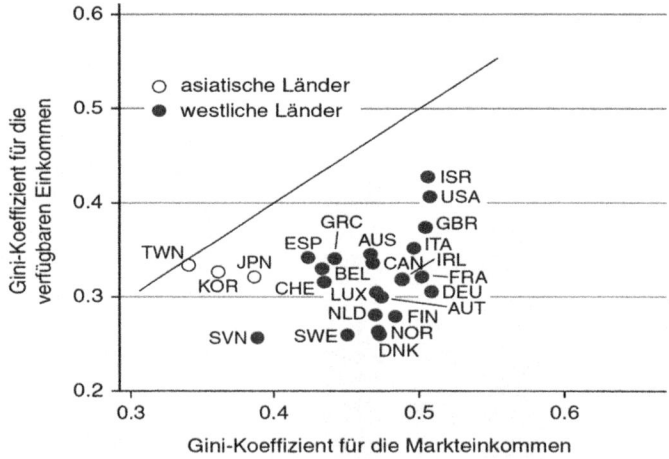

Asien: JPN Japan, KOR Südkorea, TWN Taiwan. Westliche Länder: AUS Australien, AUT Österreich, BEL Belgien, CAN Kanada, CHE Schweiz,
DEU Deutschland, DNK Dänemark, ESP Spanien, FIN Finnland, FRA Frankreich, GBR Großbritannien, GRC Griechenland, IRL Irland, ISR Israel,
ITA Italien, LUX Luxemburg, NLD Niederlande, NOR Norwegen, SVN Slowenien, SWE Schweden, USA Vereinigte Staaten
Quelle: Milanović (2016, S. 231)

Abb. 5.84 Gini-Indices der Markteinkommen und der verfügbaren Einkommen in ausgewählten Ländern

durch die Grade der Umverteilung ganz erhebliche Unterschiede in der Ungleichheit der verfügbaren Einkommen entstehen. Während die Reduktion in den USA
aber auch in Israel recht gering ausgebildet ist, kommt es in Deutschland und
Frankreich zu einer deutlichen Reduktion. Am stärksten ist diese bei etwas niedrigeren Ausgangswerten in den skandinavischen Ländern ausgebildet. Es wird aber
auch eine Gruppe von asiatischen Ländern erkennbar, Japan, Korea und Taiwan,
wo bereits die Markteinkommen deutlich weniger ungleich verteilt sind und die
nationalstaatliche Umverteilung dann recht gering ausfällt, was die Nähe zur Diagonalen indiziert. D. h. es lassen sich unterschiedliche Strategien erkennen, die
Einkommensungleichheiten zu begrenzen.»Um die Ungleichheit der verfügbaren Einkommen auf ein bestimmtes Maß zu verringern, kann man also entweder
hohe Steuern und Transfers einsetzen oder eine relativ ausgewogene Ausstat-
tungsstruktur durch geringfügige staatliche Eingriffe ergänzen« (Milanović 2016,
S. 232).

Heinz Bude versucht, die von Milanović vertretene Argumentation zu verdichten; so werde, von einigen afrikanischen Ländern abgesehen, eine»Aufstiegsge-
schichte aus der Sicht des globalen Südens« und eine»Abstiegsgeschichte aus der
Sicht des globalen Nordens« erkennbar.»Wenn man den zwischenstaatlichen und
den binnenstaatlichen Lebensstandard unterscheidet, kommt man zu dem Ergebnis, dass im Blick auf die Verhältnisse sozialer Ungleichheit alles besser und
schlechter zugleich wird. (…) Derzeit überflügelt die erste Bewegung die zweite,
weshalb man sich damit beruhigen kann, dass sich die Ungleichheit insgesamt
reduziert. Die Rechnung geht jedoch an dem vor unseren Augen stattfindenden
Strukturwandel der Ungleichheit vorbei«. So werde, er bezieht sich hier auf Bourguignon, die»Ungleichheit zwischen Amerikanern und Chinesen nach und nach
durch die Ungleichheit zwischen reichen und armen Amerikanern sowie reichen
und armen Chinesen ersetzt« (2016, S. 121).

5.6.2 Globale Ungleichheiten

Die bisher vorgestellten Daten bezogen sich zumeist auf Ländervergleiche. Im
Folgenden werden empirische und theoretische Befunde vorgestellt, die sich in
einem engeren (weltbürgerlichen) Sinne für globale Ungleichheiten interessieren
und über den Ländervergleich hinausgehen.

5.6.2.1 Empirische Befunde

Empirische Analysen zu globalen Ungleichheiten jenseits der Länderperspektive würden Haushaltsdatensätze voraussetzen, die weltweit erhoben werden. Derartige Erhebungen gib es nicht; mithin ist man darauf verweisen, Daten aus repräsentativen nationalen Haushaltserhebungen zusammenzuführen. Die Einkommensdaten werden in internationale Dollar (sogenannte Kaufkraftparitäten, KKP) umgerechnet.

Milanović sieht die beiden letzten Jahrhunderte durch zwei epochale Veränderungen geprägt.»Zum einen verwandelt sich der Kapitalismus nicht nur in das herrschende, sondern in das einzige sozioökonomische System der Welt. Zum anderen verschiebt sich das wirtschaftliche Gleichgewicht zwischen dem Westen und Asien infolge des Aufstiegs der zweiten Region. Zum ersten Mal seit der industriellen Revolution nähern sich die Einkommen in Nordamerika, Europa und Asien einander an; so bewegt sich das Einkommensverhältnis wieder auf das vor dieser Zäsur beobachtete Niveau zu (natürlich sind die absoluten Einkommensniveaus heute sehr viel höher als damals)« (2020, S. 14). Die hier beschriebene Entwicklung wird in Abb. 5.85 verdichtet dargestellt. Die ausgewiesenen Gini-Indices gehen wohlgemerkt auf Schätzungen zurück.

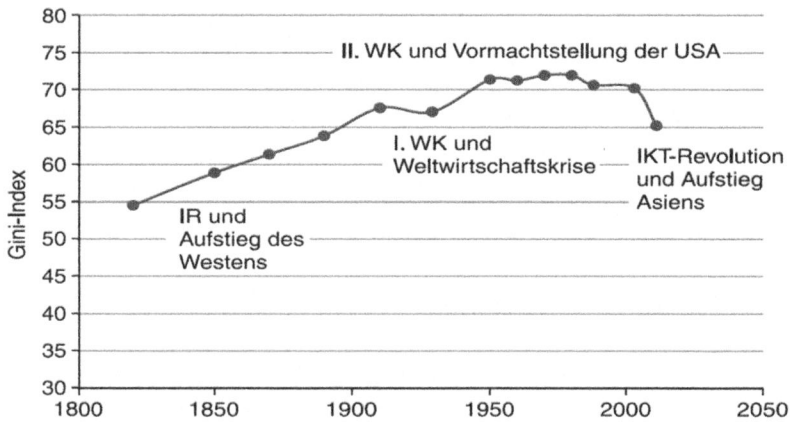

IR = industrielle Revolution; IKT = Informations- und Kommunikationstechnologien; WK = Weltkrieg
Quelle: Milanović (2020, S. 20)

Abb. 5.85 Geschätzte globale Einkommensungleichheit 1820–2013

Das 19. und weite Teile des 20. Jahrhunderts waren von einer Weltwirtschaft geprägt, die sich um (finanz)wirtschaftliche Metropolen wie vormals Amsterdam, dann London und später New York gruppierten. Mit dem Aufstieg Asiens kommt es zu einer erneuten Verschiebung von Entwicklungszentren. »Diese Wiederherstellung des geografischen Gleichgewichts setzt der in den vergangenen zwei Jahrhunderten unangefochtenen militärischen, politischen und wirtschaftlichen Überlegenheit des Westens ein Ende. Nie zuvor in der Geschichte war die Überlegenheit eines Teils der Welt einem anderen gegenüber so groß wie jene Europas gegenüber Afrika und Asien im 19. Jahrhundert. Am deutlichsten kam diese Überlegenheit in der Eroberung von Kolonien zum Ausdruck, aber sie trat auch in den Einkommensunterschieden zwischen den beiden Teilen der Welt und damit in der globalen Einkommensungleichheit zwischen den Bürgern der Welt zum Ausdruck« (S. 19 f.). Diese jüngste Verschiebung der Kräfteverhältnisse hat auch politische Implikationen. »Chinas wirtschaftlicher Erfolg weckt Zweifel an der im Westen vorherrschenden Vorstellung, der Kapitalismus könne nur in einer liberalen Demokratie funktionieren« (S. 23).

Die oben skizzierte Zusammenführung von Datensätzen ermöglicht es, jenseits der nationalen Statistiken globale Einkommensverteilungen zu skizzieren (vgl. Abb. 5.86).

Im Vergleich zu nationalen Darstellungen ist in der globalen Perspektive eine logarithmische Darstellung der Einkommensachse zwingend erforderlich. Zum einen werden im Vergleich der Kurven die durchschnittlichen Einkommenszuwächse in dieser Zeit erkennbar. Zum zweiten kommt es zu einer stärkeren Streuung der Einkommen; die doch deutlich steilere (und ansatzweise zweigipfelige) Verteilung von 1998 weicht einer klar eingipfeligen und wesentlich flacheren Verteilung. Milanović begreift die beiden Kurven als Indikator, »dass eine globale Mittelschicht entsteht und dass die beiden Höcker, welche die Form der globalen Einkommensverteilung ursprünglich kennzeichneten, abflachen« (2016, S. 42).

In Abb. 5.87 wird deutlich, wie sich diese globale Verteilung aus dem Zusammenspiel der Verteilungen ganz unterschiedlicher Weltregionen zusammensetzt.

Der 2008 beobachtbaren Verteilung gehen vor allem die kontinuierlichen Einkommenszuwächse in China voraus. »In 1988, the Chinese population was symmetrically distributed atop of the mode of the global distribution exclusive of China. In other words, China and the rest of the world had about the same modal income. With each successive five-year period, the Chinese distribution shifted more to the right (toward higher income levels) so much that by 2008 about four-fifths of the Chinese population had an income greater than the modal non-China global income. The income mode in China is now clearly greater than in the rest of the world. It is this rightward movement of the Chinese distribution

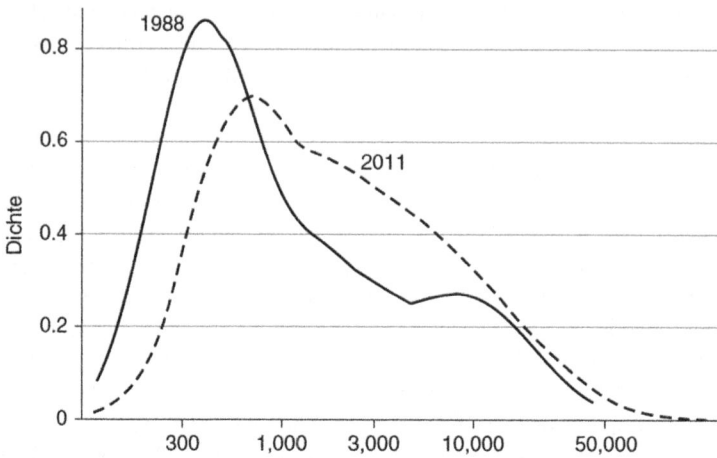

Logarithmus des jährlichen Realeinkommens (in internationalen Dollar von 2005)

Quelle: Milanović (2016, S. 41)

Abb. 5.86 Verteilung der Pro-Kopf-Realeinkommen der Weltbevölkerung

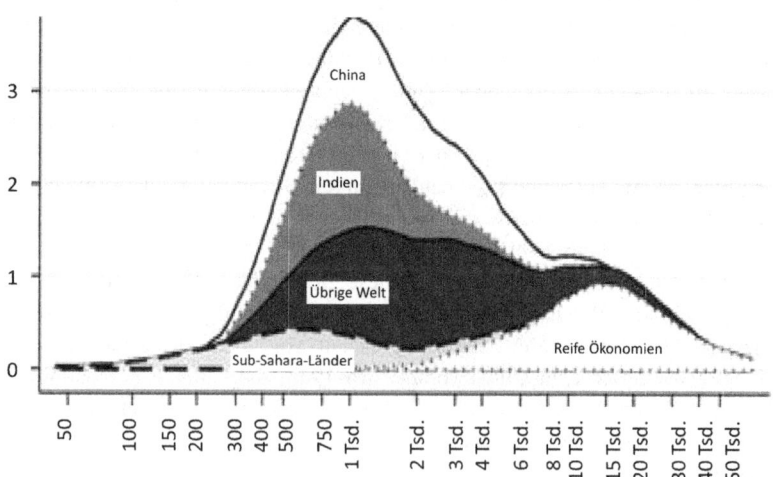

Quelle: Lakner/ Milanović (2015, S. 229)

Abb. 5.87 Verteilung der Pro-Kopf-Realeinkommen in verschiedenen Weltregionen 2008

that has most contributed to the change from a two-peaked global distribution in 1988 to a single peak distribution 20 years later« (Lakner und Milanović 2015, S. 219).

Neben der weltregionalen Perspektive ist vor allem die Frage bedeutsam, welche Einkommensgruppen wie zu dieser veränderten Verteilung beitragen. Mit den von Piketty (2020, S. 45) genutzten Daten kann die Entwicklung zwischen 1980 und 2018 rekonstruiert werden, also ein noch längerer Zeitraum als bei Milanović (vgl. Abb. 5.88).

In der Graphik wird dargestellt, in welchen Einkommensbereichen das stärkste Wachstum zu verzeichnen ist. Piketty spricht angelehnt an die Gestalt der Kurve von einer Elefantenkurve. Es sind vor allem zwei Gruppen, die deutliche Einkommenszuwächse erfahren; zum einen sind dies die einkommensschwächsten 50 %, bei denen das Realeinkommen zwischen 60 und 120 % steigt. Zum anderen ist es das weltweit einkommensstärkste 1 %; hier liegt der Anstieg zwischen 80 % und 240 %. Anders sieht es in dem Bereich oberhalb der Mitte aus. »Die Einkommensniveaus, die zwischen dem sechzigsten und dem neunzigsten Perzentil der globalen Verteilung liegen (…), ein Intervall also, das grosso modo der Mittelschicht und den Unterschichten der reichsten Länder entspricht, sind zwischen 1980 und 2018 weitgehend vom globalen Wachstum vergessen worden« (2020, S. 45).

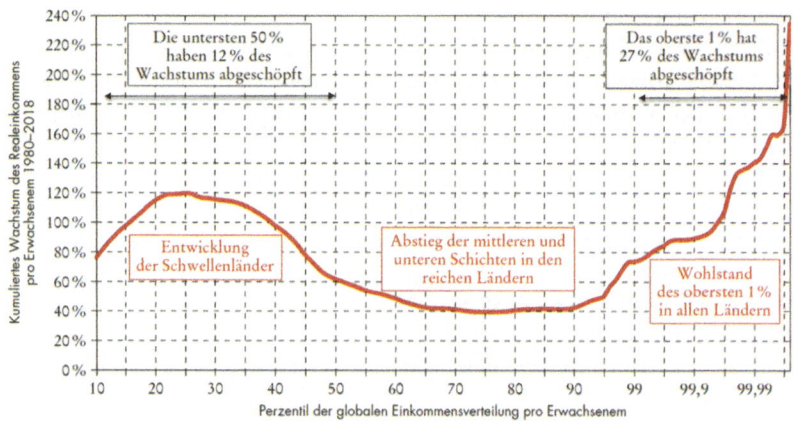

Abb. 5.88 Entwicklung der weltweiten Ungleichheiten nach Perzentilen

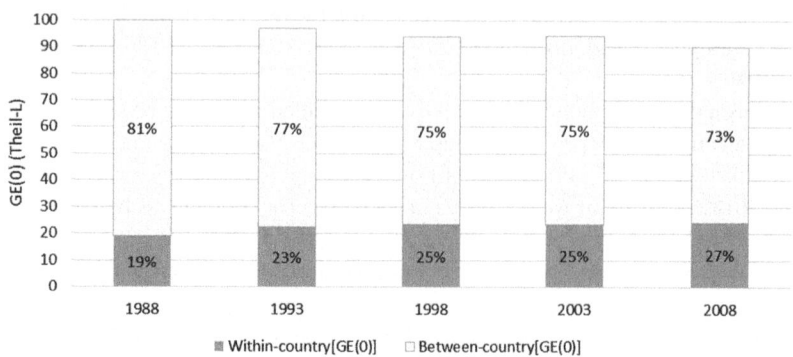

Die Höhe der Säulen gibt die Entwicklung der gesamten Ungleichheit wieder; innerhalb der Säulen wird das Verhältnis der Ungleichheiten zwischen den bzw. innerhalb der Länder dargestellt.
Quelle: Eigene Darstellung nach Hasell/ Morelli/ Roser (2019, S. 207) bzw. Lakner/ Milanovic (2015, Tab. 3)

Abb. 5.89 Dekomposition des Theil-Index der globalen Ungleichheit

Die verfügbaren Mikrodaten ermöglichen auch eine Dekomposition der Ungleichheitsfaktoren, wie sie bereits im europäischen Kontext vorgenommen wurde. Hasell et al. (2019) visualisieren die von Lakner und Milanović (2015, S. 212) ermittelten Daten zur Dekomposition des Theil-Indexes; in der rückläufigen Höhe der Säulen wird zudem der Rückgang der Theil-Indices in diesem Zeitraum dargestellt (vgl. Abb. 5.89).

Zum einen wird deutlich, dass der weitaus größte Anteil, der mit dem Theil-Index erfassten weltweiten Einkommensungleichheit auf Ungleichheiten zwischen den verschiedenen erfassten Ländern zurückgeht. Demgegenüber über ist der Anteil der Ungleichheit innerhalb der Länder weitaus geringer. Die Größenverhältnisse zwischen beiden Komponenten verschieben sich jedoch zu Lasten der Ungleichheiten innerhalb der Länder. Verglichen mit der europäischen Konstellation gestaltet sich das Weltungleichheitsgeschehen grundsätzlich anders.

5.6.2.2 Theoretische Perspektiven

Das Feld der theoretischen Ansätze, die sich mit Fragen der sozialen Ungleichheiten in einer globalen bzw. transnationalen Perspektive interessieren, ist recht unübersichtlich. Mit Soziologie, Politikwissenschaft, Ökonomie und Geschichtswissenschaft sind an diesem Unternehmen der theoretischen wie empirischen Erschließung globaler Ungleichheiten unterschiedliche Disziplinen mit ihren je eigenen Wirklichkeitsabgrenzungen, Theoriebeständen und Konventionen beteiligt. Die Disziplinen sind auch in sich alles andere als homogen: in der Politikwissenschaft geht es z. B. um internationale politische Ökonomie, um internationale Beziehungen oder um Regulationstheorien; in der Soziologie werden transnationale Perspektiven in verschiedenen Teilsoziogien verhandelt so z. B. in der Sozialstrukturforschung, in der Intersektionalitätsforschung, der Migrationsforschung oder der Industriesoziologie. Neben der disziplinären Ordnung lassen sich oft quer zu den Disziplinen Schulen ausmachen, die sich um bestimmte Denktraditionen oder um bestimmte Forschungsinstitutionen und Datenbestände, manchmal auch um politische Orientierungen gruppieren. Schließlich hat man es in Analysen zu globalen Ungleichheiten mit ganz unterschiedlichen Mischungsverhältnissen von eher Theorie getriebenen oder eher Empirie getriebenen Ansätzen zu tun. Im Folgenden soll versucht werden, einige wichtige theoretische Perspektiven, die sich quer zu diesen Strukturen erkennen lassen, zu rekonstruieren; von besonderem Interesse ist dabei die Frage, wie sich darüber Bezüge zu den klassischen Fragen der Sozialstrukturanalyse herstellen lassen.

In der Spaltenstruktur (vgl. Abb. 5.90) wird versucht, die verschiedenen theoretischen Konzepte entlang ihrer Fokussierung auf eher ökonomische, eher politische bzw. institutionelle oder schließlich eher ›kulturelle‹ Aspekte globaler Ungleichheiten zu unterscheiden; dass solche Abgrenzungen nur idealtypisch erfolgen können, versteht sich von selbst. In dieser Ordnung werden auch die oben angesprochenen disziplinären Strukturen erkennbar, wiewohl es eine Reihe von Disziplinen (die Soziologie aber auch die Geschichtswissenschaft) gibt, die in dieser Perspektive nicht eindeutig zugeordnet werden können.

In der Zeilenstruktur werden Ansätze entlang der Komplexität ihrer Strukturunterstellungen unterschieden. Eher oben finden sich Ansätze, die globale Ungleichheiten im Sinne gerichteter Entwicklungsprozesse begreifen. Das umfasst ganz unterschiedliche Ansätze wie klassische Modernisierungstheorien aber auch Kapitalismustheorien. Eher unten sind Ansätze eingeordnet, die jenseits der gerichteten Konzepte eher komplexe Ungleichheiten und (globale) Wechselwirkungen unterstellen.

Ökonomische Ansätze

Bereits die klassische politische Ökonomie von Smith, Ricardo oder Malthus hatte sich in vielerlei Hinsicht mit Fragen beschäftigt, die jenseits des nationalen (und disziplinären) Horizonts lagen. Das 1776 erschienene Hauptwerk Adam Smiths hieß: ›An Inquiry into the Nature and Causes of the Wealth of Nations‹. Auch die Marxsche Kritik der politischen Ökonomie und die in diesem Umfeld entstandenen Imperialismustheorien fokussierten auf globale Ungleichheiten bzw.

Fokussierung Theorietyp	eher ökonomische Ungleichheiten	eher institutionelle/ politische Ungleichheiten	eher kulturelle Ungleichheiten (Wissens- und Anerken- nungshierarchien)
Unterstellung von Entwicklungsgesetzen, gerichteten Entwicklungen	Theorien des Kapita- lismus/ Kolonialismus/ Imperialismus	Klassische Moderni- sierungstheorien	
	Weltsysteme-Ansatz	Varieties of Capitalism	Postkoloniale Ansätze
		Multiple Modernities	Subaltern Studies
Unterstellung von komplexen Wechselbeziehungen	Globalisierungstheorien		Entangled Modernities
		Institutionalistische	
	The Great Divergence	Ansätze	Entangled Histories

Quelle: Eigene Darstellung

Abb. 5.90 Idealtypik der theoretischen Perspektiven auf globale Ungleichheiten

Machtbeziehungen. Ein zentrales Konzept war neben der Abgrenzung verschiedener Entwicklungsphasen des Kapitalismus auch die Analyse der Prozesse der
inneren (in immer neuen Feldern einer Gesellschaft) und äußeren (in immer neuen
Weltregionen) Landnahme des Kapitalismus. Im Folgenden werden drei Ansätze
ausführlicher vorgestellt: die Weltsysteme-Analyse Wallersteins, die auf Williamson u. a. zurückgehende Geschichte des globalen Kapitalismus und schließlich
die Ansätze der California School der globalen Wirtschaftsgeschichte.

Weltsysteme-Analyse: Immanuel Wallerstein spricht von einer Weltsysteme-
Analyse (World-Systems Analysis). Dieser Ansatz zeichnet sich (vgl. dazu
Zündorf 2010, S. 25 ff. bzw. 38 ff.) zum einen durch eine Reihe konzeptio-
neller Vorannahmen aus: einen Holismus bzw. Globalismus (eine Orientierung
auf Weltzusammenhänge als einem wichtigen konditionalen Rahmen, der quer
zu den nationalstaatlichen Ordnungen wirksam ist), einen Strukturalismus und
schließlich eine Orientierung an Zirkulationsbeziehungen. Zum anderen lässt sich
der Ansatz durch methodologische Regeln skizzieren, mit denen ein empirisch
orientiertes wirtschaftsgeschichtliches Forschungsprogramm entwickelt wird. In
diesem Zusammenhang soll vor allem das analytische Modell skizziert werden.

Im Unterschied zu Ansätzen, die soziales Handeln im Kontext politisch-
kultureller Einheiten (z. B. Staaten, Nationen oder Kulturen) konzipieren, geht
die Weltsysteme-Analyse davon aus, dass »alles soziale Handeln in einem übergreifenden Rahmen stattfindet, in dem es eine fortschreitende Arbeitsteilung gibt.

Sie versucht, empirisch zu klären, inwieweit dieser Rahmen politisch und kulturell eine Einheit darstellt, wobei theoretisch gefragt wird, welche Konsequenzen sich aus dem Vorhandensein oder Fehlen eines solchen einheitlichen Rahmens ergeben« (Wallerstein 2010, S. 175). Mit dieser Formulierung wird deutlich, dass die Rede vom Weltsystem im Sinne eines Forschungsprogramms zu begreifen ist und nicht zwingend im Sinne einer Faktizität. Schließlich unterstellt der Ansatz trotz des Interesses für globale Trends keine Entwicklungsgesetze oder -modelle (S. 176), wie sie sich in Ansätzen der Modernisierungstheorie finden.

Wallerstein unterscheidet drei Arten von sozialen Systemen, wobei Systeme – nicht zu verwechseln mit Systemen im Verständnis der verschiedenen Ansätze von Systemtheorien – vor allem über Merkmale der Arbeitsteilung und des Austausches charakterisiert werden: Minisysteme stehen für einfache soziale Einheiten z. B. in Jäger- und Sammler- oder in Agrargesellschaften. Jenseits dieses Horizontes finden sich nur Weltsysteme, in einem eher politischen Sinne als Weltreiche und in einem eher ökonomischen Sinne als Weltökonomien. Das Zusammenspiel von Weltökonomien und Weltreichen war historisch zunächst eher von Instabilitäten geprägt, wie sich an den Hochkulturen der Vormoderne (z. B. China, Ägypten oder Rom) ablesen lässt. Auch der sich später entwickelnde Fernhandel hatte stets nur eine begrenzte Bedeutung. »Erst das Aufkommen der modernen Weltökonomie im Europa des 16. Jahrhunderts brachte die volle Entfaltung und die ökonomische Vorherrschaft des Markthandels. Das war das System des Kapitalismus. Kapitalismus und Weltökonomie, d. h. eine einzige Arbeitsteilung, aber verschiedene Staaten und Kulturen, sind zwei Seiten derselben Medaille. Sie stehen nicht in einem Kausalverhältnis zueinander. Wir definieren lediglich dasselbe untrennbare Phänomen durch unterschiedliche Charakteristika« (S. 178).

Die kapitalistische Weltökonomie lässt sich durch drei grundlegende Elemente skizzieren. Zum einen durch das über einen einzigen Markt vermittelte Prinzip der Gewinnmaximierung, das dann aber auch gewisse Standards des Produzierens, der Entlohnung, der Nutzung von Techniken etc. hervorbringt. Zum zweiten durch das Vorhandensein nationalstaatlicher Strukturen, die nach innen wie außen unterschiedlich stark sind. »Die staatlichen Strukturen dienen vor allem dazu, das ›freie‹ Funktionieren des kapitalistischen Marktes zu behindern, um somit die Gewinnaussichten einer oder mehrerer Gruppen zu verbessern. Kurzfristig wirkt der Staat auf den Markt ein, indem er sich seiner juristischen Möglichkeiten bedient, um wirtschaftliche Aktivitäten innerhalb oder jenseits seiner Grenzen zu beschränken. Er wirkt aber auch langfristig auf den Markt, indem er durch die Schaffung bestimmter institutioneller Bedingungen einseitige Begünstigungen und Benachteiligungen herzustellen sucht« (S. 179). Zum dritten sind es

Prozesse der Aneignung von Mehrarbeit im Sinne der Ausbeutung, die Waller-stein aber mehrstufig begreift. So bilde sich oft eine mittlere Schicht heraus, die einerseits an der Ausbeutung der unteren beteiligt ist, die aber andererseits auch selbst ausgebeutet werde. Ausgehend von diesem Bild unterscheidet Wallerstein dann verschiedene Weltregionen: Kern, Semiperipherie und schließlich die Peri-pherie. Nicht selten wird das Konzept Wallersteins auf die Gegenüberstellung von Zentrum und Peripherie reduziert; damit wird die wichtige ausgleichende Rolle der Semiperipherie unterschlagen. So vermittelt diese in einem politischen Sinne zwischen der Peripherie und dem Zentrum; zudem ermöglicht die Viel-falt von Staatsapparaten im semiperipheren Bereich, unterschiedliche Grade der Regulierung im Sinne der kapitalistischen Produktion zu nutzen.

Wallerstein folgend sind es drei Mechanismen, die die relative politische Stabilität dieses Weltsystems ausmachen: zunächst die relative Konzentration militärischer Macht vor allem im Zentrum des Systems; zum zweiten die nicht nur ideologische sondern auch pragmatische Anbindung breiterer Gruppen an das System, indem diese ihr eigenes Überleben mit dem Überleben des Systems in Verbindung bringen; zum dritten ist es die bereits angedeutete dreigeteilte Sozialstruktur, die das Ganze stabilisiert.

Die Bewegungsenergie des modernen Weltsystems geht vor allem auf die Ent-wicklung des Kapitalismus zurück, der eher in den Zentren entstanden ist, der sich aber stets auf einen weltweiten Raum des Handels, der Produktion und schließlich der Akkumulation bezogen hat. Die Expansion der Weltwirtschaft wird stets auch von den Staaten getragen. Die Inkorporierung vormals externer Regionen sei aber in einem Kontinuum zu begreifen: auf der einen Seite relativ frei ausgehandelte Austauschbeziehungen, auf der anderen Seite gewaltsame Formen des Imperia-lismus und der Kolonisierung. Dazwischen finden sich vielerlei Mischformen, in denen bestimmte institutionelle Strukturen in Verbindung mit Möglichkeiten der militärischen Absicherung fungieren. »Damit nähern sich die Beziehungen zwischen Zentrum und Peripherie dem *informal empire,* bei dem einheimische Eliten zur Kooperation und Kollaboration mit Unternehmen und Regierungen der Zentrumsstaaten verführt oder gezwungen werden. Im Extremfall kommt es zum *formal empire,* zur Territorialherrschaft mit direkter politisch-administrativer Kontrolle über Land und Menschen« (Zürn 2010, S. 33).

Den beständigen Wandel des Weltsystems sieht Wallerstein zum einen durch längerfristige industriewirtschaftliche Zyklen (Kondratieff-Zyklen) bedingt. Zum zweiten komme es zu sich wandelnden Hegemonialzyklen, indem sich Macht-verhältnisse in der Struktur der Nationalstaaten und somit die Zentren der Weltwirtschaft verschieben. Diese Verschiebungen hängen mit wirtschaftlich technischen Innovationen zusammen, die zu komparativen Vorteilen führen, die sich in der Produktion, im Handel und in den Finanzen niederschlagen. Sie hängen aber auch mit militärischen Auseinandersetzungen bzw. den sich darüber einstellenden Hegemonialordnungen zusammen. So lassen sich seit dem 16. Jahrhundert verschiedene Hegemonialzyklen beobachten: das Habsburger-Reich, die Niederlande, Großbritannien und schließlich bis zum Ende des 20. Jahrhundert die USA. Mit diesen hegemonialen Zyklen verbunden sind Trends der sich ausweitenden Kommodifizierung von Boden, Arbeit, Geld, Wasser etc. Begleitet wird dies von der Industrialisierung der Produktionsprozesse. Die um verschiedene Zentren sich entwickelnden Akkumulationszyklen werden in der Analyse Giovanni Arrighis (2010) eingehender untersucht.

Wallerstein geht schließlich auch davon aus, dass das kapitalistische Weltsystem als Ganzes einem Zyklus folgt und unterstellt in der Marxschen Tradition, dass die Zunahme struktureller Widersprüche schließlich zu einem Niedergang des Gesamtsystems führe – er unterscheidet sich hier von der Annales-Schule und insbesondere von Fernand Braudel, der den Ansatz der Weltsysteme-Analyse stark beeinflusst hat (Zürn 2020, S. 20). Braudel verneinte jedoch die Möglichkeit eines ›endogenen‹ Verfalls des Kapitalismus explizit (1986, S. 702).

Im Folgenden soll rekonstruiert werden, welche Konsequenzen mit dem Ansatz Wallersteins für die Analyse von Sozialstrukturen verbunden sind. Zunächst gilt es sich zu vergegenwärtigen, dass die Überlegungen des Weltsysteme-Ansatzes, zentrale Annahmen der Klassenkonzepte in der Marxschen Tradition konterkarieren, indem sie die damit oft implizierte zeitliche (eine historische Abfolge von Produktionsweisen und Arbeitsbeziehungen) und räumliche (Nationalstaaten als vorrangige Referenzrahmen) Ordnung dieser Modelle in Frage stellen. So ist die Figur der doppelt freien Lohnarbeiter_innen, die bei Marx für die politische Konstitution von Klassen von zentraler Bedeutung sind, eher als eine Besonderheit im weltökonomischen Universum der abhängigen Arbeit zu begreifen. Hier lassen sich die verschiedenen Formen der unfreien Arbeit, der Zwangsarbeit oder der Sklavenarbeit kaum in eine über den Fortschritt der Produktionsweise konstruierte Vergangenheit verbannen; so finden sich neben Lohnarbeiter_innen auch Kleinproduzent_innen, mittlere Bäuer_innen, Pächter_innen, ›sharecroppers‹ sowie Leibeigene und Sklav_innen (vgl. Wallerstein 2010, S. 198).

Wallerstein bringt die Frage der Klassenanalyse, die in der Marxschen Perspektive im Zentrum stand, in einen größeren Rahmen ein: »Sowohl Klassen und ethnische Gruppen als auch Stände und Ethnonationen sind Phänomene der Weltökonomie, und ein Großteil der Konfusion um die konkrete Analyse ihres Funktionierens ist ganz einfach auf die Tatsache zurückzuführen, daß man sie so

analysiert hat, als existierten sie nur innerhalb der Nationalstaaten dieser Weltökonomie, anstatt innerhalb der Weltökonomie als Ganzes. Eine so verstandene
Klassenanalyse ist durchaus in der Lage, die politische Position von Facharbeitern, z. B. in Frankreich, zu bestimmen, indem sie deren strukturelle Position
und Interessenlage in der Weltökonomie betrachtet. Ähnlich verhält es sich mit
Ethnonationen« (2010, S. 186). Mit dem Begriff der Ethnonation wird auf ein
je spezifisches Zusammenspiel von Nationen, Nationalitäten, Völkern und ethnischen Gruppen verwiesen.»Das Besondere an der kapitalistischen Weltökonomie
ist, daß die Grenzen der ökonomischen und politischen Strukturen nicht identisch
sind. Die Weltökonomie ist definiert als System mit einer einzigen Arbeitsteilung.
Im kapitalistischen Weltsystem sind aber die politischen Einheiten Staaten, die in
unterschiedlichem Ausmaß Macht besitzen (wobei die Kolonie die schwächste
Variante darstellt und überhaupt keine formale Souveränität besitzt). Das führt
zu folgender Situation: Während der gesellschaftliche Handlungsspielraum einer
Gruppe letztlich durch ihre Rolle in der Weltökonomie bestimmt wird, ist das
Ziel ihres politischen Handelns – die Sicherung oder Verbesserung ihrer Posi-
tion im Sozialsystem – in erster Linie auf den Staat gerichtet, zu dem sie als
›Staatsbürger‹ gehört« (S. 187).

Damit wird eine Klassenanalyse, die sich an der Stellung im Produktionsprozesse orientiert, zu einem komplexen Unternehmen, indem die Produktionsprozesse bzw. die in diesem Rahmen tätigen Arbeitskräfte und die
sie organisierenden Firmen, in ganz unterschiedlichen nationalstaatlichen bzw.
weltmarktlichen Kontexten lokalisiert sind. Mit Bezug auf die Marxsche Unterscheidung der Klasse an sich (eher eine sozioökonomisch bestimmte Gruppe) und
der Klasse für sich (eine im politischen Handeln entstandene ›bewusste‹ Gruppe)
macht Wallerstein deutlich, dass sich die Klassen im ersten Sinne über ihre
Stellung im Weltproduktionsprozessen bestimmen lassen; demgegenüber seien
Klassen im zweiten Sinne allenfalls zu einer bestimmten Zeit und in bestimmten
Nationalstaaten zu finden. Demzufolge sei Klassenanalyse nur in einem gegebenen historischen Kontext sinnvoll. Klassen seien im 19. Jahrhundert eher ein
Phänomen der Kernländer der Weltökonomie. Mit der expansiven Entwicklung
des 20. Jahrhunderts werden immer größere Gruppen in diese Weltökonomie und
die Logik des kapitalistischen Produzierens einbezogen. Dennoch gestaltet sich
die Situation in den Kerngebieten der weltwirtschaftlichen bzw. weltpolitischen
Entwicklung recht anders als in den peripheren Bereichen. Im Kernbereich ist
die Rolle der nationalstaatlichen Struktur »unklar und ambivalent, und um deren
Kontrolle kämpfen verschiedene Gruppen, wobei es sich dabei vor allem um
nationale Gruppen handelt. (…) Im peripheren Bereichen der Weltökonomie liegt
der Grundwiderspruch dagegen nicht darin, daß zwei Gruppen in einem Staat

versuchen, die Kontrolle über den Staatsapparat zu erlangen oder diesen zu beeinflussen. Der Grundwiderspruch besteht hier zwischen den in den Kernländern
organisierten und lokalisierten Interessen sowie deren einheimischen Verbündeten
einerseits und der Mehrheit der Bevölkerung andererseits« (S. 192).

Wallerstein verweist auf die zentrale Bedeutung der Nationalstaaten im weltökonomischen Kontext. Ihre Rolle bestehe darin, »den Marktvorteil von einigen
gegenüber anderen zu vergrößern, d. h., die ›Freiheit‹ des Marktes einzuschrän-
ken. Das wird von allen befürwortet, solange sie selbst von der ›Marktverzerrung‹
profitieren, und von allen abgelehnt, sobald sie dadurch Verluste erleiden. (…)
Der Staat kann Einkommen transferieren, indem er es manchen nimmt und
anderen gibt. Er kann den Zugang zum (Güter- oder Arbeits-) Markt beschränken und dadurch die Mitglieder der Oligopolie oder Oligopsonie [das Gegenteil
des Oligopols C.W.] begünstigen. Außerdem kann der Staat (…) auch außerhalb agieren. Das kann legal sein (z. B. im Hinblick auf die Regelungen des
grenzüberschreitenden Transits) oder illegal (z. B. bei der Einmischung in die
internen Angelegenheiten eines anderen Staates). Der Krieg ist hierfür selbstverständlich ein gängiges Mittel« (S. 200 f.). Vor diesem Hintergrund werden
die Staaten bzw. das Staatensystem im Kontext der Weltökonomie als wichtigste
Arena der politischen Konflikte begriffen; zudem bedinge die Weltökonomie ganz
unterschiedliche Zusammensetzungen der jeweiligen nationalen Klassen.

Die bislang angeführten Argumentationen Wallersteins stammen eher aus
den 1980er Jahren. In einer 2004 erstmals veröffentlichten Einführung in die
Weltsysteme-Analyse findet sich eine etwas anders gewichtete Perspektive auf die
sozialstrukturellen Implikationen des Ansatzes. Ausgangspunkt sind die zentralen
Institutionen der kapitalistischen Weltökonomie; dazu rechnet er »the markets,
the firms that compete in the markets, the multiple states, within an interstate
system, the households, the classes, and the status-groups (to use Weber's term,
which some people in recent years have renamed the ›identities‹)« (2004, S. 24).
Zunächst werden auch hier Klassen als Einheiten definiert, die auf unterschiedliche sozioökonomische Verortungen bzw. die damit verbundenen Einkommen und
Interessenlagen zurückgehen. Eine zentrale Instanz der Untersuchung ist dann
aber der Haushalt. Haushalte werden, wie auch in dieser Einführung nahege-
legt, als wichtige gemeinsam wirtschaftende aber auch sozialisierende Einheiten
begriffen.

> »Classes however are not the only groups within which households locate themselves.
> They are also members of status-groups or identities. (If one calls them status-groups,
> one is emphasizing how they are perceived by others, a sort of objective criterion. If
> one calls them identities, one is emphasizing how they perceive themselves, a sort of

subjective criterion. But under one name or the other, they are an institutional reality
of the modern world-system.) Status-groups or identities are ascribed labels, since we
are born into them, or at least we usually think we are born into them. It is on the
whole rather difficult to join such groups voluntarily, although not impossible. These
status-groups or identities are the numerous ›peoples‹ of which all of us are members-
nations, races, ethnic groups, religious communities, but also genders and categories
of sexual preferences. Most of these categories are often alleged to be anachroni-
stic leftovers of pre-modern times. This is quite wrong as a premise. Membership in
status-groups or identities is very much a part of modernity. Far from dying out, they
are actually growing in importance as the logic of a capitalist system unfolds further
and consumes us more and more intensively« (S. 36).

Zum Verständnis, wie über die komplexen Beziehungen der weltökonomischen
Akteure (Unternehmen, Staaten, Haushalte) Klassenlagen und Statusgruppen
verknüpft werden, verweist Wallerstein auf das Zusammenspiel von zwei entge-
gengesetzten aber symbiotischen Prinzipien:»Universalism on the one hand and
racism and sexism on the other« (S. 38). Zu den universalistischen Prinzipien
gehört vor allem die Idee der Leistungsorientierung (ohne Ansehen der Person),
die Auswahl nach spezifischen Qualifikationen und Fähigkeiten. Demgegenüber
begreift er Sexismus und Rassismus als anti-universalistische Prinzipien.»Racism
and sexism are instances of a far wider phenomenon that has no convenient name,
but that might be thought of as anti-universalism, or the active institutional discrimination against all the persons in a given status-group or identity. For each kind
of identity, there is a social ranking. It can be a crude ranking, with two categories, or elaborate, with a whole ladder. But there is always a group on top in the
ranking, and one or several groups at the bottom. These rankings are both worldwide and more local, and both kinds of ranking have enormous consequences
in the lives of people and in the operation of the capitalist world-economy« (S.
39). Während Hierarchisierungen entlang von Geschlechtern, ›Hautfarben‹, sozialen Herkunftsgruppen, sexuellen Orientierungen oder entlang von Gebildeten und
weniger Gebildeten bzw. von Stadt- und Landbevölkerungen meist in weltweit
ähnlicher Weise konstruiert sind, gestalten sich Hierarchisierungen entlang ethnischer, religiöser oder nationalistischer Zurechnungen welträumlich wesentlich
differenzierter.

Entgegen der Vorstellung, dass die nicht-universalistischen Prinzipien ein
historisches oder vormodernes Relikt seien, verweist Wallerstein auf deren
Zusammenspiel.»Universalism tends to be the operative principle most strongly for what we could call the cadres of the worldsystem. (…) It is a norm
that spells out the optimal recruitment mode for such technical, professional, and
scientific personnel« (S. 40). Dennoch spielen anti-universalistische Normen wie

Rassismus oder Sexismus bei der Organisation von Arbeit, Macht und Privilegien eine zentrale Rolle. »They seem to imply exclusions from the social arena. Actually they are really modes of inclusion, but of inclusion at inferior ranks. These norms exist to justify the lower ranking, to enforce the lower ranking, and perversely even to make it somewhat palatable to those who have the lower ranking. Anti-universalistic norms are presented as codifications of natural, eternal verities not subject to social modification. They are presented not merely as cultural verities but, implicitly or even explicitly, as biologically rooted necessities of the functioning of the human animal. They become norms for the state, the workplace, the social arena. But they also become norms into which households are pushed to socialize their members, an effort that has been quite successful on the whole« (S. 40 f.). Wallerstein misst diesem Zusammenspiel der Propagierung und Praktizierung von universalistischen und anti-universalistischen Prinzipien eine gleichermaßen fundamentale Bedeutung zu wie der Arbeitsteilung entlang der Zentrum-Peripherie-Achse.

Die Kritik am Ansatz einer Weltsysteme-Theorie und an dem damit verbundenen Versprechen, die »Integration der Welt zu erklären« und »den methodologischen Nationalismus konventioneller Geschichtsschreibung zu überwinden« (Conrad und Eckert 2007, S. 16) gestaltet sich heterogen. Conrad und Eckert resümieren die Kritik, indem sie auf einen ökonomischen Reduktionismus, einen letztlich nicht überwundenen Eurozentrismus und auf eine unzureichende Ausarbeitung der Systemunterstellung hinweisen. Zündorf verweist zudem auf eine unterkomplexe Konzeptionierung des Kapitalismus und seiner institutionellen bzw. nationalstaatlichen Einbindung; schließlich sei das Konzept des ungleichen Tausches das »vielleicht problematischste Element« des Ansatzes (2010, S. 106). Diese sicherlich zutreffende Kritik verkennt jedoch die insbesondere beim späteren Wallerstein angelegte Verschränkung der Analyse globaler Ungleichheit mit einer intersektionalen Perspektive und der Analyse von Haushaltsökonomien (vgl. Boatcă 2015, S. 73 f.), die für Fragen der Sozialstrukturanalyse von besonderem Interesse sind. Auch die von Zündorf vorgebrachte Kritik am Eklektizismus der von Wallerstein (und auch Braudel) entwickelten Ansätze sollte eher als eine Stärke begriffen werden.

Neuere Ansätze von weltwirtschaftlichen Analysen habe sich von den angesprochenen Engführungen gelöst. Ein wichtiger Unterschied der neueren Ansätze zur globalen wirtschaftlichen Entwicklung liegt darin, dass sie neben einer Hierarchisierung auch stärker Momente der Integrationen von Weltwirtschaften beleuchten. Pomeranz (2018, S. 171) unterscheidet dabei verschiedene Forschungsansätze. Neben den Ansätzen aus dem Kontext der Weltsystemanalyse sind dies zum einen Ansätze, die sich der Analyse einzelner globaler Güter

(z. B. Kaffee, Zucker, Tabak, Baumwolle und Baumwollprodukte, Silber etc.), einzelner Händlergruppen und schließlich den technischen bzw. institutionellen Voraussetzungen globalen Handels (Navigation, Finanzierung, Zölle, Vertragssicherheit etc.) zuwenden. Zum zweiten verweist er auf eine Forschungsgruppe um Jeffrey Williamson; zum dritten auf eine Gruppe, die typischerweise als California School bezeichnet wird. Die beiden letzten Ansätze werden im Folgenden genauer skizziert.

Geschichte des globalen Kapitalismus: Der von Williamson und Neal (2014) herausgegebenen Geschichte des globalen Kapitalismus liegt ein Kapitalismuskonzept zugrunde, indem dieser durch vier Merkmale charakterisiert wird: private Eigentumsrechte, Verträge, die von Dritten durchgesetzt werden können, Märkte und Marktpreise und schließlich unterstützende Regierungen; hinzu kommt die Bedeutung des Produktionsfaktors Kapital. Einleitend verweist Neal (2014, S. 3) auf die Bedeutung der institutionellen Rahmenbedingungen kapitalistischen Wirtschaftens; er bezieht sich hier auf die Institutionenökonomik von Douglas C. North. Dabei gehe es um sichtbare Institutionen wie »guilds, corporations, governments, and legal systems that operate within and enforce the ›rules of the game‹«, aber auch um informelle Institutionen und Denkstile, die die Wahrnehmung und den Umgang mit den jeweiligen Rahmenbedingungen prägen und die Funktionsfähigkeit von Märkten und schließlich die Möglichkeiten wirtschaftlichen Wachstums bestimmen. Dementsprechend wird Kapitalismus und wirtschaftliches Wachstum in einen sehr engen Zusammenhang gebracht, der dann auch für die Strukturierung der Geschichte des globalen Kapitalismus genutzt wird. Zunächst findet sich eine sehr lange Phase bis etwa zur Mitte des 19. Jahrhunderts, in der sich in verschiedensten Weltregionen einzelne Elemente kapitalistischen Wirtschaftens herausbilden, es jedoch nicht zu einer Phase des längerfristigen Wachstums komme. Das ändere sich im 19. Jahrhundert; der Kapitalismus werde nach und nach zu einem ökonomischen System, das sich global ausweitet.

Von großer Bedeutung ist dabei die Frage, in wieweit die Vorgeschichte des globalen Kapitalismus, insbesondere die Geschichte von Sklaverei und Kolonialismus das weitere Geschehen geprägt haben. Austin (2014, S. 301) setzt sich mit der These auseinander, dass die koloniale Herrschaft der damals führenden kapitalistischen Länder die wesentliche Quelle für die Entwicklung des Kapitalismus gewesen sei; sie sei die Quelle des Wohlstands und der politischen Stabilität und schließlich entscheidend für die globale Ausbreitung kapitalistischer Institutionen. Er kommt dabei zu einer abwägenden Einschätzung. »There remains a strong case that the earlier history of overseas empire contributed to the origins of industrialization. British participation as the leading player, thanks to naval power, in the expansion of Atlantic trade during the seventeenth and eighteenth centuries – an expansion based on African slaves producing for the market within European colonies in the Americas – contributed to the combination of capital, markets, and incentives for specific kinds of technical innovation that facilitated the industrial revolution« (S. 338).

Spätestens ab der Mitte des 20. Jahrhunderts verändert sich die Situation. »Structural change in the industrial capitalist economies of the leading colonial powers minimized the economic costs of (…) their withdrawal or expulsion from empire«. Austin resümiert diese Entwicklung wie folgt: »Colonies helped industrialization begin, but as industrial economies evolved further, they had less need for colonies« (S. 338). Zudem macht er deutlich, dass sich in den Kolonien durchaus auch ein eigenständiger Kapitalismus herausgebildet habe. »Capitalism as a system did not exist in territories the Europeans colonized, but such elements in it as responsiveness to market opportunities (where food security permitted), price-forming markets, and merchant capitalist communities were already widely established. Indeed, the extent of prior market orientation was an important influence on the forms that colonialism took in different parts of the world« (S. 338).

O´Rourke und Williamson (2014) gliedern die wechselvolle Geschichte der globalen Ausbreitung des Kapitalismus seit der Mitte des 19. Jahrhunderts in verschiedene Phasen und untersuchen das Zusammenspiel von inländischen kapitalistischen Institution und internationalen Verflechtungen. Die Entwicklung der inländischen Institutionen läßt sich einerseits als ein Prozess der Vertiefung verstehen, indem sich diese weiterentwickeln und ausdifferenzieren; anderseits werden diese Institutionen mit der Ausweitung des Kapitalismus dann aber auch in einer größeren Zahl von Ländern implementiert, die sich dem ›kapitalistischen Club‹ anschließen. O´Rourke und Williamson begreifen das lange 19. Jahrhundert zwischen den napoleonischen Kriegen und dem Beginn des Ersten Weltkriegs als das erste globale Jahrhundert (2014, S. 4). Diese Entwicklung gehe zum einen auf einen Handelsboom (durch die Beseitigung von Handelshemmnissen), auf die technologischen Entwicklungen (Dampfmaschinen in der Produktion, wie im Transportwesen), auf die fortschreitende Industrialisierung, auf die wachsende Nachfrage und schließlich auf die relativ lange Friedensphase (Pax Britannica) zurück. Zum zweiten spielen die massenhaften Migrationsprozesse im transatlantischen Raum aber auch in der Binnenstruktur Europas eine wichtige Rolle. Zum dritten trägt die Ausweitung von Finanzmärkten und Finanzmarktinstitutionen (z. B. der Goldstandard) zu diesem ersten globalen Jahrhundert bei.

Mit den beiden Weltkriegen folgt eine Phase rückläufiger Globalisierung. O´Rourke und Williamson sehen diese Entwicklung in geopolitischen Faktoren

(z. B. die Rivalitäten zwischen den Nationalstaaten, protektionistische Politiken und die politischen Reaktionen auf die Krise von 1929) und vor allem in ökonomischen Faktoren (die Weltwirtschaftskrise und die daran anschließende große Depression) begründet. Demgegenüber schreitet die technologische Entwicklung in dieser Phase weiter voran.

Nach dem Zweiten Weltkrieg kommt es mit dem Nachkriegsboom und mit der Dekolonisierung zu einer neuen Konstellation. »The resurgence of the capitalist economies after World War II thus coincided with decolonization (...) and a rise in trade volumes. In contrast, the Soviet Union and China remained closed and experimented with colonizing most of the Eurasian landmass under the leadership of central planners and party bosses« (S. 533). In der übrigen Welt spielt der Washington Consensus, die Politiken und Regularien von Weltbank und Internationalem Währungsfond (beide in Washington ansässig) eine zentrale Rolle. »Their recommendation for countries wishing to enjoy the fruits of capitalism was *stabilize, privatize,* and *liberalize*« (S. 533). Nach dem weitgehenden Zusammenbruch der sozialistischen Staaten werden die Konzepte des Washington Consensus auch auf die nunmehr postsozialistischen Staaten angewandt, was nicht selten zu schweren Einbrüchen führte; dementsprechend bedurfte es einer Reformulierung des Washington Consensus (vgl. S. 536).

Parallel kommt es im europäischen Raum zu einer schrittweisen Erweiterung der EU, bei der die Kopenhagen Kriterien von 1993 eine wichtige Rolle spielen. Während beim Washington Consensus der makroökonomischen Stabilität die oberste Priorität zukommt, sind es in den Kopenhagen Kriterien funktionierende Demokratie, freie und faire Wahlen, rechtsstaatliche Prinzipien und der Schutz der Menschenrechte. An zweiter Stelle rangiert im Washington Consensus die Privatisierung vormals staatlicher Unternehmen, während die EU-Kriterien eher weicher gefasst sind und die Herstellung der Wettbewerbsfähigkeit eher den einzelnen Ländern überlassen blieb. Im Washington Consensus steht schließlich die Liberalisierung von Märkten an dritter Stelle der Prioritäten. »By contrast, the third priority of the Copenhagen criteria was to provide effective regulation and oversight of the economy by the administrative apparatus of the country's government, implying that price controls and subsidies for backward regions or agricultural producers could be maintained, but only at levels commonly agreed upon by EU consensus« (S. 535).

Neal und Williamson hatten bereits für die erste Phase eines sich globalisierenden Kapitalismus erhebliche landesspezifische Unterschiede in der institutionellen Rahmung des Kapitalismus ausgemacht. Das setzt sich in der Phase nach dem Zweiten Weltkrieg und insbesondere seit den 1990er Jahren fort. »As capitalism spread worldwide in the last quarter of the twentieth century, and as alternative economic systems collapsed, different countries and cultures have fashioned their own varieties of capitalism in response (…). The different varieties reflect the adaptations made by each country as it entered the international economy at different times and under different local conditions« (S. 531).

In der wissenschaftlichen Rezeption dieser globalen Kapitalismusgeschichte finden sich eher verhaltene (Kocka 2016) und eher weitreichende Kritiken (Lenger 2016). Letzterer moniert zunächst den unzureichend spezifizierten Kapitalismusbegriff, der nur als ein Merkmalskatalog gefasst wird und in seiner Entwicklungsdynamik unverstanden bleibt. Mit einigen Ausnahmen entstammten die meisten Autoren der konventionellen Wirtschaftsgeschichte, die lange ohne den Kapitalismusbegriff ausgekommen sei und sich eher an Wachstumsgeschichten orientierte. Zum anderen wird moniert, dass der Anspruch einer globalgeschichtlichen Perspektiverweiterung nur bedingt gelungen sei; viele Darstellungen implizierten noch immer eine Sonderstellung des Westens.

California School: Die der sogenannten ›California School‹ zugerechneten Wirtschaftshistoriker, vor allem Kenneth Pomeranz, Roy Bin Wong, Andre Gunder Frank und Jack Goldstone, haben sich insbesondere mit dem Verhältnis zwischen Europa und wichtigen asiatischen Ländern bzw. Regionen befasst: China, Japan und Indien. Der Ansatz zeichnet sich dadurch aus, dass seine Vertreter sich kritisch mit vorliegenden wirtschaftsgeschichtlichen Ansätzen, wie auch mit dem darin implizierten Eurozentrismus auseinandersetzen. Eine zentrale Rolle spielt die 2000 erschienene Analyse von Pomeranz ›The Great Divergence. China, Europe, and the Making of the Modern World Economy‹ und die sich daran anschließenden Debatten.

Der Ausgangspunkt der Argumentation Pomeranz´ ist die Einschätzung, dass vor dem Beginn des 19. Jahrhunderts eher von einer polyzentrischen Welt ohne ausgeprägtem Zentrum auszugehen sei. Zudem ließen sich zwischen Europa, China und anderen asiatischen Ländern (bzw. Regionen) keine erheblichen Entwicklungsdifferenzen ausmachen. Umgekehrt verweist er auf »several surprising similarities in agricultural, commercial, and protoindustrial (i.e., handicraft manufacturing for the market rather than home use) development among various parts of Eurasia as late as 1750« (2000, S. 8). Damit verschieben sich zentrale Fragestellungen der globalen Wirtschaftsgeschichte; so gelte es den Bruch, ›the great divergence‹, zu erklären, der vor allem im 19. Jahrhundert eingesetzt habe.

Für die Argumentation ist es bedeutsam, dass Pomeranz bei dieser Gegenüberstellung immer auch die regionale Ebene heranzieht; so seien die Nationalstaaten Europas angesichts ihrer Fläche bzw. Bevölkerungszahl eher mit einzelnen Regionen in China oder Indien zur vergleichen. Um den Tücken einer eurozentrischen

Perspektive zu entkommen, schlägt er eine Technik des reziproken Vergleichens vor. Das impliziert entgegen der oft üblichen Setzung eines europäischen Zentrums den Standpunkt beständig zu wechseln –»the possibility that Europe could have been a China« (S. 9).

Dementsprechend setzt sich Pomeranz zunächst mit Argumentationen auseinander, die typischerweise für Europa-zentrierte Entwicklungsgeschichten herangezogen werden. Zum einen werde argumentiert, dass sich Europa bereits vor der industriellen Revolution durch eine ausgeprägte Akkumulation von physischem wie humanem Kapital ausgezeichnet habe.»In this view differences in the demographic and economic behavior of ordinary farmers, artisans, and traders created a Europe that could support more non-farmers; equip its people with better tools (including more livestock); make them better nourished, healthier, and more productive; and create a larger market for goods above and beyond the bare necessities« (S. 10). Zum zweiten werde von Braudel und Wallerstein, aber auch von North vorgebracht, dass es die Entwicklung von Institutionen bzw. Unternehmens- und Marktstrukturen war, die bereits früh erhebliche Unterschiede hervorgebracht habe.»The focus of these arguments is generally on the emergence of efficient markets and property-rights regimes that rewarded those who found more productive« ways to employ land, labor, and capital« (S. 14). Pomeranz weist diese Argumente nicht gänzlich zurück, kommt jedoch zu einer anderen Gewichtung.»There is little to suggest that western Europe's economy had decisive advantages before then, either in its capital stock or economic institutions, that made industrialization highly probable there and unlikely elsewhere. The market-driven growth of core areas in western Europe during the preceding centuries was real enough and was undoubtedly one crucial precursor of industrialization – but it was probably no more conducive to industrial transformation than the very similar processes of commercialization and ›proto-industrial‹ growth occurring in various core areas in Asia« (S. 16). An diesen Ausgangspunkt schließt eine dreischrittige Argumentation an.

Zunächst malt Pomeranz die Welt der ›erstaunlichen Ähnlichkeiten‹ weiter aus. Dabei geht es um die Frage der Akkumulation von Kapitalien wie um die Entwicklung von Institutionen, die die Produktion und Vermarktung von Gütern ermöglichen. Besondere Aufmerksamkeit widmet er der Rolle von Haushalten, die einerseits als Orte der Konsumtion und der davon ausgehenden Nachfrage fungieren, die aber andererseits auch Arbeitskräfte bereitstellen. Er bezieht sich dabei auch auf das von de Vries (2008) entwickelte Modell der industrious revolution und zeigt, dass sich diese in chinesischen Familien in einer ganz ähnlichen Weise vollzogen habe.»Far from being unique, then, the most developed parts of western Europe seem to have shared crucial economic features – commercialization, commodification of goods, land, and labor, market-driven growth, and adjustment by households of both fertility and labor allocation to economic trends – with other densely populated core areas in Eurasia« (S. 107). Dem Luxuskonsum, der verschiedentlich als ein Entwicklungsimpuls begriffen wird, misst Pomeranz demgegenüber keine entscheidende Bedeutung zu.

Im Bereich der organisationalen Strukturen sieht Pomeranz auf der europäischen Seite durchaus Vorsprünge; sie werden aber erst im Kontext von Fernhandel, Kriegsführung und Kolonisierung bedeutsam. So entstehen eine Verknüpfung von »capitalism, overseas coercion, and industrialization: namely that the political-economic institutions of European capitalism and violent interstate competition, combined with some very lucky (for Europe) global conjunctures, made European (especially British) relations with the rest of the Atlantic world unique among core-periphery relationships« (S. 185).

Den entscheidenden Punkt sieht Pomeranz dann aber bei der Lösung der Energie- und Ressourcenprobleme, die sich auch in anderen Ökonomien stellen. Hier komme es vor allem im 19. Jahrhundert zu einem Durchbruch: »while the new energy itself came largely from a surge in the extraction and use of English coal, we shall see (...) that Europe's ability to take advantage of a new world of mineral-derived energy also required flows of various New World resources. It was through creating the preconditions for those flows that European capitalism and military fiscalism – as part of a large global conjuncture – really mattered« (S. 207). Dabei fungieren die Reichtümer der *Amérikas* nicht nur als eine Quelle neuartiger Güter. »It also helped create European military commanders and paymasters who became influential partners of local elites and often later their colonial masters. Consumption taxes on plantation-grown sugar and tobacco, as well as other colonial goods, also played a significant role in building these military capabilities« (S. 282). So betrachtet ist es das Zusammenspiel recht unterschiedlicher Faktoren, die im 19. und 20. Jahrhundert die ›great divergence‹ hervorbringen. »A combination of inventiveness, markets, coercion, and fortunate global conjunctures produced a breakthrough in the Atlantic world, while the much earlier spread of what were quite likely better-functioning markets in east Asia had instead led to an ecological impasse« (S. 25).

Die von Pomeranz vertretene Argumentation ist nicht unumstritten geblieben; Erweiterungen und Einwände wurden z. B. von Prasannan Parthasarathi (2002) und Peer Vries (2010) vorgebracht. Vries kommt aber dann ungeachtet mancher Einwände gegen die Analysen Pomeranz´ zu einer recht positiven Einschätzung des Ansatzes: »The California School has changed the way we look at the economic history of the world, especially the pre-industrial world of Eurasia. It has rightly pointed at the enormous importance of Asia in the economy of the early modern world and at its very high level of development. It has done so in a couple of years« (S. 19).

Institutionelle Ansätze

Es ist weitgehend unumstritten, dass die Herausbildung von nationalstaatlichen und marktregulierenden Institutionen eine zentrale Rolle bei der wirtschaftlichen, politischen und sozialen Entwicklung vieler Länder spielte. Die hier zusammengestellten Ansätze zeichnen sich eher dadurch aus, dass sie die Bedeutung von Institutionen ins Zentrum der Argumentation rücken.

Ein klassischer Ansatz, indem Institutionen als Entwicklungsmotoren eine zentrale Rolle spielen, ist die sogenannte Modernisierungstheorie. So heißt es in einer einführenden Darstellung: »Als der zentrale Typus sozialen Wandels in westlichen Gesellschaften bestimmt Modernisierung nach wie vor die Richtung gesellschaftlicher Entwicklungen mit Merkmalen wie Industrialisierung, Rationalisierung und Säkularisierung, Demokratisierung und Emanzipation, Pluralisierung der Lebensstile, Massenkonsum, Urbanisierung und Steigerung der sozialen Mobilität« (Degele und Dries 2005, S. 17). Damit ist nicht selten die Vorstellung verbunden, dass ›Europa‹ bzw. der ›Westen‹ ein Zentrum bilden, von dem aus sich Prozesse der Modernisierung ausbreiten. Dabei werden vier zentrale Annahmen zugrunde gelegt. »Erstens gilt Modernisierung als endogene Leistung der in diesem Prozess begriffenen Gesellschaften, zweitens unterstützen sich die einzelnen Züge der Modernisierung wechselseitig, drittens behindern Modernisierungsvorläufer nicht die Nachzügler und viertens konvergieren Modernisierungsprozesse in der Steigerung gesamtgesellschaftlicher Anpassungsfähigkeit. Modernisierung gilt damit formal als progressiver (auf eine neue Stufe des Fortschritts führender), systemischer (…), globaler (…) und irreversibler Prozess« (S. 18).

Auf Shmuel N. Eisenstadt geht eine gewisse Revision dieses Programms zurück, indem er das Konzept der Multiple Modernities vorschlägt. »The notion (…) denotes a certain view of the contemporary world (…) that goes against the views long prevalent in scholarly and general discourses. It goes against the view of the ›classical‹ theories of modernization and of the convergence of industrial societies prevalent in the 1950 s, and indeed against the classical sociological analyses of Marx, Durkheim, and (…) even of Weber (…). They all assumed, even if only implicitly, that the cultural program of modernity as it developed in modern Europe and the basic institutional constellations that emerged there would ultimately take over in all modernizing and modern societies; with the expansion of modernity, they would prevail throughout the world« (2002, S. 1).

Wenn man dann jedoch die weiteren Ausführungen Eisenstadts verfolgt, wird deutlich, dass sein vermeintlicher Bruch mit der eurozentrischen Perspektive doch recht verhalten ausfällt. »The appropriation by non-Western societies of specific themes and institutional patterns of the original Western modern civilization societies entailed the continuous selection, reinterpretation, and reformulation of these imported ideas« (S. 15). Wenn man hierzu in Osterhammels Globalgeschichte des 19. Jahrhunderts das Kapitel über die Entwicklung von Verwaltungsapparaten heranzieht, wird deutlich, dass auch in der kolonialen Konstellation Indiens, die Kolonialbürokratie keineswegs auf eine politische Landschaft traf, »die ohne Staat ausgekommen wäre« (2009, S. 871). Die chinesische Staatsbürokratie war Mitte des 18. Jahrhunderts gar »die am ›rationalsten‹ organisierte Bürokratie der damaligen Welt« (S. 872 f.). Diese bürokratische Tradition erfuhr keine kolonialen Eingriffe; erst institutionelle Reformen zu Beginn des 20. Jahrhunderts brachten wesentliche Veränderungen. Diese wenigen Hinweise mögen ausreichen, um die Widersprüche der Eisenstadtschen Reformulierung des klassischen Programms aufzuzeigen. So bemerkt Nederveen Pieterse ganz zurecht, dass Eisenstadt den von ihm formulierten Ansprüchen keineswegs gerecht wird. Dabei sei »Eisenstadts Sicht der Dinge (...) in der Literatur sehr verbreitet (...). Mit schwachen Argumenten werden westliche Ansprüche auf eine Vorrangstellung nicht in Frage und neue Arten von Moderne im Wesentlichen als eine Erweiterung von Moderne, als Varianten des Themas vorgestellt« (2010, S. 84). Zudem hält Eisenstadt, trotz seines Verweises auf die Traumata der modernisierungstheoretisch begründeten Versprechen (allein in Europa: der Holocaust und zwei Weltkriege), an der Vorstellung der Linearität von Modernisierungsprozessen fest.

In einer nicht gerichteten Weise wird die Frage nach der Rolle von Institutionen in Prozessen der globalen Entwicklung im Kontext von institutionentheoretischen Ansätzen diskutiert. Douglass C. North hat sich systematisch mit der Frage befasst, welche Rolle Institutionen für Prozesse der wirtschaftlichen Entwicklung spielen. Institutionen prägen die »Anreizstruktur« eines Wirtschaftssystems (2005, S. 138); um diese Institutionen entstehen dann wiederum Organisationen, wie Unternehmen, Gewerkschaften, Verbände etc. Die Entscheidungen über die Gestaltung solcher Institutionen sind jedoch politische Entscheidungen. Im Kontext einer politischen Ordnung – einem Set von Regeln, wie das politische Spiel gespielt wird – wird festgelegt, wer in einer Gesellschaft überhaupt Entscheidungen treffen kann. Dementsprechend begreift North das wirtschaftliche System als der jeweiligen politischen Ordnung nachgeordnet; so wird auf der politischen Ebene entschieden, wie das Eigentumsrecht oder Märkte gestaltet und durchgesetzt werden. Er geht dabei von drei zentralen Problemen der Gestaltung moderner Wirtschaften aus:

- die Frage, wie der nicht länger persönliche Tausch reguliert werden kann: Hier sind seit dem Mittelalter nach und nach Institutionen entstanden, die den nunmehr unpersönlichen Tausch organisieren. Diese Probleme stellen sich auch in Ländern, die später in die Logiken kapitalistischen Wirtschaftens eintreten.

- das Problem der Teilung und Spezialisierung von Arbeit: Ausgehend von der Smithschen These, dass Arbeitsteilung und Spezialisierung systematisch zur Wohlstandssteigerung beitragen, lenkt North den Blick auch auf die Teilung des Wissens, die für wirtschaftliches Wachstum von großer Bedeutung sei. So stelle »die Integration des Wissens über Fachgebiete und verschiedene Teile der Wirtschaft und Gesellschaft ein entscheidendes Dilemma dar« (S. 141).

- Das dritte Problem besteht in einer gut funktionierenden Regulation von Märkten, sodass Preise und Qualitäten zu den entscheidenden Faktoren werden.

Ausgehend von Adam Smiths Untersuchung zum Wohlstand der Nationen befassen sich Daron Acemoglu und James A. Robinson mit der Frage ›Warum Nationen scheitern‹ und welche Gründe für Wohlstand und Macht auf der einen und Armut auf der anderen Seite auszumachen seien. Sie setzten sich zunächst mit zentralen Ansätzen der wirtschaftswissenschaftlichen bzw. -geschichtlichen Debatten auseinander: die Rolle von im weiteren Sinne geographisch vermittelten Faktoren, die letztlich auf Webers protestantische Ethik zurückgehende Kulturhypothese und schließlich eine Ignoranzthese, die die Gründe für das Zurückbleiben bei den politischen Entscheidungsträgern in den jeweiligen Ländern suchen. Anknüpfend an die letzte These machen die Autoren deutlich, dass es durchaus um politische Entscheidungen gehe, weniger um Fragen der Ignoranz oder Kultur. Ähnlich wie North verweisen sie auf die politischen Prozesse, in denen wesentliche Rahmenbedingungen des Wirtschaftens gesetzt werden. Für die weitere Analyse spielt die Unterscheidung von extraktiven und inklusiven Wirtschaftsinstitutionen eine zentrale Rolle.

Exemplarisch verdeutlichen sie das System extraktiver Wirtschaftsinstitutionen an der Geschichte des Kongo, wo einfache Eigentumsrechte und die Aufrechterhaltung von Recht und Ordnung kaum gewährleistet werden konnten, zudem standen nur wenige öffentliche Dienste und Möglichkeiten der Alphabetisierung und Ausbildung bereit. Umgekehrt bedingte die Aufrechterhaltung der Sklaverei, dass kein freier Arbeitsmarkt entstehen konnte. Allenfalls eine Elite profitierte von diesen extraktiven Institutionen, die über politische Macht und Reichtum verfügen. Auch im Kontext extraktiver Institutionen ist wirtschaftliches Wachstum möglich, wie die Autoren anhand der Plantagenwirtschaft in der Karibik und der sowjetischen Industrialisierung im 20. Jahrhundert zeigen. Eine wichtige Rolle spielte der Grad der politischen Zentralisierung; schließlich sei dieses Wachstum oftmals nicht dauerhaft (2013, S. 129). So bedingen die extraktiven Strukturen ein hohes Risiko von internen Machtkämpfen oder gar Bürgerkriegen. Die jüngere Entwicklung Chinas sehen sie in einer Mischung von extraktiven und inklusiven Institutionen bedingt.

So bieten inklusive Wirtschaftsinstitutionen einer großen Mehrheit der Bevölkerung gute Bedingungen, sich in das Wirtschaftsleben einzubringen und ihre Fähigkeiten zu nutzen. »Sie gestatten dem Einzelnen, freie Entscheidungen zu treffen. Um inklusiv zu sein, müssen Wirtschaftsinstitutionen Sicherheit für das private Eigentum, ein neutrales Rechtssystem und öffentliche Dienstleistungen zur Schaffung fairer Bedingungen bieten, die dem Menschen ermöglichen, frei zu handeln und Verträge abzuschließen. Sie müssen ferner die Gründung neuer Unternehmen erlauben und ihren Bürgern gestatten, selbst über die eigene berufliche Laufbahn zu bestimmen« (S. 105 f.). Sie sehen einen engen Zusammenhang zwischen politischem Pluralismus und dem Entstehen inklusiver Institutionen (S. 112).

Die Autoren machen schließlich aber auch deutlich, dass die Frage, welche Institutionen sich in welchen Ländern herausbilden, keineswegs auf autonome politische Entscheidungen zurückgeht. So werde in der historischen Analyse deutlich, »dass die extraktiven Institutionen, welche die Armut der betreffenden Staaten bewirkten, in mehreren Fällen durch eben den Prozess, der das europäische Wachstum antrieb, herbeigeführt oder zumindest gestärkt wurden: durch die europäische kommerzielle und koloniale Expansion. Mehr noch, die Ertragskraft der europäischen Kolonialreiche stützte sich überall auf der Welt auf die Zerstörung unabhängiger Gemeinwesen und indigener Wirtschaften oder auf die Schaffung ganz neuer extraktiver Institutionen wie in der Karibik, wo die Europäer nach der fast völligen Vernichtung der einheimischen Bevölkerung afrikanische Sklaven herbeiholten und das Plantagensystem aufbauten« (S. 329).

Trotz ihrer Fokussierung auf die Bedeutung spezifischer Institutionen für die Generierung wirtschaftlichen Wachstum grenzen sich die Autoren recht scharf gegen modernisierungstheoretische Konzepte ab. »Die Modernisierungstheorie ist sowohl unzutreffend als auch wenig hilfreich für eine Auseinandersetzung mit den bedeutenden Problemen extraktiver Institutionen in scheiternden Staaten. Das am stärksten für die Theorie sprechende Indiz besteht darin, dass es die reichen Staaten sind, die demokratische Regierungen aufweisen« (S. 521); diese Argumentation vertausche aber Ursache und Wirkung. Umgekehrt verweisen die Autoren auf autoritäre Regime, die in den letzten Jahrzehnten durchaus erhebliche Wachstumsraten aufzuweisen hatten, ohne dabei demokratischer geworden

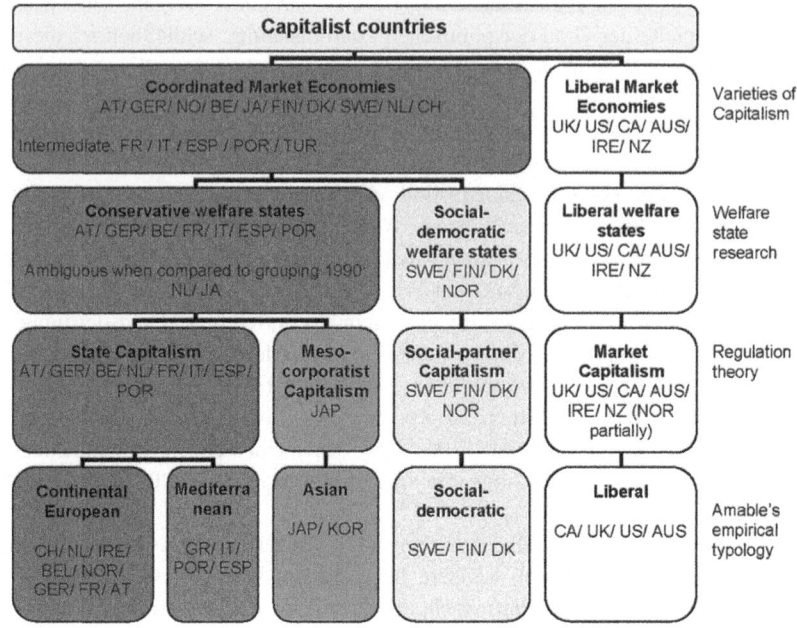

Quelle: Schröder (2008, S. 27)

Abb. 5.91 Zusammenstellung von Regulations- und Wohlfahrtsstaatstypologien

zu sein. Auch das Beispiel der Entwicklung Deutschlands und Japans in der ersten Hälfte des 20. Jahrhunderts lasse Zweifel an dem Modernisierungskonzept aufkommen.

Eine gute Möglichkeit der Gegenüberstellung der verschiedenen institutionellen Pfade von Nationalstaaten bieten typologische Übersichten von Regulations- und Wohlfahrtsstaatmodellen. Die Abb. 5.91 geht auf eine von Martin Schröder vorgelegte Zusammenstellung solcher Typologien zurück.

Die Ansätze der Regulationstheorie bzw. der Varieties of Capitalism wurden bereits an früherer Stelle genauer dargestellt; das gilt auch für die Wohlfahrtsstaat-Typologie Esping-Andersens. Die von Bruno Amable (2004) vorgelegte Typologie von Kapitalismen geht einerseits auf die Setzung von fünf Grundtypen zurück, die sich durch spezifische sich ergänzende Institutionen auszeichnen: »the Market-based model; the Social-Democratic model; the Continental European model; the Mediterranean model; and the Asian model« (S. 14). Anderseits nimmt er dann entlang von Länderdaten zu spezifischen Institutionen eine statistisch gestützte Zuordnung vor. Dabei untersucht er jene Institutionen, die den Wettbewerb an den Gütermärkten, die Arbeitsbeziehungen, den Finanzsektor, die sozialen Sicherungssysteme und schließlich das Bildungs- und Erziehungssystem prägen. Die Charakteristika des liberalen, des kontinaleuropäischen und des sozialdemokratischen bzw. skandinavischen Modells wurden oben bereits erläutert. Das asiatische Modell zeichnet sich durch die Geschäftsstrategien großer Unternehmen aus, die eng mit dem Staat und dem Finanzsystem kooperieren. Die Arbeitskräfte sind de facto durchaus geschützt und können sich weiter qualifizieren. Den großen Unternehmen kommt eine entscheidende Bedeutung zu, da die sozialen Schutzsysteme nur rudimentär ausgebildet sind. Das südeuropäische Modell basiert vor allem auf der Sicherung von Beschäftigung und weniger auf sozialen Sicherungssystemen. Das begrenzte Qualifikations- und Bildungsniveau der Arbeitskräfte erschwert Industriepolitiken, die auf hohe Löhne und hohe Qualifikationen setzen. Der verstärkte Wettbewerb auf den Produktmärkten erfordert eine weitere Flexibilisierung der Arbeit. Während die Stammbelegschaften in größeren Betrieben noch recht gut gesichert sind, sind junge Beschäftigte und Beschäftigte kleinerer Unternehmen hohen Risiken ausgesetzt (vgl. S. 107).

In den Varieties of Capitalism-Modellen wird den Veränderungen, die sich seit den 1990er Jahren durch das Ende oder den Umbau der vormals sozialistischen Staaten vollzogen haben, kaum Rechnung getragen. Szelényi und Mihályi (2020) haben einen Vorschlag entwickelt, drei neue Modelle von postkommunistischen Kapitalismen zu unterscheiden: eine spezifische Variante des Liberalismus in den osteuropäischen Ländern, patrimoniale Regime in den Ländern der ehemaligen Sowjetunion und schließlich eine ›Transformation von unten‹ in Ostasien (China und Vietnam).

Das liberale Modell der Transformation in den osteuropäischen Ländern impliziert eine schnelle Liberalisierung der Wirtschaft, einen schnellen und marktorientierten Umbau der vormaligen Staatsbetriebe und schließlich eine ausgeprägte Rolle ausländischer Direktinvestitionen. »The managerial-technocratic elite was the primary domestic beneficiary of privatisation and the core of a new local grand bourgeoisie. A competitive, multi-party democratic system came into being with a contested but basically free media and protections for human rights« (S. 89).

Das patrimoniale Modell der postsowjetischen Staaten bildet sich schrittweise heraus. Zunächst folgt man den neoliberalen Modellen, wie sie in den osteuropäischen Ländern angewandt werden. Das ändert sich mit der Präsidentschaft Jelzins in den 1990er Jahren; man greift stärker auf historisch bewährte Muster zurück: »Appealing to Orthodoxy, tradition, and respect for authority. Instead of building liberal democracy, he decided to co-opt local political and economic bosses; the result of which was to create a new class of nomenklatura bourgeoisie. (…) he recreated a class of boyars called the oligarchs. This was a sort of patrimonial order: Yeltsin used voucher privatisation to enrich his followers« (S. 98). Die unter Jelzin eingeschlagene Politik setzt sich unter Putin fort.»The regime was drifting away from liberalism but was retaining crucial elements of majoritarian rule (hence democracy in our terminology) such as the way office holders were selected. In this way it retained majoritarian rule as the (…) legitimating principles of the system. Former communist political actors retained a great deal of power, mainly through the process of privatisation« (S. 101).

Das Modell eines Marktsozialismus bzw. Kapitalismus von unten knüpft an ein von Szelényi vorgeschlagenes Konzept an.»The key proposition was that China began to build capitalism from the ›bottom-up‹, starting with small businesses in agriculture and gradually opening up to larger, initially domestically owned businesses before embracing multinationals and large private corporations« (S. 115 f.). Damit ist jedoch nur eine erste Etappe markiert. In den 1990er Jahren setzt sich dann eher ein Kapitalismus von oben durch; es kommt zu einer Privatisierung der Staatsbetriebe und einer Öffnung gegenüber ausländischen Direktinvestitionen. In den 2000er Jahren werden mit Programmen der sozialen Harmonie und der ländlichen Entwicklung wieder eher Momente einer bottom-up Strategie erkennbar. Unter Präsident Xi werden illiberale Politiken ausgebaut, eine lebenslange Präsidentschaft unter Führung der Kommunistischen Partei (vgl. S. 123 f.).

›Kulturelle‹ Ansätze

Postkolonialismus ist eine Bezeichnung für theoretische und politische Konzepte, die die Herrschaftsbeziehungen rekonstruieren, die mit dem Kolonialismus einhergingen bzw. ihn überhaupt ermöglichten, und die sich mit den Folgewirkungen dieser Konzepte in den postkolonialen Konstellationen nach der Dekolonisierung befassen. Dabei geht es vor allem um die Hierarchisierungen von Welten und Menschen, die sich z. B. in Eurozentrismus und Orientalismus ausdrücken, die spezifische Modelle von Modernität und Entwicklungen präskribieren und die Menschen in rassistischer und sexistischer Weise bewerten. Stuart Hall drückt es wie folgt aus:»Postkolonial meint daher: nach der Epoche, in der imperiale Macht durch direkte Kolonisierung ausgeübt wurde, bezeichnet aber auch eine Ära, in der alles noch im Windschatten des Kolonialismus stattfindet und daher noch die Einschreibung jener Verstörungen an sich trägt, die die Kolonisierung in Gang gesetzt hat« (2018, S. 119 f.).

Postkoloniale Kritik in einer nach wie vor (post)kolonialen Konstellation ist jedoch nicht ganz einfach. Die Debatte beginnt zu einem Zeitpunkt, »an dem alles in der Diskussion auf die kolonisierende Dominante, den Westen, referiert, dem man zwar Widerstand entgegenbringen mag, dessen Präsenz als aktive Macht, als Gesprächspartner, jedoch nicht geleugnet werden kann, da die für die vorherige Epoche charakteristischen Konfigurationen sichtbar und wirksam bleiben, also reale Effekte zeitigen« (S. 120). Ansätze postkolonialen Denkens gehen auf die kolonialen und nachkolonialen Kämpfe um Dekolonisierung in der Mitte des 20. Jahrhunderts zurück; nach und nach entstehen dann verschiedene Theoriekonzepte, in denen sich postkoloniale Denkansätze verdichten. Exemplarisch sei auf drei Beispiele verwiesen:

• Die Ende der 1970er Jahre entstandene Studie des Literaturwissenschaftlers Edward Said trägt den Titel ›Orientalismus‹. Es geht um die westlichen bzw. europäischen Darstellungen des Orients, in denen dieser als das ›Andere‹ als Antipode Europas konstituiert wird. Said interessiert dabei vor allem der »Zusammenhang von Wissen und Macht, der ›den Orientalen‹ erst gebiert und gleichzeitig in gewissem Sinne als Mensch auslöscht« (2009, S. 39). Später wurde der Begriff des Orientalismus zu einer Chiffre für die westlichen Repräsentationen eines nichtwestlichen Anderen.
• Die ›Subaltern Studies‹ markieren einen Paradigmenwechsel in der Geschichtsschreibung in den 1980er Jahren. »Das erklärte Ziel der Subaltern Studies waren historische Analysen, in denen die subalternen Gruppen als Subjekte der Geschichte begriffen wurden« (Chakrabarty 2010, S. 24).
• Der bereits dargestellte Stuart Hall ist ein Vertreter der ›cultural studies‹, wie sie am Birmingham Centre for Contemporary Cultural Studies (CCCS) in den 1960er und 1970er Jahren entwickelt wurden. Bei diesem Ansatz geht es darum, Kultur und kulturelle Praktiken stets im Kontext von Machtbeziehungen und sozialen Verhältnissen zu begreifen; einer dieser Zusammenhänge ist dann auch die koloniale und postkoloniale Konstellation.

Für die hier im Vordergrund stehenden Fragen der Sozialstrukturanalyse sind verschiedene Argumentationen aus dem postkolonialen Kontext bedeutsam. An vorderster Stelle ist es der Bruch mit der eurozentrischen Perspektive, die für den Entstehungskontext von Sozialstrukturanalysen in den Nationalstaaten des globalen Nordens maßgeblich war. Das impliziert einen Bruch mit den welträumlichen Ausgrenzungen, die damit verbunden waren, vor allem aber einen Bruch mit den damit verbundenen Denkwelten, Kategorien und Fortschrittsmodellen. Zudem geht es um die in den postkolonialen Debatten thematisierten

Verknüpfungen von politisch-ökonomischen Ungleichheiten und Gewaltverhältnissen mit rassistischen und sexistischen Denkmustern: »Bisher war ›Differenz‹
die Folge der westlichen Diskurse der Andersheit, das Ergebnis einer Dialektik
des Othering im Rahmen der Kolonialgeschichten (…). Der Effekt der verschiedenen Weisen des Othering war die Konstruktion der vielen Arten von Differenz,
die unter den Völkern der Welt nach einer binären Repräsentationsordnung auf
komplexe Weise verteilt sind, wodurch solche Differenzen diskursiv reduziert,
verdichtet und polarisiert werden. Daraus resultierte eine reduktionistisch vereinfachte, unpassierbare symbolische Grenze, die dadurch sämtliche Formen von
Differenz in Gestalt eines Gegensatzes zwischen uns und den anderen essen-
tialisierte, der seine Wirkung über die Dialektik der Andersheit entfaltete« (Hall
2009, S. 146 f.). Die hier erkennbare enge Verschränkung von rassistischen, sexistischen und anderen Etikettierungen mit der Etablierung und Rechtfertigung von
kolonialen und postkolonialen Machtverhältnissen kann als ein Lehrstück zum
Verständnis heutiger Othering-Prozesse fungieren.

Integration von Perspektiven
In nicht wenigen Ansätzen, wird versucht, die hier unterschiedenen theoretischen
Konzepte zusammenzuführen und für die Analyse globaler Ungleichheiten zu
nutzen.

Lose angelehnt an systemische Theorieansätze geht Sylvia Walby (2009) von
multiplen bzw. komplexen Ungleichheiten aus. Sie definiert komplexe Ungleichheiten als Simultanität von eher materiellen Ungleichheiten, wie sie eher im
Kontext von Klassenkonzepten thematisiert werden, und Differenzen, wie sie
eher im Kontext intersektionaler Diskurse analysiert werden. Mit der Betonung
der Simultanität widersetzt sie sich der oftmals vorgenommenen systematischen
Unterscheidung von Differenzen und Ungleichheiten. Ausgehend von diesem
Modell komplexer und wechselwirkender Ungleichheiten favorisiert sie dann
auch ein breites Spektrum von theoretischen bzw. disziplinären Zugängen, um
Ungleichheiten dieser Art erklären zu können. »In order to include multiple
complex inequalities in addition to class at the centre of social theory, several
theoretical developments are needed. The conceptualization of each of the main
institutional domains of economy, polity, violence and civil society needs to be
re-thought so as to include and make visible complex inequalities in addition to
class. Each of the complex inequalities needs to be theorized as a separate system
of social relations, as a regime of inequality spelling out the ontological depth
of these regimes. Class is not reducible to economics, nor ethnicity to culture;
rather each regime of inequality involves the economy, polity, violence and civil
society« (S. 19).

Dementsprechend geht Walby davon aus, dass man es neben Klassenregi-
men mit Genderregimen, mit ethnischen Regimen oder mit Regimen, die sich
an sexuellen Orientierungen oder körperlichen Fähigkeiten festmachen, zu tun
hat. »Regimes of complex inequality while having different temporal and spatial reach do intersect at points in the same temporal and spatial location. The
regimes coexist, do not saturate the space, and are usually non-nested. At these
points of intersection regimes of complex inequality adapt to each other. This
adaptation of regimes is often asymmetric; there can be imbalances of power
and effectivity and some regimes will have less developed institutional domains
than others. Intersecting regimes may be at different levels of development to and
through modernity, even though they inhabit the same territory at the same time«
(S. 272).

Manuela Boatcă (2016) geht zunächst von einer kritischen Reflexion von
Ansätzen aus dem Spektrum der Weltsystemtheorie aus. Ähnlich wie Walby
bringt sie dann aber verschiedene Erklärungsansätze und Theoriebezüge für die
Analyse globaler Ungleichheiten zusammen. Zudem versucht sie, dem latenten
Okzidentalismus der Ungleichheitsforschung zu entgehen und eine dekoloniale
Perspektive zu entwickeln. So implizierte der Okzidentalismus und Eurozentrismus der soziologischen bzw. sozialstrukturellen Klassiker eine systematische Ver-
nachlässigung von kolonialen und imperialen Machtbeziehungen, die sich noch
heute in Ungleichheiten zwischen verschiedenen Weltregionen widerspiegeln.
Weiterhin habe das zu einer Übergeneralisierung der europäischen Entwicklungen und Erfahrungen geführt und somit nicht-westliche, nicht-europäische und
nicht-weiße Erfahrungen systematisch vernachlässigt. Das habe sich in den beiden zentralen Kategorien ausgedrückt, der Klasse und dem Nationalstaat. So
wurde die Entwicklung von Ungleichheiten vorrangig im Kontext der industria-
lisierten Länder untersucht, die Geschichte des Kolonialismus, der Sklaverei und
der europäischen Massenmigration in die *Amérikas* blieb ausgeblendet. Dabei
haben diese Entwicklungen die politisch-ökonomischen Verhältnisse und die
Sozialstrukturen in diesen Weltregionen nachhaltig geprägt. Die Konsequenzen
des vorherrschenden Ethnozentrismus zeigen sich an vielen Punkten: dem Ausschluss von ›rassischen‹ und ethnischen Perspektiven aus der Soziologie sozialer
Ungleichheit, der Nichtberücksichtigung von Sklavenwirtschaft und allen Formen
von Zwangsarbeit in der Analyse der Entwicklung des Kapitalismus und schließlich eine Migrationsforschung, die die kolonialen Zusammenhänge von globalen
Migrationsbewegungen lange Zeit ausgeblendet hat.

Wesentliche Impulse zu einer Analyse globaler Ungleichheiten jenseits des
Okzidentalismus sieht Boatcă in zwei theoretischen Feldern: »On the one hand,

feminist theorists have long pointed to the insufficiency of the standard dimensions of class, status, educational level and religious denomination for explaining social inequality, and have argued for the necessity of factoring race, ethnicity, and the North–South divide in the analysis of gender disparities. On the other hand, dependency and world-systems studies, which situated inequality on a global level and viewed class struggle as a conflict between bourgeois and proletarian areas in the world-economy (rather than social strata within a state), have cautioned against positing the nation-state as the unit of analysis for inequality relations« (S. 228). Bezogen auf die klassischen Fragen der Analyse sozialer Ungleichheiten favorisiert Boatcă Ansätze wie die World-Historical Perspective von Korzeniewicz und Moran (2009) oder Ansätze, die soziale Ungleichheiten entlang von Staatsbürgerschaften und den damit verbundenen Exklusionen begreifen; vgl. dazu die Ansätze von Brubaker (2007, 2015) oder Shachar (2009).

Göran Therborn (2006, S. 6 f., 2013, S. 44 f.) steht für einen Ansatz, der die Integration von unterschiedlichen Perspektiven auf globale soziale Ungleichheiten entlang der Unterscheidung verschiedener ›Mechanismen‹ organisiert. Er bezieht sich hier u. a. auf die Vorschläge Charles Tillys (1999), der in weltgeschichtlicher Perspektive versucht hat, relativ dauerhaft zu beobachtende Mechanismen zu unterscheiden, die soziale Ungleichheiten hervorbringen und reproduzieren. Tilly hatte zum einen Mechanismen unterschieden, die die großen Unterschiede in sozialen Positionen hervorbringen: ein gegenüber dem Marxschen Verständnis erweiterter Begriff von ›exploitation‹ und das Konzept des ›opportunity hoarding‹. Zum anderen stellt er Mechanismen dar, die sich eher für die Analyse der Stabilisierung und Reproduktion von Ungleichheitsbeziehungen eignen, z. B. indem sie materielle Ungleichheiten mit bestimmten Personengruppen verknüpfen; in diesem Sinne beschreibt er Mechanismen der ›adaptation‹ und ›emulation‹.

Therborn setzt sich kritisch mit den Konzepten Tillys auseinander, führt dann aber auch eine Reihe weiterer Mechanismen ein. Zunächst schlägt Therborn vor, das komplexe Konzept soziale Ungleichheiten in drei verschiedenen Dimensionen zu analysieren:

- *vital inequality:* Ungleichheiten, die sich z. B. in der Ernährung, in der Gesundheit oder in der Lebenserwartung von Männern und Frauen, von Kindern, Jugendlichen und Erwachsenen ausdrücken.
- *existential inequality:* Ungleichheiten, die sich in unterschiedlichen Rechten, in unterschiedlichen Graden der Autonomie und schließlich in Unterschieden der gesellschaftlichen Anerkennung bzw. Diskriminierung ausdrücken.

Kind of inequality	Roots & dynamics	Interactions
Vital	Population ecology Status system Medical knowledge	Sending: impact on Resource inequality Receiving: major impact from Existential & Resource inequality
Existential	Family-sex-gender system Ethno-racial relations Social status system	Sending: major impact on Vital & Resource inequality Receiving: major impact from Resource inequality
Resource	Economic, political & cognitive systems, ecology & performance	Sending: impact on Vital & Existential inequality Receiving: impact from Existential inequality & from Vital inequality

Quelle: Therborn (2013, S. 53)

Abb. 5.92   The roots, dynamics and interactions of the three kinds of inequality

- *resource inequality:* Ungleichheiten, die sich in materiellen und symbolischen Ressourcen ausdrücken.

Ausgehend von dieser Abgrenzung verschiedener Arten von Ungleichheiten versucht Therborn, wesentliche Momente und Wechselwirkungen zu benennen, die für die Analyse dieser Ungleichheiten bedeutsam sind (vgl. Abb. 5.92).

Im Kontext der *vital inequality* sind es vor allem ›Umwelteffekte‹, die sich in Graden der Gesundheit und Krankheit oder in Überlebenswahrscheinlichkeiten ausdrücken; so verweist Therborn exemplarisch auf spezifische Krankheitsrisiken in tropischen Regionen, auf die Aids-Katastrophe in afrikanischen Ländern, aber auch auf die Umweltbedingungen in den europäischen und amerikanischen Städten des späten 19. Jahrhunderts. Zu untersuchen sind neben den länderspezifischen Unterschieden aber auch die sozialen, die geschlechtsspezifischen oder die ›ethnischen‹ Unterschiede z. B. in der Lebenserwartung. Neben den unterschiedlichen Risiken der Erkrankung sind es dann aber auch die Zugänge zu medizinischem Wissen und Infrastrukturen, die Ungleichheiten hervorbringen.

Die Fragen der *existential inequality* werden oft als klassische Themen der Sozialphilosophie begriffen; sie müssen aber systematisch mit Fragen der sozialen Ungleichheit in Verbindung gebracht werden. »Patriarchy, slavery, caste, estates, and racism have been the main, stark, classical forms of institutionalized existential inequality. Religious domination (…) also included limitations on what the, for instance, Jewish or Christian, minority must and must not do. ›Equality of opportunity‹ is, in one sense, ›existential equality lite‹. It is a light version that refers to equality only at one or a few – crucial, it is true – moments of life, that is, to some moment(s) of entry, such as to school or to a job. It is silent on the rest of the life course. However, unequal opportunities, the inheritance of disadvantages, and social immobility are denials of existential freedom. Existential inequality can be pervasive without being institutionalized and formally inscribed in society at large« (2006, S. 7). Während die geschlechtsspezifischen Ungleichheiten eng mit dem ›family-sex-gender system‹ verknüpft sind, gehen existenzielle Ungleichheiten häufig mit sexistisch, ethnisch, rassistisch oder sozial begründeten Systemen der Ausschließung einher.

Resource inequality gehört zu den klassischen Themen der Ungleichheitsforschung; Therborn verweist hier aber auf das breitere Verständnis von Kapitalien, das von Bourdieu vorgeschlagen wird; das schließt auch die symbolische Perspektive ein. »Income, work space, or education credentials may be disrespected or respected, signalling whether you are a ›winner‹ or a ›loser‹. While income is a universally convertible resource currency, symbolic differentiations constitute inequality only to the extent that they have connotations of unfair (dis) advantages. Differences in cultural capital may just refer to cultural differences between different strata, as do different lifestyles« (S. 8).

Diese Ungleichheiten werden in verschiedenen sozialen Arenen produziert. *Vital inequality* entstehe im Kontext der Lebenswelt aber auch der Arbeit. *Existential inequality* entstehe eher in Interaktionsprozessen. *Resource inequality* gehe schließlich auf die Arena der Beschäftigung bzw. des Eigentums zurück. Dabei gewinnen diese Arenen in zunehmendem Maße an Autonomie.

Ausgehend von diesen Überlegungen schlägt Therborn die Abgrenzung von vier ungleichheitsgenerierenden Mechanismen vor (vgl. Abb. 5.93): zunächst die Gegenüberstellung von *Distanciation* und *Exploitation*. Dazwischen werden dann *Hierarchization* und *Exclusion* angesiedelt (2013, S. 55). Die Mechanismen lassen sich idealtypisch zwischen zwei Polen verorten. So ist der Mechanismus der Distanciation dadurch charakterisiert, dass Person A eine bessere Position als B innehat, weil sie vielleicht die besseren Ausgangsbedingungen hatte, mehr Unterstützung erfahren hat und vielleicht auch im vorherrschenden Sinne ›leistungsfähiger‹ war. In diesem Falle erfolgt die bessere Positionierung von A, ohne dass damit eine Interaktion zwischen A und B vorliegt. Das bedeutet nicht, dass die Effekte der *Distanciation* leicht einholbar sind, da sich solche Vorsprünge mitunter über Generationen aufgebaut haben. Im Falle der Ausbeutung stellt sich das anders dar; hier geht die Besserstellung des einen (A) auf eine Schlechterstellung des anderen (B) zurück.

Der Begriff *Distanciation* wird anstelle des in der Schichtungsforschung verwendeten Begriffs Achievement genutzt. »Distanciation is, first of all, a systemic process, in systems geared to producing winners and losers – including defining what constitutes ›winning‹ – and a distance of rewards and advantages

Mechanism	Dynamics	
	Direct agency	Systemic dynamics
Distanciation	Running ahead/ falling behind Outcompeting Social psychology of success/failure	Reward structuration and normation, e.g. ›Winner takes all‹, ›Matthew effect‹, ›star‹ system Returns to scale Information/ opportunity structuration
Exclusion	Closure, Hindering, opportunity hoarding Discrimination, monopolization	Membership boundaries, entry thresholds Cumulation of advantages Stigmatization Citizenship/property rights
Hierarchization	Super-subordination Patron-client relations Put-down/ deference	Organizational ladder, status/authority distance Hierarchy of family roles Systemic centre and peripheries Ethnic/ racial/ gendered hierarchies Generalizations of superiority/ inferiority
Exploitation	Extraction Utilization Abuse	Polarized power relations Asymmetric dependence Tributary systems

Quelle: Therborn (2013, S. 62)

Abb. 5.93   Inequality Mechanisms and their Interactive Dynamics

between them. But systems, from schools to states and world economies, differ in their length of separation, their social distance between winners and losers, front-runners and laggards, the ›advanced‹ and the ›backward‹. It is important to emphasize the systemic context of distanciation, as opposed to all the individualist ideology, that success is the singular achievement of the successful individual. But there are also other contextual variables besides systemic arrangements« (S. 56). Therborn macht deutlich, dass es entgegen dem eher individualistisch konzipierten Achievement Konzept vor allem soziale bzw. generationale Kontexte und die damit verbundenen Prädispositionen bzw. sozialisatorischen Voraussetzungen sind, die dann letztlich Distanz generieren.»Actors differ in their self-confidence facing risks and uncertainty, and they have differential access to information on new opportunities. In this way, through actor formation, social distances – of school achievement, job careers, social standing – tend to be reproduced over generations« (S. 56). Umgekehrt können es aber auch spezifische historische Situationen sein, die außerordentliche Prozesse des Distanciation ermöglichen; er verweist hier auf die Herausbildung der russischen Oligarchen aus der Gruppe der politischen Nomenklatura in der Zeit des ökonomisch politischen Umbruchs nach dem Ende der sozialistischen Staaten.

Der Mechanismus *Exploitation* bezieht sich zunächst auf das Marxsche Konzept der Ausbeutung, ohne aber die bei Marx zu Grunde gelegte Werttheorie zu übernehmen.»Exploitation involves a categorical division between some superior and some inferior people, whereby the former unilaterally or asymmetrically extract values from the latter. Freedom and property versus unfreedom and propertylessness has been the classical categorical divide underlying economic exploitation. Slavery and serfdom were classical examples« (S. 57). Gegenüber dem enger gefassten Marxschen Verständnis schlägt Therborn auch eine soziale oder sozialpsychologische Erweiterung vor. »It bears clearly and heavily on existential inequality. We all know what exploiting another person's love, respect or admiration means: using it for our own advantage and giving nothing or little in return. While not always observable and seldom exactly calculable, exploitation is in principle empirically investigable. It remains a pillar of inequality analysis, albeit not as central as it was in the ancient tributary empires, or when it sustained American plantation slavery and Russian serfdom« (S. 58).

Der Mechanismus *Exclusion* generiert grundsätzlich Dazugehörige (in-groups) und Ausgeschlossene (out-groups). Therborn schlägt vor, Exclusion nicht als Kategorie, sondern im Sinne einer erklärenden Variable zu begreifen, »as a set of hurdles being placed in front of some people, a set which includes hindrances, ›glass ceilings‹, discriminations of various sorts, as well as closed gates. Exclusion figures in economics as monopolization, land rent and other kinds of ›rent-seeking‹. (…) Stigmatization is a marker of exclusion, bestowing upon those outside never-healing cultural wounds« (S. 59).

Der Mechanismus *Hierarchization* geht auf institutionalisierte Prozesse des Rankings bzw. der Über- und Unterordnung zurück, die sich dann zum Beispiel in einer positionalen Hierarchie in einer Verwaltung oder einem Unternehmen ausdrücken. Hierarchization kann sich aber auch in Wertesystemen ausdrücken. »Pre-modern social orders were usually perceived and formulated in terms of hierarchical orders, estates or castes, with a core division of intellectuals (priests, Brahmins, Mandarins, ulama), warriors, traders/craftsmen and farmers. A similar hierarchy survived into contemporary high cultures through aesthetic value systems of ›taste‹ and ›style‹« (S. 60).

Die vier Mechanismen sind schließlich in einem kumulativen und einem nicht ausschließenden Sinne zu begreifen. Sie liefern je für sich einen Beitrag zum Verständnis der eingangs skizzierten Ungleichheitstypen (vital, existential and resource-inequalities).

In einer institutionellen Perspektive macht Therborn die Familie, den Kapitalismus und die Nationen als zentrale Instanzen heutiger Ungleichheiten aus. »They have all had their ups and downs, and while none of them is at the apogee of their institutional grip, they are currently increasing their anti-egalitarian capacity – the family in the rich world especially; capitalism everywhere, but above all because of its extension into previous state socialist and subsistence societies;

and the nation worldwide because of its changed role under current globalization«
(S. 168).

Die hier skizzierten theoretischen Perspektiven bergen ein großes Potential
zum Verständnis der Genese und Wirkungsweise globaler Ungleichheiten. Wie
die zuletzt dargestellten eher integrierenden Ansätze deutlich machen, lassen
sich die verschiedenen oft auch disziplinär geschiedenen Perspektiven durchaus
furchtbar aufeinander beziehen.

5.6.3 Transnationale Mobilitäten

Mit einer transnationalen Perspektive geht auch ein anderer Blick auf Migrationen
bzw. Mobilitäten einher. Erscheinen sie im nationalen Maßstab als Grenzüber-
schreitungen aus einem Jenseits des nationalen Containers, werden Migrationen
in einer transnationalen Perspektive zu nicht nur räumlichen Bewegungen in
einem globalen Sozialraum. Neben der sozialen Verortung in einem nationalen
Sozialraum, der oft über Klassenpositionen markiert wird, spielen die Verortung
in einem Nationalstaat und die damit verbundenen Rechte eine zentrale Rolle für
globale Ungleichheiten; so ging Mitte des 20. Jahrhunderts die globale Ungleichheit zu 80 % auf die Verortung in einzelnen Nationalstaaten zurück und nur 20 %
waren der sozialen Lage in einer spezifischen Schicht oder Klasse eines Nationalstaats geschuldet (Milanović 2016, S. 137 f.); in den folgenden Jahrzehnten
haben sich diese Relationen etwas abgeschwächt und liegen je nach Datensatz
etwa bei ca. 70 % bzw. 30 %.

In den folgenden Abschnitten wird untersucht, welche Konsequenzen die
Perspektive transnationaler Mobilität für die globale bzw. nationale Ungleichheitsforschung hat.

Migration als soziale Mobilität
Grenzüberschreitende Migrationen sind durch sehr viele Faktoren bedingt: Kriege,
Naturkatastrophen, Umweltbedingungen, Hunger und Armut, schlechte wirtschaftliche Rahmenbedingungen, Verfolgung (z. B. aus politischen, religiösen Gründen
oder wegen der sexuellen Orientierung), schließlich aber auch eher individuelle
oder familiäre Gründe. Auch die sogenannten wirtschaftlichen Faktoren sind vielgestaltig. Exemplarisch soll hier der Ansatz von Korzeniewicz und Moran (2009)
vorgestellt werden, die versuchen, Migration als soziale Mobilität (im Sinne von
Einkommensmobilität) zu begreifen.

Korzeniewicz und Moran unterscheiden im globalen Maßstab drei mögliche
Formen sozialer Mobilität:

- Individuelle oder gruppenspezifische soziale Mobilität innerhalb eines Landes, die z. B. auf Bildung, auf verbesserte Arbeits- und Einkommensmöglichkeiten oder auf Binnenmigration zurückgehen kann.
- Soziale Mobilität, die durch den weltgesellschaftlichen Aufstieg oder Abstieg ganzer Länder hervorgebracht wird, die dann aber auch für Einzelne und soziale Gruppen erfahrbar wird.
- Individuelle oder gruppenspezifische Mobilität, die auf Migrationen zwischen unterschiedlich prosperierenden Ländern zurückgeht.

Die Mobilitäten der ersten Art sind typischerweise Gegenstand der nationalstaatlich orientierten Mobilitätsforschung. Zur Untersuchung der beiden anderen Faktoren haben Korzeniewicz und Moran Einkommensdaten analysiert, die ca. 85 % der Weltbevölkerung repräsentieren. Sie haben für diese Daten zum einen landesspezifische Dezile ermittelt; zum anderen haben sie diese landesspezifischen Dezile weltgesellschaftlich bestimmten Dezilen zugeordnet; die Daten stammen aus dem Jahr 2007. Am Beispiel Deutschlands zeigt sich dann z. B., dass sich im global reichsten Dezil alle finden, die in Deutschland dem vierten und höheren Dezilen zugerechnet werden; also die oberen 70 % der Einkommensverteilung. Die unteren drei Dezile der deutschen Einkommensverteilung gehören dem 9. also dem zweitreichsten Dezil der Weltgesellschaft an.

Für die Analyse von wirtschaftlich bedingten Migrationsanreizen haben die Autoren dieselben Daten genutzt, um die Einkommensrelationen in Ländern zu untersuchen, zwischen denen starke Migrationsbewegungen zu verzeichnen sind. Die Abb. 5.94 stellt auf der linken Seite die Einkommensrelation zwischen drei amerikanischen Ländern dar; auf der rechten Seite werden Migrationsbewegungen zwischen Spanien und zwei lateinamerikanischen Ländern analysiert. Wohlgemerkt liegen der Darstellung keine Untersuchungen von realen Migrationen zu Grunde; es ist lediglich eine Abschätzung der möglichen Einkommensgewinne durch erfolgreiche Migration.

So wird deutlich, dass die sieben untersten Einkommensdezile in Guatemala noch unterhalb des 2. Dezils in Mexiko liegen. Zugleich liegen die 9 untersten Dezile Mexikos noch unter dem 2. Dezil der USA. Ähnliche Strukturen werden zwischen Bolivien und Argentinien bzw. zwischen Argentinien und Spanien deutlich.

Indem die Frage der grenzüberschreitenden Mobilität zu einer wichtigen Möglichkeit des Überlebens und der Verbesserung von Einkommens- und Lebenssituationen wird, wird die Frage der Durchlässigkeit bzw. Undurchlässigkeit von nationalen Grenzen zu einer bedeutenden sozialen Frage. Während Migrationsmöglichkeiten Chancen der sozialen Mobilität bergen, ist die Versagung und

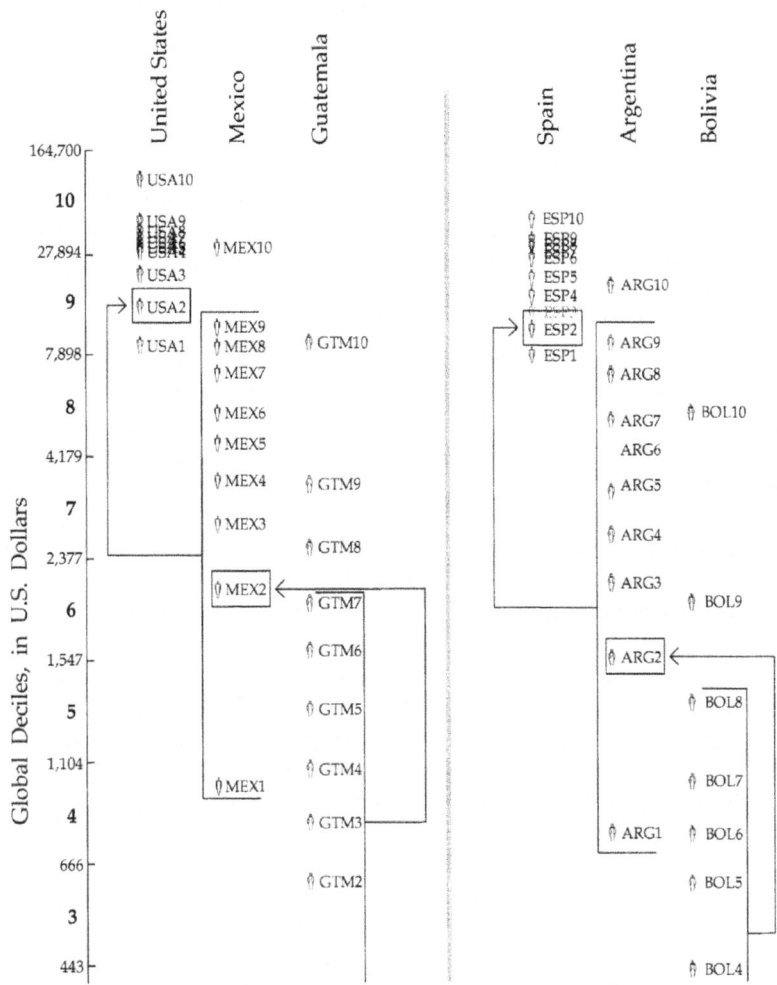

Quelle: Korzeniewicz (2018, S. 16) bzw. Korzeniewicz/ Moran (2009, S. 109), Ausschnitt des 3.-10. globalen Dezils, kaufkraftbereinigte Bruttoinlandsprodukte pro Kopf

Abb. 5.94 Migration als globale soziale Mobilität

Verhinderung von Migrationen als ein zentrales Moment der sozialen Schließung zu begreifen.

Staatsbürgerschaft als soziale Schießung

Wie eingangs dargestellt, spielt die Frage der Staatsbürgerschaft eine zentrale Rolle für das soziale Schicksal von Menschen. Die Nationalstaaten, zu denen Menschen qua Staatsbürgerschaft Zugang haben, sind Staaten, die über ein eher hohes oder eher niedriges durchschnittliches Wohlstandsniveau verfügen, die ihren Staatsbürgern aber auch bestimmte technische Infrastrukturen (z. B. Wasserversorgung, Energieversorgung, Verkehrsinfrastruktur, Kommunikationsinfrastrukturen) und soziale Infrastrukturen (z. B. Bildungs-, Rechts, Gesundheitssystem, öffentliche Sicherheit) bieten, die ihren Staatsbürger_innen schließlich bestimmte Rechte (im Sinne T.S. Marshalls) garantieren können (oder nicht). Diese Rechte umfassen politische Rechte (z. B. ein freies und allgemeines Wahlrecht), zivile Rechte (z. B. Meinungs-, Presse-, Religions- und Vereinigungsfreiheit, Geschlechtergerechtigkeit, Schutz vor Diskriminierung) und soziale Rechte (z. B. elementare soziale Mindestsicherungen, Sozialversicherungen verschiedener Art). Über diese Leistungen erreichen prosperierende Nationalstaaten bzw. entwickelte Wohlfahrtsstaaten ein hohes Maß an Inklusion und (relativer) Gleichheit für ihre Staatsbürger_innen. In gleicher Weise wirken diese Leistungen aber exklusiv, indem die übrige Welt von diesen Leistungen ausgeschlossen wird.

Staatsbürgerschaften werden zumeist vererbt, indem diese im Sinne eines Abstammungsprinzips (ius sanguinis) über die Eltern oder eines Territorialprinzips (ius soli) über den Geburtsort weitergegeben werden. In jedem Falle hat man es mit einem eher ›archaischen‹ Konzept zu tun, das an die Geburtsstände mittelalterlicher Gesellschaften erinnert. Für diejenigen, denen dieses Privileg der vererbten Staatsbürgerschaften eines prosperierenden Nationalstaats nicht zuteilwird, wird dann die Frage der (stets selektiven) Durchlässigkeit der nationalen Grenzen, der Dschungel von Aufenthalts-, Duldungs-, Arbeits- und Sozialrechten und letztlich die möglichen Zugänge zu einer Staatsbürgerschaft zu einer entscheidenden sozialen Frage. Schließlich gibt es für wenige Wohlhabende auch einen Zugang zur Staatsbürgerschaft, der über getätigte Investitionen in einem Land erfolgt (vgl. dazu Boatcă 2016, S. 141 ff.).

Exemplarisch lassen sich die Migrationsmöglichkeiten zwischen verschiedenen Ländern an den Regelungen für Grenzübertritte ablesen. In der folgenden Tabelle wird dargestellt, welche Mobilitätsmöglichkeiten der Pass verschiedener Nationalstaaten eröffnet. Den Bürger_innen mit einem Pass aus Ländern der ersten Gruppe

Mehr als 80%	Japan, Singapur, Deutschland, Südkorea, Finnland, Italien, Luxemburg, Spanien, Dänemark, Österreich, Frankreich, Irland, Niederlande, Portugal, Schweden, Belgien, Neuseeland, Norwegen, Schweiz, Vereinigtes Königreich, Vereinigte Staaten, Australien, Griechenland, Malta, Tschechien, Kanada, Ungarn, Island, Litauen, Polen, Slowakei
70-80%	Lettland, Slowenien, Estland, Liechtenstein, Malaysia, Chile, Monaco, Zypern, Vereinigte Arabische Emirate, Rumänien, Bulgarien, Kroatien, Argentinien, Brasilien, Hongkong, San Marino, Andorra, Brunei, Barbados, Israel, Mexiko
60-70%	St. Kitts und Nevis, Bahamas, Uruguay, Vatikanstadt, Antigua und Barbuda, Seychellen, Costa Rica, Trinidad und Tobago, St. Vincent und die Grenadinen, Mauritius, St. Lucia, Taiwan, Grenada, Macau, Dominica, Panama, Paraguay
50-60%	Peru, El Salvador, Honduras, Serbien, Guatemala, Salomonen, Samoa, Ukraine, Vanuatu, Kolumbien, Nicaragua, Venezuela, Tuvalu, Tonga, Montenegro, Nordmazedonien, Kiribati, Marshallinseln, Moldau, Palau, Mikronesien, Bosnien und Herzegowina, Russland, Georgien, Albanien
40-50%	Türkei, Belize, Südafrika, Kuwait, Katar, Osttimor, Ecuador
30-40%	Nauru, Fidschi, Guyana,, Jamaika, Botswana, Malediven, Papua-Neuguinea, Bahrain, Oman, Saudi-Arabien, Thailand, Bolivien, Suriname, Namibia, Lesotho, Kasachstan, Volksrepublik China, Weißrussland, Eswatini, Malawi, Kenia, Indonesien, Sambia, Tansania, Tunesien, Gambia
20-30%	Aserbaidschan, Uganda, Dominikanische Republik, Kap Verde, Philippinen, Ghana, Simbabwe, Kuba, Marokko, Armenien, Kirgisistan, Sierra Leone, Benin, Mongolei, Mosambik, São Tomé und Príncipe, Ruanda, Burkina Faso, Mauretanien, Indien, Tadschikistan, Elfenbeinküste, Gabun, Usbekistan, Senegal, Äquatorialguinea, Guinea, Madagaskar, Togo, Kambodscha, Mali, Niger, Vietnam, Bhutan, Guinea-Bissau, Komoren, Tschad, Turkmenistan, Zentralafrikanische Republik, Algerien, Jordanien, Ägypten, Angola, Burundi, Laos, Haiti, Kamerun, Liberia, Republik Kongo, Dschibuti, Myanmar, Nigeria
10-20%	Äthiopien, Südsudan, Demokratische Republik Kongo, Eritrea, Sri Lanka, Bangladesch, Iran, Kosovo, Libanon, Sudan, Nordkorea, Libyen, Nepal, Palästina, Jemen, Somalia, Pakistan, Syrien, Irak, Afghanistan

Anteil der Staaten bzw. Territorien, in denen Bürger_innen dieser Länder eine visafreie Einreise gestattet, ein Visum bei der Einreise ausgestellt oder ein elektronisches Visum akzeptiert wird.
Quelle: Eigene Berechnungen nach Angaben aus Wikipedia (Stand 5.1.2021)

Abb. 5.95 Henley Passport-Index

eröffnet sich die Möglichkeit, in mehr als 80 % der Länder dieser Welt einzurei-sen, da diese Einreise entweder visafrei ist oder solche Visa relativ umstandslos ausgestellt werden (vgl. Abb. 5.95).

Den Bürger_innen der meisten europäischen Länder eröffnet sich die Einreise in mehr als 70 % der Länder. Für verschiedene ost- bzw. südosteuropäische Länder stellt sich die Lage aber recht anders; für sie stehen nur 40–60 % der Länder dieser Welt offen.

Postmigrantische Perspektiven

Dem Denken in nationalen Containern, das für die klassische Sozialstrukturanalyse typisch war, entsprach eine Migrationssoziologie, die die Perspektive ›Assimi-lation‹ und ›Integration‹ in eine nationalstaatlich abgegrenzte Sozialstruktur ins Zentrum rückte. Die Forderung nach der Entwicklung ›postmigrantischer Perspek-tiven‹ wird seit den 2010er Jahren im deutschsprachigen Raum in verschiedenen sozialwissenschaftlichen Disziplinen genutzt, um sich kritisch von dem bis dahin vorherrschenden Verständnis von Migration abzugrenzen. So steht der Term für eine veränderte Sichtweise auf Prozesse der ›Migration‹ und ›Integration‹; zudem sollen mit dem Konzept wesentliche Veränderungen der z. B. deutschen Gesellschaft markiert werden. Die postmigrantische Perspektive impliziert:

- Migrationen werden nicht länger als ein Sonderfall in einer nationalstaatlich strukturierten Welt begriffen, wie es das Containermodell nahelegte, sondern als Normalzustand von Gegenwartsgesellschaften.
- Dementsprechend werden Mehrfachzugehörigkeiten und Ambiguitäten nicht als ›Problem‹ verstanden; das bedeutet auch, dass Rassismus nicht länger als Ausnahmeerscheinung exkludiert werden kann.
- Mit der postmigrantischen Perspektive ist eine fundamentale Kritik an der klassischen Befassung mit Migration im sozialwissenschaftlichen aber auch im politischen Raum verbunden. Bojadžijev und Römhild sprechen von einer »Migrantologie« (2014, S. 10). Gemeint ist eine Migrationsforschung (z. B. die Ausländerpädagogik, die Assimilationsforschung, die Analyse von Migrationsströmen, die Integrationsforschung), die Migrant_innen essentialisiert, ethnisiert, kulturalisiert bzw. rassifiziert. In der Konsequenz erscheinen Migrationen (und die Migrant_innen) als Problem und Migrant_innen erscheinen als ›Mängelwesen‹, die es aufzuklären, zu belehren, zu zivilisieren, zu bilden, zu beraten etc. gilt. Sie erscheinen als Zerrissene (zwischen den ›Kulturen‹), als Nicht-Sesshafte (ein klassisches Stereotyp der Ausgrenzung) und als Andere (z. B. in kultureller, ethnischer oder religiöser Perspektive).
- Der Begriff Postmigration bezieht sich auf postkolonialistische Konzepte. Es gilt, »die Geschichte der Migration neu zu erzählen und das gesamte Feld der Migration radikal neu zu denken, und zwar indem die Perspektiven derer eingenommen werden, die Migrationsprozesse direkt oder indirekt erlebt haben« (Yildiz 2015, S. 21).

Die postmigrantische Forschungsperspektive kann dann in verschiedenen Sozialwissenschaften, aber auch in der Literaturwissenschaft oder Linguistik genutzt werden und sie kann mit unterschiedlichen Theoriekonzepten verknüpft werden. Auch die hier skizzierten Ansätze einer transnationalen Sozialstrukturanalyse können als eine Perspektive begriffen werden, um den postmigrantischen Kritiken an der Analyse von Migrationen nachzukommen; so kann eine erweiterte sozialstrukturelle Perspektive als ein Ansatz begriffen werden, um Migrationen zu normalisieren, um sie zu entproblematisieren und zu entkulturalisieren.

5.6.4 Transnationale Sozialgruppen

Die Identifikation von sozialen Großgruppen, in verschiedenem Bedeutungsgehalt oft als Klassen bezeichnet, gehörte zu einem zentralen Merkmal der klassischen am nationalstaatlichen Horizont orientierten Sozialstrukturanalyse. Vor diesem Hintergrund wurde dann versucht, auch in einer transnationalen Perspektive auf europäischer oder globaler Ebene solche Großgruppen, also transnationale Klassen, auszumachen. Hier sollen verschiedene Konzepte vorgestellt, die sich dieser Herausforderung gestellt haben. Zum einen finden sich solche Ansätze in den zeitgenössischen Debatten und Analysen von Soziolog_innen; zum anderen hat sich in der Geschichtswissenschaft eine Debatte um mögliche Ansätze einer global social history (Dejung et al. 2019, S. 6) entwickelt.

5.6.4.1 Soziologische Ansätze
Mit verschiedenen Konzepten wurde versucht, die mit der transnationalen Perspektive verbundenen Erweiterungen der Sozialstrukturanalyse in neuen Klassifikationsvorschlägen zu berücksichtigen.

Das von Mau und Verwiebe (2013) vorgeschlagene Modell zielt auf die europäische Ebene und versucht, eine Typologie der im Kontext von europäischen Integrations- und Erweiterungsprozessen neu entstandenen Sozialgruppen zu skizzieren (vgl. Abb. 5.96).

Steffen Mau (2010, S. 342 ff.) skizziert diese Gruppen genauer:

- EU-Eliten und europäisierte Milieus umfassen Angehörige der EU-Bürokratie oder von Lobby- bzw. Interessengruppen; aber auch Erasmus-Studenten.

Herausbildung neuer Gruppen	Beispiele*
Europäische Eliten und europäisierte Milieus	- EU-Bürokratie, Lobby- und Interessengruppen, - wirtschaftliche Eliten, - Erasmus-Studenten
Transnationale Eliten, Transmigranten	- mobile Gruppen mit hohem Humankapital und transnationalem Habitus, - europäische Arbeitsmigranten (u.a. Pendelmigration und zirkuläre Migration), - Ruhestandsmigration
Europäische Transfergruppen	- strukturschwache Regionen, - Landwirtschafts- und Fischereibetriebe als Begünstigte von EU-Transfers

* Die Anordnung der Beispiele wurde modifiziert.
Quelle: Mau/ Verwiebe (2013, S. 177)

Abb. 5.96 Stratifikation durch Europäisierung

- Transnationale Eliten umfassen mobile Gruppen mit hohem Humankapital und transnationalem Habitus; diese verfügen über konvertible Ressourcen, die beim Eintritt in andere Arbeitsmärkte nicht entwertet werden.
- Die Gruppe der Transmigranten besteht aus europäischen Arbeitsmigranten, die vor allem im Sinne der Pendelmigration oder der zirkulären Migration ihren Aufenthaltsort wechseln; sie stammen vorwiegend aus den ost- und mitteleuropäischen Beitrittsländern.
- Die Gruppe der Ruhestandsmigranten umfasst einerseits insbesondere ältere Menschen aus der gehobenen Mittelschicht, die Ruhestandsmigration ist andererseits aber auch im Kontext von Transmigrationen zu verstehen.
- Europäische Transfergruppen kommen in strukturschwachen Regionen oder in spezifischen Branchen (z. B. Landwirtschaft und Fischerei) in den Genuss von EU-Transfers.
- Beschäftigte in alten Industrien (z. B. Stahlindustrie, Werften) und nicht wettbewerbsfähigen Branchen und Regionen (z. B. in den Transformationsländern Osteuropas) werden von EU-Transfers abhängig; oft sind sie aber auch als Geringqualifizierte gegenüber der transnationalen Arbeitsemigration nicht wettbewerbsfähig.

Die Arbeits- und Lebenssituation der hier von Mau und Verwiebe umrissenen sozialen Gruppen hängt somit in ganz unterschiedlicher Weise mit den langwährenden Prozessen der europäischen Erweiterung und Integration zusammen. Bei den einen geht es um berufliche soziale Positionen, bei anderen geht es um direkte oder indirekte (z. B. regionale) Transfers, bei dritten sind es bestimmte biographische Wege, die ermöglicht werden. Schließlich sind es bei Vielen auch transnationale Erfahrungen (Bildungs-, Arbeits- oder Lebenserfahrungen), die mit Prozessen der Europäisierung zusammenhängen.

Auch Leslie Sklair (2008/2010) interessiert sich für soziale Gruppen, die in Prozessen der Transnationalisierung entstehen. Er fokussiert dabei vor allem auf herrschende Gruppen und jene, die spezifische Formen von Herrschaft ermöglichen. Er spricht in einem eher klassischen politökonomischen Verständnis von einer transnationalen Kapitalistenklasse (vgl. Abb. 5.97). Sie umfasst vier zentrale Gruppen:

- In wirtschaftlicher Perspektive ist das das Führungspersonal von transnationalen Unternehmen und ihre lokalen Verbündeten.
- In politischer Perspektive sind das global ausgerichtete Organisationen und Verwaltungen bzw. Politiker_innen, die auf nationaler wie internationaler

	Wirtschaftliche Basis	Politische Organisation	Kultur/Ideologie
Global ausgerichtete Führungskräfte transnationaler Unternehmen	Gehälter, Unternehmensanteile	Spitzenverbände der Wirtschaft	Konsumkultur/ -ideologie mit großer Bindekraft
Global ausgerichtete Bürokraten und Politiker	Staatliche Gehälter, Nebeneinkünfte	Staatliche und zwischenstaatliche sowie korporatistische Organisationen	Neuer globaler Nationalismus sowie ökonomischer Neoliberalismus
Global ausgerichtete Experten	Gehälter, Honorare, Nebeneinkünfte	Berufs-/korporatistische Organisationen, Denkfabriken	Ökonomischer Neoliberalismus
Global ausgerichtete Geschäftsleute und Medien	Gehälter u. Unternehmensanteile, Nebeneinkünfte	Spitzenverbände der Wirtschaft, Massenmedien	Konsumkultur/-ideologie mit großer Bindekraft

Quelle: Sklair (2010, S. 282)

Abb. 5.97 Herrschende transnationale Klassen

Ebene tätig sind und die regulativen Rahmenbedingungen und Infrastrukturen globaler Produktions- und Handelsbeziehungen bereitstellen.

- Auf einer fachlichen, technischen bzw. wissenschaftlichen Ebene sind das global ausgerichtete Expert_innen, die spezifische Wissensbestände für die global organisierte Produktion und Zirkulation von Waren und Dienstleistungen bereitstellen.
- Schließlich sind auch Geschäftsleute und Medien, die die weltweite Konsumgesellschaft organisieren, als ein Teil einer solchen globalen Kapitalistenklasse zu begreifen.

Diese Akteure greifen auf unterschiedliche Ressourcen zurück, sie organisieren sich in unterschiedlichen Formationen, schließlich sind es auch unterschiedliche Leitvorstellungen und kulturelle Orientierungen, die in diesen Gruppen vorherrschen.

Sowohl die von Mau und Verwiebe wie die von Sklair vorgeschlagenen Klassifikationen sind in einem beschreibenden Sinne plausibel. Es ist jedoch zu bedenken, dass die spezifischen Handlungslogiken dieser Gruppen und die Handlungsrahmen, in denen diese agieren, höchst unterschiedlich sind. Bei Sklair geht es eher um Globalisierungsakteure, die mit verschiedenen Autonomiegraden im wirtschaftlichen und im politischen Feld oder in spezifischen Expertensystemen aktiv sind. Bei Mau und Verwiebe werden sowohl Akteure wie auch verschiedene Gruppen von Nutznießer_innen von Europäisierungen beschrieben.

Ein anderer von Ulrich Beck und vor allem Anja Weiß verfolgter Ansatz untersucht soziale Gruppen entlang der Analyse der transnationalen (legalen und

illegalen) Migrationsbewegungen, der transnationalen Ausbildungs- und Karrieremobilität oder der Mobilität von Arbeitskräften in transnationalen Unternehmen.
Zugleich werden dann aber auch jene betrachtet, denen diese erweiterten Möglichkeiten transnationalen Handelns in geringerem Maße offenstehen oder jene,
denen diese Möglichkeiten gänzlich verschlossen sind.

Im Zuge dieser Debatten hat der ökonomische Begriff des ›Grenznutzens‹
eine ganz neue Lesart erfahren; die »Überschreitung nationalstaatlicher Grenzen
oder deren Instrumentalisierung [ist] für die Akkumulation von Lebenschancen zu einer Schlüsselvariablen sozialer Ungleichheit in der globalisierten Welt
geworden« (Beck 2010, S. 41). Über die Analyse des Grenznutzens kann aufgezeigt werden, »wie neuartige radikalisierte Ungleichheitshierarchien jenseits von
Nation und Klasse entstehen« (ebd.). Zur Klassifizierung sozialer Gruppen durch
Prozesse der transnationalen Mobilität liegen verschiedene Vorschläge vor. Beck
unterscheidet diejenigen,

* die über das entsprechende ökonomische Kapital bzw. kulturelle Kapital verfügen, das sie »in die Lage versetzt, den optimalen Kontext für dessen
  Verwertung selbst zu wählen«
* die z. B. über die Bindung an den Boden oder über die »wohlfahrtsstaatliche Bindung an bestimmte Arbeitsplätze« an den nationalstaatlichen Raum
  gekoppelt sind
* die als Findige und Erfahrene, die nicht intendierten Folgen von Grenzregimen
  zu nutzen wissen, um »grenzenübergreifende Existenzformen zu basteln«
* die »im nationalen Blick als illegitim oder illegal erscheinen«, die bereit
  sind »zu niedrigen Löhnen und mit ungeschützten Verträgen (…) zu arbeiten und die für bestimmte Segmente gering qualifizierter Teilarbeitsmärkte
  hochfunktional sind« (2010, S. 43).

Anja Weiß, auf deren Arbeiten sich auch Ulrich Beck bezieht, schlägt zur Differenzierung transnationaler Lagen das in Abb. 5.98 dargestellte Modell vor.
Dem Modell liegt die Überlegung zu Grunde, dass sich der Wert von ökonomischen, kulturellen und sozialen Kapitalien nicht absolut, sondern nur bezogen
auf bestimmte (nationale oder transnationale) Räume bestimmen lässt.

* Die Angehörigen der globalen Oberklassen zeichnen sich durch ihren Ressour-
  cenreichtum und ihre weltweite Anschlussfähigkeit aus; sie sind für global
  operierende Organisationen tätig. »Sie leben weitgehend losgelöst von den
  Niederungen der nationalstaatlich organisierten Welt (…). Ihr juristischer
  Status (weltweit akzeptierte bzw. diverse Pässe), ihre materiell-technische

Soziale Lage	Relationen zu nationalen Grenzregimen	Ökonomische Raumrelation
Globale Oberklassen	Transzendenz	Globale Ökonomien
Globale mobile Unterklassen	Symbolische Delegitimierung, Leben in trans- oder internationalen sozialen Räumen	Globale und nationale Ökonomien
Einheimische in nationalen Wohl-fahrtsstaaten	Abhängigkeit vom Container National-staat	Nationale und indirekt globale Ökono-mien
Einheimische peripherer Länder	Abgestufte Souveränität in benachteiligten glokalen Räumen	Glokale Ökonomien
Indigene	- nicht relevant -	Subsistenzökonomien

Quelle: Weiß (2010, S. 305)

Abb. 5.98 Idealtypische Darstellung (trans-)nationaler sozialer Lagen

Ausstattung (Transport-und Kommunikationstechnik), ihre dominanzkulturelle Bildung (Englischkenntnisse und inkorporierter westlicher Habitus) und meist auch ihr weißes bzw. als weiß wahrnehmbares Aussehen lassen nationalstaatliche Grenzregime in der Tendenz zu einer Formalie werden. Sie können migrieren, müssen aber nicht. Ihre Autonomie gegenüber nationalstaatlicher Grenzregulation besteht auch dann, wenn sie de facto in einem National-staat leben. Sie wird zur Ressource, wenn sie oder ihre Unternehmen lokale Unterschiede ausbeuten« (Weiß 2010, S. 377). Die Vorstellung einer solchen global agierenden Oberklasse findet sich bei vielen Autoren (vgl. Sklair 2008, S. 215). Auch wenn man der bei Sklair favorisierten Idee eines Interessen-verbundes nicht folgt, erscheinen doch die grundlegenden Gedanken recht plausibel und decken sich mit medienöffentlichen (Selbst)Darstellungen aus dem Bereich der Wirtschaft, der Politik oder der Kultur. Es sei aber dar-auf hingewiesen, dass die empirische Fundierung des Konzepts bislang recht dünn ist. Michael Hartmann (2008, S. 256) kommt ausgehend von der Analyse des Topmanagements der 100 größten Konzerne in Deutschland, Frankreich, Großbritannien und den USA zu einem eher skeptischen Urteil; so seien allen-falls erste Ansätze einer solchen Klassenbildung zu beobachten. Im Bereich der Politik und der Administration dominieren nach seiner Einschätzung vor-wiegend nationale Karrierewege. Auch die z. B. bei Weiß (2010, S. 382) zu findende These, dass die globalen Oberklassen den Nationalstaat nicht benötigen, wäre zu hinterfragen.

- Die Angehörigen der global mobilen Unterklassen führen ein Leben in trans-nationalen sozialen Räumen, indem sie versuchen, »mit der Migration lokale Unterschiede ausnutzen. Im Vergleich zu den Einheimischen privilegierter Staaten werden sie aber zu schlechteren Bedingungen in den nationalen Wohlfahrtsstaat inkludiert. Dadurch werden nationale Grenzregime zu einem zentralen Aspekt ihrer sozialen Lage. Sie bleiben an ihr Herkunftsland gebunden, und das zum Teil auch dann, wenn schon ihre Eltern migrierten oder wenn sie nur qua Aussehen einem (semi-)peripheren Land zugerechnet werden« (Weiß 2010, S. 377 f.). Die Statusunterschiede innerhalb dieser Gruppe sind erheblich, je nach dem über welche Aufenthaltstitel sie verfügen und wie die Integration in den Arbeitsmarkt und das Sozialsystem gelingt.

- Die große Gruppe der Einheimischen in nationalen Wohlfahrtsstaaten »sind darauf angewiesen, daß die Kontrolle ›ihres‹ Nationalstaates über den Zugang zu seinem Territorium und seinen Systemen sozialer Sicherung erhalten bleibt. Sie profitieren von Subventionen und einer Infrastruktur, die großzügiger ausfallen kann, wenn die Ungleichheitsschwelle nach außen aufrechterhalten wird« (S. 378). Sie unterscheiden sich von der globalen Oberklasse durch ihr Kapitalvolumen, durch die Konvertibilität dieser Kapitalien bzw. durch das Fehlen von Kompetenzen (Sprache) und sozialen Kapitalien (Netzwerke), die Migration ermöglichen.
- Die Einheimischen in peripheren Ländern zeichnen sich dadurch aus, dass sie zwar in Weltmärkte einbezogen, diesen aber ohne den Schutzschild eines Wohlfahrts- oder eines funktionierenden Nationalstaats ausgesetzt sind. Sie sind z. B. in Freihandelszonen für global agierende Unternehmen tätig; ihre Reproduktion und soziale Sicherung erfolgt jedoch über die lokalen Sozialstrukturen. So sei das Marxsche Proletariat heute »an den deregulierten Rändern globaler Ökonomien zu finden. Extreme Benachteiligung findet sich v. a. in Räumen, in denen der Nationalstaat nie präsent war oder aus denen er sich zurückgezogen hat« (ebd.).
- Die von der Subsistenzwirtschaft abhängigen, entziehen sich nach Weiß der Einbindung in global operierende Funktionssysteme und werden dementsprechend in der von ihr vorgeschlagenen Typologie nicht verortet. Unberücksichtigt bleibt, dass auch Subsistenzwirtschaften in vielen Regionen von der Ausweitung weltmarktorientierter Ökonomien und von den globalwirkenden Umweltveränderungen bedroht sind (vgl. Wienold 2007).

In der sozialräumlichen Darstellung stellt sich die Lagerung der so abgegrenzten Gruppen wie in Abb. 5.99 aufgezeigt dar.

In der horizontalen Achse werden die beschriebenen sozialen Gruppen nach verschiedenen Freiheitgraden der räumlichen Mobilität unterschieden; in der vertikalen Achse werden einer Unterscheidung von Hradil (1987) folgend obere soziale Lagen, in denen eine Lagerungsdimension (formale Macht, Geld oder formale Bildung) andere Lagerungsdimensionen frei substituieren kann, mittlere Lagen, in denen eine begrenzte Substitution möglich ist, und schließlich untere

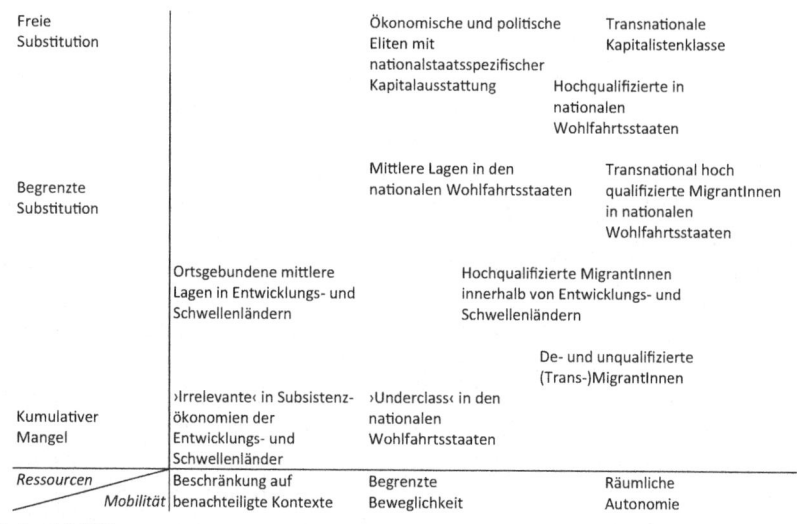

Freie Substitution		Ökonomische und politische Eliten mit nationalstaatsspezifischer Kapitalausstattung	Transnationale Kapitalistenklasse Hochqualifizierte in nationalen Wohlfahrtsstaaten
Begrenzte Substitution		Mittlere Lagen in den nationalen Wohlfahrtsstaaten	Transnational hoch qualifizierte MigrantInnen in nationalen Wohlfahrtsstaaten
	Ortsgebundene mittlere Lagen in Entwicklungs- und Schwellenländern		Hochqualifizierte MigrantInnen innerhalb von Entwicklungs- und Schwellenländern
			De- und unqualifizierte (Trans-)MigrantInnen
Kumulativer Mangel	›Irrelevante‹ in Subsistenz- ökonomien der Entwicklungs- und Schwellenländer	›Underclass‹ in den nationalen Wohlfahrtsstaaten	
Ressourcen ⟍ Mobilität	Beschränkung auf benachteiligte Kontexte	Begrenzte Beweglichkeit	Räumliche Autonomie

Quelle: Weiß (2009)

Abb. 5.99 Beispiele für die duale Struktur sozialer Lagen in der Weltgesellschaft

Lagen, die sich durch einen kumulativen Mangel von Ressourcen auszeichnen, unterschieden.

Es ist zu beachten, dass Weiß ihre Darstellung als Idealtypik begreift. Wesentliche Vorteile des Modells liegen darin, dass eine erste schlüssige Struktur von Soziallagen entwickelt wurde, deren Unterschiede sich über die Ressourcenausstattung und verschiedene Varianten des ›Grenznutzens‹ bestimmen lassen.

5.6.4.2 Sozialgeschichtliche Ansätze
Ähnlich wie die klassische Sozialstrukturanalyse sind wichtige Ansätze der Sozialgeschichte typischerweise in einem nationalstaatlichen Horizont entstanden. Nicht zuletzt waren es ja auch die nationalstaatlichen Regularien und Institutionen, die soziale Verhältnisse in einer ganz spezifischen Weise geprägt hatten. Eine transnational oder global orientierte Sozialgeschichte fragt eingedenk dieser Zusammenhänge insbesondere nach Prozessen oder nach Ähnlichkeiten der Formation bzw. Transformation von Klassenstrukturen, die sich mehr oder weniger weltweit finden lassen. Dejung, Motadel und Osterhammel (2019) verweisen dabei zunächst auf die typischen Probleme einer nationalstaatlich orientierten

Sozialgeschichte: auf das Geschehen in den Grenzzonen der Nationalstaaten, auf überlappenden Zonen, auf Migrationen, auf plurale Identitäten und umgekehrt auf die Frage der doch sehr unterschiedlichen Kohäsion von Nationalstaaten. In diesem Sinne setzen Analysen dann sowohl diesseits, also auf lokaler und regionaler Ebene, wie jenseits, z. B. bei transnational agierenden Gruppen, im Handel, in der Politik oder in der Arbeitsmigration bzw. bei nationalstaatlichen Formationen an. »Global social history is confronted with the challenge that there is no observable world society; it thus lacks a clearly defined referent and space for the examination of the interplay of social processes. In practice, however, most global historians focus on a clearly defined locality – a city, a region, a nation-state – and examine its relation to other parts of the world and the consequences such entanglements had for its historical development« (S. 5).

Jenseits der in solchen Studien deutlich werdenden großen Varietäten von sozialstrukturellen Konstellationen fragen die Autoren dann aber nach analogen Entwicklungen und Transformationen, die sich vor allem im 19. und 20. Jahrhundert beobachten lassen. Dabei haben sich zwei Schwerpunkte herausgebildet: die Globalgeschichte der Arbeit und die der globalen Mittelklassen. »Global labor history (…) has examined the interconnection of labor regimes in different parts of the world, demonstrating that forced and voluntary migration, such as the transatlantic slave trade, the Asian coolie trade, and after the turn of the nineteenth century, the emigration of millions of Europeans to the Americas and to Australia, often influenced each other and led to the emergence of new worker communities. The global emergence of middle classes is a similar example of such transformative connectivity in the long nineteenth century. It was linked to global integration and has to be interpreted in the context of worldwide processes such as imperialism, the establishment of ever denser systems of transport and communication, and the breakthrough of global capitalism. In fact, many of the mercantile, scientific and political networks that came into being during the long nineteenth century were established by members of the middle classes such as businessmen, scholars, and intellectuals« (S. 6). Viele der in diesen Debatten analysierten Entwicklungen fanden gleichzeitig statt und standen nicht selten in engem Zusammenhang. Ohne diese Debatten hier im Einzelnen darstellen zu können, seien einige Grundmuster der hier entwickelten Fragen und Argumentationen dargestellt.

Entgegen der im kommunistischen Manifest formulierten Forderung von der ›Arbeiterklasse aller Länder‹, die sich vereinigen möge, ist der Marxsche Ansatz und die sich daran orientierende Forschung über die Sozialgeschichte der Arbeit eher von Engführungen geprägt. Daher ging es zunächst darum, sich von ökonomischen Determinismen zu lösen und sich für Prozesse der Klassenbildung zu interessieren. Ein klassisches Beispiel ist der Ansatz von Edward P. Thompson (1987), der ›The Making of the English Working Class‹ untersucht hatte. In diesen Untersuchungen wird jedoch die britische oder auch die europäische Entwicklung isoliert begriffen. Untersuchungen zur Arbeitsmigration gehen dann über solche nationalen Engführungen hinaus, verbleiben aber häufig in einer binationalen Logik von Herkunfts- und Zielländern und untersuchen Prozesse der Integration oder Assimilation. Man kann dabei zwei Problemkomplexe unterscheiden: der Eurozentrismus der klassischen Perspektiven auf globale Arbeit und die Fokussierung auf freie Lohnarbeit.

Das Problem des Eurozentrismus ist vielschichtig. Zunächst geht es darum, dass Entwicklungen von Arbeit jenseits des westeuropäischen (oder nordamerikanischen) Horizonts unzureichend beachtet werden. Das betrifft dann aber auch die Wechselbeziehungen zwischen den Entwicklungen der Arbeit in verschiedenen Weltregionen. Das impliziert die Frage, in wieweit die Prozesse der Industrialisierung in Europa auf der Sklaverei, dem System der Plantagenwirtschaft oder dem Kolonialsystem und den damit verbundenen Gewaltverhältnissen ›aufbauen‹. Wichtig sind auch die Vernetzungen, die über die Warenströme entstehen, wenn die europäischen Arbeitskräfte mit Zucker, Tee, Kaffee und Baumwollkleidung ihre Lebens- und Arbeitsverhältnisse verbessern können. Es geht aber auch um das Überlegenheitsdenken und den Rassismus, der andere dann zu Objekten der Bekehrung, der Zivilisierung oder der erziehenden Bildung macht. Eng damit verbunden ist die der Modernisierungstheorie entlehnte – aber auch den Kapitalismustheorien nicht fremde – Perspektive, die europäischen bzw. nordamerikanischen Transformationen zum Zielpunkt weltgesellschaftlicher Entwicklung zu erklären.

Dieser Eurozentrismus spiegelt sich gewissermaßen in der Fokussierung auf freie Lohnarbeit, die ja im Marxschen Konzept eine wesentliche Rolle spielte, um die Entwicklungen des Kapitalismus von früheren Produktionsweisen abzugrenzen und um Aussagen über Entwicklung und Organisation einer (sich homogenisierenden) Arbeiterklasse zu treffen. Damit wurden andere Formen der Arbeit nicht nur ausgeblendet, sondern auch als rückständig oder vormodern begriffen. Das betrifft das große Spektrum der unfreien und erzwungenen Arbeit bis hin zu Sklaverei und die damit verbundenen Legitimationen rassistischer Art; das betrifft aber auch vielfältige Formen der selbstständigen Arbeit oder der Subsistenzarbeit. Schließlich betrifft es auch das weite Feld der nicht entlohnten Arbeit, wie sie typischerweise in den Haushalten geleistet wird und oft den Frauen obliegt.

Vor diesem Hintergrund steht eine neue und globale Sozialgeschichte der Arbeit vor großen Herausforderungen. Van der Linden und Eckert schlagen zunächst die Perspektive von ›entangled histories‹ vor: »This concept implies, on the one hand, the idea that the creation and development of the modern world can be conceptualized as a history in which different cultures and societies shared a number of central experiences and, through their interactions and interdependence, created the modern world. And on the other hand, this concept takes for granted that the growing circulation of goods, people and ideas produced not only common ground but also disassociations and differences, the search for particularities and the hypostatization of dichotomous structures. Moreover, the reference to interaction should not imply that inequality, power and violence are ignored« (2018, S. 148).

Ausgehend von der Kritik an der Zentralität von Lohnarbeit hat man es mit einem breiten Spektrum von Arbeitsbeziehungen (zwischen den Polen frei-unfrei, bezahlt-unbezahlt, selbstständig-unselbstständig, tageweise-längerfristig, legal-illegal), Arbeitsorganisationen (Haushalte, Werkstätten, Betriebe, Felder, Plantagen) und Arbeitskonzepten (Hausarbeit, ›Gastarbeit‹, Kinderarbeit, Sex-Arbeit, Zwangsarbeit in Lagern und Gefängnissen, aber auch Lohnarbeit) zu tun. Dementsprechend muss auch das Verständnis von arbeitenden Klassen erweitert und inklusiver werden: Sklaverei, Kuli-Arbeit, Kontraktarbeit, sharecropping. Von großer Bedeutung ist es schließlich auch, den Verknüpfungen der Entwicklung in verschiedenen Weltregionen nachzugehen. So wird die These diskutiert, dass britische und andere Kolonien als ein Labor für neue Arbeitsinstitutionen in Europa fungierten. Es wird aber auch auf Ähnlichkeiten verwiesen, wenn sich die Idee, dass Arbeit einen wichtigen Beitrag zur ›Zivilisierung‹ und Disziplinierung leiste, in ganz ähnlicher Weise in afrikanischen Regionen wie in Mitteleuropa findet. Auch die klein- oder weiträumige, kurz- oder längerfristige Migration von Arbeitskräften wird zu einer wichtigen Quelle des Transfers von Wissen und Erfahrungen. Es sind aber auch Transfers zwischen den verschiedenen Arenen; so verweist Eckert darauf, dass die häusliche Sphäre stets eine Art ›Treibhaus‹ war, »where regimes of discipline and the deployment of labor have evolved« (2016, S. 6).

Die Herausbildung von bürgerlichen und global agierenden Mittelklassen lässt sich zum einen als Prozess einer sozialen Formierung begreifen, indem sich insbesondere im 19. Jahrhundert in vielen Weltregionen Nationalstaaten herausbilden und indem sich neue industrialisierte und kapitalisierte Formen der Produktion entwickeln. Dabei entstehen oftmals neue Sozialgruppen, die sich trotz ihrer Heterogenität als bürgerliche Mittelklassen beschreiben lassen. Es ist das gehobene Bürgertum, in dem sich alte und neue Eliten treffen: Unternehmer_innen im industriellen wie im agrarischen Sektor, transnational agierende Eliten im Handel mit Waren, Dienstleistungen und Finanzen, aber auch jene meist gut ausgebildeten Professionellen, die diese Geschäfte ermöglichen bzw. die in den nationalstaatlichen Administrationen tätig sind, z. B. Ingenieure, Anwälte, Wissenschaftler_innen, höhere Staatsbeamte in Verwaltung und Militär. Es gibt aber auch einen eher kleinbürgerlichen Unterbau: Händler, Kleingewerbetreibende und untergeordnete Angestellte.

Zum anderen finden sich jenseits der hier entstehenden oder modifizierenden sozialen Positionen recht ähnliche kulturelle Praktiken und Orientierungen, die sich in spezifischen Öffentlichkeiten (z. B. Kaffeehäusern, Klubs, Parks) oder in Bildungs- und Kultureinrichtungen (z. B. Universitäten, Theatern, Museen) manifestieren. Typischerweise verdichteten sich solche Institutionen in den rapide wachsenden Städten; vermittelt durch neue Kommunikations- und Mobilitätstechniken strahlten diese Entwicklungen dann aber auch in eher ländliche Räume aus. Nicht zuletzt waren es auch kulturelle Orientierungen, die eine wichtige Rolle spielten: »Among their shared ideals were the control of emotions, the veneration of education and individual achievement, the development of an individual personality and pursuit of self-perfection, a particular work ethic, a belief in progress, and a distinct understanding of science, politics, and religion. They aspired to rise socially and were anxious about any potential loss of social status or downward social mobility« (S. 10).

Zentrale vermittelnde Instanzen waren die kolonialen Machtverhältnisse, die Handels- wie auch die neuen Kommunikations- und Verkehrsstrukturen. Diese Entwicklungen wurden in eurozentrischer Perspektive umstandslos als eine Diffusion des europäischen Modells begriffen. Dejung, Motadel und Osterhammel (2019) legen ein komplexeres Verständnis dieser Zusammenhänge nahe. Es sei weit mehr als eine Diffusion gewesen. Die europäischen Praktiken und Orientierungen wurden immer auch adaptiert, mit lokalen und regionalen Kulturen verknüpft. »In general, bourgeois lifestyles and values were often understood in the non-European world, from Asia to Latin America, as ›universal‹, ›modern‹, and ›civilized‹, and not as ›European‹ or ›Western‹ per se. Nor can non-Western middle classes be considered mere footmen of Europeans; throughout the world, they pursued political and economic agendas of their own and often were among the most explicit critiques of imperial rule« (S. 16). Umgekehrt muss auch das Konstrukt eines europäischen Zentrums hinterfragt werden. So waren die europäischen Mittelklassen des 18. und 19. Jahrhunderts nicht ohne den globalen Austausch von Reichtümern, von Waren und von Ideen denkbar. Es waren die enormen Gewinne aus dem Handel mit Sklav_innen, aus der Plantagenwirtschaft oder aus dem Handel mit ›Kolonialwaren‹ (Tee, Kaffee, Zucker, Kakao, Seide und schließlich Baumwolle), die Europa wohlhabend machten, und es waren die Raubzüge, die die europäischen Museen und Forschungseinrichtungen füllten.

Umgekehrt gab es aber auch wissenschaftlichen und kulturellen Austausch. »The European bourgeoisie that came about in the wake of these revolutions had a global horizon. Seeing themselves as pioneers of modernity, they adjusted to the rapid social and economic transformations in the nineteenth century by redefining their relationship with societies on the colonial periphery and by assigning human civilizations in different parts of the world to different stages of development« (S. 17). Das implizierte verschiedene Varianten des Rassismus und der white supremacy. D. h. die globalen Mittelklassen waren zum Teil an liberalen Idealen von Freiheit und politischer Partizipation orientiert; sie waren aber auch diejenigen Kräfte, die im 18. und 19. Jahrhundert Sklavenhandel, Plantagenwirtschaft, koloniale Gewaltverhältnisse und deren rassistische und sexistische Legitimation trugen und die im 20. Jahrhundert oft die faschistischen Regime in Europa unterstützten. Die globalen Mittelklassen standen nicht selten in engen Beziehungen zu Nationalstaaten, den gewachsenen Aristokratien, den Kirchen, dem Militär und dem Kolonialsystem. Nur ein sehr kleiner Teil dieser Mittelklassen gehörte zu den Kritiker_innen dieser Entwicklungen.

In beiden hier geschilderten Ansätzen einer globalen Sozialgeschichte wird in durchaus reflektierter Weise mit dem Klassenkonzept gearbeitet. Meist geht es dabei um ›Klassen‹ von Menschen, die sich durch ähnliche Formen der ökonomischen und politischen Positionierung, aber auch durch ähnliche Lebensformen und kulturelle Orientierungen auszeichnen. Offen bleibt die Frage, wieweit sich in diesen Entwicklungen auch Prozesse der globalen ›Klassenbildung‹ oder andere Verdichtungen beobachten lassen.

5.6.5 Eine transnationale soziale Frage

Von der sozialen Frage (oder der question sociale) wurde vor allem im 19. und frühen 20. Jahrhundert gesprochen, um die in den jungen Nationalstaaten im Kontext der Industrialisierung und der Verstädterung virulenten sozialen Probleme und die damit verbundenen massiven Konflikte zu umreißen. Das Konzept der sozialen Frage bezieht sich somit nicht nur auf die Phänomene ausgeprägter sozialer Ungleichheit; es steht vor allem für eine spezifische Wahrnehmung, Bewertung und politische Bearbeitung dieser Konflikte. Die Norm der Gleichheit treibt insbesondere in den nach den bürgerlichen Revolutionen sich demokratisierenden Gesellschaften »die Aufdeckung und Skandalisierung von Ungleichheiten voran. Die Gleichheitsnorm, die verschiedenen Akteur*innen als Maßstab für die Wahrnehmung und Bewertung von sozialen Ungleichheiten dient, steht in direktem Widerspruch zu den verbreiteten Formen der Naturalisierung und damit der

Rechtfertigung von Ungleichheiten« (Faist 2020, S. 20). In diesem Sinne wird auch in den jüngsten Debatten um transnationale Sozialstrukturen in verschiedener Weise von einer neuen transnationalen sozialen Frage des 21. Jahrhunderts gesprochen. Exemplarisch soll das an zwei Ansätzen verdeutlicht werden.

Thomas Faist (2020) spricht ausgehend von der bedeutenden Rolle der Nationalstaaten für soziale Ungleichheiten und der damit verbundenen Bedeutung grenzüberschreitender Migration für Prozesse der Verbesserung der sozialen Lage von einer »transnationalisierten sozialen Frage«. Ungleichheiten, die sich an ökonomischen und kulturellen Kapitalien, aber auch Lebensbedingungen und Anerkennungsverhältnissen festmachen lassen, werden im Kontext grenzüberschreitender Migration in neuer Weise politisch relevant und zum Thema von Konflikten. Indem Faist Migrationen als einen mehrschichtigen Prozess begreift, an dem lokal Familien, Nachbarschaften und Kommunen, an dem aber auch Staaten oder weltregionale Einheiten wie die EU beteiligt sind, gestaltet sich die transnationalisierte soziale Frage komplexer. So »verhandeln Mitglieder von Familien in den Herkunfts-, Transit- und Zielländern darüber, wer welche Unterstützung einfordern kann bzw. zu leisten hat. Nationalstaaten streiten und verständigen sich über bilaterale Abkommen oder Maßnahmen für den Arbeitsschutz von Emigrant*innen bzw. Immigrant*innen. (…). Supranationale Einheiten wie die EU bauen Klauseln über Rücknahme von Migrant*innen und Geflüchteten in Handelsverträge ein (…). Und Diasporagruppen betätigen sich im Feld kollektiver Rücküberweisungen, wobei sie etwa Projekte in ihren Herkunftsländern finanzieren oder neue Ideen zur Organisation von Bildung und Verwaltung transferieren« (2020, S. 20).

Indem Migrationen und Prozesse der Integration zu einem sozialstrukturell relevanten Thema werden, entstehen und verschieben sich die im nationalstaatlichen Rahmen verhandelten Politikfelder. Fragen der Setzung und Durchsetzung von Grenzen, des Aufenthaltsstatus, des Arbeitsrechts und der Einbürgerung, aber auch Fragen der Teilhabe an Wohnungs-, Arbeits- und Bildungsmärkten werden zu neuen sozialpolitischen Fragen. Es geht somit nicht nur um die klassischen Fragen der Verteilung wesentlicher Ressourcen, es geht auch um Fragen der Anerkennung, des Rassismus und der Diskriminierung, um den Umgang mit religiösen und kulturellen Diversitäten. Während die soziale Frage des 19. und frühen 20. Jahrhunderts auch als Arbeiter- oder Klassenfrage begriffen werden konnte, gestalten sich die medienöffentlichen und politischen Debatten um Migrationen komplexer, indem diese in vielfältiger Weise sozial (z. B. Unterschichten, Wirtschaftsflüchtlinge), national (z. B. Ausländer_innen) aber auch körperlich (z. B. rassistisch) oder kulturell (z. B. ethnisch oder religiös) als andere markiert werden. Mit der transnationalisierten sozialen Frage verändert sich auch der Stellenwert verschiedener Rechte. Faist spricht hier von einer ›dritten Generation‹ von Rechten.»Während sich die Abwehr- und Freiheitsrechte, also zivile und politische Rechte (erste Generation) und die wirtschaftlichen und sozialen Rechte als Teilhaberechte (zweite Generation) vorwiegend auf Individuen bezogen, konzentriert sich diese dritte Generation auf Kollektivrechte, so etwa zur Förderung der Solidarität unter Menschen, Gruppen und Gemeinschaften. Diese beinhalten bspw. ein Recht auf Ausübung spezifischer kultureller Praktiken (z. B. Sprache), Rechte auf Nutzung der Umwelt durch angestammte Bewirtschaftungsmethoden oder nachhaltige sozioökonomische Entwicklung« (S. 23).

Den Wohlfahrtsstaaten kommt in den Konflikten um eine transnationalisierte soziale Frage eine komplexe Rolle zu. Waren sie bezogen auf die soziale Frage des 19. und 20. Jahrhunderts eine wesentliche Instanz der Moderierung und Linderung sozialer Probleme, fungieren sie im Kontext der transnationalisierten sozialen Frage doppelgesichtig, indem sie über Praktiken des Einschlusses und Ausschlusses in zentraler Weise an der Konstituierung dieser Frage beteiligt sind.

Breman et al. (2019) fassen die soziale Frage des 21. Jahrhunderts weitaus grundsätzlicher.»Due to uneven development of capitalism on a world scale, however, working people in colonized and dominated Africa, Latin America, and Asia were excluded – indeed, necessarily – from the benefits and progress of the Global North« (S. 1). Die Autoren zeigen auf, dass es in der Mitte bzw. der zweiten Hälfte des 20. Jahrhunderts in verschiedener Weise zu einem ›Klassenkompromiss‹ gekommen sei. Für den globalen Norden geht dies mit einem Ausbau der Wohlfahrtsstaaten einher; im östlichen Europa aber auch in China spielen zudem Staatsbetriebe eine zentrale Rolle. Im globalen Süden stellt sich die Situation komplexer und regional recht unterschiedlich dar.»In the wake of decolonization of the Global South around the mid-twentieth century (…) internal developments in the Global South led to a ›southern class compromise‹. Rapid urbanization in the developing countries from 1950 to 1970 compelled governments in Latin America, the Middle East, and North Africa to pacify the urban popular groups consisting of both poor and middle classes with price subsidies, public services, and other forms of social wage guarantees. (…) This pact of developmentalist populism was orchestrated by a class coalition of state bureaucracy and industrial and export interests that paid the price of social peace with concessions to urban dwellers« (S. 8).

Seit den 1980er Jahren verändert sich die Konstellation sowohl im globalen Norden wie im globalen Süden. Die Gründe lassen sich zum einen in ökonomischen Entwicklungen ausmachen; der klassische schon immer transnational agierende Industriekapitalismus wandelt sich zu einem globalisierten,

finanzialisierten und technologisch erneuerten Kapitalismus. Auf der politischen
Ebene sind der Zusammenbruch der vormaligen sozialistischen Länder aber
auch Prozesse der Privatisierung und Deregulierung, wie sie von Nationalstaaten und von internationalen Organisationen (z. B. Weltbank und Internationaler
Währungsfond) propagiert werden, bedeutsam. Die Autoren diagnostizieren eine
Informalisierung der Arbeit (z. B. Abkehr von stabilen und auskömmlich ver-
güteten Normalarbeitsverhältnissen) und des Kapitals (z. B. kaum kontrollierte
globale Geldflüsse, Steueroasen, graue Finanzmärkte).

Dem Befund von Milanović und anderen folgend gehen die Autoren davon
aus, dass sich die Ungleichheiten zwischen den Nationalstaaten allmählich verringern, dass aber umgekehrt die Ungleichheit in den Nationalstaaten zunimmt.
Das führe zu wachsenden Abständen zwischen den sozialen Klassen (S. 9)
und zu einem Auseinanderfallen von Lebenssphären und Öffentlichkeiten. Die
Entwicklungen verlaufen im globalen Norden zumeist jedoch anders als im
globalen Süden. Während sich im Norden noch immer Spuren des alten Klas-
senkompromisses finden lassen, müssen Menschen im globalen Süden, wo die
Informalisierung der Arbeit weitaus radikaler ausfällt als im Norden, ganz
unterschiedliche Strategien einschlagen, um zu überleben. So verweisen die
Autoren auf regionale und globale Migrationen, auf haushaltlich orientierte Strategien des Überlebens (Subsistenz, vielfältige mitunter transnationale Formen der
Kombination von Einkommensquellen) und schließlich auf die Landflucht.

Die Akteure, die in der sozialen Frage des 19. Jahrhunderts bedeutsam waren,
sind im Norden und vor allem im globalen Süden deutlich geschwächt; das
betrifft die Gewerkschaften aber auch die Nationalstaaten selbst. Internationale Organisationen wie die ILO und die Weltbank könnten als neue Akteure
fungieren. Die ILO als ohnehin politisch eher schwache Organisation ist mit
Nationalstaaten und anderen Akteuren konfrontiert, die auch hier eine Informalisierung von Standards vorantreiben. Die Weltbank verkürze, so die Autoren,
die globale soziale Frage auf eine Frage der Armutsreduzierung und -linderung.
Demgegenüber gehen sie davon aus, dass Armut und Prekarität »result from loss
of property – of land and other assets as well as tools and skills from the nearby
or remote past – and are often compounded by dissolution or even collapse of
the social fabric, state support, and the public economy« (S. 20).

5.6.6 Beitrag der globalen und transnationalen Ansätze zur Sozialstrukturanalyse

Abschließend soll skizziert werden, welche Beiträge die in diesem Abschnitt dargestellten Ansätze einer globalen und transnationalen Analyse von sozialen Ungleichheiten für die Sozialstrukturanalyse erbringen. Summarisch betrachtet gehen mit ihnen bedeutsame Ausweitungen der Perspektive auf Sozialstrukturen, auf soziale Ungleichheiten und Prozesse der räumlichen und sozialen Mobilität einher. Die verschiedenen Ansätze haben den Fundus der Sozialstrukturanalyse erweitert; das umfasst:

- fundierte Kritiken an den zentralen Begriffen, an den unhinterfragten Vorannahmen und an den Analysehorizonten der nationalstaatlich orientierten Sozialstrukturanalysen des 19. und 20. Jahrhunderts
- eine Vielfalt von theoretischen Ansätzen, wie man soziale Ungleichheiten auf einer globalen aber auch auf verschiedenen transnationalen Ebenen begreifen kann
- neue Datenkompilationen und empirische Analysen, die soziale Ungleichheiten als ein mehrschichtiges Phänomen begreifen, indem sie neben globalen Ungleichheiten, Ungleichheiten zwischen Ländern wie auch Ungleichheiten innerhalb von Ländern untersuchen.

Als ein großer Fortschritt werden auch die in diesem Kontext diskutierten Verschränkungen begriffen. Das impliziert die Verschränkung:

- der Analyse von sozioökonomischen Ungleichheiten und intersektionalen Differenzen
- von Sozialstrukturanalyse und Migrationsforschung
- von ökonomischen, politischen und sozialen Perspektiven auf soziale Ungleichheiten
- von eher makro- und eher mikrosozialen Perspektiven
- schließlich von sozialhistorischen und zeitgenössischen Analysen.

Bezug der Modelle auf das analytische Raster
Die globalen und transnationalen Ansätze fokussieren zunächst auf die erheblichen Unterschiede der sozialen Positionsgerüste in den verschiedenen Nationalstaaten und versuchen, deren Struktur und deren Genese zu begreifen. Sie beziehen sich auf Prozesse in allen ungleichheitsrelevanten Arenen.

Für das Verständnis der erheblichen Unterschiede zwischen den Nationalstaaten sind vor allem die fundamentalen Veränderungen in der politischen (die Entwicklung und Ausdifferenzierung von Nationalstaaten, die Entwicklung einer zwischenstaatlichen Welt der Verhandlung aber auch der Kolonisierung und Kriegführung) und der ökonomischen (die Entwicklung von globalen Handels- und Produktionsketten, aber auch die Externalisierung der ökologischen Folgen) Welt bedeutsam.

Aber auch die haushaltlichen Entscheidungen und Kumulierungen spielen für die Gestalt nationaler und transnationaler Sozialstrukturen eine wichtige Rolle, indem freiwillige und erzwungene Migrationen die Sozialstruktur der verschiedenen Nationalstaaten bzw. Weltregionen fundamental verändern und indem diese Migrationen erst spezifische Produktionsweisen ermöglichen. Umgekehrt fungieren Migrationen immer auch als ein kompensierendes Moment, indem Menschen schlechten Lebens- und Arbeitsbedingungen entgehen können und indem transnationale Lebensweisen zu Transfers und neuen Verknüpfungen zwischen Staaten und Weltregionen beitragen.

Diskussion und Verwendung der Modelle in der Sozialstrukturanalyse
In den im deutschsprachigen Raum zu beobachtenden wissenschaftlichen Diskursen zur Sozialstrukturanalyse sind transnationale bzw. globale Perspektiven sicherlich angekommen. Die Konsequenzen dieses paradigmatischen Bruchs mit der Containerperspektive auf Sozialstrukturen sind jedoch derzeit noch kaum erkennbar. Das betrifft die Organisationen wissenschaftlicher Diskurse in Fachorganisationen und Fachmedien; das betrifft aber auch die Ausrichtung der Forschungsarbeit.

Eckert und van der Linden bescheinigen der im engeren Sinne sozialwissenschaftlichen Forschung, dass sie sich noch immer weitgehend auf industrialisierte Länder konzentriere und darin auf nationale Arbeitsmärkte, neue Beschäftigungsrisiken und schließlich das Zusammenspiel von Arbeitsmarkt und Sozialstaat (2018, S. 146). Dem ist nicht zu widersprechen, viele der hier aufgeführten Impulse wurden im Kontext der Sozialstrukturanalyse zwar aufgenommen; es sind aber bislang nur wenige Ansätze zu erkennen, die diese theoretisch konzeptionellen Debatten und die empirischen Analysen aufgenommen haben. Auch Anja Weiß zieht ein eher skeptisches Resümee: »In the 1980 s, research on ›globalization‹ and ›transnationalization‹ seemed to open new avenues for theory and empirical research. The enthusiasm of that time is long gone. It did, however, stimulate a wealth of innovation. Among German-speaking authors after the turn of the millennium, we can discern a collective effort towards better and more precise theories of globalization and transnationalism. As a general trend, empirical studies often focus on highly specific phenomena (…). Grand theories tend to focus on systems and forget agency or to give cultural hegemony and the positioning strategies of individual and collective agents primacy over an analysis of institutions. (…) The next few decades might see the emergence of a paradigm that can theorize society beyond the nation state and that can guide comprehensive transnational research« (2021, S. 158).

Man kann aber auch zu einer deutlich positiveren Einschätzung kommen, wenn man diesen neuen Fundus an Konzepten überschaut und wenn man die vorgeschlagenen Verknüpfungen und Komplizierung wertschätzt.

5.7   Entstrukturierung

In diesem Abschnitt werden theoretische Konzepte und Forschungsbefunde vorgestellt, die das zentrale Paradigma der Sozialstrukturanalyse, die Existenz oder die Bedeutung sozial differenter Großgruppen – wie auch immer sie etikettiert werden – in Frage stellen. Demnach wird in der einen oder anderen Weise von Prozessen der Entstrukturierung von Gesellschaften gesprochen. Dabei können verschiedene Argumentationen unterschieden werden, auf die sich solche Infragestellungen gründen und die im Kontext verschiedener Ansätze je unterschiedlich kombiniert werden:

- Die These einer sich nivellierenden Mittelstandsgesellschaft geht davon aus, dass es in entwickelten Nationalgesellschaften wohlfahrtsstaatlicher Prägung gesellschaftsweit zu einer erheblichen Angleichung von Arbeits- und Lebensbedingungen und zu einer Konzentration in den mittleren sozialen Lagen gekommen ist.
- Aus der Debatte um neue horizontale Disparitäten, die die klassischen vertikalen Disparitäten durchkreuzen, wurde das Argument entwickelt, dass man es in Gegenwartsgesellschaften häufig mit multiplen sich überlagernden Ungleichheitsstrukturen zu tun hat, die zudem nicht sinnvoll gewichtet werden können. Diese Vervielfachung von Strukturmomenten könne als eine Entstrukturierung begriffen werden.
- Aus der Lebenslaufperspektive wird konstatiert, dass sozial strukturierte Normalbiographien eher die Ausnahme geworden sind und dass biographische Verläufe heute eher als eine Kette ganz unterschiedlicher Lebensphasen (und damit unterschiedlicher sozialstruktureller Lagerungen) organisiert sind.
- Mit dem Terminus ›Klassengesellschaft ohne Klassen‹ wird eine Entwicklung benannt, in der die ›objektive‹ Ungleichheitsstruktur und die ›subjektive‹ Wahrnehmung von Ungleichheiten auseinanderfallen; d. h. es lassen sich

zwar Gruppen von Menschen mit systematisch unterschiedlichen Arbeits- und Lebenslagen bzw. -chancen ausmachen (Klassen), diese Gruppen weisen aber keine kollektiven Wahrnehmungsmuster dieser strukturierten Ungleichheiten (Klassenbewusstsein) auf.

• Mit der Individualisierungsthese wird eine Verschiebung in der Wahrnehmung von Ungleichheiten konstatiert. Im Gegensatz zu der These von der Klassengesellschaft ohne Klassen, wird gewissermaßen von einer diffus strukturierten Gesellschaft ohne Klassen ausgegangen.

• In funktionalistischen und systemtheoretischen Ansätzen wird angenommen, dass die Ära der stratifikatorisch differenzierten Klassengesellschaft an ihr Ende gekommen sei. Demgegenüber wird die Gegenwartsgesellschaft als funktional differenzierte Gesellschaft begriffen, in der ganz verschiedene gesellschaftliche Teilsysteme (gleichberechtigt) zusammenwirken. Mit unterschiedlichen Konnotationen wird die Frage der Inklusion bzw. Exklusion neben die Frage der Stratifizierung gestellt.

• Im Kontext der Modernisierungstheorie diagnostiziert John Meyer zunehmende Konvergenzen auf weltgesellschaftlicher Ebene, die er insbesondere mit der weltweiten Etablierung nationalstaatlicher Institutionen in Verbindung bringt.

Im Folgenden werden einige dieser Entstrukturierungsdiagnosen eingehender dargestellt.

5.7.1 Nivellierte Mittelstandsgesellschaft

Als Theodor Geiger am Ende der 1940er Jahre die soziale Strukturierung der Gegenwartsgesellschaft analysierte, fasste er seine Befunde – mit Bezug auf die amerikanische *Melting-Pot*-Ideologie – unter dem Etikett ›Klassengesellschaft im Schmelztiegel‹ zusammen. Neuere sozialstrukturelle Entwicklungen – der Bedeutungsgewinn der Mittelschichten, die Einkommenszuwächse in der Arbeiterschaft, die Verringerung von Stadt-Land-Unterschieden, die Institutionalisierung des Klassengegensatzes und schließlich die Differenzierung der Leitungsfunktionen in der Wirtschaft (Manager) – brachten Geiger dazu, mit der Marxschen Diagnose einer Klassengesellschaft zu brechen; für die Beschreibung sozialer Differenzierungen griff er auf Theoreme der sozialen Schichtung zurück.

Eine Radikalisierung erfuhr diese Zeitdiagnose mit den sozialstrukturellen Diagnosen Helmut Schelskys, die er erstmals 1953 publizierte. Er vertritt dort

die These, dass sich die deutsche Gegenwartsgesellschaft als »nivellierte Mittelstandsgesellschaft« (1965, S. 332 f.) bezeichnen lasse. Zur Begründung führt er
drei Entwicklungen an:

• In den letzten beiden Generationen hätten sich weitreichende Auf- und
  Abstiegsprozesse vollzogen, indem zum einen die Industriearbeiterschaft kollektiv und die Gruppe der technischen und verwaltenden Angestellten eher
  individuell aufgestiegen seien. Umgekehrt sei es mit dem Ersten Weltkrieg und dann mit Flucht und Vertreibung nach dem Zweiten Weltkrieg
  zu sozialen Abstiegs- und Deklassierungsprozessen im ehemaligen Besitz-
  und Bildungsbürgertum gekommen. Diese Entwicklungen gingen einher mit
  »einem relativen Abbau der Klassengegensätze, einer Entdifferenzierung der
  alten, noch ständisch geprägten Berufsgruppen und [führten] damit zu einer
  sozialen Nivellierung in einer verhältnismäßig einheitlichen Gesellschafts-
  schicht, die ebenso wenig proletarisch wie bürgerlich ist, d. h. durch den
  Verlust der Klassenspannung und sozialen Hierarchie gekennzeichnet wird«
  (S. 332). Unterstützt wurde diese Entwicklung durch die sich ausdehnende
  Sozialpolitik und die Steuerpolitik.
• Damit ging eine Nivellierung von Lebensstilen einher, die auf die industrielle und publizistische Massenproduktion zurückgehe. Aber auch darüber
  hinaus sei es zu einer Angleichung von Bedürfnissen und Verhaltensformen
  gekommen. So spricht Schelsky von einer »verhältnismäßigen Nivellierung
  ehemals schichttypischer Verhaltensstrukturen des Familienlebens, der Berufs-
  und Ausbildungswünsche der Kinder, der Wohn-, Verbrauchs- und Unterhal-
  tungsformen, ja der kulturellen, politischen und wirtschaftlichen Reaktionen«
  (S. 333).
• Die Universalität sozialer Mobilität stelle die Schichtungslogik in Frage; zwar
  bestehen weiterhin deren Kennzeichen, aber es sei fraglich, ob sich aus dem
  sozialen Status noch länger schichtspezifische Interessenlagen und Bedürfnisse
  ableiten lassen.

Umgekehrt weist Schelsky jedoch daraufhin, dass sich die »sozialen Selbstbilder
und das soziale Selbstbewusstsein« (S. 334) gegenüber diesen Nivellierungsten-
denzen als ausgesprochen stabil erwiesen haben; er bezieht sich dabei später auf
die Studien von Popitz und Bahrdt zum Gesellschaftsbild des Arbeiters. Darüber
hinaus macht Schelsky deutlich, dass es mit diesen Nivellierungen keinesfalls zu
einer Überwindung der Klassenspannungen gekommen sei. In der Auseinandersetzung mit der Dahrendorfschen Konflikttheorie stößt dessen politische Analyse
auf seine Zustimmung (S. 355).

5.7.2 Jenseits von Klasse und Schicht

Mit der programmatischen Formulierung ›Jenseits von Klasse und Schicht‹ überschrieb Ulrich Beck Mitte der 1980er Jahre seine sozialstrukturellen Betrachtungen. Auf der einen Seite konstatiert er, dass soziale Ungleichheit in allen prosperierenden Ländern eine überraschende Stabilität aufweise. So hätten sich trotz der wirtschaftlich technischen Umwälzungen und trotz der sozialpolitischen Reformen die Ungleichheitsrelationen zwischen den sozialen Großgruppen kaum verändert. Diese Ungleichheiten seien jedoch andererseits nicht länger ein zentraler gesellschaftlicher Konfliktgegenstand; so hätten sich die Lebensverhältnisse großer Bevölkerungsgruppen radikal verändert. Trotz der damals vergleichsweise hohen Arbeitslosenquote zentrieren sich zentrale Konflikte um andere Themen wie Frauenrechte, Atomenergie, Generationenverhältnisse etc. – Frankreich und Großbritannien nimmt er von dieser Zeitdiagnose aus. Er konstatiert einen ›Fahrstuhleffekt‹; der Begriff wurde auch außerhalb der Sozialwissenschaften recht populär – Wehler (2008, S. 110) macht aber darauf aufmerksam, dass Beck es versäumt hat, auf die Entlehnung dieses Begriffs bei Pitirim Sorokin und Werner Sombart aufmerksam zu machen. »Die ›Klassengesellschaft‹ wird insgesamt eine Etage höher gefahren. Es gibt – bei allen sich neu einpendelnden oder durchgehaltenen Ungleichheiten – ein kollektives Mehr an Einkommen, Bildung, Mobilität, Recht, Wissenschaft, Massenkonsum. In der Konsequenz werden subkulturelle Klassenidentitäten und -bindungen ausgedünnt oder aufgelöst. Gleichzeitig wird ein Prozeß der Individualisierung und Diversifizierung von Lebenslagen und Lebensstilen in Gang gesetzt, der das Hierarchiemodell sozialer Klassen und Schichten unterläuft und in seinem Wirklichkeitsgehalt in Frage stellt« (Beck 1986, S. 122).

Um diesen Fahrstuhleffekt eingehender zu beschreiben, verweist Beck auf die historisch einmalige Anhebung des Lebensstandards für breite Bevölkerungsgruppen: Unter Bezug auf die sozialgeschichtlichen Analysen Josef Moosers (1984) zur Entwicklung der Lage der Arbeiter im 20. Jahrhundert konstatiert Beck eine Verdreifachung des Reallohns in den letzten 100 Jahren. Es komme zu einer ›Demokratisierung‹ symbolträchtiger Konsumgüter; Wohnverhältnisse und Reisemöglichkeiten verbessern sich; Sparen und Eigentumsbildung wird breiten Bevölkerungskreisen möglich. Neben diesen materiellen Verbesserungen führt Beck die durchschnittlich stark gestiegene Lebenserwartung und die Verkürzungen der Arbeitszeit an, die zusammengenommen eine neue Relation von Arbeits- und Lebenszeit hervorgebracht haben. Die Bildungsexpansion erbringt einen durchschnittlichen Zuwachs schulischer und beruflicher Qualifizierungen,

der sich insbesondere in den veränderten Möglichkeitsräumen von Frauen niederschlägt: die Frauenerwerbsquote steigt an; Machtbeziehungen in Ehe und Familie
verändern sich; für Frauen wie Männer lässt sich ein Zuwachs an beruflicher
Mobilität konstatieren.

All diese Entwicklungen bedingen, dass die noch für die Weimarer Republik
zu konstatierenden Klassenwelten (in der Arbeit, im Konsum, wie in Kultur und
Kommunikation) verschwinden; sie ebnen sich zu ungleichen Konsumstilen ein.
»Früher war das Hineinwachsen in die Arbeiterbewegung ein für den einzelnen
vorwiegend ›naturwüchsiger Prozeß‹, der auf der Familienerfahrung und dem sich
in ihr immer (interpretiert) spiegelnden ›Klassenschicksal‹ aufbaute, dann über
die Stationen von Nachbarschaft, Jugend-Sportverein etc. bis zur betrieblichen
Sozialisation gleichsam vorgezeichnet in eine der politischen Strömungen der
Arbeiterbewegung hineinführte. Heute ist dieses übergreifende Erfahrungs- und
Kontrollband eines klassenkulturell geprägten Sozialmilieus vielfältig gebrochen,
und der einzelne muß, auf sich gestellt, die Elemente eines ›Klassenschicksals‹
in seinem eigenen Leben entdecken« (1986, S. 129).

Während im 19. und frühen 20. Jahrhundert die Individualisierung der Lebensführung dem besitzenden Bürgertum vorbehalten blieb, entstehen mit dem
Wohlfahrtsstaat, der Vollbeschäftigung, der institutionell verankerten gewerkschaftlichen Interessenvertretung, der Bildungsexpansion und der Arbeitszeit-
verkürzung Voraussetzungen für Individualisierungstendenzen in breiten Bevölkerungsgruppen; der Erfolg der gewerkschaftlichen und sozialdemokratischen
Politik unterminiert zugleich deren Organisationsbasis. Unter wohlfahrtsstaatlichen Rahmenbedingungen geht mit der Durchsetzung der Lohnarbeit eine
»Auflösung der traditionalen Klassengesellschaft« einher; es kommt zu einer
»Generalisierung der Individualisierung, allerdings auf Widerruf« (S. 134). Aus
den traditionellen sozial-moralischen Milieus der Jahrhundertwende und der Weimarer Zeit werden ›marktvermittelte Sozialmilieus‹. Diese Entwicklungen lassen
sich nach Beck weder mit der Marxschen noch mit der Weberschen Perspektive
auf Klassen angemessen analysieren: »Das Denken und Forschen in traditionalen Großgruppen-Kategorien – in Ständen, Klassen oder Schichten – wird
fragwürdig« (S. 139).

Beck ist sich – und das wird in seiner Etikettierung als Theoretiker der
Individualisierung geflissentlich unterschlagen – sehr wohl bewusst, dass die
von ihm beschriebenen Entwicklungen durchaus umkehrbar sind. Seit Mitte der
1970er Jahre kehrt das überwunden geglaubte Phänomen der Massenarbeitslosigkeit (damals noch auf einem niedrigen Niveau) zurück; auch die (neue) Armut
wird zu einem Thema, das man in Deutschland glaubte, hinter sich gelassen zu
haben. Seit den 1980er Jahren gewinne ein »Fahrstuhleffekt nach unten« (S. 143)

wieder an Bedeutung. So könnte es, schreibt man diese Entwicklungen fort, zu einem eigentümlichen Übergangsstadium kommen, in dem »verbliebene und sich verschärfende Ungleichheiten zusammentreffen mit Elementen einer enttraditionalisierten und individualisierten ›Nachklassengesellschaft‹« (S. 158), die er wie folgt charakterisiert:

- Lebenslaufbilder von Klasse, Familie, Beruf, Geschlecht verlieren einerseits an Orientierungskraft, werden aber von gesellschaftlichen Institutionen (Parteien, Gewerkschaften, politische Administration) zunächst konserviert.
- Kollektivierende Identitäten verlieren ihre orientierende Wirkung, es kommt zu einer neuen Unmittelbarkeit von Gesellschaft: gesellschaftliche Krisen erscheinen als individuelle Krisen, individuelles Leistungsdenken gewinnt an Bedeutung.
- Soziale und politische Bündnisse zur Durchsetzung von Interessen werden eher punktuell und themenspezifisch geschlossen und haben temporären Charakter.
- Konflikte entstehen weniger nach dem klassischen industriegesellschaftlichen Muster, sondern eher »entlang zugewiesener Merkmale (...): Hautfarbe, Geschlecht, ethnische Zugehörigkeit (...), Alter, körperliche Behinderungen« (S. 159). Zwei epochale Themen werden dabei hervorgehoben, die Gefährdungslagen der (Welt-)risikogesellschaft, insbesondere im Umweltbereich, und die Konflikte zwischen Männern und Frauen, die nicht länger innerfamiliär eingebunden und verborgen bleiben.

Der Individualisierungsprozess wird bei Beck in drei Dimensionen und jeweils in objektiver und subjektiver Perspektive analysiert: Es kommt zu *Freisetzungsprozessen* aus ständisch geprägten marktvermittelten sozialen Klassen, aus Geschlechtslagen und aus Normalbiographien; Familien werden zu »Verhandlungsfamilien auf Zeit«. Die einzelnen Individuen werden zur »lebensweltlichen Reproduktionseinheit des Sozialen« (S. 208 f.). Damit einher geht ein *Verlust von Stabilitäten,* von traditionalen Sicherheiten, die das Handlungswissen und normative Vorstellungen geprägt haben; bislang unhinterfragte Sinngewissheiten werden entzaubert. Während damit herkömmliche *Kontrollinstanzen* an Bedeutung verlieren, entstehen aber auch neue Muster der Reintegration in Netzwerke und Regelsysteme, indem z. B. der klassenspezifische Lebenslauf zunehmend zu einem institutionell geprägten Lebenslauf wird. »Diese institutionellen Prägungen des Lebenslaufes bedeuten, daß Regelungen im Bildungssystem (z. B. Bildungszeiten), im Berufssystem (z. B. Arbeitszeiten im täglichen Wechsel und im Gesamtlebenslauf) und im System sozialer Sicherungen direkt verzahnt sind mit Phasen im Lebenslauf der Menschen: Mit institutionellen Festlegungen und Eingriffen werden zugleich (implizit) Festlegungen und Eingriffe im menschlichen Lebenslauf vollzogen« (S. 212); später spricht er mit einem bei Parsons entlehnten Begriff von »institutionalisierter Individualisierung« (2010, S. 28). Die strukturierenden Funktionen, die vormals von sozialen Klassen, Familien, Geschlechtsrollen und Berufen wahrgenommen wurden, gehen an ein System von Institutionen über; die Zwänge, den eigenen Lebenslauf zu gestalten, nehmen zu. »Individualisierung bedeutet in diesem Sinne, daß die Biographie der Menschen aus vorgegebenen Fixierungen herausgelöst, offen, entscheidungsabhängig und als Aufgabe in das Handeln jedes einzelnen gelegt wird. Die Anteile der prinzipiellen entscheidungsverschlossenen Lebensmöglichkeiten nehmen ab, und die Anteile der entscheidungsoffenen, selbst herzustellenden Biographie nehmen zu« (1986, S. 216).

In einem späteren Text bezeichnet Beck diese Entwicklung als Herausbildung einer Selbstkultur; damit komme es zu einer wachsenden sozialen Strukturlosigkeit: »Während ganze Bevölkerungsgruppen (…) nicht nur aus der Arbeit, sondern gleichsam aus der Gesellschaft ›entlassen‹ werden, schält sich das Bild einer uneindeutigen Gesellschaft *ohne Sozialstrukturen* heraus«. Diese Selbst-Kultur stellt eine Grundvorstellung der Ungleichheitssoziologie – längerfristig stabile strukturelle soziale Ungleichheiten – in Frage. »Demgegenüber wären Konzepte und Methoden *uneindeutiger* Ungleichheitssoziologie zu entwickeln. (…) An die Stelle des *Festen* und *Berechenbaren,* das allen Lage-Begriffen (wie Klasse, Stand, Schicht) eigen ist, träten damit Typologien des *Prekären,* des *Doppeldeutigen,* des *Vorläufigen,* Augenblicks-Bilder von Lagen *auf Widerruf,* von *Sowohl-als-auch-Lagen*« (1997, S. 195).

In jüngeren Veröffentlichungen wehrt sich Beck gegen die Unterstellung, er verharmlose Probleme der sozialen Ungleichheit; zugleich erweitert er seine These (Jenseits von Klasse und Schicht bzw. Klasse und Stand) zu ›Jenseits Klasse und Nation‹. »Die Individualisierungstheorie steht für einen Paradigmenwechsel sozialer Ungleichheit. Sie ist damit gerade nicht eine Beschwichtigungstheorie (…), sondern eine Krisentheorie, die überdies aufdeckt, wie die Transnationalisierung sozialer Ungleichheiten den Rahmen institutioneller Antworten (nationalstaatlicher Parteien, Gewerkschaften, wohlfahrtsstaatlicher Systeme und der Nationalsoziologien sozialer Klassen) sprengt. Individualisierung meint keinen (End-)Zustand, sondern einen Prozeß, genauer: einen Transformationsprozeß der Grammatik sozialer Ungleichheiten, der in diesem Sinne zwei Fragen aufwirft: zum einen die Frage der *Ent*-Strukturierung, zum anderen die der *Re*-Strukturierung« (2010, S. 27 f.).

5.7.3 Funktionale Differenzierung

Schwinn unterscheidet zwischen zwei disparaten soziologischen Theorietraditionen:»Die Ungleichheitstheorie startet bei Karl Marx als Kapitalismustheorie. Moderne soziale Ungleichheit ist vor allem wirtschaftliche Ungleichheit. Dieser Ausgangspunkt wird über Max Weber (...), Theodor Geiger, Ralf Dahrendorf bis in heutige Arbeiten tradiert. Die Differenzierungstheorie eröffnet eine andere Traditionslinie. Herbert Spencer, Emile Durkheim, Talcott Parsons und Niklas Luhmann sind die wichtigsten Referenzautoren. Sieht man von dem Intermezzo der Diskussion um die funktionalistische Schichtungstheorie in den vierziger bis sechziger Jahren des vergangenen Jahrhunderts ab, entwickeln beide Forschungstraditionen ihre Themen und Fragestellungen weitgehend unabhängig voneinander, und man gewinnt den Eindruck, es würden jeweils verschiedene Gesellschaften beschrieben« (2004, S. 9).

Exemplarisch sei hier auf Luhmann verwiesen, der gesellschaftliche Entwicklung als eine Abfolge von Differenzierungslogiken versteht: von der segmentären über die stratifikatorische zur funktionalen Differenzierung; daneben wird auf die Differenzierung von Zentrum und Peripherie verwiesen. Segmentär differenzierte Gesellschaften gliedern sich z. B. in Familien, Stämme oder Dorfgemeinschaften; all diese Einheiten werden sowohl als gleichrangig wie als gleichartig begriffen. In hochkulturellen Gesellschaften findet sich dann eine »vorherrschende *stratifikatorische* Differenzierung von Ober- und Unterschicht, wobei erstere aus den kulturellen, politischen, militärischen und wirtschaftlichen Eliten, letztere aus dem von diesen Eliten beherrschten Gros der Bevölkerung bestand. Teilweise war diese Differenzierungsform durch eine Differenzierung in *Zentrum und Peripherie* überlagert, wenn städtische Verdichtungsräume auf analoge Weise ihr ländliches Umland beherrschten« (Schimank 1996, S. 151).

Im Prozess einer fortschreitenden Arbeitsteilung bildet sich in modernen Gesellschaften eine neue Differenzierungsform heraus: die *funktionale* Differenzierung von Teilsystemen, die einen jeweils spezifischen Beitrag zur Reproduktion des gesellschaftlichen Ganzen erbringen. Nach und nach gewinnt dieses neue Differenzierungsmuster die Oberhand. »Da jedes Teilsystem etwas Unentbehrliches beisteuert und auch von keinem anderen darin ersetzt werden kann, sind alle gleichermaßen wichtig, wodurch zwischen ihnen keine Rangdifferenzen bestehen. Wirtschaft beispielsweise ist nicht bedeutsamer, aber auch nicht bedeutungsloser als Forschung oder Massenkommunikation« (ebd.) Die historische Abfolge dieser Differenzierungsformen ist jedoch – das wird häufig übersehen – nicht in einem ausschließlichen Sinne zu verstehen; es geht um das jeweils dominante Muster.

»Functional differentiation, again, for many of its functions, depends on segmentary differentiation within functional subsystems. (...) Obviously, stratification, too, survives (...). But, adapting to the predominant functional differentiation, it changes form and content. Having been dethroned as the primary scheme of differentiation, it turns into a (more or less) open class system that is continually reproduced by the effects of functional differentiation« (Luhmann 1977, S. 41). Wohlgemerkt geht Luhmann nicht davon aus, dass es in funktional differenzierten Gesellschaften keine Ungleichheiten gebe. Er nimmt sogar an, dass die Chancen für Differenzierungen in komplexen Gesellschaften zunehmen, indem »Funktionssysteme wie das Wirtschaftssystem oder das Erziehungssystem Gleichheiten bzw. Ungleichheiten als Moment der Rationalität ihrer eigenen Operationen nutzen und damit steigern« (Luhmann 1998, S. 776).

Das führt Luhmann zu einem eher abstrakten Gesellschaftsbegriff, der weder an Nationen noch an Grenzen orientiert ist. Gesellschaft ist schlicht das System aller Kommunikationen, die sich wechselseitig erreichen können. »Damit ist im Prinzip noch keine Aussage über die Reichweite von Gesellschaft getroffen. Es ist auch vorstellbar (und historisch realisiert), dass verschiedene voneinander isolierte Gesellschaften existieren, die für ihre je eigenen sozialen Systeme als umfassendstes System fungieren. Inwieweit Gesellschaft Weltgesellschaft ist und es damit nur noch eine Gesellschaft gibt, ist folglich eine empirische Frage« (Greve und Heintz 2005, S. 106).

Eine andere Quelle von Ungleichheiten geht darauf zurück, dass komplexe funktional differenzierte Gesellschaftssysteme im Weltmaßstab nicht unbedingt die Regel darstellen. »Wenn wir Funktionssysteme als historisch innovative und in ihrer Einseitigkeit zugespitzte kommunikative Spezifikationen betrachten, die in begrenzten Regionen der Welt entstehen und sich danach über eine Jahrhunderte beanspruchende Globalisierungsdynamik auszeichnen, dann ist nicht prinzipiell auszuschließen, dass Funktionssysteme irgendwann alle Menschen auf der Welt erreichen und einbeziehen könnten (...). Aber die Dynamik, die durch ein solches ›Ziel‹ reguliert ist, ist durch historisch, regional und je nach Funktionssystem variierende Muster und Verteilungen von Inklusion und Exklusion näher charakterisiert« (Stichweh 2009, S. 33). Inklusion und Exklusion werden so zu einem wichtigen Ungleichheitsmoment; »weil Individuen in die ungleich strukturierten Teilsysteme *inkludiert* werden, sind sie im Ergebnis ›ungleich‹« (Windolf 2009, S. 14).

Der empirisch beobachtbare und auch sozialtheoretisch sehr bedeutsame Befund eines fortschreitenden funktionalen Differenzierungsprozesses, der im Zusammenhang mit Prozessen der Arbeitsteilung in modernen Gesellschaften steht, ist in der Soziologie unumstritten. Auch die Einsicht, dass sich diese

Teilsysteme durch mitunter ganz eigene Akteurskonstellationen, Handlungslogiken und Wertigkeitssysteme unterscheiden, wird gemeinhin geteilt. Viele dieser Befunde wurden z. B. durch die Bourdieusche Feldtheorie aufgenommen. Die dadurch angestoßenen Fragen, wie sich Ungleichheitsverhältnisse von einem Teilsystem in andere ›übertragen‹, ist für die Sozialstrukturanalyse von großer Bedeutung: Wie gelingt es z. B., Abschlüsse aus dem Bildungssystem in entsprechende Stellungen im Erwerbssystem zu konvertieren oder wie schlagen sich umgekehrt soziale Strukturen und Anerkennungsverhältnisse in Bildungstiteln nieder? Insoweit sind die im Kontext der Differenzierungstheorien aufgeworfenen Fragen von großem Interesse für die empirische Sozialstrukturanalyse; problematisch ist es jedoch, wenn die funktionale Differenzierung als Gesetzmäßigkeit, als Dogma begriffen wird und nicht als Ausgangspunkt für fruchtbare empirische Analysen.

5.7.4 Inklusion und Exklusion

Auf Konzepte der Inklusion und Exklusion wurde seit den 1980er Jahren rekurriert, um neue Phänomene der sozialstrukturellen Entwicklung zu analysieren und den Blick für neue Aspekte sozialstruktureller Ungleichheit zu schärfen. Die theoretischen Bezüge, mit denen die Verwendung der Inklusions- bzw. Exklusionskonzepte verbunden war, lassen sich – einer Differenzierung von Theoriefamilien folgend (z. B. Schwinn 2004) – als differenztheoretisch und ungleichheitstheoretisch klassifizieren.

5.7.4.1 Exklusion und Inklusion in differenzierungstheoretischer Perspektive

Talcott Parsons (1965, S. 1015) beschreibt mit dem Begriff Inklusion einen Prozess, indem zuvor exkludierte Gruppen die volle Staatsbürgerschaft oder die vollen Mitgliedsrechte in einer sozialen Gemeinschaft erhalten; er grenzt Inklusion gegenüber einem Prozess der Assimilation ab. In der vergleichenden Analyse stellt er die Inklusionsprozesse der ›American Negro‹ denen neuerer Migrantengruppen gegenüber. Er begreift den Inklusionsprozess der ›American Negro‹, bei dem er der ›Negro-Community‹ und ihren Interessenorganisationen eine wichtige Rolle zuschreibt, als eine der größten Errungenschaften der amerikanischen Gesellschaft (S. 1048). Der Prozess der Inklusion kann auch als ein rechtlicher Prozess begriffen werden, indem es zu einer »Universalisierung des Zugangs der Gesellschaftsmitglieder zu den verschiedenen gesellschaftlichen Teilsystemen [kommt]. Zugangsrechte, die anfangs nur wenigen privilegierten gesellschaftlichen Gruppen zustanden, werden im Laufe der Entwicklung der modernen Gesellschaft schrittweise immer mehr bis dahin von diesen Rechten ausgeschlossenen Gruppen gewährt« (Burzan und Schimank 2004, S. 212).

Niklas Luhmann knüpft an Parsons' Überlegung an, dass Inklusion etwas anderes bezeichne als Assimilierung oder normative Integration. Er schlägt eine Weiterentwicklung des Inklusionskonzeptes vor. »Der Begriff *Inklusion* bezeichnet also die Art und Weise, wie Kommunikation auf Menschen zugreift, d. h., wie Gesellschaften, Organisationen und Interaktionen Personen thematisieren, in Anspruch nehmen, anschlußfähig halten und nicht zuletzt ansprechbar machen« (Nassehi 1997, S. 121); der Exklusionsbegriff ist dann zunächst schlicht das begriffliche Pendant dieser Prozesse. Ein spezifisches Verständnis erfuhr das Konzept für die Analyse von sozial sehr heterogenen Gesellschaften wie Brasilien oder den USA bzw. von weniger prosperierenden Gesellschaften, wo nicht unerhebliche Teilgruppen keine Chance haben, auf ökonomische Ressourcen zuzugreifen und politisch oder kulturell teilzuhaben. So finden sich Regionen der Weltgesellschaft, in denen eine große »Kluft zwischen Inklusionsbereich und Exklusionsbereich aufreißt und dazu tendiert, die Funktion einer Primärdifferenzierung des Gesellschaftssystems zu übernehmen. Das heißt, daß große Teile der Bevölkerung auf sehr stabile Weise von jeder Teilnahme an den Leistungsbereichen der Funktionssysteme ausgeschlossen sind und daß im gegenüberstehenden Inklusionsbereich nicht vorgesehene Formen der Stabilisierung eingerichtet sind, die die Chancen dieser Leistungsbereiche parasitär nutzen und für die Erhaltung dieses Netzwerkes eigene Mechanismen der Inklusion und der Exklusion ausbilden« (Luhmann 1994, S. 30).

In kritischer Auseinandersetzung mit diesen Konzepten verweist Nassehi darauf, dass es ein Defizit der systemtheoretischen Theoriekonzepte sei, die Probleme sozialer Ungleichheit nicht systematisch aufgegriffen zu haben. So verlaufen materielle oder kulturelle Ungleichheiten quer zu den Grenzen funktionaler Differenzierung. »Eine Gesellschaft, deren Reproduktion letztlich nicht auf die Integration von Individuen angewiesen ist, sondern auf die partielle Inklusion in funktionsspezifische Kontexte und damit auf die rationale Wechselseitigkeit disparater funktionaler Beobachtungscodes und Programmierungen, mag in ihren zentralen, i.e. funktionalen teilsystemspezifischen Operationen und Semantiken das Problem sozialer Ungleichheit schnell aus dem Visier verlieren« (1997, S. 141).

5.7.4.2 Exklusion in der Ungleichheitssoziologie

In der Armuts- wie in der Ungleichheitsforschung wurde das Konzept der Exklusion in einer spezifischen Weise genutzt. Im Rahmen der Armutsforschung ging es um die Beschreibung »multipler Deprivation, sozialer Randständigkeit, Ungleichheit oder (…) Arbeitslosigkeit« (Leisering 2000, S. 14). In der Ungleichheitsforschung stand das Exklusionskonzept im Kontext einer eher pessimistischen Lesart gesellschaftlicher Individualisierungsprozesse: die Exkludierten wurden in diesen Prozessen als die Verlierer, die aus dem Spiel Ausgeschiedenen oder als die ›Überflüssigen‹ (vgl. Bude 1998) ausgemacht. Für die Verbreitung des Exklusionsansatzes hat insbesondere die Karriere dieses Konzepts in Frankreich eine große Rolle gespielt; hier wurde *exclusion sociale* zu einer »von vielen gesellschaftlichen Gruppen getragenen Konsensformel« (Leisering 2000, S. 12). Über den Kontext der EU wurde dieses Konzept zu einem wichtigen Moment der sozialpolitischen Debatte (vgl. dazu Atkinson et al. 2002; Berger-Schmitt und Jankowitsch 1999). Vermittelt über die ›Nationalen Aktionspläne zur Bekämpfung von Armut und sozialer Ausgrenzung‹ findet das Konzept auch in die nationale Sozialpolitik Eingang.

An den verschiedenen Konnotationen des Exklusionskonzepts wird erkennbar, dass es in recht unterschiedlichen Kontexten gebraucht wird. Kronauer sieht das Besondere des Exklusionskonzepts darin, dass gegenüber der eher ›vertikal‹ orientierten klassischen Ungleichheitsforschung eine neue Dimension, die Differenzierung nach ›Innen‹ und ›Außen‹ eingeführt wird. Er favorisiert das Exklusionskonzept, »um die gegenwärtigen Strukturumbrüche in den hoch entwickelten kapitalistischen Gesellschaften angemessen erfassen zu können« (2001), will es jedoch von gewissen mystifizierenden Verwendungsweisen abgrenzen. Er bezieht sich hier auf die Verwendung des Inklusions- bzw. Exklusionskonzepts bei Vertretern der Systemtheorie (vgl. z. B. Nassehi 1997 oder Luhmann 1994, kritisch: Esser 2000) sowie auf dichotomische Vorstellungen, auf Bilder, die ein Herausfallen von Gruppen aus dem sozialen Zusammenhang oder die Existenz entgegengesetzter Welten suggerieren. Demgegenüber solle das Exklusionskonzept an Simmels Überlegungen zum ›Armen‹ anschließen (vgl. Simmel 1992).

Angesichts dieser Überlegungen soll Exklusion nach Kronauer als ein gesellschaftliches Spannungsverhältnis, als »Gleichzeitigkeit von Drinnen und Draußen« gefasst werden, das sich in verschiedenen Dimensionen manifestiert:

• in der ökonomischen Dimension (Segmentation am Arbeitsmarkt, Ausschluss von Erwerbsarbeit, Praktiken der sozialen Schließung bei qualifizierten Beschäftigtenkernen) entsteht ein Widerspruch: »Ein hoher Grad von Beschäftigungssicherheit für die, die Erwerbsarbeit haben, eine hohe Produktivität und ein relativ hohes und einheitliches Lohnniveau werden um den Preis hoher (und vom Sozialstaat nicht mehr zu finanzierender) Langzeitarbeitslosigkeit erkauft; oder aber niedrigere Langzeitarbeitslosigkeit wird mit einem hohen Grad von Beschäftigungsunsicherheit, geringerer Produktivität und starken Einkommensunterschieden bezahlt« (Kronauer 1999, S. 11).

• in der politisch-institutionellen Dimension droht der Verlust von Partizipationschancen für bestimmte soziale Gruppen, die über das Sozialsystem nur noch unzureichend abgesichert und über das Bildungssystem ausgegrenzt werden. So setzt Exklusion »die Demokratie nicht spektakulär außer Kraft, sondern unterhöhlt sie von innen heraus« (ebd.).

• in der sozialen und kulturellen Dimension kommt es zu einem Auseinanderfallen von Erwartungshaltungen und Teilnahmemöglichkeiten. Insbesondere der Ausschluss von Erwerbsarbeit bildet jenseits der materiellen Aspekte einen Kern der Exklusionserfahrung. Das hat schließlich für die Frage der sozialen Kontakte Konsequenzen und befördert Phänomene der Vereinzelung und des Rückzugs aus dem gesellschaftlichen Leben.

5.7.4.3 Beispiele zur empirischen Umsetzung des Konzepts

Im Folgenden sollen einige Beispiele angeführt werden, in denen Exklusionskonzepte für die Analyse von Sozialstrukturen verwandt werden.

Während das Exklusionskonzept häufig eher für die Analyse gesellschaftlicher Teilgruppen genutzt wird, schlägt Ilse Lenz ein Konzept vor, gesellschaftsweit soziale Gruppen nach dem Grad ihrer Inklusion bzw. Exklusion zu unterscheiden. Sie fragt nach den Prozessen und Mechanismen, die einzelnen sozialen Gruppen spezifische Vor- und Nachteile eröffnen und untersucht die daraus erwachsenden Formen der Teilhabe. Am Ende steht eine nach Graden der Inklusion bzw. Exklusion geordnete Typologie; diese wird dann mit Beschäftigungsverhältnissen, Arbeitsformen und Handlungsmustern in Bezug gesetzt (vgl. Abb. 5.100).

Burzan und Schimank nutzen den Inklusionsansatz, um zu einer Integration von ungleichheitsbezogenen und differenzierungstheoretischen Perspektiven zu kommen. So manifestiere sich soziale Ungleichheit darin, dass die Mitglieder einer Gesellschaft von den verschiedenen gesellschaftlichen Teilsystemen ganz unterschiedliche Leistungen erhalten. Für die ›Teilsysteme‹ Beruf, Bildung, Sport, Freunde, Familie, Medien, Wissenschaft, Gesundheit, Kultur, Religion, Politik, Konsum und Recht ermitteln sie über eine empirische Befragung z. B. welche Zeitquanten die Befragten für die jeweiligen ›Teilsysteme‹ aufwenden. Aus der Kombination der Involvierung werden dann z. B. gruppenspezifische Inklusionsprofile entwickelt. »Das Inklusionsprofil ist somit dasjenige Bild der Lebenschancen und Lebensführung einer Person in der modernen Gesellschaft, das man mit differenzierungstheoretischen Mitteln zu zeichnen vermag« (Burzan

Grade der Inklusion und Exklusion	Beschäftigungsverhältnisse, Normen und Arbeitshandeln
1. Volle Inklusion meint, dass diese Gruppen gleichermaßen über hohe Ressourcen, Anerkennung und Entscheidungsmacht verfügen. Beispiele hierfür sind wirtschaftliche, politische und Medieneliten. So können wirtschaftliche Eliten oft über Standortverlagerungen entscheiden und teils erhalten sie öffentliche Anerkennung schon dafür, dass sie diese nicht oder nur teilweise einleiten.	1. Volle Inklusion bedeutet Zugang zu Entscheidungsmacht in der Organisation, Dispositionsspielräume über die eigene Arbeit und die Verfügung über hohes Einkommen, erhebliche Ressourcen und Anerkennung. Beispiele sind Unternehmer, leitende Manager und hochqualifizierte oder professionelle Berufe.
2. Inklusion/Stimme oder Sichtbarkeit beinhaltet, dass die entsprechenden Gruppen sichtbar und anerkannt sind und ihre Zustimmung grundsätzlich gesucht wird. Sie haben also eine Stimme und eine anerkannte Präsenz im gemeinsamen sozialen Raum wie bspw. der ›Mann von der Strasse‹. Wenn er Angst vor Arbeitslosigkeit hat, gilt das als ein Problem für alle im gemeinsamen sozialen Raum (z.B. im Nationalstaat in der nationalen Gesellschaft) und die demokratische Politik hat Anreize, das wahrzunehmen.	2. Inklusion beinhaltet reguläre Beschäftigung, die sich mit Anerkennung als Teil der betrieblichen Kerngruppen, mit elementarer sozialer Sicherung und ggf. mit Einbezug von Mitbestimmung verbinden kann.
3. Marginalisierung zielt auf eine Abwertung und/oder Ausbeutung ab. Die Präsenz dieser Gruppen oder Personen im sozialen Raum wird akzeptiert, aber ihre Stimme oder Sichtbarkeit wird ignoriert oder missachtet. So wurde die Lohnarbeit von Frauen in konservativen Wohlfahrtsstaaten zwar grundsätzlich anerkannt, jedoch wurden ihre Forderungen dazu lange weitgehend überhört und insbesondere keine gute und angemessene öffentliche Kinderbetreuung bereitgestellt.	3. Marginalisierung heißt unqualifizierte und/oder irreguläre Beschäftigung, teils unter den Lebenshaltungskosten. Die Präsenz dieser Randbelegschaften im Betrieb wird vorübergehend anerkannt, aber nicht mit langfristiger Mitgliedschaft verbunden und ihre Stimme wird meist ignoriert oder missachtet.
4. Exklusion bedeutet Abwertung und/oder Ausbeutung, und zwar ohne dass die Präsenz der Gruppen oder Personen im sozialen Raum anerkannt wird. Teils werden sie nicht als Person mit eigenen Lebensentwürfen, Wünschen und Denken anerkannt. Beispiele sind undokumentierte MigrantInnen oder Frauen in persönlichen Abhängigkeitsverhältnissen. Teils werden sie zur Existenz als ›Schattenmenschen‹ gezwungen, die mit Kopf, Gefühlen und Körpern im gleichen sozialen Raum leben, aber Schattenarbeit leisten und als Schatten ohne individuelle Rechte, Bedürfnisse oder Wünsche behandelt werden.	4. Exklusion betrifft die informell oder unbezahlt Beschäftigten, die teils in persönlicher Abhängigkeit oder als unbezahlte Familienarbeitskräfte tätig sind. Ihnen wird oft nicht das Recht auf Arbeit zugestanden. Da wie bei illegalen MigrantInnen ihre Präsenz im sozialen Raum der Arbeit nicht anerkannt wird, haben sie keine Stimme in den betrieblichen Vertretungen.

Quelle: Lenz (2007, S. 192f)

Abb. 5.100 Inkludierte und Exkludierte als soziale Gruppen

und Schimank 2004, S. 223). Im Weiteren wird dann untersucht, von welchen Determinanten der sozialen Lage solche Inklusionsprofile beeinflusst sind.

Die Tatsache, dass gesellschaftliche Teilgruppen über längere Zeit aus dem Arbeitsmarkt ausgegrenzt werden, hat zu der Einschätzung geführt, dass diese für den gesellschaftlichen Produktionsprozess nicht länger erforderlich und somit ›überflüssig‹ seien. Der Begriff der ›Überflüssigen‹ geht auf eine Unterscheidung Claus Offes (1994) zwischen Gewinnern, Verlierern und Überflüssigen zurück; nach Bude (1998) wurde aber bereits in den 1970er Jahren von den Entbehrlichen (Lenski 1973) gesprochen. Kronauer und Vogel beschreiben mit dem Exklusionskonzept eine »neue soziale Qualität von Arbeitslosigkeit« (1998, S. 345), indem sich die Höhe der Arbeitslosigkeit tendenziell vom wirtschaftlichen Wachstum

entkoppelte, indem bestimmte Typen der schulischen und beruflichen Qualifizierung zum Ein- bzw. Ausschlusskriterium vom Arbeitsmarkt werden und indem
chronische Arbeitslosigkeit die Logik der Arbeitslosenversicherung unterläuft und
zu einer Spaltung zwischen Beitragszahlern und Alimentierten führe. Ausgehend
von der Frage, ob diese ›Entbehrlichen‹ eine durch spezifische Verhaltensweisen und Bewusstseinsformen ausgewiesene ›Klasse‹ bilden, heben sie hervor,
dass dies allenfalls im negativen Sinne zutreffe, im Sinne einer »durch gemeinsame Lebensumstände erzwungenen Praxis der Resignation, des Rückzugs vom
Arbeitsmarkt und der materiellen Einschränkung, sowie eines mehr oder weniger deutlich artikulierten Bewußtseins, in der von Arbeit und Geld bestimmten
Gesellschaft keinen Platz (mehr) zu haben« (S. 347).

Heinz Bude (1998) analysiert den Prozess des Überflüssigwerdens auf vier
Ebenen. Ein Ausgangspunkt liegt auf der Ebene der *Arbeit;* hier ist es insbesondere der über längere Zeit erfolglose Versuch des Wiedereinstiegs. Ein weiterer
bedingender Faktor in diesem Prozess bildet der Ausfall (oder das ›Problema-
tischwerden‹) familialer Unterstützungssysteme. Die dritte Ausgrenzungserfah-
rung wird im Bereich sozialer Sicherungssysteme gemacht; hier können ›soziale
Auffälligkeiten‹ oder ›Fehlverhalten‹ gegenüber der Arbeitsverwaltung dazu führen, dass die Betroffenen institutionell markiert und administrativ marginalisiert
werden. Am Ende stehe oft der Körper, der mit »einer Variante aus dem ganzen Spektrum der Sucht« (S. 376) den Weg in die Überflüssigkeit beendet.
»Wir haben also eine arbeitsbezogene Logik des Scheiterns, eine familienbezogene Logik des Bruchs, eine institutionenbezogene Logik der Registrierung
und schließlich eine körperbezogene Logik der Versehrung. Wenn diese vier
Prozeßkomponenten zusammenspielen, kann sich ein Prozeßmuster des Überflüssigwerdens kumulativ vervollständigen und am Ende schließen« (S. 356
f.).

Robert Castel (2008) sieht in den *Überzähligen* einen von drei Kristalli-
sationskernen einer neuen sozialen Frage; die anderen Probleme sieht er im
Risiko einer *Destabilisierung,* indem vormals integrierte Teile der Arbeiterklasse
einen sozialen Absturz erfahren, und im *Sich-Einrichten in der Prekarität,* indem
Arbeitslosigkeit wiederkehrt, Erwerbsarbeit zufällig und Zeitarbeit zum Dauer-
phänomen wird. Zu den Überzähligen, die er als Ausdruck eines »Platzmangels in
der Sozialstruktur« begreift, rechnet er: »›Alternde‹ Arbeiter (die oft jedoch erst
fünfzig Jahre alt oder gar jünger sind), die keinen Platz mehr im Produktionsprozeß, aber auch nirgendwo sonst haben; junge Leute, die auf der Suche nach einer
ersten Stelle sind und die sich von Praktikum zu Praktikum, von einem geringfügigen Job zum nächsten hangeln; Langzeitarbeitslose, für deren Umschulung und

Motivierung man sich ohne großen Erfolg verausgabt« (S. 359). Dies zusammengenommen führe dazu, dass die Rolle der Arbeit für die Identitätsbildung, aber auch für Prozesse der sozialen Integration erodiert.

Die Chancen des Exklusionskonzepts liegen darin, den Horizont der Armutsforschung zu erweitern und einen neuen Zugang zu Fragen der sozialen Ungleichheit zu ermöglichen, indem z. B. der Blick über die Verteilung der Ressourcen hinaus auf die Frage der Teilhabechancen gerichtet wird (Leisering 2000, S. 13 f.), indem Exklusion nicht als Zustand, sondern als Prozess begriffen wird, bei dem sich die ökonomische und gesellschaftliche Einbindung von Individuen und sozialen Gruppen verschiebt (Kronauer 2002), indem der Blick auf die neuen Segmentationslinien am Arbeitsmarkt gelenkt wird und schließlich indem die Folgen einer versagten Teilhabe z. B. für die Demokratie beleuchtet werden.

Mit den Exklusionskonzepten wird der Fokus der Ungleichheitsanalyse gezielt auf jene sozialen Gruppen gerichtet, die am unteren Ende der sozialen Skala stehen. Zudem soll auf eine neue Ebene von Ungleichheit verwiesen werden, die sich in Exklusionen ausdrückt. Insofern kommt diesen Konzepten eine wichtige Rolle zu, indem sie Verteilungsperspektiven, die von einer Verteilung von Ressourcen unter formal Gleichen ausgehen – die Lohnarbeitsgesellschaft, die Robert Castel beschrieb – relativieren. Mit der Frage nach der gesellschaftlichen (politischen, kulturellen) Teilhabe wird zudem der Blick auf neue Ungleichheitsdimensionen gerichtet. Problematisch wird das Konzept durch seine zumindest begriffliche Dichotomisierung von Inklusion und Exklusion und von Inkludierten und Exkludierten; damit wird eine differenzierte Beschreibung von Ungleichheitslagen, insbesondere auch von Ambivalenzen, von Lagen des sowohl (inkludiert) als auch (exkludiert) erschwert. Auch die daraus abgeleiteten – politisch wohlgemeinten – dramatisierenden Etikettierungen, z. B. die ›Überflüssigen‹, erweisen sich als problematisch.

5.7.5 Weltkultur

Der Neo-Institutionalist John W. Meyer hat sich neben seinen organisationssoziologischen Forschungen mit weltweiten Prozessen der Diffusion von kulturellen Mustern befasst. Der so entstandene Weltkulturansatz (world-polity), später spricht Meyer auch von world-society, grenzt sich von akteurszentrierten Modellen auf der Mikro- und Makroebene ab, die die Nationalstaaten als zweckrational agierende Akteure begreifen oder diese als Akteure in globalen Netzwerken wirtschaftlicher und politischer Art (wie z. B. in Wallersteins Weltsystemtheorie) verstehen – Meyer spricht hier von mikro- und makrorealistischen Ansätzen.

Schließlich grenzt Meyer sich aber auch gegenüber mikrophänomenologischen
Ansätzen ab, die Nationalstaaten z. B. als das Ergebnis nationaler und kultureller
Interpretationsprozesse fassen. Der von Meyer favorisierte makrophänomenolo-
gische Ansatz begreift den Nationalstaat als kulturell konstruiert und organisiert.
Kultur wird dabei bei Meyer weder im Sinne von Werten und Normen noch
in einem ethnischen Sinne verstanden; sie ist eher als kognitives Modell zu
begreifen, das als eine Vorstufe sozialen Handels fungiert. Der makrophänomeno-
logische Ansatz, »builds on contemporary sociological institutionalism (...). We
see the nation-state as culturally constructed and embedded (...) actor (...). We
find that the culture involved is substantially organized on a worldwide basis, not
simply built up from local circumstances and history (...). We see such transnational forces at work throughout Western history, but we argue that particular
features and processes characteristic of world society since World War II have
greatly enhanced the impact of world-institutional development on nation-states«
(Meyer et al. 1997, S. 147 f.)

Ähnlich wie die klassische Modernisierungstheorie geht Meyer von weltgesellschaftlich beobachtbaren Konvergenzen aus, die sich nicht zuletzt mit der
weltweiten Etablierung von Nationalstaaten und damit verbundenen Institutionen
einstellen. Nach dem Ende des Zweiten Weltkriegs und dem sich damit offen-
barenden Desaster autonomer Nationalstaaten entstehen neue kontrollierende und
koordinierende Strukturen. »The new global structures, and the societies within
them, were at every point filled with rapidly expanding and globally-integrating
professions. These have been expanding exponentially around the world, carry-
ing supra-national models of activity commonly defined as in the interests of
the most universal and most collective goods. They generally lack political or
economic control authority, but are renowned as scriptwriters and consultants,
instructing and advising the national, organizational, and individual actors of the
modern system. They are not really actors, in the standard senses, but rather
agents of wider principles – they tell actors how to be and what to do« (Meyer
2009, S. 44). Dementsprechend sieht Meyer die Entwicklung nach dem Zweiten
Weltkrieg durch Prozesse der Rationalisierung, der Verwissenschaftlichung und
Verschulung und Prozesse der Organisierung geprägt.

Wie an diesen Ausführungen deutlich wird, arbeitet Meyer mit einem
bestimmten Akteursmodell; das ist auch der Grund, dass sein Ansatz hier im
Kontext der Ansätze der Entstrukturierung aufgeführt wird. Er kritisiert eine
quasi-religiöse Vorstellung von Akteuren, die deren Handlungspotentiale systematisch überschätze. »It creates a greatly expanded set of persons and groups at
the top of the world stratification system who are not exactly actors in the ordinary social scientific sense. They are ›others‹ schooled in university knowledge

of natural and rational law, and in their understanding of the rights and obligations of actors. (…) They make their living telling actors what to do, analyzing the failures of actors, and creating expanded new models of what actors should be like. The outcome, obviously, is a world of rapid integration, much conflict, and very high levels of collective action« (S. 59 f.).

Greve und Heintz begreifen den neo-institutionalistischen Weltgesellschaftsansatz als »eine Weiterführung der modernisierungstheoretischen Tradition. Die von ihm postulierte Weltkultur ist aus Meyers Sicht das Ergebnis einer Universalisierung westlicher Werte und Handlungsmuster. D. h. Max Webers These einer Ausbreitung formaler Rationalität in der Moderne wird auf eine globale Ebene gehoben und um jene Komponenten ergänzt, die für Parsons die Konstitutionsmerkmale der Moderne bilden« (2005, S. 102).

5.7.6 Beitrag der Entstrukturierungstheoreme zur Sozialstrukturanalyse

Bereits in den 1950er Jahren – also noch am Anfang der säkularen Verbesserungen des Einkommens- und Sicherungsniveaus der abhängig Beschäftigten – war die Sozialstrukturanalyse mit der Antithese Schelskys konfrontiert. Auch das breite Interesse für die funktionalistischen Schichtungskonzepte in den 1960er Jahren setzte diese säkularen Veränderungen voraus, um den Übergang von der stratifikatorischen zur funktionalen Schichtung begründen zu können. Mit den von Beck angestoßenen Diskursen, die medienöffentlich aber auch in vielen humanwissenschaftlichen Disziplinen als Individualisierungsthese rezipiert wurden, wurde die von Schelsky vertretene Position neu gefasst und begründet.

Bezug der Modelle auf das analytische Raster
Mit Bezug auf die *Produktionsarena* wird von den Entstrukturierungstheoremen insbesondere der erhebliche Anstieg der Arbeitseinkommen angeführt; Schelsky verweist zudem auf Prozesse des sozialen Aufstiegs und Abstiegs; Beck interessiert sich insbesondere für die Erosion der relativ geschlossenen Milieus, die regional um bestimmte Branchen und Berufsfelder entstanden waren. Fragen der Abhängigkeit, der Hierarchie, der sozialen Unsicherheit, die darüber hinaus die Lage der abhängig Beschäftigten charakterisiert, werden in diesen Theoremen nicht thematisiert.

Die Entwicklungen in der Arena der *staatlichen Regulierungen,* insbesondere der Ausbau des Sozialstaates, liefern für Beck wichtige Argumente zur Untermauerung seiner Thesen. So hätten mit der Bildungsexpansion und der Erhöhung der sozialen Sicherungsniveaus soziale Differenzierungen an Bedeutung und ihre generationsübergreifende Nachhaltigkeit verloren.

Auch die *Haushaltsebene* spielt in der Beckschen Argumentation eine wichtige Rolle, wenn er die Entwicklung der geschlechtsspezifischen Arbeitsteilungen, die Veränderung von Paarbeziehungen, die Rolle von Kindern analysiert. Ein besonderes Interesse kommt auch Fragen der Lebensführung zu; hier markierte der Begriff der ›Bastelbiographie‹ die neuen Zumutungen einer von normativen Vorgaben befreiten Lebensführung; damit werden die Haushalte als strategisch agierende Einheiten begriffen.

Auf der Ebene der *stabilisierenden Momente* befasst sich der Becksche Ansatz vorrangig mit den symbolischen Stabilisatoren und den sich verändernden Konstruktionen des Individuums bzw. der Geschlechter.

Auch mit dem systemtheoretischen Ansatz wäre eine solche Analyse verschiedener differenzierungsrelevanter Teilsysteme vereinbar; nur die Vorstellung, dass sich aus der Kumulierung dieser Ungleichheitsmomente differente Soziallagen ergeben, wäre mit dem Dogma der operativen Geschlossenheit der Teilsysteme nicht vereinbar.

Ein blinder Fleck aller Entstrukturierungstheoreme liegt darin, dass der Blick vorrangig auf die Individualebene und die hier beobachtbaren Entwicklungen gerichtet ist; strukturelle Ungleichheiten und Machtbeziehungen, die mit dem Produktionssektor oder mit der organisierten Einflussnahme auf die Politik verbunden sind, werden nicht zum Thema.

Diskussion der Modelle in der Sozialstrukturanalyse

Die hier dargestellten Ansätze der Entstrukturierung, die je für sich einige Grundannahmen der Theorien strukturierter sozialer Ungleichheit in Frage stellen, sind bezogen auf einzelne Entwicklungen empirisch durchaus fundiert – eine empirische Prüfung der zusammenhängenden Argumentationsfiguren (Entstrukturierung, Individualisierung, funktionale Differenzierung) ist nicht möglich. Umstritten sind aber die Bewertung solcher Entwicklungstendenzen und ihre sozialstrukturellen wie theoretischen Konsequenzen. Wissenschaftsstrategisch sind sie als ein wichtiges Moment der Irritation eherner Theoriefigurationen und ritueller Auseinandersetzungen zu begreifen.

In den medienöffentlichen aber auch in den alltagsweltlichen Diskursen haben die Entstrukturierungstheoreme ein breites Echo gefunden; sie korrespondierten mit den Selbstbildern der neuen kreativen Unternehmer_innen ihres Selbst und boten die Möglichkeit, sich von den Zumutungen, die der soziologische Diskurs den Konstruktionen der Individualität auferlegt hatte, zu befreien. Die große Resonanz, die diese Ansätze – zumindest in den 1980er und 90er Jahren – gefunden haben, sollte misstrauisch stimmen; sind doch die Wissenschaftler_innen und Journalist_innen, die diese Theoreme mitunter emphatisch aufgenommen haben, mehrheitlich in den gut gesicherten Segmenten der oberen Mittelschicht verortet. Es wurde bereits darauf verwiesen, dass sich die medienöffentlichen und wissenschaftlichen Debatten um Phänomene der Individualisierung häufig auf die Becksche Argumentation beziehen, diese aber nur sehr selektiv aufgreifen; sie fungiert oftmals eher als Legitimation für die Reaktivierung von weitaus älteren rhetorischen Figuren des Individualisierungsdiskurses.

Verwendung der Modelle
Die Becksche Argumentation wurde in der Sozialstrukturforschung genutzt, um die kulturalistische Wende zu legitimieren. In den benachbarten Human- und Sozialwissenschaften ist zu beobachten, dass die Entstrukturierungstheoreme zumindest in den 1980er und 90er Jahren begierig aufgegriffen wurden; somit konnte man – so lässt sich vermuten – Gebiete, die mit der in den 1960er und 70er Jahren erfolgten Soziologisierung der Nachbardisziplinen der disziplinären Kontrolle entglitten, wiederbesetzen. In jüngerer Zeit ist in der Soziologie wie auch in benachbarten Disziplinen ein wieder wachsendes Interesse an der Analyse *struktureller* sozialer Differenzierungen zu beobachten. Irritierender Weise ist dies in medienöffentlichen wie in sozialwissenschaftlichen Diskurse aber oft mit einer Wiederkehr einer (schlichten) Klassenrhetorik verknüpft. Die differenzierenden Potentiale, die viele der in den letzten Abschnitten vorgestellten Ansätze bieten, werden kaum genutzt.

Sozialstrukturanalyse – Stand der Dinge

6

Das Unternehmen einer wissenschaftlichen Analyse sozialer Ungleichheiten und der solche Ungleichheiten strukturierenden Momente ist recht weit gediehen. Im Zusammenwirken verschiedener sozialwissenschaftlicher Disziplinen und verschiedener theoretischer Perspektiven ist ein ausdifferenzierter Fundus an Fragestellungen, an Modellen, an theoretischen Konzepten und an Methoden der empirischen Analyse entstanden. Der Begriff des Fundus legt nahe, das wissenschaftliche Unternehmen der Sozialstrukturanalyse in einem kumulativen Sinne zu begreifen; es ist eine Kumulation sozialwissenschaftlicher Forschungen bzw. sozialwissenschaftlichen Wissens aus fast zwei Jahrhunderten. Die Komplexität des Unternehmens stellt Studierende, Praktiker_innen in verschiedenen Feldern und schließlich die Sozialwissenschaftler_innen selbst vor erhebliche Herausforderungen. Diese Komplexität ist einerseits der Logik der arbeitsteiligen sozialwissenschaftlichen Forschung und ihren sich wandelnden Paradigmen geschuldet; andererseits hängt die Komplexität dieser Wissensbestände mit dem Gegenstand – soziale Ungleichheiten in einem weltgesellschaftlichen Horizont – zusammen.

Wie in dem Buch aufgezeigt wurde, sollten sich sozialwissenschaftliche Analysen dadurch auszeichnen, dass sie den allgegenwärtigen Verlockungen der Vereinfachung zu entgehen versuchen: das sind Vereinfachungen, die aus den disziplinären Wirklichkeitsabgrenzungen erwachsen, das sind chronologische bzw. genealogische Vereinfachungen (Phasen oder Stadien der ökonomischen, politischen oder sozialen Entwicklung) und schließlich Vereinfachungen, die auf wissenschaftliche wie politische ›Weltformeln‹ zurückgehen. Wissenschaftliche Sozialstrukturanalyse sollte in dem hier favorisierten Verständnis als ein zwar politisch involviertes aber von den politischen Diskursen reflexiv abzugrenzendes Unternehmen begriffen werden. Nur so lassen sich die Potentiale wissenschaftlicher Analyse erschließen. Umgekehrt macht dieses wissenschaftliche Unternehmen

723

nur Sinn, wenn es Wissensbestände bereitstellt, die die politischen Diskurse bzw.
die administrativen Praktiken zur Gestaltung bzw. Regulierung von Gesellschaften rationalisieren und die gesellschaftliche Selbstbeobachtung weiterentwickeln
können. Dabei gilt es, die allenfalls losen Koppelungen von Sozialwissenschaft
und Politik in offenen Gesellschaften im Blick zu behalten. Es gibt in pluralen,
demokratischen und um Marktstrukturen organisierten Gesellschaften keinen einfachen Weg von der Wahrnehmung bzw. Diagnose sozialer Probleme zu ihrer
Bearbeitung oder gar ›Lösung‹; die Bilanz von regulativen Interventionen fällt
nicht selten ambivalent aus. Oftmals stehen verschiedene Ziele miteinander im
Konflikt; nicht selten bedingt ein Mehr an Möglichkeiten (z. B. im Kontext
der Bildungsexpansion, der veränderten Geschlechterverhältnisse oder offenerer
Grenzen) auch neue und andere Ungleichheiten und ein Mehr an Konflikten.
Zudem verändern sich die Wahrnehmung und die Wahrnehmungshorizonte bzw.
die Modi ihrer Thematisierung durch soziale Bewegungen.

In einer optimistischen Lesart lässt sich konstatieren, dass in entwickelten
Sozialstaaten aber auch in supranationalen Organisationen die zentralen Themen
und Perspektiven der wissenschaftlichen Sozialstrukturanalyse auf der politischen und administrativen Ebene durchaus präsent sind. Das heißt keineswegs,
dass die Kämpfe gegen Hunger und Gewalt, um Freiheit und Menschenrechte und um humane Lebens- und Arbeitsbedingungen durchweg erfolgreich
waren; die Fortschritte bleiben oft weit hinter dem Möglichen zurück. Es lassen
sich aber allerorten soziale Bewegungen finden, die Ungleichheiten thematisieren; auf der politischen bzw. administrativen Ebene finden sich Programme
und Monitoringsysteme, die die verschiedenen Formen von sozialen Ungleichheiten beobachten und an ihrer Verringerung arbeiten. Trotz dieser gewissen
Erfolge, die sich an einer Versozialwissenschaftlichung politischer und adminis-
trativer Diskurse ablesen lassen, klafft eine nicht kleine Lücke zwischen den
Erkenntnis- und Differenzierungspotentialen der sozialstrukturellen Forschung
und den (zwar notwendigen aber verringerbaren) Zuspitzungen im politischen
und Verallgemeinerungen im administrativen Raum.

Abschließend sei auf drei wesentliche Desiderate der wissenschaftlichen
Sozialstrukturanalyse verwiesen:

In den letzten Jahrzehnten wurden erhebliche Fortschritte gemacht, um die
konzeptionellen und theoretischen Verkürzungen der zumeist nationalstaatlichen
Einbindung von Sozialstrukturanalysen zu reflektieren; umgekehrt spielen Nationalstaaten nach wie vor als regulative aber auch als beobachtende Instanz eine
zentrale Rolle für die empirische Sozialstrukturforschung. Das bedingt, dass die
transnationalen Praktiken von Unternehmen, von Arbeitskräften oder von Migrierenden dem Radar der amtlichen wie der nichtamtlichen Datenerhebung noch

immer entgehen; es erscheinen stets nur die nationalen Niederschläge dieser transnationalen Praktiken. Unter diesen nach wie vor nationalstaatlich geprägten Rahmenbedingungen gestalten sich transnational angelegte Forschungen noch immer ausgesprochen schwierig.

Die Verzahnung von eher sozioökonomischen und eher intersektionalen Forschungsperspektiven ist nach wie vor unzureichend. Das impliziert zum einen, die endlose Geschichte des Sexismus und Rassismus als eine zentrale Geschichte sozialer Ungleichheit zu begreifen. Zum anderen gilt es, das komplexe Zusammenspiel der Markierung und Bewertung von Personengruppen mit der Stabilisierung und Reproduktion von sozialen Ungleichheiten im nationalen wie im globalen Maßstab zu analysieren.

Der unumgängliche ökologische Transformationsformationsprozess, der alle Nationalgesellschaften in den nächsten Jahrzehnten prägen wird, ist mit einer neuen sozialen Frage verknüpft. Die industrialisierte auf der Vernutzung von fossilen Ressourcen gründende Arbeits- und Lebensweise hat in vielen Weltregionen die Lebensverhältnisse von Menschen revolutioniert, nicht selten ging die zunehmende Lebensqualität aber auch mit einem stets wachsenden ökologischen Fußabdruck einher. Die Erfolge wirtschaftlichen Wachstums und sozialstaatlicher Interventionen, die eine wichtige Grundlage für die Entstehung des ›Massenkonsums‹ schufen, haben eine existenziell bedrohende Kehrseite. Die Frage, wie Perspektiven eines nachhaltigen Lebens oder eines qualitativen Wachstums aussehen können, wird zu einer sozialen Frage, die die bewährten Mechanismen sozialstaatlicher Regulierung vor gänzlich neue Aufgaben stellt.

Literatur

Abbott, Andrew 2001: Time Matters. On Theory and Method, Chicago: University of Chicago Press

Abelshauser, Werner 2004: Deutsche Wirtschaftsgeschichte seit 1945, Bonn: Bundeszentrale für politische Bildung

Abelshauser, Werner 2005: Die Wirtschaft des deutschen Kaiserreichs: Ein Treibhaus nachindustrieller Institutionen, in: Paul Windolf (Hrsg.), Finanzmarktkapitalismus, Wiesbaden: VS Verlag, S. 172–195

Abraham, Martin/Thomas Hinz 2005: Theorien des Arbeitsmarktes. Ein Überblick, in: diess., Arbeitsmarktsoziologie. Probleme, Theorien, empirische Befunde, Wiesbaden: VS Verlag, S. 17–69

Acemoglu, Daron/James A. Robinson 2013: Warum Nationen scheitern. Die Ursprünge von Macht, Wohlstand und Armut, Frankfurt am Main: S. Fischer

Achatz, Juliane 2004: Geschlechtersegregation im Arbeitsmarkt, in: Martin Abraham/Thomas Hinz (Hrsg.), Arbeitsmarktsoziologie. Probleme, Theorien, empirische Befunde, Opladen: Westdeutscher Verlag, S. 263–302

Aglietta, Michel 1979: A Theory of Capitalist Regulation. The US Experience, London: NLB

Allen, Robert C. 2015: Geschichte der Weltwirtschaft, Stuttgart: Reclam

Allmanritter, Vera 2017: Audience Development in der Migrationsgesellschaft. Neue Strategien für Kulturinstitutionen, Bielefeld: transcript

Aly, Götz 2005: Hitlers Volksstaat. Raub, Rassenkrieg und nationaler Sozialismus, Frankfurt am Main: S. Fischer

Amable, Bruno 2004: The Diversity of Modern Capitalism, Oxford: Oxford University Press

Amable, Bruno 2017: Structural Crisis and Institutional Change in Modern Capitalism. French Capitalism in Transition, Oxford: Oxford University Press

Ambrosius, Gerold/Hartmut Kaelble 1992: Einleitung. Gesellschaftliche und wirtschaftliche Folgen des Booms der 1950er und 1960er Jahre, in: Kaelble, Hartmut (Hrsg.), Der Boom 1948–1973, Opladen: Westdeutscher Verlag, S. 7–32

Amelina, Anna 2017: Doing Migration und Doing Gender. Intersektionelle Perspektiven auf Migration und Geschlecht, in: Helma Lutz/Anna Amelina, Gender, Migration, Transnationalisierung. Eine intersektionelle Einführung, Bielefeld: transcript, S. 67–90

© Der/die Herausgeber bzw. der/die Autor(en), exklusiv lizenziert durch Springer Fachmedien Wiesbaden GmbH, ein Teil von Springer Nature 2022
C. Weischer, *Sozialstrukturanalyse*,
https://doi.org/10.1007/978-3-658-34047-6

Ammermüller, Andreas/Andrea M. Weber/Peter Westerheide 2005: Die Entwicklung und Verteilung des Vermögens privater Haushalte unter besonderer Berücksichtigung des Produktivvermögens. Abschlussbericht zum Forschungsauftrag des Bundesministeriums für Gesundheit und Soziale Sicherung

Ammon, Günter 1982: Arbeit, Gruppe und Gesellschaft, Vortrag, gehalten auf dem überregionalen Treffen der DAP-Hochschulgruppen in Passau am 17.9.1982

Andreß, Hans-Jürgen 1999: Leben in Armut. Analysen der Verhaltensweisen armer Haushalt mit Umfragedaten, Opladen: Westdeutscher Verlag

Arendt, Hannah 1998: Vita activa oder Vom tätigen Leben, München: Piper

Arrighi, Giovanni 2010: The long twentieth century. Money, power, and the origins of our times, London: Verso

Atkinson, Tony/Cantillon, Bea/Marlier, Eric/Nolan, Brian 2002: Social Indicator. The EU and Social Inclusion, Oxford: Oxford University Press

Aulenbacher, Brigitte/Funder, Maria/Jacobsen, Heike/Völker, Susanne 2007: Arbeit und Geschlecht im Umbruch der modernen Gesellschaft. Forschung im Dialog, Wiesbaden: VS Verlag

Auspurg, Katrin/Martin Abraham 2007: Die Umzugsentscheidung von Paaren als Verhandlungsproblem. Eine quasiexperimentelle Überprüfung des Bargaining-Modells, in: Kölner Zeitschrift für Soziologie und Sozialpsychologie, Jg. 59, Heft 2, 2007, S. 271–293

Austin, Gareth 2014: Capitalism and the colonies, in: Neal, Larry/Jeffrey G. Williamson (Hrsg.), The Cambridge History of Capitalism. Vol. 2: The Spread of Capitalism. From 1848 to the Present, Cambridge: Cambridge University Press, S. 301–347

Averitt, Robert T. 1968: The Dual Economy. The Dynamics of American Industry Structure, New York: W. W. Norton

Bach, Maurizio (Hrsg.) 2000: Die Europäisierung nationaler Gesellschaften, Sonderheft 40 der Kölner Zeitschrift für Soziologie und Sozialpsychologie, Opladen: Westdeutscher Verlag

Bach, Stefan/Viktor Steiner/Dieter Teichmann 2002: Berechnungen zum Reformvorschlag ›Arbeit für viele‹. Gutachten im Auftrag des Nachrichtenmagazins Der Spiegel, DIW – Berlin

Bäcker, Gerhard/Bispinck, Reinhard/Hofemann, Klaus/Naegele, Gerhard 2000: Sozialpolitik und soziale Lage in der Bundesrepublik, Band 1 Ökonomische Grundlagen, Einkommen, Arbeit und Arbeitsmarkt, Arbeit und Gesundheitsschutz, Wiesbaden: Westdeutscher Verlag

Bäcker, Gerhard/Gerhard Naegele/Reinhard Bispinck 2020: Sozialpolitik und soziale Lage in Deutschland. Ein Handbuch, Wiesbaden: Springer Fachmedien

Bäcker, Gerhard/Naegele, Gerhard/Bispinck, Reinhard/Hofemann, Klaus/Neubauer, Jennifer 2008a: Sozialpolitik und soziale Lage in Deutschland, Band 1. Grundlagen, Arbeit, Einkommen und Finanzierung, Wiesbaden: VS Verlag

Bäcker, Gerhard/Naegele, Gerhard/Bispinck, Reinhard/Hofemann, Klaus/Neubauer, Jennifer 2008b: Sozialpolitik und soziale Lage in Deutschland, Band 2. Gesundheit, Familie, Alter, Soziale Dienste, Wiesbaden: VS Verlag

Bader, Veit Michael/Benschop, Albert 1989: Ungleichheiten. Protheorie sozialer Ungleichheit und kollektiven Handelns, Leverkusen: Leske und Budrich

Bahrdt, Hans Paul 1997: Schlüsselbegriffe der Soziologie, München: C.H. Beck

Barth, Bertram/Berthold Bodo Flaig/Norbert Schäuble/Manfred Tautscher (Hrsg.) 2018: Praxis der Sinus-Milieus. Gegenwart und Zukunft eines modernen Gesellschafts- und Zielgruppenmodells, Wiesbaden: Springer VS

Baukrowitz, Andrea/Andreas Boes/Rudi Schmiede 2000: Die Entwicklung der Arbeit aus der Perspektive ihrer Informatisierung, Arbeitspapier für die Arbeitstagung ›Neue Medien im Arbeitsalltag‹ an der TU Chemnitz, Nov. 2000

Baukrowitz, Andrea/Berker, Thomas/Pfeiffer, Sabine/Schmiede, Rudi/Will, Mascha (Hrsg.) 2006: Informatisierung der Arbeit. Gesellschaft im Umbruch, Berlin: Edition Sigma

Bauman, Zygmunt 1995: Moderne und Ambivalenz. Das Ende der Eindeutigkeit, Frankfurt am Main: Fischer

Baumann, Anne-Luise/Egenberger, Vera/Supik, Linda 2018: Erhebung von Antidiskriminierungsdaten in repräsentativen Wiederholungsbefragungen. Bestandsaufnahme und Entwicklungsmöglichkeiten, Berlin: Antidiskriminierungsstelle des Bundes

Baumert, Jürgen/Kai Maaz 2006: Das theoretische und methodische Konzept von PISA zur Erfassung sozialer und kultureller Ressourcen der Herkunftsfamilie: Internationale und nationale Rahmenkonzeption, in: Baumert, Jürgen/Stanat, Petra/Watermann, Rainer (Hrsg.) 2006: Herkunftsbedingte Disparitäten im Bildungswesen. Differenzielle Bildungsprozesse und Probleme der Verteilungsgerechtigkeit, Wiesbaden: VS Verlag, S. 11–29

Baumert, Jürgen/Schümer, Gundel 2001: Familiäre Lebensverhältnisse, Bildungsbeteiligung und Kompetenzerwerb, in: Jürgen Baumert u. a. (Hrsg.), PISA 2000. Basiskompetenzen von Schülerinnen und Schülern im internationalen Vergleich, Opladen: Leske und Budrich, S. 323–407

Bayer, Michael/Gabriele Mordt/Sylvia Terpe (Hrsg.) 2008: Transnationale Ungleichheitsforschung. Eine neue Herausforderung für die Soziologie, Frankfurt am Main/New York: Campus

Bayly, Christopher A. 2006: Die Geburt der modernen Welt Eine Globalgeschichte 1780–1914, Frankfurt am Main/New York: Campus

Beck, Ulrich/Edgar Grande 2004: Das kosmopolitische Europa, Frankfurt am Main: Suhrkamp

Beck, Ulrich 1986: Risikogesellschaft. Auf dem Weg in eine andere Moderne, Frankfurt am Main: Suhrkamp

Beck, Ulrich 1997: Die uneindeutige Sozialstruktur, in: ders./ Peter Sopp (Hrsg.), Individualisierung und Integration, Opladen: Leske u. Budrich, S. 183–197

Beck, Ulrich 2010: Zur Transnationalisierung sozialer Ungleichheit, in: ders./ Poferl, Angelika (Hrsg.). Große Armut, großer Reichtum. Zur Transnationalisierung sozialer Ungleichheit, Frankfurt am Main. Suhrkamp, S. 25–52

Beck, Ulrich/Beck-Gernsheim, Elisabeth (Hrsg.) 1994: Riskante Freiheiten. Individualisierung in modernen Gesellschaften, Frankfurt am Main: Suhrkamp

Beck, Ulrich/Brater, Michael/Daheim, Hansjürgen 1978: Berufliche Arbeitsteilung und soziale Ungleichheit. Eine gesellschaftlich-historische Theorie der Berufe, Frankfurt am Main/New York: Campus

Beck, Ulrich/Brater, Michael/Daheim, Hansjürgen 1980: Soziologie der Arbeit und der Berufe, Reinbek: Rowohlt

Beck, Ulrich/Poferl, Angelika (Hrsg.) 2010: Große Armut, großer Reichtum. Zur Transnationalisierung sozialer Ungleichheiten, Frankfurt am Main: Suhrkamp

Becker, Gary S. 1960: An economic analysis of fertility, in: Coale, A. (ed.), Demographic and Economic Change in Developed Countries, Princeton: Princeton University Press, S. 563–585

Becker, Gary S. 1962: Investment in Human Capital. A Theoretical Analysis, in: The Journal of Political Economy, Vol. 70, No. 5, Part 2: Investment in Human Beings (Oct. 1962), S. 9–49

Becker, Gary S. 1964: Human capital. A theoretical and empirical analysis with special reference to education, New York: Columbia University Press

Becker, Gary S. 1965: A Theory of the Allocation of Time, in: The Economic Journal, Vol. 75, No. 299 (Sep. 1965), S. 493–517

Becker, Gary S. 1991: A Treatise on the Family. Enlarged Edition, Cambridge, Mass.: Harvard University Press

Becker, Gary S. 1992: Human Capital and the Economy, in: Proceedings of the American Philosophical Society, Vol. 136, No. 1 (Mar. 1992), S. 85–92

Becker, Irene/Richard Hauser 2009: Soziale Gerechtigkeit - ein magisches Viereck. Zieldimensionen, Politikanalysen und empirische Befunde, Berlin: Edition Sigma

Becker, Rolf 2006: Dauerhafte Bildungsungleichheiten als unerwartete Folge der Bildungsexpansion?, in: Andreas Hadjar, Rolf Becker (Hrsg.), Bildungsexpansion – Erwartete und unerwartete Folgen. Wiesbaden: VS Verlag, S. 27–62

Becker-Schmidt, Regina 2007: »Class«, »gender«, »ethnicity«, »race«. Logiken der Differenzsetzung, Verschränkungen von Ungleichheitslagen und gesellschaftliche Strukturierung, in: Klinger, Cornelia/Knapp, Gudrun-Axeli/Sauer, Birgit (Hrsg.) 2007: Achsen der Ungleichheit, Frankfurt am Main/New York: Campus, S. 56–83

Beckert, Jens 2004: Unverdientes Vermögen. Soziologie des Erbrechts, Frankfurt am Main/New York: Campus

Beckert, Jens 2006: Wer zähmt den Kapitalismus?, in: ders./ Bernhard Ebbinghaus/Anke Hassel/Philip Manow (Hrsg.), Transformationen des Kapitalismus, Frankfurt am Main/New York: Campus, S. 425–442

Beck-Gernsheim, Elisabeth 1994: Auf dem Weg in die postfamiliale Familie. Von der Notgemeinschaft zur Wahlverwandtschaft, in: Beck, Ulrich/Beck-Gernsheim, Elisabeth (Hrsg.), Riskante Freiheiten, Frankfurt am Main: Suhrkamp, S. 115–138

Bednarz-Braun, Iris/Ulrike Heß-Meining 2004: Migration, Ethnie und Geschlecht. Theorieansätze-Forschungsstand-Forschungsperspektiven, Wiesbaden: VS Verlag

Bell, Daniel 1973: The Coming of Post-Industrial Society. A Venture in Social Forecasting, New York: Basic Books

Bell, Daniel 1979: Die nachindustrielle Gesellschaft, Reinbek bei Hamburg: Rowohlt

Bellmann, Lutz/Vera Dahms/Jürgen Wahse 2004: IAB-Betriebspanel Ost. Ergebnisse der achten Welle 2003. Teil II Personalpolitik, Betriebliche Flexibilität, Weiterbildung, IAB-Forschungsbericht Nr. 3/2004

Bendix, Reinhard/Seymour Martin Lipset (eds.) 1967: Class, Status and Power. Social Stratification in Comperative Perspective, New York: The Free Press

Bendix, Reinhard/Seymour Martin Lipset 1963: Social Mobility in Industrial Society, Berkeley and Los Angeles: University of California Press

Benz, Arthur/Susanne Lütz/Uwe Schimank/Georg Simonis 2007: Einleitung, in: dies. Handbuch Governance. Theoretische Grundlagen und empirische Anwendungsfelder, Wiesbaden: VS Verlag

Berg, Ivar/Arne L. Kalleberg (eds.) 2001: Sourcebook of Labor Markets. Evolving Structures and Processes, New York: Kluwer/Plenum

Berger, Johannes 2004: Über den Ursprung der Ungleichheit unter den Menschen. Zur Vergangenheit und Gegenwart einer soziologischen Schlüsselfrage, in: Zeitschrift für Soziologie, Jg. 33, Heft 5, S. 354–374

Berger, Johannes 2008: Soziale Ungleichheit in Marktwirtschaften, in: Bayer, Michael/Gabriele Mordt/Sylvia Terpe (Hrsg.), Transnationale Ungleichheitsforschung. Eine neue Herausforderung für die Soziologie, Frankfurt am Main/New York: Campus, S. 245–282

Berger, Peter A. 1989: Ungleichheitssemantiken. Graduelle Unterschiede und kategoriale Exklusivitäten, in: Archives Européennes de Sociologie, Jg. 30, S. 48–60

Berger, Peter A. 2001: Soziale Mobilität, in: Schäfers, Bernhard/Zapf, Wolfgang (Hrsg.): Handwörterbuch zur Gesellschaft Deutschlands, Opladen: Leske und Budrich, S. 595–605

Berger, Peter L./ Luckmann, Thomas 1980: Die gesellschaftliche Konstruktion der Wirklichkeit. Eine Theorie der Wissenssoziologie, Frankfurt am Main: Fischer

Berger-Schmitt, Regina/Jankowitsch, Beate 1999: Systems of Social Indicators and Social Reporting. The State of the Art, EuReporting Working Paper No. 1, Subproject ›European System of Social Indicators‹, Mannheim: Centre for Survey Research and Methodology, Social Indicators Department

Bernardi, Fabrizio/Luis Garrido 2008: Post-industrial Employment Growth and Social Inequality, in: European Sociological Review, Volume 24, Number 3, S. 299–313

Bernays, Marie 1910: Auslese und Anpassung der Arbeiterschaft der geschlossenen Großindustrie, Leipzig: Duncker & Humblot

Bertram, Hans 2000: Arbeit, Familie, Bindungen, in Kocka, Jürgen/Offe, Claus (Hrsg.), Geschichte und Zukunft der Arbeit, Frankfurt am Main/New York: Campus, S. 308–342

Bertram, Hans/Hennig, Marina 1996: Das katholische Arbeitermädchen vom Lande: Milieus und Lebensführung in regionaler Perspektive, Manuskript, erschienen in: Axel Bolder u. a. (Hrsg.): Die Wiederentdeckung der Ungleichheit. Aktuelle Tendenzen in Bildung für Arbeit. Jahrbuch Bildung und Arbeit. Opladen: Leske und Budrich, S. 229–251

Beyer, Lothar/Hilbert, Josef/Micheel, Brigitte/Treinen, Heiner 2002: Soziodemographischer Wandel. Triebkraft für die Entwicklung neuer Dienstleistungen, in: Bosch, Gerhard/Hennicke, Peter/Hilbert, Josef/Kristof, Kora/Scherhorn, Gerhard (Hrsg.): Die Zukunft von Dienstleistungen: ihre Auswirkung auf Arbeit, Umwelt und Lebensqualität, Frankfurt am Main/New York: Campus, S. 140–161

BiB - Bundesinstitut für Bevölkerungsforschung beim Statistischen Bundesamt (verschiedene Jahrgänge): Bevölkerung. Fakten, Trends, Ursachen, Erwartungen, Wiesbaden

Blanchet, Thomas/Lucas Chancel/Amory Gethin 2019: How Unequal Is Europe? Evidence from Distributional National Accounts, 1980–2017, WID.world Working Paper, 2019/06

Blau, Peter M./ Otis Dudley Duncan 1967: The American occupational structure, New York: Wiley

Blau, Peter M./ Otis Dudley Duncan 2008: The Process of Stratification, in: Grusky, David B. (Hrsg.) 2008: Social Stratification. Class, Race, and Gender in Sociological Perspective, Boulder: Westview, S. 486–497

Blauner, Robert 1967: Alienation and Freedom. The factory worker and his industry, Chicago, London: University of Chicago Press

Blood, Robert O./ Wolfe, Donald M. 1960: Husbands and Wives. The Dynamics of Married Living, New York: Free Press

Boatcă, Manuela 2016: Kapital aus Staatsbürgerschaft und die globale Strukturierung des Nationalen, in: Heinz Bude/Philipp Staab (Hrsg.), Kapitalismus und Ungleichheit. Die neuen Verwerfungen, Frankfurt am Main: Campus, S. 137–153

Boatcă, Manuela 2016: Global Inequalities beyond Occidentalism. Global Connections, London, New York: Routledge

Boatcă, Manuela/Komlosy, Andrea/Nolte, Hans-Heinrich (eds.) 2017: Global Inequalities in World-Systems Perspective. Theoretical Debates and Methodological Innovations, London, New York: Routledge

Bohler, Karl Friedrich/Bruno Hildenbrand 2006: Nord - Süd, in: Lessenich, Stephan/Frank Nullmeier (Hrsg.) 2006: Deutschland - eine gespaltene Gesellschaft, Frankfurt am Main/New York: Campus, S. 234ff

Böhmer, Michael/Andreas Heimer (Prognos-Institut) 2008: Armutsrisiken von Kindern und Jugendlichen in Deutschland. Dossier, Berlin: Bundesministerium für Familie, Senioren, Frauen und Jugend

Bojadžijev, Manuela 2008: Die windige Internationale. Rassismus und Kämpfe der Migration, Münster: Westfälisches Dampfboot

Bojadžijev, Manuela/Regina Römhild 2014: Was kommt nach dem ›transnational turn‹? Perspektiven für eine kritische Migrationsforschung, in: Labor Migration (Hrsg.), Vom Rand ins Zentrum. Perspektiven einer kritischen Migrationsforschung, Berlin: Panama Verlag, S. 10–24

Bolte, Karl Martin 1967: Deutsche Gesellschaft im Wandel, Opladen: Leske

Bongaarts, John 1998: Fertility and reproductive preferences in post-transitional societies, in: Population Council (New York). Policy Research Division. Working Paper no. 114

Bös, Mathias 2004: Rasse und Ethnizität. Zur Problemgeschichte zweier Begriffe in der amerikanischen Soziologie, Wiesbaden: VS Verlag für Sozialwissenschaften

Bosch, Gerhard 1996: Der Arbeitsmarkt bis zum Jahre 2010, in: Graue Reihe des Instituts Arbeit und Technik 96/4

Bosch, Gerhard/Hennicke, Peter/Hilbert, Josef/Kristof, Kora/Scherhorn, Gerhard (Hrsg.): 2002: Die Zukunft von Dienstleistungen: ihre Auswirkung auf Arbeit, Umwelt und Lebensqualität, Frankfurt am Main/New York: Campus

Böttcher, Karin 2006: Scheidung in Ost- und Westdeutschland Der Einfluss der Frauenerwerbstätigkeit auf die Ehestabilität, Max-Planck-Institut für demografische Forschung, Working Paper No. WP-2006–016

Böttcher, Wolfgang 2005: Soziale Auslese und Bildungsreform, in: Aus Politik und Zeitgeschichte, 12/2005, S. 7–13

Botthof, Alfons/Ernst Andreas Hartmann (Hrsg.) 2015: Zukunft der Arbeit in Industrie 4. 0, Wiesbaden: Springer Vieweg

Bourdieu, Pierre (Hrsg.) 1997a: Das Elend der Welt. Zeugnisse und Diagnosen alltäglichen Leidens an der Gesellschaft, Konstanz: UVK Univ.-Verlag Konstanz

Bourdieu, Pierre 1979: Entwurf zu einer Theorie der Praxis auf der Grundlage der kabylischen Gesellschaft, Frankfurt am Main: Suhrkamp

Bourdieu, Pierre 1983: Ökonomisches Kapital, kulturelles Kapital, soziales Kapital, in: Kreckel, Reinhard (Hrsg.), Soziale Ungleichheiten, Göttingen, S. 183–198

Bourdieu, Pierre 1985: Sozialer Raum und ›Klassen‹. Leçon sur la leçon, Frankfurt am Main: Suhrkamp

Bourdieu, Pierre 1987a: Die feinen Unterschiede. Kritik der gesellschaftlichen Urteilskraft, Frankfurt am Main: Suhrkamp

Bourdieu, Pierre 1987b: Sozialer Sinn. Kritik der theoretischen Vernunft, Frankfurt am Main: Suhrkamp

Bourdieu, Pierre 1992: Rede und Antwort, Frankfurt am Main: Suhrkamp

Bourdieu, Pierre 1993: Wie die freien Intellektuellen befreien?, in: ders. Soziologische Fragen, S. 66–76

Bourdieu, Pierre 1997b: Die männliche Herrschaft, in: Dölling, Irene/Krais, Beate (Hrsg.): Ein alltägliches Spiel. Geschlechterkonstruktionen in der sozialen Praxis, Frankfurt am Main: Suhrkamp, S. 153–217

Bourdieu, Pierre 1997c: Ortseffekte, in: ders. et al. 1997: Das Elend der Welt. Zeugnisse und Diagnosen alltäglichen Leidens an der Gesellschaft, Konstanz: UVK, S. 159–167

Bourdieu, Pierre 1998a: Der Mythos ›Globalisierung‹ und der europäische Sozialstaat, in: ders., Gegenfeuer, Konstanz: UVK, S. 39–52

Bourdieu, Pierre 1998b: Praktische Vernunft. Zur Theorie des Handelns, Frankfurt am Main: Suhrkamp

Bourdieu, Pierre 2000: Die zwei Gesichter der Arbeit. Interdependenzen von Zeit- und Wirtschaftsstrukturen am Beispiel einer Ethnologie der algerischen Übergangsgesellschaft, Konstanz: UVK

Bourdieu, Pierre 2001: Meditationen. Zur Kritik der scholastischen Vernunft, Frankfurt am Main: Suhrkamp

Bourdieu, Pierre/Luc Boltanski 1981: Titel und Stelle. Zum Verhältnis von Bildungssystem und Beschäftigungssystem, in: diess./ Monique de Saint Martin/Pascale Maldidier 1981: Titel und Stelle. Über die Reproduktion sozialer Macht, Frankfurt am Main: Europäische Verlagsanstalt, S. 117–168

Bourguignon, François 2013: Die Globalisierung der Ungleichheit, Hamburg: Hamburger Edition

Boyer, Robert 2004: Théorie de la régulation. 1. Les fondamentaux, Paris: La Découverte

Boyer, Robert 2005: How and Why Capitalisms Differ, in: Economy and Society, Volume 34, Number 4, November 2005, S. 509–557

Brake, Anna/Peter Büchner 2007: Großeltern in Familien, in: Jutta Ecarius (Hrsg.) Handbuch Familie, Wiesbaden: VS Verlag, S. 199–219

Braudel, Fernand 1986a: Der Alltag. Sozialgeschichte des 15. - 18. Jahrhunderts, München: Kindler

Braudel, Fernand 1986b: Der Handel. Sozialgeschichte des 15. - 18. Jahrhunderts, München: Kindler

Braudel, Fernand 1986c: Aufbruch zur Weltwirtschaft. Sozialgeschichte des 15. - 18. Jahrhunderts, München: Kindler

Braudel, Fernand 1997: Die Dynamik des Kapitalismus, Stuttgart: Klett-Cotta

Braverman, Harry 1977: Die Arbeit im modernen Produktionsprozeß, Frankfurt am Main/New York: Campus

Breen, Richard 2005: Foundations Of A Neo-Weberian Class Analysis, in: Erik Olin Wright (Ed.), Approaches to Class Analysis, Cambridge: Cambridge University Press

Breman, Jan/Kevan Harris/Ching Kwan Lee/Marcel van der Linden 2019: The Social Question All Over Again, in: diess. (Hrsg.), The Social Question in the Twenty-First Century, Oakland: University of California Press

Brinkmann, Ulrich/Klaus Dörre/Silke Röbenack 2006: Prekäre Arbeit Ursachen. Ausmaß, soziale Folgen und subjektive Verarbeitungsformen unsicherer Beschäftigungsverhältnisse. Gutachten für die Friedrich Ebert-Stiftung, Bonn

Brocke, Bernhard vom 1998: Bevölkerungswissenschaft - Quo vadis?, Opladen: Leske und Budrich

Bröckling, Ulrich 2007: Das unternehmerische Selbst. Soziologie einer Subjektivierungsform, Frankfurt am Main: Suhrkamp

Brubaker, Rogers 2007: Ethnizität ohne Gruppen, Hamburg: Hamburger Edition

Brubaker, Rogers 2015: Grounds for Difference, Cambridge, Mass.: Harvard University Press

Brubaker, Rogers 2016: Trans. Gender and Race in an Age of Unsettled Identities, Princeton: Princeton University Press

Brunet, Roger 1989: Les villes européennes. Rapport pour la DATAR. Montpellier: Reclus

Bryson, John R./ Peter W. Daniels (eds.) 2007: The Handbook of Service Industries, Cheltenham, Northampton (USA): Edward Elgar

Bude, Heinz 1998: Die Überflüssigen als transversale Kategorie, in: Peter A. Berger/Michael Vester (Hrsg.), Alte Ungleichheiten - Neue Spaltungen, Opladen: Leske und Budrich, S. 363–382

Bude, Heinz/Philipp Staab 2016: Kapitalismus und Ungleichheit. Neue Antworten auf alte Fragen, in: diess. (Hrsg.), Kapitalismus und Ungleichheit. Die neuen Verwerfungen, Frankfurt am Main, New York: Campus, S. 7–22

Bude, Heinz/Willisch, Andreas (Hrsg.) 2006: Das Problem der Exklusion. Ausgegrenzte, Entbehrliche, Überflüssige, Hamburg: Hamburger Edition

Bundeskriminalamt 2008: Polizeiliche Kriminalstatistik 2008. 56. Ausgabe, Wiesbaden

Bundesministerium für Arbeit und Soziales (Hrsg.) 2008: Der dritte Armuts- und Reichtumsbericht der Bundesregierung, Bonn

Bundesministerium für Arbeit und Soziales 2021: Lebenslagen in Deutschland. Der Sechste Armuts- und Reichtumsbericht der Bundesregierung, Entwurfsstand: 18. Januar 2021

Bundeszentrale für gesundheitliche Aufklärung (Hrsg.) 2000: frauen leben. Studie zu Lebensläufen und Familienplanung im Auftrag der Bundeszentrale für gesundheitliche Aufklärung. Kurzfassung, Köln

Bundeszentrale für politische Bildung 2019: Identitätspolitik, Aus Politik und Zeitgeschichte, 69. Jahrgang, 9–11/2019

Burkart, Günter/Cornelia Koppetsch 2001: Geschlecht und Liebe. Überlegungen zu einer Soziologie des Paares, in: Bettina Heintz (Hrsg.), Geschlechtersoziologie, KZfSS, Sonderheft 41, 2001, S. 431–453

Burns, Scott 1975: The Household Economy. Its Shape, Origins, and Future, Boston: Beacon Press

Büro für Technikfolgenabschätzung beim Deutschen Bundestag (TAB) 2008: Strukturen und Trends der Industriearbeit, in: Deutscher Bundestag Drucksache 16/7959

Burzan, Nicole/Uwe Schimank 2004: Inklusionsprofile. Überlegungen zu einer differenzierungstheoretischen ›Sozialstrukturanalyse‹, Thomas Schwinn (Hrsg.) Differenzierung und soziale Ungleichheit. Die zwei Soziologien und ihre Verknüpfung, Frankfurt am Main: Humanities Online, S. 209–237

Bussmann, Kai D. 2007: Gewalt in der Familie, in: Jutta Ecarius (Hrsg.) Handbuch Familie, Wiesbaden: VS Verlag, S. 637–652

Butler, Judith 1995: Körper von Gewicht. Die diskursiven Grenzen des Geschlechts, Berlin: Berlin Verlag

Butterwegge, Christoph 2006: Krise und Zukunft des Sozialstaates, Wiesbaden: VS Verlag

Calderón, Mariano/Niehues, Judith/Stockhausen, Maximilian 2020: Wie verteilt sich der Wohlstand in Deutschland? Eine kombinierte Betrachtung von Einkommen und Vermögen, in: IW-Trends, Köln, Vol. 47, Heft 3, S. 39–60

Castel, Robert 2008: Die Metamorphosen der sozialen Frage. Eine Chronik der Lohnarbeit, Konstanz: UVK

Castel, Robert/Klaus Dörre (Hrsg.) 2009: Prekarität, Abstieg, Ausgrenzung. Die soziale Frage am Beginn des 21. Jahrhunderts, Frankfurt am Main/New York: Campus

Castoriadis, Cornelius 1990: Gesellschaft als imaginäre Institution. Entwurf einer politischen Philosophie, Frankfurt am Main: Suhrkamp

Chakrabarty, Dipesh 2010: Europa als Provinz. Perspektiven postkolonialer Geschichtsschreibung, Frankfurt am Main: Campus

Christoph, Bernhard 2005: Zur Messung des Berufsprestiges: Aktualisierung der Magnitude-Prestigeskala auf die Berufsklassifikation ISCO88, ZUMA-Nachrichten Nr. 57, S. 79–127

Clark, Colin 1940: Conditions of Economic Progress, London: Macmillan

Conrad, Sebastian/Andreas Eckert 2007: Globalgeschichte, Globalisierung, multiple Modernen. Zur Geschichtsschreibung der modernen Welt, in: Conrad, Sebastian/Eckert, Andreas/Freitag, Ulrike (Hrsg.), Globalgeschichte. Theorien, Ansätze, Themen, Frankfurt am Main: Campus, S. 7–49

Cornelißen, Waltraud (Hrsg.) 2005: Gender Datenreport. 1. Datenreport zur Gleichstellung von Frauen und Männern in der Bundesrepublik Deutschland, erstellt vom Deutschen Jugendinstitut in Zusammenarbeit mit dem Statistischen Bundesamt im Auftrag des Bundesministeriums für Familie, Senioren, Frauen und Jugend, München

Couvrat, Jean-François/Nicolas Pless 1993: Das verborgene Gesicht der Weltwirtschaft, Münster: Westfälisches Dampfboot

Crouch, Colin 1999: Social Change in Western Europe, Oxford: Oxford University Press

Cusack, Thomas R. 2004: Data on Public Employment and Wages for 21 OECD Countries, Wissenschaftszentrum Berlin für Sozialforschung, Berlin

Daheim, Hansjürgen 2001: Berufliche Arbeit im Übergang von der Industrie- zur Dienstleistungsgesellschaft, Kurtz, Thomas (Hrsg.) 2001: Aspekte des Berufs in der Moderne, Opladen: Leske und Budrich, S. 21–38

Daheim, Hansjürgen/Günther Schönbauer 1993: Soziologie der Arbeitsgesellschaft. Grundzüge und Wandlungstendenzen der Erwerbsarbeit, Weinheim/München: Juventa

Dahrendorf, Ralf 1957: Soziale Klassen und Klassenkonflikt in der industriellen Gesellschaft, Stuttgart: Enke Verlag

Dahrendorf, Ralf 1965: Bildung ist Bürgerrecht. Plädoyer für eine aktive Bildungspolitik, Hamburg: Nannen-Verlag

Dahrendorf, Ralf 1968a: Gesellschaft und Demokratie in Deutschland, München: dtv

Dahrendorf, Ralf 1968b: Gibt es noch Klassen? Die Begriffe der ›sozialen Schicht‹ und ›sozialen Klasse‹ in der Sozialanalyse der Gegenwart, in: Seidel, Bruno/Jenkner, Siegfried, Klassenbildung und Sozialschichtung, Darmstadt, 1968, S. 279–296

Dahrendorf, Ralf 1985: Soziale Klassen und Klassenkonflikt. Zur Entwicklung und Wirkung eines Theoriestücks. Ein persönlicher Bericht, in: Zeitschrift für Soziologie; H. 3; Jg. 14; S. 236–240

Datenreport, verschiedene Jahrgänge, hrsg. vom Statistischen Bundesamt, GESIS bzw. ZUMA Mannheim, Wissenschaftszentrum Berlin für Sozialforschung, Bonn: Bundeszentrale für politische Bildung

Davis, Kathy 2010: Intersektionalität als ›Buzzword‹, in: Lutz, Helma/Maria Teresa Herrera Vivar/Linda Supik (Hrsg.), Fokus Intersektionalität. Bewegungen und Verortungen eines vielschichtigen Konzeptes, Wiesbaden: VS Verlag, S. 55–68

Davis, Kingsley/Moore, Wilbert E. 1967: Einige Prinzipien der sozialen Schichtung, in: Moderne Amerikanische Soziologie. Neuere Beiträge zur soziologischen Theorie, hrsg. von Heinz Hartmann, S. 347–357, Stuttgart: Enke

de Vries, Jan 1994: The Industrial Revolution and the Industrious Revolution, in: The Journal of Economic History, Vol. 54, No. 2, Papers Presented at the Fifty-Third Annual Meeting of the Economic History Association. (Jun. 1994), pp. 249–270

de Vries, Jan 2008: The Industrious Revolution: Consumer Behavior and the Household Economy, 1650 to the Present, Cambridge: Cambridge University Press

de Vries, Jan/A. M. van der Woude 1997: The first modern economy. Success, failure, and perseverance of the Dutch economy, 1500–1815, Cambridge: Cambridge University Press

Degele, Nina/Winker, Gabriele 2007: Intersektionalität als Mehrebenenanalyse, URL: https://www.soziologie.uni-freiburg.de/personen/degele/dokumente-publikationen/intersektionalitaet-mehrebenen.pdf

Degele, Nina 2008: Gender/Queer Studies. Eine Einführung, München: Fink

Degele, Nina/Dries, Christian 2005: Modernisierungstheorie. Eine Einführung, München: Fink

Dejung, Christof 2019: Transregional Study Of Class, Social Groups, and Milieus, in: Matthias Middell (Hrsg.), The Routledge Handbook of Transregional Studies, London, New York: Routledge, S. 74–81

Dejung, Christof/Motadel, David/Osterhammel, Jürgen (Hrsg.) 2019: The Global Bourgeoisie. The Rise of the Middle Classes in the Age of Empire, Princeton: Princeton University Press

Dejung, Christof/Motadel, David/Osterhammel, Jürgen 2019: Worlds of the Bourgeoisie, in: diess. (Hrsg), Global Bourgeoisie. The Rise of the Middle Classes in the Age of Empire, Princeton: Princeton University Press, S. 1–39

Deppe, Wilfried 1982: Drei Generationen Arbeiterleben. Eine soziobiographische Darstellung, Frankfurt am Main: Campus

Der große Duden, Fremdwörterbuch 1966: Der große Duden, Band 5, Mannheim, Wien, Zürich: Dudenverlag

Desrosières, Alain 1998: The politics of large numbers. A history of statistical reasoning, Cambridge (Mass.): Harvard University Press

Deutsches Institut für Wirtschaftsforschung/Zentrum für Europäische Wirtschaftsforschung/Richard Hauser/Irene Becker 2007: Integrierte Analyse der Einkommens- und

Vermögensverteilung. Abschlussbericht zur Studie im Auftrag des Bundesministeriums für Arbeit und Soziales, Bonn

Deutschmann, Christoph 2002: Postindustrielle Industriesoziologie. Theoretische Grundlagen, Arbeitsverhältnisse und soziale Identitäten, Weinheim, München: Juventa

Deutschmann, Christoph 2008a: Latente Funktionen des Berufs, in: ders., Kapitalistische Dynamik, Wiesbaden: VS Verlag, S. 119–129

Deutschmann, Christoph 2008b: Industriesoziologie als Wirklichkeitswissenschaft, in: ders., Kapitalistische Dynamik, Wiesbaden: VS Verlag, S. 130–149

Diaz-Bone, Rainer 2002: Kulturwelt, Diskurs und Lebensstil. Eine diskurstheoretische Erweiterung der Bourdieuschen Distinktionstheorie, Wiesbaden: VS Verlag

Diaz-Bone, Rainer 2011: Einführung in die Soziologie der Konventionen, in: ders. (Hrsg.), Soziologie der Konventionen. Grundlagen einer pragmatischen Anthropologie, Frankfurt am Main: Campus, S. 9–41

Dietze, Gabriele/Antje Hornscheidt/Kerstin Palm/Katharina Walgenbach 2007: Einleitung, in: diess., Gender als interdependente Kategorie. Neue Perspektiven auf Intersektionalität, Diversität und Heterogenität, Opladen: Barbara Budrich, S. 7–22

Dietze, Gabriele/Elahe Haschemi Yekani/Beatrice Michaelis 2007: Checks and Balances. Zum Verhältnis von Intersektionalität und Queer Theory, in: Katharina Walgenbach/Gabriele Dietze/Antje Hornscheidt/Kerstin Palm, Gender als interdependente Kategorie, Opladen: Barbara Budrich, S. 107–139

Diewald, Martin 1986: Sozialkontakte und Hilfeleistungen in informellen Netzwerken, in: Glatzer, Wolfgang/Berger-Schmidt, Regina (Hrsg.): Haushaltsproduktion und Netzwerkhilfe, Frankfurt am Main/New York: Campus, S. 51–104

Diewald, Martin 2010: Ungleiche Verteilungen und ungleiche Chancen. Zur Entwicklung sozialer Ungleichheiten in der Bundesrepublik, in: Frank Faulbaum, Christof Wolf. (Hrsg.), Gesellschaftliche Entwicklungen im Spiegel der empirischen Sozialforschung, Wiesbaden: VS Verlag, S. 11–38

Diewald, Martin/Jörg Lüdicke 2007: Akzentuierung oder Kompensation? Zum Zusammenhang von Sozialkapital, sozialer Ungleichheit und subjektiver Lebensqualität, in: diess. (Hrsg.), Soziale Netzwerke und soziale Ungleichheit. Zur Rolle von Sozialkapital in modernen Gesellschaften, Wiesbaden: VS Verlag, S. 11–51

Dizdar, Dilek/Hirschauer, Stefan/Paulmann, Johannes/Schabacher, Gabriele 2021: Humandifferenzierung. Disziplinäre Perspektiven und empirische Sondierungen, Weilerswist: Velbrück Wissenschaft

Doray, Bernard 1988: From Taylorism to Fordism. A Rational Madness, London: Free Association Books

Dorn, Raphael Emanuel 2018: Alle in Bewegung. Räumliche Mobilität in der Bundesrepublik Deutschland 1980–2010, Göttingen: Vandenhoeck & Ruprecht

Dörre, Klaus/Ulrich Brinkmann 2005: Finanzmarktkapitalismus. Triebkraft eines flexiblen Produktionsmodells?, in: Kölner Zeitschrift für Soziologie und Sozialpsychologie (Sonderheft: Finanzmarktkapitalismus. Analysen zum Wandel von Produktionsregimen), S. 85–116

Dörre, Klaus/Ulrich Brinkmann/Silke Röbenack 2006: Prekäre Arbeit Ursachen. Ausmaß, soziale Folgen und subjektive Verarbeitungsformen unsicherer Beschäftigungsverhältnisse. Gutachten für die Friedrich Ebert-Stiftung, Bonn

Dörre, Klaus/Kraemer, Klaus/Speidel, Frederic 2004: Prekäre Arbeit. Ursachen, soziale Auswirkungen und subjektive Verarbeitungsformen unsicherer Beschäftigung, in: Das Argument 256, S. 378–397

Druyen, Thomas/Wolfgang Lauterbach/Matthias Grundmann (Hrsg.) 2009: Reichtum und Vermögen. Zur gesellschaftlichen Bedeutung der Reichtums- und Vermögensforschung, Wiesbaden: VS Verlag

Duby, Georges 1981: Die drei Ordnungen. Das Weltbild des Feudalismus, Frankfurt am Main: Suhrkamp

Duby, Georges 1990: Situationen der Einsamkeit: 11. bis 13. Jahrhundert, in: Philippe Ariès und Georges Duby (Hrsg.), Geschichte des privaten Lebens, 2. Band, Frankfurt am Main: S. Fischer, S. 473–496

Dülmen, Richard 2000: ›Arbeit‹ in der frühneuzeitlichen Gesellschaft, in: Kocka, Jürgen/Offe, Claus (Hrsg.): Geschichte und Zukunft der Arbeit, Frankfurt am Main/New York: Campus, S. 80–87

Durkheim, Emile 1984: Die Regeln der soziologischen Methode, Frankfurt am Main: Suhrkamp

Eckert, Andreas 2016: Why all the fuss about Global Labour History?, in ders. (Hrsg.), Global Histories of Work, Berlin, Boston: De Gruyter, S. 3–22

Eckert, Andreas/Marcel van der Linden 2018: New Perspectives on Workers and the History of Work. Global Labor History, in: Beckert, Sven/Sachsenmaier, Dominic (Hrsg.), Global History, Globally. Research and Practice around the World, London, New York: Bloomsbury, S. 145–161

Edgell, Stephen 2006: The Sociology of Work. Continuity and Change in Paid and Unpaid Work, London et al.: Sage

Edling, Herbert 2006: Volkswirtschaftslehre, Berlin Heidelberg: Springer

Ehmer, Josef 2004: Bevölkerungsgeschichte und Historische Demographie 1800–2000, München: Oldenbourg Wissenschaftsverlag

Ehmer, Josef 2013: Bevölkerungsgeschichte und Historische Demographie 1800–2010, München: Oldenbourg

Ehmer, Josef/Ursula Ferdinand/Jürgen Reulecke (Hrsg.) 2007: Herausforderung Bevölkerung. Zur Entwicklung des modernen Denkens über die Bevölkerung vor, im und nach dem ›Dritten Reich‹, Wiesbaden: VS Verlag

Ehmke, Timo/Baumert, Jürgen 2007: Soziale Herkunft - Familiäre Lebensverhältnisse und Kompetenzerwerb, in: Prenzel, Martin et al., PISA-Konsortium Deutschland (Hrsg.), PISA 2006: Die Ergebnisse der dritten internationalen Vergleichsstudie. Münster: Waxmann, S. 309–335

Eisenstadt, Shmuel N. 2002: Multiple Modernities, in: ders. (Hrsg.), Multiple Modernities, New York: Routledge, S. 1–29

Elder, Glen H. 1974: Children of the Great Depression. Social Change in Life Experience, Chicago: University of Chicago Press

Elder, Glen H./ Johnson Monica K./ Crosnoe Robert 2003: The Emergence and Development of Life Course Theory, in: Jeylan T. Mortimer/Michael J. Shanahan (Hrsg.), Handbook of the Life Course, Boston, MA: Springer, S. 3–19

Elfring, Tom 1988: Service Sector Employment in Advanced Economies. A Comparative Analysis of Its Implications for Economic Growth, Dissertation. University of Groningen

Elias, Norbert 1970: Was ist Soziologie?, München: Juventa

Elias, Norbert 1976: Über den Prozeß der Zivilisation. Soziogenetische und psychogenetische Untersuchungen. Entwurf zu einer Theorie der Zivilisation, 2. Bd., Frankfurt am Main: Suhrkamp

Elias, Norbert/Scotson, John L. 1990: Etablierte und Aussenseiter, Frankfurt am Main: Suhrkamp

Engels, Friedrich 1962: Herrn Eugen Dühring's Umwälzung der Wissenschaft, in: Marx-Engels-Werke, Band 20, Berlin: Karl Dietz Verlag

Engstler, Heribert/Menning, Sonja, Bundesministerium für Familie, Senioren, Frauen und Jugend 2003: Die Familie im Spiegel der amtlichen Statistik, erweiterte Neuauflage, Bonn

Enquête-Kommission Demographischer Wandel 1998: Herausforderungen unserer älter werdenden Gesellschaft an die einzelnen und die Politik. Zweiter Zwischenbericht der Enquête-Kommission Demographischer Wandel, Deutscher Bundestag, 13. Wahlperiode. Drucksache 13/11460

Eribon, Didier 2016: Rückkehr nach Reims, Berlin: Suhrkamp

Erikson, Robert/Goldthorpe, John H. 1992: The Constant Flux. A Study of Class Mobility in Industrial Societies, Oxford: Clarendon

Erikson, Robert/Goldthorpe, John H. 2008: Trends in Class Mobility, in: Grusky, David B. (Hrsg.) 2008: Social Stratification. Class, Race, and Gender in Sociological Perspective, Boulder: Westview, S. 437–465

Erlinghagen, Marcel 2006: Erstarrung, Beschleunigung oder Polarisierung? Arbeitsmarktmobilität und Beschäftigungsstabilität im Zeitverlauf. Neue Ergebnisse mit der IAB-Beschäftigtenstichprobe, in: Graue Reihe des Instituts Arbeit und Technik 2006–01

Esping-Andersen, Gøsta 1989: Die drei Welten des Wohlfahrtskapitalismus, in: Zur Politischen Ökonomie des Wohlfahrtsstaates, Frankfurt am Main/New York: Campus, S. 19–56

Esping-Andersen, Gøsta 1990: The Three Worlds of Welfare Capitalism, Princeton, NJ: Princeton University Press

Esping-Andersen, Gøsta 1999: Social Foundations of Postindustrial Economies, Oxford: University Press

Esping-Andersen, Gøsta 2006: Sociological Explanations of Changing Income Distributions, in: American Behavioral Scientist 2007; 50; S. 639–658

Esser, Hartmut 2000: Inklusion und Exklusion - oder: die unvermutete Entdeckung der leibhaftigen Menschen und der Not in der Welt durch die soziologische Systemtheorie, in: Niedermayer, Oskar/Westle, Bettina (Hrsg.), Demokratie und Partizipation, Wiesbaden: Westdeutscher, S. 407–416

Esser, Hartmut 2002: In guten wie in schlechten Tagen? Das Framing der Ehe und das Risiko zur Scheidung. Eine Anwendung und ein Test des Modells der Frame-Selektion, in: Kölner Zeitschrift für Soziologie und Sozialpsychologie, Jg. 54, Heft 1, 2002, S. 27–63

Fachkommission Integrationsfähigkeit 2020: Gemeinsam die Einwanderungsgesellschaft gestalten. Bericht der Fachkommission der Bundesregierung zu den Rahmenbedingungen der Integrationsfähigkeit, Berlin: Bundeskanzleramt

Faist, Thomas 2020: Annäherungen an eine Soziologie der Migration, in: ders. (Hrsg.) Soziologie der Migration, Berlin: De Gruyter Oldenbourg, S. 3–34

Färber, Christine/Nurcan Arslan/Manfred Köhnen/Renée Parlar 2008: Migration, Geschlecht und Arbeit. Probleme und Potenziale von Migrantinnen auf dem Arbeitsmarkt, Opaden/Farmington Hills: Barbara Budrich

Farwick, Andreas 2007: Soziale Segregation in den Städten. Von der gespaltenen Gesellschaft zur gespaltenen Stadt, in: Detlef Baum (Hrsg.) Die Stadt in der Sozialen Arbeit, Wiesbaden: VS Verlag, S. 111–122

Faust, Michael/Bahnmüller, Reinhard/Fisecker, Christiane 2011: Das kapitalmarktorientierte Unternehmen. Externe Erwartungen, Unternehmenspolitik, Personalwesen und Mitbestimmung., Berlin: edition sigma

Feldmann, Klaus 2001: Soziologie kompakt, Wiesbaden: Westdeutscher Verlag

Fenstermaker, Sarah/Candace West 2001: Doing Difference revisited. Probleme, Aussichten und der Dialog in der Geschlechterforschung, in: Kölner Zeitschrift für Soziologie und Sozialpsychologie, Sonderheft 41, Jg. 53, 2001, S. 236–249

Ferdinand, Ursula 2007: Geburtenrückgangstheorien und »Geburtenrückgangs-Gespenster« 1900 – 1930, in: Ehmer, Josef/Ursula Ferdinand/Jürgen Reulecke (Hrsg.), Herausforderung Bevölkerung. Zur Entwicklung des modernen Denkens über die Bevölkerung vor, im und nach dem ›Dritten Reich‹, Wiesbaden: VS Verlag, S. 77–98

Ferree, Myra Marx 2010: Die diskursiven Politiken feministischer Intersektionalität, in: Lutz, Helma/Maria Teresa Herrera Vivar/Linda Supik (Hrsg.), Fokus Intersektionalität. Bewegungen und Verortungen eines vielschichtigen Konzeptes, Wiesbaden: VS Verlag, S. 69–82

Flaig, Berthold Bodo/Bertram Barth 2018: Hoher Nutzwert und vielfältige Anwendung. Entstehung und Entfaltung des Informationssystems Sinus-Milieus, in: Barth, Bertram/Berthold Bodo Flaig/Norbert Schäuble/Manfred Tautscher, Praxis der Sinus-Milieus. Gegenwart und Zukunft eines modernen Gesellschafts- und Zielgruppenmodells, Wiesbaden: Springer VS, S. 3–21

Flora, Peter et al. (eds.) 1983: State, Economy, and Society in Western Europe 1815–1975. A Data Handbook. Vol. I: The Growth of Mass Democracies and Welfare States, Frankfurt am Main/New York: Campus et al.

Flora, Peter et al. (eds.) 1987: State, Economy, and Society in Western Europe 1815–1975. A Data Handbook. Vol. II: The Growth of Industrial Societies and Capitalist Economies, Frankfurt am Main/New York: Campus et al.

Fölster, Kaj 1993: Sprich, die du noch Lippen hast. Das Schweigen der Frauen und die Macht der Männer. Annäherung an Alva Myrdal, Marburg: Hitzeroth

Fourastié, Jean 1969 [1954]: Die große Hoffnung des zwanzigsten Jahrhunderts, Köln: Bund

Franz, Wolfgang 2006: Arbeitsmarktökonomik, Berlin/Heidelberg/New York: Springer

Freeman, Christopher/Perez, Carlota 1988: Structural crises of adjustment, business cycles and Investment Behaviour, in: Dosi, Giovanni/Freeman, Christopher/Nelson, Richard/Silverberg, Gerald/Soete, Luc (Eds.), Technical Change and Economic Theory, London, New York: Pinter, S. 38–66

Freud, Sigmund 1927: Die Zukunft einer Illusion, Leipzig, Wien, Zürich: Internationaler Psychoanalytischer Verlag

Frick, Joachim R./ Grabka, Markus M./ Hauser, Richard 2010: Die Verteilung der Vermögen in Deutschland Empirische Analysen für Personen und Haushalte, Berlin: Edition Sigma

Friedeburg, Robert von 2002: Lebenswelt und Kultur der unterständischen Schichten in der Frühen Neuzeit, München: Oldenbourg

Friedrichs, Jürgen/M. Rainer Lepsius/Karl Ulrich Mayer (Hrsg.) 1998: Die Diagnosefähigkeit der Soziologie, Opladen: Westdeutscher Verlag

Fritz, Wolfgang 2000: Amtliche Statistik der Erwerbstätigkeit in der DDR, GESIS Datenar-
chiv, Köln. ZA8078

Fröhlich, Gerhard, 1994: Kapital, Habitus, Feld, Symbol. Grundbegriffe der Kulturtheorie
Pierre Bourdieus, in: Ingo Mörth/Gerhard Fröhlich, Das symbolische Kapital der Lebensstile, Frankfurt am Main/New York: Campus

Fröhlich, Gerhard / Boike Rehbein 2014: Bourdieu Handbuch. Leben – Werk – Wirkung,
Stuttgart, Weimar: J. B. Metzler

Fuchs, Johann 2002: Erwerbspersonenpotenzial und Stille Reserve - Konzeption und
Berechnungsweise, in: Gerhard Kleinhenz (Hrsg.), IAB-Kompendium Arbeitsmarkt- und
Berufsforschung. Beiträge zur Arbeitsmarkt- und Berufsforschung, BeitrAB 250, S. 79–
94

Fuchs, Tatjana 2003: Gute Arbeit in prekären Arbeitsverhältnissen? in: Peters,
Jürgen/Schmitthenner, Horst: Gute Arbeit. Hamburg: VSA, S. 151–165

Fuchs, Tatjana 2005: Haushaltsproduktion, in: SOFI, IAB, ISF, INIFES (Hrsg.), Berichterstattung zur sozio-ökonomischen Entwicklung in Deutschland - Arbeit und Lebensweisen. Erster Bericht, Wiesbaden: VS Verlag, S. 403–432

Fuchs-Heinritz, Werner/Lautmann, Rüdiger/Rammstedt, Otthein/Wienold, Hanns (Hrsg.)
1994, 2007: Lexikon zur Soziologie, Wiesbaden: VS-Verlag

Fukuzawa, Naoki 1995: Staatliche Arbeitslosenunterstützung in der Weimarer Republik und
die Entstehung der Arbeitslosenversicherung, Frankfurt am Main u. a.: Lang

Fürstenberg, Friedrich 1966: ›Sozialstruktur‹ als Schlüsselbegriff der Gesellschaftsanalyse,
in: Kölner Zeitschrift für Soziologie und Sozialpsychologie 18, S. 439–453

Fürstenberg, Friedrich 1974: Die Sozialstruktur der Bundesrepublik Deutschland. Ein soziologischer Überblick, Opladen: Westdeutscher Verlag

Fürstenberg, Friedrich 2000: Berufsgesellschaft in der Krise. Auslaufmodell oder Zukunfts-
potential, Berlin: Rainer Bohn Verlag

Gadrey Jean, 2007: National economies and the service society. The diversity of models, in:
John R. Bryson, Peter W. Daniels (eds.), The Handbook of Service Industries, Cheltenham, Northampton (USA): Edward Elgar, S. 45–61

Ganßmann, Heiner 1996: Geld und Arbeit, Frankfurt am Main, New York: Campus

Ganßmann, Heiner 2009: Politische Ökonomie des Sozialstaats, Münster: Westfälisches
Dampfboot

Ganzeboom, Harry B. G./ Treiman, Donald J. 1998: The Fourth Generation Of Comparative Stratification Research, Paper originally prepared for presentation at a meeting of the
Research Council of the International Sociological Association

Ganzeboom, Harry B.G./ Treiman, Donald J./ Ultee, Wout C. 1991: Comparative Intergenerational Mobility Research - Three Generations and Beyond, in: Annual Review of
Sociology, 17, S. 277–302

Geiger, Theodor 1930: Panik im Mittelstand, in: Die Arbeit 7, S. 637–53

Geiger, Theodor 1932: Die soziale Schichtung des deutschen Volkes. Soziographischer Versuch auf statistischer Grundlage, Stuttgart: Enke

Geiger, Theodor 1949: Die Klassengesellschaft im Schmelztiegel, Köln, Hagen: Gustav Kiepenheuer

Geiger, Theodor 1955: Theorie der sozialen Schichtung, in: ders. Arbeiten zur Soziologie,
Neuwied/Berlin: Luchterhand, S. 186–205

Geißler, Rainer 1996: Die Sozialstruktur Deutschlands Opladen: Westdeutscher Verlag

Geißler, Rainer 2006: Die Sozialstruktur Deutschlands, Wiesbaden: VS Verlag

Gestrich, Andreas/Jens-Uwe Krause/Michael Mitterauer 2003: Geschichte der Familie, Stuttgart: Alfred Kröner Verlag

Gestrich, Andreas/Lutz Raphael (Hrsg.) 2008: Inklusion/Exklusion. Studien zu Fremdheit und Armut von der Antike bis zur Gegenwart, Frankfurt am Main et al.: Peter Lang

Giddens, Anthony 1979: Die Klassenstruktur fortgeschrittener Gesellschaften, Frankfurt am Main: Suhrkamp

Giddens, Anthony 1988: Die Konstitution der Gesellschaft. Grundzüge einer Theorie der Strukturierung, Frankfurt am Main/New York: Campus

Giddens, Anthony 1995: Konsequenzen der Moderne, Frankfurt am Main: Suhrkamp

Giddens, Anthony 1997: Soziologie, Graz, Wien: Nausner und Nausner

Giddens, Anthony 2006: Sociology, Cambridge, Oxford: Polity Press

Giele, Janet Z./ Glen H. Elder (Hrsg.) 1998: Methods of Life Course Research. Qualitative and Quantitative Approaches, Thousand Oaks, Calif.: Sage

Glatzer, Wolfgang 1986: Haushaltsproduktion, wirtschaftliche Stagnation und sozialer Wandel, in: Glatzer, Wolfgang/Regina Berger-Schmitt, Haushaltsproduktion und Netzwerkhilfe, Frankfurt am Main/New York: Campus, S. 9–50

Glatzer, Wolfgang 2001: Haushalt und Haushaltsproduktion, in: Schäfers, Bernhard/Zapf, Wolfgang (Hrsg.) 2001: Handwörterbuch zur Gesellschaft Deutschlands, Opladen: Leske und Budrich, S. 294–306

Goebel, Jan/Peter Krause 2007: Gestiegene Einkommensungleichheit in Deutschland, in: Wirtschaftsdienst, Heft 87, Nummer 12

Goldstein, Joshua/Wolfgang Lutz/Maria Rita Testa 2003: The Emergence of Sub-Replacement Family Size Ideals in Europe, in: European Demographic Research Papers (Vienna Institute of Demography), Nr. 3

Goldthorpe, John H. 2000: On Sociology. Numbers, Narratives and the Integration of Research and Theory, Oxford: Oxford University Press

Goldthorpe, John H. 2007: Soziale Klassen und die Differenzierung von Arbeitsverträgen, in: Gerd Nollmann, Sozialstruktur und Gesellschaftsanalyse. Sozialwissenschaftliche Forschung zwischen Daten, Methoden und Begriffen, Wiesbaden: VS Verlag, S. 39–71

Gosewinkel, Dieter 2016: Schutz und Freiheit? Staatsbürgerschaft in Europa im 20. und 21. Jahrhundert, Frankfurt am Main: Suhrkamp

Gottschall, Karin 2000: Soziale Ungleichheit und Geschlecht. Kontinuitäten und Brüche, Sackgassen und Erkenntnispotentiale im deutschen soziologischen Diskurs, Opladen: Leske und Budrich

Goulemot, Jean Marie 1991: Neue literarische Formen, in: Philippe Ariès/Roger Chartier, Geschichte des privaten Lebens 3. Band, Von der Renaissance zur Aufklärung, Frankfurt am Main: S. Fischer, S. 371–403

Grabka, Markus M. 2021: Einkommensungleichheit stagniert langfristig, sinkt aber während der Corona-Pandemie leicht, in: DIW Wochenbericht Nr. 18, 2021, S. 308–315

Grabka, Markus M./ Christoph Halbmeier 2019: Vermögensungleichheit in Deutschland bleibt trotz deutlich steigender Nettovermögen anhaltend hoch, in: DIW Wochenbericht 40, S. 736–744

Grabka, Markus M./ Joachim R. Frick 2008: Schrumpfende Mittelschicht – Anzeichen einer dauerhaften Polarisierung der verfügbaren Einkommen? DIW-Wochenbericht Nr. 10/2008

Grathoff, Richard 1992: Milieu und Lebenswelt. Eine Einführung in die phänomenologische Soziologie und die phänomenologische Forschung, Frankfurt am Main: Suhrkamp

Grebing, Helga u. a. (Hrsg.) 2005: Geschichte der sozialen Ideen in Deutschland, Wiesbaden: VS Verlag

Greve, Jens/Bettina Heintz 2005: Die ›Entdeckung‹ der Weltgesellschaft, in: Bettina Heintz, Richard Münch, Hartmann Tyrell (Hrsg.), Zeitschrift für Soziologie. Sonderband ›Weltgesellschaft‹, Stuttgart: Lucius Verlag, S. 89–119

Groenemeyer, Axel 1999: Soziale Probleme, soziologische Theorie und moderne Gesellschaften, in: Günter Albrecht, Axel Groenemeyer, Friedrich W. Stallberg (Hrsg.), Handbuch soziale Probleme, Opladen: Westdeutscher Verlag, S. 13–72

Groh-Samberg, Olaf 2004: Armut und Klassenstruktur. Zur Kritik der Entgrenzungsthese aus multidimensionaler Perspektive, in: Kölner Zeitschrift für Soziologie und Sozialpsychologie, 4/2004; S. 654–683

Groh-Samberg, Olaf 2009: Armut, soziale Ausgrenzung und Klassenstruktur Zur Integration multidimensionaler und längsschnittlicher Perspektiven, Wiesbaden: VS Verlag

Groh-Samberg, Olaf 2010: Armut verfestigt sich – ein missachteter Trend, in: Armut in Deutschland, Aus Politik und Zeitgeschichte, 51–52/2010, 20. Dezember 2010

Groh-Samberg, Olaf/Theresa Büchler/Jean-Yves Gerlitz 2020: Soziale Lagen in multidimensionaler Längsschnittbetrachtung. Begleitforschung zum Sechsten Armuts- und Reichtumsbericht der Bundesregierung, Berlin: Bundesministerium für Arbeit und Soziales

Groß, Martin 2008: Klassen, Schichten, Mobilität. Eine Einführung, Wiesbaden: VS Verlag

Grusky, David B./ Manwai C. Ku 2008: Gloom, Doom, and Inequality, in: Grusky, David B. (Hrsg.) 2008: Social Stratification. Class, Race, and Gender in Sociological Perspective, Boulder: Westview, S. 2–28

Günther, Tom/Mathias Huebener 2018: Bildung und Lebenserwartung: Empirische Befunde für Deutschland und Europa, in: DIW Roundup, No. 126

Gutberger, Hansjörg 2006: Bevölkerung, Ungleichheit, Auslese. Perspektiven sozialwissenschaftlicher Bevölkerungsforschung in Deutschland zwischen 1930 und 1960, Wiesbaden: VS Verlag

Gutiérrez Rodríguez, Encarnación 2011: Intersektionalität oder: Wie nicht über Rassismus sprechen, in: Sabine Hess/Nicole Langreiter/Elisabeth Timm (Hrsg.), Intersektionalität revisited. Empirische, theoretische und methodische Erkundungen, Bielefeld: transcript, S. 77–100

Habermas, Rebekka/Heide Wunder 1994: Nachwort, in: Arlette Farge/Natalie Zemon Davis (Hrsg.): Geschichte der Frauen, Bd. 3, Frühe Neuzeit, Frankfurt am Main/New York: Campus, S. 539–550

Hadjar, Andreas/Rolf Becker 2006: Bildungsexpansion – erwartete und unerwartete Folgen, in: dies. (Hrsg.), Bildungsexpansion – Erwartete und unerwartete Folgen. Wiesbaden: VS Verlag, S. 11–24

Hadjar, Andreas/Rolf Becker 2017: Erwartete und unerwartete Folgen der Bildungsexpansion in Deutschland, in: Rolf Becker (Hrsg.), Lehrbuch der Bildungssoziologie, Wiesbaden: Springer, S. 211–232

Haferkamp, Heinrich/Knöbl, Wolfgang 2001: Nachwort: Die Logistik der Macht. Michael Manns Historische Soziologie als Gesellschaftstheorie, in: Mann, Michael. Geschichte der Macht. Die Entstehung von Klassen und Nationalstaaten. Bd 3., Teil II, Frankfurt am Main, New York: Campus, S. 304–341

Hall, John A./ Ralph Schroeder (eds.) 2006: An Anatomy of Power - The Social Theory of Michael Mann, Cambridge: Cambridge University Press

Hall, Peter A. 2006: Stabilität und Wandel in den Spielarten des Kapitalismus, in: Beckert, Jens/Bernhard Ebbinghaus/Anke Hassel/Philip Manow (Hrsg.) 2006: Transformationen des Kapitalismus, Frankfurt am Main/New York: Campus, S. 181–204

Hall, Peter A./ Soskice, David 2001: An Introduction to Varieties of Capitalism, in: Hall/Soskice (eds), Varieties of Capitalism. Oxford: Oxford University Press, pp. 1–68

Hall, Stuart 2018: Das verhängnisvolle Dreieck. Rasse, Ethnie, Nation, Berlin: Suhrkamp

Hamm, Bernd 1996: Struktur moderner Gesellschaften, Opladen: Leske und Budrich

Hanf, Thomas 2008: Ökonomische Quellen sozialer Ungleichheit, in: Bayer, Michael/Gabriele Mordt/Sylvia Terpe (Hrsg.), Transnationale Ungleichheitsforschung. Eine neue Herausforderung für die Soziologie, Frankfurt am Main/New York: Campus, S. 283–319

Hann, Christopher 2000: Echte Bauern, Stachanowiten und die Lilien auf dem Felde. Arbeit und Zeit aus sozialanthropologischer Perspektive, in: Kocka, Jürgen/Offe, Claus (Hrsg.): Geschichte und Zukunft der Arbeit, Frankfurt am Main/New York: Campus, S. 23–53

Hareven, Tamara K. 1999: Familiengeschichte, Lebenslauf und sozialer Wandel, Frankfurt am Main, New York: Campus

Hark, Sabine 2004: Lesbenforschung und Queer Theory: Theoretische Konzepte, Entwicklungen und Korrespondenzen, in: Ruth Becker/Beate Kortendiek (Hrsg.): Handbuch Frauen- und Geschlechterforschung. Theorie, Methoden, Empirie, Wiesbaden, S. 104–111

Hark, Sabine/Paula-Irene Villa 2017: Unterscheiden und herrschen. Ein Essay zu den ambivalenten Verflechtungen von Rassismus, Sexismus und Feminismus in der Gegenwart, Bielefeld: transcript

Hartmann, Anja 2002: Dienstleistungen im wirtschaftlichen Wandel: Struktur, Wachstum und Beschäftigung, in: Hartmann, Anja/Mathieu, Hans (Hrsg.), Dienstleistungen in der Neuen Ökonomie. Struktur, Wachstum und Beschäftigung. Gutachten der Friedrich-Ebert- Stiftung, Berlin

Hartmann, Heinz 1959: Authority and Organization in German Management, Princeton, N.J.: Princeton University Press

Hartmann, Michael 2008: Transnationale Klassenbildung?, in: Berger, Peter A./ Weiß, Anja (Hrsg.), Transnationalisierung sozialer Ungleichheit, Wiesbaden: VS-Verlag, S. 241–258

Hasell, Joe/Salvatore Morelli/Max Roser 2019: Recent trends in income inequality, in: S. Vaccarella et al. (Eds.) IARC Scientific Publication No. 168, S. 205–227

Hasenjürgen, Brigitte/Weischer, Christoph 2005: ›Demografischer Wandel‹. Ein soziales Phänomen und seine Bearbeitung in wissenschaftlichen und sozialpolitischen Diskussionen, in: Hasenjürgen, Brigitte/Rohleder, Christiane (Hrsg.), Geschlecht im sozialen Kontext. Perspektiven für die Soziale Arbeit. Opladen: Barbara Budrich 263–288

Haupt, Heinz-Gerhard/Torp, Claudius (Hrsg.) 2009: Die Konsumgesellschaft in Deutschland 1890–1990. Ein Handbuch, Frankfurt am Main: Campus

Hauser, Richard 2005: Zur Entwicklung von Armut und Reichtum in Deutschland. Kommentare zu den Armuts- und Reichtumsberichten der Bundesregierung. Vortrag im Rahmen der Jahrestagung der Sektion Soziale Indikatoren in der DGS

Hauser, Richard 2009: Einkommen und Vermögen in einem integrierten Verteilungsansatz, Vortrag im Rahmen eines gemeinsamen Workshops der Hans-Böckler-Stiftung und der Preller-Stiftung am 10. Februar 2009

Hauser, Richard/Stein, Holger 2001: Die Vermögensverteilung im vereinigten Deutschland, Frankfurt a. M.: Campus

Häußermann, Hartmut/Siebel, Walter 1995: Dienstleistungsgesellschaften, Frankfurt am Main: Suhrkamp

Häußermann, Hartmut/Siebel, Walter 2001: Soziale Integration und ethnische Schichtung. Zusammenhänge zwischen räumlicher und sozialer Integration. Gutachten im Auftrag der unabhängigen Kommission ›Zuwanderung‹, Berlin/Oldenburg

Heidenreich, Martin (Hrsg.) 2006: Die Europäisierung sozialer Ungleichheit. Zur transnationalen Klassen- und Sozialstrukturanalyse, Frankfurt am Main, New York: Campus

Heidenreich, Martin 2000: Beschäftigungsordnungen in Europa, in: Bamberger Beiträge zur Europaforschung und zur internationalen Politik Nr. 4/2000

Heiliger, Anita/Brigitta Goldberg/Monika Schröttle/Dieter Hermann 2005: Gewalthandlungen und Gewaltbetroffenheit von Frauen und Männern, in: Genderdatenreport. 1. Datenreport zur Gleichstellung von Frauen und Männern in der Bundesrepublik Deutschland, München, November 2005, S. 609–669

Heine, Michael/Herr, Hansjörg 2000: Volkswirtschaftslehre. Paradigmenorientierte Einführung in die Mikro- und Makroökonomie, München/Wien: Oldenbourg

Heinz, Walter 2003: Introduction, in: ders./ V. Marshall (Hrsg.), Social dynamics of the life course. Transitions, institutions, and interrelations, New York: Aldine de Gruyter

Heinz, Walter R. 1995: Arbeit, Beruf und Lebenslauf. Eine Einführung in die berufliche Sozialisation, Weinheim, München: Juventa

Heinze, Rolf G./ Offe, Claus 1990: Organisierte Eigenarbeit. Das Modell Kooperationsring, Frankfurt am Main, New York: Campus

Helbig, Marcel/Thorsten Schneider 2014: Auf der Suche nach dem katholischen Arbeitermädchen vom Lande. Religion und Bildungserfolg im regionalen, historischen und internationalen Vergleich, Wiesbaden: Springer VS

Herbert, Ulrich 1985: Zur Entwicklung der Ruhrarbeiterschaft 1930–1960 in erfahrungsgeschichtlicher Perspektive, in: Lutz Niethammer/Alexander von Plato (Hrsg.), ›Wir kriegen jetzt andere Zeiten‹. Auf der Suche nach Erfahrungen des Volkes in nachfaschistischen Ländern, Berlin, Bonn: Dietz, S. 19–52

Hertfelder, Thomas/Andreas Rödder (Hrsg.) 2008: Modell Deutschland. Erfolgsgeschichte oder Illusion?, Göttingen: Vandenhoeck & Ruprecht

Herzig, Arno 2005: Jüdische Geschichte in Deutschland. Von den Anfängen bis zur Gegenwart, Bonn: Bundeszentrale für politische Bildung

Hess, Sabine/Bernd Kasparek/Stefanie Kron/Mathias Rodatz/Maria Schwertl/Simon Sontowski (Hrsg.) 2016: Der lange Sommer der Migration. Grenzregime III, Hamburg: Assoziation A

Hettlage, Robert/Hans-Peter Müller (Hrsg.) 2006: Die europäische Gesellschaft, Konstanz: UVK

Hirschauer, Stefan 2017: Un/doing Differences. Die Praktiken der Humandifferenzierung, Weilerswist: Velbrück

Hirschauer, Stefan/Tobias Boll 2017: Un/doing Differences. Zur Theorie und Empirie eines Forschungsprogramms, in: Stefan Hirschauer (Hrsg.), Un/doing Differences. Die Praktiken der Humandifferenzierung, Weilerswist: Velbrück, S. 7–26

Hirsch-Kreinsen, Hartmut 2005: Wirtschafts- und Industriesoziologie Grundlagen, Fragestellungen, Themenbereiche, München: Juventa

Hirsch-Kreinsen, Hartmut 2015: Entwicklungsperspektiven von Produktionsarbeit, in: Botthof, Alfons/Ernst Andreas Hartmann (Hrsg.), Zukunft der Arbeit in Industrie 4.0, Wiesbaden: Springer Vieweg, S. 89–109

Hitzler, Ronald/Honer, Anne 1984: Lebenswelt-Milieu-Situation terminologische Vorschläge zur theoretischen Verständigung, in: Kölner Zeitschrift für Soziologie und Sozialpsychologie; H. 1; Jg. 36; S. 56–74 1984

Hochschild, Arlie Russell 2002: Keine Zeit. Wenn die Firma zum Zuhause wird und zu Hause nur Arbeit wartet, Opladen: Leske und Budrich

Hohls, Rüdiger 2005: Über die Werkbank zur Tertiären Zivilisation, in: Themenportal Europäische Geschichte (www.europa.clio-online.de), Abruf am 4.9.2008

Hohls, Rüdiger 2005: Über die Werkbank zur tertiären Zivilisation, in: Europa und die Europäer. Quellen und Essays zur modernen Europäischen Geschichte, Stuttgart: Franz Steiner Verlag

Hohls, Rüdiger/Hartmut Kaelble 1989: Die regionale Erwerbsstruktur im Deutschen Reich und in der Bundesrepublik 1895–1970, St. Katharinen: Scripta Mercaturae Verlag

Holtmann, Dieter/Hermann Strasser 1989: Comparing Class Structures and Class Consciousness in Western Societies, in: International Journal of Sociology, 19,2, S. 1–27

Honneth, Axel 1992: Kampf um Anerkennung. Zur moralischen Grammatik sozialer Konflikte, Frankfurt am Main: Suhrkamp

Höpner, Martin 2003: Wer beherrscht die Unternehmen? Shareholder Value, Managerherrschaft und Mitbestimmung in Deutschland, Frankfurt am Main, New York: Campus

Hradil, Stefan 1987: Sozialstrukturanalyse in einer fortgeschrittenen Gesellschaft. Von Klassen und Schichten zu Lagen und Milieus, Opladen: Westdeutscher Verlag

Hradil, Stefan 1999: Soziale Ungleichheit in Deutschland, Opladen: Leske und Budrich

Hradil, Stefan 2006: Die Sozialstruktur Deutschlands im internationalen Vergleich, Wiesbaden: VS Verlag für Sozialwissenschaften

Hübinger, Gangolf 2008: ›Sozialmoralisches Milieu‹. Ein Grundbegriff der deutschen Geschichte, in: Sigmund, Steffen/Gert Albert/Agathe Bienfait/Mateusz Stachura, Soziale Konstellation und historische Perspektive, Wiesbaden: VS Verlag

Huinink, Johannes/Betina Hollstein 2021: Life Course, in: Betina Hollstein/Rainer Greshoff/Uwe Schimank/Anja Weiß (Hrsg.), Sociology in the German-Speaking World, Berlin: De Gruyter, S. 197–210

Hullen, Gert 2003: Tempo und Quantum der Reproduktion in Deutschland, in: Bien, Walter/Marbach, Jan (Hrsg.): Partnerschaft und Familiengründung. Ergebnisse der dritten Welle des Familien-Survey, Wiesbaden: VS Verlag, S. 13–42

Imhof, Arthur E. (Hrsg.) 1994: Lebenserwartung in Deutschland, Norwegen und Schweden im 19. Jahrhundert, Berlin. Akademie Verlag

Jahoda, Marie 1984: Braucht der Mensch die Arbeit?, in: Niess, Frank (Hrsg.): Leben wir, um zu arbeiten? Die Arbeitswelt im Umbruch, Köln: Bund-Verlag

Jahoda, Marie 1994: Bemerkungen zum Begriff der Arbeit, in: dies.: Sozialpsychologie der Politik und Kultur. Ausgewählte Schriften, Graz, Wien: Nausner und Nausner

Jansen, Dorothea 2008: Einführung in die Netzwerkanalyse. Grundlagen, Methoden, Forschungsbeispiele, Wiesbaden: VS Verlag

Jessop, Bob 1993: Towards a Schumpeterian Workfare State? Preliminary Remarks on Post-Fordist Political Economy, in: Studies in Political Economy, Nr. 40, S. 7–39

Jessop, Bob 2002: The Future of the Capitalist State, Cambridge: Polity Press

Kaelble, Hartmut (Hrsg.) 1978: Geschichte der sozialen Mobilität seit der industriellen Revolution, Königstein: Athenäum

Kaelble, Hartmut 1983: Geschichte der sozialen Mobilität und Chancengleichheit im 19. und 20. Jahrhundert. Deutschland im internationalen Vergleich, Göttingen: Vandenhoeck und Ruprecht

Kaesler, Dirk 2003: Max Weber, in: ders. (Hrsg.) 2003: Klassiker der Soziologie. Bd. 1, München: C. H. Beck, S. 190–212

Kalleberg, Arne L./ Ivar Berg 1994: Work Structures and Markets: An Analytic Framework, in: George Farkas, Paula England (editors), Industries, Firms, and Jobs. Sociological and Economic Approaches, New York: Plenum, S. 3–17

Kalter, Frank 2005: Ethnische Ungleichheit auf dem Arbeitsmarkt, in: Abraham, Martin/Hinz, Thomas (Hrsg.), Arbeitsmarktsoziologie. Probleme, Theorien, empirische Befunde. Wiesbaden: VS Verlag, S. 303–329

Kaufmann, Franz-Xaver 1984: Solidarität als Steuerungsform. Erklärungsansätze bei Adam Smith, in: ders./ H.-G. Krüsselberg (Hrsg.): Markt, Staat und Solidarität bei Adam Smith, Frankfurt am Main/New York, S. 158–184

Kaufmann, Franz-Xaver 1997: Herausforderungen des Sozialstaates, Frankfurt am Main: Suhrkamp

Kaufmann, Franz-Xaver 2003: Varianten des Wohlfahrtsstaats. Der deutsche Sozialstaat im internationalen Vergleich, Frankfurt am Main: Suhrkamp

Kaufmann, Jean-Claude 1994: Schmutzige Wäsche. Zur ehelichen Konstruktion von Alltag, Konstanz: UVK

Keck, Max 2021: Armutsgruppen. Die Ungleichheit der Armen in Deutschland, Wiesbaden: VS Verlag

Kern, Horst/Schumann, Michael 1984: Das Ende der Arbeitsteilung? Rationalisierung in der industriellen Produktion: Bestandsaufnahme, Trendbestimmung, München: Beck

Kerr, Clark/John T. Dunlop/Frederick H. Harbison/Charles A. Myers 1966: Der Mensch in der industriellen Gesellschaft. Die Probleme von Arbeit und Management unter den Bedingungen wirtschaftlichen Wachstums, Frankfurt am Main: Europäische Verlagsanstalt

Klees, Sascha, Statistisches Bundesamt 2008: Kleine und mittlere Unternehmen in Deutschland, in: Statistisches Bundesamt. STATMagazin (http://www.destatis.de, Abruf am 11..9.2008)

Klein, Christian/Falko Schnicke 2009: Historischer Abriss. 20. Jahrhundert, in: Christian Klein (Hrsg.), Handbuch Biographie. Methoden, Traditionen, Theorien, Stuttgart, Weimar: J. B. Metzler, S. 251–264

Klinger, Cornelia/Knapp, Gudrun-Axeli/Sauer, Birgit 2007a: Einführung, in: diess. (Hrsg.) 2007b: Achsen der Ungleichheit, Frankfurt am Main/New York: Campus, S. 7–18

Klinger, Cornelia/Knapp, Gudrun-Axeli/Sauer, Birgit (Hrsg.) 2007b: Achsen der Ungleichheit. Zum Verhältnis von Klasse, Geschlecht und Ethnizität, Frankfurt am Main/New York: Campus

Knodel, John E. 1974: The Decline of Fertility in Germany, 1871–1939, Princeton: Princeton University Press

Kocka, Jürgen 1981: Die Angestellten im ›Dritten Reich‹ und in der Bundesrepublik. Kontinuität und Wandel 1933 bis heute. In: Kocka: Die Angestellten in der deutschen Geschichte 1850–1980. Göttingen: Vandenhoeck und Ruprecht. S. 171–229

Kocka, Jürgen 1994: Eine durchherrschte Gesellschaft, in: Kaelble, Hartmut/Jürgen Kocka/Hartmut Zwahr (Hrsg.), Sozialgeschichte der DDR, Stuttgart: Klett-Cotta, S. 547–553

Kocka, Jürgen 2013: Geschichte des Kapitalismus, München: C.H. Beck Verlag

Kocka, Jürgen 2016: Rezension zu Larry Neal/Jeffrey G. Williamson (Hrsg.), The Cambridge History of Capitalism. 1: The Rise of Capitalism, in: Vierteljahrschrift für Sozial- und Wirtschaftsgeschichte, 2016, 4, S. 585–589

Kohl, Jürgen 1993: Der Wohlfahrtsstaat in vergleichender Perspektive. Anmerkungen zu Esping-Andersens Three Worlds of Welfare Capitalism, in: Zeitschrift für Sozialreform, 2/1993, S. 67–82

Kohl, Jürgen 1999: Wohlfahrtsstaatliche Regimetypen im Vergleich, in: Wolfgang Glatzer/Ilona Ostner (Hrsg.), Deutschland im Wandel. Sozialstrukturelle Analysen, Opladen: Leske und Budrich, S. 321–336

Kohli, Martin 2003: Der institutionalisierte Lebenslauf. Ein Blick zurück und nach vorn, in: Jutta Allmendinger (Hrsg.) Entstaatlichung und soziale Sicherheit Verhandlungen des 31. Kongresses der Deutschen Gesellschaft für Soziologie in Leipzig 2002, Opladen: Leske und Budrich, S. 525–545

Kohli, Martin 2007: Von der Gesellschaftsgeschichte zur Familie: Was leistet das Konzept der Generationen?, in: Frank Lettke, Andreas Lange (Hrsg.), Generationen und Familien. Analysen – Konzepte – gesellschaftliche Spannungsfelder, Frankfurt am Main: Suhrkamp, S. 47–68

Kohli, Martin/Harald Künemund (Hrsg.): 2000: Die zweite Lebenshälfte - Gesellschaftliche Lage und Partizipation im Spiegel des Alters-Survey, Opladen: Leske und Budrich Schmitt, Christian 2004: Kinderlose Männer in Deutschland – Eine sozialstrukturelle Bestimmung auf Basis des Sozio-oekonomischen Panels (SOEP), Berlin, DIW-Materialien

Kohli, Martin/Harald Künemund 2001: Geben und Nehmen. Die Älteren im Generationenverhältnis, in: Zeitschrift für Erziehungswissenschaft, Volume 4, Number 4/Dezember 2001

Kohli, Martin/Künemund, Harald/Motel, Andreas/Szydlik, Marc 2000: Soziale Ungleichheit, in: Martin Kohli u. Harald Künemund (Hrsg.), Die zweite Lebenshälfte. Gesellschaftliche Lage und Partizipation im Spiegel des Alters-Survey, Opladen: Leske und Budrich, S. 318–336,

Konietzka, Dirk/Michaela Kreyenfeld 2007: Kinderlosigkeit in Deutschland. Theoretische Probleme und empirische Ergebnisse, in: diess. (Hrsg.) Ein Leben ohne Kinder Kinderlosigkeit in Deutschland, Wiesbaden: VS-Verlag, S. 11–41

König, René 1958: Soziologie. Fischer-Lexikon, Frankfurt am Main: Fischer

König, René 1967: Soziologie. Fischer-Lexikon, Frankfurt am Main: Fischer

Korzeniewicz, Roberto Patricio 2018: Inequality. A World-Historical Perspective, Draft paper prepared for the UNRISD Conference Overcoming Inequalities in a Fractured World, November 2018, Geneva, Switzerland

Korzeniewicz, Roberto Patricio/Timothy Patrick Moran 2009: Unveiling Inequality. A World-Historical Perspective, New York: Russell Sage Foundation

Kößler, Reinhart 1990: Arbeitskultur im Industrialisierungsprozeß, Münster: Westfälisches Dampfboot

Kößler, Reinhart/Hanns Wienold 2001: Gesellschaft bei Marx, Münster: Westfälisches Dampfboot

Kratzer, Nick/Sauer, Dieter 2005: Flexibilisierung und Subjektivierung von Arbeit, in: SOFI/IAB/ISF/INIFES (Hrsg.), Berichterstattung zur sozio-ökonomischen Entwicklung in Deutschland - Arbeit und Lebensweisen. Erster Bericht, Wiesbaden: VS Verlag, S. 125–149

Kreckel, Reinhard 1991: Geschlechtssensibilisierte Soziologie. Können askriptive Merkmale eine vernünftige Gesellschaftstheorie begründen?, in: Wolfgang Zapf (Hrsg.), Die Modernisierung moderner Gesellschaften. Verhandlungen des 25. Deutschen Soziologentages in Frankfurt am Main 1990, Frankfurt am Main/New York: Campus 1991, S. 370–382

Kreckel, Reinhard 1992: Politische Soziologie der sozialen Ungleichheit, Frankfurt am Main/New York: Campus

Kreckel, Reinhard 1998: Klassentheorie am Ende der Klassengesellschaft, in: Peter A. Berger/Michael Vester (Hrsg.), Alte Ungleichheiten - Neue Spaltungen, Opladen: Leske und Budrich, S. 31–47

Kreyenfeld, Michaela/Konietzka, Dirk 2004: Angleichung oder Verfestigung. Geburtenentwicklung und Familienformen in Ost- und Westdeutschland, in: Berliner Debatte Initial, 15. Jg., H. 4, 26–41

Kroll, Lars E./ Thomas Lampert/Cornelia Lange/Thomas Ziese 2008: Entwicklung und Einflussgrößen der gesunden Lebenserwartung, in: Veröffentlichungsreihe der Forschungsgruppe Public Health Schwerpunkt Bildung, Arbeit und Lebenschancen, Wissenschaftszentrum Berlin für Sozialforschung (WZB)

Kronauer, Martin 1999: Die Innen-Außen-Spaltung der Gesellschaft eine Verteidigung des Exklusionsbegriffs gegen seinen mystifizierenden Gebrauch, in: SOFI-Mitteilungen. Soziologisches Forschungsinstitut Göttingen, Nr. 27, S. 7–14

Kronauer, Martin 2002: Exklusion. Die Gefährdung des Sozialen im hoch entwickelten Kapitalismus, Frankfurt am Main/New York: Campus

Kronauer, Martin/Vogel, Berthold 1998: Spaltet Arbeitslosigkeit die Gesellschaft?, in: Berger, Peter A./ Vester, Michael, Alte Ungleichheiten Neue Spaltungen, Opladen: Leske und Budrich, S. 333–350

Kruse, Beate/Michael Schmidt 1999: Die Zukunftsfähigkeit der deutschen Wirtschafts- und Gesellschaftsordnung, in: Lamnek, Siegfried/Luetdke, Jens (Hrsg.), Der Sozialstaat zwischen ›Markt‹ und ›Hedonismus‹?, Opladen: Leske und Budrich, S. 129–144

Krüsselberg, Hans-Günter 1987: Ökonomik der Familie, in: Heinemann, Klaus (Hrsg.): Soziologie wirtschaftlichen Handelns; Opladen: Leske und Budrich, 1987, S. 169–192

Kühl, Stefan 2005: Profit als Mythos, in: Paul Windolf (Hrsg.), Finanzmarkt-Kapitalismus. Analysen zum Wandel von Produktionsregimen, Wiesbaden: VS Verlag, S. 117–144

Kuhn, Thomas S. 1976: Die Struktur wissenschaftlicher Revolutionen. Zweite revidierte und um das Postscriptum von 1969 ergänzte Auflage, Frankfurt am Main: Suhrkamp

Kurtz, Thomas 2005: Die Berufsform der Gesellschaft, Weilerswist: Velbrück

L´Hermite-Leclercq, Paulette 1993: Die feudale Ordnung, Duby, Georges/Perrot, Michelle 1993: Geschichte der Frauen Bd. 2. Mittelalter, Frankfurt am Main/New York: Campus, S. 213–263

Lakner, Christoph/Branko Milanović 2015: Global Income Distribution. From the Fall of the Berlin Wall to the Great Recession, in: The World Bank Economic Review, Vol. 30, No. 2, S. 203–232

Lampert, Heinz/Jörg Althammer 2007: Lehrbuch der Sozialpolitik, Berlin/Heidelberg: Springer

Lampert, Thomas/Lars Eric Kroll/Annalena Dunkelberg 2007: Soziale Ungleichheit der Lebenserwartung in Deutschland, in: Aus Politik und Zeitgeschichte, 42, 2007

Lampert, Thomas/Niels Michalski/Stephan Müters/Benjamin Wachtler/Jens Hoebel 2021: Gesundheitliche Ungleichheit, in: Statistisches Bundesamt/WZB/BiB (Hrsg.), Datenreport 2021. Ein Sozialbericht für die Bundesrepublik Deutschland, Bonn: Bundeszentrale für politische Bildung, S. 334–346

Lampert, Thomas/Thomas Ziese 2005: Armut, soziale Ungleichheit und Gesundheit, Berlin: Robert Koch-Institut

Lauterbach, Wolfgang 2009: Vermögensforschung und Sozialer Wandel. Anmerkungen zu einer Soziologie des ›Reichtums und Vermögens‹, in: Thomas Druyen/Wolfgang Lauterbach/Matthias Grundmann (Hrsg.) Reichtum und Vermögen. Zur gesellschaftlichen Bedeutung der Reichtums- und Vermögensforschung, Wiesbaden: VS Verlag, S. 119–134

Lauterbach, Wolfgang/Thomas Druyen/Matthias Grundmann (Hrsg.) 2011: Vermögen in Deutschland. Heterogenität und Verantwortung, Wiesbaden: VS Verlag

Leibenstein, Harvey 1957: Economic Backwardness and Economic Growth, Studies in the Theory of Economic Development, New York, London: J.Wiley, Chapman and Hall

Leibenstein, Harvey 1974: An interpretation of the economic theory of fertility. Promising path or blind alley?, in: Journal of Economic Literature 12, S. 563–585

Leibfried, Stephan/Voges, Wolfgang 1992: Vom Ende einer Ausgrenzung? Armut und Soziologie, in: dies (Hrsg.), Armut im modernen Wohlfahrtsstaat, Opladen: Westdeutscher Verlag (Sonderheft KZSS 32/1992), S. 9–33

Leisering, Lutz 2000: ›Exklusion‹ - Elemente einer soziologischen Rekonstruktion, in: Felix Büchel/Martin Diewald/Peter Krause/Antje Mertens/Heike Solga (Hrsg.), Zwischen drinnen und draußen. Arbeitsmarktchancen und soziale Ausgrenzungen in Deutschland, Opladen: Leske und Budrich, S. 11–22

Lenger, Friedrich 2016: Die neue Kapitalismusgeschichte. Ein Forschungsbericht als Einleitung, in: Archiv für Sozialgeschichte 56, S. 3–37

Lenski, Gerhard 1973: Macht und Privileg. Eine Theorie der sozialen Schichtung, Frankfurt am Main: Suhrkamp

Lenz, Ilse (Hrsg.) 2008: Die Neue Frauenbewegung in Deutschland. Abschied vom kleinen Unterschied. Eine Quellensammlung, Wiesbaden: VS Verlag

Lenz, Ilse 1996: Grenzziehungen und Öffnungen. Zum Verhältnis von Geschlecht und Ethnizität zu Zeiten der Globalisierung, in: Ilse Lenz/Andrea Germer/Brigitte Hasenjürgen (Hrsg.), Wechselnde Blicke. Frauenforschung in internationaler Perspektive, Opladen: Leske und Budrich, S. 200–229

Lenz, Ilse 2007: Inklusionen und Exklusionen in der Globalisierung der Arbeit. Einige Überlegungen, in: Aulenbacher, Brigitte/Funder, Maria/Jacobsen, Heike/Völker, Susanne,

Arbeit und Geschlecht im Umbruch der modernen Gesellschaft, Wiesbaden: VS Verlag, S. 185–200

Lenz, Ilse 2017: Genderflexer? Zum gegenwärtigen Wandel der Geschlechterordnung, in: dies./ Sabine Evertz/Saida Ressel (Hrsg.), Geschlecht im flexibilisierten Kapitalismus? Neue UnGleichheiten, Wiesbaden: Springer VS, S. 181–221

Lenz, Ilse 2019: Intersektionale Konflikte in sozialen Bewegungen, in: Forschungsjournal Soziale Bewegungen, 32, (3), S. 408–423

Lenz, Ilse 2020: Globaler flexibilisierter Kapitalismus und prozessuale Intersektionalität. Die Veränderungen nach Geschlecht und Migration in den Berufsrängen in Deutschland, in: Österreichische Zeitschrift für Soziologie, Volume 45, Issue 4, S. 403–425

Lenz, Karl 2003: Familie - Abschied von einem Begriff?, in: Erwägen Wissen Ethik, Jg. 14, 2003, Heft 3, S. 485–498

Lepsius, M. Rainer 1973: Parteiensystem und Sozialstruktur. Zum Problem der Demokratisierung der deutschen Gesellschaft, in: Gerhard A. Ritter (Hrsg.), Deutsche Parteien vor 1918, Köln: Kiepenheuer und Witsch, S. 56–80

Lepsius, M. Rainer 1979: Soziale Ungleichheit und Klassenstrukturen in der Bundesrepublik Deutschland, in: Hans Ulrich Wehler (Hrsg.), Klassen in der europäischen Sozialgeschichte. Göttingen: Vandenhoeck und Ruprecht, S. 166–209

Lessenich, Stephan 2000: Soziologische Erklärungsansätze zu Entstehung und Funktion des Sozialstaats, in: Jutta Allmendinger/Wolfgang Ludwig-Mayerhofer (Hrsg.), Soziologie des Sozialstaats. Gesellschaftliche Grundlagen, historische Zusammenhänge und aktuelle Entwicklungstendenzen, Weinheim/München: Juventa, 2000, S. 39–78

Lettke, Frank 2007: Vererbungsabsichten in unterschiedlichen Familienformen. Ein Beitrag zur Institutionalisierung generationaler Kontinuität, in: Lettke, Frank; Lange, Andreas (Hrsg.), Generationen und Familien. Analysen – Konzepte – gesellschaftliche Spannungsfelder, Frankfurt am Main: Suhrkamp, S. 96–129

Lewchuk, Wayne 1995: Men and Mass Production. The Role of Gender in managerial Strategies in the British and American Automobile Industry, in: Shiomi, Haruhito/Kazuo Wada (Ed.) 1995: Fordism Transformed. The Development of Production Methods in the Automobile Industry, New York: Oxford University Press, S. 219–242

Lillemeier, Sarah 2019: Gender Pay Gap. Von der gesellschaftlichen und finanziellen Abwertung von ›Frauenberufen‹, in: Beate Kortendiek/Birgit Riegraf/Katja Sabisch (Hrsg.), Handbuch Interdisziplinäre Geschlechterforschung, Wiesbaden Springer VS, Bd.1, S. 1–9

Lindner, Ulrike 2007: Die Krise des Wohlfahrtsstaats im Gesundheitssektor Bundesrepublik Deutschland, Großbritannien und Schweden im Vergleich, in: Archiv für Sozialgeschichte 47, S. 297–324

Lipset, Seymour M./ Zetterberg, Hans L. 1966: A Theory of Social Mobility, in: Bendix, R./ Lipset, S. M. (Hrsg.), Class, Status and Power, New York: The Free Press, S. 561–573

Liu, Guiping/Andres Vikat 2004: Does Divorce Risk Depend on Spouses' Relative Income? A Register-Based Study of First Marriages in Sweden in 1981–1998, Max Planck Institute for Demographic Research, Working Paper WP-2004–010

Lüdicke, Jörg/Martin Diewald (Hrsg.) 2007: Soziale Netzwerke und soziale Ungleichheit. Zur Rolle von Sozialkapital in modernen Gesellschaften, Wiesbaden: VS Verlag

Luhmann, Niklas 1972: Rechtssoziologie, Reinbek: Rowohlt

Luhmann, Niklas 1977: Differentiation of Society, in: The Canadian Journal of Sociology, Vol. 2, No. 1 (Winter, 1977), S. 29–53

Luhmann, Niklas 1994: Inklusion und Exklusion, in: Nationales Bewusstsein und kollektive Identität. Studien zur Entwicklung des kollektiven Bewusstseins in der Neuzeit 2, hrsg. v. Helmut Berding, Frankfurt am Main: Suhrkamp, S. 15–45

Luhmann, Niklas 1998: Die Gesellschaft der Gesellschaft, Frankfurt am Main: Suhrkamp

Lüttinger, Paul 1986: Der Mythos von der schnellen Integration. Eine empirische Untersuchung zur Integration von Vertriebenen und Flüchtlingen in der Bundesrepublik Deutschland seit 1971, in: Zeitschrift für Soziologie, Heft 1, S. 20–36

Lutz, Burkart 1989: Der kurze Traum immerwährender Prosperität. Eine Neuinterpretation der industriell-kapitalistischen Entwicklung im Europa des 20. Jahrhunderts, Frankfurt am Main/New York: Campus

Lutz, Burkart/Sengenberger, Walter 1974: Arbeitsmarktstruktur und öffentliche Arbeitsmarktpolitik, Göttingen: Otto Schwartz

Lutz, Helma/Anna Amelina 2017: Gender, Migration, Transnationalisierung. Eine intersektionelle Einführung, Bielefeld: transcript

Lutz, Helma/Maria Teresa Herrera Vivar/Linda Supik (Hrsg.) 2010: Fokus Intersektionalität. Bewegungen und Verortungen eines vielschichtigen Konzeptes, Wiesbaden: VS Verlag

Lütz, Susanne 2005: Von der Infrastruktur zum Markt? Der deutsche Finanzsektor zwischen Regulierung und Deregulierung, in: Paul Windolf (Hrsg.), Finanzmarkt-Kapitalismus. Analysen zum Wandel von Produktionsregimen, Wiesbaden: VS Verlag, S. 294–315

Machtan, Lothar/Dietrich Milles 1980: Die Klassensymbiose von Junkertum und Bourgeoisie. Zum Verhältnis von gesellschaftlicher und politischer Herrschaft in Preußen-Deutschland 1850–1878/79, Berlin: Ullstein

Mackenroth, Gerhard 1953: Bevölkerungslehre. Theorie, Soziologie und Statistik der Bevölkerung, Berlin, Heidelberg: Springer-Verlag

Mackensen, Rainer/Reulecke, Jürgen/Ehmer, Josef (Hrsg.) 2009: Ursprünge, Arten und Folgen des Konstrukts ›Bevölkerung‹ vor, im und nach dem ›Dritten Reich‹. Zur Geschichte der deutschen Bevölkerungswissenschaft. Wiesbaden: VS Verlag

Mann, Michael 1998: Geschichte der Macht. Die Entstehung von Klassen und Nationalstaaten Bd. 3, Teil 1, Frankfurt am Main/New York: Campus

Mann, Michael 2001: Geschichte der Macht. Die Entstehung von Klassen und Nationalstaaten Bd. 3, Teil 2, Frankfurt am Main/New York: Campus

Mann, Michael 2007: Die dunkle Seite der Demokratie. Eine Theorie der ethnischen Säuberung, Hamburg: Hamburger Edition

Manow, Philip 2005: Globalisierung, ›Corporate Finance‹ und koordinierter Kapitalismus. Die Alterssicherungssysteme als (versiegende) Quelle geduldigen Kapitals in Deutschland und Japan, in: Paul Windolf (Hrsg.), Finanzmarkt-Kapitalismus. Analysen zum Wandel von Produktionsregimen, Wiesbaden: VS Verlag, S. 242–275

Manow, Philip 2019: Wohlfahrtsstaatsregime, in: Herbert Obinger, Manfred G. Schmidt (Hrsg.), Handbuch Sozialpolitik, Wiesbaden: Springer VS, S. 297–314

Marschalck, Peter 1984: Bevölkerungsgeschichte Deutschlands im 19. und 20. Jahrhundert, Frankfurt am Main: Suhrkamp

Marshall, Thomas H. 1992: Staatsbürgerrechte und soziale Klassen, in: ders. Bürgerrechte und soziale Klassen. Zur Soziologie des Wohlfahrtsstaates, Frankfurt am Main/New York: Campus, S. 33–94

Marshall, Thomas H. 1997: Citizenship and Social Class, in: Goodin, Robert E./ Philip Pettit (eds.), Contemporary Political Philosophy. An Anthology, Malden, MA u. a.: Blackwell, S. 291–319

Marshall, Thomas H. 2000: Staatsbürgerrechte und soziale Klassen, in: Jürgen Mackert/Hans-Peter Müller (Hrsg.), Citizenship. Soziologie der Staatsbürgerschaft, Opladen: Westdt. Verl., S. 45-102

Marx, Karl 1959: Lohnarbeit und Kapital, in: Marx-Engels-Werke, Bd. 6, Berlin: Dietz Verlag, S. 397–423

Marx, Karl 1968: Ökonomisch-philosophische Manuskripte, in: Marx-Engels-Werke, Bd. 40, Berlin: Dietz Verlag

Marx, Karl 1971: Zur Kritik der Politischen Ökonomie, in: Marx-Engels-Werke, Bd. 13, Berlin: Dietz Verlag

Marx, Karl 1972: Das Kapital. Kritik der politischen Ökonomie. Bd. 1, Berlin: Dietz Verlag

Marx, Karl 1983: Das Kapitel vom Kapital, in ders.: Grundrisse der Kritik der politischen Ökonomie. Marx-Engels-Werke, Bd. 42, Berlin: Dietz Verlag

Marx, Karl/Engels, Friedrich 1974: Manifest der kommunistischen Partei, in: Marx-Engels-Werke, Bd. 4, Berlin: Dietz, S. 462–474

Mau, Steffen 2007: Transnationale Vergesellschaftung. Die Entgrenzung sozialer Lebenswelten, Frankfurt am Main/New York: Campus

Mau, Steffen 2010: Ungleichheitsdynamiken im europäischen Raum, in: Beck, Ulrich/Poferl, Angelika (Hrsg.) 2010: Große Armut, großer Reichtum. Zur Transnationalisierung sozialer Ungleichheiten, Frankfurt am Main: Suhrkamp, S. 337–365

Mau, Steffen 2019: Lütten Klein. Leben in der ostdeutschen Transformationsgesellschaft, Berlin: Suhrkamp Verlag

Mau, Steffen/Roland Verwiebe 2008: Die Sozialstruktur Europas, Konstanz: UVK

Mau, Steffen/Roland Verwiebe 2013: Sozialstruktur Europas, in: Mau, Steffen/Nadine M. Schöneck (Hrsg.), Handwörterbuch zur Gesellschaft Deutschlands, Wiesbaden: Verlag für Sozialwissenschaften, S. 266–272

Mau, Steffen/Roland Verwiebe 2018: Sozialstruktur Europas, in: Bach, Maurizio/Barbara Hönig (Hrsg.), Europasoziologie. Handbuch für Wissenschaft und Studium, Baden-Baden: Nomos, S. 266–273

Mayer, Karl Ulrich 2004a: Vorwort, in: ders./ Hillmert, Steffen (Hrsg.), Geboren 1964 und 1971. Neuere Untersuchungen zu Ausbildungs- und Berufschancen in Westdeutschland, Wiesbaden: Verlag für Sozialwissenschaften, S. 13–15

Mayer, Karl Ulrich 2004b: Life Courses and Life Chances in a Comparative Perspective, Max Planck Institute for Human Development, Berlin

Mayer, Karl-Ulrich 2000: Arbeit und Wissen. Die Zukunft von Bildung und Beruf, in Kocka, Jürgen/Offe, Claus (Hrsg.), Geschichte und Zukunft der Arbeit, Frankfurt am Main/New York: Campus, S. 383–409

McCall, Leslie 2005: The Complexity of Intersectionality, in: Signs, Journal of Women in Culture and Society 30 (3), S. 1771–1800

Merz, Joachim 1996: Schattenwirtschaft und ihre Bedeutung für den Arbeitsmarkt, in: FFB-Diskussionspapier Nr. 17, Fachbereich Wirtschafts- und Sozialwissenschaften, Universität Lüneburg, Lüneburg

Metz, Karl Heinz 1998: Solidarität und Geschichte. Institution und sozialer Begriff der Solidarität im Westeuropa des 19. Jahrhundert, in: Kurt Bayertz (Hrsg.), Solidarität. Begriff und Problem, Frankfurt am Main: Suhrkamp, S. 172–194

Meyer, John W. 2009: Reflections: Institutional Theory and World Society, in: Georg Krücken/Gili S. Driori (Hrsg.), World Society. The Writings of John W. Meyer, Oxford: Oxford University Press, S. 36–67

Meyer, John W./ John Boli/George M. Thomas/Francisco O. Ramirez 1997: World Society and the Nation-State, in: American Journal of Sociology , Vol. 103, No. 1 (July 1997), S. 144–181

Mikl-Horke, Gertraude 1997: Die materiale Dimension des Sozialen, in: Tamas Meleghy et al. (Hrsg.), Soziologie im Konzert der Wissenschaften, Opladen: Westdeutscher Verlag 1997, S. 159–172

Mikl-Horke, Gertraude 1999: Historische Soziologie der Wirtschaft. Wirtschaft und Wirtschaftsdenken in Geschichte und Gegenwart, München, Wien: Oldenbourg

Mikl-Horke, Gertraude 2007: Industrie- und Arbeitssoziologie, München/Wien: Oldenbourg

Milanović, Branko 2016: Die ungleiche Welt. Migration, das Eine Prozent und die Zukunft der Mittelschicht, Berlin: Suhrkamp Verlag

Milanović, Branko 2020: Kapitalismus Global. Über die Zukunft des Systems, das die Welt beherrscht, Berlin: Suhrkamp Verlag

Miller, Max (Hrsg.) 2005: Welten des Kapitalismus. Institutionelle Alternativen in der globalisierten Ökonomie, Frankfurt am Main/New York: Campus

Mitchell, Brian R. 1975: European Historical Statistics, 1750–1970. Abridged Edition, New York: Columbia University Press

Mitterauer, Michael 2003: Mittelalter, in: Gestrich, Andreas/Jens-Uwe Krause/Michael Mitterauer 2003: Geschichte der Familie, Stuttgart: Alfred Kröner Verlag, S. 160–363

Mooser, Josef 1983: Abschied von der ›Proletarität‹. Sozialstruktur und Lage der Arbeiterschaft in der Bundesrepublik in historischer Perspektive, in: Werner Conze/M. Rainer Lepsius (Hrsg.): Sozialgeschichte der Bundesrepublik Deutschland. Beiträge zum Kontinuitätsproblem. Stuttgart: Klett-Cotta 1983, S. 143–186

Mooser, Josef 1984: Arbeiterleben in Deutschland. 1900–1970. Klassenlagen, Kultur und Politik, Frankfurt am Main: Suhrkamp

Müller, Hans-Peter 1992: Sozialstruktur und Lebensstile. Der neuere theoretische Diskurs über soziale Ungleichheit, Frankfurt am Main: Suhrkamp

Müller, Hans-Peter 2002: Die drei Welten der sozialen Ungleichheit: Belohnungen, Prestige und Citizenship. Ein Blick zurück auf Talcott Parsons und die funktionalistische Schichtungstheorie, in: Berliner Journal für Soziologie, 12/2002, S. 485–503

Müller, Walter/Heike Wirth/Gerrit Bauer/Reinhard Pollak/Felix Weiss 2007: Entwicklung einer Europäischen Sozioökonomischen Klassifikation, in: Wirtschaft und Statistik 5/2007, S. 527–530

Müller-Jentsch, Walther 1997: Soziologie der industriellen Beziehungen. Eine Einführung, Frankfurt am Main/New York: Campus

Münch, Reinhard 1982: Theorie des Handelns. Zur Rekonstruktion der Beiträge von Talcott Parsons Emile Durkheim und Max Weber, Frankfurt am Main: Suhrkamp

Münch, Richard 2001: Offene Räume soziale Integration diesseits und jenseits des Nationalstaats, Frankfurt am Main: Suhrkamp

Münch, Richard 2008: Die Konstruktion der europäischen Gesellschaft Zur Dialektik von
transnationaler Integration und nationaler Desintegration, Frankfurt am Main/New York:
Campus

Nassehi, Armin 1997: Inklusion, Exklusion, Integration, Desintegration die Theorie funktionaler Differenzierung und die Desintegrationsthese, in: Heitmeyer, Wilhelm (Hrsg.), Was
hält die Gesellschaft zusammen? Frankfurt am Main: Suhrkamp, S. 113–148

Nauck, Bernhard 2001: Der Wert von Kindern für ihre Eltern. Value of Children als spezielle
Handlungstheorie des generativen Verhaltens, in: Kölner Zeitschrift für Soziologie und
Sozialpsychologie, Jg. 53, Heft 3, S. 407–435

Nave-Herz, Rosemarie 1997: Familie heute. Wandel der Familienstrukturen und Folgen für
die Erziehung, Darmstadt: Wissenschaftliche Buchgesellschaft

Neal, Larry 2014: Introduction, in: ders./ Jeffrey G. Williamson (Hrsg.), The Cambridge
History of Capitalism. Vol. I. The Rise of Capitalism - From Ancient Origins to 1848,
Cambridge: Cambridge University Press, S. 1–15

Neal, Larry/Jeffrey G. Williamson (Hrsg.) 2014: The Cambridge History of Capitalism.
Vol. 1. The Rise of Capitalism - From Ancient Origins to 1848, Vol. 2. The Spread of
Capitalism - From 1848 to the Present, Cambridge: Cambridge University Press

Neal, Larry/Jeffrey G. Williamson 2014: The future of Capitalism, in: diess. (Hrsg.), The
Cambridge History of Capitalism. Vol. 2: The Spread of Capitalism - From 1848 to the
Present, Cambridge: Cambridge University Press, S. 530–544

Nederveen Pieterse, Jan 2010: Neue Modernen. Was ist neu?, in: Manuela Boatcă/Willfried
Spohn (Hrsg.), Globale, multiple und postkoloniale Modernen, München, Mering: Rainer
Hampp, S. 81–102

Nefiodow, Leo 1996: Der sechste Kondratieff, Sankt Augustin: Rhein-Sieg Verlag

Nefiodow, Leo 2001: Der sechste Kondratieff. Wege zur Produktivität und Vollbeschäftigung
im Zeitalter der Information. Die langen Wellen der Konjunktur und ihre Basisinnovation,
Sankt Augustin: Rhein Sieg Verlag

Neuburger, Rahild 2019: Der Wandel der Arbeitswelt in einer Industrie 4.0, in: Obermaier,
Robert (Hrsg.), Handbuch Industrie 4.0 und Digitale Transformation. Betriebswirtschaft-
liche, technische und rechtliche Herausforderungen, Wiesbaden: Springer, S. 589–608

Neugebauer, Gero 2007: Politische Milieus in Deutschland, Bonn: J.H.W.Dietz

Neurath, Otto 1979: Empirische Soziologie, in: ders., Wissenschaftliche Weltauffassung,
Sozialismus und logischer Empirismus, hrsg. von Rainer Hegselmann, Frankfurt am
Main: Suhrkamp, S. 145–234

Niethammer, Lutz 1983: Einleitung des Herausgebers, in: ders. (Hrsg.), ›Die Jahre weiß
man nicht wo man die heute hinsetzen soll‹. Faschismuserfahrung im Ruhrgebiet. Bd. 1,
Berlin, Bonn: Dietz, S. 7–30

Nippel, Wilfried 2000: Erwerbsarbeit in der Antike, in: Kocka, Jürgen/Offe, Claus (Hrsg.):
Geschichte und Zukunft der Arbeit, Frankfurt am Main/New York: Campus, S. 54–66

North, Douglass C. 2005: Auf dem Weg zu einem neuen Verständnis des wirtschaftlichen
Wandels, in: Max Miller, Welten des Kapitalismus, Frankfurt am Main, New York: Campus, S. 127–143

O'Rourke, Kevin H./ Jeffrey G. Williamson 2014: Introduction. The Spread Of and Resistance To Global Capitalism, in: Neal, Larry/Jeffrey G. Williamson (Hrsg.), The Cambridge History of Capitalism. Vol. 2: The Spread of Capitalism - From 1848 to the Present, Cambridge: Cambridge University Press, S. 1–21

OECD 2008: Growing Unequal? Income Distribution and Poverty in OECD Countries, OECD

Oesch, Daniel 2006a: Redrawing the Class Map. Stratification and Institutions in Britain, Germany, Sweden and Switzerland, Basingstoke: Palgrave Macmillan

Oesch, Daniel 2006b: Coming to grips with a changing class structure, in: International Sociology 21, Heft 2, S. 263–288

Oexle, Otto Gerhard 1990: Artikel Stand, Klasse (Antike und Mittelalter), in: Otto Brunner/Werner Conze/Reinhart Koselleck (Hrsg.), Geschichtliche Grundbegriffe, Bd. 6, Stuttgart: Klett-Cotta, S. 156–200

Oexle, Otto Gerhard 2000: Arbeit, Armut, ›Stand‹ im Mittelalter, in: Kocka, Jürgen/Offe, Claus (Hrsg.): Geschichte und Zukunft der Arbeit, Frankfurt am Main/New York: Campus, S. 67–79

Offe, Claus 1994: Moderne ›Barbarei‹. Der Naturzustand im Kleinformat, in: Journal für Sozialforschung 34, S. 229–247

Offe, Claus 2005: Soziale Sicherheit im supranationalen Kontext. Europäische Integration und die Zukunft des ›Europäischen Sozialmodells‹, in: Miller, Max (Hrsg.) 2005: Welten des Kapitalismus. Institutionelle Alternativen in der globalisierten Ökonomie, Frankfurt am Main/New York: Campus, S. 189–225

Opitz, Claudia 1993: Frauenalltag im Spätmittelalter, Duby, Georges/Perrot, Michelle 1993: Geschichte der Frauen Bd. 2. Mittelalter, Frankfurt am Main/New York: Campus, S. 283–339

Opitz, Sven 2008: Exklusion. Grenzgänge des Sozialen, in: Moebius, Stephan/Reckwitz, Andreas 2008: Poststrukturalistische Sozialwissenschaften, Frankfurt am Main: Suhrkamp, S. 175–193

Ortmann, Günther 1995: Formen der Produktion. Organisation und Rekursivität, Opladen: Westdeutscher Verlag

Ortmann, Günther/Sydow, Jörg/Windeler, Arnold 1997: Organisation als reflexive Strukturation, in: Ortmann, Günther, Sydow, Jörg, Türk, Klaus 1997 Theorien der Organisation. Die Rückkehr der Gesellschaft. Wiesbaden: Westdeutscher Verlag, S. 315–354

Osterhammel, Jürgen 2009: Die Verwandlung der Welt. Eine Geschichte des 19. Jahrhunderts, München: C.H. Beck Verlag

Ott, Notburga 1992: Intrafamily Bargaining and Household Decisions, Berlin u.a: Springer

Ott, Notburga 1997: Der familienökonomische Ansatz von Gary S. Becker, in: Pies, Ingo/Leschke, Martin (Hrsg.), Gary Beckers ökonomischer Imperativ, Tübingen: Mohr

Ott, Notburga 1998: Der familienökonomische Ansatz von Gary S. Becker, in: Pies, Ingo (Hrsg.), Gary Beckers ökonomischer Imperialismus, Tübingen: Mohr, S. 63–90

Ott, Notburga 2008: Wie sichert man die Zukunft der Familie?, in: Freiburger Diskussionspapiere zur Ordnungsökonomik, 08/3

Ott, Notburga/Rust, Christina 2001: Die Verwendung von Äquivalenzskalen bei Verteilungsanalysen. Notwendigkeit der Berücksichtigung von Haushaltsproduktion, unveröff. Manuskript

Parsons, Talcott 1964: Über wesentliche Ursachen und Formen der Aggressivität in der Sozialstruktur westlicher Industriegesellschaften, in: ders. Beiträge zur soziologischen Theorie. Herausgegeben und eingeleitet von Dietrich Rüschemeyer, Neuwied/Berlin: Luchterhand, S. 223–255

Parsons, Talcott 1964a: Ansatz zu einer analytischen Theorie der sozialen Schichtung, in: ders. Beiträge zur soziologischen Theorie, hrsg. von Dietrich Rüschemeyer, Neuwied: Luchterhand, S. 180–205

Parsons, Talcott 1964b: Soziale Klassen und Klassenkampf im Lichte der neueren soziologischen Theorie, in: ders. Beiträge zur soziologischen Theorie, hrsg. von Dietrich Rüschemeyer, Neuwied: Luchterhand, S. 206–222

Parsons, Talcott 1965: Full Citizenship for the Negro American? A Sociological Problem, in: Daedalus, Vol. 94, No. 4, The Negro American (Fall, 1965), S. 1009–1054

Parthasarathi, Prasannan 2002: Review Article. The Great Divergence, in: Past & Present, No. 176, Aug., S. 275–293

Perez, Carlota 2010: Technological revolutions and techno-economic paradigms, in: Cambridge Journal of Economics 2010, 34, S. 185–202

Pestel, Nico/Eric Sommer 2016: Analyse der Verteilung von Einkommen und Vermögen in Deutschland. Projektbericht an das Bundesministerium für Arbeit und Soziales, Bonn: IZA Research Report

Petzina, Dietmar 1987: Arbeitslosigkeit in der Weimarer Republik, in: Abelshauser, Werner (Hrsg.) 1987: Die Weimarer Republik als Wohlfahrtsstaat, Wiesbaden, Stuttgart: Franz Steiner Verlag, S. 239–259.

Picht, Georg 1964: Die deutsche Bildungskatastrophe, Analyse und Dokumentation, Olten, Freiburg im Breisgau: Walter-Verlag

Pierenkemper, Toni 2017: Beschäftigung und Arbeitsmarkt. Entstehung und Entwicklung der modernen Erwerbsgesellschaft in Deutschland (1800–2000), Stuttgart: Franz Steiner Verlag

Piketty, Thomas 2014: Das Kapital im 21. Jahrhundert, München: Beck

Piketty, Thomas 2020: Kapital und Ideologie, München: C.H. Beck

Piore, Michael J. 2002: Thirty Years Later. Internal Labor Markets, Flexibility and the New Economy, in: Journal of Management and Governance 6: 271–279, 2002

Piore, Michael J./ Peter Doeringer 1971: Internal Labor Markets and Manpower Adjustment, New York: D.C. Heath

Piore, Michael J./ Sabel, Charles F. 1985: Das Ende der Massenproduktion, Berlin: Wagenbach

PISA-Konsortium Deutschland (Hrsg.) 2002: PISA 2000. Basiskompetenzen von Schülerinnen und Schülern internationalen Vergleich, Opladen: Leske und Budrich

PISA-Konsortium Deutschland (Hrsg.) 2004: PISA 2003 - Der Bildungsstand der Jugendlichen in Deutschland - Ergebnisse des zweiten internationalen Vergleichs, Münster: Waxmann

Plato, Alexander von 1985: Fremde Heimat. Zur Integration von Flüchtlingen und Einheimischen in die Neue Zeit, in: Lutz Niethammer/Alexander von Plato (Hrsg.), ›Wir kriegen jetzt andere Zeiten‹. Auf der Suche nach der Erfahrung des Volkes in nachfaschistischen Ländern. Lebensgeschichte und Sozialkultur im Ruhrgebiet 1930 bis 1960, Bd. 3, Bonn, Berlin 1985, S. 172–219

Plöger, Wolfgang/Michael Schipperges/Martin Mayr 2005: Die Sinus-Milieus in Deutschland, Österreich und der Schweiz. Hintergrund, Ergebnisse, Anwendung, Beitrag auf dem microMarketing Forum, Expertenforum I (10. Juni 2005 in Köln)

Plumpe, Werner 2019: Das kalte Herz. Kapitalismus. Die Geschichte einer andauernden Revolution, Berlin: Rowohlt Berlin

Polanyi, Karl 1978: The Great Transformation – Politische und ökonomische Ursprünge von Gesellschaften und Wirtschaftssystem, Frankfurt am Main: Suhrkamp

Pollak, Robert A. 1985: A Transaction Cost Approach to Families and Households; in: Journal of Economic Literature, S. 581–608

Pomeranz, Kenneth 2000: The Great Divergence. China, Europe, and the Making of the Modern World Economy, Princeton, Oxford: Princeton University Press

Pomeranz, Kenneth 2018: Scale, Scope, and Scholarship. Regional Practices and Global Economic Histories, in: Beckert, Sven/Sachsenmaier, Dominic (Hrsg.), Global History, Globally. Research and Practice around the World, London, New York: Bloomsbury, S. 163–194

Pongratz, Hans- J./ Voß, G. Günter 2003: Arbeitskraftunternehmer. Erwerbsorientierungen in entgrenzten Arbeitsformen, Berlin: Edition Sigma

Pongratz, Hans-J./ Voß, G. Günter 1998: Der Arbeitskraftunternehmer. Eine neue Grundform der Ware Arbeitskraft?, in: Kölner Zeitschrift für Soziologie und Sozialpsychologie, H. 1, S. 131–158

Pötzsch, Olga/Sebastian Klüsener/Christian Dudel 2020: Wie hoch ist die Kinderzahl von Männern?, in: Statistisches Bundesamt, Wirtschaft und Statistik, 5, 2020, S. 59–74

Pries, Ludger 1998: ›Arbeitsmarkt‹ oder ›erwerbsstrukturierende Institutionen‹? Theoretische Überlegungen zu einer Erwerbssoziologie, in: Kölner Zeitschrift für Soziologie und Sozialpsychologie, Jg. 50, S. 159–175

Pries, Ludger 2008: Die Transnationalisierung der sozialen Welt. Sozialräume jenseits von Nationalgesellschaften, Frankfurt am Main: Suhrkamp

Pries, Ludger 2010: Erwerbsregulierung in einer globalisierten Welt, Wiesbaden: VS Verlag

Pries, Ludger 2019: Erwerbsregulierung in einer globalisierten Welt. Theoretische Konzepte und empirische Tendenzen der Regulierung von Arbeit und Beschäftigung in der Transnationalisierung, Wiesbaden: VS Verlag

Radkau, Joachim 1989: Technik in Deutschland. Vom 18. Jahrhundert bis zur Gegenwart, Frankfurt am Main: Suhrkamp

Rahlf, Thomas (Hrsg.) 2015: Deutschland in Daten. Zeitreihen zur Historischen Statistik, Bonn: Bundeszentrale für Politische Bildung

Ranum, Orest 1991: Refugien der Intimität, in: Philippe Ariès/Georges Duby (Hrsg.), Geschichte des privaten Lebens, Bd. 3, Frankfurt am Main: S. Fischer, S. 213–268

Rauschenbach, Thomas/ Felix Berth/ Matthias Hoffjan 2021: Wohlfahrtsverbände als Profiteure des sozialen Wandels? Ein kritischer Blick auf die Personalentwicklung, in: Sozial Extra ,Vol. 6, No. 2021, S. 376–381

Reckwitz, Andreas 2006: Die Transformation der Kulturtheorien. Zur Entwicklung eines Theorieprogramms, Weilerswist: Velbrück Wissenschaft

Reckwitz, Andreas 2017: Die Gesellschaft der Singularitäten. Zum Strukturwandel der Moderne, Berlin: Suhrkamp

Reckwitz, Andreas 2019: Von der nivellierten Klassengesellschaft zur Drei-Klassen-Gesellschaft. Neue Mittelklasse, alte Mittelklasse, prekäre Klasse, in: ders., Das Ende der Illusionen. Politik, Ökonomie und Kultur in der Spätmoderne, Berlin: Suhrkamp, S. 63–133

Rehbein, Boike 2006: Die Soziologie Pierre Bourdieus, Konstanz: UVK

Reissert, Bernd/Günther Schmid/Susanne Jahn 1989: Mehr Arbeitsplätze durch Dienstleistungen? Ein Vergleich der Beschäftigungsentwicklung in den Ballungsgebieten der Bundesrepublik Deutschland, Berlin: Wissenschaftszentrum Berlin

Renner, Karl 1953: Wandlungen der modernen Gesellschaft: Zwei Abhandlungen über die Nachkriegszeit, Wien: Verlag der Wiener Volksbuchhandlung

Richter, Matthias/Klaus Hurrelmann 2007: Warum die gesellschaftlichen Verhältnisse krank machen?, in: Aus Politik und Zeitgeschichte, 42, 2007

Rieger, Elmar/Leibfried, Stephan 2001: Grundlagen der Globalisierung. Perspektiven des Wohlfahrtsstaates, Frankfurt am Main: Suhrkamp

Riley, Matilda White/Marilyn Johnson/Anne Foner (Hrsg.) 1972: Aging and Society, Volume 3. A Sociology of Age Stratification, New York: Russell Sage Foundation

Ritzer, George 1996: Modern Sociological Theory (Fourth edition), New York: McGraw-Hill International

Rodman, Hyman 1970: Eheliche Macht und der Austausch von Ressourcen im kulturellen Kontext, in: Günther Luschen/Eugen Lupri (Hrsg.), Soziologie der Familie. KZfSS Sonderheft 14, S. 121–143

Römhild, Regina 2014: Diversität?! Postethnische Perspektiven für eine reflexive Migrationsforschung, in: Boris Nieswand/Heike Drotbohm (Hrsg.), Kultur, Gesellschaft, Migration. Die reflexive Wende in der Migrationsforschung, Wiesbaden: Springer Fachmedien, S. 255–270

Rupp, Marina/Christian Haag 2016: Gleichgeschlechtliche Partnerschaften. Soziodemographie und Lebenspläne, in: Y. Niephaus et al. (Hrsg.), Handbuch Bevölkerungssoziologie, Wiesbaden: Springer, 327–343

Rürup, Bert/Gruescu, Sandra 2003: Nachhaltige Familienpolitik im Interesse einer aktiven Bevölkerungsentwicklung Gutachten im Auftrag des Bundesministeriums für Familie, Senioren, Frauen und Jugend, Berlin

Ryder, Norman B. 1965: The cohort as a concept in the study of social change, in: American Sociological Review, 30, S. 843–61

Saar, Martin 2008: Klasse/Ungleichheit. Von den Schichten der Einheit zu den Achsen der Differenz, in: Moebius, Stephan/Reckwitz, Andreas 2008: Poststrukturalistische Sozialwissenschaften, Frankfurt am Main: Suhrkamp, S. 194–207

Sabel, Charles 1986: Struktureller Wandel der Produktion und neue gewerkschaftliche Alternativen, in: Prokla, Heft 62 1986, S. 41–60

Sachverständigenrat zur Begutachtung der gesamtwirtschaftlichen Entwicklung 2009: Die Zukunft nicht aufs Spiel setzen. Jahresgutachten 2009/10, Wiesbaden

Said, Edward W. 2009: Orientalismus, Frankfurt am Main: S. Fischer

Schäfer, Dieter 2004: Unbezahlte Arbeit und Haushaltsproduktion, in: Statistisches Bundesamt: Alltag in Deutschland Analysen zur Zeitverwendung. Beiträge zur Ergebniskonferenz der Zeitbudgeterhebung 2001/02, S. 247–273

Schäfers, Bernhard 1976: Gesellschaftlicher Wandel in Deutschland, Stuttgart: Enke

Schäfers, Bernhard 1997: Rechtssoziologie, in: Korte, Hermann/Schäfers, Bernhard (Hrsg.): Einführung in Praxisfelder der Soziologie. Opladen: Leske und Budrich, S. 223–242

Schäfers, Bernhard 2004: Sozialstruktur und sozialer Wandel in Deutschland mit einem Anhang: Deutschland im Vergleich europäischer Sozialstrukturen, Stuttgart: Enke

Schelsky, Helmut 1965: Auf der Suche nach Wirklichkeit. Gesammelte Aufsätze, Düsseldorf, Köln: Eugen Diederichs Verlag

Scheuch, Erwin K./ Hans-Jürgen Daheim 1961: Sozialprestige und soziale Schichtung, in: Kölner Zeitschrift für Soziologie und Sozialpsychologie, Sonderheft 5, S. 65–103

Schild, Joachim/Henrik Uterwedde 2006: Frankreich. Politik, Wirtschaft, Gesellschaft, Wiesbaden: VS Verlag

Schimank 1996: Theorien gesellschaftlicher Differenzierung, Leverkusen: Leske und Budrich

Schmid, Günther 2006: Der kurze Traum der Vollbeschäftigung: Was lehren 55 Jahre deutsche Arbeitsmarkt- und Beschäftigungspolitik? Der kurze Traum der Vollbeschäftigung, in: Manfred G. Schmidt, Reimut Zohlnhöfer (Hrsg.) Regieren in der Bundesrepublik Deutschland. Innen- und Außenpolitik seit 1949, Wiesbaden: VS Verlag, S. 177–201

Schmidt, Manfred G. 1998: Sozialpolitik in Deutschland. Historische Entwicklung und internationaler Vergleich, Opladen: Leske und Budrich

Schmitt, Christian 2004: Kinderlose Männer in Deutschland – Eine sozialstrukturelle Bestimmung auf Basis des Sozio-oekonomischen Panels (SOEP), Berlin, DIW-Materialien

Schmitt, Christoph 2005: Informelle soziale Beziehungen, in: SOFI, IAB, ISF, INIFES (Hrsg.), Berichterstattung zur sozio-ökonomischen Entwicklung in Deutschland - Arbeit und Lebensweisen. Erster Bericht, Wiesbaden: VS Verlag, S. 433–453

Schmoller, Gustav 1897: Was verstehen wir unter dem Mittelstand? Hat er im 19. Jahrhundert zu oder abgenommen?, in: Die Verhandlungen des Achten Evangelisch- Sozialen Kongresses, abgehalten zu Leipzig am 10. und 11. Juni 1897. Nach den stenographischen Protokollen, Göttingen: Vandenhoeck und Ruprecht, S. 132–161

Schmoller, Gustav 1918: Die soziale Frage. Klassenbildung, Arbeiterfrage, Klassenkampf, München, Leipzig: Duncker & Humblot

Schröder, Martin 2008: Integrating Welfare and Production Typologies: How Refinements of the Varieties of Capitalism, in: Journal Social Policy, 38, 1, S. 19–43

Schröder, Martin 2013: Integrating Varieties of Capitalism and Welfare State Research. A Unified Typology of Capitalisms, New York: Palgrave

Schulz, Erika 2000: Migration und Arbeitskräfteangebot in Deutschland bis 2050, in: Wochenbericht des DIW, Berlin 48/00

Schulze, Gerhard 1992: Die Erlebnisgesellschaft. Kultursoziologie der Gegenwart, Frankfurt am Main/New York: Campus

Schulze, Winfried (Hrsg.) 1988a: Ständische Gesellschaft und soziale Mobilität, München: Oldenbourg

Schulze, Winfried 1988b: Die ständische Gesellschaft des 16./17. Jahrhunderts als Problem von Statik und Dynamik, in: ders. (Hrsg.) 1988a, Ständische Gesellschaft und soziale Mobilität, München: Oldenbourg, S. 1–17

Schumpeter, Joseph A. 1961: Konjunkturzyklen, 2 Bde., Göttingen: Vandenhoeck und Ruprecht

Schwarz, Karl 1997: 100 Jahre Geburtenentwicklung, in: Zeitschrift für Bevölkerungswissenschaft, Heft 4, S. 481–491

Schwinn, Thomas 2004: Institutionelle Differenzierung und soziale Ungleichheit. Die zwei Soziologien und ihre Verknüpfung, in: ders. (Hrsg.), Differenzierung und soziale Ungleichheit Die zwei Soziologien und ihre Verknüpfung, Frankfurt am Main: Humanities Online, S. 9–68

Scott, Joan W. 1994: Die Arbeiterin, in: Duby, Georges/Perrot, Michelle 1993: Geschichte der Frauen Bd. 4. 19. Jahrhundert, Frankfurt am Main/New York: Campus, S. 451–479

Sebaldt, Martin/Straßner, Alexander (Hrsg.) 2004: Verbände in der Bundesrepublik Deutschland. Eine Einführung, Wiesbaden: VS Verlag

Seebohm Rowntree, Benjamin 1902: Poverty. A Study Of Town Life, London: Macmillan

Seeck, Francis/Brigitte Theißl (Hrsg.) 2020: Solidarisch gegen Klassismus. organisieren, intervenieren, umverteilen, Münster: Unrast Verlag

Sellach, Brigitte/Uta Enders-Dragässer/Astrid Libuda-Köster 2004: Geschlechtsspezifische Besonderheiten der Zeitverwendung – Zeitstrukturierung im theoretischen Konzept des Lebenslagen-Ansatzes, in: Statistisches Bundesamt. Alltag in Deutschland Analysen zur Zeitverwendung. Beiträge zur Ergebniskonferenz der Zeitbudgeterhebung 2001/02, S. 67–85

Sen, Amartya 2000a: Der Lebensstandard, Hamburg: Rotbuch Verlag

Sen, Amartya 2000b: Ökonomie für den Menschen. Wege zu Gerechtigkeit und Solidarität in der Marktwirtschaft, München/Wien: Carl Hanser

Shachar, Ayelet 2009: The Birthright Lottery. Citizenship and Global Inequality, Cambridge Mass.: Harvard University Press

Simmel, Georg 1992: Der Arme, in: Soziologie - Untersuchungen über die Formen der Vergesellschaftung, Gesamtausgabe, Bd. 11, Frankfurt am Main: Suhrkamp, S. 512–555

Simonis, Georg 2007: Regulationstheorie, in: Arthur Benz/Susanne Lütz/Uwe Schimank/Georg Simonis (Hrsg.), Handbuch Governance. Theoretische Grundlagen und empirische Anwendungsfelder, Wiesbaden: VS-Verlag, S. 212–225

Singelmann, Joachim 1978: The Sectoral Transformation of the Labor Force in Seven Industrialized Countries, 1920–1970, in: American Journal of Sociology 83 (March), S. 1224–1234

Skiba, Rainer 1974: Das westdeutsche Lohnniveau zwischen den beiden Weltkriegen und nach der Währungsreform, Köln: Bund-Verlag

Sklair, Leslie 2008: Die transnationale kapitalistische Klasse, in: Berger, Peter A./ Weiß, Anja (Hrsg.), Transnationalisierung sozialer Ungleichheit, Wiesbaden: VS-Verlag, S. 213–250

Sklair, Leslie 2010: Die transnationale Klasse des Kapitals, in: Beck, Ulrich/Poferl, Angelika (Hrsg.). Große Armut, großer Reichtum. Zur Transnationalisierung sozialer Ungleichheit, Frankfurt am Main: Suhrkamp, S. 263–301

Smaje, Chris 2000: Natural hierarchies. The historical sociology of race and caste, Malden, MA: Blackwell Publishers

SOFI, Soziologisches Forschungsinstitut/IAB, Institut für Arbeitsmarkt- u. Berufsforschung/ISF Institut für Sozialwissenschaftliche Forschung München/INIFES, Internationales Institut für empirische Sozialökonomie (Hrsg.) . 2005: Berichterstattung zur sozioökonomischen Entwicklung in Deutschland - Arbeit und Lebensweisen. Erster Bericht, Wiesbaden: VS Verlag

Sohn-Rethel, Alfred 1972: Geistige und körperliche Arbeit. Zur Theorie gesellschaftlicher Synthesis, Frankfurt am Main: Suhrkamp

Solga, Heike 1995: Auf dem Weg in eine klassenlose Gesellschaft? Klassenlagen und Mobilität zwischen Generationen in der DDR, Berlin: Akademie Verlag

Solga, Heike 2004: Ausgrenzungserfahrungen trotz Integration – Die Übergangsbiografien von Jugendlichen ohne Schulabschluss, in: Mayer, Karl Ulrich/Hillmert, Steffen (Hrsg.), Geboren 1964 und 1971. Neuere Untersuchungen zu Ausbildungs- und Berufschancen in Westdeutschland, Wiesbaden: Verlag für Sozialwissenschaften, S. 39–63

Sombart, Werner 1924: Der moderne Kapitalismus. Historisch-systematische Darstellung des gesamteuropäischen Wirtschaftslebens von seinen Anfängen bis zur Gegenwart, II, München

Sørensen, Aage B./ Arne L. Kalleberg 2008: An Outline of a Theory of Matching of Persons to Jobs, in: Grusky, David B. (Hrsg.): Social Stratification. Class, Race, and Gender in Sociological Perspective, Boulder: Westview, S. 553–561

Sorokin, Pitirim A. 1927: Social Mobility, New York: Harper & Row

Sozialerhebung des Deutschen Studentenwerks. Die wirtschaftliche und soziale Lage der Studierenden in der Bundesrepublik Deutschland, div. Jahrgänge, hrsg. vom Bundesministerium für Bildung und Forschung, Berlin

Spellerberg, Annette 1996: Soziale Differenzierung durch Lebensstile. Eine empirische Untersuchung zur Lebensqualität in West- und Ostdeutschland, Berlin: Edition Sigma

Spitzenpfeil, Martin/Hans-Jürgen Andreß 2014: Ist der Anstieg der westdeutschen Einkommensungleichheit auf die Zunahme bildungshomogener Partnerschaften zurückführbar?, in: Kölner Zeitschrift für Soziologie und Sozialpsychologie 4/2014, S. 575–601

Statistische Ämter des Bundes und der Länder 2007: Bevölkerung nach Migrationsstatus regional. Ergebnisse des Mikrozensus, Wiesbaden

Statistisches Bundesamt (Hrsg.) 2017: Wie die Zeit vergeht. Analysen zur Zeitverwendung in Deutschland, Wiesbaden

Statistisches Bundesamt 2003: Klassifikation der Wirtschaftszweige mit Erläuterungen Ausgabe 2003, Wiesbaden

Statistisches Bundesamt 2006: Armut und Lebensbedingungen. Ergebnisse aus Leben in Europa für Deutschland 2005, Wiesbaden

Statistisches Bundesamt 2007a: Bildungsstand der Bevölkerung Ausgabe 2007, Wiesbaden

Statistisches Bundesamt 2007b: Geburten und Kinderlosigkeit in Deutschland. Ergebnisse der Sondererhebung 2006, Wiesbaden: Statistisches Bundesamt

Statistisches Bundesamt 2008a: Fachserie 1/Reihe 1.1, Bevölkerung und Erwerbstätigkeit, Natürliche Bevölkerungsbewegung 2006, Wiesbaden

Statistisches Bundesamt 2008b, Fachserie 11, Reihe 4.3.1, Nichtmonetäre hochschulstatistische Kennzahlen, 1980 – 2007, Wiesbaden

Statistisches Bundesamt 2009: Niedrigeinkommen und Erwerbstätigkeit, Wiesbaden

Statistisches Bundesamt 2019: Bevölkerung im Wandel. Annahmen und Ergebnisse der 14. koordinierten Bevölkerungsvorausberechnung, Wiesbaden

Statistisches Bundesamt/WZB/BiB (Hrsg.) 2021: Datenreport 2021. Ein Sozialbericht für die Bundesrepublik Deutschland, Bonn: Bundeszentrale für politische Bildung

Statistisches Jahrbuch für die Bundesrepublik Deutschland, div. Jahrgänge, hrsg. vom Statistischen Bundesamt, Wiesbaden

Statistisches Taschenbuch. Arbeits- und Sozialstatistik, div. Jahrgänge, hrsg. vom Bundesministerium für Arbeit und Soziales, Bonn

Steiner, André 2004: Von Plan zu Plan. Eine Wirtschaftsgeschichte der DDR, München: Deutsche Verlags-Anstalt

Steiner, André 2016: Abschied von der Industrie. Wirtschaftlicher Strukturwandel in West- und Ostdeutschland seit den 1960er Jahren, in: ders./ Werner Plumpe (Hrsg), Der Mythos von der postindustriellen Welt. Wirtschaftlicher Strukturwandel in Deutschland 1960 bis 1990, Göttingen: Wallstein Verlag, S. 15–54

Stichweh, Rudolf 2009: Leitgesichtspunkte einer Soziologie der Inklusion und Exklusion, in: ders./ Windolf, Paul (Hrsg.), Inklusion und Exklusion. Analysen zur Sozialstruktur und sozialen Ungleichheit, Wiesbaden: VS Verlag, S. 29–42

Stichweh, Rudolf/Windolf, Paul (Hrsg.) 2009: Inklusion und Exklusion. Analysen zur Sozialstruktur und sozialen Ungleichheit, Wiesbaden: VS Verlag

Storper, Michael/Salais, Robert 1997: Worlds of Production. The Action Framework of the Economy, Cambridge, MA: Harvard University Press

Straßner, Alexander 2004: Das Spektrum der Verbände in Deutschland, in: Sebaldt, Martin/Straßner, Alexander (Hrsg.): Verbände in der Bundesrepublik Deutschland. Eine Einführung, Wiesbaden: VS Verlag, S. 73–138

Strauss, Anselm/Fagerhaugh, Shizuko/Suczek, Barbara/Wiener, Carolyn 1980: Gefühlsarbeit. Ein Beitrag zur Arbeits- und Berufssoziologie, in: Kölner Zeitschrift für Soziologie und Sozialpsychologie, 32, 629–651

Struck, Olaf 2006: Flexibilität und Sicherheit Empirische Befunde, theoretische Konzepte und institutionelle Gestaltung von Beschäftigungsstabilität, Wiesbaden: VS Verlag

Supik, Linda 2014: Statistik und Rassismus. Das Dilemma der Erfassung von Ethnizität, Frankfurt am Main/New York: Campus

Szelényi, Iván/Mihályi, Péter 2020: Varieties of post-communist capitalism. A comparative analysis of Russia, Central Europe and China, Leiden/Boston: Brill

Szreter, Simon 1993: The Idea of Demographic Transition and the Study of Fertility Change. A Critical Intellectual History. In: Population and Development Review, Vol. 19, No. 4, Dec., S. 659–701

Szydlik, Marc 2009: Reich durch Erbschaft und Schenkung?, in: Thomas Druyen/Wolfgang Lauterbach/Matthias Grundmann (Hrsg.), Reichtum und Vermögen. Zur gesellschaftlichen Bedeutung der Reichtums- und Vermögensforschung, Wiesbaden: VS Verlag S. 135–145

Szydlik, Marc/Jürgen Schupp 2004: Wer erbt mehr? Erbschaften, Sozialstruktur und Alterssicherung, in: Kölner Zeitschrift für Soziologie 56 (4), S. 609–629

Tennstedt, Florian/Christoph Sachße 1986: Sicherheit und Disziplin, in: diess. (Hrsg.) 1986, Soziale Sicherheit und soziale Disziplinierung. Beiträge zu einer historischen Theorie der Sozialpolitik, Frankfurt am Main: Suhrkamp, S. 11–69

Teubner, Ulrike 2004: Beruf. Vom Frauenberuf zur Geschlechterkonstruktion im Berufssystem, in: Becker, Ruth/Beate Kortendiek (Hrsg.), Handbuch Frauen- und Geschlechterforschung. Theorie, Methoden, Empirie, Wiesbaden: VS Verlag, S. 429–436

Therborn, Göran 2000: Die Gesellschaften Europas 1945–2000, Frankfurt am Main/New York: Campus

Therborn, Göran 2010: Globalisierung und Ungleichheit. Mögliche Fragen der Konzeptualisierung, in: Beck, Ulrich/Poferl, Angelika (Hrsg.). Große Armut, großer Reichtum. Zur Transnationalisierung sozialer Ungleichheit, Frankfurt am Main: Suhrkamp, S. 53–110

Thomas, William I. / Florian Znaniecki 1927: The Polish peasant in Europe and America, New York: Knopf

Thome, Helmut/Christoph Birkel 2005: Basisindikatoren der ökonomischen Entwicklung in Deutschland, Großbritannien, Schweden, USA – 1950 bis 2000, Der Hallesche Graureiher 2005 – 4

Thompson, Edward P. 1978: Eighteenth-Century English Society. Class Struggle without Class, in: Journal of Social History, 3, May 1978, S. 133–165

Thompson, Edward P. 1987a/b: Die Entstehung der englischen Arbeiterklasse. Erster und zweiter Band, Frankfurt am Main: Suhrkamp

Tilly, Charles 1999: Durable Inequality, Berkeley, Los Angeles, London: University of California Press

Trentmann, Frank 2017: Herrschaft der Dinge. Die Geschichte des Konsums vom 15. Jahrhundert bis heute, München: Deutsche Verlags-Anstalt

Unabhängige Kommission ›Zuwanderung‹ 2001: Zuwanderung gestalten -Integration fördern, Bericht der Unabhängige Kommission ›Zuwanderung‹, Berlin

Vester, Michael 1998: Klassengesellschaft ohne Klassen. Auflösung oder Transformation der industriegesellschaftlichen Sozialstruktur?, in: Peter A. Berger/Michael Vester (Hrsg.), Alte Ungleichheiten - Neue Spaltungen, Opladen: Leske und Budrich, S. 109–147

Vester, Michael/Christel Teiwes-Kügler/Andrea Lange-Vester 2007: Die neuen Arbeitnehmer Zunehmende Kompetenzen – wachsende Unsicherheit, Hamburg: VSA-Verlag

Vester, Michael/von Oertzen, Peter/Geiling, Heiko/Hermann, Thomas/Müller, Dagmar 1993: Soziale Milieus im gesellschaftlichen Strukturwandel. Zwischen Integration und Ausgrenzung, Köln: Bund

Vester, Michael/von Oertzen, Peter/Hermann, Thomas/Müller, Dagmar 2001: Soziale Milieus im gesellschaftlichen Strukturwandel. Zwischen Integration und Ausgrenzung, Frankfurt am Main: Suhrkamp

Voß, G. Günter 2007: Subjektivierung von Arbeit und Arbeitskraft. Die Zukunft der Beruflichkeit und die Dimension Gender als Beispiel Subjektivierung von Arbeit und Arbeitskraft, in: Aulenbacher, Brigitte u. a. (Hrsg.), Arbeit und Geschlecht im Umbruch der modernen Gesellschaft, Wiesbaden, S. 97–113

Voß, G. Günter/Kerstin Rieder 2005: Der Arbeitende Kunde. Wie Konsumenten zu unbezahlten Mitarbeitern werden, Frankfurt am Main/New York: Campus

Vries, Peer 2010: The California School and Beyond: How to Study the Great Divergence?, History Compass, 8 (7), S. 730 - 751

Wagner, Michael 2001: Kohortenstudien in Deutschland. Expertise für die Kommission zur Verbesserung der informationellen Infrastruktur zwischen Wissenschaft und Statistik, Manuskript Februar 2001

Wagner, Peter 1990: Sozialwissenschaften und Staat. Frankreich, Italien, Deutschland 1870–1980, Frankfurt am Main/New York: Campus

Wahse, Jürgen/Vera Dahms/Monika Putzing/Gerd Walter 2010: IAB-Betriebspanel Ost. - Ergebnisse der vierzehnten Welle 2009, Berlin, 2010

Walby, Sylvia 2009: Globalization and Inequalities. Complexity and Contested Modernities, London: Sage

Waller, Willard 1937: The Rating and Dating Complex, in: American Sociological Review, S. 727–734

Wallerstein, Immanuel 2004: World-Systems Analysis. An Introduction, Durham, London: Duke University Press

Wallerstein, Immanuel 2010: Klassenanalyse und Weltsystemanalyse, in: Beck, Ulrich/Poferl, Angelika (Hrsg.). Große Armut, großer Reichtum. Zur Transnationalisierung sozialer Ungleichheit, Frankfurt am Main: Suhrkamp, S. 171–205

Wanger, Susanne 2006: Erwerbstätigkeit, Arbeitszeit und Arbeitsvolumen nach Geschlecht und Altersgruppen. Ergebnisse der IAB-Arbeitszeitrechnung nach Geschlecht und Alter für die Jahre 1991–2004, Nr. 2/2006

Wanger, Susanne 2020: Entwicklung von Erwerbstätigkeit, Arbeitszeit und Arbeitsvolumen nach Geschlecht, IAB-Forschungsbericht 16, 2020

Weber, Max 1920: Die protestantische Ethik und der Geist des Kapitalismus, in: Gesammelte Aufsätze zur Religionssoziologie, Bd. I, Tübingen: Mohr Siebeck, 1920, S. 17–206

Weber, Max 1972: Wirtschaft und Gesellschaft. Grundriß der verstehenden Soziologie, Tübingen: Mohr

Weber, Max 1988: Gesammelte Aufsätze zur Wissenschaftslehre, Tübingen: Mohr

Weber, Max 1993: Landarbeiterfrage, Nationalstaat und Volkswirtschaftspolitik. Schriften und Reden 1892–1899, Tübingen: Mohr

Wehler, Hans-Ulrich 1986: Max Webers Klassentheorie und die neuere Sozialgeschichte, in: Kocka, Jürgen (Hrsg.), Max Weber, der Historiker, Göttingen: Vandenhoeck und Ruprecht, S. 193–203

Wehler, Hans-Ulrich 1987: Deutsche Gesellschaftsgeschichte, Band 2: 1815–1845/49. Von der Reformära bis zur industriellen und politischen ›Deutschen Doppelrevolution‹, München: Beck

Wehler, Hans-Ulrich 1995: Deutsche Gesellschaftsgeschichte, Band 3. 1849 - 1914. Von der ›Deutschen Doppelrevolution‹ bis zum Beginn des 1. Weltkrieges, München: Beck

Wehler, Hans-Ulrich 2003: Deutsche Gesellschaftsgeschichte, Band 4: Vom Beginn des Ersten Weltkrieges bis zur Gründung der beiden deutschen Staaten 1914–1949, München: Beck

Wehler, Hans-Ulrich 2008: Deutsche Gesellschaftsgeschichte, Band 5: Bundesrepublik und DDR 1949–1990, München: Beck

Weischer, Christoph 2004: Das Unternehmen ›Empirische Sozialforschung‹. Strukturen, Praktiken und Leitbilder der Sozialforschung in der Bundesrepublik Deutschland, München: Oldenbourg

Weischer, Christoph 2010: Die Modellierung des Sozialen Raums, in: Burzan, Nicole/Peter A. Berger (Hrsg.), Dynamiken (in) der gesellschaftlichen Mitte, Wiesbaden: VS Verlag, S. 107–134

Weischer, Christoph 2014: Soziale Ungleichheiten 3.0. Soziale Differenzierungen in einer transformierten Industriegesellschaft, in: Archiv für Sozialgeschichte, 54. Band, S. 305–342

Weischer, Christoph 2017: Gesellschaftlicher und sozialstruktureller Wandel 1800–2000. Überlegungen zu einer praxeologischen Protheorie, in: Archiv für Sozialgeschichte 57, 2017, S. 65–110

Weischer, Christoph 2022: Stabile UnGleichheiten. Eine praxeologische Sozialstrukturanalyse, Wiesbaden: VS Verlag

Weiß, Anja 2009: Soziale Lagen in der Weltgesellschaft. Vortrag am Institut für Soziologie und Demographie, Universität Rostock, 15.6.2009, (http://www.wiwi.uni-rostock.de/

fileadmin/Institute/ISD/Institut/News_Dateien/Vortrag_Rostock_Anja_Weiss.pdf, Abruf am 5.1.2011)

Weiß, Anja 2010: Raumrelationen als zentraler Aspekt weltweiter Ungleichheiten, in: Beck, Ulrich/Poferl, Angelika (Hrsg.) 2010: Große Armut, großer Reichtum. Zur Transnationalisierung sozialer Ungleichheiten, Frankfurt am Main: Suhrkamp, S. 366–388

Weiß, Anja 2021: Globalization and Transnationalization, in: Betina Hollstein/Rainer Greshoff/Uwe Schimank/Anja Weiß (Hrsg.), Soziologie - Sociology in the German-Speaking World, Berlin: De Gruyter, S. 149–162

Wentzel, Dirk 1997: Familienökonomik zwischen Eigennutz und Sympathie, in: Pies, Ingo/Leschke, Martin (Hrsg.), Gary Beckers ökonomischer Imperativ, Tübingen: Mohr Siebeck

West, Candace/Don H. Zimmerman 1987: Doing Gender, in: Gender & Society, Vol. 1, No. 2, S. 125–151

West, Candace/Sarah Fenstermaker 1995: Doing Difference, in: Gender & Society, Vol. 9, No. 1, S. 8–37

Wetterer, Angelika 1992: Hierarchie und Differenz im Geschlechterverhältnis. Theoretische Konzepte zur Analyse der Marginalität von Frauen in hochqualifizierten Berufen, in: Dies. (Hg): Profession und Geschlecht. Über die Marginalität von Frauen in hochqualifizierten Berufen, Frankfurt am Main, New York: Campus, S. 13–40

Wetterer, Angelika 2002: Arbeitsteilung und Geschlechterkonstruktion. Gender at Work in theoretischer und historischer Perspektive, Konstanz: UVK

Wiegand, Erich 1986: Haushaltsproduktion seit der Jahrhundertwende, in: Glatzer, Wolfgang/Regina Berger-Schmitt, Haushaltsproduktion und Netzwerkhilfe, Frankfurt am Main/New York: Campus, S. 175–206

Wienold, Hanns 2007: Leben und Sterben auf dem Lande. Kleinbauern in Indien und Brasilien, Münster: Westfälisches Dampfboot

Willke, Gerhard 2006: Kapitalismus, Frankfurt am Main/New York: Campus

Willms, Angelika 1983: Grundzüge der Entwicklung der Frauenarbeit 1880–1980, in: Müller, Walter/Willms, Angelika/Handl, Johann: Strukturwandel der Frauenarbeit 1880–1980, Frankfurt am Main, New York: Campus, S. 25–54

Wimmer, Andreas 2013: Ethnic Boundary Making. Institutions, Power, Networks, Oxford: Oxford University Press

Wimmer, Andreas/Nina Glick Schiller 2003: Methodological nationalism, the social sciences and the study of migration. An essay in historical epistemology, in: International Migration Review, 3, S. 576–610

Windolf, Paul 2005: Was ist Finanzmarkt-Kapitalismus?, in: ders. (Hrsg.), Finanzmarkt-Kapitalismus. Analysen zum Wandel von Produktionsregimen, Wiesbaden: VS Verlag, S. 20–57

Windolf, Paul 2009: Inklusion und soziale Ungleichheit, in: Stichweh, Rudolf/ders. (Hrsg.), Inklusion und Exklusion. Analysen zur Sozialstruktur und sozialen Ungleichheit, Wiesbaden: VS Verlag, S. 11–27

Wingens, Matthias 2020: Soziologische Lebenslaufforschung, Wiesbaden: Springer VS

Winkel, Heidemarie 2018: Tradition – Moderne. Ein ethnozentrischer Dualismus in der westlich-europäischen Geschlechterforschung, in: Beate Kortendiek/Birgit Riegraf/Katja Sabisch (Hrsg.), Handbuch Interdisziplinäre Geschlechterforschung, Wiesbaden: Springer VS, S. 1–10

Winker, Gabriele/Nina Degele 2009: Intersektionalität. Zur Analyse sozialer Ungleichheiten, Bielefeld: Transcript

Wirth, Heike 2007: Kinderlosigkeit von hoch qualifizierten Frauen und Männern im Paarkontext. Eine Folge von Bildungshomogamie?, in: Dirk Konietzka, Michaela Kreyenfeld (Hrsg.), Ein Leben ohne Kinder. Kinderlosigkeit in Deutschland, Wiesbaden: VS-Verlag, S. 167–199

Wolff, Frank 2019: Die Mauergesellschaft. Kalter Krieg, Menschenrechte und die deutschdeutsche Migration 1961–1989, Berlin: Suhrkamp Verlag

Wright, Erik Olin 1997: Class Counts. Comparative Studies in Class Analysis, Cambridge: Cambridge University Press

Wright, Erik Olin 2000: Class Counts. Comparative Studies in Class Analysis. Student Edition, Cambridge: Cambridge University Press

Wright, Erik Olin 2005: Foundations Of A Neo-Marxist Class Analysis, in: Wright (Ed.), Approaches to Class Analysis, Cambridge: Cambridge University Press, S. 4–30

Wright, Erik Olin/Cynthia Costello/David Hachen/Joey Sprague 1982: The American Class Structure, in: American Sociological Review, Vol. 47, No. 6, S. 709–726

Zedler, Johann Heinrich 1744: Großes vollständiges Universallexicon, Bd. 39, Leipzig, Halle: Verlag Johann Heinrich Zedler

Zimmermann, Benedicte 2006: Arbeitslosigkeit in Deutschland. Zur Entstehung einer sozialen Kategorie, Frankfurt am Main/New York: Campus

Zimmermann, Horst/Klaus-Dirk Henke 1994: Einführung in die Finanzwissenschaft, München: Verlag Franz Vahlen

Zimmermann, Klaus F. 1985: Familienökonomie. Theoretische Untersuchungen zur Frauenerwerbstätigkeit und Geburtenentwicklung, Berlin: Springer

Zimmermann, Klaus F./ Michael Vogler (Hrsg.) 2003: Family, Household and Work, Berlin: Springer

Züll, Cornelia 2015: Berufscodierung, GESIS-Arbeitspapier Januar 2015, Version 1.1

Zündorf, Lutz 2010: Zur Aktualität von Immanuel Wallerstein. Einleitung in sein Werk, Wiesbaden: VS Verlag

Zweiter Periodischer Sicherheitsbericht 2006, hrsg. vom Bundesministerium des Inneren und vom Bundesministerium der Justiz, o. O.

The manufacturer's authorised representative in the EU is Springer
Nature Customer Service Centre GmbH, Europaplatz 3, 69115 Heidelberg,
Germany. If you have any concerns regarding our products, please
contact ProductSafety@springernature.com

Printed and bound by CPI Group (UK) Ltd, Croydon, CR0 4YY
24/04/2026
02096336-0004